香港
資本與
財團 上

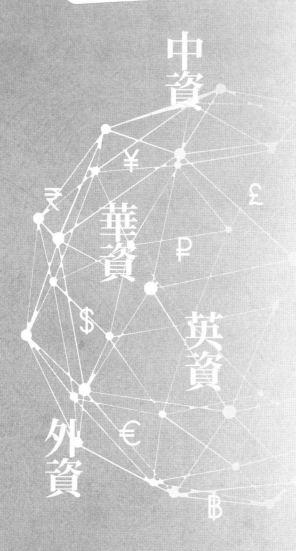

中資

華資

英資

外資

馮邦彥 著

中華書局

緒 言

　　本書的核心概念是「資本」與「財團」。在《大英百科全書》中，經濟學上的「資本」（capital）是一個有多種含義的概念：從狹義來說，資本首先是一種流動的、能夠產生收入的「股票或庫存」（stock）。從廣義上講，資本包括人口；非物質因素，如技能、能力和教育；土地、建築物、機器、各種設備；以及所有掌握在公司和家庭手中的貨物庫存（成品或未完工）。在商業世界中，資本一詞通常是指在資產負債表中企業的淨資產值部分。在經濟學中，資本這個概念通常被限定為「實在的」（real），而不僅僅是「金融」（financial）的資產。這兩個概念看起來不同，但它們並非沒有關係。如果所有資產負債表都合併在封閉的經濟體系中，那麼所有債務都將被取消，因為每筆債務都是資產負債表中的資產，反之亦然。因此，合併資產負債表中剩下的是社會所有實際資產價值，反之亦然。本書採用的是「資本」的最初含義及經濟學上的解釋，而非廣義上的概念。正如《新牛津英漢雙解大詞典》所解釋的：資本是「由個人或組織擁有的，以金錢或其他資產形式存在的，並用以特殊目的，諸如開設一家公司或者投資的財富」（wealth in the form of money or other Assets owned by a person or organization or available or contributed for a particular purpose such as starting a company or investing）。

　　在《大英百科全書》中，並沒有「財團」這一詞條的定義或解釋。中文的「財團」在英文中既可以是「consortium」，也可以是「financial Group」。在《劍橋英語辭典》中，consortium 的定義或解釋是：「為了一個共同目而由多家企業或銀行結合而成的一個組織」（an organization of several businesses or banks joining together as a group for a shared purpose）。在《牛津英語辭典》中，consortium 的定義或解釋是：

「一個由多個個人、國家或公司等諸如此類組織起來的，為了一個特別的項目共同工作的集合體」（a group of people, countries, companies, etc. who are working together on a particular project）。而「financial Group」所指的「財團」，則「是金融資本集團的簡稱，指由極少數金融寡頭所控制的巨大銀行和巨大企業結合而成的壟斷集團。它們通常由一個或幾個家族集合而成」，這種壟斷集團應該是「consortium」的一種特殊或者高級形態。本書所指的「財團」，主要是《劍橋英語辭典》所定義的概念，即由多個企業、公司以資本作為紐帶而形成的，並且以盈利為主要目的的組織或集團。

作為一個國際化的商業大都會，香港的財團包含了多種資本形態，主要有英資財團、華資財團、中資財團、東南亞資本財團、美國資本財團、日本資本財團、歐洲資本財團、澳洲資本財團、印度資本財團等等。其中，英資財團是指由英國人或英國公司在香港創辦、發展或經營管理的財團。由於香港近現代發展歷史的緣故，英資財團包含兩大類，一類是在香港開埠初期就進入，以香港為基地的財團，諸如怡和集團、太古集團、滙豐控股、渣打銀行、嘉道理等，一般被稱為香港傳統的英資財團，他們構成香港英資財團的主體；另一類是英國跨國公司進入香港發展的分支機構，如英資銀行在香港開設的分行、保險公司保誠集團、投資銀行施羅德投資香港，以及英國公司在香港開設的地區總部或地區辦事處等。

香港華資財團是一個較為複雜的概念，歷來存在頗為分歧的認識。本書將其定義為：由華人控制及管理、以香港為基地或經營重心的私人資本。具體而言，包括三層規範：首先，華資是指由華人控制及管理的資本，至於華人的定義，則是指中國人，不論其是否香港永久性居民，持有何種國籍護照，來自何處。從歷史上看，香港華資基本上是由來自中國內地、東南亞及美國、澳洲、歐美等海外地區的華人資本，以及香港本地的華人資本融合而成長起來的。這裏，華資的概念首先具有民族性。其次，華資是指以香港為基地或經營重心的華人資本，具有明

確的地域性。一般而言，這些資本應以香港為集團總部所在地，其主要資產、業務和盈利來源集中在香港及大中華地區。當然，這其中的一些僑資一旦將其經營重心轉移到香港，就逐步地融入香港華資之中。如李嘉誠旗下的長和系等從香港崛起而拓展至全球的企業財團，當然也在此列。因此，香港華資是一個動態概念。再次，香港華資還有一個特定的規範，它是華人資本中的私人資本，區別於以國家資本為後盾的中資。

中資財團主要指由中國國家資本所構成的財團。一般而言，中資財團既包括以香港為基地發展起來的中國資本財團，諸如華潤集團、招商局集團、香港中旅集團、光大集團、中海集團等，也包括在內地發展後進入香港經營業務的集團，如中信集團等；既包括中央企業在香港的分支機構，如中國銀行（香港）、中遠海運等，也包括地方國有企業，諸如北京控股、上海實業、粵海控股、越秀集團等。誠然，從廣義的角度來看，中資財團還包括由國內私人資本組成的民營企業集團，它們一般總部設在內地，經營重心也在內地，但進入香港發展。至於將總部和經營重心逐步轉移到香港的內地民營資本，在融入香港後則轉化為香港華資。

此外，其他資本財團，諸如東南亞資本財團、美國資本財團、日本資本財團、歐洲資本財團、澳洲資本財團、加拿大資本財團、印度資本財團等，主要指從這些國家或地區前來香港發展的集團，它們的經營重心多數仍在本國或本地區，多為本國財團在香港的分支機構；不過，也有部分已扎根香港，如郭鶴年家族的嘉里集團、黃廷芳／黃志祥家族的信和集團、印度裔的夏利里拉家族財團、猶太裔的盛智文家族財團等等。其中，郭鶴年家族的嘉里集團、黃廷芳／黃志祥家族的信和集團已融入香港，成為香港華資的組成部分。

從歷史發展的角度看，香港財團的發展，大體經歷了四個階段。第一個階段從香港開埠到二次世界大戰爆發、香港淪陷，這是香港財團萌芽、起步發展階段。在此期間，香港逐步發展為遠東地區一個主要的貿易轉口港，圍繞着這一經濟結構，香港形成了貿易、航運、倉儲、銀

行保險、地產、零售百貨、公用事業等基礎行業，從中發展起一批企業集團，以英資公司為主體，如怡和洋行、寶順洋行、太古洋行、九龍倉、置地公司、滙豐銀行、渣打銀行、香港電燈、香港大酒店等。其中，如怡和洋行，以香港為總部，經營網絡擴展到中國內地沿海主要城市，經營業務從早期的鴉片貿易擴展到進出口貿易、航運、倉儲碼頭、交通運輸、金融保險、房地產、工業及公用事業等領域。這一時期，一些華資公司也形成稍具規模的企業集團，其中以永安公司為代表，到二十世紀 30 年代，永安旗下的聯營公司達 16 家，成為一家以香港為基地，橫跨澳洲、香港地區及中國大陸的多元化企業集團。

　　第二階段從二戰結束到 70 年代末 80 年代初期，這是香港財團發展壯大階段。在此期間，香港經濟從傳統的貿易轉口港轉型為遠東主要的出口加工基地，經濟起飛，各業繁榮，製造業，房地產業，金融業，航空、電力、煤氣等公用事業等都取得了快速發展，香港成為亞洲「四小龍」、新興工業發展地區之一。這一階段，從中國大陸撤回香港的英資財團在香港經濟中的發展攀上其歷史顛峰，成為香港經濟的主導力量，其中的代表是怡和、和記企業、太古、會德豐等四大英資財團，以及作為「準中央銀行」的滙豐銀行、渣打銀行等。不過，香港華資財團也取得了長足的發展，其中的代表是包玉剛旗下的環球航運、董浩雲旗下的東方航運等四大航運集團，李嘉誠旗下的長江實業、郭德勝旗下的新鴻基地產、鄭裕彤旗下的新世界發展等地產「五虎將」。這一階段，香港基本形成以英資財團為主導、以華資及華資財團為主體，以美資、日資、中資，乃至歐洲資本、澳洲資本、東南亞資本為輔助和補充的資本結構。

　　第三階段從 70 年代末 80 年代初到 1997 年香港回歸前夕，這是香港財團動盪、重組階段。在 60 至 70 年代，由於英資財團對香港這一「借來的時空」深存戒心，經營發展漸趨保守，使得新興的華資財團獲得更大的發展空間。這一階段，以李嘉誠、包玉剛為代表的華資財團先後收購一批英資公司，包括中華煤氣、青州英泥、和記黃埔、香港電

燈、九龍倉、會德豐等，英資財團在香港經濟中的地位從顛峰滑落。進入過渡時期，以怡和、滙豐為代表的傳統英資積極部署國際化策略，包括遷冊海外、加快海外投資步伐、撤離香港股市等，英資財團在香港經濟中的主導地位逐漸被華資大財團取代。與此同時，在改革開放政策推動下，中資財團獲得長足的發展，除了中銀集團、華潤、招商局、香港中旅等四大中資公司之外，中央各部門、地方政府在香港開設的中資公司如雨後春筍般湧現，而東南亞資本、日資、美資、澳洲資本等外資財團也空前的活躍，維持並推動了香港經濟的繁榮穩定。

第四階段從 1997 年回歸到現階段，這是香港財團進一步國際化、多元化的成熟時期。在此期間，香港經濟經歷了 1997 年亞洲金融危機和 2008 年全球金融海嘯兩次嚴重衝擊，整體經濟一度陷入衰退，而經濟轉型亦差強人意。不過，香港作為全球性國際金融中心的地位卻得到進一步提升，香港與中國內地的經貿聯繫進一步緊密，特別是得益於此階段中國經濟快速發展，香港經濟獲得平穩發展。在這種宏觀背景下，中資財團借助與中國內地的天然聯繫獲得快速發展，形成一批世界級的企業集團，如華潤、招商局、中信、光大、中遠海運等，中資財團在香港一些重要領域，如金融保險、航運倉儲、貿易分銷、旅遊酒店、影視傳媒、文化出版等行業實力和競爭優勢進一步提升。與此同時，華資財團也加快拓展國內市場，發展成為全國性的大型企業集團，部分如李嘉誠旗下的長和系，傳統英資財團等，更發展成為全球性多元化跨國企業集團。其他國際資本也以香港為基地，拓展亞太區和中國內地市場，或扎根香港，在香港上市，如友邦保險、保誠、創科實業等。不過，2020年全球新冠疫情爆發以後，香港及外國經濟增長放緩，不少財團都受到不同程度的打擊，業績下降。

現階段，從整體來看，香港財團的發展具有以下幾個方面的特點：

第一，經過逾 170 年的演變，香港已形成和發展起一批規模宏大、經營多元、具國際競爭力的企業大財團。

綜觀英資財團，無論是滙豐、渣打，還是怡和、太古、嘉道理

等，幾乎都是以香港或者亞洲為業務基地和盈利重心，擁有龐大的全球性或區域性的經營網絡，如滙豐控股就在全球亞洲、歐洲、北美、澳洲、中東等地區的 67 個國家設有約 3,900 個辦事處，經營業務包括零售銀行及財富管理、工商金融、環球銀行及資本市場，以及環球私人銀行等；怡和以香港為基地，業務橫跨亞太區各個國家和地區，經營業務包括房地產、零售、酒店、汽車銷售、金融保險、重型設備、採礦、建築和能源等。

從華資財團來看，李嘉誠的長和系最為突出，經營業務遍及全球 50 多個國家和地區，包括地產發展、物業投資、酒店、港口及相關服務、零售、基建、能源和電訊等。其他的華資大財團在中國內地和海外都有龐大的投資。從中資財團來看，回歸以後獲得長足的發展，其中不少也崛起成為世界級的大型企業集團，以華潤為例，旗下上市公司的市值，規模已接近怡和、長和等財團。中遠海運、招商局旗下航隊已躋身全球航運集團前列。至於在香港的其他資本財團，其中的相當部分，則是跨國財團在香港的分支機構，實力雄厚，競爭力強。

第二，綜觀香港財團的歷史，其發展壯大的其中一個重要路徑，是透過縱向或橫向的收購兼併而崛起的。

正如美國著名經濟學家、諾貝爾經濟學獎得者喬治・丁・斯蒂格勒在考察美國企業成長路徑時所指出：「沒有一個美國大公司不是通過某種程度、某種方式的兼併而成長起來的，幾乎沒有一家大公司是主要靠內部擴張成長起來的。一個企業通過兼併其競爭對手的途徑成為巨型企業是現代經濟史上一個突出現象。」香港的情況也是如此。從英資財團來看，滙豐在全球崛起，首先是收購了英國米特蘭銀行，回歸之後更展開其全球性的擴張之路。怡和在回歸後最重要的擴展，就是先後收購新加坡的怡和合發和印尼的阿特拉斯國際。

從華資財團來看，李嘉誠崛起，其中的關鍵，是收購了英資四大行之一的和記黃埔和香港電燈，回歸前後更在加拿大、歐洲、澳洲等地展開一系列收購兼併；包玉剛能夠避過 80 年代中期世界航運低潮，關鍵

也在於成功實施「棄舟登陸」戰略,先後收購九龍倉、會德豐等;李兆基也收購了中華煤氣、香港小輪、美麗華酒店等,成為多元化發展的地產大財團。從中資財團來看,情形更加突出,特別是香港回歸之後,一批大型企業集團崛起、成功實施「集團再造」戰略,就是通過一系列的資產營運、收購兼併完成的。如招商局,2015年就將中國外運長航集團整體併入;如香港中旅集團,2016年與中國國旅集團合併重組,實現境內外一體化的管理模式,實力大增;如中遠海運,2016年由中遠集團與中國海運集團總公司重組而成。當然,也有不少例外,如新鴻基地產、新世界發展等,其發展主要是通過集團內部的縱向拓展而展開的。

第三,香港財團(各種資本之間)的結構性均衡、持續發展,對香港整體經濟的繁榮穩定、維持和鞏固香港作為亞太區金融中心、貿易物流中心、航運中心、航空中心乃至作為國際商業大都會的戰略地位,具有至關重要的影響和作用。

目前,香港經濟基本形成以華資、中資、英資大財團為主導;以華資財團和華資企業為主體;以中資、美資、日資、歐洲資本、澳洲資本及其他資本為補充和輔助的資本結構。這一結構實際上構成了香港經濟的基本框架、戰略地位,並成為其國際競爭力強弱的重要因素。其中,華資企業數量眾多,行業分佈廣泛,是香港經濟中最大的資本力量,構成了香港經濟的基礎和主體,並成為推動香港經濟成長和發展的主要動力,90年代以後華資大財團更取代英資成為了香港經濟發展的主導力量。

經過多年銳意發展,中資也形成了一批規模龐大、實力雄厚的多元化企業集團,成為香港經濟中一股舉足輕重的資本勢力,中資大財團成為推動香港與內地經貿關係發展、維持香港繁榮穩定的重要動力。而英資和英資財團在香港的發展歷史悠久,旗下企業集團規模宏大,根基深厚,亦成為香港與國際經濟保持持久密切聯繫的重要紐帶之一。至於其他資本財團,主要集中在香港的金融、保險、貿易分銷、服務、設立地區總部和地區辦事處等領域,這些領域是鞏固和提升香港作為國際金

融、貿易乃至國際商業大都會的地位不可或缺的重要元素。

　　本書以《香港資本與財團》為題，共設 5 章 52 節，分別對英資財團（第一章）、華資財團（第二、三章）、中資財團（第四章）、其他資本財團（第五章）展開敘述，從縱向和橫向兩個維度闡述香港資本與財團的發展演變和發展現狀。其中，縱向維度主要闡述各種資本、各個主要財團的萌芽起源，發展演變，以及投資、經營策略在各個發展階段的轉變等；橫向維度主要以全球新冠疫情爆發前的 2019 年為橫切面，分析各個主要財團的發展現狀，包括其整體規模、業務分佈、經營業績、發展戰略目標與存在問題等，同時也着眼於 2020 年以來發生的重要事件及其演變，以使讀者能夠對香港資本與財團的發展演變有一個全貌式的了解。

　　從宏觀的角度看，一部香港資本與財團的歷史，某種程度上就是香港近現代政治、經濟歷史的一個極其生動精彩的側影，從中反映逾 170 年來香港經濟所經歷的深刻變化、其轉型演變的內在動力和一般規律；從微觀的角度看，可以看出隨着香港、國際國內政治經濟環境的變化，各種資本與財團勢力之間的激烈競爭和角力，其投資經營策略的轉變與成敗得失，其在香港經濟中的地位、作用、特點等。如果本書能對讀者有所裨益，從中得到一些歷史性和現實性的啟示，筆者將深感欣慰。

　　在本書在順利出版之際，筆者首先要衷心感謝中華書局（香港）有限公司前總經理兼總編輯侯明女士、副總編輯黎耀強先生的全力支持，衷心感謝本書責任編輯黃杰華博士的精心編輯和認真勘正！沒有他們的鼎力支持、熱情協助、專業精神和辛勤工作，本書實難以此面貌出版！

　　誠然，由於筆者水平所限，所掌握的資料也有限，其中必定有不少疵誤之處，懇請識者批評指正。

馮邦彥謹識

2023 年 2 月 1 日

目
錄

第一章

英資財團

第一節　概述

▍英資財團的發展歷程

　　香港英資財團的誕生、崛起，最早可追溯到十九世紀上半葉英國東印度公司的對華鴉片貿易。1834 年 4 月 22 日，東印度公司對華貿易壟斷被英國政府正式廢除，鴉片貿易向英商開放，開始了英、美鴉片販子向中國大規模販運鴉片的新時期。香港早期的外資洋行就是在這一背景下的產物。其中，最著名的是英資的怡和洋行、寶順洋行和美資的旗昌洋行。1840 年爆發的中英鴉片戰爭，導致近代香港的開埠及香港英資財團的萌芽、誕生。早期香港的英資洋行，從對中國進行的大規模鴉片貿易中牟取了驚人利潤，完成了資本的原始積累。隨着香港發展成為遠東著名的貿易轉口港，英資洋行迅速將投資觸角伸向香港的航運、倉儲碼頭、銀行保險、地產、酒店及各項公用事業等領域，建立起逾 170年的龐大基業。

　　當時，英國政府不但侵佔香港，而且打開了中國的門戶。上海、寧波、福州、廈門、廣州等五口對外通商，無疑給急於打開中國市場的英商帶來巨大的貿易及投資機會。從香港出發的英資洋行，向上海等五口發動新一輪的擴張。以風光綺麗的上海外灘為大本營，英資洋行迅速將其勢力擴展到沿海及長江流域各個通商口岸，深入中國廣闊的經濟腹地。在逾一個世紀的歷史歲月中，一批聞名遠東的英資財團乘時而起，其中的佼佼者，有號稱「洋行之王」的怡和、被譽為中國航運業巨擘的太古，以及一度主宰中國金融業的滙豐銀行。

1949 年中華人民共和國成立不久，英資財團損失了在大陸的巨額資產，將業務撤退至香港。從二十世紀 50 年代起，伴隨着香港工業化的快速步伐，以及整體經濟起飛，在二次大戰和中國大陸遭受重大挫折的英資財團迅速調整策略，以香港為基地再展鴻圖。經過激烈的競爭、收購、兼併，為數約 10 個規模宏大、實力雄厚的大財團突圍而出，其中最著名的，就是號稱「英資四大行」的怡和、和記企業、太古和會德豐，以及作為香港「準中央銀行」的滙豐銀行。它們透過旗下附屬及聯營公司，投資遍及香港經濟的各個重要領域、重要行業，成為香港經濟的主導力量。

「文化大革命」10 年動亂期間，英資財團鑑於當時的政治氣候，對香港這一「借來的時空」戒心日深，在香港的投資策略轉趨消極，甚至嚴重失誤，部分英資財團更將大量資金調往海外發展，錯失香港經濟蓬勃發展的黃金時期。70 年代末至 80 年代中，隨着中國政局轉趨穩定，經濟上實施改革開放政策，中國對香港的影響日益增強，華資財團在政治上漸取上風。在時局的影響下，羽毛漸豐、財雄勢大的華資財團向信心不足的老牌英資財團發起挑戰。在短短數年間，數家老牌英資上市公司，包括青洲英坭、和記黃埔、九龍倉、香港電燈、會德豐等。先後被華資大亨鯨吞，歷史悠久、聲名顯赫的英資大行四折其二；號稱「洋行之王」的怡和，旗下兩大股肱之一的九龍倉被虎奪，置地被圍捕，僅餘作風保守、雄健的太古尚能倖免，英資財團長期支配香港經濟命脈的主導地位因而動搖，被逐漸打破，以致無可挽回地從其權勢顛峰滑落。

1984 年中英兩國簽署關於香港前途的《聯合聲明》，經歷了逾 150 年英國殖民統治的香港，步入了九七回歸中國的過渡時期。面對這一歷史性巨變，香港的英資財團紛紛急謀對策，調整戰略部署。其中，以怡和、滙豐為代表的傳統英資財團，加緊部署集團國際化戰略，透過遷冊、結構重組、加快海外投資步伐，將第一上市地位外移甚至不惜全面撤離香港股市等一系列措施，使集團蛻變為一家海外的跨國公司，從而實現減低整個集團投資風險的戰略目標。而以太古、香港電訊、嘉道理

等為代表的英資財團，由於部分早已實現集團國際化，且看好香港經濟前景，其戰略的重點是穩守香港的核心業務，透過將旗下公司上市、邀有實力有影響的中資集團加盟、與中國政府建立良好的個人及商業利益關係等措施，力圖淡化英資色彩，重塑其作為香港公司的形象，從而達到穩守香港核心業務的戰略目標。然而，無論是何種戰略部署，在形勢比人強的情況下，其結果均是英資財團在香港經濟中實力進一步削弱及地位進一步下降。

　　1997 年 7 月 1 日，香港回歸中國，成為中華人民共和國轄下的特別行政區，實施「一國兩制」、「港人治港」方針。隨着港英政府的落旗歸國，一個舊時代宣告結束。在新的歷史環境下，已經遷冊、在海外上市的滙豐、怡和，均繼續推進其國際化策略。滙豐以「環球金融、地方智慧」的定位展開其全球擴張之路，打造出一個全球性的金融帝國；怡和則透過收購新加坡的怡和合發及印尼的阿斯特拉國際，並透過旗下各上市公司的海外擴張，發展為亞太區的跨國商貿巨擘。不過，在全球金融海嘯的衝擊和外圍經濟的影響下，滙豐開始調整策略，致力於「轉向亞洲」，更重視拓展包括香港、中國內地在內的大中華市場。

　　香港回歸後，太古、嘉道理等英資財團，進一步鞏固及拓展其在香港的核心業務。太古及國泰航空，與中資的國航展開長達 10 年的博弈，在與國航分享香港航權的背景下，鞏固了其香港的航空版圖；同時，透過分拆太古地產上市，以香港為基地拓展大陸市場。嘉道理家族透過旗下上市公司中電控股和香港大酒店，推進國際化策略，相繼發展為亞太區首屈一指的電力巨頭及全球性最佳豪華城市酒店集團之一。其他英資財團則呈不同發展態勢：歷史悠久的渣打集團，通過在香港整體上市、分拆渣打香港，作為集團進入中國的旗艦，在內地市場取得了矚目發展；英國保誠、施羅德投資等積極拓展香港及中國內地市場；英國大東電報局在全球電訊市場開放的大背景下選擇棄守香港電訊，結果由於錯判形勢最終導致集團衰落、瓦解。與此同時，英之傑、太古等剝離非核心業務，相繼出售英之傑採購服務及太古貿易等，導致華資在香港

電訊、採購貿易等領域，對英資取得了壓倒性的優勢。

　　在現階段，香港的英資包括兩個部分，即長期在香港發展的傳統英資財團和母公司註冊地在英國的英資公司（非傳統英資公司）。據香港特區政府的統計，截至 2019 年 10 月，母公司註冊地在英國的英資公司達 713 家；截至 2019 年，來自英國的直接投資存量為 11,978 億港元，佔香港外來投資存量總額的 8.24%，僅次於英屬維爾京群島（49,363 億港元）、中國內地（40,810 億港元）、開曼群島（13,768 億港元）而排第四位；比 2016 年 2,822 億港元增長了 3.24 倍，比 1997 年 1,843 億港元增長了 5.50 倍。[1]

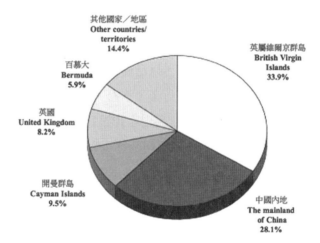

註釋：　# 根據香港近年從個別投資者國家／地區的外來直接投資頭寸選取。
Note:　# Selected based on the position of Hong Kong's inward DI from individual investor countries/territories in recent years.

圖 1-1　2019 年年底按選定主要投資者國家／地區劃分的外來直接投資頭寸（以市值計算）
資料來源：香港特區政府統計處：《香港對外直接投資統計》，2019 年，第 17 頁。

1　《香港對外直接投資統計》，香港特區政府統計處，1997 年、2018 年、2019 年。

　　根據香港特區政府工業貿易署的統計，截至 2020 年 6 月 1 日，母公司位於英國的駐港公司中，134 間為地區總部，198 間為地區辦事處，323 間為當地辦事處；截至 2020 年底，英國在香港的外來直接投資頭寸市值達 1,290 億英鎊（13,670 億港元），英國是香港銀行、投資及控股、地產、專業及商業服務業的重要直接投資來源。[2]

▌英資財團在香港經濟中的地位

　　經過逾 170 年的發展，時至今日，英資財團仍然是香港經濟和資本結構中一個重要組成部分。目前，英資財團的勢力，主要集中在香港金融、公用事業、批發零售、地產、酒店等領域。

　　第一，在銀行、保險等金融業仍擁有相當大的優勢。

　　英資在香港金融業的勢力，主要包括滙豐控股集團和以渣打銀行為首的英資銀行兩部分。長期以來，以滙豐和渣打為首的英資銀行，一直操縱着香港的金融業，尤其是銀行業。不過，進入過渡時期以來，滙豐和渣打在香港銀行業的地位開始受到中資銀行集團的挑戰。回歸以後，滙豐控股集團在香港的業務，主要由其全資附屬公司 —— 香港上海滙豐銀行（簡稱「香港滙豐」）承擔。香港滙豐與渣打、香港中國銀行是香港三大發鈔銀行和政府主要往來銀行。香港滙豐持有恒生銀行 62.14% 股權。恒生則是香港本地註冊的最大上市銀行。至 2019 年底，英資銀行在香港共有 9 家，包括滙豐控股（HSBC Bank plc）、香港滙豐銀行、渣打銀行、恒生銀行、滙豐銀行國際、美國滙豐銀行、滙豐私人銀行（瑞士）、巴克萊銀行（Barclays Bank PLC）、蘇格蘭皇家銀行（The Royal Bank of Scotland Group PLC）等。由於香港金融管理局沒有單列香港滙豐集團的統計，只是將其納入「其他」一欄。根據「其他」一欄

2　香港特區政府工業貿易署：《香港與英國的貿易關係》，2022 年 12 月，參見香港特區政府工業貿易署官網。

的相關數字，基本可以了解滙豐集團在香港業務的大體情況。2019 年，香港滙豐集團無論在銀行資產、客戶存款、客戶貸款都仍居首位，三項指標都超過中資銀行集團的佔比。誠然，雙方的差距正逐步縮小。[3]

英資銀行中，巴克萊銀行和蘇格蘭皇家銀行也是兩家重要的銀行集團。巴克萊銀行是英國最大的商業銀行之一，總部位於英國倫敦，其歷史可以追溯到 1690 年。2022 年度，巴克萊銀行營業收入為 249.56 億英鎊，除稅前利潤 70.12 億英鎊，總資產 15,137 億英鎊。[4]巴克萊銀行於 1972 年進入香港，1981 年及 1994 年先後在北京、上海設立辦事處。2008 年全球金融海嘯爆發後，巴克萊銀行一度有意撤出亞太區，2016 年以 3.2 億美元將其在香港和新加坡的個人資產與投資管理業務出售予新加坡銀行。不過，近兩年來，巴克萊銀行在亞太區的業務再度轉趨積極，其香港分行員工人數增加了 20%。目前，巴克萊銀行香港分行在集團的亞太區業務中擔當重要的戰略角色：其投資銀行業務為企業、政府機構及大型機構客戶提供全面的戰略財務諮詢、融資和風險管理方案；其全球市場業務則涵蓋匯率及外匯產品、證券、信貸、證券化產品、經紀服務及固定收益融資等風險管理。2019 年度，巴克萊銀行香港分行客戶存款總額 10.71 億港元，除稅前利潤 1.45 億港元，總資產 129.33 億港元。[5]

蘇格蘭皇家銀行創辦於 1727 年，總部位於蘇格蘭愛丁堡。2000 年，蘇格蘭皇家銀行成功併購國民西敏寺銀行，組成「蘇格蘭皇家銀行集團」（The Royal Bank of Scotland Group PLC），一躍成為英國最大的商業銀行之一。2007 年蘇格蘭皇家銀行併購荷蘭銀行（ABN AMRO）

3　香港金融管理局：《2017 年報》，第 260 頁。

4　*Barclays PLC 2022 Results Announcement*, 31 December 2022, p. 4.

5　《新形勢下的應變之道：2020 年香港銀行業報告》，第 83 頁，普華永道官網：https://assets.kpmg.com/content/dam/kpmg/cn/pdf/zh/2020/06/hong-kong-banking-report-2020.pdf。

後，遇上全球金融海嘯而陷入困境，連續 10 年出現經營虧損，直至 2017 年度才再次實現年度盈利。為此，2009 年 8 月，蘇格蘭皇家銀行以 5.5 億美元將該行在亞洲 6 個國家和地區的業務出售予澳新銀行（ANZ），全面撤出亞洲，其中包括出售在香港的零售、財富管理及商業業務（不包括在香港的證券業務）。2017 年度，蘇格蘭皇家銀行營業收入為 5.82 億港元，除稅前利潤 4.44 億港元，總資產 1.86 億港元，客戶存款總額為零。[6] 2020 年，蘇格蘭皇家銀行集團更名為「國民西敏寺集團」（NatWest Group Plc.），重建新品牌。

在銀行業以外的其他金融領域，英國公司亦積極參與香港證券與期貨交易，提供投資顧問及基金管理服務，擁有相當大優勢。在二十世紀八九十年代，滙豐的獲多利、怡和的怡富與施羅德的寶源投資並稱香港三大投資銀行。多年來，寶源投資管理（香港）一直為區內的機構、退休基金、私人客戶和互惠基金投資者，提供專業的投資管理服務，是香港業內最具實力的資產管理公司之一。2008 年 4 月，母公司施羅德集團將寶源投資管理（香港）改名為「施羅德投資管理（香港）有限公司」，業務進一步拓展到大中華地區。

就保險業而言，來自英國的保險公司有 9 家，也擁有相當大的優勢。據統計，2019 年，以總保費收入（整付保費＋年化保費）計算的個人新單保費收入排名前 10 名的香港壽險公司中，英資的滙豐人壽保險公司排名第 3 位，次於友邦保險和中國人壽海外；英國保誠和恒生人壽保險分別排在第 4 位和第 7 位，三者合共所佔香港壽險市場的份額為 26.7%，約佔四分之一強。

第二，在航空、電力等公用事業領域仍擁有很大的實力和市場份額。

　　長期以來，香港的公用事業，除了水務、郵政、機場、地鐵、九廣鐵路等由香港政府控制的旗下公司直接經營外，其餘基本都被英資財團壟斷。然而，這種情況在 70 年代末以來發生了重要變化：中華煤氣、香港電燈、海底隧道、香港電車、天星小輪等一批公用事業公司相繼落入華資財團手中，華資財團逐步形成了與英資財團分庭抗禮的局面。2000 年，英國大東電報局將旗下香港電訊所持股權出售予李澤楷旗下的盈科動力，退出了其長期壟斷的香港電訊領域，英資在公用事業的勢力進一步受到削弱。不過，時至今日，英資財團在香港的航空、電力兩個行業仍擁有相當大的實力和市場份額。

　　就在航空業而言，太古集團持有國泰航空 41.9% 股權，繼續保持其大股東的地位。經過多年發展，國泰航空已成為全球最重要的航空公司之一，國泰航空透過其全資附屬公司 ── 國泰港龍航空（已於 2020 年關閉）及持有 60% 股權的華民航空，經營中國大陸航線和貨運航空業務。與此同時，中資的國航則持有國泰航空 29.99% 股權，成為第二大股東，中信泰富持有 2.98% 股權，兩者合共持有 32.97% 股權，透過持有的股權參與並分享國泰航空的經營。同時，太古還透過旗下的全資附屬公司 ── 港機工程、國泰空運貨站、國泰航空飲食服務（香港）、國泰航空服務、香港機場地勤服務及航空護衛等，掌握了香港的飛機維修、貨物空運、航空食品供應、機場服務及保安服務等與航空相關的服務領域很大市場份額，其中包括國泰透過旗下國泰貨運，持有國貨航 49% 的權益，參與經營內地的航空貨運業務。另外，由怡和集團持有 41.69% 股權的香港空運貨站則經營赤鱲角國際機場超級一號貨站。由英資作為大股東的國泰空運貨站和香港空運貨站，控制了香港絕大份額的空運貨站業務。而由新加坡持有控股權的亞洲空運中心，則經營機場的二號空運貨站。

　　在電力供應方面，由嘉道理家族持有控股權的中電控股，自 1901年成立以來便一直壟斷着香港九龍半島、新界及離島大嶼山、長洲等地區的電力供應。回歸以來，中電控股的業務有了很大發展，已成為亞太

區首屈一指的電力巨頭，為香港、中國內地、印度、澳洲、東南亞及台灣等地區，提供多種組合的能源服務，涵蓋用煤炭、天然氣、核能、風力、水力及太陽能發電。在香港，2019 年度，中電控股的客戶數為 264 萬戶，年銷電量為 342.84 億度，約佔香港電力供應市場的八成左右。

第三，在地產、酒店業仍穩佔高端市場領先者位置。

70 年代初以前，英資財團一直在香港地產業中佔有絕對優勢。及至 70 代末至 80 年代中，一批擁有大量土地儲備的英資公司先後易手華資財團，使華資在地產業中的勢力迅速擴張，取代了英資的主導地位。時至今日，英資財團在香港地產市場上仍有一定的實力。其中，怡和旗下的置地公司是香港歷史最悠久、規模宏大的地產集團。回歸以後，置地在鞏固香港中環物業組合的同時，積極拓展亞太區及中國內地市場，已發展為一家以香港為基地的亞太區跨國地產集團。英資在地產界的另一主力太古地產，目前已成為香港及中國內地領先的綜合項目發展商及營運商，主要業務包括物業投資、物業買賣、酒店投資。此外，嘉道理家族在香港亦擁有龐大物業組合，包括聖約翰大廈、聖佐治大廈、淺水灣影灣園、淺水灣住宅大廈、半島酒店，以及嘉多利山、嘉道理農場等等。

就酒店業而言，嘉道理家族旗下的香港大酒店集團及怡和旗下的文華東方集團，在香港酒店業的高檔市場仍保持競爭優勢，其品牌半島酒店及文華東方酒店是全球最奢侈、豪華酒店之一。2020 年，在權威的《福布斯旅遊指南》全球五星級酒店評定名單中，香港入選的酒店共 8 間，其中，英資佔了 4 間，包括怡和旗下的香港置地文華東方酒店、香港中環文華東方酒店，嘉道理旗下的香港半島酒店，以及香港洲際酒店；另外 3 間為華資酒店，包括郭氏家族的香港四季酒店和香港麗思卡爾頓酒店，以及鄭氏家族旗下的香港瑰麗酒店；另一家則為中資的華潤集團旗下的香港瑞吉酒店。

其中，香港洲際酒店前身為華資新世界發展旗下的麗晶酒店，位於九龍尖沙咀，以擁有維多利亞壯觀的海港景色聞名。2001 年，新世

界發展旗下將麗晶酒店以 26.98 億港元出售予英國巴斯集團（Bass Hotel & Resort）。巴斯集團創辦於 1777 年，為英國最大的釀酒商，並擁有大批酒館。該集團於 1988 年購入假日酒店國際，發展成為全球著名的酒店集團。2001 年，巴斯集團透過旗下的洲際酒店集團收購香港麗晶酒店，改名為「香港洲際酒店」，作為該集團亞太地區的旗艦酒店。2015 年，巴斯集團將酒店物業業權以 9.38 億美元出售予基匯資本，但仍保留香港洲際酒店 37 年管理許可權及三次管理合約延期權，每次可延長 10 年，即洲際可經營管理酒店達 67 年。2020 年，洲際酒店集團宣佈對香港洲際酒店展開大規模翻新工程，並計劃以「香港麗晶酒店」重新面世。

第四，在零售業、服務貿易等擁有龐大的銷售網絡。

在零售業，怡和旗下的牛奶國際佔有重要地位。目前，牛奶國際已發展為亞洲著名的大型零售集團，旗下僱員超過 20 萬名，所經營的業務涵蓋超級市場及大型超市、便利店、美健產品零售店、家居用品店及餐飲業務等 5 大領域。牛奶國際在香港所經營的業務，包括惠康超市、萬寧藥房、美心速食連鎖店、7-11 連鎖店等，均為家喻戶曉的零售品牌。另外，英國商人羅伯特・米勒（Robert Miller）旗下的 DFS 免稅連鎖集團，是世界領先的奢侈品旅遊零售商之一。DFS 集團創辦於 1960 年，總部設在香港。經過多年的發展，該集團擁有代理超過 700 個世界品牌，店舖遍佈亞洲、太平洋島嶼、歐洲、北美洲、澳洲及中東地區，包括 11 個主要機場的免稅店，20 個位於主要城市市中心的 T 廣場，以及其他分支機搆和度假地商店。其中，在香港設有 4 間分店，包括 T 廣場美妝世界銅鑼灣店、T 廣場美妝世界、T 廣場廣東道店和 T 廣場尖東店等。[7] DFS 集團主要股權由世界上最大奢侈品集團 —— 酩悅・軒尼詩—路易・威登集團（LVMH）擁有，共同創始人羅伯特・米勒

---

7 DFS 集團「關於我們」部分，參見 DFS 集團官網。

是公司的重要股東之一。

就百貨零售業而言，英國百貨集團馬莎百貨（Marks & Spencer Group PLC）自 1988 年起進入香港市場。馬莎百貨總部設於英國倫敦，創辦於 1930 年，是英國最具代表性的百貨連鎖店之一，主要經營服裝、食品、家用品等貨物。馬莎百貨在香港開設的首家店舖位於尖沙咀海洋中心，其後成為在香港的旗艦店。至 2017 年，馬莎在香港、澳門開設的分店達 27 間，成為香港主要的高檔百貨公司之一。不過，自 2016 年以來，馬莎開始調整集團國際業務，先後退出包括中國內地在內的 10 個虧損市場；及至 2017 年底，又將港澳市場的全部店舖出售給特許經營合作夥伴 Al-Futtaim Group。

就物流業而言，由英國商人查理得‧埃爾曼（Richard Elman）於 1987 年在香港創辦的來寶集團（Noble Group），曾一度躋身全球 500 強之列。埃爾曼出生於英國南部的布萊頓，早年曾在美國貿易集團 Philip Brother 任職，1986 年重返香港，翌年以 10 萬美元啟動資金創辦來寶集團，總部設於香港，主要從事鋼鐵貿易業務。來寶曾於 1994 年在香港聯交所掛牌上市，但於 1996 年 5 月撤銷上市，並於 1997 年在新加坡上市。2001 年，來寶收購瑞士 Ander & Cie 公司的糧食和可可業務，一躍而成著名的供應鏈管理商。憑藉當時中國經濟高速增長的東風，來寶的業務獲得快速增長。其後，來寶透過一系列收購，將經營業務擴展到農業（棉花、穀物）、能源、物流，以及金屬、礦物和礦石業等多種領域，並將農業和工業期貨產品的採購、行銷、加工、融資、保險和運輸等環節結合起來，為客戶提供一條龍供應鏈服務，在 40 多個國家和地區均設有辦事處，業務遍及全球，主要是從南美、南非、澳大利亞和印尼等低成本地區採購大宗商品來供應需求高增長的市場，特別是亞洲（包括中國內地）和中東等，成為全球性大宗商品交易商。

2009 年 9 月，中國主權財富基金中國投資有限公司以 8.50 億美元購入來寶 14.5% 股權，成為來寶的主要股東之一。2010 年，來寶集團

的市值高達 100 億美元，在全球 500 強中排名第 139 位，同時與三菱、三井物產共同居貿易業前三甲。然而，來寶在 2015 年遭到指控虛報數十億美元資產後引發股價暴跌，信用評級降至垃圾級，使得資金緊張，業務逐步陷入困境和危機之中，債務高達 35 億美元。2018 年，來寶完成債務重組並退市，由債權人中東投資者 Goldilocks 等入主新來寶（Noble Group Holdings Limited），並將總部從香港遷往倫敦。重組後，優先債權人持有集團 70% 股權，原股東持有 20% 股權，管理層持有 10% 股權，創辦人埃爾曼退出董事會和管理層。

就服務業而言，怡和透過旗下的全資附屬公司怡和太平洋、怡和汽車等，在香港和亞太地區經營建築、空運貨站、航空地勤服務、工程、地產投資、餐飲、電梯服務、旅遊、為個人和企業提供技術解決方案和諮詢服務，以及汽車代理銷售等，從而建立起龐大的銷售網絡。其中，怡和太平洋旗下的金門建築，至今保持香港建造業的領先地位；怡和工程總部設在香港，業務遍及亞洲，專注於提供電氣、機械和建築技術，並提供承包專業知識和大規模安裝及持續運營和維護服務。另外，怡和汽車還透過旗下的仁孚行在香港和澳門地區經銷梅塞德斯—賓士汽車。

就會計服務業而言，全球四大會計師事務所中，普華永道（Price Waterhouse Coopers）、德勤（Deloitte Touche Tohmatsu Limited）、安永（Ernst & Young）三家公司總部均設於英國倫敦，他們與總部設於荷蘭阿姆斯特丹的畢馬威（KPMG）等四大全球會計師行均為香港最重要的會計師事務所，壟斷了香港每年 IPO 的約六、七成審計業務。據瑞恩資本（Ryanben Capital）的統計，2018 年 8 月至 2020 年 7 月兩年期間，香港新上市公司共有 347 家，包括主板上市 310 家，創業板上市 37 家，共有 16 家審計機構參與這批公司的上市業務。其中，德勤參與 87 家，普華永道 86 家，安永 82 家，四大會計師事務所共參與安排 IPO 公司 255 家，佔香港當年總數的 74.49%（表 1-1）。

表 1-1　香港 5 大 IPO 審計機構排行榜

審計機構名稱	集團總部所在地	2018 年 8 月至 2020 年 7 月	
		排名	IPO 數量（家）
德勤	英國倫敦	1	87
普華永道	英國倫敦	2	86
安永	英國倫敦	3	82
畢馬威	荷蘭阿姆斯特丹	4	28
立信德豪	比利時布魯塞爾	5	20

資料來源：瑞恩資本

▎英資財團在香港經濟中的主要特點和作用

　　現階段，英資和英資財團在香港經濟和香港資本結構中，具有兩個顯著的特點：

　　首先，英資和英資財團在香港的發展歷史悠久，旗下企業集團規模宏大，根基深厚，經營多元。

　　香港英資大財團，幾乎都是在十九世紀中葉香港開埠不久後進入香港，扎根香港，並隨着香港經濟的成長、起飛而崛起且發展壯大的。其中，怡和的歷史比香港開埠還早。香港開埠之初，怡和即將其總部從廣州遷至香港，至今已逾 170 多年歷史，故怡和自稱「一直代表殖民地時代的香港」。滙豐銀行則是首家在香港註冊、總部設在香港的銀行集團，其創辦年份僅比香港開埠遲了 23 年，至今亦有超過 150 年歷史。太古集團早在 1870 年便進入香港。這些財團的歷史，幾乎可以說是港英管治時期香港經濟發展的一個縮影。

　　經過逾百年的發展，這些碩果僅存的英資財團都發展成業務多元化、規模宏大的跨國企業集團，其在香港的經營可謂根基深厚，業務無遠弗屆。以怡和為例，時至今日，怡和集團經營的業務幾乎滲透到香港經濟的各個領域、各個行業，包括地產、酒店餐飲、零售、保險、證券、航運、航空、建築和工程，以及各類服務等領域。在二十世紀 80 年代，有人曾對怡和在香港的業務做過極其生動的描述：「怡和的業務

規模宏大，無遠弗屆。即使你只是偶然來港幾天，亦會不期然與怡和扯上關係。當你步落飛機的一剎那，香港機場服務公司（怡和佔 50% 股權）的僱員便會協助你搬運行李。其後，接待你前往酒店的汽車，極可能是仁孚（怡和佔 75% 股權）負責經銷的平治牌房車。在酒店方面，最受銀行家偏愛的文華酒店，屬於怡和聯營機構置地公司的物業。至於商界人士，自當十分熟悉怡和與富林明合辦的怡富有限公司。假如你喜歡逛公司的話，你或會選購經由怡和代理的姬仙蒂柯服裝、登希路高級產品、錦囊相機、白馬威士卡和軒尼詩干邑。同時，你亦大有機會光顧置地屬下的超級市場，購買一些日常用品。身在香港這個繁榮都市，必然無法避開金門建築公司（怡和全資附屬機構）推土機發出的噪音和煙塵。事實上，外國遊客亦很難不踏足怡和的物業，因為大部分中區商廈均屬置地公司所有，其中包括置地廣場和康樂大廈。當你離開香港時，你可能會乘搭怡和代理航空公司的班機。在離開之前，你使用的仍然是怡和的服務，機場貨運和機場保安等空運事業，都是怡和屬下的企業。」[8] 怡和在香港經濟中的影響之深廣由此可見一斑。

經歷百年滄桑，特別是回歸以後的發展，英資財團旗下的各上市公司幾乎都成為香港經濟各領域各行業的「巨無霸」。據統計，截至 2018 年底收市，香港 5 大英資財團旗下各個上市公司的市值總額，高達 29975.35 億港元，是 1994 年底該 5 大財團總市值的 3.74 倍。其中，滙豐控股市值高達 13193.45 億港元，恒生銀行市值達 3361.02 億港元，分別比 1994 年底市值增長了 5.08 倍和 2.14 倍。怡和旗下在新加坡證券交易所作第二上市的 6 家上市公司（沒有計算在印尼上市的阿斯特拉國際的市值），市值高達 1186.87 億美元（約 9260.58 億港元），比 1994 年底市值增長了 6.39 倍。

其次，回歸後，香港英資財團逐步喪失其原來享有的在政治、經

濟上的特權，轉而發展成為以香港為基地、經營網絡遍及全球，特別是亞太區的跨國企業集團，並以此作為其在香港競爭的重要優勢。

回歸之前，香港英資財團一個重要特點，是與港英政府長期保持密切聯繫，實際上直接或間接參與了港英政府的政經決策過程，並從中獲得種種特權，成為港府管治香港的重要支撐力量。英資財團中，滙豐與香港政府的關係更為密切。長期以來，滙豐實際上是香港的「準中央銀行」，擔任發鈔、中央票據結算管理、政府主要往來銀行等多種重要中央銀行職能，並在外匯基金的支持下扮演「最後貸款者」角色。滙豐作為港府的首席金融顧問，參與了港府幾乎所有重要的經濟決策。正是因為這種特殊關係，它們在香港的經濟利益自然得到港府的特殊照顧，如能以優厚的條件獲得港府批出的龐大土地以發展倉儲碼頭及船塢等，優先獲得經營電訊、電力供應等重要公用事業的專利權，其在香港的壟斷地位亦獲得港府特殊政策保護，如國泰航空在港府「一條航線、一家航空公司」的政策保護下幾乎壟斷了香港的航空業。

隨着港英政府落旗歸國，英資財團與香港行政當局原有的「天然臍帶」被切斷，其與華資、中資集團相比，如果不是處於劣勢的話，至少已不再具有優勢。英資財團在香港的政治架構中，不但喪失以往全部特權，其政治影響力亦大幅削弱。在經濟上，隨着英資財團在香港政壇影響力被逐漸削弱，其在經濟領域中的種種特權亦面臨挑戰，並逐漸喪失。當時，最明顯的事件就是在「一條航線、一家航空公司」的政策框架下處於壟斷地位的國泰航空，受到了香港中航的挑戰，被迫於 90 年中期將 35.8% 的港龍航空股權出售予中航。

正是在這種宏觀背景下，香港英資財團，特別是滙豐和怡和，加快了其國際化的戰略部署。不過，回歸後經過 20 多年的拓展，滙豐控股集團發展成為全球性大型跨國金融集團，其經濟網絡遍佈全球各個地區，在全球 67 個國家設有約 3,900 個辦事處；同時，滙豐也在中國內地建立起龐大的經營網絡，經營網點達 178 個。怡和也發展成為亞太區的跨國商貿巨擘，以香港為基地橫跨亞太區各個國家和地區，包括香

港、中國內地、台灣、新加坡、印尼、馬來西亞、泰國、菲律賓、越南、柬埔寨、文萊等。嘉道理旗下的中電控股和大酒店，在致力發展香港業務的同時，也積極拓展中國內地和亞太區業務。其中，中電控股發展成為亞太區首屈一指的電力巨頭，為香港、中國內地、印度、澳洲、東南亞及台灣等地區提供多種組合能源服務。香港大酒店在全球多個城市建立起酒店網絡，發展成為全球最佳豪華城市酒店集團之一。至於太古，早已是國際化大型企業集團，其母公司英國太古集團的總部設於倫敦，在澳洲、美國、巴布亞新磯內亞及非洲等地擁有龐大業務，渣打集團的情況也是如此。渣打作為國際性銀行，業務遍佈亞洲、次大陸、非洲、中東及拉丁美洲等新興市場。

　　綜觀香港傳統的英資財團，幾乎都是以香港為業務基地和盈利重心，擁有龐大的全球性或區域性的經營網絡，因而充分運用這一競爭優勢，在香港、中國內地、全球，特別是亞太區其他地區，縱橫捭闔，靈活地發展旗下多元業務。英資財團的這一優勢，亦有利於鞏固和提高香港作為中國內地企業「走出去」的跳板，以及跨國企業進入中國的橋頭堡，有利於發揮香港作為國際金融中心、國際商貿中心、國際航運及航空中心的功能和作用。

第二節　滙豐財團

▋ 滙豐銀行的創辦與早期發展

　　滙豐控股集團是香港主要的英資財團之一，其前身是創辦於 1865 年 3 月 3 日的香港上海滙豐銀行有限公司。

　　香港上海滙豐銀行的創辦，正值西方列強對華貿易進入大擴張的新時期。其導火線是 1864 年 7 月孟買的英國商人計劃開設一家在倫敦註冊、總部設在香港的「皇家中國銀行」，然而，他們只打算在總額 3 萬股的銀行股份中，撥出 5,000 股給中國大陸和香港的投資者，這個消

息激怒了香港的洋行大班們。1864 年 8 月,鐵行輪船公司駐港監督蘇格蘭人托馬斯・蘇石蘭(Thomas Sutherland)察覺到香港和中國沿岸地區對當地銀行融資服務的需求殷切,決定按照穩健的「蘇格蘭銀行業務原則」,創辦一家「契合國際商貿需求的本地銀行」。

為此,蘇石蘭起草了一份招股說明書,並得到 14 家在香港運營的最大公司支持,包括美國與印度貿易行,以及歐洲公司。在他的倡議下,由 15 人組成的滙豐銀行臨時委員會正式成立。臨時委員會主席由寶順洋行的代表喬姆利擔任,成員包括寶順洋行、瓊記洋行、孻乜洋行、禪臣洋行、太平洋行、吠禮查洋行、沙遜洋行、公易洋行等香港主要洋行的代表,可以說幾乎囊括了當時香港所有大洋行的代表(怡和洋行除外)。[9] 他們大多數是最早在廣州建立洋行的商人,包括蘇格蘭、德國、印度、美國、英格蘭以及挪威人。不過,在其後的歲月裏,除英商外的其他股東陸續退出,滙豐逐漸演變成英國人管理的銀行。

滙豐銀行創辦時資本 500 萬港元,共 2 萬股,每股 250 港元。[10] 根據 1866 年 5 號法例實收股本 4 萬股,每股 125 港元。1865 年 3 月 2 日,滙豐臨時委員會改組為滙豐銀行董事局。3 月 3 日,滙豐銀行正式開業,首任總司理是法國人維克多・克雷梭(Victor Kresser),他也是滙豐銀行的第一位客戶。[11] 最初,滙豐銀行的名稱是「香港上海滙理銀行有限公司」(Hongkong and Shanghai Banking Co., Ltd.),1881 年易名為「香港上海滙豐銀行」(The Hongkong and Shanghai Banking Corporation),總部設在香港中區皇后大道中 1 號獲多利大廈,成為首家以香港為總部的本地註冊銀行。1866 年,滙豐銀行條例(Hong Kong

9　柯立斯著、中國人民銀行金融研究所譯:《滙豐銀行百年史》,北京:中華書局,1979 年,第 160-161 頁。

10　HSBC, *History Timeline*,參見:https://www.hsbc.com/who-we-are/our-history/history-timeline

11　《滙豐集團:今昔史話》,第 3 頁,參見滙豐控股網頁。

and Shanghai Bank Ordinance, 1866）獲香港政府和英國財政部批准，滙豐銀行註冊為有限責任公司，並獲香港政府特許發行鈔票。

滙豐銀行在創辦之初，經歷了香港第一次嚴重的金融危機。1866年初，香港 11 家外資銀行中有 6 家因擠兌而倒閉。滙豐銀行重要支柱之一的寶順洋行、瓊乜洋行先後宣告倒閉。不少銀行縮短匯票付款期限，而滙豐維持付款期限不變，抵禦了這場金融風暴。其後，銀行業很快因香港轉口貿易的增長而繼續發展，滙豐銀行的業務亦相應發展，並成為香港最主要的商業銀行。當時，它幾乎與香港所有的大洋行保持業務往來，而且很快與香港政府建立了密切聯繫。1872 年，它以提供優惠的條件，從東藩匯理銀行手中取得香港政府的往來賬戶。十九世紀70 年代中葉，「滙豐」的名稱開始使用，取其「匯款豐富」或「聚焦財富」之意，[12] 1881 年，這個名字已在滙豐銀行的鈔票上出現。這時，滙豐銀行已超過東藩匯理銀行，成為香港最大的銀行。1880 年，滙豐銀行經營的業務已佔香港全部業務的 50%。[13]

從 1876 年起，滙豐銀行業務進入了一個迅速發展時期。當年，滙豐銀行的傑出銀行家湯馬士·昃臣（Thomas Jackson）出任總司理。這時，滙豐銀行的分行網絡已從香港擴展到上海、倫敦、橫濱、神戶、大阪、加爾各答、孟買、西貢、馬尼拉、新加坡、廈門及漢口等地。1875 年，滙豐的經營網絡已橫跨亞洲、歐洲及北美洲的 7 個國家和地區，主要為中國的茶葉和絲綢、印度的棉花和黃麻、菲律賓的砂糖，以及越南的稻米和絲綢出口提供融資，並從三藩市購備白銀。[14] 1886 年，滙豐銀行耗資 30 萬港元在總行原址及毗鄰一幅土地上興建新的總行大廈。

12　HSBC, *History Timeline*，參見：https://www.hsbc.com/who-we-are/our-history/history-timeline

13　T. K. Ghose 著，中國銀行管理處培訓中心譯：《香港銀行體制》，香港：中國銀行管理處培訓中心，1989 年，第 4 頁。

14　HSBC, *History Timeline*，參見：https://www.hsbc.com/who-we-are/our-history/history-timeline

這一時期，滙豐銀行成為中國首屈一指的外資銀行。1865 年，滙豐銀行在香港創辦一個月後，即在上海開設分行。[15]「香港上海滙豐銀行」這個名稱，反映了滙豐對中國市場的高度重視。滙豐銀行在上海開設分行後，即以香港為總部，以上海為樞紐，在中國個各通商口岸建立龐大的分行網絡，計有：漢口（1868 年）、廈門（1873 年）、福州（1877年）、天津（1881 年）、北京（1885 年）、廣州（1909 年）、煙臺（1910年）、青島（1914 年）、哈爾濱（1915 年）、大連（1919 年）、瀋陽（1926年）、汕頭（1938 年）及重慶（1943 年）等。

在英國政府和擔任中國海關總稅務司的英國人赫德（Robert Hart）的支持下，滙豐銀行先是於 1874 年經辦了中國首宗公債 —— 年息 8 厘福州貸款，此後更為多項政府鐵路及基建項目發債；[16] 並一度取得了獨家保管中國關稅和鹽稅的特權，繼而將貸款領域擴展到鐵路、礦山及工廠等，它不但在相當程度上影響着中國的對外貿易，而且在相當時期內控制着中國的匯兌市場，成為中國金融業赫赫有名的壟斷寡頭。滙豐銀行主宰中國的金融業時間長達 80 餘年，其對中國經濟影響之深遠，無出其右。這一時期，滙豐銀行成為中國金融市場的壟斷寡頭。[17]

第一次世界大戰後，滙豐銀行將發展重點集中在亞洲，先後擴張上海、曼谷、馬尼拉等分行的業務。1929 年，滙豐在九龍開設第二家香港辦事處。20 世紀 30 年代，許多市場出現衰退和動盪。儘管如此，滙豐仍然動工興建新總部大廈。1935 年，滙豐新總部大廈落成啟用，成為香港首棟設有冷氣系統的建築物。

15　HSBC, *History Timeline*，參見：https://www.hsbc.com/who-we-are/our-history/history-timeline

16　滙豐控股：「滙豐集團：今昔史話」，第 6 頁，參見滙豐控股官網。

17　馮邦彥：《香港英資財團（1841-2019 年）》，香港：三聯書店（香港）有限公司，2019 年，第 126-133 頁。

▌ 支配香港經濟的金融集團

二次大戰期間，滙豐銀行遭受了很大損失，銀行總行及其 39 間分行，除了倫敦、紐約、舊金山、加爾各答、孟買及科倫坡外，包括香港總行、九龍分行以及在中國大陸和遠東地區的其餘 34 間總分機構，全部被日軍接管。幸而它保存在倫敦的龐大準備金安然無恙，而早在香港淪陷前夕，滙豐已通過英國政府殖民部授權，將倫敦分行升格為總行，分行經理莫爾斯（Authur Morse）接任滙豐銀行大班，接管了總行的全部職責。

戰後，滙豐銀行於 1946 年 6 月將總部遷回香港，並着手解決被日軍逼簽發行的港幣問題。滙豐與香港政府商定，由滙豐撥出 100 萬英鎊作準備金，不足部分由港府外匯基金的投資利息彌補。此事的圓滿解決增加了滙豐的信譽。這一時期，滙豐銀行積極向香港的公用事業公司，以及主要的企業和商行貸款，協助香港重建。50 年代初，滙豐銀行從中國大陸撤回香港，它迅速調整發展戰略。當時，香港的工業化進程已經起步，不但紡織業、製衣業生氣勃勃，塑膠、電子業也在發展，香港正經歷着從貿易轉口港到遠東加工工業中心的急速歷史轉變。滙豐銀行迅速從這種轉變看出了香港經濟的發展前景以及它對滙豐重建的深遠意義。1948 年，滙豐首次對香港紡織業提供貸款。[18] 1950 年，它打破了近百年的傳統慣例，直接和來自上海的華人實業家打交道，向他們提供發展工業所急需的資金。[19]

隨着香港工業化步伐的邁進，滙豐銀行再次在香港及亞太區建立龐大的銀行網絡。1946 年，滙豐在香港的總分支機構僅有皇后大道中

---

18 HSBC, *History Timeline*，參見：https://www.hsbc.com/who-we-are/our-history/history-timeline

19 Frank H. H. King, *The Hongkong Bank in the Period of Development and Nationalism, 1941-1984* (The History of The Hongkong and Shanghai Banking Corporation Volume IV), Hong Kong and Shanghai Banking Corporation 1988, pp. 351-352.

總行和九龍分行兩間。1948 年,繁華的旺角位處於香港工業蓬勃發展的中樞位置,滙豐在此試行開設第二間分行,為新興的製造商提供金融服務,結果成績斐然。[20] 到 1961 年,滙豐在香港開設的分行數已達到 16 間。[21] 與此同時,滙豐銀行在亞太區的業務亦順利拓展。到 1962 年,它已先後在逾 10 個國家設立 43 間分行和辦事處,包括東京、神戶、大阪、橫濱、西貢、海防、金邊、曼谷、仰光、加爾各答、科倫坡、新加坡、吉隆坡、古晉、馬六甲、檳城、北婆羅洲、文萊、沙勞越、倫敦、漢堡、巴黎、里昂、紐約、三藩市以及洛杉磯等城市。1965 年滙豐銀行成立 100 周年,此時滙豐已在全球設立 170 個辦事處(圖 1-2)。

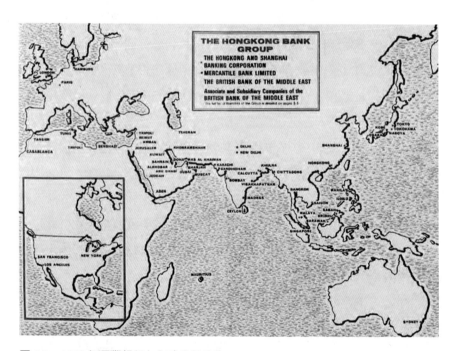

圖 1-2 1965 年滙豐銀行在全球分行分佈
資料來源:HSBC, *The HSBC Group: Our story*, HSBC Holdings plc, 2013, p. 20.

---

20 滙豐控股:「滙豐集團:今昔史話」,第 18 頁,參見滙豐控股官網。

21 《滙豐銀行百年史》,第 367 頁。

　　1959 年，滙豐收購了歷史悠久的有利銀行。當時，有利銀行在印度、東南亞及遠東設有 37 間分行，是香港三大發鈔銀行之一。1960 年，滙豐再收購中東英格蘭銀行（The British Bank of the Middle East）。中東英格蘭銀行創辦於 1889 年，原稱「波斯帝國銀行」，50 年代末改名為「中東英格蘭銀行」，在波斯灣區各國、整個中東地區乃至北非均設有業務，共設有 31 間分行。當年，滙豐再收購印度的商業銀行 Mercantile Bank。[22] 這些收購行動不但令滙豐的勢力擴展到南亞和中東地區，而且令銀行的資產總值大幅增加。1958 年底，滙豐銀行的資產總值為 2.28 億英鎊，到 1960 年底，已急增至 4.45 億英鎊。

　　60 年代中期，香港爆發大規模銀行危機，首當其衝的是華資的恒生銀行。恒生銀行的前身是恒生銀號，取名寓意「永恒生長」，創辦於 1933 年 3 月 3 日，設於港島中區永樂街 70 號，當時店舖只有 800 平方呎、員工 11 人。創辦人是林炳炎、何善衡、梁植偉和盛春霖 4 位華商。恒生銀號初期主要經營貨幣兌換和金銀買賣，在戰後其業務取得了非凡的進展。1952 年恒生銀號改組為恒生銀行有限公司，由何善衡出任董事長、何添出任總經理。50 年代以後，恒生銀行在香港的工業化進程中扮演了十分重要的角色，業務迅速擴展。1954 年，恒生銀行資產總值 3,200 萬港元，到 1964 年急增到 7.61 億港元，10 年間增幅高達 22.78 倍。當時，它已超過歷史更悠久的東亞銀行，成為香港規模最大的華資銀行。

　　1965 年 4 月初，恒生銀行因受謠言困擾遭遇大規模擠提，大批市民爭相湧到恒生銀行總行提取存款，人潮從德輔道中一直延伸到皇后像廣場的香港會所。4 月 5 日，恒生銀行在一天之內失去 8,000 萬港元

22　HSBC, *History Timeline*，參見：https://www.hsbc.com/who-we-are/our-history/history-timeline

存款，到 4 月上旬總共失去存款 2 億港元。[23] 面對危局，恒生銀行董事長何善衡召開董事局會議急謀對策。4 月 8 日，恒生銀行董事局決定壯士斷臂，將銀行控股權售予滙豐。結果，滙豐銀行以 5,100 萬港元，收購恒生銀行 51% 股權。滙豐收購恒生銀行後，一舉奠定其在香港零售銀行市場的壟斷地位。在滙豐的領導下，恒生銀行的業務發展迅速，1972 年它在香港上市。翌年，恒生銀行盈利達 7,100 萬港元，到 1981 年更增至 5.75 億港元，8 年期間增幅達 7.1 倍。[24] 這時，恒生銀行的分行已增至 45 間，職員達 4,600 人，成為香港僅次於滙豐的最大商業銀行。恒生的名字，更因其在 1969 年編制的「恒生指數」而深入民心，家喻戶曉。

進入 70 年代，隨着香港股市的壯旺及香港逐漸演化為亞洲區國際金融中心，滙豐銀行加強了它在商人銀行、證券、投資等方面的業務。早在 1964 年之前，滙豐已擁有香港上海滙豐銀行（信託）有限公司，旗下的滙豐財務有限公司（Wayfoong Finance Ltd.）更是香港歷史最悠久的財務公司之一。1972 年，滙豐創辦投資銀行「獲多利有限公司」（Wardley Ltd.），主要經營證券包銷、企業顧問、企業管理及收購合併、金融投資，以及中長期貸款等業務。1973 年，獲多利開設「獲多利信託投資有限公司」，又與英國唯高達公司合作開設「獲多利唯高達有限公司」、「獲多利唯高達國際投資管理有限公司」，經營香港及亞太區的投資、貸款業務。到 80 年代，獲多利已發展成香港最主要的投資銀行集團之一。

這一時期，滙豐銀行拓展其在香港銀行網絡方面發展迅速。據統計，1961 年，滙豐銀行在香港的分行僅有 19 間，佔全港銀行分行總數

23　T. K. Ghose：中國銀行管理處培訓中心譯：《香港銀行體制》（中文版），香港：中國銀行管理處培訓中心，1989 年，第 74 頁。

24　高英球：〈抽絲剝繭話滙豐〉，香港：《信報財經月刊》，第 5 卷第 12 期，第 34 頁。

的 8.5%；1971 年，滙豐的分行數已增至 68 間，加上恒生銀行的 17 間，所佔比重已增加到 19.3%；1981 年，滙豐的分行數進一步急增至 250 間，加上恒生銀行的 45 間，在香港銀行分行總數中所佔比重已大幅上升到 37.8%。1967 年，滙豐在香港總部推出了第一台 IBM360 電腦，將客戶賬戶電腦化，從而使客戶可以在香港滙豐的任何一家分行進行銀行業務。到 80 年代初，滙豐集團的分行已遍佈港九各個角落，在香港存款市場中所佔的份額已高達六成。[25]

80 年代初，滙豐着手與建新的總行大廈。經過 4 年時間，1986 年新滙豐銀行大廈落成啟用，該大廈樓高 178.8 米，共 52 層，設有 62 部扶手電梯，可容納 5,000 名員工。整座建築動用了 27,000 噸鋼材、30,000 公噸鋁件和 32,000 平方米玻璃。這座耗資逾 50 億港元的大廈，被稱為「可能是全球最昂貴的獨立建築物」，屹立港島中區皇后大道中 1 號原址之上，雄視着整個維多利亞海港，「以此強調其對香港的承諾」（underlined its commitment to Hong Kong）。

這一時期，滙豐還扮演着香港「準中央銀行」的角色。長期以來，滙豐一直是香港的主要發鈔銀行，到 70 年代後期滙豐的發鈔量佔八成以上。正因如此，滙豐一直是香港政府的主要往來銀行。香港政府的外匯、財政儲備和政府的現金收支，主要由外匯基金和庫務署分別承擔管理，再由這兩個機構與有關銀行往來。作為香港政府的主要往來銀行，滙豐享有一個穩固的存款基礎。同時，60 年代以來，滙豐受香港政府委託擔任「最後貸款者」角色。在 1965 年的銀行危機和 1982 年的財務公司危機中，香港政府都與滙豐、渣打銀行商議，委託這兩家銀行出面挽救或代為管理陷入危機的金融機構。1965 年滙豐收購恒生銀行，便是行使這種職能的結果之一。滙豐憑藉着雄厚的存款基礎，一直在同業

25　韋怡仁：〈立足香港放眼世界的滙豐銀行〉，香港：《信報財經月刊》，第 7 卷第 2 期，第 60 頁。

市場提供隔夜信貸中擔任主要角色。此外，滙豐銀行還擔任香港銀行公會中央票據結算所的管理銀行。

▌ 國際化策略：結構重組與收購米特蘭銀行

進入過渡時期後，隨着香港回歸中國期限逼近，滙豐開始部署國際化策略，其中的重要步驟就是淡出「準中央銀行」的角色。1987 年 7月 15 日，滙豐銀行與香港政府金融事務科達成「新會計安排」協議。根據協議，滙豐「準中央銀行」的職能，將轉移到香港政府的外匯基金。在新會計安排下，滙豐須在外匯基金開設一個港元戶口，其餘額不得低於銀行體系中其他銀行的結算淨額，否則滙豐須向外匯基金支付利息，這樣滙豐就喪失了免息使用其他銀行貸方餘額的特權。同時，由於外匯基金取代滙豐銀行，控制及支配銀行體系的結算餘額，使得滙豐淡出了作為香港銀行體系「最後貸款者」的角色。

1989 年 8 月，滙豐銀行宣佈兩項重要的改革措施：其一是將奉行了 130 多年的《滙豐銀行條例》進行修訂；其二是根據香港公司法重新註冊，並改名為「香港上海滙豐銀行有限公司」（The Hong Kong Shanghai Banking Corporation Ltd.）。滙豐表示：滙豐銀行的組織章程自 1865 年以來，大致並無改變，滙豐銀行是香港上市公司中唯一依照其本身條例而非公司條例註冊成立的，而公司條例的規定除極少數外，均不適用於滙豐銀行。由於這種不同之處，滙豐銀行往往被視為享有特權，而這種特殊性質，使滙豐在海外地區發展業務時遇上不少麻煩。當時，香港輿論認為，滙豐希望透過放棄特權、淡出央行職能，換取對銀行的結構和組織的更大自由度，以適應九七回歸的轉變。[26]

在完成淡出「準央行」角色的兩個手續（「新會計安排」及修訂滙豐銀行條例）後，滙豐銀行隨即展開集團結構重組。1990 年 12 月

26　〈滙豐修章獲政府默許，具彈性應付未來轉變〉，《經濟日報》，1989 年 8 月 24 日。

17 日，滙豐銀行宣佈結構重組，主要內容是：第一，將滙豐銀行屬下一家設在倫敦的公司，升格為集團的控股公司——滙豐控股有限公司（HSBC Holdings PLC），持有滙豐在世界各地包括香港的全部資產，滙豐控股在英國註冊，總部設於香港；第二，滙豐銀行股東將成為滙豐控股股東，滙豐控股將發行新股，每 4 股滙豐銀行股份將換 1 股滙豐控股，將原有股數削減四分之三，以利於在海外上市；第三，滙豐控股將取代滙豐銀行在香港及倫敦證券交易所上市，並以香港為第一上市市場；第四，香港滙豐銀行成為滙豐控股的全資附屬公司，仍維持在香港註冊，負責香港地區的業務。

一般分析，滙豐進行結構重組的主要原因有兩個，一是集團國際化的需要，對此，滙豐主席蒲偉士（William Purves）表示：「很多像滙豐這種規模的銀行，都會成立控股公司，把附屬公司納於一統，由於現時滙豐向來仍未有成立控股公司，海外的銀行監管機構和外國法律界人士都感到混亂，這個問題在與英國米特蘭銀行商談合併，及在美國進行投資時均曾造成困難，目前滙豐的公司組織架構，是國際化發展的一種障礙。」另一個重要原因，是香港面臨九七的轉變。蒲偉士解釋：「我有信心一國兩制可行，但這是建基於兩個假如：一、假如中港能建立彼此諒解的關係；二、假如雙方能理智地處事。愈接近九七，假如雙方互不諒解，別人會開始懷疑滙豐的未來實力；當滙豐無法在國際金融界順利運作，業務呈現衰弱，甚至資金外流，港元備受壓力，若耽誤至離九七前一兩年才急急進行改組，我認為那便太遲了，因此我們有理由早作安排。」當時，有評論認為，滙豐重組的原因是「政治形勢促成的商業決定」。[27]

這一時期，滙豐加快集團海外拓展的步伐。1977 年沈弼出任滙豐銀行主席後，滙豐即着手籌劃和部署集團國際化戰略。1978 年 4 月，滙豐與美國海洋密蘭銀行達成協議，規定滙豐銀行最終可持有海洋密蘭

27 〈滙豐董事長蒲偉士細說—政治形勢促成的商業決定〉，《信報》，1990 年 12 月 12 日。

銀行 51% 股權。1980 年 3 月，滙豐根據協議先行收購該行 41% 股權，同年 10 月再收購 10% 股權。後來，海洋密蘭銀行易名為「海豐銀行」。1987 年底，滙豐再收購海豐銀行剩餘的 49% 股權，使之成為滙豐在北美的全資附屬機構。海豐銀行創辦於 1850 年，總部設在紐約州北部的布法羅，設有逾 300 間分行，在紐約州有廣泛的業務網絡，在商業銀行業務方面佔領先地位。滙豐收購海豐銀行後，在北美洲建立了一個擴張的橋頭堡，邁出其走向全球性銀行的重要一步。

與此同時，滙豐將發展重點轉向歐洲，尤其是英國。1981 年 3 月，滙豐曾有意收購蘇格蘭皇家銀行，不過最後功虧一簣。1987 年，滙豐將進軍歐洲的目標指向英國四大結算銀行之一的米特蘭銀行（Midland Bank）。米特蘭銀行創辦於 1836 年，當時的名稱是「伯明翰和米特蘭銀行」（Birmingham and Midland Bank），總部設在英國工業重鎮伯明翰，是一家在英格蘭中部工業區起家的銀行。1987 年 12 月，滙豐斥資 3.83 億英磅（約 56 億港元），購入米特蘭銀行 14.9% 股權，並委派兩名董事加入米特蘭董事局。

1991 年，英國萊斯銀行介入收購米特蘭銀行。為反擊萊斯收購，1992 年 4 月，滙豐宣佈與米特蘭銀行的合併建議，即以每股米特蘭股份作價 387 便士向米特蘭提出全面收購，其後滙豐將收購價提高到每股米特蘭 471 便士，即將收購總值從原來的 31 億英鎊提高到 39 億英鎊。及至 7 月，滙豐成功取得米特蘭銀行逾九成股權，並將米特蘭銀行私有化。是項交易最終為滙豐的環球業務版圖補上了歐洲版塊。作為此次收購的一部分，滙豐同意將新設控股公司的總管理處遷至倫敦，以符合英國監管機構的要求。滙豐表示：「為了符合收購的條件，滙豐銀行在倫敦成立了滙豐控股有限公司，作為不斷擴張的集團的母公司。」

在成功收購米特蘭銀行的同時，滙豐控股與香港聯合交易所及倫敦證券交易所達成協議，獲准在香港和倫敦兩地同時作第一上市，並同時接受兩間交易所監管。滙豐收購米特蘭後，蛻變為一家以英國為基地的跨國銀行集團，註冊地、控股公司及其董事局均在倫敦，第一上市地

位實際上亦在倫敦，股東主要來自香港以外地區，資產和業務橫跨歐、亞、美三大陸（圖 1-3）。1994 年底，滙豐集團資產總值達 2015.18 億英鎊；其中，英國佔 37.7%，歐洲大陸佔 5.6%、香港佔 30.4%、亞太其餘地區佔 12.0%、美洲佔 14.3%。滙豐集團的國際網絡橫跨全球 68 個國家，辦事處數目高達 3,000 多間，滙豐的「環球通」自動櫃員機網絡，容量高達 21 萬部櫃員機，遍佈全球 85 個國家。[28]

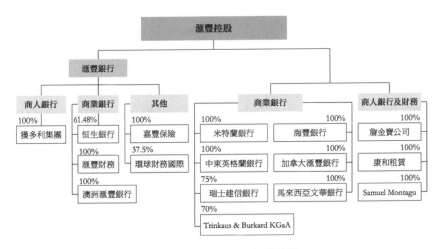

圖 1-3　滙豐收購米特蘭銀行後集團內部股權及組織結構
資料來源：《滙豐控股有限公司 1994 年報》

　　滙豐收購米特蘭銀行後，業務獲得快速發展。1997 年，滙豐控股除稅前利潤達 49.71 億英鎊，總資產 2863.91 億英鎊，分別比 1994 年的 31.66 億英鎊及 2015 年的 18 億英鎊，增長了 57.01% 及 42.12%。1997 年，滙豐控股總資產中，英國佔 34.9%，歐洲大陸佔 3.7%，香港佔 30.2%，亞太區其他地區佔 12.4%，美國佔 18.8%；除稅前利潤總額中，英國佔 36.4%，歐洲大陸佔 2.9%，香港佔 39.9%，亞太區其他地區佔 8.1%，美國佔 12.7%。

28　馮邦彥：《香港英資財團（1841-2019 年）》，第 322 頁。

▍ 全球擴張之路：「環球金融，地方智慧」

1991 年，滙豐銀行完成結構重組，設立了一家在英國倫敦註冊的金融控股公司 —— 滙豐控股有限公司（HSBC Holdings plc），以此作為滙豐集團的核心控股公司。1993 年 1 月，滙豐集團總管理處由香港遷往倫敦，負責執行集團的中央職能。1998 年，滙豐決定在倫敦金絲雀碼頭區投資 5 億英鎊興建新總部大廈，以容納原本分散於倫敦市金融區內不同地方的滙豐集團總管理處各部門。該大廈樓高 42 層，於 2002 年建成啟用，2003 年 4 月正式開幕，成為英國滙豐控股總部所在地。[29]

二十世紀 90 年代後期，滙豐控股開始加大集團內部，特別是海外機構的整合力度，合併類似業務，從集團選派管理層，統一理念、統一品牌、統一服務，發揮系統優勢。為了配合滙豐控股集團的全球化之路。1998 年 11 月，滙豐宣佈統一品牌，幾乎所有業務地區的附屬公司均統一採用 HSBC 品牌和紅白六邊形標誌，包括香港滙豐銀行。該標誌來源於銀行最初的內部標誌，而內部標誌又來源於蘇格蘭國旗。[30] 滙豐控股表示：「統一集團品牌可以加深世界各地客戶、股東及員工對集團和其信念的認識，亦有助滙豐在世界各地以同一集團形象推出新產品與服務。」

2002 年，滙豐控股明確提出集團的長期發展定位和策略 ——「環球金融，地方智慧」（The World's Local Bank），即是全球化的跨國銀行控股集團，又是融合地方特色的地方銀行。該定位和策略包括兩個互相聯繫的內容：一是「發展我們的國際網絡」，促進國際貿易和資本流動，為客戶提供服務，協助他們從小型企業發展為大型跨國企業；二是「投資於具備本土實力的財富管理及零售銀行業務」，在優先發展市場捕捉

29　HSBC, *History Timeline*，參見：https://www.hsbc.com/who-we-are/our-history/history-timeline

30　HSBC, *History Timeline*.

全球社會流動性、財富增值以及長期人口變化所帶來的商機。滙豐的「地方智慧」，主要體現在三個方面：收購本土公司、人才本土化和行銷本土化。[31]

1998 年龐約翰（John Reginald Hartnell Bond）出任滙豐控股主席後，滙豐即制定一個名為「增值管理」（Managing for Value）的「五年計劃」，提出 5 年內股東總回報 TSR（按股價衡量，並假設全部股息用作再投資）翻一番的管理目標，同時在盈利能力和股本回報率上超越主要競爭對手，包括美國花旗集團等，從而實現「盈利由美洲、歐洲和亞洲各佔三分之一」的平衡風險謀略。

為此，滙豐控股展開一系列收購兼併活動。在北美，1999 年 5 月，滙豐控股以 103 億美元價格收購美國利寶集團（Republic New York corporation）及其姐妹公司 Safra Republic Holdings S.A.）。2003 年 3 月，滙豐控股以 148 億美元收購了美國最大的獨立消費信貸公司 —— 家庭國際（Household International）。2004 年，滙豐控股又以 14 億美元收購百慕大銀行。與此同時，滙豐控股在歐洲、南美、亞洲的收購兼併也取得了進展。2000 年，滙豐控股以 110 億美元收購了具近百年歷史的法國商業信貸（Credit Commercial de France，簡稱 CCF）。當時，CCF 為法國最大銀行之一，共設有 650 家分行，資產規模達 690 億歐元。這一時期，滙豐控股通過一系列收購兼併活動，配合集團業務的自然增長，在整合、互補、均衡、發展中，蛻變成了一家能與美國花旗集團展開激烈競爭的全球性跨國金融集團。

滙豐控股的全球化之路，在實施「本土化」過程中有兩個突出的特點：第一，在經營業務模式上，滙豐控股採取子公司的業務模式，各子公司都是獨立法人，獨立經營、獨立核算，滙豐控股並不直接干預子公司的經營業務，但會透過控股公司推動本土子公司改革，強化「全方

---

31 《滙豐的策略》，參見滙豐控股網頁。

位服務模式」，爭取做到比本土銀行更國際化，比國際銀行更本土化。第二，將收購兼併與在當地上市有機結合起來。1991 年，滙豐控股在完成對米特蘭銀行收購的同時，其股票在倫敦和香港雙雙上市；1999 年收購了美國利寶集團後，即實現在紐約證交所上市；2000 年在完成對法國商業銀行的收購並將其改組成法國滙豐後，在巴黎證交所掛牌交易；2004 年收購百慕大銀行後，其股票旋即在百慕大證交所掛牌交易。

2008 年爆發的全球金融海嘯，對全球銀行業造成嚴重的衝擊。為應對危機的衝擊，滙豐控股先後出售一系列非核心資產。2011 年，滙豐控股啟動集團改革轉型戰略，具體舉措包括四點：第一，從擴張策略轉為收縮全球經營網絡，並將業務經營重心轉向亞洲市場；第二，精簡集團管理層級，將過去以地域為基礎的管理模式，改組為以業務為基礎的管理層級，形成零售金融與財富管理、工商金融、環球銀行與金融市場、環球私人銀行四大全球業務線；第三，全面加強風險與合規管理，構築起由一線員工、中後台風險管理部門、內部審計等組成的三道全球風險管理防線；第四，改變併購擴張的業務方式，轉為主要依靠利潤積累推動經營規模的有機增長。

2015 年 6 月，滙豐控股進一步提出推進改革的三年計劃，包括：調整規模及精簡集團架構；重新部署資本及投資；對總部所在地進行檢討。其中一個關鍵，是將業務發展的重點「轉向亞洲」（Pivot to Asia）。[32] 滙豐控股認為，集團在亞洲市場有兩個重點地區，一是中國的工業重地珠江三角洲，充分發揮集團在香港市場的領先優勢，在區域內形成規模經營；二是擴大在東盟（ASEAN）10 國市場，特別是新加坡、馬來西亞、印尼等重點市場的領先優勢。其中，香港市場更為重要，被集團視為全球兩個本位市場之一（另一個為英國）（圖 1-4）。為了實現

32　傑瑞米·格蘭特：〈滙豐擬轉向亞洲實現增長〉，參見英國《金融時報》中文網，2015 年 6 月 10 日。

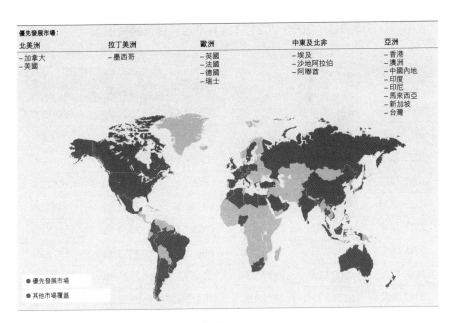

優先發展市場:				
北美洲	拉丁美洲	歐洲	中東及北非	亞洲
－加拿大 －美國	－墨西哥	－英國 －法國 －德國 －瑞士	－埃及 －沙地阿拉伯 －阿聯酋	－香港 －澳洲 －中國內地 －印度 －印尼 －馬來西亞 －新加坡 －台灣

● 優先發展市場

● 其他市場覆蓋

圖 1-4　滙豐控股在全球的優先發展市場
資料來源：《滙豐控股有限公司 2016 年策略報告》，第 3 頁。

「轉向亞洲」戰略，滙豐控股於 2010 年 2 月 1 日將集團行政總裁紀勤辦公室從倫敦調回香港，其後甚至一度考慮將集團總部遷回香港，不過最終否決該議案。

　　在香港市場，滙豐控股有兩個著名品牌 —— 作為全資附屬公司的「香港滙豐銀行有限公司」（簡稱「香港滙豐」）及其持有 62.14% 股權的「恒生銀行有限公司」。其中，香港滙豐是滙豐控股集團在亞洲的旗艦，也是香港最大的商業銀行，擔任香港發鈔銀行的職能，亦是香港政府的主要往來銀行之一。回歸之後，由於受到 1997 年亞洲金融危機的衝擊，香港滙豐的業績一度下降。不過，2003 年以後，香港滙豐銀行業務穩步發展，表現理想。2019 年底，香港滙豐銀行客戶賬項為 54324.24 億港元，客戶貸款 37208.75 億港元，總資產 86617.14 億港元，分別比 2008 年增長 84.43%、1.75 倍及 98.63%，年均增長率分別為 6.31%、10.67% 及 7.10%（表 1-2）；香港滙豐銀行（包括恒生銀行）的客戶賬項佔滙豐控股客戶賬項總額的 35%。2019 年度，香港滙豐銀行

表 1-2　2009-2021 年度香港滙豐銀行經營概況

單位：億港元

	客戶賬項	客戶貸款	資產總值	營業收益總額	除稅前利潤
2009 年度	29445.39	13506.44	43607.48	1551.29	620.93
2010 年度	33132.44	18910.60	50399.18	1714.09	778.85
2011 年度	35650.01	21308.71	56074.80	1875.59	913.70
2012 年度	38748.84	23490.43	60653.27	2172.50	1087.29
2013 年度	42536.98	26192.45	64393.55	2591.88	1447.56
2014 年度	44799.92	28152.16	68767.46	2335.71	1111.89
2015 年度	46400.76	27622.90	69536.83	2359.45	1172.79
2016 年度	49000.04	28341.34	75489.52	2327.38	1027.07
2017 年度	51382.72	33289.80	79433.46	2552.33	1156.19
2018 年度	52076.66	35287.02	82634.54	2683.08	1345.83
2019 年度	54324.24	37208.75	86617.14	2995.37	1364.23
2020 年度	59113.96	21754.32	94164.03	2672.49	901.96
2021 年度	61771.82	38409.39	99033.93	2547.06	865.63

資料來源：《香港上海滙豐銀行有限公司年報及賬目》，2009-2021 年

營業收益總額為 2995.37 億港元，除稅前利潤 1364.23 億港元，分別比 2009 年度增長 93.09% 及 1.20 倍，年均增長率分別為 6.80% 及 8.19%。

　　滙豐控股在香港的另一上市公司，是恒生銀行有限公司（Hang Seng Bank Limited）。香港回歸後，恒生銀行按照「以客為本」的方針穩步經營，已發展成香港最大的銀行上市公司。2013 年，恒生銀行迎接 80 周年誕辰。其時，恒生銀行在香港設有超過 270 個服務網點，為香港逾半數人口服務，數目超過 300 萬人，員工接近 10,000 名，以市值計算更成為全球 50 大上市銀行之一，並於亞洲排名第 18 位。2019 年度，恒生銀行營業收入為 633.41 億港元，除稅前溢利為 288.13 億港元，分別比 2009 年度增長 93.02% 及 86.17%，年均增長分別為 6.80% 及 6.41%（表 1-3）。

表 1-3　2009 年至 2021 年度恒生銀行經營概況

單位：億港元

	往來、儲蓄及其他存款	客戶貸款	資產總額	營業收入	除稅前溢利
2009 年度	6363.69	3446.21	8259.68	328.16	154.77
2010 年度	6836.28	4726.37	9169.11	344.17	173.45
2011 年度	6998.57	4805.74	9754.45	342.07	192.13
2012 年度	7691.47	5361.62	10770.96	366.16	219.94
2013 年度	8249.96	5862.40	11437.30	398.36	284.96
2014 年度	8965.21	6584.31	12639.90	429.49	180.49
2015 年度	9592.28	6889.46	13344.29	440.15	304.88
2016 年度	9895.39	6989.92	13772.42	441.33	190.90
2017 年度	10748.37	8065.73	14784.18	500.76	236.74
2018 年度	11544.15	8744.56	15712.97	554.32	284.32
2019 年度	12034.58	9429.30	16769.91	633.41	288.13
2020 年度	12094.72	9447.74	17597.87	543.22	194.14
2021 年度	12302.16	9973.97	18201.85	495.32	163.85

資料來源：《恒生銀行有限公司年度報告》，2009-2021 年

　　根據畢馬威關於《新形勢下的應變之道：2020 年香港銀行業報告》的數據，截至 2019 年底，以總資產計算在香港本地註冊的 10 大銀行中，香港滙豐銀行排名第 1 位，總資產 86617.14 億港元，稅後淨利潤 1150.40 億港元；恒生銀行排名第 4 位（次於中國銀行〔香港〕、渣打銀行〔香港〕），總資產 16769.91 億港元，稅後淨利潤 248.22 億港元，兩家銀行合共總資產 103387.05 億港元，稅後淨利潤 1398.62 億港元，分別佔香港本地註冊 10 大銀行總資產 54.60% 和稅後淨利潤 64.61%。[33] 2019 年，恒生銀行被《財資》雜誌連續 20 年評為「香港最佳本地銀行」。

33　畢馬威（KPMG）：《新形勢下的應變之道：2020 年香港銀行業報告》，第 68 頁，參見畢馬威官網。

　　與此同時，滙豐控股亦加強了對中國內地市場的拓展。改革開放以後，滙豐已開始積極部署進軍中國內地市場。1980 年 10 月，滙豐銀行北京代表處批准宣告成立，這是滙豐銀行在中華人民共和國設立的第一家分支機構。1984 年，滙豐銀行成為 1949 年以來首家取得內地銀行牌照的外資銀行，並將其深圳代表處升格為正式分行。踏入二十一世紀，滙豐在中國的發展策略，除了繼續在各大城市開設分支行之外，其中一個重要變化是入股中資銀行和保險公司，先後入股上海銀行、交通銀行、平安保險公司等。2007 年 3 月 29 日，香港滙豐在內地註冊成立「滙豐銀行（中國）有限公司」（簡稱「滙豐中國」），總部設於上海浦東，作為集團進軍內地市場的旗艦。2010 年，滙豐中國在上海的新總部大廈落成啟用，當年滙豐在中國內地的經營網點超過 100 個。至 2019 年底，滙豐中國在內地 50 多個城市共設有超過 170 個經營網點，包括 33 間分行和 144 間支行。截至 2019 年底，滙豐銀行中國客戶存款為 2872.72 億元人民幣，貸款和墊款 2098.40 億元人民幣，總資產 5247.97 億元人民幣。2019 年度，滙豐銀行中國的營業收入為 129.32 億元人民幣，利潤總額為 44.32 億元人民幣。[34]

　　與此同時，滙豐還發展村鎮銀行作為集團在中國整體發展戰略中的重要組成部分。與其他外資銀行不同的是，滙豐很早就看到了普惠金融在中國的發展前景，2007 年 12 月，滙豐在中國開設第一家村鎮銀行 —— 湖北隨州曾都滙豐村鎮銀行，成為全國首家外商獨資的村鎮銀行。其後，滙豐一直致力於拓展村鎮銀行。截至 2017 年底，滙豐先後在湖北、重慶、福建、北京、廣東、遼寧、湖南和山東等 8 個省市設立了 12 家村鎮銀行，連同其下屬的 12 間支行，共 24 個服務網點，構建了目前國內最大的外資村鎮銀行網絡。[35]

34　《滙豐銀行（中國）有限公司 2019 年度報告》，第 48-50 頁。
35　滙豐村鎮銀行官網。

　　滙豐旗下的恒生銀行亦與香港滙豐一樣，是改革開放以後最早進入中國內地的金融機構，早在 1985 年已在深圳設立代表處，1995 年在廣州開設分行。2007 年 5 月，恒生銀行在中國內地設有全資附屬公司 —— 恒生銀行（中國）有限公司，總部設於上海浦東，在珠三角、長三角、環渤海灣及中西部地區共設有 14 間分行和 32 間支行，各分支網點均設有「優越」理財中心，為客戶提供「一站式」理財服務，通過人民幣借記卡、自動提款機（ATMs）、網上銀行等管道向客戶提供專業銀行服務。截至 2019 年底，恒生中國吸收存款 440.29 億元人民幣，發放貸款和墊款 622.49 億元人民幣，總資產 1017.33 億元人民幣；2019 年度營業收入為 22.6 億元人民幣，利潤總額 8.78 億元人民幣。[36]

▌滙豐控股：全球性跨國金融財團的「利潤失衡」

　　2018 年 7 月，為了應對英國金融（銀行改革）法案要求所有銀行「保護」他們在英國的核心銀行服務，滙豐控股將其在英國的零售銀行業務和其他大部分的商業銀行業務剝離到一個實體稱為「英國滙豐銀行」（HSBC UK.）中。2018 年 11 月，總部設於英國伯明翰的英國滙豐銀行開業。[37]

　　2018 年，滙豐控股以「重拾增長、創造價值」為主題，舉行策略發展簡報會宣稱，滙豐的目標是在每個財政年度的經調整收入增長都高於支出增長的情況下，於 2020 年前達致 11% 以上的有形股本回報，並投資 150 至 170 億美元以推動業務發展，其中的「重點是達致增長及為各相關群體創造價值」。為此，集團將透過 8 項優先策略推進，首項重任是加快亞洲的業務增長，透過強化集團在香港市場的優勢，並投資於

36　《恒生銀行（中國）有限公司 2019 年度報告》，第 13 頁。

37　HSBC, *History Timeline*，參見：https://www.hsbc.com/who-we-are/our-history/history-timeline

珠江三角洲、東南亞國家聯盟，以及亞洲的財富管理（包括保險及投資管理）業務；同時，致力成為推動全球最大型增長項目（例如中國的「一帶一路」倡議，以及過渡至低炭型經濟）方面的業界領袖。

2019年6月，滙豐集團總經理、「一帶一路」業務發展主管在受記者專訪時強調指出：「滙豐集團已在全球選定25個對其業務增長具有戰略性意義的『經貿走廊』，其中一半與中國市場相聯。可以說中國是滙豐『經貿走廊』業務戰略的核心。」同年6月11日，滙豐宣佈推出總額為60億元人民幣的「大灣區＋」科技信貸基金，重點支援涵蓋電子商務、金融科技、機器人、生物技術和醫療科技等行業的香港、澳門和內地企業，尤其將側重服務珠三角地區蓬勃發展的高科技及先進製造業。

經過多年的發展，滙豐控股已成為一家以亞洲為重點、橫跨全球五大洲的全球性跨國金融財團。滙豐控股在香港共持有兩家上市公司，分別是滙豐控股有限公司和恒生銀行有限公司，滙豐控股也在倫敦、紐約和百慕大證券交易所上市，股東約19.7萬名，遍佈全球130個國家和地區，主要股東為中資的中國平安及美資的貝萊德集團，分別持有滙豐控股約7%股權。滙豐控股集團經營的業務主要包括零售銀行及財富管理、工商金融、環球銀行及資本市場、環球私人銀行等4大類（圖1-5）。其中，零售銀行及財富管理業務為全球約近3,900萬名客戶管理財務、購置物業、為未來儲蓄及投資；工商金融業務透過銀行產品及服務，在53個國家和地區支援約140萬名企業客戶；環球銀行及資本市場業務主要向政府、企業及機構提供各種金融服務及產品，全面涵蓋交易銀行、融資、顧問、資本市場及風險管理服務；環球私人銀行業務主要協助資產豐厚的家族人士管理、保存及增加財富。2019年度，滙豐控股除稅前利潤222.12億美元，零售銀行及財富管理業務為80.48億美元，佔36.23%；工商金融業務73.07億美元，佔32.90%；環球銀行及資本市場業務53.46億美元，佔24.07%；環球私人銀行業務4.02億美元，

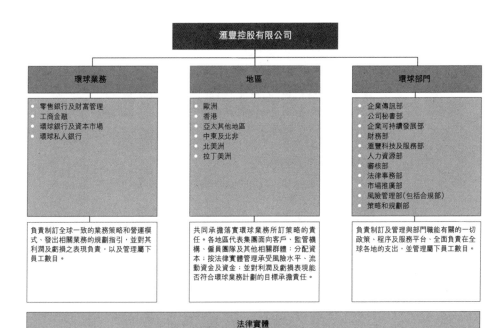

圖 1-5　滙豐控股的矩陣管理架構
資料來源：《滙豐控股有限公司 2013 年報及賬目》，第 14 頁。

佔 1.81%；其他業務（企業中心）11.09 億美元，佔 4.99%。[38]

　　目前，滙豐控股在全球 64 個國家共設有約 3900 個辦事處，僱員約 23.5 萬人，已形成歐洲、香港、亞太其他地區、中東及北非、北美洲 和拉丁美洲的全球佈局（圖 1-6）。截至 2019 年底，滙豐控股總資產高 達 27151.52 億美元，其中，歐洲區為 12482.05 億美元，佔 45.97%；亞 洲區 11028.05 億美元，佔 40.62%；中東及北非區為 653.69 億美元，佔 2.41%；北美洲為 3770.95 億美元，佔 13.89%；拉丁美洲為 528.79 億美 元，佔 1.95%，滙豐內部／環球減值為負 1312.01 億美元。[39]

---

38 《滙豐控股有限公司 2019 年報及賬目》，第 30-37 頁。
39 《滙豐控股有限公司 2019 年報及賬目》，第 62 頁。

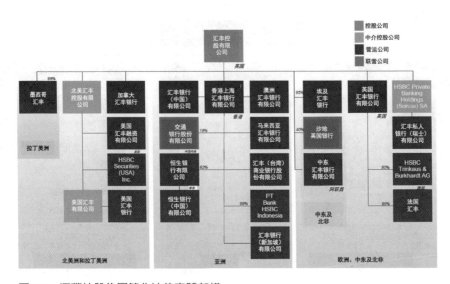

圖 1-6　滙豐控股集團簡化法律實體架構
資料來源:《滙豐控股有限公司集團便覽》,2017 年 12 月 31 日,第 11 頁。

　　滙豐控股的利潤主要來自亞洲區,特別是香港(圖 1-7)。2018 年,
滙豐控股的營業總額為 635.87 億美元,除稅前利潤 198.90 億美元。
2019 年,由於受到全球經濟多種不利因素影響,滙豐控股的營業總額
儘管增加到 710.24 億美元,但除稅前利潤卻下降到 133.47 億美元,比
2018 年下降了 32.90%(表 1-4)。其中,亞洲區為 184.68 億美元,中東
及北非區為 23.27 億美元,北美洲為 7.67 億美元,拉丁美洲為 4.00 億美
元,歐洲區則虧損 46.53 億美元,滙豐內部 / 環球減值虧損 39.62 億美
元。換言之,滙豐控股在 2019 年度的盈利全部依靠亞洲支撐。對此,
滙豐控股主席杜嘉祺表示:「縱使置身如此環境,滙豐作為一家規模龐
大和覆蓋層面廣泛的銀行,仍有不少機遇。」[40]

　　近年來,隨着環球經濟增長放緩、銀行業經營環境日趨惡化及
2020 年新冠病毒疫情在全球蔓延,滙豐控股的經營困難進一步顯現,
一方面是歐洲和美國的經營遲遲未能取得突破性的進展,歐洲業務虧損

---

40 《滙豐控股有限公司 2019 年報及賬目》,第 7、61 頁。

表 1-4　2009-2021 年度滙豐控股經營業績概況

單位：億美元

	客戶存款	客戶貸款	資產總值	營業收入總額	除稅前利潤
2009 年度	11590.34	8962.31	23644.52	786.31	70.79
2010 年度	12277.25	9583.66	24546.89	800.14	190.37
2011 年度	12539.25	9404.29	25555.79	834.61	218.72
2012 年度	13400.14	9976.23	26925.38	825.45	206.49
2013 年度	14828.12	10803.04	26713.18	783.37	225.65
2014 年度	13506.42	9746.60	26341.39	745.93	186.80
2015 年度	12895.86	9244.54	24096.56	710.92	188.67
2016 年度	12723.86	8615.04	23749.86	598.36	71.12
2017 年度	13644.62	9629.64	25217.71	637.76	171.67
2018 年度	13626.43	9816.96	25581.24	635.87	198.90
2019 年度	14391.15	10367.43	27151.52	710.24	133.47
2020 年度	16427.80	10379.87	29841.64	630.74	87.77
2021 年度	17105.74	10458.14	29579.39	639.40	189.06

資料來源：《滙豐控股有限公司年報及賬目》，2009-2021 年

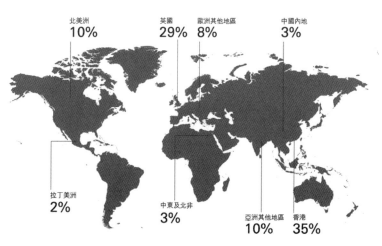

圖 1-7　2019 年滙豐控股集團按國家／地區列示的客戶賬項
資料來源：滙豐控股有限公司官網

嚴重；另一方面是中美兩國在貿易、科技、金融等領域的摩擦和對峙日
益凸顯的背景下，滙豐捲入中國企業巨頭華為副董事長孟晚舟被捲入跨

境拘捕風波之中。對此，中國官方《人民日報》於 2020 年 7 月 24 日發
文，嚴厲抨擊滙豐在美、加拘捕孟晚舟案件中扮演的角色。受此影響，
滙豐在中國市場的經營開始陷於停滯。2019 年 8 月 20 日，中國人民銀
行開始實施進一步完善的貸款利率形成機制（LPR），為此將 LPR 報價
行從原來的 10 家增加到 18 家，即新增 8 家報價行，包括英資的渣打銀
行（中國）和美資的花旗銀行（中國）兩家外資銀行，而作為中國規模
最大的外資銀行的滙豐銀行（中國）卻落選了。在此稍前的 8 月 5 日和
9 日，任職僅 18 個月的滙豐控股行政總裁范寧，以及滙豐大中華行政
總裁黃碧娟相繼辭職。

受上述一系列不利因素影響，滙豐控股在 2020 年度除稅前利潤
僅 87.77 億美元，比 2019 年度大幅下跌 34.24%。滙豐控股的股價亦在
2019 年後逐步下跌，在 2020 年上半年跌勢加速，到 2020 年 9 月底收市
價跌至每股 28.64 港元，已接近 2008 年全球金融海嘯的最低位，總市
值從 2018 年底的 13193.45 億港元跌至 5942.23 億港元，所跌市值超過
7,000 億港元，跌幅超過五成（2023 年 1 月底已回升至 11758.06 億港元
水平）（表 1-5）。滙豐控股表示，將加快 2020 年 2 月 18 日宣佈的集團
轉型計劃，內容包括重整表現欠佳的歐洲和美國業務、投資於具增長前
景和業務優勢的市場、簡化複雜的組織架構，以及削減成本等。

表 1-5　2017-2023 年滙豐控股集團上市公司市值變化

單位：億港元

	2017 年底	2018 年底	2019 年底	2020 年底	2021 年底	2022 年7 月底	2023 年1 月底
滙豐控股	16246.01	13193.45	12558.13	8432.61	9677.36	10023.26	11758.06
恒生銀行	3078.97	3361.02	3078.07	2556.13	2728.20	2418.68	2493.25

資料來源：《香港交易所市場資料》，2017-2021 年，東方財富網站

長期以來，滙豐控股引以為傲的，是集團作為「東西方貿易和商業
的橋樑」的角色。不過，近年來，隨着中美關係日趨緊張，滙豐控股的這
種「優勢」反而因為自覺或不自覺地捲入緣政治之中而陷入困境，甚至

可能長期面臨地緣政治風險和金融監管衝突，成為其業務發展的障礙。甚至有評論認為：「在美國、英國和中國貿易緊張升級的時代，滙豐跨越東西方的地位是不可持續的」。2020 年 4 月，受到全球新冠疫情影響，滙豐控股突然宣佈，應英國監管機構要求，取消 2019 年第 4 季和 2020 年前 3 季的股息分配，此舉引起一些亞洲投資者的不滿，其「利潤失衡」（高度倚重亞洲市場）、「監管失準」（英國監管機構要求停派股息）、「戰略失效」（歐美市場長期未能取得預期進展）等結構性問題逐步凸顯，並引發了一場關於滙豐分拆的討論。有投資者強烈要求滙豐將亞洲或香港業務分拆獨立上市，此舉又得到了滙豐最大股東之一的中國平安保險集團的支持，認為在亞洲上市將有利於釋放更大估值，為股東創造價值。

根據 In Toto Consulting 公司的一份研究報告，滙豐控股剝離亞洲業務可能會為股東帶來最高 265 億美元的回報。該公司創始人兼總經理 Asheefa Sarange 表示：「深入探討是否必須進行更激進的重組，讓滙豐不僅生存下去，還能長期繁榮興旺，是有意義的。」不過，面對越來越大的分拆壓力，滙豐控股聘請高盛和 Robey Warshaw 擔任戰略顧問，並提出加快退出非核心市場，向亞洲業務注入更多資本等措施，以回應股東提出分拆亞洲業務的提議。滙豐控股表示，拆分或剝離亞洲業務可能帶來巨大的一次性執行成本、銀行股價下跌和股息下降；並且全球業務分拆也將削弱銀行的全球網絡，從而損害香港作為國際金融中心的地位。滙豐控股主席杜嘉祺在股東大會上表示：「對集團的戰略和業績感到滿意」。不過，他亦表示，滙豐董事會深入研究替代結構。

對於未來經營將面對前所未有嚴峻挑戰，滙豐控股表示：「隨着時代演進，滙豐歷經種種考驗—革命波瀾、經濟危機、新技術發展，但一直順應時勢、靈活求變，業務不斷發展壯大，使集團可以從容應對二十一世紀的挑戰。」[41]

41 HSBC, *History Timeline*，參見：https://www.hsbc.com/who-we-are/our-history/history-timeline

第三節　渣打財團

▍ 標準渣打銀行的創辦與發展

渣打銀行是香港主要的英資財團之一，是香港開埠後繼東藩滙理銀行（The Oriental Bank Corporation）、有利銀行（Chartered Mercantile Bank of India, London & China）之後第三家進入香港的外資銀行，當時稱為「印度—新金山—中國滙理銀行」，1911 年後更名為「印度—新金山—中國渣打銀行」（Chartered Bank of Indian, Australia & China, the），在中國內地則通稱為「麥加利銀行」。1956 年，印度—新金山—中國渣打銀行將名稱簡化為「渣打銀行」（The Chartered Bank）。

渣打銀行創辦於 1853 年，總行設在英國倫敦，是英國皇家特許銀行。創辦人為詹姆士·威爾遜（James Wilson），其董事局成員多數是在東方與英國殖民地有密切利益關係的商人。該銀行開業時，實收資本 32.2 萬英鎊，5 年後增加到 80 萬英鎊。渣打銀行主要在亞洲擴展。當時，棉花、茶葉、大米和糖等商品構成了全球貿易主體，渣打銀行為這些貿易提供金融支持。從 1859 至 1904 年期間，渣打先後在香港、新加坡、緬甸、巴基斯坦、印尼、菲律賓、馬來西亞、日本、泰國、越南等地開設分行。二十世紀初，渣打進入美國，在紐約開設分行。1957 年，渣打收購東方銀行（Eastern Bank），從而獲得了其在也門亞丁葉門、巴林、貝魯特、賽普勒斯、黎巴嫩、卡塔爾和阿拉伯聯合酋長國的分行網點。

1969 年，渣打銀行與標準銀行（The Standard Bank Ltd.）合併，成為「標準渣打銀行」（Standard Chartered Bank PLC），並在英國倫敦上市。標準銀行創辦於 1862 年，創辦人是一批商人，其中帶頭的是移民到南非開普省的蘇格蘭商人約翰·彼得森。標準銀行的擴張主要在非洲。1892 年至 1912 年間，標準銀行在辛巴威、莫三比克、馬拉威、尚比亞、肯亞、桑吉巴（今天的坦桑尼亞的一部分），以及剛果等地致力發展。1965 年，標準銀行收購英屬西非銀行，進入西非市場，確立了

其在非洲大陸的優勢地位。西非銀行曾是加納的中央銀行，在西非 4 個英屬殖民地設有 100 多個網點。渣打銀行收購後，不僅從該地區大宗商品出口業務中受益，而且與當地政府建立了廣泛的合作關係，成為該地區的主流銀行之一。到二十世紀 50 年代中期，標準銀行在非洲已擁有約 600 間分行及辦事處。

兩家銀行合併一年後，標準渣打銀行在澳大利亞悉尼設立分行，其後先後併購了英國的哈吉集團（Hodge Group）和華萊士兄弟集團（the Wallace Brothers Group）。哈吉集團主要從事分期借貸以及商業出租，後改名為「渣打信託有限公司」。二十世紀 80 年代，渣打曾嘗試開拓歐美市場，增設了許多機構，目標市場資產一度佔據其資產總額的半壁江山。然而，拉美債務危機和多次石油危機的爆發，使其遭受嚴重損失，最終不得不退出該市場。

1986 年 4 月，英國萊斯銀行（Lloyds Bank Plc.）對渣打銀行提全面收購建議，不過，遭到渣打銀行管理層反對。當時，渣打銀行約 88% 股權由機構投資者持有，他們傾向支持萊斯銀行，形勢危急。同年 7 月，華商包玉剛聯同新加坡富商邱德拔等，扮演「白衣武士」角色，大量購入渣打銀行股份，其中，包玉剛購入渣打銀行 14.95% 股權，成為銀行單一大股東，成功擊退萊斯銀行的收購。不過，包玉剛其後於 1989 年 6 月將全部渣打銀行股份售出，僅餘邱德拔家族仍持有約 13.5% 股權。2005 年邱德拔病逝，新加坡國有投資公司淡馬錫控股於 2006 年從邱德拔遺產信託手上，收購渣打銀行股權約 11.55%，成為渣打銀行大股東。

二十世紀 90 年代，渣打明確提出了發展「新興市場銀行」的戰略定位，將經營重心回歸亞洲、非洲及中東等傳統發展地區。1998 年亞洲金融危機後，渣打銀行乘機收購了印度、韓國、巴基斯坦等地的多家銀行，進一步提升其在亞洲地區的地位。2000 年，渣打收購澳新銀行（ANZ）旗下 Grindlays 於中東及南亞區的業務，以及其附屬的 Grindlays 私人銀行業務。2004 年，渣打銀行收購印尼第七大銀行 PT Bank Permata 51% 股權。2005 年，渣打以 33 億美元價格收購了南韓第

一銀行，這是渣打成立逾 140 年來最大一筆併購項目。韓國第一銀行為韓國第八大銀行，收購後易名為「渣打第一銀行」。

渣打早在 1985 年就進入台灣，開設台北分行，1990 年開設高雄分行，1999 年再開設台中分行，並擴遷台北、高雄兩地分行。2006年 9 月，渣打以高於市價三成價格收購新竹國際商業銀行（Hsinchu International Bank）超過 51% 股份，並於同年 11 月完成全面收購。2007 年 6 月，渣打將其在台灣的所有資產與營業全部讓給新竹國際商業銀行，新竹國際商業銀行於 2007 年 7 月更名為「渣打國際商業銀行股份有限公司」（Standard Chartered Bank Taiwan），成為渣打集團成員。2008 年，渣打先後收購美國運通銀行在台分行和亞洲信託投資公司的特定資產負債暨營業部分（Good Bank），進一步擴大渣打集團在台灣的服務網絡。

▎ 渣打在香港的發展與上市、分拆

渣打銀行於 1859 年進入香港，在香港開設分行，主要經營中國、英國、印度之間的三角兌換。當時，從印度運抵香港的鴉片，可以向渣打銀行辦理押匯。1862 年，根據皇家特許證狀，渣打銀行開始發行港鈔，在香港、廣州等地廣泛流通。在滙豐銀行成立前，香港政府的公款均寄存渣打銀行，成為該行資金的重要來源。[42] 1933 年，渣打銀行購入港島德輔道中 4 至 4 號 A 地盤，於 1959 年建成渣打銀行大廈，當時是香港最高的建築物。1956 年，該行的中文名正式改為「渣打銀行」（The Chartered Bank），並以渣打銀行名義繼續發行港鈔。

二十世紀 50 年代以後，渣打與滙豐一樣，也致力於推動業務轉型，將發展重點從過去的匯兌、押匯等轉向對製造業、房地產的貸款。

42　余繩武、劉存寬主編：《十九世紀的香港》，香港：麒麟書業有限公司，1994 年，第 216頁。

為此,渣打積極拓展其在香港的經營網絡。1954 年,渣打在香港總分行僅有兩間,到 1961 年已增加到 6 間,1971 年增加到 33 間,成為僅次於滙豐、中銀集團的第三大銀行網絡集團。[43] 1967 年,渣打銀行推行電腦化,成為香港首間採用電腦系統的銀行。1973 年,渣打率先推出自動櫃員機服務,即現時的「萬里靈」。1981 年,渣打銀行在香港開設第 100 間分行 —— 友愛分行。1987 年,「萬里靈」與「銀通」聯網,成為香港最大的自動櫃員機網絡。

1985 年,渣打銀行的英文名改為 Standard Chartered Bank,但仍沿用香港渣打銀行發鈔。80 年代中期,渣打銀行展開內部改組,以各類別客戶為依據,組成 5 個部門,包括於 1989 年底合併的企業及商業銀行業務部、商業銀行業務部、零售銀行業務部、財務部、銀行內務部等,每個部門都以「重視質素、有效反應及可靠服務」為指標,以提高銀行的運營效率和服務質素。1986 年,渣打銀行開始拆卸舊渣打香港總部;同時,為配合銀行的新形象,分行裝修計劃展開,其中富善分行首先進行裝修,各分行採用全新的電腦系統和客戶服務終端機(ISC Pinnacle),以改善服務速度及效率。1990 年春,中環新渣打銀行大廈落成啟用,成為渣打銀行在香港的總部所在地。

長期以來,渣打銀行一直是香港銀行體系中最重要的銀行之一,地位僅次於滙豐銀行。在 60 年代和 80 年代的銀行危機中,渣打與滙豐一道,擔任了「最後貸款者」的角色,出面挽救多家出現危機的銀行。渣打亦是香港政府的主要往來銀行之一。在銀行公會,渣打與滙豐,再加上後來的中銀香港,輪流出任香港銀行公會正副主席。

香港回歸後,渣打銀行進一步加強香港業務。2000 年,渣打銀行收購當時仍稱美國大通銀行(即現在的摩根大通)於香港的業務,包括

---

43 Frank H. H. King , The Hongkong Bank in the Period of Development and Nationalism, 1941-1984, (The History of The Hongkong and Shanghai Banking Corporation Volume IV), Hong Kong and Shanghai Banking Corporation 1988, p. 336.

Chase Manhattan 信用卡，與商業二台推出聯營卡 Manhattan id 信用卡等。同時，為了加強在香港的發展，渣打集團（Standard Chartered Plc）決定在香港交易所掛牌上市。渣打在香港共發售 3043 萬多股渣打股票，佔該公司已發行股本的 2.7%；其中，公眾認購 382.97 萬股，專業和機構投資者認購了 2660.51 萬股，均獲得超額認購，渣打集資約 25.6億港元，主要目的是擴大股東基礎，專注亞洲的機構投資者、渣打本地客戶和員工都通過認購成為銀行股東。2002 年 10 月 31 日，渣打集團在香港聯交所掛牌上市，成為第一家英國《金融時報》指數公司在香港作雙重第一上市的集團。

2003 年 6 月 29 日，香港與內地簽署《香港與內地關於建立更緊密經貿關係的協議》（簡稱 CEPA）。根據協議，香港本地註冊銀行進入內地市場的門檻，從總資產 200 億美元下降到 60 億美元。2003 年，渣打銀行開始考慮透過香港本地註冊或者收購香港本地銀行等途徑來拓展中國內地市場業務。2004 年 1 月 17 日，渣打集團表示，已決定把集團的香港業務分拆在香港註冊，並向有關機構提交申請，期望可於年內完成法律審批。

2003 年 12 月 12 日，渣打銀行（香港）有限公司（Standard Chartered Bank (Hong Kong) Limited）根據《公司條例》（第 32 章）註冊成立為非私人有限公司。渣打銀行（香港）的總部設於中環德輔道中 4 號的渣打銀行大廈。2004 年 7 月 1 日，渣打銀行將渣打銀行香港分行、有限制牌照銀行 Manhattan Card Company Limited、渣打財務（香港）有限公司（Standard Chartered Finance Limited）、渣打國際貿易產品有限公司（Standard Chartered International Trade Products Limited）及 Chartered Capital Corporation Limited 等業務注入在香港註冊的「渣打銀行（香港）有限公司」（簡稱「渣打香港」）旗下。

在此之前的 5 月 28 日，香港立法會修訂《法定貨幣紙幣發行條例》，決定從當年 7 月 1 日開始廢除渣打銀行為發鈔銀行，將發鈔權正式轉移至其香港分公司 —— 渣打銀行（香港）有限公司。由於這個原因，渣打銀行自 2005 年 1 月 1 日起不再發行鈔票。渣打集團行政總裁

大衞思表示，作為集團的全資附屬銀行，渣打香港將正式以獨立法人身份躋身於香港銀行界。他並強調：「這是渣打集團為享受 CEPA 優惠政策而做出的決定。」

渣打香港成立後，致力鞏固和拓展香港及中國大陸業務。2005 年 7 月，渣打香港宣佈與香港迪士尼樂園簽訂為期五年的合作協議，成為樂園指定銀行。2006 年，香港銀行開始實施五天結算，但渣打香港則在當年 9 月起全線分行提供六日全日服務（包括櫃枱服務）。2009 年，渣打香港為慶祝集團在香港成立 150 周年，推出首張面值 150 元紀念鈔票，該鈔票正面以渣打銀行的招牌藍、綠色作底色，背景是維港兩岸的高空衛星圖片，渣打標誌正好落在中環總行上，特大的鮮黃色數字「150」分外搶眼；背面則以淺棕色作主色，8 位不同年代的香港人在太平山俯瞰維港景色，見證香港的發展。左上角「150 years with you」的字句，顯示渣打扎根香港 150 年。

2015 年 11 月，渣打香港革新分行的服務模式，推出首間流動分行，輪流為公共屋邨和地區提供銀行服務。[44] 這期間，渣打香港的零售銀行業務取得強勁發展，銀行透過與亞洲萬里通等聯盟及已提升的數碼開戶平台，增加了超過 43300 名新銀行的優先理財客戶。2016 年 7 月，渣打香港在新界上開設「北香港優先理財中心」，以滿足本地及跨境高端客戶的理財需要。同年 10 月，渣打香港獲中國人民銀行批准，成為首家在中國銀行市場發行以特別提款權（Special Drawing Rights）計價債券的商業機構，發行規模為 1 億 SDR（相當於大約 9.25 億元人民幣）。

目前，渣打香港主要經營個人銀行服務、銀行服務、中小企業服務、跨境銀行服務（包括大灣區及國際銀行服務）、信用卡、貸款、按揭、投資及強積金、保險等業務，在香港共開設約 70 間分行。據統計，2004 年，渣打香港的客戶存、貸款分別為 2389.22 億港元和 1696.89

---

44 《渣打香港推出首間流動分行》（渣打新聞稿），2015 年 11 月 26 日。

億港元，到 2018 年分別增加到 9070.83 億港元和 5055.38 億港元，14 年間分別增長了 2.80 倍和 1.98 倍，年均增長率分別為 10.00% 和 8.11%；同期，銀行經營收入總額從 101.55 億港元增加到 275.96 億港元，增長了 1.71 倍，除稅前溢利從 44.24 億港元增加到 121.61 億港元，增長了 1.55 倍，年均增長率分別為 7.39% 和 6.90%。2019 年 10 月，渣打香港收購 Standard Chartered NEA Limited 及渣打國際商業銀行有限公司（渣打台灣），使得 2019 年度經營收入和利潤大幅增加，分別達 482.32 億港元和 179.11 億港元，比 2018 年分別大幅增長了 74.95% 及 47.28%（表 1-6）。

表 1-6　2004-2021 年度渣打香港業務發展概況

單位：億港元

	客戶存款	客戶墊款	資產總值	經營收入總額	除稅前溢利
2004 年度	2389.22	1696.89	3357.62	101.55	44.24
2005 年度	2476.63	1688.76	3371.60	109.42	54.72
2006 年度	2885.13	1695.69	3910.42	126.07	72.39
2007 年度	3585.84	1793.80	4817.26	161.48	88.34
2008 年度	4767.96	2135.39	5972.21	158.15	69.57
2009 年度	5240.50	2262.36	6741.54	163.43	56.00
2010 年度	5732.77	3348.54	7586.23	184.01	73.38
2011 年度	6729.40	3897.63	8538.54	214.94	99.63
2012 年度	7565.89	4080.18	9396.30	236.60	96.76
2013 年度	8174.28	4535.58	10242.32	267.73	133.56
2014 年度	8510.29	4549.96	10790.42	284.48	119.65
2015 年度	7457.01	4149.55	9589.65	268.42	94.65
2016 年度	7782.42	4400.22	10060.22	237.59	89.44
2017 年度	8338.99	4808.67	10750.49	248.97	99.45
2018 年度	9070.83	5055.38	11762.34	275.69	121.61
2019 年度	15301.12	10070.35	21186.48	482.32	179.11
2020 年度	17367.29	10916.56	24567.89	449.51	102.04
2021 年度	18208.15	11964.83	24792.59	459.73	66.99

資料來源：《渣打銀行（香港）有限公司董事會報告書及綜合財務報表》，2005 年至 2021 年

　　根據畢馬威關於《新形勢下的應變之道：2020 年香港銀行業報告》的數據，截至 2019 年底，以總資產計算在香港本地註冊的 10 大銀行中，渣打銀行（香港）排名第 3 位（僅次於香港滙豐、中銀香港），總資產為 21186.48 億港元，稅後淨利潤 146.32 億港元，分別佔香港本地註冊 10 大銀行總資產的 11.19% 和稅後淨利潤總額的 6.76%。[45]

▌ 積極拓展中國內地市場

　　渣打在香港上市、分拆渣打香港，其主要的目標就是要進軍中國內地市場。渣打銀行進入中國的歷史，最早可追溯到十九世紀中葉。1858 年，渣打已在上海開設內地首家分行，其後約在中國 10 個城市開設分行，近 150 年在華經營從未間斷，已成為國內歷史最悠久的外資銀行。[46] 1949 年中華人民共和國成立後，渣打銀行得到允許繼續留在上海營業，並成為中國人民銀行「指定銀行」經營外匯業務，是中國改革開放前僅存的兩家英資銀行之一。當時，渣打銀行上海分行應中國政府要求協助打開金融局面，其對中國的貸款業務重點放在化學及鋼鐵工業。80 年代改革開放之後，渣打銀行以上海分行為基礎，率先重建在中國的經營網絡，業務遍佈中國的 10 多個城市，成為在華網絡最廣的外資銀行之一。

　　2007 年 3 月 29 日，渣打銀行在內地註冊成立「渣打銀行（中國）有限公司」（簡稱「渣打中國」），與滙豐、恒生等銀行一道，成為內地第一批外資本地法人銀行。渣打中國總部設於上海浦東新區。渣打中國成立後業務發展快速，截至 2019 年底，經營的網點達 100 個，包括 28 間分行和 72 間支行。截至 2019 年底，渣打中國吸收存款 1401.08 億元人民幣，發放貸款和墊款 937.39 億元人民幣，總資產 2349.35 億元人民

45　畢馬威（KPMG）：《新形勢下的應變之道：2020 年香港銀行業報告》，第 68 頁，參見畢馬威官網。

46　渣打銀行（中國）：〈關於渣打〉，參見渣打銀行（中國）有限公司官網。

幣，全年營業收入 69.11 億元人民幣，利潤總額 17.06 億元人民幣。[47]

　　在業務方面，渣打中國在服務中小企業領域保持領先地位。渣打中國是中國境內最早提供個人銀行業務的國際性銀行。2010 年，渣打將中小企東北亞總部從香港遷至上海，並推出了「一貸全」業務，為中小企業提供全方位組合融資方案。渣打推出的現貸派、活利貸、優先理財、創智理財等成為業內知名品牌。渣打銀行還是推動人民幣國際化的領先國際銀行。2013 年，渣打香港與深圳國際控股有限公司簽署前海雙邊跨境人民幣貸款協議。2014 年 6 月，渣打中國獲得中國人民銀行批准成為中國銀行間外匯市場首批人民幣對英鎊直接交易做市商；同年 10 月，渣打中國再獲得中國人民銀行批准成為中國銀行間外匯市場首批人民幣對新元直接交易做市商。2017 年，渣打銀行加大了在中國市場的投入，特別是在電子銀行、理財業務和人民幣業務等方面。

　　2018 年 1 月 31 日，在李克強總理和英國首相特蕾莎·梅共同見證下，渣打集團與中國國家開發銀行在北京簽署《國家開發銀行與渣打銀行 100 億人民幣「一帶一路」項目授信貸款備忘錄》，雙方將在「一帶一路」倡議下，推動人民幣國際化，共同支持「一帶一路」領域項目合作，在未來五年內合作金額為 100 億元等值人民幣。[48] 同年 6 月 16 日，渣打集團行政總裁溫拓思（Bill Winters）在接受專訪時表示：渣打是「一帶一路」沿線最活躍的國際銀行，在 45 個「一帶一路」沿線國家都有着長期且牢固的業務關係，尤其是渣打在跨境項目融資、基礎設施融資方面具有非常強大的能力，可以為一帶一路相關項目的客戶提供最大的附加價值。渣打表示，渣打的經營網絡與「一帶一路」沿線市場的重合度高達 75%。[49] 2019 年 8 月 20 日，渣打中國成功獲得中國銀行間市場

47　《渣打銀行（中國）有限公司 2019 年度年報》，第 21-24 頁。

48　〈國家開發銀行與渣打銀行簽署備忘錄共同推進「一帶一路」項目合作〉（渣打新聞稿），2018 年 1 月 31 日。

49　渣打銀行（中國）：〈關於渣打〉，參見渣打銀行（中國）有限公司官網。

的外匯詢價清算會員資格，成為中國人民銀行指定為僅有兩家外資貸款市場報價利率（LPR）報價行之一。

2020年5月，渣打銀行與渤海銀行（渣打香港是該行第二大股東）簽署戰略合作協議，以加強在國際領域協同和發展尤其是「一帶一路」沿線市場的業務。同年7月，渣打銀行宣佈投資4,000萬美元在廣州設立「大灣區中心」，以作支援區內個人及企業銀行業務營運，推動創新金融方案開發及應用，並加強渣打在大灣區內的跨境銀行服務。渣打集團行政總裁溫拓思表示：「粵港澳大灣區是世界上富有活力和具競爭力的一流灣區和世界級城市群，對銀行服務的需求正大幅增加，因此渣打已經把粵港澳大灣區發展提升至重點策略領域，並利用我們的人才、科技及對客戶深厚的認識，推出創新的產品和服務支持大灣區的發展。我們新設立的大灣區中心是一個成功的例子，展現我們能集結一帶一路、人民幣國際化、財富管理等領域的優勢和業務專長，為區內個人及企業客戶提供簡易流暢的跨境銀行服務。」[50]

▋ 渣打集團：「一帶一路最佳國際銀行」

目前，渣打集團作為英國一家全球性海外銀行，總部設於倫敦，在英國倫敦證交所、香港證交所，印度孟買及印度國家證券交易所掛牌上市。渣打集團在全球59個國家設有約1,000間分支機構及約3,000台自動櫃員機，僱員約8.5萬人，業務遍佈大中華及北亞、東盟及南亞、非洲及中東、歐洲及美洲洲等地區（圖1-8）。渣打集團的主要股東分別是淡馬錫控股（私人）有限公司（Temasek Holdings (Private) Limited），佔15.68%股權；貝萊德公司（BlackRock, Inc），佔5.11%股權；標準人壽亞伯丁公司（Standard Life Aberdeen plc），佔5.06%股權。

---

50 〈渣打銀行於廣州設立大灣區中心〉（渣打銀行新聞稿），2020年7月20日。

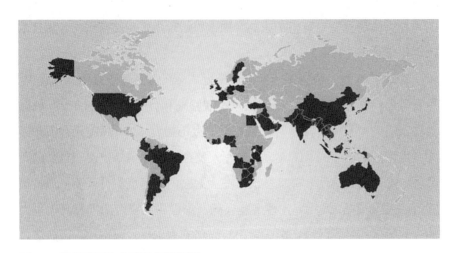

圖 1-8　渣打集團在全球的經營範圍
資料來源：渣打銀行（香港）有限公司官網

　　截至 2019 年底，渣打集團的客戶存款為 4053.57 億港元，客戶貸款及墊款為 2685.23 億港元，總資產 7203.98 億港元。2019 年度，渣打集團的經營收入總額（法定基準）為 154.17 億港元，除稅前溢利 37.13 億港元（表 1-7）。在經營收入總額中，大中華及北亞地區為 62.42 億港元，佔 40.49%；東盟及南亞地區為 42.11 億港元，佔 27.31%；非洲及中東地區為 25.62 億港元，佔 16.38%；歐洲及美洲地區為 17.25 億港元，佔 11.19%；中央及其他地區項目 6.77 億港元，佔 4.39%。[51] 換言之，香港及亞洲其他地區合共佔集團經營收入的三分之二。大中華及北亞地區的經營收入中，香港為 38.41 億港元，佔 61.53%，其他佔 38.47%。香港已成為渣打集團最重要的市場，其他重要市場依次為新加坡（16.37 億港元）、印度（10.40 億港元）、韓國（9.71 億港元）、中國內地（8.72 億港元）、英國（7.63 億港元）、美國（7.59 億港元）、阿聯酋（6.18 億港元）和印尼（2.72 億港元）。2019 年底，渣打集團的市值達到 2317.25 億港元（2023 年 1 月底為 1902.02 億港元）。

51　《標準渣打銀行 2019 年年報》，第 3 頁。

表 1-7　2012-2021 年度渣打集團業務發展概況

單位：億港元

	客戶存款	客戶墊款及墊款	資產總值	經營收入	除稅前溢利
2012 年度	3728.74	2796.38	6312.08	187.83	68.51
2013 年度	3810.66	2907.08	6743.80	186.77	60.64
2014 年度	4053.53	2846.95	7259.14	182.36	42.35
2015 年度	3506.33	2573.56	6404.83	154.39	-15.23
2016 年度	3718.55	2527.19	6466.92	138.08	4.09
2017 年度	3705.09	2822.88	6635.01	142.89	24.15
2018 年度	3910.13	2565.57	6887.62	149.68	25.48
2019 年度	4053.57	2685.23	7203.98	154.17	37.13
2020 年度	4393.39	2816.99	7890.50	147.65	16.13
2021 年度	4745.70	2984.68	8278.18	147.13	33.47

資料來源：《渣打集團有限公司年報》，2012-2021 年

　　渣打銀行經營的業務主要包括：企業及機構銀行業務、零售銀行業務、私人銀行業務和商業銀行業務等四大類。其中，企業及機構銀行業務服務超過 5,000 間大型企業、政府、銀行及投資者；零售銀行業務包括如按揭、投資服務、信用卡及個人貸款等，服務超過 900 萬名人士及小型企業；私人銀行業務協助超過 7,500 名客戶增加及保障財富；商業銀行業務包括現金管理、貿易融資、資金及託管服務等，支援超過 45,000 間亞洲、非洲及中東地區的本地企業及中型企業。2019 年，渣打集團的經營收入總額（法定基準）中，企業及機構銀行業務經營收入為 73.31 億港元，佔 47.55%；零售銀行業務經營收入為 51.71 億港元，佔 33.54%；私人銀行業務為 5.77 億港元，佔 3.74%；商業銀行業務為 14.82 億港元，佔 9.61%，中央及其他項目 8.56 億港元，佔 5.55%。[52]

---

52 《標準渣打銀行 2019 年年報》，第 254-256 頁。

　　2018 年 9 月，渣打銀行榮獲 *Asiamoney* 雜誌舉辦的「2018 年新絲路金融大獎」（New Silk Road Finance Awards），評選為「一帶一路最佳國際銀行」，同時榮獲 *Global Finance* 雜誌舉辦的「2018 年中國之星大獎」（The Stars of China Awards 2018），評選為「一帶一路最佳外資銀行」。*Asiamoney* 雜誌及言人表示：「渣打在亞洲及許多一帶一路國家擁有深厚的業務根基，因此獲評為『一帶一路最佳國際銀行』絕對是實至名歸。渣打與其中國及環球企業客戶，以及其中資銀行夥伴，充份緊密合作，為傳統絲路沿途不少項目提供融資。」*Global RMB* 雜誌發言人則表示：「在目前以亞洲區為重點的人民幣市場上，我們認為渣打在有關獎項的評審時段內，最積極拓展嶄新的業務方案，協助區內及區外的客戶連接至中國市場。」[53] 2022 年，渣打銀行獲《企業財資人》亞太地區最佳貿易金融銀行、「The Asian Banking & Finance」年度中國最佳財富管理平台大獎、《福布斯》「2022 年世界最佳銀行」排行榜位列中國大陸外資銀行榜首等。

　　2018 年，正值渣打集團在華經營 160 周年。渣打集團在官網中以「道・無止盡」為主題，撰文表示：「值此盛時，渣打銀行發佈了全球品牌煥新承諾：超越，成就更好的世界。這並不是要改變我們原有的品牌承諾『一心做好，始終如一』（here for good），而是賦予這個承諾一個新的艱巨挑戰：我們如何戰勝困難，促進全球商業和繁榮。作為中國金融改革開放的積極參與者、貢獻者和受益者，渣打銀行將秉承對中國市場的長期承諾，充分發揮其全球網絡優勢和業務專長，為我們的客戶提供優質創新的服務和產品，和我們的客戶共同進入新時代。」[54]

---

53 〈渣打獲選為「一帶一路最佳銀行」〉（渣打新聞稿），2018 年 9 月 21 日。

54 《渣打銀行在華營運 160 周年》，渣打銀行（中國）有限公司官網。

第四節　怡和財團

▊ 怡和洋行的創辦與早期發展

怡和控股是香港主要的英資財團之一，其前身是香港著名的英資四大洋行之首 —— 怡和洋行。怡和洋行創辦於 1832 年 7 月，當時稱為「渣甸‧馬地臣公司」（Jardine, Matheson & Co.），1906 年後改組為「渣甸‧馬地臣有限公司」（Jardine, Matheson & Co., Ltd.），創辦人是威廉‧渣甸（William Jardine）和詹姆士‧馬地臣（James Matheson），兩人早期均曾在東印度公司任職，後都成為從事鴉片貿易的自由商人。「怡和洋行」的名字直到 1842 年才開始正式採用，取「快樂和諧」之意。[55]

怡和洋行成立時，遠東的鴉片市場和運輸條件正發生深刻的變化：印度鴉片產量大增，價格下跌；而蒸汽輪船尤其是鴉片飛剪船開始出現，運到伶仃洋上的鴉片越來越多，鴉片商需要開拓廣州以外的市場。為應對環境的變化，怡和洋行決定租賃新建造的飛剪船「精靈號」（Sylph）遠征天津以北市場。1834 年東印度公司結束對華壟斷特權後，怡和洋行即取代東印度公司，成為英商對中國進行鴉片貿易的主角。在東印度公司貿易壟斷權被廢除後的 3 個月內，怡和洋行運往廣州的貨物達 75 船，佔當時廣州對外貿易總額的三分之一。[56]

這一時期，怡和洋行致力打造一支往來印度與中國、廣州與東部沿海城市之間極具競爭力的飛剪船隊。怡和先後購買了「紅海盜號」（Red Rover）、「仙女號」（Fairy）、「楊上校號」（Colonel Young）、「馬

55　*Discover more about our history 1830-1899*，參見 Jardines 官網。

56　方以端：〈怡和洋行在華興衰史（1832-1949）〉，《信報財經月刊》，第 8 卷第 4 期，第107 頁。

葉斯夫人號」（Lady Mayes）、「芬得利總督號」（Governor Findlay）等
共 12 艘飛剪船，頻密往來穿梭於加爾各答到廣州、以及廣州到東南沿
海城市的航線上。到 1837 年，怡和洋行已擁有資本 261.3 萬銀元，其
中大部分投資於船隊和鴉片等貨物上，成為遠東最大的鴉片貿易商。
1839 年，怡和發現香港具有作為一個貿易基地的潛力，於是將其業務
暫時從澳門轉移到香港。[57]

　　1841 年 1 月 26 日，英國駐華商務監督義律（C. Elliot）率領的英國
東方遠征軍強行侵佔香港島。同年 6 月 14 日，義律代表香港殖民當局
在澳門首次拍賣香港沿海北岸土地，怡和洋行原購得港島北岸中央一塊
地皮，但這塊地皮後來被香港政府徵用。[58] 不過，怡和洋行創辦人之一
馬地臣同時透過其代理人，投得銅鑼灣「東角」（East Point）的三幅土
地，面積共 57,150 平方呎，價值為 565 英鎊。[59] 怡和洋行取得東角後，
即大興土木，建築起第一批磚石結構的房屋、倉庫，包括在山頂修建了
豪華的大班別墅，作為洋行的香港辦事處。[60] 1844 年，怡和洋行將總部
從澳門遷至香港東角，並在上海、廣州、廈門、福州等地開設辦事處。
怡和還在東角建造了香港第一個深水碼頭。為了盡快獲悉來自倫敦和印
度方面的資訊，怡和又在山頂建築了一座瞭望台，命名為「渣甸瞭望
台」（Jardine's Lookout）。在無線電訊業尚未誕生的那個時代，怡和洋
行憑藉這個瞭望台，最先掌握歐洲市場的情報和資訊，從而在貿易中牟
取最大利潤。

57　*Discover more about our history 1830-1899*，參見 Jardines 官網。

58　羅伯 . 布雷克（Robert Blake）：張青譯：《怡和洋行》（*Jardine Matheson：Traders of the Far East*），台北：時報文化出版企業股份有限公司，2001 年，第 111 頁。

59　*Discover more about our history 1830-1899*，參見 Jardines 官網。

60　*The Thistle And The Jade: A Celebration Of 150 Years Of Jardine, Matheson & Co.*, Edited by Maggie Keswick, Octopus Books Limited ,1982, p. 199.

雖然怡和洋行在東角自成一國，形勢理想。但它卻遠離市區，交通不便。1864 年，怡和將其總部從東角遷往中區。[61] 1873 年，怡和洋行在中區另建新廈作為總部辦事處，地址就在皇后大道中 7 號，毗鄰滙豐銀行總行。十九世紀 80 年代，怡和洋行將皇后大道中 7 號售予英商保羅·遮打（Catchick Paul Chater）和沙遜（F. D. Sassoon），並在中區畢打街寶順洋行總部對面購置新廈（即現會德豐大廈舊址），作為洋行的總部。[62] 這一時期，怡和洋行的大班由威廉·凱瑟克（William Keswick）出任，他是威廉·渣甸的侄女瑪格麗特·渣甸和莊園主托馬斯·凱瑟克之子。自此，凱瑟克家族進入怡和洋行，並逐漸取代渣甸和馬地臣家族的位置。

十九世紀 60 年代，怡和洋行的鴉片貿易達到高峰，它以大量自有資金進行投資，並將銷售活動擴展到華中和上海以北地區。1865 年，怡和每年以佣金方式經手的鴉片，價值不下 30 萬英鎊。[63] 不過，1873 年以後，怡和逐步退出鴉片市場，轉而重點發展倉儲碼頭、航運、房地產，投資鐵路、製造業等，從事多樣化經營。1886 年，怡和與保羅·遮打合作，創辦「香港九龍碼頭及倉庫有限公司」（Hong Kong and Kowloon Wharf and Godown Company Limited，簡稱「九龍倉」），註冊資本 170 萬港元。到二十世紀 40 年代，九龍倉已成為香港一家以效率著稱的大型碼頭貨倉公司，無論在漲潮或退潮時，其碼頭都能同時停泊 10 艘吃水 10 米以上的遠洋貨輪。

61　*Discover more about our history 1830-1899*，參見 Jardines。

62　*The thistle and the jade: A celebration of 150 years of Jardine, Matheson & Co.*, p. 200.

63　勒費窩（Edward LeFevour）著，陳曾年、樂嘉書譯：《怡和洋行 —— 1842-1895 在華活動概述》（*Western Enterprise in Late Ch'ing China: A Selective Survey of Jardine, Matheson and Company's Operations, 1842-1895*），上海：上海社會科學出版社，1986 年，第 16 頁。

1889 年，怡和再度與保羅・遮打合作，創辦置地公司，當時稱為「香港置地及代理有限公司」（The Hong Kong Land Investment and Agency Company Limited），註冊資本為 500 萬港元。[64] 置地從創辦起，業務就集中在中環。根據 1895 年至 1896 年的登記，當時置地擁有的物業主要集中在皇后大道中、德輔道中，其他地區則包括雲咸街、奧庇利街、庇利街、伊利近街及史丹頓街。[65] 到二十世紀初，置地已成為港島中區最大的單一地主，所擁有的物業總值已超過 30 萬港元。[66] 此外，怡和早在 1905 年已參與組建「諫當保險公司」（Canton Insurance Society），1868 年又在香港創辦「香港火燭保險公司」（Hong Kong Fire Insurance Company Ltd.），擴大保險業務。[67] 1897 年，怡和創辦香港第一家紡織工廠。1898 年，怡和協助創辦「天星小輪公司」。1906 年，怡和與滙豐銀行合組「中英公司」（British & Chinese Corporation）。

怡和在經營香港的同時，積極拓展中國大陸市場。怡和洋行是跟隨英國駐上海首任領事巴富爾首批到達上海的英資洋行之一，它取得了上海英租界的第一號土地登記證。1844 年，怡和洋行在上海外灘緊靠着英國領事館的地段建築辦事處，正式掛出了「怡和洋行」的牌子。在此後的一個世紀裏，怡和洋行在中國的勢力急劇膨脹，它以香港為基地，以上海為總指揮部，將其經濟活動迅速伸延向中國廣大的腹地，先後在廣州、汕頭、福州、台北、漢口、重慶、青島、天津等城市設立分行，又在廈門、鎮江、南京、蕪湖、九江、宜昌、沙市、長沙、昆明及

64　置地控股：《香港置地 125 年》（Hong Kong Land at 125），2014 年，置地控股官網，第 49 頁。

65　Nigel Cameron, *The Hong Kong Land Company Ltd. A Brief History*, Hong Kong: Offset Printing Co. 1979, p. 12.

66　*The Hong Kong Land Company Ltd. A Brief History*, p. 19.

67　馮邦彥、饒美蛟：《厚生利群：香港保險史（1841-2008 年）》，香港：三聯書店（香港）有限公司，2009 年，第 33、42 頁。

北京等城市設立代理行。怡和洋行的經營業務,也從鴉片貿易擴展到進出口貿易、航運、倉儲碼頭、交通運輸、金融保險、房地產、工業及公用事業等各個領域。[68]

藉着從早期鴉片貿易積累的雄厚資本,以及豐富的管理經驗,怡和洋行在與其他各國洋行的競爭角逐中,始終保持優勢,因而在中國,它被譽為「洋行之王」(The Princely Hong)。怡和自豪地表示:「『洋行之王』是整個洋行的歷史中,享受到了它的熱誠和殷勤的樂趣的居民們和來賓們所贈給它的稱號。」[69]

▌ 戰後業務的多元化、國際化發展

二戰期間,怡和洋行與其他英資公司一樣,損失慘重。太平洋戰爭爆發後,怡和在香港和中國大陸的全部業務均告停頓,置地公司在香港中區的物業全部被日軍接管,九龍倉在尖沙咀的碼頭貨倉遭到嚴重損毀,怡和的船隊除部分被英軍徵用之外,其餘的轉移到印度海岸和新加坡,有的則在戰爭中沉沒。這一時期,怡和先後在印度的加爾各答和孟買開設辦事處,以維持剩餘的業務,倫敦的馬地臣股份有限公司則承擔起怡和總部的職責。[70]

戰後,怡和在遠東的業務逐漸恢復。在中華人民共和國成立之初,怡和在中國的生意一度呈現生機。不過,好景不常,1950 年朝鮮戰爭爆發,中美關係趨於緊張,怡和的業務陷於停頓。1954 年,怡和關閉它在大陸的全部辦事處,結束它在中國大陸逾 100 年的歷史。[71] 長

68　馮邦彥:《香港英資財團(1841-2019 年)》,第 96-108 頁。

69　怡和洋行:〈怡和洋行的復興(1945-1947)〉,轉印自陳寧生、張學仁編譯:《香港與怡和洋行》,武漢:武漢大學出版社,1986 年,第 129 頁。

70　怡和有限公司:《繼往開來百五載》,1982 年,第 8 頁。

71　*Discover more about our history, 1900-1979*, 參見 Jardines 官網。

期以來，怡和洋行一直實行舊式合股制度，不過，到二十世紀 50 年代
後期，怡和股東認識到，這種制度已經不再適應戰後複雜的商業環境。
1958 年，凱瑟克家族在倫敦三家商人銀行 —— 霸陵兄弟、富林明、以
及威廉·奇連公司的支持下，收購了渣甸家族在怡和的所有股份，正式
成為怡和洋行的大股東。

　　1961 年 6 月 15 日，怡和洋行以「怡和有限公司」名義，以每股
16 港元，公開發行 90.28 萬股，在香港掛牌上市，獲得 56 倍的超額認
購。當年，怡和經營溢利 1,525 萬元，純利 730 萬港元。[72] 自此，怡和
集團以怡和公司為旗艦，以兩家著名的地產及貨倉碼頭公司 —— 置地
和九龍倉為兩翼（傳統上，置地和九龍倉主席均由怡和大班出任），
展開了它以香港為重心的經濟拓展活動。這一時期，怡和的發展戰
略分雙線展開，一方面積極向亞洲太平洋地區拓展，力圖發展成一家
跨國公司；另一方面又繼續鞏固其在香港的地位，並向業務多元化
發展。

　　1954 年，怡和在大陸遭受挫折後，對香港經濟前景亦深存戒心，
它隨即開始向東南亞市場拓展。60 年代末至 70 年代中，中國爆發「文
化大革命」，怡和加快海外投資步伐。1973 年，怡和收購了美國夏威
夷的戴惠施有限公司（The H. Davis Ltd.），將業務擴大到太平洋。1975
年，怡和收購了南非的雷里斯聯合股份有限公司（Rennies Consolidated
Holdings Ltd.）。1976 年，怡和進一步收購利比亞的中東運輸與貿易有
限公司（Transporting and Trading Company Inc.）股權。這一時期，怡
和「在夏威夷生產食糧，在菲律賓從事榨糖業，在東南亞負責離岸油田
設施建造和維修業務，在中國生產迅達電梯，在南韓供應藝術創造器
材，在沙地阿拉伯興建公路及在南非開設假日酒店。此外，怡和亦有經

---

72 《香港各公司營業概況（1961 年）》，香港：趙天游公司編印，1962 年，第 128 頁。

營航運、財務及貿易業」，[73] 儼然已成為一家大型跨國企業。

　　60 年代中期以後，香港經濟起飛，整個社會開始呈現繁榮景象。在此背景下，怡和對香港的投資漸趨積極，投資的重點是金融及房地產業。1970 年，怡和與倫敦著名商人銀行富林明公司（Robert Fleming & Co., Ltd.）合資創辦「怡富有限公司」（Jardine Fleming & Co., Ltd.），開創投資銀行業務。[74] 1972 年，怡和以換股方式將它在遠東投資公司所佔股份增加到 42%，並改名為「怡和證券有限公司」（Jardine Securities Ltd.），專門從事香港證券買賣及投資。1973 年，怡和再組建全資附屬公司「怡和保險有限公司」，加強香港保險業務，並先後收購了在英國和美國的保險業務，為公司的發展奠定了基礎。[75]

　　與此同時，怡和亦在香港展開一系列的收購活動。1972 年，怡和透過旗下置地公司收購「牛奶冰廠有限公司」（The Dairy Farm, Ice & Cold Storage Co., Ltd.，簡稱「牛奶公司」）。牛奶公司創辦於 1886 年，創辦人是蘇格蘭醫生文遜（Patrick Manson）和 5 位香港商人，初期主要從事乳牛飼養和供應牛奶，到二十世紀 70 年代初期已成為一家極具規模的大公司，旗下業務包括經營奶類產品、冷凍業務及惠康超級市場（the Wellcome grocery chain）。[76] 怡和收購牛奶公司後，將業務拓展到批發零售等領域，並取得銅鑼灣及薄扶林等地大片土地。其後，怡和又先後於 1974 年透過九龍倉收購天星小輪公司及香港電車公司；1975 年以換股方式及現金收購經營汽車銷售的仁孚行（Zung Fu Co., Ltd.）。[77] 同年，怡和收購香港實力雄厚的建造及土木工程集團──「金門建築（香

73　韋怡仁：〈老牌英資怡和集團何去何從？〉，《信報財經月刊》，第 6 卷第 12 期，第 47 頁。

74　*Discover more about our history, 1900-1979*, 參見 Jardines 官網。

75　*Discover more about our history, 1900-1979*, 參見 Jardines 官網。

76　牛奶公司發展里程，參見牛奶公司官網。

77　Discover more about our history, 1900-1979, 參見 Jardines 官網。

港）有限公司」（Gammon Construction (Hong Kong) Ltd.）。[78] 1979 年，中國改革開放初期，怡和成為第一批進入中國內地的外資公司之一，當年在北京開設辦事處，隨後相繼在上海、廣州開設辦事處。

　　這一時期，怡和旗下的兩家公司 —— 置地和九龍倉也取得快速發展。自 50 年代起，置地在中區的擴張步伐再度啟動。1950 年，置地建成公爵行。1956 年，置地展開戰後首次大規模的物業重建，先後將原有阿歷山大行和皇室行，分兩期建成歷山大廈，又將皇帝行、沃行和於仁行重建為於仁大廈。當時，香港因外來移民和資金湧入，成為一個商業及旅遊中心，置地看準時機，於 1961 年將告羅士打酒店租予新成立的聯營公司「城市酒店有限公司」（City Hotels Limited），並於 1963 年在皇后行舊址建成文華酒店。1970 年，置地以 2.58 億港元的創歷史紀錄，高價投得港島中區面積達 5.3 萬平方呎的新填海地段，於 1973 年建成樓高逾 50 層，總面積逾 75 萬平方呎的康樂大廈（今「怡和大廈」）。到 70 年代中，1975 年，置地進行資產估計，旗下可供出租商廈面積達 310 萬平方呎，資產高達 36 億港元，比 1922 年的 1.4 億港元增加 24.7 倍，被稱為香港地產「皇冠上的明珠」。

　　70 年代期間，香港的航運業進入貨櫃化時代，葵涌貨櫃碼頭相繼建成使用，九龍倉原有的功能日漸式微。九龍倉遂訂下發展大計，通過在股市集資等各種方式獨立進行規模宏大的重建計劃。該計劃耗資約 15 億港元，歷時 10 餘年，在原有的海旁碼頭、貨倉地段上，建成了海港城等綜合物業。該物業被譽為「亞洲最龐大及成功的綜合商業中心」，擁有 3 個相連的商場，即海洋中心商場、海運大廈商場及海港城商場，內設逾 600 間精品商店、3 間一流酒店（包括香港酒店、馬可孛羅酒店及太子酒店，客房共逾 1,500 間）、約 50 間酒樓舞廳，以及一批高級寫字樓和住宅物業。至此，九龍倉蛻變成尖沙咀地區赫赫有名的

78　金門建築歷史，參見金門建築（香港）有限公司官網。

地王。

到了 70 年代後期，怡和旗下擁有的附屬及聯營公司近 400 家，所經營的業務，遍及進出口貿易、批發零售、銀行、保險、金融服務、碼頭倉儲、房地產、航運、航空、旅遊、酒店及公用事業，被譽為「規模宏大，無遠弗屆」。[79]

▌ 國際化策略：遷冊、走資及撤離香港股市

70 年代後期，怡和開始從發展顛峰回落，其標誌性事件是九龍倉被收購。1978 年，華商李嘉誠乘九龍倉股價偏低、大股東置地控股權不穩，對九龍倉展開收購。其後，由於消息外洩，競爭激烈，李嘉誠將所收購股權售予「世界船王」包玉剛。九龍倉形成包玉剛和置地兩大股東對峙局面。1980 年 6 月，置地趁包玉剛遠赴歐洲開會之際，宣佈對九龍倉展開「增購」，意圖鞏固控制權。稍後，包玉剛展開反擊，以每股 105 港元價格增購九龍倉 2,000 萬股股份，成功取得九龍倉的控制權。[80]

其後，怡和旗下的置地公司也遭到新興華商的狙擊。為了保衛對置地的控制權，怡和與置地形成相互持有對方約四成股權的所謂「連環船」股權結構，並加強置地在香港的發展，試圖彌補丟失九龍倉的損失。[81] 這一時期，置地罔顧當時香港地產繁榮時期已出現的一系列不利因素，投資策略轉趨冒進，先後與遠東發展、佳寧集團、恒隆、長江實業、僑光置業、油麻地小輪等約 30 家公司合作發展超過 70 個地產項目。同時，置地又先後兩次發動所謂「破曉突擊」行動，分別收購兩家公用事業上市公司 —— 香港電話有限公司及香港電燈有限公司各 34.9%

---

79 韋怡仁：〈老牌英資財團怡和何去何從？〉，第 16 頁。

80 郭艷明，趙國安：〈九倉事件日誌〉，《信報財經月刊》，第 4 卷第 4 期，第 53 頁。

81 高英球：〈置地大改組後遠景璀璨〉，《信報財經月刊》，第 5 卷第 2 期，第 46-47 頁。

股權。1982 年，地產市道崩潰，置地陷入財務危機之中。據估計，在地產低潮中，置地的三大發展計劃，包括港島大潭道白筆山發展計劃、重建尖沙咀美麗華酒店舊翼，以及港島中區交易廣場發展計劃，損失超過 30 億港元。置地在 1983 年度業績報告書中表示：無論是 1983 年，還是 1984 年，對置地來說，都是一個困難的年度。[82]

1984 年 12 月，中英兩國簽訂關於香港問題的聯合聲明，香港進入九七回歸中國的過渡時期。面對這一歷史性轉變，怡和隨即部署其國際化策略，第一步就是公司「遷冊海外」。1984 年 3 月 28 日，正值中英就香港前途問題談判進入關鍵時刻，怡和主席西門·凱瑟克（Simon Keswick）宣佈，怡和將把公司的註冊地從香港遷移到英屬自治區百慕達。為此，「怡和控股有限公司」（Jardine Matheson Holding Limited）在百慕達註冊成立，以作為怡和集團的控股公司。[83] 怡和遷冊百慕達，最初被理解為「撤離香港」，消息傳出，全港震驚。有人形容，像怡和這樣一家自稱「一直代表殖民地時代的香港」的老牌英資洋行，在最關鍵時刻宣稱要撤離香港，其震撼力有如投下一枚「百慕達炸彈」。[84]

與此同時，怡和集團於 1986 年展開結構重組，內容包括：第一，成立「怡和策略有限公司」（Jardine Strategic Holdings Ltd.），將怡和與置地互持對方股權轉換為怡和控股與怡和策略互持控股權，再由怡和策略持有置地，從而解除怡置互持的被動局面；第二，分拆置地公司，將集團旗下零售業務和酒店業務分拆出來，成立在百慕達註冊的「牛奶國際控股有限公司」（Dairy Farm International Holdings Ltd.）和「文華東方國際有限公司」（Mandarin Oriental International Ltd.），並在香港掛牌上市；第三，於 1988 年成立全資附屬公司 ——「怡和太平洋有

---

82 《香港置地有限公司 1983 年度業績報告書》。

83 *Discover more about our history, 1980-1999*, 參見 Jardines 官網。

84 馮邦彥：《香港英資財團（1841-2019 年）》，第 283-284 頁。

限公司」（Jardine Pacific Ltd.），作為統籌和加強怡和在亞太區的綜合貿易業務的旗艦。第四，1990 年成立「怡和國際汽車有限公司」（Jardine International Motors Limited），以統籌經營集團旗下所有汽車銷售業務（圖 1-9）。[85]

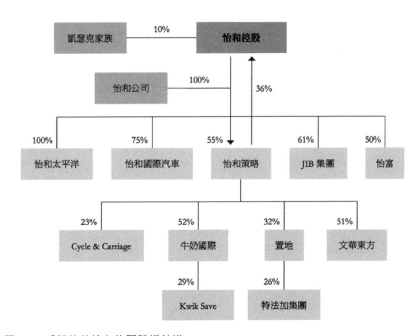

圖 1-9　重組後的怡和集團股權結構
資料來源：《怡和控股有限公司 1994 年報》

　　經過連串錯綜複雜的結構重組後，怡和集團龐大的內部體系出現了一個全新的架構：大股東凱瑟克家族以怡和控股作為整個集團的旗艦，分別控制怡和太平洋、JIB 集團（即怡富保險）及怡富等 3 家功能性集團公司及 1 家控股公司——怡和策略，再透過怡和策略控制置地、牛奶國際、文華東方 3 家大型上市公司，從而將集團內 6 大業務，包括地產、酒店、食品製造及批發零售、綜合貿易、保險、商人銀行

85　*Discover more about our history, 1980-1999*, 參見 Jardines 官網。

等，按類分別歸入置地、文華東方、牛奶國際、怡和太平洋、JIB 集團
及怡富，令整個集團結構更加精簡清晰，不但有利於各子公司的經營管
理，提高經營效益，而且也大大提高各子公司投資海外或穩守香港業務
的機動性和彈性，形成進可攻（加強海外業務）、退可守（穩守香港核
心業務）的有利發展態勢。

在新的架構下，怡和着手部署其國際化策略的第二步 —— 加快海
外投資步伐。1984 年 3 月，怡和主席西門·凱瑟克在宣佈遷冊時就明
確表示：為配合遷冊，怡和必須對旗下的業務作相應的調整，怡和希望
改變大部分盈利來源和資產集中在香港及中國大陸地區（其中尤以香
港佔最大部分）的現狀，將盈利來源及資產分散，達致香港及中國大陸
地區佔一半，其他國際地區佔一半的目標，而不致將「所有的雞蛋放在
一個籃子上」。怡和完成集團重組後，債務減少，財政實力大增，於是
以系內的 3 家附屬公司 —— 牛奶國際、文華東方以及怡和太平洋為先
鋒，全面加強向海外市場拓展。

80 年代中期以後，牛奶公司先後在英國、西班牙、新西蘭、新加
坡等地拓展超級市場業務，包括 1987 年收購英國第 6 大超市集團 Kwik
Save 25% 股權，1990 年先後收購西班牙零售連鎖集團 Simago S.A. 及
新西蘭超市集團 Woolworths 等。1991 年，怡和保險經紀公司（Jardine
Insurance Brokers）在英國倫敦上市，其後於 1997 年與另一保險經紀
Lloyd Thompson 合併，組成 Jardine Lloyd Thompson，成為英國一家領
先的上市保險經紀集團。[86] 與此同時，坐擁「中區物業王國」的置地則
開始出售非核心物業，包括先後將銅鑼灣皇室大廈和灣仔夏愨大廈、
半山地利根德閣豪宅、銅鑼灣世界貿易中心、中區大道中 9 號高級商廈
等貴重物業拋售；同時，加緊在海外，尤其是英國物色收購對象，包括
1992 年收購英國特法加地產集團 26% 股權，以配合集團的國際化戰略

---

86 *Discover more about our history, 1980-1999*, 參見 Jardines 官網。

部署。

經過 10 年部署，到 90 年代中期，怡和集團旗下各子公司的海外投資已漸有成果。1994 年度，怡和控股的營業額達 95.6 億美元，除稅前盈利達 9.7 億美元；其中，香港及中國大陸以外地區分別是 64.6 億美元和 4.3 億美元，所佔比重分別達 67.6% 和 44.3%，初步達到戰略目標。不過，由於置地雄厚的資產主要集中在香港，而怡和的海外業務又以非資產性為主，包括貿易、批發零售、酒店、金融、保險等，因此，以經營資產淨值計，1994 年度怡和控股在香港及中國大陸地區的資產所佔比重仍高達 60.5%。[87]

怡和的國際化策略的第三步，是撤離香港股市。1990 年 11 月，怡和提出了「上市豁免」（Exempt Foreign Listings）概念，即在香港的上市公司只須遵守法例，對於沒有法律約束力的上市規則或收購合併守則等，則要求豁免遵守。[88] 不過，怡和的要求受到香港證券監管當局的駁斥與拒絕。1990 年，怡和集團將旗下怡和控股、置地、牛奶國際等在倫敦作第一上市，改用國際會計準則（IAS）編制公司賬項並改用美元為計算單位，其後又在新加坡作第二上市，為撤離香港股市做準備。

1993 年 5 月，怡和宣佈已主動建議百慕達當局以英國倫敦收購合併守則為藍本，修訂 5 條分別涉及怡和控股、怡和策略、置地、牛奶國際及文華東方的收購守則。怡和表示，這套守則將於 1994 年 7 月 1 日起生效，具有法律地位，由百慕達金融管理局執行，英國樞密院為最終上訴庭。1994 年 3 月 24 日，怡和控股發表聲明表示：決定從 1994 年 12 月 31 日起，終止怡和股票在香港的第二上市地位，正式撤離香港股市。[89]

對此，怡和發言人解釋說：「怡和過去幾年間一直極力爭取以一套

---

87 《怡和控股有限公司 1994 年報》。

88 〈認為港府過份監管市場，怡和要員作出猛烈抨擊〉，《信報》，1990 年 3 月 29 日。

89 馮邦彥：《香港英資財團（1841-2019 年）》，第 329-331 頁。

統一的、以英式制度為藍本的監管制度來管理本公司之事務。這項政策
不但反映怡和的英資背景，同時亦反映怡和乃一跨國集團控股公司，在
30 多個國家積極拓展業務，全球僱員超過 20 萬人。本公司已在百慕達
註冊，而我們之主要證券市場監管機構為倫敦交易所，當百慕達法定收
購守則在 1994 年 7 月 1 日開始生效後，我們便可接受一套在香港以外
全面一致的監管制度，管制本公司的事務。本公司在與證監會進行廣泛
磋商後，證監會認為豁免遵守香港守則並不適宜。在這種情況下，董事
會無奈地只好終止本公司和香港收購守則之間之契約性聯繫，撤銷其在
香港聯合交易所之第二上市地位。」[90] 至此，怡和基本完成其在過渡時
期部署的國際化三部曲策略。

▋ 回歸後怡和集團在亞洲區的拓展

　　1997 年爆發的亞洲金融危機，對怡和集團造成了衝擊，特別是旗
下經營商人銀行業務的怡富（Jardine Fleming & Co., Ltd.）陷入困境。
1998 年，怡富的大股東 —— 富林明公司業績大幅下滑，被迫大規模
裁員。1999 年，富林明業務重組，向怡和購回其所持有的怡富 50% 股
權，改為由怡和持有富林明 18% 股權。[91] 2000 年 4 月，富林明家族將
所持公司約 30% 的股權售予美國大通曼哈頓銀行（Chase Manhattan
Bank），售價約 77 億美元。2001 年，大通曼哈頓銀行與 JP 摩根合併，
組成摩根大通銀行（JP Morgan Chase Bank）。2005 年，富林明家族將
怡富其餘的銀行業務出售予渣打集團，最終結束了怡富 30 年的歷史。
怡和集團亦因而失去其在投資銀行領域的發展平台。

　　這一時期，怡和仍積極推進國際化策略，繼續圍繞其核心業務，
在亞太區積極拓展。其中，最矚目的就是收購在新加坡上市的怡和合發

---

90 《信報》，1993 年 3 月 23 日。

91 *Discover more about our history, 1980-1999*, 參見 Jardines 官網。

集團（Jardine Cycle & Carriage Limited），以及透過怡和合發收購在印尼上市的阿斯特拉國際集團（PT Astra International Tbk），從而大大拓展了怡和的經營地域和業務發展空間。怡和合發的前身，是來自馬來西亞馬六甲的蔡氏兄弟於 1899 年 6 月 15 日在馬來西亞創辦的「合發公司」（Cycle & Carriage），主要經營汽車代理銷售業務。1926 年，合發重組為公共公司 —— The Cycle & Carriage Company Limited，總部設在新加坡烏節路，並於 1969 年在新加坡上市。[92] 二十世紀八九十年代期間，合發在汽車銷售代理業務方面有了進一步發展，成為東南亞規模龐大的汽車經銷集團之一。

　　怡和與合發的合作早在 90 年代初開始。1992 年，怡和取得新加坡藍籌上市公司合發 16% 的股權，並於 1993 年進一步增加其在合發的持股量。[93] 1997 年亞洲金融危機爆發後，合發的經營陷入困境。2002 年，怡和透過旗下怡和策略（Jardine Strategic Holdings）向合發注資，將所持合發股權從 30% 增加至 50%，使合發成為怡和策略的附屬公司。[94] 2003 年，合發正式改名為「怡和合發有限公司」（Jardine Cycle & Carriage Limited）。經過多年的發展，怡和合發已發展成為一家東南亞最大的獨立汽車集團。怡合旗下經營的汽車業務，包括在新加坡、馬來西亞和緬甸等國家，代理銷售梅賽德斯 - 賓士、雪鐵龍、三菱、起亞汽車等著名汽車品牌，並且在印尼的 Tunas Ridean 和越南的 Truong Hai 汽車公司，提供區域汽車業務（圖 1-10）。[95]

92　Jardine Cycle & Carriage, *Our history*，參見：https://www.jcclgroup.com/about-us/our-history

93　*Discover more about our history, 1980-1999,* 參見 Jardines 官網。

94　Jardine Cycle & Carriage, *Our history.*

95　馮邦彥：《香港英資財團（1841-2019 年）》，第 463-464 頁。

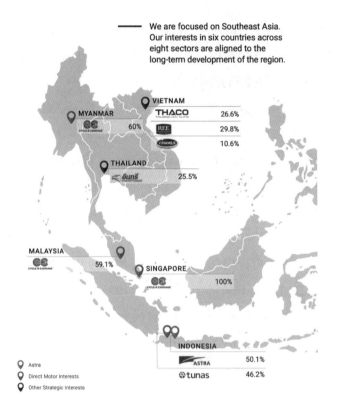

圖 1-10　怡和合發在東南亞地區的投資與業務
資料來源：怡和合發有限公司官網

　　怡和集團在收購怡和合發的同時，透過怡發收購了印尼領先的多元化企業集團 —— 阿斯特拉國際企業集團有限公司（PT Astra International Tbk）。阿斯特拉國際創辦於 1957 年，當時為一家貿易公司，60 年代轉向汽車銷售代理，70 年代將業務拓展至農業綜合企業和木材工業經營發展，到 80 年代後期已成為印尼第二大企業集團，僅次於林紹良的三林集團（Salim Group）。1990 年，該公司重組為「阿斯特拉國際企業集團有限公司」，並在印尼雅加達及泗水兩地股票交易所掛牌上市。[96]

96　*History of Astra*, 參見：https://www.astra.co.id/About-Astra/History-Of-Astra

　　1997年亞洲金融危機爆發，阿斯特拉國際的經營陷入低谷。1999年，阿斯特拉國際債務重組，由怡和合發介入注資，並於2000年取得該公司40%的股權。2005年，怡和合發繼續向公司注入資金，將所持阿斯特拉國際股權增加至50.1%，使之成為怡合的附屬公司。當時有評論指出：「在1997年亞洲危機之後，怡和入股印尼汽車和工業集團阿斯特拉國際（Astra International）。這是一個大膽卻成功的決策，阿斯特拉不僅去年（2017年）產生了25%的實際淨利潤（underlying profit），還將怡和的投資組合擴展到大中華區以外的東南亞。」[97]經過多年發展，阿斯特拉國際已成為印尼最大的多元化集團之一，經營的業務包括：汽車、重型設備、採礦和能源，金融服務，基礎設施和物流，農業綜合企業，資訊技術，及房地產等8大板塊（圖1-11）。[98]

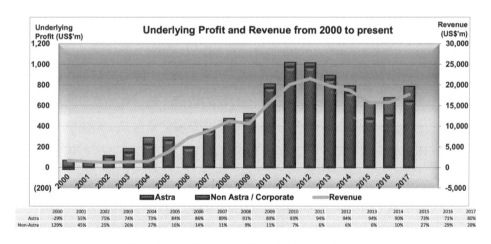

圖1-11　怡和合發收入與利潤增長及阿斯特拉對怡發的貢獻
資料來源：Jardine Cycle & Carriage accepts, FY 2017 Results, p. 4.

97　約翰・加普：〈《怡和洋行：沉默是金》，《金融時報》中文網，2018年12月29日，參見：
　　http://big5.ftchinese.com/story/001080884?full=y&archive
98　馮邦彥：《香港英資財團（1841-2019年）》，第468-470頁。

　　回歸前夕，怡和將旗下各上市公司，包括牛奶國際、置地、文華東方等，撤離香港股市，到英國倫敦掛牌上市，並在百慕達和新加坡作第二上市。不過，旗下各公司的核心業務並沒有撤離香港。回歸以後，綜觀怡和旗下各上市公司的發展策略，其基本特點是穩守香港的核心業務，提高其品牌形象和經濟效益，同時積極拓展亞太區國際市場，致力發展成為亞太區內核心業務的領先者。

　　其中，以牛奶國際表現最為典型。1998 年，牛奶國際取得印尼一家領先的超市集團 Hero 的控制性股權，其後並將業務拓展到馬來西亞、新加坡、菲律賓、柬埔寨等東南亞國家。[99] 2015 年，牛奶國際取得在上海上市的永輝超市（Younghui Superstores Co., Ltd.）19.99% 股權。經過多年拓展營運，牛奶國際已發展成為亞洲著名的大型零售集團，其所經營的業務，包括惠康超市、萬寧藥房、美心速食連鎖店、7-11 連鎖店等家喻戶曉的零售品牌。截至 2019 年底，牛奶國際在香港、澳門、台灣、中國內地及亞太區的新加坡、馬來西亞、印尼、菲律賓、文萊、越南、柬埔寨等 11 個國家和地區經營（圖 1-12），擁有及經營 10,533 間店舖，旗下僱員超過 23 萬名，所經營的業務，包括食品及日用品零售、便利店、美健產品零售店、家居用品店及餐飲業務等 5 大領域。

　　與牛奶國際一樣，回歸後怡和策略旗下的置地控股在致力穩守香港核心業務的同時，也積極拓展中國大陸市場和亞太區國際市場。2004年，置地攜手內地發展商龍湖地產，在重慶合作開發面積達 1,800 畝的濱江國際新城 —— 江與城，發展高端社區住宅項目，其後更先後進軍成都、北京、上海等城市。2006 年，置地收購一家在新加坡上市的知名地產發展商 MCL Land77% 股權，其後更全資擁有該公司，以拓展集團在新加坡、印尼雅加達的地產業務。[100]

99　*Discover more about our history, 2000-2020*, 參見 Jardines 網頁。

100　置地控股：《香港置地 125 年》（*Hong Kong Land at 125*），第 311 頁，參見：https://hklandblob.blob.core.windows.net/assets/125_anniversary_sc/mobile/index.html#p=1

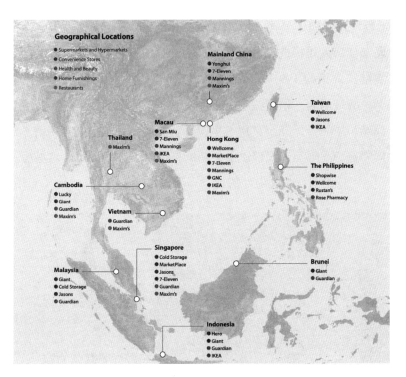

圖 1-12　牛奶國際在亞洲區的經營網絡與業務
資料來源：Dary Farm Annual Report 2017, p. 3.

　　經過多年的發展，置地已成為一家以香港為基地的亞太區跨國地產集團。截至 2019 年底，置地控股共擁有及管理超過 85 萬平方米寫字樓及高級零售物業組合，其中，在香港中環商業核心區擁有約 45 萬平方米物業組合，包括 12 幢甲級優勢寫字樓。同時，置地還透過合資公司在新加坡中央商務區、印尼雅加達市中心、中國內地北京王府井奢侈品零售地段等，擁有及管理超過 16.5 萬平方米的物業組合。此外，置地還在澳門、泰國、越南、柬埔寨、菲律賓、馬來西亞、新加坡等多個國家和地區，以及中國內地城市，包括重慶、成都、北京、瀋陽、武漢、南京、杭州等，發展一連串的住宅物業樓宇（圖 1-13）。[101] 2020 年

101 馮邦彥：《香港英資財團（1841-2019 年）》，第 479-482 頁。

2月，置地透過旗下公司，以 310.5 億元人民幣的歷史性高價，投得上海徐匯濱江最大規模的整體開發地塊，總出讓土地面積約 32.37 萬平方米，總建築面積約 179.70 萬平方米。該項目將以甲級寫字樓為主體，以商業、高端酒店、租賃住宅、會展文旅等一流服務為配套，建成集商務、商業、居住、休閒、文化、生態等功能於一體的中央商務區，總投資估計將達 700 億元人民幣以上，將助推徐匯濱江建成「全球城市卓越水岸」。這是置地在中國內地的最大一項投資。

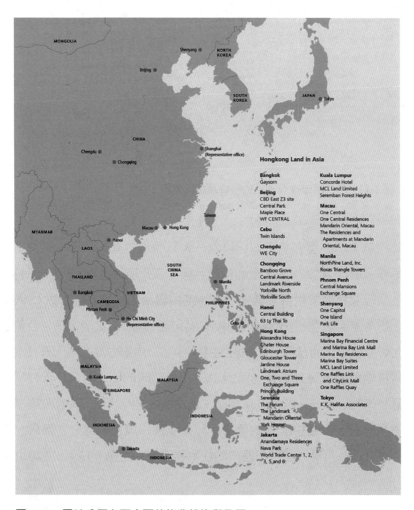

圖 1-13　置地公司在亞太區的物業投資與發展
資料來源：置地控股有限公司官網

　　此外，怡和旗下的文華東方亦發展成為「全球最奢華酒店集團之一」，在亞太區、美洲、歐洲、中東及非洲等 23 個國家和地區，共經營 33 間豪華酒店。

▌ 怡和控股：「亞洲中心的跨國公司」

　　在股權結構和企業治理方面，英國凱瑟克家族透過其上市旗艦 —— 怡和控股，與怡和策略互相持股，從而控制着旗下眾多上市公司。怡和控股除了持有怡和策略控 85% 股權外，還持有非上市公司怡和太平洋（Jardine Pacific）100% 權益，怡和汽車（Jardine Motors）100% 權益、怡和保險顧問集團（JLT）30% 權益等。其中，怡和太平洋持有金門建築（Gammao）、香港空運貨站（Hong Kong Air Cargo Terminals）、怡中航空服務（Jardine Aviation Services Group）、怡和工程（Jardine Engineering Corporation）、Jardine Schindle Group 等公司控制性股權，以及香港上市公司 Greatview Aseptic Packaging 股權；怡和汽車則持有仁孚汽車公司股權和中升集團 21% 股權，後者為中國內地最大的汽車經銷商之一。2022 年 3 月，中升集團以 13.14 億美元價格向怡和收購仁孚中國 100% 股權，令怡和在中升集團的持股量上升，加強了兩集團的戰略合作。

　　怡和保險顧問集團的前身是 Jardine Insurance Brokers plc（JIB），1972 年作為怡和洋行的一個部門成立，主要從事保險經紀、保險顧問等業務，1991 年在英國倫敦證券交易所上市。1997 年，JIB 與 Lloyd Thompson Group 合併，組成怡和保險顧問集團（Jardine Lloyd Thompson Group），怡和控股持有 30% 股權，為最大股東。2009 年，該公司推出了一個新品牌 —— JLT（公司英文名稱的縮寫）。從 2007 年起，JLP 展開一系列的收購，經營規模進一步擴大。到 2018 年底，JIB 在全球約 40 個國家和地區展開業務，特別是在英國、澳洲，以及亞洲、拉丁美洲的主要新興市場佔有優勢，主要為能源、採礦、醫療保健、建築、海洋和航空航天部門以及金融領域、政治風險和貿易信貸提供保險和保險經紀建議。不過，2019 年 4 月，怡和控股將所持 JLT 股

權出售予美國的 Marsh & McLennan Companies，後者以 56 億美元的價格，全面收購 JLT。Marsh & McLennan 是一家全球領先的風險、策略和人力資源專業服務公司，在全球 130 多個國家提供諮詢服務。[102]

怡和策略則持有上市公司怡和控股 59% 股權，置地控股（Hongkong Land Holding Limited）52% 股權，牛奶國際（Dairy Farm，2021 年改名為「DFI Retail Group」）78% 股權，文華東方酒店（Mandarin Oriental）79% 股權，以及新加坡上市公司怡和合發（Jardine Cycle & Carriage）75% 股權，並透過怡和合發持有印尼上市公司阿斯特拉國際（Astra International）50.1% 股權，形成集團的三層股權架構。當初，怡和構建這種雙重控股公司的結構，原本是要防止外部的敵意收購，鞏固凱瑟克家族對怡和集團的控制權。

然而，這種交叉持股的結構，損害了少數股東的利益，引起了投資者的不滿和牢騷，也抑制了上市公司市值的釋放。2021 年 3 月，經過多年醞釀，怡和集團終於宣佈進行全面重組，以 55 億美元的價格收購公司尚不持有的怡和策略剩餘 15% 的股權，從而將怡和策略私有化並退市；集團並將通過取消怡和策略對怡和控股持有的 59% 股權，從而消除兩家公司之間的交叉持股，簡化企業集團的結構。交易完成後，怡和集團的股權架構從原來的三層簡化為兩層，由控股公司 —— 怡和控股直接持有各上市公司（圖 1-14）。怡和控股執行主席本·凱瑟克（Ben keswick）表示：「這符合我們進一步投資現有業務增長前景的政策。正如我們所強調的那樣，該交易為集團帶來一系列的好處，包括大幅提高股東應佔收益、為集團創建傳統的所有權結構以及提高財務和運營靈活性。」[103] 不過，這一重組會否再次引發外界對怡和控股權的敵意收購，外界將拭目以待。

---

102 《MARSH & McLENNAN 完成對 JLT 的收購交易》（Marsh 新聞稿），2019 年 4 月 1 日。

103 Jardine Matheson, *Annual Report 2021*, p.17, 參見：https://ar.jardines.com/2021/PDF/JM-AR2021.pdf

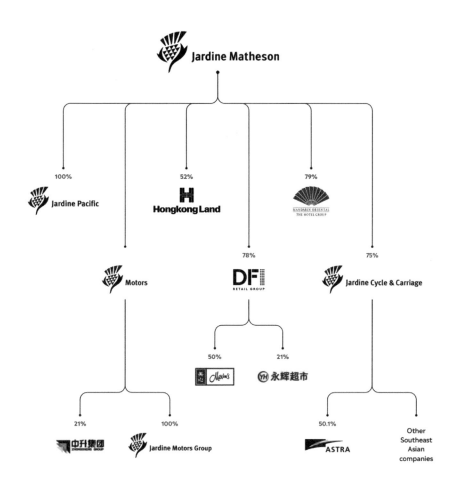

Percentages show effective ownership at 3rd March 2022.

圖 1-14　重組後怡和集團的新股權架構
資料來源：Jardine Matheson, *Annual Report 2021*, p.12.

　　怡和集團透過旗下公司，形成以香港為基地，業務遍及亞太區各個國家和地區，包括香港、澳門、中國內地、台灣、新加坡、印尼、馬來西亞、泰國、菲律賓、越南、柬埔寨、文萊等國家和地區的發展態勢，所經營的業務涵蓋多個領域，包括房地產、批發零售、酒店、工程和建築、機場和運輸服務、汽車經銷、金融和保險、基礎設施和物流等廣泛行業，在全球的僱員超過 40 萬人。

　　從統計數據看，回歸以來，特別是 1997 年亞洲金融危機之後，怡和集團的業務總體穩步發展。2005 年至 2019 年，怡和控股（包括全資附屬公司和聯營公司）總收入從 240.84 億美元增加到 1033.08 億美元，14 年間增長了 2.83 倍，年均增長 10.96%；實際收入從 119.29 億美元增加到 409.22 億美元，增長了 2.43 倍，年均增長 9.20%。同期，集團股東應佔利潤從 12.44 億美元增加到 28.38 億美元，增長了 1.28 倍，年均增長率為 6.07%。集團總收入、實際收入及利潤的增長，顯然與怡和先後收購新加坡上市公司怡和合發和印尼上市公司阿斯特拉國際，以及旗下各上市公司的收購兼併及業務拓展密切相關。

　　不過，這一時期，由於受到 1997 年亞洲金融危機和 2008 年全球金融海嘯兩次衝擊，以及外圍經濟走勢的影響，怡和的利潤增長卻呈現大幅波動的態勢，從 2003 年的 8,500 萬美元大幅升至 2007 年的 20.28 億美元，2008 年又大幅回落至 6.19 億美元，隨後於 2010 年、2011 年及 2017 年再大幅攀升至 30 億美元以上，2018 年回落至 17.32 億美元，而 2019 年再增長至 28.38 億美元（表 1-8）。

　　從怡和旗下各個公司的經營情況來看，2019 年度，怡和控股的總收入為 1033.08 億美元，其中，阿斯特拉國際為 338.87 億美元，所佔比重最大，為 32.80%；依次是牛奶國際（276.65 億美元）、怡和汽車（229.67 億美元）、怡和合發（69.58 億美元）、怡和太平洋（67.67 億美元）、置地（44.37 億美元），以及文華東方（9.80 億美元），所佔比重分別為 26.78%、22.23%、6.74%、6.55%、4.29% 及 0.95%。不過，按照利潤計算，2019 年度怡和控股股東應佔利潤 28.38 億美元，扣除其他交易的 12.49 億美元，各旗下公司股東應佔利潤為 15.89 億美元，其中，置地和阿斯特拉國際分別為 4.60 億美元和 4.55 億美元，所佔比重分別為 25.85% 和 25.29%；依次是牛奶國際（2.10 億美元）、怡和汽車（1.96 億美元）、怡和太平洋（1.64 億美元），所佔比重分別為 13.22%、12.33% 及 10.32%；貢獻最小的則是怡和合發和文華東方酒店集團（表 1-9、圖 1-15）。由此可見，怡和控股收購怡和合發和阿斯特拉國際的重要性。

表 1-8 2005-2021 年度怡和控股業務經營概況

單位：億美元

	總收入（包括全資附屬公司和聯營公司）（Gross revenue）	收入（Revenue）	股東應佔利潤（Profit attributable to shareholders）
2005 年度	240.84	119.29	12.44
2006 年度	271.36	162.81	13.48
2007 年度	316.16	194.45	20.28
2008 年度	361.56	223.62	6.19
2009 年度	359.57	225.01	17.25
2010 年度	469.63	300.53	30.68
2011 年度	573.06	379.67	34.32
2012 年度	604.53	395.93	16.71
2013 年度	613.80	394.65	15.65
2014 年度	627.82	399.21	17.12
2015 年度	652.71	370.07	17.99
2016 年度	724.37	370.51	25.03
2017 年度	830.01	394.56	37.85
2018 年度	923.48	425.27	17.32
2019 年度	1033.08	409.22	28.38
2020 年度	909.06	326.47	-3.94
2021 年度	1093.70	358.62	18.81

資料來源：Jardine Matheson *Annual Report*, 2006-2021.

表 1-9　怡和集團各主要公司經營概況

單位：億美元

怡和系公司 2019 年		總收入（包括全資附屬公司和聯營公司）（Gross revenue）		收入（Revenue）		股東應佔利潤（Profit attributable to shareholders）	
		2021 年	2019 年	2021 年	2019 年	2021 年	
怡和策略	置地	44.37	68.45	11.70	23.84	4.60	4.74
	牛奶國際	276.65	276.84	111.92	90.15	2.10	0.82
	文華東方酒店	9.08	5.10	5.67	3.17	0.27	-0.48
	怡和合發	69.58	64.34	17.88	14.03	0.84	1.19
	阿斯特拉國際	338.87	309.09	168.03	162.85	4.55	4.74
怡和太平洋		67.67	56.65	26.35	15.33	1.64	1.75
怡和汽車		229.67	315.68	56.90	49.88	1.96	3.18
其他		——	——	——	——	-0.07	
其他交易（Intersegment transactions）		−2.81	-2.45	−0.73	-0.63	12.49	3.68
怡和控股（合計）		1033.08	1093.70	409.22	358.62	28.38	18.81

資料來源：Jardine Matheson *Annual Report 2019*、*Annual Report 2021*。

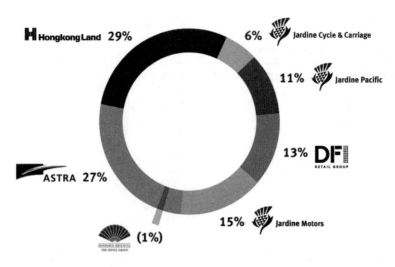

圖 1-15　2017-2021 年怡和控股旗下各公司對累積基礎利潤總額（74 億美元）的貢獻

資料來源：Jardine Matheson *Annual Report 2021*, p. 4.

　　至於怡和經營的各個地區對業務的貢獻，從實際收入來看，以東南亞地區所佔比重最大，為 59.17%；其次是包括香港、澳門、台灣和中國內地在內的大中華地區，為 33.41%；英國及全球其他地區所佔比重甚低，分別為 6.67% 和 0.75%。不過，若從利潤貢獻情況來看，則以大中華地區佔優勢，佔 57.90%，而東南亞地區佔 42.90%，英國佔 1.20%，全球其他地區則錄得 2,000 萬美元的虧損（表 1-10）。數據反映出儘管經過多年的拓展，以香港為主的大中華地區仍然是集團的盈利中心，而東南亞地區雖然業務發展快速，但邊際利潤仍然偏低。2021 年 3 月，怡和控股宣佈與一家領先的亞洲私人股本公司 Hillhouse Capital 建立戰略合作，聚焦大中華區及東南亞諸國的投資及商業發展。[104]

表 1-10　2017-2021 年度怡和控股在全球各區的經營概況

單位：億美元

業務	2017 年度總收入（包括全資附屬公司和聯營公司）（Gross revenue）	2019 年度收入（Revenue）	股東應佔利潤（Profit attributable to shareholders）		非流動資產（Non-current assets）（注 1）	
			2019 年度	2021 年度	2019 年度	2021 年度
大中華地區	334.27（39.89）	141.37（34.55）	9.20（57.90）	8.82（58.29）	446.19（67.56）	408.69（67.15）
東南亞國家	455.50（54.35）	237.43（58.02）	6.70（42.16）	6.69（44.22）	198.07（29.99）	177.24（29.12）
英國	35.12（4.19）	27.29（6.67）	0.19（1.20）	———	6.71（1.02）	6.42（1.06）
全球其他地區及其他	13.19（1.57）	3.13（0.76）	−0.20（−1.26）	-0.38（-2.51）	9.44（1.43）	16.28（2.67）
合計	838.08（100.00）	409.22（100.00）	15.89（100.00）	15.13（100.00）	660.41（100.00）	608.63（100.00）（註 2）

註 1：非流動資產不包括金融工具、遞延所得稅資產和養老金資產。
註 2：（ ）內數字為在集團所佔百分比（%）。
資料來源：Jardine Matheson, *Annual Report 2017, 2019, 2021.*

104 Jardine Matheson, *Announces Strategic Co-operation with Hillhouse Capital,* 2021.03.11.

　　時至今日，怡和已發展成一家「亞洲中心的跨國公司」。怡和表示：「怡和是一家多元化的家族集團，業務遍及中國和東盟核心地區的多個行業。我們保持增長（尤其是印度尼西亞和越南）和發達市場（香港和新加坡）的可持續平衡。我們在該地區有着深厚的根基，190 年來一直與創始人和管理層合作，以建立和發展成功的公司。」[105] 怡和強調，集團創造價值的核心策略包括 5 個方面：（1）實施長期戰略（Long-term strategic approach），以長遠眼光看待亞洲發展，採用長期思維方式來管理真正多元化的業務組合；（2）維持持久的夥伴與合作（Enduring partnerships and co-operation），集團在亞洲區擁有 90 多個重要合作夥伴；（3）重視本地化的知識和關係（Localised knowledge and relationships），利用獲得的深入本地知識與集團公司合作，優先考慮與怡和運營的每個市場中的主要企業、政府和其他利益相關者保持牢固的關係；（4）保持資金實力（Financial strength），對資本配置採取有紀律的長期方法，以最大限度地提高財務和戰略價值；（5）與股東和經營者保持聯姻關係（Engaged owner and operator），在集團的積極領導、支持和治理下，與每項業務的董事會和高層管理者密切合作，後者負責實施戰略並推動績效和增長。[106] 2019 年，怡和控股以營業收入 425.27 億美元、利潤 17.32 億美元，在美國《財富》雜誌世界 500 強排行榜中，位居第 280 位，比 2009 年的第 411 位大幅攀升 131 位。

　　然而，由於受到全球新冠疫情肆虐和經濟停滯的影響，2020 年度怡和控股總收入和收入分別下跌 12% 及 20.22%，並錄得 3.94 億美元的虧損。受此影響，2021 年，怡和控股在世界 500 強排行榜中的排名下跌至第 397 位。怡和控股執行主席本‧凱瑟克表示：「由於持續的大流行，怡和在 2021 年面臨重大挑戰，但集團全體同事的奉獻和辛勤工作使我

---

105 Jardine Matheson, *Annual Report 2021*, p. 4.
106 Jardine Matheson, *Annual Report 2021*, pp. 5-7.

們能夠繼續適應不斷變化的貿易環境，並顯著改善我們業務的基本業績。集團在 2021 年表現出的韌性反映了我們成功應對變化和挑戰的長期記錄。我們相信，這種韌性將使我們能夠繼續利用亞洲最好的長期機會，同時適應不斷變化的外部環境和利益相關者不斷變化的期望。」[107]

第五節　太古財團

▋ 太古洋行的創辦與早期發展

太古集團是香港主要的英資財團之一，其發展歷史最早可追溯到 1816 年約翰・施懷雅（John Swire）在英國利物浦開設進出口業務。1847 年，約翰・施懷雅去世後，生意由兩名兒子約翰・森姆爾・施懷雅（John Samuel Swire）及威廉・赫德遜・施懷雅（William Hudson Swire）繼承，公司更名為 John Swire & Sons Ltd.。

1861 年，美國爆發內戰，約翰・森姆爾・施懷雅轉而開始拓展中國業務。1866 年 12 月 3 日，老施懷雅和英國紡織商巴特菲爾德（R.S. Butterfield）在上海創辦太古洋行（Butterfield & Swire），初期的業務主要經營茶葉及絲綢貿易，以及由英國進口棉花及羊毛匹頭。太古洋行還擔任多項英國業務的中國代理，包括主要的保險及船公司，其中最著名的是藍煙鹵輪船公司（Blue Funnel Line）。洋行命名為「太古」，取「規模宏大、歷史久遠」之意；英文名 Butterfield & Swire Co. 反映了兩個家族的合作關係。1867 年，太古洋行在日本橫濱開設分行。1868 年，John Swire & Sons 將總部從利物浦遷往倫敦，同年巴特菲爾德退出太古洋行。

1870 年 5 月 1 日，太古洋行在香港開設分行（Butterfield & Swire (Hong Kong) Co.），行址設於中環干諾道 1 號海旁，這是太古集團在香港的起端。繼香港之後，太古洋行又相繼在福州（1872 年）、汕頭（1882 年）、

蕪湖（1884 年）、漢口（1885 年）、天津（1886 年）、寧波（1888 年）、
鎮江和牛莊（1890 年）、宜昌（1891 年）、廣州（1892 年）、廈門（1896
年）、南京和煙臺（1900 年）、大連（1909 年）、長沙（1912 年）、青島
（1913 年），以及重慶（1929 年）等城市建立分行，形成龐大的分行網絡，
從而將其經濟活動滲透到中國各通商口岸乃至更深的經濟腹地。[108]

　　1872 年，John Swire & Sons 在倫敦創辦太古輪船公司（The China
Navigation Company），全部資本 36 萬英鎊，主要股東除老施懷雅兄弟
外，還包括一些從事中國貿易的英國商人。太古輪船公司在中國俗稱為
黑煙囪輪船公司，由太古洋行任代理人。1873 年 4 月，太古輪船的船
隻開始進入長江航運，與當時處於壟斷地位的旗昌輪船公司展開正面競
爭。同年 8 月，旗昌洋行因美國經濟不景而陷入財務困難之中，被迫與
太古輪船公司簽訂「聯營協議」。到 1873 年底，太古輪船公司的船隻
幾乎承運了長江貨運的半數貨物。[109] 這一時期，太古輪船公司每年盈利
從 1882 年的 7.2 萬英鎊增加到 1889 年的 15.8 萬英鎊，增幅逾 1 倍。到
1900 年，太古輪船公司資產已增至 150 萬英鎊，擁有船隻 50 艘，[110] 穩執
長江航運的牛耳。

　　十九世紀 80 年代以後，太古洋行開始投資與航運業配套的行業和
企業，包括製糖、船塢、倉儲碼頭、油漆生產與銷售，以及保險業等，
逐漸發展成一個以航運業為主幹、業務多元化的企業集團。1881 年 6
月，施懷雅家族聯同部分利物浦商人在英國註冊成立「太古車糖有限公
司」（Tai-koo Sugar Ltd.），資本 20 萬英鎊，由太古洋行任經理。[111] 太古
糖廠選址在香港鰂魚涌，於 1884 年投產開業。到 1887 年，太古糖廠的

108　The Swire Group, *Key Years In The History of The Swire Group*, 太古洋行宣傳小冊子。

109　張仲禮、陳曾年、姚欣榮：《太古集團在舊中國》，上海：上海人民出版社，1991 年，第
　　 17 頁。

110　《太古集團在舊中國》，第 87 頁。

111　〈太古車糖公司章程和組織章程〉，轉引自張仲禮、陳曾年、姚欣榮：《太古集團在舊中
　　 國》，上海：上海人民出版社，1991 年，第 33 頁。

利潤已超過怡和的中國製糖公司及呂宋製糖公司，當年它的利潤達 45
萬港元，而怡和的製糖廠利潤僅 20 萬港元。

為配合航運業的發展，施懷雅家族又在香港創辦了太古船塢。1900
年，太古集團向英國政府提出申請，要求把太古在港島鰂魚涌投得土地
的租借期從 99 年延長到 999 年，使他們能夠在那裏建造一個「超大型
船塢」，結果申請獲得批准。當年，太古船塢公司（Taikoo Dockyard &
Engineering Company）在英國註冊成立，資本達 80 萬英鎊，由太古洋
行為其代理人。同年，太古船塢在香港鰂魚涌太古糖廠附近興建大型船
塢，塢內的設備不但能負擔維修 2、3 萬噸輪船的任務，而且能建造萬噸
級的輪船及生產引擎等多種機器。1907 年，太古船塢建成開業，擁有逾
52 英畝的平地和逾半英里的深水泊位。1910 年它為太古輪船公司建造了
第一艘蒸汽船「沙市號」。後來，太古船塢發展成遠東最重要的造船企業。

太古船塢創辦後，無論在維修或建造船隻方面都需要大量油漆，
加上當時中國市場對油漆需求日益增長，故在 1933 年，太古在上海
創辦了「永光油漆有限公司」（The Orient Paint, Colour & Varnish Co.,
Ltd.），分別在香港，上海開辦和接管了國光油漆廠和永光油漆廠，生
產漆油及清漆。其產品除供應太古船塢的需要外，還通過太古洋行分行
網絡在中國市場大量推銷，並將原來佔優勢的名牌永固油漆擠垮。

隨着航運業的發展，太古輪船公司還在航線各口岸大量投資興建
碼頭、貨庫。在上海，太古就在浦東建有華通碼頭和浦東棧碼頭；在天
津，太古在英租界設有大型專用碼頭和貨倉；在漢口，太古在一道街
營建聞名的四碼頭，在江漢區前花樓、熊家巷等地擁有大批堆棧；廣
州的太古倉更是聞名全國，共擁有 10 幢倉房共 20 個倉庫，容積可貯藏
5,000 噸至 6,000 噸的花生，貨倉旁擁有 3 個碼頭，可同時停泊 4 艘輪船
起卸貨物，是當時廣州最完善的碼頭貨倉之一。[112]

---

112 莫應湛：〈英商太古洋行在華南的業務活動與莫氏家族〉，《文史資料選輯》第 14 輯，北
京：中國文史出版社，1988 年，第 156 頁。

　　為配合航運業的發展，太古洋行還從事保險等金融業務。太古首先在自己經營的企業內承保，如太古輪船、太古糖廠等，其後逐步爭取獲得一些著名的英資保險公司的代理權。在華南地區，太古洋行在香港三角碼頭開設太古燕梳分局，華南業務則由太古洋行經營。[113] 太古洋行經營的保險業務發展很快，到後期已趨飽和，超出部分，由太古洋行統一分配給它所代理的各保險公司承保。二十世紀二三十年代，太古洋行本身承保的生意，只佔營業總額 10% 至 20%，其餘 80% 至 90% 是轉撥給它所代理的各英國保險公司承保。[114]

　　到第二次世界大戰前，太古集團已從初期遠東一家規模細小的貿易公司，發展為一家以太古洋行為旗艦，以太古輪船等航運公司為主幹，包括太古糖廠、太古船塢、太古倉、永光油漆、太古燕梳、太古倉埠等一批分別從事製糖及銷售、輪船維修及製造、倉庫及碼頭、油漆生產、保險銀行等業務的多元化企業集團，經營網絡遍佈香港、中國內地、日本等亞太地區。這一發展格局，為它日後撤退到香港發展，奠定了堅實基礎。[115]

▊ 戰後集團在航空業與地產業的發展

　　二戰期間，太古集團遭到沉重打擊，太古在遠東的絕大部分分行和固定資產，包括上海國光油漆廠、香港太古糖廠和太古船塢均落入日軍手中。大陸僅餘的重慶分行，接管了太古剩餘的中國業務。太古在英國倫敦的總部亦遭戰火嚴重破壞，太古將戰時總部建在印度加爾各答，後來遷移到孟買。從 1941 年至 1945 年，太古輪船公司的船隊總共損失了 31 艘，其中包括 19 艘遠洋輪船和 12 艘內河輪船，部分被日軍俘

---

113 鍾寶賢：《太古之道——太古在華 150 年》，香港：三聯書店（香港）有限公司，2016 年，第 74 頁。

114 莫應湛：〈英商太古洋行在華南的業務活動與莫氏家族〉，第 148 頁。

115 馮邦彥：《香港英資財團（1841-2019 年）》，第 119-124 頁。

獲，部分被擊沉，另外部分則被英國戰時運輸部徵用，用作部隊運輸、運送物資或臨時醫院。剩餘的部分則轉移到印度海岸。[116]

戰後，太古集團的重建工作在老施懷雅曾孫約克·施懷雅（John Kidston Kidston）的領導下展開。1946 年，施約克擔任英國太古集團主席，並前往香港主持太古重建。施約克預見中國局勢的轉變，努力恢復太古在中國業務的同時，開始將它的業務重心轉移到香港。1946 年 7 月，太古與香港另一家洋行合組太古貿易有限公司（Swire & Maclaine Ltd.）。太古貿易是一家從事進出口貿易和代理業務的商行，初期主要經營布匹、棉紗、糖等商品的進出口生意，成為太古集團日後以香港為基地拓展全球貿易的主力。

與此同時，太古船塢和太古糖廠的重建工作也相繼完成。太古船塢展開一個為期 5 年的大型重建計劃，1947 年太古船塢首期重建工程完成，1950 年 9 月戰後第一艘載重 6,000 噸的大型遠洋輪船建成下水，太古船塢業務再度恢復。1959 年，太古船塢及工程有限公司（Taikoo Dockyard and Engineering Company of Hong Kong Ltd.）在香港上市。太古糖廠的重建亦於 1950 年完成，同年 9 月第一袋原糖被加工生產。另外，太古洋行又增闢航空代理業務，銷售多家航空公司德客貨艙位，並為香港首家被國際航空運輸協會（IATA）認可德旅行社代理推銷業務。1948 年，上海永光油漆廠搬遷至香港，並與戰前已立足香港的國光製漆廠（Duro Paint Manufacturing Co.）合併，改組為「太古國光有限公司」（Swire Duro Ltd.），從事油漆化工業務。

戰後，太古輪船公司旗下龐大船隊，以政府租用船隻的身份，帶着救援物資重返中國。不過，這時中國政府已收回沿海及內河航行權，太古船隊的航運業務，主要是運載行政院善後救濟總署的救濟物資。1948 年，太古陸續將旗下各口岸仍然經營的碼頭、倉庫設施、躉船和

116 The Swire Group, *Swire 175 Years History*, 太古集團小冊子，第 7-8 頁。

駁船等資產,從太古輪船公司剝離出來,以此籌組「太古倉埠公司」獨立經營,並轉為其他輪船公司服務。但不久。漢口政府以「租約期滿」為由,收回太古的口岸設施經營權。鑑於在中國大陸發展不理想,太古輪船也開始轉而以香港為總部,先後在澳洲、新西蘭及巴布亞新畿內亞等地開展新業務,在太平洋沿岸地區的業務網絡日益擴大,形成了日後公司營運的班輪業務模式。

二十世紀 50 年代,全球的航空業起步不久,但是發展神速,並取得了驚人的成就。太古主席施約克敏銳地看到這個前途遠大的發展勢頭。他認為,在遠東以及其他地區,運輸業的前途在航空。[117] 早在 1939 年前,當國際航空業擴展到香港,太古已開始對航空業發生興趣。戰後,太古迅速將觸角伸向遠東的航空業。1948 年,太古已成為 3 家國際航空公司在香港的總代理,並代理 6 家航空公司的售票業務。同年,太古收購了香港一家規模細小的航空公司 —— 國泰航空公司(Cathay Pacific Airways Ltd.),開始了太古在遠東的航空事業。

國泰航空公司於 1946 年 9 月 24 日在香港註冊成立,由美國和澳大利亞兩位資深飛機師法尼爾(Roy Farrell)和堪茲奧(Sydey De Kanzow)創辦,英文名字 Cathay 代表中國的古老名字,而 Pacific 即太平洋,具遠見的創辦人預料該公司飛機終將飛越太平洋。1947 年,香港政府要求在港註冊的航空公司,必須符合一定的英資或本地資本的比例,才可以使用香港的航空權。1948 年初,國泰航空受到英國興論和香港政府的強大壓力,要求它改組成一家以英資為主的航空公司,其時國泰亦急需資金注入。同年 2 月,施約克親自到香港與國泰談判,結果太古以太古洋行和太古輪船名義,再加上澳洲國家航空,取得國泰航空八成股權,而法尼爾和堪茲奧則持有其餘兩成股權。[118] 收購國泰航空成為太古

117 John Kidston Swire, *Swire Group House Magazine*, 1993 年第 20 卷第 7 期,第 18 頁。

118 鍾寶賢:《太古之道 —— 太古在華 150 年》,第 136 頁。

在戰後取得的首次重大勝利。此時，國泰航空已由原本只有一架 DC3
（Dakota）型美國退役軍機，擴大至 6 架 DC3 型飛機及一架 Catalina 水
上飛機的機隊。

　　由於英資的背景，國泰航空得到香港政府的支持，成為代表香港
的航空公司，享有香港航空的專利權，業務發展一日千里。1959 年，
國泰航空收購競爭對手 Hong Kong Airways，取得北行往台灣及日本
的航權，開辦了前往悉尼的定期航班，成為一家區域性航空公司。從
1974 年到 1983 年的 10 年間，國泰航空積極更新機隊，以波音 747 和洛
歇超級三星兩種廣體客機代替載客量較少的波音 707 客機。1983 年底，
國泰航空的機隊已擁有 17 架飛機，包括 7 架波音 747 客機、1 架波音
747 貨機，以及 9 架洛歇超級三星客機；國泰航空以香港為起點的航
線，已伸延到台北、高雄、上海、漢城、福岡、東京、大阪、馬尼拉、
雅加達、吉隆坡、新加坡、曼谷、孟買、墨爾本、悉尼、布里斯班、溫
哥華、法蘭克福、倫敦等 28 個城市。此時，國泰航空已躋身全球主要
國際航空公司之列。[119]

　　隨着航空業務的蓬勃發展，太古將業務拓展到與航空業相關的一
系列服務領域。1947 年，太古借助太古船塢龐大的工程技術資源，創
辦了「太平洋飛機維修有限公司」（Pacific Air Maintenance Services），
從事飛機修理及維修。1950 年，該公司與怡和飛機維修公司合併為「香
港飛機工程有限公司」（Hong Kong Aircraft Engineering Co., Ltd.，簡稱
「港機工程」），以啟德機場為基地，為國泰航空的龐大機隊，以及其他
往來香港的定期及不定期班機提供維修、保養、翻新、改裝以及各種支
援服務，並擔任啟德機場的地面設備保養工作。

　　70 年代中，香港的航空貨運業起步發展，太古聯同怡和、和黃、
九龍倉合資創辦「香港空運貨站有限公司」（Hong Kong Air Cargo

119 馮邦彥：《香港英資財團（1841-2019 年）》，第 174 頁。

Terminal Ltd.），太古佔 30% 股權。香港空運貨站在啟德機場投資興建一座空運站大樓，為各航空公司提供一個全面性的空運貨物處理系統。1976 年，香港空運貨站與香港政府達成專利協議，開始提供空運服務。1983 年 11 月 23 日，空運站共處理了 12 架波音 747 貨機，而全球的波音 747 貨機僅 44 架，僅這一天香港就處理了 27% 的波音 747 貨機。[120] 1984 年 3 月，空運站大樓擴建工程完成，空運站的貨物處理量增加到每年 68 萬公噸。此外，太古還先後創辦了太古航空食品供應公司、國泰航空飲食服務（香港）有限公司、香港機場服務有限公司及航空護衛服務公司。太古集團的業務全面滲透到航空服務的各個領域，包括地勤服務、機場保安以及機艙膳食等等。

早期，太古集團對於地產則一直未有黏手，僅傾向於出售其所擁有的龐大土地。1972 年，太古集團眼見地產業日漸興盛，而世界航運業則開始不景，遂創辦「太古地產有限公司」（Swire Properties Ltd.），向地產業進軍，關閉太古船塢和太古煉糖廠，將其所擁有的龐大土地用作地產發展。1973 年太古與大昌地產公司合作，聯合收購了小型地產公司健誠置業，改組為太古昌發展，並將太古城第一期地盤注入。其後，太古高層發覺太古船塢再發展的規模太大，沒有必要讓大昌分享，遂於 1977 年收購太古昌發展全部股權，並將太古地產在香港掛牌上市。

太古地產創辦後，即着手籌劃今日著名的高尚住宅區太古城發展計劃。1975 年，太古在面積達 230 萬平方呎的太古船塢地段，興建商業中心、學校、戲院和住宅樓宇等綜合發展屋邨，該屋邨命名為「太古城」，全部共建 50 幢 26 層至 30 層高的住宅大廈，逾 1 萬個住宅單位，以及大型商業購物中心「太古城中心」，總投資約 13.5 億港元。整項太古城發展計劃在 80 年代中後期全部完成，昔日遠東著名的太古船塢，轉眼間發展成居住 5 萬人口的自給自足社區，成為港島區著名的高

120 安琪：〈香港空運貨站雄視世界〉，《經濟導報》，第 1861 期，第 12 頁。

尚住宅區、全港規模最大的私人屋邨。區內康樂場所、銀行、戲院、食肆、學校一應俱全，太古城中心更成為港島東區一個極具潛力的展覽和購物娛樂中心。1984年地產低潮時，太古透過協議計劃，私有化太古地產，使之成為集團的全資附屬公司。

長期以來，太古集團在香港的組織架構較為鬆散。70年代中，太古集團為加強香港的業務，進行結構重組。當時，太古在香港的上市公司主要是太古船塢及工程有限公司。該公司的前身是太古船塢，1940年在香港重新註冊，1959年在香港上市。1974年1月，太古將太古船塢結業後留下的空殼公司 —— 太古船塢及工程有限公司改組為「太古股份有限公司」（Swire Pacific Ltd.，簡稱「太古股份」）。當年，太古洋行（Butterfield & Swire）與英國母公司（即英國太古集團）統一名稱，更名為 John Swire & Sons。

改組後的太古股份，業務極其廣泛，主要分成4個部門，包括地產、航空及酒店、實業以及海洋開發。地產部以太古地產為主；航空及酒店部轄有國泰航空、港機工程、香港空運貨站等公司；實業部門包括太古糖廠、太古汽水廠、太古國光工業、太古貿易公司等全資附屬機構；海洋開發部門的主要聯營公司是聯合船塢，以及現代貨櫃碼頭公司。自此，太古集團形成了以太古股份為上市旗艦的多元化企業集團，成為英國太古財團的重要支柱。

▌過渡時期發展策略：穩守香港業務

踏入過渡時期，與怡和、滙豐加緊向海外發展的趨勢相反，太古採取穩守香港的策略，積極拓展旗下兩大核心業務 —— 航空和地產業。長期以來，太古旗下的國泰航空公司，作為香港唯一的航空公司，一直壟斷着香港的航空業。不過，這種形勢在進入過渡時期開始發生變化。1985年5月24日，以曹光彪等牽頭的華商聯同中資機構，創辦「港龍航空公司」（Hong Kong Dragon Airlines，1986年改為Dragonair），開始打破國泰航空的長期壟斷局面。

面對港龍航空崛起，國泰航空要在 1997 年之後繼續穩保航空權不失，角色轉換已無可避免。1986 年 4 月，在國泰航空成立 40 周年之際，太古與滙豐兩大股東宣佈將國泰航空在香港上市。結果，國泰航空股份獲 56 倍超額認購，凍結銀行資金高達 510 億港元，成為香港有史以來最大宗的企業售股行動。1986 年 5 月 16 日，國泰航空在香港上市，即成為香港十大上市公司之一。國泰上市後，太古洋行的持股量減至 54.15%，滙豐減至 23.25%，股東人數擴大到 3-4 萬人，基礎大為擴闊。[121]

將國泰航空上市，並未能完全保證國泰航空的發展前景，太古遂開始實施第二步策略，邀請有實力、有影響力的中資集團加盟。1987 年 2 月，太古、滙豐、國泰航空與香港中信集團達成協議，以 23 億港元價格向香港中信出售 12.5% 國泰航空股權。交易完成後，太古洋行持股量減至 51.8%，滙豐減至 16.6%，香港中信集團成為國泰航空第三大股東。1990 年 1 月，在香港中信的牽引下，太古洋行及國泰航空分別向港龍大股東曹氏家族購入 5% 及 30% 的港龍航空股權，香港中信對港龍的持股量亦增加到 38.3%，而曹氏家族持股量降至 21.6%。[122] 國泰成為港龍的第二大股東並接管港龍航空的管理權。1992 年 7 月，滙豐控股宣佈以 33.9 億港元價格將其所持有的最後 10% 國泰航空股權，分別售予中國民航局附屬的中國航空公司（簡稱「中航」）及香港中旅集團，進一步邀得兩大中資機構加盟國泰。交易完成後，中資在國泰所持股權增加到 22.5%。

不過，隨着九七回歸的日益臨近，國泰航空再次面對嚴峻的挑戰。這次的挑戰者，是中國航空（香港）有限公司（簡稱「香港中航」）。1995 年 3 月，香港中航向港府申請航空營運牌照，並於 4 月成

121 陶世明：〈「三八八」—國泰航空認股狂潮〉，《南北極》，1986 年 5 月 16 日，第 126 頁。
122 〈國泰統一本地航空大業〉，《香港政經週刊》，1990 年 1 月 20 日，第 51 頁。

功與西南航空合作，使中航標誌的飛機在沉寂 40 年之後重返香港，承運成都、重慶兩地至香港的定期包機。及至 6 月，中國航空（集團）有限公司在香港註冊成立，主要經營航空投資業務，而香港中航則成為其子公司，專注航空代理業務。[123] 當時，國泰航空曾一度公開反對中航在香港成立基地，不過，其時英國勢力在香港已近黃昏，國泰惟有透過其股東之一的香港中信與中方斡旋。然而，這時國泰與香港中信的關係亦出現麻煩。1995 年 9 月，中信泰富宣佈配售國泰航空股份，套現 8.14 億港元，將持股量從 12.5% 減至 10%。其後，兩集團高層更罕有地在報刊上正面交鋒。[124]

在形勢比人強的情況下，太古集團決定作出讓步。1996 年 4 月，太古及國泰宣佈，將與中信泰富攜手以低於市場預期的價格，把 35.86% 的港龍航空股權出售予中航，總作價 19.72 億港元，其中，太古、國泰一方和中信泰富一方各售出 17.66% 股權，雙方分別套現 9.71 億港元。出售完成後，中航成為港龍航空的最大單一股東，若計算第二大股東中信泰富所持有 28.5% 股權，中資背景財團持有港龍股權將超過六成，而太古及國泰所持港龍股權將減至 25.5%。根據交易協議，中航將按股權比例，委任代表進入港龍的董事局及執行委員會。中航將透過港龍航空在香港發展其航空業務，中航的航機、支援人員將轉移到港龍。與此同時，國泰亦與中信泰富達成一項協議，中信泰富認購 5.72 億股國泰新股，使所持國泰股權從 10% 增加到 25%。[125]

這一時期，儘管面對種種挑戰，但國泰航空仍具有強大的競爭優勢。為進一步淡化英資色彩，國泰決定重塑公司形象，繼 1991 年國泰決定除去機尾英國國旗的標誌之後，1994 年國泰決定斥資 2,300 萬港

123 中國航空（集團）有限公司：《歷史沿革》，參見中國航空（集團）有限公司官網。

124 馮邦彥：《香港英資財團（1841-2019 年）》，第 360 頁。

125 馮聘：〈太古倚天抽寶劍，香江航權裁三截〉，《經濟日報》，1996 年 4 月 30 日。

元，用 4 年時間更換機隊標誌。8 月 31 日，國泰航空在新購買的第一架「空中巴士」（Airbus）上首次刷上公司的新標誌「翹首振翅」，以取代沿用了 20 年的綠白相間的舊標誌。國泰主席薩秉達認為：「新標誌極具亞洲特色」。對太古集團而言，新標誌顯然寓然深遠，正如國泰總經理艾廷俊（Rob Eddington）所說：「這是國泰的轉捩點」。[126] 同年，國泰航空購入全貨運航空公司華民航空 60% 股權。

進入過渡時期，太古集團積極拓展航空業之外，在地產業也大舉出擊。1985 年 4 月，太古旗下的全資附屬公司太古地產在官地拍賣會上擊敗眾多華資及南洋財團，以 7.03 億港元價格，投得面積達 11 萬多平方呎的金鐘域多利兵房一號地段。1986 年 5 月，太古地產再以 10.05 億港元價格，投得毗鄰的金鐘域多利兵房二號地段，面積達 17.2 萬平方呎。太古地產計劃在該兩幅地段上發展大型綜合性物業 —— 太古廣場，包括兩幢商業大廈、三間一流酒店、豪華公寓及全服務式酒店住宅以及中區最龐大的購物中心，總樓面面達 500 萬平方呎。90 年代初，總投資 50 億港元的太古廣場一、二期先後落成啟用，旋即成為中區新的商業樞紐。太古地產透過對金鐘太古廣場的龐大投資，建立起其在金鐘地區的商業領導地位，為集團在地產業的發展奠定了堅實基礎。

80 年代末期，太古地產又在鰂魚涌銳意發展，策劃大型地產發展計劃 —— 太古坊。早在 80 年代，太古地產已在鰂魚涌積極收購物業，1992 年 12 月，太古地產以 5 億港元價格購入糖廠街南華早報大廈，相隔 3 個月再斥資 7.5 億港元購入華蘭路 22 號凸版大廈。至此，太古地產在鰂魚涌擁有物業已達 8 幢之多，包括德宏大廈、香港電訊大廈、多盛大廈、和城大廈、常盛大廈、康和大廈，南華早報大廈和凸版大廈，總樓面面積接近 400 萬平方呎。其中，1993 年和 1994 年先後完成重建的德宏大廈、多盛大廈已相繼出租。到 2003 年，電訊盈科中心、林肯

---

126 安平：〈翹首展翅〉，《資本家》，1994 年第 10 期，第 50 頁。

大廈及濠豐大廈也相繼落成,整個發展計劃跨越九七。

到 90 年代中期,太古地產已成為香港知名的大型地產集團。據 1994 年度太古股份的年報,太古地產擁有的投資工商住宅物業,總面積達 912 萬平方呎;其中商業樓宇 646 萬平方呎,包括太古廣場一、二座及購物商場,太古城中心,太古城中心三、四座,太古城一至十期商業單位,太古坊德宏大廈及多盛大廈等;工業樓宇 183 萬平方呎。而太古地產發展中或有待發展的投資物業則有 243 萬平方呎。換言之,太古地產在未來 4 年內,投資物業樓面積高達 1,155 萬平方呎,僅次於新鴻基地產和九龍倉而排名第三位。地產業已成為太古集團的重要收益來源。

1994 年度,太古股份經營溢利總額達 81.67 億港元。其中,地產 38.49 億港元,佔 46.3%;航空 36.5 億港元,佔 44%;實業 5.08 億元,佔 6.1%;貿易 2.36 億元,佔 2.8%;海洋服務 0.61 億元,佔 0.7%;保險 0.08 億元,佔 0.1%。地產和航空已成為太古集團的兩大重要支柱。到 1997 年香港回歸前夕,太古地產的盈利貢獻進一步拋離航空業,佔全集團收益近六成,遠超只佔近三成的航空業,成為帶領集團發展的火車頭。[127]

▌太古:以地產、航空為核心的多元化大企業集團

香港回歸後,太古集團進一步鞏固及拓展其在香港的核心業務。其中的關鍵,是太古及國泰航空,與中資的國航之間的合作與競爭。國航全稱「中國國際航空股份有限公司」(Air China Limited),其前身成立於 1988 年的中國國際航空公司,是中國航空(集團)公司全資附屬公司。

2006 年 6 月,太古、國泰與國航等宣佈簽訂合作協議,重組其持股結構,內容包括:國航向中信泰富及太古收購國泰 10.16% 股權,使

---

127 鍾寶賢:《太古之道——太古在華 150 年》,第 181 頁。

得國航及旗下的中航興業所持國泰股權達 17.50%;國泰則認購 11.79 億股國航新 H 股,使所持國航股權從 10% 增加至 20%。同時,國泰收購其尚未持有的 82.21% 港龍股份,使港龍成為國泰全資附屬公司,在國泰管理下繼續保持獨立品牌經營。而太古和中信泰富則各自減持國泰股份至 40% 和 17.5%。太古及國泰航空主席白紀圖表示:「此次收購將會使香港的航空業在全球市場更具競爭力,港人將從中獲益。」[128]

2009 年 8 月,太古、國泰、國航、中信泰富等再次達成重組持股結構協議,太古和國航分別向中信泰富購入 2% 和 12.5% 國泰航空股權。交易完成後,太古持有國泰股權增加至 41.97%;國航持有國泰股權增加至 29.99%,成為國泰第二大股東;而中信泰富僅保留 2.98% 國泰股權。同時,國泰航空則持有國航 18.1% 股份。協議稱:「有關變動有利國航及國泰構建更緊密的合作關係,並將強化北京和香港作為區域內主要航空樞紐的地位。」[129]

2010 年 2 月,國泰航空通過其全資子公司——國泰航空中國貨運控股有限公司(簡稱「國泰貨運」)出資 8.516 億元人民幣,認購國貨航 25% 股份;國航全資子公司中航興業以 6.268 億元人民幣的對價,向 AFL(一家專為收購朗星股權而成立的公司)出售朗星的全部權益。交易完成後,國泰航空將通過國泰貨運持有國貨航 25% 股權,並通過國泰航空集團向 AFL 提供貸款而獲得朗星持有的國貨航 24% 股權利益,即相當於國泰航空通過直接控股和間接控股共同持有國貨航 49% 的權益。國貨航全稱「中國國際貨運航空有限公司」(Air China Cargo Co., Ltd),總部設在北京,以上海為遠端貨機主運營基地,從事航空貨運業務。2011 年 3 月 18 日,國航與國泰以國貨航為平台完成貨運合資項目。合資後,國貨航中英文名稱、企業標識保持不變,註冊資本為

128 〈重組持股結構,建立大中華航空夥伴關係〉(太古、國泰航空新聞稿),2006 年 6 月 9 日。
129 〈國泰股權結構重組〉(國泰航空新聞稿),2009 年 8 月 17 日。

52.35 億元人民幣。國泰與國航合作，使國貨航抓住了重要及具有競爭性的長三角地區的航空貨運業務商機，增強了其在中國大陸的航空貨運的競爭地位。

2015 年 11 月 1 日，國泰航空邁進另一重要新里程。國泰全體機隊陸續換上新的外觀，展示新形象。新機隊外觀設計主要包含三大元素：換上線條更流暢的新「翹首振翅」標誌；簡化國泰色譜為綠、灰、白三色；凸顯國泰名字和「翹首振翅」圖案。2016 年 12 月，港龍航空正式命名為「國泰港龍航空」。經過長達 10 年的博弈，太古及國泰航空鞏固了其在香港、中國內地及全球航空業的地位，而國航亦成為國泰航空的重要持份者（圖 1-16）。

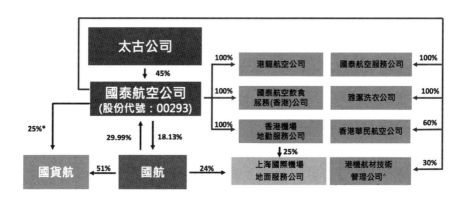

*百分之二十五股權透過附屬公司持有，另外百分之二十四股權透過經濟權益持有，總持股量為百分之四十九
^ 此為譯名

圖 1-16　2017 年底國泰航空集團主要附屬及聯營公司
資料來源：太古集團：《太古企業簡介》，第 16 頁，太古集團官網

經過上述發展，國泰航空已為全球最重要的航空公司之一，旗下航空公司包括國泰航空、國泰港龍航空（100%）、華民航空（100%）、香港快運（100%）等，並持有中國國際航空股份有限公司 18.13% 股權。截至 2019 年底，國泰航空共擁有及營運 236 架飛機，直接聯繫香港至全球 35 個國家，共 119 個目的地，包括中國內地 26 個目的地。國泰航空已形成以香港為基地，定期往來亞洲、北美洲、澳洲、歐洲和

非洲等 53 個國家 / 地區的 232 個城市的龐大航線網絡；國泰港龍航空
則飛往中國內地及亞洲其他地區共 51 個目的地（圖 1-17）。2019 年，
國泰集團的收入乘客運載人次為 3523.3 萬人次，運載貨物及郵件 202.2
萬噸。2019 年度，國泰集團經營收入為 1069.73 億港元，股東應佔溢利
16.91 億港元。[130]

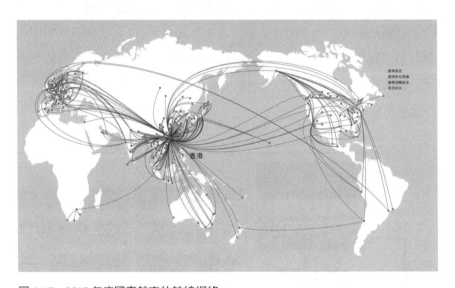

圖 1-17　2017 年底國泰航空的航線網絡
資料來源：《太古公司企業簡介 2018 年 7 月》，第 17 頁。

　　與此同時，太古集團旗下的港機工程和貨物空運業務也取得發展。
1998 年香港赤鱲角新機場落成啟用，太古股份旗下的港基工程耗資 14
億港元興建的位於赤鱲角香港國際機場的新設施正式營運。隨着新機場
航空業務的拓展，港機工程的業務不斷擴大，包括增加各類廣體機及噴
射發動機類型飛機的維修服務，及擴張來自國際航空公司的維修保養業
務，集團位於香港國際機場的第二機庫也落成啟用，並着手興建第三機
庫。目前，港機工程已發展為全球領先的獨立飛機工程集團，也是規模

130《國泰航空有限公司 2019 年報告書》，第 3-4 頁。

最大的飛機維修、修理及大修服務供應商之一，透過為全球 17 個國家
和地區的附屬公司及合資公司提供全面的飛機維修服務。2017 年度，港
機工程營業收入為 145.46 億港元，除稅前溢利 1.05 億港元。2018 年 11
月，港機工程被太古股份私有化，成為太古股份的全資附屬公司。

　　2008 年 3 月 18 日，國泰航空的全資附屬公司 —— 國泰航空服務有
限公司（CPSL），與香港機場管理局簽訂為期 20 年的專營權協定，承
辦在香港國際機場包括設計、興建及營運新航空貨運站的專營權。2013
年 10 月，國泰航空貨運站正式啟用，總投資 59 億港元，成為繼香港
空運貨站、亞洲空運中心之後香港赤鱲角新機場的第 3 家空運貨站。[131]
鑑於國泰已獲批興建及營運國泰空運貨站，太古及國泰決定出售所持香
港空運貨站股權。2010 年 5 月，太古、國泰航空宣佈，兩家公司分別
悉數出售所持有香港空運貨站及 HACTL Investment Holdings Limited 的
19.998% 及 10% 權益，作價分別為 12.799 億港元及 6.4 億港元。[132]

　　在地產業務方面，香港回歸初期，受到亞洲金融危機的衝擊影
響，太古旗下全資附屬公司 —— 太古地產減慢發展步伐。這一時期，
太古地產主要鞏固旗下在香港的旗艦物業，包括於 2001 年完成建設的
光纖和通訊網絡 —— 太古坊矩陣，2004 年啟用太古廣場三座；2006 年
將東涌購物中心發展成香港首個名牌折扣商場東薈城名店倉；2007 年
耗資 21 億港元對太古廣場展開優化計劃等。2010 年，太古股份曾計劃
再次分拆太古地產在香港上市，但考慮到全球金融海嘯後市況轉差，決
定擱置上市建議。[133] 到 2011 年，太古股份決定舊事重提。同年 12 月，
太古地產發佈公告，計劃將公司全部已發行的股本以介紹形式在香港
聯交所主機板上市。根據上市文件，截至 2011 年 9 月 30 日，太古地產

131 〈國泰新貨站設備先進，彰顯在港投資長遠承諾〉（國泰航空新聞稿），2010 年 8 月 10 日。

132 〈太古及國泰宣佈出售香港空運貨站權益協議〉（太古及國泰新聞稿），2015 年 5 月 25 日。

133 〈分拆太古地產、全球發售及派發有條件股息不予進行，恢復股份買賣〉（太古新聞稿），
　　2010 年 5 月 6 日。

共擁有樓面面積約 3,300 萬平方呎，總值 2,211 億港元；其中，約 2,710
萬平方呎為投資物業，包括樓面面積約 1,910 萬平方呎的已落成投資
物業，及樓面面積約 800 萬平方呎的發展中或持作未來發展的投資物
業。[134] 2012 年 1 月 18 日，太古地產在香港掛牌上市，旋即成為香港又
一家大型上市地產集團。

太古地產上市後，一方面繼續加強香港物業投資與發展，包括
2013 年完成灣仔活化計劃；2014 年開展太古坊重建計劃和太古城中心
優化計劃，收購大昌行商業中心並重新命名為「柏克大廈」等。另一方
面，則加大對中國內地和美國地產市場的開發。太古地產自 2000 年起
開始進入內地市場，自 2002 年起，太古地產先後在北京、廣州、成都
和上海，主導策劃了 6 個大型發展項目，包括北京三里屯太古里（2008-
2010 年）、廣州太古滙（2011 年）、北京頤堤港（2011 年）、成都遠洋
太古里（2015 年）、上海興業太古滙（2017 年）、前灘太古里（2021 年）
等。這些項目建成後都成為所在城市的商業標杆。在美國方面，太古地
產自 1978 年起就在佛羅里達州邁阿密開展業務，成果顯著。2016 年，
該公司在邁阿密 Brickell 金融區發展的大型綜合項目 Brickell City Centre
第一期落成開幕。太古地產還透過旗下於 2008 年成立的太古酒店展開
酒店投資，持有並管理一系列在香港、中國內地及美國的酒店，擁有
及管理 7 間商務酒店，合共 2138 間客房，同時持有 3140 間酒店客房的
20-97% 不等的權益。

截至 2019 年底，太古地產共擁有物業組合總樓面面積 2680 萬平
方呎，包括已落成投資物業約 2320 萬平方呎，發展中或持作未來發
展的投資物業約 360 萬平方呎。其中，在香港共擁有投資物業組合約
1440 萬平方呎，主要包括甲級辦公樓、零售物業、酒店、服務式住宅

---

134 《太古地產以介紹形式在香港聯合交易所主機板上市》（太古地產上市文件），2011 年 12
月 21 日。

及其他高尚住宅物業等；在中國內地分別於北京、廣州、成都及上海的優越地段持有 6 個大型綜合商業發展項目的權益，應佔總樓面面積約 940 萬平方呎。此外，還持有美國邁阿密的 Brickell City Centre 項目及酒店權益。2017 年，太古地產營業收入為 185.58 億港元，股東應佔溢利 339.57 億港元，分別比上市前的 2011 年增長了 93.7% 和 35.2%。不過，2019 年，太古地產營業收入和股東應佔溢利分別為 142.22 億港元及 134.23 億港元，比 2017 年分別下跌了 23.36% 和 60.47%。[135]

2022 年度進一步下降至 138.26 億港元及 79.80 億港元，比 2019 年度再分別下跌了 2.78% 和 40.55%。

不過，太古集團對地產發展前景仍充滿信心。2022 年，太古地產公佈龐大投資策略，計劃在未來 10 年內在香港、中國內地及東南亞等核心市場投資 1000 億港元，發展一系列新的地產項目。其中，300 億港元將用於加強香港的物業組合，包括持續投資在太古坊，公司收購的仁孚工業大廈和華廈工業大廈，以及計劃中的糖廠街一塊用地；500 億港元將投放在中國內地，包括繼續在北京、上海及廣州等一線城市作出投資，同時踏足西安、三亞、深圳等新市場，目標是在 2032 年前將中國內地的總樓面面積增加一倍；其餘 200 億港元將投資於東南亞等海外市場。

作為一個多元化的大型企業集團，太古除了經營航空及相關業務、地產業之外，還經營飲料及食物鏈、海洋服務、貿易及實業等多個領域的業務。在飲料及食物鏈行業，主要由旗下的茶葉種植商 James Finlay Limited 和太古可口可樂有限公司等經營。從 1976 年起，太古就開始持有全球歷史最悠久的茶葉種植商 James Finlay 的少數股權，這是太古發展茶葉種植及貿易的起端。James Finlays 現為太古集團的全資附屬公司，也是全球飲料業供應茶、咖啡及天然成分的主要國際供應商，總部設於英國倫敦。

135《太古地產有限公司 2019 年度業績》，第 5-8 頁。

　　1965 年，太古進軍裝瓶業務，收購一家持有可口可樂香港裝瓶業務專營權的美資公司 —— 香港汽水廠，當時該廠年產量為 1.04 億瓶。1978 年，太古在美國開展飲料業務，於鹽湖城取得首個美國可口可樂裝瓶業務專營權。1989 年，可口可樂公司邀請太古飲料合作，重返中國內地市場。經過多年發展，至 2019 年底，太古可口可樂旗下共擁有 19 家全資附屬及聯營公司。香港、台灣、中國內地 12 個省市，以及美國西部地區擁有生產、推廣及經銷可口可樂公司產品的專營權，擁有 26 座裝瓶廠，生產及經銷 61 個飲料品牌，年銷售量達 17.86 億標箱（1 標箱包括 24 瓶八盎司裝飲料）（圖 1-18）。[136]

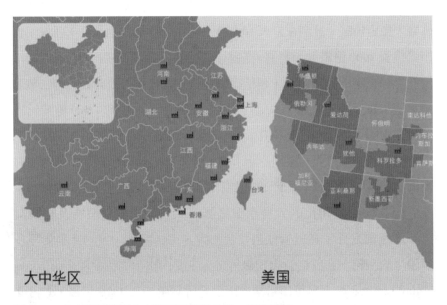

圖 1-18　太古集團旗下太古可口可樂的生產、銷售網絡
資料來源：太古集團：《集團概覽 2020》，第 3 頁。

　　在海洋服務領域，太古的業務主要包括班輪服務，為國際石油及天然氣業提供離岸支援服務、港口、海洋拖船、打撈，以及修船和船務代

136 太古集團：《集團概覽 2020（中國內地）》，參見太古集團官網。

理服務等。其中，班輪服務主要由太古輪船有限公司展開，運作一支有逾 150 艘船隻的船隊，包括貨櫃船、多用途船、散貨船及運泥船，為其環球業務提供服務。離岸支援服務主要透過太古海洋開發集團有限公司展開，該公司總部設於新加坡，主要支援離岸石油、天然氣的勘探及開採活動，至 2019 年底共擁有 73 艘離岸支援船隻，包括拋錨補給拖船、平台補給船、建造及專用船等，並在全球各地設有辦事處，為旗下船隻提供岸上支援（圖 1-19）。船隻維修及船舶工程服務主要透過聯合船塢集團經營，該公司總部設於青衣，主要提供工程、港口拖船及打撈等服務。

在貿易與實業部門，太古主要透過旗下太古資源集團、太古品牌集團、太古汽車集團、太古食品集團（包括太古糖業公司、重慶新沁園食品有限公司）、太古冷藏倉庫集團、阿克蘇諾貝爾太古漆油公司及太古惠明等公司展開，經營業務相當廣泛，包括零售經銷、汽車貿易、包裝及經銷糖產品、生產、散貨物流、物料處理、採礦服務、環保投資及洗衣等。此外，太古還透過投資拓展新的多元業務，持有生物科技公司 Green Biologics 的聯屬權益以及 NanoSpun Technologies 和 Avantium 的少數股本權益。

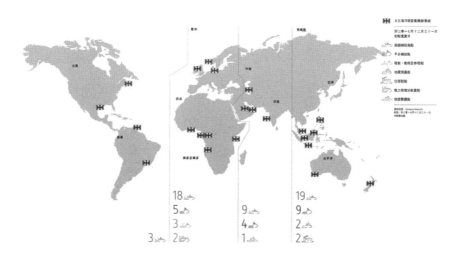

圖 1-19　太古海洋開發的全球足跡
資料來源：《太古公司企業簡介 2018 年 7 月》，第 30 頁。

經過 150 年的發展，太古集團已成為一家全球性的跨國集團，總公
司 John Swire & Sons Ltd. 設於英國倫敦，在香港、北京、澳洲悉尼、巴
布亞新幾內亞莫士比港、新加坡、台灣台北、美國米爾福德、越南胡志
明市設有地區總部，其核心業務主要集中在亞太區，香港和中國內地為
集團的主要營運地（圖 1-20、圖 1-21）。太古集團在香港聘用逾 4.2 萬

圖 1-20　太古集團在全球的總部和地區總部
資料來源：太古集團官網

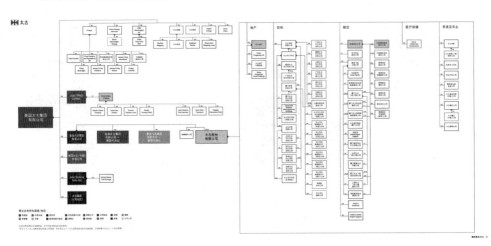

圖 1-21　太古集團的組織架構
資料來源：太古集團官網

名僱員,由集團管理的中國內地企業則有僱員約 3.2 萬人,全球員工更達 13.3 萬人。

英國太古集團在香港持有太古股份 70% 股權,並透過太古股份持有國泰航空、太古地產共 3 家香港上市公司。2017 年度,太古股份的經營收益和公司股東應佔溢利分別為 802.89 億港元及 260.70 億港元,分別比 2008 年的 272.03 億港元和 45.45 億港元分別增加了 1.95 倍、4.74 倍,年均增長 12.78% 及 21.42%,均達到兩位數字的增長。不過,2019 年度,太古股份的經營收益雖然增加到 856.52 億港元,比 2017 年輕微增長了 6.68%,但公司股東應佔溢利卻跌至 90.07 億港元,比 2017 年大幅下降了 65.45%。此外,集團旗下各項業務發展亦不均衡,2019 年度,地產貢獻的溢利為 110.07 億港元,航空溢利 15.50 億港元,飲料溢利 16.86 億港元,海洋服務虧損 36.34 億港元,貿易及實業虧損 4.52 億港元,總部虧損 11.50 億港元。換言之,太古股份盈利主要依靠地產支撐,飲料、航空部門盈利微薄,而海洋服務部門則虧損嚴重(表 1-11)。

值得注意的是,2019 年中期以後,隨着環球經濟增長放緩,香港社會動盪,太古集團旗下的國泰航空經營困難逐步凸顯。在 2019 年夏季的香港政治動盪中,國泰航空被爆有飛行員參與針對警員的暴力行為及有公司員工洩露警員航班資訊。中國民航局向國泰航空發出重大航空風險警示。為回應中國民航局的要求,國泰航空解僱了兩名行為不當機師。不過,國泰航空仍然受到國內多家官方媒體的評擊,《人民日報》發表題為「警示面前,國泰豈能『和稀泥』!」評論文章,指國泰航空「『擠牙膏』的處理方式,不鹹不淡的立場態度,讓人們難以不懷疑其反省和整改的誠意度。」央視新聞媒體主持人康輝更直斥國泰航空「No zuo no die」(不作不死)。事件導致國泰兩名高層——行政總裁何杲和顧客及商務總裁盧家培雙雙辭職。

表 1-11　　2008-2021 年度太古股份及各部門經營概況

單位：億港元

		2008 年度	2010 年度	2012 年度	2014 年度	2016 年度	2017 年度	2018 年度	2019 年度	2020 年度	2021 年度
地產	經營收益	79.03	88.09	139.88	152.97	166.91	184.43	146.04	141.35	132.62	158.48
	公司應佔溢利	31.90	259.25	152.82	77.86	123.57	277.31	234.37	110.07	33.88	58.47
航空	經營收益	——	25.74	58.30	119.27	137.60	145.46	148.92	159.01	114.83	114.64
	公司應佔溢利	-30.88	87.67	9.84	18.22	4.41	-10.02	17.81	15.50	-97.51	-23.80
飲料	經營收益	105.35	121.89	143.96	163.82	184.20	340.66	411.89	433.16	450.80	539.25
	公司應佔溢利	5.71	7.05	5.56	8.54	8.13	24.41	16.30	16.86	20.76	25.49
海洋服務	經營收益	40.07	30.46	48.64	72.34	42.37	30.66	30.18	24.51	18.89	16.01
	公司股東應佔溢利	17.56	7.82	9.64	10.72	-30.13	-22.32	-50.33	-36.34	-52.40	-11.18
貿易及實業	經營收益	47.46	62.12	99.56	104.30	92.76	101.63	108.96	98.43	83.08	95.53
	公司股東應佔溢利	20.88	11.99	2.47	4.23	1.14	0.69	29.04	-4.52	0.12	0.94
總辦事處	經營收益	0.13	0.07	0.06	0.31	0.05	0.05	0.07	0.06	0.10	0.12
	公司股東應佔溢利	0.28	7.19	-6.23	-8.88	-10.68	-9.37	-10.90	-11.50	-14.84	
總額	經營收益	272.03	328.37	490.40	613.01	623.89	802.89	846.06	856.52	800.32	924.03
	公司股東應佔溢利	45.45	380.95	174.10	110.69	96.44	260.70	236.29	90.07	-109.99	-5.40

資料來源：《太古股份有限公司報告書》，2008-2021 年。

　　及至 2020 年春新冠肺炎疫情在全球蔓延，全球航空業受到沉重打擊，國泰航空經營虧損嚴重。2021 年度，國泰航空經營收益為 469.34 億港元，比 2019 年大幅下跌 56.1%；股東應佔虧損高達 216.47 億港元（表 1-12）。受此影響，國泰航空的股價到 2020 年 7 月底跌至每股 5.23 港元，比 2019 年 6 月以來的高位（每股 12.36 港元）跌去 58%。面對經營危機，國泰航空於 2020 年 6 月 9 日宣佈啟動高達 390 港元的資本重組方案：國泰航空向香港特區政府全資控股的 Aviation 2020 Limited 發行 195 億港元的優先股及分離認股證，特區政府向國泰航空提供 78 億港元的過渡性貸款；同時，國泰航空向現有股東配發 117 億港元的供股股份，供股價為每股 4.68 港元，較市場收市價 5.9 港元折讓 20.68%。重組完成後，太古股份持有國泰航空 42.26% 股權，仍為控股股東，國航、卡塔爾航空及新股東 Aviation 2020 Limited 則分別持有 28.17%、9.38%、6.08% 股權。

表 1-12　2012-2021 年度國泰航空經營概況（億港元）

	收益	股東應占溢利	資產淨值
2012 年度	993.76	10.74	561.38
2013 年度	1004.84	29.04	630.13
2014 年度	1059.91	34.50	518.53
2015 年度	1023.42	63.08	480.67
2016 年度	927.51	-2.74	555.26
2017 年度	972.84	-8.88	612.72
2018 年度	1110.60	27.77	639.39
2019 年度	1069.73	16.91	627.76
2020 年度	469.34	-216.47	732.61
2021 年度	455.87	-55.26	722.49
2022 年度	510.36	-65.48	638.84

資料來源：《國泰航空有限公司 2021 年報》，第 130-131 頁；《國泰航空有限公司 2022 年報》，第 138-139 頁。

同年 10 月 21 日，國泰航空再宣佈企業重組計劃，旗下國泰港龍航空於 2020 年底停運，並整體削減 8,500 個職位。國泰航空行政總裁鄧健榮表示：「疫情席捲全球，持續為航空業帶來沉重打擊。我們必須進行根本性的重組，否則集團最終將無法繼續營運下去。只有這樣，我們才能盡力量保留最多的工作崗位，同時履行對香港航空樞紐和顧客的責任。」國泰航空亦表示：「雖然我們目前的處境十分艱難，但集團擁有無比的韌力，而『國泰航空』也是一個大家引以為傲的香港品牌。我對重組計劃充滿信心，深信我們定能度過難關。我們對國泰航空和香港作為航空樞紐的長遠前景，以及香港在大灣區及其他地區擔當的重要角色絕對充滿信心。」[137] 2021 年度和 2022 年度，国泰航空股东分别录得虧損 55.26 億港元和 65.48 億港元。

受到國泰航空經營業績的拖累，太古股份在 2020 年度錄得 100.95 億港元的巨額虧損。在全球疫情持續、經濟陷入低谷的背景下，國泰航空的脆弱性進一步暴露，太古集團無疑正面對國泰航空創辦以來最嚴峻的挑戰。

第六節　嘉道理家族財團

▋ 嘉道理家族財團的崛起與早期發展

英籍猶太裔的嘉道理家族，是香港主要的英資財團之一，其歷史最早可追溯到香港上海大酒店和中華電力公司的創辦。香港上海大酒店有限公司創辦於 1866 年 3 月 2 日，當時稱為「香港酒店有限公司」，是最早在香港上市的公司之一，董事局成員包括蘇格蘭人 Douglas

---

137 《國泰航空集團公佈企業重組》（國泰航空新聞稿），2020 年 10 月 21 日，參見國泰航空官網。

Lapraik、英國裔的 C. H. M. Bosman（香港黃埔船塢董事之一）及德國裔的 Gustav von Overbeck 男爵（普魯士及奧地利駐香港領事，成為董事局首屆主席），並由巴黎銀行香港分行資助。[138] 不過，後來香港大酒店控制權漸漸落入嘉道理家族手中，成為嘉道理家族財團旗下的上市公司之一。

　　嘉道理家族是猶太裔人，世居伊拉克巴格達。1880 年，艾利斯・嘉道理（Ellis Kadoorie）從巴格達經孟買前來香港，投靠親戚沙遜家族，在他們的公司當職員。當時沙遜家族已成為地位顯赫的大鴉片商，其創辦的沙遜洋行分設香港、上海各地。當時，艾利斯引薦弟弟艾利・嘉道理（Elly Kadoorie）來香港發展。其後，兄長艾利斯離開沙遜洋行獨自發展，從事金融、地產及股票經紀業務，漸成富商，投資遍佈香港及上海各地。而弟弟艾利亦從事股票買賣生意，創辦經紀行「基利」（Kelly）公司，並與朋友合組「本傑明、基利、砵士股票經紀行」（Benjamin Kelly and Potts），當時的股票經紀全部單獨做生意，合夥者極少，而艾利等合夥開辦的股票經紀行在這方面先行一步，生意漸漸打開局面。[139]

　　1890 年 3 月，艾利・嘉道理透過持有一半權益的經紀公司 Benjamin & Kelly，購入香港大酒店公司 25 股股份。[140] 1906 年，香港發生一場超級風災，香港大酒店生意頓減，股票價格急瀉，嘉道理家族趁低吸納香港大酒店股份，成為公司主要股東之一。1904 年，艾利・嘉道理收購了創辦於 1888 年的山頂纜車公司。1914 年，艾利斯・嘉道理加入大酒店董事局，邁出嘉道理家族入主該公司的第一步。1917 年，艾利斯・

138「我們的歷史」，參見香港上海大酒店有限公司官網。

139 思齊：〈嘉道理價值的發跡之迷！〉，《財富月刊》，1992 年 7 月 25 日，第 14 頁。

140「我們的歷史」，參見香港上海大酒店有限公司官網。

嘉道理穫封爵士。1922 年，艾利斯‧嘉道理因心臟病逝世，終年 57 歲，未婚，遺產全部由弟弟艾利‧嘉道理及其兩子羅蘭士‧嘉道理、賀理士‧嘉道理繼承。[141] 1928 年，艾利加入大酒店董事局，嘉道理家族成為大酒店的首席大股東。

香港大酒店創辦之初，剛好遇上聞名遠東的寶順洋行倒閉，將中區洋行總部大廈出售以償還債務。香港大酒店即籌資購入，於 1868 年興建為香港酒店，開業時被傳媒譽為「中、日同業的翹楚」。1886 年，香港大酒店購入海旁末端畢打碼頭的地盤，即現時置地廣場告羅士打大廈所在地，建成 5 層高的香港酒店北翼。1892 年 12 月，香港酒店畢打街新翼竣工並正式揭幕。1910 年，香港大酒店着手籌辦位於港島南區的淺水灣酒店，於 1920 年元旦開業。1922 年元旦，大酒店收購了香港的山頂酒店；其後又收購了位於上海的上海酒店有限公司 85% 股權，將酒店業務擴展到上海等地。1923 年，香港酒店與上海酒店兩家公司合併，組成「香港上海酒店有限公司」（The Hong Kong and Shanghai Hotel Ltd.，簡稱「大酒店」）。[142]

由於港島的酒店業務蒸蒸日上，大酒店董事局於是放眼九龍尖沙咀旅遊區。當時，該區已設有火車站、渡輪碼頭、遠洋輪船碼頭，開始發展為繁榮的商業區。1921 年，大酒店籌劃在尖沙咀海旁興建一座新型酒店，這就是後來聞名全球的半島酒店。為籌集興建酒店資金，大酒店擴大資本額，從 250 萬港元增加到 500 萬港元，發行股數從 25 萬股增加到 50 萬股，嘉道理父子大量認購新股，持股量繼續增加。不過，半島酒店的興建一波三折，直至 1928 年才落成啟用，由港督修頓爵士主持酒店開幕典禮。[143] 新酒店不僅面積大，還在相當長時期內成為香港

---

141 金鷹：〈嘉道理家族世紀初注資〉，《信報財經新聞》，1992 年 9 月 12 日。
142「我們的歷史」，參見香港上海大酒店有限公司官網。
143「我們的歷史」，參見香港上海大酒店有限公司官網。

最高樓宇（7 層）。這一時期，大酒店成為香港最具規模的酒店集團，旗下企業包括香港酒店、半島酒店、淺水灣酒店、山頂酒店，及香港纜車公司。可惜的是，香港酒店於 1926 年被一場大火燒毀了北座，剩下南座繼續營業，其後更於 1954 年停業。

1937 年 4 月，艾利・嘉道理將大酒店董事職位讓予長子羅蘭士・嘉道理（Lawerence Kadoorie），年紀輕輕的羅蘭士即當選為香港大酒店董事局主席。抗日戰爭爆發後，國內難民大量南逃香港，其中不少人身懷鉅款，成為半島酒店的豪客。1937 年，大酒店的業績竟比上年度增加了 3 倍。這幾年，半島酒店儼然成為上海大亨的社交中心。1939 年，半島酒店的純利突破 100 萬港元。日軍佔領香港期間，半島酒店成為佔領軍總部，易名為「東亞酒店」，由於嘉道理家族全數已加入英籍，因而亦全部被拘押在集中營。1944 年，艾利・嘉道理爵士在香港病逝，享年 78 歲。

二次大戰後，羅蘭士・嘉道理重整家族生意，大酒店集團的業務重上軌道。其後，羅蘭士因出掌中華電力公司主席，專注電力發展業務，大酒店主席一職改由其弟賀理士・嘉道理（Horace Kadoorie）繼任。賀理士退休後，再由米高・嘉道理（Michael D. Kadoorie）出掌。70 年代初，香港出現拆舊建新浪潮，嘉道理家族開始研究半島酒店重建的可行性。1975 年，大酒店董事局擬定一個重建計劃，準備在半島酒店比鄰地段興建一座新的半島酒店，再將舊酒店拆卸重建。但該方案隨即受到老顧客的強烈反對，最終被擱置。1978 年，半島酒店迎來 50 周年金禧，適逢香港政府放寬建築物高度限制，半島酒店於是在酒店前後加建兩幢大廈，形成今日的模樣。

1982 年 5 月，大酒店又購入鄰近的美崙酒店，拆卸改建為擁有 740 個客房的九龍酒店。到二十世紀 80 年代中，大酒店集團業務已多元化，旗下全資企業，包括五星級的半島酒店和四星級的九龍酒店、港島淺水灣影灣園、中區聖約翰大廈、山頂大樓（包括凌霄閣）及山頂纜車公司，並在美國紐約、菲律賓馬尼拉以及中國的北京、上海、廣州等地

經營酒店業務。旗下的半島酒店，歷年都被評為世界十佳酒店之一。香港大酒店亦因而長期穩執香港酒店業的牛耳。

　　嘉道理家族旗下的另一主要上市公司，是提供九龍及新界地區電力供應的中華電力有限公司（China Light & Power Co., Ltd.）。二十世紀初，九龍半島市區發展，尖沙咀、油麻地、旺角、深水埗一帶新建樓宇如雨後春筍，居民移居者眾，商業繁盛。香港電燈公司的電力供應已難以應付，香港政府批准在九龍地區成立新的電力公司。1901 年 1 月 25 日，由英商羅拔・舒安和保羅・遮打發起，創辦中華電力公司，資本 30 萬港元，大股東是當時頗有名氣的百貨公司 Shewan Tomes & Co.，指定羅拔・舒安當股東代表，兼任公司董事局主席兼總經理。當時，公司計劃在廣州、九龍等地設立發電廠，故註冊時以「中華」命名。當年最高的用電需求量為 1/10 兆瓦。

　　中華電力創辦後，即將大部分資金在廣州收購了一間小型發電廠，1903 年又在九龍紅磡漆咸道設立第一間發電廠，發電量為 75 千瓦。[144] 不過，在中華電力公司創業的首 10 年，業務發展一直不理想，盈利停滯不前，1910 年公司盈利僅 2,661 港元。中華電力遂於 1909 年將廣州發電廠出售，套現 130 萬港元，集中在九龍發展。在中華電力創辦首 10 年間，公司僅派息兩次，股東普遍對電力發展沒有信心，要求將公司清盤，唯主席羅拔・舒安力排眾議，苦苦支撐等候轉機。尚幸 1911 年九廣鐵路通車，電力需求大增，中華電力公司重現生機，獲得發展。1914 年公司盈利 25 萬港元，是創辦以來的最佳業績。

　　1918 年，香港政府徵用紅磡發電廠地段，建議用紅磡鶴園新填海地作為交換。新填海地段面積廣闊，但公司並無資金興建新廠，故進行改組，擴大股本，集資 100 萬港元，由嘉道理家族和何東家族分別注

---

144 *Our History, 1901-1945*，參見中電控股有限公司官網。

入，兩大家族遂成為公司的大股東。[145] 1919 年，中電開始為九龍區公共照明系統供電。[146] 1920 年，中華電力在紅磡鶴園建成新的發電廠，裝置新式機組，初期發電量為 350 萬瓦。

1931 年，中華電力開始向新界供電，這時城門水塘和銀禧水塘剛建成，電力輸到，解決了泵水問題。1933 年，以嘉道理家族和何東家族為首的董事局指責主席羅拔・舒安經營不善，令公司開支龐大，要求他退休，並推舉金普頓（A. H. Compton）繼任主席。金普頓為專業人士，上任後即對公司組織結構進行改組，在九龍窩打老道及亞皆老街交界處設立總管理處，各部門集中辦公。此外，又在九龍塘興建一幢實驗室，供專家做研究工作。到 1939 年，中華電力售電量已達 5,330 萬度，比 1913 年的 50 萬度增加逾 100 倍，客戶亦達 28,848 戶，比 1913 年的 670 戶增加 42 倍。

1940 年，中電鶴園發電廠正式投產，發電量大增，初期為 350 萬瓦，到 1941 年日軍侵佔香港前夕已增至 3,200 萬瓦；同年，位於九龍亞皆老街的總辦事處亦落成啟用。在嘉道理父子的經營下，中電公司業務發展很快。到第二次世界大戰爆發時，中華電力已成為香港屈指可數的大企業，壟斷對九龍半島及新界的電力供應。

1941 年底，太平洋戰爭爆發，日軍入侵香港，中華電力公司奉港府命令將鶴園發電廠主機炸毀，以免落入日軍之手。當時，公司損失慘重，公司主席金普頓和嘉道理一家被日軍扣押，後轉押到上海，艾利・嘉道理在上海日軍集中營病逝。1945 年，日本投降後，身為公司大股東兼董事的羅蘭士・嘉道理幾經波折，乘飛機從中國大陸重返香港，再次率領舊部負起重建中華電力公司的重任。[147] 當時，公司並無資金，羅

---

145 海倫譯：〈勳爵的天下 —— 嘉道理的經商作風和政治遠見〉，《遠東經濟評論》，1992 年 7 月 9 日，轉載自《財富》，1992 年 7 月 25 日，第 11 頁。

146 CLP：*Our History, 1901-1945.*

147 〈嘉道理的政經道理〉，《信報》，1990 年 1 月 3 日。

蘭士憑藉家族的信譽向銀行貸款,向歐洲訂購新的發電機組。在各方面的配合下,中華電力的重建比預期好,1946 年的供電量已恢復到香港淪陷前水準。

50 年代以後,隨着大批工廠在九龍、新界興建,電力需求急劇增長,中華電力的業務迅速發展。1959 年,鶴園發電 B 廠投入服務。從 1950 年到 1960 年,中華電力的供電量從 5,050 萬瓦增加到 18,300 萬瓦,增長了 2.62 倍,售電量從 1.45 億度增加到 6.8 億度,增長 3.69 倍,客戶亦從 4 萬戶增加到 15.4 萬戶,增長 2.85 倍。50 年代,羅蘭士·嘉道理出任中華電力董事局主席,自此,中華電力成為嘉道理家族的旗艦和核心業務。

60 年代,隨着香港經濟起飛,對電力的需求進一步增加。當時,香港政府從英國聘請顧問,為管制香港兩家電力公司提供意見,顧問建議港府收購兩家電力公司,藉此避免客戶與公司股東的利益衝突。為此,嘉道理急謀對策,邀得美國著名的埃索標準東方公司(Esso Standard Eastern Inc.)加盟。1964 年,中華電力與埃索標準東方旗下的埃克森美孚能源公司(Esso Energy Ltd.)合作,跟香港政府達成一份為期 15 年的管制協議,化解了中電被港府接管的危機。當年,中華電力與埃克森合資創辦「半島電力有限公司」(Peninsula Electric Power Co. Ltd.),在新界青衣島南岸興建青衣發電廠,中電佔 40% 股權,埃克森佔 60% 股權。青衣發電廠廠 A、B 二廠佔地 31.5 公頃,相繼於 1969 年及 1977 年建成發電,總裝機容量為 1,562 兆瓦,包括 A 廠的 6 台 120 兆瓦蒸汽鍋輪機組、B 廠的 4 臺 200 兆瓦蒸汽鍋輪機組,以及一台 42 兆瓦的燃氣輪機以備應急和需求高峰時使用。

1978 年,中電與埃克森再度合作,合資創辦「九龍發電有限公司」(Kowloon Electric Power Co. Ltd.),興建青山發電 A 廠,於 1982 年開始投產;1981 年雙方三度合作,創辦「青山發電有限公司」(Castel Peak Electric Power Co. Ltd.),興建規模更大的青山發電 B 廠。這兩家公司的股權,仍然是中電佔 40%,埃克森能源佔 60%。青山發電廠位於新界屯

門踏石角海岸，A、B 兩廠佔地 63 公頃，至 90 年代初全部建成投產。
其中，A 廠擁有 4 台 350 兆瓦的燃煤、天然氣、超低硫柴油發電機組，
B 廠擁有 4 台 677 兆瓦燃煤、天然氣、超低硫柴油發電機組，總裝機容
量 4108 兆瓦，全部設備均購自英國通用電力發電機公司，燃油由美國
埃索標準東方公司供應，燃煤則從南非、加拿大等地進口。1992 年，
中電再在香港大嶼山建成竹篙灣燃氣輪機發電廠，包括 3 台 100 兆瓦燃
油發電機組，總裝機容量 300 兆瓦。

　　為配合將青山發電廠的電力輸往中電的各負荷中心，1978 年，中
華電力斥資 30 億港元，建設一個 40 萬伏特的超高壓輸電網絡，整個網
絡環繞新界的雙路架空電纜 87 公里、地下電纜 14 公里以及超高壓配電
站 6 個。1979 年，中華電力與廣東省電力系統通過新界粉嶺與深圳之
間的架空電纜實現聯網，開始為廣東提供電力。1981 年，中華電力與
香港電燈公司實現電力聯網，兩大電力系統透過 12 公里的海底電纜，
在九龍紅磡和港島北角之間的變電站完成首期聯網工程。整個電力聯網
工程分三期進行，於 80 年代後期全部完成。1984 年，中電接管長洲電
力公司，在新界大埔建成新的電力系統控制中心，以取代原來 70 年代
初建成的葵涌控制中心。新的電力系統控制中心設有兩間控制室，用來
監察及控制發電、輸電系統及電路網絡。該中心還設有電腦組合遙控系
統，協助控制室人員採取預防措施，減少雷電對輸電網絡的損害。這一
時期，中華電力已發展成香港主要的大型企業集團之一。

▋ 過渡時期發展策略：穩守香港核心業務

　　踏入過渡時期，嘉道理家族與太古集團一樣，採取「穩守香港核
心業務」的策略，對香港前途投下信心一票。為增加電力供應並加強
與中國政府的聯繫，70 年代末，中華電力着手與廣東合作研究興建核
電站的可行性。1982 年，中國政府決定與中電合作，在深圳大亞灣興
建首座核電站。1985 年初，羅蘭士‧嘉道理親赴北京，會見中國領導

人鄧小平等，並達成與中國合資興建深圳大亞灣核電站的協議。同年
1月18日，中電全資附屬公司香港核電投資有限公司與廣東核電投資
公司簽署協議，決定合資組建「廣東核電合營有限公司」興建大亞灣
核電站，香港核電投資佔 25% 股權，廣東核電投資佔 75% 股權。根據
協議，香港核電將購買核電站生產的七成電力，轉售予中電供應香港
用戶。

大亞灣核電站從 1985 年起開始籌劃興建，由法國法馬通公司
（Framatome）供應核島，英國通用電力公司（GEC）供應常規的渦輪
發電機，並指定由法國國家發電局擔任電廠設備設計和安裝的主要顧問
工程師。1994 年，中國廣東大亞灣核電站正式投產，由兩台壓水式反
應堆發電機組組成，總發電量 1,968 兆瓦。大亞灣核電站發電成功，是
中電與中國政府良好合作的重要標誌。羅蘭士·嘉道理表示，中電參與
核電站計劃，可使香港電力用戶在未來 27 年間節省約 30 億港元開支，
並可滿足香港 90 年代的電力增長需求。資料顯示，1994 年至 1998 年
間，中電向廣東核電站購買的電量，約佔廣東核電站的六成以上，佔中
電總銷售電量的三成左右。[148]

踏入 90 年代，嘉道理着手策劃中電跨越九七的多項計劃。1992
年，中電提前與港府達成新的管制協議。同年 10 月，中電常務董事兼
行政總裁石威廉親自去北京，向中國總理李鵬解釋剛獲港府批准的跨越
九七的利潤管制計劃，並說明中電跨越九七的發展大計。該管制計劃在
中英聯合聯絡小組獲得中方的批准及確認，顯示了中電與中方的良好
關係。

1992 年，位於香港大嶼山的 300 兆瓦竹篙灣發電廠正式投入服
務，這是中電發電系統的重要後備設施。同年，中電宣佈改組，由青山

---

148 劉騏嘉、李敏儀：《中華電力龍鼓灘工程：政府對電力供應公司的監察》，香港：立法會
秘書處資料研究及圖書服務部，1999 年 9 月 28 日，第 28 頁。

發電有限公司收購半島電力和九龍發電兩家電力公司，青山發電廠成為
中電唯一的電力供應者，負責中電集團的全部發電業務。在此之前，中
電宣佈與埃克森再度攜手合作，斥資 600 億港元在屯門爛角咀（後易名
「龍鼓灘」）興建一間現代化的大型天然氣發電廠，以適應 1997 年以後
香港的電力需求。這項龐大的投資無疑是嘉道理對香港前景投下的信心
一票。當記者問嘉道理，為何在港人信心低落的時候還要作出這樣龐大
的投資，嘉道理表示：「答案很簡單，沒有電力就沒有進一步的發展，
我深信香港將繼續繁榮及進步，因此，我們有責任向前望，並作出一切
準備」。[149]

　　屯門龍鼓灘的新發電廠首期工程將安裝 8 台總發電量達 2,500 兆瓦
的聯合循環燃氣輪機組，建造費用預計 240 億港元。新機組將包括燃氣
發電鍋爐和蒸汽發電機，前者可把約三成半熱量轉化為電能，後者則利
用餘下的熱量再發電，使整個機組的有效功率達到 45% 至 50%，而原
有的燃煤發電機組有效功率僅達 36%。新機組將利用中國海南島附近海
域生產的天然氣作燃料，天然氣將經過一條長達 800 公里的海底管道輸
送到屯門龍鼓灘。據專家分析，天然氣發電廠比起燃煤發電廠，無論在
興建時間及建造費用皆可節省不少，因為天然氣發電廠毋須大型貨運碼
頭及煤儲存庫，如果要興建同樣規模的燃煤發電廠，建造費用將達 370
億港元，比天然氣發電廠的建造費用高出五成。[150]

　　踏入過渡時期以來，中華電力在羅蘭士‧嘉道理的主持下，業務
發展一日千里。1995 年度，中電的客戶數目達 169.7 萬戶、年銷電量
231.2 億度，利潤 56.74 億港元，分別比 1984 年增長 49%、60% 及 4.68
倍。1995 年底，中電市值達 710.7 億港元，比 1984 年底增加 6.28 倍，

149〈嘉道理的政經道理〉，《信報》，1990 年 1 月 3 日。

150 方元：〈「中電」投資 600 億港元興建屯門發電廠〉，《財富》，1992 年 7 月 25 日，第 15
　　頁。

在香港 10 大市值上市公司中排名第 9 位。

　　進入過渡時期後，嘉道理旗下的另一家上市公司香港大酒店先後兩次遭遇新興華商的「狙擊」，然而均被嘉道理家族成功擊退。80 年代中期，大酒店雖然是嘉道理家族經營的上市公司，由羅蘭士・嘉道理獨子米高・嘉道理（Michael D. Kadoorie）出任公司主席。然而，這時公司大股東並非嘉道理家族，而是華商梁昌之子梁仲豪。到 1987 年初，梁仲豪約持有 3113.6 萬股大酒店股份，約佔總數的 31.56%，而嘉道理家族共持有 1154.2 萬股，約佔 11.7%。[151] 根據嘉道理與梁仲豪兩大家族的默契，前者專掌酒店及有關業務。由於董事局緊握控制權，第三者難以覬覦。

　　不過，這種局面持續到 1987 年初突然發生變化，梁仲豪家族有意淡出香港，於是將其所持有的 3,100 多萬股大酒店股份出售，其中 2,000 萬股售予華商劉鑾雄旗下的中華娛樂公司，另 1,000 萬股售予林百欣家族旗下的麗新國際。這導致劉鑾雄對大酒店的第一次「狙擊」。1987 年 5 月 4 日，大酒店召開年度股東大會，米高・嘉道理循例告退，必須重選董事。會上，劉鑾雄發動突襲，投票反對米高連任大酒店董事，並得到麗新方面的支援，會場氣氛緊張。面對劉氏咄咄進逼，嘉道理家族沉着應戰，先是向收購及合併委員會投訴劉鑾雄和麗新是「一致行動」者，有責任以最近 6 個月的最高價提出全面收購，繼而將矛頭指向持有大酒店股份的中華娛樂的控股公司華人置業，成功迫退劉鑾雄對大酒店的挑戰。

　　1987 年 7 月，代表嘉道理家族的寶源投資與劉鑾雄達成協議，愛美高系將所持 34.99% 大酒店股權，以每股 65 港元的價格，出售給由寶源投資安排組成的銀團 Kincross 和滙豐集團旗下一間全資附屬公司

151　思聰：〈大酒店控制權「攻防戰」〉，《信報財經月刊》，第 13 卷第 3 期，第 36 頁。

TKM（Far East）Ltd.。[152] 嘉道理家族為了避免要向其他小股東提出全面
收購，並沒有直接從劉氏處購回其所持有的大酒店三成半股權，而是通
過銀團進行國際性配售，將這批股份的相當部分售給機構投資者。嘉道
理家族對大酒店的控制權仍然不穩。這種脆弱的控制權，一年後再受到
另一「股壇狙擊手」羅旭瑞的挑戰。

　　1988 年 10 月，羅旭瑞透過旗下上市公司國泰城市，向大酒店提
出「蛇吞象」式的全面收購。面對挑戰，嘉道理家族立即作出反擊，
宣佈以每股 5.8 港元價格，向獨立第三者購入 2,333 萬股大酒店，使其
所持大酒店股份，由 34.9% 增至 37.2%。由於持股量已超逾收購及合併
守則規定的 35% 的收購觸發點，嘉道理家族依例向其他股東提出全面
收購。[153] 結果，逼使羅旭瑞將所持大酒店股份售予嘉道理家族，嘉道理
家族所持大酒店股份增至 68.8%，涉及資金達 19 億港元。兩度被狙擊
後，嘉道理家族認識到控制股權的重要性。大酒店主席米高·嘉道理表
示，嘉道理家族未來在大酒店所持有的股權，肯定會超過 50%，以確保
控制權。1993 年，羅蘭士·嘉道理勳爵逝世，享年 94 歲。

▌ 嘉道理的香港情結與國際化策略

　　二十世紀 90 年代中後期，隨着中華電力投資領域不斷擴大，集
團決定重組組織架構，於 1998 年成立控股公司 —— 中電控股（CLP
Holdings Limited），並將集團資產注入該公司。由中電控股份別全資持
有中華電力、香港核電投資，以及中電在中國內地和海外的投資項目
等，主要經營發電、輸電及配電等業務（圖 1-22）。中華電力則持有
青山電力 40% 股權及香港抽水蓄能發展有限公司 49% 股權（另 51% 股

---

152 方元：〈嘉道理家族慘勝，劉鑾雄出讓大酒店將獲厚利〉，齊以正等著：《大財團盛衰》，
　　南北極月刊出版，1990 年，第 82 頁。

153 方元：〈替國泰城市收購大酒店算算賬〉，《財富月刊》，1988 年 11 月 3 日，第 9-12 頁。

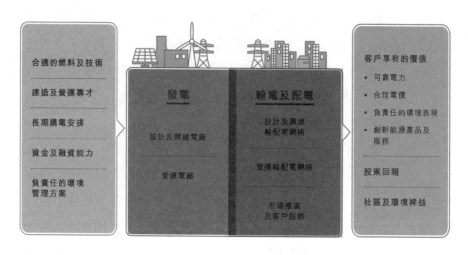

圖 1-22　中電控股的業務運營模式
資料來源：《中電控股有限公司 2017 年報》，第 4 頁。

權由埃克森美孚能源持有）；香港核電投資則持有大亞灣核電合營公司
29% 的股權。

　　回歸初期，中電控股最主要的建設項目是龍鼓灘發電廠的興建。
龍鼓灘發電廠位於香港新界西端屯門爛角咀湧浪，青山發電廠以北 4 公
里，佔地 46 公頃，是一座 2,500 兆瓦的聯合循環發電廠。這是香港第
一座燃用天然氣的電廠（並配備後備燃油裝置），也是世界上最大的聯
合循環電廠之一，僅次於日本東京電力公司所屬的橫濱電廠（2,800 兆
瓦）。龍鼓灘發電廠共有 9 台燃氣渦輪機組，設計及設備供貨由 GEC-
Al sthom 與 GE（U. S.）國際財團提供。其中，GE 公司負責技術及有關
業務的協調工作。1996 年，龍鼓灘發電廠第一台發電機組投入營運，
原計劃將於 2000 年前全部投產完成。不過，由於遇上 1997 年亞洲金融
危機衝擊，有關工程延遲至 2022 年，總發電量 3,225 兆瓦。龍鼓灘發
電廠所需天然氣，由西氣東輸二線和海南島附近的崖城氣田供應，天然
氣加工後，經過長達 780 公里的海底氣管直接輸送至龍鼓灘發電廠。除
了使用天然氣發電外，發電廠亦可以燃油發電。龍鼓灘發電廠的投產啟
用，令中電的發電能力種類從煤、燃油、核能、水力擴展到天然氣等多

種能源，進一步減少碳排放量。

2007 年，中電發表《氣候願景 2050》，宣佈減排目標，爭取於 2050 年底前把集團發電組合的二氧化碳排放強度減少約 75% 至每度電 0.2 千克。2009 年，中電躋身道瓊斯全球指數及道瓊斯可持續發展指數。2011 年，香港特首在施政報告中提出「起動九龍東」計劃，有意把九龍東開拓成另一個核心商業區。為配合九龍東未來發展，中電制訂長遠策略及規劃，內容包括在未來 15 年在該區興建 7 個變電站，以提供 700 兆伏安電力（相等於 2011 年尖沙咀及馬鞍山兩區用電量之總和），以支持啟德發展區的建設，觀塘、黃大仙及九龍城等多個舊區重建項目。[154]

2013 年 11 月 19 日，為力進一步加強與中國方面的關係，中電控股宣佈旗下全資附屬公司中華電力，與南方電網、埃克森美孚能源達成一項收購協議，中華電力將與中國南方電網公司的全資附屬公司 —— 南方電網國際（香港）有限公司，共同收購埃克森美孚能源所持有的青山發電有限公司 60% 股權。中電與南方電網各自收購一半權益（30%），作價分別為 120 億港元。此外，中華電力與埃克森美孚能源再達成另一項協議，將單獨收購由埃克森美孚能源所持有的香港抽水蓄能發展有限公司的 51% 權益，作價為現金 20 億港元。交易完成後，中華電力持有青電 70% 股權，及香港抽水蓄能發展 100% 權益；而南方電網香港則持有青電 30% 股權，全部交易於 2014 年完成。[155] 至此，埃克森美孚能源完全退出香港的電力投資項目，由中資的南方電網取而代之。

2017 年 4 月，中電與香港政府簽訂了新管制計劃協議，新協議於 2018 年 10 月起生效，至 2033 年 12 月屆滿。截至 2019 年底，中電控股

---

154 〈中電發展九龍東電力基建，為起動九龍東及啟德發展區提供源源不絕的電力〉（中電新聞稿），2011 年 11 月 30 日。

155 〈中電宣佈收購青電額外之 30% 權益及收購港蓄發剩餘之 51% 權益〉（中電新聞稿），2013 年 11 月 29 日。

透過與南方電網合組公司青山發電，營運青山發電廠、龍鼓灘發電廠和
竹篙灣發電廠，以及在新界西堆填區發展沼氣發電項目，總發電裝機
容量為 7,568 兆瓦；中電同時從廣東大亞灣核電站輸電到香港，並營運
總長 16,000 公里的輸配電網絡線路及總變電站和副變電站超過 15,000
個，為九龍、新界和大部分離島地區約 264 萬客戶（超過香港八成人
口）提供電力服務，可靠度超過 99.999%。為確保香港獲得更多潔淨和
具成本競爭力的能源，中電與大亞灣核電站達成新協定，於 2014 年底
至 2023 年間，將輸港核電由佔核電站總輸出量的 70% 提升至約 80%。

這一時期，中電控股除了加強在香港的發展之外，更積極推進國
際化策略，拓展中國內地，特別是亞太區市場。早在 1979 年，中電已
踏足內地的電力市場，為廣東省提供電力；1985 年起參與投資深圳大
亞灣核電站。回歸後，中電加大對內地的投資力度，積極參與發展、建
設及營運燃煤、核能、水力、風力及太陽能等多個發電項目。在燃煤發
電領域，中電於 1998 年首次在內地投資燃煤發電項目，包括廣西方防
城港一、二期電廠（70%）、山東聊城一期電廠（29.4%）、山東石橫電
廠一、二期（29.4%）、菏澤電廠二期（29.4%）、河北省三河電廠一二
期（30%）、天津盤山電廠（30%）、遼寧省綏中一、二期電廠（30%）、
內蒙古準格爾電廠二、三期（30%）、陝西神木電廠（30%）等（圖
1-23）。2017 年 12 月，中電完成收購陽江核電有限公司 17% 股權，該
核電站設有 6 台發電機組，其中 4 台已投入商業運行，另外兩台仍在施
工中。截至 2019 年底，中電在全國 15 個省、直轄市和自治區共擁有超
過 50 個電力項目，總發電裝機容量 8,900 兆瓦。

與此同時，中電亦積極拓展印度、澳洲、東南亞及台灣等地區的
能源市場。在印度，中電早於 2002 年開始進入印度市場，當年透過旗
下中電印度（CLP India）收購了 Paguthan Combined Cycle Power Plant
多數權益。2008 年 7 月，中電成功投得印度哈里亞納邦（Haryana）一
個 1,320 兆瓦燃煤發電項目的建造和營運權。時至今日，中電在印度市
場已建立起多元化發電組合，涵蓋風力、太陽能、天燃氣和燃煤。截至

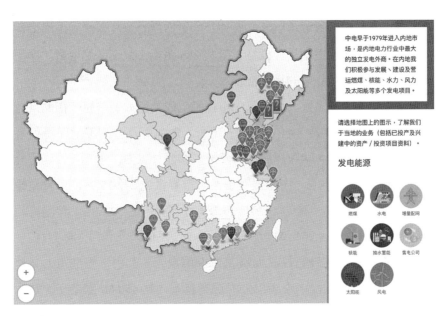

圖 1-23　中電控股在中國內地的投資佈局
資料來源：中電控股有限公司官網

2019 年底，中電在印度擁有的總發電容量達 1,842 兆瓦。中電不單成為印度電力行業中最大的投資外商之一，也是當地其中一間最大的可再生能源發展商。

　　在澳洲市場，2001 年，中電收購雅洛恩能源大部分權益，首度涉足澳洲電力市場。2005 年，中電收購 TXU Merchant Energy，成為澳洲第五大能源零售公司，並改名為 TRUenergy。2010 年 12 月，中電宣佈透過旗下 TRUenergy 與新南威爾斯省政府達成合作協議，投資 20.35 億澳元（155.95 億港元），收購由省政府持有的 Energy Australia 的燃氣和電力零售業務、Delta Western 售電權合約、以及位於 Marulan 及 Mount Piper 的發展用地。2012 年，中電將原新南威爾斯省的 Energy Australia 與原維多利亞省的 TRUenergy 統一整合為全國品牌 Energy Australia，使其成為澳洲規模最大的綜合能源公司之一。截至 2019 年底，Energy Australia 淨容量及長期購電協議下的容量達到 5,330 兆瓦，為在維多利亞省、南澳省、新南威爾斯、澳洲首都領地及昆士蘭省的約 247 萬用

戶，提供電力和燃氣零售服務。此外，中電亦投資位於台灣的燃煤項目以及泰國的太陽能電廠，淨權益容量共 285 兆瓦，並正發掘台灣、泰國及越南可再生能源發電的投資機會。

經過 120 年的發展，目前，中電控股已成為亞太區首屈一指的電力巨頭，為香港、中國內地、印度、澳洲、東南亞及台灣等地區提供多種組合的能源服務，涵蓋煤炭、天然氣、核能、風力、水力及太陽能發電等。截至 2019 年底，中電擁有權益發電容量達 24,015 兆瓦，發電輸出量 88,573 百萬度，其中，香港 34,284 百萬度，佔 38.71%；共服務約 511 萬個客戶，包括 264 萬個香港客戶及 247 萬個澳洲客戶（圖 1-24）。2019 年度，中電控股經營收入為 856.89 億港元，其中，香港電力業務收入為 400.25 億港元，香港以外能源業務收入為 450.88 億港元，其他收入 5.76 億港元。中電當年營運盈利為 111.21 億港元，其中，香港電力及相關業務盈利為 76.59 億港元，佔 68.87%；中國內地 22.77 億港元，佔 20.47%；印度 2.63 億港元，佔 2.36%；澳洲 15.66 億港元，佔 14.08%，東南亞及台灣 3.35 億港元，佔 3.01%；其他虧損 9.79 億港元（表 1-13、表 1-14）。換言之，香港仍然是集團的主要盈利中心。

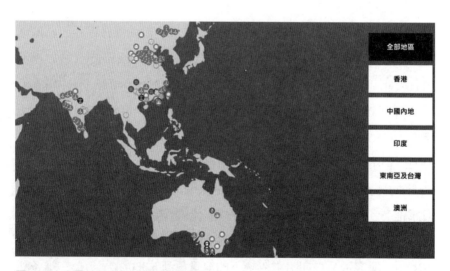

圖 1-24　中電控股在亞太區的資產與業務
資料來源：中電控股有限公司官網

表 1-13　2011-2021 年度中電控股業務發展概況

單位：億港元

年度		2011年	2013年	2015年	2016年	2017年	2018年	2019年	2020年	2021年
收入	香港電力業務	315.18	338.40	384.88	376.15	394.85	408.72	400.25	413.25	443.11
	香港以外能源業務	599.06	703.52	417.57	414.59	521.01	497.93	450.88	376.87	389.41
	其他	2.10	3.38	4.55	3.60	4.87	7.60	5.76	5.78	7.07
	總額	916.34	1045.30	807.00	794.34	920.73	914.25	856.89	795.50	839.59
營運盈利	香港電力及相關業務	63.39	70.91	84.66	88.43	91.98	87.85	76.59	80.88	84.90
	中國內地	——	21.31	19.77	15.21	12.38	21.63	22.77	22.33	16.60
	印度	——	1.84	6.14	4.69	6.47	5.72	2.63	1.75	2.21
	澳洲	-1.92	1.26	8.36	18.49	27.38	33.02	15.66	16.90	-0.83
	東南亞及台灣	——	2.41	3.12	2.74	1.60	1.62	3.35	3.86	1.73
	其他	31.41	-4.66	-6.86	-6.22	-6.74	-10.02	-9.79	-9.95	-9.44
	總額	92.88	93.07	115.19	123.34	133.07	139.82	111.21	115.77	95.17

資料來源：《中電控股有限公司年報》，2011-2021 年

表 1-14　2017-2023 年中電控股市值變化

單位：億港元

	2017 年底	2018 年底	2019 年底	2020 年底	2021 年底	2022 年 7 月底	2023 年 1 月底
中電控股	2019.90	2235.91	2069.16	1811.47	1989.60	1679.79	1470.13

資料來源：《香港交易所市場資料》，2017-2021 年，東方財富網站

　　回歸以後，嘉道理旗下另一家上市公司香港大酒店，在繼續鞏固香港業務的同時，積極致力於拓展中國內地和海外市場。為了拓展境外業務，香港大酒店於 1991 年改組為集團控股公司，旗下的 HSH Holdings Limited 持有集團的香港附屬公司，Peninsula International

Limited 則持有海外資產。[156] 在中國內地，大酒店先後興建了北京王府半島酒店、上海半島酒店等高檔酒店（圖 1-25）。在海外市場，大酒店先後於 1998 年、2001 年及 2007 年建成泰國曼谷半島酒店、美國芝加哥半島酒店和東京半島酒店。2009 年 1 月，大酒店與卡塔爾地亞爾房地產投資公司（Qatari Diar Real Estate Investment Company）簽訂協議，收購該公司擁有的一座建築物約 20% 權益，其位於巴黎旅遊及商業心臟地帶著名商業大街 Avenue Kleber，並將其改建為巴黎半島酒店。2013 年，大酒店與 Grosvenor 宣佈組成合資公司的條款達成協議，雙方各佔一半權益，發展倫敦半島酒店。

經過 20 多年的拓展，截至 2019 年度，香港大酒店旗下共擁有已開業酒店 10 家，包括香港的半島酒店（擁有 100% 權益），中國內地的王府半島酒店（76.6%）和上海半島酒店（50%），亞洲區的馬尼拉半島酒店（77.4%）、曼谷半島酒店（50%）和東京半島酒店（100%），美國的紐約半島酒店（100%）、芝加哥半島酒店（100%）和比利華山半島酒店（20%），以及歐洲的巴黎半島酒店（20%）（圖 1-25）。此外，香港大酒店正籌建倫敦半島酒店（100%）、伊斯坦布爾半島酒店（50%）及仰光半島酒店（70%）。[157]

除酒店業務外，香港大酒店還經營商用物業投資、會所與服務等。其中，商用物業主要包括：香港淺水灣影灣園住宅及商場、半島辦公大樓、山頂凌霄閣、聖約翰大廈等；此外在法國巴黎持有辦公室及零售物業 21 avenue Kléber，（100%）、越南胡志明市商用物業 The Landmark 等；會所與服務包括：港島山頂纜車、半島會所管理及顧問服務、泰國鄉村俱樂部、美國加州翱園高爾夫球會（100%）、大班洗衣（100%）等。其中，山頂纜車是連接港島中環至太平山頂的電動纜車，成立於 1888 年，已有逾百年

156「我們的歷史」，香港上海大酒店有限公司官網。

157《香港上海大酒店有限公司 2017 年報》，第 8-9 頁。

圖 1-25　香港大酒店在全球的投資佈局
資料來源：《香港上海大酒店有限公司 2019 年報》，第 6 頁。

的悠久歷史，前後經歷了 5 代的發展。2021 年，該公司耗資 7.99 億港元對
山頂纜車展開大規模的翻新工程。2022 年 8 月 27 日，第六代山頂纜車正
式投入營運，從第五代的「酒紅色」升級為「復古綠色」，載客量從之前
的 120 人大幅增加至 210 人，同時優化了波浪地板、增加了車窗的寬度和
透明天窗，並擴建了中環纜車總站和山頂纜車總站。

　　2016 年，大酒店迎來公司創辦 150 周年紀念。大酒店主席米高・
嘉道理爵士致辭表示：「香港上海大酒店中外知名。時至今日，香港半
島酒店、山頂纜車、山頂凌霄閣及淺水灣影灣園，依然是香港最有代表
性的旅遊勝地及景點，而半島酒店集團業務亦已拓展至亞洲及美國，
最近更首度進軍歐洲市場。今年適逢公司成立百五周年之喜，正好提
醒大家勿忘香港的輝煌歷史，並期望與大家一起細味香港上海大酒店
的優秀傳統。」[158] 2019 年度，香港大酒店收入為 58.74 億港元，除稅前

---

158 〈香港上海大酒店有限公司舉行一系列精彩活動，慶祝成立 150 周年〉（香港大酒店新聞
　　稿），2016 年 11 月 25 日。

溢利 6.95 億港元，總資產 530.61 億港元。不過，受到全球新冠疫情影響，2020 年度及 2021 年度大酒店收入分別下降至 27.10 億港元及 34.61 億港元，除稅前虧損 19.49 億港元及 2.85 億港元（表 1-15）。集團主席米高·嘉道理表示：「我們集團正經歷有史以來最為艱困的時期，半島酒店仍能躋身全球備受推崇的豪華酒店品牌之列，全有賴各同事迎難而上、盡忠職守的敬業精神，本人確實與有榮焉。」[159]

表 1-15　2016-2021 年度香港大酒店經營概況

單位：億港元

年度	經營收入	除稅前溢利	總資產
2016 年度	56.31	7.52	458.70
2017 年度	57.82	13.20	485.20
2018 年度	62.14	13.99	517.24
2019 年度	58.74	6.95	530.61
2020 年度	27.10	-19.49	536.79
2021 年度	34.61	-2.82	556.85

資料來源：《香港上海大酒店有限公司年報》

▌ 嘉道理：以電力、酒店為主導的多元化大企業集團

目前，嘉道理家族財團以嘉道理父子有限公司（Sir Elly Kadoorie & Sons Ltd.）為控股公司，旗下經營業務以電力、酒店為主導，並涉足地產、地毯製造及銷售、農場、金融、直升機航空等多個行業，是香港歷史最悠久的家族企業財團之一。

在地產業，嘉道理置業有限公司負責管理嘉道理家族在香港擁有的商業及住宅物業組合。該組合包括著名的聖佐治大廈、嘉道理莊園（The Kadoorie Estate）、以及港島南部深水灣的 8 套豪華大宅、位於赫蘭道的 4 套洋房別墅及兩棟低密度住宅大樓。其中，聖佐治大廈位於港

---

159 《香港上海大酒店有限公司 2021 年報》，第 18 頁。

島中環核心地段，始建於 1904 年，其建築風格採用香港早期商界喜愛的愛德華時代巴羅克式（Edwardian Baroque architecture）。1928 年，艾利‧嘉道理爵士購入整幢聖佐治大廈。二次大戰後，香港出現急劇變化，轉口貿易不再是唯一的經濟命脈，反而由逐步發展的製造業及旅遊業，帶動經濟起飛，羅蘭士‧嘉道理兄弟於是決定重建聖佐治大廈。1969 年，樓高 275 呎的新聖佐治大廈（St George's Building）落成揭幕，其青銅色的鋁質幕牆設計更創當年香港摩天大廈的先河，名噪一時，被譽為「青銅巨塔」。目前，聖佐治大廈是嘉道理家族財團的總部所在地，並為香港及國際眾多知名企業提供據點，租客行業涵蓋金融服務、私人投資、家族財富管理，以至保險、律師事務等。

嘉道理莊園位於九龍旺角東北的嘉多利山。1931 年，嘉道理家族透過旗下創辦於 1922 年的香港建新營造有限公司（Hong Kong Engineering & Construction Co.）在公開拍賣中以 32.6 萬港元成功投得嘉多利山及亞皆老街地皮。嘉道理家族前後花了 40 年時間將它發展成享負盛名的高級豪宅區 —— 嘉道理莊園。嘉道理莊園沿九龍嘉道理道至布力架街而建。目前，嘉道理莊園由 85 幢洋房和一棟低層公寓樓聖佐治閣組成，這些獨立及相連洋房面積由 3,000 至 6,000 平方呎不等，每幢洋房均擁有私人花園，部分設有泳池，滲透了二十世紀 30 至 50 年代優雅細緻的建築特色，當中不少洋房採用包浩斯傳統建築風格（Bauhaus），其他則展示現代流綫風格（Streamlined Moderne）的設計元素。其中，聖佐治閣坐落加多利山頂端，合共 39 個舊香港西式風格的住宅單位，每個單位面積約 3,000 平方呎，月租超過 9 萬港元，私隱度十足。嘉道理莊園整個地段佔地約 8 公頃，毗鄰西九龍和中環等主要商業樞紐，被譽為「高速發展下的靜謐綠洲」。米高‧嘉道理爵士表示：「過去 90 年來，儘管香港急速發展為國際大都會，The Kadoorie Estate 依然是九龍核心地段的一片靜謐綠洲。時至今天，從未變改。嘉道理家族作為加多利山的其中一個開發者，為此感到相當自豪。」

嘉道理家族涉足的另一個行業是地毯製造及銷售。1956 年，羅蘭

士・嘉道理兄弟聯同多位商人共 7 位股東創建「太平地毯國際有限公司」，當時稱為「香港地毯國際有限公司」，是一家慈善企業，既為來自中國大陸的難民提供工作，又保護傳承中國的地毯製造技藝。1959年，太平地氈把大陸的工廠遷往新界大埔。1973 年，太平地毯曾在香港上市。時至今日，太平地毯已發展成國際化的行業領先品牌，總部設於香港，遍佈全球，紐約、香港、上海及巴黎均有開設旗艦店，並於美國、歐洲、亞洲及中東城市設有共 14 個展示廳。太平地毯的品牌定位即代表着精良的品質、卓越的設計，和一流的服務，專注於手織或傳統編織地氈，其以高端業務分部為目標，包括豪宅、私人遊艇及飛機、精品店以及公司辦公室、豪華酒店及渡假勝地的貴賓區，在業界獲得「中國第一奢侈品牌」的美譽。米高・嘉道理家族持有公司 36.607% 股權。[160]

　　嘉道理家族經營的另一項慈善事業是嘉道理農場。二十世紀 40 年代後期，內地大量難民湧入香港，糧食短缺。1951 年 9 月 28 日，賀理士兄弟聯同胡禮、胡挺生等，攜手創立嘉道理農業輔助會（KAAA）。1956 年，嘉道理農業輔助會在白牛石創立嘉道理農場，發展實驗性農場，提供可持續發展的農業、免息貸款及飼養家禽的訓練。據資料顯示，接受嘉道理農業輔助會幫助的人數超過 30 萬，當中有不少成功個案。隨後，農業發展息微，該農場於 1995 年改組為公共機構 ——「嘉道理農場暨植物園」（Kadoorie Farm and Botanic Garden），轉型為一個非牟利自然保育及教育中心，但營運經費仍來自嘉道理家族。香港回歸後，嘉道理農場暨植物園更將保育工作推展至國內，相繼啟動了華南生物多樣性保護項目，在廣東、廣西和海南三省進行實地科研調查、自然保護區能力建設、培訓青年生物學家等工作，並對小環境教育和社區發展項目提供支持。

160《太平地氈國際有限公司 2021/22 年年報》，第 61 頁。

此外，嘉道理家族還於 1997 年成立嘉道理基金會（Kadoorie Charitable Foundation），從事慈善活動；於 2007 年創立私人檔案館「香港社會發展回顧項目」（The Hong Kong Heritage Project），以保育香港歷史和推廣傳統文化意識為目標，該項目檔案庫收藏了中電、香港上海大酒店及其他嘉道理業務的歷史資料，以及有關戰後香港社會和經濟發展的口述歷史。[161]

2013 年 12 月，72 歲的米高·嘉道理在接受《南華早報》記者採訪時表示，正準備將接力棒傳給家族中的下一代。米高·嘉道理育有兩個女兒一個男孩，分別是娜特莉、貝蒂娜和弟弟斐歷。兒子斐歷·嘉道理（Philip Kadoorie）畢業於波士頓大學，曾在倫敦多家商業地產公司和施羅德集團實習，學成返港後進入香港中電集團。2017 年出任香港大酒店董事局董事，2018 年來出任中電控股非執行董事及嘉道理父子有限公司董事。[162] 米高·嘉道理表示：「他們已經清楚，自己享有特權的同時需要履行責任。」

第七節　英之傑財團

▎英之傑的創辦與早期發展

在香港的英資洋行中，英之傑集團屬後起之秀，進入香港的時間較晚。然而，香港英之傑旗下的業務由最初的成員公司天祥洋行、仁記洋行、太平洋行等演變而成，它們和怡和、太古一樣，均是香港歷史悠久的老牌洋行。

英之傑集團的發展最早可追溯到 1847 年英國兩位商人威廉·麥

161 香港社會發展回顧項目「關於我們」，參見香港社會發展回顧項目官網。
162《香港上海大酒店有限公司 2019 年報》，第 103 頁。

金農（William Mackinnon）和羅伯特・麥肯齊（Robert Mackenzie）在印度加爾各答組建一家綜合商業合夥公司 —— 麥金農・麥肯齊公司（Mackinnon Mackenzie & Company，簡稱 MMC）。[163] 英之傑集團的奠基人是 1852 年出生的蘇格蘭人麥基（James Lyle Mackey）。1874 年，一個偶然的機會麥基被派入 MMC 在印度加爾各答的辦事處工作。1878 年，麥基因為表現出色，成為公司合夥人，並在 1893 年麥金農去世後成為 MMC 的繼承人。1911 年，麥基被封為英之傑男爵（Baron Inchcape），1929 年再獲頒英之傑伯爵（The Earl of Inchcape），在英國政壇頗有影響。[164]

1932 年，麥基伯爵逝世，他的兒子英之傑伯爵第二代 Kenneth 接管了家族的業務。到 1939 年第二次世界大戰爆發前，英之傑集團的前組成部分在海外都佔據重要地位：MMC 公司作為著名的英印度蒸汽航海公司（BI）在加爾各答、Colombo、新加坡、香港、日本和中國的代理商業績顯著；Macneil 和 Barry 公司在印度的船運、製造和茶葉方面很有名氣；Binny's 公司是重要的棉花和羊毛紡織廠。二戰期間，組成英之傑集團的公司部分雖然受到打擊，但總體而言仍然獲得發展。

1948 年，年僅 27 歲的英之傑伯爵第三代在二戰結束後回到英國，並取得了對 MMC 的控制權。1958 年 8 月，英之傑伯爵第三代在倫敦成立「英之傑集團控股有限公司」（Inchcape & Company Ltd .），對集團進行業務重組。同年 10 月 30 日，英之傑集團控股在倫敦證券交易所上市。自此，英之傑集團獲得快速的發展。[165] 從 1967 年起，英之傑相繼併購了婆羅洲公司（Borneo Company）、英泰聯合公司（Anglo-Thai Corporation）、班陶氏集團（Bain Daws Group Ltd.）等，勢力日益膨脹。

---

163 Inchcape, *Our History*, 參見英之傑集團官網。

164 Inchcape, *Our History*.

165 Inchcape, *Our History*.

1981 年，英之傑組成 Inchcape PLC。

▌ 60-70 年代英之傑在香港的發展

二十世紀 60 年代後期，英之傑集團開始進入香港。它透過英之傑（香港）有限公司展開連串收購活動，首先收購了仁記洋行（Gibb Livingston & Co., Ltd.）。仁記洋行是香港歷史最悠久的貿易商行之一，1835 年（或 1836 年）在廣州創辦，十九世紀 40 年代擴展至香港。其後，仁記洋行將業務重心轉移到上海，以上海為總部經營絲綢、茶葉及雜貨進出口貿易，並代理歐美輪船、保險業務。1920 年，仁記洋行改組為有限責任公司，按香港公司註冊章程註冊。[166] 不過，二戰後，該洋行撤回香港，經營業務逐漸下滑，影響日漸下降。

1969 年，英之傑再收購太平洋行（Gilman & Co., Ltd.）。太平洋行由英商機利文（R. J. Gilman）於 1841 年（或 1842 年）在廣州創辦。該公司在十九世紀 60 年代發展成為香港一家著名的貿易商行。1916 年前後，太平洋行改組為有限責任公司，主要進口歐美澳臥車、輪胎、汽車零件、甜酒、烈酒、無花果糖漿、可哥、巧克力、鞋油、火腿、熏肉、無線電機、藥品、化學品、機器工具及體育用品等，出口雜貨及其他中國產品，並代理歐美航運、保險等業務。[167] 不過，二十世紀 50 年代以後，太平洋行的業務發展並不理想。最初，有意收購太平洋行的是香港公司黃埔船塢，但太平洋行不願被香港公司收購。當時，英之傑在國際間頗有名氣，它計劃在香港發展，結果太平洋行成為英之傑的附屬機構。[168]

1972 年，英之傑收購總部設於英國倫敦的天祥洋行，並接管了該

---

166 黃光域：〈近世百大洋行志〉，中國社會科學院近代史研究所編：《近代史資料》，總 81 期，北京：中國社會科學出版社，1992 年，第 11-12 頁。

167 黃光域：〈近世百大洋行志〉，第 9 頁。

168 Stephanie Jones, *Two Centuries of Overseas Trading: The Origins and Growth of the Inchcape Group*, The Macmillan Press Ltd. , 1986, pp. 273-274.

洋行在香港的全部業務。天祥洋行（Dodwell & Co., Ltd.）的歷史最早可追溯到 1858 年英國柴郡絲織生產商亞當遜（W. R. Adamson）和貝爾（F. H. Bell）在中國上海創辦的 R. Adamson, Bell & Co.。1872 年，W. R. Adamson 任命船務秘書 G. B. Dodwell 負責其英國的運輸業務，因表現出色在 1877 年成為公司合夥人。1891 年，亞當遜退休，而 G. B. Dodwell 認為接受 W. R. Adamson 公司的商標、經營保險、收取船運傭金和其他業務有利可圖，於是收購該公司，並在此基礎上成立了一家新公司 —— 天祥洋行（Dodwell Carlill & Co.），繼續經營茶葉貿易和船運代理。[169] 1899 年，天祥洋行改組為有限責任公司，英文名改為 Dodwell & Co. Ltd.。

天祥洋行的總部設在英國倫敦，一次大戰爆發前，其辦事處已遍設全球各地，包括香港、中國內地上海、漢口、福州、廣州、天津、重慶，以及日本橫濱、神戶、東京，美國紐約、舊金山、洛杉磯、西雅圖等地。二次大戰爆發初期，幾乎所有的遠東貿易公司都遭到沉重打擊，但天祥透過它在倫敦、哥倫比亞、紐約的分支機構繼續發展。1949 年，天祥撤出中國大陸。為了彌補業務的損失，它加強了在澳洲、東非及印度等市場的發展。到 1972 年英之傑收購天祥時，遇到的主要困難是，該公司並沒有上市，公司章程也對總股本 60% 的股份出售有限制，這些股票主要控制在 Dodwell 家族及公司主要僱員手上。天祥起初對公司在北美的投資很有信心，不願意被收購，但其經營並不成功，最終被迫同意英之傑的收購。此外，天祥董事長 J. H. Hamn 與英之傑領導層關係良好，也使得收購變得簡單。當時，天祥洋行旗下擁有眾多企業，包括天祥貿易公司、天祥精品公司、天祥國際採購公司及天祥香港採購公司

---

169 Andrew Liardet, *Dodwell & Company Limited, March 1994*, p. 1.

等等。[170]

　　英之傑在香港迅速崛起後，即集中發展香港的汽車代理、採購貿易及市場拓展等業務。收購太平洋行後，英之傑即結束該洋行屬下的太平製衣廠，改組成立「太平汽車貿易有限公司」，經銷汽車及汽車零配件。1970 年又收購香港天祥汽車公司，並與在香港的附屬公司新英華汽車公司合併，組成「新英華天祥汽車有限公司」。當時，集團屬下的新英華天祥汽車公司、皇冠車行和發得利車行，分別取得勞斯萊斯、利蘭、豐田以及萬事達等牌子汽車的香港代理權。其中，皇冠車行代理的豐田汽車，在香港市場佔有不錯的市場份額。

　　1972 年，英之傑為了加強對在港業務的管理，在香港成立「英之傑遠東有限公司」（Inchcape Far East Ltd.），作為集團在遠東的投資總部。1977 年，英之傑（香港）有限公司以 9,000 萬港元購入灣仔伊利沙伯大廈部分樓層，作為該集團的香港總部所在地，旗下附屬公司除香港天祥洋行為方便聯繫客戶仍設在尖沙咀外，其餘全部遷入伊利沙伯大廈以加強管理。到 70 年代末，英之傑成為香港僅次於英資四大行的大型貿易商行，其附屬及聯營公司達 30 多家。其中，英之傑（香港）有限公司、英之傑遠東有限公司、英之傑財務有限公司、英之傑企業有限公司、天祥洋行、太平洋行、仁記洋行、皇冠車行等 8 家主要附屬公司均直接隸屬英國總公司，其餘的則是這 8 家公司的附屬及聯營公司。

　　當時，英之傑在香港經營的業務，主要包括投資控股、進出口貿易、汽車經銷、財務、保險、船務、廣告，以及風帆、地氈製造等。[171]其中，從事投資控股的主要有英之傑遠東、英之傑（香港）、香港天祥洋行等；從事進出口貿易的主要有太平洋行、天祥貿易有限公司、天祥

---

170 馮邦彥：《百年利豐：從傳統商號到現代跨國集團》，香港：三聯書店（香港）有限公司，2006 年，第 184 頁。

171 馮邦彥：《百年利豐：從傳統商號到現代跨國集團》，第 185 頁。

精品有限公司、天祥國際採購有限公司、仁記洋行等；從事汽車經銷的主要有英之傑企業、太平汽車有限公司、新英華汽車有限公司、皇冠車行、發達車行、易得工程有限公司等；從事保險、財務、金融的主要有英之傑財務、英皇財務有限公司等；從事船務的有太平船務有限公司、天祥船務有限公司等。

▌ 過渡時期：組建「英之傑太平洋」

英之傑集團與其他英資洋行一樣，從十九世紀開始便在英國殖民地從事貿易、航運，乃至農園、採礦等業務，但到二十世紀這個歷史優勢開始褪色。到二十世紀 80 年代，英之傑集團由於業務範圍過分膨脹，逐漸失去戰略重心，總公司對旗下成員公司日漸失去控制力，部分企業更因經營不善而出現嚴重虧損，導致集團業績下跌。英之傑在香港的情況亦一樣，各家公司各自有主席、董事局、管理層，由於業務過度分散，有時甚至出現重迭、互相競爭等問題，陷入欠缺總體部署的局面。[172]

1983 年，英之傑集團主席英之傑伯爵第三代宣佈退休，新管理層針對英之傑「無戰略目標」經營的弱點，制定了一系列發展戰略，其中重要一項就是將目標瞄準「太平洋世紀」，以「向西歐市場供應亞洲商品」、「擴大中國、中南美的事業」為市場策略，並設立了兩項主要的業務發展方向——專業銷售及專業服務。前者主要採取現代銷售方法打入傳統貿易、零售市場，後者則從已有的保險、海運、港灣服務等拓展到綜合運輸服務和諮詢服務。[173]

1987 年 1 月，為配合集團的戰略轉變，英之傑在香港進行結構和

---

172 Stephanie Jones, *Two Centuries of Overseas Trading: The Origins and Growth of the Inchcape Group*, p.255.

173 陳沛敏：〈香港最後一間大行英之傑〉，《資本》，1993 年 7 月號，第 56-59 頁。

業務重組，將英之傑（香港）、天祥洋行、太平洋行及仁記洋行等合併，組成「英之傑太平洋有限公司」（Inchcape Pacific Limited），作為該集團在香港的地區總部和控股公司，並於 1993 年轉用新集團徽號，旗下公司及各業務單位均冠以「英之傑」名稱。踏入 90 年代，英之傑太平洋發展成為香港最大的貿易商行之一，作為英之傑集團的附屬機構，英之傑太平洋負責該集團在香港、中國內地、台灣、澳門、菲律賓、越南、老撾及柬埔寨等地區的業務，主要經營三大核心業務，包括汽車銷售、市場拓展，以及商業服務等，員工多達約 8,000 人（圖 1-26）。[174]

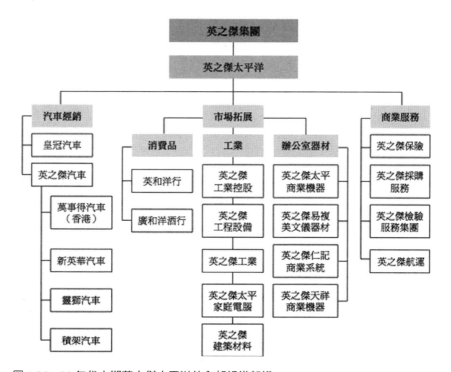

圖 1-26　90 年代中期英之傑太平洋的內部組織架構
資料來源：陳沛敏：《香港最後一間大行英之傑》，《資本》，1993 年 7 月，第 80-81 頁。

---

174 郭大源：〈英之傑太平洋業務多元化〉，《經濟周刊》，1992 年 9 月 9 日，第 32 頁。

在汽車經銷方面，英之傑太平洋作為香港首屈一指的汽車分銷商，旗下擁有皇冠汽車、英之傑汽車、萬事得汽車（香港）、新英華汽車、靈獅汽車、積架汽車等公司，分別代理豐田、萬事得（內地稱「馬自達」）、Aston Martin、賓利、俊朗、積架（內地稱「捷豹」）、凌志、蓮花、標致、勞斯萊斯、路華、越野路華等多種牌子的汽車銷售，商用車輛則有豐田的士、輕型貨車及小巴，萬事得的輕型貨車，及日野貨車等，所經銷的汽車約佔香港汽車市場的四成。[175]

在市場拓展業務方面，1989 年，英之傑太平洋成功向和記黃埔收購其兩間附屬公司 —— 和記洋行及和寶工程。英之傑太平洋收購這兩家公司後，集團經銷產品總類大幅增加，代理經銷的日常用品、醫療藥品、個人護理用品、體育用品、名牌消閒用品及耐用品等，超過 230 種品牌，同時還為 30 位委託商代理各類世界名酒。英之傑太平洋是當時香港超級市場的最大供應商，以及最大廣告商之一。此外，英之傑太平洋還是香港主要的辦公室器材 —— 尤其是影印機和傳真機，以及各類工業和工程產品、建築材料的經銷商。這一時期，英之傑太平洋的經銷代理業務已超過怡和、太古等老牌洋行。[176]

英之傑的商業服務涵蓋採購貿易、保險、檢驗、航運等多個領域。在採購貿易領域，英之傑採購服務是香港最大的採購貿易公司，其核心是天祥洋行，天祥洋行於 1976 年被分拆，在香港及日本的業務被併入英之傑採購服務，在加拿大、肯尼亞、巴拿馬等地業務則被併入英之傑航運服務（Inchcape Shipping Services）。在保險領域，英之傑保險是香港最大的保險中介機構之一，它提供的保險顧問服務遍及香港各個行業，包括建築、航運、製造及珠寶商行，它還為世界多家知名的保險

---

175 英之傑宣傳冊：《英之傑太平洋：亞太地區，實力雄厚，致力發展》，1995 年 5 月，第 1頁。

176 陳沛敏：〈香港最後一間大行英之傑〉，第 59 頁。

公司擔任代理。英之傑太平洋還為香港各類出口產品，從玩具、電子產品、紡織品到成衣等，提供品質測試及安全檢定服務，其在香港的檢驗設備屬亞洲一流水準。此外，英之傑航運還是全球最大的獨立航運服務代理機構之一，香港是英之傑航運服務全球網絡的樞紐。

1992 年，鄭明訓取代返英任職的麥嘉卓（Charles Mackey）出任英之傑太平洋董事局主席，成為該公司首位華人大班。鄭明訓上任後，進一步銳意加強該集團在中國內地的發展。[177] 為此，英之傑太平洋以香港為基地，基於「一個國家，多個市場」的策略，兵分三路進軍內地市場，由深圳、廣州和香港向華南延伸，由上海、南京、杭州向華中及長江盆地發展，由北京、天津進軍華北及東北。到 90 年代中期，英之傑太平洋已在中國內地 20 多個城市，包括北京、上海、南京、廣州、深圳、成都、哈爾濱、瀋陽和大連等地設有辦事處，共有員工約 2,000 人，其經營的業務包括進出口及分銷汽車、辦公室器材、工業及工程產品、建築材料、健康護理產品、洋酒及各類消費品等。[178]

為了拓展中國內地業務，英之傑太平洋以國內為基地的業務組合不斷增長，先後成立了「陸海英之傑國際集裝箱有限公司」（1987 年）、「英之傑（上海）貿易有限公司」（1992 年）、「南京英之傑易複美文儀器有限公司」（1993 年）、「英之傑（南京）投資實業有限公司」和「南京英之傑發展有限公司」（1994 年），以及「英之傑發展有限公司」、「南京英之傑發展有限公司」、「南京香港長江有限公司」等。這一時期，英之傑太平洋已成為最積極拓展中國市場的英資集團之一。

---

177 郭大源：〈鄭明訓營商策略採用「大中國」概念〉，《經濟周刊》，1992 年 9 月 9 日，第 29 日。

178 英之傑宣傳冊：《英之傑太平洋：亞太地區，實力雄厚，致力發展》，第 2 頁。

▌戰略調整：剝離採購貿易、市場拓展等非核心業務

90 年代中期以後，英之傑集團展開業務調整，計劃逐步剝離集團非核心業務，包括經營採購貿易業務的「英之傑採購服務」（Inchcape Buying Services，簡稱 IBS）和經營品牌經銷（市場拓展）的「英和商務有限公司」（Inchape JDH Limited）等。1998 年，英之傑宣佈集團將轉向汽車專用業務。

英之傑採購服務是英之傑集團旗下在香港的採購貿易公司，成立於 1970 年，主要由天祥洋行、Resourc Tradin Ltd. 和天恩批發公司等組成，總部設於香港，核心業務來自 1972 年收購的天祥洋行，主要從事商品採購出口業務，在全球 17 個國家和地區共設有 20 個採購辦事處。當時，香港三大採購貿易公司中，排在前三位的，分別是英之傑旗下的英之傑採購服務、華商馮國經、馮國綸兄弟旗下的利豐公司（Li & Fung Limited），以及太古集團旗下的太古貿易有限公司。不過，到 90 年代中期，英之傑作為一家跨國企業集團，其核心業務是汽車經銷，採購服務只佔集團營業額的一個小部分。英之傑希望通過業務重整，集中資源鞏固及壯大其核心業務，而將非核心業務出售。

1995 年 7 月 1 日，英之傑與利豐公司達成收購協定，以不超過 4.5 億港元現金將 IBS 出售給利豐。利豐公司亦是一家有近百年歷史的貿易商行，創辦於 1906 年，創辦人為廣東商人馮柏燎。1989 年初，馮氏第三代馮國經、馮國綸兄弟將利豐私有化，重組為專業化的貿易公司，並於 1992 年重新上市。利豐上市後，為了擴大公司的採購網絡，決定展開收購兼併，並將目標指向其長期競爭對手 IBS，結果雙方一拍即合。交易完成後，利豐接管 IBS，包括擁有該公司的若干商標及標誌，主要是「Dodwell」（天祥）名稱和標誌的權利。[179] 1998 年，利豐再收購太古集團旗下的太古貿易有限公司（Swire & Maclaine Limited）和金巴莉

---

179 馮邦彥：《百年利豐：從傳統商號到現代跨國集團》，第 193 頁。

企業有限公司（Camberley Enterprises Limited），一躍而成為香港乃至全球最大的採購貿易集團。

二十世紀 90 年代後期，由於受到亞洲金融危機的影響，英之傑決定進一步收縮亞洲業務，再將部分非核心業務出售，包括旗下從事品牌經銷的「英之傑亞太區的市場拓展」（Asia-Inchcape Marketing Business，簡稱「IMAP」）。IMAP 的核心業務是英和商務，前身為具百年歷史的和記洋行。1979 年李嘉誠收購和記黃埔後，集團最早創辦的公司──和記洋行（即 John D. Hutchison & Co.），反而成為和黃的全資附屬公司。70 年代中期，和記洋行加強在食品、罐頭、午餐肉、豆類等各種消費品以及西藥品的代理業務，逐步發展成主要向超級市場提供貨源的貿易公司。這一時期，和記洋行與怡和、太古洛士利（Swire Loxley）齊名，成為香港經銷代理業務的龍頭企業。其中，和記以經銷代理日用消費品聞名。

80 年代後期，隨着和記黃埔的迅速擴張，和記洋行所經營的經銷代理業務成為集團非核心業務。當時，英之傑太平洋剛完成業務重組，將汽車經銷、市場拓展及商業服務列為集團發展的戰略重點。英之傑太平洋董事局主席麥嘉卓（Charles Mackay）有意收購和黃旗下的和記洋行及和寶工程。和記洋行長期從事消費品經銷代理業務，在香港根基牢固，並已建立龐大的經銷網絡。收購兩公司將有利加強英之傑的核心業務。1989 年 11 月，雙方達成協定，和黃將和記洋行及和寶工程售予英之傑，售價為 8.7 億港元。

英之傑太平洋收購和記洋行後，將該公司易名為「英和商務有限公司」（Inchcape JDH Limited），既顯示歷史的繼承性，亦反映其與集團的關係。英和商務隸屬英之傑商務拓展（香港）有限公司，與廣和洋酒行、太平洋行、英之傑工業控股等一起，負責集團的經銷業務。英和商務下轄四個小組，分別是消費品組、醫療藥品組、體育及消閒用品組、以及專門產品組，主要負責集團在香港、台灣及中國大陸等地區的產品經銷業務，為超過 250 個委託商代理各類消費品、藥劑及醫療用品、個

人健康護理用品、運動用品、以及消費耐用品等等。

　　1991 年初，英和商務在新界沙田興建的 13 層高大廈落成，建築成本超過 4.5 億港元。同年 9 月 10 日，英和商務將總部及倉庫從紅磡和記中心搬到沙田新廈，命名為「英和中心」（JDH Centre）。在英之傑時代，英和商務的業務取得不俗發展。全球著名的聯合餅乾、亨氏食品、Clorox、US Secure、Mickey & Co. 等跨國公司先後委任英和商務為其在香港、澳門和中國大陸的總代理。其中，亨氏食品以品質優良及種類繁多見稱，旗下產品多達 4000 多種。英和商務還在香港開設各類專門店，包括 K· Swiss 、LA Gear、Timberland、Bass 等鞋類專門店；Country Road 等時裝專門店，以及集多款名牌貨品於一店的 The Changing Room 等。90 年代初期，英和商務代理的 K· Swiss 牌子還鮮為人知，但三年後已發展成為香港三大最受歡迎的運動鞋牌子之一。[180]

　　在英之傑時代，英和商務僱傭的員工達到 6,000 人規模，擁有 8 家工廠、50 多個倉庫，所經銷的市場網絡覆蓋香港、台灣、中國內地，東南亞的汶萊、印尼、馬來西亞、菲律賓、泰國、新加坡，以及東北亞的韓國、日本等 11 個國家和地區，為全球跨國公司代理超過 900 個品牌，年營業額約 10 億美元，成為香港乃至亞太區最大經銷代理集團之一。英和商務後來成為英之傑集團亞太區市場推廣業務（Asia-Inchcape Marketing Business，簡稱「IMAP」）的核心部分。

　　二十世紀 90 年代，英之傑集團管理層判斷錯誤，在幾宗重要收購兼併中損失慘重，造成很大的財政壓力。其後，英之傑進入一個動盪時期，瀕瀕撤換高層主管，政策策略舉棋不定，全球業務逐步走下坡路，公司股價下跌。1998 年亞洲金融危機爆發後，英之傑對亞洲地區的生意受到衝擊，決定收縮業務，將經營集中在集團最核心的汽車經銷代理

---

180 "Inchcape Pacific" In Focus, February 1994, Vol.5, p. 19.

上。[181] 在這種背景下，英之傑將部分亞洲區非核心業務出售，其中包括
市場拓展業務的亞洲區生意。

　　這一時期，正值馮國經、馮國綸兄弟成立利豐經銷集團，計劃進
軍品牌經銷市場。利豐經銷乘英之傑收縮亞洲業務之機，於 1999 年
1 月與英之傑達成收購協定，以 2.51 新加坡元的價格，收購英之傑旗
下的新加坡上市公司「英之傑市場拓展」（Inchcape Marketing Services
Ltd.，簡稱「IMS」）及其全資附屬公司「英之傑集團亞太區市場推廣
業務」（IMAP）全部股權。該兩項業務的核心就是英和商務，業務覆
蓋亞太地區 9 個國家和地區，包括香港、中國內地、台灣、泰國、馬來
西亞、新加坡、印度尼西亞、菲律賓和汶萊等，擁有 40 個經銷中心及
先進企業資源管理系統和資訊網絡設施，聘用超過 6,000 名員工，其中
包括 1,800 多名市場專家和專業人士，為全球超過 300 家跨國公司提供
代理服務，將產品分銷到亞太區 20,000 個客戶中。[182] 英之傑行政總裁
Philip Cushing 表示：「我們相信，是項交易對公司股東有利，它充分考
慮了亞洲經濟復甦前的貿易環境以及重要的不確定因素。」至此，英之
傑退出亞太區市場拓展業務。

▎發展願景：「成為全球最值得信賴的汽車經銷商」

　　經過多年的戰略調整，目前，英之傑集團已轉型為一家在英國
倫敦上市的全球最大的獨立國際豪華汽車品牌零售商，其發展願景
是「成為全球最值得信賴的汽車經銷商」（To be the world's most trusted
automotive Distributor），秉承「顧客第一，永不止步」（Customer
first，Always ahead）的服務理念，經營汽車銷售，包括新車進口、分
銷、零售及翻新，以及為客戶和分銷商提供汽車借貸、保險及租賃財

---

181 Inchcape, *Our History*, 參見英之傑集團官網。

182 馮邦彥：《百年利豐：從傳統商號到現代跨國集團》，第 253 頁。

務服務等,涉及的市場遍及 36 個國家和地區,其中包括英國、希臘、比利時、澳洲、香港、新加坡、芬蘭及關島等,並積極擴展至發展迅速的中國內地及俄羅斯市場(圖 1-27)。英之傑在全球擁有超過 100 家經銷店,汽車廠合作夥伴超過 30 家,年銷售各類車輛 45 萬台,即平均每 72 秒就有 1 台車輛經英之傑售出,全球僱員達 1.5 萬名。

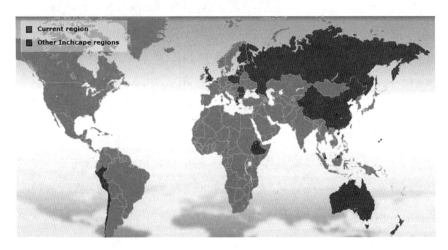

圖 1-27　英之傑集團的業務範圍
資料來源:英之傑集團官網

　　不過,在香港市場,英之傑於 1995 年及 1999 年先後出售旗下在香港經營的英之傑採購服務及英和商務後,在香港的發展轉趨低調,主要集中在汽車經銷、航運、保險、商業服務等行業。在汽車經銷方面,英之傑透過旗下的皇冠汽車有限公司、日豐車行有限公司、積架汽車(香港)公司、新宇汽車有限公司等,經銷各類品牌汽車。其中,皇冠汽車有限公司創立於 1966 年,代理的豐田(Toyota)、凌志(Lexus)、大發(Daihatsu)及日野(Hino)車系,包括私家車種類的小型汽車、豪華房車、轎跑車、油電混合引擎的環保汽車、四輪驅動汽車及多用途汽車等;商用汽車種類的工業用剷車、石油氣的士、公共小型巴士、輕型貨車、中型貨車及重型貨車等,為不同客戶提供多元化的選擇。此外,皇冠汽車亦提供租車、汽車保險及財務信貸等服務,在港島灣仔、北

角，九龍荔枝角、九龍灣，新界沙田、葵涌、荃灣、元朗，以及澳門等地設有陳列室或維修中心、零件中心及租車中心等。自二十世紀 70 年代起，皇冠汽車一直是香港規模最大的汽車經銷商，市場佔有率獨佔鰲頭。2021 年，皇冠汽車以「穿梭往來，連繫人心，五十五載」為題，慶賀公司成立 55 周年。皇冠汽車旗下的子公司日豐車行有限公司，創辦於 1979 年，1993 年由英之傑集團全資收購，是日本汽車品牌豐田、凌志及日野車系在澳門地區總代理。

2011 年 12 月，英之傑與世界頂級奢華品牌捷豹路虎（Jaguar Land Rover, JLR）在香港簽署戰略合作協定，正式獲授該品牌在香港的獨家銷售代理權。為此，英之傑新設立了捷豹路虎九龍服務中心和香港服務中心，並在銅鑼灣建立 4,000 平方呎的路虎城市展廳，以配合新車銷售和品牌發展需要。英之傑並計劃與捷豹路虎聯手，拓展中國內地市場。2015 年，英之傑與上汽大通集團達成合作，由英之傑旗下新成立的「新宇汽車有限公司」，引進大通 V80、G10，以及專供海外市場的 SV62 3.5 噸輕型貨車三款車型，成為上汽大通在港澳地區的代理商。2022 年 6 月，英之傑集團及旗下皇冠車行正式成為豐田認可日本進口中古車（T-Value）代理，是香港首個、也是唯一獲豐田官方認可的豐田日本進口中古車代理；同年 8 月，英之傑集團大中華區與內地長城汽車股份有限公司簽署代理協議，為港澳用家帶來一系列豐富的電動車選項。

第八節 大東電報／香港電訊財團

▋ 香港電話的創辦與大東電報局的發展

大東電報局與香港電訊財團的歷史，最早可追溯到香港電話公司的創辦和大東電報在香港的早期發展。

1877 年，即電話發明的翌年，電話服務已被引入香港。1882 年，第一部人工作業的電話交換機在香港島啟用。當時，香港的電話業務

由英國的東方電話及電力公司（Oriental Telephone and Electric Co. Ltd.）
經營，其後該公司改名為「中日電話及電力有限公司公司」（China and
Japan Telephone and Electric Co. Ltd.）。[183] 1886 年，該公司取得香港
政府發出的第一份正式特許權證，並敷設聯接港九的海底電話電纜。
1905 年，連接港九的海底電話電纜啟用，電話服務擴展至九龍地區。
1925 年 6 月 24 日，香港電話有限公司（Hong Kong Telephong Company
Limited，簡稱「香港電話」）在香港註冊成立，並收購中日電話及電力
公司及其全部業務。同年，香港政府頒佈電話條例，授予香港電話在香
港獨家經營電話業務的專利權，期限為 50 年。當時，香港已擁有電話
用戶 9,000 戶，電話機約 1 萬台。從二十世紀 30 年代起，香港電話開
始裝置電動自動化交換機樓，代替人工作業的電話交換機，並敷設香港
至廣州的第一條地下長途電話線，到 40 年代初，香港電話用戶已增至
2.5 萬戶。

　　1953 年，香港電話將電話服務擴展至新界地區，並推出國際專用
線路服務。1966 年，香港電話引進脈衝電碼調制設備以提高電話電纜
的使用效率，1970 年啟用首座半電子式設備機樓，1974 年又以微波線
路連接港島、九龍及新界的公共電話網絡，1976 年啟用港島灣仔的國
際電話服務中心，香港電話用戶可自行直撥長途電話。從 1950 年至
1970 年，香港的電話使用者從 2 萬戶增加至 47.3 萬戶，裝置的電話機
總數從 2.8 萬部增加至 53.8 萬部，20 年間分別增長 22.65 倍和 18.21 倍。

　　不過，70 年代中期，香港電話因經營不善，出現資金周轉困難。
1975 年，香港政府委出調查委員會對香港電話內部的行政結構、財政
措施等進行調查，制訂出一套新的監管計劃，包括監管香港電話的最高
利潤率、設立發展基金、委任官員參加其董事局等。其中，最高利潤率

---

183 電訊盈科「里程碑」，1877-1882 年，參見電訊盈科有限公司官網。

為公司股東權益的 16%，任何一年內除稅後利潤如超過最高利潤率，超逾利潤的 80% 必須撥入新設立的發展基金，其餘 20% 利潤撥入股東權益；如當年准許利潤少於除稅後利潤，其差額則由發展基金撥出補足。與此同時，港府再向香港電話發出市內電訊專營權牌照，從 1976 年 1 月 1 日至 1995 年 6 月 30 日，為期 19 年半。此後，香港電話逐步走上正軌。1977 年，香港電話開始採用「密特康特」（METACONTA）10C 系統機樓；1982 年再引進更先進的日本富士通公司的「發德士」（FETEX）150 型數字機樓；同時採用光導纖維中維電纜逐步取代傳統的銅質電話纜。

1983 年度，香港電話除稅後利潤為 4.033 億港元，比 1978 年度的 1.919 億港元，增長了 1.1 倍；總資產 35.75 億港元，比 1978 年增長了 1.07 倍。1984 年底，香港電話市值達 66.86 億港元，以市值計算在香港上市公司中居第 9 位。香港電話公司股東相當分散，沒有控股股東，1981 年 12 月，英資怡和集團旗下的置地公司對香港電話發動「拂曉突擊」，收購香港電話 34.1% 股權，成為公司大股東。

香港的國際電訊業務始於十九世紀中後期。1871 年，英商敷設了第一條從英國往東南亞到港島兩岸的海底電纜。[184] 兩年後，英國大東電報局的前身 —— 澳大利亞東方支線及中國電報公司（Eastern Extension Australasia & China Telegraph）在倫敦成立並接管該條電纜。[185] 1882 年，澳大利亞東方支線及中國電報公司與馬可尼屬下無線電報公司合併為「大東電報局」。1918 年第一次世界大戰結束，大英帝國領土佔地球四分之一面積，大東電報局成為帝國通訊中樞。1929 年，英國政府將英聯邦大部分電訊公司合併，組成「帝國國際通訊有限公司」（Imperial and International Communications Limited）。1934 年 6 月，該公司改組

---

184 電訊盈科「里程碑」，1871 年，參見電訊盈科有限公司官網。

185〈香港大東電報局發展史〉，《信報財經月刊》，第 7 卷第 2 期，第 64 頁。

為「大東電報局有限公司」（Cable and Wireless Limited，簡稱「大東電報」）。

　　1936 年，大東電報接管了在香港的全部國際電訊業務，獲香港政府頒發電訊專利牌照，成為壟斷香港國際電訊業務的專利機構。戰後，大東電報在香港的業務發展迅速。1948 年 11 月，大東電報接管了香港政府郵政局電訊部業務，包括廣播電台工程、啟德機場通訊設備安裝、天文台氣象通訊等等。1950 年，大東電報在灣仔興建水星大廈，作為其在香港的行政總部和國際電訊技術中心。1969 年，大東電報在港島赤柱架設衛星地面通訊站，並啟用兩座可隨意改變追蹤方向的 30 米碟形天線 —— 香港一號和香港二號，透過屬於國際電視衛星協會分別位於太平洋和印度洋上空的兩個電訊衛星與世界各地建立電訊聯繫。

　　隨着電訊業務的迅速發展，大東電報先後於 1973 年和 1975 年重建灣仔水星大廈及興建九龍國際電訊大廈。[186] 新水星大廈樓高 11 層，總面積 4.55 萬平方米，於 1973 年落成啟用，成為集團在香港的行政總部；九龍國際電訊大廈於 1981 年落成啟用，面積為 2.3 萬平方米，作為國際電視中心所在地。兩幢電訊大廈之間敷設了兩條光導纖維電纜作電訊聯繫，並設有專用電報轉接機、國際維修中心、國際轉接及測試中心等。70 年代，大東電報還在香港創辦了兩家經營非專利業務的附屬公司 —— 亞洲電腦有限公司（Asiadata Ltd.）和大東通訊系統有限公司（Cable and Wireless Systems Ltd.）。前者主要為大東在香港的客戶提供數據處理服務，大東佔 70% 股權；後者主要從事電訊工程的設計和管理、經銷專門電訊器材、數據設備及提供有關專業服務等。

　　1981 年 6 月，英國大東電報局改組，重新註冊為「大東電報局公共有限公司」（Cable and Wireless Public Ltd.），並在倫敦上市。重組

186〈香港大東電報局發展史〉，《信報財經月刊》，第 64 頁。

後的大東電報，其大股東是英國政府，擁有公司普通股 50% 股權加 1
股。根據公司章程，除英國政府外，任何人士或機構不得持有該公司
15% 或以上股權，公司的行政總裁須由英國公民擔任，以保證英國政府
對該公司的控制。當時，大東電報已成為全球最大電訊集團之一，在全
球 38 個國家和地區經營電訊業務，業務遍佈遠東、南太平洋、中東及
非洲等地，並一度成為世界第 5 大電訊公司。

同年 10 月 1 日，大東電報與香港政府合組「香港大東電報局有限
公司」（Cable and Wireless Hong Kong Ltd.，簡稱「香港大東」），大東
電報持有該公司 80% 股權，香港政府持有 20% 股權。[187] 香港大東接管
了英國大東電報集團在香港的全部資產和業務，包括經營國際電訊、安
裝雷達及航海儀器、啟德機場通訊服務、港府控制的電台及電視台節目
製作、大會堂及荃灣大會堂的音響設備、香港太空館及伊利沙伯館的電
腦操作等。香港政府則重新向香港大東頒發國際電訊專利牌照，年期從
1981 年 10 月 1 日至 2006 年 6 月 30 日，為期 25 年。[188] 當時，香港大東
經營的電訊業務，包括專用電報、國際長途電話、公共電報、公用資料
服務、傳真服務、租賃線路、國際電視節目傳送和接收、船岸及地空通
訊，以及為香港政府提供技術服務等。

香港大東在大東電報集團中佔有重要地位。據大東電報上市時所
透露的資料，截至 1981 年 3 月底年度，大東電報總營業額為 2.54 億英
鎊，其中，香港區為 7464.1 萬英鎊，佔 29.53%；除息稅前利潤 6255.3
萬英鎊，香港區佔 62.9%。香港大東被譽為大東電報集團手中的生金蛋
的「金鵝」。[189]

187 〈香港大東電報局發展史〉，《信報財經月刊》，第 64 頁。

188 電訊盈科「里程碑」，1981 年，參見電訊盈科有限公司官網。

189 馮邦彥：《香港英資財團（1841-2019 年）》，第 370-371 頁。

█ 過渡時期：香港電訊的組建與上市

踏入 80 年代，香港「九七」問題逐漸浮現。為此，大東電報集團開始着手部署其在香港的長遠發展策略。很明顯，1981 年香港大東的創辦，就是其整個周密戰略部署的第一步，向本地化邁出的第一步。

1983 年 3 月，香港大東趁香港股市低迷，大股東置地公司陷入財政困難之際，透過發行新股，集資 14 億港元，以每股 36.36 港元價格，從置地購入香港電話公司 34.8% 股權。1984 年 2 月，香港大東再度出擊，以每股 46 港元價格，向華商李國寶家族再購入 3.6% 電話公司股權，由於觸發收購點，隨即向香港電話公司提出全面收購建議。[190] 香港大東在前後兩次收購行動中。共斥資 37.2 億港元，取得了香港電話 79.2% 的控股權，從而一舉壟斷了整個香港電訊市場。

1983 年香港大東收購電話公司時，香港電話公司在港九各地擁有 65 座機樓，機樓線路總容量達 192.99 萬路，其中作業線（即電話使用者）佔 80.5%；同年，香港裝置的電話總分機逾 204.16 萬台，即每百名市民擁有電話 38.2 台，密度在東南亞地區居首位。英大東電報集團表示，全面收購電話公司，目的是要借助電話公司的人力、技術和經驗，更有效地發展市內通訊服務，以配合英國大東電報局將來在國際電訊業方面的更大發展。[191] 不過，香港大東收購香港電話公司，並非出於單純的經濟原因。當時，就有評論指出：「這次合併充滿政治性，此舉使香港大東變相在香港上市，確立它的本地形象，為九七後大東在港繼續享有專利及保持業務優勢而鋪路。」[192]

190　余赴禮：〈從產權角度剖析大東與電話的市場壟斷與合併〉，《信報財經月刊》，第 11 卷第 9 期，1987 年 12 月，第 72 頁。

191　鄭良華：〈英國大東收購香港電話公司透視〉，《經濟導報》，1856 期，第 13 頁。

192　余赴禮：〈從產權角度剖析大東與電話的市場壟斷與合併〉，《信報財經月刊》，第 72、74 頁。

收購香港電話後，大東電報即着手部署本地化的另一重要步驟，將香港大東與香港電話公司合併，並藉着香港電話的上市地位蛻變為在香港上市的公眾公司。1988 年 6 月，大東電報在香港註冊成立「香港電訊有限公司」（Hong Kong Telecommunications Ltd.），作為該集團在香港的控股公司和旗艦。10 月 19 日，香港大東和電話公司宣佈合併，由香港電訊以發行新股方式收購香港大東及電話公司兩機構的全部股權，並取代香港電話公司的上市地位。[193]

根據合併文件，香港大東的股東和電話公司的股東將分別獲得香港電訊發行股份的 55% 和 45%，分配的比例主要依據兩公司過往業績及截至 1988 年 3 月底年度預測利潤。香港大東預測利潤為 17.2 億港元，佔 59.43%；電話公司預測利潤為 11.74 億港元，佔 40.57%。由於電話公司具有上市地位的優點，故以 55：45 的比例分配。為此，向香港電話公司股東發出 43.28 億股香港電訊股份，佔香港電訊已發行股份的 45%；同時，香港電訊收購香港大東電報局全部股本，發給香港大東股東 52.89 億股香港電訊股份，佔香港電訊已發行股份的 55%，並每 5 股新股送 1 股 5 年期認股權證。

1988 年 2 月 1 日，香港電訊正式在香港聯交所掛牌上市，當日收市價為每股 7.5 港元，比每股發行價 6.1 港元大幅上升 23%，市值達 721 億港元，成為香港市值最大的上市公司。合併後的香港電訊，由英國大東電報集團持有 80% 股權，香港政府持有 11% 股權，香港電話公司原少數股東持有 9% 股權。大東電報和香港政府並計各向公眾發售 5.5% 股權，令公眾持股量增加到 20%。[194]

大東電報在兩家公司合併的建議書中表示，合併的目的，一是讓公眾人士有機會參與香港大東的事業，二是有利於兩家公司的長遠規劃

---

193 電訊盈科「里程碑」，1988 年，參見電訊盈科有限公司官網。

194 余赴禮：〈從產權角度剖析大東與電話的市場壟斷與合併〉，《信報財經月刊》，第 72 頁。

及發展。對此,香港有輿論認為,合併固然是香港大東和電話公司長期在香港電訊市場的激烈環境下的業務部署,有助於兩家公司實行合作性分工,精簡行政,避免重複架構,獨佔市場利益;然而,其主要目的是為了配合香港未來主權轉移的形勢,以確保大東電報在香港的長遠利益。一般分析家指出,這次合併充滿政治性,此舉使香港大東變相在香港上市,確立它在本地的形象,為 1997 年後英大東在香港繼續享有專利及保持業務優勢鋪路。[195]

香港電訊上市後,隨即展開連串的配股行動,藉此進一步擴大香港電訊的股東基礎,同時減少對香港的投資,減低長遠的投資風險。它先後向廣東省郵電局、國際機構投資者、香港特別行政區政府土地基金配售股份。1990 年 3 月,又向香港中信集團出售香港電訊 20% 股權,使之成為第 2 大股東。香港有評論認為:這些英資機構背後的思想是希望棄車保帥,讓出部分股權給中信,企盼 1997 年後藉着中信的「庇蔭」,保障其在香港航空及通訊業的既得利益。[196]

踏入 90 年代,隨着資訊科技革命及全球電訊業的發展,香港電訊業進入放寬管制、引進競爭的新時代。面對電訊業的激烈競爭,1990年 4 月,香港電訊宣佈結構重組,主要內容包括:第一,將香港大東電報局易名為「香港國際電訊有限公司」,香港電訊行政總裁祁敖表示,易名的目的是要為集團建立一個新現形象,所有附屬公司共同使用一個新標誌,以解決公眾人士對集團附屬公司印象混淆不清的問題;第二,是將原來分別隸屬香港大東和電話公司的 3 家非專利業務公司,包括「大東系統及通訊服務公司」、「聯通電訊有限公司」、「大東系統有限公司」加以合併,組成「香港電訊 CSL 有限公司」(Hong Kong Telecom CSL Ltd.),作為與兩間專利公司平行的子公司。該公司將分設 3 個部

---

195 余赴禮:〈從產權角度剖析大東與電話的市場壟斷與合併〉,第 72、74 頁。

196 余道真:〈分析中信在港投資策略的部署〉,《信報財經月刊》,1990 年 3 月號,第 113 頁。

門，包括電訊產品、商業通訊系統、流動無線電話，以增強服務和通訊
系統規劃（圖 1-28）。據香港電訊的解釋，由於香港電訊盈利受港府公
用事業利潤管制計劃的管制，使旗下非專利業務公司盈利亦受到限制，
故決定將此類非專利業務分拆出來，以充份反映其盈利潛力。

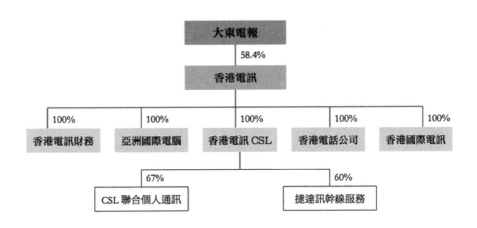

圖 1-28　1994 年香港電訊集團內部股權及組織結構
資料來源：《香港電訊有限公司 1994 年報》。

　　1992 年 7 月，香港政府宣佈開放本地電訊市場，採用開放式發牌
制度引進超過一個固定電訊網絡，與香港電話展開競爭。11 月 30 日，
政府宣佈將發出 3 個新固定電訊網絡牌照予和記通訊、香港新電訊及新
世界電話，從 1995 年 7 月 1 日起生效。面對即將開放的電訊市場，香
港電訊着手部署應變對策，包括精簡架構、裁減人員、減低營運成本、
擴展新業務等。1997 年 6 月，大東電報與中國郵電部直屬的中國電訊
（香港）有限公司達成協議，大東電報向中國電訊（香港）出售所持香
港電訊 5.5% 股權，作價近 92 億港元，交易完成後，大東電報所持有香
港電訊股權降至 54%。1995 年，香港電訊的本地固定電訊服務專營權
屆滿，和記通訊、香港新電訊及新世界電話等三家新電訊服務經營商加
入市場競爭。

　　1996 年 5 月 1 日，世界貿易組織（WTO）就開放全球電訊市場達

成一項廣泛的初步協議，內容包括香港在內的 39 個國家和地區承諾於 1998 年 1 月 1 日起全面開放本土及國際電訊市場。其後，香港政府與香港電訊就國際電訊專營權問題展開談判。1998 年 1 月 20 日，香港特區政府與香港電訊達成協議，香港電訊提早結束原定於 2006 年屆滿的國際電訊專營權，而該集團將獲得政府補償除稅後現金 67 億港元，並可豁免繳交 1998 年度國際長途上（IDD）專利稅。當時，香港電訊宣佈，截至 2000 年 3 月底年度，公司經營溢利連續第 2 年下跌，並且由於要為互動電視過時設備作巨額撇賬，實際純利僅 11.4 億港元，比上年度 115.07 億港元大幅下跌九成，成為自 1988 年上市以來最差的財政年度。[197]

▌ 英大東：出售香港電訊股權與瓦解

90 年代後期，正值全球互聯網熱潮，英國大東電報局積極投資互聯網骨幹網（internet backbone）。1999 年 7 月，新上任的大東電報行政總裁華禮士（Graham Wallace）即旗幟鮮明地推動集團全力拓展數碼及互聯網業務，尤其是拓展電子商務企業對企業發展的互聯網，並積極在歐洲各地展開收購，目標是將大東轉型為歐洲最大規模的數碼及互聯網電訊商之一。為此，大東電報先後買下美國互聯網服務商 Digital Island Inc.，又收購 Exodus Communications Inc. 的大部分資產，僅兩項交易就耗資 10 億美元。為了籌資資金，大東電報出售了所持一家英國移動電話運營商 50% 股權，又出售了有線電視業務，並計劃出售已失去壟斷地位、陷入進退兩難境地的香港電訊。

1998 年 5 月，大東電報將香港電訊的重要業務「拆骨」，透過旗下的大東商業網絡與香港電訊達成新的環球電訊管理業務協議，將香港電訊旗下的 31 個重要國際客戶轉由大東電報管理。1999 年 6 月，大東

---

197 馮邦彥：《香港英資財團（1841-2019 年）》，第 562 頁。

電報突然一改近 10 年來積極致力香港電訊本地化政策，宣佈將香港電訊的英文名字由 HongKong Telecom 改為 Cable & Wireless HKT，即重新冠以母公司大東電報的名字，突出香港電訊作為大東電報附屬公司的色彩。[198] 香港電訊的公司標誌亦由原來的紅色改用大東「藍色地球」的標誌。

同年 9 月，有關大東電報想要出售香港電訊的消息開始在市場流傳。2000 年 1 月 21 日，《亞洲華爾街日報》以顯著篇幅報道，大東電報可望於下個月將其所持有香港電訊股權出售，而潛在買家之一就是日本電話電報（NTT）和美國貝爾大西洋電話（Bell Atlantic）。當時，市場流傳的潛在買家還有德意志電訊、新加坡電信，以及和記黃埔等。不過，香港電訊的潛在買家很快浮出水面。出乎香港人意料的是，有意收購香港電訊控制權的，是新加坡電信公司，一家長期由新加坡政府控制的電信集團。

2000 年 1 月 28 日，市場廣泛流傳新加坡電信與香港電訊的合併計劃，已接近完成階段，合併的模式已確定。市場透露，屆時新加坡電信將成為新的控股公司，同時在新加坡和香港上市；而香港電訊將成為其全資附屬公司，其上市地位將被取消，股東可換取新控股公司的股份，新控股公司將同時在紐約、倫敦及法蘭克福等地上市。不過，有關消息傳出後在香港引起憂慮，擔心香港最大電訊公司會落入競爭對手新加坡手中。當時，最強烈的反對聲音來自香港電訊董事局內三位獨立董事 —— 鍾士元、馮國經和李國寶，他們均反對新加坡電信收購香港電訊，不願看到香港電訊控制權落入非香港人手中。

在這種背景下，2 月 11 日，華商李澤楷宣佈，旗下盈科數碼動力有限公司（Pacific Century CyberWorks Limited，簡稱「盈動」）將介入收購香港電訊，與新加坡電信形成正面對撼。2 月 27 日，盈動成功獲

---

198 電訊盈科「里程碑」，1999 年，參見電訊盈科有限公司官網。

得由中國銀行牽頭銀團提供的 130 億美元巨額貸款。其後，經過「驚心動魄的 48 小時」博弈，[199] 2 月 29 日，盈動宣佈已與大東電報達成併購香港電訊的協議。根據協議，大東電報選擇以現金加股票的「混合方案」，出售所持香港電訊 54% 的股權，包括收取 473 億港元現金，以及 46.6 億股新盈動股票。大東電報並承諾在完成收購事項後首 6 個月內，將不會出售手上的新盈動股份，在第 7 至 11 個月內，不會出售手上超過五成的新盈動股份。大東電報行政總裁華禮士在接受英國《金融時報》訪問時表示，盈動願意提出現金比例更高的收購價，是大東選擇盈動的主要因素。不過，中國銀行向盈動提供巨額貸款，亦是大東「做出決定的其中一個考慮因素」。大東將視所持新盈動的 11.1% 至 20.9% 股份為一項通往中國大陸市場的重要「戰略性投資」。

2000 年 8 月 9 日，香港電訊除牌。8 月 17 日，合併後的新公司以「電訊盈科有限公司」掛牌上市。借殼上市不到一年的盈科數碼動力，成功鯨吞百年英資老店香港電訊，在香港以至國際金融市場產生強烈的轟動效應。至此，英國大東電報局正式退出其經營了 64 年的香港市場。香港電訊亦結束了其作為香港主要英資公司的歷史。

不過，事後證明，大東電報的管理層投資策略是打錯了算盤，在眾多電訊公司爭相投資下，光纜基建嚴重供過於求，特別是遇上互聯網和電訊熱潮消退，集團出現重大虧損，導致財務狀況惡化、市值萎縮。2003 年，大東電報的市值跌至 10.5 億英鎊，比 2000 年 3 月最高峰時的 370 億英鎊大幅下跌 97%。至 2005 年 3 月止的年度，英大東錄得 51 億英鎊淨虧損。2006 年 1 月，大東電報局宣佈對集團進行大規模的重組，分為英國本土和國際業務兩個部分，並進一步撤出海外的運營投資。

2009 年 11 月，大東電報局表示，將在金融市場出現早期復甦跡

---

199 紀碩鳴、張家偉：〈驚心動魄的四十八小時〉，《亞洲周刊》，2000 年 3 月 6-12 日，第 18-21 頁。

象的情況下推行公司分拆計劃。2010 年 3 月 26 日，大東電報宣佈將
公司業務分拆成兩個獨立上市公司 —— 大東通信（Cable & Wireless
Communications）和大東環球（Cable & Wireless Worldwide）。其中，
大東通信為全球近 30 個市場的消費者和企業提供電信服務，包括澤西
島、根西島、加勒比海和巴拿馬等，主要經營固定線路和移動業務；而
大東環球則專門提供通信服務，如互聯網協定、資料和語音，同時託管
大型企業、經銷商和運營商客戶的通信服務（圖 1-29）。

　　不過，分拆後的大東環球和大東通信，其經營並不理想，業績
持續下跌，逐漸陷於困境。2012 年 4 月 23 日，歐洲電信巨頭沃達豐
（Vodafone）宣佈，斥資 10.44 億英鎊（約 130 億港元），以每股 38 便
士收購英大東旗下的大東環球。7 月 27 日收購完成後，沃達豐對大東
環球管理層進行改組，並於翌年 4 月 1 日將其在倫敦交易所退市。沃
達豐首席執行官維托裏奧·科勞（Vittorio Colao）表示：「收購大東電
報公司（Cable & Wireless Worldwide）將使我們成為英國通信市場企業
部分的領先整合者，並為我們的英國和國際業務帶來有吸引力的成本
節約。」

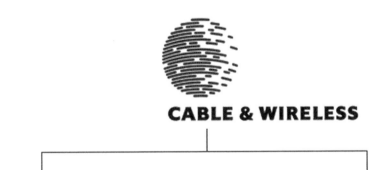

圖 1-29　2010 年英國大東電報局分拆後架構
資料來源：英國大東電報局官網

　　至於大東通信，該集團於 2015 年收購了 Columbus，增強了集團提供高速寬頻、移動、固定線路和視頻服務的能力，從而成為一個全面服務的電信提供商。2015 年 11 月 17 日，美國商人約翰‧馬龍（John Malone）旗下的國際有線電視業務 Liberty Global 宣佈，將通過股票加特別股息的方式，收購總部位於倫敦的大東通訊，交易價值 36 億英鎊。該等交易於 2016 年 5 月完成，大東通訊成為 Liberty Global 集團的附屬公司，主要在加勒比和拉丁美洲市場從事電訊和娛樂服務，擁有約 500 萬客戶。至此，英國大東電報局作為一家老牌電訊集團正式瓦解。

第九節　英國保誠財團

▌ 英國保誠財團發展概況

　　英國保誠集團（Prudential plc）於 1848 年 5 月在英國倫敦創立，當時稱為「英國保誠投資信貸保險公司」（Prudential Mutual Assurance Investment and Loan Association），其宗旨是為中產階級提供人壽保險和貸款。保誠集團先後推出「工業保險」、「嬰兒保險」等新產品，為公司打開了廣闊的市場，銷售量開始急劇增長。1860 年，保誠收購其主要競爭對手「英國工業人壽保險公司」，並更名為「英國保誠保險公司」。1865 年，英國保誠再收購「The Consolidated Life Assurance Company」，成為英國領先的人壽保險公司之一。到 2014 年平均每 3 個英國家庭就有一家為保誠集團的客戶。[200]

　　1919 年，保誠將業務擴展到一般保險領域，包括火災、海上、意外等。從 1920 年起，保誠集團開始進軍國際市場，1923 年成為首間在

---

200 *Timeline — Prudential over the years*, see Prudential plc website.

印度建立人壽業務分支的海外公司，其後相繼在加拿大、澳大利亞、非洲、近東和馬來亞設有海外分支機構。到 1939 年，保誠的海外人壽新業務純利已超越英國業務。1924 年，英國保誠以「The Prudential Assurance Company Limited」名義在英國倫敦證券交易所上市。1978 年，保誠成立控股公司 Prudential Corporation；1982 年再成立集團的投資平台——PPM（Prudential Portfolio Managers），以管理集團和非集團客戶的投資。[201] 1997 年及 1999 年，保誠先後收購蘇格蘭的 Scottish Amicable 保險公司及英國資產管理公司 M&G 投資公司，後者是英國單位信托的先驅和領先的投資產品供應商。

二十世紀 80 年代以後，英國保誠積極拓展美國市場。1986 年，保誠併購了美國保險公司——美國傑信人壽（Jackson National Life）。2000 年 7 月，保誠在美國紐約證交所上市，加強對美國市場客戶群的發展。2008 年全球金融海嘯爆發後，美國國際集團（AIG）陷入危機。2010 年 3 月，保誠向美國國際集團展開收購，計劃以 355 億美元的代價，收購友邦保險（AIA）的業務。收購代價包括：250 億美元的現金、55 億美元股票（佔合併後約 10.9% 股權）、30 億美元強製可換股債券及 20 億美元一級票據。為此，保誠宣佈供股計劃，集資達 145 億英鎊（210 億美元）。不過，其後，英國保誠受到股東指責，認為收購價格過高，因而宣佈調整收購條款，將收購價減至 304 億美元。同年 6 月，保誠指與 AIG 無法為降低收購作價達成共識，宣佈收購計劃告吹，而原有的供股計劃亦取消。2012 年 5 月，保誠捲土重來，透過旗下經營美國壽險業務的 Jackson National Life，以現金 4.17 億英鎊收購瑞士再保險旗下美國 AdminRe 的美國壽險業務 SRLC America Holdings Corp.（SRLC）是次交易為保誠提供約 8.65 億英鎊的內含價值。

---

201 *Timeline — Prudential over the years*, see Prudential plc website.

　　到 2019 年集團分拆前，英國保誠集團已發展成英國及全球最大的
保險集團之一，業務遍及歐洲、亞洲、澳洲、美國、非洲等地區（圖
1-30）。英國保誠旗下主要有四個部分：Jackson、英國保誠集團亞洲、
保誠非洲、M&G Prudential。其中，Jackson 擁有美國規模最大的變額
年金批發分銷團隊、逾 700 份經紀交易商的出售協議，涉及逾 230,000
名美國顧問（佔美國顧問總人數的 74%）為 400 萬名客戶提供服務；
英國保誠集團亞洲旗下的瀚亞投資業務覆蓋 11 個亞洲市場，並在美國
及歐洲設有分銷辦事處，為逾 1,500 萬名壽險客戶提供服務；保誠非
洲擁有逾 4,000 名代理人和 6 家獨家銀行合作夥伴，為逾 500,000 名客
戶提供服務；M&G Prudential 在全球 29 個市場經營業務，為逾 600 萬
名客戶提供服務。[202] 2018 年，英國保誠集團以營業收入 1114.58 億美
元、利潤 30.76 億美元，在《財富》雜誌世界 500 強排行榜中位居第
50 名。

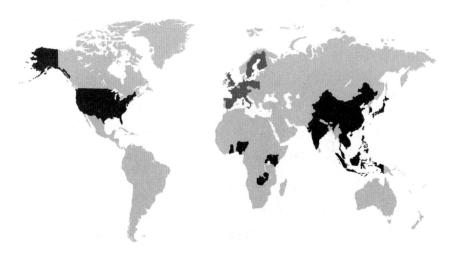

圖 1-30　2018 年英國保誠集團在全球的業務分佈
資料來源：《Prudential plc2018 年年度報告》，第 14 頁。

202《Prudential plc 2018 年年度報告》，第 14 頁，參見：https://www.prudentialplc.com/~/
media/Files/P/Prudential-V3/agm/2019/prudential-plc-ar-2018-chinese.pdf

▎保誠在香港及亞太區的拓展

英國保誠於 1964 年開始進入香港，1994 年在香港成立保誠集團亞洲（Prudential Corporation Asia），作為集團在亞太區的總部，全力進軍增長潛力巨大的亞洲市場。2008 年，保誠擴展並擴大了與渣打銀行的長期銀行保險聯盟，覆蓋亞洲 10 個市場。2010 年，保誠與新加坡聯合海外銀行（United Overseas Bank Limited）建立長期戰略銀行保險合作夥伴關係，通過大華銀行在新加坡、印度尼西亞和泰國的銀行分行分銷保誠的人壽保險產品。同年 5 月，為加強在亞太區的發展，英國保誠在香港和新加坡同時以介紹形式上市。2012 年，保誠資產管理業務推出全新品牌「瀚亞投資」；旗下保誠泰國並以 3.59 億英鎊收購泰國第 5 大零售銀行 Thanachart Bank 全資附屬壽險公司 Thanachart Life。2014 年，保誠收購了非洲加納和肯尼亞的保險業務，開始進入快速發展的非洲人壽保險行業。

2017 年，英國保誠宣佈，將旗下 M&G 與保誠英國及歐洲合併，組建 M&G Prudential，合併業務為逾 600 萬名英國及全球客戶管理 3320 億英鎊資產，計劃將 M&G Prudential 打造成領先的儲蓄及投資平台。2018 年 3 月，保誠宣佈龐大的集團重組計劃，將集團一分為二，形成兩間獨立上市公司 —— M&G Prudential 和「英國保誠」（Prudential plc）。其中 M&G Prudential 成為獨立上市公司，繼續經營兩個品牌 —— 保誠（面向英國及歐洲的儲蓄和保險客戶，以及南非的資產管理客戶）和 M&G Investments（面向全球的資產管理客戶）；而英國保誠則將專注於保險業務，並重點發展高增長市場，包括亞洲、美國及非洲，兩家公司均在倫敦設立總部及高級上市（premiun listing）。為了準備英國分拆程序，集團計劃將香港保險附屬公司的法定所有權轉讓予保誠集團亞洲有限公司。

2019 年 10 月，英國保誠完成了對 M&G Prudential 的拆分，集團的監管機構亦由英國金融審慎監管局轉變為香港保險業監管局。分拆後的英國保誠，2019 年度來自持續經營的利潤總額為 63.46 億美元，其中，

亞洲區達 32.76 億美元，佔 51.62%；美國達 30.70 億美元，佔 48.38%。
在亞洲的經營利潤中，香港和印尼市場排首位，分別佔 23% 和 17%，
依次是新加坡（15%）、馬來西亞（8%）、越南和中國內地（7%）、泰
國（5%）、菲律賓（2%）等（圖 1-31）。

香港回歸後，保誠亦積極進軍中國內地市場。2000 年，保誠與中
國中信集團成立「中信保誠人壽保險有限公司」，各佔 50% 股權。經過
多年發展，中信保誠人壽在廣東、北京、江蘇、上海、湖北、山東、
浙江、天津、廣西、深圳、福建、河北、遼寧、山西、河南、安徽、
四川、蘇州、湖南、無錫、陝西、寧波、青島等地建立了 23 家分公司，

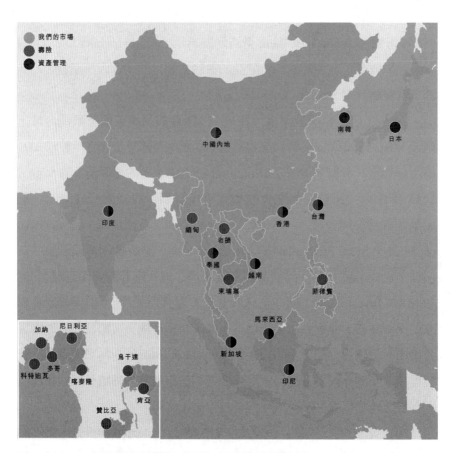

圖 1-31　2021 年英國保誠集團在亞洲、非洲區的市場分佈
資料來源：《Prudential plc2021 年年度報告》，第 8 頁。

在 99 個城市設立了超過 220 家分支機構。目前，中信保誠人壽總部設在北京，公司註冊資本金為 23.6 億元人民幣，截至 2022 年 6 月底總資產達 2,092 億元人民幣。[203] 2021 年度，中信保誠人壽營業收入為 327.11 億元人民幣，歸屬於股東的淨利潤 28.99 億元人民幣，總資產 1841.57 億元人民幣。[204]

　　英國保誠分拆 M&G Prudential 後，其第 2 大股東資產管理公司 Third Point 發起維權行動，要求集團將亞洲和美洲業務進一步分拆，以優化資本配置和提高估值。2021 年，在股東的壓力下，英國保誠再將其美國業務 Jackson Finanical Inc. 分拆，在美國紐約證券交易所上市；英國保誠則專注於其亞洲和非洲業務，完成其業務的策略重新定位。由於保誠在香港上市採用的是介紹形式上市方式，使得其在港的流通股份較少。為此，英國保誠分拆 Jackson 後，於 2021 年在香港以每股 143.8 港元定價，公開發行新股約 1.308 億股股份（佔其已發行股本的 5%），集資淨額 185 億元，順利完成股本集資及贖回債務。

　　目前，英國保誠集團在倫敦和香港設立雙總部，在亞洲和非洲的 23 個國家和地區擁有 34 家壽險公司，透過 53 萬名代理人、170 家銀行合作夥伴和 27,000 家銀行分行，為 1,930 萬客戶提供人壽和健康保險以及資產管理服務。[205] 在香港，保誠透過旗下的保誠保險有限公司及保誠財險有限公司，為香港超過 130 萬名客戶提供多元化的理財策劃服務及產品，包括人壽保險、投資相連保險、退休方案、健康及醫療保障、一般保險及僱員福利。（圖 1-32）。[206] 保誠在香港的保險公司中，位居第 2 位，滲透率為 16.8%。

203「關於中信保誠」，參見中信保誠人壽保險有限公司官網。

204《中信股份有限公司 2021 年報》，第 19 頁。

205「我們的公司」，參見英國保誠集團官網。

206《Prudential plc 2019 年度報告》，第 11-23 頁，參見：https://www.prudentialplc.com/~/media/Files/P/Prudential-V13/reports/2019/prudential-plc-ar-2019.pdf

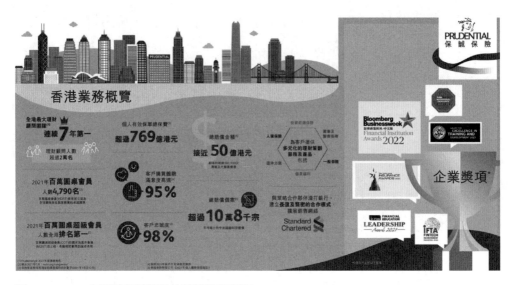

圖 1-32　2021 年英國保誠集團的香港業務概覽
資料來源：英國保誠集團：《公司概要》，英國保誠集團官網。

　　2021 年度，由於全球新冠疫情持續帶來衝擊，英國保誠營業收入錄得 265.00 億美元，比上年度下跌 26.85%；年度虧損達 28.13 億美元，而上年度錄得 21.85 億美元利潤；總資產 1,991.02 億美元，比上年度大幅下跌 61.42%（表 1-16）。在該年度保誠壽險業務經調整經營溢利 40.23 億美元中，香港部分為 9.75 億美元（76.05 億港元），比上年度增長 10%，逆勢上升，佔比最大，達 24.24%；其次是新加坡（6.63 億美元）、印尼（4.45 億美元）、馬來西亞（3.50 億美元）、中信保誠人壽（3.43 億美元）、資產管理公司瀚亞投資 3.14 億美元。[207] 瀚亞投資管理的資產達 2,585 億美元。受到業績下降的影響，英國保誠的市值從 2017 年底的 5070.86 億港元，下降至 2022 年 7 月底的 2593.68 億港元，跌幅高達近五成（48.85%）（表 1-17）。

---

207 《Prudential plc 2021 年度報告》，第 237、240、252 頁，參見：https://www.prudentialplc.com/~/media/Files/P/Prudential-V13/reports/2021/prudential-plc-ar-2021.pdf

表 1-16　2016-2021 年度英國保誠集團經營概況

單位：億美元

	經營收益	年度利潤（虧損）	總資產
2016 年度	718.42	19.21	4704.98
2017 年度	865.62	23.90	4939.41
2018 年度	358.45	40.23	6478.10
2019 年度	937.36	7.92	4542.14
2020 年度	362.47	21.85	5160.97
2021 年度	265.00	-28.13	1991.02

資料來源：《Prudential plc 年度報告》，2016-2021 年

表 1-17　2017-2023 年英國保誠市值變化

單位：億港元

	2017 年底	2018 年底	2019 年底	2020 年底	2021 年底	2022 年 7 月底	2023 年 1 月底
保誠集團	5070.86	3578.40	3841.91	3752.45	3649.98	2593.68	3536.50

資料來源：《香港交易所市場資料》，2017-2021 年，東方財富網站。

　　英國保誠集團表示：對於未來發展，集團將實施三大策略：第一，實現目標，包括「提供便捷的健康產品，推動健康及保障業務增長，專注於中國內地、印度、印尼及泰國的增長機遇，讓瀚亞成為亞洲翹楚，推進環境、社會及管治議程」；第二，數碼化轉型，「讓客戶享受便捷的購買體驗並再次光顧，拓展客戶的數據驅動知識，為客戶提升健康及理財成果」；第三，以人為本，「提升員工、代理及合作夥伴顧問的技能，為不同群體提供普惠的產品，降低理財服務的門檻」，爭取在 2025 年具備服務 5,000 萬客戶的能力。[208]

208《Prudential plc 2021 年度報告》，第 10-11 頁。

第十節　施羅德投資財團

施羅德投資集團（Schroders group）成立於 1800 年，當時稱為「J.
F. Schröder & Co」，總部設於英國倫敦，是全球資產管理和投資銀行方
的先驅者之一。在該公司成立的首 100 年，施羅德逐步在世界各地建立
起龐大的客戶群，為美國和歐洲之間的貿易融資，為各地的鐵路、港口
和發電站等重大基礎設施項目提供資金，並進入債券和公司融資等新
領域。1924 年，施羅德投資成立了第一家投資信托公司，開始為客戶
管理投資。到二十世紀初，施羅德投資的業務已拓展至美洲、歐洲和亞
洲。1959 年，施羅德投資在英國倫敦證券交易所上市。[209]

施羅德投資集團於 1971 年進入香港，與嘉道理家族合作創辦「寶
源投資管理（香港）有限公司」（Schroder Investment Management (Hong
Kong) Limited）。成立初期，寶源投資除經營資產管理服務外，還提供
投資銀行服務。1974 年，該公司開始提供退休金及各類型機構盈餘基
金的服務。多年來，寶源投資管理（香港）一直為區內的機構、退休基
金、私人客戶和互惠基金投資者，提供專業的投資管理服務，是香港業
內最具實力的資產管理公司之一，八九十年代與滙豐的獲多利、怡和的
怡富並稱香港 3 大投資銀行。2008 年 4 月，施羅德投資將寶源投資管
理（香港）改名為「施羅德投資管理（香港）有限公司」，進一步整合
大中華區的業務，並借此提高施羅德投資在各個使用中文的地區品牌知
名度。[210]

2000 年，為配合香港政府推出的強制性公積金條例，施羅德投資
推出了施羅德強積金集成信托計劃，該計劃為成員提供多至十種的單
位信托基金（成份基金）選擇，以配合不同人士的需要。施羅德投資

209　Schroders, *Our History*, Schroders group website.

210　施羅德投資集團：《施羅德投資管理（香港）》，參見施羅德投資集團官網。

為該計劃的承辦人及投資經理，負責客戶服務及為計劃成員提供投資
者教育等事宜，受託人則為 HSBC Provident Fund Trustee (Hong Kong)
Limited。2001 年，施羅德投資在香港推出施羅德保證回報基金，成為
市場上首只保證回報基金。2007 年，施羅德投資在香港推出施羅德商
品基金，成為市場上首只「商品期貨及期權基金」。2011 年，施羅德香
港在公司成立 40 周年之際，推出旗艦基金 —— 施羅德亞洲高息股債基
金，該基金是一只多元化資產產品，專注於有望能夠提供可持續收益
的資產，此舉鞏固了施羅德投資在多元化資產收益投資的領先地位。[211]
2016 年，施羅德投資與香港永明金融建立強積金業務策略合作關係。
2017 年，施羅德投資推出施羅德進階啤打（Advanced Beta）系列投資
方案，專為強制性公積金計劃下的預設投資策略量身訂造，為香港強積
金市場率先引入 Advanced Beta 策略。

　　這一時期，施羅德投資亦積極拓展中國內地市場。1994 年，施羅
德投資在上海成立第一個中國內地的代表處，是首批進入中國內地的外
資資產管理公司之一。2005 年，施羅德投資與交通銀行聯合成立「交
銀施羅德基金管理有限公司」，一個月後合資公司發行了第一只面向中
國投資者的股票基金。2017 年，施羅德投資獲準根據內地與香港基金
互認安排在中國內地銷售香港註冊的「施羅德亞洲高息股債基金」；施
羅德投資管理（上海）有限公司並獲得中國私募證券投資基金管理人資
格。2019 年，施羅德投資與交通銀行簽署全面戰略合作協議，2021 年
兩集團合資成立「施羅德交銀理財有限公司」，施羅德投資佔 51% 股
權。2022 年 3 月，施羅德交銀理財成功發行首只「得源」系列理財產
品，募集超過 15 億元人民幣。目前，施羅德投資已成為活躍於中國內
地的外資資產管理公司之一。

211「施羅德投資管理（香港）」，參見施羅德投資集團官網。

　　經過多年的發展，擁有逾 200 年的金融服務經驗的施羅德投資集團已發展成全球最大的上市資產管理公司之一，集團辦事處遍及美洲、亞太區、歐洲、中東及非洲 37 個國家和地區。截至 2022 年 6 月底，施羅德投資在全球範圍內為客戶管理的資產總值達 7,734 億英鎊（8,984 億歐元 /9,392 億美元）；集團共有 5,811 名投資專才派駐全球各地，為投資者發掘投資潛力。[212] 2021 年度，施羅德投資集團的營業收入為 29.60 億英鎊，稅前利潤 7.64 億英鎊，總資產 243.42 億英鎊。[213]

212 「關於施羅德」，參見施羅德投資集團官網。

213 Schroders, *Annual Report and Accounts 2021*, p.105-106.

第二章

華資財團（一）

第一節　概述

▌ 華資財團的發展歷程

　　從 1841 年香港開埠到十九世紀末，香港逐步確立其作為遠東貿易轉口港的地位，香港華商開始興起，其中堅力量和代表是經營轉口貿易，以南北行、金山莊為首的行商，以及外資洋行、銀行和大公司的華人買辦。這兩股力量的崛起，使華資成為香港經濟中一股具影響力的資本勢力，並構成香港華資的第一次發展浪潮。

　　踏入二十世紀，香港作為貿易轉口港的商埠已日漸繁榮，以行商和買辦為主力的本地華商繼續冒起；從北美、澳洲、南洋掘得「第一桶金」的華僑富商也紛紛移師香港，以香港為基地拓展大陸市場；而中國大陸則因義和團運動、八國聯軍侵華、辛亥革命，以及日本發動的大規模侵華戰爭而處於動盪年代，大批富商陸續移居香港，另闢經營領域。這三股力量匯成華商勢力的第二次發展浪潮。這一時期，香港華資家族財團逐漸在地產、航運、零售百貨，以及銀行業等領域嶄露頭角。

　　二十世紀 50 年代初，朝鮮戰爭爆發，聯合國對中國實施貿易禁運，香港的轉口貿易驟然萎縮，經濟衰退，傳統的經濟發展道路被堵塞。這一時期，大批從上海等內地城市移居香港的華人實業家，連同其攜帶來的資金、機器設備、技術、企業管理人材以及與海外市場的聯繫，在香港建立了最初的工業基礎。伴隨着工業化的快速步伐，新興華商最早在香港最重要的行業──製造業，取得了統治地位。

　　60 年代，香港經濟起飛，各業繁榮，華商勢力相繼在航運、地

產、酒店、影視傳媒業等各個領域迅速崛起。十年文化大革命動亂期間，長期壟斷香港經濟的英資財團，鑒於當時的政治氣候，對於香港這一「借來的時空」戒心日深，在香港的投資策略轉趨消極，甚至出現嚴重失誤。部分英資財團，如怡和等將大量資金調往海外發展，錯失香港經濟蓬勃發展的黃金時期，這為華資財團的迅速崛起提供了極其難得的機會。這期間，一些從 50 年代成長起來的企業，如合和實業、長江實業、新鴻基地產、新世界發展、恒隆等，在看好香港長遠前景的前提下趁低吸納大量地產物業，並透過上市集資擴展業務，成為實力雄厚的家族財團。這是香港華資的第三次發展浪潮。

及至 70 年代末至 80 年代中，中國政局轉趨穩定，經濟上實施改革開放政策，推行四個現代化建設，中國對香港的影響日益增強，華資財團在政治上漸取上風。在時局的影響下，羽毛漸豐，財雄勢大的華資財團向信心不足的老牌英資財團發動了正面挑戰。在短短數年間，數家歷史悠久的大型英資上市公司，包括青洲英坭、中華煤氣、和記黃埔、九龍倉、港燈集團、會德豐等，先後被華資大亨鯨吞。英資財團長期在香港經濟中的壟斷地位因而動搖，並被逐漸打破，無可挽回地從在香港的權勢顛峰滑落。

1984 年，中英兩國政府簽訂關於香港前途問題的聯合聲明，香港步入「九七」回歸中國的過渡時期。面對這一歷史性巨變，香港英資財團紛紛急謀對策，調整戰略部署，包括遷冊海外，加快海外投資，甚至將上市公司從香港遷往海外等，其在香港經濟中的實力和地位進一步削弱。而華資大財團則秉承其一貫看好香港前景的方針，「立足香港，在這裏發展」，在加強地產發展及投資的同時，積極推動集團的多元化和國際化，並大舉向中國大陸市場拓展，逐漸發展為多元化、綜合性的大型企業集團。

1997 年 7 月 1 日，香港回歸中國，成為中華人民共和國轄下的一個特別行政區，實施「一國兩制」方針。這種歷史性的轉變為華商在香港，尤其是中國內地的投資提供龐大而廣泛的機會。在這種背景下，

華資大財團獲得了空前發展。他們以香港為基地，突破狹窄地域的限制，發展成全國性、多元化、現代化的企業大財團。如李嘉誠領導的長和系等，更發展成全球性的跨國企業集團。

▌ 華資財團在香港經濟中的地位

目前，華資及華資財團不僅成為香港經濟中最大的資本力量，而且成為推動香港經濟發展、維持香港穩定繁榮的主要力量，發揮主導性作用。華資在香港經濟中的勢力，幾乎遍佈各領域、各行業，主要集中在地產建築業；電訊、基建及公用事業；商貿、零售百貨；酒店餐飲、傳媒娛樂；製造業；以及航運、倉儲和碼頭等領域。

第一，華資大財團在地產建築業佔有主導性優勢。

二十世紀 70 年代初期前，英資在香港地產業一直佔有絕對優勢。當時，儘管華資在地產業廣泛投資，但其所經營的基本是中小型地產公司。從 60 年代後期到 70 年代中期，部分英資財團套取資金往海外發展，這給華資地產公司提供了乘勢而起的機會。這一時期，長江實業、新鴻基地產、新世界發展、恒隆、合和實業、大昌地產、信和地產、鷹君等一批華資地產公司透過上市集資，壯大實力。70 年代末至 80 年代中，一批英資公司包括青洲英坭、和記黃埔、九龍倉、香港電燈及會德豐等先後易手華資財團，使華資在地產業中的勢力進一步膨脹。踏入過渡時期，在部分英資財團急於部署集團國際化戰略，出售非核心物業資產的背景下，華資地產集團在香港的股市、地產大潮中急速崛起，取代英資成為香港地產業的主導力量。

回歸以後，華資地產集團繼續在香港發展的同時，利用中國大陸經濟快速增長的有利機遇，相繼大規模進入內地房地產市場，並且取得了長足的發展。其中的佼佼者，包括長實集團、新鴻基地產、恒基地產、新世界發展、會德豐 / 九龍倉、恒隆地產、嘉里建設、瑞安房地產等，從而一舉成為全國性的地產集團。總體而言，華資在香港地產業佔有主導性的優勢。截至 2019 年底，香港恒生指數成分股中，地產

股佔 11 只，其中，華資佔了 7 只，包括新鴻基地產、長實集團、恒基地產、九龍倉置業、新世界發展、信和置業、恒隆地產等；中資佔了 3 只，包括中國海外發展、華潤置地、碧桂園等；另外 1 只是香港政府旗下的房地產信託基金 —— 領匯房產基金。2019 年底，華資 7 只地產成分股市值為 11479.15 億港元，佔地產成分股（扣除領匯房產基金）總市值的 56.55%；佔全部地產建築業股票總市值的 21.22%（表 2-1）。

表 2-1　香港恒生指數地產成分股概況

單位：億港元

2012 年底		2015 年底		2019 年底		2021 年底	
成分股	市值	成分股	市值	成分股	市值	成分股	市值
新鴻基地產	3087.17	長和	4037.22	新鴻基地產	3457.05	新鴻基地產	2741.30
長江實業	2756.24	新鴻基地產	2708.20	中國海外發展	3325.21	華潤置地	2338.95
中國海外發展	1887.85	中國海外發展	2682.08	華潤置業	2766.80	龍湖集團	2229.27
恒隆地產	1378.30	長實地產	1995.28	碧桂園	2726.21	中國海外發展	2020.41
恒基地產	1320.92	恒基地產	1570.70	長實集團	2077.54	長實集團	1790.82
華潤置業	1229.58	華潤置業	1566.39	恒基地產	1851.83	恒基地產	1607.34
信和置業	828.07	九龍倉	1303.34	九龍倉置業	1443.73	碧桂園	1601.87
——	——	恒隆地產	793.30	新世界發展	1092.18	碧桂園服務	1572.92
——	——	新世界發展	709.85	信和置業	787.75	九龍倉置業	1202.35
——	——	信和置業	695.24	恒隆地產	769.11	新世界發展	776.38
——	——	領匯房產基金	不適用	領匯房產基金	不適用	恒隆地產	721.68
——	——					領匯房產基金	不適用
小計	12488.13	小計	18061.60	小計	20297.43	小計	18603.29

（續上表）

華資地產股佔地產成分股比重（%）	75.04%	華資地產股佔地產成分股比重（%）	76.48%	華資地產股佔地產成分股比重（%）	56.55%	華資地產股佔地產成分股比重（%）	47.52
華資地產成分股佔全部地產建築股總市值比重（%）	28.03	華資地產成分股佔全部地產建築股總市值比重（%）	39.24%	華資地產成分股佔全部地產建築股總市值比重（%）	21.22%	華資地產成分股佔全部地產建築股總市值比重（%）	21.04

資料來源：香港交易所：《香港交易所市場資料》，2012 年、2015 年、2019 年、2021 年。

第二，在電訊、基礎設施建設等領域佔有優勢，在公用事業則與英資分庭抗禮。

在電訊業，2000 年，李澤楷旗下的盈科集團成功收購英大東旗下的香港電訊，其後改組為電訊盈科公司，英資由此退出香港電訊市場。目前，香港電訊業主要由李澤楷旗下的電訊盈科、香港電訊，以及和記電訊香港、數碼通電訊等公司經營，均為華資公司。其中，李嘉誠旗下的和記電訊香港控股有限公司於 2009 年從和記電訊國際以介紹形式分拆上市，接管和記電訊國際的香港及澳門業務，從事香港及澳門以獲特許授權使用之「3」品牌經營 GSM 雙頻及 3G 流動電訊服務，以及以獲特許授權使用之「HGC」品牌在香港提供固網電訊服務。數碼通電訊則為新鴻基地產旗下的電訊公司，於 1996 年在香港上市，在香港及澳門提供話音、多媒體及流動寬頻服務，並同時為家居及商務市場提供固網光纖寬頻服務，客戶人數達 255 萬。

在基礎設施建設領域，主導香港基建業務的公司主要有長和系旗下的長江基建集團、新世界發展旗下的新創建集團等。其中，長江基建組建於 1997 年，目前已發展成為一家國際性基建集團，其從事的業務主包括：能源基建、交通基建、水處理基建、廢物管理、轉廢為能、屋宇服務基建及基建有關業務，涵蓋的地域包括香港、中國內地、英國、

歐洲大陸、澳洲、新西蘭及北美洲。新創建的業務涵蓋道路、能源、水務和港口及物流等範疇；服務包括設施管理、建築及交通，以及策略性投資，涵蓋香港、中國內地及澳門等市場。

長期以來，香港的公用事業除水務、郵政、機場、地鐵、九廣鐵路等由香港政府直接經營或控制外，基本上都被英資財團所壟斷。然而，這種情況在 70 年代末以來發生了重要變化，中華煤氣、香港電燈、香港海底隧道、天星小輪、香港小輪等一批公用事業公司相繼落入華資財團手中。與此同時，華資財團又致力開闢了一些新的公用事業領域，逐漸控制了香港的煤氣供應（中華煤氣）、部分電力供應（電能實業與港燈投資）、公共巴士（九巴、城巴、新世界第一巴士、龍運巴士及新大嶼山巴士）、小型巴士、出租汽車、渡海小輪以及海底隧道等多個公用領域，形成了與英資分庭抗禮的局面。

第三，是香港採購貿易、零售百貨、酒店餐飲及製造業等行業的主體力量。

在採購貿易業，在香港開埠首 100 年這一歷史時期，外資特別是英資洋行一直是香港採購貿易業的主導力量，而華商的南北行、金山莊輔之。不過，二十世紀 50 年代以後，隨着香港工業化進程的展開，外資洋行的地位開始下降。到 90 年代初，香港的採購貿易主要由英之傑集團旗下的英之傑採購；太古集團旗下的太古貿易，以及華商馮國經兄弟旗下的利豐等幾家公司佔主導。回歸前後，利豐先後收購了英之傑採購、太古貿易、Colby 等貿易公司，發展成香港最大跨國商貿集團，成為國際上著名的「全球供應鏈管理者」，從而結束了英資洋行主導的時代。

在百貨零售業，二十世紀 30 年代，以永安、先施為代表的華商百貨公司已開始在香港嶄露頭角。到 80 年代中期，華資百貨一度受到大舉湧入的日資百貨的嚴重衝擊。不過，其後日資百貨潮退，華資百貨再度佔據主流位置。目前，華資的屈臣氏，連卡佛、Joyce、新世界百貨，以及先施、永安、利福國際、裕華國貨等，在香港百貨市場仍擁有

重要份額。華資的一些零售專門店集團，包括售賣服飾的佐丹奴國際、
捷思環球、YGM 貿易、鱷魚恤、金利來、馬獅龍；售賣珠寶金飾的景
福、周大福、周生生、六福珠寶、英皇鐘錶珠寶、謝瑞麟、福輝首飾；
售賣化妝品的莎莎國際、卓悅控股；售賣傳統藥品的東方紅、余仁生、
南北行、白花油，以及擁有多項名牌產品銷售權的迪生創建，在港九各
區都擁有龐大銷售網絡。

　　在酒店業方面，郭氏家族旗下的酒店集團、鄭裕彤／鄭家純旗下的
瑰麗酒店集團、吳光正旗下的馬哥孛羅酒店集團、郭鶴年的香格里拉
酒店集團、羅嘉瑞旗下的朗庭酒店集團、李兆基旗下的美麗華酒店、傅
厚澤家族的富麗華酒店以及其他華資家族經營的酒店，在香港酒店業
都佔有重要席位。華資不僅在香港的中低檔酒店業佔據絕對優勢，在
高檔酒店業的地位亦已日漸重要。2020 年，在權威的《福布斯旅遊指
南》的全球五星級酒店評定名單中，香港入選的共 8 家，其中，華資佔
了 3 間，包括郭氏家族的香港四季酒店和香港麗思卡爾頓酒店，以及鄭
氏家族新世界發展旗下的香港瑰麗酒店等；另外，英資佔 4 間，中資佔
1 間。在餐飲業，華資的美心集團，大家樂、大快活連鎖店、太興集團
等，都佔有重要地位。

　　在製造業方面，香港的製造業基本是由內地大城市移居至香港的
華人實業家推動建立起來的。60 至 70 年代，華商對製造業的投資從紡
織拓展到製衣、塑膠玩具、鐘錶及電子業，香港遂成為全球最大的成
衣、手錶、玩具和多種電子消費品的最大出口基地之一。這時，華資
在香港製造業取得統治地位。70 年代末期中國實行對外開放後，大量
的華資製造商將企業的勞動密集型產業或工序大規模遷移到中國內地，
尤其是廣東珠三角地區，雙方形成「前店後廠」的分工格局。隨着製造
業大規模北移以及香港經濟轉型，製造業在香港經濟中的地位逐步下降
並式微。儘管如此，華資仍然是製造業的主體。目前，香港大型的華資
製造企業主要有上市的德昌電機控股、偉易達、益達集團、晶苑國際、
維他奶，以及沒有上市的李錦記等，均已發展成全球性的跨國製造及銷

售企業集團。此外，亦有部分港商在內地製造業領域崛起，其代表主要有：曾毓群旗下的寧德時代、楊建文和林惠英旗下的伯恩光學、周群飛旗下的藍思科技、張茵和劉名中旗下的玖瓏紙業等。

第四，在航運仍具有一定實力，在倉儲碼頭業仍佔有優勢。

二十世紀 50 年代前，香港的航運業幾乎完全操縱在以英資太古、怡和為首的外商手中，華資僅有數十艘中小客貨輪航行於香港至廣州灣、汕頭等華南沿海地區、海防、西貢、曼谷、新加坡等東南亞各港口。不過，50 年代後，華資在航運業取得了突飛猛進的發展，包玉剛、董浩雲、趙從衍及曹文錦等華商，相繼建立起規模的龐大商航隊伍。其中，包玉剛、董浩雲被稱為「世界船王」。及至 80 年代中期世界航業大衰退，許多華資船東陷入困境，船隊規模收縮，但到 90 年代以後已逐步恢復元氣。其中，包玉剛家族旗下的環球航運透過收購重組為 BW 集團，重登「世界船王」寶座；曹文錦旗下的萬邦航運重組為萬邦集團，但兩大集團均已將營運總部轉移到新加坡，而董氏家族旗下的東方海外國際則轉售予中資。目前，香港的最重要的華資航運集團是趙氏家族旗下的華光海運集團。

在碼頭倉儲業，目前華資財團仍佔有優勢。李嘉誠透過在新加坡上市的和記港口信託持有國際貨櫃碼頭集團（HIT）控股權，經營香港葵涌四、六、七號貨櫃碼頭及九號貨櫃碼頭（北）共 12 個泊位，為世界頂尖的貨櫃碼頭經營商。HIT 與中遠合組的中遠 —— 國際碼頭（香港）有限公司，擁有八號貨櫃碼頭（東）2 個泊位。此外，長和與新鴻基地產合組財團（各佔 37%）奪得屯門內河貨櫃碼頭專營權。會德豐旗下的現代貨櫃集團（MTL），則擁有葵涌一、二、五號貨櫃碼頭，以及九號貨櫃碼頭（南），共經營 7 個泊位，成為僅次於國際貨櫃的香港第二大貨櫃碼頭集團。

第五，在傳統銀行業逐步式微，不過在證券、投資銀行、科技金融、創投基金等領域有新的突破發展。

在銀行業，華資的發展在戰後至 60 年代中期的 20 年間進入黃金時

期。當時，作為一個集團而論，華資銀行可與滙豐銀行、中銀集團及外
資銀行集團分庭抗禮而形成所謂「第四種勢力」。不過，在 60 年代初
中期和 80 年代中期的兩次銀行危機中，華資銀行損失慘重，規模最大
的華資銀行恒生銀行被擠提所累，因此滙豐將其收購。回歸以後，由於
先後受到 1997 年亞洲金融危機和 2008 年全球金融海嘯的衝擊，華資中
小銀行的經營環境進一步惡化，包括永隆銀行、創興銀行等，一批中小
本地華資銀行先後出售控股權予中資銀行，華資銀行在銀行業的地位進
一步式微。目前，華資銀行僅餘東亞銀行、大新銀行、上海商業銀行、
大有銀行等少數幾家。

與此同時，隨着華資投資銀行百富勤倒閉和新鴻基公司轉手，華
資在投資銀行、證券業的地位也日漸式微。不過，回歸之後，華資在這
一領域卻取得了一些新的突破。在證券業，朱李月華旗下的金利豐金融
集團迅速崛起，其旗下上市公司的市值一度突破 1,000 億港元。創辦於
2003 年的尚乘集團迅速崛起，發展成為「香港規模最大的非銀行金融
機構之一」，其經營的領域涵蓋資本市場及諮詢、資產管理、保險經紀
及策略投資，旗下的尚乘國際、尚乘數科先後在美國紐約證券交易所、
新加坡交易所上市。

這一時期，華資財團建立創投基金的熱潮方興未艾，其中較矚
目的有李嘉誠旗下的維港投資，陳啟宗旗下的晨興資本，南豐集團旗
下的新風天域和鼎豐生命資本，鄭志剛旗下的 C 資本以及 SPAC 公司
Artisan 和 A SPAC，李澤楷旗下 SPAC 公司 Bridgetown Holdings Limited
等。這些創投基金和特殊項目公司積極投資全球科技創新企業，並取得
相當不錯的回報。

第六，在影視傳媒業的影響力進一步下降，在報業傳媒仍佔有相
當份額。

回歸之前，香港影視傳媒業的主要經營者為邵逸夫家族和郭鶴年
家族透過邵氏兄弟控股的香港無線電視；由林百欣家族和鄭裕彤家族經
營的亞洲電視；以及由吳光正家族透過九龍倉全資擁有九倉有線電視。

回歸之後，亞洲電視股權經過多次變動，最後由內地商人王征購得控股權。不過，這一時期，亞洲電視的每況日下，終於 2016 年 4 月 1 日子夜停播。邵氏家族持有的邵氏兄弟和香港無線電視，以及鄒文懷所持有的嘉禾集團，亦因邵逸夫、鄒文懷年近古稀而轉手出售，最後落入中資手中，從而結束了其作為華資公司的歷史。不過，亦有華商在此領域崛起，其代表是李澤楷旗下的電訊盈科媒體（PCCW Media），主要經營香港最具規模的收費電視業 Now TV，以及免費電視 Viu TV 和網絡電視 Viu OTT 等。另外，林建岳家族麗新集團旗下的寰亞傳媒、楊受成家族英皇集團旗下的英皇文化產業集團亦佔有重要地位。

在報業傳媒，華資仍佔有相當的份額，香港主要的報紙，包括《東方日報》、《信報》、《香港經濟日報》、《星島日報》等，仍主要由華商經營。不過，中資在香港報業傳媒中亦佔有越來越重要的位置，2015年 12 月，中資的阿里巴巴集團就成功收購香港主要英文報刊之一的《南華早報》以及南華早報集團旗下的其他媒體資產。

▌華資財團在香港經濟中的主要特點和作用

概括而言，華資及華資財團在香港經濟及香港資本結構中，具有以下幾個顯著的特點：

第一，華資企業數量眾多，行業分佈廣泛，是香港經濟中最大的資本力量，構成香港經濟的基礎和主體。

香港雖然是國際性商業大都市，但歷來是中國領土的一部分，華人人口在香港總人口中所佔比重高達 97%，本質上屬於華人社會。香港自開埠以來首 100 年間就一直作為對中國實行轉口貿易的商港而發展起來的，與中國內地的經貿活動有密的聯繫。70 年代末中國實行改革開放政策後，香港與中國內地的經貿關係獲得全面性的飛躍發展，並逐步與以廣東珠江三角洲為核心的華南地區經濟趨向融洽，並形成現今的「粵港澳大灣區」。這種歷史背景使華資在香港的活動和發展具有極廣泛的社會基礎和發展空間。回歸之後，華商在香港經濟的各個領域得到

進一步發展，特別是在地產建築業，電力、電訊、煤氣、基建、公共交通等公用事業，採購貿易，零售百貨，酒店餐飲業，乃至航運、倉儲和碼頭業，以及製造業等，仍然佔有壓倒性優勢或擁有相當大的實力，他們構成香港經濟的基礎和香港資本結構的主體。

第二，華資是推動香港經濟發展、轉型，維持香港經濟繁榮穩定的主要資本力量。

首先，華資是戰後香港邁向工業化、經濟起飛的主要動力。二十世紀 50 年代初朝鮮戰爭爆發後，聯合國對華實行貿易禁運，香港的轉口貿易一落千丈。這時期，正是一大批從內地移居香港的華人實業家，在香港建立了最初的工業基礎，先是紡織業，繼而是製衣業，並逐漸擴展到塑膠玩具、鐘錶電子等各個製造業行業，從而推動了香港的工業化進程和整體經濟的起飛。戰後香港經濟的繁榮發展正是在此基礎上重新構築的。60 年代以後，華資勢力相繼在貿易、航運、地產、酒店以及其他各個行業中崛起，推動了香港經濟向多元化及服務業方面發展，為香港作為國際貿易中心、國際金融中心、國際航運中心、國際航空中心及旅遊中心的崛起奠定了堅實的基礎。

其次，華資是 80 年代以來推動香港與內地經貿合作，促進香港經濟結構轉型的主要力量。70 年代至 80 年代初，中國實施改革開放政策以後，華資在製造業的廠商率先大規模投資廣東珠江三角洲地區，推動香港與內地形成「前店後廠」的分工格局，並由此帶動了兩地轉口貿易的再度蓬勃發展，進而帶動香港的金融、保險、運輸、倉儲、旅遊以及其他服務業的快速增長。1992 年中國領導人鄧小平南巡廣東，中國進入改革開放的新階段以後，香港的華資財團積極向中國內地投資，投資領域從製造業擴大到地產、基本建設以及批發零售、服務業等第三產業，有力地推動了香港經濟從以出口帶動並以製造業為主導的體系向以港口帶動並以服務業為主體的體系轉型，從海島型經濟轉向中國內地，尤其是華南地區的服務中心、商業大都會。這一進程令香港在整個八九十年代獲得持續穩定的增長。

再次，華資及華資財團成為過渡時期乃至回歸之後維持香港穩定繁榮的最重要資本力量。踏入過渡時期，香港華資財團的投資策略以1992年鄧小平南巡為分界線，大致可劃為兩個階段，前一階段，由於投資信心才剛恢復，並受到部分英資財團遷冊、走資的影響，部分華資財團在「立足香港」繼續加強香港業務的同時，亦積極向海外拓展，試圖分散投資風險，但其中不少海外投資均遭受挫折。其後，華資財團藉中國進一步改革開放之機，轉而向中國大陸進軍，掀起空前的投資熱潮。這種投資策略的轉變對香港在過渡時期的穩定繁榮無疑具有極重要的意義。回歸以後，華資及華資財團在繼續投資香港業務的同時，大舉進入中國內地市場，投資領域遍及製造業、房地產業、酒店餐飲、零售百貨、基礎建設、銀行業等各個主要領域，推動了香港與內地的融合發展，推動粵港澳大灣區的形成，為香港的繁榮穩定做出了重大貢獻。

第三，華資大財團已取代英資而成為香港經濟發展的主導力量。

回歸之前，香港華資的主力，主要由李嘉誠家族、郭氏家族、李兆基家族、包玉剛／吳光正家族、鄭裕彤家族、陳啟宗家族、霍英東家族、王德輝／龔如心家族、利氏家族、羅鷹石家族、陳廷驊家族、胡應湘家族、邵逸夫家族、劉鑾雄家族、許世勳家族、李國寶家族、林百欣家族、何鴻燊家族等數十個家族大財團構成。這些財團的投資領域已從地產伸展到公用事業、航運、倉儲和碼頭、酒店飲食、百貨零售、影視傳媒及金融業，成為綜合性大型企業集團。

回歸以後，隨着部分英資財團逐步淡出香港，華資財團政治地位、經濟實力進一步提高，華資大財團已取代英資財團而成為香港經濟中的主導力量。其中，部分華資大財團已將投資的地域從香港擴展到中國內地乃至全球各國，進一步發展成為實力雄厚的多元化跨國企業集團。其中的典型就是李嘉誠／李澤鉅旗下的長和集團，另外不少華資財團亦積極投資海外，這種態勢有利於鞏固香港作為國際商業樞紐的戰略地位。目前，包括李嘉誠／李澤鉅的長和集團、李兆基家族的恒基集團、郭氏家族的新鴻基地產、鄭裕彤／鄭家純家族的新世界發展／周

大幅、吳光正／吳宗權家族的會德豐／九龍倉置業、陳啟宗家族的恒隆集團、李澤楷家族的電訊盈科／香港電訊，以及其他一批主要華資財團等，其投資策略和發展重點都成為香港經濟的風向標。

第四，華資大財團在香港部分經濟領域的壟斷性逐步凸顯。

值得注意的是，經過數十年的發展，華資大財團在香港部分領域的壟斷性正逐步凸顯，這種情況在地產業表現的尤為明顯，並引起社會輿論的廣泛關注。早在二十世紀 90 年代中期，就已有研究報告指出香港地產市場經營的集中性問題。其後，1997 年爆發的亞洲金融危機中，危機中大批中小地產商處於破產或瀕臨破產的境地，而大地產商則因其財力雄厚及土地儲備充足而安度難關。2003 年以後，香港地產市場復甦反彈，土地價格更加昂貴，大地產商的經營集中度進一步提高，寡頭壟斷的市場格局基本形成。正如資深地產界人士潘慧嫻在其轟動一時的專著《地產霸權》中所指出：「隨着中小型地產商幾乎全部退出市場，可以肯定的是，市場力量將更加集中。擁有市場主導力量的企業，會濫用其影響力。如此，由寡頭企業緊緊操縱市場結構，競爭將變得更弱。」[1] 在此市場結構中，大地產發展商掌握了大量的土地儲備，在某種程度上加劇了香港地產市場的失衡，從而導致地產市場價格長期高居不下，成為香港社會、經濟深層次矛盾的一個根源。

第二節　李嘉誠／李澤鉅家族財團

▋ 創辦初期：從製造業向地產業轉型

李嘉誠／李澤鉅家族財團是香港主要的華資財團之一，其發展最早可追溯到 1950 年長江塑膠廠的創辦。李嘉誠，原籍廣東潮安，1928

1　潘慧嫻：《地產霸權》，北京：中國人民出版社，2011 年，第 143 頁。

年在家鄉出生，11 歲時因日寇侵華，隨父母舉家南遷香港。李嘉誠 15 歲時，因父親病逝而輟學外出謀生，初期在舅父莊靜庵的中南公司當學徒，後來先後到五金製造廠及塑膠褲帶製造公司當推銷員，22 歲時晉升工廠經理。1950 年，李嘉誠以自己多年積蓄及向親友籌借的 5 萬港元在港島筲箕灣租下廠房，創辦長江塑膠廠，邁開其建立以後基業的第一步。[2] 之所取名「長江」，據李嘉誠的解釋，是因為「長江是不擇細流、匯聚百川的中國大河」。[3]

長江塑膠廠創辦初期主要生產一些普通的塑膠玩具及日用品，由於資金有限，生產設備極為簡陋，產品積壓滯銷，一度頻臨困境。1957 年，李嘉誠得悉義大利人利用塑膠製成塑膠花，正向歐美市場推銷，便親自前往義大利考察學習。1957 年，長江塑膠廠重組為「長江工業有限公司」，將各類塑膠花新產品以比義大利同類產品便宜的價格推出市場，獲得大批訂單，業務自此走上軌道。[4] 1958 年，長江工業的資產突破 100 萬港元，當年李嘉誠在港島北角興建了一幢 12 層樓高的工業大廈，作為公司的總部所在地，這成為李氏投資地產業的起端。這時，李嘉誠成為香港有名的「塑膠花大王」。

50 年代後期，李嘉誠開始進軍地產業，相繼在北角、柴灣、新界元朗等地區興建多層工業大廈，規模愈做越大。60 年代中期，香港先後爆發銀行危機和政治騷動，地產市道陷入空前低潮，當時很多人賤價拋售所持有的樓宇，尤其是富裕人家的高級樓宇。這時，李嘉誠看準香港地產業的發展前景，利用這千載一時的良機，大量吸納價格低廉的地皮和物業，一舉奠定日後在地產界大展鴻圖的基礎。

2　黃惠德：〈李嘉誠先生現身說法〉，《信報財經月刊》，第 2 卷第 7 期，1978 年 10 月，第 60 頁。

3　長和實業「大事紀要」，1950 年，參見長江和記實業有限公司官網：https://www.ckh. com.hk/tc/about/milestones.php

4　黃惠德：〈李嘉誠先生現身說法〉，第 60 頁。

　　1971 年 6 月，李嘉誠創辦「長江實業（集團）有限公司」，走上集中經營房地產業務的軌道。當時，正值香港股市進入大牛市時期，李嘉誠把握良機，及時將長實上市，集資 3,150 萬港元。1972 年 11 月 1 日，長實正式在香港掛牌上市，受到股民熱烈追捧，股價飆升逾一倍。其時，長實已擁有樓宇面積達 35 萬方呎，每年租金收入 390 萬港元，並擁有 7 個發展地盤，其中 4 個地盤為全資擁有。上市第一個年度，長實獲純利 4,370 萬港元，比起預算利潤超出差不多四倍。[5]

　　長實上市後即利用發行新股作為工具大規模集資，並趁地產低潮大量購入地皮物業。僅就 1973 年，長實就公開發行新股 5 次，總數達 3,168 萬股，先後購入灣仔軒尼詩道 8 幢舊樓，皇后大道中聯成大廈一半權益，皇后大道中勵精大廈和德輔道中環球大廈、觀塘中匯大廈及北角賽西湖地盤等。1974 年，長江實業向李冠春和馮平山家族旗下的華人置業購入位於中區的華人行，並與滙豐銀行合作重建華人行，作為集團的總部所在地。1975 年，長實再度發揮股市集資的功能，公開發售 2,000 萬股新股，集資 6,800 萬港元，購入地皮物業十多處。1976 年，長實擁有的樓面面積已急增至 630 萬方呎，即在短短的上市 4 年間增加了 17 倍。此時，長江實業已成為香港規模宏大的地產集團。

　　1977 年 1 月，香港地鐵公司宣佈在地鐵中環站和金鐘站上蓋發展權接受招標競投，由於兩地段均處於香港中區最繁華地區，競投熱烈，參與投標的財團多達 30 多個。其中，又以老牌英資地產公司置地奪標呼聲最高，但長江實業針對地鐵公司債務高企、急需現金回流的困難，提出了一個極具吸引力的投標方案，將上蓋物業完工時間與地鐵通車日子配合，即地鐵通車之日就是上蓋物業完工之時。結果在眾多財團中突圍而出，擊敗置地，勇奪地鐵中環、金鐘站上蓋發展權。消息傳出，香

5　康恒：〈地產界最強人——李嘉誠雄霸商場五個階段〉，《南北極》，第 127 期，1980 年 12 月 16 日，第 24 頁。

港輿論為之轟動，長實被譽為「擴張發展之重要里程碑」，是「華資地產界的光輝」。[6]

這一時期，長江實業還與一些「有地無錢」的上市公司合作，發展這些公司擁有的土地。1976 年，長實就先後與亨隆地產、銓利基業等公司合作，發展高級住宅和別墅。1980 年至 1983 年間，長實更先後與南海紗廠、南洋沙廠、怡南實業、廣生行、會德豐系的信託置業、聯邦地產、以及港燈集團等，合組聯營公司，發展對方所擁有的土地或買賣對方所擁有的物業，實力進一步增強。1981 年底，長江實業的市值達 79.14 億港元，在香港上市公司中排名第 5 位，僅次於滙豐銀行、置地、恒生銀行及和記黃埔。

▌ 收購和黃、港燈：躍居香港首席上市家族財團

70 年代後期，香港的地產市道頻頻創出新高，然而同期股市仍然疲弱，一批持有龐大優質土地的英資上市公司，因經營保守，股價長期偏低。李嘉誠憑着他敏銳的商業目光看到集團發展的新方向，他決定動用大量現金收購這些潛質優厚的英資公司，為集團在 80 年代的發展未雨綢繆。

1977 年，李嘉誠首戰告捷，他以 2.3 億港元收購了擁有港島中區著名的希爾頓酒店的美資永高公司，開啟了華資收購外資公司的先河。初露鋒芒之後，李嘉誠即將收購的目標指向九龍倉。1978 年 3 月，李嘉誠有意收購九龍倉的消息外洩，一時間，香港股市流言四起。70 年代前期，九龍倉控股公司置地及怡和因大規模投資海外，盈利裹足不前，資金缺乏，對九龍倉的控股權下降，只能急忙向滙豐銀行求救，由滙豐主席沈弼（M. G. R. Sanberg）親自向李嘉誠斡旋。而當時出任滙豐董事

6　方式光、李學典：《李嘉誠成功之路》，香港：香港出版有限公司，1992 年，第 49 頁。

的「世界船王」包玉剛亦正計劃部署其「棄船登陸」的策略，有意問鼎九龍倉。李嘉誠權衡利弊之後，將所收購九龍倉股權約 1,000 萬股全數售予包玉剛，賺取了 6,000 萬港元利潤，全身而退。

李嘉誠退出九龍倉爭奪之後，旋即向早已看好的另一家英資上市公司青洲英坭動手。青洲英坭亦是一家老牌英資上市公司，主要業務是生產及銷售水坭等建築材料，在九龍紅磡持有大量廉價土地。李嘉誠依然是不動聲色地在市場吸納青洲英坭的股票。1979 年，李嘉誠持有青洲英坭的股權增加到 36%，順利出任該公司董事局主席。這年，長實擁有的樓宇面積已達 1450 萬平方呎，超過了置地的 1300 萬平方呎，成為香港名副其實的「地主」。

不久，李嘉誠將收購的目標指向另一家英資大行 —— 和記黃埔。和記黃埔的前身是具有百年悠久歷史的和記洋行（John D Hutchison & Company Ltd）。二十世紀 60 年代，和記洋行在英商祁德尊（John D. Clague）的領導下迅速崛起，1965 年和記洋行改組為「和記企業有限公司」（Hutchison International Ltd.），並躋身英資四大洋行之列，旗下企業多達 300 多家。可惜，和記企業在 1973 年的股市危機中因陷入財務危機而被滙豐收購。其後，和記在行政總裁韋理的治理下，經過整頓革新，制止虧損，改善集團管理制度，重新步入正軌，並且與旗下的黃埔船塢合併為「和記黃埔有限公司」（Hutchison Whampoa Limited，簡稱「和黃」），擁有龐大的土地儲備和多元化發展潛力。[7] 根據香港的公司法、銀行法，銀行不能從事非金融性業務。當時，香港的英資洋行，如怡和、太古、和記的管理層等，都對滙豐持有的和記黃埔股份極感興趣，然而，滙豐卻有意於李嘉誠。這年，李嘉誠秘密與滙豐銀行接觸，

7　黃惠德、趙國安：〈和記黃埔行政總裁韋里：「我如何挽救一家瀕臨破產的公司」〉，《信報財經月刊》，第 2 卷第 1 期，第 29-30 頁。

商討收購和黃事項，滙豐的答覆是：只要條件適合，長實的建議會為滙豐有意在適當時候有秩序出售和黃提供機會。[8]

1979 年 9 月 25 日，李嘉誠透過旗下的長江實業就收購和黃與滙豐達成協議。根據協議，長實將以每股 7.1 港元價格向滙豐收購 9,000 萬股和黃普通股，約佔和黃已發行股份的 22.4%，長實須立即支付總售價 6.39 億港元的 20%，餘額可選擇延遲支付的辦法，為期最多兩年，不過須在 1981 年 3 月 24 日之前支付不少於餘額的一半。換言之，長實是以極優惠的條件收購和黃，成為該集團的大股東。這宗收購，被《遠東經濟評論》稱為「使李嘉誠直上雲霄的一宗交易」。[9] 李嘉誠購入和黃股份後，即於同年 10 月 15 日出任和黃執行董事，經一年的吸納，到 1980 年底長實持有的和黃股份已增至 41.7%，1981 年 1 月 1 日，李嘉誠出任和黃董事局主席，成為「入主英資洋行的第一人」。

李嘉誠收購和記黃埔後，即加強該公司的地產業務發展。1982 年，和黃地產集團建成第一個「小型市鎮」── 香港仔中心，為近 3,000 個香港家庭提供居所。[10] 1984 年 9 月，中英就香港前途問題草簽聯合聲明，投資者信心開始恢復，和黃即與香港政府就和黃補地價問題達成協議，着手籌劃將黃埔船塢舊址發展為規模宏大的黃埔花園計劃。黃埔花園從 1985 年 4 月推出第一期，到 1989 年 8 月售出最後一期，歷時 4 年半，為和黃帶來 53.2 億港元的巨額利潤。[11]

李嘉誠收購和黃後，隨即將收購的目標指向香港電燈公司。香港電燈也是一家老牌英資上市公司，創辦於 1989 年，到 70 年代已發展成

8 〈李嘉誠部署長實鯨吞和黃〉，《經濟一週》，1993 年 6 月 27 日，第 39 頁。

9 雙慶譯：〈使李嘉誠直上雲霄的一宗交易〉，《財富月刊》，1988 年 10 月 3 日，第 22 頁。

10 長和實業「大事紀要」，1982 年，長江和記實業有限公司官網。

11 馮邦彥：《香港華資財團（1841-2020 年）》，香港：三聯書店（香港）有限公司，2020 年，第 307 頁。

一家多元化的大型企業集團，業務包括發電、地產、工程服務以及電器貿易等，躋身香港 10 大市值上市公司之列。當時，香港電燈的大股東置地公司正陷入財政困難之中，被迫出售旗下非核心資產和業務。1985年 1 月 22 日，李嘉誠與置地就收購港燈股份達成協議。[12] 李嘉誠透過和黃以 29.05 億港元價格收購置地名下 34.6% 香港電燈股權。這是中英會談結束之後，香港股市首宗大規模收購事件，同時也是李嘉誠 1979年收購和黃後，另一轟動的商業決定。[13]

　　李嘉誠收購香港電燈後，即躍居香港的首席家族財團。根據香港《信報》的統計，截至 1988 年底，李嘉誠家族持有 5 家上市公司，包括長江實業、和記黃埔、電燈集團、嘉宏國際及廣生行，總市值高達657.62 億港元，已超過老牌英資財團怡和、太古等，成為香港排名第一位的上市家族財團。其後，李嘉誠根據業務發展需要，將嘉宏國際私有化，出售廣生行股權，並成立長江基建。1996 年 12 月底，李嘉誠家族持有 4 家上市公司，包括長江實業、和記黃埔、長江基建及香港電燈（圖 2-1），總市值達 3249.05 億港元，8 年間增長了 3.94 倍，在香港上市財團中高居榜首。

12　賓加著：〈李嘉誠妙計賺港燈〉，齊以正等：《香港商場「光榮」榜》，香港：龍門文化事業有限公司，1985 年，第 65 頁。

13　范美玲：〈李嘉誠的收購哲學〉，《信報財經月刊》，第 8 卷第 11 期，第 29 頁。

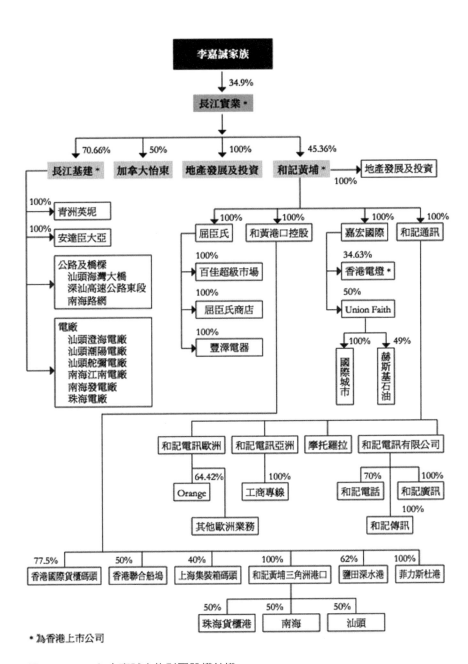

圖 2-1　1996 年李嘉誠家族財團股權結構
資料來源：馮邦彥：《香港華資財團（1841-2020 年）》，香港：三聯書店（香港）
有限公司，2020 年

▍集團的多元化與國際化發展

踏入過渡時期，長實集團繼續積極致力於香港地產業的發展。在整個 80 年代，長實集團先後完成 60 多項地產發展計劃，除黃埔花園外，尚有城市花園、和富中心、嘉雲臺、樂信臺、瑞峰花園、銀禧花園及麗城花園，所提供的住宅單位超過 5.5 萬個。期間，長實集團發展的物業，約佔香港整個物業市場的 20%，已成為香港地產業的領導者之一。[14] 從 1989 年開始，李嘉誠透過長實、和黃再策劃四大屋邨的發展計劃，包括藍田地鐵站的匯景花園、黃果嶺的麗港城、鴨脷洲的海怡半島，以及元朗天水圍的嘉湖山莊，這是香港地產發展史上僅見的大型發展計劃，四大屋邨共佔地 747 萬平方呎，可提供樓面面積 2,953 萬平方呎，其中住宅單位逾 4 萬個，總投資超過 185 億港元。此外，長實還先後於 90 年代中後期投資興建了大型高級商廈 —— 中環中心（1997 年）和長江集團中心（1999 年），後者成為長和集團的總部所在地。

與此同時，長和系依託旗下多家上市公司，展開多元化業務發展。在電訊業，1983 年，和黃在香港展開流動電話業務，翌年和黃旗下的和記電話有限公司獲發牌照於香港經營 AMPS 制式流動無線電話網絡。[15] 1992 年 7 月，香港政府開放本地電訊市場，和黃旗下的和記通訊、九龍倉的香港新電訊及新世界發展的新世界電話獲准頒發經營牌照。1996 年 1 月，和黃集團整合香港的流動電話、傳呼與固網服務的市務與營運資源，並宣佈成立「和記電訊有限公司」，負責統籌香港的電訊業。[16]

在基礎設施建設領域，李嘉誠收購和黃後，便取得國際貨櫃公司的控制權。國際貨櫃的前身是香港黃埔船塢的貨櫃碼頭業務，1974 年，黃埔船塢奪得葵涌四號貨櫃碼頭發展經營權，遂將其位於紅磡、北

---

14 《積極建設發展，繪畫香港新貌 —— 長江實業九十年代物業發展計劃》（長實小冊子）。

15 長和實業「大事紀要」，1983-84 年，長江和記實業有限公司官網。

16 長和實業「大事紀要」，1996 年，長江和記實業有限公司官網。

角和觀塘 3 段貨櫃碼頭業務全部遷往四號貨櫃碼頭，並重新命名為「香港國際貨櫃碼頭有限公司」（HIT，簡稱「國際貨櫃」）。李嘉誠收購和黃後，即透過國際貨櫃集團大力發展貨櫃碼頭業務。1985 年，香港政府決定讓國際貨櫃和現代貨箱共同發展六號貨櫃碼頭，但國際貨櫃以二號貨櫃碼頭換取現代貨箱在六號貨櫃碼頭的半數權益，斥資 20 億港元獨力發展六號貨櫃碼頭。1988 年，香港政府招標競投七號貨櫃碼頭，國際貨櫃以 43.9 億港元的高價奪得七號貨櫃碼頭發展權。1991 年，國際貨櫃與中資的中國遠洋運輸公司合資組成中遠—國際貨櫃碼頭（香港）有限公司（CHT），取得八號貨櫃碼首 4 個泊位中的兩個泊位發展經營權。1996 年 9 月，國際貨櫃再取得九號貨櫃碼頭的其中 1 個泊位，及 1 個支線泊位。[17] 至此，國際貨櫃集團共經營葵涌的四、六、七、八、九號貨櫃碼頭的 14 泊位，成為全球規模最大的私營貨櫃碼頭公司之一。

這一時期，李嘉誠的長和系在推進業務多元化的同時，亦開始向國際市場拓展。1974 年，李嘉誠與加拿大帝國商業銀行合作，組建「加拿大怡東財務公司」。從 80 年代中期起，李嘉誠開始加快投資海外市場的步伐。1987 年，李嘉誠透過家族公司及和黃重槌出擊，斥資 4 億加元收購加拿大赫斯基石油公司（Husky Oil Ltd.）52% 股權，其中，和黃旗下的 Union Faith 購入 43% 股權，李嘉誠 1983 年已入籍加拿大的長子李澤鉅購入 9% 股權。

1988 年，李嘉誠再斥資 3.75 億加元全面收購加拿大另一家石油公司 Canterra Energy Ltd.。2000 年，赫斯基石油宣佈與同是加拿大公司的 Renaissance Energy 合併，成立「赫斯基能源」（Husky Energy Inc），並在多倫多證券交易所上市，成為加拿大最大的綜合石油與氣體公司之一。[18] 此外，李嘉誠又聯同李兆基、鄭裕彤以及加拿大帝國商業銀行

---

17 長和實業「大事紀要」，1988-96 年，長江和記實業有限公司官網。

18 長和實業「大事紀要」，2000 年，長江和記實業有限公司官網。

合組太平世博發展有限公司（Concord Pacific Development Ltd.），奪得溫哥華 1986 年世界博覽會舊址的發展權，成功發展大型商住地產項目——萬博豪園（Concord Pacific Place）。[19]

80 年代後期，李嘉誠在進軍海外能源、地產業的同時，亦積極拓展海外的電訊、貨櫃碼頭市場。1989 年，李嘉誠透過和黃收購英國 Quadran 集團的流動電話業務，邁開拓展海外電訊市場的第一步。1991 年 7 月，和黃透過旗下的和記通訊與英國宇航局換股，交易完成後，和記通訊（英國）成為和黃在英國發展電訊業務的旗艦，旗下業務除第二代流動電話和個人通訊網絡之外，尚包括和記流動電話、和記傳呼、和記流動數據通訊及和記幹線流動電話等。1994 年 4 月，和記通訊（英國）推出 Orange 數碼蜂窩式個人通訊網絡服務、業務迅速發展。[20]

到 90 年代中後期，李嘉誠家族財團以長實為旗艦，以和黃、港燈、長江基建為主力，積極拓展多元化、國際化業務，旗下五項核心業務（除了地產以外），包括港口及相關服務、零售、基建、能源及電訊等，均以香港為基地拓展到北美、歐洲及亞太區。到 90 年代末期，長和系的海外投資開始進入回報期，其中最為人們津津樂道的就是創造了「千億賣橙（Orange）」的「神話」。1996 年，和黃宣佈成立 Orange plc 作為和記通訊（英國）的控股公司，並將其在倫敦證券交易所和美國納斯達克市場上市。[21] 1999 年，電訊企業股票市值屢創新高，和黃把握時機，先在 2 月份出售了 5,000 萬股 Orange 股份，套現 52.8 億港元；同年 10 月，和黃再將 Orange 剩餘 44.81% 股權，以現金、票據及股票作交易，作價 1,130 億港元，全部出售給德國電訊商曼內斯曼（Mannesmann）。交易完成後，和黃持有曼內斯曼 10% 的股權，成為該

19 〈進軍「香哥華」〉，《資本》，1988 年 7 月，第 108 頁。

20 長和實業「大事紀要」，1994 年，長江和記實業有限公司官網。

21 長和實業「大事紀要」，1996 年，長江和記實業有限公司官網。

公司的單一最大股東。[22] 其後，曼內斯曼被英國電訊商沃達豐收購，和黃將所持曼內斯曼股票轉售予沃達豐，再賺逾 500 億港元。是役，和黃一舉賺取超過 1,680 億港元的收益，創造了香港商界的奇蹟。

　　香港回歸以後，長和系的海外投資步伐並未放緩。2000 年，和黃以 43.85 億英鎊投得英國最大頻寬的「A」級 3G 牌照；2001 年，和記黃埔港口取得鹿特丹歐洲組合碼頭（ECT）六成股權；2002 年，長江基建聯同港燈集團收購服務澳洲維多利亞省墨爾本市與其週邊郊區的電力公司 Citipower I Pty Ltd（Citipower），總投資 144.18 億澳元；2004 年，長江基建宣佈首次進軍英國食水處理業務，購入位於南劍橋郡的 Cambridge Water 全部權益；2005 年，和黃聯同長江基建、港燈完成收購擁有英國北部氣體分銷網絡（NEG）的 Blackwater F Limited。這一時期，長和系五大核心業務已的拓展至亞洲、歐洲、澳洲、北美洲等眾多國家和地區（圖 2-2）。

圖 2-2　2014 年和記黃埔在全球的業務分佈
資料來源：和記黃埔有限公司官網

22 〈和黃接受 Mannesmann AG 收購其 44.81%Orange plc 股權〉（和記黃埔新聞稿），1999 年 10 月 21 日。

與此同時，長和系也加快了進入中國內地市場的步伐。長和系對
內地房地產業的大規模投資，始於 1989 年。1993 年初李嘉誠正式對外
宣佈轉向中國內地市場拓展時，長和系在內地項目已佔集團資產的四
分之一。其中，最具標誌性的項目，就是拿下了位於北京東長安街 1
號、佔地 10 萬平方米的絕佳地段，建成亞洲著名的商業建築群 —— 東
方廣場（Beijing Oriental Plaza），總投資額高達 20 億美元。東方廣場於
2004 年落成啟用，建築面積達 76.35 完平方米，包括購物中心、辦公大
樓、服務式住宅大樓、酒店及停車位，成為北京的新地標之一。

2003 年，和記黃埔在內地初步佈局了上海、深圳、重慶、廣州、
北京等一線城市。2005 年中央政府推出樓市調控政策，長實、和黃「逆
市而上」，陸續在西安、成都、長沙、長春、武漢、天津、重慶等地投
入 400 億元人民幣的巨額資金，圈下了超過 300 萬平方米的土地，基本
完成了對一級城市和主要二級城市的戰略佈局。到 2014 年李嘉誠重組
長和系時，集團共擁有 1.7 億平方呎可供發展的土地儲備，其中位於內
地的土地儲備高達 1.58 億平方呎，佔集團全部土地儲備的 92.94%，這
些土地儲備大部分是在 2005 年以前獲得，獲得土地的成本很低。[23]

據市場粗略統計，從 2005 年至 2014 年的十年間，長江實業在內地
建成物業總樓面面積約達 876 萬平方米，分別分佈在北京、上海、廣
州、深圳、重慶、成都、長春、西安、長沙等內地一線城市和省會城
市，其中，以成都最多，達 187 萬平方米。這十年間，以面積計算，長
江實業在內地建成物業約佔集團全部建成物業的八成以上。長江實業在
內地房地產項目的發展，大幅提升了集團的營業額。1997 年，長江實
業營業額為 78.57 億港元，到 2011 年增加到 423.59 億港元，14 年間增
長了 4.39 倍，年均增長率為 12.79%。

---

23 〈長江實業與和記黃埔將進行合併、重組、再分拆，成為兩間具領導地位的新公司在香港
上市〉（長江實業、和記黃埔新聞稿），第 3 頁，2015 年 1 月 9 日。

除了地產業外，長和系也積極拓展其在內地的零售、港口碼頭、基建等業務。早在 1989 年，和黃旗下的屈臣氏在內地重新開業；1992 年，和黃透過旗下附屬公司，購入上海集裝箱港 50% 權益；1993 年，和黃購入一家總值 50 億元人民幣合資公司的多數股權，該公司擁有、經營並可進一步擴展中國深圳鹽田港。[24] 香港回歸後，和黃又先後於 2000 年及 2001 年，透過旗下和記黃埔港口與上海港務局等合資，共同經營外高橋一期港區；與寧波港務局成立合資公司（和黃佔 49% 股權），投資人民幣 20 億元，經營及管理寧波北侖港二期的三個貨櫃泊位；與深圳市政府及鹽田港集團簽約，共同發展鹽田國際集裝箱碼頭三期工程項目，總投資達 66 億港元。[25] 這一時期，和黃逐步完成了對內地沿海港口碼頭的投資佈局，而屈臣氏亦完成在國內城市的零售網絡佈局，2011 年 12 月屈臣氏旗艦品牌「屈臣氏個人護理店」於內地開設第 1,000 家分店。

▎長和系的資產與業務重組

不過，2009 年全球金融海嘯爆發以來，特別是 2013 年以來，隨着國際經貿環境和中國經濟環境的變化，李嘉誠在內地的投資策略發生了重要轉變，從積極拓展轉向陸續拋售，特別是拋售在中國內地處於高位的房地產物業。其中，最矚目的是 2013 年 10 月，長實、和黃以 71.6 億元人民幣出售上海陸家嘴東方匯經中心，該項交易成為上海大宗交易賣得最貴的項目；2016 年 10 月，長實地產與李嘉誠海外基金會以 230 億元人民幣出售上海世紀匯地產項目。據市場粗略估計，截至 2019 年，李嘉誠在內地拋售物業套現資金金額至少在 1,000 億元人民幣左右。

24　長和實業「大事紀要」，1989-1993 年，長江和記實業有限公司官網。
25　長和實業「大事紀要」，2000-2001 年，長江和記實業有限公司官網。

　　與此同時，李嘉誠在香港也減持資產。2013 年 7 月，李嘉誠一度有意出售和記黃埔旗下的百佳超市。不過，該出售計劃其後擱淺。2017 年 11 月，長實地產將所持香港中環中心 75% 權益以 402 億港元的售價，出售給中資公司中國港澳台僑和平發展亞洲地產有限公司。這項交易創下香港商廈交易的最高成交記錄。期間，和黃透過旗下電能實業（前身為「港燈集團」）分拆香港電燈公司上市，出售屈臣氏集團 24.95% 股權，出售亞洲貨櫃碼頭 60% 股權等。李嘉誠拋售內地、香港資產，特別是內地房地產項目的策略，引起內地媒體和社會各方的關注，掀起了軒然大波。一時間，對李嘉誠的評擊、非議鋪天蓋地。[26]

　　就在相繼拋售中國內地、香港的資產物業的同時，李嘉誠透過旗下和黃、長江基建等公司，大舉進軍歐洲，特別是英國市場，投資領域從能源、電訊等擴展到基礎設施建設、水務、管道燃氣、地產等行業。2014 年 4 月，和黃投資 15.12 億美元在英國倫敦商業區金絲雀碼頭（Canary Wharf）重建 Convoys Wharf，開展商住地產項目。2019 年 8 月，李嘉誠透過旗下公司投資 46 億英鎊（約 393 億港元），全資收購英國最大酒吧運營商 Greene King。據市場粗略估計，截至 2019 年底，李氏商業帝國在英國的總資產高達約 4,000 億港元，包括英國超過 40% 的電訊市場、約四分之一的電力分銷市場、近三成的天然氣供應市場、近三分之一的碼頭、約 7% 的供水市場，以及逾 50 萬平方米的土地資源等。除英國外，長和系還在歐洲的法國、奧地利、愛爾蘭、荷蘭，以及澳洲的澳大利亞、新西蘭等其他地區開展一系列的收購行動，佈局全球發展。[27]

　　就在長和系於中國內地、香港以及歐洲等海外市場進行資產和業務大規模重新配置時，自 2013 年起，李嘉誠對長和系的資產與業務也

26　羅天昊：〈別讓李嘉誠跑了〉，北京：瞭望智庫網站，2015 年 9 月 13 日。

27　馮邦彥：《香港華資財團（1841-2020 年）》，第 483-485 頁。

展開令人矚目的重組，包括電能實業分拆港燈電力投資、長和系重組，
以及長江基建合併能源實業（最終未能成功）等三個部分。其中，最矚
目的是長江實業與和記黃埔兩家上市公司的重組。2015 年 1 月 9 日，
長和系公佈其龐大的重組計劃，內容包括：將長江實業變身為「長江
和記實業有限公司」（CK Hutchison Holdings Limited，簡稱「長和實
業」）；由長和實業併購和記黃埔（包括和黃收購部分赫斯基能源股份），
並整合與長江基建合營的 5 個項目；分拆新的長和實業的所有地產業
務，交由新公司──「長江實業地產有限公司」（Cheung Kong Property
Holdings Limited，簡稱「長實地產」）經營、上市（圖 2-3）。

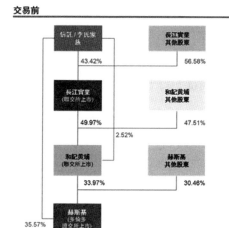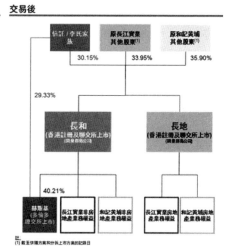

圖 2-3　長和系重組前後股權架構變化
資料來源：長江實業、和記黃埔新聞稿：《長江實業與和記黃埔將進行合併、重組、
再分拆，成為兩間具領導地位的新公司在香港上市》，2015 年 1 月 9 日。

　　長和系表示，該重組計劃的目標，是要「消除長江實業持有的和記
黃埔股份之控股公司折讓，從而向股東釋放實際價值」；「提高透明度及
業務一致性」；「消除長江實業與和記黃埔之間的分層控股架構，讓公眾
股東能與李氏家族信託一同直接投資於兩間上市公司」；「股東直接持有
長和及長地的股份，從而提高投資的靈活性和效率」；以及「規模提升」

等。[28] 從重組方案來看，目的之一無疑是想要進一步梳理長和系的內部業務，解決「控股導致股價偏低」的問題（holding company discount 或 conglomeratediscount）。

不過，令市場關注的是，重組後，李嘉誠旗下的兩家主要上市公司 —— 長和實業和長實集團，其註冊地都轉到開曼群島，變相遷冊海外。

▋ 長和系：全球性多元化跨國財團

資產及業務重組後，李嘉誠／李澤鉅家族分別持有長和實業（30.18% 股權）和長實地產（34.00% 股權）兩家上市公司。其中，長和實業直接或間接持有多家上市公司，包括長江基建有限公司（76.87%）、電能實業有限公司（35.96%）、港燈電力投資有限公司（電能實業持有 33.37% 股權）、和記電訊香港控股有限公司（66.09%）、長江生命科技集團有限公司（45.31%）、TOM 集團有限公司（36.13%）、和黃醫藥（中國）有限公司（38.50%），以及在新加坡上市的和記港口信託、在加拿大上市的赫斯基能源、在澳洲上市的 HTAL 等（圖 2-4）。長和實業在全球 50 個國家經營多元化業務，包括港口及相關服務、零售、基建、電訊、能源及財務與投資等其他業務，僱員人數超過 30 萬，已發展成「一家銳意創新發展、善於運用新科技的大型跨國企業」。[29] 2019 年，長和實業以營業收入 353.61 億美元、淨利潤 49.76 億美元在美國《財富》雜誌全球企業 500 強排行榜中，位居第 352 位。

在港口及相關服務方面，集團業務集中於持有 80% 股權的和記港口集團及持有 30.7% 股權的新加坡上市公司 —— 和記港口信託（Hutchison Port Holdings Trust），在全球 27 個國家的 52 個港口中，擁

---

28 〈長江實業與和記黃埔將進行合併、重組、再分拆，成為兩間具領導地位的新公司在香港上市〉（長江實業、和記黃埔新聞稿），第 2-3 頁，2015 年 1 月 9 日。

29 《長江和記實業有限公司 2019 年年報》，第 2 頁。

圖 2-4　長江和記實業控股的上市公司
資料來源：長江和記實業有限公司官網

有 290 個營運泊位的權益，所持有的貨櫃碼頭權益是全球 10 個最繁忙
港口中的其中 6 個（圖 2-5）。在香港，2016 年 12 月，和記港口信託旗
下國際貨櫃碼頭與中遠—國際貨櫃碼頭（香港）、亞洲貨櫃碼頭簽署統
籌經營協議，共同管理及營運位於香港葵涌的四、六、七、八、九號碼
頭合共 16 個泊位。[30] 2019 年，長和實業旗下港口所處理的總輸送量達

30　長和實業「大事紀要」，2016 年，長江和記實業有限公司官網。

圖 2-5　長和集團經營港口及相關業務的全球分佈
資料來源：和記港口有限公司官網

8,600 萬個標準貨櫃。此外，集團還參與內河碼頭與郵輪碼頭業務，並
提供港口相關的物流服務。

　　在零售業務方面，集團的零售部門由屈臣氏旗下公司組成，已
發展為全球最大的國際保健美容零售商，在全球 25 個市場經營超過
15,800 家店舖，擁有 1.38 億名忠誠會員，僱員超過 14 萬人。其中香港
僱員 12.9 萬人，經營的業務包括：保健及美容產品，高級香水及化妝
品，食品、電子及洋酒，飲品製造等四大類，共 12 個品牌（圖 2-6）。
在亞洲，集團擁有多個著名零售連鎖店品牌，包括屈臣氏、百佳超級市
場、豐澤電器及電子產品店和屈臣氏酒窖等；集團亦是香港與中國內地
瓶裝水、果汁與汽水飲品的主要生產及經銷商，旗艦品牌包括屈臣氏蒸
餾水及菓汁先生。在歐洲，集團的零售網絡包括多個保健及美容產品零
售品牌：Kruidvat、Superdrug、Rossmann、Savers、Trekpleister、Drogas
與屈臣氏。此外，集團擁有兩個高級香水及化妝品零售品牌 —— ICI

圖 2-6　長和集團經營零售業務的全球分佈圖
資料來源：屈臣氏集團有限公司官網

PARIS XL 及 The Perfume Shop。[31]

　　在基建業務方面，集團透過持有 75.67% 股權的上市公司 ── 長江基建及與長江基建共同擁有 6 項基建資產權益，從事能源基建、交通基建、水處理基建、廢物管理、轉廢為能、屋宇服務基建及基建相關業務，投資和營運範圍遍及香港、中國內地、英國、歐洲大陸、澳洲、新西蘭、加拿大及美國等。[32] 其中，長江基建持有 35.96 股權的電能實業（Power Assets Holdings Limited），其前身為「港燈集團」。電能實業為一家全球性的能源跨國集團，經營範圍遍佈全球 9 個市場，包括香港地區、英國、澳洲、新西蘭、中國內地、美國、加拿大、泰國及荷蘭，

31　長和實業「業務概況：零售」，參見長江和記實業有限公司官網。
32　長和實業「業務概況：基建」，長參見江和記實業有限公司官網。

經營業務涵蓋發電及輸配電、輸氣及配氣，輸油及配油等（圖 2-7）。
2014 年 1 月，電能實業將「港燈電力投資」分拆上市，主營香港港島
電力供應業務。2019 年度，燈電力投資總裝機容量為 3237 兆瓦，輸電
網絡長度 6,500 公里，售電量達 105.1900 億度，用電客戶超過 51.1 萬
戶，供電可靠度達到 99.999% 以上。

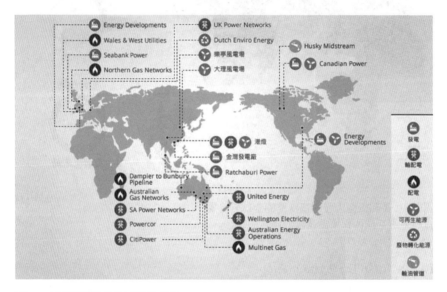

圖 2-7　電能實業的全球業務分佈
資料來源：電能實業有限公司官網

　　在電訊業務方面，集團已發展為全球領先的流動電訊與數據服務
營運商。集團旗下電訊公司包括 CK Hutchison Group Telecom、和記電
訊亞洲、新城廣播等。其中，CK Hutchison Group Telecom 成立於 2019
年 7 月，整合歐洲 3 集團（3 Group Europe）的電訊業務，並持有和記
電訊香港控股有限公司 66.09% 股權，為集團的電訊業務的控股公司。
歐洲 3 集團以「3」網絡在義大利、英國、瑞典、丹麥、奧地利及愛爾
蘭等 6 國經營電訊業務。[33] 和電香港是香港上市公司，在香港和澳門提

33　CK Hutchison Group Telecom：*Our Businesses*, CK Hutchison Group Telecom website.

供流動通訊服務。和記電訊亞洲持有集團在印尼、越南及斯裏蘭卡的流動電訊業務權益。此外，集團還持有在澳洲證券交易所上市的附屬公司 HTAL 87.87% 權益，HTAL 擁有與 Vodafone Group Plc 組成的澳洲流動電訊合資企業 VHA 50% 權益。目前，長和集團的電訊業務覆蓋全球 12 個市場，電訊客戶超過 1.1 億戶（圖 2-8）。[34]

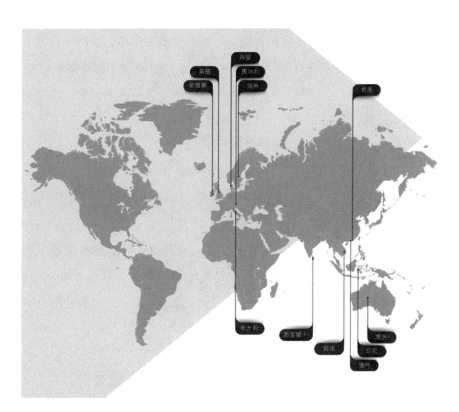

圖 2-8　長和集團經營電訊業務的全球分佈
資料來源：《長江和記實業有限公司 2018 年報》，第 49 頁。

在能源方面，集團的投資主要分佈在加拿大西部及大西洋省份、美國和亞太地區，其中，最重要的是持有 40.19% 股權的聯營公司──

34　長和實業「業務概況：電訊」，參見長江和記實業有限公司官網。

赫斯基能源公司，該公司是在加拿大多倫多上市的綜合能源公司，總部
設於加拿大阿爾伯特省的卡爾加里，創辦於 1938 年，主要在加拿大西
部和大西洋區、美國和亞太地區（包括中國內地、台灣、印尼等地區）
經營上游及下游能源業務。[35]

此外，集團亦持有和記黃埔（中國）有限公司、和記黃埔中國醫藥
科技有限公司、TOM 集團、瑪利娜、長江生命科技集團、和記水務等
股權，從事製造、服務及分銷，創新型生物醫藥，科技與媒體，保健、
醫藥及農業相關業務，水務等業務。其中，和記黃埔中國醫藥科技以
「和黃醫藥（中國）有限公司」名義於 2021 年 6 月在香港上市，該公司
專注創新醫藥研發逾 20 年，已自主研發 12 個創新分子藥物，建立了一
體化的新藥研發及商業化平台。[36]

據統計，2019 年，長和實業收益總額為 4398.56 億港元，息稅前
盈利（EBIT）為 711.08 億港元，總資產 11364.37 億港元。從收入總
額來看，以零售佔最大份額，佔總收入的 38.47%，其次分別是電訊和
基建，分別佔 23.30% 和 11.64%。不過，如果從息稅前盈利來看，則
電訊佔最大份額，佔 31.20%，其次是基建和零售，分別佔 27.03% 和
19.22%，赫斯基能源則虧損 30.04 億港元（表 2-2）。而按地區劃分，
從收益總額來看，歐洲佔最大份額，為 48.27%，其次是亞洲、澳洲，
以及加拿大等，分別佔 15.41% 和 10.85%，香港和中國內地所佔比重
分別為 8.99% 及 8.76；從息稅前盈利來看，仍以歐洲佔最大比重，為
57.20%；其次是亞洲、澳洲及其他，佔 20.75%，中國內地佔 11.27%，
而香港僅佔 2.20%（表 2-3）。換言之，長和實業的盈利約近六成來自
歐洲。

35　Husky , *Overview*，赫斯基能源公司官網。

36　《和黃醫藥（中國）有限公司 2021 年年報》，第 3 頁。

表 2-2　長和實業經營業務行業分佈

單位：億港元

核心業務	收益總額		息稅前盈利（EBIT）總額		資產總額	
	2019 年	2021 年	2019 年	2021 年	2019 年	2021 年
港口及相關服務	353.75（8.04%）	422.85（9.49%）	90.61（12.74%）	107.37（16.58%）	950.87（8.37%）	982.61（8.56%）
零售	1692.25（38.47%）	1736.01（38.98%）	136.71（19.22%）	124.60（19.25%）	2153.57（18.95%）	2179.41（18.99%）
基建	511.91（11.64%）	561.00（12.60%）	192.20（27.03%）	190.95（29.49%）	2301.00（20.25%）	2278.91（19.86%）
赫斯基能源	476.18（10.83%）	（已出售）	−30.04（−4.22%）	（已出售）	617.06（5.43%）	（已出售）
電訊CKH Group Telecom 和記電訊亞洲	1025.01 935.17 89.84（23.30%）	1013.61 925.75 87.86（22.76%）	221.86 211.31 10.55（31.20%）	236.71 234.62 2.09（36.56%）	3691.72 3533.90 157.82（32.49%）	3700.58 3505.53 195.05（32.24%）
財務及投資與其他	339.46（7.72%）	720.36（16.17%）	99.74（14.03%）	-12.19（-1.88%）	1650.15（14.52%）	2335.91（20.35%）
總額	4398.56（100.00%）	4453.83（100.00%）	711.08（100.00%）	647.44（100.00%）	11364.37（100.00%）	11477.42（100.00%）

註：（ ）的數字為所佔百分比。
資料來源：《長江和記實業有限公司年報》，2019 年、2021 年。

表 2-3　長和實業經營業務地區分佈

單位元：億港元

地區	收益總額		息稅前盈利（EBIT）總額		資產總額	
	2019 年	2021 年	2019 年	2021 年	2019 年	2021 年
香港	395.31（8.99%）	379.22	15.67（2.20%）	22.02（3.40%）	618.35（5.44%）	620.66（5.41%）
中國內地	385.29（8.76%）	381.11	80.15（11.27%）	57.03（8.81%）	666.75（5.87%）	638.15（5.56%）
歐洲	2123.48（48.27%）	2270.34	406.76（57.20%）	444.33（68.63%）	5963.16（52.47%）	5850.35（50.97%）
加拿大	477.28（10.85%）	32.25	−38.82（−5.45%）	11.18（1.72%）	663.17（5.84%）	170.32（1.49%）

（續上表）

亞洲、澳洲及其他	677.74（15.41%）	670.55	147.58（20.75%）	125.07（19.32%）	1802.79（15.86%）
其他（來自財務及投資與其他之貢獻）	339.46（7.72%）	720.36	99.74（14.03%）	-12.19（-1.88%）	1650.15（14.52%）
總額	4398.56（100.00%）	4453.83（100.00%）	711.08（100.00%）	647.44（100.00%）	11364.37（100.00%）

註：（ ）的數字為所佔百分比。
資料來源：《長江和記實業有限公司年報》，2019 年、2021 年。

　　重組後的長實地產，初期主要從事物業發展、物業投資、酒店及服務套房等業務，並持有三個信託基金，包括持有 32.72% 的匯賢產業信託，20.63% 的置富產業信託，18.31% 的泓富產業信託。2016 年 12 月，長實地產向長和實業收購飛機租賃公司 CK Capital Limited 及 Harrier Global Limited 全部股權。2017 年 5 月，公司又與長江基建集及電能實業組成合營公司（長江實業佔 40% 股權）收購 DUET 集團，該集團為澳洲、美國、加拿大及英國多項能源資產擁有人及營運商。其後，私有化後的 DUET 集團改名為 CK William 集團（圖 2-9）。2017 年 7 月 14 日，長實地產宣佈正式改名為「長江實業集團有限公司」（簡稱「長實集團」），英文名則改為「CK Asset Holdings Limited」。

　　改名後的長實集團主要業務擴展至六個領域，包括物業發展、物業投資、酒店及服務套房、飛機租賃、英式酒館業務、基建及實用資產等。物業發展主要在香港、中國內地和海外等市場展開，截至 2019 年底，集團擁有可開發土地儲備（包括發展商於合作發展項目的權益，但不包括農地及已完成物業）約 9,200 億平方呎，其中香港佔 400 萬平方呎、中國內地佔 8,400 萬平方呎、海外佔 400 萬平方呎；物業投資包括寫字樓、零售、工業等物業，以香港為主，包括中環的長江集團中心、華人行及和記大廈（重建中）、尖沙咀的 1881 Heritage、紅磡的黃埔花園、葵涌的和黃物流中心及其他物業等。2018 年 6 月，長實集團

圖 2-9　長江實業集團有限公司股權架構
資料來源：《長江實業集團有限公司 2021 年年報》，第 1 頁。

以 10 億英鎊收購英國倫敦 5 Broadgate 物業，將物業投資業務進一步拓展至英國。2019 年度，長實集團經營收入為 823.82 億港元，除稅前溢利 375.10 億港元，總資產 5080.57 億港元（表 2-4）。

　　根據長實集團於 2021 年 4 月 27 日發表的《物業估值報告》，該集團於 2021 年 2 月 28 日在各個階段發展的物業組合共有 205 項，總值 4347.88 億港元。其中，香港佔 127 項，總值 2902.70 億港元，佔總額 66.76%；中國內地佔 71 項，總值 1338.21 億港元，佔 30.78%；新加坡佔 2 項，總值 29.95 億港元，佔 0.69%；英國佔 5 項，總值 77.02 億港元，佔 1.77%。換言之，長實集團的地產發展和物業投資仍以香港為主，中國內地為輔。從披露的數據看，長實集團物業組合的資產值遠遠高於其股價。

表 2-4　2019 年度長和系香港上市公司經營概況

單位：億港元

上市公司	經營業務	經營收入	除稅前溢利	總資產
長和實業	從事港口及相關服務、零售、基建、能源、電訊、財務及投資與其他等業務	2990.21	537.97	12109.76
長實集團	物業發展、物業投資、酒店及服務套房、基建及實用資產，及飛機租賃	823.82	375.10	5080.57
長江基建	從事能源基建、交通基建、水處理基建、廢物管理、轉廢為能、屋宇服務基建及基建相關業務	361.25	114.73	1651.84
電能實業	投資世界各地的能源及公用事業相關業務，包括火力及可再生能源發電、輸電和輸油，配電及配氣等	13.48	71.74	935.71
港燈投資	電力生產、輸送及銷售	13.79	4.12	1097.17
和記電訊香港控股	主要以 3 品牌在香港和澳門提供流動通訊服務	55.82	5.35	144.76
長江生命科技集團	從事保健、醫藥及農業相關業務等產品的研發、製造、銷售及投資	49.67	2.17	107.14
TOM 集團	投資及從事電子商貿、社交網絡、移動互聯網、媒體等業務	9.16	-1.87	39.98
匯賢產業信託（億元人民幣）	主要投資內地酒店及服務套房、辦公室及零售物業等	31.69	9.33	464.75
置富產業信託	主要投資香港零售物業	19.60	16.96	430.49
泓富產業信託	主要投資香港辦公室、零售及工業物業	4.62	3.33	115.52
和黃醫藥（億美元）（注）	從事創新醫藥研發、生產及銷售	3.56	-2.16	13.73

注：和黃醫藥為 2021 年度資料
資料來源：長和系香港上市公司 2019 年報

　　重組後的長和系，在經營收益方面，長和和長實集團的增長都相對有限，然而在經營利潤方面，長實集團則有相對較快的增長。據統計，2019 年，長和實業的經營收益為 2990.21 億港元，長實集團的收益總額為 823.82 億港元，分別比 2016 年重組初期增長了 15.08% 及 18.88%；而長和股東應佔溢利為 398.30 億港元，長實集團的股東應佔溢

利為 291.34 億港元，分別比 2016 年重組初期增長了 20.67% 及 49.54%
（表 1-5、表 1-6）。不過，2020 年新冠疫情爆發以後，無論是長和還是
長實集團，業績都受到一定程度的影響。受此拖累，長和系上市公司市
值亦出現不同程度的下跌，其中，長和市值從 2019 年底的 2865.19 億
港元下降至 2022 年 1 月底的 1907.34 億港元，跌幅達 33.43%（表 2-7）。

表 2-5　2015-2021 年度長和經營概況

單位：億港元

	收益	股東應佔溢利	資產淨值
2015 年度	1760.94	1185.70	1929.74
2016 年度	2598.42	330.08	5441.90
2017 年度	2485.15	351.00	5915.47
2018 年度	2771.29	390.00	5908.23
2019 年度	2990.21	398.30	5969.63
2020 年度	2663.96	291.43	6300.63
2021 年度	2808.47	334.84	6442.55

資料來源：《長江和記實業有限公司 2021 年報》，第 263 頁。

表 2-6　2015-2021 年度長實集團經營概況

單位：億港元

	集團收入	股東應佔溢利	資產淨值
2015 年度	572.80	171.11	2696.87
2016 年度	693.00	194.15	2762.74
2017 年度	575.46	301.25	3091.80
2018 年度	503.68	401.17	3410.28
2019 年度	823.82	291.34	3216.32
2020 年度	598.25	163.32	3672.18
2021 年度	620.94	212.41	3862.75

資料來源：《長江實業集團有限公司年報》，2016 年、2021 年。

表 2-7　2017-2023 年長和系主要上市公司市值變化

單位：億港元

	2017 年底	2018 年底	2019 年底	2020 年底	2021 年底	2022 年7 月底	2023 年1 月底
長和	3784.38	2899.89	2865.19	2086.23	1919.47	1995.60	1907.34
長實集團	2525.39	2116.32	2077.54	1469.97	1790.82	2020.60	1806.11
長江基建	1779.93	1571.85	1469.80	1104.01	1250.99	1239.84	1097.46
電能實業	1407.55	1163.17	1216.53	896.39	1037.25	1095.81	944.03

資料來源：《香港交易所市場資料》，2017-2021 年；東方財富網站

▍ 長和系的企業傳承與投資邏輯

在企業傳承方面，早在 2012 年 1 月 25 日，李嘉誠已主動向媒體披露了自己資產的分配方案：將次子李澤楷持有的 1/3 家族信託基金 LKS Unity [37] 轉給長子李澤鉅，令李澤鉅持股量增至 2/3，餘下 1/3 繼續由李嘉誠持有。換言之，長子李澤鉅將獲得其持有的逾四成長江實業及和記黃埔權益，以及三成半赫斯基能源權益，成為李嘉誠事業的繼承人；次子李澤楷則得到了李嘉誠撥予的巨額現金，用於支持他發展自己的個人事業，注資規模將會是李澤楷現有資產的數倍。李嘉誠亦承諾，將財產的三分之一捐給社會，為此注入 1980 年成立的「李嘉誠基金」[38]，日後將由李澤鉅擔任主席，李澤楷參與管理。2018 年 5 月 10 日，在長和系股東大會上，李嘉誠宣佈正式退休，轉任顧問，其董事局主席位置由長子李澤鉅接任。至此，李嘉誠家族財團進入第二代接班的新時期。

值得注意的是，在李澤鉅主導下，特別是在 2020 年全球新冠疫情、英國脫歐以及俄烏戰爭爆發以來，長和系在全球的投資策略發生了

37　LKS Unity 持有共 22 間上市公司，包括長江實業、和記黃埔、長江基建、電能實業，以及 TOM 集團、匯賢產業等。

38　李嘉誠於 1980 年成立李嘉誠基金會，以回饋社會，重點包括三個方面：培育奉獻文化、推動教育改革以及支持醫療發展等，至目前為止（2019 年 8 月）李嘉誠已捐出總款逾 250 億港元，項目遍及全球 27 個國家及地區，其中約 80% 項目在大中華地區，其中教育佔 46%，醫療佔 36%，文化與宗教佔 12%，公益佔 6%。

一些微妙的變化，主要特點是開始拋售英國、歐洲乃至加拿大的部分資產，將投資重點轉向亞洲，特別是東南亞諸國。2020 年 11 月，長和簽訂協定，以代價總額 100 億歐元出售其在歐洲六國的電信基礎設施業務；同年 10 月，在全球油價低迷背景下，以全股票交易方式約 38 億加元價格，將旗下石油公司赫斯基股權出售予加拿大油砂生產商 Cenovus Energy Inc.，交易於 2021 年 1 月完成，長和持有 Cenovus 約 15.71% 股權。[39] 2021 年 12 月，長實集團宣佈將旗下飛機租賃業務（包括 120 架窄體飛機和 5 架寬體飛機）以 42.81 億美元出售；[40] 2022 年 3 月，將旗下持有的英國倫敦辦公樓 5 Brodgate 全部股權出售，作價 7.29 億英鎊。同年 7 月，長和再宣佈將持有的英國水務公司項目 25% 股權，以基本代價為 8.67 億英鎊，轉售予美國私募股權基金 KKR。2023 年 6 月，長和實業宣佈，與英國電信商沃達豐（Vodafone）達成協議，將長和旗下電訊公司 Three UK 與沃達豐旗下電訊公司 Vodafone UK 合併，組成英國最大的電訊集團之一，有關交易預計將在 2024 年底前完成，屆時沃達豐將持有合併後企業的 51% 股權，長和則持有 49% 股權。據路透社報導，該公司計劃未來 10 年投資 110 億英鎊（約 1000 億人民幣），建立歐洲最先進的獨立 5G 網路。

與此同時，長和系轉而加強對東南亞地區的投資。2021 年，長和旗下的屈臣氏集團與 Grab 宣佈達成合作，拓展東南亞地區最具規模的「O+O」（線下及線上）保健美容購物模式，橫跨六個市場，超過 2,200 家屈臣氏店舖。2022 年 5 月，長實集團聯同日本歐力士集團，通過當地合作夥伴萬盛發集團，會見越南胡志明市市長潘文邁，共同商討在胡志明市的投資事宜。長實集團總裁趙國雄表示：公司將胡志明市定位為金融和科技的戰略中心，並承諾引進高端房地產項目，涵蓋住宅、辦公室、商業中心、娛樂等業務。「公司將與萬盛發一起在最短時間內，向

---

39 《長江和記實業集團有限公司 2020 年年報》，第 12 頁。

40 〈出售 ACCIPITER FINANCE S.À R.L. 及 MANCHESTER AVIATION FINANCE S.À R.L.〉（長實集團新聞稿），2021 年 12 月 24 日。

這些領域註入大量資金」。而在此之前,長實集團在新加坡已先後參與開發多個重大項目,包括新加坡著名的濱海灣金融中心、位於新加坡商業中心的商業發展項目 One Raffles Quay、豪華住宅 The Vision 等。目前,正在開發中、位於新加坡第 10 郵區核心中央武吉知馬黃金地段的公寓項目 Perfect Ten 已推出市場發售。

此外,近年長和系亦加大了對香港的投資。2022 年 3 月,長和系以 59.96 億港元奪得市建局土瓜灣鴻福街、啟明街及榮光街的「四合一」重建項目,該地盤位處土瓜灣小區,是難得的市中心發展項目,土地面積為 5.85 萬平方呎,預計可建總樓面約 52.68 萬平方呎,可提供約 890 個住宅單位;同年 10 月,長實集團以 46.01 億港元投得屯門大欖一幅住宅用地,地盤面積約 36.29 萬平方呎,指定作私人住宅用途,預計可以提供 2,020 個住宅單位。及至 2022 年 12 月,長實集團再接再厲,先是以 11.6 億港元中標市建局港島西營盤皇后大道西/賢居里住宅項目,繼而以 87.03 億港元投得啟德機場一幅住宅用地,該項目地理條件優越,位處宋皇臺港鐵站上蓋。換言之,長和系於一年之內在香港拿地,投入共超過 200 億港元。同時,長和旗下港燈投資的第 4 台燃氣發動機組 L12 的工程正如期進行,主電站建造及設備安裝已經完成,將按計劃於 2023 年投產。

對此長和系投資策略的變化,2022 年 3 月在股東大會上,長和系董事局主席兼總經理李澤鉅表示:「長和系是一個跨國企業,集團每天都有很多投資選擇,不同的地域、不同的行業,但最重要的還是考慮兩件事:資產的質量和容易產生回報」;「香港、內地、英國、全世界任何地方我們都會考慮。在今天的社會來說,投資不應該限制某一個地區。換句話說,不要一次押上所有籌碼」。他並表示:「全世界比較成功的大企業,都希望整個世界是他們的本地市場。長江集團在幾十年前已經在世界各地做投資和做生意,對於我們來說,全世界都可以說是我們的本地市場。」[41]

---

41 〈李澤鉅:我們的 DNA 是跨國企業,全世界都是本地市場〉,2022 年 3 月 18 日,新浪財經官網。

此前，李澤鉅曾談到長和系的投資邏輯：影響長和系投資決策的因素有三種：一是 geography diversity（全球化佈局），二是 industry diversity（產業多樣化），三是該行業是否可持續。

值得一提的，是李嘉誠基金旗下維港投資（Horizons Ventures）的發展。維港投資創辦於 2005 年，是一家重點關注能夠引領行業變革的技術創新的投資機構，該機構的成立正是配合當時香港特首董建華致力於將香港轉型為一個科創中心的政策，其創始人為周凱旋和張培薇。據周凱旋介紹，維港投資主要為李嘉誠對創新和顛覆性技術的興趣服務，其模式是李嘉誠個人承擔投資風險，收益撥入李嘉誠基金會，支持慈善事業。初期，維港投資管理 1.5 億美元資產，共 3 個基金，重點投資於四個領域的公司，包括通訊和系統（Communications and Systems）、半導體（Semiconductors）、醫療衛生信息技術（Healthcare IT）和商業應用軟件（Software Applications for Business）等。

維港投資先後投資了不少明星項目，如 Facebook（已經上市）、Skype（被微軟收購）、Siri（被谷歌收購）、Summly（被雅虎收購）、DeepMind（被谷歌收購）、Slack（已上市）、Zoom（已上市）、Siri（由 Apple 收購）、DeepMind（由谷歌收購）、Impossible Foods、Perfect Day、Spotify 等，取得了很大的成功。2007 年維港投資先後兩次投資 Facebook，共計 1.2 億美元，其後 Facebook 上市，維港投資獲得 5 倍的投資回報，一舉成名。維港投資最矚目的項目，是投資視頻會議工具 Zoom。Zoom 創辦於 2011 年，創辦人為美籍華人袁征。2013 年，維港投資參與了 Zoom 的 B 輪投資，領投了 650 萬美元；2014 年再參與 Zoom 的 C 輪 3000 萬美元的投資，前後共投入 850 萬美元，持有 Zoom 8.6% 股權。2019 年 4 月，Zoom 在美國納斯達克上市，維港投資持有的股值即增加到 8.5 億美元。其後，由於受到全球新冠肺炎疫情影響，視頻會議工具大受歡迎，Zoom 股價大幅飆升，到 2020 年 9 月初，已增加到超過 1200 億美元，維港投資持有的股值超過 100 億美元（隨着疫情漸趨緩和，Zoom 的股價大幅下跌）。

2018年9月，周凱旋出席上海世界人工智慧大會演講時表示，維港投資未來的投資焦點，將圍繞傳統板塊的IA（Intelligent Augmentation，即智慧增強）和能夠推動未來的AI（Artificial Intelligence，即人工智慧）。維港投資不是風投基金，因此並沒有資金投放壓力，其投資策略分為兩個類別，一是與李嘉誠的傳統業務有協同價值的項目，二是那些能解決巨大問題的、探索未來願景，以及推動前進的顛覆技術。

之前，維港投資主要聚焦美國、歐洲、以色列等地區的投資機會。不過，2020年以後，維港投資開始轉向亞洲，特別是東南亞地區，並在新加坡開設辦事處。2020年，維港投資聯合東南亞創投基金Alpha JWC投資了3家印尼初創公司——印尼快速增長的投資平台Ajaib、咖啡連鎖店Kopi Kenangan和膠囊旅館運營商Bobobox。周凱旋曾表示，維港投資未來將聚焦東南亞市場，尤其是印尼市場。據維港投資官網顯示，目前，維港投資至少先後投資了超過100家科創公司，主要分佈於北美、歐洲、亞洲和澳洲等地（圖2-10）。有評論稱：「這20年，以互聯網為代表的高科技在全球崛起，香港作為一個城市錯失了機

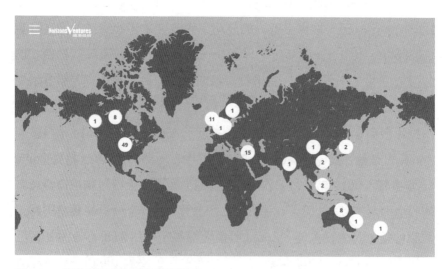

圖2-10 維港投資在全球的投資佈局
資料來源：維港投資官網

會，但維港投資在全球抓住了這個機會。」[42]

第三節　郭氏家族財團

▌ 新鴻基地產的創辦與早期發展

　　郭氏家族財團是香港主要的華資家族財團之一，其發展最早可追溯到永業有限公司和新鴻基企業的創辦。集團創辦人郭得勝，原籍廣東中山，早年隨父經營洋雜批發，抗戰爆發後避居澳門，開設信發百貨商行。戰後移居香港，在香港上環開設一間「鴻昌合記」雜貨店，專門批發洋雜貨及工業原料，1952 年改稱「鴻昌公司」（Hung Cheng Co.），專營洋貨批發。後來，郭氏取得日本 YKK 拉鍊和台灣「良友牌」尼龍絲的代理權，當時適逢香港製衣業崛起，生意滔滔不絕，其銷售網絡擴展到東南亞各地，贏得「洋雜大王」稱號。

　　1958 年，郭得勝與好友馮景禧、李兆基等 8 人合組「永業有限公司」，向地產業發展，主要是以低價買進舊樓，拆卸重建。[43] 1963 年，郭、馮、李為擴大經營，將永業結束，共投資 100 萬港元，創辦「新鴻基企業有限公司」，郭任董事局主席，其中，郭得勝佔 40% 股權，李兆基和馮景禧各佔 30% 股權。[44]「新鴻基」之名來源於三位創辦人，其中，「新」取自馮景禧的新禧公司，「鴻」源於郭得勝的鴻昌合記，「基」則代表李兆基。[45] 60 年代，正值香港中小型工廠蓬勃發展之際，新鴻基成立後，郭氏等人了解到中小廠商對多層工業樓宇的殷切需求，遂將

42　中國私募股權投資：〈維港投資，隱秘的香港創投之王〉，搜狐網，2020 年 7 月 4 日，參見：https://www.sohu.com/a/405660521_618347

43　齊以正：〈地產巨無霸 —— 郭德勝發跡史〉，齊以正等：《香港新舊豪門》，香港：南北極出版社，1994 年，第 34 頁。

44　梁鳳儀：《李兆基博士傳記》，香港：三聯書店（香港）有限公司，1997 年，第 27-28 頁。

45　韋玲整理：〈李兆基先生訪問記摘要〉，《南北極》，1980 年 9 月 16 日，第 8 頁。

「分層出售、分期付款」的售樓方式移植於工業樓宇,重點發展多層工業大廈,業務迅速發展。[46]

70 年代初,新鴻基企業的規模日漸擴大,郭、李、馮三人遂於 1972 年 7 月將其改組為「新鴻基(控股)有限公司」,同年 8 月 23 日在香港掛牌上市。[47] 不久三位創辦人分道揚鑣,其中,馮景禧早在 1969 年創辦新鴻基證券有限公司,轉向證券業發展;李兆基亦另立門戶,成立恒基兆業有限公司;郭得勝則繼續主持新鴻基的大局。1973 年 3 月 16 日,郭得勝將新鴻基(控股)易名為「新鴻基地產發展有限公司」(簡稱「新地」)。新地上市時,實收股本 1.2 億港元,集資 1 億港元。當時,新地已頗具規模,擁有 23 個發展地盤,佔地面積達 30 萬平方呎。上市首年,新地的純利為 5,142 萬港元,比預測利潤高出五成以上。[48]

新鴻基地產上市後,充分利用發行新股這一犀利武器,迅速擴大公司資產和規模。首先,以上市集資所得資金,加上向銀行借貸,先後購入 29 個發展地盤,約 43.8 萬方呎土地,令新地的土地儲備一下子急增一倍以上;其次,以發行新股換取其他上市公司股票,包括大昌地產,利獲家海外、長江實業及利興等公司股票,再趁股市高潮拋售,將所賺取資金用於支持地產發展。1976 至 77 年度,新地擁有的地盤面積已增加到 82 萬平方呎,可建樓宇面積 695 萬平方呎。1980 年底,新鴻基地產市值已達到 70.2 億港元,躋身香港 10 大上市公司之列,成為香港著名的大型地產集團之一。

這一時期,新地以地產發展為主,強調貨如輪轉,售樓所得收入在公司每年的總收益中,所佔的比重曾高達七成以上。它每年都購入多個可供發展樓盤,每年亦能依據既定程式完成若干發展計劃,記錄中最

---

46 齊以正:〈地產巨無霸——郭德勝發跡史〉,第 37 頁。

47 新鴻基地產:《歷史及里程碑》,1972 年,新鴻基地產有限公司官網。

48 郭峰:〈「樓宇製造工廠」:新鴻基地產〉,齊以正、郭峰等《香港超級巨富列傳》,香港:
    文藝書屋,1980 年,第 55 頁。

少有 6 項（1973-74 年度），最多有 26 項（1979-80 年度），即使在 1982-83 年度和 1983-84 年度香港地產市道低迷期間，新地也分別完成了 9 項和 12 項地產發展計劃。有人形容新地就像一家「樓宇製造工廠」，源源不斷地將「原料」（地皮）「加工」（興建上蓋）為「成品」（各類樓宇）。[49]

正因為如此，它極重視增加土地儲備，從 1980 年到 1990 年整個 80 年代期間，新地的土地儲備從約 1,340 萬平方呎增加到 3,250 萬平方呎，一直穩居香港地產公司榜首。新地的代表常年出現在政府官地拍賣場參與競投，不過，新地更多的是早年在新界區不斷購入龐大土地，如馬鞍山、深井、元朗等地，成本不高。80 年代以後，隨着香港市區土地幾已發展殆盡，新界成為發展首選。新地由於早着先機，持有相當理想地段，故樓宇落成後，不獨景緻交通理想，成本也不太昂貴，自然深受買家歡迎。

新地發展出售的物業，在地區上非常廣泛，遍佈港九各個角落，在品種上包括寫字樓、商場、住宅和廠廈，在面積上大中小互相兼顧，由於擁有龐大的土地儲備，物業發展所需的一切人才，以及準確的市場調查，新地無論任何一個時期都有適合市場需求的樓宇出售和供應。不過，在 80 年代，新地物業發展的主力集中在中小型住宅樓宇。郭得勝曾在新鴻基地產 1989-90 年度年報中明確指出：「本集團一向主力發展中小型住宅樓宇，未來的政策將繼續於各發展中之新市鎮內進行大規模住宅計劃，提供中小型住宅，以適應不斷之需要。」這種策略配合了港府自 70 年代中期起大規模發展新界新市鎮的城市發展規劃。

70 年代後期，新地的業務從地產發展擴展到地產投資。1977 年，新地先後在港島灣仔海旁和九龍尖沙咀東部購入地皮，先後興建新鴻基中心和尖東帝苑酒店。新鴻基中心樓高 53 層，樓面面積達 83 萬平方呎。1982 年，新鴻基中心落成後，即成為公司總部所在地和「招牌大

49　郭峰：〈「樓宇製造工廠」：新鴻基地產〉，第 55-56 頁。

廈」。[50] 80 年代初，新地開始在各新市鎮中心興建大型綜合商場，作投資物業之用。首個大型綜合性商場是矗立在沙田市中心的新城市廣場，新城市廣場第一期工程總樓面面積 100 萬平方呎，耗資逾 10 億港元，80 年代初動工，至 1984 年底落成，成為香港最受歡迎的商場之一、香港綜合項目的先驅。[51] 新地接着在毗鄰地段展開新城市廣場二、三期工程，第二期工程於 1988 年落成，第三期工程則於 90 年代初竣工。

　　受到沙田新城市廣場成功的鼓舞，新地相繼在新界各新市鎮及大型住宅屋邨中心興建大型綜合性商場，擴展集團的投資商場網絡。據統計，到 1992 年度止，新地擁有已建成收租物業樓面面積達 1,260 萬平方呎，租金收入已佔集團盈利的四成。其中，重點是商場物業，面積共 520 萬方呎，佔物業投資組合的四成，著名的包括沙田新城市廣場、屯門新屯門中心、葵涌新都會廣場、上水廣場、荃灣廣場、大埔中心等，總數逾 30 個。[52] 新地這種以新市鎮商場為主力的物業投資策略，與以新界新市鎮中小型住宅為主力的地產發展策略相配合，可謂相輔相成，相得益彰。

　　與長實的「對外擴張」不同，新地側重的是「內部擴張」。1973 年，新地收購康業服務有限公司；1978 年，成立啟勝服務有限公司。[53] 其後，新地圍繞地產發展向上下游拓展業務，除收購原有的建築、管理服務公司外，還相繼開設保安消防設備工程、設計工程（則師樓）、機械電機工程等部門，又增設財務公司、保險公司、混凝土公司、石屎生產廠、建築機械供應公司等附屬機構，到 80 年代中期，新地已擁有附屬及聯營公司超過 100 家，包括本身擁有的附屬公司 47 家，聯營公司 28 家，旗下上市公司新城市（新界）地產有限公司又擁有附屬公司 30 家、

50　新鴻基地產：《歷史及里程碑》，1982 年，新鴻基地產有限公司官網。

51　新鴻基地產：《歷史及里程碑》，1984 年，新鴻基地產有限公司官網。

52　沈平：〈新地立足香港向多元化發展〉，香港：《房地產導報》，1993 年 8 月，第 14 頁。

53　新鴻基地產：《歷史及里程碑》，1973-78 年，新鴻基地產有限公司官網。

聯營公司 5 家，形成從投資控股、地產發展及投資、樓宇建築、機械、工程及混凝土生產及供應、物業管理及代理、財務金融及保險等一條龍服務的垂直式發展集團，成為一家龐大縱式生產集團，典型的「樓宇製造工廠」。[54]

▌過渡時期：「立足香港，在這裏發展」

踏入 80 年代，香港前途問題浮現，但新地主席郭得却明確表示：「對 1997 年新界租約問題，或地契年期問題，我們全不理會，也不用擔心，因為這是政府與港府的問題，而有關政府必會為照顧我們而作出最圓滿的決定。」[55] 進入過渡時期以後，郭得勝更明確表示：「香港人勤奮努力，思想敏銳，無論從經濟發展或歷史的角度看，1997 年後的香港都是一片光明。」[56]

由於看好香港地產業長遠前景，郭得勝是地產界著名的「大好友」，採取「人棄我取」的投資策略，緊扣地產市道的循環盛衰，將每次危機視作趁低吸納廉價土地的良機，結果在地產高潮中令集團的資產值及盈利額都大幅增長。新地的成功很大程度上得益於其創辦人郭得勝高瞻遠矚的目光及其緊扣市場循環盛衰的投資策略。[57] 1982 年至 1984 年期間，香港地產因信心危機而崩潰，新地擁有的地產物業價格亦大幅下挫三四成，然而，新地在此期間仍大量趁低吸納廉價土地，到 1984 年 6 月，新地的土地儲備已達到 1,140 萬方呎樓面，估計每方呎樓面面積所負擔的地價低於 200 港元。[58] 踏入 1985 年，香港進入過渡時期，投

54　沈平：〈新地立足香港向多元化發展〉，第 14 頁。

55　梁道時：〈郭得勝先生──毋須擔心 1997〉，《經濟一週》，1981 年 6 月 25 日，第 2 頁。

56　唐守：〈郭得勝成功之道：人棄我取〉，《香港政經週刊》，1990 年 2 月 17 日，第 53 頁。

57　香植球：〈投資策略緊扣市道盛衰的新鴻基地產〉，《信報財經月刊》，第 9 卷第 8 期，第 73 頁。

58　歐陽德：〈新鴻基地產不甘伏櫪〉，香港：《經濟一週》，1985 年 1 月 21 日。

資者的信心因中英簽訂的聯合聲明而逐步恢復，該年新地即動用約 10 億港元先後購入 8 幅可建 285 萬方呎樓面面積的地盤。新地抱着「貨如輪轉」的宗旨，不計較個別地盤的成敗得失，而致力於資產、負債平衡，維持龐大土地儲備的同時又保持大量現金，所以，地產市道復甦後，新地往往是首批可以大量購入廉價土地的財團。[59] 1996 年，新地推出住宅樓盤荃灣荃景花園，首創隨樓附送空調，開啟發展商附送家用電器的先河。[60]

1989 年春夏之間政治風波發生後，香港部分上市公司紛紛遷冊海外，把資金調走，新地不僅沒有遷冊走資，反而繼續參與一些重大投資，同年就與信和集團等合作，以 33.5 億港元巨資投得灣仔海旁地區，興建亞洲最高的建築物——中環廣場。1992 年正值中英政制爭拗期間，新地以 20 多億港元收購世貿中心全幢。當時，郭得勝曾公開表示：「除了在內地投資之外，新地不會考慮將資金調往海外。我們的方針，依然是立足香港，在這裏發展。」[61]

1990 年 10 月 30 日，新鴻基地產創辦人郭得勝因心臟病發逝世，享年 79 歲。郭得勝逝世時，新地的年度純利高達 24.6 億港元（1989-90 年度），比上市初期約 5,000 多萬港元，升幅接近 50 倍。其時，新鴻基地產的市值已達 253.3 億港元，比 1972 年上市時的 4 億港元增長 62 倍，在香港地產上市公司中僅次於長江實業（279.1 億港元）而居第二位。

郭得勝逝世後，新鴻基地產遂轉由郭氏家族第二代掌舵，長子郭炳湘出任公司董事局主席兼行政總裁，二、三子郭炳江、郭炳聯則出任副主席兼董事總經理。郭氏兄弟繼承父業後，攜手合作，不但順利接

59　紫華：〈郭得勝與新鴻基〉，《財富雜誌》，1990 年 11 月 10 日，第 14 頁。

60　新鴻基地產：「歷史及里程碑」，1996 年，新鴻基地產有限公司官網。

61　唐守：〈郭得勝成功之道：人棄我取〉，《香港政經週刊》，1990 年 2 月 17 日，第 53 頁。

班，而且令新地再上一層樓，成為市場公認子承父業最成功的家族企業之一。新鴻基地產在 1992 年被評為「最佳管理公司」地產業的榜首，該年底，新地市值超越長實而成為香港市值最大的地產公司。到 1996 年底，新鴻基地產的市值進一步上升到 1475.74 億港元，在香港上市地產公司中高居榜首，堪稱香港的「地產巨無霸」。[62]

▋「以心建家」：專注香港、拓展內地

回歸以後，新鴻基地產一個重要的發展，就是致力打造世界級的綜合性商廈，以滿足國際跨國公司對香港優質寫字樓市場的需求。其中，最矚目的就是參與港島機場鐵路香港總站上蓋物業 —— 國際金融中心，以及獨資發展九龍機場鐵路九龍站上蓋物業 —— 環球貿易廣場。這一發展，使得長期壟斷港島高級寫字樓市場的英資置地公司旗下的「中區王國」黯然失色。

1995 年，新鴻基地產聯同恒基地產、中華煤氣、中銀香港等組成財團，以總投資 300 億港元的價格，擊敗置地，奪得機鐵香港總站上蓋物業發展權，從而成為香港史上單一項發展成本最高的物業。香港總站上蓋的發展，包括 2 幢高級商廈、2 幢酒店大廈，以及連接這些大廈的大型零售商場，總樓面面積預計 447.7 萬平方呎，分四期展開。整個工程於 1997 年動工，至 2005 年全部完成。其中，國際金融中心（IFC）二期樓高 415.8 米，共 88 層，為香港第一高樓，落成後即成為香港最優質智慧型商廈的典範。

就在國際金融中心建設期間，新鴻基地產的另一傑作 —— 九龍站環球貿易廣場也開始動工興建。2000 年 9 月，新鴻基地產成功投得機鐵站上蓋最大型發展項目 —— 九龍站第五至第七期項目發展權。整個

---

62 齊以正：〈地產界巨無霸 —— 郭得勝發跡史〉，齊以正、郭峰等著：《香港超級巨富列傳》，香港：文藝書屋，1980 年，第 48 頁。

項目包括高級商廈、酒店、大型商場、住宅及服務式住宅等，投資額約200億港元。其中，主要工程——第七期項目是一幢樓高484米的高級商廈——環球貿易廣場。環球貿易廣場於2005年開始分三期動工興建，2011年全部落成啟用。

機場鐵路香港總站和九龍站綜合項目的相繼發展，成為香港回歸以來最大型的商業地標項目。這兩個項目雲集了甲級寫字樓、頂級酒店、高級購物商場，以及尊貴豪宅及服務式住宅（九龍站）於一身，令港島的商業業態發生重大的變化，使九龍站蛻變為香港一個全新的商業、文化及交通總彙。更令人矚目的是，聳立在維多利亞港灣兩旁的兩幢最高建築——國際金融中心（二期）與環球貿易廣場隔海互相輝映，形成「維港門廊」（「Harbour Gateway」）這一獨特景觀，為香港這座國際化大都會和國際金融中心增添了壯麗的色彩。

2012年，在集團成立40周年之際，新鴻基地產系統地闡述了其業務發展模式、核心價值及策略方向。對於其業務發展模式，新地表示：「致力在香港和內地發展優質物業，為股東創造可持續的價值。」其中，包括兩項核心業務，一是「發展可供出售的物業」；二是「收租物業投資」。對於集團的核心價值，新地表示：「集團秉持的核心價值是業務長遠發展的基石。」這些核心價值包括：以心建家，快、好、省，以客為先，與時並進，及群策群力等。其中，「以心建家」的內涵是「建造優質項目及提供卓越服務，致力締造理想生活環境」。[63]

在地產發展方面，這一時期，新地大力發展一大批大型住宅樓盤、高端豪宅，主要包括：跑馬地利頓山、元朗採葉庭和朗庭園、馬灣珀麗灣、九龍何文田山1號、港島半山寶珊道1號、山頂Kelletteria、元朗YOHO Town、九龍站凱旋門、荃灣爵悅庭、上水皇府山、元朗葡

63　參見《新鴻基地產發展有限公司2011-2012年年報》，第24頁。

萄園、西九龍君滙港和曼克頓山、九龍站天璽、東九龍譽・港灣、港島南區南灣、元朗尚豪庭、港島東 i.UniQ 譽、西九龍瓏璽、大角咀形品・星寓、將軍澳天晉及天晉 II、荃灣西海瀧珀、元朗爾巒、港島南區 50 Stanley Village Road、山頂洋房 Twelve Peaks、元朗東 Park YOHO、元朗 Grand YOHO 等等，這些樓盤均成為各區內最具標誌性的物業。[64]

　　新鴻基地產的另一項核心業務是物業投資。1997 年亞洲金融危機爆發後，新地為加強危機管理，更加重視「平衡來自可供出售物業及投資物業的收益比重」，以使集團「保持穩定的現金流，與提高資產周轉率之間取得平衡」。為此，在回歸後進一步加強對收租物業的投資，先後投資了國際金融中心商場、旺角新世紀廣場、銅鑼灣世貿中心、尖沙咀新太陽廣場、創紀之城五期 APM，以及機鐵九龍站第五至七期等超過 20 個大型商場，加上回歸前在港九新界各區投資的大型商場，構建了一個遍佈全香港的龐大商場網絡。

　　回歸以後，新鴻基地產另一個策略方向是「拓展內地」，即繼續維持選擇性及專注的投資策略，憑藉集團優良的物業品牌，相繼在國內重點城市展開地產發展項目。2003 年，新地與上海陸家嘴金融貿易區開發股份有限公司簽訂土地使用權轉讓合約，計劃在上海陸家嘴投資逾 80 億港元，發展世界級大型商業綜合項目 —— 上海國際金融中心。到 2019 年，新地在內地的地產投資，已形成整體佈局，包括華北的北京、華東的上海及長江三角洲、華南的廣州及珠江三角洲，以及成都及其他城市，投資項目包括優質甲級寫字樓、大型購物商場、酒店及住宅等。其中的重點區域是上海及長江三角洲，投資項目包括上海國金中心、上海環貿廣場、濱江凱旋門、徐家彙國貿中心、天薈、上海中環廣場、上海名仕苑、杭州萬象城、太湖國際社區、蘇州項目、南京國金

64　參見《新鴻基地產發展有限公司年報》，1997-98 年至 2017-18 年。

中心、杭州之江九里等,已落成物業 1,460 萬平方呎,發展中物業
5,510 萬平方呎。[65]

▋ 新鴻基地產:「亞洲最佳地產公司」

不過,回歸以後,新鴻基地產在發展過程中,出現了兄弟鬩牆事
件,並捲入「世紀貪腐案」。期間,長兄郭炳湘於 2008 年離開新地
管理層,另組帝國集團(Empire Group Holdings Limited)發展,並於
2018 年 10 月 20 日因腦溢血病逝,享年 68 歲。而弟弟郭炳江、郭炳聯
因涉嫌觸犯《防止賄賂條例》被香港廉政公署拘留。經過長達兩年的調
查、訴訟,最終郭炳江被判監禁 5 年,郭炳聯則全部控罪均不成立,全
身而退。其後,新地重組董事局,由郭炳聯出任集團董事局主席兼總經
理,郭炳江兒子郭基輝和郭炳聯兒子郭基泓先後出任執行董事,郭顥澧
則作為郭炳聯之替代董事。而帝國集團則由郭炳湘子女,包括郭基俊、
二女郭蕙珊、三子郭基浩接班。這樣,在倉促之間,郭氏第三代走上了
接班的前台。

儘管受到長達 10 年的「兄弟鬩牆」事件的不斷衝擊,但新鴻基地
產總體而言仍然表現出色。2019 年度,新鴻基地產的收入總額達 853.02
億港元,撇除投資物業公平值變動的影響後,可歸公司股東基礎溢利為
323.98 億港元,分別比 10 年前 2009 年度的 342.34 億港元及 124.15 億
港元,增長了 1.49 倍及 1.61 倍,年均增長率分別為 9.56% 及 10.7%(表
2-8)。2019 年度,新地收入總額中,物業銷售收入為 413.13 億港元,
租金收入為 250.77 億港元,分別佔 48.60% 和 29.50%;溢利總額中,物
業銷售溢利為 186.97 億港元,淨租金收入入為 196.78 億港元,淨租金收
入已超過物業銷售溢利,在集團業務中佔有重要地位。[66]

---

65 「集團業務」,新鴻基地產有限公司官網。

66 參見《新鴻基地產有限公司 2018-2019 年報》,第 8 頁。

表 2-8　2009-2022 年度新鴻基地產經營概況

單位：億港元

	收入	可撥歸公司股東基礎溢利	香港土地儲備（百萬平方呎）	中國內地土地儲備（百萬平方呎）
2009 年度	342.34	124.15	41.9	55.3
2010 年度	332.11	138.83	44.2	82.3
2011 年度	625.53	214.79	44.2	86.1
2012 年度	684.00	216.78	46.6	83.4
2013 年度	537.93	186.19	46.6	81.1
2014 年度	715.00	214.15	46.9	84.3
2015 年度	667.83	198.25	50.8	79.6
2016 年度	911.84	241.70	51.4	71.2
2017 年度	782.07	259.65	51.8	66.5
2018 年度	856.44	303.98	56.5	64.5
2019 年度	853.01	323.98	58.7	65.4
2020 年度	826.53	293.68	57.5	68.1
2021 年度	852.62	298.73	57.9	75.3
2022 年度	777.47	287.29	57.1	70.6

資料來源：《新鴻基地產有限公司年報》，2009-2022 年度。

　　在地產發展方面，2019 年 11 月，新鴻基地產以 422 億港元投得廣深港高鐵香港段西九龍總站上蓋商業用地，總面積約 64.3 萬平方呎，可發展的總樓面面積達 316 萬平方呎，是香港近年來面積最大的商業用地。該地塊將發展成香港新的商業、零售、文化、娛樂及交通樞紐地標，預計建成後整個西九龍區域將提供超過 800 萬平方呎超甲級寫字樓，約 300 萬平方呎零售及文娛設施，以及多間五星級酒店，成為香港全新地標商圈。2022 年 12 月，新鴻基地產旗下的九龍東大型綜合商業項目 The Millennity 落成，包括兩座 20 層甲級寫字樓，總樓面約 65 萬平方呎，基座 10 層大型商場，佔地約 50 萬平方呎。該項目落成後，已獲多家國際知名品牌及跨國企業預租，成為九龍東首屈一指的地標商業地段。2023 年 3 月，新鴻基地產以 47.29 億港元再投得九龍旺角洗衣街

與亞皆老街交界的大型商業項目,該地盤面積約 12.4 萬平方呎,涉及可建總樓面約 152.4 萬平方呎,是近年九龍區罕有商業地新供應。新鴻基地產表示,會將該項目打造成繼環球貿易廣場(ICC)後全九龍第二最高的地標式商業大廈和商業零售中心,預計 2030 年落成。

據統計,至 2022 年 6 月底,新地在香港及中國內地共擁有 7,540 萬平方呎可供出售的發展中物業,其中,在香港擁有 2,240 萬平方呎發展中物業,在中國內地擁有 5,300 萬平方呎可供出售發展中物業,分別佔 29.71% 和 70.29%;在已落成物業方面,集團在香港及中國內地共擁有 5,230 萬平方呎,其中,在香港擁有 3,470 萬平方呎,在中國內地擁有 1760 萬平方呎,分別佔 66.35% 和 33.65%,主要包括港島的國際金融中心一、二期及商場、新鴻基中心、中環廣場、九龍的環球貿易廣場、創紀之城一、二、五、六期、新界的新城市廣場等一大批商場、以及內地的上海國金中心、上海中環廣場等。截至 2022 年 6 月底,新地共擁有土地儲備組合達 12,770 萬平方呎,其中香港佔 44.71%,內地佔 55.29%,成為香港擁有最多土地儲備的公司之一。[67] 另外,集團在香港還擁有約 3,200 萬平方呎的農地(地盤面積)(2018 年 6 月),主要位於現有或計劃建造城鐵沿線,大部分為城市建設儲備用地(in process of land use conversion)。此外,集團亦在新加坡持有一個優質商場 50% 的權益,該商場的總樓面面積為 95 萬平方呎。

除了地產發展與物業投資兩大核心業務外,新地還經營酒店、物業管理、建築、保險及按揭服務等多項與地產相關業務、電訊及資訊科技、基建及其他業務等。在酒店業,集團在高檔酒店市場保持領導地位,旗下酒店包括香港四季酒店、香港麗思卡爾頓酒店、香港 W 酒店、香港九龍東皇冠假日酒店、香港維港凱悅尚萃酒店、香港九龍東智選假日酒店、香港帝苑酒店、香港帝都酒店、香港帝逸酒店、香港帝京

酒店、帝景酒店、海匯酒店、香港銀樾美憬閣精選酒店等 13 家，以及上海浦東麗思卡爾頓酒店、杭州柏悅酒店及廣州康萊德酒店等。此外，集團亦擁有三所服務式套房酒店，分別是位於機場快線香港站上蓋的四季匯、機場快線九龍站上蓋的港景匯以及將軍澳站上蓋的星峰薈。

在電訊及資訊科技方面，集團透過旗下上市公司數碼通電訊和新意網集團，從事流動電話服務、數據中心、資訊科技基建等。其中，數碼通電訊集團有限公司成立於 1993 年，1996 年在香港上市，是香港及澳門領先的無線通訊服務供應商，透過 4G 和 3G HSPA+ 網絡，提供話音、多媒體及寬頻服務。2020 年 5 月，數碼通推出 5G 網絡服務，與愛立信合作，首次在亞洲採用領導業界的動態頻譜共用技術，提供室內室外網絡覆蓋。另外，集團透過旗下附屬公司新意網集團有限公司，從事提供數據中心、設施管理、網上應用及增值服務、系統之安裝及保養服務等。2019 年 11 月，新意網購入 MEGA Two 數據中心所在的物業後，已開展進一步計劃以提升其基礎設施。此外，新意網位於荃灣和將軍澳兩個新項目亦於 2022 年相繼落成，新意網數據中心組合的總樓面面積擴大一倍至近 300 萬平方呎，奠定其作為香港數據中心營運商的領先地位。

在基建及其他業務，集團主要透過旗下全資擁有的威信集團和上市公司載通國際控股，從事運輸基建營運及管理等業務。其中，威信集團在管理停車場、隧道、橋樑和收費道路方面是市場悠久的營運者，在香港共營運及管理約 370 個公眾及私人停車場，合共約 10 萬個車位；在內地亦管理 29 個停車場，合共 2 萬個車位。此外，該集團持有三號幹線（郊野公園段）70% 權益及快易通 50% 權益。載通國際控股持有歷史悠久的九龍巴士（一九三三）有限公司、龍運巴士有限公司、以及多家非專營運輸服務供應商，包括香港的陽光巴士控股有限公司、新香港巴士有限公司，以及中國內地的深圳巴士集團股份有限公司、北京北汽九龍出租汽車股份有限公司、北京北汽福斯特股份有限公司等。其中，九龍巴士擁有超過 4,000 部巴士，覆蓋九龍、新界及香港島的專營公共巴士服務，行走 423 條路線；龍運巴士擁有 256 部巴士，經營連接新界至

香港國際機場、港珠澳大橋香港口岸及北大嶼山的專營公共巴士服務，行走 41 條路線。此外，集團透過附屬公司從事港口業務、航空貨運及物流、廢物管理，及一田百貨和天際 100 香港觀景台等業務（圖 2-11）。

目前，郭氏家族共持有 3 家上市公司，包括新鴻基地產（郭炳聯和郭基煇分別持有 18.19% 及 22.57% 股權）、數碼通電訊（70.96%）、載

圖 2-11　新鴻基地產業務架構
資料來源：新鴻基地產發展有限公司官網。

通國際控股（38.00% 股權）（表 2-9）。其中，新鴻基地產為香港最大的地產公司。不過，受到 2020 年全球新冠疫情及經濟低迷的影響，新鴻基地產的市值亦從 2019 年底的 3457.05 億港元下跌至 2022 年 7 月底的 2716.88 億港元，跌幅為 21.41%（表 2-10）。2019 年至 2022 年，新地分別獲 Euromoney、Euromoney、FinanceAsia 等頒發「香港最佳地產公司」、「亞洲最佳地產公司」、「亞太區最佳地產公司」等。新地主席兼董事總經理郭炳聯表示：「面對疫情肆虐等前所未有的挑戰及不確定性，新地仍然謹守『以心建家』的信念，繼續投資香港及內地。集團將憑藉本身的專長繼續發展大型綜合地標項目，包括位於香港高鐵西九龍總站上蓋的優質商業項目及上海 ITC 大型項目等。我們會繼續精益求精，保持新地在市場的領先地位。」[68]

表 2-9 2019 年度新地系香港上市公司經營概況

單位：億港元

上市公司	經營業務	經營收入	除稅前溢利	總資產
新鴻基地產	投資控股、地產發展、物業投資、電訊及資訊科技、基建及其他業務	853.02	544.83	7978.31
數碼通電訊	在香港及澳門提供話音、多媒體及流動寬頻、固網光纖寬頻服務	84.15	8.01	98.83
載通國際控股	從事香港及內地公共巴士營運服務	81.12	6.99	239.35

資料來源：新鴻基地產系各香港上市公司 2019 年報

表 2-10 2017-2023 年新鴻基地產市值變化

單位：億港元

	2017 年底	2018 年底	2019 年底	2020 年底	2021 年底	2022 年7 月底	2023 年1 月底
新鴻基地產	3777.36	3233.23	3457.05	2897.78	2741.30	2716.88	3219.68

資料來源：《香港交易所市場資料》，2017-2021 年，東方財富網站

---

68 〈新地獲國際權威金融雜誌 Euromoney 頒發 24 個獎項，第七年勇奪「亞太區最佳地產公司」區域最高級別殊榮〉（新鴻基地產新聞），2020 年 10 月 16 日。

第四節　李兆基家族財團

▎ 恒基集團的創辦與早期發展

　　李兆基家族財團是香港主要的華商家族財團之一，其發展最早可追溯到永業有限公司和新鴻基企業的創辦。李兆基，祖籍廣東順德，早年曾在其父開設的天寶榮金舖當學徒，深諳黃金買賣之道。1948 年，李兆基攜帶 1,000 港元，從廣州南來香港，在金舖做外匯黃金買賣，賺取了第一桶金。[69] 1958 年起與郭得勝、馮景禧合夥從事地產發展，先後創辦永泰企業和新鴻基（控股）。1972 年新地上市後不久，李兆基辭去新地總經理一職，自立門戶，創辦「永泰建業有限公司」，並於同年在香港上市。1973 年 11 月 10 日，李兆基再創辦「恒基兆業有限公司」，作為投資控股公司。當時，恒基兆業約有資產 5,000 萬港元，發展地盤約 20 來個，並持有永泰建業 50% 以上股權。[70]

　　恒基兆業與新鴻基地產的投資策略相當接近，如看好香港地產發展前景，緊扣地產市道循環週期盛衰，重視維持龐大的土地儲備，重視住宅樓宇的發展等。早期，恒基的地盤多集中在市區，主要發展 300 至 500 平方呎單位面積的小型住宅，銷售對象為廣大的受薪階層，由於住宅和工作地點不遠，加上交通方便，因而深受置業者歡迎。恒基兆業經營地產的方式，也與新鴻基地產一樣，強調貫徹「貨如輪轉」的宗旨，十分重視增加土地儲備。恒基兆業成立 3 年後，旗下的發展地盤已增加到 140 多個，成為土地儲備最多的地產公司之一。[71]

　　不過，恒基兆業增加土地儲備的方式相當特別，它較少參與競投

69　梁鳳儀：《李兆基博士傳記》，第 17-19 頁。

70　梁鳳儀：《李兆基博士傳記》，第 39-40 頁。

71　郭峰：〈李兆基經營地產的秘訣 —— 兼談恒基兆業與永泰建業的發展〉，《南北極》，第 124 期，1980 年 9 月 16 日，第 9 頁。

港府公開拍賣的官地，主要是長期派人遊說舊樓的業主售樓，以逐個擊破的方式，說服業主出售他們所擁有的單位，然後將整幢樓宇拆卸重建。即使到了八九十年代，恒基仍堅持早年在市區收購舊樓的策略，以最大的耐心，經長年累月，將逐層樓、逐寸土地收購回來。這些舊樓往往處於市區的黃金地段，拆卸重建後，發展商即可獲得豐厚利潤，又使市區面貌煥然一新，一舉數得。恒基還發明「袖珍樓」、「袖珍舖」，將市區內狹小的地盤建成袖珍式的住宅和店舖，表面上看總體樓價不高，但每平方呎的價格及利潤卻相當驚人。

早期，恒基的物業發展主要集中在港九市區。不過，隨着時間推移，市區內可供發展或重建的地盤可謂買少見少，恒地看準新界必定成為地產商日後爭奪的對象，開始大量吸納乙種公函換地證書（Letter B），以保證日後在新界有足夠的土地發展。1981 年，李兆基就明確表示：「我們既然是以地產發展為主的公司，但是眼看到的是，港九市區可供發展或重建的地盤所餘無幾，屆時新界的土地必定成為大家爭奪的對象。我們與其在未來幾年後跟其他公司競出高價爭投新界土地，倒不如先行未雨綢繆吸納大量換地公函，確保日後在新界有足夠的土地可供發展。簡言之，乙種換地公函是土地的期貨。」[72] 李兆基的這種高瞻遠矚的戰略眼光，可說是恒基成功的重要因素。

1975 年，香港政府開標競投沙田新填海區，李兆基作為發起人，由恒基地產聯同長江實業、新鴻基地產和新世界發展組成「百得置業有限公司」（各佔 25% 股權），以 2,060 萬港元價格投得沙田新市鎮第一號地段，自行填海 600 萬方呎土地，從而取得其中 174 萬方呎土地發展權，發展沙田第一城計劃。整個龐大地產發展計劃由恒基地產統籌策劃展，到 1988 年 1 月全部完成，包括 52 幢約 30 層高的住宅大廈，合共

---

72 陳憲文、方中日：〈李兆基處世之道在於順勢應時〉，《信報財經月刊》，第 5 卷第 2 期，第 23 頁。

10,642 個單位,總樓面面積 538.2 萬平方呎。兩座商場大樓(銀城商場及第一城中心)共 30 萬平方呎,5 個停車場,以及休憩花園、球場、游泳池等設施,可容納居民 5 萬人,每個住戶單位面積約 500-1,000 平方呎不等。[73] 沙田第一城可說是「香港地產業一個美麗的奇蹟」,亦是李兆基及恒基集團的引以為傲的精心傑作。

　　到 80 年代,恒基的住宅樓宇發展已從港九市區擴展到沙田、荃灣、西貢、屯門、元朗、上水、大埔、將軍澳等新市鎮。90 年代初,恒基的土地儲備(包括乙種換地證書)已達到 1,650 萬方呎,其中住宅用地佔 69%,而經其發展的樓宇,估計超過 400 幢以上,絕大部分為中小型住宅樓宇。因而,恒基集團被稱為香港的「小型住宅之王」。

▌上市、重組、併購:自成一系

　　1981 年 8 月,正值香港股市牛氣衝天之際,李兆基將恒基兆業大部分資產,包括可供發展的 638.12 萬平方呎樓面面積的地盤,中華煤氣 29.83% 股權、香港小輪(當時稱「香港油麻地小輪有限公司」)21.64% 股權,注入旗下一家成立於 1976 年 1 月 16 日的附屬公司——「恒基兆業地產有限公司」(簡稱「恒地」),並於 1981 年 7 月 23 日在香港上市。恒基地產上市時,法定股本 30 億港元,實收股本 21.38 億港元,公開發售 5,000 萬股新股,集資 10 億港元。[74] 當時,恒基地產上市時,在港九新界各地共擁有各項發展計劃完成後的樓面面積 638.12 萬平方呎。其中,香港 78.94 萬平方呎、九龍 134.19 萬平方呎、新界 424.99 萬平方呎,另有乙種公函換地證書 116.92 萬平方呎,發展規模宏大。[75] 1981 年底,恒基地產的市值達 35.2 億港元,在地產上市公司

73　梁鳳儀:《李兆基博士傳記》,第 44 頁。

74　《恒基兆業地產有限公司上市招股書》,1981 年 6 月 27 日,第 13、85 頁。

75　《恒基兆業地產有限公司上市招股書》,1981 年 6 月 27 日,第 13-14 頁。

中排名第 7 位。

當時，李兆基表示，將在上市後的半年到兩年內，將恒基地產與早期上市公的永泰建業合併。然而，有關合併的工作遲遲未能完成，1982 年以後，香港地產市道崩潰，有關計劃更被迫擱置。[76] 1985 年，李兆基趁地產市道復甦，開始籌劃集團重組事宜。同年 12 月，恒基地產斥資 5.9 億港元分別向恒基兆業和李兆基購入 46.7% 和 24.1% 永泰建業股權，永泰遂成為恒基地產的附屬公司。1988 年 8 月，恒基地產再次進行業務重組，由恒基地產購入永泰的發展物業和換地權益證書共31.63 億港元，永泰建業改名為「恒基發展有限公司」，購入恒基地產所持有的 25.91% 中華煤氣股權和 19.6% 香港小輪股權，而恒基地產所持恒基發展股權則減至 65.1%。[77] 集團重組後，恒基地產成為集團控股公司和上市旗艦，並專責集團的地產發展業務，恒基發展則以地產投資和投資控股為主，持有中華煤氣和香港小輪兩家公用事業上市公司股權。

恒基集團的對外併購，早在 70 年代已經開始，當時李兆基的主要目標，是中華煤氣和香港小輪兩家公用事業上市公司。1981 年恒基地產上市時，該集團已持有中華煤氣 29.83% 股權及香港小輪 21.64% 股權。中華煤氣是香港第一家公用事業公司，於 1862 年在英國註冊成立，1960 年在香港上市。1975 年，市場謠傳怡和和港燈要惡性收購中華煤氣，中華煤氣主席利銘澤等管理層邀請李兆基加盟，成為公司主要股東之一，並於 1983 年接替病逝的利銘澤出任董事會主席。[78] 中華煤氣於 1982 年將註冊地從倫敦遷返香港，1984 年與港府達成協議，購入大埔工業村 11.71 公頃土地，建立 4 條新煤氣生產線，日產煤氣 600 萬

76　紫華：〈大戶集資上是否股市不振之因 —— 恒基、永泰之重組影響股市下跌？〉，《南北極》，1988 年 8 月 18 日，第 14 頁。

77　方元：〈李兆基的五千五百萬元大製作〉，《南北極》，1988 年 8 月 18 日，第 16 頁。

78　梁鳳儀：《李兆基博士傳記》，第 65-66 頁。

立方米，透過總長度 1,500 公里的煤氣管供應全港家庭、商業及工業用戶，而其騰出的馬頭角煤氣廠舊址則成為極具發展潛力的廉價土地。

香港小輪原名「香港油麻地小輪有限公司」，創辦於 1923 年，專利經營香港、九龍及離島的小輪服務，1981 年該公司與中國政府達成協議，合作開辦香港至蛇口、洲頭咀等航線服務。踏入 80 年代，香港小輪受海底隧道及地下鐵路相繼建成的影響，業務日漸式微，幸而公司拓展多元化業務，包括地產投資、貿易及服務、旅遊等，並持有大嶼山銀礦灣酒店及一批廠廈商店物業。

恒基集團另一次矚目的併購，是 1993 年透過旗下的恒基發展收購美麗華酒店集團一役。美麗華酒店創辦於 1948 年，是香港戰後首家開業酒店，1957 年商人楊志雲接管該酒店，並聯同何善衡等創立「美麗華酒店企業有限公司」；1970 年，美麗華酒店在香港上市。[79] 1981 年，美麗華將酒店舊翼以 28 億港元高價售予以佳寧、置地為首財團，曾轟動香港。可惜該項交易在 1984 年正式成交時，佳寧已經破產，置地亦泥足深陷，結果該交易告吹。美麗華除收取早期 9 億多元訂金之外，還獲置地賠償 3.7 億港元款項，令股東一再分紅，這是美麗華酒店最幸運的時代。然而，自 1985 年楊志雲逝世後，美麗華酒店的經營作風日趨保守，業務漸走下坡路，導致董事局對以楊志雲長子出任公司董事總經理的楊秉正等管理層不滿。[80]

1993 年 6 月 9 日，長江實業和中信泰富聯手，宣佈向美麗華酒店提出全面收購建議，涉及資金總額達 87.9 億港元。不過，6 月 14 日，美麗華酒店董事總經理楊秉正發表公開聲明，直指是次收購「並非一次善意收購行動，亦非應美麗華大股東的邀請而作出」。[81] 6 月 17 日，正

79　《美麗華酒店企業有限公司 2018 年年報》，第 2 頁。

80　參見〈楊秉正指出價偏低更非善意〉，《信報》，1993 年 6 月 15 日。

81　參見〈楊秉正指出價偏低更非善意〉。

當長實和中信泰富宣佈將收購價提高到每股 16.5 港元之際，李兆基透過旗下的恒基發展介入收購戰，並宣佈已從大股東楊氏家族手中購入美麗華酒店 34.78% 股權，涉及資金 33.57 億港元。由於未達到 35% 的全面收購點，恒基發展無須提出全面收購。[82] 是役，恒基發展一舉奪得市值近百億元的美麗華集團控制權。

恒基發展收購美麗華酒店控股權，明顯是看中該集團所擁有物業的重建價值。據分析，在尖沙咀的 3 項重要物業中，美麗華酒店和基溫大廈均具重建價值。這兩項物業興建時，由於處於啟德機場飛機航道附近而受政府高度限制，致使地積比率未能用盡，而高度限制已於 1989 年放寬，故此兩項物業重建後，美麗華酒店的資產值可從 16.26 億港元增加到 38.85 億港元，基溫大廈資產值亦可從 12.26 億港元增至 21 億元，扣除 9.5 億港元重建費用，實際增值可達 22.33 億港元。事實上，自李兆基接管美麗華酒店後，該公司的物業重建已按部進行，第一步是將基溫大廈拆卸，興建一座數層高商場，與柏麗廣場二期接連，然後將柏麗廣場二期商廈從 18 層加建到 24 層。在恒基集團的管理下，美麗華的發展潛力正逐步發揮出來。

恒基地產在理財方面是業內有名的高手，號稱「密底算盤」。[83] 1992-93 年度，香港地產市道暢旺，恒地盈利急升六成，李兆基眼見集團股份長期偏低，不利於在股市集以資加速集團發展，遂採取連串矚目行動。1993 年 9 月，恒地公佈年度業績時，宣佈大派現金紅利，每股恒地獲派港 1 港元紅利，涉及現金 16 億港元，給股東帶來意外驚喜，恒地股價當日即急升 18%。不久，恒地又宣佈集團資產重估，每股資產淨值達 42.69 港元，比市場預期的 25-30 港元高出三成以上。翌日，恒

---

82 梁鳳儀：《李兆基博士傳記》，第 120 頁。

83 紫華：〈大戶集資上是否股市不振之因 —— 恒基、永泰之重組影響股市下跌？〉，第 17 頁。

地股價從每股 24.2 港元大幅升至 59 港元,短短 3 個多月股價升幅高達
1.44 倍。恒地的市值亦升至超過 600 億港元,成為這一時期香港股市的
藍籌明星股。1993 年第 4 季度,恒地趁公司業績理想,連環出擊,先
是發行 4.6 億美元(約 35.7 億港元)的可換股債券,安排將投資中國內
地的恒基中國分拆上市,帶頭掀起分拆中國內地業務的分拆旋風;繼而
發行 3 億美元(約 23.38 億港元)歐洲美元債券,並取得 13.8 億港元銀
團貸款;而旗下的恒基發展亦以先舊後新方式配股集資 20 億港元,短
短 3 個月間恒地共籌得資金超過 90 億港元。[84]

　　受此利好因素影響,恒地股價節節飆升,到 1996 年 11 月 20 日已
升至每股 74.72 港元水平。恒地不失時機地配股集資,先後於 1995 年
12 月和 1996 年 9 月兩次以先舊後新方式配股集資 22 億港元和 35.2 億
港元,集資總額達 57.2 億港元。就在第 2 次配股當日,恒地又宣佈發
行武士債券,集資 300 多億日元(約 23.4 億港元)。從 1993 年至 1996
年,恒基集團集資額超過 170 億元,其頻率之高、數額之大,業內公司
無出其右。香港有評論認為,派高息、借貸、集資已成為恒地的「財政
商標」了。[85]

　　1996 年底,李兆基旗下的恒基地產一系,一共持有 6 家上市公
司,包括恒基地產、恒基發展、中華煤氣、香港小輪、美麗華酒店、恒
基中國等,總市值達 1381.16 億港元,在香港上市財團中排名第三位,
僅次於李嘉誠的長和集團和郭氏兄弟的新鴻基地產集團。

▌「以低地價成本建造可持續未來」

　　回歸初期,受到亞洲金融危機的衝擊,香港地產市道低迷。各大
地產商惟有以減價及各種形式促銷新樓盤,以減低持有量套現資金。作

84　吳小明:〈李兆基神機妙算顯財技〉,《資本》,1996 年 12 月,第 69-70 頁。

85　吳小明:〈李兆基神機妙算顯財技〉,第 71 頁。

為大地產商的恒基地產也不例外。在將軍澳，恒基地產的新都城、新寶城等，均加入了促銷戰，恒基並提出了「跌價兩成補償計劃」。這一時期，恒基集團的重點，主要集中在集團業務及股權架構的重組，以提高集團的營運效率。

2000 年 1 月，恒基集團透過香港小輪，以 1.55 億港元價格，把旗下香港客運渡輪業務資產售予新世界旗下的新渡輪公司，結束渡輪業務，並利用香港小輪的土地發展地產業務。2005 年 5 月及 8 月，恒基又先後私有化旗下的恒基中國和恒基數碼科技有限公司。2006 年，中華煤氣將旗下位於山東及安徽 10 項管道燃氣項目注入在香港創業板上市的百江燃氣，收購百江燃氣 44% 股權，並將其改名為「港華燃氣有限公司」。該公司主要在中國內地從事燃氣業務投資、開發和運營管理等業務。2007 年 3 月及 10 月，恒基地產先後向恒基發展收購其所持有的香港小輪 31.36% 股權、美麗華酒店 44.21% 股權，以及中華煤氣 38.55% 股權。[86] 交易完成後，恒基地產成為集團的控股公司，而恒基發展則轉變為一家專注經營內地基建業務的上市公司。至此，恒基集團的重組計劃基本完成。

回歸之後，恒基集團繼續維持其一貫的經營模式，包括以物業發展和物業投資為核心業務，重視維持龐大的土地儲備，實行多元化發展等。2012 年，恒基地產首次在公司年報公佈其「業務模式及策略方向」，明確表示：「恒基地產採取多元化業務模式，包括中港物業投資、策略投資及物業發展之『三大業務支柱』。」[87]

在地產發展方面，恒地配合香港市民對生活素質要求提升的需求，以「貨如輪轉」的方式，推出了大批高素質的住宅或商住樓宇，遍佈港九新界各區。其中不少項目均是與國際著名的建築師和專業人士攜手合

---

86 參見《恒基兆業地產發展有限公司 2007 年年報》，第 19 頁。

87 參見《恒基兆業地產發展有限公司 2012 年年報》，第 94 頁。

作的經典建築，屢獲殊榮，如「優質建築大獎」、「十大樓則大獎」、「卓越品牌大獎」以及「詹天佑土木工程大獎」等，備受各界讚賞。其代表性的項目，包括豪華獨立洋房大浦的比華利山別墅、傲視維港的大型屋苑嘉亨灣和翔龍灣，以及卓越非凡的豪宅港島半山的天匯、灣仔的尚匯和馬鞍山的迎海等。2009年，恒基推出市場的豪宅天匯，創造出建築面積每平方呎逾7萬港元的歷史天價，在香港曾轟動一時。

在物業投資方面，恒基地產多年來一直致力於加強其「具規模且多元化物業投資組合」，以便為集團發展提供穩定的收入來源。恒基的物業組合，「乃位於黃金地段之商業物業」，「主要包括位於核心區之寫字樓及購物商場，以及若干位於港鐵站上蓋或沿線策略性區域之大型購物商場。」2006年12月，恒基地產分拆旗下投資物業，組成「陽光房地產基金」，並在香港掛牌上市。至2019年，恒基地產集團的投資物業組合面積達940萬平方呎。其中，商場或零售舖位組合達510萬平方呎，包括沙田廣場、沙田中心、粉領中心、時代廣場商場、荃灣千色匯、馬鞍山新港城中心、新都城中心二期商場、尖東港鐵站上蓋 "H Zentre"、東薈城名店倉（持有20%權益）等數十個零售商場。當中多個是位於港島、九龍及新界港鐵站上蓋或沿線的大型購物商場；寫字樓組合達350萬平方呎，包括中環國際金融中心一二期（佔40.77權益）、北角友邦廣場和港匯東、上環富衛金融中心、九龍東宏利金融中心、友邦九龍金融中心、鴻圖道78號及鴻圖道52號等，面積達350萬平方呎。這兩項組合就佔集團物業投資組合總面積的91.4%（圖2-12）。此外，集團的住宅／酒店套房組合包括四季匯（佔40.77權益）、惠苑、問月酒店等，面積達40萬平方呎；工業／寫字樓面積達40萬平方呎。2019年度，恒基地產在香港應佔稅前租金收入淨額為56.01億港元，已接近當年集團物業銷售稅前盈利貢獻58.88億港元。[88]

88　參見《恒基兆業地產有限公司2019年年報》，第7、22頁。

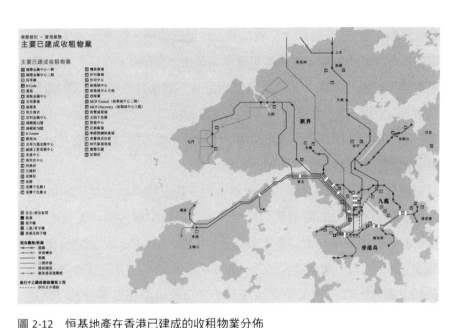

圖 2-12　恒基地產在香港已建成的收租物業分佈
資料來源：《恒基兆業地產發展有限公司 2019 年年報》，第 57 頁。

　　這一時期，恒基地產亦進一步加強對中國內地物業發展和物業投資。回歸以後，恒基地產即在廣州、北京、上海等一線城市展開地產發展，並在北京、上海建造地標商廈。2007 年，恒基地產將恒基中國私有化後，集團投資內地地域擴展到長沙、西安、重慶、瀋陽、蘇州、徐州、宜興等。恒基地產在內地的發展方針，是主要城市及二線城市並重。其中，在主要城市，精心物色人流暢旺及交通方便優質地塊，發展糅合創新設計及良好質素的地標性大型綜合項目，作為商業物業投資組合，其代表作是北京的環球金融中心，上海的恒基名人商業大廈、不夜城廣場、廣州的恒寶廣場等。截至 2019 年底，恒基地產在中國內地已建成的主要收租物業面積達 637.81 萬平方呎。

　　在積極推進物業發展與投資的同時，恒基地產更重視「以低地價成本建造可持續未來」的策略方向，重視透過參與一級土地市場的競投、收購市區舊樓重建項目，以及更改新界土地用途等方式來維持集團龐大的土地儲備。恒基地產認為：收購市區舊樓重建項目及更改新界土地用

途這兩項方式,「均為行之有效擴展土地儲備途徑,既令土地來源較易掌握,兼且成本合理,可為本集團帶來長遠之發展收益。」[89] 在收購市區舊樓重建項目方面,回歸以來恒地仍然不遺餘力地展開,到 2019 年共擁有 26 個已購入全部或八成以上業權的項目,預計可提供約 432.14 萬平方呎樓面面積作出售或出租用途。這種低成本的增加土地方式,為恒基地產的業務發展提供可觀的利潤來源。

與此同時,恒基地產亦不斷從土地一級市場競投土地。2017 年 5月,恒地就以 232.8 億港元的高價,成功投得中環金融商業核心地段的罕有地皮中環美利道的商業項目 —— "The Henderson",地盤總面積為 3.1 萬平方呎,可建樓面約為 456.5 萬平方呎,該項目以紫荊花蕾作為設計藍本,糅合頂尖建築技術以及多項先進設施,預計於 2023 年建成。2019 年,恒基地產先後透過不同合營公司,投得 3 幅位於前啟德機場跑道上臨海住宅用地,連同 2018 年所購入的鄰近地塊,集團在啟德發展區共有 6 個住宅發展項目,可提供自佔樓面面積約 190 萬平方呎。2021 年,恒基以 508 億港元投得中環新海濱三號用地,計劃分兩期發展成總樓面面積達 160 萬平方呎的綜合物業,預計於 2027 年及2032 年建成,屆時將成為繼「國際金融中心」及 "The Henderson" 後香港核心商業區的另一世界級矚目地標。[90]

恒基地產以地產發展和物業投資並重,重視以低成本維持龐大土地的投資策略,為公司帶來豐厚的利潤。據統計,2018 年,恒基地產的總收入為 219.82 億港元,年度利潤 313.72 億港元,比 10 年前 2008年分別增加了 62.93% 及 92.23%,年均增長率分別為 5.00% 及 6.75%。2019 年度,集團收入雖然繼續增長至 241.84 億港元,但年度盈利卻受到外部經濟影響而大幅下跌至 170.43 億港元(表 2-11)。

89　參見《恒基兆業地產發展有限公司 2017 年年報》,第 74 頁。

90　參見《恒基兆業地產發展有限公司 2021 年年報》,第 12 頁。

表 2-11 2008-2021 年度恒基地產經營概況

單位：億港元

	收入	年度盈利	香港土地儲備（百萬平方呎）	中國內地土地儲備（百萬平方呎）	新界土地（以自佔土地面積計）
2008 年度	134.92	163.20	18.4	118.8	30.4
2009 年度	146.95	174.13	19.8	151.4	32.8
2010 年度	70.92	156.38	21.3	156.9	40.6
2011 年度	151.88	173.63	21.1	158.1	41.9
2012 年度	155.92	203.25	20.9	147.9	42.8
2013 年度	232.89	160.56	24.6	143.9	42.5
2014 年度	233.71	169.40	23.8	135.9	44.5
2015 年度	263.41	218.74	24.4	126.9	45.0
2016 年度	255.68	221.86	24.1	101.1	44.9
2017 年度	279.60	311.65	24.5	42.9	44.9
2018 年度	219.82	313.72	24.7	38.8	45.6
2019 年度	241.84	170.49	24.5	31.9	44.9
2020 年度	205.20	102.83	24.4	38.8	44.4
2021 年度	235.27	133.60	25.4	45.0	44.9

資料來源：《恒基兆業地產有限公司年報》，2009-2021 年

在土地儲備方面，截至 2019 年底，恒基地產在香港及中國內地共擁有 5,640 萬平方呎土地儲備。其中，在香港有 2,450 萬平方呎；同時，在中國內地的 13 個城市，包括北京、上海、廣州、深圳、長沙、成都、合肥、南京、瀋陽、蘇州、西安、徐州、宜興等，共擁有 3,190 萬平方呎的土地儲備。集團在中國內地的土地儲備佔集團總土地儲備的 56.56%（圖 2-13）。另外，集團尚持有約 4,490 萬平方呎的新界土地儲備，為香港擁有最多新界土地的發展商。

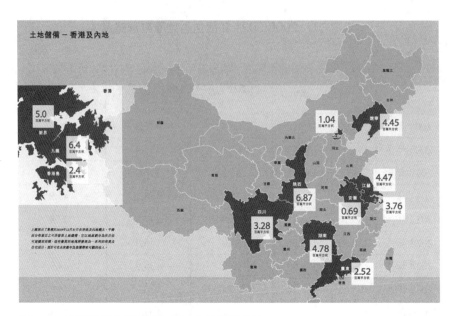

圖 2-13　恒基地產在香港及內地的土地儲備分佈

資料來源：《恒基兆業地產有限公司 2019 年報》，第 2-3 頁。

▌ 恒基地產：業務多元化的地產大集團

　　恒基地產業務模式中的「三大業務支柱」，除了以物業發展和物業投資之外，第三個支柱就是「策略投資」，即透過集團持有控制股的中華煤氣、港華燃氣、美麗華酒店、香港小輪、恒基發展等，推進多元化業務（表 2-12）。

表 2-12　2019 年度恒基地產控股的上市公司經營概況

單位：億港元

	經營的主要業務	營業額	除稅前盈利	總資產
恒基地產	投資控股、地產發展、物業投資	241.84	190.89	4552.45
中華煤氣	經營管道燃氣、新興環保能源、水務、資訊科技、電訊、工程服務及其他相關設施等業務	406.28	104.04	1404.70
港華燃氣（現改稱「港華智慧能源」）	從事燃氣業務投資、開發和運營管理的專業化燃氣投資管理	129.24	20.14	381.95
美麗華酒店	酒店、服務式公寓業務以及餐飲、旅遊業務	30.62	14.81	214.92

（續上表）

香港小輪	地產發展、物業投資、渡輪、船廠及相關業務	2.99	1.55	63.79
恒基發展	經營百貨、超市業務	17.07	0.72	25.46
陽光房地產基金	擁有及投資於可提供收入之香港寫字樓及零售物業	8.51	16.72	208.06

資料來源：恒基地產集團旗下各香港上市公司 2019 年報

　　其中，中華煤氣是香港歷史最悠久的大型公用事業機構之一，其核心業務為生產、輸配及營銷煤氣，同時亦銷售煤氣爐具，提供全面的售後服務。截至 2019 年底，中華煤氣在香港的供氣網絡管道全長超過 3,600 公里，服務約 193.37 萬住宅及工商業客戶。2006 年以後，中華煤氣透過旗下的上市公司港華燃氣有限公司（現改稱「港華智慧能源有限公司」），大舉進軍內地市場，發展燃氣項目，至 2019 年底，在內地發展的城市燃氣項目總數已達到 265 個，遍佈 26 個省、自治區和直轄市（圖 2-14）。2021 年，中華煤氣旗下的智慧能源業務拓展理想，已在全國 21 個省市佈局逾 110 個可再生能源項目，並洽商發展 32 個零碳智慧園區，業務涵蓋多能（冷、熱、電）聯供、光伏、儲能、充換電站、工商客戶綜合能源服務等多個領域。此外，中華煤氣透過全資附屬公司名氣通電訊發展電訊業務，於香港及內地設有 7 座數據中心。

　　美麗華酒店為香港一家具領導地位的酒店企業，其經營的核心業務包括酒店及服務式公寓、物業管理、餐飲及旅遊等。美麗華擁有且管理多項酒店和服務式公寓，包括旗艦店 The Mira Hong Kong 及問月酒店。2008 年完成創意工程後，The Mira Hong Kong 已成為聳立於尖沙咀區心臟地帶的高級酒店。2017 年，美麗華酒店完成了旗下四大物業——美麗華商場、Mira Mall、美麗華大廈及 The Mira Hong Kong 的軟硬體優化及策略性整合，並命名為 Mira Place（美麗華廣場），在尖沙咀黃金購物消費區建立了面積達 120 萬平方呎的一站式綜合購物樞紐。此外，美麗華透過旗下的國金軒、翠亨邨等提供中菜餐飲業務；透過美麗華旅遊為客戶提供前往世界各地的旅行團、預訂機票、酒店、郵輪假期、自遊行套票等服務。

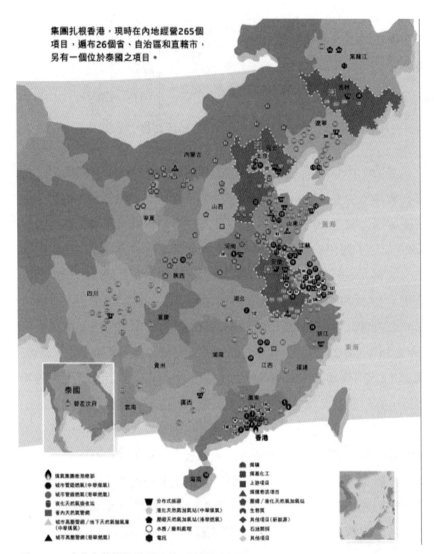

圖 2-14　香港中華煤氣集團在內地的投資項目
資料來源：《香港中華煤氣有限公司 2019 年報》，第 3 頁。

　　香港小輪在業務轉型後主要從事物業發展及投資業務，以發揮公司
擁有的土地資源的效益。公司先後發展或投資的物業包括港灣豪庭、亮
賢居、嘉賢居、城中匯、新港豪庭等。2018 年 6 月，香港小輪投得市區
重建局於深水埗桂林街 / 通州街重建項目，總樓面面積約為 14.43 萬平
方呎。此外，香港小輪還從事渡輪、船廠及相關業務，渡輪業務主要透

過旗下的香港油蔴地小輪經營，包括危險品汽車渡輪服務、觀光遊覽船及燃油貿易等。至於恒地兩次私有化均沒有成功的恒基發展，於 2014 年 9 月獲控股股東恒基地產注入千色店業務 ——"千色 Citistore" 後，專注香港百貨公司業務發展，至 2021 年底共經營 5 間 "千色 Citistore" 百貨公司、5 間「C 生活」實用家品專賣店、兩間名為 "APITA" 或 "UNY" 附設超級市場的百貨公司，以及兩間 "UNY" 超級市場。

目前，恒基集團已發展成一家多元化的地產大集團，旗下共持有 7 家上市公司或機構，包括由李兆基家族持有 72.82% 股權的恒基兆業地產有限公司，由恒地產持有的香港中華煤氣有限公司（41.53%）、美麗華酒店企業有限公司（50.08%）、香港小輪集團有限公司（33.41%）、恒基兆業發展有限公司（69.27%）、港華燃氣有限公司（現改名為「港華智慧能源有限公司」，中華煤氣持有 65.98% 股權），及陽光房地產基金（16.95%）等（圖 2-15）。

圖 2-15　恒基地產集團的股權架構
資料來源：《恒基兆業地產發展有限公司 2021 年年報》，第 6 頁。

不過，近年來，受到外圍經濟環境及全球新冠疫情的影響，恒基集團旗下上市旗艦公司恒基地產的經營業績出現跌幅，年度盈利從 2018 年度的 313.72 億港元下降至 2020 年度的 102.83 億港元，跌幅高達近七成。受此影響，恒基地產的市值 2019 年底的 1851.83 億港元下跌至 2022 年 7 月底的 1321.59 億港元，跌幅近三成（表 2-13）。

表 2-13　2017-2023 年恒基集團主要上市公司市值變化

單位：億港元

	2017 年底	2018 年底	2019 年底	2020 年底	2021 年底	2022 年 7 月底	2023 年 1 月底
恒基地產	2060.59	1716.49	1851.83	1464.52	1607.34	1321.59	1401.47
中華煤氣	2142.91	2492.60	2575.99	2057.92	2265.31	1545.05	1466.68

資料來源：《香港交易所市場資料》，2017-2021 年，東方財富網站

2019 年 5 月 28 日，李兆基在恒基地產股東大會上辭去董事一職，由其兩個兒子李家傑和李家誠出任聯席主席兼總經理。至此，恒基集團進入家族第二代接班的新時期。李家傑和李家誠表示：「創新，是恒基地產持續發展的本源，從項目的原創建築設計、嶄新開發的技術與作業模式，以至集團在市區重建上的突破思維與領先地位，處處均體現集團的創新進步精神。不僅如此，集團也運用了突破框框的思考與行動能力，跟社會各界攜手應對新冠疫情，這使得集團在艱巨的營商環境中仍能靈活應對，並為社會和經濟貢獻一分力量。」[91]

91　參見《恒基兆業地產發展有限公司 2020 年年報》，第 39 頁。

第五節　鄭裕彤／鄭家純家族財團

▌新世界發展的創辦與早期發展

　　鄭裕彤／鄭家純家族財團是香港主要的華商家族財團之一，其發展最早可追溯到周大福金舖和新世界發展的創辦。鄭裕彤，原籍廣東順德，15 歲時從順德到澳門投靠父親的世交周至元，在其經營的周大福金舖作練習生。周大福於 1929 年在廣州創辦，1938 年因為戰亂從廣州遷至澳門，翌年並在香港開設首間周大福珠寶零售點。[92] 1945 年，鄭裕彤奉岳父周至元之命前往香港掌管周大福業務，1956 年至 1960 年期間已持有周大福大部分股權。[93] 1960 年，鄭裕彤將周大福改組為「周大福珠寶行有限公司」，成為有名的「珠寶大王」。[94]

　　1967 年地產低潮期間，鄭裕彤聯同其好友楊志雲等，趁地價急跌大量購入土地物業。1970 年 5 月，鄭裕彤、楊志雲等聯手創辦「新世界發展有限公司」，並於 1972 年 10 月 23 日在香港上市，集資 1.93 億港元。[95] 當時，公司除擁有新世界中心地盤外，還擁有 4 幢商住樓宇、4 家電影院及部分店舖、寫字樓單位，總樓面面積 74.6 萬方呎，每年租金收入 2,130 萬港元。此外。還擁有 6 幢興建中的商業樓宇，具有一定規模。

　　新世界發展上市後，最重要的地產發展項目，就是雄踞於尖東海旁的新世界中心。1971 年，新世界發展以 1.31 億港元的高價，向英資太古洋行購入尖東沿海的「藍煙囪」貨倉舊址，面積達 19.9 萬平方呎。當時，香港政府希望新世界能在該地段興建一幢世界一流的建築物，以

92　周大福：〈我們的里程碑〉，載《周大福珠寶集團有限公司 2019 年報》。

93　雙慶：〈鄭裕彤，如何由小職員成為大商家？〉，《財富月刊》，1992 年 11 月 25 日，第16 頁。

94　留津：〈鄭裕彤先生訪問記摘要〉，《南北極》。

95　新世界發展：《里程碑》，1970-1972 年，新世界發展有限公司官網。

作為香港的標誌，因此陸續將鄰近土地批予新世界，令該地段面積增加到 43 萬平方呎。這座日後被命名為「新世界中心」的工程共分兩期進行，首期工程包括一幢 14 層高寫字樓、5 層商場及擁有 800 多間客房的新世界酒店，於 1978 年 12 月完成。第二期工程包括一幢有 700 多個單位的豪宅大廈及擁有 650 間客房的著名的麗晶酒店，全部工程於 1982 年竣工，總投資約 14 億港元。[96]

70 年代期間，新世界發展還單獨投資或與其他地產公司合作發展了一系列大型地產項目。1976 年，新世界發展購入位於中環皇后大道中 18 號的友邦行，並於該址設立總辦事處。友邦行於 1980 年 1 月 1 日起易名為「新世界大廈」。[97] 新世界發展在經營策略上，是興建寫字樓、商廈作出租用途，興建住宅樓宇作出售之用，兩者相互配合，相得益彰。正因為如此，新世界的綜合純利逐年上升，從 1973 年度的 7,200 萬港元上升至 1981 年度的 2.46 億港元。1981 年底，新世界發展的市值達到 43.71 億港元，在香港股市中成為僅次於置地、長實、新地的第四大地產公司。

80 年代期間，新世界發展再接再勵，展開一系列龐大地產發展計劃，包括 1981 年與恒隆集團合作發展港島地鐵沿線 8 個地鐵站上蓋物業；1984 年與香港貿易發展局合作興建香港會展中心；1985 年分別與九廣鐵路和美國加德士石油公司合作，發展屯門輕鐵總站上蓋的海翠花園和荃灣舊油庫的海濱花園；1986 年與查濟民家族的香港興業聯手發展大嶼山愉景灣第三期；1989 年與港府土地發展公司合作發展港島西營盤第三街、上環永勝街、灣仔李節街及九龍登打士街等 4 個地盤的重建計劃。

96　秦乾亨：〈在地產創出新世界〉（鄭裕彤外傳之二），《壹周刊》，1991 年 3 月 22 日，第 82 頁。

97　「里程碑」，1976 年，新世界發展有限公司官網。

．

其中，最矚目的就是香港會展中心的興建。1984 年 12 月，鄭裕彤與香港貿易發展局達成協議，由新世界投資 27.5 億元在灣仔海旁興建香港最大規模的會議展覽中心。香港會議展覽中心佔地 33.5 萬方呎，位於灣仔海旁，整項計劃包括一座 7 層高、具國際先進水平的會議展覽中心、兩幢高級酒店、一幢辦公大樓及一幢酒店式豪華住宅。會議展覽中心設於低層基座，其餘 4 幢建築物將建於基座之上，樓面面積達 440 萬方呎，堪稱全港最巨大建築物。香港會議展覽中心從 1985 年初動工，到 1988 年 11 月完成，成為 80 年代香港最具代表性的五大建築之一，它與尖東的新世界中心隔海相望，不但為維多利亞海港增添瑰麗的色彩，而且成為新世界屹立在香港商界的標誌和象徵。

與新鴻基地產相似，新世界的業務擴張首先從集團內部開始，由地產業帶動起來的業務。首先是集團的建築工程，包括建築、打樁、冷氣工程等。該集團屬下的協興建築有限公司，是香港著名的建築集團公司之一，創辦於 1960 年，包括協興、大業、華經等建築公司、惠保打樁公司及港興混凝土公司，該集團自創辦以後曾先後完成數百項建築工程。新世界屬下的景福工程有限公司則是香港最大的冷氣、防火、水管及電器綜合安裝工程企業之一，其業務廣泛涉及香港、澳門和中國內地的許多大型工程。此外，集團的配套附屬公司還包括松電工程、佳定工程、富士（中國）裝飾工程、統基、精基貿易、翼冠，因而對現代化建築物包括酒店、商業中心及高尚住宅，可以由工程策劃、設計、繪圖、機電工程施工、建築工程及室內裝飾工程施工、工程管理及協調提供全面性服務。

新世界向酒店業拓展幾乎是與其向房地產業大舉投資同步進行的。70 年代，該集團在發展新世界中心時就先後興建了著名的麗晶酒店和新世界酒店，及至 80 年代發展香港會議展覽中心時，又建成了四星級的新世界海景酒店和五星級的君悅酒店。這一時期，新世界還致力於發展其他多元化業務，1983 年，新世界趁國際航運業低潮，斥資 1.5 億港元收購了在香港有 60 年經營歷史的香島船務有限公司，試圖藉此

躋身航運業，但由於碰上八十年代的航運大蕭條而連年虧損，被迫於
1989 年將該公司的貨船及貨櫃資產售予中國遠洋運輸公司，結束該項
業務。1988 年，新世界發展又與林百欣家族合作，分別購入亞洲電視
有限公司三分之一股權，鄭裕彤後來更一度出任亞洲電視董事局主席。
同年，新世界發展與金門建築、西松集團合組財團（新世界佔 24% 股
權），投得大老山隧道 30 年的發展經營權，邁出參與香港大型基建工
程的第一步。[98]

1989 年 1 月，鄭裕彤有感於好友馮景禧突然病逝，因此宣佈從一
線退下，僅擔任新世界發展董事局主席一職，而董事總經理的職位則由
其長子鄭家純接任。鄭家純上台後，旋即採取了一系列急進式的投資策
略，連環出擊，在短短一年內收購並投資了一系列非地產發展業務，包
括將亞洲電視的持股量增至 47.5%，透過換股取得香港興業 18% 股權，
收購基立實業全部股權，敵意收購永安集團，購回新世界海景酒店和君
悅酒店 50% 股權，將新世界酒店集團私有化，協助羅康瑞私有化瑞安
集團，以及斥巨資收購虧損中的美國華美達（Ramada）酒店集團等。[99]

連串大規模的投資、收購令新世界的負債從 30 至 40 億港元急升至
近 90 億港元，而盈利增長則大幅放緩，截至 1990 年 6 月的年度盈利僅
得 11.2 億港元，比上年度減少近一成。[100] 1991 年，鄭裕彤眼看形勢不
妙，決定展開一系列減債行動，將部分收益低或價格合理的資產出售，
包括將所持永安集團 27.2% 股權以 7 億港元的價格售出，出售瑞安集團
30% 股權和新鴻基工業 11.4% 股權，又將旗下物業如美孚商場舖位、
車位、部分物業以及梅道 12 號部分權益售出，甚至被喻為鄭氏「皇冠

98　新世界發展「里程碑」，1988 年，新世界發展有限公司官網。

99　方元：〈從「新世界發展」之發展看第二代掌舵人〉，《財富月刊》，1990 年 1 月 3 日，
　　第 18-19 頁。

100 雙慶：〈鄭裕彤，如何由小職員成為大商家？〉，第 19 頁。

上的寶石」的香港會議展覽中心會景閣豪華住宅也變賣套現。[101] 1992年，新世界又先後發行零息債券及認股證，集資逾 8.5 億港元。這樣，新世界發展的債務從最高峰時期的約 90 億港元逐漸降至 30 至 40 億港元的合理水平。[102]

經過數年的努力，新世界終於度過低潮，再度取得發展。1996 年12 月底，鄭裕彤家族共持有兩家上市公司，包括新世界發展、新世界基建等，總市值達 673.07 億港元，在香港上市財團中排名第 6 位。不過，經過是次挫折，新世界與長實、新地、恒地三大地產公司的距離逐步拉開。

▋ 精簡架構：四大核心業務穩步發展

1997 年香港回歸後，受到亞洲金融危機的衝擊，新世界發展的純利從 1997 年度的 53.12 億港元下跌至 2001 年度 2.21 億港元，四年間跌幅高達九成五以上。在此期間，新世界積極致力發展新科技及電訊業務，由於擴張過快，造成巨額虧損，負債一度高達超過 100 億港元。

為了減輕負債，2001 年 5 月，新世界被迫將旗下位於尖沙咀東部海濱的麗晶酒店，以 26.98 億港元出售給英國巴斯集團（Bass Hotel & Resort）。及至 2003 年度，新世界虧損高達 48.11 億港元，對此，新世界發展董事總經理鄭家純在年報中表示：「對本集團來說，2003 財政年度實在是困難重重的一年。」「業績未如理想，主要起因於樓市下滑、2003 年第 2 季度爆發非典疫症和香港經濟持續低迷，集團為物業項目和其他投資計提撥備，拖低業績表現：集團的物業發展項目和酒店項目錄得物業銷售虧損和減值撥備達 42.15 億港元，電訊、媒體和科技業務因為發展和推廣費用及撥備，亦錄得 11.25 億港元虧損。」[103] 在這期間，

---

101 吳小明：〈鄭裕彤再闖新世界〉，《資本》，1997 年 1 月，第 47 頁。

102 沈平：〈新世界揮師北上再展雄風〉，《房地產導報》，1993 年 7 月，第 16 頁。

103 參見《新世界發展有限公司 2003 年年報》，第 12-13 頁。

新世界為了扭轉虧損,除了出售旗下資產外,積極展開集團的業務和架構的重組。

回歸之初,鄭裕彤家族透過家族控股公司 —— 周大福控股共持有兩家公司:上市公司新世界發展及私人公司周大福珠寶。其中,新世界發展持有 2 家上市公司,包括新世界中國地產、新世界基建等。新世界發展主要從事香港的地產發展與物業投資、酒店及相關服務、電訊等;新世界中國地產,成立於 1992 年,主要在中國內地從事房地產業務;新世界基建成立於 1995 年,主要從事在香港及內地的基建業務。另外,新世界發展旗下附屬公司 —— 新世界創建旗下轄有興建築有限公司、香港會議展覽中心(管理)有限公司、景福工程有限公司、佳定工程有限公司、富城物業管理有限公司,以及大眾安全警衛(香港)有限公司等機構,主要經營設施管理、建築機電、交通運輸、金融保險以及環境工程等 5 大範疇。新世界發展並透過旗下另外兩家附屬公司 —— 成立於 1993 年的新世界電話及新世界傳動網,經營固定及流動通訊網絡。

2002 年 10 月 1 日,為了精簡集團架構,有利於核心業務發展,新世界發展宣佈重組計劃,由新世界基建旗下太平洋港口有限公司,以換股方式購入新世界發展旗下新世界創建,並以現金加股份作為代價,收購新世界基建的傳統基建資產。同時,新世界基建將所持有的太平洋港口股份,悉數分派予新世界基建股東。重組及分派完成後,新世界發展持有 54.25% 的新世界基建股權,以及持有 52.0% 太平洋港口股權。2003 年 2 月,太平洋港口易名為「新創建集團有限公司」並換上全新標誌,成為集團從事基建及服務等業務的旗艦;新世界基建則改名為「新世界資訊科技有限公司」,從事專電訊、媒體及科技等業務。同時,新世界電話易名為「新世界電訊」,轉型為一家地區性電訊商。不過,新世界資訊科技因業務發展差強人意,於 2006 年被私有化,撤銷上市地位(圖 2-16)。

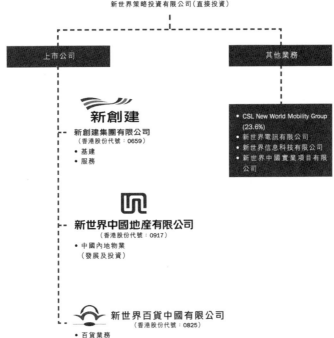

圖 2-16　2010 年新世界發展股權架構
資料來源：《新世界發展有限公司 2010 年年報》，第 6 頁。

當時，新世界發展表示：重組「為集團建立一個更合理及精簡的架構。在新架構下，集團得以確立更流暢和具效率的企業及資本結構」；「新架構使集團在物業、基礎建設、服務及電訊四大穩健業務平台上得以作進一步發展。」[104] 不過，回歸 20 年來，新世界的電訊業務發展未如理想，反而酒店、百貨等有出人意表的表現，因而逐漸形成了新的四大核心業務 —— 物業、基建及服務、酒店、百貨等。而周大福則專注經

104 參見《新世界發展有限公司 2002 年年報》，第 8 頁。

營珠寶金飾生意。

在地產發展方面，新世界發展與新鴻基地產、恒基地產一樣，重視以垂直的發展方式，慎密構思每一個項目發展，從土地收購、發展規劃，到物業銷售、客戶服務等，均以新世界的 DNA 為藍本，調配出獨特新穎的居住體驗。其中重點，是在香港及中國內地發展住宅物業項目。代表性的項目如位於尖沙咀核心地段的「名鑄」，位於九龍京士柏的「君頤峰」，西南九龍 "The Austin"，以及近年發展的柏傲灣、柏蔚山、傲瀧、瑧藝、柏逸、名鑄、柏傲山、THE PARKVILLE、迎海系列等。同時，集團在香港擁有一個包括購物商場、寫字樓、酒店及服務式住宅等龐大投資物業組合，其核心是位於尖沙咀海旁的新世界中心和位於港島的香港會議展覽中心（圖 2-17）。

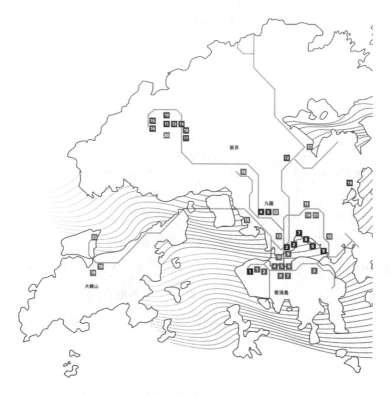

圖 2-17　新世界發展在香港的主要物業發展項目和投資項目
資料來源：《新世界發展有限公司 2020 年報》，第 44-45 頁。

　　2003 年以來，新世界相繼對新世界中心展開翻新工程，又在該中心旁投資興建一間 60 層高、樓面面積約 100 萬平方呎的五星級酒店，並在尖沙咀海濱長廊贊助興建「星光大道」。2004 年，新世界與市區重建局合作，啟動總樓面面積達 100 萬平方呎的尖沙咀河內道的重建項目，該項目包括酒店、服務式公寓及購物商場。與此同時，為了保持香港會展中心的領導地位，新世界於 2006 年起啟動擴建計劃，該計劃於 2009 年完成，使香港會展中心可出租樓面面積增加至 100 萬平方呎左右。

　　在基建及服務方面，新世界以上市公司新創建為旗艦，積極拓展集團的基建及服務等業務。2005 年 3 月，新創建出售三號貨櫃碼頭及八號貨櫃碼頭等權益後，將原來的服務、基建、港口部門重新劃分為基建、服務及租務兩大範疇。其中，基建部門涵蓋能源、道路、水務和港口等 4 個範疇，服務及租務則包括設施租務、建築機電和交通等。2015 年 1 月，新創建收購 Goshawk 四成權益，進軍商務飛機租賃市場。目前，新創建經營的核心業務，主要涵蓋收費公路、商務飛機租賃、建築、保險，以及策略組合等五個領域。截至 2020 年 6 月，在收費公路方面，主要在內地持有 15 個項目，公里長度約 740 公里；商務飛機租賃方面，主要透過旗下 Goshawk 投資於商務飛機，共擁有、管理及承諾購買 233 架飛機，以機隊價值計算為全球十大飛機租賃公司之一；在建築方面，集團透過旗下的大型建築商協興建築，持有工程合約總值約 526 億港元；在保險方面，集團透過收購富通保險進軍香港保險業；而策略組合則涵蓋環境、物流、設施管理及交通等領域。其中，環境方面，在大中華地區 47 個城市持有 122 個發展項目；物流方面，持有葵涌的亞洲物流貨櫃中心 56% 股權，並透過旗下公司經營鐵路集裝箱中心站及港口項目，每年合共可處理 1,375 萬個標準箱；在設施管理方面，主要包括會展中心、港怡醫院及免稅店；在交通方面，旗下車隊及船隊每日接載逾 95.5 萬人次。

　　在酒店業務方面，2001 年新世界出售了著名的麗晶酒店後，在香

港仍擁有三間酒店，分別為香港萬麗海景海景、新世界萬麗酒店及香港君悅酒店。此外還擁有位於東南亞的 4 間酒店，包括菲律賓馬卡蒂新世界萬麗酒店、越南胡志明市西貢新世界酒店與萬麗酒店，以及馬來西亞吉隆坡新世界萬麗酒店等。2009 年以後，集團先後有多間酒店開業，包括香港尖沙咀凱悅酒店、香港沙田凱悅酒店、九龍貝爾特酒店等。2011 年，新世界發展耗資逾 8 億美元收購瑰麗及其旗下 5 家酒店，瑰麗酒店品牌創辦於 1979 年。2013 年 5 月，新世界酒店集團改名為「瑰麗酒店集團」（Rosewood Hotel Group）。截至 2022 年，瑰麗酒店集團於全球 18 個國家管理 30 間風格各異的酒店，包括紐約 The Carlyle 瑰麗酒店、達拉斯 Rosewood Mansion on Turtle Creek 瑰麗酒店、巴黎 Hôtel de Crillon 瑰麗酒店，以及展現新經典的香港瑰麗酒店等，另有 25 個新酒店發展項目；旗下擁有三個酒店品牌，包括極致豪華的瑰麗酒店、華麗的新世界酒店及設計時尚的貝爾特酒店。

在百貨零售業，2007 年 7 月 12 日，新世界分拆旗下百貨公司業務，以「新世界百貨中國有限公司」名義在香港上市，主要業務在中國內地展開。在策略投資方面，新世界主要投資電訊，透過旗下兩家電訊公司 —— 新世界電訊及新世界傳動網展開。不過，在激烈競爭的市場環境下，該業務發展並不太理想。2006 年 3 月，新世界傳動網與 Telstra CSL Limited 合併為 CSL New World Mobility Group（簡稱「CSLNW」），由新世界移動控股有限公司持有其 23.6% 權益。2007 年 1 月，新世界向新世界移動收購 CSLNW 23.6% 權益，以進一步精簡架構。新世界電訊則集中發展電訊服務、資訊及通訊科技服務及 iMedia 解決方案（電子商貿），以鞏固和提升其作為城中新一代 IP 及電訊服務供應商的地位。

▍跨境經營：大舉進軍中國內地市場

與此同時，新世界發展積極進軍內地市場。回歸前，新世界發展是香港大財團中最積極進入中國內地的大公司之一。回歸以後，新世界在內地的發展，主要是依託旗下公司 —— 新世界發展（中國）、新創

建、新世界百貨等平台，展開對內地物業發展、基建、百貨零售等多元化領域的拓展。此外，集團透過另一家上市公司 —— 周大福珠寶，展開對內地珠寶首飾等零售業務的拓展。

在物業發展方面，新世界中國地產於 1993 年開始進入中國。當年 1 月，新世界及新世界中國地產與內地多個地方政府簽訂多項不具約束力的全面合作協定，合作發展該等地區的基建、房地產及工業項目，其中包括廣州、天津、石家莊及重慶等。[105] 1999 年 7 月，新世界中國在香港上市，作為集團進軍中國內地地產市場的旗艦。當時，新世界中國在北京、上海、廣州、天津、武漢、瀋陽等內地城市共擁有 41 個發展項目，土地儲備達 2.045 億平方呎（樓面面積）。其後，新世界中國不斷在內地購入大片土地，在上海、北京、天津、大連、廣州、深圳等城市發展各類優質住宅社區、大型綜合商業地標、商場、寫字樓及酒店等，成為內地最具規模的香港房地產發展商之一。截至 2020 年 6 月底，新世界中國在內地的土地儲備，達到 648 萬平方米，其中約 339 萬平方米為住宅用途，主要集中於廣州、深圳、佛山、武漢、寧波、杭州、北京及瀋陽等（圖 2-18）。

在基建領域，新世界早在 1992 年開始進軍內地基建業務。2003 年 7 月 2 日，新創建集團組成並在香港聯交所上市後，開始加大對內地業務發展的投入。2006 年 9 月，新創建與中國鐵道部屬下企業合資成立中鐵聯合國際集裝箱有限公司，建設及經營位於中國內地 18 個大城市的樞紐性鐵路集裝箱中心站。2007 年 11 月，新創建與廈門市政府及法國達飛輪船公司簽訂關於廈門海滄港區開發戰略合作協定，拓展廈門海滄港區的港口業務。2012 年 11 月，新創建完成收購杭州繞城公路，合共 95% 實際權益，總代價約為 11 億美元。經過多年發展，新創建已發展成大中華地區領先的基建企業之一，旗下管理及經營的核心業務包括

---

105 新世界發展「里程碑」，1993 年，新世界發展有限公司官網。

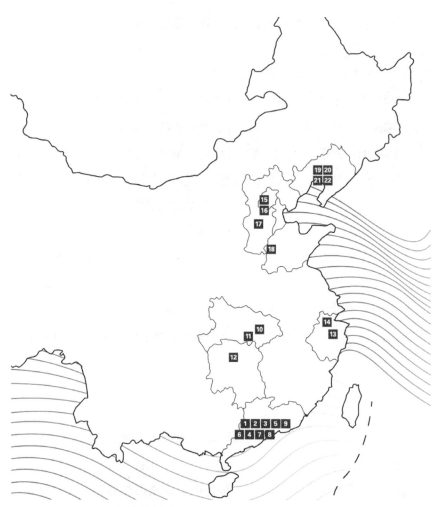

圖 2-18　新世界發展在中國內地的主要物業項目
資料來源:《新世界發展有限公司 2020 年報》,第 46 頁。

收費公路、商務飛機租賃及建築;策略組合則涵蓋環境、物流、設施管理及交通等領域。

　　在百貨零售方面,新世界百貨於 1993 年 6 月成立後,即進軍中國內地市場,多年來憑藉「一市多店」及「輻射城市」等擴充策略,以大北京、大上海及大西南為發展重點,在內地城市開設百貨商店。2007 年 7 月 12 日,新世界百貨重組為新世界百貨中國有限公司,並於香港聯交所上市。截至 2020 年 6 月底,新世界百貨在中國內地經營管

理 22 間以「新世界」命名的百貨店、8 間於上海以「巴黎春天」命名
的百貨店及購物中心，總樓面面積超過 123.24 萬平方米。其百貨零售
連鎖網絡覆蓋中國 17 個主要城市，包括北京、上海、瀋陽、武漢、成
都、哈爾濱、天津、寧波等，已經發展成中國內地的零售旗艦之一（圖
2-19）。此外，在酒店業務，新世界發展在中國內地共 8 家酒店，包括
北京貝爾特酒店、上海貝爾特酒店、上海巴黎春天新世界酒店、順德新
世界酒店、武漢新世界酒店、大連新世界酒店、北京新世界酒店、北京
瑰麗酒店等。

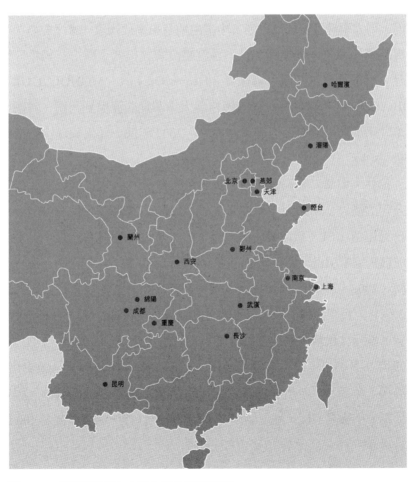

圖 2-19　新世界百貨在中國內地的經營網絡
資料來源：《新世界百貨中國有限公司 2020 年報》，第 9 頁。

在珠寶首飾零售領域，1998 年，周大福珠寶在北京開設內地首家周大福珠寶金行。2003 年，周大福珠寶在深圳設立中國業務營運總部。周大福珠寶在內地開設的金行擴展速度極快，到 2002 年增加到 200 間，2010 年突破 1,000 間，2014 年進一步突破 2,000 間，遍佈內地一二綫城市。2011 年 12 月，周大福控股將周大福珠寶分拆在香港上市。2019 年，周大福慶祝集團成立 90 周年，以「傳・創・共用」為主題，與持份者攜手邁向百年新里程。截至 2021 年底，周大福在內地開設的零售點達 5,509 間，在香港、澳門及台灣共開設的零售點 115 間，分別佔集團在全球開設店舖總數 5,646 個零售點的 97.57% 及 2.04%。[106] 目前，周大福珠寶已成為香港、中國內地及東南亞國家一家歷史悠久、信譽昭卓的領先珠寶集團，以「垂直整合業務模式」製造及銷售珠寶產品，經營品牌包括周大福珠寶、Hearts On Fire、MONOLOGUE、SOINLOVE 及 ENZO 等，銷售網絡從大中華地區擴展到美國、韓國、日本、新加坡、馬來西亞等東盟國家。2022 年底，周大福珠寶市值達 1,593 億港元。

另外，與周大福珠寶同屬一系的私人企業——周大福企業（這兩家公司的控股公司是周大福控股），近 10 年以來亦頻頻投資內地房地產。據報道，周大福企業在內地最早的一筆地產投資是北京中央別墅區的麗宮別墅項目，總投資額高達 100 億元人民幣，由周大福企業全數出資。2008 年 9 月，周大福企業獨家競標廣州珠江新城東塔項目，以 10.5 億元人民幣摘得該地塊，再加上需要另外支付珠江新城地下空間建築費 5 億元人民幣，總地價平均每平方米達 4,329 元人民幣。該項目於 2009 年 9 月動工，2016 年落成啟用，樓高 530 米共 116 層，為廣州第一高樓，命名為「廣州周大福金融中心」，集五星級酒店及餐飲、服務式公寓、甲級寫字樓、地下商場等多種功能於一體，總投資超過 100 億

---

106 周大福「銷售網路」，周大福珠寶集團有限公司官網。

元人民幣，與「西塔」——廣州國際金融中心構成廣州及珠江新城的地標。其後，周大福企業又先後在天津投資 80 億元人民幣興建超高層建築周大福濱海中心、武漢周大福中心等大型商廈等。據估計，這些物業每年僅租金就可達 20-30 億元人民幣。經過多年的拓展，新世界 / 周大福集團已成為中國內地最大的外商投資者之一。

▋ 家族企業傳承與佈局粵港澳大灣區

2012 年 2 月，鄭裕彤宣佈退休，由其長子鄭家純接任新世界發展及周大幅珠寶兩家上市公司董事局主席及執行董事，同時鄭家純長子鄭志剛出任執行董事兼聯合總經理。2015 年 3 月，鄭志剛更擢升為新世界發展執行副主席，負責集團的策略、方向、運作及執行情況。鄭裕彤的其他多位第三代，亦被安排到家族不同上市公司中予以培養錘煉。至此，鄭氏家族的第三代已走上家族企業接班的前台。

2016 年 9 月 29 日，新世界發展創辦人鄭裕彤病逝，享年 91 歲。2016 年以後，新世界集團在完成了對新世界中國地產的私有化之後，對新世界、周大福旗下的地產進行整合優化，重新將集團業務集中於一二線城市，並着力佈局粵港澳大灣區，加大對這一地區商業地產的投資力度。新世界發展副主席鄭志剛多次強調：「新世界發展集團非常看好也看重粵港澳大灣區的發展，未來五年大灣區將是新世界在內地最優先發展的地區。」他表示，將計劃撥出 160-200 億港元，增加集團在華南區域的土地，以及其他一線二線城市土地。

2016 年 8 月，新世界發展與周大福企業合作，以 42.072 億元人民幣奪得深圳前海桂灣片商業地塊，計劃發展為地標式雙子塔的深圳前海周大福金融大廈，總建築面積約為 18 萬平方米，作為周大福企業及新世界集團的中國區總部，引進世界 500 強外資金融機構在此設立區域總部，定位為世界級金融商務及服務綜合體；同年 12 月，新世界與招商蛇口以合資方式，斥資約 53.6 億元人民幣，拿下深圳蛇口太子灣四塊優質地段，面積達到 36.72 萬平方米，以發展商業物業。2018 年 11 月，

新世界中國地產成功購入廣州地鐵集團旗下持有廣州番禺漢溪長隆地塊65% 股權，該項目總樓面面積逾 30 萬平方米，將開發為集商業、寫字樓及住宅於一身的城市綜合體。

2020 年 10 月，新世界宣佈斥資逾 100 億元人民幣，在深圳太子灣發展大型一站式綜合項目，項目坐落於蛇口全新建造的郵輪碼頭旁，發展總樓面面積達 390 萬平方呎。太子灣項目將以文化生活為主軸，包括擁有 K11 文化藝術購物中心、以家庭親子教育為主題的 Discovery Park，以及多元文化藝術空間；而在商業娛樂區內則設海濱商業街、五星級酒店，以及高達 380 米的甲級寫字樓。該項目「將以香港的旗艦項目 Victoria Dockside 維港文化匯為藍本，建構 Victoria Dockside 2.0，預計整個項目於2024 年起分階段落成，有望成為深圳海濱最耀眼及矚目的新地標。」[107]

在積極佈局內地同時，新世界亦加強對香港的投資。2012 年，新世界發展宣佈耗資 200 億港元，在新世界中心舊址打造藝術及設計新地標——Victoria Dockside（中文名為「維港文化匯」），其中，Victoria 代表香港維多利亞海港，Dockside 意指舊址前身為「藍煙囪」碼頭。2017 年，重建工程完成第一期項目，建成樓高 284 米、共 66 層的甲級商廈 K11 Atelier。Victoria Dockside 工程於 2019 年完成，總面積達 300 萬平方呎，包括甲級寫字樓 K11 Atelier、六星級的香港瑰麗酒店、酒店式住宅瑰麗府邸，以及大型購物商場 K11 MUSEA 等。

其中，K11 MUSEA 樓高 10 層，佔地 120 萬平方呎，以購物藝術館為經營理念，場內有多項特色結構，包括大廈外牆為全球最大的綠化牆之一，地面設有佔地 2,000 平方呎的露天廣場 Sunken Plaza，設有動態水幕牆，並裝上噴霧系統，上方設有 25 呎高的 LED 熒幕，用作戶外電影放映、現場音樂會及各種藝術表演。而商場中庭命名為 Opera Theatre，高 33 米，由數百盞燈飾組成螺旋形效果，天花拱頂 Oculus 設有兩個 7

107〈新世界斥資逾 100 億元發展深圳太子灣　建構大灣區首個迴圈經濟圈　勢成深圳海濱新地標〉（新世界發展新聞稿），2020 年 10 月 16 日，新世界發展有限公司官網。

米寬的天窗。另外，二至三樓是懸掛着金色三角圖案構成的球形空間
Gold Ball，除可營造星空效果外，亦可用作展覽、藝術表演和 pop-up 商
店的多用途空間。K11 MUSEA 開業後旋即成為尖沙咀海濱的新地標。

2018 年 5 月，新世界發展再成功投得香港赤鱲角國際機場
SKYCITY 航太城商業項目，計劃引進高科技「體驗式娛樂」，打造香
港以至大灣區的商業娛樂樞紐。這項被命名為「11 SKIES」的一站式零
售飲食娛樂商業項目，總樓面面積達 380 萬平方呎，總投資達 200 億
港元，是新世界繼尖沙咀 Victoria Dockside 後，另一矚目的地標式綜
合性發展項目。新世界發展行政總裁兼 K11 創始人鄭志剛表示：「『11
SKIES』嶄新地全面結合零售、餐飲、娛樂，以至醫養和財富管理等產
業於一個完善的生態圈，為香港、大灣區其他城市及全球人士，帶來獨
一無二的創新體驗。『11 SKIES』將可創造成千上萬的就業機會，並借
助其四通八達的地理優勢，為多個重要行業拓展新商機，最終為香港的
長遠發展帶來新的動力。」[108]

2019 年度，新世界發展總收入 767.64 億港元，除稅前溢利 291.29
億港元，總資產 5032.85 億港元，分別比 2012 年度增長了 1.16 倍、
55.59% 及 87.53，顯現了較快發展的態勢（表 2-14）。2019 年度總收
入中，物業發展為 385.12 億港元，租務 36.69 億港元，分別佔總額的
50.17% 及 4.78%；合約工程 173.60 億港元，服務提供 92.39 億港元，基
建項目經營 26.99 億港元，分別佔 22.61%、12.04% 及 3.52%；酒店營運
及百貨經營收入分別為 14.91 億港元和 33.58 億港元，分別佔 1.94% 及
4.37%，其他收入 4.31 億港元，佔 0.57%。換言之，新世界發展的業務
仍以地產發展及物業投資、合約工程、服務提供為主，其他業務的發展
仍在起步之中。在地區分佈方面，香港部分為 507.09 億港元，中國內
地部分為 249.08 億港元，分別佔總收入的 66.06% 和 32.45%，其他地區

108〈新世界航太城命名「11 SKIES」〉（新世界發展新聞稿），2020 年 11 月 23 日。

表 2-14　2012-2021 年度新世界發展經營概況

單位：億港元

	收入	除稅前溢利	總資產	香港土地儲備 （萬平方呎）	新界土地 （萬平方呎）
2012 年度	356.20	187.22	2683.71	993.42	2042.55
2013 年度	467.80	233.11	3321.89	927.43	2054.75
2014 年度	565.01	190.76	3692.27	761.23	1926.35
2015 年度	552.45	311.37	3979.31	880.10	1824.69
2016 年度	595.70	187.07	3921.09	826.64	1749.04
2017 年度	566.29	152.30	4370.56	1019.23	1740.50
2018 年度	606.89	333.54	4814.55	1197.35	1699.59
2019 年度	767.64	291.29	5032.85	907.60	1687.90
2020 年度	590.08	107.94	6001.96	908.12	1650.89
2021 年度	682.23	103.66	6270.77	938.47	1637.29

資料來源：《恒基兆業地產有限公司年報》，2012-2021 年

為 11.46 億港元，佔 1.49%。[109] 截至 2020 年 6 月底，新世界在香港共擁有土地儲備 908.12 萬平方呎，另有新界農地 1650.89 萬平方呎；在中國內地則擁有土地儲備 647.93 萬平方米，其中 44.10% 位於大灣區。

不過，2020 年以後，受到全球新冠疫情、經濟低迷的影響，新世界發展的效益大幅滑落，2022 年度除稅前溢利為 92.15 億港元，比 2019 年度大幅下跌 68.36%。受此影響，新世界發展的市值亦從 2019 年底的 1092.18 億港元，下跌至 2023 年 1 月底的 588.98 億港元，跌幅達 46.07%%（表 2-15）。2023 年 6 月，集團控股公司周大福企業宣佈，將以每股 9.15 港元私有化上市公司新創建集團，預計要約價值合共 348.03 億港元，若涉及購股權行權則最高達 354.66 億港元。新世界因出售新創建股權將獲得 217.82 億港元款項，從而將公司的淨負債率從 47% 下降至約 42%。

109《新世界發展有限公司 2019 年報》，第 171、174 頁。

表 2-15　2017-2023 年新世界發展市值變化

單位：億港元

	2017 年底	2018 年底	2019 年底	2020 年底	2021 年底	2022 年7 月底	2023 年1 月底
新世界發展	1154.99	1056.81	1092.18	920.24	776.38	659.45	588.98

資料來源：《香港交易所市場資料》，2017-2021 年，東方財富網站

　　目前，鄭氏家族透過周大福企業分別持有新世界發展有限公司（44.46%）和周大福珠寶集團有限公司（89.3%）兩家上市公司，新世界發展並持有新創建集團有限公司（60.88%，計劃私有化）和新世界百貨中國有限公司（74.99%）兩家上市公司。經營版圖囊括香港、澳門、中國內地及全球多個城市，經營的業務涵蓋地產發展與物業投資，工程及基建服務，酒店，百貨零售，珠寶銷售等多個領域，已發展成為一家多元化的地產大集團（表 2-16）。新世界主席鄭家純表示：「國家推動的一帶一路倡議及粵港澳大灣區發展，將為香港及城市群帶來龐大發展機遇。對於國家及香港的經濟前景，我們充滿信心。本集團已充分準備，通過重點市場佈局，以地產業務為核心，完善業務群的配置，為持份者及社會創造價值。」[110]

表 2-16　2019 年度新世界／周大福集團各上市公司經營概況

單位：億港元

上市公司名稱	經營的主要業務	營業額	除稅前溢利	總資產
新世界發展	控股公司、地產發展、物業投資、工程合約、服務及基建、百貨、酒店	767.64	291.29	5032.85
新創建	經營收費公路、商務飛機租賃及建築、策略組合則涵蓋環境、物流、設施管理及交通服務	268.34	49.11	860.65
新世界百貨	百貨零售、餐飲、娛樂體驗及配套服務	35.19	2.21	117.98
周大福珠寶	製造及銷售珠寶、首飾產品	666.61	63.52	622.37

資料來源：新世界發展旗下各香港上市公司 2019 年報、周大福珠寶 2019 年報

110《新世界發展有限公司 2019 年報》，第 5 頁。

値得一提的是，近年來，新世界發展第三代掌門人鄭志剛除了經營傳統業務外，還積極致力投資創新科技。2017 年，鄭志剛成立投資基金 C 資本（C Venture），先後參與投資蔚來汽車、小鵬汽車、小紅書、商湯科技、海倫‧司等項目。2021 年 5 月，鄭志剛成立首個 SPAC（特殊目的收購公司）Artisan 在美國納斯達克市場上市，募資 3 億美元，計劃尋找醫療保健、消費以及技術領域的合適標的。同年 9 月，Artisan 宣佈鎖定合併目標 —— 香港基因及診斷檢測公司 Prenetics Group Limited，預計合併完成後，該公司將成為在香港上市的獨角獸公司。2022 年 3 月，鄭志剛透過旗下公司裕成科金，作為發起人之一向香港聯交所遞交 SPAC 公司 —— A SPAC 上市申請，該公司計劃收購一家或多家公司進行業務合併，重點在消費行業物色潛在目標，並利用科技促進其在亞洲，特別是在中國內地和香港的增長和發展。

第六節　包玉剛／吳光正家族財團

▋ 環球航運集團的創辦與發展

包玉剛／吳光正家族財團是香港主要的華商家族財團之一，其發展最早可追溯到環球航運集團創辦。包玉剛，1918 年出生於浙江寧波。抗戰期間，包玉剛隨父避難重慶，開始進入銀行界工作。1948 年，包玉剛舉家南遷香港。1955 年，包玉剛看好世界航運業前景，創立「環球航運有限公司」（當時稱為「環球輪船公司」 —— World-Wide Shipping. Co., Ltd.），斥資 70 萬美元購入一艘 27 年船齡、載重 8,700 噸的燒煤船，命名為「金安號」（Golden Alpha），同年 7 月 30 日啟航。1956 年年底，環球航運旗下船隻已增至 6 艘。[111]

---

111 BW Group, *History, 1950s*, BW Group 官網。

包玉剛的船隻大多以長期租約形式租予日本航運公司。1976 年 12 月 6 日，包玉剛在哈佛大學商學院的演講中曾明確指出：「租不出去的船，與其說是資產，毋寧說是負累。」[112] 當時，一般船東都喜歡採用「散租」的方式，視航運需求而制訂租金標準，這種方式在航運業好景時獲利豐厚。但包玉剛獨具慧眼，堅持長租政策。包玉剛的成功，還與他和英資滙豐銀行建立的特殊關係密不可分。1956 年，包玉剛成功說服滙豐銀行會計部主任桑達士（J. A. H. Sannders），打破了滙豐銀行「不可借貸給輪船公司」的戒條取得貸款。1962 年，桑達士出任滙豐銀行董事局主席，其時滙豐已確立扶植一批本地華商的政策，桑達士自然選中包玉剛。

1963 年，包玉剛與滙豐銀行、會德豐集團先後合組「環球巴哈馬航業有限公司」（World Maritime Bahamas Ltd.）和「環球百慕達航業有限公司」（World Maritime Ltd.，Bermuda），各佔三分之一股權。1970 年，包玉剛又與滙豐合組「環球船務投資有限公司」（World Shipping & Investment Co., Ltd.），包氏佔 55% 股權。1972 年，包玉剛再與滙豐銀行及日本興業銀行合組「環球國際金融有限公司」（World Finance International Ltd.），環球航運佔 37.5%。包氏的環球航運集團通過與滙豐及日本銀行的結合，充分取得銀行信貸，運用「三張合約」的方式（即用租船合約去取得銀行貸款合約，再以銀行貨款合約去簽訂造船合約），迅速擴大其船隊及航運業務。

1967 年，中東危機一度使蘇伊士運河關閉，日本對油輪的需求急增，包玉剛為適應大型油輪時代的來臨，即訂造多艘 10 萬噸級以上超級油輪，開始躋身「世界船王」行列。包氏訂造的第一艘超大型油輪建於 1969 年，命名為「世界首席」（World Chief）。1970-1974 年間，環球

---

112 漢言：〈世界船王的興起〉，《每週財經動向》，1988 年 6 月 6 日，第 11 頁。

航運先後訂造及購買 42 艘其他巨型油輪。[113] 據 1973 年 3 月號美國《財富》雜誌所載，當時包玉剛的船隊已達 57 艘，總噸位 960 萬噸。1973 年中東石油危機爆發，油輪需求驟減，世界航運業首次不景，但環球航運集團則因「長租政策」而安渡難關。

到 70 年代，包玉剛的環球航運集團已趨形成。其中，包氏家族的私人公司——環球輪船代理有限公司實際上是該集團的總公司，該公司前身是環球輪船管理公司（World-Wide Shipping Co. Ltd.），於 1957 年 9 月在香港註冊，是一家船隻管理公司，統一管理集團內部所有船隻，這些船隻分屬在香港、百慕達、東京、倫敦、紐約、新加坡、里約熱內盧、利比里亞等地註冊的 200 餘家公司。這些公司中，最重要的是環球巴哈馬航運、環球船務投資、環球會德豐輪船、亞洲航業及隆豐國際。其中，發展最快的是隆豐國際及亞洲航業這兩家在香港的上市公司。

隆豐國際前稱「隆豐投資有限公司」，創辦於 1918 年，1963 年在香港上市，60 年代初被包玉剛取得控制權，該公司初期業務主要是經營包氏旗下船隊，並持有亞洲航業 20% 股權，1979 年擁有 16 艘船舶，166 萬噸載重量。[114] 亞洲航業創辦於 1941 年，1948 年在香港上市，60 年代中被包氏取得控制權。70 年代期間，包氏對亞洲航業悉心培育，利用其上市的優勢，大量訂購新船。到 1979 年，亞洲航業已擁有 38 艘船舶，載重量總噸位從 70 年代初的 39 萬噸急增到 496 萬噸，10 年間增幅超過 10 倍，成為香港股市中成長最快的航運公司。[115] 1980 年 10 月，隆豐國際以換股方式收購亞洲航業 99.4% 股權，成為環球航運集團最大的附屬公司。

1979 年，包氏的環球航運集團步入最昌盛時期，它成為世界航運

---

113 1960s-1970s: *Riding the Waves (BW Group, History)*, BW Group 官網。

114 郭峰：〈不是猛龍不登岸——試析包玉剛為何捨舟登陸〉，齊以正、郭峰等《香港兆萬新富列傳》，香港：文藝書屋，1980 年，第 76 頁。

115 郭峰：〈不是猛龍不登岸——試析包玉剛為何捨舟登陸〉，第 75 頁。

業中高踞首位的私營船東集團，旗下漆有集團標誌「W」的船隻超過 200 艘，總噸位超過 2,050 萬噸（其中包括已訂造的 38 艘新船），比排名世界第二位的日本三光船務公司超出一倍，超過美國和蘇聯全國商船總噸位的總和。[116] 同年，包玉剛當選為國際油輪協會主席，成為在國際航運業當之無愧的首席「世界船王」。

▋「棄舟登陸」：收購九龍倉與會德豐

1978 年，包玉剛作出了一項後來令所有人均敬佩不已的果敢決定 ——「棄舟登陸」，將家族的投資作重大戰略轉移。首先是棄舟，當時，包氏逾 200 艘船的龐大船隊中，超級油輪有 48 艘，他決定把每艘油輪的賬面價值降到比市場價格還低，在此後的四五年中，包玉剛成功地出售大批船隻。到 1986 年，環球航運的船隊已銳減至 65 艘，載重噸位約 800 萬噸，僅相當於全盛時期的四成。80 年代中，當香港傳媒驚呼「世界航運業四面楚歌」，「最糟糕的時刻指日可待」時，包玉剛已順利度過危機，並積聚實力向香港地產業進軍。

1978 年 9 月，包玉剛從李嘉誠手中購入逾 1,000 萬股九龍倉股票後，即開始實施「棄舟登陸」的第二步：登陸。他的目標是怡和旗下的九龍倉。早在李嘉誠不着痕跡地在市場吸納九龍倉股票的時候，包玉剛亦已看中了九龍倉。九龍倉擁有的產業，包括位於九龍尖沙咀海旁、新界及港島的一些碼頭、貨倉、酒店、大廈、有軌電車以及天星小輪，資產雄厚。當時，九龍倉的大股東是英資怡和集團旗下的置地公司，持九龍倉約 20% 股權，與包玉剛的持股量相近。1986 年 6 月 20 日，置地趁包玉剛遠赴歐洲參加國際獨立船東會議之際，搶先發難，宣佈建議將九龍倉股份從 20% 增購至 49%。面對置地的突襲，包玉剛於 6 月 22 日兼程從倫敦趕返香港，作出部署。當日，包玉剛提出以每股 105 港元現

---

116 1960s-1970s: *Riding the Waves (BW Group, History)*，BW Group 官網。

金，增購九龍倉 2,000 萬股股份，結果成功擊退置地的收購，取得了九龍倉的控制權。[117]

包玉剛收購九龍倉以後，即將九龍倉股權注入隆豐國際。稍後，包玉剛開始將收購的目標指向另一家英資大行會德豐（Wheelock Marden & Co., Ltd.）。踏入 80 年代，世界航運業陷入衰退，會德豐集團的航運業深受打擊，並觸發會德豐兩大股東之間的矛盾。1985 年，會德豐主席約翰‧馬登在失意之餘，萌生退意，遂將所持會德豐股份全部售於新加坡富商邱德拔的公司，邱德拔即宣佈向會德豐提出全面收購建議。[118] 這一轉變為包玉剛帶來了一個極其重要的契機。包玉剛隨即介入收購，透過旗下上市公司隆豐國際向會德豐另一大股東張玉良家族接洽，繼而提出全面收購建議，結果擊敗邱德拔，取得會德豐的控制權，並將其私有化。

九龍倉收購會德豐後，包玉剛旗下的香港上市公司增加到 10 家，包括隆豐國際、九龍倉，以及會德豐控股的置業信託、聯邦地產、夏利文發展、連卡佛、聯合企業、寶福發展、香港隧道等，成為與李嘉誠的長和集團及英資的怡和集團並駕齊驅的大型綜合企業集團。包玉剛隨即取代約翰‧馬登出任會德豐主席兼行政總裁，成功建立其家族在香港的陸上商業王國。

▎包氏家族的企業傳承與會德豐系發展

1986 年，包玉剛因身體不適，宣佈退休，並部署向家族第二代交班計劃，將其龐大商業王國，分設四個家族信託基金，交由四位女婿掌管。其中，環球航運集團由大女婿蘇海文掌管，陸上王國隆豐國際／九

117 郭艷明、趙國安：〈增購→爭購→憎購→九倉事件日誌〉，《信報財經月刊》，第 4 卷第 4 期，第 52 頁。

118 呂景里：〈會德豐收購戰揭開序幕，張玉良李察信動態矚目〉，《經濟一週》，1985 年 2 月 18 日，第 4 頁。

龍倉系由二女婿吳光正主理，日本的資產由三女婿渡伸一郎管理，而家族私人投資基金則由四女婿鄭維健管理，形成包氏集團的第二代領導層（圖 2-20）。1991 年 9 月 23 日，包玉剛病逝，享年 73 歲。包玉剛喪禮上，滙豐銀行主席浦偉士在悼詞中表示：「包先生可靠的商業信譽和國際間的知名度，曾幫助香港登上世界舞台。」包玉剛無疑是香港華商中獲得巨大國際聲譽的第一人。自此，國際社會對香港華商刮目相看。

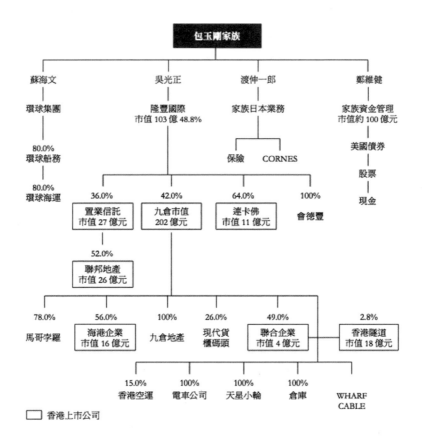

圖 2-20　包玉剛家族財團財產分配
資料來源：香港《明報》，1991 年 9 月 14 日

接掌包玉剛陸上商業王國的是其二女婿吳光正。吳光正早年曾先後就讀於美國辛辛那堤大學和哥倫比亞大學，1975 年加入岳父包玉剛的環球航運集團，出任董事。在九龍倉和會德豐的收購戰中，吳光正是

包玉剛的主要助手。80 年代中後期包氏集團交接班期間，隆豐國際／九龍倉系一度頗為沉寂。不過，自 1988 年吳光正開始獨立領導隆豐國際及九龍倉之後，該集團的投資策略轉趨活躍，並形成以地產發展及物業投資為主，以電訊和基建為重點拓展兩翼的多元化發展策略。

1993 年 9 月，隆豐國際宣佈易名為「會德豐有限公司」，以配合集團投資策略的重新釐定，令該公司從過去的控股公司轉變為商行。吳光正表示：「所謂商行的意思，是指會德豐要扮演中外兩地的橋樑和窗口的角色，與外資企業共同發展區域內的市場。」[119] 為配合投資策略的轉變，會德豐自 1994 年開始進行結構重組，將旗下業務劃分成三大類：會德豐全資持有的會德豐發展持有上市公司新亞置業（前身是置業信託）及聯邦地產，分別專責發展亞太區及香港的地產業務；會德豐全資持有的會德豐亞太，則持有連卡佛，專責香港及亞太區的金融、零售、服務及貿易，是會德豐重塑大商行的主力；而會德豐旗下的九龍倉則作為綜合企業，重點發展香港的地產、酒店、電訊及基建（圖 2-21）。

這一時期，會德豐在吳光正領導下，以「創建明天」為旗號，積極展開一系列令香港矚目的投資活動。在地產方面，重點是透過改建或重建旗下原有物業，盡用地積比率，擴大集團的優質資產規模。首個大型地產發展項目便是雄踞於銅鑼灣繁盛商業區的時代廣場。時代廣場舊址是銅鑼灣霎東街的香港電車公司車廠，早在 70 年代納入發展之列。1979 年吳光正隨包玉剛加入九倉董事局，被委派接手電車廠址的重建發展，吳氏發現該廠址位於銅鑼灣，極具發展潛力的地盤，故要求公司重新檢討該項重建計劃。不過，吳光正的這項革新建議，在當時未被接受。至 1980 年及 1985 年，包氏集團先後收購九倉及會德豐，該項計劃便成為吳氏入主九龍倉的首項大型地產發展計劃。

時代廣場於 1988 年開始動工，至 1993 年落成，歷時 5 年。整座建

119〈會德豐「商行夢」前路漫長〉，《經濟日報》，1996 年 11 月 6 日。

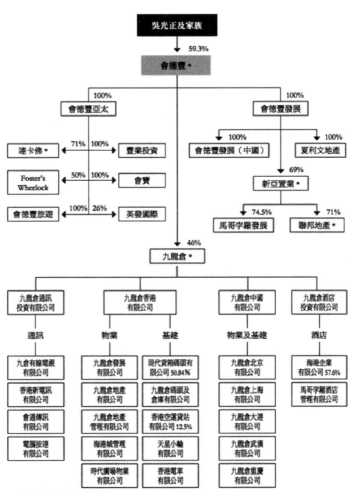

圖 2-21 1996 年吳光正家族財團股權結構
資料來源：馮邦彥：《香港華資財團（1841-2020 年）》，香港：三聯書店（香港）有限公司，2020 年，第 326 頁。

築物包括兩幢樓高 46 層和 36 層的辦公大樓，分別是蜆殼大廈和西敏寺大廈，以及一座 16 層高的商場，共容納逾 300 間商店、18 間食肆、4 間戲院和 700 個泊車位，總面積達 240 萬平方呎。時代廣場建成後，即以其恢宏的氣勢、美崙美奐的外觀傲視同儕，成為銅鑼灣地區最優質的商廈和該區的標誌，出租率高達 100%。由於不須補地價，整項投資僅建築成本 24 億港元，而每年為集團帶來的租金收入就超過 9 億港元。

　　與此同時，九龍倉旗下的多項大型物業重建計劃亦相繼展開，海港城一期重建工程，將 2 幢住宅物業重建為樓高 36 層的港威大廈，於 1994 年落成，為集團提供 113 萬平方呎寫字樓。海港城二期即港威大廈第二期工程亦於 1994 年動工，將原址 3 幢住宅物業拆卸重建為高級商廈，全部工程於 1999 年陸續完成，將為集團增加 270 萬平方呎寫字樓和商場面積，進一步鞏固九龍倉作為「尖沙咀地王」的地位，而尖沙咀海旁的面貌也因而煥然改觀。

　　在地產發展方面，會德豐亦取得矚目進展。1993 年，會德豐財團以 35.3 億港元的高價奪得鑽石山地王，該地段包括樓面面積達 65 萬平方呎的荷李活廣場及 5 幢樓面面積達 120 萬平方呎的住宅大廈，整項計劃預期於 1997 年 8 月落成。1994 年，該合組財團以 35 億的高價再下一城，奪得深井海旁生力啤酒廠址，該地段將發展 250 萬平方呎住宅樓宇。到 90 年代中期，會德豐已成為香港活躍的地產發展商。

　　這一時期，會德豐系還積極拓展有線電視、電訊、基建等業務。1987 年，香港政府招標籌建有線電視及第二網絡，結果由九龍倉與新鴻基地產等籌組的香港有線傳播奪標。不過，香港有線傳播的起步一波三折，其後胎死腹中。1993 年 6 月，九龍倉捲土重來，籌組的「九倉有線電視」並獲得香港政府頒發經營牌照。1993 年 10 月，九倉有線電視正式啟播。到 1996 年底，九倉有線電視的訂戶已從開辦初期的 5 萬戶增至 30 萬戶，而其覆蓋網絡亦已擴展到香港 135 萬個家庭。[120]

　　在電訊業方面，1992 年香港政府宣佈頒發三個固定電訊網絡牌照，九龍倉旗下的香港新電訊奪得其中之一。1995 年 10 月，香港新電訊啟業，初期覆蓋觀塘、尖沙咀、中環及銅鑼灣的 30 幢商廈，主要提供商業電話服務，其後相繼推出「聲訊縱橫」、「數據傳送」、「商務國

120〈有線經營虧損程度持續改善，吳天海料明年底達 45 萬用戶〉，《經濟日報》，1996 年 12 月 27 日。

際線」及「IDD007」國際長途電話等服務。香港新電訊的發展策略，與同時加入本地電訊市場的和記廣訊及新世界電話頗不相同，其重點是發展獨立的第二電訊網絡，以注重網絡設備為競爭基礎，盡量避免被香港電訊控制，獨立出擊。[121]

在基建業方面，包玉剛收購九龍倉後，便取得旗下現代貨箱公司（MTL）的控制權。當時，現代貨箱已取得一號、五號貨櫃碼頭的經營權。80 年代中期以後，九龍倉透過現代貨箱積極拓展貨櫃碼頭業務，1985 年以港府授權的葵涌六號貨櫃碼頭半數權益與於 1975 年購得日本大山船務株式會社二號貨櫃碼頭的國際貨櫃公司交換，使其所擁有的一、二、五號貨櫃碼頭連成一體。1991 年，現代貨箱再獲得八號貨櫃碼頭 4 個泊位中的 2 個，成為香港貨櫃碼頭業僅次於國際貨櫃（HIT）的另一大集團。1995 年，現代貨箱的貨櫃處理量達 211 萬個標準箱，約佔葵涌貨櫃碼頭輸送量的二成半。

到 90 年代中期，吳光正家族已發展為香港主要的華資家族財團之一，旗下共持有 8 家上市公司，包括會德豐、九龍倉、海港企業、新亞信託置業、聯邦地產、寶福集團、連卡佛及香港隧道等，經營業務涵蓋地產發展、物業投資、酒店、零售、有線電視及電訊、基建貨運等多元化領域。

▌ 會德豐：從洋行蛻變為地產大集團

會德豐集團本身是從包玉剛透過旗下的隆豐國際收購會德豐洋行、九龍倉等公司整合而成的，集團的股權架構和資產業務相當龐雜。另外，受到 1997 年亞洲金融危機的衝擊，會德豐也加快集團的整頓。因此，自二十世紀 90 年代中期以來，集團為精簡架構、重組業務展開了一連串的收購兼併和私有化策略。

---

121 陳光珍：〈九倉首要功能，擺脫控制，獨立出擊〉，《信報》，1996 年 1 月 6 日。

這一策略，主要從兩個方面展開：首先是逐步剝離非核心業務，包括高級零售、電訊、有線電視等。1999 年，會德豐將上市公司連卡佛私有化，並於 2003 年將連卡佛股權全部售予大股東吳光正的私人公司。[122] 2000 年及 2001 年，會德豐旗下九龍倉亦先後將所持上市公司寶福集團和港通控股股權出售。2008 年全球金融海嘯爆發後，九龍倉鑑於市場環境發生的巨大變化，開始考慮處理九倉電訊及有線電視股權事宜。九倉電訊前稱香港電訊有限公司，是香港政府全面開放香港電訊市場後首批獲發固網電訊網絡服務經營牌照的公司之一。2015 年，九龍倉開始對該項業務進行策略性評估。鑑於電訊及有線電視業務的表現長期差強人意，九龍倉先後於 2016 年將所持九倉電訊股權全數出售，2017 年透過供股變相將有線電視轉售予新世界主席鄭家純、遠東發展主席邱達昌等持有的永升（亞洲）。

其次，透過收購兼併整合地產發展和地產投資業務。這一整合早在 90 年代初開始。1990 年，夏利文發展由於長期業務發展停滯、股價低迷，被九龍倉私有化，撤銷上市地位。2000 年 9 月，會德豐曾一度計劃私有化新亞置業信託，但最終失敗。2002 年 12 月，會德豐轉而聯同新亞置業信託提出私有化聯邦地產的計劃，結果取得成功，涉及資金 10.16 億港元。2004 年，新亞置業信託和馬可波羅發展有限公司分別改名為「會德豐地產有限公司」及「會德豐地產（新加坡）有限公司」。2010 年 7 月，會德豐以協議安排方式私有化會德豐地產，使之成為集團的全資附屬公司。其時，會德豐地產擁有土地儲備 170 萬平方呎，並「帶頭發展集團於香港的項目」，[123] 成為會德豐旗下從事香港地產發展業務的主力。

經過一系列重組後的會德豐系，基本蛻變成一家以地產發展及地

---

122 「我們的公司」，The Lane Crawford Joyce Group 官網。

123 參見《會德豐有限公司 2010 年度末期業績公告》，第 1 頁，2011 年 3 月 23 日。

產投資為核心業務的地產商。其中，在香港市場，地產發展由會德豐全資附屬公司會德豐地產主導，物業投資由九龍倉負責；而在中國內地市場，無論是地產發展還是物業投資，都主要由九龍倉主導，會德豐輔之。而在新加坡市場，則主要由在新加坡上市的會德豐地產（新加坡）有限公司展開。

回歸以來，會德豐在香港地產發展的業務，重點集中於大型住宅樓盤和甲級商業樓宇兩個方面。在大型住宅樓盤方面，主要是回歸初期發展的兩大地產發展項目，即由會德豐系企業合作發展的機場鐵路九龍站二期發展計劃「擎天半島」，以及深井「碧堤半島」。其後，會德豐還相繼發展了何文田的君頤峰、半山豪宅 The Babington 等。2010 年，會德豐與新世界合作，以 117 億港元價格，投得位於尖沙咀西心臟地帶的港鐵柯士甸站上蓋豪宅發展項目。此外，會德豐亦逐步加強在寫字樓市場的發展，展開收購及重建策略。

在物業投資方面，會德豐以旗下九龍倉為旗艦，投資物業主要是九龍半島的海港城和港島銅鑼灣的時代廣場，兩者均持有 999 年期的長期業權。僅此兩項物業已佔九龍倉總資產接近六成。其中，海港城包括海運大廈、馬哥孛羅香港酒店、海洋中心和港威大廈等商廈，擁有 440 萬平方呎寫字樓面積、200 萬平方呎的商場，以及其餘約 400 萬平方呎的酒店、服務式住宅等，為香港區內最大的購物中心及全球零售商戶作品牌展示的矚目地標。時代廣場為銅鑼灣商業樓宇的「龍頭」，樓高 17 層，被譽為「全球最成功的直立式商場之一」。九龍倉曾多次對該兩大投資物業展開翻修工程。1999 年，海港城和時代廣場的收入分別為 26 億港元及 9.95 億港元；到 2013 年分別增加至 84.71 億港元及 20.96 億港元，14 年間分別增長了 2.26 倍和 1.11 倍。2013 年底，九龍倉的投資物業組合的賬面值為 2,610 億港元，躋身全球首五大由上市公司持有的投資物業組合之列。

九龍倉持有香港優質投資物業的同時，亦於中國內地市場展開地產發展和物業投資。二十世紀 90 年代後期，九龍倉開始在中國內地發

展以「時代廣場」品牌命名的地產項目。2000 年，九龍倉先後成功推出北京首都時代廣場和大上海時代廣場，主打以「寫字樓 + 商場」的物業組合。從 2007 年至 2014 年期間，九龍倉在內地的物業發展突飛猛進。九龍倉的內地資產額從 2007 年的 230.26 億港元，增加到 2014 年的 1402.11 億港元，7 年間增長了 5.09 倍，佔集團總資產的比例從 5.67% 提高到 31.53%。2014 年，九龍倉在內地的土地儲備達到 1020 萬平方米，分佈於全國 15 個城市。這一期間，九龍倉在內地的投資組合中，賣掉了北京首都時代廣場，但新增了大連時代廣場、武漢時代廣場、上海會德豐國際廣場、成都的時代·奧特萊斯、天府時代廣場等，並開始在各地城市發展國際金融中心系列，包括成都國際金融中心、重慶國際金融中心、長沙國際金融中心、無錫國際金融中心、蘇州國際金融中心等。

▌ 吳光正交班與家族企業傳承

香港大家族企業中，最早部署第三代接班的，當數會德豐集團。2013 年，年屆 67 歲的會德豐主席吳光正，高調向媒體宣佈家族企業的接班安排。吳光正表示，自己將仿效岳父包玉剛，將「家族」和「財產」分開處理，其中，會德豐／九龍倉等上市公司業務，將交由次子吳宗權主理，而家族的零售業務，包括連卡佛國際、Joyce Group 等，則交由已有多年管理經驗的長女吳宗恩接管。2014 年 1 月 1 日，吳宗權正式出任會德豐董事局主席，副主席則分別由兩位資深員工吳天海和梁志堅出任。2015 年 2 月 17 日，吳光正宣佈辭去九龍倉主席職位，並推薦副主席吳天海接任，為期三年。

吳宗權上任後，最大手筆就是對會德豐和九龍倉的業務和股權展開大規模的重組。2016 年 3 月 14 日，九龍倉宣佈，以 61.61 億港元的價格，收購會德豐旗下會德豐大廈和卡佛大廈兩宗商業物業。交易完成後，九龍倉持有會德豐系所有在香港的物業。2017 年 9 月，會德豐與

九龍倉發佈聯合宣佈，將把九龍倉置業從九龍倉分拆獨立上市。根據建議，分拆將以分派方式進行，即每持一股九龍倉股份獲發一股九龍倉置業股份。交易完成後，九龍倉不再持有九龍倉置業任何股份，成為一家以在中國內地地產發展和物業投資為重點，以酒店、物流、新經濟等業務為輔助的地產集團，至 2019 年底，集團在香港擁有物業約 330 萬平方呎，包括山頂物業組合、九龍塘物業組合及九龍東物業組合等；在中國內地擁有發展物業土地儲備 350 萬平方米，投資物業 170 萬平方米，包括國際金融中心系列、時代廣場系列等。

九龍倉並持有九龍倉酒店集團（100%）、現代貨箱碼頭（100%）、香港空運站（20.8%）權益。其中，九龍倉酒店集團在亞洲管理 17 間酒店，共 5,750 間客房，包括 4 間尼依格羅酒店及 13 間分佈在香港、中國內地和菲律賓的馬哥孛羅酒店，其中 4 間屬集團全資擁有。現代貨箱碼頭則是香港僅次於國際貨櫃碼頭的第二大集裝箱碼頭運營商，擁有及營運香港一號、二號、五號及九號（南）碼頭的 7 個貨箱船泊位及 3 個躉船泊位，其中一號、二號及五號碼頭位於葵涌，九號碼頭位於對岸的青衣島，碼頭範圍總面積 92.61 公頃，年處理能力達 700 萬個標準箱。[124] 此外，現代貨箱還經營內地珠三角的大鏟灣碼頭和長三角的太倉，並持有蛇口集裝箱碼頭及赤灣集裝箱碼頭股權。

而九龍倉置業則由會德豐持有 62% 股權，以香港物業投資為主，並持上市公司海港企業有限公司 72% 權益。海港企業則持有馬哥孛羅香港酒店、中環 The Murray Hong Kong 酒店、香港和內地的投資物業及地產發展業務。而九龍倉置業主要持有香港投資物業，包括尖沙咀的海港城、銅鑼灣的時代廣場、中環的會德豐大廈、卡佛大廈及 The Murray、九龍東的荷里活廣場、天星小輪股權、馬哥孛羅港威酒店、馬哥孛羅太子酒店，以及在新加坡的會德豐廣場和 Scotts Square 等（圖

124「重要發展里程」，參見現代貨箱碼頭有限公司官網。

2-22）。其中，僅海港城、時代廣場及荷里活廣場等三項地標商場，2017 年總銷售額就佔香港整體零售銷售額 9.2%。2017 年 11 月 23 日，九龍倉置業在香港聯交所正式上市。有分析指，這一分拆借鑑了李嘉誠長和系的重組，是要將九龍倉長期被低估的市值釋放出來。不過，九龍倉置業上市後，市值却持續走低，從 2017 年底的 1578.84 億港元跌至 2022 年 7 月底的 1059.56 億港元，跌幅達 32.89%（表 2-17）。

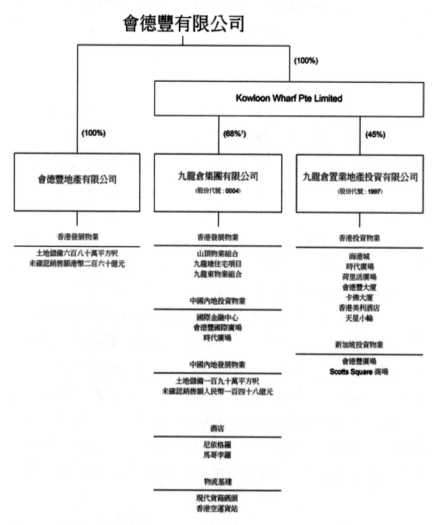

圖 2-22　私有化後會德豐集團控股及業務架構
資料來源：會德豐有限公司官網

表 2-17　2017-2022 年九龍倉置業市值變化

單位：億港元

	2017 年底	2018 年底	2019 年底	2020 年底	2021 年底	2022 年 7 月底	2023 年 1 月底
九龍倉置業	1578.84	1422.47	1443.73	1225.12	1202.35	1059.56	1360.13

資料來源：《香港交易所市場資料》，2017-2021 年，東方財富網站

　　截至 2019 年底，吳光正／吳宗權家族共持有 4 家上市公司，包括會德豐有限公司（48.57% 股權）、九龍倉集團有限公司（70.03%）、九龍倉置業地產投資有限公司（66.01%）、海港企業有限公司（71.53%）等。2019 年度，會德豐集團經營收入為 485.19 億港元，除稅前溢利 181.02 億港元，總資產 6019.13 億港元（表 2-18）。在會德豐經營收入中，地產發展收入佔 45.31%；物業投資收入佔 38.24%；酒店收入佔 4.07%；物流收入佔 5.35%；投資及其他佔 7.03%（表 2-19）。[125] 會德豐旗下的九龍倉置業，年度經營收入為 160.43 億港元，除稅前溢利 59.52 億港元，總資產 2843.41 億港元。會德豐旗下的九龍倉，年度經營收入為 168.74 億港元，除稅前溢利 64.70 億港元，總資產 2422.18 億港元。若按地區劃分，九龍倉的年度經營收入中，香港為 33.11 億港元，佔 19.63%；中國內地 135.22 億港元，佔 80.14%，其他 0.41 億港元，佔 0.23%。

表 2-18　2019 年度會德豐集團上市公司經營概況

單位：億港元

	經營的主要業務	營業額	除稅前盈利	總資產
會德豐	投資控股、地產發展、物業投資、酒店、物流、投資及其他	485.19	181.02	6019.13
九龍倉集團	地產發展、物業投資、酒店、物流	168.74	64.70	2422.18
九龍倉置業	物業投資、酒店	160.43	59.52	2843.41
海港企業	地產、酒店發展和投資	13.95	2.36	283.85

資料來源：《會德豐系香港上市公司 2019 年報》

125《會德豐有限公司 2019 年報》，第 82 頁。

表 2-19　2019 年度會德豐集團上市公司營業收入分佈

單位：億港元

	會德豐	九龍倉	九龍倉置業
地產發展	219.82（45.31%）	70.54（41.80%）	—
物業投資	185.53（38.24%）	40.90（24.24%）	142.79（89.00%）
酒店	19.75（4.07%）	5.30（3.14%）	15.07（9.39%）
物流	25.97（5.35%）	25.97（15.39%）	—
投資及其他	34.12（7.03%）	26.03（15.43%）	2.57（1.60%）
總額	485.19（100.00%）	168.74（100.00）	160.43（100.00%）

資料來源：《會德豐系香港上市公司 2019 年報》

　　不過，從會德豐系三家公司來看，彼此之間仍然存在不少業務重疊。2020 年 2 月，會德豐和九龍倉置業發佈公告，稱吳光正家族建議以協議安排的方式，溢價約 52.2% 私有化會德豐，具體方案是會德豐股東每 1 股可獲得 1 股九龍倉置業和 1 股九龍倉股票，並獲得 12 港元現金，為此，吳光正家族將要支付約 81.5 億港元現金。2020 年 7 月 27日，會德豐完成私有化，正式退市。私有化完成後，會德豐成為吳光正 / 吳宗權家族的私人公司，對九龍倉置業的持股權降至 46.99%，對九龍倉的持股權也降至 54.37%。

　　私有化後，吳光正 / 吳宗權家族對會德豐展開重組工作，計劃將會德豐的 100% 擁有權理順並整合到新公司 —— World International（Holdings）Limited 之下。目前，會德豐共持有 3 家主要公司，包括上市公司九龍倉集團、九龍倉置業，以及全資附屬公司會德豐地產。截至2022 年 6 月底，集團總資產為 2,413 億港元（超過 300 億美元）。

第七節　陳曾熙／陳啓宗家族財團

▋ 恒隆的創辦與早期發展

　　陳曾熙 / 陳啟宗家族財團是香港主要的華資財團之一，其發展最早可追溯到恒隆集團的創辦。創辦人陳曾熙，原籍廣東台山，戰前曾留學

日本，攻讀土木工程學。1960 年 9 月 13 日，陳曾熙創辦「恒隆有限公司」，初期在九龍太子道一帶發展過不少住宅樓宇。[126] 60 年代初期，香港政府需要恒隆擁有的九龍荔園後面的一個山頭興建瑪嘉烈醫院，於是以何文田山與恒隆交換，恒隆在何文田發展起恒信苑私人屋邨，奠定了公司日後在地產業發展的基礎。[127]

1972 年 10 月 21 日，恒隆在香港上市，公開發售 2,400 萬新股，集資逾 2 億港元。恒隆上市時共擁有 5 個發展地盤，另有 6 個已建成或正建築中的收租物業，包括銅鑼灣恒隆中心，九龍柏裕商業中心、港島南灣道寶勝樓，已初具規模。恒隆上市後，以高價 1.15 億港元購入九龍旺角的邵氏大廈和新華戲院，以地皮面積計算每平方呎高達 5,000 港元，而這兩項物業須到 1973 年底才能交吉。由於出價遠遠拋離當時旺角的地價，這項交易成為當時轟動一時的新聞。[128] 後來，遇上香港股市暴跌，地產市道低陷，恒隆的大部分資金被凍結，以致錯過了 1975-76 年香港地價跌至谷底時廉價購入大量土地的良機。

恒隆的發展，與地鐵站沿線上蓋物業的發展關係密切。70 年代中期，恒隆取得大埔道至西洋菜街 5 個地鐵站上蓋發展權，又與合和實業組成財團投得了地下鐵路九龍灣車輛維修廠上蓋的物業發展權，發展為德福花園，發展利潤由地鐵公司佔 50%，恒隆和合和各佔 25%。[129] 1977 年 4 月，恒隆收購九龍灣一幅地皮，發展為住宅及綜合商業樓宇（即現在的淘大花園及淘大商場）。[130] 1979 年，恒隆再與長實、新世界、恒基兆及置地公司等公司合組財團（恒隆佔 37.5%），投得地鐵旺角站上蓋

126 「企業里程碑 1960 年」，參見恒隆地產有限公司官網。

127 何文翔：〈陳曾熙低調隱秘〉，《香港富豪列傳》，香港：明報出版社，1993 年，第 146 頁。

128 郭峰：〈恒隆集團雄霸旺角〉，《南北極》，第 123 期，1980 年 8 月 16 日，第 9 頁。

129 高英球：〈細說恒隆 —— 優厚地產潛質和穩健的經營作風已漸見成效〉，《信報財經月刊》，第 5 卷第 6 期，第 50 頁。

130 「企業里程碑，1976 年」，恒隆地產有限公司官網。

物業的發展權，興建兩幢 22 層商業大廈旺角中心一二期。80 年代初，旺角中心推出之際，正值地產高潮，故扣除給予地鐵公司的盈利和建築費，總利潤高達 4.3 億港元，恒隆賺得其中的 1.6 億港元。[131] 這時期，恒隆已發展成香港一家實力雄厚的華資地產集團。

恒隆在發展之初，就相當重視經營業務的多元化。1965 年，恒隆就與日本大洗衣集團白洋舍集團合營開設「恒隆白洋舍有限公司」，從事白洋舍洗衣連鎖店業務；同年，又取得美商德士古石油公司的石油氣在港澳的代理權，從事德士古石油批發零售業務。1975 年 4 月，恒隆又與日本松阪屋公司合資，在銅鑼灣開設「香港松阪屋百貨公司」。[132] 1976 年，恒隆以 2500 萬港元價格，購入位於尖沙咀的格蘭酒店。1980 年 7 月，恒隆向森那美集團收購淘化大同有限公司 63% 股權，將業務擴展至食品製造和紙品製造等行業。到 80 年代初期，恒隆經營的業務，除了地產發展和物業投資外，還涉及洗衣、零售百貨、酒店餐飲、停車場、食品製造和紙品製造、船務、金融等多個領域，成為一家多元化的地產公司。

▋ 地鐵上蓋發展首遭滑鐵盧

1981 年，正值恒隆各項投資收成在望，業務進入高峰期之際，恒隆集團雄心萬丈，先後與新世界發展、凱聯酒店、華懋集團、信和地產、華光地產、怡華置業、益新置業、萬邦置業、廖創興企業及淘化大同等地產公司組成財團，競投地鐵港島沿線 9 個地鐵站上蓋物業發展權，全部發展計劃包括興建 8 幢 24 至 51 層不等的商業大廈和擁有 8,000 住宅單位的屋邨，總樓面面積達 700 萬平方呎，估計建築成本超過 70 億港元，售樓總收益高達 183 億港元，其中恒隆可獲利逾 40 億港

---

131 沈平：〈恒隆拓展投資物業穩中求勝〉，《房地產導報》，1994 年 4 月，第 12 頁。

132 「企業里程碑，1975 年」，恒隆地產有限公司官網。

元。[133] 結果，地鐵公司的 9 個地鐵站上蓋物業發展權，包括中區金鐘二段、灣仔站、銅鑼灣站、炮台山站及鰂魚涌康山站等，全部均被以恒隆為首的 3 個財團奪得。這時，恒隆集團的聲譽達到了高峰，主席陳曾熙打破一貫低調的作風，對記者暢談恒隆的發展大計。據陳曾熙透露，當時恒隆擁有的土地儲備，足夠發展到 1987 年，全部完成後擁有的總樓面面積接近 1,000 萬方呎。[134]

可惜，其時香港地產市道已處於危險的高位。1982 年 9 月，英國首相戴卓爾夫人訪問北京，拉開了中英兩國關於香港前途問題談判的序幕，已進入瘋狂境地的香港地產市道借勢急跌。當時，恒隆所奪得的 9 個地鐵站上蓋物業中，中區美利道地段的紅棉大廈已接近完工，正計劃展開金鐘二段的香山大廈。香山大廈佔地 6.9 萬平方呎，總樓面面積 104.3 萬平方呎，根據港府的要求，需補地價 18.2 億港元，且限期在 28 日內完成。由於地價急跌，恒隆唯有向港府建議將地價減至 14 億港元，然而不為香港政府接納。在此關鍵時刻，原已答應向恒隆財團貸款 15 億港元最高信貸的日資銀行臨時撤回承諾。到 12 月，恒隆向港府再申請延期補地價不遂之後，唯有宣佈「撻訂」，退出金鐘二段上蓋發展，其餘 7 個地鐵站上蓋工程，亦需押後進行。這一役，恒隆為首財團損失了 4 億港元訂金。[135] 1984 年 12 月，中英兩國簽訂聯合聲明，香港地產市道迅速走出谷底，港府趁勢再將金鐘二段地鐵站上蓋發展權推出競投，結果被信和集團為首財團奪得，發展為財經廣場（即後來的奔達中心），賺取豐厚利潤。

經此一役，恒隆對地產循環的戒心大大增強，投資策略轉趨保

133 梁道時：〈地車站上蓋建費逾七十億，恒隆透露毋須向股東集資〉，《經濟一週》，1981 年 7 月 13 日，第 8-9 頁。

134 齊以正：〈陳曾熙兄弟在地鐵上蓋跌了跤〉，《南北極》，第 151 期，1982 年 12 月 16 日，第 14-16 頁。

135 沈平：〈恒隆拓展拓展物業穩中求勝〉，《房地產導報》，1994 年 4 月，第 13 頁。

守，恒隆的土地儲備亦逐漸維持在低水平，若干很有潛質的物業，如太古水塘（現時的康景花園）、樂活道地段（現時比華利山等）均先後將半數權益售予恒基地產，並由對方策劃發展及代理銷售，此舉亦削弱了恒隆的盈利。自此，恒隆與長實、新地、恒地等地產五虎將的距離日漸拉開。

▍ 集團重組，自成一系

不過，恒隆等財團與地鐵公司的合作關係並未中斷，雙方繼續研究折衷辦法，並將其他各站上蓋從商業用途修改為住宅用途，減低補地價金額。1984 年 5 月，太古地鐵站上蓋康怡花園展開工程，補地價 3 億港元，另投資 37 億港元，興建 9,500 個住宅單位。這個佔地 17 公頃的大型住宅屋邨出售時適逢地產市道復甦，首批 3,000 多個住宅單位立即售罄。受此鼓舞，1985 年 7 月，恒隆再與新世界發展、廖創興企業、萬邦投資及中建企業重組財團（恒隆佔 60%），繼續與地鐵公司合作，斥資 20 億港元發展港島剩餘 5 個地鐵站上蓋物業，其中補地價僅 6.14 億港元。是項發展計劃包括上環果欄、海事處、灣仔修頓花園，及天後站和炮台山站上蓋物業，總建築面積 270 萬平方呎，其中住宅樓宇 160 萬平方呎。[136]

1986 年，恒隆集團創辦人、董事局主席陳曾熙逝世，遺下龐大恒隆股份指明由舊屬殷尚賢作為遺產信託人，其弟陳曾燾則繼任恒隆主席。[137] 陳曾燾主政時代，恒隆的重點主要集中在集團架構的重組上。1987 年 8 月，恒隆宣佈與旗下上市公司淘化大同進行業務重組。淘化大同有限公司原是一家歷史悠久的製造業公司，1949 年在香港註冊成

---

136 呂景里：〈恒隆決續發展地鐵港島線物業〉，《經濟一週》，1985 年 7 月 8 日，第 6 頁。
137 王康：《陳啟宗接掌「恒隆」主席有何大計？》，《財富月刊》，1990 年 12 月 10 日，第 10 頁。

立，1954 年在香港上市，主要業務包括製造與銷售加工食品、經營飲品及瓦通紙盒、洋酒進口及分銷等，業務多元化，在牛頭角設有龐大廠房和曬場。淘化大同自歸併恒隆旗下後，多年來以其食品加工業務為恒隆的盈利作出穩定貢獻，同時更為恒隆提供了牛頭角龐大土地儲備。然而，淘大自此的地產發展及投資業務的比重亦逐漸增加，與母公司恒隆的業務日漸重疊，角色混淆。為此，恒隆展開集團重組，由恒隆將手上的收租物業轉售予淘大，淘大則將荃灣廠址發展地盤及淘大實業 50% 股權售予恒隆。重組後，恒隆成為集團的控股公司，專注地產發展及投資控股，而淘化大同則易名為「淘大置業有限公司」（簡稱「淘大置業」），成為恒隆旗下物業投資公司，持有恒隆中心、柏裕商業中心、雅蘭酒店、康怡廣場、金鐘廊等一系列投資物業。

1988 年 4 月，淘大置業購入上市公司樂古置業 43.25% 股權，並提出全面收購，結果取得樂古置業 96% 股權。同年 9 月，恒隆宣佈淘大置業與樂古重組，由淘大置業購入樂古的收租物業，包括中環的樂古大廈、印刷行、樂成行及北角的樂基行等，樂古則向淘大置業購入所有酒店業權和酒店管理公司。重組後，樂古易名為「格蘭酒店集團有限公司」，控制權由淘大轉移到恒隆，成為恒隆旗下的純酒店股。當時，格蘭酒店共擁有 3 間酒店，包括尖沙咀格蘭酒店、旺角雅蘭酒店及鰂魚涌康蘭酒店。自此，恒隆集團內部架構趨向成形，自成一系，系內各上市公司業務清晰，便於發展。不過，亦有人批評恒隆將過多精力浪費在業務重組方面，錯過這一時期積極增加土地儲備的良機。[138]

1991 年 1 月，陳曾燾退任董事，由陳曾熙長子陳啟宗接任恒隆集團董事局董事長。[139] 陳啟宗於 1951 年在香港出生，1976 年畢業於美國南加州大學，獲工商管理碩士。畢業後即返港加入家族生意。陳啟宗上

---

138 呂凱君：〈恒隆投資策略轉趨積極〉，《每週財經動向》，1992 年 3 月 23 日，第 18 頁。
139 「企業里程碑」，1991 年，恒隆地產有限公司官網。

任後，一方面表示將繼續遵循父親陳曾熙及叔父陳曾燾的穩健發展路線，同時亦採取了一系列矚目行動，包括親赴英、美、日等國進行全球巡迴推介恒隆集團，引進先進的管理技術，如發行可換股債券吸引外國資金，打破銀行收緊樓宇按揭的僵局等等，獲得投資者的好評。陳啟宗表示：恒隆會繼續積極尋求擴大投資物業組合比重，同時在增加土地儲備方面亦將更加活躍，爭取 5 年後可望與其他地產集團看齊。

80 年代後期以來，恒隆系投資策略的重點，主要集中於擴大投資物業方面，並由淘大置業擔任主角。1989 年 3 月，恒隆透過淘大置業，以 16 億港元收購位於銅鑼灣百德新街商業物業，面積達 3.2 萬平方米；1990 年 9 月，透過淘大置業收購山頂地段（後發展為「山頂廣場」）。[140] 1992 年 6 月，淘大宣佈配股，集資 22.9 億港元，全數用於擴展投資物業組合，包括購入約 17 萬方呎的麗港城商場，向英資渣打銀行購入約 30 萬平方呎的中區渣打銀行大廈，購入 15 萬平方呎的長沙灣百佳大廈，以及購入花園臺 2 號豪華住宅等。1993 年，淘大通過撥出內部資金及借貸共 11.4 億港元，再透過發行可換股債券集資 19.9 億港元，繼續收購有升值、加租潛力的優質投資物業。換言之，在短短一年半時間內，恒隆系已動用 50 億港元購入投資物業。

1993 至 1994 年期間，淘大置業的投資物業陣營進一步擴大，先是位於太平山頂的山頂廣場落成啟用，該物業樓面面積 13.4 萬平方呎，全部租出；而早幾年向張玉良家族購入的銅鑼灣百德新街一帶物業，價值亦大幅上升，其「食街」經改造成「名坊店」（現稱為「Fashion Walk」）後租金升幅逾倍。1994 年，淘大又收購旺角麗斯大廈，而拆卸重建的尖沙咀格蘭中心亦落成啟用。到 1996 年，淘大置業旗下的收租物業面積已達 546 萬平方呎，絕大部分均是位於地鐵及九廣鐵路沿線優質物業，年租金收益接近 24 億港元。至此，淘大置業已躋身香港一流

140「企業里程碑」，1989-1992 年，恒隆地產有限公司官網。

地產投資公司之列。置地撤離香港股市後，淘大更取代置地成為恒生指數 33 隻成份股之一。

1996 年底，陳啟宗旗下共持有 3 家上市公司，包括恒隆、淘大置業和格蘭酒店，總市值達 377.32 億港元，在香港上市財團中排名第 9 位。

▌恒隆：跨境經營的地產投資大集團

1995 年至 1997 年期間，面對地產市道大漲，恒隆「抵制誘惑」，沒有大舉入市發展，而是積極籌措資金，包括配售股份和借取長期貸款，以及在利潤豐厚時出售投資物業。因此，在亞洲金融危機襲擊、香港股市大跌期間，香港主要大型地產股市股價都大幅下挫 25-85%，而陶大置業股價卻逆市上升了 8%，母公司恒隆集團跌幅僅 24%。2001 年，恒隆集團重組，恒隆改名為「恒隆集團有限公司」，而淘大置業則改名為「恒隆地產有限公司」。2002 年 8 月，恒隆地產向母公司恒隆集團收購其所持格蘭酒店股權，並將其私有化。

其後幾年，香港相繼遭遇全球互聯網泡沫破滅、非典疫情、「9.11」恐怖襲擊等連串事件的衝擊，恒隆為尋求新的增長機會，將發展目光轉向中國內地市場。早在 1992 年，恒隆已制定進入內地的發展計劃，準備集中在內地「人口龐大城市的最佳地段」發展商業地產項目，並圈定上海作為橋頭堡。同年 12 月，恒隆成功拿下位於上海徐家匯地鐵站上蓋發展項目。該項目包括甲級寫字樓、六層購物商場及 635 套服務式住宅公寓，總樓面面積 27.06 萬平方米。該項目於 2000 年 12 月落成開業，命名為「上海港匯恒隆廣場」。1993 年 12 月，恒隆再成功拿下位於南京西路商業繁華區地塊。該地塊位於當時上海最具標杆意義的兩幢物業 —— 上海展覽中心和波特曼旁，地理位置絕佳。恒隆的出價是 3 億美元，這是當年上海靜安區大規模改造總標價最高的項目。該項目包括甲級寫字樓和購物商場，總樓面面積 21.33 萬平方米。2006 年，這座位於「上海恒隆廣場」正式落成，成為當時浦西最高建築。上海恒隆廣

場落成後旋即被選為上海第一購物商場及中國第一辦公室。這兩座物業
的成功發展，為恒隆帶來豐厚的租金來源和很高的聲譽。

2004 年以後，恒隆決定加快在內地的投資發展，準備在 2005 至
2007 年間，在內地多個核心城市購入土地，興建 10-12 個大型商業項
目，每個項目 20-25 億元人民幣，總投資約 250-300 億元人民幣。當
時，恒隆這一計劃有兩個重點，其一是精心挑選城市，包括上海等一
線城市以及具發展潛力的二線城市；其二是以發展購物商場為主。2005
年，恒隆突破上海地域，先後在天津、瀋陽成功取得土地，分別發展
「天津恒隆廣場」（2014 年落成）和「瀋陽皇城恒隆廣場」（2010 年落
成）。2006 年，恒隆又在瀋陽市府廣場南面地段、無錫市中心繁華商
業區、長沙芙蓉區東牌樓舊城改造區，獲得三幅土地，分別發展瀋陽
「瀋陽市府恒隆廣場」（2012 年落成）、「無錫恒隆廣場」（2013 年落成）
和「長沙恒隆廣場」。2007 年，恒隆再取得濟南市中心歷下區泉城路地
塊，發展為「濟南恒隆廣場」（2011 年落成）。到 2007 年，恒隆在內地
的地產投資，已擴展到上海、天津、瀋陽、無錫、濟南、長沙等多個城
市，共發展了 8 個項目，落成後均成為當地的商業新地標。

2008 年全球金融海嘯爆發後，內地房地產市場一度市況低迷，土
地價格下跌。面對這一形勢，恒隆仍有條不紊地增加內地的土地儲備。
恒隆集團主席陳啟宗表示：「每當經濟下滑，我們負責土地購置的項目
開發團隊便特別忙碌。當市政府無法售出土地致財政緊絀之際，恒隆便
翩然而至！每當全國各地的市領導開始靠攏時，我們便知道機會正向我
們招手。」[141] 這一時期，恒隆又先後購入位於大連的核心商業區地段、
昆明盤龍區東風東路地段、武漢位礄口區京漢大道地段，相繼發展為
「恒隆廣場」，打造「恒隆廣場」在內地的品牌。2013 年，恒隆主席陳
啟宗在《致股東函》中表示：「過去四年，我們每年完成一個相等於紐

---

141 參見《恒隆地產有限公司 2013 年年報》，第 13 頁。

約帝國大廈的項目。按此速度計算，正在施工的 3,200 萬平方呎物業，全部竣工需時 12 至 13 年。這是一個非常進取的計劃。」[142]

2017 年，為了鞏固恒隆在上海商圈的地位，集團宣佈對旗下的旗艦項目 —— 上海恒隆廣場展開大型資產優化工程，除了為顧客締造更優質的購物環境外，並積極引進一系列備受注目的全新國際品牌及奢侈品牌中國旗艦店，以進一步提升作為內地奢侈品品牌集中地（Home to Luxury）的定位。該項資產優化計劃於 2020 年完成，使得頂級品牌的數量很快增加了一倍。2018 年 5 月，恒隆成功奪得杭州下城區百井坊商業綜合體地塊，作價約 107 億元人民幣（約 131 億港元）。恒隆計劃投資約 190 億元人民幣，發展大型商業綜合項目。陳啟宗表示：「我們一直對內地商業及零售市場的發展非常樂觀，是次入駐杭州，正配合恒隆欲進一步擴大在內地投資的長遠策略。我們充滿信心，這項世界級的地標項目可為杭州和恒隆創造更大的價值。」[143] 至 2019 年度，恒隆集團在中國內地共投資發展商業綜合物業 11 項，已落成物業面積 203 萬平方米，發展中物業 136 萬平方米（圖 2-23）。

與此同時，恒隆集團也沒有放棄香港市場。恒隆在香港的策略是「以物業投資為主，以地產發展為輔」。在物業投資領域，從 2012 年起，恒隆致力為旗下核心物業進行資產優化工程。2017 年，恒隆對港島山頂廣場展開全面翻新工程。2019 年，恒隆集團對位於北角電氣道 226-240 號物業展開重建工程，以建造一幢總樓面面積達 9,754 平方米的甲級辦公樓和零售商場。截至 2019 年底，恒隆在香港的物業投資組合，主要包括中環的渣打銀行大廈、銅鑼灣的 Fashion Walk、恒隆中心、山頂的山頂廣場、鰂魚涌的康怡廣場、旺角的雅蘭中心、家樂坊、牛頭角的淘大商場等。其中，商舖佔 57%，辦公樓及工業／辦公樓佔

142 參見《恒隆地產有限公司 2013 年年報》，第 23 頁。

143 〈恒隆成功投得杭州市百井坊黃金地塊〉《恒隆新聞稿》，2018 年 5 月 28 日。

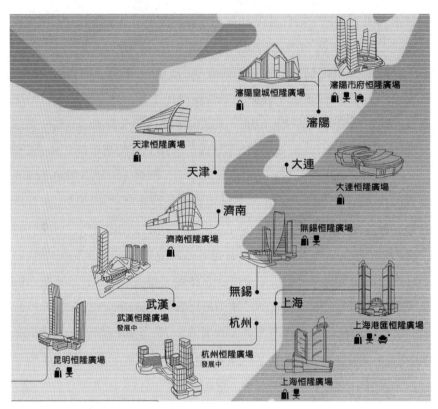

圖 2-23　恒隆集團在中國內地的物業投資組合
資料來源:《恒隆地產有限公司 2019 年報》,第 47 頁。

35%,住宅及服務式寓所佔 8%。在地產發展領域,則重點發展豪宅項目,如藍塘道 23-39、浪澄灣等,以及淘大工業村重建項目等。

恒隆集團秉持「只選好的,只做對的」(We Do It Right)的理念和經營方針,經過多年發展,已成為一家橫跨香港及中國內地經營的地產投資大集團。目前,陳啟宗家族透過信託基金 Merssion Limited 持有恒隆集團有限公司 37.34% 股權,並透過恒隆持有恒隆地產有限公司 57.94% 股權。截至 2019 年底,恒隆集團的投資物業面積為 134.65 萬平方米,其中,內地為 80.80 萬平方米,佔 59.41%;香港為 53.85 萬平方米,佔 40.59%。根據 2019 年底的物業估值,恒隆集團的投資物業總值為 1682.18 億港元,其中,香港物業組合為 665.79 億港元,內地物業組

合為 1016.39 億港元。

2019 年度，恒隆集團的經營總收入為 94.35 億港元，除稅前溢利 179.78 億港元，總資產 2132.19 億港元。經營總收入中，物業租賃收入 91.39 億港元，地產銷售 2.96 億港元，分別佔總收入的 96.86% 及 3.14%（表 2-20）。在物業租賃收入中，來自中國內地的收入為 49.75 億港元，香港 收入為 41.64 億港元。換言之，來自內地的租金收入已超過香港部分，成 為集團收入的重要來源。恒隆表示：「隨着未來進一步發展，恒隆地產正 努力開創前景，矢志發展成為一家備受尊崇的全國性商業地產發展商。」

表 2-20　2019 年度恒隆集團業務發展概況

單位：億港元

	經營業務	收入			除稅前溢利	總資產
		物業租賃	物業銷售	合計		
恒隆集團	投資控股、物業投資、地產發展	91.39	2.96	94.35	179.78	2132.19
恒隆地產	物業投資、地產發展	85.56	2.96	88.52	148.09	1999.80

資料來源：恒隆集團、恒隆地產 2019 年報

2020 年以來，受到全球新冠疫情爆發和經濟增長放緩的衝擊，恒 隆集團的經營業績亦受到一定的影響。2020 年，恒隆地產的收入雖然 略有增長，達到 89.73 億港元，但除稅前虧損卻達 8.63 億港元。2021 年，恒隆地產的收入增長至 103.21 億港元，比 2019 年增長 56.17%；除 稅前溢利回升至 68.88 億港元，但比 2019 年下降 53.49%。受此影響， 恒隆地產的市值從 2020 年底的 918.80 億港元下跌至 2023 年 1 月底的 660 億港元，跌幅近三成（表 2-21）。目前，陳啟宗已開始部署家族企 業傳承事宜。2020 年 9 月，其公子陳文博出任集團副董事長，主要負 責發展及設計、項目管理（包括資產保證及優化）和成本及監控等，正 式走上前台。

值得一提的是，陳啟宗家族除了持有恒隆集團之外，還透過旗下 晨興資本（Morningside）投資全球科技創新產業。晨興資本由陳啟宗、

表 2-21　2017-2023 年恒隆地產市值變化

單位：億港元

	2017 年底	2018 年底	2019 年底	2020 年底	2021 年底	2022 年7 月底	2023 年1 月底
恒隆地產	850.04	671.06	769.11	918.80	721.68	642.46	660.00

資料來源：《香港交易所市場資料》，2017-2021 年，東方財富網站

陳樂宗兄弟於 1986 年在美國創辦，資金來自恒隆集團創辦人陳曾熙遺產成立的基金，專門從事風險投資和私募股權投資，該機構通過與全球的投資機構和投資人合作，在北美、歐洲、亞太區、印度和中國內地廣泛投資新興產業。1987 年，晨興資本開始在美國投資，並在波士頓設立辦事處；1990 年晨興資本投資英國。2003 至 2008 年，晨興集團先後投資了《福布斯》中文版、《哈佛商業評論》中文版、《InformationWeek》中文版以及《外灘畫報》、《中國國家地理》等知名媒體品牌。2008 年全球金融海嘯爆發後，晨興資本開始在美國南部各州購買公寓，通過完善的物業管理提高出租率，並在經濟復甦後將其獲利出售。

晨興資本從 1992 年開始進入中國，在上海設立辦事處，主要投資內地的醫療保健、互聯網、資訊服務、媒體、軟件、通訊、生命科技和教育等領域，總共在中國內地投資了數十個項目。其中，成功案例包括搜狐（1998 年）、攜程（2000 年）、第九城市（2005 年）、小米集團（2010 年）、正保遠程教育、康盛創想、微醫集團（2007 年）、YY、精銳教育、UC（2008 年）、鳳凰新媒體（2009 年）、愛回收（2011 年），小豬短租、脈脈（2012 年）等。其中，持有小米 17.19% 股權，是該公司的第二大股東。按照市場估值，晨興資本通過投資小米獲利超千億元人民幣。目前，晨興資本管理美元和人民幣雙幣基金，規模已達數十億美元，重點投資於生物科技、數字健康、醫療技術、農業科技、清潔技術、金融科技、科技、消費者等領域。[144]

144　Today, morningside.com.

第八節　利氏家族財團

▍利希慎家族早期的發展與崛起

　　利希慎家族財團是香港老牌的華資家族財團之一。利氏家族，祖籍廣東新會，其在香港的第一代利良奕早年在家鄉務農，1860 年偕同妻子遠赴重洋到美國舊金山當金礦工人。利良奕於 1896 年返回香港發展，初期在中環皇后大道中 2 號開設「禮昌隆」商號，稍後又在九龍彌敦道開設金興號商號，專營男裝內衣批發，銷往北京、天津一帶，並從京津購回大批染色布匹及絲絹銷售，屬傳統南北行行商。二十世紀初，在香港經營鴉片尚未屬違法，利良奕眼見售賣鴉片獲利豐厚，便轉而全力發展，取得澳門進出口、轉口、提煉及銷售鴉片的專利權，遍銷中國大陸及東南亞各埠，財富遂急劇膨脹。

　　利良奕育有四子兩女，次子利希慎 1879 年在美國檀香山出生，17 歲隨父從美國返港，在皇仁書院畢業，先後在銀行、報館及船務公司任職。後來協助父親開設的成發源商行，經營鴉片生意，其後又開設南亨船務公司，專門販運從印度銷往東南亞及省港澳的鴉片，同時兼營棉紗和地產。利良奕逝世後，利希慎繼承父業，由於經營有方，生意愈做愈大。1912 年，利希慎與馬持隆、古彥臣、梁建生等人合資創辦專門經營鴉片生意的裕興有限公司。公司創辦之初已擁有 212 箱鴉片，這在當時屬於一個很龐大的數目。[145] 後來，利希慎曾兩次因為鴉片生意而對簿公堂，但兩次均獲勝訴，因而令他聲名大噪，成為名震江湖的「公煙（鴉片煙）大王」。當時，利氏曾在訴訟中透露，利氏家族擁有裕盛行三分之二股權，而該商行在澳門獲獨家經營鴉片專利權，資本額高達

145　鄭宏泰、黃紹倫：《一代煙王利希慎》，香港：三聯書店（香港）有限公司，2011 年，第87-88 頁。

300 萬港元。[146]

利希慎在鴉片生意上獲取豐厚利潤後，即將投資觸角伸向多個領域，特別是地產業。1923 年，利希慎創辦「希慎置業公司」，於翌年 1 月以 380 萬港元代價向怡和洋行大班威廉・渣甸購入銅鑼灣鵝頭山（即今日香港島銅鑼灣的利園山道、利舞臺、波斯富街、恩平道一帶）的大片土地。[147] 利希慎原計劃將這塊地建為提煉鴉片工場，但後來日內瓦會議通過決定，禁止會員國售賣鴉片，利氏遂在鵝頭山興建遊樂場「利園」，以及一座後來聞名香港的利舞臺，開設戲院。

當時，利希慎認為，香港的遊樂場僅得地處北角的「名園」一處，且市民對此種遊樂場有相當大的需求，因而決定興建後來命名為「利園」的遊樂場，又在山腳平坦處興建「利舞臺」。利舞臺於 1925 年開業，旋即成為當年香港最豪華劇院，一代代香港名藝人曾在此登臺獻藝。[148] 20 年代中後期，利希慎繼續大量購入地皮物業，除銅鑼灣、堅尼地道自宅及皇后大道中的自用寫字樓外，利希慎的其他產業遍佈波斯富街、利通街、灣仔道、太和道、石水渠街、皇后大道東、海旁街、第二街及春園街等，奠定利氏家族日後在銅鑼灣地產王國的基礎。

1928 年 4 月 30 日，利希慎在途經中環威靈頓街前往會所吃午飯時遭槍手暗殺，當場重傷死亡，成為香港開埠以來最轟動的謀殺案。據報道，當時，利希慎的遺產高達 446 萬港元，約佔香港政府當年財政收入的 17.9% 左右。[149] 利希慎長子利銘澤聞訊後從英國兼程趕回，時年僅 23 歲，開始參與管理家族生意。利銘澤參與管理家族生意後，曾計劃削平利園山，興建商業及住宅樓宇，但因工程浩大及二次大戰期間香港被日軍侵佔而胎死腹中。

---

146 何文翔：《香港家族史》，香港：三思傳播有限公司，1989 年，第 93 頁。

147 何文翔：《香港家族史》，第 118 頁。

148 「集團歷史」，1920-1940 年，希慎興業有限公司官網。

149 鄭宏泰、黃紹倫：《一代煙王利希慎》，第 217 頁。

二次大戰後，利銘澤、利孝和兄弟正式掌管家族生意。50 年代，香港政府在銅鑼灣展開多個大型填海項目，利園山亦被夷平，泥土被用作填海物料，成為維多利亞公園的地基。[150] 在此背景下，利銘澤透過希慎置業，大規模開闢利園山，先後建成銅鑼灣波斯富街、利園山道、恩平道、新會道、新寧道等街區的大批樓宇，又於 60 年代建成格調豪華的利園酒店、希慎道一號、禮頓中心、興利中心、新寧大廈及新寧閣等物業。其中，利園酒店於 1971 年建成開業，是當時銅鑼灣第一家四星級酒店，亦是當時香港少數由華人管理的豪華酒店，不少國際名人及體壇巨星是酒店及酒店餐廳、酒吧的常客。[151] 利園酒店在 70 年代中期聲譽達到高峰，當時利孝和是香港電視廣播有限公司創辦人、大股東兼主席，每年香港小姐選美例必在利舞臺舉行，然後在利園酒店彩虹館設宴招待佳麗和嘉賓，利舞臺及利園酒店一時衣香鬢影，艷光四射，成為香港傳媒最關注的熱點。

這一時期，利氏家族不僅成為銅鑼灣區最大的業主，而且成為香港赫赫有名的華資財團。作為家族的掌舵人，利銘澤成為多家大公司的事局主席或董事，並長期出任香港立法局、行政局議員。利銘澤是香港著名的民族主義者，具有高尚的愛國情懷，1983 年利銘澤因心臟病發逝世，香港《英文虎報》就曾以「哀悼一位愛國者」為題悼念他，中國領導人亦紛紛致唁電哀悼。[152] 利銘澤逝世後，利氏家族生意遂轉由其弟利漢釗繼承（利孝和亦於 1980 年因心臟病發逝世）。

150「集團歷史」，1950-1960 年，希慎興業有限公司官網。

151「集團歷史」，1970-1980 年，希慎興業有限公司官網。

152 黃炘強：〈舞臺之利〉，《壹週刊》，1991 年 9 月 20 日，第 67-68 頁。

▌ 希慎興業:「銅鑼灣地王」

1981 年 9 月，香港股市牛氣沖天，恒生指數第二度衝破 1,700 點大關，利氏家族將位於銅鑼灣的 5 幢收租物業，包括希慎道 1 號、禮頓中心、興利中心、新寧大廈及新寧閣等注入「希慎興業有限公司」，以每股面值 1 港元發行新股在香港上市，集資 5 億港元。當時，希慎興業可謂一家純地產收租公司，全部可供出租物業約 123 萬平方呎。

希慎興業當年上市，在市場上曾引起一些猜測，因為利家向來作風保守，極少容許外人「分享」祖業。但踏入 80 年代，情形卻有了轉變，除上市集資外，還多次出賣物業。當時有人懷疑利氏家族在轉移風險，但利澤銘生前一直極力否認，聲明利家仍以香港為根基所在，「每一分錢利潤都留在香港」。或許由於這種猜測，希慎興業上市後股價表現曾長期落後於大市。不過，誰都不否認希慎興業是一家優質地產公司。其名下擁有的收租資產，全部均為甲級寫字樓和高級住宅，甫上市便贏得「小置地」稱號，1984 年更被列為 33 隻恒生指數成份股之一。它的穩健投資策略，使它安然度過 1982-84 年的地產危機。

整個 80 年代，希慎興業的一個主要投資策略，是向大股東利氏家族購入地產物業及重建發展，以着力加強旗下的投資物業陣營，包括1984 年以 4,600 萬港元購入港島淺水灣寶山閣；1986 年以 4,500 萬港元購入銅鑼灣兩個地盤，發展成今日的友邦中心及禮頓道 111 號；同年又以 8.5 億港元購入花園台 2、3 號及樂源道 38 號柏樂苑；1987 年以 4.45億元購入恩平道 2 至 38 號及渣甸坊 19 號等。到 80 年代末，希慎的銅鑼灣王國已發展至擁有 270 多萬平方呎收租樓面面積，比上市初期增加逾倍。

進入 90 年代後，希慎興業的投資策略明顯轉趨積極，除繼續擴大集團的土地儲備之外，更展開多項物業重建計劃，包括興建嘉蘭中心、重建利舞臺及利園酒店等，以便用盡土地的地積比率，擴大和鞏固希慎在銅鑼灣的地產王國。嘉蘭中心位於銅鑼灣恩平道，是希慎透過收購整條街舊樓地皮重建而成的，於 1992 年底落成，樓高 31 層，樓面面積

62 萬平方呎，是該區的高級商廈，底 3 層（連地下一層）為商舖及餐廳，以上 29 層為寫字樓，建成後希慎興業的總部就設於此。

利舞臺的重建計劃始於 1991 年 3 月，希慎斥資 4.5 億港元向大股東利氏家族購入波斯富街 99 號利舞臺地皮。利舞臺落成於 1925 年，整個建築沿用十九世紀末法國和義大利式歌劇院的設計，外西內中，裏面的穹窿圓頂，繪有飾以金箔的九條金龍，舞臺頂層精雕着丹鳳朝陽，下層為二龍爭珠，極盡豪華瑰麗，當中擁有能旋轉 360 度的自動轉景舞臺，是當年香港最豪華的劇院。然而，經歷了 66 載燦爛風華的利舞臺終於未能阻擋香港地產大潮，1991 年希慎斥資 8.5 億港元拆卸重建利舞臺，計劃建成一幢日本銀座式的戲院和購物商場。[153] 重建後的利舞臺於 1995 年落成，總樓面面積為 26 萬平方呎，成為毗鄰時代廣場的另一高級購物娛樂中心。該物業 70% 股權屬希慎興業，另外 30% 權益由先施公司購入。

利園酒店的重建計劃亦於 1993 年展開。利園酒店在 70 年代曾有過輝煌的歷史，當時它是香港少數由華人管理的豪華酒店。然而，利園酒店亦未能阻擋歷史潮流而風流雲散。1993 年，希慎展開利園酒店重建計劃，以配股形式集資 12.9 億港元，由大股東利氏家族行使認股證再集資 16 億港元，以 24.5 億港元向利家購入利園酒店物業，該項重建計劃總投資 42 億港元，計劃發展成金鐘太古廣場式大型綜合物業，總樓面面積達 90 萬平方呎。利園重建計劃於 1997 年完成。

到 1998 年，希慎旗下擁有的投資物業已達 478 萬平方呎。這一時期，希慎的投資策略，一方面是繼續收購利園山一帶地皮，另一方面是透過重建，用盡地皮的地積比率，以擴大和鞏固希慎在銅鑼灣的王國，從而與中環的置地，尖沙咀的九龍倉分庭抗禮，稱為稱雄一方大型地產投資商。

153 「集團歷史」，1990 年代，希慎興業有限公司官網。

▎ 回歸後新發展：銳意拓展銅鑼灣「利園區」

回歸之後，希慎興業的投資策略，主要是對旗下投資物業展開重建或者翻新改造工程，銳意發展銅鑼灣的利園區，以提高物業的經營效益。這些工程包括：2002 年完成翻新半山住宅竹林苑；2003 年完成翻新利園二期商場部分；2004 年完成翻新利園六期；2009 年完成翻新利園二期；2011 年完成翻新「希慎道壹號」；2012 年建成「希慎廣場」；2013 年完成翻新利舞臺廣場低層。

其中，希慎廣場為重建項目，在興利中心原址拆卸重建，樓高 36 層，另設有 4 層停車場及零售地庫，基座設有 17 層零售店舖，逾 120 間商戶，高層為 15 層寫字樓，建築面積達 31.4 萬平方呎。希慎廣場是希慎興業旗下最大型的商場及灣仔區由單一業主持有的第 2 大商場。希慎廣場是香港第一幢獲美國 LEED 白金級綠色建築認證的建築物，並同時獲得香港 BEAM Plus 白金級綠色建築認證，建成開業後即成為銅鑼灣廣受歡迎的商場和寫字樓之一。[154]

2018 年，適逢「利園區」成立 95 周年。這一年 11 月，希慎旗下的「利園三期」落成開業。利園三期樓高 34 層，建築面積 46.7 萬平方呎，為銅鑼灣的租戶提供了新的選擇。利園三期落成後，希慎興業持有投資物業組合增加到 450 萬平方呎，包括 240 萬平方呎的寫字樓、約 300 個商舖及 345 套高級住宅等。其中約 85% 是位於銅鑼灣的商舖及寫字樓物業，其餘 15% 為半山區的住宅物業（圖 2-24）。[155] 希慎興業在年報中表示：「作為我們的業務基地，利園區與銅鑼灣密不可分。我們繼續銳意發展利園區，成為香港的首選熱點。」[156]

---

154 「集團歷史」，21 世紀，希慎興業有限公司官網。
155 《希慎興業有限公司 2018 年年報》，第 16-17 頁。
156 《希慎興業有限公司 2019 年年報》，第 12-13 頁。

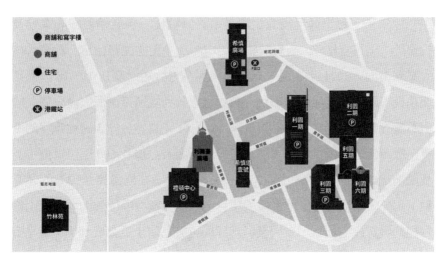

圖 2-24　希慎興業在銅鑼灣的物業組合
資料來源：希慎興業有限公司官網

目前，利氏家族透過 Lee Hysan Company Limited 持有希慎興業 41.88% 股權。由於中環商業區多年「蟬聯」全球最昂貴寫字樓城區，不少公司持續「逃離」該區，銅鑼灣利園區成為承接這些公司的主要地區之一，這使得希慎興業近年來的租金收入持續走高。2019 年度，希慎興業的營業額為 39.88 億港元，除稅前溢利為 55.59 億港元，總資產 907.43 億港元。不過，2020 年度，受到全球新冠疫情及經濟低迷的影響，希慎興業除稅前虧損 19.95 億港元（表 2-22）。

表 2-22　2017-2021 年度希慎興業的經營概況

單位：億港元

	營業額	除稅前溢利	總資產
2015 年度	34.30	35.73	787.88
2016 年度	35.35	18.10	800.21
2017 年度	35.48	40.97	821.20
2018 年度	38.90	68.00	870.43
2019 年度	39.88	55.59	970.43
2020 年度	37.10	-19.95	1097.55
2021 年度	36.08	22.61	1173.73

資料來源：《希慎興業有限希慎興業公司 2021 年年報》，第 172-173 頁。

近年來，希慎興業投資策略轉趨更為積極，包括擴展核心業務及投資於「增長支柱」，為集團建構更均衡及多元的業務組合。在擴展核心業務方面，2021 年 5 月，希慎興業與華懋合組財團以 197.78 億港元成功投得香港加路連山道項目，該項目位於利園區東南面與歷史悠久的南華體育會運動場之間，發展 3 座 16 至 24 層高（另設 5 層地庫）的優質甲級商廈，共提供約 110 萬平方呎的新商業面積及 600 個停車位，為利園增加約 30% 面積，從而進一步鞏固利園區在銅鑼灣及香港的領導地。另外，希慎亦涉足地產發展項目，包括合資發展位於大埔翠綠山巒之巔的優質住宅項目，參與發展市建局位於九龍土瓜灣庇利街 / 榮光街的住宅項目（佔 25% 股權）等。

在投資於「增長支柱」方面，2021 年 9 月，集團以 35 億元人民幣價格，向李嘉誠長江實業收購旗下上海靜安區核心地帶一幢樓高 24 層、建築面積逾 93 萬平方呎的商廈 —— 世紀盛薈廣場。此前，希慎在內地僅持有上海港匯恒隆廣場 24.7% 權益，此次購入的世紀盛薈廣場，為希慎在內地首個全資擁有的項目。該商廈擁有約 5 萬平方米甲級辦公室，希慎計劃將其中約 1.8 萬平方米零售空間進行升級改造，並為項目注入希慎的品牌特色 —— 智慧社區、交通連接、新舊融合、重視傳統，以及保留地道特色，並重新命名為「上海利園」，工程預計 2023 年中竣工。希慎興業主席利蘊蓮表示：「希慎一直以來對中國市場的增長潛力充滿信心。此項目將為希慎在上海的長遠發展奠定基礎。我們將繼續在上海，大灣區及中國其他一線城市物色新的投資機會。」

與此同時，希慎興業還與歷史悠久的國際品牌 IWG 合作，推展大灣區共用工作間業務，管理其在粵港澳大灣區 5 個城市 —— 香港、深圳、廣州、佛山、珠海共 33 辦公地點。此外，希慎還投資新風集團，以擴展在中國內地的優質醫療業務。希慎興業主席利蘊蓮表示：「2021 年是希慎業務發展具里程碑意義的一年。我們實現了集團中長期策略計劃下的一系列重大投資。該策略聚焦利園區『核心業務』的持續策

展及擴充，及投資於『增長支柱』，為集團建構更均衡及多元的業務
組合。」[157]

第九節 陳廷驊／陳慧慧家族財團

▊ 南豐紡織：「棉紗大王」

陳廷驊家族財團是香港主要的華資家族財團之一。陳廷驊，祖籍
浙江寧波，中學畢業後便立志經商，20 多歲已成為上海及寧波 3 家商
業機構總經理。1949 年陳廷驊從上海移居香港，在中環愛群行設立辦
事處，初期從事棉紗，布匹等貿易生意。1954 年，陳廷驊投資 60 萬港
元，在荃灣創辦「南豐紡織有限公司」，兩年後正式投產，每月生產
棉紗四百包。[158] 為了打開國際市場，陳廷驊設計了一種四至六支的粗棉
紗，可用以製造各種毛巾產品。該產品推出後深受國際市場歡迎，南豐
紡織因而闖出了名氣。1960 年，南豐紡織首度引入氣流紡技術，當時
集團已擁有紗錠逾 5 萬枚，資本額增加到 600 萬港元。

1969 年，陳廷驊將南豐紡織改組為「南豐紡織聯合有限公司」，並
於 1970 年 4 月在香港上市，集資 2850 萬港元。其時，南豐紡織旗下擁
有南豐紗廠、南豐二廠、錦豐製衣廠等 3 家全資附屬公司，成一縱式企
業集團。1970 年，正值國際紡織業出現技術性突破，空氣紡錠織布技
術面世，生產效率比傳統舊式紗錠高出數倍，南豐紡織上市後即大量購
入新式空氣紗錠，更新設備，購買大量土地擴建廠房，在紡織業大展拳
腳。自此，南豐一直以引進先進技術設備作為經營的重要策略，並推動
了香港紡織業的革命。1979 年，南豐紡織已擁有環錠和空紡紗錠 10.4

157《希慎興業有限希慎興業公司 2021 年年報》，第 1 頁。
158「發展里程」，1954 年，南豐集團官網。

萬枚，月產棉紗 640 萬磅，穩執香港紡織業的牛耳。

80 年代初，香港紡織業陷入低潮，陳廷驊率先推出紡織牛仔布的空氣紡織，牛仔布一時風靡全球。到 1987 年，南豐紡織已擁有空氣紡錠及環錠 15.7 萬枚，月產棉紗 1,800 萬磅，約佔香港棉紗總產量的六成，[159] 陳廷驊亦因而被譽為香港的「棉紗大王」。不過，1989 年，陳廷驊將南豐紡織聯合有限公司私有化，納入南豐集團。

▌ 南豐集團：從紡織轉向地產業

70 年代中期以後，陳廷驊開始積極推動集團多元化策略，特別是地產發展和證券投資。早在 1965 年，南豐已發展集團首個地產項目福祥苑。[160] 1967 年香港地產低潮時，陳廷驊更大量購入廠房地皮和乙種公函換地證書，為集團日後的地產發展奠定堅實基礎。1976 年，南豐透過旗下南豐發展以 4,000 萬港元向英資太古洋行購入鰂魚涌太古山谷英皇道一幅土地，於 1978 年發展為大型住宅項目 —— 南豐新邨。由於需求殷切，由 12 幢物業組成的南豐新村一共 2,800 多個住宅單位一售而空。[161] 1985 年，南豐創辦晉業及寶登建築有限公司，將業務拓展到建築行業。自此，南豐成為香港重要的地產集團。

90 年代初期，香港備兌認股證熱潮興起，陳廷驊於 1992 年，利用旗下 15 間不同的名義，一口氣發行了 15 隻備兌認股證，總額高達 9.7 億港元，扣除發行費用，南豐套現資金 9.4 億港元，在香港轟動一時。陳廷驊本人因而被稱為「輪王」（認股證俗稱「窩輪」）及「備兌認股證大王」。這一時期，南豐集團亦積極發展地產業務，1994 年，南豐先後建成將軍澳首個私人住宅項目慧安園，以及馬鞍山大型住宅項目馬鞍

159 陳威：〈陳廷驊：勤勉經營的棉紗大王〉，《世界華人精英傳略》（港澳卷），南昌：百花洲文化出版社，1995 年，第 65 頁。
160「發展里程」，1965 年，南豐集團官網。
161「發展里程」，1978 年，南豐集團官網。

山中心。

　　回歸之後，由於受到亞洲金融危機的衝擊，南豐一度減慢在香港地產業的發展。不過，2009 年以後，南豐再度加大在香港地產業的投資力度。2009 年 9 月，南豐以 21.425 億港元的價格購得香港跑馬地豪宅區的雲暉大廈，折合樓面價為每平方米 1.2 萬港元。2010 年 7 月，南豐再以 104 億港元的代價，力拼會德豐、新鴻基地產等大型發展商，拿下了香港山頂聶歌信山道豪宅地塊，每平米樓面地價約 3.2 萬港元。2011 年，南豐集團承喏提供高質素及可持續發展物業的理念，獲得 BCI Asia 頒發「香港十大發展商」獎項。

　　2010 年 4 月，香港特區政府推出活化工業大廈措施，容許達 15 年以上舊式工業大廈（工廈）業主，免補地價將整幢工廈改裝活化。2012 年，南豐集團啟動南豐紗廠活化項目，投資逾 7 億港元。南豐紗廠位於荃灣白田壩街工業區，該廠在高峰時期年產 3,000 萬磅棉紗，成為了香港其中一個紡織龍頭。該紗廠見證了香港紡織業由全盛至式微的全過程。南豐紗廠活化項目由籌備至活化落成約花了 5 年時間，其中工程施工需時兩年半，項目改造過程中盡力保留逾 70% 原有建築物的結構，僅作出一些方便到訪者的改建，例如擴建入口通道、建構新的玻璃橋連接五廠及六廠等。設計上亦有刻意保留昔日的舊物，包括舊樓梯、外牆及玻璃窗等，又將昔日的木門改造成椅子，令遊人可感受「新舊對話」。

　　南豐紗廠活化項目由三座建築物：四廠、五廠及六廠改建而成，於 2018 年完成活化，[162] 提供總樓面面積近 26 萬平方呎，包括作為零售業用途的「南豐店堂」、作為文化藝術用途的「六廠紡織文化藝術館」，其餘用作工作空間及辦公室的「南豐作坊」。其中，南豐店堂佔地面積約 12.53 萬平方呎，商戶組合盡量多元化，30% 為餐飲業，其餘為零售和體驗式消費，大部分含「香港情懷」故事、文創或創新等元素；「南

162「發展里程」，2014 年，南豐集團官網。

豐作坊」佔地約 7.81 萬平方呎，為有意創業的人士提供工作空間，推動紡織業的未來發展；其餘面積為「六廠紡織文化藝術館」。[163]

除在香港發展外，南豐也加強了在內地的發展。早在 1993 年，南豐已在天津發展了其在內地的第一個房地產住宅項目——天津泰豐。[164] 2004 年，南豐集團成立南豐中國，專責內地房地產業務開發，相繼進入北京、上海、無錫、大連、三亞等城市。2006 年 12 月，南豐擊敗內地房地產巨頭保利，以 7.42 億人民幣奪得在廣州「琶洲地王」地塊，該項目總投資超過 50 億元人民幣，主要由廣州南豐匯、南豐國際會議展覽中心及南豐朗豪酒店三大體系構成，功能涵蓋甲級寫字樓、商業展貿、專業展館及國際五星級酒店等。其中，南豐匯總建築面積逾 7.5 萬方米，由 5 層購物中心和 12 層甲級寫字樓組成；南豐國際會展中心總建築面積逾 2 萬平方米，是廣州首家集高端會展酒店與完善商務配套於一體的現代化專業展覽館；朗豪酒店由 499 間現代風格的客房和套房組成。

2007 年初，南豐中國與滙豐銀行成立房地產私募基金——「滙豐‧南豐中國房地產基金」（後易名為「匯豐‧南豐大中華房地產基金」），資產規模為 7 億美元，用於內地投資，每項商業房地產投資規模在 7,000 萬美元至 1 億美元之間，先後完成了在北京、大連、廣州和香港的 7 個項目投資。

▌ 回歸後新發展：「接軌國際舞台」

南豐創辦人陳廷驊與妻子楊福和共育有兩女，分別為長女陳慧芳和次女陳慧慧。陳廷驊有意選擇次女陳慧慧接班，並着手安排此事。1995 年，陳廷驊被診斷患有腦退化症，於 2008 年宣佈退休。2009 年，

163「南豐紗廠」，南豐集團官網。
164「發展里程」，1993 年，南豐集團官網。

陳慧慧接替父親出任南豐集團董事長兼董事總經理。2012 年 6 月 17 日，南豐創辦人陳廷驊病逝。陳廷驊患病、退休及辭世後，南豐集團由其次女陳慧慧執掌。

2013 年 11 月，南豐邀請前香港財政司司長、全球另類資產管理公司黑石集團（Blackstone）大中華區主席梁錦松出任集團行政總裁。2017 年 5 月，南豐以超過 246 億港元的價格，奪得香港特區政府批出九龍啟德第 1F 區 2 號地盤的新九龍內地段第 6556 號的用地，批租期為 50 年。這意味着，一向低調的南豐集團打破了恒基兆業於美利道中環商業地 233 億港元的成交總額，成功晉升成為香港新商業地王，並創出政府賣地史上的最高價。該項目被命名為「AIRSIDE」，將建成一幢高達 200 米、共 47 層的甲級商業大廈，總建築面積為 190 萬平方呎，包括 120 萬平方呎甲級寫字樓、70 萬平方米呎多層購物商場，並連接地下購物街，總投資達 320 億港元，計劃於 2023 年第 3 季度試業。

與此同時，南豐集團積極拓展海外地產業務，「接軌國際舞臺」。2012 年，南豐首次發行在新加坡交易所上市的中期債券，總值為 6 億美元；同年，集團因在資本市場上的表現獲得亞洲金融頒發的「Borrower of the Year」大獎。2015 年，南豐收購並私有化在新加坡上市的達萊地產信託（Forterra Trust），將其合併為集團於大中華地區業務的組成部分；同年，南豐與 Ionovo Priperty Group（IPG）合作開發全新的投資管理平台，主力投資美國房地產市場。2018 年，南豐收購了在英國的 Endurence Land 的控股公司，在倫敦組建一支擁有豐富資產改造、開發和營運經驗的團隊，拓展倫敦的地產市場。2016 年，南豐集團創立了投資創業公司 —— 新風天域，專注投資於大中華地區的醫療保健、科技創新、教育及金融等領域。2017 年，南豐集團透過旗下的「南豐生命科技」（Nan Fung Life Sciences），分別在美國舊金山和中國上海成立創投基金 —— 鼎豐生命資本，投資美國和中國的生命科技初創。為配合這一發展，南豐於 2019 年在美國波士頓成立「生命科技地產」，主

力於美國收購、發展及管理與生命科技相關的物業。[165]

目前，南豐集團以「縱向整合的發展模式營運」，拓展多元業務，主要包括三類：物業發展、生命科技，投資業務，以及其他業務。在物業發展方面，經過 30 多年的努力，南豐已晉身為香港一線的大型地產發展商，發展項目超過 165 個，遍及香港各區、中國內地及海外市場，包括住宅、商業、工貿及公共設施項目等。在香港，主要的發展項目包括住宅、商業大廈、購物中心、酒店等。其中，住宅項目主要有：深水灣徑 8 號、山頂 Mount Nicholson、將軍澳 PH6 和 PH10、筲箕灣香島、沙田尚珩、屯門豐連、東湧昇薈等等；商業大廈項目主要有：上環南豐大廈和德輔道西、九龍灣海濱匯、啓德發展區 AIRSIDE 等；購物中心主要有：上環 Nan Fung Place、將軍澳廣場、馬鞍山中心、大埔嘉豐花園商場等；酒店主要有沙田的香港沙田萬怡酒店。

在中國內地，主要項目以商業項目為主，包括：廣州南豐國際會議中心、廣州朗豪酒店、廣州南豐匯、山東青島中央公園購物廣場、上海淮海南豐薈、上海財瑞大廈、上海虹橋南豐城、上海達邦協作園等。其中，上海虹橋南豐城是一個高端大型商辦綜合大樓，位於以遵義路為主軸的虹橋高級商圈，總建築面積逾 27.7 萬方米，包括 3 幢甲級寫字樓和一個帶有露天步行街的購物中心。

在海外，南豐主要投資於新加坡、英國倫敦，美國波士頓、紐約等城市。2015 年，南豐斥資 7,500 萬英鎊購入倫敦金融城寫字樓 16 Old Bailey；2016 年以 8,350 萬英鎊購入倫敦 138 Cheapside，同年再收購倫敦 108 Cannon Street。2018 年，南豐宣佈收購英國倫敦開發商 Endurance Land 大多數股權，並注資超過 1 億英鎊以加強在倫敦地產業的發展。Endurance Land 成立於 2006 年，是專注寫字樓和綜合開發體的倫敦本土開發商。2018 年 2 月，南豐又宣佈投資 3 億英鎊購入英

165「發展里程」，2015-2019 年，南豐集團官網。

國倫敦國王十字地區的 Regent Quarter 物業群，佔地 25 萬平方呎，包括 30 棟建築。2022 年 3 月，南豐透過旗下 Endurance Land，以 1.5 億英鎊價格收購英國移動衛星通訊組織（Inmarsat）的倫敦總部大樓——99 City Road。此外，南豐集團還先後收購了美國紐約 3 幢物業——24-02 49th Avenue（2016 年）、2505 Bruckner Boulevard（2017 年）及 23-30 Borden Avenue（2019 年）；波士頓的兩幢辦公大樓——1 Winthrop Square（2020 年）和 51 Sleeper Street（2020 年）；以及新加坡的高尚住宅大樓 Cavenagh Fortuna 等。經過多年發展，南豐集團在海外建立了一個龐大的物業投資群體。

在生命科技領域，南豐集團透過旗下的南豐生命科技展開，主要投資於整個生命科學產業的價值鏈，具體包括四個方面的內容：一是透過識別未被滿足的醫療需求，採購相關資產和全球人才，收購新產品；二是透過風險投資團隊專注投資於早期生物技術公司的開發；三是展開增長型的資本投資，對那些較為成熟的生命科技企業提供資本協助，幫助他們擴大市場准入，提供操作能力；四是投資於全球領先的生命科技基金，其中不少已成為南豐集團的合作夥伴。[166]

在投資業務，南豐集團與首屈一指的國際基金經理與財務機構合作，廣泛投資於全球各類金融資產及另類投資。在金融資產投資領域，集團透過旗下金融投資機構「Nan Fung Trinity」展開，投資範圍包括上市證券投資、基金，私募基金等，在全球範圍內橫跨多個資產類別。[167] 在另類投資領域，集團透過旗下一個扎根於大中華地區的投資平台——「新風天域」展開，主要聚焦於多個策略性行業，包括醫療、互聯網、人工智慧、大資料、教育以及金融等，已募集和部署約 30 億美元，透過業務增長和戰略收購，已經在全國建立了全面的醫療系統，包

166 *Overview*, Nan Fung Life Sciences website.

167 *ABOUT US*, Nan Fung Trinity website.

括急診醫院、互聯網醫院、康復及老年醫院、腫瘤中心、日間診症中心、門診診所、居家護理網絡、醫生群組、培訓中心、醫療保險服務等，每年服務國內數以億計的患者。[168]

在其他業務領域，南豐集團從物業發展拓展到物業管理、物業建設及航運業等多個領域。在物業管理，南豐擁有 4 家物業管理公司，包括民亮發展、新卓管理、萬寶物業、漢興企業等，致力為住宅屋苑、工貿物業、商業大廈、商場等項目提供管理服務，管理的項目超過 80 個，共 3.1 萬個單位，面積達 2,700 萬平方呎，員工 1,800 人。物業建設包括建築、物業信貸、酒店等業務。在建築業，南豐擁有 2 家建築公司，包括寶登建築有限公司和晉業建築有限公司。在物業信貸，南豐透過旗下的南豐財務、成裕發展等提供按揭貸款服務。在酒店業務，南豐擁有 2 間酒店，包括香港沙田萬怡酒店和廣州南豐朗豪酒店。在航運業，南豐早在 1978 年設立「南豐輪船有限公司」，該行業延伸至集團早期的紡織業，2002 年該公司進一步擴大規模，擁有 9 艘大型油輪，業務擴展到能源運輸業。[169]

第十節　羅鷹石家族財團

▌ 羅鷹石 / 羅嘉瑞家族：鷹君集團

羅鷹石家族財團是香港主要的華資家族財團之一，其發展最早可追溯到鷹君集團的創辦。羅鷹石，祖籍廣東潮州，年輕時曾跟隨父親學習經營土產、洋雜貨生意。50 年代中期，羅鷹石眼見大量中國移民湧入香港，房地產市道日見興旺，便致力經營房地產業。1963 年，羅鷹石夫婦創辦「鷹君有限公司」。鷹君一名，取自羅鷹石的「鷹」及其

---

168 「新風天域是一家以患者為中心的醫療集團」，新風天域集團官網。
169 「我們的業務」，南豐集團官網。

妻杜莉君的「君」，英文譯作大鷹（Great Eagle），寓意振翅高飛，鵬程萬里。[170] 1972 年 10 月，鷹君在香港上市，集資約 3,000 萬港元。當時，鷹君的資產淨值約 4,000 萬港元，市值 1.2 億港元。[171]

鷹君崛起的關鍵，是 70 年代中期以後積極發展市場急需的工業樓宇。1975 年，鷹君看準時機，籌集資金大舉購買工業用地，1976 年後經濟復甦，對廠房的需求大增，鷹君把握良機全力推出廠廈樓花，僅 1976 年就售出工業樓宇 280 萬平方呎，總值 4 億港元。1978 年，大量內地移民湧入香港，對住宅樓宇需求增加，鷹君適值大量資金回籠，正好用作購買住宅土地。該年，鷹君投得灣仔鷹君中心地皮，並購入地盤多達 11 個，其中包括機場附近一幅興建酒店用地及尖東富豪酒店地段，後來地價、樓價急升，鷹君的資產大增。1982 年，鷹君中心落成啟用，成為集團的總部所在地。[172]

踏入 80 年代，鷹君的擴張步伐加快。1980 年，羅鷹石電召在美國從醫的兒子羅嘉瑞回港協助公司業務，並與其兄羅旭瑞協同策劃，將鷹君旗下富豪酒店集團分拆上市。稍後，鷹君又透過富豪酒店收購小型上市公司永昌盛 61.68% 股權，易名為「百利保投資有限公司」。這時，羅鷹石家族控制的上市公司增至 3 家，包括鷹君、富豪酒店及百利保，市值達 33.5 億港元。其中，鷹君的市值在 1981 年底達到 9.63 億港元，成為香港第 20 大地產上市公司。[173]

不過，1982 年 9 月，英國首相戴卓爾夫人訪問北京後，香港因前途問題觸發危機，地產市道崩潰，鷹君一系由於前期擴張過急，陷入困境。期間，羅旭瑞和父親羅鷹石在處理公司的問題上產生歧見，羅旭瑞

---

170 袁國培：〈鷹君有限公司創辦人羅鷹石細心地產市道，漫談兩代人心〉，《信報財經月刊》，第 3 卷第 6 期，第 33 頁。

171 「我們的歷程」，1972 年，鷹君集團有限公司官網。

172 「我們的歷程」，1982 年，鷹君集團有限公司官網

173 思聰：〈鷹君──一個財團的興起〉，《信報財經月刊》，第 5 卷第 2 期，第 43 頁。

認為富豪和百利保是長期投資，堅持無須作出有關撤賬準備，而羅鷹石則令其三子 —— 心臟專家羅嘉瑞主持大局，展開重組。1984 年 3 月，亞洲證券主席韋理向鷹君發動敵意收購，以 9,041 萬港元向鷹君購入所持富豪酒店 33.4% 股權。由於富豪酒店持有百利保投資，鷹君實際上亦間接將百利保出售。是次交易遭到羅鷹石的極力反對，但在債權銀行的壓力下，鷹君被迫售出富豪股權。據說，羅鷹石對促成這宗交易的羅旭瑞極為不滿。交易完成後，羅旭瑞離開鷹君，出任由韋理任主席的富豪酒店及百利保兩家公司的董事總經理。

不過，踏入過渡時期以後，鷹君憑藉大股東羅鷹石的敏銳目光，透過一連串低買高賣，實力迅速恢復。1989 年，鷹君與土地發展公司簽訂協議，合作發展旺角亞皆老街 / 上海街項目。同年，更投得中區花園道地王。[174] 花園道地王位於中區花園道中銀大廈南面，地盤面積為 9.2 萬平方呎，是中區最後一塊貴重地皮。招標期間，香港受到北京政治風波衝擊，地產市道下調。結果，參加競投下標的 5 家財團中，以鷹君的標價最高，為 27 億港元，一舉奪標。整個地產發展項目，以該幅地競投佔 27 億港元，再加上建築費 20 億港元及利息支出 7.8 億港元，鷹君在是項投資的總額高達 55 億港元。花園道地王於 1992 年 5 月建成，為兩幢具備智慧架構運作的高級寫字樓，命名為萬國寶通廣場（後改名為「花旗銀行廣場」，現為「花園道三號」）。[175] 廣場平台上建有 47 層高的萬國寶通銀行大廈及 37 層高的亞太金融大廈，總樓面面積 165 萬平方呎。鷹君佔有 69.5% 權益，其餘股權則售予美國萬國寶通銀行（花旗銀行）及數合夥公司。1997 年 3 月，鷹君向花旗銀行收購其 5% 權益，使所持該物業的權益增至 74.5%。

回歸之後，鷹君集團發展的一個重點是酒店業。1994 年，鷹君集

174「我們的歷程」，1989 年，鷹君集團有限公司官網。
175「我們的歷程」，1992 年，鷹君集團有限公司官網。

團收購位於九龍尖沙咀的香港朗廷酒店，1996 年更先後收購了倫敦及多倫多切爾西的朗廷酒店（希爾頓）。敦朗廷酒店自 1865 年以來一直是歐洲有名的豪華酒店。鷹君收購朗廷酒店後，即以此為品牌積極拓展，2002 年，鷹君成立朗廷酒店集團，開始為旗下酒店重塑品牌。[176] 2012 年，鷹君以 2.29 億美元收購美國紐約曼哈頓第五大道一家酒店。2013 年，鷹君將之前收購的美國紐約酒店重塑為「郎豪」品牌，又在芝加哥發展「朗廷酒店」品牌，同時將加拿大多倫多酒店改造為「逸東」品牌，為將朗廷打造成領先的國際酒店品牌進一步夯實基礎。2013 年 5 月 30 日，鷹君將部分酒店業務分拆，組成「朗廷酒店投資與朗廷酒店投資有限公司」，在香港上市。到該年底，鷹君旗下的朗廷系列在全球共擁有 20 家豪華酒店，客房數目約 8,000 間，其中包括 14 間以「朗廷」或「朗豪」品牌命名的酒店，5 間「逸東」酒店及 1 間上海的 88 新天地酒店。[177]

就在發展酒店業務的同時，鷹君在地產業亦穩步發展。2006 年 5 月，鷹君將旗下投資物業組成「冠君產業信託」在香港上市。該信託基金最初投資並持有港島花園道三號 91.5% 業權，2008 年向鷹君收購旺角朗豪坊的商場及辦公樓（四層除外）。朗豪坊於 2004 年落成後旋即成為旺角區的代表性地標。[178] 2013 年，冠君產業信託進一步收購花園道三號餘下樓層，並統一了整個綜合大廈的業權。信託基金的總資產從 2006 年底的 240 億港元增長至 2016 年底的超過 680 億港元。[179]

2006 年羅鷹石去世後，三子羅嘉瑞出任鷹君集團董事會主席兼總經理，成為公司大股東。目前，羅鷹石 / 羅嘉瑞家族共持 3 家上市公

176「我們的歷程」，1995-2002 年，鷹君集團有限公司官網。

177 蔣煒：〈打造世界級華人酒店品牌〉，華商韜略編委會，華商名人堂官網。

178「我們的歷程」，2004 年，鷹君集團有限公司官網。

179「公司歷史、概覽及里程碑」，冠君產業信託官網。

司及機構，包括鷹君集團有限公司（持有 61.33 股權）、冠君產業信託
（66.62%）、朗廷酒店投資與朗廷酒店投資有限公司（63.50%）等。其
中，鷹君主要在香港及中國內地從事地產發展和物業投資，主要資產包
括有冠君產業信託、朗廷酒店投資及朗廷酒店投資有限公司股權，以及
於 2014 年成立的「美國房地產基金」50% 股權。鷹君集團經營的業務，
涵蓋地產發展、物業投資、建築、酒店等多個領域，以香港、美國為重
點，並遍及加拿大、英國、澳洲、紐西蘭、中國、日本及其他地區，在
全球擁有 30 間酒店物業，總客房數目逾 11,000 間。

2019 年度，鷹君集團經營收入 92.37 億港元，其中，包括酒店
收入、物業管理服務收入等來自客戶合約的收益為 62.97 億港元，佔
68.17%；物業租金收入 29.19 億港元，佔 31.60%，股息收入 0.21 億港
元，佔 0.23%。若按地區劃分，來自客戶合約的收益中，香港為 20.69
億港元，佔 32.86%；美國 22.23 億港元，佔 35.30%；加拿大、英國、澳
洲、中國內地等地區均在 5-6 億港元左右。[180] 不過，2020 年度，受到全
球新冠疫情及經濟低迷影響，鷹君集團除稅前虧損高達 123.98 億港元
（表 2-23）。

表 2-23　2015-2021 年度鷹君集團業務發展概況

單位：億港元

	鷹君集團			冠君產業信託		朗廷酒店投資		
	收益	除稅前溢利	總資產	租金收益	物業組合總值	收益	除稅前溢利	總資產
2015 年度	82.71	52.73	1051.88	20.63	647.83	6.82	15.19	188.03
2016 年度	86.49	46.92	1063.29	22.99	668.42	6.19	4.93	188.24
2017 年度	89.48	131.66	1210.04	24.31	767.04	6.08	12.23	196.18
2018 年度	101.56	89.14	1284.25	26.77	831.35	6.15	9.70	203.66

180 《鷹君集團有限公司 2019 年報》，第 158 頁。

（續上表）

2019 年度	92.37	− 1.46	1279.60	27.78	811.78	4.84	− 25.86	176.12
2020 年度	103.05	-123.98	1117.79	26.33	673.18	2.08	-28.27	150.79
2021 年度	78.30	-4.83	1192.51	24.95	652.96	2.24	-3.37	146.13

資料來源：鷹君集團在香港各上市公司 2019-2021 年報。

　　冠君產業信託在香港核心商業區擁有面積達 293 萬平方呎的甲級商用寫字樓物業，主要包括「花園道三號」、「朗豪坊」等。而朗廷酒店投資在全球共擁有及投資 24 間酒店，包括 21 間位於香港、倫敦、紐約、芝加哥、波士頓、洛杉磯、悉尼、墨爾本、奧克蘭、上海、北京、深圳、廣州、海寧、海口、寧波、廈門及合肥以朗廷、朗豪或康得思品牌命名的酒店，兩間位於華盛頓及香港的逸東酒店和位於多倫多的 Chelsea 酒店。全部酒店由鷹君集團全資附屬公司朗廷酒店國際有限公司管理（圖 2-25）。

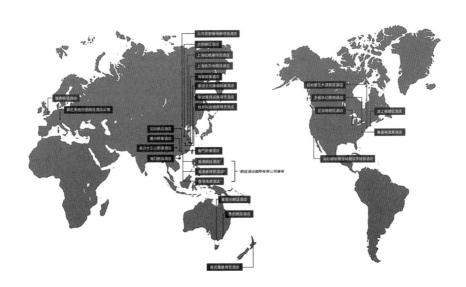

圖 2-25　朗廷酒店集團擁有及管理酒店的全球分佈
資料來源：鷹君集團有限公司官網

▌ 羅旭瑞家族：世紀城市國際集團

羅旭瑞是羅鷹石的次子，於 1979 年加入鷹君集團，協助父親展開連串業務擴張和收購活動。80 年代初，香港前途問題觸發危機，地產市道崩潰，鷹君集團出現了財政困難。在此背景下，羅旭瑞促成韋理收購富豪酒店，並出任富豪酒店董事總經理。多年後，羅旭瑞對這次離家創業有這樣的解釋：「孤身走我路是一個艱苦的決定，但富豪和百利保是由我一手創出來的，我希望為公司和他們的股東做到最好。」[181]

1984 年 10 月，富豪酒店宣佈重組，目的是將富豪控制百利保的局面，轉化為百利保控制富豪。重組後，羅旭瑞持有百利保 22.3% 股權，再透過百利保持有富豪 37.5% 股權，奠定其建立日後商業王國的基礎。1985 年，羅旭瑞收購上市公司世紀城市近七成控制權，作為其集團的控股旗艦。從 1985 年到 1988 年底，羅旭瑞透過連環收購，透過世紀城市，成功控制 5 家上市公司，包括世紀城市、百利保、富豪酒店、國泰城市、富利國際等，在香港經濟中自成一系。[182]

回歸之後，由於先後受到 1997 年亞洲金融危機和 2008 年全球金融海嘯的衝擊，羅旭瑞旗下的世紀城市集團總體發展有所放緩，主要圍繞集團的地產、酒店等業務展開。在地產業，集團透過由百利保控股和富豪酒店國際兩家上市公司各佔 50% 股權的百富控股有限公司展開，在香港發展一些豪華住宅等項目，如沙田九肚的大型豪華住宅發展項目「富豪‧山峯」，新界元朗的「富豪‧悅庭」等，以及位於新界沙田馬鞍山的購物商場 We Go MALL。另外，集團透過持有的上市公司「四海國際集團有限公司」在中國內地發展房地產業務，主要是位於四川成都的「富豪國際新都薈」及天津的「富豪新開門」等項目。

在酒店業務，集團透過分拆「富豪產業信託」，持有富豪酒店權益。

---

181 凌永彤：〈羅氏三傑各有千秋〉，《經貿縱橫》，1989 年 5 月，第 40 頁。

182 思齊：〈何方神聖羅旭瑞〉，《南北極》，1994 年 9 月，第 36 頁。

截至 2019 年度，富豪酒店在香港共經營 9 家酒店，包括富豪機場酒店、富豪香港酒店、富豪九龍酒店、富豪東方酒店、麗豪酒店、麗豪灣仔酒店、富薈上環酒店、富薈炮台山酒店、富薈馬頭圍酒店等，集團亦正在發展位於香港國際機場赤鱲角地段的「麗豪航太城酒店」項目；此外，集團還在中國內地經營及管理 8 家富豪酒店，分別位於上海、西安、佛山等地，並在鄭州經營 1 家「富薈」品牌酒店。在其他業務方面，集團透過其全資附屬公司擁有 1 架波音 B737-800F 型號貨運飛機，以融資租賃租予一物流營運商，獲得穩定收入；同時，透過持有世紀創意科技 48% 權益，從事製作集教育及娛樂於一身多媒體內容、產品及服務。[183]

目前，羅旭瑞家族共持有 5 家上市公司或機構，包括世紀城市國際控股有限公司（58.68%）、百利保控股有限公司（62.28%）、富豪酒店國際控股有限公司（69.30%）、富豪產業信託（74.99%）、四海國際集團有限公司（58.69%）等，主要從事投資控股、地產發展、酒店擁有、經營及管理、飛機租賃、多媒體制作等業務（表 2-24）。

表 2-24　2019 年度世紀城市集團旗下上市公司經營概況

單位：億港元

上市公司名稱	經營的主要業務	營業收入	除稅前溢利	總資產
世紀城市國際	投資控股	29.08	3.53	469.03
百利保控股	地產發展、物業投資、建築及與樓宇相關業務	29.00	3.55	464.66
富豪酒店國際	酒店經營管理、投資及發展物業的投資組合、飛機擁有及租賃	22.26	4.70	327.02
富豪產業信託	酒店股權持有	9.76	−20.02（注）	253.70
四海國際集團	中國物業發展及投資業務	1.20	−1.44	53.48

注：2019 年所錄得的綜合虧損包括富豪產業信託的投資物業組合經評估估值下跌所產生的公平值虧損 25.226 億港元。

資料來源：世紀城市集團旗下各香港上市公司 2019 年報

183《世紀城市國際控股有限公司 2018 年報》，第 6-10 頁。

▌ 羅康瑞家族：瑞安集團

羅康瑞為羅鷹石第四子，早年畢業於澳大利亞新南威爾士大學，1971 年創辦瑞安建築公司。[184] 1975 年，瑞安（集團）有限公司註冊為集團的控股公司。70 年代末，瑞安奪得香港牛池灣的麗晶花園合約，贏得「公屋專家」名頭。1980 年，瑞安集團成立地產部，拓展集團地產及投資業務。1987 年，瑞安集團在香港灣仔建成總部大樓——瑞安中心。1997 年，瑞安集團將旗下建築及建築材料業務重組為「瑞安建業有限公司」，在香港聯交所上市。

1984 年，瑞安成立「瑞安（中國）有限公司」，發展中國內地業務。[185] 使瑞安集團在內地聲名鵲起的，是極具創新意味的「上海新天地」的建設。上海新天地位於上海淮海中路南側太平橋地段，佔地 52 公頃，原為法租界舊址，其最大特點就是保存了完好的石庫門弄堂建築群，有着大量的歷史沉澱，成為了海派文化的精髓和上海建築的獨特標誌。1996 年，羅康瑞看準太平橋地區的巨大發展潛力，與上海市盧灣區政府簽訂開發意向書，獲得該地區重建項目發展權。[186] 根據協議，該項目分期發展，其中包括：第一期翻修改建舊石庫門式里弄民居成為新天地廣場（2000-2001 年）、第二期在廣場隣邊新建商場設施（2001-2003 年）、第三期在隣邊土地發展多期住宅樓宇項目（2003-2010 年）等。經過深思熟慮研究，羅康瑞決定投資 14 億元人民幣，首先開發第一、二期工程，即在「一大」會址所在的一片石庫門建築中，打造一片中西融合、新舊結合的「新天地」。在保留石庫門建築原有外貌的前提下，改變原有的居住功能，賦予它新的創意和生命力，把百年石庫門舊城區，改造成「中國百年看上海」的時尚新地標。羅的計劃獲得上海市政

184「公司大事記」，1971 年，瑞安房地產有限公司官網。
185「公司大事記」，1984 年，瑞安房地產有限公司官網。
186「公司大事記」，1996 年，瑞安房地產有限公司官網。

府有關部門的批准。

為此，羅康瑞邀請美國著名設計師本傑明 · 伍德（Benjamin Wood）和新加坡設計事務所擔任設計。1999 年，上海新天地動工建設。2001 年，上海新天地北里及太平橋人工湖綠地落成。2002 年，上海新天地南里正式全面開業。[187] 2003 年，上海新天地北里榮獲國際房地產大獎 —— 由 Urban Land Institute（ULI）頒發的 Award for Excellence 大獎，成為首度獲得此國際殊榮的中國內地項目。上海新天地的成功，使羅康瑞和瑞安集團聲名大震，羅康瑞一躍而成中國最具知名度的香港開發商之一。

2004 年 2 月，瑞安註冊成立「瑞安房地產發展有限公司」，以作為集團在中國內地從事房地產業務的旗艦，總部設於上海。2006 年 10 月 4 日，瑞安房地產在香港聯交所主板上市，集資額達 68 億港元，成為該年最大型的中國房地產企業上市項目。[188] 2008 年，瑞安房地產榮獲香港主流財經媒體《經濟一週》頒發的「傑出內房股 2008」稱號，成為十家獲此殊榮的房地產企業之一。2013 年 3 月，瑞安房地產成立全資附屬公司 —— 中國新天地有限公司。

瑞安的標誌品牌「新天地」在上海一炮而紅，成為內地老城改造的典範。其時，正值內地各地城市紛紛展開舊城區改造的熱潮，內地多個城市政府紛紛邀請瑞安集團前來策劃參與當地舊城改造，一時間在全國掀起一股「新天地熱」。這一時期，瑞安先後參與發展了杭州「西湖天地」（2003 年）、重慶的「重慶天地」（2005 年）、湖北的「武漢天地」（2006 年）、遼寧的「大連天地 · 軟體園」（2007 年）、廣東的「佛山嶺南天地」（2008 年）、上海的「創智天地」（2010 年）和「虹橋天地」（2011 年）、四川的「成都天地」等。2019 年 6 月，由瑞安房地產管理的「核

187「公司大事記」，1999-2022 年，瑞安房地產有限公司官網。
188「公司大事記」，2004-2006 年，瑞安房地產有限公司官網。

心＋辦公樓投資平台」（SCOV）完成首項收購，買入位於上海新天地的優質甲級辦公樓上海企業天地 5 號物業。[189]

目前，羅康瑞家族共持有兩家上市公司瑞安房地產發展有限公司（57.23%）及瑞安建業有限公司（62.02%）。其中，瑞安房地產為一家「中國內地具創意的房地產開發商」，「在發展多功能、可持續發展的『整體社區』項目方面擁有卓越成績，在內地房地產市場奠定了穩固的基礎。」截至 2019 年底，瑞安房地產在上海、南京、武漢、重慶、佛山等 5 個主要城市的黃金地段，共持有 11 個處於不同開發階段的項目，以及兩個管理項目，包括上海的蟠龍天地項目、鴻壽坊項目、太平橋項目、虹橋天地、瑞虹新城、創智天地、INNO 創智，南京的 INNO 未來城和百子亭、武漢的武漢天地、光穀創新天地、重慶的重慶天地、佛山的佛山嶺南天地等。集團共持有土地儲備達 880 萬平方米，其中，670 萬平方米發展為可供出租及可供銷售面積，210 萬平方米為會所、停車位和其他設施。同時，集團也是上海最大型的私營商業物業業主和管理者，包括旗艦項目「上海新天地」在內，在上海管理的辦公樓和商業物業總建築面積達 168 萬平方米（圖 2-26）。2019 年度，瑞安房地產總收入為 118.05 億港元，除稅前溢利 38.55 億港元，總資產 1084.16 億港元。此外，瑞安旗下的另一家上市公司瑞安建業，則主要在香港、澳門及中國內地從事房地產及建築業務（表 2-25）。

表 2-25 2019 年度瑞安集團旗下上市公司經營概況

單位：億港元

上市公司名稱	經營的主要業務	營業收入	除稅前溢利	總資產
瑞安房地產	地產發展、物業投資及管理	103.92	38.55	1084.16
瑞安建業	房地產及建築	55.67	2.56	94.36

資料來源：瑞安集團旗下各香港上市公司 2019 年報

189「公司大事記」，2019 年，瑞安房地產有限公司官網。

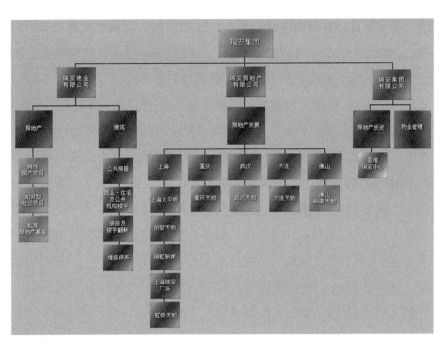

圖 2-26　瑞安集團股權架構
資料來源：瑞安集團官網

第十一節　霍英東家族財團

▌ 戰後新興地產發展商的代表

　　霍英東家族是香港主要的華資財團之一。霍英東，原籍廣東番禺，早年靠母親經營駁船及與人合夥開設雜貨店為生。霍英東曾就讀皇仁書院，18 歲開始打工生涯，協助其母經營雜貨店。1945 年霍氏自立門戶，開始經營戰後剩餘物資生意，朝鮮戰爭爆發後，霍英東與何鴻燊等人合夥創辦「信德船務公司」，衝破海上封鎖，將剩餘物資運往內地，在短短時間內積累了日後崛起的最初資本。[190]

---

190 唐宋：〈愛國資本家：霍英東〉，《香港政經周刊》，1990 年 3 月 3 日，第 52-53 頁。

　　霍英東看好香港地產業前景，1953 年創辦「霍興業堂置業有限公司」。霍氏為建立在地產界的形象，以現金 280 萬港元向利氏家族購入銅鑼灣一幢高級樓宇，又相繼創辦專營建造和樓宇買賣的「立信置業有限公司」，從事工程建築的「有榮有限公司」及「福堂有限公司」等，在地產建築界大展拳腳。1954 年，霍英東以每平方呎 20 多港元的價格，向猶太籍英商嘉道理家族購入九龍油麻地公眾四方街一幅面積約 17 萬平方呎土地，計劃興建 100 多幢樓宇，合共 600 多個單位，這在當時屬於大型地產發展項目。當時，儘管「分層出售」的方式已經開始流行，但有能力購買住房的市民仍然不多。針對這種情況，霍英東與律師行師爺研究後，首創「分期付款」的「售樓花」制度，購樓者只要預付 10% 的現金，就可購入一幢即將興建可供銷售樓宇中的一個或若干單位。霍英東曾表示，他的靈感來自工廠的經營，即「將房地產工業化」。他又首創香港第一份售樓說明書 ——《九龍油麻地公眾四方街新樓分層出售說明書》，開創了地產經營方式的先河，結果 600 多個單位很快銷售一空。霍氏開創的「售樓花」制度，大大加快了地產發展商資金回流的速度和市場的容量，有力推動了香港房地產業的勃興。[191]

　　就在興建公眾四方街樓宇的同時，霍英東又與牛奶公司合作，利用牛奶公司提供的一幅位於九龍彌敦道和佐敦道街角土地，興建立信大廈。同時，霍英東又向何東家族購入位於九龍尖沙咀一幅地皮，興建樓高 10 層的香檳大廈。在銷售香檳大廈時，霍英東與律師研究分層分單位出售的大廈公共契約，進一步完善分層出售制度。1955 年，霍英東以 130 萬港元向利氏家族購入銅鑼灣利園山一幅土地，興建了當時全香港最高的住宅樓宇 —— 樓高 17 層的蟾宮大廈。1956 年以後，霍英東再接再厲，在銅鑼灣興建希雲大廈、禮頓大廈和加路連山大廈，並先後建成東盧大廈、禮加大廈、禮希大廈等。1958 年，香港政府推出限制樓

191　馮邦彥：《香港地產業百年》，香港：三聯書店（香港）有限公司，2001 年，第 65-66 頁。

花售賣措施，地產一度陷入危機，霍英東趁低大量吸納地產物業，資產急增。這一時期，霍英東成為香港最有影響力的地產發展商之一。

1965 年，在霍英東倡議下，香港地產界的華商中堅及活躍人士共69 人，發起創辦「香港地產建設商會」，加入商會的商號和個人多達300 多個，幾乎囊括了當時香港所有具影響力的華人地產商和建築商。在地產建築商會第一屆會董會議上，霍英東被推選為首任會長。不過，60 年代中期，霍氏在地產業慘跌一跤。1967 年香港發生政治騷動，霍英東興建的位於九龍天星碼頭的星光行剛好落成，當時左派與香港政府已勢成水火，由於霍氏一向親中的立場，星光行的出售及出租遭到意想不到的困難，有意租用星光行的客戶都受到香港電話公司的滋擾，言下之意是星光行的電話接駁可能遙遙無期，令星光行無法出租。[192]

當時，整座星光行連建築費在內，約投資 3,500 萬港元，其中，霍英東投資 750 萬港元，滙豐銀行貸款 1,000 萬港元，九龍置地公司出資1,750 萬港元。星光行落成時，由於受到多方面滋擾，霍英東面對巨大的壓力。在此背景下，英資置地公司瞄準機會，提出以 3,750 萬港元的低價，收購星光行，並且提出先付清霍英東的 750 萬港元和滙豐銀行的1,000 萬港元貸款，剩下的 2,000 萬港元則以期票（promisory）結算。對此，霍英東後來在接受記者採訪時表示：「置地提出的條件非常不合理，只肯開一張支票作算。再三思考後，我被迫收下那張紙期票，決定讓出那四分之一的股權。」[193] 當時，香港騷動已接近尾聲，置地購入星光後，在短時間內即將數百間辦公室成功租出，令霍氏遭受一次重大損失。

192 瞿琮：《霍英東傳》，北京：紅旗出版社，1996 年，第 114 頁。
193 杜輝：〈霍英東馳　沙場不懼風浪〉，*Modern Magazine*，1995 年 6 月，第 7 頁。

▌ 轉向海沙供應、工程建築、博彩娛樂發展

60 年代中期以後，霍英東在地產業的發展轉趨低調，逐步轉向海沙
供應、工程建築、博彩娛樂、航運等領域發展。在海沙供應方面，霍英
東看好香港地產、建築業的前景，認為海沙生意一定興旺。因此，香港
政府每次公開招標，有榮公司都全力以赴，志在必得。為改革舊的採沙
方式，霍英東派人到歐洲訂購了一批先進的挖沙機船。1961 年，霍英東
以 120 萬港元從泰國購入一艘先進的挖沙船「曼哈頓號」（後改名為「有
榮二號」）。該船載重 2,890 噸，每 20 分鐘可入海底挖取泥沙 2,000 噸，
自動卸入船艙。同時，他又收購美資的太平島船廠和荷蘭治港公司的
全部機器設備，作為後勤支援。[194] 當時，有榮還與港府簽有長期合約，
負責修理港島各處碼頭、港口，清理海底淤泥等工程，有榮公司共擁
有大小船隻 90 艘，挖泥船也有 20 隻以上，以及機械工具，實力甲冠香
港。[195] 霍英東也被譽為香港的「海沙大王」。不過，70 年代中後期，有
榮公司逐年減少採沙量，把更多的資源投放到承接市政和海港工程上。

在工程建築業，霍英東主要透過旗下的有榮有限公司展開。早在
霍英東開展海沙業務的同時，就利用有榮的資源承接香港的市政設施、
填海及港口工程等業務。據粗略計算，從 1958 年至 1970 年間，有榮在
香港承建的工程超過 40 項，包括港島灣仔、柴灣、堅尼地城、柴灣和
九龍紅磡等地的填海及相關工程。其中，還包括規模龐大的船灣淡水
湖第三期工程等，[196] 1968 年「星光行事件」後，霍英東投得文萊港口工
程，率 400 多人的船隊前往文萊，建成文萊最大規模的斯裏巴加灣港口
和貨櫃碼頭。這一時期，有榮在香港是興建最多填海開港之類工程的公
司之一。

---

194 冷夏：《霍英東傳（上卷）》，香港：名流出版社，1997 年，第 165 頁。

195〈霍英東購大挖泥船，代價港幣百二十萬〉，《循環日報》，1961 年 12 月 9 日。

196 冷夏：《霍英東傳（上卷）》，香港：名流出版社，1997 年，第 170-171、308-309 頁。

在博彩、航運方面，1961 年，霍英東、何鴻燊、葉漢、葉德利等人，以 300 萬澳門元的標價，奪得澳門博彩專營權，並於 1962 年創辦「澳門旅遊娛樂有限公司」，霍英東作為公司大股東，出任董事長，何鴻燊任總經理。1972 年，何鴻燊在香港註冊成立「信德企業有限公司」，翌年在香港上市，從事港澳之間的飛翼船客運服務，霍英東是主要股東之一。1983 年，霍英東創立「霍英東基金會」，將每年從澳門旅遊娛樂公司分得的巨額股息撥入基金會，作為投資中國內地建設之用。80 年代中期，國際航運業低潮，霍英東向瀕臨清盤的「香港船王」董浩雲創建的「東方海外」注資，協助東方海外資產重組。

▊ 霍英東集團：廣州南沙灣的開拓者

1978 年中國實施改革開放，霍英東是最早進入內地發展的港商之一。當時，時任香港中華總商會會長的霍英東回內地考察，決定投資 4,000 萬港元興建中山溫泉賓館，根據協議，「外方負責管理培訓並投資 3,000 萬港元（後再追加 1,000 萬），不需擔保、不計利息、不要利潤，合作期滿時歸還本金，全部資產移交國家所有」。1980 年 12 月，中山溫泉賓館正式開業，成為內地第一個中外合作企業。其後，霍英東又於 1984 年在中山建成內地第一個高爾夫球場 —— 中山溫泉高爾夫球場，並建立了中國第一支自己的高爾夫球隊。[197]

1979 年 4 月，霍英東再接再厲，與廣東方面簽訂協議，由霍英東投資 5,000 萬美元及提供管理、技術，廣東省政府提供「磚瓦砂石」、土地和人力，合作興建五星級的廣州白天鵝賓館。白天鵝賓館建築面積達 11.7 萬平方米，主樓從地面起計連設備管道層在內共 34 層，總高度為 100 米，是當時廣州市最高的建築物。1983 年 2 月 6 日，白天鵝賓

197〈70 年 · 瞬間：1980 年中山溫泉賓館開業，中國改革開放先行者〉，《中山檔案方志》，2019 年 8 月 26 日。

館正式開業，這是中國第一家自行設計、自行建設、自行管理的現代大型中外合作酒店。根據協議，霍英東旗下的港維昌發展公司負責經營，經營期為 15 年，其後延長至 2003 年。自此，港資開始大舉進入廣州的酒店業，中國大酒店、花園酒店分別在 1984 年和 1985 年開業。在 80 年代，白天鵝賓館、中國大酒店和花園酒店三大合資酒店每年的營業收入都達到十五六億元人民幣，成就了廣州酒店業傲視全國的輝煌。[198]

與此同時，霍英東將發展的目光轉向廣州番禺南沙。1988 年，霍英東投資建成番禺洛溪大橋。1989 年，66 歲的霍英東決心在廣州南沙打造連結香港與廣東的經濟紐帶的「小香港」。1993 年，霍英東集團與廣州南沙資產經營有限公司合資成立大型綜合性開發型企業 ——「廣州南沙開發建設有限公司」（香港霍英東集團佔 51% 股權），致力開發建設一個面積約 22 平方公里的現代化海濱新城。該地塊在南沙東南部濱海地區，擁有 7.1 公里黃金海岸線，現稱「南沙灣」，地理位置相當優越。

這一時期，霍英東集團在南沙先後建成虎門渡輪碼頭和南沙客運港（1991 年）、番禺沙灣大橋（1994 年）、天後宮、博物館和蒲洲花園（1996 年）、南沙高爾夫球會（1997 年）、虎門大橋（1998 年）、南沙科學展覽館和南沙國際會議展覽中心（1999 年）、資訊科技園（2002 年）、南沙大酒店和南沙英東中學（2004 年）、南沙中華總商會大廈和南沙珠江三角洲世貿中心大廈（2005 年）等。[199] 2005 年以後，霍英東家族又積極籌劃、興建南沙遊艇會、南沙濱海遊艇高端商務綜合體、南沙蒲洲大酒店等。其中，南沙遊艇會成立於 2011 年，佔地面積達 17 萬平方米，擁有總建築面積達 9,000 平方米豪華會所和 720 米長防波提，

198〈廣州白天鵝賓館因合作期滿正式收歸廣東省政府〉，東方新聞，2003 年 2 月 8 日，http://news.eastday.com/epublish/big5/paper148/20030208/class014800003/hwz879222.htm。

199「南沙灣 20 年發展歷程」，南沙灣官網。

352 個水上泊位，120 個幹倉泊位，可停泊 165 英尺長超級豪華遊艇，為目前中國南方規模最大、遊艇泊位最多、配套服務能力最強的國際化遊艇會。2015 年，據霍英東集團首次透露，該集團在南沙投資的項目，已竣工的有 23 個，其中 14 個為公共服務類項目，總投資已達 60 億元人民幣左右。[200]

2015 年 4 月，南沙自貿試驗區掛牌成立，霍氏家族旗下這片已投入 60 億元的地塊，是廣州南沙自貿區七大功能區中的南沙灣地塊，功能定位為「粵港澳科技創新合作區」。目前，以霍家南沙遊艇會、南沙大酒店等為代表的南沙灣片區的高端商務及配套設施已初具規模。南沙遊艇會和南沙客運港之間，總投資 150 億元人民幣的廣州南沙國際郵輪母港及配套商業綜合體亦於 2019 年 11 月正式開港運營。廣州港南沙國際郵輪碼頭已開通發往中國香港、日本、越南、菲律賓等地航線 9 條，郵輪目的地共 12 個，包括中國香港，日本那霸市、沖繩、宮古島、八重山群島，越南胡志明市、芽莊、峴港、下龍灣，菲律賓馬尼拉、長灘島、蘇比克灣，是國內東南亞航線最多的郵輪港口。[201] 2020 年底，霍英東家族透過旗下的廣州南沙開發建設有限公司與廣東國企南粵集團簽訂戰略合作協議，共同推動廣州南沙雙創園項目的建設實施，探索粵港澳深度合作模式。據市場估值，霍氏家族的南沙項目地盤價值可能高達數百億港元。霍英東家族作為南沙的「大地主」，還有大量的未竣工的產業，這些產業將是該集團未來開發的重點。

2006 年 10 月，霍英東因病逝世，享年 83 歲。當年，霍英東在《福布斯富豪榜》排名中位居全球第 118 位，家族財產估計為 37 億美元，兩年後《福布斯》估計霍氏家族財產增至 45 億美元。霍英東家族的企

---

200 任先博、徐鳳：〈霍氏家族在南沙 25 年投資 60 億：想建成小香港〉，《南方都市報》，2015 年 6 月 15 日。

201「廣州南沙國際郵輪母港」，南沙灣官網。

業主要包括：霍英東集團、霍興業堂置業有限公司、立信置業、有榮、福堂、董氏信託、信德船務、信德集團等 80 多家參股和全資子公司，業務涵蓋倉庫服務、地產、旅遊及酒店、會計與財務、物流和運輸等多個領域，家族財產估計超過 300 億港元。其中，霍興業堂是霍英東涉足地產行業後成立的第一家公司，也是霍氏集團資產的核心旗艦，擁有家族大部分產業。根據霍英東的遺囑，長房長子霍震霆繼承體育事業，成為霍氏家族的對外代言人；長房次子霍震寰接管家族商業王國；長房三子霍震宇則接手南沙開發計劃。

目前，霍英東集團由霍震寰擔任董事兼行政總裁，霍震霆的兩個兒子霍啟剛和霍啟山出任副行政總裁，霍啟剛並協助父親管理家族的體育事業，2022 年當選立法會議員後走上從政之路。霍震霆主掌家族的體育事業，並出任霍英東基金會主席。這樣，霍英東家族的商業王國進入了第二、三代掌舵時期。

第十二節　其他主要地產財團

▌ 胡應湘家族財團

胡應湘家族財團是香港主要的華資家族財團之一。胡應湘，祖籍廣東花縣，其父胡忠早年隨父從家鄉赴港，在港島薄扶林村經營養豬。1926 年，胡忠看準經營紅牌車大有可為，與朋友合資創辦的士公司。戰後，胡忠憑藉以往在的士行業的豐富經營，重張旗鼓，成為香港著名的「的士」商，號稱「的士大王」。1967 年，胡忠解散車隊，把所有車輛連牌照售予的士司機，轉營地產業，並支持其子胡應湘創辦合和實業。[202]

---

202 黃惠德：〈胡忠先生的傳奇〉，《信報財經月刊》，第 3 卷第 9 期，第 23-27 頁。

胡應湘早年曾赴美國普林斯頓大學攻讀土木工程學，1962 年創辦胡應湘則師樓，1963 年加入家族的中央建業公司，協助父親管理家族生意。期間，他建議父親將家族生意從車隊轉向地產。1969 年，香港政府宣佈興建第一條海底隧道，胡應湘斷定灣仔及銅鑼灣具有商業發展潛質，開始購入該區土地，成為區內擁有商業發展用地最多者。[203]

1972 年，胡應湘在父親協助下創辦「合和實業有限公司」。同年 8 月 21 日，合和正式在香港掛牌上市，集資 1.25 億港元。[204] 當時，香港地產市道蓬勃，股市標升，合和的股價亦於 1973 年 3 月衝上每股 30 港元水平，比認購價急升 5 倍，整間公司市值高達 36 億港元，成為規模最大的華資地產上市公司。上市首年，合和純利達 6,070 萬港元，比預測利潤高出四成半。[205] 可惜，好景不常，1973 年 3 月恒生指數攀升至 1,774.96 的歷史性高位後即急轉直下。當時，股市暴跌的導火線是發現假股票，而最早發現的假股票就是合和。合和即被證券交易所勒令停牌以便調查。遭此打擊，1974 年度合和純利僅 2,179 萬港元，大幅下跌六成四，以後各年度雖逐步回升，但直至 1979 年才超越 1973 年度水平。這一時期，合和側重於地產發展，相繼完成了協威園、康麗園、東威大廈、山光苑、雲景臺、荃灣花園、健威花園、德福花園等多處物業。

70 年代，合和實業最重大的物業發展項目是位於灣仔皇后大道東的合和中心。該中心樓高 66 層，是當時香港最高的建築物，比康樂大廈（今怡和大廈）高出 139 呎，可供出租面積達 80 萬平方呎，頂層是旋轉餐廳，中低層是寫字樓，底層和地庫是商場和停車場。1980 年，合和中心的建成，為合和實業在香港地產界奠下重要的基礎。踏入 80 年代，合和實業再接再厲，在合和中心毗鄰地段籌劃興建另一大型物

203 畢亞軍：〈極具遠見的實業家〉，華商韜略編委會，華商名人堂官網。

204《合和實業有限公司上市文件》，1972 年 8 月 8 日，第 1 頁。

205 沈平：〈合和拓展華南基建蜚聲中外〉，《房地產導報》，1994 年 2 月，第 16 頁。

業——以胡應湘父親名字命名的「胡忠大廈」。胡忠大廈佔地 5 萬平方呎。胡忠大廈於 1988 年 4 月奠基，1991 年 6 月建成，樓高 38 層，總樓面面積 84.75 萬平方呎，可供出租面積達 70 萬平方呎。

過渡時期，合和在地產方面，主要集中發展中型至豪華型住宅、工業大廈、寫字樓大廈及酒店物業等，包括 1989 年在港島香港仔建成樓面面積達 88 萬平方呎的興偉工業中心；1991 年建成新界荃灣悅來酒店，該酒店共有客房 1,026 間，樓面面積 73 萬平方呎，合和佔 75% 權益。合和又與長江實業合作，在九龍灣投資一幅土地，興建香港最大的國際展貿中心，可提供 100 萬平方呎的永久商品陳列室，供香港製造商及出口商使用，並設有展覽會場館及會議設施等，該中心於 1995 年建成啟用。

香港華資大財團中，最早進軍中國大陸的要數胡應湘旗下的合和實業。早在 70 年代末，合和實業已開始將集團的發展重心，從香港轉向大陸，從房地產轉向大型基建。1980 年，胡應湘聯同李嘉誠、郭德勝、馮景禧、李兆基、鄭裕彤等，籌資 10 億港元，成立「新合成有限公司」，與廣州市政府合作，興建五星級酒店——廣州中國大酒店，於 1984 年落成，為當時國內最大及最現代化的酒店。其後，合和又策劃在港深交界的羅湖火車站興建海關大樓，總投資約 10 億港元，合和擁有 25 年管理權，該大樓 1985 年落成使用。[206]

80 年代中期以後中國缺電情況日趨明顯，廣東尤為嚴重。1983 年，廣東省在深圳沙角興建火力發電廠（A 廠），合和即與中國建設、越秀、深業等集團合組「合和電力（中國）有限公司」（合和佔 50% 股權），投資沙角 B 廠。B 廠的總投資額為 33.33 億港元，該廠總發電量為 70 萬瓩，是 A 廠的兩倍。B 廠的興建從 1984 年 9 月動工，到 1987

206「里程碑」，1984-1985 年，合和實業有限公司官網。

年 9 月第二臺機組合網供電，時間剛好 3 年。[207] 由於提前一年發電，合和電力可享有這一年全部經營淨收益。隨後，合和再投資沙角 C 廠，該廠設有 3 臺 66 萬瓩燃煤發電機組，是中國境內最大規模燃煤發電廠，總投資約 148 億港元，該廠於 1996 年全部建成投產，合和佔四成權益。

合和在中國境內另一項矚目的大規模投資是興建廣深珠高速公路。根據合和計劃，首期工程從廣州經太平、松崗、黃田至深圳，全長 122.8 公里，架有 14 座互通式立交大橋，全線興建大中小橋樑 70 多座，高架橋總長 41 公里，整個工程架橋總量超過廣東改革開放以來建橋總和，也超過香港 150 年來建橋總量。不僅如此，該公路計劃以德國國際最高標準施工，其設施包括電子收費、監控、全線照明、通訊管理等，要求達到中國最高水準的管理。廣深珠高速公路第一期於 1994 年 7 月全線通車，成為貫通香港、深圳、廣州及珠江三角的交通大動脈。[208] 該項計劃原預定投資額為 50 億港元，但到 1995 年底已激增至 175 億港元。除廣深珠高速公路第一期外，合和在國內的大型基建項目還有全長 102.4 公里的順德公路、38 公里的廣州東南西環高速公路、56 公里的廣深珠高速公路西線及虎門大橋。

80 年代中期以來，合和除了在中國大陸投資之外，也積極拓展東南亞諸國市場，包括在泰國曼谷發展高架公路及鐵路系統；在菲律賓興建電廠等。1993 年 11 月，合和將已投產的沙角 B 廠、菲律賓 Narotas I、II 發電廠及興建中的沙角 C 廠、菲律賓的 Pagbilao 發電廠等組成「亞洲電力發展有限公司」，分拆在香港上市，集資 8 億美元。[209] 合和在中國大陸及東南亞的基建項目投資，都採用「興建、管理、移交」

207「里程碑」，1987 年，合和實業有限公司官網。
208「里程碑」，1994 年，合和實業有限公司官網。
209「里程碑」，1991-1993 年，合和實業有限公司官網。

（Build-Operate-Transter，簡稱 BOT）的模式，在資金融通上一般以項目帶動的銀團貸款為主，從而在一定程度上降低了投資風險。合和這些投資，解決了當地的交通和電力需求，胡應湘及合和集團因而聲譽漸隆。1991 年，胡應湘獲得香港「傑出企業家獎」，1992 年更獲得 DHL/南華早報頒發的「商業獎海外拓展成就獎」。

不過，1997 年亞洲金融危機爆發後，合和受到相當大的衝擊，其泰國、菲律賓的基建項目嚴重受挫，為此，合和實業需要撤賬 13 億美元，這導致合和股價大幅下跌。當年，合和將亞洲電力權益售予於美國紐約上市的 The Southern Company 的附屬公司 Southern Energy——Asia Inc.。[210] 2003 年，合和實業再將經營國內項目的附屬公司 ——「合和公路基建有限公司」，分拆在香港上市，集資超過 30 億港元，並繼續致力於珠三角基建業務的發展，先後投資建成東西環高速公路（2000 年）、珠江三角洲西岸幹道 I、II、III 期（2004 年、2010 年和 2013 年）和廣東河源電廠（2009 年）等項目。[211]

2017 年 12 月，合和以 98.7 億港元價格，將所持合和公路基建 66.69% 股權，出售予深圳市政府的深圳投資控股有限公司子公司 ——深圳投控國際資本，交易於 2018 年 4 月 4 日完成。2018 年 12 月 5 日，合和實業發佈公告，提出對合和實業進行私有化，計劃向股東支付每股 38.8 港元的註銷金，涉及資金 212.56 億港元。合和實業表示，正就開發中的地產項目投入大量資源，將在較長開發和穩定期後產生回報。即使這些項目取得成功，如股份較資產淨值的長期交易折讓所證明，公開市場過往並未公平反映這些表現，這對股東而言屬不利，故實施私有化建議。據估計，當時合和實業的市值較資產值有近六成折讓。2019 年 5

210「里程碑」，1997 年，合和實業有限公司官網。
211「里程碑」，2000-2009 年，合和實業有限公司官網。

月 3 日，合和實業實現私有化，退出香港股市。[212] 私有化前的 2018 年度，合和實業營業收入為 23.60 億港元，除稅前溢利 18.90 億港元，總資產 562.38 億港元。[213]

目前，合和實業的業務主要涵蓋兩大類，包括物業、酒店及餐飲，致力於香港及珠江三角洲主要項目的投資、發展及工程等。在物業方面，主要持有灣仔合和中心、灣仔零售物業 The East（由合和中心、QRE Plaza、胡忠大廈及 GARDENEast 組成）、九龍灣國際展貿中心（已於 2021 年出售）；住宅物業囍匯、樂天峯、合和新城、GARDENEast等，並投資發展合和中心二期及廣州花都合和新城；在酒店及餐飲方面，主要持有荃灣悅來酒店、管理九龍尖沙咀龍堡國際及經營 JUNON 仙後餐廳等。

▍ 王德輝 / 龔如心家族財團

王德輝 / 龔如心家族財團是香港主要的華資家族財團之一，其發展最早可追溯到華懋公司的創辦。王德輝，原籍浙江溫州，父親王廷歆 1940 年在上海創辦華懋企業公司（China United Chemical Corporation），主要從事工業化學原料、藥物及染料等進口生意。1947年，華懋公司在香港設立辦事處，地址就在港島德輔道中。1950 年朝鮮戰爭爆發，美國對中國內地實行禁運，華懋公司的生意受到打擊，王廷歆於是決定將業務基地遷至香港。1952 年 12 月，王廷歆與王德輝正式在香港成立公司，英文名稱為 China United Chemical Corporation Limited，中文仍稱為香港華懋公司，仍然以化工原料·生意為主要業務。[214]

212「里程碑」，2019 年，合和實業有限公司官網。

213《合和實業有限公司 2017-18 年報》，第 96-98 頁。

214 嶺南大學香港與華南歷史研究部：〈從化工到地產：華懋集團早期發展（系列之一）〉，灼見商業，2020 年 12 月 11 日，參見華懋集團官網。

　　1960 年 9 月，王德輝看好香港地產前景，聯同父親王廷歆等創辦
「華懋置業有限公司」（Chinachem Investment Company Limited），開始
投資地產，公司總部就設在中環雪廠街 9 號荷蘭行。[215] 1963 年，王德
輝夫人龔如心成為華懋置業董事。創辦初期，華懋置業在觀塘、荃灣
等地購買多幅土地，並於 1964 年在新蒲崗建成華懋工業工業大廈。當
時，華懋旗下的工業大廈大多以「華」字命名。[216] 1967 年地產低潮時，
王德輝夫婦憑獨到眼光，抓住良機購入大量新界乙種公函換地權益證
書。其後人心回穩，百業待興，王德輝在荃灣、葵涌一帶大量興建工業
與住宅大廈，其中住宅大廈多為三四百平方呎的小型住宅單位，深受市
場買家歡迎，逐步奠定了華懋在地產界的地位。

　　70 年代初期，華懋相繼在荃灣、葵涌、慈雲山、太子等市區邊緣
大量購入住宅用地，興建高約 20 層並設有電梯的單幢式大廈，業務發
展快速，1973 年公司純利增加到 4,500 萬港元，1975 年更進一步增加
到 7,000 萬港元。[217] 70 年代中期，華懋響應政府「衛星城市」的政策，
在沙田新市鎮進行龐大投資。1982 年，華懋在沙田推出首個大型商住
項目「好運中心」，其後華懋在沙田的大型住宅物業陸續推出，包括富
豪花園、希爾頓中心、碧濤花園等，被譽為沙田地區最大的地產發展
商。[218] 這一時期，華懋集團的地產發展策略有兩個明顯的特點：第一，
走中低檔路線。華懋發展的住宅樓宇，一般以中下階層市民為銷售對
象，因此樓宇所處位置，往往為市區邊緣勞工密集地區，樓宇多屬中小
型住宅單位，以樸素馳名。第二，華懋集團同時兼營樓宇按揭，將集團
發展的樓宇交由旗下財務公司辦理按揭業務，按揭率為樓價的七成，除

215「發展歷程」，1960 年，華懋集團官網。

216「我們的歷史」，華懋集團官網。

217 何文翔：〈王德輝「節儉」第一〉，何文翔：《香港富豪列傳》，香港：明報出版社，1993
　　年，第 110 頁。

218「發展歷程」，1980 年，華懋集團官網。

賺取利息外，更可於供樓者無力償還貸款時收回樓宇再售。此外，集團還兼營樓宇維修、管理、保安等業務。

踏入 80 年代，華懋集團進一步加強對商業寫字樓業務的發展，聚焦香港島商業心臟地帶，包括位於中環的華懋廣場 II 期、華懋荷里活中心、華懋中心 I 期及 II 期、坐落灣仔及銅鑼灣的華懋莊士敦廣場、華懋世紀廣場、華懋禮頓廣場，以及位於金鐘夏慤道的大型合作商業大廈項目遠東金融中心等。1988 年，位於九龍尖東的華懋廣場落成啟用，不但在商場內自資開設了華懋戲院，更成功引進 Duty Free Shoppers（DFS）在商場內投資逾 2 億港元開設全港第一間大型免稅店。1988 年，華懋將集團總部遷至華懋廣場，它是集團首個全資興建的商業物業。[219]此外，華懋集團亦放眼港島東的新發展商業地帶，於 1980 年代末投得鰂魚涌濱海街工業大廈地皮，隨後改建為華懋交易廣場，成為區內早期興建商廈的發展商之一。[220]

1988 年，華懋曾籌備在香港上市，不過，當時香港股市經過 1987 年全球股災後元氣未復，王德輝夫婦不滿意集團資產折讓過大、市盈率釐定過低的上市安排，有關計劃遂被擱置。由於沒有上市，華懋集團的規模一直缺乏透明度。據行內人士當時的估計，華懋持有的乙種換地權益證書，在香港地產發展商中可能數一數二，並擁有大量的出租樓宇。不過，對華懋集團打擊最大的就是董事局主席王德輝在短短七年間兩度被匪徒綁架，在第二次綁架中王德輝本人不知所蹤，有人估計或許已在綁架期間喪生公海。[221]經此事件，王德輝夫人龔如心深受打擊，華懋在香港商界亦因而沉寂了一段日子。

1993 年，龔如心收拾心情，再展拳腳，華懋集團在市場上轉趨活

219「發展歷程」，1988 年，華懋集團官網。

220 嶺南大學香港與華南歷史研究部：〈與經濟騰飛：華懋集團的工商物業發展（系列六之三）〉，灼見商業，2021 年 1 月 4 日，參見華懋集團官網。

221 何文翔：〈王德輝「節儉」第一〉，第 114 頁。

躍，大量收購具重建價值的物業廣場，包括斥資 30 億港元向永安集團購入中區永安人壽大廈、永安中心大廈，又向英皇集團購入宏記大廈。稍後，華懋又斥資 2.55 億港元向岑才生家族購入中區華人銀行大廈兩成權益，計劃與毗鄰的宏記大廈合併重建。1994 年 3 月，龔如心宣佈一項令香港轟動的發展大計，計劃斥資 100 億港元在荃灣興建一座全香港及全球最高的商業大廈，將命名為「如心廣場」（Nina Tower）。不過，當時由於香港國際機場將於 1998 年遷往赤鱲角，荃灣上空成為飛機主要航道，香港政府於 1995 年 1 月拒絕批准華懋集團的興建項目，該項計劃一度被迫擱置。

回歸之後，龔如心將該項發展計劃修改，將如心廣場一分為二，重新啟動，前後耗費了近 10 年時間，於 2006 年開幕，包括兩幢分別為 88 層和 42 層高的商業建築物。其中，高座樓以王德輝的英文名字命名，稱為「Teddy Tower」，低座樓以龔如心的英文名字命名，稱為「Nina Tower」。兩座大廈之間由一道以透明玻璃建成的弧形空中天橋連接，寓意夫婦手牽手情不變。如心廣場是新界最高的建築物，提供 1,608 間客房的五星級酒店及購物商場，並設展覽中心及 17 層甲級寫字樓，建成後即成為新界最高的建築物和地標，亦成為華懋集團首個結合旅遊、零售及商業元素的雙子式大樓，成功將業務擴展到酒店餐飲等領域。2010 年，華懋將集團總部遷往荃灣如心廣場。

不過，回歸之後，華懋集團最矚目的還是涉及兩場的「世紀官司」。首先是王德輝父親王廷歆與華懋集團主席龔如心就王德輝遺囑所確認遺產的歸屬展開官司，這場香港歷史上歷時最長的民事訴訟、耗資最多訴訟費的「世紀爭產案」最終以龔如心獲勝而告終。龔如心雖然贏了官司，但卻身患重疾，於 2007 年 4 月 3 日病逝，享年 70 歲。據報道，龔如心曾立下遺囑，除預留照顧家族長輩生活所需外，餘數會撥入名下創辦「華懋慈善基金」作慈善用途。不過，稍後自稱龔如心「地下戀人」的風水師陳振聰聲稱持有龔如心立下的遺囑，是龔如心遺產的唯一受益人。為此，華懋慈善基金與陳振聰展開另一場官司，這場官司最

終以陳振聰敗訴結束。

　　這一時期，儘管受到「世紀官司」的困擾，華懋作為地產大集團仍然活躍於地產市場。2012 年，華懋以 26 億港元成功投得西鐵荃灣西站城畔物業發展項目。2013 年，華懋集團以 13 億港元獨資投得西鐵朗屏站（南）項目，地盤面積為 9.03 萬平方呎，最高樓面面積約 45.2 萬平方呎；同年 6 月再以 30 億港元價格，力壓區內「大業主」新地及會德豐等 6 家財團，奪得將軍澳 68B1 區地皮，最高可建樓面面積 82.10 萬平方呎。2018 年，華懋以 31.128 億港元，投得觀塘安達臣道首幅私人住宅用地；同年 10 月再以補地價 74.87 億港元，投得何文田站第二期項目。2021 年，華懋連環出擊，先是與希慎興業聯手，以 197.78 億港元購入位於香港銅鑼灣加路連山道的商業項目；其後以 13.68 億港元投得大浦公路地段住宅項目，並與市區重建局合作發展位於九龍西市中心的東京街重建項目。2022 年 3 月，華懋再以 27.78 億港元投得新界東涌第 57 區一塊非工業用地。

　　目前，華懋集團作為龔如心遺產的主要部分，由香港法庭委任的遺產管理人管理，並由管理委員會監督（圖 2-27）。[222] 華懋的核心業務包括地產發展、物業投資、酒店及服務式住宅、以及物業管理等。其中，地產發展主要是住宅項目，包括九龍的御·豪門、雲門；新界的富·盈門、琨崙、賢文禮士、銀海峰、海翩匯、紅山半島等。物業投資則遍佈全港各區，涵蓋多個商用、住宅及工業物業，其中包括位於香港淺水灣，由國際知名建築師 Norman Foster 傾情設計的 The Lily。寫字樓主要有港島的華懋世紀廣場、華懋交易廣場，華懋荷里活中心、華懋莊士敦廣場、華懋禮頓廣場、華懋大廈、華懋中心 I 期、華懋中心 II 期、華懋交易廣場 II 期、華懋廣場 II 期，九龍的華懋 333 廣場、華懋金馬倫中心、華懋廣場，新界的華懋荃灣廣場、如心廣場等。

222「企業管理」，華懋集團官網。

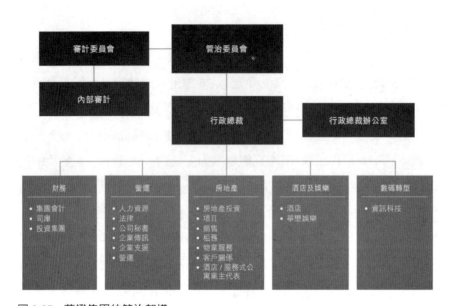

圖 2-27　華懋集團的管治架構
資料來源:《華懋集團可持續發展報告 2019-2020》,第 8 頁。

　　據華懋統計,集團自創辦以來,先後完成了 186 項物業發展,出租物業面積達 699,560 平方米,管理的發展項目達 83 個,約 200 個物業;最近 5 年集團的銷售營業額超過 350 港元,正在進行開發和即將進行開發項目的總建築面積約 36.14 萬平方米。在酒店業務方面,華懋管理及營運「如心酒店」和「薈賢居」兩個品牌系列,包括 8 間酒店,共 2,975 間客房,每年接待近 200 多萬本地及外地賓客;其中,荃灣西如心酒店擁有 1,608 間客房,是香港最大的酒店。在物業管理方面,集團管理的發展項目共 83 個,約 200 個物業,管理的住宅單位超過 17,000 個(截至 2022 年 5 月數字,華懋集團官網)。

　　2020 年,適逢集團創辦 60 周年,華懋推出全新的集團標誌 ── 三個互相聯結的心型。華懋表示,這「象徵我們平衡不同價值,對人、經濟與環境同樣重視,共建更好的華懋集團」。同時,華懋亦重塑集團的營運模式。華懋集團表示:「我們並非上市公司,也不是家族企業,擁有平衡利潤、社會和環境價值的自主性。人、繁榮和環境,三者並重,這是我們的三重基線」;「華懋集團不只是地產發展商。除了建設優質且

用心設計的居所與辦公室，我們擁有不一樣的信念和推動力，致力令香港成為更美好的家、更理想的工作環境，也要培育更優秀的下一代」。華懋集團將秉承「至城以心，心之所在」（Places with heart）理念，繼往開來，立志為建設更宜居城市而作出貢獻。

為推動集團營運模式的轉型，華懋將兩個部門革新，包括數字轉型及創新部門和企業體驗部門，前者專責資訊技術的新方案及開發新業務，後者致力提高企業影響力，並肩負品牌及企業形象推廣任務。在新的營運模式下，近年華懋有不少新發展，包括：推出全新品牌「CCG COMMONS」，為共用經濟發展提供解決方案，首個先導項目是與全球知名共用辦公室品牌 the Hive 合作，致力營運 the Hive Central x CCG COMMONS 靈活工作空間概念項目；與招商資本等合作聯合發起「商懋智慧城市科技基金 I」，聚焦大灣區智慧城市科技、智慧城市運營管理、地產科技等領域；與香港科技園公司合作，積極支援初創企業發展智慧城市領域的技術；在東京街重建項目首次引入「組裝合成」建築法（MiC），推動可持續發展；與特區政府漁農自然保護理署、獅子會自然教育基金等合作開設「華懋荔枝窩故事館」；運營活化後的「中環街市」項目等。

▌ 劉鑾雄家族財團

劉鑾雄家族財團是香港主要的華資家族財團之一，其發展最早可追溯到 1978 年愛美高實業的創辦。劉鑾雄，祖籍廣東潮汕，1978 年與合夥人梁英偉在香港仔黃竹坑開設一間小廠，於 1978 年創辦「愛美高實業」，主要業務是生產吊扇。吊扇業本是夕陽工業，但 70 年代末，適逢中東石油危機爆發，各國均須節省能源，吊扇再度行銷，愛美高的業務遂蒸蒸日上。1983 年 8 月，愛美高實業在香港上市，資產值已從創辦時的數十萬港元增加到 5 億港元。

1985 年初，劉鑾雄與愛美高另一主要股東梁英偉在公司發展方針上出現嚴重分歧，劉氏將所持股票售予基金投資者，離開愛美高，半年

後他在基金投資者的支持下重返公司執掌大權。[223] 1985 年，劉鑾雄開始在香港股市物色收購對象，他首先看中能達科技。能達科技的大股東莊氏家族不肯讓控制權旁落，被迫以高價購回愛美高所持股份。結果，愛美高在這次狙擊戰中，輕易賺取超過 600 萬港元利潤，這比愛美高 1980 年度全年盈利還多出 100 多萬港元。

其後，劉鑾雄再接再厲，展開對華人置業的收購。華人置業是一家老牌華資公司，成立於 1922 年，1968 年在香港上市，創辦人是香港兩大世家主持人馮平山和李冠春。長期以來，華置的決策權都是由馮、李兩大家族共同執掌。不過，1986 年李福兆與其家族成員出現矛盾，李福兆聯同好友孔憲紹將所持華置股票售予韋理，韋理遂聯絡馮秉芬家族合組司馬高（Shimako）公司，以持有略低於三成半股權的大股東身份，迫使李氏家族成員退出董事局。[224] 面對變局，李氏後人即聯同新鴻基公司主席馮永祥合組巴仙拿（Bassina）公司，提出全面收購華置建議。華置兩大股東的爭持，給正在積極物色收購目標的劉鑾雄以可乘之機。1986 年 4 月 11 日，愛美高介入收購戰，取得李氏家族所持華置股份，以及馮秉芬胞兄名下的股份，持股量達到 43%，成為公司大股東。[225]

華置收購戰一役，使劉鑾雄旗下的上市公司增加到 5 家，包括愛美高實業、華人置業，華置持有的中華娛樂，以及由中華娛樂持有的保華集團和瑞福。1989 年 10 月，劉鑾雄宣佈將中華娛樂屬下兩家上市公司保華集團和瑞福合併為保華國際，並由保華國際取代其上市地位。1989 年及 1991 年，劉鑾雄兩次透過愛美高提出私有化華置建議，但都因遭到小股東反對而夭折。[226] 儘管華置私有化一波三折，但劉鑾雄的其他私有化計劃卻順利展開。1992 年初，中華娛樂成功兼併保華國際；

223 凌永彤：〈劉鑾雄取勝秘訣：策動「貪心遊戲」〉，《經貿雜誌》，1989 年 2 月，第 43 頁。

224 凌永彤：〈劉鑾雄取勝秘訣：策動「貪心遊戲」〉，第 43 頁。

225「公司里程碑」，1986 年，華人置業集團有限公司官網。

226 吳小明：〈愛美高：風風雨雨又十年〉，《資本》，1994 年 1 月，第 35-36 頁。

同年 9 月，華人置業再成功私有化中華娛樂。[227]

1993 年 10 月，劉鑾雄提出由華人置業反向收購母公司愛美高的建議，以每 4,000 股愛美高換取 4,224 股華置新股，另每 6,000 份愛美高認股證換 1,505 股華置新股。根據愛美高及華置兩家公司的聲明，私有化的原因，是愛美高近年的發展策略出現轉變，由以往的證券和物業雙線投資，轉變為偏重於物業發展，並集中於增持華置股份，其盈利亦主要來自華置。因此，為避免兩公司物業投資活動出現直接競爭，遂決定將愛美高私有化。11 月 10 日，愛美高和華置股東大會均以 98% 以上的絕大比數通過收購建議。[228]

華人置業自反向收購母公司愛美高後，市值突破 100 億港元，成為香港大型優質收租股之一。當時，華置擁有的樓面面積達 285 萬平方呎，包括位於銅鑼灣的皇室大廈、灣仔的夏慤大廈和愛美高大廈（前海軍大廈），以及中區的娛樂行四大物業。這 4 幢優質物業經重估後在 1993 年底已增值至 117 億港元，相當於華置在港物業資產淨值的約 80%。

不過，在劉鑾雄直接控制下的華置，其投資策略並非如淘大置業及希慎興業等地產投資公司繼續增持優質收租物業，而是從地產投資轉向物業買賣、地產發展。1994 年至 1996 年期間，華置先後數次將旗下的夏慤大廈的多層售出，套現資金。1996 年 5 月，華置更將其中區優質物業娛樂行以 36.40 億港元的高價，整幢售予利氏家族的希慎興業。[229] 與此同時，華置在地產發展業務方面轉趨活躍，除積極爭取參與灣仔太原街重建計劃、荃灣保華工業大廈重建以及競投東涌機鐵上蓋項目二期發展（已失敗）之外，還大舉進軍國內地產市場。1996 年 11 月，華置將國內地產業務以愛美高中國名義在香港分拆上市。其時，愛美高中國在國內投資的地產項目達 23 項，總樓面面積 2,968 萬平方

227「公司里程碑」，1992 年，華人置業集團有限公司官網。

228 沈平：〈華置鯨吞愛美高聲名大振〉，《房地產導報》，1994 年 1 月，第 13-14 頁。

229「公司里程碑」，1996 年，華人置業集團有限公司官網。

呎,其中愛美高中國佔 1,824 萬平方呎,價值約 23.6 億港元。到 1996 年底,劉鑾雄控制的華人置業和愛美高中國兩家上市公司,總市值達 179.53 億港元,在香港上市財團中排名第 20 位。

1997 年香港遇到亞洲金融危機的衝擊,股票暴跌,眾多投資者血本無歸,劉鑾雄由於習慣以個人名義投資,因此外界並不清楚他虧損多少,但他旗下的華人置業,卻相繼投出了逾 10 億美元,其中大部分進入了中國內地。[230] 2001 年 1 月,劉鑾雄與新世界主席鄭裕彤聯手,以 35.3 億港元價格,收購日資的崇光物業及百貨公司,組成「利福國際集團有限公司」,並於 2013 年 12 月在香港上市。利福國際共持兩家崇光百貨,分別位於銅鑼灣和尖沙咀。為了吸納九龍東地區的潛在客戶群,該集團於 2017 年 12 月啟動啟德發展區的兩幢商業大廈工程,預計將於 2023 年底投入營運。屆時,將在商廈開設一間全新崇光百貨店,設有零售、娛樂、餐飲及生活時尚的配套設施,從而鞏固集團在香港零售百貨業的領先地位。2019 年度,利福國際的營業額為 35.42 億港元,除稅前溢利 21.66 億港元,總資產 245.02 億港元。[231]

華人置業主要經營業務為投資物業的租賃、地產發展、證券投資、放債、經紀服務、化妝品分銷及貿易等,主要收入來源則是物業租金。其中,集團的投資物業主要是商場和寫字樓,大部分集中在港島銅鑼灣、灣仔及九龍尖沙咀等商業區,因此,劉鑾雄被稱為「銅鑼灣舖王」。其中,購物中心包括:The ONE、皇室堡、新港中心、銅鑼灣地帶、怡東商場(東角 LAFORET)、灣仔電腦城等;商業大廈包括:皇室大廈和夏愨大廈;工業大廈包括:興偉中心、廣建貿易中心、鴻圖道 1 號以及住宅秀樺閣等。此外,華人置業在內地還持有希爾頓酒店(佔 50% 權益)、北京東方國際大廈(佔 50% 權益)、深圳羅湖商業城等,

230 陳光:〈浮世大亨劉鑾雄〉,華人韜略編委會,華商名人堂官網。
231 《利福國際集團有限公司 2019 年報》,第 82-83 頁。

在英國持有一幢寫字樓等。[232] 在地產發展方面，回歸以來，華人置業也先後展開一系列地產發展項目，主要包括：璈珀、壹環、帝峯·皇殿、御金·國峯、樂悠居、邁爾豪園、畢架山峰、逸翠軒、君頤峰、爾登華庭、Manhattan Avenue、都會 151、肇輝台 8 號等住宅項目。

劉鑾雄除了通過華人置業展開物業投資、地產發展之外，更多以個人名義進行投資。這一時期，他利用全球金融海嘯資產價格低迷的市場環境，收購歐洲金融企業的債券，包括渣打銀行、德意志銀行、巴克萊銀行等，以 30-60 元價格，大量吸納面值 100 元的債券，待風暴平息後，投資者回歸理性，市場價格靠攏面值，劉鑾雄大賺一筆。2007 年金融海嘯爆發前，劉鑾雄的個人資產為 21 億美元，到 2011 年增長到 65 億美元，增長了兩倍多。到 2015 年，他的資產增加到 109 億美元，位列香港家族財團的第 6 位。[233]

2014 年 3 月，劉鑾雄因捲入澳門「歐文龍受賄案」，辭去華人置業董事局主席職務，由長子劉鳴煒接任。2019 年 5 月，劉鑾雄在患病期間對財產進行分配的方案曝光，其中，長子劉鳴煒獲得華人置業約 24.97% 股權以及一批物業，妻子陳詩韻（甘比）及其子女獲得約 400 億港元資產，包括女兒劉秀樺與兒子劉仲學共獲得華人置業約 50.02% 股權。2020 年中，劉鳴煒將所持華置股權全部轉售予甘比的三名子女，令後者持有華置股權增至 74.99%。

不過，近年來，華人置業的業績並不理想，特別是集團大量投資內地房地產公司恒大、佳兆業等集團的股債，因恒大的債務危機而出現嚴重虧損。為了及時止損，在華人置業接連拋售所持的中國恒大、佳兆業等內地房企股票及債券。2021 年度，華人置業收入為 13 億港元，比 2020 年度的 30.41 億港元大幅下降 57.25%；除稅前虧損 34.80 億港元，而 2020 年度除稅前溢利為 69.25 億港元。2021 年 10 月，華人置業發佈

232「業務概覽」，華人置業集團有限公司官網。
233 陳光：〈浮世大亨劉鑾雄〉，華商名人堂官網。

公告表示，鑑於公司經營所在的營商環境充滿挑戰及不確定性，決定將公司私有化，購回公開市場上約 25% 的公眾持股，涉及總金額約 19.08 億港元。不過，有關議案被股東大會否決，私有化建議被迫終止。

▎ 許榮茂家族財團

　　回歸之後，香港地產大集團中崛起的後起之秀，當數由許榮茂創辦的世茂房地產。許榮茂，原籍福建石獅，70 年代從內地到香港發展，70 年代末到證券行做股票經紀，並開設了金融公司，80 年代初在香港股市賺取了「第一桶金」。1989 年，許榮茂創辦「世茂房地產」，開始從事房地產發展。其後兩年間，許世茂在家鄉福建石獅開始起步發展，先後投資興建了兩個項目 —— 振獅大酒店和振獅經濟開發區。結果，兩個項目都獲利豐厚，僅振獅經濟開發區投資回報率就高達 50%。[234] 到 1994 年，世茂已成為石獅地區最大的房地產投資商。

　　1994 年，許榮茂決定轉戰北京，並開闢出「外銷 + 高檔」發展模式，先後開發建設了亞運花園、華澳中心、紫竹花園、御景園等大型房地產項目，累計投資超過 40 億元人民幣。結果，世茂在 5 年內佔據北京外銷房市場三分之一份額。[235] 2000 年，許榮茂將集團營運總部從香港遷往上海。世茂隨即收購在上海證券交易所上市的上海萬象集團 26.43% 股權，並更名為「世茂股份」，將其主業從商業轉為房地產。2000 年，世茂房地產成功在上海開發「上海世茂濱江花園」，該項目總投資 80 億元人民幣，包括 6 幢高層高檔公寓和 1 幢 60 層酒店式公寓，總建築面積 80 萬平方米，結果大獲成功。世茂濱江花園於 2001 至 2004 連續四年蟬聯「上海市住宅銷售金額第一名」。世茂房地產的「名頭」開始在內地打響。

---

234 畢亞軍：〈低調的高品質開發商〉，華商韜略編委會，華商名人堂官網。
235 「世茂大事記」，1994 年，世茂集團官網。

2003 年和 2004 年，世茂先是進入福州，開啟對福建及海峽西岸經濟區深耕，繼而進入南京、杭州、蘇州等城市，開啓長三角一體戰略，並進軍東北市場。[236] 這一時期，世茂集團開始不斷將上海「濱江模式」對外複製，先後開發了上海世茂湖濱花園、上海世茂國際廣場、福州世茂外灘花園、上海佘太山艾美酒店、世茂佘山莊園、南京世茂濱江新城、哈爾濱世茂濱江新城等項目。世茂還將業務拓展到海外市場，2004 年，世茂先後與馬來西亞地產商簽訂共同開發吉隆坡「運河城」項目，與俄羅斯濱海公司簽署合作開發「綏－波」貿易區協議。[237]

2005 年，世茂落子武漢，並陸續進入成都、西安、銀川、長沙、重慶等城市，開啟中西部發展之路。[238] 當年，世茂房地產開始實施新世紀的新發展戰略，逐步建立了高端住宅、豪華酒店及商業辦公樓等三大核心業務。截至 2007 年 7 月，該集團在上海先後建成了 3 家超五星級酒店，包括上海世茂佘山艾美酒店、上海世茂皇家艾美酒店及上海外灘茂悅大酒店，以總客房數近 1,700 間，佔據上海豪華酒店約 20% 的市場份額。其後，世茂再實施「核心區域發展」戰略，將優勢資源集中投入到中國經濟發達或極具發展前景的經濟圈，包括長三角地區、環渤海地區等。

2006 年 7 月 5 日，許榮茂將集團控股旗艦——「世茂房地產控股有限公司」在香港掛牌上市。同年 12 月，世茂房地產被 MSCI Barra 納入為摩根士丹利全球股票指數（MSCI Standard Equity Index）及摩根士丹利中國指數（MSCI China Index）成份股。上市當年，世茂房地產已在中國內地的上海、南京、杭州、徐州、福州、武漢、北京、煙臺、瀋陽、哈爾濱等 10 個城市共發展房地產項目 23 個，營業額 69.13 億元人民幣，經營利潤 28.23 億元人民幣，土地儲備的總計劃建築面積達 2016

236「世茂大事記」，2003-2004 年，世茂集團官網。

237 畢亞軍：〈低調的高品質開發商〉，華商韜略編委會，華商名人堂官網。

238「世茂大事記」，2005 年，世茂集團官網。

萬平方米。[239]

　　上市之後，世茂房地產除了繼續積極拓展內地房地產業務之外，還致力集團業務的多元化發展。2009 年，世茂成立「世茂酒店及度假村公司」，負責世茂旗下酒店業務的經營、管理和發展，先後完成與凱悅、萬豪、洲際、希爾頓等四大國際酒店管理集團戰略合作。[240] 2017年，世茂旗下的世茂主題樂園與日本三麗鷗合作，打造國內首家 Hello Kitty 上海灘室內主題館。[241] 同年，世茂與喜達屋資本集團聯手，成立全新合資酒店公司 —— 上海世茂喜達酒店管理有限公司，加速自主品牌的輕資產輸出。2018 年，世茂攜手故宮，探索文化傳承之路，故宮文創品牌落地世茂在上海、廈門、濟南、石獅的購物中心，紫禁書院落地福州世茂雲上鼓嶺小鎮。2019 年，世茂成立文化公司，致力於文化及創意領域的探索和發展。

　　經過多年發展，世茂集團已成為多元化的地產大集團，在香港和上海分別擁有世茂集團控股有限公司（69.64%，前稱「世茂房地產控股有限公司」）及上海世茂股份有限公司（59.73%）兩家上市公司，經營的業務涵蓋地產、商業、物管、酒店、主題娛樂、文化、金融、教育、健康、高科技等產業領域；投資項目遍及香港、上海、北京、廣州、深圳、杭州、南京、武漢、廈門等城市。2019 年度，世茂集團控股收入為 1115.17 億元人民幣，除稅前溢利 290.15 億元人民幣（表 2-26）。截至 2019 年底，公司的土地儲備偏佈內地 120 個城市，共 349 個項目，約 7679 萬平方米，分別分佈於蘇滬區、福建區、華南區和香港。[242] 2020年 10 月，世茂集團分拆世茂服務有限公司在香港上市，主要經營物業管理，截至 2020 年 6 月底，公司合約合約總建築面積達 125.5 百萬平方

239《世茂房地產控股有限公司 2006 年報》，第 3-8 頁。

240「世茂大事記」，2009 年，世茂集團官網。

241「世茂大事記」，2017 年，世茂集團官網。

242《世茂房地產控股有限公司 2019 年報》，第 3 頁。

米，管理 293 個物業，覆蓋全國 26 個省共 108 個城市，涵蓋住宅物業、政府及公共設施、康養中心和醫院、候機室貴賓廳等非住宅物業等。[243]

表 2-26　2019 年度世茂集團旗下上市公司經營概況

單位：億港元

上市公司	上市地點	經營的主要業務	營業收入	除稅前溢利	總資產
世茂集團控股	香港	地產發展、物業投資、酒店、商娛、物業管理	1115.17	290.15	4714.54
世茂服務（億元人民幣）	香港	物業管理、社區增值服務、非業主增值服務（包括案場服務、前期規劃及設計諮詢服務，及維修保養服務）	24.89	5.06	35.74
世茂股份	上海	綜合房地產開發與銷售、商業物業管理與經營、多元投資	214.49	53.49	540.85

注：世茂服務為上市前 2019 年度資料。
資料來源：世茂集團旗下各上市公司 2019 年報

　　不過，2019 年以後，世茂集團的投資策略轉趨冒進，先後投資近 200 億元人民幣收購萬通地產、泰禾、粵泰股份、明發集團等公司 20 多個項目，又接手陷入債務危機的福晟集團旗下項目。結果，受到 2020 年以來全球新冠疫情及內地房地產市場疲弱影響，世茂集團控股業績大幅下滑，於 2022 年 3 月發出盈利警告，稱根據 2021 年度初步未經審核綜合管理賬目，該集團預期年度股東應佔利潤及核心利潤較上年同期大幅下降約 62% 及約 57%。而該集團的 2021 年報則遲遲未能公佈。2022 年，世茂集團的危機開始浮現，當年 7 月，世茂集團發佈公告稱，該公司正面臨較大的流動性壓力，公司發行的本金總額為 10 億美元、利率為 4.75% 的優先票據不能如期支付而違約。此外，公司亦正與其他相關債權人商討重組方案。受此影響，世茂集團的市值從 2019 年底 1044.62 億港元持續下跌，跌至 2022 年 3 月 31 日的 167.87 億港元，跌幅超過八成。

243《世茂服務控股有限公司全球發售》，2020 年 10 月 20 日，第 1-2 頁。

2023 年 7 月，世茂集團發佈 2022 年度財政報告，該集團於 2021 年度及 2022 年度除稅前虧損分別高達 215.72 億港元及 175.5 億港元。7 月 31 日，世茂集團在停牌 16 個月後在港交所正式恢復交易，首日即大跌超過 65%，至 8 月 29 日更跌至 24.69 億港元的歷史低位。很顯然，世茂集團正面臨極為嚴峻的考驗。

▌基匯資本集團

回歸之後，香港出現「另類地產投資者」，其中的代表是吳繼煒、吳繼泰兄弟創辦的基匯資本。[244] 吳繼煒為「富二代」，其父是香港上市公司建生國際主席吳仲燦。1995 年，吳繼煒在美國斯坦福大學建築專業畢業後，投資 1,000 萬美元收購頻臨破產的羅斯福酒店，並成功將其改造為好萊塢名流聚集地。同年，吳繼煒在美國成立一家地產投資公司城市置業（Downtown Properties），先後將加州、紐約、佐治亞州、夏威夷等多個地產項目成功改造。1997 年，吳父去世，吳繼煒返港接手家族企業。1999 年，吳繼煒出任建生國際董事總經理，調整了公司的經營方向，並主導了公司資產私有化，包括銀行、船運業務以及在美國房地產業務。目前，該公司主要於香港、澳門、中國大陸和東南亞地區，從事房地產和酒店的投資。[245]

2005 年，吳繼煒與弟弟吳繼泰等成立基匯資本（Gaw Capital Partners），總部設於香港，將美國城市置業的模式引入大中華地區，先後投資於內地主要城市的商業地產項目。2006 年，基匯資本在上海投資 10 億元人民幣收購南京路一幢舊樓東海商都，隨後將其翻新改造成為古老文明與現代時尚相得益彰的大型購物中心 —— 上海 353 廣場。其後，基匯資本將其以 24 億元人民幣出售，從中賺取 14 億元人民幣。2007 年，基匯資本與太古地產聯手以 40 多億元購入不被看好的北京新三里

244「關於我們」，基匯資本官網。
245「企業歷史」，基匯資本官網。

屯項目，改造成北京時尚、娛樂及消費的新地標——北京三里屯。2013年，基匯以4.736億美元向李嘉誠的長和系購入廣州西城都薈，經改造後出售予香港的領展房地產。2014年，基匯資本向李澤楷旗下公司購入北京盈科中心，並將其改造為8個結合體驗商業零售和創意辦公室空間的「mini block」——捌坊，成為北京城市更新的標桿。至此，吳繼煒及基匯資本聲名大振，被譽為「舊改之王」、「樓市美容師」。

在香港，基匯資本也動作頻繁，早在2003年，吳繼煒就曾聯合摩根士丹利以8.4億港元收購上環維德廣場，改造後以26億港元轉手出售。2015年，基匯資本以9.8億美元的價格，向英國巴斯集團旗下的洲際酒店集團收購位於九龍尖沙咀海傍的香港洲際酒店物業權益，並計劃展開大規模翻新工程，於2022年重新開業，屆時將以「香港麗晶酒店」面世（經營權仍由洲際酒店集團擁有）。2019年，基匯資本以15億美元價格向領展房地產收購其旗下12座商場物業組合，並對其展開改造。該項交易榮獲全球PERE獎項「年度最佳零售物業投資大獎」。

目前，吳繼煒旗下的基匯資本已先後募集7隻以亞太區為目標的綜合型房地產私募基金——基匯房地產基金I-VII，資本總額超過110億美元，投資超過68個項目；同時還在美國管理增值型/機會型基金，一支亞太酒店基金、一支歐洲酒店基金、一支成長型股權基金，並在全球提供信貸投資和獨立賬戶直接投資服務。截至2022年第3季度，基匯資本共募集股本220億美元（約1716億港元），形成商業不動產管理、酒店管理、住宅開發、基匯維龍物流合作、互聯網資料中心（IDC）、民坊、教育等7個營運平台，旗下管理資產金融超過336億美元（約2620.8億港元），資產類別包括：住宅、辦公室、資料中心、物流、綜合體、商業零售、服務式公寓、生命科學園、酒店/服務式公寓以及其他項目，遍及大中華地區、澳大利亞、日本、葡萄牙、西班牙、菲律賓、越南、韓國、新加坡、大溪地、英國等地區。[246]

246「關於我們」，基匯資本官網。

其中，商業不動產管理平台業務範圍涵蓋商業不動產管理的全部環節，包括初期的投資分析、概念訂定、規劃設計、項目管理、物業管理、招商與市場行銷、購物中心管理等服務；酒店管理平台在全球管理超過 39 家酒店和服務式公寓，客房總量達 7,500 多間；住宅開發平台的核心業務，是在中國二三線城市開發和管理中高端住宅物業，涵蓋從收購土地、設計與施工管理、銷售及市場，以至運營管理等各個環節；基匯維龍物流合作平台通過 2 支基金（共 10 億美元）在過去 6 年投資了 30 個項目，總面積超過 300 萬平方米；互聯網資料中心平台通過與本地領先的 IDC 開發商和運營商合作，旨在亞洲收購、開發和運營資料中心，截至 2020 年 9 月共募資約 13 億美元，首個項目是位於內地江蘇昆山的花橋項目，總建築面積為 30 萬平方米；民坊平台分別於 2018年 3 月和 2019 年 3 月，先後收購超過 29 個香港社區商場物業及相關設施，形成「民坊」品牌；教育平台與內地教育工作者合作，投資開發和運營了一個位於中國的國際藝術教育平台 SISA。[247]

目前，基匯資本已成為香港獨樹一幟的地產投資者。2020 年 10月，基匯資本連續 6 年躋身 PERE 全球 50 強排行榜，名列第 3 名。[248]PERE 雜誌是私募房地產基金界最可信賴的媒體之一。2021 年 4 月，基匯資本在 PERE 首屆全球房地產科技募資排行榜「Proptech 20」中排名第 5 位，該榜單列出自 2016 年以來房地產科技投資領域募集資本最高的 20 家基金管理公司。[249] 2022 年 3 月，基匯資本集團連續兩年（2020年度和 2021 年度）在 PERE 全球獎項評選中獲得「年度亞洲最佳另類資產投資者」榮譽。[250]

---

247 「營運平臺」，基匯資本官網。

248 「基匯資本繼續領航亞太地產基金 50 強」，2020 年 10 月 26 日，基匯資本官網。

249 「基匯資本在 PERE 首屆全球『Proptech 20』排行榜中名列前茅」，2021 年 4 月 15 日，基匯資本官網。

250 《基匯資本於 2021 年 PERE 全球大獎評為「年度亞洲最佳另類資產投資者」》，2022 年 3月 1 日，基匯資本官網。

▌ 中原地產與美聯物業

中原地產與美聯物業是香港最大的地產代理集團。香港的地產代理業的起步發展，始於 60 年代末期。當時，香港首個大型私人屋邨美孚新邨推出發售，樓花及現樓買賣交投活躍，不少家庭式的地產代理公司應運而生。到 70 年代，隨着經濟的蓬勃發展和房地產市場日益活躍，一些大型的國際物業顧問公司，如仲量行、魏理仕有限公司等相繼來香港開業；香港政府部門內部分資深測量師也離職自行創業，如簡福飴、卓德測量師行等；一些本地商人亦加入地產代理行業，創辦地產代理公司，如美聯物業、中原地產等，各式各樣的地產代理公司相繼誕生。80 年代中期以後，隨着地產市道的持續攀升，地產代理這個行業如日中天，大大小小的地產代理多達數千家。為爭奪這一龐大市場，地產代理業展開了空前激烈的競爭，最終在市場上逐漸形成本地五大地產代理集團，包括中原地產、美聯物業、香港置業（前身即置業國際）、鴻運及安時同盟，以及利嘉閣等。

五大地產代理集團中，又以中原地產和美聯物業的實力最雄厚。中原地產，全稱「中原地產代理有限公司」，創辦於 1978 年，創辦人是施永青及王文彥，當時兩人各出資 5,000 港元，在中環萬邦行一張寫字檯開始創業，發展迅速，到 80 年代中期已與更早成立的美聯物業並駕齊驅，並晉身香港地產代理三強。1987 年，中原地產成立「中原測量師行」，拓展測量師業務，並將總行遷入新世界大廈，員工突破 100人。1992 年，中原地產開始進入內地，成立「上海中原國際房地產代理有限公司」（後改稱「中原（中國）物業顧問有限公司」），先後在上海、廣州、北京、深圳、重慶、大連、珠海、浙江、南京、天津、四川、山東及瀋陽等大城市設立分行，提供多元化服務，包括一、二手房地產物業銷售及租賃，以及物業顧問及物業管理等服務。1997 年地產高峰期時，中原地產的分行達 301 間（包括中國內地），員工超過 2,300人（不包括內地），每年促成的交易以百億計。

回歸之後，中原地產有了進一步的發展。1997 年 7 月，中原與香

港城市大學合作推出「中原城市領先指數」以反映樓市走勢，1999 年
11 月推出網上中原地圖，成為香港最常用網上地圖之一。2001 年，中
原地產收購陷入財困的利嘉閣地產以抗衡美聯物業，並擴大市場佔有
率。利嘉閣地產創辦於 1981 年，為香港第四大地產代理公司。2004 年
以後，中原集團更將業務擴展到澳門、台灣及新加坡等市場。經過多年
發展，目前，中原已成為香港規模最大的地產代理集團之一，主要從事
地產代理、物業管理、測量估價、招標拍賣、資產管理、按揭轉介、投
資移民、人事顧問、資料整合及軟體發展等多個領域的業務，在香港、
澳門、台灣、新加坡及中國內地 39 個城市成立分公司，跨地域分店總
數超過 2,000 間，業務幅射至全國超過 100 個城市，員工近 4 萬人。中
原集團旗下擁有旗艦品牌中原地產，以及利嘉閣地產、寶原地產、森拓
普等多個子品牌，其中，中原地產主力香港、澳門、新加坡及台灣的業
務，代理品牌包括「中原地產」和中原（工商舖），以及「中原訓練學
院」、「中原移民顧問」及中原薈等增值服務品牌；中原地產代理（中國）
則持有中原（中國）物業顧問有限公司、中原地產（中國內地）駐港辦
公室、中原中國（香港區）、森拓普顧問有限公司等附屬機構，專攻中
國內地市場。此外，大股東施永青並持有於 2005 年創辦的香港免費粵
語日報《Am730》。

　　美聯物業的歷史比中原地產稍早，創辦於 1973 年，創辦人為黃建
業與馮銳森，初期在美孚新邨開設第一間美聯物業，主要經營美孚新邨
及附近的物業租售。1979 年及 1982 年，公司相繼成立培訓部、工業及
鋪位部等機構，1990 年在全線分行裝置裝置電腦，使公司經紀及時掌
握最新最快物業資料及價格。1992 年，美聯物業成立中國部，開始進
入中國內地市場。1995 年 6 月，美聯物業在香港掛牌上市，成為香港
第一家亦是唯一一家地產代理上市公司。到 1997 年地產高峰時，美聯
物業的分行超過 270 家，員工超過 2,400 人。2000 年 4 月，美聯收購了
香港第三大地產代理公司——香港置業，市場佔有率超過三成，一度
超越中原地產而成為香港規模最大的地產代理公司。2005 年，美聯集

團再收購香港創業板上市公司 EVI Education Asia Limited 約 51% 股權。
2007 年，EVI 從母公司美聯購入在香港提供工商業物業（辦公室及商
舖）代理服務的業務，變相為美聯分拆工商舖業務上市。EVI 亦更名為
「美聯工商鋪有限公司」，並於翌年轉往主板上市。

　　經過多年發展，美聯（Midland Holdings Limited）已成為香港最大
規模的地產代理集團之一，主要從事物業代理、測量估價、資產管理、
財務信貸、投資移民等業務，在香港、澳門及中國內地城市共開設 492
間分行。其中，集團旗下的美聯物業、美聯澳門和香港置業在香港開設
406 間分行，遍佈香港、九龍半島及新界各區；在澳門開設 2 間分行；
旗下美聯中國在中國內地北京、廣州、深圳、珠海、重慶等城市共開設
84 間分行（2023 年 1 月底）。此外，美聯集團持有 33.84% 股權的美聯工
商舖（現易名為「鋑聯控股」）則持有美聯工商、美聯商業、美聯旺舖、
港置工商舖、美聯工商舖測量師行、駿聯信貸等附屬機構（圖 2-28）。
2019 年，美聯集團和鋑聯控股的營業收入分別為 48.84 億港元和 4.42 億
港元，除稅前虧損分別為 0.63 億港元和 0.20 億港元（2018 年溢利分別為
0.79 億港元和 0.60 億港元），總資產分別為 51.67 億港元和 16.11 億港元。

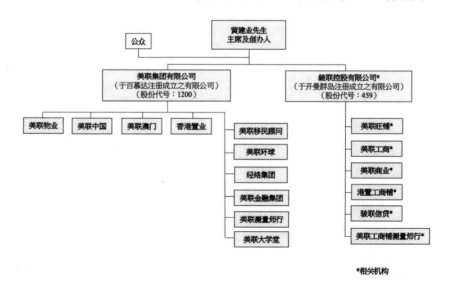

圖 2-28　美聯集團的組織架構
資料來源：美聯集團官網

第三章

華資財團（二）

第一節　製造業財團

▋ 概述

　　香港早期的製造業，是由香港作為貿易轉口港而衍生的，主要是船舶修理、製造業、煉糖業，包括英資創辦的黃埔船塢、太古船塢、中華火車糖廠及太古糖廠等。

　　戰後，香港經濟迅速復原，再次成為中國大陸的貿易轉口港。1951年朝鮮戰爭爆發，以美國為首的聯合國對中國實施貿易禁運，香港的轉口貿易驟然萎縮。這時期，大批從上海、天津等內地大城市移居香港的華人實業家，連同其攜帶的資金、機器設備、技術、企業人材以及海外市場的聯繫，在香港建立了最初的工業基礎，初期是紡織、塑膠業，其後拓展到製衣、玩具、鐘錶、電子等。在新興華商的推動下，香港經濟迅速邁向工業化，從傳統的貿易轉口港蛻變成遠東出口加工中心和工商城市。1970 年，製造業在香港本地生產總值（GDP）中所佔比重達30.9%，成為香港經濟中最大的行業。[1]

　　伴隨着香港工業化的快速步伐，一批新興的華資製造商相繼崛起，其中，最矚目的是一批來自上海的紡織大亨。著名的有唐炳源創辦的南海紡織（1947 年），王統元創辦的香港紡織（1948 年）、查濟民創辦的中國染廠（1949 年），陳廷驊創辦的南豐紡織（1954 年）、曹光

1　香港工業署：《一九九五年香港製造業》，第 70 頁。

彪創辦的太平毛紡（1954 年）和永新企業（1964 年）、安子介、周文軒及唐翔千等創辦的南聯實業（1969 年）等。其中，以南聯實業規模最大，其前身是早期開設的華南染廠、永南布廠和中南紗廠，1969 年 7月 11 日南聯實業以上述三家「南」字號的工廠為基礎註冊成立，同年10 月在香港掛牌上市，當年市值即達 7000 萬港元。南聯實業上市後銳意擴展，先後收購太平染廠、怡生紗廠、海外紡織公司，並透過中南紗廠收購新南企業 60% 股權，規模迅速擴大。到 1974 年，南聯實業旗下聯營、附屬公司達 42 家，總資產 5.2 億港元，員工逾 1 萬人，擁有紗錠 18.2 萬枚，約佔香港紗錠總量的一成，成為香港最大的縱式紡織集團。不過，南聯實業在 80 年代後期開始走下坡路，最終於 2006 年被私有化及退市。

在成衣業，五六十年代以後逐漸崛起多家大型企業集團，包括林百欣的麗新製衣、陳俊的鱷魚恤、陳瑞球的長江製衣。其中，麗新製衣創辦於 1947 年，1972 年在香港上市。到 80 年代後期，林氏家族透過麗製衣新國際，控制的上市公司增加到 4 家，躋身香港華資大財團之列。製衣業中的佼佼者還有羅定邦家族的羅氏針織（1975 年）、田元灝家族的萬泰製衣（1958 年）、方肇周家族的肇豐針織（1940 年代），他們與林伯欣家族的麗新製衣，並稱香港製衣業的四大家族。

這一時期，隨着紡織、製衣業的勃興，金屬製品、塑膠、玩具、電子、鐘錶等行業也起步發展，逐漸成為香港製造業的主要支柱，並從中崛起一批大型企業集團，著名的包括莊靜庵的中南鐘錶（1935 年）、鄭氏家族的捷和集團（1947 年）、丁熊照的開達實業（1947 年）、李嘉誠的長江塑膠（1950 年）、黃子明的寶光實業（1963 年）、陳大河的彩星玩具（1966 年）、）、柯俊文的康力電子（1973 年）等。在食品製造業，出現了李錦裳家族創辦的李錦記集團（1888 年）及羅桂祥創辦豆奶巨頭維他奶（1940 年）。此外，從製造業其他行業崛起的華資大型企業集團還有莊重文的莊士機構（1949 年）、黃克競的寶源基業（1957年）、蔣震的震雄集團（1958 年）、汪松亮的德昌電機（1959 年）、黃

氏家族的南順集團（1961 年）、羅仲炳的金山實業（1964 年）、黃子欣的偉易達（1976 年）等，這些企業集團都是各自行業的佼佼者，是香港製造業的驕傲。

二十世紀 80 年代中期以來，隨着內地改革開放的展開，大批香港制造業企業轉移到中國內地，特別是毗鄰的廣東珠三角地區。香港與珠三角形成「前店後廠」的分工格局，香港經濟轉向服務經濟。在此背景下，香港大批製造業企業向服務業轉型，或逐步式微。儘管如此，仍有部分企業進一步崛起，甚至成為世界級製造企業。其中的佼佼者，包括李文達家族的李錦記集團、汪穗中家族的德昌電機、黃子欣家族的偉易達、楊元龍／楊敏德家族的益達集團、羅樂風家族的晶苑國際、羅桂祥家族的維他奶集團及作為科技創新企業崛起的商湯集團等。

▌ 李文達家族財團：「百年醬料王國」

香港製造業企業集團中，有一家從事醬料生產和銷售的大型跨國企業集團 —— 李錦記。李錦記的歷史，最早可追溯到 1888 年李錦裳創辦的李錦記蠔油莊。

李錦裳，廣東新會人，幼年喪父、與母親靠農耕為生。當時，年僅 17 歲李錦裳發現有一種叫蠔的海產品煮出的味道十分鮮美，這激發了他的靈感：如果將此鮮美汁液製成產品出售，一定大受歡迎。經過反覆試驗和改進，他製成了蠔油誕。1888 年，李錦裳在珠海南水鎮創辦「李錦記」蠔油莊，取「此蠔油由李家經營錦記為號」之意，生產及銷售蠔油和蝦醬兩種產品。[2] 自此，李錦裳的生意開始做大。然而，1902 年，一場無情的大火燒去了半條南水街，李錦記也未能倖免。李錦裳只好攜帶妻子到澳門謀生，但仍以經營「李錦記」蠔油為業，並兼

---

2 「企業概況」，李錦記集團官網。

營小雜貨。[3]

1928 年底，李錦裳在澳門逝世，享年 60 歲。其子李兆南、李兆登等第二代繼承父業，不斷開闢貨源，改進製作技術，發展並擴大李錦記蠔油的經營。這一時期，李錦記透過金山莊開始把蠔油銷往美國。1932 年，李兆南把李錦記蠔油莊遷到香港，在中環皇后大道中 262 號設立辦事處。當時，香港經濟開始繁榮，超級市場出現，李錦記蠔油在香港逐漸打開了市場。1936 年，兩兄弟抓住時機開拓海外市場，進一步拓展了北美洲華人市場。不過，這一時期，李錦記家族內部矛盾萌發，家族內部紛爭時有發生，這在一定程度上影響了公司的發展。

為平息家族紛爭，1970 年李兆南買下了李錦記的全部股份，並將兒子李文達從澳門召回香港。1972 年，李文達接任李錦記主席，他針對市場所需，改變了李錦記過去只賣高檔蠔油的經營方針，推出「平價蠔油」，把過去有錢人在過年過節用於送禮的高檔蠔油，變成一般普羅大眾平時可以消費的調味品。[4] 李文達將新研發出來的「平價蠔油」命名為「熊貓牌蠔油」，並將過去以委託金山莊代理銷售改為向海外經銷商「賒銷寄售」的方式，即在不收貨款的前提下將其產品提供給經銷商，等經銷商賣出產品後再付賬，結果成功地打開美國等海外市場，並為日後建立自己的銷售網絡奠定基礎。[5]

1976 年，為了擴大生產規模，李錦記在香港仔黃竹坑設立廠房，以蒸氣及柴油取代柴火為生產能源。[6] 1982 年，李錦記在香港田灣建起一幢 17 層高的新廠房，並引進先進設備，實行現代化管理，使企業達到規模化生產，產品亦由單一的特級蠔油發展到辣椒醬、酸甜醬、豉油

3 「企業里程碑」，1902 年，李錦記集團官網。

4 寧向東：《家族精神：李錦記傳承百年的力量》，香港：經濟日報出版社，2016 年，第 113 頁。

5 寧向東：《家族精神：李錦記傳承百年的力量》，第 117-124 頁。

6 「企業里程碑」，1976 年，李錦記集團官網。

雞汁、蒜蜜、排骨醬、咖喱汁等 100 個品種的系列調味品。這一時期，李文達的五個子女李惠民、李惠雄、李惠中、李惠森及李美瑜在國外完成學業，相繼加入李錦記，為公司注入新的活力。

1988 年，李錦記將總部遷往香港大埔，並建立新的更大規模的生產基地。大埔新廠房佔地面積 1.2 萬平方米，整個醬料生產從選料、蒸煮、灌裝冷卻、裝箱、入庫完全由現代化流水線操作。同年 8 月 8 日，在李錦記家族事業創業 100 周年之際，大埔廠房生產出第一罐蠔油，同時並推出全新企業商標，象徵公司以醬料及調味品作橋樑，促進中西飲食文化交流。1991 年，李錦記在美國洛杉磯開設分裝廠房，1995 年並榮獲由香港品質保證局及英國標準協會頒發的 ISO9002 證書，成為全港首間取得此項國際品質保證的食品製造商。1997 年，李錦記將生產基地拓展至東南亞地區，在馬來西亞吉隆坡設立廠房。

香港回歸前後，李錦記開始積極進軍中國內地市場。1993 年，李錦記在廣州經濟技術開發區投資建立了黃埔廠房，成立「李錦記（廣州）食品有限公司」。1995 年，李錦記回到故鄉廣東省江門市新會七堡，建立了規模宏大的新廠房，佔地面積達 1,000 畝。這一時期，李錦記對其生產製造佈局進行了較大的調整，香港大埔廠房成為集團的經營指揮中心，大部分業務遷移往新會廠房，新會廠房成為李錦記集團最重要的生產基地。[7]

2008 年及 2010 年，李錦記先後獲國家委任為北京奧運指定餐飲供應企業及上海世博會事務局官方推薦的餐飲原輔材料供應企業。[8] 2012 年至 2016 年，李錦記獲委任為「中國航太事業合作夥伴」，其生產的多款醬料通過高規格的品質、安全檢測及口味方面的嚴謹要求，入選為「神舟九號」、「神舟十號」及「神舟十一號」航太食品或航太員食用醬

---

7   寧向東：《家族精神：李錦記傳承百年的力量》，第 190-191 頁。

8   「企業里程碑」，2008-2010 年，李錦記集團官網。

料，李錦記的「是拉差蛋黃醬」登上國際太空站。為了進一步擴大生產，李錦記先後於 2014 年及 2015 年在廣東新會設立生產基地、物流中心暨貨運碼頭。2016 年，李錦記（中國）銷售總部正式遷入上海李錦記大廈。[9] 與此同時，李錦記亦積極拓展國際市場，於 2017 年在新加坡設立辦事處。2021 年 7 月 26 日，李錦記集團主席李文達辭世，享年 91 歲，企業生意由其四子一女李惠民、李惠雄、李惠中、李惠森、李美瑜繼承。

　　經過 130 多年的發展，李錦記已成為一家以香港為基地，橫跨中國內地、東南亞諸國、北美、歐洲的國際性大型醬油集團。目前，李錦記的生產基地設於中國內地、馬來西亞及美國；在中國內地、歐洲及俄羅斯、美國、東南亞及中東等區域設有辦事處，旗下員工近 6,000 人，產及銷售超過 200 種醬料和調味品，產品銷售至全球 100 多個國家和地區，包括香港、中國內地、日本、韓國、新加坡、泰國、印尼、馬來西亞、菲律賓、越南、澳大利亞、新西蘭、美國、加拿大、英國、德國、法國、荷蘭、瑞典、西班牙、以色列等，其發展願景是「有人的地方，就有李錦記」（圖 3-1）。[10] 2022 年 4 月，李錦記獲香港創新科技署旗下「再工業化資助計劃」資助，於大埔創新園（前稱「大埔工業村」）總部興建新的蠔油智慧生產線，預計於 2024 年投入運作，屆時每小時可生產 20,000 瓶蠔油，令大埔廠房的蠔油產能增加一倍。李錦記沒有在香港上市，據市場估計李錦記品牌價值約 500 億美元。

9　「企業里程碑」，2016-2019 年，李錦記集團官網。

10　李錦記「首頁」及「企業里程碑」，李錦記集團官網。

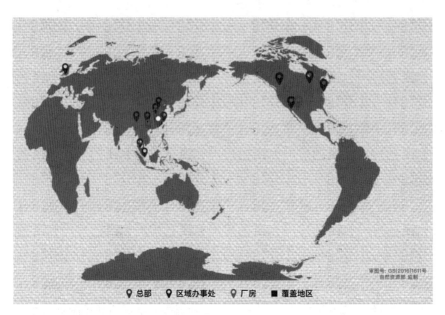

圖 3-1　李錦記集團的全球業務分佈
資料來源：李錦記集團官網

　　李氏家族在將李錦記的醬料事業發揚光大的同時，將戰略目光放得更遠。為此，李錦記創立「李錦記健康產品集團」（簡稱「李錦記健康」）；1992 年 12 月 8 日在中國內地創辦成員企業 ——「無限極（中國）有限公司」，當時稱為「廣東南方李錦記營養保健品有限公司」，總部設在廣州，致力從事中草藥健康產品的研發、生產、銷售及服務。1994年 8 月，無限極推出第一款產品 —— 無限極增健口服液。[11] 1996 年，李錦記健康與香港科技大學合作成立「香港傳統中藥研究中心」；2000 年，無限極與中國第一軍醫大合作成立天然藥物研究中心，2003 年成功通過ISO9001，包括 2000 國際管理體系、HACCP 國際管理體系和保健食品良好生產規劃（GMP）三項認證。2004 年，李錦記健康在廣東新會設立生產基地，並與中華中醫藥學會聯合成立「無限極中華中醫藥發展基

11　「企業大事記」，1994 年，李錦記健康產品集團官網。

金」。2005 年，公司更名為「南方李錦記有限公司」。不過，2009 年 3 月，公司啟動使命升級和品牌國際化戰略，再更名為「無限極（中國）有限公司」。

2010 年，李錦記健康首批海外市場企業開業，包括無限極（香港）有限公司、無限極國際有限公司、無限極（馬來西亞）有限公司等。[12] 2012 年，無限極產品檢測中心被評定為中國「國家認可實驗室」。2014 年，李錦記健康旗下的無限極營口生產基地正式竣工投產。2016 年，無限極營口生產基地技術中心被評為中國「國家認可實驗室」。與此同時，李錦記健康積極推動業務多元化，於 2015 年先後成立「天方健（中國）藥業有限公司」和「爽樂健康科技有限公司」，分別進軍中草藥種植領域和移動數碼領域；同時，亦開始涉足地產業務，包括 2010 年在香港購入「維德廣場」，並更名為「無限極廣場」。2016 年，李錦記健康以 20.1 億元人民幣購入廣州白雲新城 AB2910019 地塊，用於興建廣州無限極廣場；2017 年以 12.825 億英鎊購入位於倫敦芬喬奇街 20 號的地標商廈的全部股權等。

經過多年發展，李錦記健康產品集團已發展成為李氏家族另一家多元化的企業集團，旗下經營業務涵蓋中草藥健康產品、中藥材種植與銷售、物業投資以及為初創企業提供風險投資，擁有僱員約 4,000 名。目前，該集團旗下在全球擁有 9 家成員企業，包括：無限極（中國）有限公司、無限極（中國香港）有限公司、無限極國際（中國台灣）有限公司、無限極（馬來西亞）有限公司、無限極（新加坡）有限公司、無限極（加拿大）有限公司、無限極健康產品（泰國）有限公司、無限極健康產品（菲律賓）有限公司、無限極健康產品（哈薩克斯坦）有限責任公司等。其中，無限極（中國）有限公司已成功推出養固健、萃雅、心維雅、植雅、幫得佳、享優樂、優全佳、樂姿樂言和輕意養等品牌，

---

12 「企業大事記」，2010 年，李錦記健康產品集團官網。

涵蓋健康食品、美妝、家居用品三大品類，超過 200 款產品，擁有廣東新會、遼寧營口兩大生產基地（總投資 45 億元人民幣），並在中國內地設立 30 家分公司、30 家服務中心、超過 7,000 家專賣店。

據該集團介紹，2005 年，「無限極」品牌首次入選世界品牌實驗室評估的「中國 500 最具價值品牌」，品牌價值 80.83 億元人民幣；[13] 到 2017 年品牌價值進一步增加到 658.69 億元人民幣，位列第 45 位，12 年間品牌價值大幅增長 7.15 倍。[14] 李錦記健康產品集團已成為李氏家族另一重要發展事業。

▌ 主要製造業集團

除了李錦記集團之外，香港主要的製造業集團還有德昌電機、偉易達、溢達集團、晶苑國際、維他奶集團等。

德昌電機控股有限公司創辦於 1959 年，是香港第一家微型馬達生產廠商，創辦人為汪松亮和汪顧亦珍夫婦，初期主要生產微型馬達，1972 年打入家用電器市場，供應高品質馬達。[15] 1976 年，汪松亮將業務拓展到美國，在美國建立德昌電機集團，開始生產微型馬達以供汽車行業應用。1980 年，德昌電機的銷售額達 1600 萬美元，比 1970 年的 170 萬美元增加了 8.4 倍。1982 年，德昌電機在廣東深圳沙井設立生產基地 —— 德昌電機（深圳）有限公司，是改革開放初期就到內地投資設廠的香港企業之一，該基地於 1995 年獲得 ISO9002 認證。

1984 年，德昌電機在香港聯交所上市，其後在日本設立德昌電機分公司（1988 年），並在德國設立工程中心（1992 年）。[16] 1987 年，德昌電機透過詹金寶及摩根士丹利在歐洲巡迴集資，向倫敦、愛丁堡、法

---

13 「企業大事記」，2005-2014 年，李錦記健康產品集團官網。

14 「公司簡介」，無限極（中國）有限公司官網。

15 「德昌電機歷史」，1959 年，德昌電機官網。

16 「德昌電機歷史」，1988 年、1995 年，德昌電機官網。

蘭克福、蘇黎世及日內瓦 5 大歐洲城市的投資者推銷公司股份，發售數量佔公司股份的一成。這是香港上市公司首次採用的售股方式。到 90 年代初，德昌電機已發展成全球第二大微型馬達製造商，1995 年取代南聯實業，成為恒生指數成分股及香港股市上的工業藍籌股。2000 年，德昌電機的營業收入達到 6.77 億美元，比 1990 年的 1.26 億美元，大幅增長了 4.37 倍。

回歸後，德昌電機透過一系列的收購兼併，獲得進一步的發展。主要包括：1999 年向 Lear Corporation 收購電機系統；2001 年先後收購 Kautex Textron 部門的電機業務及 ArvinMeritor's Light Vehicle System 部門的座椅電機業務；2004 年收購收購 Nanomotion 公司高精度壓電陶瓷電機 51% 的股份、日本相機及光碟驅動器所用的迷你型電機；2005 年收購生產步進電機、開關、驅動器、控制系統的瑞士製造商 Saia-Burgess AG，以及生產撓性印製電路板及連接件產品的美國製造商 Parlex。

這一時期，德昌電機又先後設立汽車工業部門（2001 年）、德昌電機醫療器械部門（2007 年）；在意大利設立無刷直流電機技術生產中心（2003 年）；在印度欽奈設立汽車電機生產工廠；在中國廣西省北海市設立電機生產工廠（2010 年），並在墨西哥（2012 年）、塞爾維亞（2013 年）、波蘭（2016 年）等地設立製造工廠。2010 年，德昌電機營業額達 17.4 億美元，比 2000 年 6.77 億美元再增長 1.57 倍。[17]

經過數十年的拓展，目前德昌電機已發展成一家國際性的生產企業集團，世界上最大的電機、螺線管、微型開關、柔性印刷電路板和控制系統的供應商之一，集團年生產量超過 10 億件。[18] 德昌電機旗下設有汽車產品部、工商產品部和零件部三個部門，生產的產品主要包括電機及驅動產品（電機和螺線管）、泵和電動閥門、柔性電路與微電子、

---

17 「德昌電機歷史」，1999-2007 年，德昌電機官網。

18 「公司組織架構」，德昌電機官網。

開關和繼電器及粉末冶金零件等，在香港、中國內地、瑞士、德國、義大利、以色列、法國、加拿大、英國及美國都有其產品研發設計中心，業務遍及全球四大洲的 23 個國家，僱員（包括合約員工的總數）約為 38,000 人，其中，1,700 名為工程師為超過 2,000 名客戶提供服務。德昌電機的目標是「成為全球創新及可靠動力系統必然之選」、「通過我們的創新驅動系統，提高每一個產品接觸者的生活品質」（圖 3-2）。2019 年度，德昌電機營業額為 32.80 億美元，其中，亞洲市場佔 36%、歐洲市場佔 34%、美洲市場佔 30%；除稅前溢利 3.28 億美元，總資產 42.78 億美元（表 3-1）。[19]

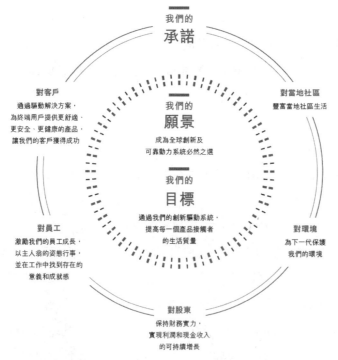

圖 3-2　德昌電機的業務框架
資料來源：德昌電機集團官網。

19　《德昌電機控股有限公司 2019 年度年報》，第 3、92-93 頁。

偉易達集團有限公司是全球知名的有線及無線電話供應商之一，創辦於 1976 年，當時稱為 Video Technology Limited，創辦人為兩位工程師黃子欣與梁棪華，初期公司面積只有 2,000 平方呎，員工約 40 人，主要開發第一代家庭電視遊戲機，首年營業額不足 100 萬美元。[20] 1978 年，偉易達採用嶄新的微型處理器晶片來設計公司首批 LED 手提電子遊戲機，又相繼推出一系列自行設計的新產品，包括首部電子學習產品 Lesson One（1980 年）、首個個人電腦系列 Laser 100（1983 年）、首部與 Apple II 相容電腦 Laser 3000（1985 年）、首部以手提電腦形式學習的電子學習輔助產品 Talking Whiz Kid（1987 年）、首部配備無線遙控器的教育視像系統 Socrates（1988 年），又以兩款非常暢銷的產品 Small Talk 及 Little Smart Driver 進軍學前兒童玩具市場（1989 年）。[21]

到 1986 年，偉易達已成為美國銷售電子學習輔助產品的最大製造商。同年 6 月，偉易達以介紹形式在香港上市，不過於 1990 年私有化退市。為了適應集團業務發展需要，偉易達先後於 1988 年和 1997 年在廣東省東莞厚街鎮和寮步鎮建立了兩個生產基地，擴大生產規模。1991 年，偉易達在美國市場推出全球首部全數碼制式 900 兆赫無線電話。自此，偉易達陸續推出不同系列的 900 兆赫無線電話，每個系列都結合更先進的科技、更佳素質及更超值的價格，從而成為北美洲的高頻室內無線電話的主要供應商。1991 年，偉易達更名為「偉易達集團有限公司」，在倫敦證券交易所作第一上市，並於 1992 年在香港聯合交易所重新上市。

香港回歸後，偉易達於 2000 年收購朗訊科技的消費性電話業務，並擁有 AT&T 品牌的特許使用權，可製造及銷售 AT&T 品牌的固網電話及配件；2002 年在美國推出全球首部 5,800 兆赫無線電話；2003 年推

---

20 「歷史回顧」，1976 年，偉易達集團有限公司官網。
21 「歷史回顧」，1970-1980 年代，偉易達集團有限公司官網。

出全球首部最先進且配備彩色 LCD 熒幕的 5,800 兆赫無線電話；2004
年推出 V. Smile 電視學習系統，該學習系統成為偉易達歷來最成功的電
子學習產品之一。2006 年，偉易達在成立 30 周年之際，獲美國《商業
週刊》雜誌選為全球「科技企業 100 強」，2008 年更上升到 54 位，為
香港企業之首。當年，偉易達取消在倫敦證券交易所的上市地位，維持
在香港的第一上市地位。[22] 2010 年，偉易達電子玩具進入中國市場，整
合全球資源，結合中國兒童發育特點，為中國提供科技與教育相結合的
兒童玩具產品。

經過多年發展，目前偉易達已成為全球最大的嬰幼兒及學前電子
學習產品企業，是美國最大嬰幼兒和學前電子學習玩具製造商；法國、
英國及德國嬰幼兒玩具的龍頭企業，亦是全球最大無線電話生產商。偉
易達總部設於香港，在中國內地和馬來西亞設有龐大的生產基地，在
全球 14 個國家和地區設有辦事處，並聘用 26000 名員工，其中包括近
1,600 名科研專才，分佈於香港、中國內地、德國、美國、加拿大及台
灣等地區的產品研究及開發中心，其產品包括嬰幼兒和學前電子學習玩
具家用電話、商業電話等電訊產品，主要銷往歐洲、亞太區、中東及非
洲、北美洲及拉丁美洲等地的國家和地區（圖 3-3）。2017 年，在全球
50 大電子製造服務供應商中，偉易達排名第 26 位，為香港之冠。2019
年度，偉易達營業收入達 21.62 億美元，其中，北美洲佔 46.0%、歐洲
佔 40.8%、亞太區佔 11.5%、其他地區佔 1.7%；集團除稅前溢利 1.92 億
美元；總資產 10.87 億美元（表 3-1）。[23]

22 「歷史回顧」，2008 年，偉易達集團有限公司官網。

23 《偉易達集團 2019 年報》，第 6、50 頁。

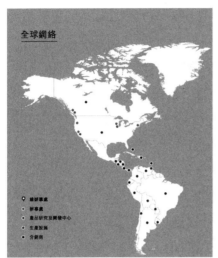

圖 3-3　A+B　偉易達集團的全球生產網絡
資料來源：《偉易達集團 2017 年報》，第 14-15 頁。

　　相比起德昌電機和偉易達，溢達集團（Esquel Group）成立的時間
較晚，其創辦人楊元龍原為上海紡織商人，其岳父蔡聲白是上海著名
的美亞織綢廠的老闆，該公司曾經在中國近代史上顯赫一時。40 年代
末 50 年代初，蔡、楊等舉家移居香港，楊元龍和夫人楊蔡詠芳從事紡
織製衣業。1978 年，楊元龍創辦溢達集團，首個辦公室就設在香港尖
沙咀，當年先後收購馬來西亞檳城的東方製衣廠和毛里求斯的 Textiles
Industries Limited。同年，溢達與中國紡織品進出口公司江蘇省分公司
簽署了第一份補償貿易協定書，屬中國首批成衣出口到美國的協議。
翌年 6 月，中紡江蘇分公司將第一批 19 萬打成衣供給溢達，並經香港
運往美國。這是中國改革開放後最早的中美貿易之一。1979 年和 1980
年，溢達先後在美國紐約和英國設立辦事處。[24]

　　80 年代初，溢達在馬來西亞吉蘭丹州成立東方針織製衣廠，並入

---

24 「成長歷程」，1978 年，益達集團有限公司官網。

股斯裏蘭卡 Polytex Garments Limited。這期間，楊元龍長女楊敏德先
後獲得美國麻省理工學院數學系學士及哈佛大學工商管理碩士後，返
回香港協助父親打理家族的紡織及製衣業務。1984 年，溢達創立「派」
品牌，並在香港開始首家「派」專門店，發展零售業務。1988 年，楊
敏德作出了將投資重點轉移到中國內地的決策。當年，溢達集團投資
6,000 多萬美元，在廣東高明市籌建合資企業 ——「高豐紡織染聯合企
業有限公司」，該廠於 1991 年底正式投產，1996 年成為溢達集團的獨
資企業，並於 2000 年易名為「廣東溢達紡織有限公司」。90 年代初，
益達先後在長三角寧波、常州等地投資設廠，業務獲得快速發展。

1995 年，楊敏德接班，出任集團董事長。當時，她為公司制定了
三個優先發展的任務：完成公司的垂直整合，引進最新的管理理念和技
術，通過溢達集團來推行關於企業應該回報社會的信念。當年，溢達即
在新疆吐魯番投建產能 30,000 紗錠的吐魯番紡紗廠，稍後擴建該廠，
使產能增至 50,000 紗錠。1996 年，溢達將旗下在馬來西亞的東方針織
布廠搬到廣東高明，命名為「高豐針織企業有限公司」，成為廣東溢達
針織布廠第一期。1998 年，溢達在新疆喀什建立合資企業「新疆豐達
農業有限公司」，租賃一幅面積約 6,500 英畝的棉田（為期 20 年），並
在烏魯木齊收購產能 40,000 紗錠的棉紡廠，改組為「新疆溢達紡織有
限公司」。[25] 2000 年，溢達將總部遷往香港灣仔，並在廣東高明成立集
團研發中心，完成整合縱向一體化供應鏈。

2003 年和 2004 年，溢達在新疆先後成立「阿克蘇溢達農業發展有
限公司」和「阿克蘇溢達棉業有限公司」，並投入生產。2005 年，楊元
龍次女楊敏賢出任集團副董事長，協助楊敏德管理家族企業。2009 年，
益達旗下紡織廠首創 330 英支紗，為當時最細的紗線，2012 年溢達成

---

25 「成長歷程」，1998 年，益達集團有限公司官網。

功研發出世界上最細的 700 英支純棉紗線。[26] 2014 年，益達將集團的發展願景確定為「勵志篤行，有所作為」，翌年推出第二個自主品牌「十如仕」。2017 年，旗下昌吉溢達 30,000 錠全流程智慧化項目投產，該廠僅由 45 名員工控制，而若以傳統方式運營該廠，則需要約 150 名工人來操作。

　　目前，益達集團已成為一家世界級的紡織及成衣全方位服務供應的企業集團，經營業務包括棉花研究、軋棉與紡紗（新疆）、特種紡紗（廣東高明和廣西桂林）、針織與梭織（廣東高明和越南平陽）、成衣製造（中國內地、馬來西亞、斯裏蘭卡、毛里求斯）、輔料與包裝（廣東高明）、零售和直銷（香港、廣州、上海、北京和新疆）等，並在日本東京、英國倫敦、美國紐約和西雅圖等地設有銷售辦事處（圖 3-4），集團員工 3.5 萬人，每年生產的成衣逾 1 億件，除了集團旗下自主品牌「派」和「十如仕」的產品外，同時為全球多個知名品牌生產成衣，包括 Ralph Lauren、Tommy Hilfiger、Hugo Boss、無印良品及安踏等，每年營業額達 15 億美元。

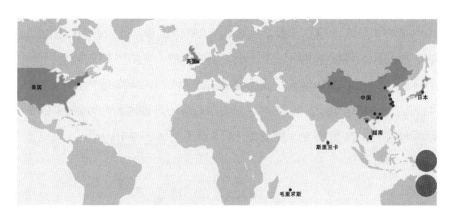

圖 3-4　益達集團的全球業務網絡
資料來源：益達集團：《環球業務網絡》，益達集團官網

---

26 「成長歷程」，2009-2012 年，益達集團有限公司官網。

　　晶苑國際集團有限公司創辦於 1970 年，創辦人為羅樂風及羅蔡玉清夫婦，羅樂風為知名服裝品牌堡獅龍創始人羅定邦的長子，公司初期僅為一小型車間，僅有幾台縫紉機及針織機，從事毛衣業務。1976 年，晶苑國際將業務拓展至休閒服，又在馬來西亞及毛里求斯開設工廠，並與 Mast Industries 共同成立合資公司 Sinotex。80 年代期間，晶苑國際將業務擴充至中國內地、牙買加及斯裏蘭卡等地，並開始實施先進的工業工程及電腦化操作。[27] 香港回歸後，晶苑國際先後在越南、孟加拉、柬埔寨等地開設工廠，又收購 Martin International Holdings，開設貼身內衣類別，同時將梭織業務轉型為專注牛仔服的業務。2016 年，晶苑國際被《財富》雜誌列入「50 家改變世界的公司」榜單中的第 17 位，亦是榜上唯一一家香港企業。[28] 2017 年 11 月 3 日，晶苑國際在香港聯合交易所掛牌上市。

　　經過多年的發展，晶苑國際已成為香港最主要的成衣製造集團之一。晶苑國際以香港為總部所在地，在中國內地、越南、孟加拉、柬埔寨、斯里蘭卡等 5 個國家設有 20 間配備自動化製造設施的工廠（中國境外的產能佔 74%），並在澳門、新加坡、英國等地設有辦事處，員工人數約 8 萬人，每年主要為全球領先的服裝品牌交付約 470 百萬件成衣，產品類別包括休閒服、牛仔服、貼身內衣、毛衣、運動服及戶外服等（圖 3-5）。[29] 2019 年度，晶苑國際銷售收入為 24.28 億美元，其中，亞洲佔 39.9%，美國佔 37.3%，歐洲佔 18.2%，其他國家和地區佔 4.6%；除稅前溢利 1.74 億美元；總資產 18.16 億美元（表 3-1）。[30]

---

27 「發展歷程」，1980 年代，晶苑國際集團有限公司官網。

28 「發展歷程」，2010 年代，晶苑國際集團有限公司官網。

29 「公司簡介」，晶苑國際集團有限公司官網。

30 《晶苑國際集團有限公司 2019 年度報告》，第 5、53-54 頁。

圖 3-5　晶苑國際的全球業務佈局
資料來源：《晶苑國際集團有限公司 2017 年報》，第 15 頁。

　　維他奶集團創辦於 1940 年，創辦人為羅桂祥，原籍廣東梅州。當時，羅桂祥希望能為香港一般家庭提供一種廉價而蛋白質豐富的飲品，以替代價格較為昂貴的牛奶，因此研製出「維他奶」豆奶飲品。維他奶的首家工廠位於香港島銅鑼灣記利佐治街，首天只售出 66 瓶豆奶，售價為港幣 66 仙，早期由售貨員以自行車逐戶派送，當時沒有經過消毒處理，需要即日飲用，未受消費者歡迎，戰前每日約售 1,000 瓶。

　　二戰後，維他奶於 1950 年將工廠遷往香港仔黃竹坑，除每日派送外亦透過零售商分銷方式銷售，並於 1953 年起改以高溫消毒法，無須冷藏貯存，銷量大增，至 50 年代中期已達每年 1,200 萬瓶。1962 年，維他奶在九龍觀塘工業區興建新廠房。1975 年，維他奶在香港率先採用無菌包裝技術生產飲品，並於翌年在香港推出全新的「維他」果汁

系列產品。1979 年，維他奶推出集團首創的即飲「維他」檸檬茶。[31]
70 年代，維他奶打出廣告「維他奶點止汽水咁簡單」，一時在香港家喻
戶曉。

1987 年，維他奶耗資 1 億港元在新界屯門興建總部大樓及新廠
房，擴大生產規模。1992 年，維他奶在美國西岸收購一所豆腐廠房，
1994 年又在廣東深圳開設新的生產基地。[32] 同年 3 月 30 日，維他奶國
際集團有限公司在香港聯交所上市。1998 年及 2001 年，維他奶將生產
基地擴展到中國上海、美國麻省艾爾市及澳洲。2006 年，集團透過「更
緊密經貿關係安排」（CEPA）在中國內地推出部分從香港進口的「維他」
茶類及果汁類飲品。2001 年及 2016 年，維他奶先後在廣東佛山和湖北
武漢開設大規模生產基地。[33]

時至今日，維他奶的產品已銷往多個國家和地區，成為香港著名
的生產品牌（圖 3-6）。2019 年度，維他奶國際經營收入為 75.26 億
港元，其中，香港及澳門佔 30%，中國內地佔 62%，澳洲及新西蘭佔
7%，新加坡佔 1%；除稅前溢利 9.56 億港元；總資產 58.78 億港元（表
3-1）。[34] 維他奶表示：「集團之經營目標旨在維持其促進優質生活的領
導地位，透過提供質優味美而營養豐富的產品，以滿足各地市場客戶的
需求。」

---

31 「集團發展里程」，1975-1979 年，維他奶國際集團有限公司官網。

32 「集團發展里程」，1987-1994 年，維他奶國際集團有限公司官網。

33 「集團發展里程」，2006-2016 年，維他奶國際集團有限公司官網。

34 《維他奶國際集團有限公司》，第 102-105 頁。

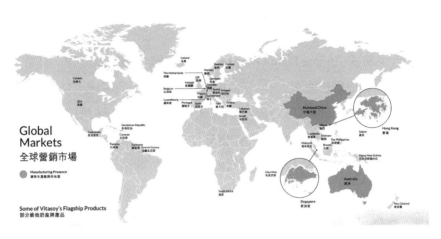

圖 3-6 維他奶的全球行銷市場
資料來源：《維他奶國際集團有限公司 2019 年報》，第 1 頁。

2000 年全球新冠疫情爆發以來，香港主要製造業企業都受到不同
程度的打擊，業績有所下降；但總體而言，影響尚不算嚴重（表 3-1）。

表 3-1 香港部分主要製造業上市公司概況

上市公司	2019 年度			2020 年度			2021 年度		
	營業額	除稅前溢利	總資產	營業額	除稅前溢利	總資產	營業額	除稅前溢利	總資產
德昌電機控股（億美元）	32.80	3.28	42.78	30.71	-4.72	34.61	31.56	2.48	40.19
偉易達集團（億美元）	21.62	1.92	10.87	21.66	2.12	11.95	23.72	2.59	14.46
晶苑國際（億美元）	24.28	1.74	18.16	19.85	1.23	17.83	23.41	1.92	19.60
維他奶（億港元）	75.26	9.56	58.78	72.33	6.79	64.10	75.20	7.67	72.77

資料來源：部分主要製造業上市公司 2019-2021 年報

▋ 獨角獸：商湯集團

商湯集團（SenseTime Group Inc.）起源於香港中文大學，是香港
科學園孕育的科技企業——人工智慧軟體公司。商湯成立於 2014 年
10 月 15 日，由香港中文大學教授湯曉鷗創立，與曠視科技、雲從科
技、依圖科技 3 家視覺領域的 AI 創業公司被併稱為「AI 四小龍」。早
在 1992 年，在美國麻省理工學院攻讀博士學位的湯曉鷗開始接觸人臉
識別演算法。博士畢業後，他先後在香港中文大學和微軟亞洲研究院工
作，繼續從事電腦視覺相關領域的研究。1998 年 1 月，湯曉鷗擔任香
港中文大學資訊工程系教授，於 2001 年在香港中文大學設立多媒體實
驗室（MMLab），商湯的創始團隊便源於此，也正是這間實驗室孕育了
商湯科技。在商湯中，湯曉鷗主要負責公司的研究及創新戰略設計，並
推動與其領先的大學及學術機構合作。

2014 年 3 月，湯曉鷗團隊發表 DeepID 系列人臉識別演算法，準確
率達到 98.52%，在全球首次超過人眼識別率的 97.53%。同年 6 月，湯
曉鷗團隊進一步發表 DeepID 系列演算法，逐步將人臉識別準確率提升
到 99.55%。商湯的聯合創辦人還有徐立、王曉剛、徐冰、楊帆等。商
湯的核心團隊由兩部分組成：一部分是來自麻省理工學院、香港中文大
學、清華大學、北京大學的博士、碩士等；另一部分則是來自微軟、谷
歌、聯想、百度等相關領域的從業者。2015 年至 2021 年 6 月，商湯累
計完成 12 輪融資，共籌得超過 52 億美元的資金。[35]

經過幾年發展，商湯集團不斷增強行業領先的全棧式人工智慧能
力，涵蓋感知智慧、決策智慧、智慧內容生成和智慧內容增強等關鍵技
術領域，同時包含 AI 晶片、AI 感測器及 AI 算力基礎設施在內的關鍵
能力。此外，商湯還前瞻性打造新型人工智慧基礎設施——SenseCore
商湯 AI 大裝置，打通算力、演算法和平台，大幅降低人工智慧生產要

---

35 《商湯集團股份有限公司上市招股書》，2021 年，第 172 頁。

素價格，實現高效率、低成本、規模化的 AI 創新和落地，進而打通商業價值閉環，解決長尾應用問題，推動人工智慧進入工業化發展階段。目前，商湯共獲得全球 70 多項競賽冠軍、600 多篇頂級學術論文、8,000 多項人工智慧專利及專利申請。

2021 年，商湯啟動上市程式，預計發行 15 億股 B 類股份，招股價介於每股 3.85 港元至 3.99 港元，集資約 57.75 億至 59.85 億港元，原計劃於 12 月 17 日掛牌上市。但 12 月 10 日，美國財政部表示將商湯加入「中國軍工複合體企業」清單。受此影響，商湯決定延遲上市。不過，12 月 20 日，商湯宣佈重新啟動招股，每股 3.85 港元公開發行 15 億 B 股，集資約 57.75 億港元，並為此重新確定 9 名基石投資者，包括中國誠通旗下的混合所有制改革基金、徐匯資本、國盛集團、上海人工智慧產業投資基金、上汽集團、國泰君安、香港科技園、希瑪眼科、泰州文旅。2021 年 12 月 30 日，商湯集團股份有限公司（SenseTime Group Inc.，簡稱「商湯集團」）在香港聯交所上市。商湯集團聯合創始人、董事長兼 CEO 徐立在上市儀式致辭中表示：「商湯人希望推動技術落地，用技術突破去重新定義場景和模式，去刷新大眾對於人工智慧的認知。商湯人始終堅信人工智慧技術變革帶來增量價值，必將推動普惠和公平的智慧時代到來。」

根據該公司的上市招股書，商湯集團主要售賣 AI 軟體平台，包括軟體許可、AI 軟硬一體化產品及相應的服務，其商業模式可以歸結為「一個核心、四個平台」。其中，一個核心是 SenseCore 通用人工智慧基礎設施，用於打通算力、演算法和平台；而四個平台就是把所有落地場景劃分為四大業務板塊，分別是面向智慧商業場景的 SenseFoundry-Enterprise（商湯方舟企業開發平台），面向智慧城市場景的 SenseFoundry（商湯方舟城市開發平台），面向智慧生活的 SenseME、SenseMARS、SenseCare 平台，以及面向智慧汽車的 SenseAuto（商湯絕影智能汽車平台）。其中，智慧商業和智慧城市是核心業務板塊，相關產品與解決方案深受客戶與合作夥伴好評。2020 年 1 月，為加強智慧汽車領域

的發展，商湯成立了智慧汽車事業群，以提升其在集團營業收入的佔比。

截至 2021 年 6 月底，商湯集團軟件平台的客戶數量合計已超過 2,400 家，其中超過 250 家《財富》500 強企業及上市公司，涵蓋 119 個城市以及超過 30 餘家汽車企業，同時還賦能了超過 4.5 億部手機及 200 多款手機應用程式。2021 年，商湯集團被 CB Insights Research 選為「最具價值未上市汽車科技公司」。2018 年，商湯集團的營業收入為 18.53 億元人民幣，到 2021 年增加到 47.00 億元人民幣，3 年間增長了 1.54 倍；毛利由 10.47 億元人民幣增加到 32.78 億元人民幣，增長了 2.13 倍；不過同期年度虧損則從 34.33 億元人民幣增加到 171.77 億元人民幣，增長了 4 倍（表 3-2）。根據弗若斯特沙利文公司的報告，商湯集團的收入在 2020 年位列行業亞洲第一，成為亞洲最大的人工智慧軟件公司，也是中國最大的計算機視覺軟件公司。[36] 根據 IDC《中國 2021H1 人工智慧軟體及應用市場追蹤報告》，商湯以 20.5% 的市場份額位居第一。

表 3-2　2018 年至 2022 年度湯商集團經營概況

單位：億元人民幣

	2018 年度	2019 年度	2020 年度	2021 年度	2022 年度
經營收入	18.534	30.266	34.462	47.003	38.09
毛利	10.468	17.192	24.321	32.776	25.42
除所得稅前虧損	-34.562	-51.729	-123.190	-171.415	-63.32
年度虧損	-34.327	-49.677	-121.583	-171.771	-60.93
總資產	169.481	239.480	384.786	369.443	374.27

資料來源：《商湯集團股份有限公司 2022 年報》，第 4 頁。

上市時，商湯集團共擁有 40 名教授、5,000 多名員工，其中約三分之二為科學家及工程師，包括 250 餘名博士及博士候選人。商湯集團在香港、上海、北京、深圳、成都、杭州、南平、青島、三亞、西安、

36　《商湯集團股份有限公司上市招股書》，2021 年，第 4、6 頁。

台北、澳門、京都、東京、新加坡、利雅德、阿布達比、迪拜、吉隆坡、首爾等地設立辦公室。另外，商湯科技在泰國、印尼、菲律賓等國家亦有業務，正成為香港、中國乃至亞洲區科技創新領域一顆奪目的明星企業集團（圖 3-7）。

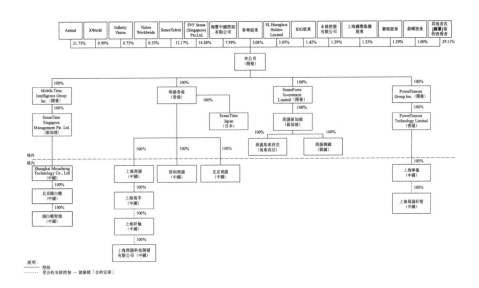

圖 3-7 商湯集團的股權架構與業務分佈
資料來源：《商湯集團股份有限公司上市招股書》，2021 年，第 182 頁。

商湯集團上市首日，收市報每股 4.13 港元，較發行價每股 3.85 港元上升了 7.27%，市值達 1375 億港元，之後市值更一度急升至 3,250 億港元。不過，2022 年 6 月 30 日，商湯遭遇「黑色星期四」。當天為商湯上市後股票買賣解禁的第一天，儘管集團管理層發佈自願性公告，延長所持 B 類股票禁售期至年底；然而股票仍遭遇大規模拋售，收市跌破發行價，股價大幅下跌 46.77%。至 7 月 19 日，商湯股價報收 2.10 港元，總市值跌至 704 億港元，比最高峰時跌去 78%，引起市場的高度關注（2023 年 1 月底為 950.54 億港元，但到 8 月 29 日再跌至 515.4 億港元）。當天，商湯集團通過聯交所開始回購股份，首天回購了 670 萬股，耗資約 1,407 萬港元。市場分析認為，商湯作為亞洲最大的人工智

慧軟體公司之一，具備行業領先的研發及商業落地實力，長期性增長明確，管理層開始回購公司股票，展現了公司對股票價值、業務前景、戰略及長遠發展的信心。

▌從內地製造業崛起的新興家族財團

這一時期，香港亦湧現出一批藉內地改革開放大潮崛起的家族財團，這些家族多為中國內地居民，藉着中國改革開放大潮在內地發家致富，其後取得香港永久居民資格，成為香港富豪家族。其中，比較矚目的有：曾毓群旗下的寧德時代、楊建文和林惠英旗下的伯恩光學、周群飛旗下的藍思科技、張茵和劉名中旗下的玖瓏紙業等。這批企業集團主要在內地製造業起家，旗下公司業務遍及中國內地甚至海外，成為香港華資製造業財團中的新群體。

寧德時代集團的創辦人為曾毓群，原籍福建寧德，出身一農民家庭，1989 年在上海交通大學畢業，被分配到一家國企工作。後來，曾毓群離開國企下海，前往廣東東莞一家新科技實業有限公司（SAE）任技術員，被上司派往美國學習，後晉升為公司工程總監。1999 年，曾毓群與新科技實業 CEO 合作，共同創辦「新能源科技有限公司」（ATL），投資 700 萬元人民幣，從美國購買聚合物鋰電池專利，經過反覆試驗，終於為美國電子消費企業開發出異形聚合物理電池，並成功拿下美國蘋果公司 1,800 萬個 MP3 訂單。2005 年，曾毓群作為科技專才從內地引進香港，成為香港永久居民。

2011 年，曾毓群將原香港新能源科技有限公司的汽車動力部門分拆出來，成立「寧德時代新能源科技有限公司」（簡稱「寧德時代」），專注電動汽車、儲能利鋰子電池系統德研發生產。當年，寧德時代參與當時全球最大風光儲輸示範工程 —— 張北儲能項目。[37] 2012 年，寧德

---

37 「發展歷程」，2011 年，寧德時代新能源科技有限公司官網。

時代與德國寶馬集團戰略合作，成為該公司動力電池核心供應商，並於
2014 年 2 月成立首家海外子公司 —— 德國時代新能源科技有限公司。
2013 年 12 月，寧德時代旗下公司寧德和盛通過股權轉讓方式取得了
廣東邦普 35% 股權；2015 年 1 月，斥資 1.87 億元人民幣收購廣東邦普
30.58% 股權，並向廣東邦普增資 6,800 萬元人民幣，從而取得廣東邦普
69.02% 股權，開始佈局電池回收和再生產業鏈，當年集團的動力電池
系統使用量進入全球前三位。

　　2015 年，寧德時代改制為股份有限公司，公司名稱改為「寧德時
代新能源科技股份有限公司」（Contemporary Amperex Technology Co.,
Limited）。[38] 2017 年，根據科技部火炬中心等部門發佈的《2017 年中國
獨角獸企業發展報告》，寧德時代估值 200 億美元，位列榜單第 6 位，
是福建省唯一一家入圍的獨角獸企業。2018 年 6 月 11 日，寧德時代在
內地深圳交易所創業板上市，一舉打破當時創業板的募資記錄，開盤首
日股價大幅上升 44%，市值逼近 800 億元人民幣（圖 3-8）。

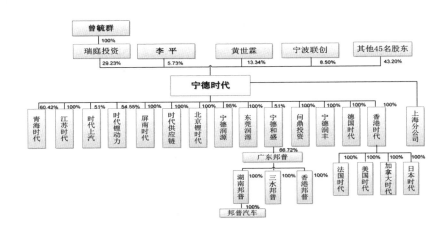

圖 3-8　寧德時代的股權及業務架構
資料來源：《寧德時代新能源科技有限公司招股説明書》，第 56 頁。

---

38 「發展歷程」，2015 年，寧德時代新能源科技有限公司官網。

　　經過多年發展，寧德時代已成為全球領先的鋰離子電池研發製造公司，專注於新能源汽車動力電池系統、儲能系統、鋰電池材料的研發、生產和銷售，致力於為全球新能源應用提供一流解決方案。其中，動力電池系統包括電芯、模組及電池包，應用領域涵蓋電動乘用車、電動客車以及電動物流車等專用車；儲能系統包括電芯、模組、電箱和電池櫃，應用領域涵蓋大型太陽能或風能發電儲能配套、工業企業儲能、商業樓宇及資料中心儲能、儲能充電站、通信基站後備電池等；鋰電池材料以廢舊鋰離子電池等為材料，通過加工、提純、合成等工藝生產鋰離子電池材料三元前驅體（鎳鈷錳氫氧化物）、三元正極材料等，使鎳鈷鋰等重要金屬資源在電池產業中迴圈利用。

　　寧德時代總部設於福建寧德，在中國福建寧德、江蘇溧陽、上海及德國慕尼克設有 4 大研發中心，並在中國福建寧德、青海西寧、江蘇溧陽、四川宜賓、廣東肇慶及德國埃爾福特設有 6 大生產基地，形成全球性業務佈局（圖 3-9）。該集團在國內擁有業內廣泛的客戶基礎，2020 年國家工信部公佈的新能源車型有效目錄共 6,800 餘款車型，其中由寧德時代配套動力電池的有 3,400 餘款車型，所佔比重達 50%，是全國配套車型最多的動力電池廠商。[39] 2020 年，根據 SNE Research 資料統計，寧德時代的動力電池系統使用量連續 4 年全球第一。[40]

　　2019 年度，寧德時代營業額為 475.88 億元人民幣，利潤總額 57.61 億元人民幣，總資產 1013.51 億元人民幣，[41] 分別比 2015 年的 57.03 億元人民幣、11.00 億元人民幣及 86.73 億元人民幣，大幅增長了 7.34 倍、4.24 倍及 10.69 倍，年均增長分別為 69.96%、51.28% 及 84.89%，實現了高速增長（表 3-3）。近年來，寧德時代開始將投資的目光指向美國。

39　《寧德時代新能源科技有限公司 2020 年年度報告》，第 13 頁。

40　「企業簡介」，寧德時代新能源科技有限公司官網。

41　《寧德時代新能源科技有限公司 2019 年年度報告》，第 93-98 頁。

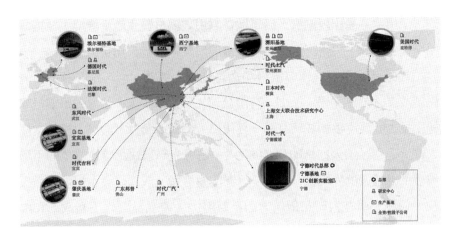

圖 3-9　寧德時代的全球業務佈局
資料來源：寧德時代新能源科技有限公司官網

2022 年 10 月，寧德時代宣佈與美國公用事業和分佈式光伏＋儲能開發
運營商 Primergy Solar LLC 達成協議，為 Gemini 光伏＋儲能項目獨家
供應電池。2023 年 2 月，寧得時代應美國汽車巨頭福特公司合作邀約，
將在美國密歇根州合作建造新能源汽車電池工廠。寧得時代表示，未來
集團的發展戰略，將循三個方向發展，包括以可再生能源和儲能為核
心，實現固定式化石能源替代；以動力電池為核心，實現移動式化石能
源替代；以電動化＋智慧化為核心，實現市場應用的集成創新。

　　伯恩光學集團的創辦人為楊建文、林惠英夫婦。楊建文為香港
人，曾是香港中文大學理工科的高材生，癡迷並善於研發。1987 年改
革開放初期，楊建文與林惠英在深圳市福田沙嘴建立第一間富士光學
廠，當時員工僅有 100 多人，主要為一些價值一兩百元的手錶玻璃面，
這就是伯恩光學的前身。1992 年，楊建文在香港註冊成立富士光學有
限公司。[42] 隨着生意的興旺，富士光學與西鐵城等精工手錶合作，僱員
增加至 3,000 人。據楊建文回憶，當時他買了部手機，熒幕是用膠片做

---

42 「發展歷程」，1987 年，伯恩光學有限公司官網。

的，使用中容易出現劃痕，於是他嘗試用玻璃材質生產手機屏，並推薦給手機生產商，獲得認可，隨後手機玻璃熒幕成為公司新業務。

2001 年，伯恩光學有限公司在香港成立總部，同年，在深圳市龍崗區成立「伯恩光學（深圳）有限公司」。[43] 2004 年，伯恩光學獲得摩托羅拉 100 萬片手機玻璃訂單，其後擴大到 400 萬片。於是，楊建文擴大廠房面積，工人亦增加到 7,000 人。伯恩光學很快給摩托羅拉的手機玻璃供應超過億片規模，成為了行業的領導者。成功研發手機玻璃面板後，伯恩光學在科研和創新方面不斷努力，產品品質也不斷改進和提高，從普通鈉鈣玻璃一直發展到高檔鋁矽玻璃和具電子功能的玻璃面板，2011 年研發 3D 曲面玻璃手機面板取得重大突破，並於 2014 年實現量產。同年，伯恩光學還成功研發出藍寶石手機面板和電容式觸控屏，這些高端產品成為公司主要盈利來源。

2007 年，蘋果推出第一代 iPone 手機，伯恩光學憑藉口碑成功獲得訂單，開始為蘋果提供熒幕。2008 年，面對全球金融海嘯的衝擊，伯恩光學產做出一個最重要的決定：在惠州惠陽區秋長白石工業區成立「伯恩光學（惠州）有限公司」，投資 30 多億元人民幣興建伯恩秋長工業園，在佔地面積近 60 萬平方米的地段上，建成廠房及宿舍 150 多萬平方米，並向自動化轉型，逐漸以機器代替人力。2010 年，楊建文將旗下的富士光學及伯恩光學整合為「伯恩光學有限公司」（Biel Crystal Manufactory Limited）。2014 年，伯恩光學榮獲「全球觸摸屏行業最具影響力企業家」稱號，同年與浙江的露笑科技合資在內蒙古通遼市設立「伯恩露笑藍寶石有限公司」，發展藍寶石晶體項目。2015 年，伯恩光學注冊成立「伯恩高新科技（惠州）有限公司」，旗下廠房在惠州市惠陽區的永湖、三和兩個工業園佔地面積共計 80 萬平方米，建築面積超過 120 萬平方米。2017 年，伯恩向國際擴張，注冊成立「伯恩光學（越

---

43 「發展歷程」，2001 年，伯恩光學有限公司官網。

南）有限公司」，在越南興建新的工業園。

　　經過 30 多年的發展，目前，伯恩光學已成為世界上生產規模最大、生產工藝及設備最先進的手機熒幕生產企業。伯恩光學總部設於香港，在深圳、惠州、安徽、內蒙古、越南、韓國、瑞士等地設有 8 個生產基地（圖 3-10），並設有產品技術研發中心和 3 個重點實驗室，總投資超過 400 億港元，工業園總佔地近 200 萬平方米，已建設廠房及宿舍面積達 400 萬平方米，員工人數近 8.5 萬人，其中工程人員超過 1 萬名，每年累計投入研發費用超過 10 億港元，在光學玻璃藍寶石玻璃加工、觸控屏幕研發、指紋模組組裝等諸多領域均獲得發明、實用新型、設計專利共 310 項。伯恩光學產品主要包括：手錶玻璃、手機玻璃（玻璃背板、玻璃面板）、光學鏡片、平板電腦、筆記本玻璃、消費電子設備的觸摸面板、指紋識別等，核心主業手機玻璃在全球市場佔有份額超過 60%，處於領先地位。2016 年，伯恩光學總產值超過 360 億港元，其中，蘋果、三星、索尼等市場佔公司總產值的 90%；另外，小米、酷

圖 3-10　伯恩光學的全球業務佈局
資料來源：伯恩光學有限公司官網

派、華為等市場約佔公司產值 10%。

與伯恩光學展開正面競爭的是周群飛創辦的藍思科技集團。周群飛原籍湖南湘鄉,二十世紀 80 年代末期隨父親南下廣東謀生,初期在一家手錶玻璃加工廠打工。據傳聞,周群飛早年曾在伯恩光學打工。1993 年,周群飛與姐姐、哥哥等 8 位家人一道,以 2 萬元人民幣資金啟動,在深圳創業,從事絲網印刷。1994 年,周群飛與香港商人結婚,取得香港永久居民資格。1993 年及 1997 年,周群飛先後創辦「恒生玻璃表面廠」和「恒生光學玻璃廠」。[44] 周群飛的崛起源自 2001 年,當時雷地科技公司老闆把 TCL 一批翻蓋手機面板的訂單分給周群飛,周群飛自此開始生產手機有機玻璃面板。

2003 年,周群飛在深圳創辦「深圳藍思科技有限公司」,並於 2006 年先後創辦「藍思旺科技(深圳)有限公司」、「藍思科技(湖南)有限公司」、「藍思旺科技(昆山)有限公司」,將生產基地從深圳拓展至湖南、江蘇等地。[45] 2010 年,藍思科技(香港)有限公司註冊成立,公司實際控制人為董事長周群飛。2011 年,周群飛將上述生產基地為基礎集團重組為「藍思科技股份有限公司」(Lens Technology Co., Ltd.)。2015 年 3 月 18 日,藍思科技在深圳創業板掛牌上市。[46] 周群飛表示:「之所以選擇在 3 月 18 日這天上市,是因為這個日子對我、對藍思有特殊意義。22 年前的今天,我和 8 個家人正式開始了創業的歷程。」

經過多年發展,藍思科技已成為全球觸控功能玻璃面板最大的供應商,周群飛本人則被譽為「全球手機玻璃女王」,集團經營業務涵蓋智慧手機、智慧穿戴、平板電腦、筆記型電腦、一體式電腦、新能源汽車、智慧家居家電、智慧醫療等領域。亦包含這些領域中高端產品的玻

---

44 「發展歷程」,1993-1997 年,藍思科技股份有限公司官網。

45 「發展歷程」,2003-2006 年,藍思科技股份有限公司官網。

46 「發展歷程」,2015 年,藍思科技股份有限公司官網。

璃、藍寶石、陶瓷、金屬、塑膠、觸控模組、生物識別、聲學等外觀結構及功能元件的生產、配套及組裝等。公司集設計、生產、服務於一體，是從零部件加工到整機組裝、原材料、輔助材料、工裝夾具、生產設備、檢測設備、自動化裝備、物聯網研發生產能力的垂直整合平台型公司。

目前，藍思科技總部設於湖南瀏陽，在湖南瀏陽、長沙、湘潭、廣東東莞、江蘇泰州及越南等地擁有研發生產基地，在香港、韓國、美國等地設有辦事處，已形成全球化佈局（圖 3-11）。集團員工約 10 萬人，其中，研發人員約 1 萬人。2019 年度，藍思科技的營業收入為 302.58 億元人民幣，利潤總額 28.39 億元人民幣，總資產 470.29 億元人民幣，比 2015 年的 172.27 億元人民幣、17.38 億元人民幣及 204.92 億元人民幣，大幅增長 75.64%、63.35% 及 1.29 倍，年均增長 15.12%、13.05% 及 23.08%（表 3-3）。[47] 2019 年，藍思科技位列由中華全國工商業聯合會評選的「中國民營企業 500 強第 96 位」，較上年上升 12 位。

圖 3-11　藍思科技的全球業務佈局
資料來源：藍思科技股份有限公司官網

---

47 《藍思科技股份有限公司 2017 年度報告》，第 90-94 頁。

　　玖瓏紙業的創辦人是張茵。張茵祖籍黑龍江雞西，1985 年移居香港創業，1987 年返回內地尋找合作夥伴從事造紙業，先後與遼寧營口造紙廠、武漢東風造紙廠、河北唐山造紙廠等合作。1988 年，張茵在東莞建立獨資造紙廠 —— 東莞中南紙業，生產生活用紙。1990 年，張茵與丈夫劉名中在東莞投資 1.1 億美元，創辦「玖龍紙業（控股）有限公司」（簡稱「玖龍紙業」）。1998 年 7 月，玖龍紙業旗下位於廣東東莞生產基地的首台造紙機（一號造紙機）試車成功，年設計產能為 20 萬噸牛卡紙，標誌玖龍紙業正式進入中國包裝紙板生產行業，打響了開業的第一炮。[48] 2000 年 6 月和 2002 年 5 月，玖龍紙業的二號及三號造紙機相繼投產，年總生產能力達到 100 萬噸，其中，三號造紙機僅用了 9 個月的時間建成投產，創造紙機建設安裝速度的新紀錄。

　　這一時期，玖龍紙業先後在江蘇太倉及廣東東莞購入超過 3,800 畝土地，用於擴建廠房，擴大生產規模。2004 年 10 月，玖龍紙業旗下的六號、七號造紙機高強瓦楞原紙生產線順利出紙投產，有效擴展了公司產品的品種和市場。2005 年 1 月，集團先後收購已投產的四號、五號造紙機；同年 4 月，八號造紙機試車成功，將集團在太倉基地的年生產能力提升到 95 萬噸。太倉基地的建成，標誌玖龍紙業已經在珠江三角洲和長江三角洲形成兩大包裝紙板生產基。[49] 其後，集團的九號、十號造紙機高強瓦楞原紙生產線相繼投產，使得玖龍紙業的總年生產能力達到 330 萬噸，確立了玖龍紙業作為中國包裝紙板龍頭企業的地位。

　　2006 年 3 月 3 日，玖瓏紙業在香港聯交所上市，並被納入為香港恒生綜合指數成份股。上市後，玖瓏紙業先後在重慶、天津、福建省泉州及東北建立多個生產基地，接手四川犍為及四川瑞松的生產和經營，又向上海實業收購河北永新紙業有限公司 78.13% 股權，從而增加

---

48 「重要里程碑」，1998 年，玖龍紙業（控股）有限公司官網。
49 「重要里程碑」，2005 年，玖龍紙業（控股）有限公司官網。

了集團在華北地區的市場份額，並為集團在天津的生產基地帶來協同效應。[50] 與此同時，玖龍紙業於 2008 年進入越南，合資成立了「玖龍正陽造紙有限公司」，加快佔據越南、老撾、柬埔寨等東盟市場。2017 年，玖龍正陽造紙完成越南基地二期工程的擴建，成為越南造紙的龍頭企業。2018 年，為了進一步拓展國際化的資源配置，形成資源優勢的互補，玖龍紙業收購了 4 家位於美國的漿紙廠，包括緬因州的 Rumford、Old Town、威斯康辛州的 Biron 和西佛吉尼亞州的 Fairmont；2019 年再收購了位於馬來西亞文東的漿紙廠（生產廢紙再生漿），並計劃在馬來西亞（雪蘭莪）建設一個新的智慧化造紙基地。[51]

經過多年發展，目前玖龍紙業已成為全球產能排名第二的造紙集團和中國造紙的龍頭企業。該集團總部位於廣東東莞，在廣東東莞、江蘇太倉、重慶、天津、福建泉州、黑龍江瀋陽、河北唐山、樂山，以及境外的越南、馬來西亞、美國等地設有生產基地，並正在湖北荊州、廣西北海、湖北咸寧等地建設新的漿紙基地，總設計年產能約 1,800 萬噸。[52] 玖龍紙業主要從事生產及銷售多樣化的優質包裝紙板產品，包括卡紙（牛卡紙、環保牛卡紙、白麵牛卡紙及塗布牛卡紙）、高強瓦楞芯紙、塗布灰底白板紙、環保型文化用紙、特種紙、高強瓦楞紙板、高強瓦楞紙箱及漿，並為客戶提供一站式包裝服務。2019 年度，玖龍紙業營業額為 546.09 億元人民幣，除稅前年度盈利 48.58 億元人民幣，總資產 817.72 億元人民幣，比 2015 年度的 300.92 億元人民幣、19.56 億元人民幣及 650.34 億元人民幣，分別增長 81.47%、1.48 倍及 25.74，年均增長分別為 16.07%、25.54% 及 5.89%（表 3-3）。[53]

---

50 「重要里程碑」，2006-2011 年，玖龍紙業（控股）有限公司官網。

51 「重要里程碑」，2018-2019 年，玖龍紙業（控股）有限公司官網。

52 「公司簡介」，玖龍紙業（控股）有限公司官網。

53 《玖龍紙業（控股）有限公司 2019/2020 年報》，第 89-91 頁。

表 3-3　新興製造業上市公司經營概況

單位：億元人民幣

上市公司	2019 年度			2020 年度			2021 年度		
	營業額	除稅前利潤	總資產	營業額	除稅前利潤	總資產	營業額	除稅前利潤	總資產
寧德時代	457.88	57.61	1013.51	503.19	69.83	1566.18	1303.56	198.24	3076.67
藍思科技	302.58	28.39	470.29	369.39	57.11	795.76	452.68	21.58	766.11
玖瓏紙業	546.09	48.58	817.72	513.41	52.96	793.20	615.74	84.76	921.72

資料來源：部分新興製造業上市公司 2019-2021 年報

　　回歸以來，這一批新興的製造業群體在香港迅速崛起。其中的標誌之一是 2017 年福布斯香港富豪榜中，楊建文夫婦以 83 億美元躋身前 10 位，排名第 8 位。這一群體還有黃敏利旗下的敏華控股集團、朱共山旗下的保利協鑫集團、葉澄海旗下的信立泰藥業集團、林剛旗下的康哲藥業、朱林瑤旗下的華寶國際等等。這些企業集團是中國改革開放的最大得益者，也是將來一群不可小覷的香港華資財團的群體。

第二節　商貿業財團

▌ 概述

　　香港華商商貿業的發展，幾乎與香港開埠同時展開。十九世紀 50-70 年代，隨着外資洋行的發展，華人買辦的數量大增。這些買辦致富後，部分自資開設商號，經商牟利。其中最著名的是怡和買辦何東，他致富後創辦自己的商號——何東公司（Ho Tung & Company），從菲律賓、印尼等東南亞盛產食糖的國家進口廉價食糖，之後轉售到對食糖有龐大需求的中國大陸。太古洋行的買辦莫仕揚家族，在任職期間也曾先後開設南泰號南北行、太古廣州分行、大昌棧等。滙豐銀行買辦羅壽

嵩，既是滙豐銀行的華股代表，又自行開設元隆號、永同仁銀號，以及一些錢莊，他一面以買辦身份作保，介紹錢莊向滙豐銀行借款，一面又以錢莊老闆的身份經商，成為當時香港金融界的實力人物。[54]

這一時期，華資商貿業最矚目的發展，是南北行、金山莊的相繼冒起。這些行商主要經營轉口貿易，將內地華北及江南兩線的物產，轉運到南洋、北美及澳大利亞，再將當地的貨品轉銷內地，由於適應海內外華人社會的需要，因而在短時期內迅速崛起。其中，以南北行的歷史最悠久，影響最深廣。南北行最早期的發展，是 1850 年廣東澄海籍潮商高元盛開設元發行商號及 1851 年廣東饒平籍潮商陳煥榮開設乾泰隆商號。二十世紀 20 年代，南北行進入全盛時期。當時，聚集在港島文咸西街、文咸東街、德輔道西、皇后街、永樂街一帶街區的南北行商號，多達 100 餘家，著名的包括元發行、乾泰隆、合興行、義順泰行、怡豐行、順發行、怡泰行、兆豐行等，其中規模宏大者每年的營業額都在 2,000 萬港元以上。[55]

其中，以馮平山開設的兆豐行最具規模。兆豐行於 1909 年在廣州創辦，4 年後移設香港。當時，馮平山從內地採購大批冬菇及各類海產，批發給其他商行，兆豐行的生意相當興隆，很快便成為香港南北行中響噹噹的字號。馮平山除經營貿易外，先後開設維吉銀號和亦安銀號，又與李冠春合資創辦華人置業有限公司，與押業大王李右泉合組安榮置業有限公司，業務漸趨多元化。[56] 1931 年馮平山逝世後，家族生意遂由其四子馮秉芬掌舵。1938 年，馮秉芬創辦馮秉芬集團有限公司，到 70 年代，馮秉芬集團旗下的聯營及附屬公司，多達十數家，經營的

54 余繩武、劉存寬主編，《十九世紀的香港》，香港：麒麟書業有限公司，1994 年，第 344 頁。

55 賴連三：《香港紀略》，上海：萬有書局，1931 年，第 101 頁。

56 樂文送：〈從提倡中文到推銷漢堡包──新會馮族三代談〉，載於《香港豪門的興衰》，香港：龍門文化書業有限公司，1986 年，第 42 頁。

行業涉及地產、銀行、保險、貿易、運輸、實業以至傳播業等,其代理的貨品,從白蘭地洋酒、音響器材到漢堡包,應有盡有,形成一個龐大的商業王國。

金山莊的崛起源於十九世紀 40 年代末以後美國西岸和澳洲悉尼相繼發現金礦。大量華人移民北美、澳洲和南洋,刺激了這些地區華人社會對中國貨品的需求,一批專門供應海外華僑的商行 —— 金山莊、南洋莊等應運而生。到二十世紀 20 年代金山莊增加到 280 餘家,再加上南洋莊、秘魯莊等,數目高達 650 家左右。[57] 其中,著名的金山莊有:和興號、萬利棧、同德堂、永安泰、聚昌隆、永昌吉、華英昌、寶隆、瑞永昌等。金山莊的代表是廣府籍華商李陞開設的和興號金山莊。和興號的業務從轉口貿易擴展到苦力貿易、鴉片販賣、航運、錢莊、賭業、地產等,是當時最重要的華資商號。

二十世紀 30 年代以後,南北行、金山莊的發展開始呈現不景,特別是 50 年代初受到聯合國對華實施貿易制裁的打擊,自此一蹶不振。這一時期,香港經濟開始轉型,走上工業化道路。到 70 年代以後,香港工業家實力壯大,自己成立出口部,直接向外國買家報價,以免除中間人抽傭,傳統洋行、貿易公司的地位迅速下降、式微。不過,這一時期,在華資商貿業中,仍然崛起一批令人矚目的貿易公司。其中的佼佼者,當數何善衡、梁銶琚等人創辦的大昌貿易行,以及馮氏家族的利豐公司。

大昌貿易行創辦於 1946 年,由何善衡出任董事長,梁植偉出任副董事長,梁銶琚出任董事總經理。大昌貿易行創辦後,即積極在中國內地及海外拓展商業網絡,先後在廣州開設大昌貿易行,在上海開設同和興、裕生祥商號,又在漢口開設大昌分行,在常德開設桐油廠,發展對中國轉口貿易。1954 年,大昌貿易行被香港政府指定為香港首批進口

57　賴連三:《香港紀略》,上海:萬有書局,1931 年。

米商及儲糧倉庫之一。大昌貿易行積極發展香港本銷市場，從海外採購大米和各類山珍海味以及各種油類、罐頭、糖品、飲料等，供應香港的批發商、超市等，成為香港最大規模的多元化食品供應商之一，而大昌貿易行開設的大昌食品市場連鎖店更發展至遍佈港九各個角落。到 80年代，大昌貿易行已發展為大型綜合性貿易商行，被譽為與英資洋行齊名的「本地老牌洋行」。可惜的是，1991 年，大昌貿易行被轉售予中資的中信泰富集團，結束其作為華資貿易商行的歷史。

到二十世紀 90 年代初期，香港主要的的貿易公司分別是英資公司的英之傑採購（IBS）、太古貿易，以及華資的利豐公司。不過，90 年代中期以後，利豐公司先後收購了英之傑採購和太古貿易，結束了香港由英資洋行主導進出口貿易的局面，馮氏利豐集團亦因而發展成為香港最大跨國商貿集團，成為國際上著名的「全球供應鏈管理者」。

▌ 馮氏利豐家族財團

馮氏利豐家族財團的歷史，最早可追溯到 1906 年利豐公司的創辦。創辦人馮柏燎，祖籍廣東鶴山，早年被父親送到香港皇仁書院就讀，精通英語，畢業後曾留校任教師，但不久離開香港返回廣州，在商人李道明的一家名為「寶興磁莊」瓷器商店任出口部經理。1906 年11 月 28 日，馮柏燎與李道明合資，在廣州創辦利豐公司（Li & FungCo.）。公司的名稱，由李道明的「李」和馮柏燎的「馮」兩字的諧音「利」與「豐」組成，寓意「利潤豐盛」。[58] 利豐開業之初，以外銷陶瓷為主業，並兼營古董及工藝品，將景德鎮陶瓷、石灣陶瓷，以及「廣彩」陶瓷源源不斷地銷往海外，生意興旺。其後，利豐逐步將外銷的業務擴展到竹器、藤器、煙花、炮竹、玉石和象牙等手工藝品等。

58　哈特臣（Robin Hutcheon）：《錦霞滿天 —— 利豐發展的道路》，廣州：中山大學出版社，1992 年，第 26 頁。

　　1935 年，正值日本醞釀發動大規模侵華戰爭前夕，馮柏燎有感於時局的急遽變化，遂委派三子馮漢柱前往香港開設分行。1937 年，利豐在香港註冊成立「利豐（1937）有限公司」，由馮漢柱出任公司經理。抗日戰爭爆發初期，香港的轉口貿易一度蓬勃發展，利豐行經營的範圍從廣東擴展到廣西、福建、湖南數省。可惜，這一業務發展隨着 1941 年 12 月日軍侵佔香港而驟然中斷。1943 年，馮柏燎返回廣州重新登記他的房地產以及繳交物業稅等事宜，期間不幸中風病逝，家族生意遂由其子馮慕英、馮漢柱兄弟掌舵。

　　戰後，馮漢柱兄弟重返香港，重整利豐業務。1945 年，一直沒有參與業務經營的合夥人李道明退休，於 1946 年將其所持利豐股份悉數售予馮氏家族。[59] 從 50 年代起，利豐將業務的重點從出口大陸產品轉向代理香港本地製造產品的出口，包括成衣、玩具、電子製品、鞭炮、塑膠花、傳統陶瓷和工藝品等。同時，也向工業生產進軍，投資塑膠花、籐器傢具、木器及金屬餐具等製造業。60 年代，利豐因出口成衣量龐大，獲分配大量配額，成為香港最大成衣出口商之一。[60] 這一時期，利豐進一步將業務多元化，先後發展地產、倉儲、航運和金融等業務。

　　70 年代初，馮漢柱的兩個兒子馮國經、馮國綸先後學成返港加入利豐。在馮國經兄弟的推動下，利豐有限公司於 1973 年 4 月在香港上市，獲得 113 倍超額認購。[61] 60 年代後期，利豐已開始向外拓展採購銷售網絡，先後在台灣、新加坡、南韓、馬來西亞、泰國等地設立分公司，代理成衣、電子製品、自行車、鞭炮等產品出口。上市後，利豐進一步在巴黎、倫敦、三藩市等地設立分公司。與此同時，利豐逐漸放棄過去採用的垂直整合的運作模式，將下游生產工序外發給各地廠商。自

59　「發展歷程」，1945 年，馮氏集團官網。

60　招艷顏：〈九十年、三代人〉，《資本家》，1996 年 2 月號，第 54 頁。

61　「發展歷程」，1973 年，馮氏集團官網。

己則專職中介人角色，並對有發展潛力的廠商給予財力支援，如參與部分股東投資等。

二十世紀 80 年代中後期，香港步入過渡時期。作為管理層的馮國經、馮國綸兄弟決定對利豐展開全面收購。1988 年 10 月 10 日，利豐宣佈將向公司全體股東提出全面收購建議，使利豐成為馮氏兄弟旗下的經綸公司（King Lun Limited）的全資附屬公司。1989 年 1 月，收購行動完成。馮氏兄弟策動的這次收購行動開創了香港公司管理層收購的先河。[62] 利豐從 1973 年上市到 1989 年私有化的整整 16 年間，營業額從 8,400 萬港元急增到 15 億港元，[63] 平均每年的增幅高達 20%，成為期間增長最快的貿易商行之一（圖 3-12）。

二十世紀 90 年代初期，馮國經、馮國綸兄弟決定把握時機，將利豐核心業務重組上市。1992 年 7 月 1 日，經重組後的利豐有限公司再次在香港掛牌上市。當時，香港主要的貿易公司有三家，包括英之傑採購服務（Inchcape Buying Services，簡稱 IBS）、利豐及太古貿易。1995 年 7 月，利豐成功收購 IBS。IBS 是英國英之傑集團（Inchape）旗下在香港的貿易公司，成立於 1970 年，總部設於香港，其核心業務來自集團於 60 年代收購的天祥洋行。1999 年，利豐進一步收購太古集團旗下的太古貿易（Swire & Maclaine Limited）及金巴莉公司（Camberley Enterprises Limited）。2000 年，利豐再次展開收購，收購了香港一家幾乎與利豐齊名的消費品貿易公司 Colby Group Holdings Limited（簡稱 Colby）。完成這一系列收購後，利豐的全球採購辦事處網絡從 48 個增加到 68 個，員工增加到 5,000 人，一躍而成香港及全球最大貿易公司之一，並在全球構建其龐大的供應鏈管理網絡。[64]

---

62 招艷顏：〈九十年、三代人〉，第 55 頁。

63 哈特臣著、黃佩儀譯：《錦霞滿天 —— 利豐發展的道路》，廣州：中山大學出版社，1993 年，第 69 頁。

64 馮邦彥：《百年利豐：從傳統商號到現代跨國集團》，第 182-229 頁。

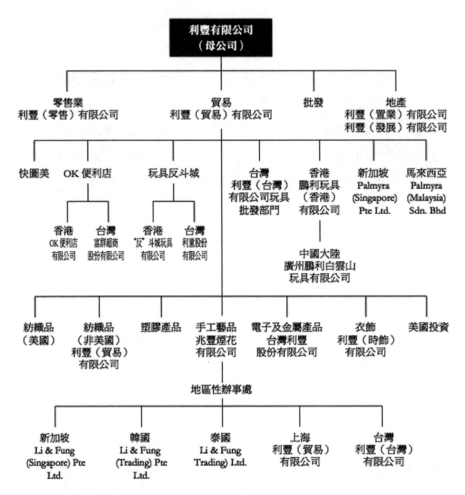

圖 3-12　1991 年利豐公司業務架構
資料來源：香港《資本》雜誌，1992 年 2 月

　　據統計，1992 年公司上市當年，利豐的營業額為 5.29 億美元，到 2011 年增長到 200.3 億美元，19 年間增長了 36.86 倍，年均增長率高達 21.08%；同期，利豐的核心經營溢利從 0.19 億美元增加到 8.82 億美元，增長了 45.42 倍，年均增長率高達 22.38%，創造了一個商業奇蹟（圖 3-13、圖 3-14）。利豐總市值從 1992 年底的 11.25 億港元增加到 2010 年底的 1815 億港元，18 年間增長了 160 倍，年均增長率高達 32.63%。2010 年，利豐成功躋身香港 10 大上市財團的第七位，在全球華商 500

強中排名第 45 位。[65]

　　回歸之後，利豐將業務擴展到品牌經銷。1999 年 1 月，利豐收購英之傑旗下新加坡上市公司英之傑市場拓展及其全資附屬公司英之傑集團亞太區市場推廣業務。該兩項業務的核心是「英和商務有限公司」（Inchape JDH Limited），業務覆蓋亞太地區 9 個國家和地區，包括香港、中國內地、台灣、泰國、馬來西亞、新加坡、印度尼西亞、菲律賓和汶萊等。2004 年 11 月，利豐將英和商務以「利和經銷」的名義分拆上市。不過，利和經銷的發展並不順利。2010 年，利豐將利和經銷私有化，[66] 並組成全資附屬的利豐亞洲公司。

　　2004 年以後，利豐實施登陸美國、歐洲的「本土策略」，致力收發展美國、歐洲本土品牌分銷業務，並成立全資附屬公司利豐美國和利豐歐洲。2014 年 7 月，利豐將利豐美國及利豐歐洲內從事服裝及相關產品品牌經銷業務以「利標品牌集團有限公司」（Global Brands Group Holding Limited）在香港分拆上市，主要業務是在美洲及歐洲經營全球領先的服裝、鞋類、時裝配飾及相關時尚產品。

　　利豐從事品牌零售業務的時間更早。1985 年，利豐集團旗下的利豐零售在香港成立第一家 OK 便利店，並於翌年與美國玩家「反」斗城合資開辦香港第一家「玩具『反』斗城」店舖。[67] 2001 年 1 月，利豐將「利亞零售有限公司」分拆在香港創業板上市。2007 年 2 月，利亞零售收購聖安娜餅屋，將公司的業務從便利店擴展到西餅麵包銷售。2009 年，利豐集團將旗下從事高端男士服裝零售業務的利邦控股有限公司在香港聯交所上市，進一步推動集團零售業務的發展。

65　馮邦彥：《百年利豐：跨國集團亞洲再出發》，香港：三聯書店（香港）有限公司，2011 年，第 285 頁。

66　《利豐有限公司按照協議計劃以私有化形式收購利和經銷集團有限公司章程》，2010 年 8 月 27 日，第 13 頁。

67　「發展歷程」，1985 年，馮氏集團官網。

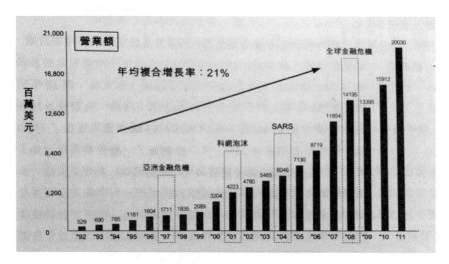

圖 3-13　1992-2011 年利豐（494）營業額增長概況
資料來源：哈佛商學院：《Li & Fung 2012》，第 19 頁。

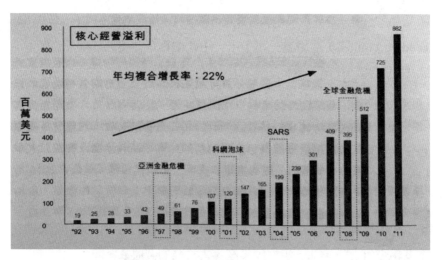

圖 3-14　1992-2011 年利豐（494）核心經營溢利增長概況
資料來源：哈佛商學院：《Li & Fung 2012》，第 19 頁。

　　2012 年 8 月，為了釐清整個集團和上市公司利豐的關係，利豐集團決定改名，將總部設在香港的利豐集團控股公司 —— 利豐（1937）有限公司，改名為「馮氏控股（1937）有限公司」，因而，利豐集團（Li & Fung Group）亦相應地改名為「馮氏集團」（Fung Group）（圖 3-15）。

而馮氏集團旗下最主要的上市公司——利豐有限公司的名稱則維持不變。與此同時，馮氏家族第四代——馮國經長子馮裕鈞於 2014 年出任利豐行政總裁，開始從父輩手中逐步接過家族企業的「接力棒」。

圖 3-15　利豐馮氏集團業務及股權架構
資料來源：馮氏集團官網

2009 年全球金融海嘯爆發以後，全球的經貿環境及商業發展模式，發生了巨大變化，這對馮氏利豐集團的業務發展構成了衝擊。自 2012 年起，利豐進入一個困難時期。2012 年度，利豐的營業額為 202.2 億美元，核心經營溢利為 5.11 億美元；但到 2019 年度已分別下跌至 114.13 億美元及 2.28 億美元。2016 年，面對電子商務快速崛起的衝擊，利豐在新三年計劃（2017-2019 年）中提出：將「專注於執行三大元素，

包括速度、創新和數碼化，以創造未來的供應鏈」，「以協助客戶應對數碼經濟」。[68]

與此同時，馮氏利豐為減少經營虧損，不斷出售旗下虧損或非核心業務，並重整集團業務架構，主要包括：2016 年以 3.5 億美元價格將利豐旗下的利豐亞洲（消費品及健康保健用品分銷業務），出售予中資的大昌行集團；2017 年將利豐旗下貿易業務板塊中重點發展的三個產品業務 —— 利妍 LF Beauty、利洋針織 Cobalt Fashions（毛衣）和 Living Style Group（傢俱），以現金 11 億美元出售予弘毅資本、馮氏控股 1937 和馮氏投資組成的買方財團，其中馮氏佔 55% 股權；2018 年以 22.152 億港元價格出售上市公司利邦控股 51.7% 股權予中資的山東如意集團；同年利標品牌以 13.8 億美元（相當於 107.64 億港幣）價格，將旗下大部分北美特許授權業務，包括所有童裝業務和配飾業務，以及大部分美國西岸與加拿大時裝業務，出售予在美國納斯達克上市的 DFBG 集團。2019 年，利豐以 3 億美元價格將利豐旗下利豐物流（LF Logistics）21.7% 股權出售給新加坡淡馬錫公司；2021 年再將旗下公司利豐物流剩餘股份以 36 億美元價格，出售予丹麥海運巨頭馬士基集團，2022 年 8 月馬士基完成收購；2020 年，利豐又以 27.9 億港元現金代價，將利亞零售旗下的 OK 便利店業務出售給加拿大上市公司 Alimentation Couche-Tard Inc 的全資附屬公司 Couche-Tard HK Limited。交易完成後，利亞零售經營業務主要剩下聖安娜餅屋、Mon cher 日本高級蛋糕店及 Zoff 時尚眼鏡連鎖店等。

進入 2018 年以後，隨着中美之間貿易摩擦的深化，以美國為主要市場的利豐，其經營困難進一步加深。進入 2020 年，隨着全球新冠病毒疫症在全球爆發，香港及全球經營環境進一步惡化。在此背景下，

68　馮邦彥：《承先啟後：利豐馮氏邁向 110 周年 —— 一個跨國商貿企業的創新與超越》，香港：三聯書店（香港）有限公司，2016 年，第 146-165 頁。

2020 年 3 月，利豐發佈公告宣佈，將由包括馮國經、馮國倫、馮氏控股 1937 等在內的「馮氏股東」（一家間接持有要約人 32.33% 股份的實體），與 GPL 旗下持有 66.2% 股權的普洛斯中國控股有限公司所組成的控股公司（馮氏擁有 60% 附表決權股份，普洛斯中國擁有 40% 附表決權股份和 100% 無表決權股份，及 67.67% 的有效經濟所有權）組成的要約人 —— Golden Lincoln Holdings I Limited，以每股 1.25 港元，即溢價約 150.0%，全面私有化利豐並撤銷其上市地位，涉及資金 72.23 億港元，由 GLP 透過外部債務融資及或內部資源撥付。[69] GLP 集團則是一家物流、房地產、基建設施、融資及相關技術方面全球領先的營運商及投資者，以新加坡為基地，業務遍及巴西、中國、歐洲、印度、日本和美國等地。

對於是次私有化，利豐表示：「鑑於電子化對零售行業的影響，公司着力於開展重組，以將其業務重新定位並加強其競爭優勢。儘管公司已實施一系列策略轉變以適應不斷變化的市場動態，惟財務表現仍然受壓。此外，預期將持續的經濟阻力正對公司的業務活動產生重大不利影響。要約人相信，目前作出的轉型努力將需要更長的時期以進行更深入的重組，因應全球經濟的不確定因素，公司的轉型將涉及實施風險，而且相關裨益將需要較長時間方可實現，相信公司的轉型在離開公眾股本市場後將能更有效地實施。」2020 年 5 月 27 日，利豐完成私有化，正式退市。2022 年 7 月 25 日，處於清盤中的利標品牌在香港聯交所退市。

目前，馮氏集團仍是香港最大的商貿財團之一，由馮國經任集團主席，馮國倫任集團副主席，持有上市公司利亞零售有限公司，以及非上市公司利豐有限公司、LFX、全海國際貨運代理、利妍、利洋針織、Living Style Group、馮氏零售集團等，在全球 40 多個城市設有 350 多個

辦事處，僱傭員工約 15,000 人，經營業務涵蓋全球消費品市場的全球供應鏈管理，包括貿易、物流、分銷和零售等領域，致力於推動全球供應鏈管理的轉型（圖 3-16）。[70]

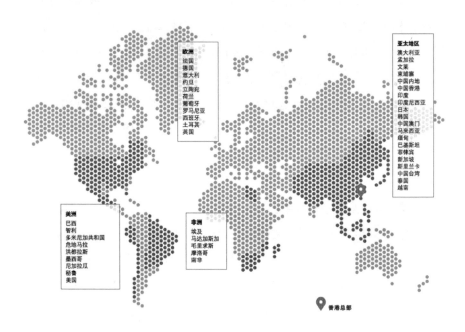

圖 3-16　利豐馮氏集團在全球的業務分佈
資料來源：馮氏集團官網

其中，LFX 為一個集孵化、投資和營運於一身的業務平台，建立數碼企業業務及提供創新的數碼解決方案和服務；全海國際貨運代理為一家領先的海運、空運和多樣式聯運服務貨運代理公司；利妍為一家提供一站式方案的美容產品公司，業務包括香水、護膚品、彩妝、數碼銷售點展示及美容儀器；利洋針織是針織行業中最具規模的專家之一；Living Style Group 是一家專注於家具業務的公司。馮氏零售集團涵蓋利

---

70 「我們的業務」，馮氏集團官網。

亞零售、玩具「反」斗城、利時控股、Suhyang Network、Fung Kids 等，其中，利亞零售在香港、澳門及廣州合共經營超過 170 家聖安娜餅屋、Mon cher 日本高級蛋糕店及 Zoff 時尚眼鏡連鎖店；玩具「反」斗城經營玩具及嬰兒用品，在大中華地區、東南亞及日本擁有超過 500 間門店。[71] 同時，由馮氏家族擁有的馮氏投資正積極向有潛力影響或塑造零售業、供應鏈及物流業未來的公司作出投資，涉及的範疇包括奢侈品零售、醫療、食品製造及供應鏈技術。[72]

第三節　航運業財團

▌ 概述

　　二十世紀 50 年代以前，香港的航運業幾乎完全操縱在以英資太古洋行、怡和洋行為首的外商手中，華商僅有數十艘中小客貨輪航行於香港至廣州灣、汕頭等華南沿海地區及海防、西貢、曼谷、新加坡等東南亞各港口。其中，最著名的是鐵行輪船公司買辦郭甘章，他於 1854 年購入鐵行輪船公司的機械工程部和修理廠，承接船舶修理業務，同時開設發興行，經營船舶租賃業。1877 年，郭甘章擁有輪船 13 艘，航行於省港澳之間，成為香港航運界的鉅子。[73] 十九世紀後期，周少岐、周卓凡家族從事金銀首飾製造致富後，先後創辦裕安輪船公司、兆安輪船公司及泰新銀號，經營的領域涉及航運、地產、保險、銀號等多個行業。周少岐還曾兼任省港澳輪船公司、香港九龍汽車公司、廣協隆船廠等多家公司的總理。

71　「我們的業務」，馮氏集團官網。

72　「集團簡介」，馮氏集團官網。

73　余繩武、劉存寬主編：《十九世紀的香港》，第 344 頁。

早期經營航運業的還有許愛周家族。二十世紀 30 年代初,許愛周創辦順昌航業公司,發展中國的航運事業。他首先購入一艘數百噸貨船,取名為「寶石號」,航行於湛江至香港之間。1937 年日本發動侵華戰爭,廣州亦相繼淪陷,省港客貨輪全部停航,當時湛江仍屬法租借地,成為了當時中國的主要港口。許愛周先後再創辦大安航業、太平航業、泰豐航業、廣利航業等航運公司,大量購置輪船,組成龐大船隊航行於廣州灣至香港及東南亞各埠,成為了華南地區的航運鉅子。[74] 40 年代初,許愛周將家族航運業務轉移到香港。1941 年香港淪陷後,許氏被迫暫時中止香港業務。戰後,許愛周返回香港,於 1952 年註冊成立「順昌航業有限公司」,再度購置輪船,組成船隊航行中國沿海及東南亞各埠。許氏家族的順昌航業和林錦洒家族的捷盛航運成為當時香港主要的華資航運公司。[75]

50 年代以後,香港工業化快速推進,從日本進口的機器設備、原材料以及從香港銷往歐美市場的產品大幅增加,再加上香港及遠東經濟的蓬勃發展,推動了香港航運業的高速增長,一批華資航運集團乘勢崛起,打破了英資的長期壟斷並在國際航運業上叱吒風雲。其中最著名的,是包玉剛的環球航運、董浩雲的金山輪船、中國航運、東方海外、趙從衍的華光航業及曹文錦的萬邦航運。不過,80 年代初中期,全球航運業陷入空前衰退之中,董氏家族的東方海外和趙氏家族的華光航業陷入債務危機之中,被迫債務重組;而包玉剛則實施「棄舟登陸」戰略,大量出售旗下船隊資產,先後收購九龍倉和會德豐,從而避過航運低潮的損失,曹文錦亦透過減少船隻躲過大劫。

踏入二十一世紀,隨着國際航運業復甦,華資航運集團迅速恢復發展。其中,環球航運透過一系列收購,改組為 BW 集團,並重新成

---

74 〈許愛周家族發跡史〉,《資本》,1989 年 12 月期,第 87 頁。

75 曹文錦:《我的經歷和航運五十載》,香港:萬邦集團,1998 年,第 51 頁。

為全球最大的航運集團，重登「世界船王」之位；萬邦航運改組為萬邦集團；華光航業改組為華光海運集團；東方海外改組為東方海外國際，都取得了長足的發展。不過，BW 集團和萬邦集團都先後將營運總部遷移到新加坡，而東方海外則轉售予中資的中遠海運集團，華光海運成為香港最重要的華資航運集團。

▌ 蘇海文 / 包文剛家族：BW 集團

　　BW Group 的前身是華商包玉剛創辦的環球航運集團。1986 年，包玉剛患病退休，將家族事業分配給四個女兒夫婦。其中，環球航運集團由大女兒包陪慶及其夫婿赫爾墨特 · 蘇海文（Helmut Sohmen）繼承。蘇海文為奧地利人，1970 年加入環球航運集團，協助岳父的航運業務。70 年代後期，蘇海文預見到全球航運業將陷入低潮，運費利潤跌至谷底，於是勸包玉剛減少船隻數量，將資金投資於九龍倉。因而，環球航運在短短的 5 年時間，先後出售了 140 艘船，令船隊由全盛時期的 200 艘大幅下降至 50 多艘。

　　包玉剛退休後，蘇海文接任環球航運集團主席，他按照岳父的策略，在世界航運低潮中設法降低經營成本，以減低集團的營運風險。這一時期，環球航運成為全球少數能夠保持良好財務狀況的船東之一。在經歷一段長時期的低潮後，國際航運業於 1990 年因再次爆發中東戰爭而逐漸復甦，蘇海文察覺到運油市場需求急升，因而先後訂造了 6 艘 26 萬載重噸的巨型油輪，組成新的油輪船隊，從而令集團的業務重新恢復增長。[76]

　　1993 年，環球航運趁瑞典 Nordstrom & Thulin（N&T）航運公司股價低迷之際，不斷從市場上吸納其股票，成為主要股東之一。翌年，N&T 發生重大海上事故，導致 900 多名海員和乘客喪命，公司股價低

76　*History: 1980s: Entering Turbulent Waters*, BW Group Website.

沉，原船東在傷心之餘萌生去意，將主席之職連同手上股份以極低價格轉讓蘇海文，蘇海文接掌集團主席一職後再繼續增持股份，至 1999年終於將公司私有化，令 N&T 成為環球航運集團的全資附屬公司。收購完成後，環球航運的船隊連同新訂造的油輪共增加了 24 艘輪船的規模。[77]

就在蘇海文伺機吸納 N&T 公司之時，其子包文剛（Andreas Sohmen-Pao）進入環球工作。從 2002 年起，環球航運將收購的目標指向挪威最大航運企業、專運天然氣及乾貨的本格森集團（Bergesen ASA）。當時，中東再重燃戰火，航運業隨陷入低潮，但蘇海文父子覺得行業低潮只是循環週期，對行業前景仍充滿信心，因而決心收購本格森。2003 年，環球航運以約 14 億美元（約 110 億港元）的價格，成功收購本格森 90% 股權，收購資金主要來自滙豐銀行的貸款及環球航運自身的資金。與此同時，環球航運宣佈在上海設立辦事處。蘇海文表示：「這一重大收購與我們進入中國市場有聯繫。因為本格森的特長是液化天然氣運輸，而這連同石油運輸恰恰是環球航運集團未來開拓中國市場的重點領域。中國市場戰略直接決定了我們的此次收購決定。」

收購前，環球航運是全球最大石油運輸商，總載重量為 900 萬噸，本格森則是全球最大液化氣、天然氣運輸商，總載重量為 1,230 萬噸。收購完成後，蘇海文、包文剛父子即於 2003 年 10 月在百慕達註冊成立 BW Group Ltd。2005 年，環球航運與本格森兩集團將旗下所有業務統一為 BW Group 品牌，並於 2007 年 4 月正式組建為 BW 集團。[78]2007 年以後，BW 集團持續展開一系列的收購行動，包括 2007 年透過旗下的 BW Offshore 收購為離岸石油和天然氣生產提供生產技術的 APL ASA；2010 年收購在挪威上市的 Prosafe ASA；2013 年收購整個馬基士

77　History: 1990s: Treading Water and Renewal, BW Group Website.

78　History 2000s: A New Identity, BW Group Website.

油輪船隊；2014 年收購 WOMAR 公司 50% 股權，並隨後獲得該公司化學品油輪船隊；2017 年將集團超級油輪船隊注入上市公司 DHT，從而成為該公司大股東，持有 34% 股權。鑑於集團與滙豐控股集團的長期合作關係，2018 年 10 月，滙豐控股購入 BW 集團 6.75% 股權，再次成為策略性合作夥伴。[79]

重組後的 BW 集團，營運中心設在新加坡，旗下管理船隊超過 300 艘，[80] 主要經營業務包括：天然氣運輸（BW LNG）、液化氣運輸（BW LPG）、原油運輸（BW VLCC）、燃煤和礦產運輸（BW Pacific）、化學品運輸（BW Chemicals）、乾貨運輸（BW Dry Cargo）、船舶建造（BW Offshore）及船隊管理與維修（BW Fleet Management）等，並持有上市的獨立原油輪船公司 DHT、加壓氣體營運商 Epic Gas、Hafnia 股權，集團的總載重量超過 2,200 萬噸，已經超越了包玉剛顛峰時期的規模，成為全球載重總噸位最大的航運集團之一，而蘇海文也當之無愧地繼包玉剛之後成為新的「世界船王」。[81]

目前，BW 集團已進入家族第三代時期，包玉剛的外孫包文剛接替年屆 75 歲的父親蘇海文出任集團主席。對於集團的未來發展，包文剛表示，較之他外祖父的時代，現在的商業模式已經有了巨大的改變。「我們在一個非常流動的、不確定的環境下運轉。同時，我們擁有更加扁平化的組織來處理資訊流的激增。我認為如果還是按照老一輩的模式運營會是非常危險的，因為世界已經變得如此不同。」儘管如此，包文剛強調公司的核心特徵並沒有改變，「在過去的 60 年中，我們進入了一些新的市場，收購了許多企業，也更換了管理人員。自始至終，我們的適應力讓我們在忠於傳承的同時也可以隨着環境的要求而不斷改變和

---

79 *History: Beyond 2010: Expansion*, BW Group Website.

80 *History: Beyond 2010: Expansion*, BW Group Website.

81 左志堅：〈包玉剛後人重奪船王寶座〉，北京：人民網，2003 年 4 月 27 日。

成長。」[82]

▌ 董浩雲 / 董建華家族：東方海外集團

　　與包玉剛同時躋身世界級船王的尚有董浩雲。董氏創辦的航運集團遠比環球航運早，可追溯到二十世紀 30 年代。董浩雲，原籍浙江定海，中學畢業後考入當時北方金融鉅子周作民興辦的航運業訓練班，結業後被派往天津航運公司任職，10 年後躍昇公司常務董事，30 年代初被先後推選為天津輪船同業公會常務理事、副會長，開始在航運業嶄露頭角。[83]

　　1936 年，董浩雲針對當時中國航運業的癥結，提出一份「整理全國航業方案」，提出了抗衡外資航商、發展民族航運事業的策略建議，其未被當時的國民政府接納。當年，董浩雲在上海創設「中國航運信託公司」，以一艘小輪船開始了他的航運生涯。可惜，上海淪陷後，中國航運信託公司被日本侵略軍接管。1941 年 3 月，董浩雲籌集 25 萬港元資金，再在香港註冊成立「中國航運信託有限公司」。他以外商身份，經營中國沿海及東南亞航運事業。不過，中國航運信託公司創辦不久，就碰上日本偷襲珍珠港，二次大戰全面爆發。日本佔領香港後，中國航運信託公司的船隊，被視為「敵產」而被接管。[84]

　　戰後，董浩雲於 1946 年 8 月創辦「中國航運公司」，先後購入「凌雲號」、「慈雲號」、「唐山號」、「昌黎號」、「天龍號」、「通平號」等輪船，組成船隊展開沿海及遠洋航行。1947 年，董浩雲派遣全部由中國船員操作的「天龍號」從上海首航法國、「通平號」首航美國舊金山，

82　約翰·弗雷德里克森（John Fredriksen）：《海上帝國》，中信出版社，2016 年 6 月 7 日，https://www.sohu.com/a/81762133_119738。

83　裘爭平：〈世界獨立大船東董浩雲〉，上海僑務編輯委員會、上海社會科學院世界史研究中心編：《海外上海名人錄》，上海：上海教育出版社，1991 年，第 165-166 頁。

84　郭峰：〈冰山一角看冰山——董浩雲集團究竟有多大？〉，《南北極》，第 117 期，1980年 2 月 16 日，第 5 頁。

成為中國航運史上的創舉。[85] 同年 7 月，董浩雲再創辦「復興航業股份有限公司」，向美國購入 3 艘勝利型萬噸級貨船，取命「京勝號」、「滬勝號」、「渝勝號」，從事遠洋航運。

1949 年，董浩雲將中國航運公司和復興航業公司船隊遷往台灣。1950 年，美國以「欠債未還」為由將復興航業的「京勝號」，「滬勝號」扣押，復興航業僅餘「渝勝號」苦苦支撐遠洋航運局面。據董浩雲回憶，當時「局面萬分艱苦，仍竭力奮鬥，掙紮圖存……債台高築，不僅老舊船隻無力作新陳代謝之謀，即現有的噸位亦逐漸銳減，遂使無依無靠之中國僅有少數民營海運事業，幾處岌岌可危的境地之中」。[86] 1949 年，他在香港創辦「金山輪船國際有限公司」，將航運的基地逐漸移到香港。

60 年代初，金山輪船公司以 100 萬美元的低廉價格，向美國購入 12 艘萬噸級「勝利」型貨輪，並將它們冠以「香港」之名，如「香港生產」、「香港代表」、「香港出口」等，加入遠東至美國的定期航線。其後，金山輪船又以不航行歐洲線為條件低價向西德購入一批 1.4 萬噸的雙柴油機雙軸客貨船，分別命名為「東方學士」、「東方藝人」等，先後投入繁忙的遠東至北美航線中，董氏的船隊迅速擴大。[87]

1959 年，董浩雲看到石油航運的前景，利用日本實行的「造—租」政策，向日本佐世堡船廠訂造 7 萬噸級的油輪「東方巨人號」，這是當時全球十大油輪之一。1966 年，董氏航運集團再向日本訂造 6 艘 22.7 萬噸級超級油輪；同年，董氏訂造的 11.8 萬噸級油輪「東方巨龍號」下水啟航。至此，董氏航運集團已粗具規模，其業務向兩個方面發展，一是以自己的船隊自行經營遠東至北美、西歐的客貨運輸，二是訂造大

85 張敏光：〈船王董浩雲和董建華〉，《廣角鏡》，1996 年 1 月，第 33 頁。

86 董浩雲：〈歷盡滄桑話航運——廿五年來中國航運事業的回顧〉，董浩雲：《中國遠洋航運與中國航運公司》，1954 年。

87 郭峰：〈冰山一角看冰山——董浩雲集團究竟有多大？〉，第 6 頁。

噸位散裝貨輪和超級油輪以計時租賃的方式租予客商。

60 年代末，香港航運進入貨櫃運輸時代，董氏航運集團成為最先進入貨櫃紀元的先鋒。1969 年，董浩雲以「東方海外貨櫃航業公司」名義，開辦全貨櫃船業務，並於 1973 年將該公司在香港上市，集資 1.2 億港元，用於訂造新船和還債。這是東方海外實業有限公司的前身。從 70 年代中起，董浩雲先後將統一散裝貨船公司，統一貨櫃航業公司和大德公司等注入東方海外實業，令其船隊急增至 14 艘以上。1978 年度，東方海外實業的盈利達到 1.1 億港元，比上市初期增長一倍。1980 年，東方海外實業斥巨資收購了英國最大的航運集團富納西斯輪船公司。經此一役，東方海外實業的總噸位從 1979 年的 46 萬噸躍升到 120 萬噸，成為董氏旗下實力最強大的航運公司。

1980 年 4 月，董浩雲以 1.125 億美元，買下英國第二大船業集團富納斯公司，躋身世界七大船王之列，集團旗下漆有黃煙囪、標有「梅花」標誌的船隻達 149 艘，總載重噸位超過 1,100 萬噸，附屬公司包括中國航運、金山輪船、東方海外實業等遍佈全球各地，包括香港、台灣、新加坡、日本、英國、美國、加拿大、沙地阿拉伯等地，成為跨國性世界級航運集團。而董浩雲本人則被美國《紐約時報》稱為「世界最大獨立船東」。

1980 年，董浩雲宣佈退休。同年，他訂購的超巨型油輪「海上巨人號」下水，該船載重噸位達 56.3 萬噸，成為全球最大船舶，而董氏本人亦被稱為「海上巨人」。1982 年，董浩雲因病逝世，家族生意由其子董建華、董建成繼承。董浩雲從事航運亦不忘社會公益，1971 年他曾購入超級油輪「伊利莎伯皇后號」並改裝為「海上學府」，計劃在海上創辦一所大學。「海上學府」1971 年被焚後，他再購入「大西洋號」，並易名為「宇宙學府」。他更設立「董浩雲獎學金」，供亞洲和南美著名大學生登輪進修。

不過，到 80 年代中，董氏的東方海外實業由於擴張過速，公司的資產負債率高達 78%，長短期負債高達 92.4 億港元，1984 年度僅利息

淨支出就高達 5.61 億港元，是該年度除稅後盈利（未計算非經常收入）的 3.3 倍。[88] 1985 年，世界航運業陷入空前衰退，東方海外實業的財務危機開始表面化，出現 24.8 億港元資產負值，瀕臨破產。董氏集團擴張達最高峰時，整個集團債務高達 200 億港元，債權人 200 餘家，遍佈全球 50 多個國家。由於債務過多，作為抵押品的船隻因航運業衰退而大幅貶值，董氏航運集團已資不抵債。而當時該集團向日本造船廠訂造的 24 艘新船，更急需現金結賬，於是觸發財務危機。

當時，出任董氏航運集團及東方海外實業主席的董建華，為完成集團債務重組，多次遠赴日本，與以東棉承造為中心的商社、造船廠展開艱苦談判，並與以香港滙豐銀行、美國漢華實業銀行、日本東京銀行和興業銀行為首的 200 餘名債權人展開長達 17 個月的冗長磋商。由於不是透過法律程式強制執行重整方案，重組成功的關鍵是達成共識，200 多個債權人分別來自 50 多個國家，有 50 多種法律，當時業內人士估計成功的機會不到一成。[89] 談判期間，董建華先是說服日本的造船廠接受小量賠償後取消 12 艘新船的訂單，又得中國銀行率先襄助，貸出 2,000 萬美元，令其他 11 家債權銀行亦各貸出 2,000 萬美元，共籌得 2.4 億美元支付另 12 艘新船款項。在最關鍵時刻，董建華再獲得霍英東的協助，注資 1.2 億美元，使東方海外得以繼續營運。1987 年 1 月，董建華成功與債權人簽訂集團債務重組的協議。

是次債務重組，主要內容是成立一家名為「東方海外（國際）有限公司」（Orient Overseas (International) Limited）的新公司，以管理董氏集團旗下 31 艘貨櫃船，專責貨櫃運輸業務，由霍英東向該公司注資 1 億美元，取得該公司 35% 股權，而東方海外實業持有該公司 65% 股

88 郭峰：〈剖析東方海外，金山集團的困境〉，齊以正、林鴻等：《香港豪門的興衰》，香港：龍門文化事業有限公司，1986 年，第 296 頁。

89 邱誠武、許玉綿：〈韋健生憑建「橋」挽救董氏〉，《經濟日報》，1996 年 11 月 26 日。

權，東方海外實業的債權人則把全部債務轉換為東方海外實業的票據（1億美元）、優先股（5,000萬美元）及新普通股（2.15億美元），共持有東方海外實業67%股權，其中52%股權連同董氏家族持有的23%股權則注入一家由董氏家族管理的董氏控股基金中，並指定該基金存在15年，以備東方海外實業取得利潤時向債權人贖回股份，原東方海外實業股東則持有該公司10%股權。重組後東方海外（國際）仍經營31艘船舶。[90]董氏集團旗下的金山輪船公司亦以類似方式重組，管理旗下34艘油輪和散裝貨輪。

自此，東方海外實業着力整頓資產，不斷出售非核心業務及投資，包括出售英國富納西斯股權，套現超過10億港元；出售香港國際貨櫃碼頭20%股權，分三次套現30億港元；以及其他多宗以億元計資產，目標是改善財務狀況並集中經營貨櫃運輸業務。[91]80年代後期，世界航運業開始復甦，東方海外實業的盈利能力開始好轉，先後於1989年12月及1990年3月向債權人購回票據及部分優先股。1992年5月，東方海外實業宣佈再次重組計劃，將東方海外實業的票據、優先股和普通股全部轉換為東方海外（國際）的票據、優先股（亦可換取現金）及普通股，霍英東注入的1億美元亦轉換為東方海外（國際）的可贖回優先股及可換股可贖回優先股。同年7月，東方海外（國際）取代東方海外實業在香港上市，成為董氏集團的上市旗艦。

1993年，東方海外（國際）開始錄得較穩定的盈利並首次恢復派息，董氏家族對東方海外的控制權也重新提高到50%以上。1994年，東方海外（國際）股價大幅飆升66.94%，升幅居香港股市十大升幅上市公司的榜首，其時，東方海外（國際）的借貸仍約有38億港元，但流動投資組合約達30億港元，財務狀況已大為改善，業務已重上軌

90　卓健：〈董建華及東方海外苦盡甘來〉，*ECONOMIC DIGEST*，1995年12月，第36頁。

91　方元：〈東方海外是否將私有化惹憧憬〉，《南北極》，1996年2月，第14頁。

道，其掌舵人董建華經多年艱苦奮鬥，至此苦盡甘來。

　　1997 年香港回歸後，董建華出任首任特區行政長官，由其弟董建成接任東方海外（國際）主席。在董建成的領導下，東方海外（國際）的業績從 2003 年起大翻身，當年的營業額增長 31.9% 至 32.41 億美元，純利則大增 5.36 倍，達 3.29 億美元，兩者都創了新高。2009 年全球金融海嘯後，東方海外（國際）每年都實現了盈利，其航線擴展到亞洲、歐洲、北美、地中海、印度次大陸、中東及澳新等地，業務規模躋身全球 10 大班輪的行列之中。

　　不過，2008 年全球金融海嘯爆發後，國際海運業低迷不振。2016 年，東方海外（國際）全年股東應佔虧損達 2.192 億美元（約 17 億港元）。集團主席董建成在公司年報公開承認：「過去一年業界經歷罕見之艱難市況。在大部分地區增長緩慢而運載力過剩下，多條航線均遇挑戰。」[92] 在此背景下，有關東方海外被收購的傳聞此起彼伏。2017 年 7 月 7 日，東方海外（國際）與中資公司中遠海運旗下的中遠海運控股、Faulkner Global Holdings Limited、上海港務集團 BVI 發展有限公司等聯合宣佈，中遠海控與上港集團將向東方海外全體股東發出附先決條件的自願性全面現金收購要約，每股作價 78.67 港元，涉及金額 492.31 億元港元；而持有東方海外（國際）68.70% 股份的控股股東董建華家族已訂立不可撤回的承諾，同意接受此次要約。[93] 2018 年 7 月交易完成，中遠海外透過收購東方海外（國際），躋身全球三大航運集團之列。至此，董建華家族告別東方海外（國際），後者成為一家中遠海外的附屬上市公司。

---

92 《東方海外（國際）有限公司 2016 年年報》，第 11 頁。

93 《中遠海運控股股份有限公司、東方海外（國際）有限公司、Faulkner Global Holdings Limited、上海港務集團 BVI 發展有限公司聯合公告》，第 2 頁。

▌ 趙從衍 / 趙世光家族：華光海運集團

華光海運的前身是華光航業有限公司，創辦人趙從衍，早年畢業於上海東吳大學法學院。他沒有從事法律職業，而是在上海一家著名的貿易公司擔任買辦。1940 年，趙從衍與一位英國朋友開設了一家洋行代理船務工作。1945 年，二戰結束，趙從衍見內地經歷多年戰爭，物資緊缺，航運業務大有可為，於是購買了一艘 3,000 噸舊貨船，命名為「國星號」（KWOK SING），航行於秦皇島至上海之間，販運煤炭，由於當時上海煤炭短缺，生意不俗。1948 年，上海政局日趨動盪，趙從衍囑咐妻子和幼女率先飛往香港，自己則與四個兒子乘搭「國星號」離開上海前往香港。

趙從衍到香港後，最初與另外兩個合夥人成立了一家新的航運公司，生意蒸蒸日上。1952 年，趙從衍深感世界航運業大有可為，遂獨自創辦「華光航業公司」。[94] 取名為「華光」，根據趙從衍的孫子趙式慶的解釋，是要「把華人的光彩發揮到全世界」。其時，華光航業雖然經營航運，但實際上所有航運業務，包括僱用船員、購買保險、配置機件等均交由挪威的華倫洋行代理。趙從衍感到自己在航運方面外行，遂派遣長子趙世彭赴英國最大的造船大學 Durham 攻讀輪機系，又先後到瑞士著名的哥登堡船廠、英國的蘭特兄弟船務公司，及勞氏驗船公司實習、工作，為趙氏在航運界立足奠定基礎。1961 年，趙世彭學成返港，出任華光航業董事，將全部船務業務從華倫洋行手中接管，自己經營。當時，華光航業已擁有 4 艘輪船。

60 年代初，世界航運業一度不景，歐洲的大批舊船停拋各港口，單是亞丁港就停拋逾 300 艘舊船，價錢低廉。[95] 趙從衍遂派其子趙世彭前往希臘和亞丁港考察，結果認為有利可圖，於是購入一批舊船，並從

94　「我們的歷史」，1952 年，華光海運控股有限公司官網。

95　張英：〈在華光船務集團總部訪趙世彭〉，《南北極》，1995 年 8 月，第 15 頁。

亞丁港裝運貨物駛回香港、台灣、日本、印尼等地，其中部分運貨後即拆卸，作廢鐵出售，部分則編入華光船隊再出租，使華光航業取得很大發展，到 1962 年，華光航業旗下船隊已增至 23 艘，[96] 一躍而成一家大型航運公司。

1963 年，英國著名的勞氏保險公司突然宣佈大幅增加對舊船裝運貨物的保險費，首當其衝的自然是日本。為了應付這種轉變，日本政府採取了一系列鼓勵造船政策。這些優厚政策吸引了香港的船東，如包玉剛、董浩雲等從經營舊船轉向訂造新船，華光航業亦把握良機。1965 年，趙從衍四子趙世光代表華光航業向日本 Sanoyasu 船塢訂購了第一艘 16,000 載重噸的散貨船 NEW VENTURE。其後，華光航業又先後訂造了多艘散貨船，包括當時新設計的 60,000 載重噸巴拿馬型散貨船，令船隊的規模進一步擴大。華光航業先後在日本造船廠訂造了超過 100 艘船。[97]

踏入 70 年代，香港股市漸趨蓬勃，趙氏家族不失時機地將旗下業務上市，吸納資金。1972 年，華光先與恒生銀行合作，將旗下的「新世紀航業有限公司」在香港上市，集資 1.4 億港元。1973 年，趙從衍再將新世紀航業的控股公司 ——「華光航業有限公司」（Wah Kwong Shipping and Investment Canpany）在香港上市；同時，又將家族經營地產業務的華光地產上市。當時，華光航業擁有船隻 8 艘，載重噸位 19.3 萬噸，規模雖不及附屬的新世紀航業，但船隊質素較好。上市一年後，另 3 艘新船相繼投入服務，華光的船隊遂增加到 11 艘，51 萬載重噸，其中包括一艘 22.7 萬噸超級油輪「和諧勇士號」，其餘主要是乾貨船和散裝貨船。

1974 年，華光航業趁股市低潮以換股方式收購新世紀航業，令旗

96　凌泰：〈父子兵 —— 趙世彭先生訪問記〉，《信報財經月刊》，第 1 卷第 3 期，第 54 頁。
97　「我們的歷史」，1965 年，華光海運控股有限公司官網。

下船隊增至 29 艘輪船，108 萬載重噸。1976 年，華光利用股市供股集資 4,400 萬港元，用於訂造新船。華光亦頗注重維持船隊質素，採取「汰舊置新」措施去擴展船隊，當訂造新船的同時，售出舊船或出租率不高的輪船，以保持財政狀況的穩健和船隊的質素。

到 80 年代初，華光船隊已發展到 50 多艘，總載重量超過 400 萬載重噸，其中包括當時海上一些最大、最先進的油輪和散貨船，以及汽車運輸船和集裝箱船。1982 年，華光訂造的「日立勇士號」（HITACHI VENTURE）交付使用，該船載重噸為 263,658 載重噸，是有史以來最大的散貨船之一，旨在為一家主要的鋼鐵生產商提供最有效、最具成本效益的鐵礦石海上運輸。[98] 這一時期，世界航運業低潮已經襲來，然而，華光航業社長、趙從衍長子趙世彭仍認為，世界航運業可於 1985 年至 1986 年間再達到另一高峰，趁低價訂造新船，是未雨綢繆之舉。[99] 及至 1983 年，世界航業衰退加深，連包玉剛都多次公開呼籲船東們多拆船，以改變閒置船舶過多的現象，但華光航業仍斥資 7 億港元訂購 6 艘新船。

1985 年，就在華光航業社長趙世彭預言世界航業不景即將過去之際，香港航運業已先後出現會德豐船務公司清盤、東方海外實業債務重組等事件，當時各方面的注意力開始集中到華光航業，市場有關債權銀行向華光航業逼債的傳聞不脛而走。事實上，面對世界航業的大蕭條，華光航業早已泥足深陷，截至 1985 年底虧損的數額已高達 23.2 億港元，是股東資金的 1.77 倍。當時，華航情況之危殆，連銀行家也沉不住氣，美國大通銀行和萬國寶通銀行就曾扣押華光的船隻。

1986 年 1 月 28 日，華光航業在香港股市停牌，危機表面化。觸發

---

98 「我們的歷史」，1982 年，華光海運控股有限公司官網。

99 郭峰：〈船隊增長快盈利增長慢，分析華光航業的經營〉，齊以正等：《上岸及未上岸的有錢佬》，香港：龍門文化事業有限公司，1984 年，第 133 頁。

這次危機的導火線，是華光航業的主要客戶，包括愛爾蘭國營租船公司及澳洲袋鼠航運公司等相繼破產，拖欠華光航業的租船鉅款無法償還。對此，華光航業社長趙世彭無可奈何地表示：「我們亦看到全球航業出現問題，但是我們的船隻都已租賃出去，而且很多客戶是國營公司，但他們發生困難被清盤了，國家擔保也不付款，那有什麼辦法！而銀行方面卻不斷向我們追債，我們除了重組財務，實在並無他法。」[100] 到停牌時，華光航業的債務總額已達 8.6 億美元。

華光航業的債務重組亦經歷了異常艱辛的過程。趙氏家族為了取得債權銀行對債務重組的首肯，先是向華光航業提供了一筆 4,800 萬美元的私人貸款，繼而答允向銀行借貸 1,000 萬美元，其後，更被迫向債權銀行開列了一張家族財產的清單，以便讓債權人計算大股東有多少資金來償還債務。1986 年 11 月 18 日及 1987 年 5 月 9 日，趙從衍將一生收集珍藏的大批古董名瓷分兩次在富麗華酒店的翡翠廳公開拍賣，共籌得 1.7 億港元，又將家族持有的上市公司華光地產三成股權售出，套現 1.74 億港元，全部注入華光航業。趙世彭在解釋華航能夠成功重組的原因時指出：「債權人明白我們重整業務的誠意，我們把地產、酒店、父親的珍藏變賣，幾乎耗光大部分家財，所以能說服銀行的支持。」[101]

華光航業的債務重組中，股東遭受很大損失，每持 100 股普通股者，僅獲配發 2 股新普通股。重組後，公司的股權分成兩類：A 股由債權人持有，佔公司已發行股份的 49%；B 股由原股東持有，佔 51%，其中趙氏家族持有的 B 股，佔 49%，其餘小股東持有的 B 股，佔剩餘的 2%。A 股和 B 股的權益等同，但若華光航業被清盤，則 A 股持有人有權獲退每股 47 港元，剩餘資產才分配給 B 股持有人。趙氏家族不但喪失大股東地位，且淪為二等股東。

---

100 何文翔：《香港富豪列傳之二》，香港：明報出版社，1991 年，第 128-129 頁。

101 何文翔：《香港富豪列傳之二》，第 129 頁。

華光航業重組後，於 1987 年恢復在香港股市掛牌上市，其時，正值世界航運業逐漸復甦，華光經數年審慎經營，到 90 年代初債項已減至 2.5 億美元，公司業務漸上正軌。1992 年 3 月，華光與所有債權人再達成協議，安排一項總值 1.2 億美元的銀團貸款，用以清償全部舊債，令集團完成債務重組。從 1993 年開始，華光再度開始訂購新船，致力提高旗下船隊的質素，先後售出多艘舊船，並投資 10 億港元訂購 10 艘新船。與此同時，華光積極推動集團業務的多元化，尤其是積極投資中國的房地產、食品加工及製造業，並涉足貨櫃碼頭業務。誠然，華光航業的主業仍是航運業，至 1995 年船隊規模雖仍不及 70 年代，但仍擁有逾 30 艘輪船，總噸數達 200 萬噸，繼續成為香港航運業中中堅力量。

1998 年，趙從衍病逝，由第四子趙世光擔任公司主席兼行政總裁。同年，華光航業長期的業務合作夥伴招商銀行通過其子公司 Bocimar Far East Holdings Limited 成為華光的主要股東。2000 年，Bocimar Far East Holdings 和趙世光提出聯合自願要約，全面收購華光，並將其私有化。根據聯合自願要約，華光於 1999 年私有化，從香港聯合交易所退市。2000 年至 2001 年期間，Bocimar Far East Holdings 將華光股份出售給趙氏家族。自此，趙氏家族再次控制當初由創辦人趙從衍創辦的華光集團，並將其易名為「華光海運控股有限公司」（Wah Kwong Maritime Transport Holding Limited）。

回歸以後，華光海運亦逐步完成家族接班更替。2002 年，趙世光長女趙式明進入華光海運，2007 年出任董事局副主席，2013 年父親趙世光中風後出任集團執行主席，並於 2015 年出任香港船東協會主席，成為該協會第一位女性主席。2016 年 6 月 20 日，趙世光因病去世，享年 76 歲。趙式明接任集團主席後，即對華光海運展開戰略調整，聘請資深航運專家大衛・帕爾默（David Palmer）出任 CEO，將華光海運的業務重新劃分為兩部分，包括傳統的船東業務和綜合船舶資產管理業務，分別有兩位聯席董事總經理管理。近年來，華光海運的業務轉型取得了成功，在傳統船東業務板塊穩步發展的同時，綜合船舶資產管理板

塊也獲得了快速發展，旗下自有及管理船隊規模不斷擴大。趙式明在接受媒體採訪時曾表示：「在祖輩管理航運業的經驗中，我學到的『保守、穩健』非常寶貴，這幫助了我在市場逆境時，讓華光海運能力抵抗風浪，成為風險較低的公司。」

2019 年，趙式明卸任華光海運執行主席，由其弟趙式慶接任，自己則轉而投身教育領域。2020 年，華光海運與中國外輪代理（香港）有限公司（簡稱「香港外代」）通過遠端視頻，進行北京、深圳、香港三地連線，簽署戰略合作協定「雲簽約」，標誌着華光海運與香港外代的戰略合作邁入新階段。根據協定，香港外代將為華光海運打造服務產品化、產品服務化、客戶市場化的「三化」服務產品，統一服務標準，統一結算窗口，統一專人負責，為華光提供全天候「管家式」的物流服務。

華光海運總部設在香港，作為一家私營公司，至 2022 年 7 月底共擁有及控制 31 艘船隊，包括 3 艘超大型油輪（VLCC）、4 艘阿芙拉型油輪（Aframax），以及 24 艘各種類型的散貨船，總噸位達 335.21 萬載重噸，船隊的平均年齡約為 6 年；而華光海運管理的船隊則達 71 艘，包括 4,000 至 318,000 載重噸的油船、液化氣船及散貨船，管理船舶總載重噸位 704.73 萬噸。[102] 華光海運船隊的主要承租人為全球商品和原材料運輸領域的一些領先公司，包括招商銀行的 Compagnie Maritime Belge、嘉能可（Glencore）、新加坡來寶（Noble）、中國租船有限公司、荷蘭的約翰·邦奇（Johann Bunge）等。目前，華光海運集團已「發展成備受尊崇的國際化航運企業」，成為香港的最重要的華資航運集團。

▋曹文錦／曹慰德家族：萬邦集團

萬邦航運是香港另一家重要的華資航運集團，創辦人曹文錦 1925 年出生於上海浦東一航運世家，早年就讀於上海聖約翰大學，畢業後跟

102「我們的船隊」，華光海運控股有限公司官網。

隨祖父及父親學做生意。1949 年，曹氏家族舉家南遷香港，當時，曹
文錦已對航運產生濃厚興趣，他與呂姓朋友合夥，花 40 萬港元購入一
艘建於 1908 年的 1,200 噸級舊貨輪 "Ebono1" 號，並成立「大南輪船公
司」，航行於香港至山東威海衛及日本之間，將從香港進口的水泥、車
胎、汽油等物資運到山東威海衛，再從當地裝運綠豆、黃豆、花生等農
產品銷往日本，開始了重建家族航運事業的第一步。[103]

　　50 年代初朝鮮戰爭爆發，租船費用暴漲，曹文錦經營的 "Ebono1"
號貨輪，冒着風險衝破海上封鎖，將一批批物資運入中國。該船在一
次航運中觸礁沉沒，並被保險公司拒賠。曹文錦沒有氣餒，1950 年再
集資 100 萬港元，購入一艘建於 1918 年的 3,660 噸級舊船，繼續冒險
從事到大陸的航運事業，結果生意愈做愈大。[104] 曹文錦曾表示：「我事
業的轉折點是韓戰，那時 150 美元付運一噸貨物，我們運載大批化學物
品，日用品，木材往大陸，並兼做出入口生意，業務急劇增長。」[105] 曹
文錦將賺來的錢再投資，購入數艘廉價舊船，組成「萬邦船隊」，航運
業務並擴展到日本。

　　1966 年，曹文錦正式註冊成立「萬邦航業投資有限公司」（IMC
Holding Limited，簡稱「萬邦航業」），並於 1972 年 10 月在香港上市。
萬邦航業旗下的船隊在 70 年代中期曾達到擁有 10 艘散裝貨船，共 33.2
萬載重噸的規模。不過，70 年代中期以後，世界航運業漸漸陷入不
景，曹文錦經細心分析研究，認為航運業不大可能在短期內復甦，於是
逐漸將旗下舊船出售，到 80 年代中，萬邦的船隊僅剩下 4 艘，22.5 萬
載重噸，因而成功避過當時全球航運業大衰退的災難。80 年代中期以
後，航運業逐漸復甦，曹文錦把握時機，趁低價連續購入多艘新船，

103 曹文錦：《我的經歷和航運五十載》，香港：萬邦集團，1998 年，第 16 頁。

104 曹文錦：《我的經歷和航運五十載》，第 55-56 頁。

105 何文翔：《香港富豪列傳》，香港：明報出版社，1991 年，第 190 頁。

令船隊規模再度擴大，到 90 年代初，萬邦船隊已增加到 16 艘（其中 4 艘在建造中），總噸位達到 63.2 萬噸，而整個曹氏家族的船隊更增加到 44 艘輪船，總噸位數達 157 萬噸。[106]

曹文錦從 50 年代後期起，將投資從香港擴展到馬來西亞、泰國及新加坡等東南亞國家，投資的領域包括紡織廠、製衣廠、水泥廠、醫藥用品、農產品及食品處理、房地產及財務公司，逐漸向多元化發展。[107] 不過，最主要的業務還是航運業，佔 40%，曹氏旗下的航運公司，除設於香港、馬來西亞、泰國、新加坡外，還設在澳洲、日本、韓國、中國大陸、美國及歐洲。曹氏的萬邦航業集團已成為一家跨國性多元化的航運集團。1985 年，應新加坡總理李光耀邀請曹文錦、李嘉誠、鄭裕彤、李恒基、邵逸夫、周文軒等組成財團，合資投資新加坡大型房地產國際會議綜合項目 —— 新達城中心。

90 年代初，隨着曹文錦的年歲越來越大，接班的問題愈顯突出，他讓次子曹慰德回到萬邦航業工作，推動公司內部改革。1994 年，曹慰德接替 70 歲的父親出任萬邦航業董事長。對此，曹文錦表示：「我的次子曹慰德天生對發展企業有興趣。可以說，他是我萬邦集團公司最適合、也是最得力的接班人。」[108]曹慰德接班後，把集團總部和散裝貨運業務從香港遷往新加坡，將萬邦航運重組為萬邦集團（IMC Group），並實行多元化經營。不過，曹慰德在接班時，並沒有像其他家族那樣直接從父輩那裏繼承財產權和領導權。對此，曹慰德回憶說：「我一直跟父親強調說，錢是可以分的，但企業不能分，因為要對很多人負責任，我可以把你的企業買過來，你把錢分給我的兄弟姐妹。」此時，萬邦集團市值在 3 億美元左右，而曹慰德已有 2 億美元的資產。於是，他向銀

106 李倩琴：〈狡兔之窟〉，《資本家》，1992 年 8 月，第 41 頁。

107 曹文錦：《我的經歷和航運五十載》，第 21-26 頁。

108 曹文錦：《我的經歷和航運五十載》，第 42 頁。

行貸款，又向父親借了一部分錢，終將萬邦航運買下。[109] 2019 年 8 月 12 日，曹文錦在新加坡逝世，享年 94 歲。

經過多年的發展，目前，萬邦集團經營的業務主要聚焦三大領域，分別是工業及航運、投資和房地產。其中，工業及航運包括船運、船廠、海運投資、物流、港口、離岸工程、採礦礦產、天然能源及貿易等；投資業務主要集中於採礦與礦物、石油與天然氣、可再生資源與種植園等核心業務。在中國大陸，萬邦在上海和蘇州開發了房地產，在青島開發了萬邦中心、鐵礦石碼頭，在都江堰投資旅遊度假區，在大連則開發港口、房地產等。

第四節　金融業財團

▌概述

華資的現代銀行創辦於十九世紀末。香港第一家華資銀行是中華滙理銀行，創立於 1891 年，於 1911 年倒閉。另一家早期創辦的華資銀行是廣東銀行，創辦於 1912 年。[110] 自廣東銀行創辦後，華資銀行或銀號相繼成立，早期的有：由華人買辦劉鑄伯、何福、何甘棠以及羅長肇、陳啟明等創辦的大有銀行（1914 年）；由支援孫中山的部分前「仁社」社員和同盟會會員集資創立的工商銀行（1917 年）；由米商劉小煇、劉亦煇、劉季煇、以及安南華僑劉希成等創辦的華商銀行（1918 年）；由華商簡東浦、李冠春、李子方等人創辦的東亞銀行（1918 年）；由馬應彪、蔡興等先施公司股東創辦的香港國民商業儲蓄銀行（1922 年）

109　宋厚亮：《曹慰德：船王百年，富過四代》，華夏經緯網，2014 年 7 月 25 日，http://big5.
　　huaxia.com/tslj/rdrw/2014/07/3998042.html。

110　郭小東、潘啟平、趙合亭等：〈近代粵省二十餘家商辦銀行述略〉，《銀海縱橫：近代廣東
　　金融》，廣州：廣東人民出版社，1992 年，第 153 頁。

等。後期著名的還有道亨銀行（1921 年）、康年儲蓄銀行（1922 年）、嘉華儲蓄銀行（1922 年）、永安銀行和廣東信託商業銀行（1931 年）、恒生銀號和永隆銀號（1933 年）、香港汕頭商業銀行（1934 年）、恒隆銀號（1935）、廖創興儲蓄銀莊（1948 年）等。

　　1948 年，香港政府制定第一部銀行法律《銀行業條例》。這一時期，香港經濟轉型推動了銀行業務的轉型，從過去戰前以押滙、僑滙及滙兌為主逐漸轉向為迅速發展的製造業和新興的房地產業提供貸款。在此背景下，一批華資銀號先後轉制為現代銀行，其中包括：恒生、永隆、大生、廣安、永亨、大有、遠東等銀號或錢莊。與此同時，一批華資銀行也相繼創辦，包括大新銀行（1947 年）、中國聯合銀行（1948 年）、南洋商業銀行（1949 年）、香港浙江第一商業銀行及和成銀行（1950 年）、集友銀行（1952 年）、有餘商業銀行（1953 年）、香港華人銀行（1955 年）、海外信託銀行（1956 年）、香港京華銀行（1961 年）和華僑商業銀行（1962 年）等。

　　60 年代中期，華資銀行已發展成為香港銀行界一股重要的勢力。正如饒餘慶教授所指出：「獨立華資銀行的黃金時代是 1946 年至 1964 年，當時作為一個集團而論，華資銀行是可與滙豐集團、中資集團和外資集團分庭抗禮而形成一種『第四勢力』的。雖然華資銀行的資本較小，但分支行數量卻較多，而且當時中資集團對香港銀行市場的興趣不大，因此華資銀行在香港華人，特別是中下階層和中小企業之間，是有相當影響力的。」[111]

　　不過，這一時期，部分華資銀行過度冒進，特別是大量貸款投入風險較高的房地產業，這導致了 60 年代初中期的銀行危機，最先受到衝擊的是廖創興銀行，其後，明德銀號、廣東信託商業銀行等相繼倒

---

111 香港華商銀行公會研究小組著、饒餘慶編：《香港銀行制度之現狀與前瞻》，1988 年 6 月，第 73 頁。

閉，遠東銀行和有餘銀行被接管，最大的華資銀行恒生銀行被迫將 51%
股權出售予滙豐銀行。到 80 年代初中期間，香港再次爆發銀行危機，
導火線是有近百年歷史的謝利源金舖的倒閉，其後，大來信貸財務公司
被迫清盤，恒隆銀行和海外信託銀行被政府接管，新鴻基銀行、嘉華銀
行、永安銀行、友聯銀行和康年銀行相繼易手。至此，華資銀行作為一
個集團已日漸衰落。

回歸之後，受到 1997 年亞洲金融危機和 2008 年全球金融海嘯的衝
擊，香港中小銀行的經營環境進一步惡化，香港銀行業的併購風潮此起
彼伏，被併購的香港銀行，包括廣安銀行、友聯銀行、第一太平銀行、
華人銀行、道亨銀行、浙江第一銀行、港基國際銀行、亞洲商業銀行、
永隆銀行、永亨銀行、創興銀行等一眾華資銀行。至此，華資主要的金
融機構，僅剩下東亞銀行、大新金融、亞洲金融、上海商業銀行、大有
銀行、大生銀行等少數幾家。

在證券業，60 年代末 70 年代初，繼英資的香港證券交易所之後，
相繼出現了由華商李福兆等人創辦的「遠東交易所有限公司」（The Far
East Exchange Limited）、由胡漢輝等人倡議成立的「金銀證券交易所有
限公司」（The Kam Ngan Stock Exchange Limited）和陳普芬等人創辦的
「九龍證券交易所有限公司」（The Kowloon Stock Exchange Limited），形
成所謂「四會並存」的時期。這一時期，香港證券經紀的數量大幅增
加，從 1969 年初的 57 名增加到 1973 年的超過 1,000 名，[112] 其中，絕大
部分為華資證券經紀，其中以新鴻基證券為代表。這一時期，華資證券
經紀逐步成為香港證券經紀行業的主流。

在香港政府的推動下，1986 年 4 月 2 日，由 4 家證券交易所合併
的「香港聯合交易所」正式開業，並透過電腦系統進行證券交易。不

---

112 鄭宏泰、黃紹倫：《香港股史（1841-1997）》，香港：三聯書店（香港）有限公司，2006 年，
第 286 頁。

過，1987 年 10 月全球股災爆發期間，香港股市大幅暴跌，觸發期貨指數市場危機。這導致香港聯交所的全面改革。期間，聯交所 7 名前高層人員，包括李福兆、冼祖昭、王啟銘、湛兆霖、鍾立雄、馬清忠及胡百熙等，被廉政公署拘捕，李福兆被判入獄。經此一役，外資經紀在香港證券市場的影響力大增，華商自 70 年代初以來在香港證券市場所形成的主導地位，消失殆盡。

這一時期，最有影響的證券公司及投資銀行，主要有新鴻基公司、百富勤集團等。可惜，新鴻基公司在創辦人馮景禧病逝後，後人將其轉手出售，而百富勤集團則在 1997 年亞洲金融危機中倒閉。回歸之後，香港的華資證券公司及投資中，其發展較為著名的是朱利月娥創辦的金利豐金融集團，以及投資銀行家蔡志堅控制的尚乘集團。

▊ 東亞銀行集團

東亞銀行集團是香港主要的華資金融財團之一。東亞銀行創辦於 1918 年，創辦人主要是和發成船務公司老闆李冠春、李子方兄弟及德信銀號東主簡東浦等。李冠春、李子方兄弟，祖籍廣東鶴山，父親李石朋早年在廣州經商，販賣水果，後轉移到香港發展，組建和發成船務公司。第一次世界大戰爆發後，英國向香港船商徵用所有輪船，和發成的船隻因過於破舊，不在徵用之列，結果在船隻缺乏的情況下，和發成的生意滔滔不絕。後來，李石朋又創辦南和行，在香港及安南經營食米、船務、銀號及地產多種生意，成為富商。李石朋奠定事業基礎後，便將鄉間的兒子李冠春接到香港，協助經營家族龐大業務。簡東浦原籍廣東順德，出身於銀行業世家，其父簡殿卿是日本正金銀行香港分行買辦。簡東浦早年就讀於皇仁書院，後到日本進修，通曉中、英、日三國語言。簡東浦完成學業後曾在日本神戶的正金銀行及萬國寶通銀行任職。1916 年，簡東浦返港後與曾任屈臣氏大藥房總行買辦的劉伯鑄合資開設德信銀號。1918 年，簡東浦與李氏兄弟合作，並取得其他 6 位華商的支持，於是着手創辦東亞銀行。

1918 年 11 月 14 日，東亞銀行有限公司（The Bank of East Asia, Limited）在香港註冊成立，法定資本 200 萬港元，分 2 萬股，每股 100 港元，由 9 位創辦人各認購 2,000 股，其餘股份在社會公開發售。9 位創辦人成為東亞銀行董事局永遠董事。1921 年，東亞銀行因應業務發展的需要，將法定資本增加到 1,000 萬港元，實收資本增至 500 萬港元，其中，股商馮平山、簡照南、郭幼廷、吳增祿、黃柱臣以每股 100 元各認購 2,500 股，亦成為東亞銀行永遠董事。[113] 東亞銀行的創辦，情形與滙豐銀行類似。東亞銀行亦是由當時香港最有實力的華商創辦的，這批人所主持的南北行、金山莊商號和公司，包括李氏家族的和發成、南和行、龐偉廷的和隆莊、馮平山的兆豐行、吳增祿的吳源興、黃潤棠的昌盛行、昌盛隆、陳澄石的晉昌號，以及周壽臣、簡東浦的南洋兄弟煙草公司。這些商行和公司在香港形成龐大的商業網絡，為東亞銀行的成功奠定了堅固的基礎。可以說，東亞銀行的崛起，是十九世紀下半葉香港華商兩股最重要勢力——行商和買辦實力壯大的必然結果。

東亞銀行創辦之初，以「有意為祖國策富強」為宗旨，它在招股簡章中表示：「同人等有鑑於此，擬原集鉅資，刺取良法，組織一名實相符，信用穩固之銀行，按切吾國社會之習慣，參以外國銀行之精神，斟酌損益，盡善盡美，庶幾勝券可操，而吾國商業亦可期發展。」[114] 東亞銀行註冊成立後即組成董事局及管理層，首屆董事局主席由龐偉廷出任，1925 年起改由周壽臣出任。東亞銀行的正、副司理則分別由簡東浦和李子方出任。1919 年，東亞銀行正式開業，總行設於香港皇后大道中 2 號。[115] 開業首年，東亞銀行存、貸款已分別達 400 萬港元和 200 萬港元。1921 年，東亞銀行向置地公司購入德輔道中 10 號及 10 號 A

113 冼玉儀：《與香港並肩邁進：東亞銀行 1919-1994》，香港：東亞銀行，1994 年，第 18 頁。

114 冼玉儀：《與香港並肩邁進：東亞銀行 1919-1994》，第 9 頁。

115 東亞銀行：〈百年重要發展里程〉，《東亞銀行有限公司 2018 年報》，第 6 頁。

一幢物業，經增建和裝修後啟用，作為東亞銀行總行所在地。20 年代，東亞銀行的股票開始在香港買賣。[116]

東亞銀行創辦後，積極拓展業務，致力籌建國際性業務代理網絡。東亞銀行先後在上海（1920 年）、西貢（1921 年）、廣州（1922 年）及九龍廣東道和油麻地（1924 年）建立分行，其中，以上海分行最重要。東亞上海分行以經營英鎊、美元等外匯業務為主，並設有錢莊，幾乎壟斷了當地廣東籍華商客戶業務，包括先施、永安紡織，以及規模宏大的茂和興糧油莊、經營食油的茂和昌，最大客戶是經營化妝品的廣生行上海分行，該行老闆明令所有存款均存於東亞銀行。東亞上海分行一開業就在上海銀行業佔有一席地位，1920 年加入上海銀行公會，1924 年更成為發鈔銀行。

隨着業務的發展，東亞銀行在香港銀行業亦開始嶄露頭角。1921 年以後，東亞銀行先後加入香港華商銀行公會、香港外匯銀行公會和香港票據交換所，並且成為若干非會員銀行的票據結算代理，此舉奠定了東亞銀行日後在香港中央票據結算制度中的結算銀行地位。1929 年，東亞銀行創辦 10 周年之際，董事局宣佈，銀行存款已從創辦初期的 400 萬港元增加到 1,050 萬港元，員工亦從當初的 18 人增加到 200 人。1935 年，樓高 14 層的東亞銀行總行大廈落成，標誌着東亞銀行已進入一個新階段。當時，東亞銀行已成為「華南最穩健、實力最強的華資銀行」。

但好景不常，1941 年，太平洋戰爭爆發，香港淪陷，東亞銀行被日軍接管。戰後，在總經理簡東浦的領導下，東亞銀行重新開業，重建海外代理網絡。50 年代初，香港的工業化開始起步，但東亞銀行仍維持一貫謹慎經營方針，如重視存戶質素，繼續維持流動資金比率在 80% 的高水準等。這種審慎的經營方針，顯然使其在後來的銀行危機中免遭

---

116 東亞銀行：〈百年重要發展里程〉，第 6 頁。

厄運，但是卻導致東亞銀行逐漸被恒生銀行超越，後者更一躍而成香港最大規模的華資銀行。1959 年，簡東浦被董事局推舉為主席，同時兼任董事總經理，直至 1963 年腦溢血逝世。簡東浦逝世後，東亞銀行董事局主席由其子簡悅強出任，總經理由馮平山之子馮秉芬出任，東亞銀行進入由第二代掌舵的新時代。

50-60 年代，香港銀行業轉型，將經營重點轉向發展中的企業和市民，銀行之間展開「分行戰」。東亞銀行於 1962 年在九龍旺角開設戰後第一間分行。其後，東亞穩步擴展分行網絡，先後在港島的西營盤、銅鑼灣、香港仔和灣仔等人口密集的舊區設立分行，目標是吸引存款和出租保險箱。到 70 年代初，新界地區人口激增，東亞銀行發現新界和九龍北部的房地產按揭業務越來越多，「向北推進」恰逢其時，於是 1973 年在新界開設第一間分行，並逐步擴展到九龍北及新界各區。到 1982 年，東亞銀行的分行網絡已擴展到 42 間。

為了配合分行網絡的發展，銀行的「電腦化」也提到議事日程。1968 年，東亞銀行開始考慮實施電腦化建議。1970 年 9 月，東亞採用 NCR Century 200 聯機系統，將總行的儲蓄存款賬戶全部轉入電腦系統，其後更擴展到全銀行各分行。1985 年，為了適應銀行業務的發展，東亞銀行將電腦系統轉換為效率更高的 IBM 系統。與此同時，東亞於 1981 年 12 月引進自動櫃員機系統，並於 1982 年聯同上海商業銀行、永隆銀行和浙江第一銀行創辦「銀聯通寶有限公司」（JETCO），發展取款卡業務，到 1987 年該系統已有 600 台機器，成為香港最大的自動櫃員機網絡。

80 年代，東亞銀行的董事會也完成了新老交替，選舉出了新的董事會成員。從 1981 年起，李冠春家族的第 3 代、董事局主席李福樹之子 —— 李國寶出任董事總經理（1986 年起改稱行政總裁）。李國寶 1939 年出生於倫敦，二戰期間回到香港，持有劍橋大學經濟及法律碩士學位。他在董事局主席李福樹培養下，在 30 歲加入東亞銀行，從會計師幹起，先後出任總會計師，總經理助理，直至總經理。1997 年，

李國寶又被委任為董事會主席兼任行政總裁。

這一時期，東亞銀行在發展零售銀行業務的同時，也致力於推動業務的多元化發展。1974 年，東亞銀行與美國銀行合組公司，於翌年合作推出「東美信用卡」。1987 年，東亞銀行成為 Visa（Visa International）和萬事達公司（MasterCard Inc）的主要成員。1988 年，東亞銀行開始發行自己的 Visa 信用卡。1989 年，東亞銀行又為公司賬戶發行萬事達信用卡。在投資銀行業務方面，東亞銀行早於 1972 年就為恒隆有限公司上市做證券包銷。1973 年，東亞銀行與日本住友銀行成立聯營商人銀行 —— 東友有限公司。1982 年，東亞與總部設在倫敦的華寶公司（S.G. Warburg & Company Limited）合組商人銀行「東亞華寶有限公司」，在香港及東南亞各地以港幣或美元進行合股融資投資經營及銀團貸款等各項業務。[117] 其後，東亞又與中國銀行及法國興業銀行聯合組成的「鼎協租賃國際有限公司」，從事設備租借、汽車分期付款銷售、飛機成套設備和輪船抵押等。

在保險業，1983 年，東亞銀行與安泰國際公司（AEtna International Corporation）合組「東亞安泰保險（百慕大）公司」，經營亞太區的保險業務。1991 年，東亞銀行再和東亞安泰、安泰國際公司另組「藍十字（亞太）保險有限公司」經營一般保險業務和高品質集體與個人醫療保險，並於 1999 年收購該公司全部股權。這是香港最大的旅遊保險公司之一。在證券業，東亞先後設立了東盛證券有限公司、東盛期貨有限公司及東亞資產管理有限公司等。其中，東盛證券已成為香港最活躍的股票經紀公司之一，並於 1992 年在深圳和上海的股票交易所取得 B 股指定經紀人的資格。到 90 年中期，東亞銀行集團透過旗下 18 家主附屬公司，所經營業務已涵蓋商業銀行、投資銀行、資產租賃、保險、證券、基金管理、物業管理等領域。

---

117 東亞銀行：〈百年重要發展里程〉，《東亞銀行有限公司 2018 年報》，第 6-7 頁。

90 年代後期，香港銀行界收購、兼併此起彼伏。東亞銀行也展開收購行動。1995 年，東亞成功收購中國聯合銀行。當時，中國聯合銀行在香港設有 19 間分行。2001 年，東亞銀行再收購第一太平銀行。第一太平銀行的前身為康年銀行及遠東銀行。1986 年銀行危機期間，康年銀行因壞賬問題被香港政府接管，其後被林紹良旗下的第一太平集團收購。1987 年，第一太平集團再向花旗銀行收購旗下的遠東銀行，並將康年銀行與遠東銀行合併，易名為第一太平銀行。2001 年 8 月和 2002 年 4 月，中國聯合銀行和第一太平銀行先後被併入東亞銀行，所有資產和債務也將轉移至東亞名下。[118] 至此，東亞銀行在全球的經營網絡增加到 150 多個，成為香港最大的本地華資銀行。

回歸之後，東亞銀行進一步加強多元化業務發展。2002 年，東亞通過收購 3 大國際會計師行的相關業務，成立了網絡遍佈全球的 Tricor Holdings Limited（卓佳商務）。2008 年 1 月，東亞銀行旗下的全資附屬公司「東亞人壽保險有限公司」開業，提供一系列人壽保險方案，包括終身壽險、儲蓄壽險、年金計劃、定期保險計劃，以及不同保障範圍和模式的退休及醫療儲蓄計劃等，使東亞銀行客戶享受更全面的一站式銀行、投資及保險服務，更靈活方便地管理財富。不過，2008 年全球金融海嘯爆發後，香港觸發「雷曼兄弟債券」債務危機，受謠言影響，東亞銀行部分分行一度出現擠提人群，東亞的股價在 9 月 24 日一度大幅貶值 11.29%，一天內損失近 31 億港元的市值，導致銀行主席李國寶緊急從美國趕回香港「救火」。幸而危機很快過去。

回歸之後，東亞銀行的一個重要策略，是積極拓展中國內地市場。東亞自 1920 年在上海成立首家分行以來，在內地的業務從未間斷。1998 年，東亞銀行成為首批獲准在國內經營人民幣業務的外資銀

---

118 東亞銀行：〈百年重要發展里程〉，《東亞銀行有限公司 2018 年報》，第 10 頁。

行之一。2002 年和 2004 年，東亞銀行先後在內地推出個人客戶「電子網絡銀行服務」和「企業電子網絡銀行服務」。2003 年，東亞銀行在北京開設分行。2007 年，東亞銀行在內地註冊成立全資附屬銀行 —— 東亞銀行（中國）有限公司，與花旗、滙豐及渣打等國際巨頭一起，成為內地首批通過本地註冊驗收的外資銀行。[119]

東亞中國成立後，在內地的業務穩步發展。2008 年 11 月，東亞銀行的信用卡系統通過中國人民銀行驗收，成為在內地第一家發行人民幣信用卡的外資銀行。2014 年，東亞中國成為首批在上海自貿區內開設網點的外資銀行之一。2018 年再成為首家獲准在前海開設分行的外資銀行。同年 8 月，東亞銀行與浦發銀行簽署全面戰略合作協議，將聚焦「一帶一路」、科創中心和自貿試驗區建設等領域，全面深化雙方合作。截至 2019 年底，東亞銀行旗下的東亞中國已發展成為內地經營網絡最龐大的外資銀行之一，網點遍佈內地 44 個城市，設有超過 100 個網點（圖 3-17）。

與此同時，東亞銀行在海外的業務亦穩步發展。從二十世紀 60 年代開始，東亞銀行就走出海外，先後在美國、加拿大、新加坡、印尼、馬來西亞等地設立網點。2001 年，東亞銀行成功收購美國大興銀行（Grand National Bank），進一步擴展集團於美國西岸的銀行業務。大興銀行成立於 1983 年，專門為美國南加州的中小型企業提供商業銀行及貿易融資服務。2002 年，大興銀行更名為「美國東亞銀行」（The Bank of East Asia（U.S.A.）N.A.）。[120] 2003 年，美國東亞銀行將集團總行由加州遷往紐約，並在紐約開設首間分行。東亞銀行透過美國東亞銀行和加拿大東亞銀行的分行網絡，以及其設於洛杉磯和紐約各分行，為北美

119 東亞銀行：〈百年重要發展里程〉，《東亞銀行有限公司 2018 年報》，第 11 頁。

120 東亞銀行：〈百年重要發展里程〉，《東亞銀行有限公司 2018 年報》，第 10 頁。

圖 3-17　東亞銀行在中國內地的銀行網絡
資料來源：《BEA 東亞銀行 2019 年報》，第 70 頁。

洲的客戶提供銀行服務。此外，東亞銀行亦於英國、英屬維珍群島及東
南亞國家設有分行及代表處，形成一個以香港為基地，涵蓋中國內地及
美歐的銀行網絡。2017 年，東亞銀行收購柬埔寨 PRASAC Microfinance
21% 股權，藉以掌握「一帶一路」倡議帶來的機遇。東亞在海外的業
務，主打「華人牌」，重點在華人聚居的地區等開設分行，如美國的唐
人街。「為海外華人服務」成為東亞銀行海外業務的經營特色。

　　2008 年全球金融海嘯爆發後，東亞銀行與中資的中國工商銀行加
強合作。2010 年 1 月，東亞銀行與工商銀行達成交叉收購協議，東亞
銀行以 8024.91 萬加元（約 5.89 億港元）出售其所持有的加拿大東亞銀
行 70% 的股權，而東亞銀行也以 3.72 億港元的代價，收購工商銀行持
有的工商東亞其餘 75% 的股權。交易完成後，工商東亞將成為東亞銀
行的全資附屬公司，而加拿大東亞銀行則不再為東亞銀行的附屬公司，

東亞銀行將與工商銀行合作營運和管理加大拿大東亞銀行。工商東亞是工商銀行與東亞銀行於 1998 年共同成立的，主要提供證券經紀、承銷、保證金融資、期貨及期權合同交易等服務。李國寶表示，東亞銀行將視本次收購為重要的契機，以擴大該行的客戶群及開拓新的市場。2011 年，東亞銀行與工商銀行再達成協議，東亞銀行將其所持有的美國東亞銀行 80% 股權出售予工商銀行，套現 1.4 億美元。交易完成後，東亞仍持有美國東亞銀行 20% 股權。

　　目前，東亞銀行主要股東包括李國寶及李氏家族成員，據市場估計約持有 20-25% 股權，但股權分散；日本三井住友銀行持有 17.47%；西班牙 Criteria Caixa, S.A., Sociedad Unipersonal 持有 15.91%；國浩集團持有 14.93%，Elliott Investment Management GP LLC 持有 8.54%。東亞銀行由李國寶擔任董事局主席及行政總裁，其子李民橋和李民斌出任執行董事兼副行政總裁，成為接班人。東亞銀行在香港、中國內地及海外東南亞、英國及美國等地共設有 200 個分支機構，旗下東亞中國是內地經營網絡最龐大的外資銀行之一，網點遍佈內地 44 個城市。東亞銀行經營的業務包括零售銀行、企業及商業銀行、財富管理、保險及強積金服務等，並透過附屬公司經營證券、保險、投資基金等。2019 年度，東亞銀行可歸屬於本集團股東溢利為 32.60 億港元，資產總額達 8651.98 億港元（表 3-4）。

表 3-4　2011-2021 年度東亞銀行經營概況

單位：億港元

	存款總額	客戶貸款及墊款	資產總額	可歸屬於本集團股東溢利
2011 年度	4673.54	3413.41	6114.02	46.84
2012 年度	4987.70	3872.73	6921.14	75.39
2013 年度	5779.00	4053.57	7539.54	66.13
2014 年度	5925.82	4432.87	7958.81	66.61
2015 年度	5780.20	4415.06	7813.64	55.22

（續上表）

2016 年度	5646.46	4542.42	7657.06	37.23
2017 年度	6081.50	4737.36	8089.42	93.47
2018 年度	6326.04	5006.31	8394.51	65.09
2019 年度	6475.86	5091.05	8651.98	32.60
2020 年度	5892.02	5090.70	8844.20	36.14
2021 年度	6335.05	5444.37	9074.70	52.70

資料來源：《BEA 東亞銀行年報》，2013-2021 年。

　　根據畢馬威關於《新形勢下的應變之道：2020 年香港銀行業報告》的數據，以總資產計算在香港本地註冊的 10 大銀行中，截至 2019 年底，東亞銀行的總資產為 8651.98 億港元，稅後淨利潤 33.36 億港元，排名第 6 位。[121] 在 2020 年度「全球銀行品牌價值 500 強排行榜」中，東亞銀行排名第 195 位。東亞表示，銀行未來的發展願景，是「成為大中華及其他地區客戶信任及首選的銀行夥伴」。[122]

▌ 大新金融集團

　　大新集團集團旗下的大新銀行為現階段香港華資銀行僅存的碩果之一，創辦於 1947 年，創辦人為王守業家族。1972 年，大新銀行引入渣打銀行，成為策略性少數股東，主要經營零售商業銀行業務。1987年，大新銀行重組，成立控股公司 —— 大新金融集團有限公司，而大新銀行成為其全資附屬公司。

　　1987 年 8 月，大新金融以 5.32 億港元，即相當於賬面值溢價 1.26億港元收購工商銀行全部股權。工商銀行於 1965 年獲得銀行牌照，1973 年成為海外信託銀行附屬公司，1980 年在香港上市。1985 年香港銀行危機期間，海外信託陷入財務危機，連同工商銀行一起被香港政府

---

121 畢馬威（KPMG）：《新形勢下的應變之道：2020 年香港銀行業報告》，第 68 頁，畢馬威官網。

122 《BEA 東亞銀行 2019 年報》，第 2 頁。

接管。1987 年，大新金融收購工商銀行後，兩行合併，在香港的分行網絡從原來的 14 間增加到 37 間，存款從 24.25 億港元增加到 40.85 億港元。1987 年 10 月，大新金融以介紹方式在香港上市，取代工商銀行的上市地位。[123]

1992 年，大新金融引入日本三井信託銀行為策略性股東，佔 16.95% 股權。同年 11 月，大新金融與永安銀行達成協議，以 11.54 億港元，收購永安銀行股權，同時將永安銀行持有的總行大廈 —— 永安人壽大廈售回給永安集團，代價為 1.95 億港元。1993 年初，大新金融以 11.62 億港元收購永安銀行全部股權。永安銀行創辦於 1931 年，1986 年陷入債務危機，由恒生銀行接管。大新銀行兼併永安銀行後，在香港的分行網絡增加到 54 間，成為香港本地註冊銀行中較具規模的銀行。[124] 回歸之後，大新金融集團於 2004 年 6 月將「大新銀行集團有限公司」分拆在香港上市。2008 年，大新銀行在中國內地註冊成立「大新銀行（中國）有限公司」，拓展內地市場業務。

目前，王守業家族共持有兩家上市公司，包括大新金融集團（42.96%）和大新銀行集團（74.38%）。大新金融集團主要從事金融控股，持有大新銀行控制性股權，並透過「大新保險（1976）有限公司」及「澳門保險股份有限公司」經營人壽保險及一般保險業務。不過，2017 年，大新金融集團將香港及澳門的人壽保險業務出售，將資源集中於在香港及澳門提供多元化一般保險服務，並透過「澳門退休基金管理股份有限公司」在澳門提供退休基金管理業務。截至 2019 年底，大新金融集團的客戶存款為 1821.15 億港元，各項貸款及其他賬目 1462.40 億港元，總資產 2503.12 億港元。2019 年度，大新金融集團的營業收入

123　香港股票研究中心編印：《香港股票資料手冊（1982-1987）》，香港股票研究中心，1988 年，第 26 頁。

124　香港股票研究中心編印：《香港股票資料手冊（1988-1993）》，香港股票研究中心，1988 年，第 41 頁。

為 59.26 億港元，除稅前溢利 26.28 億港元（表 3-4）。[125]

　　大新銀行集團則持有 3 間銀行附屬機構，包括大新銀行、澳門商業銀行及大新銀行（中國）有限公司，以及安基財務有限公司（OK Finance），主要提供個人銀行、商業銀行及相關金融服務。大新銀行在香港設有 44 間零售分行，其中 23 間設有 VIP 銀行服務中心、32 間設有證券交易中心；澳門商業銀行則設有 12 間分行。大新銀行（中國）總部設於深圳，在上海、南昌、鎮江、廣州設有分行，並在佛山及深圳前海各設有一間支行，為中國（尤其是粵港澳大灣區）有跨境銀行業務需要的客戶提供各種類別的商業及零售銀行貸款、存款及相關銀行業務服務。此外，大新銀行亦持有重慶銀行約 13% 策略性股權。重慶銀行為當地的主要城市商業銀行，經營約 140 家分行及支行，分行支行網絡包括成都、貴陽及西安之分行及支行。截至 2019 年底，大新銀行的客戶存款為 1834.44 億港元，客戶貸款及其他賬目 1150.35 億港元，總資產 2161.74 億港元。2019 年度，大新銀行集團的營業收入為 53.74 億港元，除稅前溢利 25.68 億港元（表 3-5）。[126]

表 3-5　2019 年度大新金融集團的經營概況

單位：億港元

上市公司	存款總額	各項貸款及其他賬目	總資產	營業收入	除稅前溢利
大新金融	1821.15	1462.40	2503.12	59.26	26.28
大新銀行	1835.44	1450.35	2161.74	53.74	25.68

資料來源：大新金融集團、大新銀行 2019 年年報

▌ 新鴻基集團

　　二十世紀 70 年代初期，香港本地財務公司崛起，其中，以馮景禧創辦的新鴻基集團最著名。馮景禧，原籍廣東南海，年輕時赴香港謀

125《大新金融集團有限公司 2019 年報》，第 133-135 頁。
126《大新銀行有限公司 2019 年報》，第 37-38 頁。

生。1958 年和 1963 年，馮景禧與郭得勝、李兆基 3 人先後合組「永業企業有限公司」和「新鴻基企業有限公司」，投資地產，業務發展得有聲有色，3 人被稱為「地產三劍俠」。

不過，60 年代後期，馮景禧逐漸脫離新鴻基企業，自行向證券業發展。1973 年 2 月，馮氏註冊成立「新鴻基證券有限公司」，當時稱為「新鴻基（私人）有限公司」。70 年代初，正值香港股市進入大牛市，新鴻基證券成立資料研究部，創辦《股市週報》，免費向客戶提供股票的中文分析資料，吸引了大批因語言障礙而不懂投資的小市民成為它的客戶。新鴻基證券一時聲名大噪，穩執香港證券業的牛耳。馮景禧因此成了證券交易市場中的「大哥大」，被譽為「證券交易大王」、「股壇教父」。1975 年，新鴻基證券藉收購上市公司華昌地產及中同企業，並以介紹方式上市，該年度新鴻基證券的純利達 3,400 萬港元。[127]

1973 年股災後，馮景禧調整經營策略，全力發展新證旗下的全資附屬公司——新鴻基財務，向商人銀行業務發展。1978 年 11 月，新鴻基財務受不利謠言影響一度遭到擠提，其後在政府及滙豐銀行的協助下度過難關。同年，新鴻基引入法國百利達銀行作為策略性股東。百利達銀行是法國最大的工業銀行集團，具有悠久的歷史，對法國的財政經濟有着重大的影響。根據協議，百利達將幫助新鴻基在歐洲發展業務，而新鴻基也協助百利達進入亞洲。1979 年 12 月，馮景禧將新鴻基財務從新鴻基證券分拆獨立上市。到 1980 年，新鴻基財務總資產已達到 28.9 億元，經營業務包括各類存款、貸款及保險業，成為香港最大的財務公司之一。[128]

1982 年 3 月，新鴻基財務獲香港政府頒發銀行牌照，重組為「新鴻基銀行有限公司」，成為香港確立金融三級制後首家升格為持牌銀行

---

127 思聰：〈馮景禧重奪新鴻基帥印的代價〉，《信報財經月刊》，第 9 卷第 1 期，第 21 頁。
128 〈新鴻基有限公司大事記〉，《信報財經月刊》，第 9 卷第 1 期，第 22 頁。

的接受存款公司。當時，新鴻基銀行在香港等地設有 16 間分行，總資產達 42 億港元，已初具規模。同年，新鴻基引入美國梅林集團作為策略性股東，美國梅林集團以高於市價 38% 的價格，購入新鴻基 20% 股權，交易結果使得馮景禧獲利 8,200 萬美元，而新鴻基亦購買了 170 萬股梅林集團的股票，成為梅林集團最大的個人股票持有者。[129] 梅林集團是世界 50 家大公司之一，業務範圍涉及石油開採、機械製造、證券經營等方面。馮景禧把這次成功形象地稱為「架起一座洲際大橋」。

這一時期，新鴻基先後出版了《每日經濟簡訊》、《投資分析》、《公司業績報告》、《香港上市股票基本資料》、《美國股票通訊》、《美國商品期貨》、《期貨市場通訊》、《黃金報告》等大量資料，為投資者提供指導和諮詢，適應不同投資者不同層次的需要。這一免費服務，贏得了廣大客戶的信賴和讚賞，新鴻基的業務也就此日益紅火。據行家估計，新鴻基證券公司最鼎盛時期經營了香港四分之一的股票買賣。1983 年 9 月，馮景禧將旗下業務重組，成立「新鴻基有限公司」，作為新鴻基證券和新鴻基銀行的控股機構。這時，新鴻基已從早期一家專門經營證券經紀、黃金及期貨的公司，發展成一家擁有銀行、金融服務、地產、貿易及中國投資的多元化金融集團。[130]

不過，新鴻基公司在 80 年代初地產狂潮及其後的大崩潰中卻泥足深陷，旗下的新鴻基銀行亦在地產市道最高峰時期，斥資 3 億元（相當於股東資金的 70%）購買總行大廈。隨着地產崩潰和銀行危機的相繼爆發，新鴻基銀行面臨資金不足及存款大量流失的雙重困難。1983 年，陷入危機的恒隆銀行被香港政府接管後，新鴻基銀行亦遭受擠提，並陷入財務危機之中。為了挽救被清盤的命運，馮景禧被迫同意讓作為第二

129 王偉明：〈美林進軍香港購新證新銀〉，《經濟一週》，1982 年 5 月 17 日，第 4 頁。

130 思聰：〈作好進可攻退可守的慎密部署 —— 細說新鴻基集團改組的長程目標〉，《信報財經月刊》，第 7 卷第 1 期，第 64 頁。

大股東的百利達和美林以增股方式向銀行注入資金，從而控制了該銀行51% 股權（各佔 25.5% 股權），馮景禧失去大股東地位。[131]

經此一役，馮氏的商業王國僅剩「半壁江山」，元氣大傷。1985 年8 月，馮景禧在加拿大旅行途中因腦溢血病逝。馮氏生前曾說平生最大的願望是成為銀行家，但他卻沒有想到一手創辦的銀行易手他人。1985年 3 月，阿拉伯銀行集團以 3.6 億港元價格，收購新鴻基銀行 75% 股權。1986 年，新鴻基銀行改名為港基銀行。到 1990 年，阿拉伯銀行再收購馮氏家族餘下 25% 股權，港基銀行成為阿拉伯銀行的全資附屬機構。與此同時，百利達銀行於 1985 年將所持新鴻基 25.5% 股權股權售予馮景禧，馮氏家族所持新鴻基股權增加到 51%。1987 年，美林集團將所持新鴻基股權售出。

馮景禧病逝後，馮景禧次子馮永祥接任新鴻基主席，專注證券及財務發展。1986 年，馮永祥成立「天安中國有限公司」，1987 年 3 月透過收購食品工業空殼以介紹方式上市，投資中國內地業務。[132] 1990年，馮永祥再分拆天安中國的內地製造業業務，組成「新鴻基工業有限公司」在香港上市，發展多元化業務。[133] 不過，這一時期，新鴻基在證券業的地位有所下降，在香港聯交所的理事地位降至 B 組（成交量最大 14 位列作 A 組）。面對困境，馮永祥意興闌珊。1996 年 6 月，馮永祥以每股 3.24 港元價格，將父親所創新鴻基公司 33.18% 股權，出售於澳洲財團李明治旗下的聯合地產（香港）有限公司，套現資金 7.4 億港元。[134] 自此，馮氏家族退出新鴻基公司，另作發展。

131 蘇魯林：〈港法美聯手「穩定」新鴻基〉，《經濟一週》，1983 年 10 月 10 日，第 4 頁。

132 曹淳亮主編：《香港大辭典》，廣州：廣州出版社，1994 年，第 366-367 頁。

133 曹淳亮主編：《香港大辭典》，第 346 頁。

134 方元：〈「新鴻基」賣盤之迷〉，《南北極》，1996 年 6 月，第 11 頁。

金利豐金融集團

回歸之後，金利豐金融集團成為香港主要的華資證券集團之一，其
創辦人為朱李月華。朱李月華祖籍廣東東莞，香港出生，出身於博彩業
世家，其父李惠文為澳門博彩業的風雲人物。朱李月華早年赴美留學，
獲得美國金門大學管理學學士。1992 年，朱李月華與丈夫朱沃裕從美國
舊金山移居香港，當時香港房地產市場競爭激烈，朱李月華決定發展金
融服務。1993 年，朱李月華從父親朋友手中承讓股票經紀牌，和丈夫一
起創辦金利豐證券，開始試水證券業，辦公室設於港島香港仔。

1995 年，金利豐證券的業務開始走上正軌，辦公室也從香港仔搬
遷到中環。1998 年，亞洲金融危機後，金利豐金融不僅沒有受影響，
反而日漸擴大規模，成為當時發展最快的香港本地證券商之一。1999
年，金利豐成立投資銀行部，涉獵 IPO、收購合併及三、四線股之財
務顧問等業務，並於 2000 年推出一站式的網上證券交易系統。這一期
間，金利豐成功策劃了多次收購兼併，獲得了市場的認可。2005 年，
朱李月華成功收購出現財務問題的上市公司邁特科技，並進軍澳門的博
彩、娛樂及酒店業，將收購的澳門的君怡酒店和皇家金堡酒店注入上市
公司，公司亦改名為「黃金集團有限公司」，轉型發展博彩娛樂業。

2010 年底，朱李月華以 120 億港元價格，將旗下的金利豐證券、
金利豐財務顧問、金利豐期貨及金利豐資產管理等多家公司注入上市公
司黃金集團，借殼實現金利豐集團的整體上市，該交易於 2011 年 3 月
完成，其後，黃金集團改名為「金利豐金融集團有限公司」（Kingsyon
Financial Group Limited）。金利豐擅長為低價股公司進行融資，當低價
股公司無力償還債務時，金利豐便獲得其控制權，擁有「殼股」。其
後，金利豐便將「殼股」轉售給其他企業，協助這些企業借殼上市。因
而，朱李月華有享有「融資大亨」、「殼后」的稱謂。

2015 年，金利豐金融宣佈以每股 2.20 港元配售最多 17.16 億股股
份，承配人包括內地富商王健林及鄭裕彤旗下公司。配股完成後，王
健林和鄭裕彤均成為金利豐金融的股東，持股比例約為 2.29%。金利豐

金融透過集資 38.75 億港元，計劃用作擴張金融服務業務及進一步加強其營運資金。2018 年 6 月，金利豐金融為中策發行了 78 億元可換股票據，認購團隊包括劉鑾雄的等業界富豪，之後又再配售 400 億股，集資 40 億港元，並宣佈收購南山保險。受到連串利好消息刺激，金利豐金融市值最高峰時一度突破 1,000 億港元關口。不過，2018 年 9 月以後，金利豐金融先後兩次遭到香港證監會凍結其客戶資金，其辦公室又遭到香港證監會的突擊搜查。受到這些不利消息影響，金利豐金融股價從高位節節大幅回落。市值跌至不足 40 億港元。2023 年 2 月 27 日，金利豐金融完成私有化，在香港聯交所正式退市。

目前，金利豐金融仍然是香港華商中最具實力的證券集團之一，主要為客戶提供全面金融服務，包括證券經紀、包銷及配售、保證金以及首次公開發售融資、企業財務顧問、期貨經紀及資產管理服務等，同時亦在澳門提供博彩及酒店服務，包括經營兩間附設娛樂場的四星級酒店（圖 3-18）。2019 年度，金利豐金融營業額為 30.39 億港元，除稅前溢利 12.31 億港元，總資產 352.93 億港元。[135] 目前，金利豐金融由朱沃裕出任董事會主席，朱李月華女士出任集團行政總裁，朱李月華持有金利豐金融控制性股權。

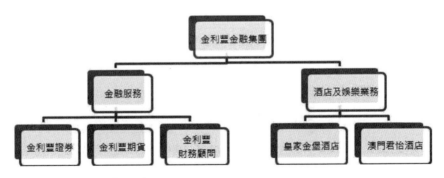

圖 3-18　金利豐金融集團架構
資料來源：金利豐金融集團有限公司官網

---

135 《金利豐金融集團有限公司 2019 年報》，第 78 頁。

尚乘集團

回歸之後，香港證券及投資銀行領域中，還崛起一家矚目的非銀行金融集團 —— 尚乘集團。尚乘集團（AMTD Group Company Limited），創辦於 2003 年，總部設於香港，當時由李嘉誠旗下的長和集團等創立，其英文名「AMTD」是加（Add）減（Minus）乘（Times）除（Divide）的英文首字母縮寫，初期公司的願景是讓科技創新改變金融服務，讓所有人都能享受到金融創新帶來的便利。2004 年，尚乘集團開展經營保險解決方案業務。2015 年，香港投資銀行家蔡志堅主導尚乘集團的股權重組，先後引入了包括摩根士丹利、瓴睿資本集團（L.R. Capital）等多元化戰略股東，並於 2016 年 1 月出任集團董事長，成為尚乘集團的實際控制人；而李嘉誠的長和集團則退出尚乘管理層，據報道至 2020 年 10 月僅持有約 3.8% 權益。

重組後，尚乘集團圍繞著「IDEA」戰略展開業務佈局，其中，「I」代表投資銀行及傳統金融，「D」代表數字金融板塊，「E」表示教育業務，「A」則是地產及酒店。2016 年及 2017 年，尚乘集團先後推出數位投資業務和蜘蛛網生態系統解決方案（SpiderNet Ecosystem Solutions）。2019 年 8 月 5 日，尚乘集團分拆旗下的「尚乘國際」（Amtd Idea Group）在美國紐約證券交易所上市，該公司業務包括股票承銷、債券承銷、諮詢（信用評級、融資和並購交易）、證券經紀、分銷及研究等，首日開盤市值超過 23 億美元。2020 年 4 月，尚乘國際在新加坡交易所作「第二上市」，成為第一家在美國和新加坡同時上市的「同股不同權」公司。截至 2021 年底，尚乘集團持有尚乘國際 50.6% 股權，蔡志堅獨立的 Infnty Power Investments Limited 持有 32.5% 股權。

2019 年 5 月 19 日，尚乘集團與小米集團合作，成立的「洞見金融科技有限公司」（Insight Fintech HK Limited），獲得香港金融管理局頒發虛擬銀行牌照（8 張虛擬銀行牌照之一），創辦「天星銀行」，其中，小米持有 90% 股權，尚乘持有 10% 股權。天星銀行以「創新金融、普惠金融、綠色金融」為宗旨，以「推動香港建設智慧城市，推動金融科

技普惠大眾」為使命，專注於金融科技與傳統金融業務的融合，利用人工智慧、大資料、雲計算和區塊鏈等領域技術，提升用戶體驗，以小米上下游產業鏈為突破口，打造供應鏈全場景全鏈條的金融服務。[136] 其後，尚乘又與新能源集團（Singapore Power）、小米、Funding Societies 共同發起申請成立新加坡首批數位批發銀行。

尚乘集團的數位金融板塊主要由旗下的尚乘數科展開。尚乘數科（Amtd Digital Inc.）成立於 2019 年，2022 年初被尚乘國際以 12 億美元價格收購，持有尚乘數科約 97.1% 股權。交易完成後，商乘國際更名為「尚乘 IDEA」。2022 年 7 月 22 日，尚乘國際分拆旗下金融服務商——尚乘數科在紐約證券交易所上市，集資約 1.25 億美元。尚乘數科上市後在流通量極低情況下股價大幅暴漲，市值一度超過 3,000 億美元，成為矚目的中概股，其後出現「閃崩」，觸發熔斷機制，市值回落至約 1,400 億美元（2023 年 1 月底進一步跌至 19.21 億美元）。根據尚乘數科的上市招股書，2021 年度該集團的營業收入只達 1.96 億港元，淨利潤 1.78 億港元。有評論認為，尚乘數科的經營業績無法支撐如此高的市值。尚乘數科主要有兩大業務線，即數位金融服務和蛛網生態系統解決方案，前者主要為客戶提供保險和數位銀行業務，後者則為付費會員提供獨家訪問 AMTD SpiderNet 生態系統及合作夥伴的機會。

尚乘集團宣稱，該集團已發展為「亞洲領先的綜合金融機構，也是香港規模最大的非銀行金融機構，服務遍及全球」，「一直致力於服務和打通中港兩地及寰球資本與資源，以及推動科技創新與共用經濟發展，尤其是金融科技和人工智慧領域的投資」。據報道，尚乘集團主要由瓴睿資本持有 61.6% 股權，蔡誌堅全資擁有的 Infinty Power Investments Limited 持有 32.5 股權。[137] 瓴睿資本集團是一家全球性投資

136 尚乘集團：〈關於天星銀行〉，尚乘集團官網。

137 肖望：〈誰在做莊尚乘數科？〉，2022 年 8 月 5 日，網易新聞網。

及另類資產管理機構，建基於加拿大，從加拿大到新加坡、香港乃至走進中國內地，業務遍及全球資本市場，重點投資金融、新能源、文化娛樂、大健康、創新技術等領域。

目前，尚乘集團經營的業務包括四塊：金融服務、數位解決方案、教育及地產等。其中，金融服務主要提供全方位的金融解決方案，包括資本市場服務、資產管理、財務顧問、股權研究和戰略投資等；數位解決方案主要提供一站式綜合數位解決方案，包括數位金融服務、蛛網生態系統解決方案、數位媒體、內容和行銷以及數位投資；教育業務覆蓋從小學直至博士後學生以及專業人才的各種學位或非學位培訓項目；地產業務則專注於酒店和生活方式概念，為全球主要城市的時尚酒店和服務式公寓、物業租賃、餐飲以及俱樂部會員服務等關鍵領域提供以客戶為中心的 VIP 會員服務。[138]

第五節　電訊業財團

▌ 概述

長期以來，香港的電訊業一直由英國大東電報局旗下的香港電訊公司壟斷。不過，二十世紀 80 年代之後，隨着國際電訊市場的逐步開放，華資開始進入這一領域。1992 年 9 月，香港政府開放本地電訊市場，採用開放式發牌制度引進超過一個固定電訊網絡，與香港電訊旗下的香港電話公司展開競爭。結果由和黃的「和記通訊」（和黃佔 80%、澳洲 Telstra 佔 20%）、九龍倉的「香港新電訊」（九龍倉佔 100%，美國 Nynex 為技術夥伴，將投資若干股份）及新世界發展的「新世界電話」（新世界發展佔 95%、英福電訊亞洲佔 5%）等 3 家財團奪得。1995 年

138「集團業務」，尚乘集團官網。

7月1日，香港電訊集團旗下香港電話的經營專利權屆滿，市場正式引入競爭。新競爭者香港新電訊和新世界電話一開業即先聲奪人，首先在電訊開支大的企業客戶市場展開猛烈的宣傳攻勢，建立客戶基礎。1996年1月，和黃為加強統籌香港電訊業的發展，成立「和記電訊有限公司」，負責統籌香港的電訊業。

1998年1月20日，香港特區政府與香港電訊集團達成協議，香港電訊提早結束原定於2006年屆滿的國際電訊專營權。香港特區政府進一步開放國際電訊市場。受此影響，香港電訊截至2000年3月底年度實際純利僅11.4億港元，比上年度大幅下跌九成，成為自1988年上市以來最差的財政年度。當時，正值全球互聯網熱潮，英國大東電報局積極投資互聯網骨幹網（internet backbone），為此將其他非核心業務陸續出售，包括出售香港電訊股權。結果，由李澤楷旗下盈科數碼動力以473億港元現金以及46.6億股新盈動股票，收購香港電訊54%股權。至此，英資在香港退出長期壟斷的電訊業。

回歸之後，隨着電訊業的全面開放，香港特區政府先後發放各種電訊牌照，包括本地話音電話服務、流動虛擬網絡營運商服務、對外電訊服務、互聯網接達服務、互聯網接達服務以外的國際增值電訊網絡服務，以及私人收費電話服務等牌照，獲得經營各種電訊牌照的公司多達498家（截至2020年3月1日）。開放初期，眾多的電訊經營商中，主要的電訊集團包括：電訊盈科及香港電訊、和記電訊、CSL、九倉電訊（前身為香港新電訊）、數碼通電訊、新世界電話，以及城市電訊（香港）、SUNDAY通信等。

其中，SUNDAY通信於2005年被電訊盈科收購，並於2006年被私有化；CSL為澳大利亞電訊集團旗下電訊公司，於2006年與新世界移動電話合併，組成「CSL新世界移動集團」（CSL New World Mobility Group），並於2009年被電訊盈科旗下的香港電訊收購，成為後者的全資附屬公司。2009年5月，和記電訊國際分拆「和記電訊香港控股有限公司」在香港上市，並接管和記電訊國際在香港及澳門業務。2016

年 10 月，九龍倉以 95 億港元將九倉電訊全部股權售予由國際私募基金 TBG 資本和 MBK Partners 組成的財團 Green Cayman Corp。2017 年 6 月，九倉電訊改名為「匯港電訊有限公司」（WTT HK Limited）。2018 年 8 月，香港寬頻網絡有限公司以 54.8975 億港元收購匯港電訊全部股權，收購完成後 TBG 資本和 MBK Partners 持有香港寬頻 11.66% 股權。其後，匯港電訊改名為「香港寬頻企業方案香港有限公司」。

香港寬頻創辦於 1999 年 8 月，當時是城市電訊（香港）有限公司的附屬公司。[139] 該公司成立後投資超過 40 億港元自建光纖網絡，於 2005 年成為香港首家提供 1000M 光纖入屋住宅上網服務的寬頻網絡供應商。2012 年，私募基金 CVC Capital Partners 以 50 億港元收購香港寬頻。2013 年，香港寬頻收購專業 Wi-Fi 服務公司 Y5Zone。2015 年 3 月，CVC Capital Partners 將香港寬頻有限公司（Hong Kong Broadband Network Ltd.）在香港掛牌上市。2016 年，香港寬頻收購電訊及 ICT 服務供應商新世界電訊。2018 年，香港寬頻收購滙港電訊後，發展成為一家全方位整合的一站式 ICT 方案供應商。[140]

經過上述一系列的收購合併，目前，香港電訊業的華資集團，主要有：李澤楷旗下的電訊盈科與香港電訊、長和實業旗下的和記電訊香港控股，以及新鴻基地產旗下的數碼通電訊等。而香港寬頻則主要由國際機構投資者持有，屬於外資機構。

▌ 李澤楷家族財團

李澤楷為李嘉誠次子，1990 年在美國斯坦福大學電腦工程學系畢業後，返回香港，加入父親旗下的和記黃埔，專責籌辦衛星電視，三年多後成功將衛視售予澳洲傳媒梅鐸的新聞集團，獲利 30 億港元。1993

139「里程碑」，1999 年，香港寬頻網絡有限公司官網。
140「公司概覽」，香港寬頻有限公司官網。

年 8 月，李澤楷創立盈科拓展集團，發展科技基建業務。[141] 盈科創辦後第一個大動作，就是於 1994 年 5 月拆資 5 億多港元，收購新加坡上市公司海裕亞洲 45.7% 股權，借殼上市，改名為「盈科亞洲拓展有限公司」（Pacific Century Regional Developments Limited），成為李澤楷業務發展的控股旗艦。

1997 年香港回歸後，特區行政長官董建華在首份施政報告提出了香港經濟向高增值、高科技發展的新方向。在此背景下，李澤楷向香港特區政府提出了「數碼港」（Cyberport）計劃。1999 年 3 月，香港特區政府公佈與盈科集團合作發展「數碼港」計劃。根據計劃，「數碼港」位於香港薄扶林鋼線灣，佔地 26 公頃，分三期發展，成為香港發展資訊科技的主要基地。合作的模式是政府提供土地，盈科出資並負責興建。整個計劃完成後盈科預計可獲利 37 億港元。不過，「數碼港」計劃在香港引起了頗大的爭議，尤其是「數碼港」的批地方式和其中的地產發展項目，受到香港輿論的批評。

1999 年 5 月，李澤楷透過旗下盈科亞洲拓展收購「殼股」公司得信佳 75% 的股權，將盈科在香港及內地的一批投資及地產發展項目，以及數碼港發展權益注入得信佳。收購完成後，得信佳改名為「盈科數碼動力有限公司」（Pacific Century Cyber Works Limited）。[142] 5 月 4 日，得信佳復牌後受到投資者熱烈追捧，股價在開市後大幅上升，股格從停牌前的 0.136 港元最高升至 3.225 港元，收市報 1.83 港元，升幅高達 12.5 倍。僅此一日，得信佳市值從停牌前的 3 億港元急升至 591.1 億港元，成為市場高度矚目的資訊科技概念股。

其後，盈動展開連串集資及收購活動，包括與美國基金 CMGI 互換股份，引入英特爾、CIGM 等作為策略聯盟；又斥資數十億港元收購

141「里程碑」，1993 年，電訊盈科有限公司官網。
142「里程碑」，1999 年，電訊盈科有限公司官網。

10 多家從事互聯網或有關聯公司，成為亞洲除日本外最大的互聯網企業。在連串集資及收購活動刺激下，盈動股價作三級跳，到該年底收市時，每股價格已升至 18.1 港元，公司市值高達 1641 億港元，躋身香港10 大上市公司之列，排名第 7 位。不過，李澤楷並不滿足於此，他表示：「今天盈科是全亞洲第三大互聯公司，但不及日本的 Softbank 和光通信，我們的目標是成為全亞洲最大的互聯網公司。」

為實現這一目標，李澤楷將收購的目標，指向歷史悠久的百年老店——英國大東電報局旗下的香港電訊（Honk Kong Telecommunications Ltd.）。香港電訊的前身是英國大東電報局香港有限公司和香港電話，於 1987 年 6 月註冊，1988 年 2 月上市，當日收市值達 721 億港元，成為香港市值最大的上市公司。[143] 該集團旗下包括 4 家全資擁有公司：分別是掌管全香港固網電話的香港電話有限公司、掌管全香港 IDD 話音及電報服務的香港國際電訊有限公司（前身為大東電報局（香港）有限公司）、掌管全香港流動通訊服務的香港電訊 CSL 有限公司及掌管全香港互聯網服務的 Computasia Limited。

1995 年和 1998 年，香港政府先後開放固定電話和國際電訊市場，香港電訊的壟斷權喪失，經營利潤大幅下跌。在此背景下，英大東決定棄守香港電訊，以便套現巨資發展歐洲業務。最初與英大東展開談判的，是新加坡政府旗下的新加坡電信集團。不過，2000 年 2 月，李澤楷旗下的盈科數碼動力將介入收購，與新加坡電信形成正面對撼。其後，經過「驚心動魄的 48 小時」博弈，[144] 盈科數碼動力成功收購香港電訊 54% 的股權，代價是 473 億港元現金，以及 46.6 億股新盈動股票。同年 8 月 9 日，香港電訊除牌。8 月 17 日，合併後的新公司以「電訊盈科有限公司」（PCCW Limited，簡稱「電訊盈科」）掛牌上市，市值

---

143 余赴禮：〈從產權角度剖析大東與電話的市場壟斷與合併〉，《信報財經月刊》，1987 年12 月，第 72 頁。

144 紀碩鳴、張家偉：〈驚心動魄的四十八小時〉，《亞洲周刊》，2000 年 3 月 6-12 日，第 18 頁。

高達 2,900 億港元，成為香港股市中僅次於中國移動、滙豐控股及和記黃埔的第四大上市公司。是次收購在香港以至國際金融市場產生強烈的轟動效應。香港傳媒隨以「李澤楷締造盈動神話」的大字標題，詳盡報道事件的全過程。而李澤楷本人亦被冠以「小超人」稱號。[145]

　　不過，新成立的電訊盈科發展並不順利。當時，全球互聯網泡沫破滅，大批互聯網公司股價呈現斷崖式下跌，在併購過程中急劇膨脹的電訊盈科也不例外，股價從最高峰時的每股 28.5 港元，輾轉反覆下跌，一直跌至 2008 年 10 月的每股 2.75 港元。電訊盈科的市值也一直下跌至 200 多億港元。這一期間，集團儘管有公司龐大業務支撐，但在營運中由於受到龐大債務拖累，經營舉步維艱，甚至被迫不斷依靠出售資產維持。2001 年，電訊盈科與澳洲電訊集團 Telstra 結盟，組成 IP 主幹網公司 REACH，雙方各佔 50% 股權；同年，電訊盈科以 17 億美元價格，將旗下移動電話業務 —— CSL 60% 股份賣給了澳洲電訊 Telstra 集團。該項交易於 2002 年 6 月完成。[146]

　　2003 年，電訊盈科推出 now 寬頻電視，翌年將旗下的地產業務重組為附屬公司 —— 盈科大衍地產發展有限公司。2005 年 1 月，李澤楷將電訊盈科 20% 股權出售予正計劃進入香港市場的中國網絡通信集團公司（簡稱「中國網通」），與之建立戰略聯盟，合作開拓內地及國際業務；[147] 同年 10 月成立 PCCW Global，致力拓展綜合環球通訊服務方案業務。2006 年 1 月，電訊盈旗下負責資訊科技業務的電訊盈科企業方案，成功奪得為期 10 年的合約，為香港特區政府提供技術先進的電子護照系統服務。[148]

---

145 馮邦彥：《盈動兼併香港電訊 —— 香港商戰經典（四）》，香港：明報出版社，2000 年，第 163 頁。

146「里程碑」，2002 年，電訊盈科有限公司官網。

147「里程碑」，2005 年，電訊盈科有限公司官網。

148「里程碑」，2006 年，電訊盈科有限公司官網。

2006 年 6 月，澳大利亞麥格理集團（Macquarie Group）和美國新橋投資集團（Newbridge）相繼向電訊盈科提出全面收購建議。不過，有關競購最終擱置，主要是受到第二大股東中國網通反對。由花旗環球金融前亞洲區主席梁伯韜組成財團亦提出收購建議，以每股 6 港元收購李澤楷所持 22.64% 的電訊盈科股權。不久，西班牙電訊和李嘉誠基金亦表示，將從梁伯韜手中收購電盈股份。西班牙電訊表示，將把收購的電盈股份同中國網通持有近 20% 電盈股份合併，成立一家專門合資公司，作為電盈未來單一最大股東。不過，2006 年 11 月 24 日，在盈科拓展特別股東大會上，該計劃因受到 76% 小股東反對而告吹。[149]

2008 年 11 月，電訊盈科兩大股東 —— 盈科拓展（持股 22.54%）和中國網通（持股 19.84%）聯合提出私有化電訊盈科建議，涉及資金154.91 億港元。交易完成後，兩者分別佔電盈 66.67% 及 33.33% 股權，電盈將撤銷其上市地位。根據交易協議，私有化成功後 20 天內，電盈將向盈科拓展及中國網通合共派發 169.64 億港元至 175.65 億港元的現金股息，因而該計劃被批評為大股東「空手套白狼」。2009 年 2 月 4日，私有化計劃在電盈股東大會上通過，但其後因被舉報有「種票」嫌疑，觸發證監會高姿態介入調查，最終在數月後的上訴法庭被裁決推翻。該案件一度在香港社會引起轟動。[150]

私有化計劃受挫後，李澤楷轉而計劃將電訊盈科旗下的「香港電訊信託與香港電訊有限公司」（簡稱「香港電訊」，PCCW-HKT）的股份合訂單位分拆上市。2011 年 11 月 16 日，香港電訊進行公開招股，招股價介乎每個合訂單位 4.53 港元至 5.38 港元，集資總額約 93.02 億港元

---

149 參見《有關電訊盈科有限公司股權變動事件進程的報導摘要》，香港立法會秘書處，資料研究及圖書館服務部，2006 年 11 月 21 日；《有關電訊盈科有限公司股權變動事件進程的本地報導摘要》，香港立法會秘書處，資料研究及圖書館服務部，2007 年 1 月 10 日。

150 參見《有關電訊盈科私有化的報導摘要》，香港立法會秘書處，資料研究及圖書館服務部，2009 年 2 月 20 日。

至 110.47 億港元之間。香港電訊優先向電訊盈科股東發售最多 2.07 億個合訂單位元。其中，電訊盈科主席李澤楷認購 12.49% 合訂單位元。香港電訊旗下的資產，主要是在香港提供固網、行動電話及寬頻服務，業務與電訊盈科前身盈科數碼動力當年收購的香港電訊極為相似，因此被市場人士視為香港電訊再生。同年 11 月 29 日，香港電訊在香港聯交所上市。[151]

從 2005 年起，電訊盈科開始重返移動電訊市場。當年 6 月，電訊盈科以 19.4 億港元（2.49 億美元）收購 Sunday 通信 59.87% 股權，並隨即向 Sunday 股東提出全面收購的建議，但由於受到小股東華為集團的反對，私有化失敗。2006 年 11 月，電訊盈科最終於以協議安排方式全面收購 Sunday，並取消其上市公司地位。2013 年 12 月，香港電訊斥資 24 億美元（約 188.67 億港元），向澳洲電訊商 Telstra 旗下 Telstra Bermuda 及新世界發展旗下 Upper Start，分別收購 CSL New World Mobility Limited 76.4% 及 23.6% 股權，包括 CSL 旗下 1010、one 2 free 及新世界傳動網品牌等。[152] CSL 為澳洲電訊 Telstra 旗下子網，是香港第一大移動運營商，擁有 400 多萬用戶，包括數十萬高端品牌用戶，同時擁有豐富的無線頻譜資源。對此，香港電訊董事總經理艾維朗（Alex Arena）表示：「我們很高興能夠提議讓 CSL 回歸香港電訊家族，這一交易將會使我們有能力促進香港電訊的發展，也使我們有能力為香港電訊和 CSL 的客戶提供更好的服務。」

業內人士估計，兩家電訊公司合併後，大約可佔據香港電訊市場約 30% 份額。2015 年 5 月，香港電訊與新收購的 CSL，經過近一年半時間，完成兩網合併，成為香港最大的流動通訊服務供應商。[153] 這一合

151「里程碑」，2011 年，電訊盈科有限公司官網。
152「里程碑」，2013 年，電訊盈科有限公司官網。
153「里程碑」，2015 年，電訊盈科有限公司官網。

併堪稱香港電訊行業史上最大規模的網絡整合，由中國電訊商華為獨家承建，華為提供包括 2G、3G、LTE、核心網、承載網在內的全網端到端解決方案，以及 NFV、SDN、LTE MOCN、多頻 CA、eMBMS、CloudBB 等面向未來的關鍵技術，幫助整合後的 PCCW-HKT 取得領先網絡優勢。華為也由此成為香港移動網的絡最大供應商。

與此同時，電訊盈科亦積極推動收費電視、免費電視、視像服務、資訊科技服務及地產發展等業務的拓展。2003 年 9 月，電訊盈科推出 now 寬頻電視。2004 年 5 月，電訊盈科透過全資附屬公司 UK Broadband 在英國推出無線寬頻服務，並將旗下的地產業務重組為附屬公司「盈科大衍地產發展有限公司」（Pacific Century Premium Developments Limited，簡稱「盈大地產」）。2006 年 3 月，電訊盈科自資製作的 now 財經台啟播，提供 24 小時本地及國際財經新聞。及至 2007 年和 2008 年，now 寬頻電視先後推出全港首項高清電視服務，及自資製作的本地粵語資訊娛樂頻道 now 香港台。2015 年 4 月，電訊盈科旗下的香港電視娛樂有限公司獲香港特區政府批出免費電視牌照，並於次年 9 月在香港推出免費電視服務 ViuTV（粵語頻道第 99 台），Viu OTT 用戶在推出首年已達 400 萬。[154]

2019 年度，盈科拓展集團主席兼行政總裁李澤楷在香港共持有 3 家上市公司控制性股權，包括電訊盈科（持有 28.97% 股權）、香港電訊信託與香港電訊有限公司（透過電訊盈科持有 51.97% 股權）和盈大衍地產發展有限公司（透過電訊盈科持有大部分股權）（表 3-6）。電訊盈科除了持有香港電訊控股權外，還透過旗下的電訊盈科媒體、香港電視娛樂有限公司、電訊盈科企業方案、盈大地產等，從事收費電視、免費電視、視像服務、資訊科技服務及地產發展等業務。截至 2019 年度，電訊盈科共聘用超過 24,700 名員工，遍佈全球 50 個國家和城市。

154「里程碑」，2003-2016 年，電訊盈科有限公司官網。

表 3-6　2019 年度李澤楷旗下香港上市公司經營概況

單位：億港元

上市公司	經營收入	綜合 EBITDA	除稅前溢利	總資產
電訊盈科	375.21	123.81	38.11	988.95
香港電訊	331.03	128.17	62.75	975.65
盈大地產	10.15	N.A.	-2.30	151.69

資料來源：李澤楷旗下香港上市公司 2019 年報

其中，電訊盈科媒體（PCCW Media）為香港一家綜合性多媒體及娛樂集團，經營香港最具規模的收費電視業 Now TV，以及經營國際 OTT（over-the-top）視像服務，包括以 Viu 及 Vuclip 品牌經營視像串流服務及 MOOV 音樂串流服務。截至 2019 年底，Now TV 已安裝服務的客戶數目達 136.1 萬名，年度業務收益達 26.85 億港元。至於香港電視娛樂有限公司提供的免費電視 Viu TV 及網絡電視 Viu OTT，現階段仍處於增長期，2019 年收入分別為 2.59 億港元和 10.71 億港元，預期要 3 至 5 年時間才會為公司帶來盈利。其中，Viu OTT 的每月活躍用戶已從 2016 年的 480 萬名增加到 2019 年的 4,140 萬名，遍及亞洲、中東、印度及非洲等 17 個市場。

2023 年 6 月，電訊盈科宣布，旗下全資附屬公司 Viu International 與法國上市付費電視營運商 Canal+，達成策略投資協議：Canal+ 以 2 億美元（約 15.6 億港元）購入 Viu 26.1% 權益，並分兩輪額外投資 1 億美元。不過，是次交易的目標是 OTT 視像串流平台「Viu」，而非 Viu TV 及 Now TV。此外，雙方還簽署股東協議：當 Canal+ 完成股本投資總額，有權行使期權收購電盈的 Viu 股份至 51%，行使價會以 9.3 億美元減股本投資額，或者按 Viu 相應財政年度的協定參考綜合收益計算 51% 的股權價值，以兩者較低者為準。換言之，電訊盈科以總額最多 9.3 億美元（約 72.77 億港元）出售 Viu 51% 股權。以此計算，Viu 整體估值最多達 142.7 億港元。

電訊盈科旗下的電訊盈科企業方案，是一家香港、中國內地及東

南亞地區領先的資訊科技服務供應商，提供廣泛數碼服務及方案、資訊科技與業務流程外判、雲端計算服務、系統的開發和集成、數據中心、託管和管理服務，以及電子商務和物聯網服務方案，協助客戶達成業務目標及完成數碼轉型，涉及的行業包括銀行、金融服務和保險業、通訊、媒體和公用事業、零售、製造和物流業、酒店和旅遊業、及交通運輸業等。電訊盈科企業方案亦為香港的公共部門提供關鍵的資訊科技系統擔當重要角色，例如為入境事務處提供新一代智慧身份證系統及新一代電子護照系統。此外，公司還透過旗下上市公司盈科大衍地產發展，在香港、中國內地、日本及東南亞國家從事地產發展業務。不過，2021 年 12 月，電訊盈科發佈公告稱，將以 1300.5 萬港元價格，出售盈大地產已發行股本中 2250 萬股普通股股份，交易完成後電訊盈科持有盈大地產股權將減少至約 30.07%，成為聯營公司。而買方買方 Oriental Sceptre Limited 則為一家由 Koru Partners Pte. Ltd. 管理的投資控股公司。2019 年度，電訊盈科綜合收益為 375.21 億港元，綜合息稅前利潤（EBITDA）為 123.81 億港元（表 3-8），除稅前溢利 38.11 億港元，總資產 988.95 億港元（表 3-7）。[155]

表 3-7　電訊盈科集團各項業務經營概況

單位：億港元

	2016 年度		2019 年度		2020 年度		2021 年度	
	綜合收益	綜合 EBITDA	綜合收益	綜合 EBITDA	綜合收益	綜合 EBITDA	綜合收益	綜合 EBITDA
香港電訊	338.47	126.84	331.03	128.17	323.89	125.27	339.61	127.33
NOW TV 業務	29.00	4.13	26.85	4.54	18.65	2.80	不適用	不適用
OTT 業務	5.83	-2.35	10.71	−3.14	11.87	-1.53	14.80	-0.23
免費電視及相關業務	1.60	-1.83	2.59	−2.73	3.17	-1.65	8.00	0.94

155《電訊盈科有限公司 2019 年年報》，第 9、93、97 頁。

（續上表）

企業方案業務	38.22	7.61	42.18	10.14	47.36	7.94	48.94	6.56
盈大地產	1.74	-2.80	10.15	0.42	18.43	0.28	——	——
抵消稅項及其他業務	-31.02	-9.34	−48.30	−13.59	-42.91	-13.33	-24.81	-11.51
合計	383.84	122.26	375.21	123.81	380.46	119.50	386.54	123.09

附註 1：EBITDA 指未計稅、折舊前盈利。
資料來源：《電訊盈科有限公司年報》，2016、2019-2021 年報

　　而香港電訊信託與香港電訊，則為香港首屈一指的電訊服務供應商及領先的固網、寬頻及流動通訊服務營運商，總部設於香港，共聘用約 15,900 名員工，業務據點遍及內地及全球各地，經營業務包括本地電話、本地數據及寬頻、國際電訊、流動通訊、客戶器材銷售、外判服務、顧問服務及客戶聯絡中心等其他電訊服務。香港電訊還在香港提供獨特的「四網合一」服務，聯同母公司電訊盈科透過香港電訊的固網、寬頻互聯網及流動通訊平台傳送媒體內容。

　　截至 2019 年底，香港電訊共提供 259.8 萬條電話線路，包括 135.8 萬條住宅線路以及 124 萬條商業線路；同時提供 162.0 萬條寬頻線路，包括 145 萬條消費市場線路（其中 83.3 萬條為光纖入屋線路）及 15.9 萬條商業線路；其光纖綜合網絡覆蓋香港 88% 個家庭，連接 23,900 個 Wi-Fi 熱點。與此同時，香港電訊旗下的 PCCW Global 是香港電訊的國際業務機構，經營 Tier-1 標準環球互聯網主幹網絡，該網絡於 76 個城市設有 125 個連接點，涵蓋超過 60 個環球電纜系統，並在全球 11 個國家設有區域中心（圖 3-19）；集團的流動通訊用戶則達 467.9 萬戶（包括包括 325 萬名後付用戶）；295.3 萬名 The Club 會員及 800+ 商戶及兌換合作夥伴。[156] 2019 年度，香港電訊總收益為 331.03 億港元，綜

156《香港電訊信託與香港電訊有限公司 2019 年報》，第 10-11 頁。

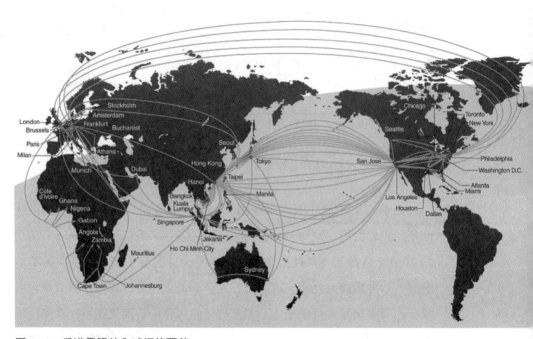

圖 3-19　香港電訊的全球網絡覆蓋
資料來源：香港電訊信託與香港電訊有限公司：《助你走向世界，聯繫中外無疆界》

合 EBITDA 為 128.17 億港元，除所得稅前溢利 62.74 億港元，總資產 975.65 億港元。[157]

　　李澤楷旗下的投資業務，除了電訊、媒體及資訊科技、地產等，還涉及保險和資產管理等金融服務。2012 年，李澤楷透過盈科亞洲拓展，以 21.4 億美元收購荷蘭國際集團（ING）旗下在香港、澳門及泰國的保險業務，2013 年組建為「富衛保險」（FWD）。2014 年以來，富衛保險相繼進入菲律賓、印尼、新加坡和越南等東南亞市場。2016 年 11 月，富衛保險收購美國國際集團（AIG）旗下富士生命保險公司（AIG s Fuji Life Insurance），進軍日本市場。2017 年 9 月，富士生命保險公司易名為「富衛富士生命保險公司」（FWD Fuji Life Insurance Company

---

157《香港電訊信託與香港電訊有限公司 2019 年報》，第 8-9、101、105 頁。

Ltd.）。2019 年，富衛保險與泰國匯商銀行達成為期 15 年的獨家銀行保險合作夥伴關係。2020 年，富衛保險以 4.14 億美元價格收購越南保險公司 Vietconbank-Cardif Life Insurance，進一步加強在東南亞地區的發展。

目前，富衛保險已發展成一家亞洲區領先保險公司，其業務遍佈香港、澳門、泰國、印尼、菲律賓、新加坡、越南及日本等 10 個國家或地區，為超過 1,000 萬名客戶提供保險服務。在香港及澳門，富衛保險是保險業監管局集團監管框架下三間受監管的保險集團之一，新業務首年保費居香港前三位，主要提供多元化的保險產品和服務，包括人壽保險、醫療及危疾保障、子女教育儲備、退休儲蓄及財務策劃等，資產規模香港 1,000 億港元。2019 年至 2021 年度，富衛保險集團的營業收入分別為 62.32 億美元、94.87 億美元及 116.97 億美元，相應的淨利潤分別為 -3.32 億美元、-2.52 億美元及 2.49 億美元。截至 2021 年底，富衛保險集團總資產達 636.53 億美元，金融資產總值 472.96 億美元，可供出售債務證券 371.56 億美元，佔比接近八成，為香港第 9 大人壽保險集團、泰國第 2 大壽險企業。其中，李澤楷通過 PCGI Holdings Limited 持有公司 76.90% 股份。

2021 年 9 月，富衛保險向美國紐約證券交易提交上市申請，募資標的約為 20-30 億美元。不過，時隔三個月富衛保險卻主動撤回申請，引發輿論關注。2022 年 2 月及 9 月，富衛保險先後兩次向港交所遞交上市申請表，開啟赴港上市征程。根據招股書，富衛集團除了因稅務規則改變而下滑的日本企業自有人壽保險業務外，富衛集團的中國香港（及澳門）、泰國及柬埔寨、日本及新興市場業務於 2021 年分別貢獻富衛集團新業務價值的 31.1%、33.0%、15.6% 及 20.3%。市場估計，富衛保險上市後市值可能高達 2000 億港元。2023 年 3 月，富衛保險第三度向港交所遞交上市申請。據招股書顯示，李澤楷透過旗下公司持有富衛保險 77.69% 股權。

近年來，李澤楷還透過旗下公司，積極投資創新科技企業，在該

領域大展拳腳。2020 年 5 月，李澤楷透過旗下盈科拓展集團與美國傳奇投資人、Paypal 聯合創始人皮特蒂爾（Peter Thiel）的私人投資公司 Thiel Capita 在開曼群島聯合成立 SPAC 公司 —— Bridgetown Holdings Limited，並於同年 10 月在美國納斯達克市場上市，融資 5.5 億美元。Bridgetown 表示，儘管公司會在任何商業或行業領域進行並購，但核心目標是東南亞地區的「新經濟板塊」。它表示：「我們相信東南亞正進入一個經濟成長的新時代。我們期望參與到新經濟板塊的初期商業合併機會中，獲得具有吸引力的風險調整後回報。」與此同時，李澤楷又與皮特蒂爾成立第 2 家 SPAC 公司 —— Bridgetown 2 Holdings Limited，該公司於 2021 年 1 月完成首次公開募股，籌集資金 2.6 億美元。2022 年 3 月，新加坡房地產獨角獸 PropertyGuru 與 Bridgetown 2 Holdings 完成合併，並在紐約證券交易所上市。PropertyGuru 成立於 2007 年，是新加坡知名房地產垂直門戶平台，在新加坡、越南、馬來西亞和泰國等地都有廣泛業務，號稱「東南亞貝殼」。此外，李澤楷還投資印尼最大互聯網科技公司 GoTo，2020 年 4 月該公司成功上市，李澤楷持有的股權價值約達 9-10 億美元。

第六節　影視傳媒業財團

▌概述

　　香港影視傳媒業的發展，最早可追溯到十九世紀末。1923 年，黎民偉與兄長黎海山、黎北海等創辦了第一家全部由香港人投資的電影製片公司 —— 民新制造影畫片有限公司。1930 年，黎北海在華商利希慎支持下，創辦「香港影片公司」，製作出品三國演義故事影片《左慈戲曹》。同年，黎民偉聯同多家電影公司，在上海和香港兩地註冊成立「聯華影業製片印刷有限公司」，到 30 年代中期聯華港滬兩地擁有多家製片廠，聲勢一度相當浩大。1937 年抗日戰爭爆發後，中國電影的重

心從上海轉移到香港，南下影人積極開展國語片製作及放映業，香港的影視業獲得進一步的發展。[158]

50 年代，香港電影業群雄並起，競爭激烈，尤其是南洋富商陸運濤旗下的電懋公司迅速崛起。1958 年，邵逸夫在香港創辦「邵氏兄弟（香港）有限公司」，與電懋展開競爭，並取得壓倒性優勢。不過，進入 70 年代，邵氏兄弟在電影業的發展開始放緩。轉折點是鄒文懷脫離邵氏，於 1970 年 4 月創辦嘉禾電影公司。到 80 年代，嘉禾電影公司已超越邵氏，成為香港電影業的新霸主。

二十世紀 50 年代以後，香港電視業也起步發展。1949 年 3 月，總公司設在英國的麗的呼聲（香港）有限公司投資 400 萬港元，開設麗的呼聲中英文混合有線電視，這是亞洲電視的前身。1957 年 5 月 29 日，該電視台正式啟播，揭開了香港電視發展史上的第一頁。1964 年 11 月 4 日，香港政府批出一個為期 15 年、享有 5 年專利的無綫電視廣播商業牌照。當時，參加投標的共有 8 個財團，結果由利氏家族的利孝和、邵逸夫等香港知名人士、和記、太古等英資公司組成的財團 —— 香港電視廣播有限公司（TVB）成功取得經營權。

1967 年 11 月 19 日，香港無線電視正式啟播，分別透過翡翠台和明珠台播放中英文電視節目，當時為黑白無線電視，以微波科技直播澳門格蘭披治大賽供香港觀眾欣賞。[159] 啟播當日下午 4 時，港督戴麟趾乘坐直升機飛抵位於廣播道的 TVB 新廈，親臨主持啟播儀式。面對無線電視的競爭，麗的電視於 1973 年 4 月決定從收費電視轉為免費電視。1975 年 9 月，第三家電視台香港佳藝電視亦加入競爭，成為第三家免費電視台。不過，由於香港政府在發牌時加入了限制，佳藝電視需要讓出部分

158 鍾寶賢：《香港百年光影》，北京：北京大學出版社，2007 年，第 2 章。
159「里程碑」，1967 年，電視廣播有限公司官網。

時段作教育性節目的廣播,形成先天性缺陷。結果,不到三年,佳藝電視於 1978 年 8 月 22 日倒閉,結束了三雄爭霸的局面。在無線電視的強大攻勢下,多年來麗的電視一直處於苦苦支撐的局面。1982 年 6 月,邱德根的遠東集團向麗的電視注入 1 億港元資金,取得該公司 50% 股權並入主董事局。同年 9 月 24 日,麗的電視改名為亞洲電視,進入邱德根時代。

80 年代以後,香港的電影電視業呈現百花齊放的繁榮景象。在電影業,出現繼邵氏兄弟、嘉和之後,先後崛起由麥嘉、黃百鳴、石天等人牽頭創辦的「新藝城影業有限公司」(1980 年,拍檔由九巴董事雷覺坤家族創辦的「金公主院線」──「金公主娛樂有限公司」);由潘迪生及其旗下公司迪生實業(集團)有限公司投資的「德寶電影有限公司」(1984 年);由向華強、向華勝兄弟創辦的「永盛電影有限公司」(1987 年);由黃百鳴和羅君創辦的「永高有限公司」(1991 年);以及由周星馳創辦的「星輝海外有限公司」(1996 年)等,形成群雄並起的局面。在電視業,則主要形成無線電視與亞洲電視競爭態勢,但無線電視一直保持着強大的優勢。[160]

不過,回歸以後,華資在影視傳播業的發展開始走下坡路,在香港經濟的影響力逐步下降。在影視業,隨着現代科技及電子傳媒的發展,香港傳統的影視集團都先後受到衝擊。其中,經營時間最長的亞洲電視在種種主客觀不利因素壓力下,特別是公司股權多次轉手影響下,最終被迫停播。在 80-90 年代一度輝煌、並長期佔據主導地位的無線電視及其控股公司邵氏兄弟,則隨着其靈魂人物邵逸夫的淡出、辭世、後人無意接手,最終也走向「賣盤」道路,被迅速崛起的中資傳媒巨頭收購,從而結束其作為香港本地華資影視巨擘的歷史。

---

160 鍾寶賢:《香港百年光影》,第 5、6 章。

這一時期，香港主要的華資電影公司有：林建岳旗下的「寰亞綜藝娛樂集團」（1994 年）、楊受成英皇集團旗下的「英皇電影」（2000年）、向華強中國星集團旗下的「中國星電影」（1992 年）、寰宇國際集團旗下的「寰宇電影」（1986 年）、美亞娛樂資訊集團旗下的「美亞電影」和「天下電影」（1997 年）、銀河映射控股集團旗下的「銀河映射」（1996 年）、知名導演王家衛旗下的「澤東電影」（1992 年）、東方娛樂控股有限公司旗下的「東方電影」（1992 年）等。

▌ 邵逸夫家族：邵氏兄弟 / 無線電視

邵氏兄弟創辦於 1958 年，創辦人邵逸夫，浙江寧波人，1907 年出生於上海。父親邵玉軒是漂染業商人，兼營電影片進出口生意。1925年，邵玉軒長子邵醉翁創辦上海「天一影片公司」，拍成邵氏家族第一部電影。翌年，邵玉軒派三子邵仁枚前往新加坡開拓東南亞市場，放映天一影片公司製作的電影，結果大受歡迎。1926 年，中學剛畢業的邵逸夫前往新加坡，協助兄長發展業務，從此開始其影視大亨的生涯。第二年，邵仁枚與邵逸夫創辦「邵氏兄弟新加坡有限公司」，自行製作適合當地市場的電影，業務發展迅速。到 50 年代已雄霸東南亞市場。

1932 年，即日本發動「九一八」事變翌年，邵醉翁將天一影片公司遷往香港，並設立天一港廠，可惜，1936 年，天一港廠接連發生火災，損失慘重。兩年後，次子邵邨人前往香港接管家族電影業務，其後創辦「邵氏父子公司」。50 年代，香港電影業群雄並起，競爭激烈，尤其是南洋富商陸運濤旗下的電懋公司迅速崛起，已威脅邵氏父子的發展。當時，邵逸夫看到香港的工商業日漸繁榮，電影業市場潛力龐大，遂決定移師香港發展。1958 年，邵逸夫在香港創辦「邵氏兄弟（香港）有限公司」（簡稱「邵氏兄弟」），接管邵氏父子全部業務，並斥資購入清水灣近 80 萬平方呎土地，興建規模宏大的電影城，該電影城歷時 7年才全部完成，成為亞洲最大製片廠。

與此同時，邵氏兄弟廣泛羅致人材，重金禮聘鄒文懷、導演李翰祥、影星林黛等一批電影界專業人材進入邵氏。創辦當年，邵氏首次採用黃梅戲曲調拍攝影片《貂蟬》，結果一炮而紅，該片在第五屆亞洲影展上囊括最佳導演、最佳編劇、最佳女主角等 5 項大獎。1959 年，邵氏再拍《江山美人》，該片轟動一時，票房紀錄破 40 萬港元。自此，邵氏兄弟在香港電影業的地位初步奠定。

60 年代，是邵逸夫在香港開創其電影王國的黃金時期，邵氏兄弟全力發展國語片，每年製作的影片多達 40 多部。1960 年，邵氏製作的黑白片《後門》一舉奪得第七屆亞洲影展的 12 項大獎。1963 年，邵氏拍攝的《梁山伯與祝英台》風靡港台兩地，將黃梅調影片的熱潮推向高峰。60 年代中，電懋公司老闆陸運濤在台灣乘飛機罹難，邵氏兄弟遂成為香港電影業的霸主。這一時期，邵氏在香港、日本、澳大利亞、新加坡、泰國等十幾個國家和地區建立了 200 多家邵氏影片發行網點，佔領了東南亞及亞太華語市場。從 1958 年的第 5 屆亞洲電影節到 1973 年第 16 屆亞洲電影節上，邵氏出品的電影屢獲殊榮，共取得大小獎項 46 個，創下中國電影史上一家製片公司得獎次數最多的記錄。1979 年的《英雄無淚》更是當年邵氏最賣座的功夫片之一。因而，邵氏創辦人邵逸夫被譽為「香港電影教父」，權威的電影史學家稱他為「使香港電影起飛的人」。

1971 年，邵氏兄弟（香港）有限公司在香港上市，這是邵氏兄弟在香港電影業的最鼎盛時期。不過，進入 70 年代，邵氏兄弟在電影業的霸主地位開始受到挑戰。轉折點是鄒文懷脫離邵氏，創辦「嘉禾電影公司」。面對激烈競爭，邵氏兄弟開始將發展重點轉向電視業。其實，早在電視廣播有限公司（Television Broadcasts Limited，簡稱 TVB）初期，邵逸夫及旗下的邵氏兄弟就是該公司的主要股東之一。電視廣播有限公司於 1965 年在香港註冊成立，由於是香港首間獲得免費無線電視牌照的電視台，故一般又被稱為「香港無線電視台」。當時，公司董事局主席由利孝和出任，邵逸夫任常務董事，其他董事包括唐炳源、余經

緯、利榮森、祁德尊、布力架及魏德利等。

　　無線電視啟播翌日，即開始播放綜合性娛樂節目《歡樂今宵》，深受香港普羅市民歡迎。1971 年，《歡樂今宵》成為全港第一個彩色製作節目，到 1972 年，無線所有節目均以全彩色製作及播送，令當時 400 萬香港市民為之矚目，收視率直線上升，很快便壓倒麗的電視成為香港主要的無線電視。[161] 當年，無線電視開設首期無線藝員訓練班，其後這個訓練班為香港演藝圈輸送了大量的中堅人才，香港知名影星如周潤發、周星馳、梁朝偉、劉德華、郭富城、劉嘉玲等，都是該訓練班的學生。無線電視的啟播正好配合香港經濟起飛的轉變及香港普羅大眾對免費娛樂和資訊的需求，因而在短短數年間便迅速普及。

　　據香港政府 1973 年初出版的《香港年鑑》，截至 1972 年底，香港家庭有 79.6% 安裝了電視機，其中 55 萬部是收看無線電視，收看麗的有線電視的只有 4.3 萬部，同時收看無線及有線的有 8.3 萬部。無線電視的播出，使電視在香港迅速普及，充分發揮了電視傳媒的功能，令香港的影視娛樂業發生巨大變化，對社會經濟的發展也產生重大影響。1976 年，無線電視以人造衛星將首次在香港舉行的環球小姐競選轉播至世界各地，全球收看的觀眾達 5 億餘人；同年，無線電視成立電視廣播（國際）有限公司，致力開拓海外的節目發行及錄影帶租賃服務、經營衛星及有線電視頻道。[162]

　　1980 年 6 月 26 日，香港電視廣播有限公司主席利孝和因心臟病發逝世，其遺缺遂由邵逸夫接任。邵逸夫接掌香港電視廣播主席後，透過邵氏兄弟逐步增加對該公司的持股量，1960 年，邵氏在電視廣播的持股量增加到 20%，成為公司的最大股東。這一時期，無線電視的業務迅

161「里程碑」，1968-1972 年，電視廣播有限公司官網。
162「里程碑」，1976 年，電視廣播有限公司官網。

速發展，利潤從 1978 年度的 2,110 萬港元急增到 1983 年度的 1.73 億港
元。1984 年 1 月，香港電視有限公司（HK-TVB Limited）在香港上市，
以每股 2.65 元價格公開配售 1.05 億股舊股，集資 2.78 億港元。配售的
舊股由原股東和記洋行、新鴻基證券、英之傑香港等撥出，佔已發行股
本的 25%。配股完成後，邵逸夫及邵氏兄弟、利氏家族及新鴻基證券共
持有公司 64% 股權。[163] 當時，香港電視有限公司主要持有電視廣播有
限公司和電視企業有限公司控制性股權，前者經營電視廣播，擁有佔地
約 30 萬方呎的清水灣錄影廠，共 8 個具國際水準設施的廠房；後者則
持有見聞會社、華星娛樂、博益出版集團、香港電視出版、香港影視製
作等 12 間附屬公司，經營與電視廣播有關業務。

　　1988 年，香港政府對電視條例作出修訂，規定不可將電視廣播牌
照授予一家公司的附屬公司，因此，香港電視有限公司必須改組。同
年 11 月，香港電視有限公司將旗下的電視廣播有限公司分拆在香港上
市，[164] 而本身則易名為「電視企業（控股）有限公司」。經過分拆後，
電視廣播持有電視經營牌照，專營電視廣播；而電視企業則主要經營與
電視廣播相關的業務，如電視節目代理、電視廣告製作、出版印刷、娛
樂表演、零售及旅遊業務等。

　　重組後，邵逸夫出任兩家上市公司董事局主席。1989 年 2 月，邵
逸夫透過邵氏兄弟向郭鶴年購入 1,900 萬股電視廣播及電視企業，作價
分別為每股 14.6 港元及 1.55 港元。交易完成後，邵逸夫及邵氏兄弟持
有 34.7% 電視廣播股權，34.19% 電視企業股權。至此，邵逸夫共持有
邵氏兄弟、電視廣播、電視企業 3 家上市公司，自成一系。1989 年 6
月底，邵氏持有的 3 家上市公司市值達 59.36 億港元，躋身香港 10 大
上市公司財團之列。

163　呂景里：〈香港電視上市可掀起熱潮〉，《經濟一週》，1984 年 1 月 9 日，第 6 頁。
164　「里程碑」，1988 年，電視廣播有限公司官網。

在香港免費電視無線與亞視兩強爭霸的年代，邵逸夫時代的無線電視一直處於主導地位。1994 年 9 月，無線電視舉辦「華南水災籌款之夜」，籌得善款 3700 萬港元；同年 10 月，無線電視獲特區政府廣播事務管理局批准提供區域衛星電視服務，成立專為亞洲觀眾而設的衛星頻道，於亞洲地區發行分銷。其後，無線電視獲行政局原則上批准一個為期 12 年的牌照，在香港成立及營運一個衛星電視上行 / 下行（uplinking and downlinking）的系統。1997 年 6 月，無線電視在《香港經濟日報》舉辦的「全港 20 大傑出商業機構選舉」中，成為獲選機構之一。其後，在《遠東經濟評論》每年一度的「全亞洲 200 卓越公司選舉」中，首次入選為香港 10 大卓越公司；並獲選為 50 間「亞洲最具競爭力企業」之一，這是無線電視的高光時刻。[165]

1998 年，無線電視開始籌畫在新界將軍澳興建新的電視城。2003 年 10 月，耗資 22 億港元的將軍澳電視廣播城正式落成，總面積約 11 萬平方米，主要由 6 幢製作及行政大樓組成，包括廣播大樓、綜藝錄影廠大樓、戲劇錄影廠大樓、新聞及停車場大樓、工廠大樓及聯匯大樓等，比清水灣電視城大約 30%。[166] 2007 年 12 月 31 日，香港正式推出數碼地面電視廣播，無綫電視率先推出香港首個 24 小時高清頻道「高清翡翠台」。[167] 這一時期，無線電視的國際業務覆蓋亞洲、歐洲、北美洲及非洲等市場（圖 3-20）。

165「里程碑」，1994-1997 年，電視廣播有限公司官網。

166「里程碑」，1994-1997 年，電視廣播有限公司官網。

167「里程碑」，2007 年，電視廣播有限公司官網。

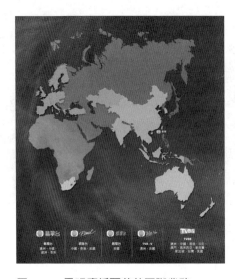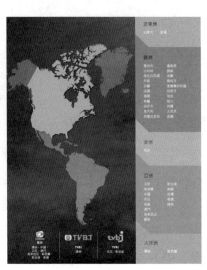

圖 3-20　電視廣播覆蓋的國際業務
資料來源:《電視廣播有限公司 2015 周年報告》,第 25-26 頁。

　　不過,自 2008 年起,邵逸夫由於年近古稀,開始部署淡出邵氏兄
弟和電視廣播。2008 年,邵逸夫曾計劃將所持邵氏兄弟股份出售給內
地地產開發商碧桂園董事長楊國強,期間因為遭受全球金融風暴打擊
而被迫取消。其後,邵逸夫將邵氏兄弟私有化,於 2009 年 3 月 18 日在
香港聯交所退市。與此同時,邵逸夫亦部署淡出無線電視管理。這一時
期,無線電視的盈利增長開始放緩。2014 年,無線稅前盈利出現大幅
下跌,從 2013 年度的 21.20 億港元跌至 14.82 億港元,2015 年更大幅跌
至 1.26 億港元。[168]

　　由於邵氏後人無意經營無線電視,因此,踏入二十一世紀後市
場就不時傳出無線賣盤的傳聞。2011 年 1 月 26 日,由香港德祥集
團主席陳國強、台灣威盛集團董事長王雪紅及美資基金普羅維登斯
(Providence Equity Partners)合組的財團 Young Lion,以 62.64 億港元

的價格，向邵氏兄弟購入無線電視 26% 股權，成為無線單一最大股東。[169] 其中，陳國強佔有 Young Lion 逾五成股權。同時，邵氏兄弟將所持公司 2.59% 股權餽贈予數家教育及慈善機構。餽贈完成後，邵氏兄弟的持股比率降至 3.64%，邵逸夫夫人、副主席方逸華的持股量則為 0.26%。

交易完成後，TVB 管理層保持不變，但陳國強、王雪紅及普羅維登斯行政總裁喬納森・尼爾森三人加入董事局，邵逸夫退任董事局主席及非執行董事，董事局頒授公司榮譽主席銜予邵逸夫。至此，無線電視逾 40 年的邵逸夫時代正式結束。2014 年 1 月 7 日，一代影視大亨邵逸夫辭世，享年 107 歲。對此，無線電視給予高度評價稱：「無電視於 1967 年成立，邵爵士是創辦公司董事之一。他以無比的精力和視野，帶領無電視成為香港最大的電視台和全球中文電視行業中最具影響力的電視台之一。」[170]

2015 年 4 月，無線電視再傳出股權變動消息。當日，無線電視發佈公告稱，內地華人文化產業投資基金（簡稱「CMC」）董事長黎瑞剛，透過旗下「華人文化傳媒娛樂投資有限公司」，入主 TVB 控股公司 Young Lion。[171] 黎瑞剛透過持有 82.12% 股權的 CMC，購入 Young Lion 79.01% 股權。交易完成後，原大股東陳國強及王雪紅持有的股權分別下降至 6% 和 14.99%。黎瑞剛透過持有 Young Lion 控制權，持有無線電視 26% 的股權，而方逸華及邵氏基金則仍持有無線電視 3.9% 股權。

2016 年 1 月，黎瑞剛再透過 CMC，購入邵氏兄弟 29.73% 股權。同年 10 月 25 日，邵氏兄弟宣佈，經香港特區政府批准及董事局選舉，委任黎瑞剛為董事局主席兼非執行董事，即日起生效。黎瑞剛表示：

169「里程碑」，2011 年，電視廣播有限公司官網。

170〈無電視宣佈邵逸夫爵士離世〉（無線電視新聞稿），2014 年 1 月 7 日。

171〈通訊局批准無綫電視投資集團股權變動〉（無線電視新聞稿），2015 年 4 月 22 日。

「我很榮幸能夠加入邵氏兄弟董事局擔任主席。華人文化和 TVB 作為邵氏兄弟的戰略股東，未來將繼續把各自旗下的頂級影視資源、全球管道和邵氏兄弟聯動對接，調動內地、香港以及好萊塢的頂尖電影人才與資源，打造面向全球華語世界的優秀電影作品。」

2016 年，邵氏兄弟改組為「邵氏兄弟國際影業有限公司」（Shaw Brother Pictures Intertional Limited），成為華人文化控股集團（CMC）及電視廣播（TVB）合資擁有的附屬公司，其業務範圍包括製作及投資高品質電影、劇集及非劇集項目，以及開展藝人及活動管理業務等，並計劃進軍內地市場，與內地相關機構合作拍攝製作電影及劇集。[172]至此，內地傳媒大亨黎瑞剛已實際控制邵氏兄弟及無線廣播兩家影視傳媒巨頭。邵氏兄弟及電視廣播結束其作為華資影視娛樂財團的輝煌歷史。

▌ 鄒文懷家族：嘉禾集團

嘉和集團由鄒文懷創辦於 1970 年。鄒文懷，原籍廣東潮州，1949 年畢業於上海聖約翰大學新聞系，其後到香港發展，曾任職胡仙的《英文虎報》及美國新聞處。1959 年進入邵氏後，備受邵逸夫器重，逐漸躍升至公司副總經理，協助邵逸夫開創獨霸影壇局面。1970 年 4 月，鄒文懷離開邵氏，與何冠昌、梁風等人創辦嘉禾電影公司。1972 年，嘉禾成立泛亞影業有限公司，從事電影採購、發行、影帶發行、宣傳推廣及戲院銀幕等一條龍電影業務；1977 年，第一家嘉禾影院在香港開業。[173]嘉禾製作的第一部電影，是王羽擔綱演出的《獨臂刀王大戰盲俠》，結果遭到邵氏兄弟的指控，認為嘉禾侵權，但嘉禾認為他們已向作者倪匡購買了版權，雙方的官司一直打到該片落幕，最後以和解收

172「關於我們」，邵氏兄弟國際影業有限公司官網。
173「公司發展歷程」，1970-1977 年，橙天嘉禾娛樂（集團）有限公司官網。

場。《獨臂刀王大戰盲俠》使嘉禾站穩了腳跟。[174]

70 年代初，香港的港產電影業不景，邵氏唯有收緊開支，節縮成本，令影片質素下降，這是嘉禾乘勢崛起的良機。1971 年，嘉禾邀得影星李小龍拍功夫片《唐山大兄》，結果創下票房收入 320 多萬港元的港產電影最高紀錄。其後，由李小龍主演的《精武門》，再創下收入逾 400 萬港元紀錄，這兩部電影在東南亞、日本甚至歐美均大受歡迎，嘉禾自然賺取厚利，逐漸站穩腳跟。[175] 後來，鄒文懷再捧出許冠文、成龍、洪金寶等超級影星，先後製作《鬼馬雙星》、《半斤八兩》、《摩登保鏢》等影片，令票房紀錄一再刷新，突破 1,000 萬港元大關。

當時，小資本和自由度大的獨立製片形式已逐漸成為香港電影業的主流，鄒文懷一反邵氏那種大公司制度化的作風，採用分賬合作方式與獨立導演制度，開拓市場並致力香港電影國際化。到 80 年代，嘉禾電影公司已壓倒邵氏，成為香港電影業的新霸主。1985 至 1990 年間，嘉禾平均每年製作 25 至 30 部電影，成為全球最大的華語電影製片廠，發行網絡及戲院網絡遍及全世界。[176] 1989 年，鄒文懷購入卡通人物「忍者龜」的電影版權，拍成卡通片打入美國市場，該片成為 1990 年全球最賣座第三部電影，連同影碟等相關收入，高達 10 億港元，[177]

1992 年，嘉禾進軍新加坡市場，與澳洲的 Village Road Show Ltd. 合資成立嘉年華（Golden Village），嘉年華在新加坡投資 5000 萬新加坡元，興建兩座新一代的電影城，第一座名為「Yisun 10」，位於義順，有 10 家電影院，內設 2,250 個座位；第二座位於「Junction 8」購物廣場，內設 6 家電影院，共 1,445 個座位。1994 年 11 月 24 日，鄒文懷將

174 盧永忠：〈締建電影王國：鄒文懷夢想成真〉，《資本》，1995 年第 3 期，第 68 頁。

175 陶世明：〈製夢工場的新教父——鄒文懷〉，齊以正等著：《上岸及未上岸的有錢佬》，香港：龍門文化事業有限公司，1984 年，第 43 頁。

176 「公司發展歷程」，1985 年，橙天嘉禾娛樂（集團）有限公司官網。

177 盧永忠：〈締建電影王國，鄒文懷夢想成真〉，《資本》，1995 年 3 月，第 66 頁。

集團旗下的電影發行、戲院，電影印等營運業務組成「嘉禾娛樂集團
有限公司」，在香港上市，成為繼邵氏兄弟之後另一家上市的電影業公
司。[178] 這一時期，嘉禾已發展成一家多元化、國際化的企業集團，而鄒
氏本人則被稱為「製夢工場的新教父」。[179]

不過，90 年代後期受到亞洲金融風暴的衝擊，香港電影業逐步走
下坡，嘉和集團的發展亦趨放緩。2002 年，嘉禾為迎合市場的變新，
重新調整市場定位，減少電影製作，重點開拓電影融資及電影發行，
其融資的影片達 45 部，包括《千機變》、《無間道 III》、《頭文字 D》、
《新員警故事》、《寶貝計劃》及《門徒》等。2005 年，嘉禾國內首個旗
艦影城在深圳開幕，同時完成收購台灣最大院線 —— 華納威秀。2007
年，嘉禾為了調配集團資源進一步拓展大中華市場，出售馬來西亞一影
院，獲利 1.16 億港元。

2007 年 10 月 22 日，鄒文懷退休，以 2.02 億港元價格，將所持有
的嘉禾集團 24.78% 股份，售予內地文化娛樂公司 —— 內地富商伍克波
旗下的橙天娛樂集團（國際）控股有限公司。2008 年 5 月，橙天娛樂
以每股 3.7 港元，動用 5.33 億港元向嘉禾股東提出自願性全面收購方
案，完成交易後共取得嘉禾約 89.2% 的股權。[180] 其後，因為香港聯交所
規定，單一股東最高持股比例不能超過 75%，橙天娛樂向市場相繼出售
9.82% 股權予 NEC，及 4.81% 股權予一名日本投資者。2009 年，嘉禾召
開特別股東大會，通過收購橙天娛樂旗下影視公司智鴻影視的決議，並
宣佈嘉禾更名為「橙天嘉禾娛樂（集團）有限公司」。至此，香港兩家
主要電影公司均轉由中資公司掌控。2018 年 11 月 2 日，香港電影業大
亨、嘉禾集團創辦人鄒文懷離世，享年 91 歲。

178「公司發展歷程」，1985 年，橙天嘉禾娛樂（集團）有限公司官網。

179 陶世明：〈製夢工場的新教父——鄒文懷〉，《上場及未上場的有錢佬》，第 42 頁。

180「公司發展歷程」，2008 年，橙天嘉禾娛樂（集團）有限公司官網。

亞洲電視集團

亞洲電視的前身是麗的電視。1957 年 5 月 29 日，麗的電視台正式啟播，以收費方式提供服務，成立初期向每個用戶收取 25 港元月費。初期，麗的開設的是有線黑白電視英文台，1963 年增設中文台。不過，麗的電視的發展並不理想，開辦 5 年虧損超過 650 萬港元。1967 年，麗的呼聲再投資 1,200 萬港元興建麗的電視大廈。當時，香港無線電視啟播在即，但麗的並未意識到面臨嚴重挑戰，還宣稱無意增加彩色電視節目。1973 年 4 月，麗的決定從收費電視轉為免費電視，此時離香港無線電視啟播已過 6 年半，為時已晚。至 1978 年，麗的電視虧損估計已高達 4,000 萬港元。

在無線電視強大攻勢下，多年來麗的電視一直處於苦苦支撐的局面。1981 年 8 月，澳洲一財團以 1.2 億港元購入麗的電視 61.2% 股權、初時曾躊躇滿志，希望有一番作為，可惜經 18 個月努力仍未能一洗頹風，結果又敗下陣來。1982 年 6 月，邱德根的遠東集團向麗的電視注入 1 億港元資金，取得該公司 50% 股權並入主董事局。同年 9 月 24 日，麗的電視改名為亞洲電視，進入邱德根時代。邱德根，原籍浙江寧波，與娛樂業頗有淵源，早年在上海光明戲院任職，1950 年移居香港後，曾租借荃灣戲院經營電影放映業，至 1954 年已擁有沙田、大埔、粉嶺、元朗、西貢，錦田等 10 多家戲院。1962 年，邱德根購入荔園遊樂場，並斥資興建「宋城」。60 年代初，電懋老闆陸運濤為抗衡邵氏兄弟，曾計劃與邱氏合作發展電影業，可惜該項合作因陸運濤墮機罹難而夭折。

60 年代，邱德根經營的業務已從娛樂業擴展到銀行、地產、酒店、貨倉及製造業。70 年代，邱德根先後將經營地產的遠東集團和經營荔園、宋城，戲院及保齡球場的遠東酒店實業在香港上市，逐漸發展成一家中型的華資財團。邱氏的遠東集團，旗下業務儘管涉及多方面，但重心仍是娛樂業。80 年代，亞洲電視在邱德根的主政下一度頗有起

色。這一期間，亞視與無線展開激烈的競爭，亞洲電視先後播出多部精品劇，包括《大地恩情》、《武俠帝女花》、《大俠霍元甲》、《大四喜》、《再向虎山行》、《少女慈禧》等，皆是收視口碑雙豐收。最高峰時段，亞視與無線兩台的市場份額幾乎持平。

1985 年，亞洲電視首次轉虧為盈。同年，邱氏放棄收取債券利息，亞視開始獲利 1,229 萬港元。1986 年度和 1987 年度，亞視再獲利 664 萬港元和 710 萬港元。可惜，正當亞視漸有起色之際，邱德根接連遭受打擊，1988 年長子邱達成因醉酒駕車撞死警員，被判入獄。此事令邱德根的雄心壯志受挫，加上亞視雖有盈利，但仍無法與無線電視抗衡，灰心之餘遂將亞視三分之二股權分售予林百欣家族和鄭裕彤家族，結束長達 7 年的苦心經營。

1989 年 2 月，邱德根因涉嫌作假賬而被拘捕，最後法庭宣判接納邱氏患老人癡呆症的理由而中止對他的控訴，此事導致邱氏將剩餘三分之一亞視股權都售予林、鄭兩家。自此，亞洲電視進入林、鄭兩大家族共管時代。

1988 年 6 月，林百欣家族旗下的麗新集團與鄭裕彤家族旗下的新世界集團，聯同邱德根家族，合組新公司 "Thomond Investment Limited"，向遠東集團全面收購亞洲電視，作價 6.13 億港元（其中，林百欣家族和新世界財團的投資 4.087 億港元），三方各持三分之一股權，邱德根則留任亞視董事局主席。是項收購意味着林氏家族和新世界已購入亞洲電視三分之二股權，邱氏家族所持股權則被攤薄至餘下三分之一。1989 年 1 月，麗新集團及新世界再以 2.375 億港元收購邱德根手上餘下的 33.25% 股權，由兩者平分。至此，邱德根結束在亞洲電視長達六年半的經營。1994 年，林百欣進一步購入股權，令旗下麗新集團持有的亞視股權達到 67.5%，成為絕對控股股東，亞視進入林百欣時代。在鄭、林主政時代，亞洲電視租用清水灣片場作為電視劇製作中心，製作過不少經典節目，包括成人清談節目《今夜不設防》、電視劇

《我來自潮州》、《我和殭屍有個約會》等。1994 年，無線與亞視同時購入台灣版《包青天》，兩台同期熱播。其後，無線請來邵氏出身的影視巨星狄龍重新拍攝了一部《包青天》，亞視則請出包拯專業戶金超群再拍一部《新包青天》，兩台對打前後持續兩年之久，形成香港電視史上有名的「雙包案」。可惜的是，這一時期，亞洲電視儘管在節目上出現不少突破，但仍未可扭轉收視率。1994 年，林百欣進一步購入股權，令旗下麗新集團持有的亞視股權達到 67.5%，成為絕對控股股東，並專注於控制成本，減少虧損。

香港回歸後，亞洲電視股權又出現多次重大變動。1998 年，商人封小平與鳳凰衛視董事長劉長樂合組「龍維有限公司」，與黃保欣旗下的「聯旺有限公司」聯手，以約 7 億港元代價，收購亞洲電視 51% 的股權，取代林百欣入主亞視，由黃保欣出任亞視董事局主席，吳征、封小平等相繼出任行政總裁。不過，2002 年，亞洲電視股權再次出現變動。當年 6 月，劉長樂與長江製衣主席陳永棋聯手，透過全資擁有的 VMH 公司（Vital Media Holdings Ltd.），以股份加現金的形式全面收購龍維有限公司的股權。交易前，林百欣為首的麗新集團持有亞視約 33％股權，陳永棋為首公司占 16.25%，龍維持有 46％，封小平透過龍維持有 24.12％股權。交易後，封小平將其所持龍維股權全部出售，退出亞洲電視，VMH 成為亞視的最大股東。亞洲電視管理層亦出現變動，陳永棋取代封小平出任亞視行政總裁，鳳凰衛視原執行副總裁余統浩則出任亞視營運總裁。

到 2007 年，亞洲電視股權再次出現變動，這次是由已故華商查濟民之子查懋聲旗下的名力集團牽頭，聯同荷蘭銀行集團合組財團，購入亞洲電視 47.58% 股權；查懋聲、查懋聲兄弟共同擁有的泛泰集團另持有 10.75% 股權，合共持有亞洲電視 58.33% 股權，成為最大股東。另外，國務院直屬企業中信集團以其附屬公司僑光集團入股 14.81%。原來的大股東陳永棋及劉長樂則減持股權至 26.85%。交易完成後，查懋

聲出任亞洲電視董事局主席，陳永棋改任副主席。查懋聲入主亞洲電視後，一度雄心勃勃，他為公司註入 10 億港元資金，招兵買馬，準備大展拳腳。2008 年 12 月，亞視宣佈委任資深電訊業高管張永霖為執行主席，王維基為行政總裁。兩人上任後，宣稱要將亞視改革成新媒體，將電視電訊融為一體，不再重復傳統拍劇運作，主攻中高檔路線刺激收視。不過，在短短 12 天後，雄心勃勃的王維基突然宣佈辭職，有關改革亦不了了之。2009 年 1 月，台灣旺旺集團創辦人蔡衍明受查懋聲邀請。

2010 年 1 月，查懋聲突然宣稱，自己年事已高，加上健康原因，希望能為亞視找到新的「歸宿」。他並坦誠表示，接手亞視三年來，公司一直沒有賺錢。同年 4 月，查懋聲表示已與內地富商王征簽訂亞洲電視股權轉讓合約。不過，由於在操作過程引起亞視另一股東蔡衍明不滿，結果演變成持續的股權糾紛。據說，王征本姓盛，是清朝著名實業家盛宣懷堂弟的曾孫，時任香港懋輝發展有限公司董事長、北京榮豐房地產開發有限公司董事長、重慶吉聯房地產開發有限公司董事長等多種身份。當時，王征雄心勃勃地表示，將在 20 年內投資 20 億港元，將亞視打造成「亞洲的 CNN。半年後，王征通過其香港遠房親戚黃炳均購入亞視 52.4% 股權，成為第一大股東，并以「義工」身份「協助」亞視。

由於持續不斷的股權轉變，亞洲電視的節目質素逐步下降，加上受到「慣性收視」等其他各種不利因素影響，亞洲電視逐步陷入困境。其後，亞洲電視因資金緊絀而拖欠員工薪酬，節目播映受到影響，甚至取消播出新聞節目《亞洲早晨》、《新聞簡報》、《普通話新聞》等，在香港影視傳媒領域引發轟動反應。從 2013 年起，王征開始尋找亞視接盤人，但是始終沒有出現願意出資拯救亞視的個人或公司。據香港媒體報道，王征曾經開價 17 億港元出售其股份，包括亞視欠他近 11 億港元的債務以及股份作價 6 億港元。如果要接手亞視，除了要償付這部分資金之外，還需再投入巨資更新設備及打造新節目。有傳聞稱娛樂大亨楊受成、澳門新賭王呂志和、香港電視老闆王維琪等，都曾對亞視股份表

示出興趣，但接觸之後，都打了退堂鼓。[181]

2014 年 12 月 8 日，亞視股東蔡衍明向法院要求委任獨立監管人進入亞視董事局，重組公司結構，法官裁定蔡衍明勝訴，高等法院並頒令委任德勤的黎嘉恩和何熹達擔任亞洲電視經理人。由於亞洲電視的本地免費電視節目服務牌照於 2015 年 11 月 30 日屆滿，2015 年 4 月 1 日，香港特區政府行政會議召開特別會議商討亞洲電視續牌事宜，決定不續牌予亞視；同時宣佈向李澤楷旗下的電訊盈科附屬公司 —— 香港電視娛樂有限公司發放 12 年免費電視牌照，在未來兩年內提供粵語及英語電視頻道服務。

2016 年 4 月 1 日子夜，亞洲電視免費電視牌照最終到期，亞洲電視結束其 58 年又 308 天的營運。根據香港特區政府通訊局的公告，官營香港電臺電視部在 4 月 2 日凌晨接管亞視的類比電視頻譜，其替代廣播服務將持續至約 2020 年香港結束類比電視廣播制式為止。4 月 2 日凌晨亞視廣播結束後，公關及宣傳科高級經理黃守東最後一次以亞視發言人身份會見傳媒，他感謝觀眾 59 年來的支持，感謝歷年來台前幕後所有亞視員工的努力，又讚揚所有「亞視人」都是最優秀的傳媒工作者及電視從業員。他並希望亞視以衛星廣播及網絡電視繼續廣播，最後引用亞視經典電視劇《天蠶變》主題曲歌詞「經得起波濤，更感自傲」勉勵亞視及員工勇敢向前。黃守東發言後向傳媒及公眾鞠躬致謝，掩面流淚，步回亞視大樓，成為亞視最後經典一幕。

對於亞視的停播，香港著名評論人查小欣認為：「亞視的興衰起落是傳媒工作者的最佳反面教材。亞視雖有經營超過半世紀的本錢，而王征入主五年就有本領將亞視送入墳墓，可見做傳媒完全沒有吃老本這回事。」「亞視的死因不單是多個節目錄得零或一點收視率，令觀眾完全失望，還屢犯廣播條例，誤報新聞，濫用新聞自由，削弱亞視新聞公信

181〈「紅頂商人」王征敗走香港亞視〉，《騰訊財經》，2015 年 1 月 12 日。

力，破壞企業形象，更多次拖欠員工薪金⋯⋯最可憐的是 600 多位亞
視職員藝人，未知何去何從。」[182]

2016 年 5 月 3 日，由司榮彬旗下的上市公司協盛協豐控股有限公
司的附屬公司星鉑企業有限公司（Star Platinum Enterprises Limited）與
主要債權人王征及其名下公司簽署協議，購入王的股權與債項，星鉑
企業成為亞視唯一的投資者及主要債權人之一，持有亞視超過 52% 股
權。2017 年 4 月 24 日，香港高等法院正式批准解除德勤的亞視臨時清
盤人職務，亞視轉由星鉑企業接管。2018 年 1 月 19 日，重組後的亞洲
電視改名為「亞洲電視數碼媒體有限公司」，並正式啟播，與香港寬頻
（HKBN）攜手合作，透過以流動應用程式及 OTT 平台廣播節目。

第七節　博彩娛樂業財團

▌概述

在香港，除了賽馬、六合彩「賭波」等少數項目之外，其他的博
彩業一律被禁止。但是，在香港經濟發展中，仍然出現幾家主要從事博
彩娛樂業的財團，經營毗鄰澳門的博彩業。

十九世紀末二十世紀初，澳門最有名的賭商是盧九和盧廉若父
子。十九世紀末，盧九在澳門投得經營山票、鋪票的賭權，最初開辦的
僅「圍姓」、「白鴿票」、「攪珠彩票」數種，均以開票形式博彩，類似
香港今日的「六合彩」。1930 年，以霍芝庭為首的「豪興公司」投得全
部博彩遊戲的專營權。豪興公司曾先後於新馬路中央酒店及域多利戲院
舊址（今新馬路大豐銀行）經營賭場。不過，真正將澳門博彩搞得有聲

---

182 查小欣：〈王征謀殺了亞洲電視〉，新浪專欄，2015 年 4 月 3 日，參見：http://ent.sina.
com.cn/zl/bagua/blog/2015-04-03/17073225/1229566933/4949b3d50102vjhe.shtml

有色的，應是香港殷商高可寧、傅老榕。

1937 年，澳葡政府對賭博專營權進行重大改革，將所有賭博專營權集中，統一承投，結果被香港富商傅德榕、高可寧合組的「泰興娛樂總公司」以 30 萬澳門元的標價投得，與澳門政府財政廳簽訂專營合約，取得專營賭博業的壟斷權，承包了整個澳門的賭業。根據合約，泰興娛樂總公司每年須向澳門政府繳納賭稅約 180 萬澳門元，賭稅成為了澳門政府的主要財政收入來源。[183]

傅德榕，又稱傅老榕，早年曾先後在廣州、深圳等地開賭，後因當地政府禁賭，遂移師澳門，與廣州賭業集團合作承投賭權。對於傅老榕如何與高可寧合作奪得澳門賭業專營權，香港《南北極》雜誌曾刊文介紹：「距今 50 多年前，高可寧得到香港利氏家族的撐腰，乘澳門的賭權合約又將屆滿之際，過江擇肥而噬。當時廣州集團已打算放棄，但主持賭公司的大旗手傅老榕卻力主繼續辦下去。高可寧與傅老榕本來份屬好友，利益又很一致，舊拍檔退出，新拍檔加入，傅老榕自無異議，兩人於是順理成章『同撈同煲』（合組泰興公司），大小賭場如雨後春弦般開設起來，奠定澳門這個賭埠的『根基』。」[184] 傅老榕、高可寧的泰興公司奪取賭業專營權後，先後在中央酒店、福隆新街和十月初五街開設 3 間賭場，經營番攤、骰寶、百家樂等品種。這一時期，高可寧和傅老榕兩大家族聯手，壟斷了澳門的整個博彩娛樂業。[185]

1961 年，葡萄牙政府根據澳門政府的建議，頒佈了第 18267 號法令，確定澳門地區（包括氹仔和路環）為旅遊區，特許開設賭博娛樂，作為一種「特殊的娛樂事業」在澳門經營。當時，傅老榕、高可寧已先後謝世，泰興娛樂總公司的賭業合約亦於 1961 年 12 月 31 日屆滿。澳

183 袁邦建、袁桂秀：《澳門史略》，香港：中流出版有限公司 1988 年版，第 172-173 頁。

184 譚隆：〈雄視港澳菲的三大賭博機構〉，《南北極》，第 146 期，第 11 頁。

185 陶世明：〈賭國混江龍後代立品〉，齊以正等：《香港商場「光榮榜」》，香港：龍門文化事業有限公司，1985 年，第 205 頁。

門政府遂籌備再次公開招商承投賭博專營權，並於 1961 年 7 月和 12 月
先後頒佈《承投賭博娛樂章程》和《承投山鋪票條例》。當時，參加競
投賭博專營合約的有兩大集團，即泰興娛樂總公司和由香港富商何鴻
燊、霍英東、葉漢、葉得利合組的財團。結果，何鴻燊等人合組的財團
因提出的條件對澳門的旅遊、交通及整體經濟的發展更為有利，以 316
萬澳門元的標價，投得澳門賭博專營權。1962 年 5 月，何鴻燊等人創
立「澳門旅遊娛樂有限公司」（簡稱「澳門娛樂」），由葉得利任董事
長，霍英東、葉漢任常務董事，何鴻燊作為股東代表和賭牌持有人任董
事總經理，實際主持娛樂公司的業務。其後，霍英東取代葉得利出任董
事長，而葉漢則於 1982 年將所持股份轉讓予香港富商鄭裕彤。從 60 年
代到 2002 年，澳門娛樂壟斷了澳門博彩業，時間長達 40 年之久。

　　1999 年澳門回歸後，剛成立的澳門特區政府即着手研究博彩專營
權開放問題。2002 年 2 月 8 日，澳門特區政府宣佈頒發 3 張博彩經營牌
照，分別由何鴻燊旗下澳門娛樂改組的「澳門博彩股份有限公司」（簡
稱「澳博」）、由港商呂志和與美國威尼斯人集團合組的「銀河娛樂場股
份有限公司」（簡稱「銀河」），及美國賭王史提芬永利為首的財團「永
利渡假村（澳門）股份有限公司」（簡稱「永利」）奪得。其後，「銀河」
將賭牌分拆給「威尼斯人」；澳博和永利的賭牌也一分為二，澳博將副牌
分拆給何鴻燊女兒何超瓊與美國博彩巨頭美高梅的合資的「美高梅中國
控股有限公司」（簡稱「美高梅中國」）；永利則以 9 億美元的價格，將
副牌出售予何鴻燊兒子何猷龍與澳大利亞博彩業大亨 James Packer 團合組
的「新濠國際發展有限公司」（簡稱「新濠國際」），從而使澳門博彩業
的競爭從「三足鼎立」變為「六雄爭鋒」的格局。

▍何鴻燊 / 何超瓊家族財團

　　何鴻燊，1921 年在香港出生，其家族是香港顯赫一時的世家何東
家族的分支。祖父何福是怡和洋行買辦，父親何世光曾任沙宜洋行買
辦。何鴻燊 13 歲那年，父親投資股票失敗，家道中落。1941 年日本侵

佔香港期間，何鴻燊前往澳門，在澳門聯昌公司任職，一年後成為公司合夥人。50 年代初朝鮮戰爭期間，西方對華禁運，何鴻燊與霍英東、何賢等人合營經銷禁運物資往內地，到 50 年代末，何鴻燊已積累 1,000 萬港元財富。[186] 1961 年，何鴻燊與霍英東等人創辦信德船務公司，經營煤油、汽油、布匹及航運業務。

1961 年，澳門博彩經營專利牌照再度招標，何鴻燊遂聯同霍英東、葉漢、葉德利等人，以 316 萬澳門元的標價，奪得澳門博彩專營權，並於 1962 年創辦澳門旅遊娛樂有限公司，由何鴻燊出任澳門娛樂公司總經理，奠定日後其亞洲賭業大亨的地位。何鴻燊經營博彩業有其獨特的眼光，他認為澳門雖然地少資源缺乏，但風景綺麗，是發展「無煙工業」的理想地點，加上毗鄰的香港禁賭，澳門正好填補這個空缺。博彩業為澳門娛樂公司帶來滾滾財源，何鴻燊因而迅速崛起。

澳門娛樂創辦於 1962 年，當時註冊資本為 300 萬澳門元，1976 年以後增至 8,000 萬澳門元。當年 4 大股東是霍英東、何鴻燊、葉漢和葉德利，1982 年葉漢因與何鴻燊不合，將所持股權售予鄭裕彤。澳門娛樂創立後，即在澳門最優越的地點興建氣派豪華的葡京酒店，並附設兩層大面積賭場。葡京酒店於 1970 年竣工，僅建築費就達 6,000 萬港元，很快成為澳門最主要的博彩勝地，吃角子老虎機和五花八門的賭局 24 小時全天候開放，成為澳門娛樂公司「採之不盡的金礦」。到 80 年代初，澳門娛樂已擁有 4 家賭場，共 99 張賭桌及 600 部吃角子老虎機，每年盈利數以億計。有人替澳門娛樂簡單算了一筆賬，從 1962 年到 1975 年間，它賺得的純利達 22 億港元之巨，而僅 1975 年所賺純利高達 6 億港元，其時滙豐銀行 1974 年度純利才 3.01 億港元。[187]

---

186 何文翔：《香港富豪列傳》，香港：明報出版社，1991 年，第 164 頁。

187 譚隆：〈雄視港、澳、菲的三大賭博機構〉，《南北極》，第 146 期，1982 年 7 月 16 日，第 11 頁。

　　1986 年，澳門娛樂曾一度籌備在香港上市，這使金融界人士獲得閱覽該公司賬目的難得機會，據說該公司扣除向政府徵交的稅項、資本開支及經常開支後，每年的毛利約為 35% 至 40%。當時一位公司財務分析專家指出：「它是現金流通量大得驚人、利潤極厚的生意。」[188] 1987 年，澳門娛樂的博彩專營權獲澳門政府批准再度延長至 2001 年。澳門娛樂不僅經營博彩業，而且還投資經營港澳客運、酒店業及地產業。此外，澳門娛樂還全面參加澳門各項大型基本建設，包括澳門國際機場、深水港及貨櫃碼頭、第 2 條澳大橋及填海工程等。澳門政府經濟事務司納博曾表示，澳門娛樂不只是經營賭場的公司，它已成為澳門的「第二勢力」。[189]

　　70 年代，何鴻燊的投資從澳門擴展到香港，1972 年註冊成立「信德企業有限公司」，1973 年 1 月在香港上市，何鴻燊及信德船務公司持有該公司 49% 股權。信德船務公司的大股東包括何鴻燊、霍英東、葉德利及何婉琪等人。信德企業的業務主要是經營香港至澳門的旅遊運輸業務，創辦後一直受澳門娛樂的津貼，作風低調。1987 年，何鴻燊接替霍英東出任該公司董事局主席後，信德企業利用當時上環地鐵通車、香港政府簡化來往港澳間出入境手續的機會，透過發行新股、認股證等籌集資金大肆擴充，並向多元化發展。

　　到 80 年代末，信德企業已擁有 15 艘噴射水翼船，成為全球最龐大噴射水翼船船隊之一，壟斷了港澳客運市場的七成份額。信德集團還積極向地產、酒店、飲食及航空等多方面發展，先後收購了位於香港仔的「珍寶」、「太白」、「珍寶皇宮」3 家海鮮舫 70% 股權及華民航空公司等。1990 年，信德企業正式易名為「信德集團有限公司」，並銳意向多元化發展。1992 年，信德集團購入澳門娛樂 5% 股權。到 1996 年，該

188 海倫譯：〈同花大順──何鴻燊的澳門發展大計〉，《財富》，1990 年 10 月，第 11 頁。
189 海倫譯：〈同花大順──何鴻燊的澳門發展大計〉，《財富》，1990 年 10 月，第 10 頁。

集團擁有的噴射水翼船隊已增加到 20 艘，信德集團已成為香港股市中實力雄厚的藍籌股，而何鴻燊家族亦成為雄踞港澳兩地的大型華資家族財團。

2002 年之前，何鴻燊家族旗下的澳門娛樂是「一家獨大」，壟斷了澳門整個博彩業。及至 2001 年澳門特區政府宣佈開放博彩業經營權後，何氏家族透過澳門娛樂組成澳博，投得澳門三張博彩經營權牌照的其中一張。其後，澳博將副牌轉手給由何鴻燊女兒何超瓊與美國美高梅（MGM.US）合組公司美高梅中國控股有限公司，何鴻燊兒子何猷龍旗下的新濠國際則與澳大利亞博彩業大亨 James Packer 團合組新濠國際向永利購入副牌。這樣，何氏家族在澳門 6 家博彩公司中，就涉足了其中 3 家。

2002 年 4 月，澳博率先展開營業。當時，旗下擁有舊葡京等 11 間娛樂場。澳博開始着手策劃在舊葡京毗鄰土地興建新葡京。2007 年 2 月，投資逾 44 億澳門元的澳門新葡京酒店正式開業。[190] 新葡京酒店位於澳門半島中心區域，佔地 1.2 萬平方米，樓面面積達 13.5 萬平方米，樓高 258 米共 52 層，成為澳門最高大廈和新地標。2008 年 2 月及 2009 年 12 月，澳博旗下的十六浦娛樂場及回力海立方娛樂場也相繼開幕（圖 3-21）。2013 年 5 月，澳博獲得澳門特區政府在路氹新區批出土地，發展綜合度假村——上葡京。2014 年 2 月，上葡京項目正式動工，總投資達 300 億港元。

2006 年 2 月 17 日，澳博在香港成立一家新公司——澳門博彩控股有限公司（簡稱「澳博控股」），為其在香港聯交所上市作準備。[191] 不過，其後有「十姑娘」之稱的何鴻燊妹妹何婉琪入稟香港高等法院申請司法覆核，企圖制止澳博在香港掛牌上市，但終告失敗。2008 年 7 月

190「企業歷史：里程碑」，2007 年，澳門博彩控股有限公司官網。
191「企業歷史：里程碑」，2006 年，澳門博彩控股有限公司官網。

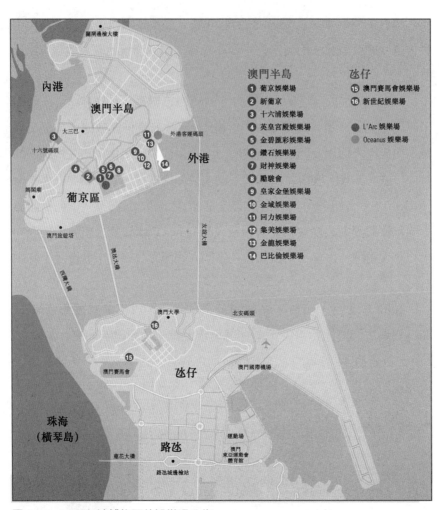

圖 3-21　2008 年澳博旗下的娛樂場分佈
資料來源：《澳門博彩控股有限公司 2008 年報》，第 19 頁。

16 日，澳博控股在香港上市。不過，在博彩業經營權開放的背景下，
澳博的業務發展受到同業競爭，博彩收入所佔市場份額大幅下降，到
2017 年已降至 16.1%。[192]

192《澳門博彩控股有限公司 2017 年年報》，第 9 頁。

2017 年 6 月 23 日，何鴻燊退任香港信德集團董事局主席，由女兒何超瓊接任，步走上家族企業經營的前台。2020 年 5 月 26 日，何鴻燊逝世，享年 98 歲，家族業務由第二代何超瓊、何超鳳等繼承。目前，何鴻燊 / 何超瓊家族共持有 4 家上市公司股權，包括澳門博彩控股有限公司、新濠國際發展有限公司、美高梅中國控股有限公司，以及信德集團有限公司。其中，何氏家族透過旗下的澳門旅遊娛樂股份有限公司，持有澳博控股 54.06% 股權；梁安琪另持有 8.62% 股權。[193] 澳博控股由何超鳳出任董事局主席及執行董事，霍震霆與梁安琪出任聯席主席兼執行董事。

至 2019 年度，澳博控股透過旗下的博彩公司「澳娛綜合度假股份有限公司」，擁有及經營新葡京酒店及娛樂場，以及其他位處澳門半島及氹仔主要據點的 18 間娛樂場，共提供超過 1,700 張賭枱及逾 2,400 部角子機。2021 年 7 月，上葡京第一期落成開幕，包括澳門上葡京、Palazzo Versace 澳門及 THE KARL LAGERFELD 三座酒店大樓，共提供 1,892 間酒店客房和套房，以及會議、購物、餐飲、博彩和娛樂休閒設施。2019 年度，澳博控股的經營收益為 338.75 億港元，其中博彩收益為 331.59 億港元；除稅前溢利 33.69 億港元，總資產 576.25 億港元（表 3-8）。[194]

新濠國際（Melco Intertional Development Limited）由何鴻燊兒子何猷龍出任董事會主席兼行政總裁。該公司成立於 1910 年，1927 年在香港上市，2006 年旗下的博彩公司 —— 新濠博亞娛樂有限公司在美國納斯達克證券市場上市，集資超過 11.4 億美元。2017 年，新濠國際成為新濠博亞娛樂的唯一主要股東。何猷龍及其相關人士共持有新濠國際 55.88% 股權。截至 2019 年度，新濠國際透過旗下的博彩公司「新濠博亞（澳門）股份有限公司」，擁有且經營澳門路氹城「新濠天地」、「新濠影滙」、「澳門新濠鋒」等娛樂場及度假村，以及澳門最大的非娛樂

193《澳門博彩控股有限公司 2019 年年報》，第 69 頁。
194《澳門博彩控股有限公司 2019 年年報》，第 124-126 頁。

場博彩機業務摩卡娛樂場，共設有912張賭枱及逾3247部博彩機。新
濠國際還在菲律賓設有「新濠天地（馬尼拉）」娛樂城，在賽普路斯發
展歐洲最大型的頂級綜合度假村 —— City of Dreams Mediterranean（圖
3-22）。此外，新濠國際還進軍日本市場，於2019年9月宣佈「橫濱
優先」策略，計劃在日本橫濱發展頂級綜合度假村。2019年度，新濠
國際的經營淨收益為449.88億港元，除稅前溢利18.34億港元，總資產

圖 3-22　新濠國際發展業務架構
資料來源：《新濠國際發展有限公司 2019 年報》，第 17 頁。

1003.61 億港元（表 3-8）。[195]

　　至於由何超瓊出任董事局聯席董事長的美高梅中國（MGM China Holdings Limited），於 2011 年 6 月在香港上市，大股東為美高梅國際酒店集團（MGM Resorts International Holdings, Ltd），持有 55.95% 股權，何超瓊及旗下公司持有 22.49% 股權。美高梅中國透過旗下的博彩公司「美高梅金殿超濠股份有限公司」，擁有且經營兩家娛樂場及度假村，包括位於澳門半島的豪華綜合度假酒店－澳門美高梅，以及位於路氹城的現代豪華綜合度假酒店－美獅美高梅，共提供 552 張賭枱及 2,239 部角子機。2019 年度，美高梅中國的經營收益為 227.65 億港元，其中博彩收益 204.23 億港元，稅前利潤為 19.42 億港元，總資產 325.06 億港元（表 3-8）。[196]

　　信德集團（Sun Tak Holdings Limited）由何超瓊出任集團行政主席兼董事總經理，何超鳳出任執行董事兼副董事總經理，何超瓊、何超鳳等透過旗下多家公司共持有集團約 56.4% 股權。信德集團的核心業務包括地產、運輸、酒店及消閒與投資等。在地產業，信德是澳門最大型地產發展商之一，擁有一系列物業發展項目，包括澳門壹號廣塲、壹號湖畔、濠庭都會等，同時在香港、中國內地及新加坡等地擁有龐大的物業投資組合。在交通運輸業，該集團擁有全球最大規模的噴射船船隊之一，主要經營往來港澳兩地的客運業務。1999 年，信德集團與香港中旅國際投資有限公司合組「信德中旅船務投資有限公司」，合併雙方的船務業務，創立「噴射飛航」品牌，以加強集團船務業務及提高市場佔有率。

　　在酒店及消閒業，信德早在 80 年代末已率先把國際連鎖酒店品牌引入澳門，投資開發前澳門文華東方酒店及前澳門威斯汀度假酒店。2013 年集團成立雅辰酒店集團，為酒店業主及發展商提供酒店管理服務方案，並開創、管理一系列富有亞洲特色風格的豪華酒店品牌。目

195《新濠國際發展有限公司 2019 年報》，第 98-100 頁。
196《美高梅中國控股有限公司 2019 年報》，第 179-180 頁。

前，雅辰經營兩間雅辰品牌酒店及 4 間非品牌酒店。此外，該集團還持有多家投資公司股權，包括持有澳門娛樂約 15.7% 的實際股權、啟德郵輪碼頭項目、澳門東西有限公司、清潔及洗衣服務等股權。

2019 年度，信德集團的經營收益為 146.49 億港元，其中，地產佔 84.44%，運輸佔 9.15%，酒店及消閒佔 5.37%，投資佔 1.04%。除稅前溢利為 58.8 億港元，總資產 653.28 億港元（表 3-8）。[197]

表 3-8　何鴻燊／何超瓊家族上市公司經營概況

單位：億港元

上市公司	2019 年度			2020 年度			2021 年度		
	經營收益	除稅前溢利	總資產	經營收益	除稅前溢利	總資產	經營收益	除稅前溢利	總資產
澳博控股	338.75	33.69	576.25	75.07	-31.52	527.22	100.76	-41.77	499.06
新濠國際	449.88	18.34	1003.61	134.24	-123.45	955.35	156.39	-79.00	941.93
美高梅中國	227.65	19.42	325.06	50.96	-51.91	296.69	94.11	-38.28	284.40
信德集團	146.49	58.80	653.28	41.90	9.43	606.37	48.30	16.37	595.56

資料來源：何鴻燊／何超瓊家族各上市公司 2019-2021 年報

不過，受到全球新冠疫情的衝擊，澳門的 6 家博彩企業都遭遇嚴重衝擊，何鴻燊／何超瓊家族旗下 4 家上市公司都出現業績大幅下跌的情況。其中，澳博控股在 2020 年度和 2021 年度除稅前虧損分別達到 31.52 億港元和 41.77 億港元；同期新濠國際的除稅前虧損更分別高達 123.45 億港元和 79 億港元。據市場分析，澳博資金流正面臨巨大的壓力。幸而，2022 年 7 月，澳博控股成功獲得 190 億港元貸款，包括 90 億港元定期貸款融資，以及 100 億港元貸款融資。看來，如何帶領旗下

197《信德集團有限公司 2019 年報》，第 57、107 頁。

上市公司成功度過難關，成為何超瓊、何超鳳、何猷龍等新一代財團掌舵人面對的嚴峻挑戰。

2022 年 11 月，何鴻燊／何超瓊家族旗下 3 家博彩公司——澳博旗下的「澳娛綜合度假股份有限公司」、新濠國際旗下的「新濠博亞（澳門）股份有限公司」及美高梅中國旗下的「美高梅金殿超濠股份有限公司」，均獲得澳門特區政府批出的博彩經營新牌照，為期 10 年。

▌呂志和／呂耀東家族財團

回歸以後，香港迅速崛起的華資大財團中，可以說以呂志和家族最為矚目。呂志和，廣東新會人，1955 年創辦嘉華集團，參與香港政府有關開山、填海、建造馬路等基建工程。1964 年，嘉華投得秀茂坪山上安達臣道石礦場開採經營權，成為香港首間擁有採礦牌照的公司。[198] 1977 年，嘉華將旗下安達臣礦場分拆在香港上市。1983 年，嘉華成立「嘉華混凝土有限公司」，逐步發展成垂直綜合模式的建材供應商，涉及石礦開採、碎石生產、洗水沙生產、瀝青生產、混凝土及混凝土預製構件的全線生產。[199] 二十世紀 80 至 90 年代，香港多個大型基建工程相繼展開，本地建材需求急劇上升，如赤鱲角新機場、青馬大橋、西區海底隧道、三號幹線等，嘉華均參與其中，成為香港最大的建材商之一。呂志和亦被譽為香港「石礦大王」。

從 70 年代起，嘉華集團開始涉足香港地產、酒店等業務。1974年，嘉華在港島南區布力徑興建以 8 間豪華花園洋房組成的柏徑苑，開創了香港早期屋苑式組合洋房的先河，其中一間別墅的售價更創下當時地產市場紀錄之新高。[200] 1979 年，呂志和拆資 6,800 萬港元在九龍尖東投資一幅土地，投資 3 億港元興建五星級的海景假日酒店（即現今

198「嘉華故事」，1950-1960 年代，嘉華集團官網。
199「嘉華故事」，1980 年代，嘉華集團官網。
200「嘉華故事」，1970 年代，嘉華集團官網。

「海景嘉福酒店」）。1985 年，嘉華集團進軍美國酒店業，以 Stanford Hospitality 名義擁有 17 家酒店，大部分位於美國加州，市值近 30 億港元。其後，嘉華在美國加州三藩市成立仕德福酒店集團，與希爾頓、喜來登和萬豪等知名酒店品牌合作，先後開設 20 多家酒店，被評為全美 12 大酒店集團之一。

1987 年，嘉華集團旗下地產板塊 —— 嘉華國際集團有限公司在香港上市。1991 年，嘉華再分拆旗下的「嘉華建材有限公司」在香港上市，成為本地大型一站式建材生產商。當年，其坐落於港島北角的集團總部嘉華中心落成，是首個設有私人碼頭的甲級寫字樓。[201] 1992 年，鄧小平南巡廣東後，中國對外開放進入一個新階段。嘉華集團把握機會，參與廣州市首個舊城改造項目 —— 嘉和苑。其後，嘉華集團加快在內地發展，不但在各地買下石礦場，興建混凝土廠，還在上海投資房地產業，先後開發了港泰廣場、嘉麗苑和嘉華中心等地產項目。

1999 年澳門回歸後，澳門特區政府於 2001 年下半年宣佈開放博彩經營權，以公開競投方式批出 3 個專營牌照。當年，呂志和與呂耀東父子即組建「銀河娛樂場股份有限公司」（簡稱「銀河娛樂」）參與競投賭牌。當時，參與競投的財團多達 21 家，競投委員會共收到 21 份標書，除港澳台外，各競標財團分別來自美國拉斯維加斯、大西洋城、澳洲、英國、南非等地，匯集了世界賭業巨頭。英國《金融時報》稱競標者名單可稱得上是全球賭業名人錄。經兩輪程式審查，18 家跨國財團參與角逐，競爭激烈。

在關鍵時刻，銀河娛樂夥拍拉斯維加斯金沙集團董事長蕭登 • 艾德森（Sheldon Adelson）參與競投，結果在眾多財團中突圍而出，與何鴻燊的澳門博彩股份有限公司、斯蒂芬 • 永利的永利有限公司一道奪得特區政府發出的 3 張賭牌。不過，在其後運作中，銀河娛樂發現與金

---

201 「嘉華故事」，1990s，嘉華集團官網。

沙在經營理念上存在重大分歧，結果在特區政府的協調下，將賭牌一分為二，主牌由銀河娛樂持有，副牌分給金沙，雙方各自獨立經營賭場，但必須共同履行合作競投時承諾的義務與責任。

當時，呂志和委派長子呂耀東出任銀河娛樂董事局副主席兼執行董事，負責主理公司業務。呂耀東早年畢業於美國加州大學伯克利分校，返回香港後投身父親旗下酒店，又進軍內地開拓建材市場。銀河娛樂獲得博彩經營權後，呂耀東對全球博彩業進行深入考察，決定要結合澳門的實際情況，在澳門路氹地區引入拉斯維加斯的度假村酒店模式，打造一個獨特的具有亞洲特色、東南亞風情，集博彩、酒店、娛樂、消費、休閒於一體的大型一站式旅遊休閒場所，以全新的經營模式搶佔市場，並突出銀河的形象。其後，銀河娛樂獲得特區政府在路氹新區批出總面積達 470 萬平方呎土地，成為各個獲發賭牌的博彩經營商中，持有單一土地儲備最多的一個。

2004 年，銀河旗下首家賭場華都娛樂場開業，其後擴展到總統、金都和利澳三家酒店，形成了銀河旗下四大「城市娛樂會」。銀河也成為繼澳博與金沙之後，第三家在澳門開出賭場的博彩公司。2006 年 10 月，銀河拆資近 30 億港元建造的星際酒店落成開業。2011 年 5 月 15 日，銀河娛樂投資 149 億港元建造的大型綜合渡假城 ——「澳門銀河一期」盛大開幕。

澳門銀河一期佔地 55 萬平方米，包括兩幢具東南亞風格的宮殿式大樓，並在兩幢主樓之間的平台花園上設立全球最大型空中衝浪池 —— 天浪淘園。澳門銀河一期設有高級酒店、3D 電影院、頂級會所，以及購物大道和食肆廣場等，為遊客提供一站式多元化旅遊休閒服務。呂耀東表示：「澳門銀河是澳門首個百分百以亞洲式渡假風情為發展藍本的世界級娛樂渡假城，把澳門從未有過的東南亞風情帶進來，以『亞洲心』作為宗旨，『傲視世界、情系亞洲』作為服務理念，真正構建了一個理想的亞洲渡假勝地。」

2015 年 5 月 27 日，銀河娛樂投資 160 億港元的「澳門銀河二期」

宣告落成啟用。澳門銀河二期的開幕，令銀河娛樂位於路氹的綜合渡假城，佔地面積擴展到 100 萬平方米，包括：澳門麗思卡爾頓酒店、澳門悅榕莊、澳門 JW 萬豪酒店、澳門大倉酒店及銀河酒店等 5 家世界級酒店。其提供約 3,600 間客房；零售購物面積達 10 萬平方米，薈萃約 200 個國際頂級名牌及時尚生活品牌，以及約 120 間美饌食府。天浪淘園總面積擴展至超過 7.5 萬平方米，設有全球最長的空中激流及人工沙灘「棕悅灣」；澳門最豪華的 3D 影城 -UA「銀河影院」。[202] 與此同時，銀河娛樂旗下的另一個項目 ——「澳門百老匯」也正式啟幕，為遊客提供充滿動感活力的「百老匯大街」及娛樂區，以展現澳門及亞洲文化精粹。

2016 年，銀河娛樂宣佈啟動澳門銀河三、四期建設，計劃投資 500 至 600 億港元，專注於非博彩設置。預計全部計劃完成後，銀河娛樂在澳門路氹的總發展面積將增加到 200 萬平方米，成為世界上最大的綜合性渡假城。2014 年 3 月，銀河娛樂又宣佈廣東珠海橫琴新區達成框架協定，將投資 100 億元人民幣發展世界級度假勝地。該項目位於橫琴西南面一幅 2.7 平方公里的土地，沿海擁有長達 2.5 公里的海岸線，將發展在澳門無法操作的項目，包括低密度旅遊產品或者休閒產品、高爾夫項目、休閒度假屋及其他康樂項目等。

2005 年 7 月，呂志和家族將手持澳門賭牌的銀河娛樂股權注入上市公司嘉華建材。由嘉華建材以 184.05 億港元收購銀河娛樂 97.9% 權益，並改名為「銀河娛樂集團有限公司」（Galaxy Entertainment Group Limited）。2007 年，全球最大的私募基金公司之一 Permira Funds 以約 65 億港元代價，收購銀河娛樂 20% 股權；同時，銀河娛樂透過配售新股集資 13 億港元。交易完成後，呂志和家族及嘉華國際所持有銀河娛樂集團的控股權益，從原來的 71% 減至 52%。

隨着一系列賭場的開業，銀河娛樂的收入呈高速增長的態勢。2005

202 《銀河娛樂集團有限公司 2019 年報》，第 4 頁。

年，銀河娛樂的博彩及娛樂收入為 6621.3 萬港元，到 2017 年增加到
593.83 億港元，12 年間增長了 895.85 倍，年均增長率高達 76.22%。博
彩及娛樂收入的高速增長帶動了集團總收入、股東應佔溢利的大幅增
長。2017 年，銀河娛樂的總收入和股東應佔溢利分別為 624.5 億港元和
105.04 億港元，分別比 2009 年的 122.33 億港元和 11.49 億港元，大幅
增長了 4.11 倍和 8.14 倍，年均增長率高達 22.6% 和 31.86%（表 3-9）。
鑑於銀河娛樂的驚人業績，呂志和被稱為澳門的「新賭王」。

表 3-9　2005-2021 年度銀河娛樂業務發展概況

單位：億港元

年份	總收入	博彩及娛樂收入	博彩及娛樂收入佔總收入比例（%）	股東應佔溢利	總資產
2005 年度	12.92	0.66	5.11	23.95	263.89
2006 年度	46.69	33.89	72.59	（-15.32）	292.09
2007 年度	130.35	114.81	88.08	（-4.66）	317.61
2008 年度	104.97	88.94	84.73	（-113.90）	186.52
2009 年度	122.33	109.88	89.82	11.49	189.63
2010 年度	192.62	180.20	93.55	8.98	251.86
2011 年度	411.86	396.12	96.18	30.04	357.64
2012 年度	567.46	546.96	96.39	73.78	443.89
2013 年度	660.32	636.20	96.35	100.52	462.57
2014 年度	717.52	697.15	97.16	103.40	518.39
2015 年度	509.91	490.73	96.24	41.61	553.54
2016 年度	528.26	506.85	95.95	62.83	662.61
2017 年度	624.50	593.83	95.09	105.04	838.15
2018 年度（注）	552.11	470.25	85.17	135.07	873.84
2019 年度	519.02	435.82	87.44	130.42	956.96
2020 年度	128.79	115.16	89.62	（-39.73）	927.27
2021 年度	196.96	173.33	88.00	13.26	852.43

注：2018 年以後的數據已作調整，與 2017 年之前數據不具可比性。
資料來源：《銀河娛樂集團有限公司年報》，2005 年至 2021 年。

　　不過，2020 年以來，受到全球新冠疫情和經濟低迷的影響，銀河娛樂亦受到嚴重衝擊，業績大幅下跌。2020 年度，銀河娛樂總收入僅 128.79 億港元，比 2019 年度大幅下降 75.19%，股東應佔虧損高達 39.73 億港元。受此影響，銀河娛樂的市值從 2020 年底的 2617.14 點下跌至 2021 年底的 1761.26 點，跌幅高達 32.70%（表 3-10）。2022 年 11 月，銀河娛樂旗的博彩公司 —— 銀河娛樂場股份有限公司，獲得澳門特區政府批出的博彩經營新牌照，為期 10 年。

表 3-10　2017-2023 年銀河娛樂市值變化

單位：億港元

	2017 年底	2018 年底	2019 年底	2020 年底	2021 年底	2022 年 7 月底	2023 年 1 月底
銀河娛樂	2700.60	2153.23	2487.33	2617.14	1761.26	2037.52	2376.74

資料來源：《香港交易所市場資料》，2017-2021 年，東方財富網站

　　目前，呂志和家族共持有兩家上市公司，包括嘉華國際有限公司（52.67%）及銀河娛樂集團有限公司（41.77%）。其中，嘉華國際已發展成集團的房地產業務發展的旗艦，在香港，內地長三角的上海、南京、蘇州、昆山、嘉興，珠三角的廣州、東莞、江門等城市投資發展住宅、商業樓宇、寫字樓等優質物業。銀河娛樂透過旗下的博彩公司「銀河娛樂場股份有限公司」，在澳門經營三個旗艦項目，包括位於路氹、全球最規模之一的綜合度假城「澳門銀河」、娛樂及美食街地標「澳門百老匯」，以及位於澳門半島的澳門星際酒店，經營業務涵蓋博彩、娛樂休閒、酒店餐飲等領域。以股票市值計算，銀河娛樂在澳門 6 大博彩公司中，位居第二，僅次於金沙中國。銀河娛樂表示：「銀娛的願景是：成為亞洲首屈一指的博彩及娛樂企業」。[203]

　　在現階段，該集團業務已分別由家族第二代主持，其中，澳門銀

203《銀河娛樂集團有限公司 2019 年報》，第 2 頁。

河娛樂業務由長子呂耀東負責，香港業務歸三子呂耀華，美國業務交予次子呂耀南，香港酒店業務則由長女呂慧瑜，行政管理就由次女女呂慧玲負責，各司其職。

<h2 style="text-align:center">第八節　其他行業財團</h2>

▌ 百貨零售業財團

　　香港的華資百貨零售財團，崛起於二十世紀初葉。當時，一批澳洲華僑將西方經營百貨的先進觀念引入香港，先後創辦了先施、永安、大新、中華百貨、瑞興、新新等一批百貨公司。其中，先施、永安、大新和中華百貨併稱華資四大百貨公司。到二十世紀 30 年代中期，先施、永安已發展為香港最具規模的多元化企業集團，永安甚至躋身當時中國最大企業集團之列，成為香港華資現代企業集團的發端。

　　最先開業的華商百貨公司是先施公司，1900 年由澳洲華僑馬應彪倡導創辦。[204] 馬應彪，祖籍廣東中山，19 歲隨叔伯兄弟赴澳洲悉尼當煤礦工人。1892 年，馬應彪與同鄉蔡興、馬永燦、郭標等人創辦「永生公司」，經營各埠土特產中國雜貨，生意蒸蒸日上。1899 年，馬應彪倡議創辦一家百貨公司，聯同澳洲華僑蔡興、馬永燦、郭標、歐彬等，籌集 2.5 萬港元，創辦先施公司。[205] 1900 年 1 月 8 日，先施公司在港島中環開業，首創「不二價」，聘請女售貨員，轟動整個香港。1909 年，先施改組為有限公司，正式在香港註冊，並邀得澳洲華僑陳少霞、夏從周、馬煥彪、歐亮、許敬樞、馬英燦、馬祖金等入股，註冊資本擴大到 20 萬港元。[206]

　　1913 年，先施的註冊資本增加到 80 萬港元，在德輔道中 173 號

204〈「先施」之由來〉，《資本》，1990 年第 8 期，第 94 頁。

205〈先施公司成立及發展的經過〉，《明報》（「先施九十周年紀念特刊」），1990 年 1 月 8 日。

206〈先施公司成立及發展的經過〉，《明報》（「先施九十周年紀念特刊」），1990 年 1 月 8 日。

至 179 號通連永和道、康樂道地區購入大幅地皮，興建一幢樓高 6 層商廈，作為先施公司的總行所在地。這一時期，先施積極拓展多元化業務，先後創辦「先施保險置業有限公司」（1915 年）、「先施人壽保險有限公司」（1922 年）、「先施化妝品有限公司」（1926 年）。同時，先施又先後在內地上海、廣州等大城市開設百貨公司，投資實業。此外，先施創辦人馬應彪還倡議創辦了國民商業儲蓄銀行。到二十世紀 30 年代中期，先施進入全盛時期，成為一家以香港為基地，以百貨為主業，業務遍及香港、內地及海外的多元化大型企業集團。

繼先施之後創辦的第二家大型華商百貨公司是永安公司，創辦人是郭樂、郭泉兄弟。郭樂兄弟，祖籍廣東中山，早年遠赴澳洲謀生。1897 年聯同同鄉歐陽初民、梁創、馬祖星、彭容坤等人，創辦「永安果欄」。1907 年，郭樂、郭泉聯為歐陽初民、梁創等、永安果欄股東，加上永安果欄積累的資金，共籌集 16 萬港元，在香港中環開設永安公司。1909 年，永安的註冊資本增加到 60 萬港元，郭樂親赴香港出任永安總監督，並負責統籌悉尼、香港兩家聯營公司的業務和資金安排。1912 年，郭氏兄弟將永安改組為「私人有限公司」。永安明確提出「以統辦環球貨品為鵠的，凡日用之所需，生活之所賴，靡不盡力搜羅」的經營方針，[207] 它經營的貨品種類繁多，從傢俱、樂器、洋酒、煙草、廚具器皿、鐘錶、時裝、化妝品、衣料，以至玩具、體育用品等，式式齊備，貨源來自歐美各國及中國大陸（以工藝品及土特產為主），加上提倡「不二價」，很快成為香港中上層人士的購物中心。

永安在香港百貨業站穩陣腳後，先後創辦「永安水火保險有限公司」（1915 年）、「永安貨倉」（1916 年）、「大東酒店」（1918 年）、「永安人壽保險有限公司」（1925 年）、「永安銀行」（1931 年）等。與此同

---

207 上海社會科學院經濟研究所編：《上海永安公司的產生、發展和改造》，上海：上海人民出版社，1981 年，第 1 頁。

時，永安亦積極進軍內地市場，在上海開設百貨公司，投資實業，規模比先施更加宏大。永安及永安股東郭氏兄弟又將賺取的資金在香港各地廣置地產物業，數十年間購入物業達 200 餘間，遍佈港島德輔道西、高士打道、柯布連道、跑馬地山村道、九龍彌敦道、油麻地吳淞街、何文田、花園街等。其中，九龍尖沙咀的永安行，橫跨北京道、彌敦道、樂道及漢口道等地。這批地產物業日後均大幅升值，為永安集團的發展奠定雄厚的資產基礎。[208] 到二十世紀 30 年代，郭氏永安集團進入最鼎盛時期，旗下的聯營公司多達 16 家，成為一家以香港為基地，橫跨澳洲、香港及中國大陸的多元化企業集團，亦是當時香港最具規模的華資財團。郭氏兄弟的艱苦創業精神，後來被譽為著名的「永安精神」，至今在香港華資企業中仍熠熠生輝。

繼先施、永安之後，曾參與創辦先施的蔡興聯同其昆季蔡昌、蔡子輝及澳洲華僑梁輝君、鄭元爵、黃杏林等，集資 40 萬港元，於 1911 年在香港創辦大新公司，並先後在廣州、上海興建商業大廈。其中，在廣州西堤興建的大新大廈，樓高 12 層，即後來著名的「南方大廈」。到 30 年代，大新公司亦發展為一個多元化企業集團。[209] 不過，大新的總體規模不及永安、先施。1930 年，澳洲華僑陳少霞、周日光等在中環皇后大道中創辦中華百貨公司。這一時期，華資在香港百貨業佔據了主導地位。

1941 年太平洋戰爭爆發後，香港淪陷，永安、先施、大新、中華百貨等均進入慘淡經營時期。大戰結束後，永安、先施等積極籌辦復業，再次取得發展。60 年代，香港的華資百貨公司主要有永安、先施、龍子行、瑞興等。這一時期，正是香港國貨公司蓬勃興起的「黃金時期」，為港人所熟悉的裕華、中橋、華豐等先後開業。期間，先施將總行大廈改建為 27 層高的新商業大廈，又在九龍擴建兩家分公司，

---

208 郭泉自述：〈四十一年來營商之經過〉，轉引自齊以正：〈永安的創始人——郭樂與郭泉〉，《南北極》，第 120 期，1980 年 5 月 16 日，第 8 頁。

209 黃南翔編：《香江歲月》，香港：奔馬出版社，1985 年，第 309-310 頁。

並於七八十年代開始向海外發展,先後在美國和澳洲設立分公司,1986年又在台灣台北開設分公司。永安百貨則先後在灣仔皇后大道東、尖沙咀麼地道、油麻地彌敦道開設分店,走中檔路線,主要銷售法國時裝、義大利皮鞋、日本家電、歐洲傢俱、各國玩具等。

80 年代初,英資百貨公司連卡佛的控股公司會德豐被包玉剛收購,連卡佛成為華資百貨公司。連卡佛是香港一家歷史最悠久的百貨公司,創辦於 1850 年 8 月,1968 年被英資的會德豐收購。二十世紀 70 年代,連卡佛的業務有較快的發展,除了經營高檔消費品之外,還拓展室內設計業務,銷售古董、珠寶及化妝品等。在日資百貨西武在港開業前,連卡佛是香港本地最高檔的百貨公司,專門出售歐美名牌精品、時裝和配件,價錢昂貴,但品質、款式都是一流的,主要顧客是本地紳士、貴夫人、電影圈女星及外國遊客。其他華資百貨公司則主力推廣香港本地生產的產品,掀起用港貨浪潮。至於國貨公司則主要經營質量穩定、價格實惠、經久耐用的國貨產品。

不過,到 80 年代中期以後,隨着香港經濟的發展,香港消費結構和消費心理都發生重要變化,以銷售日貨為主的日資百貨公司大舉進入香港,對華資百貨企業造成嚴重衝擊。期間,一批國貨公司倒閉,知名的龍子行被日資收購,成為東急集團的附屬公司。1986 年,大大百貨公司被接管停業。這一時期,永安集團旗下的永安銀行傳出醜聞,出任永安銀行總經理的郭志匡從銀行挪用 1,000 萬美元作為己用。1986 年,永安銀行出現財政危機,控制權易手恒生銀行。其時,永安銀行共虧蝕 3,600 萬美元,已將持股人的權益全部喪失。經此一役,永安集團的實力下降。

回歸以後,日資百貨退潮,華資百貨再度佔據主流位置。目前,李嘉誠家族旗下的屈臣氏、吳氏家族旗下的連卡佛、Joyce,鄭氏家族旗下的新世界百貨、永安百貨、先施百貨、利福國際、裕華國貨、莎莎國際等,在香港百貨市場仍擁有重要份額。其中,由上市公司永安國際控股的永安百貨共經營 4 間店舖,包括位於港島香港德輔道中的總店、九龍彌敦道的永安 Plus、九龍麼地道永安廣場的尖東分店和大嶼山愉景

灣廣場的愉景灣分店，購物商場面積達 31.5 萬平方呎，永安國際在香港、美國、澳洲等地還擁有多處投資物業，至 2019 年底投資物業組合估值約 123.35 億港元。2019 年度，永安國際營業收入為 13.71 億港元，除稅前溢利 9.62 億港元，總資產 210.19 億港元（表 3-11）。

　　先施在香港亦擁有 4 間分店，分別位於中環、旺角、深水埗及荃灣，先施於 2012 年與屈臣氏集團合作，於油塘開設全港首間百貨及超市二合一全新概念店 SU-PA-DE-PA，面積達 4.5 萬平方呎。先施公司除了以零售業務之外，亦多元化發展有關物業投資、物業發展及證券買賣等業務。早於 1972 年，先施有限公司已於香港交易所主板上市。2018-19 年度，先施公司營業收入為 3.12 億港元，除稅前虧損 1.35 億港元，總資產 6.26 億港元。[210] 百年悠長歷史令永安、先施成為香港家傳戶曉的名字、香港百貨業的翹楚。不過，2020 年以來，受到全球新冠疫情影響，兩家百貨公司都出現嚴重虧損（表 3-11）。

表 3-11　香港百貨零售業部分上市公司經營概況

單位：億港元

上市公司	2019 年度			2020 年度			2021 年度		
	經營收益	除稅前溢利	總資產	經營收益	除稅前溢利	總資產	經營收益	除稅前溢利	總資產
永安國際	13.71	9.62	210.19	11.88	-3.61	206.33	11.29	-6.81	189.26
先施公司	3.12	-1.35	6.26	1.77	-1.46	5.72	1.40	-0.77	7.13
莎莎國際	83.76	5.63	34.06	57.17	-5.62	32.67	30.43	-4.01	25.11

注：先施公司 2020 年度截至 2021 年 2 月底；2021 年度從 2021 年 3 月至 2021 年 12 月底。
資料來源：各上市公司 2019-2021 年報

　　華資百貨零售集團的後起之秀是莎莎國際。莎莎國際創辦於 1978 年，創辦人為郭少明、郭羅桂珍夫婦。當年，郭少明夫婦在香港銅鑼灣

210《先施有限公司 2018-2019 年報》，第 48-50 頁。

一個 40 平方呎的「莎莎」化妝品櫃位開展化妝品零售業務。1990 年，
「莎莎化妝品公司」在銅鑼灣開業，兩年後在九龍尖沙咀開設首間分店。
1997 年 6 月，莎莎國際控股有限公司在香港上市公司，股份獲得 500 倍
的超額認購。上市後，莎莎國際開始向海外和中國內地市場發展，1998
年和 2005 年先後在馬來西亞和中國內地上海開設分店，2002 年獲委任
為全球具領導地位的尊貴品牌之一「伊莉莎伯雅頓」（Elizabeth Arden）
的香港及澳門特區的獨家代理商。2003 年中國實施內地居民赴港澳自由
行政策後，莎莎國際獲得快速發展，到 2008 年已在香港及亞洲區開設
了 100 間分店。[211] 目前，莎莎國際已發展為香港及亞洲領先的美妝產品零
售集團，截至 2019 年 3 月底全資擁有及直接經營銷售店舖達 274 間，
遍及香港、澳門、中國內地、馬來西亞及新加坡（圖 3-23）。銷售的產
品品牌超過 600 個，涵蓋護膚品、香水、化妝品、護髮、身體護理產
品、保健產品及美容小儀器等，並提供線上銷售服務。2019 年度，莎莎
國際營業額為 83.76 億港元，除稅前溢利 5.63 億港元，總資產 34.06 億
港元。不過，2020 年以來，受到全球新冠疫情影響，莎莎國際連續兩年
錄得虧損（表 3-11），經營店舖也減少至 188 間（2023 年 2 月底）。

　　香港回歸以來，發展最為耀眼的是由吳光正長女吳宗恩主理的
連卡佛集團。吳宗恩早年畢業於美國衛爾斯利女子學院（Wellesley
College）心理學系，她於 1999 年起加入會德豐後，先後在集團內部擔
任不同職位，包括營運、採購、市場推廣和財務等。2003 年 2 月，會
德豐宣佈，公司將連卡佛（香港）有限公司 100% 的股權出售於吳光正
的家族私人公司，出售價為 4.228 億港元。據說，連卡佛被私有化的部
分原因，是會德豐旗下的百貨業經營並不理想，其中包括連卡佛，出售
前一年度的虧損總額為 3,870 萬港元。這一年，吳宗恩出任連卡佛行政
總裁，其後更兼任 Joyce Group 執行董事。

---

211 莎莎國際：《里程碑》，莎莎國際控股有限公司官網。

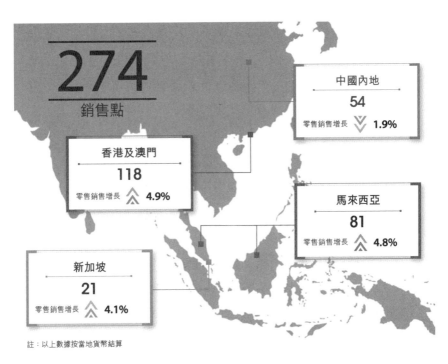

圖 3-23　莎莎國際在亞洲的銷售網絡
資料來源：《莎莎國際控股有限公司 2018-19 年報》，第 3 頁。

　　在吳宗恩的管理下，經過幾年發展，連卡佛成功轉型，從一家傳統百貨公司蛻變為高檔的專注國際設計師時裝的時尚專賣店集團 ——連卡佛載思（The Lane Crawford Joyce Group），專營名牌時裝、配飾及時尚精品，開啟「新百貨時代」。2004 年，連卡佛在港島國際金融中心開設全新旗艦店，面積達 8.2 萬平方呎，成為連卡佛史上最大店舖，並擁有全亞洲規模最大的國際精品牌。2007 年以後，連卡佛進軍內地市場，先後在北京、上海、成都等地開設多家店舖，從而成為大中華地區時尚品牌的引領者。2011 年，連卡佛發展線上旗艦店，進一步發展成為全管道時尚零售商。[212]

212 連卡佛：「連卡佛 —— 一部與社會相交織的歷史」，2007-2014 年，連卡佛集團官網。

截至 2020 年,連卡佛載思集團旗下共擁有 4 家公司,包括連卡佛、Joyce、PEDDER GROUP、俊思集團(IMAGINEX GROUP)等,在香港、澳門、中國內地及新加坡等地超過 50 個城市擁有逾 500 個網點、超過 1,000 個品牌、150 萬個活躍高端客戶、3,300 多名員工。集團總部設於香港島南區 One Island South,佔地八層,共 25 萬平方呎。其中,連卡佛在香港、中國內地上海、北京、成都等地共開設 7 間店舖,並配合線上銷售旗艦店,建構覆蓋中華地區全管道銷售的時裝零售網絡,主要銷售包括女裝、男裝、化妝品、家居及時尚生活用品、高級珠寶在內的超過 650 個國際品牌。

Joyce 創辦於 1970 年,旗下擁有 5 個時尚服裝精品店銷售點、11 個 JOYCE BEAUTY 銷售點及 4 個單一合作的品牌專賣店,售賣超過 155 個時裝品牌。此外,Joyce 還與設計師合作,共同運營品牌在香港特別行政區的銷售點。PEDDER GROUP 創辦於 2003 年,旗下擁有 41 個銷售點,主要業務包括:在連卡佛經營多個鞋履及配飾品牌,當中包括線上及線下銷售;在香港 LAB Concept 中經營女鞋和配飾;在 Joyce 中經營由設計師零售概念衍生的品牌店 On Pedder,並在新加坡經營 Pedder on Scotts 鞋飾專門店,涵蓋男女裝及童裝,共擁有 204 個品牌。俊思集團創辦於 1992 年,主要在大中華地區經營國際奢華品牌、高級時裝及生活風尚品牌,在超過 50 個城市擁有 448 個銷售點。[213]

▍餐飲業財團

美心集團是香港最具規模的餐飲食品集團,創辦於 1956 年,創辦人為伍舜德及伍沾德兄弟。[214] 當年,美心在港島中環前連卡佛行(現置地廣場)開設首間西式餐廳「美心餐廳」,以夜總會形式經營,不時舉

213 連卡佛:「我們的公司」,連卡佛集團官網。
214 美心集團:「重要里程」,1956 年,美心集團官網。

辦大型節目，為當時名人必到場所。1966 年，九龍海運大廈落成，美心在大廈開設首家美心咖啡室 Maxim's Boulevard，並售賣西餅售賣，此為「美心西餅」的雛型。[215]

1971 年，美心在尖沙咀星光行四樓創辦首間粵菜酒家 —— 翠園，引入嶄新的「中式食品、西式服務」管理，並率先於酒樓售賣西式糕點。其後，美心相繼開設多間粵式酒樓，包括美心大酒樓、美心皇宮大酒樓、溫莎皇宮大酒樓、大會堂酒樓、映月樓、美心閣及粵江春等。1972 年，怡和旗下置地公司加盟美心，各佔 50% 股權，但仍由伍氏家族負責決策經營。當年，首家「美心速食」成立，成為香港速食店中的代表之一。[216] 1982 年，美心在香港地鐵沿線各站開設多間美心西餅分店，創業界先河。[217] 這一時期，美心相繼創辦潮江春、北京樓、洞庭樓、錦江春、滬江春一系列外省菜館，以及弁慶日本料理、桃山日本料理兩間高級日本餐館。

1980 年，中美航線開通，美心創辦人伍沾德的女兒伍淑清前往北京，與中國民航總局商談合作做航空食品的可能性，結果成功拿下航空餐飲營辦權，並成立北京航空食品有限公司，這是改革開放後設立的第一家中外合資企業，其在國家工商行政管理總局的註冊編號為 001 號，伍淑清也因而成為「中國合資企業第一人」。[218] 2005 年，美心北上發展，在廣州開設西餅廠及美心西餅旗艦店。2008 年，美心取得美國著名燒牛肉店 Lawry's the Prime Rib 在內地經營權，進軍上海新天地，開設內地首家 Lawry's The Prime Rib；同時獲得「元氣壽司」在南中國的特許經營權。從 2011 年起，集團旗下的翠園開始進入內地市場，先後

---

215 美心集團：「重要里程」，1966 年，美心集團官網。

216 美心集團：「重要里程」，1971 年，美心集團官網。

217 美心集團：「重要里程」，1982 年，美心集團官網。

218 參見「伍淑清」，華商名人堂官網。

在廣州、深圳、上海、成都等城市開設分店。截至 2017 年 7 月，美心集團已在內地開設 198 間分店，遍佈北京、上海、杭州、蘇州、廣州、深圳、成都、重慶、武漢等主要城市。

1998 年，美心開始發展新派餐廳系列 m.a.x. concepts，為顧客提供獨特創新的菜式。另外，又把以往的日本餐館改革為賀菊及 Miso，創造新派日菜熱潮，並將多間中菜館翻新品牌，如翠玉軒、怡翠軒、川淮居、紫玉蘭、力寶軒、京華飯莊、蘭庭等。2000 年 5 月，美心成功引進世界知名的星巴克咖啡文化，組成 Coffee Concepts Ltd.，[219] 短短 2 年間在香港開設超過 30 間咖啡店，2002 年進軍澳門及深圳。2006 年，美心收購元氣壽司的香港業務，由 Genki Sushi Hong Kong Limited 持有香港特許經營權，經營馳名日本的回轉壽司餐廳「元氣壽司」及「千両」；同時，引進美國著名燒牛肉店 Lawry's the Prime Rib。[220] 2010 年，美心創立全新概念的日式丼飯時尚餐廳「丼丼屋食堂」。

時至今日，美心集團已發展成為香港及亞洲最具規模的餐飲集團，透過旗下美心中菜、美心速食、m.a.x. concepts、美心餐務、特許品牌、美心西餅等，經營中菜、西菜、日本菜、東南亞菜、快餐、西餅及麵包、咖啡店及美心餐務等，並提供一系列優質美味的應節食品，包括獲獎無數的香港美心月餅。集團亦為國際知名品牌星巴克、元氣壽司、一風堂拉麵、The Cheesecake Factory、Shake Shack 在不同地區的經營者，在香港、澳門、中國內地（圖 3-24），以及越南、柬埔寨、老撾、泰國、新加坡、馬來西亞等東南亞市場擁有逾 70 個品牌，共開設超過 1,900 間分店。[221]

219　美心集團：「重要里程」，2000 年，美心集團官網。
220　美心集團：「重要里程」，2006 年，美心集團官網。
221　美心集團：「集團介紹」，美心集團官網。

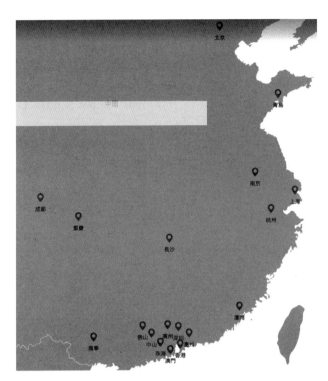

圖 3-24　美心集團在中國內地的經營網絡
資料來源：美心集團官網

　　美心速食連鎖店的主要競爭者是羅氏家族創辦的大家樂和大快活連鎖店集團。大家樂集團有限公司創辦於 1968 年 10 月，創辦人為羅騰祥。羅騰祥原籍廣東梅縣，36 歲時加入了兄長羅桂祥創立的「香港豆品有限公司」（維他奶）工作。1968 年，羅騰祥在退休之際決定自行創業，與侄兒羅開睦等創辦大家樂。翌年，大家樂即在香港開設第一家大家樂速食店。1979 年，大家樂設立中央產製中心，配備先進設備加以全面監控，確保食物品質水平。1986 年 7 月，大家樂在香港上市，成為香港首家上市的餐飲集團。90 年代初期，大家樂成立「泛亞飲食有限公司」，拓展機構飲食業務，時至今日該品牌一直雄踞香港市場，客戶包括本地主要醫院、大學、私營及公共機構。1999 年，大家樂進一步推出新品牌「活力午餐」，進軍香港學童膳食市場。經過多年發展，活力午餐已成為全港最大規模的學童午餐供應商之一。

香港回歸後，大家樂逐步突破速食業務的框架，擴充經營全服務式的特色餐廳。在速食餐飲方面，除了大家樂速食店之外，又發展出策略性品牌「一粥麵」及「米線陣」。在休閒美食方面，開拓了多個健康西餐品牌，包括於 2003 年購入的 Oliver's Super Sandwiches，主打多款西式滋味小食、沙律及新鮮食品；於 2007 年成立合資公司以獨家特許經營模式營運義大利咖啡店 espressamente illy，主攻高檔咖啡市場。在特色餐廳方面，大家樂早在 1991 年創立「意粉屋」，近年更開設 360 系列及 PizzaStage，以多元化的特色美食吸引食客。2007 年，大家樂先是策略性投資稻香集團 11.65% 股權，繼而與 espressamente illy 成為合資夥伴。2015 年，大家樂與日本株式會社聖摩珂集團簽訂特許經營協議，將旗下「鎌倉 PASTA」義大利麵專門店引入香港及廣東；又與韓國 JNT Co. Ltd 簽訂協議，將雙方的合作範圍拓展至廣東，在廣東開設 THE CUP 餐廳。

大家樂曾於 1991 年進軍中國內地市場。當年，在廣東、上海和北京一口氣開設了約 20 間分店，然而，由於當時市場尚未成熟，大家樂權衡之後撤出內地。2003 年，大家樂再度進軍內地市場，將發展重點鎖定華南地區市場。2011 年，大家樂在廣州開設大型中央食品產製中心，為內地分店提供後勤支援。集團於 1997 年收購的加工肉類供應商「北歐國際食品」，亦在東莞設立面積達 4 萬平方呎的食物製作中心，負責製造火腿、香腸及煙肉等產品，分銷至香港及內地商戶。與此同時，大家樂旗下的特色餐飲意粉屋，亦在珠三角多個一線城市開設分店。

目前，大家樂已發展為一家亞洲最大的餐飲上市集團之一，業務遍及香港、澳門、中國內地、美國加州及加拿大等地。截至 2019 年 3 月底，大家樂在香港及中國內地共擁有 465 個營運單位，其中，香港速食餐飲及機構飲食 298 個，香港休閒餐飲 60 個，中國內地 107 個，旗下僱員 19,110 人。在香港，大家樂每天為 30 萬顧客提供餐飲服務。2019 年度，大家樂的營業收入為 84.94 億港元，其中，香港速食餐飲及機構

飲食佔 73.8%，香港休閒餐飲佔 10.7%，中國內地佔 13.6%，其他佔 1.9%（圖 3-25）；除稅前溢利 7.22 億港元；總資產 44.94 億港元（表 3-12）。[222]

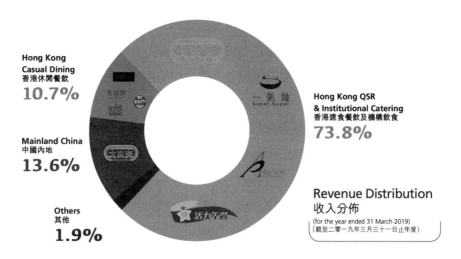

圖 3-25　2019 年度大家樂集團主要策略業務分佈
資料來源：《大家樂集團有限公司 2019 年報》，第 9 頁。

　　大快活集團有限公司創辦於 1972 年，創辦人為羅芳祥及羅開福，羅芳祥與羅騰祥同為維他奶創辦人羅桂祥的弟弟。當年 12 月，首間大快活速食店在荃灣眾安街開業。1981 年，大快活成立中央食品加工中心、倉務部及物流車隊，為業務擴充作好準備，同時確保食品質素及加強成本控制。1991 年 10 月，大快活在香港上市，當年全線共有 52 間分店。

　　2003 年，大快活進行「Big Bang」品牌革新行動，以「係時候大快活」為新口號拓展業務。2009 年 9 月，該集團在大埔工業邨設立面積達 8 萬平方呎的「中央食品加工中心」，以精簡生產流程及加強品質控制。到 2010 年，大快活開設第 100 間分店。與此同時，該集團亦進入

222《大家樂集團有限公司 2019 年報》，第 81-83 頁。

內地發展，1992 年與一間中國公司以合資形式於北京開設首間跨境餐廳，成為中國境內首間香港連鎖速食店，近年集中發展華南市場，尤其是廣州及深圳住宅區。經過多年發展，截止 2019 年 3 月，大快活在香港共經營 148 間分店，包括 138 間速食店及 10 間特色餐廳，這些特色餐廳包括 2 間「ASAP」、2 間「一碗肉燥」、4 間「一葉小廚」、1 間「友天地」及 1 間「墾丁茶房」，以服務不同類型的顧客。同時，亦在內地經營 11 間店舖。2019 年度，大快活集團經營收入為 29.71 億港元，除稅前溢利 2.15 億港元，總資產 12.76 億港元（表 3-12）。

除了美心、大家樂和大快活等集團之外，香港主要的餐飲集團還有太興集團、翠華集團等。太興集團的前身為傳統燒味速食店「太興燒味」，由陳永安於 1989 年在香港西灣河太安樓創立，經過 30 年的發展，成為香港一家大型的速食連鎖店集團。2004 年，太興進入內地市場，先後在深圳、北京、上海、杭州、瀋陽、廣州、濟南等城市開設分店，並不斷地豐富和發展集團旗下品牌，創立了適合不同年齡層、不同族群的餐飲品牌。從港式餐飲到日式料理，再從西式餐廳到新概念粵菜餐廳，包括旗艦品牌「太興」、「茶木」、「靠得住」、「敏華冰廳」、「錦麗」、「東京築地食堂」、「漁牧」、「飯規」等；太興共開設店舖達 205 間，包括香港 139 間、中國內地 63 間、澳門 1 間、台灣 1 間。2019 年度，太興集團經營收入為 32.52 億港元，其中香港及澳門佔 79.37%，中國內地佔 20.63%，除稅前溢利 1.17 億港元；總資產 34.04 億港元（表 3-12）。

翠華集團全稱為「翠華控股有限公司」，其前身是位於九龍旺角甘霖街的一間小冰室，創辦於 1967 年，創辦人為蔡創波，主要為附近居民及工人提供一些價廉物美的地道小食與飲料。1989 年，李遠康接手翠華，在新蒲崗開設了首間翠華餐廳，開始為顧客提供香港地道特色美食。香港回歸後，隨着內地居民赴港「自由行」政策的實施，翠華獲得了快速發展。2009 年於國內一線城市上海開設首間分店；2010 年策略性建立品牌形象，將翠華打造成一間「香港地道特式飲食文化」餐廳。2012 年，翠華以「翠華控股有限公司」在香港上市，成為香港第

一家上市的茶餐廳連鎖集團。截至 2019 年 3 月底，翠華集團透過「翠華茶餐廳」品牌以及 6 個副線品牌 —— 廿一堂、BEAT Bakery、Chez Shibata、「輕。快翠」、千羽堂及花盛，在香港、澳門、中國內地、新加坡等市場共經營 83 間餐廳。2019 年度，翠華控股的營業收益為 17.87 億港元，除稅前溢利 2.67 億港元，總資產 14.34 億港元（表 3-12）。[223]

表 3-12　香港餐飲業部分上市公司經營概況

單位：億港元

上市公司	2019 年度			2020 年度			2021 年度		
	經營收益	除稅前溢利	總資產	經營收益	除稅前溢利	總資產	經營收益	除稅前溢利	總資產
大家樂集團	84.94	7.22	44.94	79.63	1.14	62.21	67.14	3.90	71.55
大快活集團	29.71	2.15	12.76	30.30	0.72	27.09	26.47	1.38	24.48
太興集團	32.52	1.17	34.04	27.98	1.21	32.15	31.73	1.28	27.39
翠華集團	17.87	2.67	414.34	13.81	-3.01	16.38	9.56	-1.18	15.52

資料來源：各上市公司 2019-2021 年報

▌ 報刊傳媒業財團

　　香港現存歷史最悠久的報業集團當數星島報業集團。《星島日報》創辦於 1938 年，創辦人為東南亞「萬金油大王」胡文虎。當時，胡文虎推銷虎標萬金油時，每年均需在報刊大肆刊登廣告，花費巨大，他由此產生自辦報紙的意念。1929 年，胡文虎在新加坡創辦《星洲日報》，其後相繼創辦《星檳日報》、《星華日報》、《星光日報》、《星閩日報》、《星滬日報》、《星暹日報》、《星暹晚報》等。

　　1938 年 8 月 1 日，《星島日報》在香港創刊出版。當時，星島報社已擁有全港最新型的高斯捲筒印刷機，配有彩色套印，每小時可印 5 萬份，其規模在香港報業堪稱一流。《星島日報》後來成為香港的大報之

---

[223]《翠華控股有限公司 2019 年報》，第 59-61 頁。

一，是香港政府刊登法律性廣告的有效刊物。1938 年 8 月，《星島晚報》
亦創刊出版。1948 年 1 月 16 日，廣州發生「廣州市民焚燒沙面英國領
事館事件」，《星島晚報》即僱用直升飛機採訪，發回大量新聞圖片報
道，當天即在該報頭版刊出。自此銷量急升，成為香港最有影響力的一
份晚報。1948 年，胡文虎在香港再創辦英文報紙 ——《香港英文虎報》
（*Hong Kong Standard*）。自此，香港星系報業自成系列。

　　1954 年，胡文虎病逝，遺下家族生意分別由其子女侄兒繼承。其
中，在香港創辦的 3 份報紙，包括《星島日報》、《星島晚報》和《英
文虎報》由其女胡仙所繼承。胡仙接管星島報業後，到第 6 年已將星島
報系轉虧為盈。1960 年，星島報業以 1 港元價格售賣分類廣告版位，
開創了香港報章開展分類廣告業務的先河。1972 年，胡仙將星島報業
重組，以「星島報業有限公司」的名義在香港掛牌上市，市值上漲逾倍。

　　二十世紀 60 年代後期，胡仙開始將報業業務拓展到海外。1969
年，《星島日報》在美國三藩市出版了第一份海外版，初時報紙在香港
排版，然後把電版空運到三藩市印刷。其後，胡仙相繼在歐美各大城市
創辦《星島日報》海外版，包括北美的紐約、三藩市、溫哥華、多倫多
等 6 個城市，以及倫敦、悉尼和威靈頓。早期海外的中文報章，多由左
派或右派擁有，《星島日報》走中間偏右路線，搶走了不少讀者。1978
年，胡仙率先採用人造衛星技術把《星島日報》電版傳輸到海外印刷，
鞏固了她的海外業務。《星島日報》在全盛時期，被譽為「凡是有華僑
的地方，就有《星島日報》」。星島報業由是逐步發展成一個全球性龐
大報業集團。

　　到 80 年代後期，星島報業集團年利潤突破 1 億港元大關。這時，
胡仙被譽為「香港最有財勢的女人」、「亞洲最富有的女人」。[224] 1988

---

224 王敬義：〈香港最有財勢的女人——胡仙〉，載《香港億萬富豪列傳》，香港：文藝書屋，
　　1978 年，第 124 頁；〈亞洲最富有的女人：胡仙〉，《資本雜誌》，1988 年第 8 期。

年，適逢《星島日報》創刊 50 周年，美國多個大城市，包括紐約、波士頓、芝加哥等，相繼宣佈將 8 月 1 日定為「星島日報日」。期間，英國首相戴卓爾夫人、美國總統列根、加拿大總理莫朗克、澳大利亞總理霍克等多國元首均向星島報業集團發來賀電。至此，胡仙及星島報業集團的聲譽達到了顛峰。

可惜的是，香港進入過渡時期以後，胡仙的投資策略開始發生重大變化，從報業發展轉向投資地產，先後在香港、澳大利亞、新西蘭、加拿大、美國、英國等地參與近 20 項物業投資。然而，80 年代後期，歐美經濟不景，地產市道一落千丈。投資策略的失誤，導致胡仙及星島集團債台高築。1997 年 10 月，亞洲金融風暴多次襲擊香港，令股市、地產均大幅急挫，經濟陷入衰退。當時，胡仙的兩項主要資產 —— 持有五成的星島股權和祖業虎豹別墅大幅貶值，星島的股價也跌至不足 1 港元。1997 年底，債權銀行及債權人何英傑 / 何柱國家族開始向胡仙追債。在巨大債務壓力下，胡仙被迫出售星島集團股權。2001 年 1 月，何柱國家族透過旗下公司，收購星島集團 51.36% 股權，涉及資金 3.56 億港元。[225] 何柱國是香港著名大慈善家、香港煙草創辦人何英傑（何伯）長孫。何英傑辭世後，遺下超過 200 億港元資產、家族生意等，由長孫何柱國繼承。

何柱國收購星島集團後，改組為「星島新聞集團有限公司」（簡稱「星島新聞」），並重新在香港上市，主要業務範圍也從單純的報業拓展到媒體及與媒體相關業務，包括報章、雜誌、招聘媒體、圖書與內容服務等，覆蓋中國、美國、加拿大、歐洲及澳洲等多個國家的主要城市。其中，中文報章《星島日報》為集團的旗艦刊物，同時有 12 個海外版本在全球超過 100 個城市發行，是全球發行網最大的中文國際報章

---

225 參見《泛華科技集團有限公司公佈》，2001 年 1 月 7 日，第 1-2 頁。

之一。自 2005 年起，星島新聞積極發展免費報章業務，先後推出《頭條日報》，亦將《英文虎報》轉型。不過，近年來，星島新聞的經營日漸困難，2019 年度集團出現 2,270 萬港元的虧損，到 2020 年更增加到 8,090 萬港元。[226] 2021 年 2 月，何柱國將所持星島新聞集團 28.4% 股權，以 3.75 億港元價格，出售予佳兆業集團董事郭曉亭，退出星島。2022 年 6 月，郭曉亭宣佈以 1.25 億港元價格，將所持一半股權轉售予蔡加贊，並列成為星島第一大股東。

二十世紀 80 年代以來，香港主要的報業集團，除了星島之外，還有《東方日報》、《明報》、《成報》、《天天日報》、《信報》、《香港經濟日報》等。其中，《東方日報》創辦於 1969 年 1 月，創辦人為馬惜珍等。《東方日報》於 1970 年初聘請名家寫狗經，銷路上升，1 年半後銷逾 8 萬份，1972 年更突破 11 萬份。該報以一般市民為主要讀者對象，特色之一是大量採寫香港社會新聞，更有產經、娛樂、體育、波經、馬經、副刊，名家雲集的「龍門陣」等吸引讀者，並且時效快，報道面廣，成為香港「銷量第一」的港報。

1987 年，東方報業集團在香港上市。1992 年，東方報業集團創辦《東周刊》，與當時創立不久的《壹週刊》展開競爭；其後創立《東Touch》，對抗壹傳媒另一份針對年青人市場的週刊《壹本便利》。1999 年 3 月，為了應對《蘋果日報》的挑戰，東方報業集團再創辦《太陽報》，一度發展成為另一份暢銷的報紙。不過，在激烈的報刊競爭環境下，東方報業集團於 2001 年退出週刊市場，將《東周刊》和娛樂週刊《東方新地》售予楊受成屬下的英皇集團，又將《東 Touch》售予何柱國屬下的泛華集團（後易名為星島新聞集團）。2016 年 4 月，集團更宣佈將《太陽報》停刊，該報電子版及其網站也停止運作。

226《星島新聞集團有限公司 2020 年報》，第 10 頁。

目前，東方報業集團旗下的《東方日報》已連續 40 多年成為香港銷量第一的收費報章，集團並持有新聞、娛樂及消閒網站《on.cc 東網》，網上電視台《東網視頻》，香港交易所指定免費即秒報價網站《東網 Money18》等。其中，《on.cc 東網》每月總瀏覽頁次突破至 8.3 億，用戶遍佈全球；《東網視頻》為全港首個網上電視台《東網電視》的加強版，全天候 24 小時提供時事、娛樂、財經、體育、生活及馬經等視頻影片，創出 1,500 萬跨平台觀看次數；《東網 Money18》為香港最受歡迎及最具影響力的財經資訊平台之一，手機應用程式下載量逾 231 萬次，Facebook 專頁粉絲人數突破 13.8 萬，成為股民必備的「炒股神器」之一。[227] 2019 年度，東方報業經營收入為 9.02 億港元，除稅前溢利 0.95 億港元，總資產 19.82 億港元（表 3-13）。[228] 2021 年 8 月 20 日，東方報業改名為「東方企控集團有限公司」（Oriental Enterprise Holdings Limited）。

二十世紀 50 年代後期，一些嚴肅的專業性報紙也相應面世，其中最重要的是由查良鏞（金庸）和沈寶新於 1958 年 5 月創辦的《明報》。《明報》創辦初期，主要靠金庸撰寫的武俠小說連載支撐。有香港「四大才子」之稱的倪匡曾說：「《明報》不倒閉，全靠金庸的武俠小說。」踏入 60 年代，中國內地的政局發展為《明報》提供了機遇，由查良鏞撰寫的「社評」開始受到知識份子的關注，特別是 1962 年關於「難民潮」事件的社評和相關報道。「難民潮」結束後，《明報》的整體定位發生重大變化，從過去一份側重武俠小說、煽情新聞和馬經的「小市民報」，提升到一份為讀書人、知識份子所接受的報章。1962 年 7 月，《明報》的銷量超過 3 萬份，到 1963 年平均日銷量達 5 萬份。至此，《明報》擺脫財政困難，走上軌道。

227《東方報業集團有限公司 2019-2020 年度報告》，第 4 頁。
228《東方報業集團有限公司 2018-2019 年度報告》，第 35-37 頁。

　　1966 年，中國內地爆發為期 10 年的「文化大革命」，查良鏞為《明報》撰寫了大量相關社評，內容涉及許多敏感問題。《明報》並開設「北望神州」版，每天刊登有關大陸的消息，滿足了香港人對大陸一無所知的需求。《明報》又在副刊開闢多個專欄刊登有關中國的「內幕新聞」，備受讀者關注。這時，《明報》在香港眾多報紙中獨樹一幟，確立了「言論獨立」的形象，並成為報道中國消息的權威，報紙的發行量也快速提升。

　　到 70 年代中期，《明報》的銷量已躋身於香港日報的第 3 位，僅次於《東方日報》和《成報》。對此，有傳媒界人士表示：「查良鏞成功地將《明報》塑造成一份備受知識份子尊敬的報紙。」在此期間，查良鏞又先後創辦了《明報月刊》（1966 年）、《明報周刊》（1968 年）。其中，《明報月刊》經營成一份綜合性的高水準學術刊物；《明報周刊》經過多年經營之後也成為香港歷史最悠久、最權威、銷量最大、讀者層面最廣的娛樂週刊之一。1991 年 3 月，明報集團分拆「明報企業有限公司」在香港上市。不過，1992 年 2 月，查良鏞在《明報》最鼎盛時期將控股權轉讓給商人于品海，其後于品海被發現有刑事案底，再轉售到馬來西亞商人張曉卿手中。張曉卿表示：「我們華人應該建立和擁有一個以全球華人為主體的媒體和網絡世界。我們必須依從自己的立場和價值，去表達我們的感情和聲音。」

　　此外，香港主要的華資報業集團還有林山木夫婦創辦的信報集團（1973 年）、馮紹波等人的《香港經濟日報》（1988 年創辦）。其中，信報集團已於 2006 年 8 月被電訊盈科主席李澤楷收購；香港經濟日報集團已發展成為一家業務多元化的報業集團，旗下擁有收費報紙《香港經濟日報》、免費報紙《晴報》、旅遊及生活週刊《U Magazine》、科技雜誌《e-zone》、財富週刊《iMoney 智富雜誌》等。

表 3-13　2019 年度香港報業上市公司經營概況

單位：億港元

上市公司	經營收入	除稅前溢利	總資產
星島新聞集團	12.62	-0.67	13.91
東方報業（現稱「東方企控集團」）	9.02	0.95	19.82
明報企業（現稱「世界華文媒體」）（億美元）	2.85	-0.07	2.50
香港經濟日報集團	12.81	0.92	12.56

資料來源：各上市公司 2019 年報

▌跨行業企業財團

在香港，除了李嘉誠、李兆基、鄭裕彤等大家族旗下的多元化集團之外，跨行業的企業集團還有麗新集團、英皇集團、高銀集團等。

麗新集團前身為麗新製衣，創辦於 1947 年，創辦人林百欣，原籍廣東潮陽。50 年代，麗新製衣成功開闢非洲市場，並被同業冠以「非洲王」稱號。1959 年，麗新在香港註冊為有限公司，並成功將產品打入英美市場。到 60 年代後期，麗新製衣的產品已遠銷美、英、德和加拿大，成為香港主要的成衣製造商之一。1972 年，麗新製衣在香港上市。這一時期，林百欣將公司剩餘資金用於購地興建廠房，用作收租。到 1980 年，麗新旗下投資廠房面積已逾 100 萬平方呎，每年提供的租金收入達 7,000 萬港元。地產收益已逐漸成為麗新的重要收益來源。1983 年，香港地產低潮，麗新繼續大量吸入地產物業，到 1985 年地產復甦時，麗新的實力已不同凡響了。

1987 年，林百欣在赴美留學歸來的次子林建岳協助下大展拳腳。當年，麗新製衣斥資 7.92 億港元向陳俊家族購入上市公司鱷魚恤 60% 股權。麗新收購鱷魚恤後，即重組集團架構，成立「麗新製衣國際有限公司」，作為集團控股公司，並向麗新製衣購入包括鱷魚恤在內的全部製衣業務，同年 12 月在香港上市。麗新製衣則改名為「麗新發展有限公司」，專責地產發展業務。1988 年，麗新發展先後收購經營北美洲酒

店業務的景耀國際（後改名為麗新酒店）逾六成股權及亞洲電視逾四成股權。這時，林氏家族透過麗新國際，控制的上市公司已增加到 4 家，包括麗新國際、麗新發展、鱷魚恤、景耀國際等，並持有亞洲電視逾四成股權，躋身香港華資大財團之列。

不過，1997 年香港回歸前夕，香港樓市正處於高峰期，林建岳透過麗新發展以 69 億港元高價，收購中環富麗華酒店，計劃重建。可惜，遇到亞洲金融危機衝擊，股市、樓價大跌，麗新發展因而負債逾 100 億港元，成為香港上市公司中虧損最高的公司之一，受此拖累股價大幅下跌。回歸以後，林建岳逐漸改變經營作風，將新的管理方法帶進麗新，並發展娛樂事業。2000 年入股寰亞電影公司，成為大股東。一直債務纏身的麗新發展也因樓市復甦而重現生機。2004 年 7 月，麗新與債權人中信嘉華、花旗銀行及摩根士丹利達成協議，重組債務，逐步走出陰霾。

2005 年 2 月，集團創辦人林百欣逝世，享年 91 歲，其家族事業主要由林建岳繼承。他先是壯大寰亞電影，開設東亞娛樂公司，令經紀和唱片業務齊頭並進；又透過 1996 年成立的豐德麗控股有限公司，經營、投資媒體及娛樂、音樂製作及發行、投資、製作及發行電視節目、電影及影像光碟產品、戲院營運等娛樂業務。2016 年，林建岳透過旗下麗新發展，夥同全球主要造船公司之一 Fincantieri S.p.A. 收購豪華遊艇業品牌 Camper & Nicholsons International S.A，以加強提供高端餐飲及酒店服務的能力。

在地產方面，旗下麗新發展主攻香港及海外的物業投資和地產發展，於 2014 年起先後收購英國金融城同一地段的三棟大樓，即倫敦金融城 Leadenhall Street 100 號、106 號及 107 號等，作重建之用。至 2019 年 7 月底，麗新集團持有的物業組合應佔建築面積約為 445 萬平方呎。其中，投資物業包括香港的長沙灣廣場、銅鑼灣廣場二期、麗新商業中心、鱷魚恤中心（商場部分）、百欣大廈，英國倫敦的 Queen Street 36

號及 Leadenhall Street 107 號 4 等座物業。[229] 麗新集團投資內地地產市場的旗艦，是麗豐控股有限公司，在上海、廣州、中山及珠海橫琴等地發展多個地產項目。

在媒體及娛樂方面，集團主要透過豐德麗集團營運，包括從事電影製作及發行；舉辦、管理及製作演唱會及現場表演；藝人管理；製作及發行電視節目；音樂製作及出版；授權媒體內容；提供策劃及管理文化、娛樂及現場表演項目之顧問服務等，是香港主要的電影製作公司之一。2019 年度，豐德麗共舉辦及投資 118 場表演，發行共 49 張音樂專輯；發行 2 部電影、33 部錄像；並在香港營運 10 家戲院，在中國內地營運 3 家戲院。而長子林建名則主理鱷魚恤業務，從事成衣製造、時裝零售及批發，物業投資及出租等業務。

目前，林建岳家族共持有 6 家上市公司的控制性股權，包括麗新製衣國際有限公司（42.17%）、麗新發展有限公司（56.07%）、豐德麗控股有限公司（74.62%）、麗豐控股有限公司（50.53%）、寰亞傳媒集團有限公司（67.56%）及鱷魚恤（林建名持有 52.03% 股權）等。經營的業務包括地產發展、物業投資、媒體娛樂、電影製作及發行、影視劇院、成衣製造及批發零售等業務，已發展為一家業務多元化的企業集團（圖 3-26）。2019 年度，麗新國際營業收入為 66.10 億港元，其中，物業投資佔 22.34%，物業發展及銷售佔 34.49%，餐廳業務佔 7.79%，酒店業務佔 10.38%，媒體及娛樂佔 8.95%，電影製作及發行佔 4.93%，戲院營運佔 7.88%，其他佔 3.24%；除稅前溢利 50.13 億港元，總資產 827.40 億港元（表 3-14）。

229《麗新製衣國際有限公司年報》（截至 2019 年 7 月 31 日年度），第 17-18 頁。

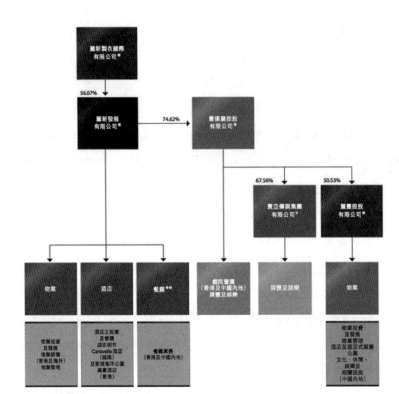

* 於香港聯合交易所有限公司主板上市
✦ 於香港聯合交易所有限公司 GEM 上市
** 在多間附屬公司及聯營公司下營運

圖 3-26　麗新集團股權架構
資料來源：《麗新製衣國際有限公司年報（截至 2019 年 7 月 31 日年度）》，第 3 頁。

表 3-14　2019 年度麗新集團旗下上市公司經營概況

單位：億港元

	經營業務	營業收入	除稅前溢利	總資產
麗新製衣國際	投資控股	66.10	50.13	827.40
麗新發展	投資控股、物業投資與發展、酒店及餐廳投資及營運	64.94	48.92	786.26
麗豐控股	中國內地物業投資	14.61	11.71	313.09
豐德麗控股	投資控股、媒體及娛樂、電影製作及發行、戲院營運、	29.03	3.31	346.13
寰亞傳媒	媒體及娛樂	0.57	−1.42	10.85
鱷魚恤	時裝零售及批發、成衣製造、物業投資及出租	2.35	2.99	25.66

資料來源：麗新集團旗下各上市公司 2019 年報

英皇集團的前身為成安記表行，創辦於 1942 年，創辦人為楊受成父親楊成，廣東潮州人。1964 年，楊受成在九龍彌敦道開設自己的鐘錶店——天文台表行，先後取得歐米茄及勞力士表的代理權。[230] 1968 年，楊受成在父親的擔保下向銀行貸款 20 萬港元，開設了亞米茄表專賣店，奠定了英皇表行在同業中的地位。其後，英皇表行先後代理勞力士、卡地亞、百達翡麗、伯爵及歐米茄等世界一級鐘錶品牌。2008 年 7 月，英皇鐘錶珠寶有限公司在香港上市，成為香港鐘錶珠寶業的龍頭企業之一。

這一時期，英皇開始向業務多元化發展。1973 年，楊受成將英皇鐘錶珠寶及若干物業，以「好世界」的名義上市，並積極地發展地產業務。70 年代中期，好世界擁有的地盤達到 25 個，並在大嶼山擁有數百萬尺土地儲備。1984 年，楊受成開設的「寶石城」成了日中遊客珠寶零售的最熱鬧市場。80 年代中期，受到地產市場低迷的拖累，楊受成一度陷入債務危機。不過，1986 年，他向加拿大皇家信託銀行貸款，向滙豐銀行購回原來的資產，重新控制了自己的業務。1990 年，楊受成成立「英皇集團（國際）有限公司」，並在香港上市，在香港及內地投資各類型地產項目，包括大型綜合發展項目、寫字樓、購物商場、住宅和酒店等。

與此同時，楊受成又進軍證券、金融、影視娛樂等業務，先後成立英皇金融集團（香港）、英皇金融證券集團、英皇金融集團（中國）等，從事證券及期貨經紀服務、企業融資及財富管理、為香港客戶提供貴金屬及外匯買賣等業務。1992 年，他收購飛圖唱片公司，並將其納入英皇娛樂旗下，開始建立他的娛樂王國。1999 年和 2000 年，英皇集團先後成立英皇娛樂集團和英皇電影，專注本地及外國唱片的製作發行、音樂出版、藝人管理、演唱會、舞台劇製作、電影電視製作及多媒體業務等。其後，集團先後推動旗下公司英皇證券有限公司（2007

---

230 英皇集團：「集團大事紀」，1942-1964 年，英皇集團官網。

年）、新傳媒集團控股有限公司（2008 年）等在香港掛牌上市。[231]

　　目前，楊受成旗下的英皇集團已發展成一家以地產為主、業務多元化的企業集團，共持有 6 家上市公司，包括英皇集團（國際）有限公司（74.71%）、英皇鐘錶珠寶有限公司（63.29%）、英皇娛樂酒店有限公司（67.63%）、英皇證券集團有限公司（42.72%）、英皇文化產業集團有限公司（33.12%）、歐化國際有限公司（75.00%）等，經營的業務包括金融、地產、鐘錶珠寶、娛樂電影、酒店、傳媒、家俬及室內佈置、電子競技及共用工作空間等（表 3-15）。[232] 其中，英皇集團（國際）主要在大中華地區及海外從事物業投資、物業發展及酒店業務，擁有物業總面積逾 500 萬平方呎，包括在北京的英皇集團中心，並計劃在上海 M10 號地鐵線黃金地段，發展「英皇明星城」，該綜合大樓總樓面面積約 130 萬平方呎，主體為一個多層購物商場。[233]

表 3-15　2019 年度英皇集團旗下上市公司經營概況

單位：億港元

	經營業務	營業收入	除稅前溢利	總資產
英皇集團（國際）	地產發展、物業投資、酒店及酒店相關業務	43.52	34.93	602.97
英皇鐘錶珠寶	鐘錶、高級珠寶首飾零售	41.10	1.19	60.86
英皇娛樂酒店	博彩、酒店	13.81	3.67	62.41
英皇證券集團	貸款、經紀、配售與包銷、企業融資	10.83	−2.30	94.40
英皇文化產業集團	投資控股、電影放映、電影及文化活動投資	1.46	−1.34	7.00
歐化國際	歐洲進口優質傢俬零售、批發及工程項目	2.43	−0.05	1.74

資料來源：英皇集團旗下各上市公司 2019 年報

---

231 英皇集團：「集團大事紀」，2007-2018 年，英皇集團官網。

232 英皇集團：「集團簡介」，英皇集團有限公司官網。

233《英皇集團（國際）有限公司 2018-2019 年報》，第 11-12 頁。

　　高銀集團的前身是松日集團，創辦人潘蘇通，廣東韶關人，1976年移居美國，1993年在香港創辦松日集團，2002年收購一家上市公司英皇科技資訊，易名為「松日通訊控股有限公司」，致力於數碼電子消費產品生產。2008年9月，松日通訊重組為「高銀地產控股有限公司」，業務轉向地產發展，其最矚目的是在中國內地天津投資興建大型的高端綜合物業發展項目——「新京津‧高銀天下」（又稱「高銀Metropolitan」），總投資額高達700億元人民幣，總建築面積約233萬平方米，包括高度達596.5米的「高銀金融117」摩天大廈。該樓於2015年封頂（後始終未能完工），受此影響，高銀地產在該年市值一度暴漲至超過1,000億港元。2017年，潘蘇通透過旗下公司Silver Starlight，以每股9港元私有化高銀地產，涉及資金最高達118.6億港元。當時，中信銀行曾向潘蘇通持有的Silver Starlight貸款80億元人民幣。

　　此外，潘蘇通於2008年底收購另一家香港上市公司廣益國際，易名「高銀金融（集團）有限公司」，開展保理業務。2010年，高銀金融進入中國內地市場，在上海設立「高銀保理（中國）發展有限公司」。2011年，高銀金融進軍地產業，以34.32億港元投得九龍灣商貿黃金地段，用以興建高檔甲級商廈「高銀金融國際中心」，該項目可建面積高達7.92萬平方米。2016年，集團奪得港鐵何文田站上蓋一期物業項目的發展權。2018年11月，高銀金融以約89.07億港元投得啟德第4B區4號地盤；2019年5月，高銀金融再以111.24億港元，投得啟德第4C區4號商業用地。不過，該集團其後以經濟環境轉差為由而撻訂，損失2500萬港元訂金。與此同時，高銀金融又先後發展酒品、餐飲等業務，包括2013年在法國波爾多購入了Château Le Bon Pasteur、Château Rolland-Maillet和Château Bertineau Saint-Vincent酒莊；2015年收購位於中國廣州自由貿易區的酒窖，為全球最大的酒窖之一；2017年又在高銀金融國際中心開設了四間餐廳。[234]

234 高銀金融：「大事紀要」，2014年，高銀金融（集團）有限公司官網。

2019 年度，高銀金融的營業額為 6.04 億港元，不過年內溢利則高達 63.68 億港元，主要為出售附屬公司收益及投資物業之公平值變動所得。[235] 不過，2019 年 6 月，高銀金融的「啟德退地」事件，令該集團的資金問題逐步浮出水面。2020 年度，高銀金融的營業額為 5.89 億港元，但除稅前虧損則高達 74.28 億港元，經營困難進一步加深。2020 年，高銀金融旗下的物業項目高銀金融國際中心，被新加坡主權財富基金 GIC 及德意志銀行為首的債權人要求接管抵債。其後，高銀金融以 70.41 億港元出售位於啟德第 4B 區 4 號地盤的住宅發展項目。[236] 同年 9 月，為清償與高銀金融國際中心有關的借款，高銀金融以 143 億港元出售高銀金融國際中心予 Hundred Gain，後者並為此支付 20.3 億港元訂金。不過，該項交易並未如期完成，該物業託管人通知終止買賣協議及沒收訂金。其後，Hundred Gain 入稟控告，發出傳訊令狀，包括聲明終止買賣協議屬不恰當，及要求發出具體執行買賣協議的命令。[237]

2021 年 11 月，中信銀行入稟法院追討潘蘇通 2017 年透過旗下 Silver Starlight 私有化高銀地產時的欠款及呈請破產。該事件涉及潘蘇通在 2017 年私有化高銀地產的一筆到期未歸還的貸款 80 億港元，該筆貸款由潘蘇通提供個人擔保，並以高銀地產旗下地產項目「高銀金融 117」大廈作為抵押。受到一系列不利消息影響，高銀金融市值大幅下跌，至 2022 年 3 月底跌至約 10 億港元。2022 年 7 月，香港高等法院原訟庭頒令潘蘇通破產，而其旗下的 Silver Starlight 亦被頒令清盤。2022 年 6 月 6 日，潘蘇通辭任高銀金融主席、執行董事等職務。

235 《高銀金融（集團）有限公司 2018-19 年報》，第 80 頁。

236 《高銀金融（集團）有限公司 2019-20 年報》，第 10 頁。

237 高銀金融：〈有關呈請之更新僅為進行重組而委任共同臨時清盤人及有關出售高銀金融國際中心之最新情況〉，2022 年 5 月 30 日。

香港
資本與
財團

下

中資

¥ 華資

英資

外資

馮邦彥 著

中華書局

目錄

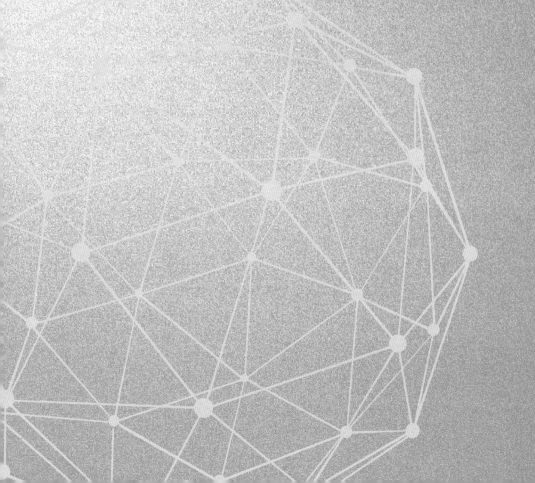

第四章

中資財團

第一節　概述

▌ 中資財團的發展歷程

　　中資企業在香港的發展，最早可追溯到 1872 年香港招商局的成立。其後，中國資本相繼在香港設立了中國銀行廣東分行香港分號、中國太平保險公司、交通銀行、金城銀行、鹽業銀行、中國旅行社、華潤公司等企業。1949 年中華人民共和國成立後，中資又先後在香港註冊成立了南洋商業銀行、寶生銀行等金融機構和一些從事貿易的公司。不過，這一時期，除了中國銀行香港分行、華潤公司、香港招商局、中國旅行社等少數企業從事金融、航運、貿易、旅遊等業務外，其他大部分中資企業都是內地貿易公司在香港的代理，主要從事與內地進出口貿易有關的業務，總體而言，業務領域不寬，經營規模不大，經濟實力不強。然而，中資企業在香港的經營，打破了部分西方國家對中國的封鎖，為國家換取了寶貴的外匯，進口了必要的機器設備，支持了國家經濟發展。據不完全統計，到 1978 年，香港中資企業的總數，達到 122 家。[1]

　　1978 年底，中國實行改革開放政策，推動了中資企業的快速發展。1984 年 12 月，中英兩國政府簽署關於香港前途問題的《聯合聲明》，香港步入回歸中國的過渡時期。這一時期，如何確保香港平穩過

1　李言斌：〈中資企業發展概述〉，載烏蘭木倫主編：《發展中的香港中資企業》，新華通訊
　　社香港分社經濟部編印，1997 年，第 306 頁。

渡和繁榮穩定，並利用香港作為國際商貿和金融中心的地位推進中國經濟發展，成為中國政府關注的焦點。特別是 80 年代中後期，適逢中國沿海開放格局形成，中國與國際市場經貿聯繫日趨緊密，內地與香港的經貿關係進入全面發展新時期，加上香港經濟進入另一次經濟週期的上升階段，內地各部門、各省區市紛紛在香港設立「窗口」公司，開展對外貿易、招商引資和內外聯絡等業務。這一時期，中資企業在香港經濟各個領域掀起投資高潮，對香港經濟的參與程度大大提高，經營作風亦轉趨進取。1999 年 3 月 8 日，由中銀港澳管理處、華潤、招商局、香港中旅等集團倡議、經過半年籌備的香港中國企業協會正式成立，標誌着香港中資企業的力量正迅速壯大。不過，由於發展過快，部分中資企業出現管理失控情況。有鑑於此，中央政府對中資機構展開了為期 3 年的清理整頓，中資企業的數量從 1989 年的超過 2500 家減少至 1991 年的 1500 家左右。[2]

　　1992 年，鄧小平南巡廣東，中國改革開放進入全方位發展的新階段。中資企業在香港掀起新一輪的投資熱潮，其重點在於推動業務多元化，並展開「資產經營」，即分拆集團業務在香港上市，形成一股空前的「紅籌股」熱潮。到 1997 年 6 月 27 日香港回歸前夕，在香港上市的中資「紅籌股」企業達 43 家，總市值達 5,516 億港元，佔當日香港總市值的 12.8%。[3] 據統計，到 1996 年，中資在香港共開設了 1,818 家公司，總資產達 13,175 億港元（1995 年底），經營業務範圍涵蓋貿易、銀行、保險、證券、運輸、倉儲、酒店、百貨、房地產、高科技、基礎設施、公用事業、廣告等各個領域。[4] 中資已成為香港經濟中僅次於英資、華資的一股重要資本力量。

2　楊勝華：《香港中資企業的轉型與發展》，北京：經濟科學出版社，2016 年，第 60 頁。

3　李言斌：〈中資企業發展概述〉，第 312-314 頁。

4　李言斌：〈中資企業發展概述〉，第 314 頁。

　　不過，香港回歸初期，由於受到亞洲金融危機衝擊，中資企業遭到嚴重打擊，其中，廣信集團、廣南集團先後破產倒閉，粵海集團、越秀集團債務重組，中國海外發展等公司虧損嚴重，中資企業進入新的調整鞏固時期。2003 年 CEPA 協議簽署後，香港經濟復甦，香港與內地的經貿關係更趨緊密，以華潤、招商局、中旅為首的中資企業先後展開「集團再造」戰略，將投資重點轉向中國內地市場。這一時期，中資企業的實力和影響力獲得前所未有的增長。根據普華永道思略特的統計，截至 2022 年，香港的中資企業已超過 4,200 家，比回歸前 1997 年的 1,800 多家翻了一倍多；在港資產規模增加到約 15 萬億港元，比回歸前 1997 年的 1.8 萬億港元增長了 7.33 倍（圖 4-1）。其中，部分中資公司，如中銀香港、

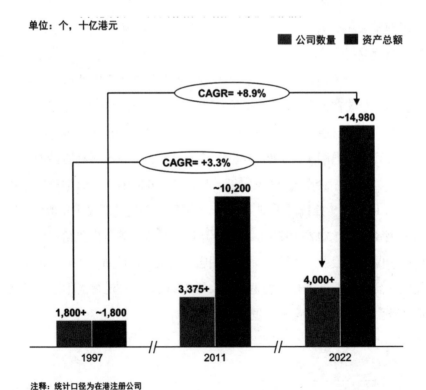

圖 4-1　1997-2022 駐港中資企業家數（淺紅）及資產規模（深紅）增長概況
資料來源：普華永道思略特：《同心同行，共創中資企業在港新未來》，2022 年，普華永道中國官網

華潤、招商局、中信、光大、中遠海運等，已發展成為多元化、國際化
的大型綜合企業集團。回歸前，總資產超過 1,000 億港元的公司只有中銀
香港一家，但至 2022 年已增加到超過 42 家。中資企業集團的勢力正呈
現出後來居上的發展態勢，成為香港經濟中一股舉足輕重的資本勢力。

■ 中資財團在香港經濟中的地位

目前，中資財團的在香港的實力，主要集中在金融、航運倉儲、
影視傳媒及出版發行、進出口貿易及批發零售商、旅遊酒店、地產建
築、公用事業及基礎設施等領域。

其一，中資在金融業已發展成為僅次於滙豐控股的第二大金融
集團。

回歸之後，由於先後受到 1997 年亞洲金融危機和 2008 年全球金融
海嘯兩次衝擊，香港銀行業發展受到嚴峻挑戰，中小銀行被收購兼併
的案例此起彼伏。為了適應新的發展形勢，2001 年，中銀香港（控股）
有限公司在原中銀集團基礎上組建成立，並在香港上市。除了中銀香港
之外，其他中資銀行業務也有了相當大的發展，包括在香港註冊的中國
工商銀行（亞洲）、南洋商業銀行、中國建設銀行（亞洲）、中信銀行
（國際）、交通銀行（香港）、集友銀行、創興銀行、永隆銀行，以及在
內地註冊前來香港開設分行的中國工商銀行、中國建設銀行、中國農業
銀行、交通銀行、國家開發銀行、光大銀行、招商銀行、民生銀行、興
業銀行、上海浦東發展銀行等。

其中，中國工商銀行（亞洲）的前身為香港本地註冊的友聯銀行，
成立於 1964 年，1973 年在香港上市。1986 年 3 月，友聯銀行因經營危
機被香港政府接管，同年 6 月被中資招商局和美資兆亞國際合組公司
收購。2000 年 4 月，中國工商銀行以 18.05 億港元收購招商局所持 53%
股權；同年 8 月易名為「中國工商銀行（亞洲）有限公司」（簡稱「工
銀亞洲」）。2001 年 7 月，中國工商銀行向工銀亞洲注入香港分行企業

銀行業務，擴大工銀亞洲的客戶基礎，並改善存款及貸款組合。2004 及 2008 年，工銀亞洲先後收購華比富通銀行的零售及商業銀行業務，以及和昇投資管理有限公司，經營規模進一步擴大。2010 年 12 月，工銀亞洲被私有化，成為中國工商銀行集團的全資附屬公司和海外發展平台。目前，工銀亞洲在香港共設有 49 間零售分行（其中 26 間為「理財金賬戶」中心），業務範圍包括商業銀行、投資銀行及證券、保險、基金等綜合金融服務，經營重點為企業銀行、零售銀行及金融市場等業務。[5]

南洋商業銀行創辦於 1949 年 12 月，是香港老牌的中資銀行，原屬中銀集團管轄。1982 年，南洋商業銀行在深圳經濟特區開設分行，成為改革開放後第一家在中國內地經營的外資銀行；2016 年 5 月 30 日，南洋商業銀行被中國信達集團收購，成為其全資附屬公司。目前，南洋商業銀行在香港各區設有 33 間分行，並在中國內地成立全資附屬公司 —— 南洋商業銀行（中國）有限公司，在中國內地設有 39 家分支行。南洋商業銀行正全面規劃建設一體化的業務模式、產品體系和管理模式，貫徹 One Bank 理念，為客戶提供全面的銀行服務。[6]

中國建設銀行（亞洲）前身為香港首家華資銀行 —— 創辦於 1912 年的廣東銀行。1971 年，廣東銀行宣佈與美國太平洋銀行合作，並於 1988 年更名為「太平洋亞洲銀行」；1993 年，美國銀行集團與美國太平洋集團合併，太平洋亞洲銀行成為美國銀行集團全資附屬機構，其後易名為「美國銀行（亞洲）」；2006 年，中國建設銀行向美國銀行收購美國銀行（亞洲）的全部股份，並更名為「中國建設銀行（亞洲）」（簡稱「建行亞洲」）；2013 年，中國建設銀行（亞洲）與中國建設銀行香港分行整合，擴大業務基礎。[7]目前，建行亞洲為中國建設銀行在香港地區的

5　工銀亞洲：「銀行概覽」，工銀亞洲官網。
6　南洋商業銀行：「公司介紹」，南洋商業銀行官網。
7　建行亞洲：「建行（亞洲）歷史」，建行亞洲官網。

全功能綜合性商業銀行平台，經營業務涵蓋零售銀行服務、商業銀行服務、企業銀行服務、私人銀行服務、金融市場業務和跨境金融服務等。

據統計，截至 2019 年底，中資銀行集團在香港共擁有 34 家認可機構，包括 30 家持牌銀行、2 家有限制牌照銀行和 2 家接受存款公司。2019 年底，中資銀行集團的資產總額為 88,160 億港元，佔香港銀行資產總額的 36.04%；存款總額為 51,070 億港元，佔銀行存款總額總額的 37.08%；客戶貸款為 39,400 億港元，佔銀行貸款總額總額的 37.94%；其中，在香港使用的客戶貸款 26,330 億港元，在境外使用的客戶貸款 13,070 億港元，所佔比重分別為 36.27% 及 41.92%。從總體看，中資銀行各項指標在香港銀行體系中所佔比重中僅次於滙豐控股集團，而居第二位（表 4-1）。

表 4-1 中資認可金融機構在香港銀行體系資產負債表中主要項目

單位：10 億港元

	資產總額	客戶存款	客戶貸款	在香港使用的客戶貸款	在境外使用的客戶貸款
2018 年	8844（36.78%）	4805（35.90%）	3682（37.87%）	2441（36.02%）	1242（42.14%）
2019 年	8816（36.04%）	5107（37.08%）	3940（37.97%）	2633（36.27%）	1307（41.92%）
2020 年	9194（35.55%）	5371（37.01%）	4050（38.58%）	2716（36.92%）	1334（42.46%）
2021 年	9498（36.02%）	5643（37.16%）	4229（38.81%）	2901（37.57%）	1328（41.81%）

注：（ ）裏的數字是該項數額在當年香港銀行體系中的比重
資料來源：香港金融管理局：《年報》，2018-2021 年

根據畢馬威在《新形勢下的應變之道：2020 年香港銀行業報告》中的統計數據，截至 2019 年底，以總資產計算在香港本地註冊的 10 大銀行中，中資銀行佔了 5 家，包括中國銀行（香港）、中國工商銀行（亞洲）、南洋商業銀行、中國建設銀行（亞洲）、中信銀行（國際）。其中，中國銀行（香港）排名第 2 位，總資產為 28745.54 億港元，稅後淨利潤 333.54 億港元，分別佔香港本地註冊 10 大銀行總資產的 15.18% 及稅後淨利潤總額 15.41%；5 家中資銀行總資產為 51672.78 億港元，稅後淨

利潤 536.58 億港元，分別佔香港本地註冊 10 大銀行總資產的 27.29% 及
稅後淨利潤總額的 24.79%（表 4-2）。[8]

表 4-2　2019 年底香港主要中資銀行業績排名

單位：億港元

排名	持牌銀行	總資產	稅後淨利潤
2	中國銀行（香港）有限公司	28745.54	333.54
5	中國工商銀行（亞洲）有限公司	9535.64	83.02
7	南洋商業銀行有限公司	4895.89	39.51
8	中國建設銀行（亞洲）股份有限公司	4883.49	36.82
10	中信銀行（國際）有限公司	3612.22	33.34

資料來源：畢馬威（KPMG）：《新形勢下的應變之道：2020 年香港銀行業報告》，
第 68-70 頁。

　　在證券業，隨着紅籌股和 H 股的大量上市，中資證券公司得到了
空前的發展，特別是香港證監會正式發放牌照允許中資金融機構到香港
開展證券業務後，諸如國泰君安證券、海通證券、廣發證券等內地證券
公司相繼進入香港。2008 年全球金融海嘯爆發，部分外資大行縮減在
香港的業務，這為中資金融機構帶來新的發展機遇和空間，迎來了中資
證券機構快速發展的黃金時期。2009 年，海通證券以 18.22 億港元收購
香港大福證券 52.86% 股權；2012 年，中信證券以 12.52 億美元收購里
昂證券（CLSA）全數股權，並更名為「中信里昂證券」；2015 年，光大
證券以 41 億港元收購新鴻基金融 70% 股權。通過這一系列的併購，中
資證券公司的實力進一步增強。

　　海通證券收購的大福證券是香港最大的本地券商之一，成立於
1973 年，1996 年在香港上市，在港澳兩地擁有 12 家分行，在內地設有
6 家咨詢中心或代表處，截至 2009 年 6 月底，總資產為 89.04 億港元，

8　畢馬威（KPMG）：《新形勢下的應變之道：2020 年香港銀行業報告》，第 68-70 頁，畢馬
　　威官網。

淨資產為 19.30 億港元。海通證券收購大福證券後，將其更名為「海通國際」，一躍而成為香港最具規模的中資證券公司之一。經過多年發展，目前海通國際已構建了涵蓋香港、新加坡、紐約、倫敦、東京、孟買及悉尼等全球主要資本市場的金融服務網絡，業務財富管理、企業融資、資產管理、環球市場（股票和固定收益產品的銷售和交易、主經紀商業務和風險解決方案、研究咨詢等）及投資等全面金融服務。2019年度，海通國際收入 82.05 億港元，除稅前溢利 18.51 億港元，總資產 1562.75 億港元。

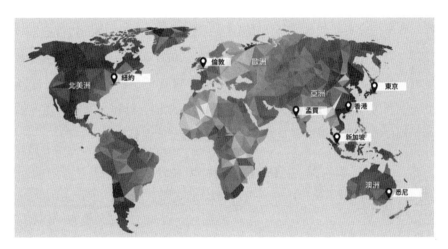

圖 4-2　海通國際的全球經營網絡
資料來源：海通國際官網

　　中資在香港證券業的另一家主要證券商是國泰君安國際。國泰君安國際於 1993 年在香港成立，2010 年 7 月在香港上市，成為首家獲中國證券監督管理委員會批准通過 IPO 方式於香港聯合交易所主板上市的中資證券公司。2015 年及 2019 年，國泰君安國際先後在新加坡、越南設立分支機構，開展證券及資產管理業務。經過多年發展，該公司已從傳統型單一的「經紀型」證券公司轉型至以多元化業務為主導的大型「綜合金融服務商」，其核心業務包括經紀、企業融資、資產管理、貸款及融資、金融產品、做市及投資等七大類，業務覆蓋個人金融（財

富管理）、機構金融（機構投資者服務與企業融資服務）與投資管理三大維度。2019 年度，國泰君安國際收入共 42.50 億港元，除稅前溢利 10.05 億港元，總資產達 967.38 億港元。

據瑞恩資本（Ryanben Capital）的統計，2018 年 8 月至 2020 年 7 月的兩年期間，香港新上市公司共有 347 家，其中，主板上市 310 家，創業板上市 37 家。而以保薦人身份參與香港主板 IPO 的 87 家證券商中，中資佔 36 家，港資佔 37 家，外資佔 14 家，所保薦的新上市公司超過 8 家的證券商有 23 家，中資佔 11 家，外資佔 5 家，港資佔 7 家。這 11 家中資證券商包括中信里昂、中金公司、海通國際、建銀國際、農銀國際、國泰君安和招銀國際等（表 4-3）。據估計，中資券商已佔香港 IPO 市場份額的七成左右，佔相當大的優勢。2020 年 7 月，孕育於深港兩地的科技券商富途首次進入香港交易所僅 14 席的 A 組券商隊列，成為歷史上首家入圍的零售券商，開始與高盛、摩根士丹利、摩根大通、瑞銀、瑞信等主要以機構業務為主的國際大投行同台競技。

表 4-3　中資機構在香港 IPO 中介機構排名

排名	中介機構名稱	2018 年 8 月至 2020 年 7 月	
		排名	IPO 數量（家）
2	中信里昂	2	23
3	中金公司	2	23
5	海通國際	5	12
6	建銀國際	5	12
7	農銀國際	5	12
8	國泰君安	8	11
9	招銀國際	8	11
14	交銀國際	13	9
16	招商香港	13	9
21	華泰國際	17	8
23	工銀國際	17	8

資料來源：瑞恩資本、香港交易所

在保險業，中資企業也相當活躍，其中，中國太平保險集團已發展成為一家總部設於香港的大型跨國金融保險集團，旗下擁有 24 家子公司及 2,000 多家營業機構，總資產突破 7,000 億元人民幣，管理資產規模突破 1.2 萬億元人民幣，經營範圍涉及中國內地、香港、澳門、歐洲、大洋洲、東亞及東南亞等國家和地區，業務範圍涵蓋壽險、財險、養老保險、再保險、再保險經紀及保險代理、互聯網保險、資產管理、證券經紀、金融租賃、不動產投資、養老醫療健康產業投資等領域。另外，中國人壽保險（海外）有限公司作為中國人壽保險（集團）的全資附屬公司，在香港已擁有近 40 年的經營歷史，截至 2021 年底，公司總保費超過 597 億港元，總資產超過 4,546 億港元，資本實力雄厚，財務狀況良好。

此外，2015 年 10 月 26 日在香港上市的中國再保險（集團）股份有限公司（簡稱「中再集團」）是中國境內最大的再保險公司，同時也是世界排名第 7 的再保險集團。該集團旗下的香港子公司包括中國再保險（香港）股份有限公司、中再資產管理（香港）有限公司等。其中，中國再保險（香港）成立於 2019 年 12 月，面向亞洲及全球市場提供全方位的風險保障和定製化的再保險解決方案，主要業務為人身再保險業務，業務範圍涵蓋了壽險、健康險等各類險種，通過提供合約再保險和臨時再保險，以比例或非比例方式等再保險安排為客戶轉移和化解相關風險。由於擁有穩健的資本實力以及較強的市場競爭力，中再香港先後獲得標準普爾「A」評級和 A. M. Best（貝氏）「A-」評級。

其二，中資在航運倉儲、影視傳媒等文化產業已佔據或逐步佔據主導地位。

回歸之前，中資在香港航運、倉儲業中已佔有重要地位。以招商、華潤、中旅、珠江船務為主的中資企業已在香港建立起一支龐大的遠洋和內河船隊。據估計，當時中資所經營的海運量，約佔香港海運量的 20%，其中絕大部分是香港與內地間的航運業務，約佔香港與內地海運的 70%。僅招商局就擁有遠洋船隊 323 萬載重噸，連託管航隊共有 700

餘萬載重噸,約承擔了香港海運量的 10%。為配合航運業的發展,中資企業還擁有約 70 方平方米的倉庫面積,約佔香港倉儲總面積的 20%。

回歸之後,中資在航運業實力更加雄厚。2015 年,中國外運長航集團整體併入招商局後,招商局在香港、台灣及內地沿海主要樞紐港逐步建立起完善的港口網絡群。截至 2019 年底,該集團航運業務船隊總運力(含訂單)有 366 艘船舶,合計 4,502 萬載重噸,排名世界第二;其中 VLCC(超級油輪)和 VLOC(超大型礦砂船)規模均列世界第一;成品油船隊規模列遠東地區第一;滾裝船隊規模列國內第一。與此同時,經過多年的重組發展,中遠海運集團也已形成集碼頭、物流、航運金融、修造船等上下游產業鏈於一體的較為完整的產業結構體系,至2019 年底,中遠海運經營船隊綜合運力達 1,315 艘,共 10,455 萬載重噸,排名世界第一。2018 年,中遠海控收購香港的東方海外後,在全球集裝箱運營企業中的排名躍升至第 3 位。

此外,隸屬於廣東省港航集團的珠江船務企業(股份)有限公司成立於 1962 年 10 月,1997 年 5 月在香港上市,主要從事港口物流、倉儲冷鏈、建材供應、水路客運、船舶修造、供油服務、海事保險、融資租賃等業務,控股及參股超過 20 家珠三角內河碼頭公司,全資擁有香港屯門私家倉碼,在油麻地、蝴蝶灣、醉酒灣等地經營多個公共裝卸區碼頭泊位,並擁有多個現代化倉儲基地;業務網絡覆蓋大灣區,並延伸至新加坡、馬來西亞、泰國等東南亞國家(圖 4-3)。

在影視傳媒、出版發行等文化產業,回歸以後,從內地壯大起來的中資文化集團積極進軍香港。二十世紀八九十年代,華資的兩家電影公司 —— 邵氏兄弟和嘉禾娛樂、兩家免費電視台 —— 無線電視和亞洲電視,曾一度在香港影視市場上獨領風騷,佔據主導位置。然而,踏入二十一世紀後,隨着兩大影視集團主腦邵逸夫和鄒文懷年近古稀,家族事業後繼乏人,邵氏兄弟及香港電視廣播、嘉禾娛樂均相繼被中資的華人文化傳媒投資公司和橙天娛樂收購。亞洲電視也被內地富商王徵收購,但最終停播。2019 年 3 月,紫荊文化集團在香港註冊成立,旗

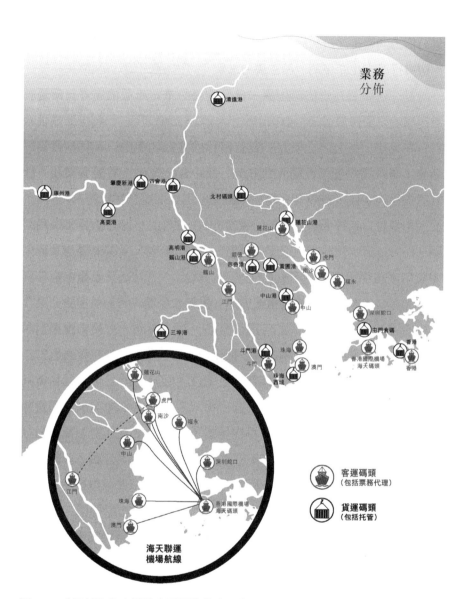

圖 4-3 珠江船務的粵港澳大灣區的業務分佈
資料來源：珠江船務企業（股份）有限公司官網

下企業包括聯合出版集團、銀都機構、紫荊雜誌、鳳凰衛視（第一股東）等，成為香港最具規模的文化產業集團。中資的報刊主要有《大公報》、《文匯報》、《香港商報》、英文《南華早報》、《中國日報》香港版等。其中，被阿里巴巴集團收購的英文《南華早報》曾被譽為香港最

具公信力的報紙之一。總體而言，中資企業正逐步成為香港影視傳媒、出版發行等文化產業的一股主導力量。

其三，中資在進出口貿易、批發零售商業、旅遊酒店等行業是香港市場的重要持份者。

在進出口貿易，尤其是涉及香港與內地兩地進出口、轉口貿易等業務，是華潤集團以及絕大部分地方性中資企業的主要經營業務。據華潤提供的資料，1989 年中資企業經營的進出口貿易額已達 1,500 億美元，相當於當年香港對外貿易總額的 13%，其中九成以上與兩地貿易有關。回歸以後，隨着香港進出口貿易更多地轉向轉口貿易和離岸貿易，中資集團在進出口貿易方面的優勢更加突出，已成為發展香港對外貿易，尤其是推動兩地貿易的重要力量。另外，華潤、粵海等中資企業代理向香港輸出鮮活冷凍商品、糧油食品、石油產品，以及供應東江水等，對穩定香港市場和民生發揮了積極作用。

中資在香港零售商業也佔有一定地位。回歸之前，華潤已在香港建立起龐大的零售網絡，包括中藝公司、中國國貨公司、大華國貨公司、華潤超級市場以及香港買單內地提貨等零售點。其中，華潤超級市場自 1984 年開業以後，到 90 年代中期已擁有 31 間分店，成為繼惠康、百佳之後香港的第三大超級市場集團。中信泰富收購恒昌企業的大昌貿易行後，中資在香港的批發、零售商業份額進一步提高。回歸以後，中資在香港的批發零售業方面有了進一步發展，華潤集團旗下的大消費（零售、啤酒、食品、飲料）業務，透過華潤創業（華潤雪花啤酒、華潤五豐、華潤怡寶等）和華潤萬家等展開經營。其中，華潤五豐專業食品供港逾 70 年，肉類及中國特色食品類在香港市場佔主導地位。粵海廣南行也是香港活畜禽市場的主要供貨商之一。另外，大昌行集團的業務也從早期的食品貿易拓展到汽車（汽車代理、汽車服務、汽車相關業務）、食品及消費品（食品製造、食品貿易、食品及消費品分銷、食品零售）、醫療保險、電器、物流、雲端科技等領域，成為香港主要的汽車及食品銷售集團之一。

中資在香港旅遊業亦佔有重要地位。到了 90 年代中期，在香港的 1,000 家持牌旅行社中，中資企業約有 100 家，佔 10%；其中，20 家實力最雄厚的旅行社中，中資佔 9 家，包括香港中旅、廣旅、國旅、招商旅遊、華閩旅遊、華南、關鍵、中航假日、香港青旅等。當時，中資經營的重點是中國市場，約控制該市場的 60% 份額。為配合旅遊業發展，中資還經營酒店業，約佔全港酒店客房數的 15%。回歸之後，中資在旅遊酒店旅遊的實力更強，香港中旅集團（中國旅遊集團）已發展成為香港及全國最大的旅遊集團，擁有香港中旅和中國國旅兩家上市公司，以及超過 600 家附屬公司，旗下匯聚了中國港中旅、中國國旅、中國中旅、中國免稅、中國旅貿、中國招商旅遊等眾多國內知名旅遊央企和文化旅遊品牌，業務遍佈香港、澳門、中國內地及海外 28 個國家和地區。

其四，中資在香港的地產建築，以及航空、電力、電訊等公用事業及基礎設施建設等領域的實力和影響力正逐步增強。

二十世紀 60 年代，中資企業如僑光公司等已開始涉足香港地產。不過，中資大量介入香港地產建築業，則是 80 年代的事。中資對地產的投資，最初以自用為主。1983 年以後，中資企業包括華潤、招商、中旅、粵海、越秀、中銀、中國海外發展等，相繼興建總部大廈，在自用之餘亦將部分單位元出租或出售。1986 年後，中資全面參與香港地產發展和物業投資，包括興建商廈、酒店、貨倉、碼頭，與其他財團合作興建大型住宅屋邨等，在地產市場開始扮演重要角色，其中，尤以中國海外發展最為突出。中資在建築業的發展亦頗快速，到 90 年代，中資建築企業約有 100 餘家，其中持有 C 牌營業執照的有 8 家，包括中國海外建築工程、振華工程、合建工程、上潤建築、中國土木工程、孖港源水力電力工程等，每年承建的工程合約，估計約佔香港建築工程合約總值的 15% 左右，佔港府工程合約的 5%。

回歸之後，中資在地產建築業有了進一步的發展，其中，中海集團已發展成為香港主要的建築商和地產商，旗下中國海外發展成為香港

恒生指數地產成分股之一。2005年以後，內地一批大型民營房地產集團，包括富力地產、萬科、雅居樂、碧桂園、恒大地產等先後在香港上市。2011年以來，內地房地產發展商開始加強在香港地產市場投資的力度。據不完全的統計，從2011年到2016年，包括中國海外發展、萬科、保利置業、明發、中信、中冶、五礦、海航集團等企業在內的中資房地產企業，在香港參與公開競投住宅用地，累計共成交23幅土地，投資總額達764億港元。2017年，香港的三次政府賣地，全數由中資公司投得，總值超過2016年的總和。仲量聯行國際董事兼亞洲估價及顧問部主管劉振江表示：「由於內地住宅開發市場競爭激烈，這類項目的整體盈利大約為10%，而香港住宅開發的利潤水準可以達到20%，因此吸引了很多內地地產商進入香港市場。」不過，近年來，中資企業在房地產市場的發展轉趨低調。

在公用事業方面，中資亦成為重要的參與者。在航空業，回歸前夕，中國國際航空公司已開始轉趨活躍，期間更迫使太古集團和國泰航運將港龍航空的控股權轉售國航。回歸後，太古、國泰與國航展開長達10年之久的博弈，雙方最終達成合作共贏協議，由國泰全資持有港龍航空，而國航則持有國泰航空29.99%股權，成為第二大股東。此外，由海航集團作為控股股東的香港航空（Hong Kong Airlines）是香港第二家本地航空公司，航班服務香港至亞太地區的30個城市；其全資附屬公司香港貨運航空（Hong Kong Air Cargo）以香港國際機場作為樞紐，提供來往香港至亞洲、歐洲及北美洲的航空貨運服務。在電力供應方面，2013年，中資的中國南方電網公司與中華電力共同收購美資埃克森美孚能源所持有的青山發電有限公司60%股權。其中，南方電網以120億港元收購青山發電30%股權。在電訊業，回歸前，香港中信已成為英資的香港電訊公司第二大股東，持有20%股權。回歸後，2005年，中國網絡通信集團公司購入電訊盈科20%股權，成為該公司的策略性股東。此外，中資在香港的貨櫃碼頭、貨倉、公路隧道及海底隧道等基礎設施建設領域亦有大量的投資。

▌中資財團在香港經濟中的主要特點與作用

概括而言，中資及中資企業集團在香港經濟及香港的資本結構中，具有以下兩個顯著的特點和作用：

第一，經過多年銳意發展，中資已形成一批規模龐大、實力雄厚的多元化、國際化的企業集團，成為香港經濟中一股舉足輕重的資本力量。

回歸之前，中資財團的實力儘管已有相當大的發展，但總體規模仍然有限。到 1995 年，中資財團總資產規模在 100 億以上的僅 12 家，包括中銀、華潤、中遠（香港）、招商局、中旅、粵海、中信（香港）、嘉華銀行、中國海外、越秀、香港中國保險（集團）、光大等。其中，總資產在 1,000 億港元以上的僅 1 家，即中銀集團。當時，這些大集團雖然已在金融、進出口貿易、航運、旅遊、建築、保險等行業取得一定的市場份額，但其所經營的重點，基本上仍集中於這些行業中與中國有關的業務領域。中銀集團雖然已成為香港金融體系的重要組成部分，但它所發揮的功能、聯繫層面及經營結構仍無法與以本港大財團為依託、發揮準央行職能的滙豐銀行相比較。中信香港的投資雖然已涉足香港經濟的命脈部門，但多屬投資控股性質，並未進入有關機構的決策、管理層面。因此，整體而言，中資仍未真正滲入香港經濟的核心層面。

回歸以後，香港與中國內地的經貿關係日趨緊密，中資企業集團藉着本身與中國內地經濟的天然聯繫，積極拓展中國內地市場，取得了長足的發展。在此過程中，主要的中資財團先後展開「集團再造」戰略，優化內部的經營管理機制，逐步與國際慣例接軌，通過資產經營（包括上市、收購兼併等）在產業發展方面進一步集約化，形成若干具優勢的經營產業，因而逐步發展成為規模龐大、勢力雄厚的多元化、國際化的企業集團，部分更躋身世界企業 500 強之列。其中，中銀香港已成為香港僅次於滙豐控股集團的第二大銀行集團，並且是香港三家發鈔銀行之一，輪流出任香港銀行公會主席；華潤集團旗下的香港上市公司

達 8 家，總資產 2.3 萬億元人民幣（2022 年）；招商局旗下的香港上市公司達 7 家，總資產 2.5 萬億元人民幣（2021 年）；中信集團旗下的香港上市公司達 6 家，總資產超過 10 萬億元人民幣（2021 年）；光大集團旗下在香港上市公司達 9 家，總資產 6.5 萬億元人民幣（2021 年）。目前，華潤集團、招商局集團、招商銀行、中信集團、光大集團、中遠海運等均已躋身世界 500 強行列；其他如香港中旅、中國海外發展、中國太平保險、紫荊文化，乃至北京控股、上海實業等均發展成為實力雄厚、經營網絡遍及香港、內地甚至海外的多元化大型企業集團。

二十世紀 80 年代，香港的資本結構基本形成以傳統英資為主導、以華資為主體，中資與美資、日資等國際資本為輔助和補充的基本格局。進入過渡時期以後，隨着英資相繼部署國際化策略、部分甚至逐步淡出香港，新興的華資財團取而代之成為香港經濟的主導力量。不過，這一時期，中資除了受資本利潤規律支配之外，還肩負着特殊的政治責任，就是在香港回歸中國的歷史轉變時期維持香港的繁榮穩定，保證香港的順利過渡和「一國兩制」方針的貫徹落實。因而，中資所擔當的角色，已不僅僅是輔助和補充，它已成為香港政經形勢的發展的重要制衡因素。回歸之後，隨着中資財團的迅速崛起，特別是在一些領域，包括金融、航運、影視傳媒逐步佔據優勢，中資在香港經濟和資本結構中的重要角色更加增強。

第二，中資財團的發展，鞏固和提升了香港作為國際金融、貿易、航運中心的戰略地位，並成為推動香港與內地經貿關係發展、維持香港繁榮穩定的重要動力。

從金融業看，進入過渡時期以後，隨着中國在香港事務的影響力日增、中銀集團的經濟實力和地位迅速上升。1987 年 10 月股災後，中銀與滙豐、渣打兩間發鈔銀行聯手參與港府設立的 20 億港元基金，挽救香港期貨市場。回歸之後，中銀集團重組為中國銀行（香港）有限公司，其實力和影響力力進一步提升。中銀作為三家發鈔銀行之一，與滙豐、渣打輪流出任香港銀行公會主席，對香港金融事務發揮越來越重要

的作用。與此同時，隨着大批紅籌股和 H 股在香港上市，香港資本市場的規模迅速擴大，香港正發展成為中國內地企業的境外首要的上市及融資中心。截至 2019 年底，在香港主板上市的紅籌股和 H 股就有 1241家，總市值達 279534.40 億港元，2019 年全年成交額為 123301.30 億港元，分別佔香港股票市場的 49.66%、73.24% 及 79.05%。[9] 紅籌股和 H股已成為香港證券市場發展的主要動力。此外，隨着人民幣國際化，香港正成為全球主要的人民幣離岸業務中心。

在貿易業，80 年代以來，中資配合內地的開放改革，充分利用香港的優勢和橋樑地位，對外開拓國際市場，對內引進資金、技術、設備，不僅推動內地四個現代化建設，更促進了香港與內地在進出口貿易、運輸、旅遊等領域的全面發展。這一時期，中資企業在香港貿易領域、特別是香港與內地的經貿合作方面穿針引線、外引內聯，大力參與、積極推動，促進了兩地間的經貿合作和香港的對外貿易。據不完全統計，1995 年，中資經營的進出口貿易額約佔香港對外貿易的 6.3%。[10]回歸之後，隨着香港經濟轉型，香港的對外貿易越來越倚重對中國內地的轉口貿易和離岸貿易，中資企業在這方面的角色變得更加重要。

在航運業，中資財團也正發揮越來越重要的作用。中資企業的兩大航運集團 —— 招商局和中遠海運，都是全球名列前茅的海運集團。在香港，隨着環球航運（即 BW 集團）和萬邦集團將總部移到新加坡，東方海外轉投中資陣營，中資企業在香港航運業已佔據主導性優勢。

此外，回歸以後，中資企業的駐港總部數量呈現明顯大幅增長勢頭。根據普華永道思略特的統計，中資企業的駐港總部從 2017 年的154 家增加到 2021 年的 252 家，短短 4 年間增加了 98 間，已經超過日資企業駐港總部的數量（210 家），而接近美資企業的 254 家（圖 4-4）。

9　香港聯交所：《香港交易所市場資料（2019 年）》，第 1 頁。

10　李言斌：〈中資企業發展概述〉，第 325 頁。

這些公司主要從事金融及銀行、進出口貿易、批發及零售，資訊科技服務和運輸、倉儲及速遞服務等。此外，有 377 家內地公司在香港設立地區辦事處，管理區內的業務。截至 2020 年底，內地對香港的外來直接投資達 38,934 億港元（5,019 億美元），已成為香港外來直接投資的第二大來源地。[11] 這些中資企業駐港總部以香港為基地，將經營業務拓展到中國內地及海外市場，有利於鞏固和提升香港作為中國內地與國際市場「超級連絡人」的戰略地位。

單位：个

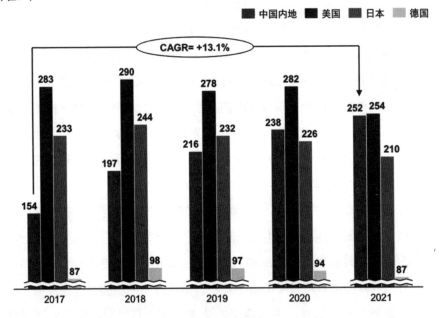

圖 4-4　1997-2021 年外資企業駐港總部家數變化情況
資料來源：普華永道思略特：〈同心同行，共創中資企業在港新未來〉，2022 年，普華永道中國官網

11　香港特區政府工業貿易署：〈香港與中國內地的貿易摘要〉，2022 年 6 月，香港特區政府工業貿易署官網。

第二節　中銀香港集團

▍ 中國銀行香港分行創辦與中資銀行的早期發展

　　中銀香港集團的發展，最早可追溯到中國銀行香港分行的創辦。中國銀行的前身為 1904 年（光緒 30 年）由清政府創辦的「戶部銀行」，總部設在北京。1908 年，戶部銀行改稱「大清銀行」，明確其為國家銀行性質，承擔發鈔、經理國庫事務和政府一切款項收付以及代理經營公債票和各種證券等職權。1912 年中華民國臨時政府成立後，奉孫中山臨時大總統諭，南京臨時國民政府將大清銀行改組為「中國銀行」，行使中央銀行職能。[12] 同年 12 月，中國銀行總部從北京遷往上海，先後在北京、天津、漢口、廣州等地開設分行。1928 年，南京國民政府另立中央銀行，將中國銀行改組為特許國際匯兌銀行，實權轉由商股掌握。1935 年，國民政府實行金融壟斷政策，通過增資擴股，逐步控制中國銀行。

　　1917 年，中國銀行開始進入香港發展。同年 9 月 24 日，中國銀行在香港文咸東街 47 號開設分號，隸屬廣東中行。1918 年，廣東戰事頻繁，廣東中行被迫兩次停業，中國銀行於是在 1919 年 2 月將香港分號升格為分行，轄廣東、廣西各行處，由著名銀行家貝祖貽擔任第一任分行經理，開創了中國銀行在香港的百年歷史。[13] 1921 年 9 月，中國銀行香港分行遷入皇后大道中 4 號興建的 6 層樓宇辦公。這一時期，貝祖貽根據香港的優勢和特點，確定香港分行以開拓國外匯兌業務為主要方針，經營業務以買賣外國電單、套匯規元為大宗，每年買賣英鎊、美元、日元約在 300-500 萬英鎊之間，匯出規元年約 2,500-3,000 萬兩，大

12　中國銀行：「中國銀行服務香港 80 年：行史簡介」，1997 年，第 18 頁。

13　中國銀行行史編輯委員會編著：《中國銀行行史（1912-1994 年）》，北京：中國金融出版社，1995 年，第 68 頁。

量套匯成為銀行盈利的主要來源。[14] 1928 年，廣東潮汕籍銀行家鄭鐵如
接任經理，鄭秉承貝祖貽方針，在外匯市場屢出奇招，使中國銀行香港
分行的外匯業務在香港銀行業中名列前茅。

這一時期，內地中資銀行（包括官辦、官商合辦和民辦）也相繼
進入香港。這些中資銀行中，以交通銀行創辦最早。交通銀行創辦於
1908 年，是中國近代以來延續歷史最悠久、最古老銀行之一，也是近
代中國的發鈔銀行之一。[15] 該行原為清政府郵傳部為經營輪船、鐵路、
電報和郵政等四項事業的資金而設立的官商合辦銀行，初期總行設在北
京。該銀行在近代中國金融史上佔有重要地位。1928 年，交通銀行總
部遷至上海，國民政府頒佈《交通銀行條例》，特許交通銀行為「發展
全國實業之銀行」，其後更成為當時中國的四大銀行之一（其他銀行分
別為中央銀行、中國銀行、中國農民銀行）。交通銀行於 1934 年 11 月
在香港開設分行，是最早在海外設立分支機構的中資銀行之一，行址位
於中環太子大廈，以經營押匯和匯兌業務為主。[16]

同期，進入香港的中資銀行還有廣東省銀行、鹽業銀行、金城銀
行、中南銀行、新華信託儲蓄銀行、國華商業銀行、浙江興業銀行等。
其中，廣東省銀行前身是孫中山於 1924 年 8 月 15 日創辦的中央銀行，
行址設在廣州，由宋子文的擔任行長。[17] 1929 年，為區別南京中央銀
行，改組為「廣東省中央銀行」，1932 年再改組為「廣東省銀行」。廣
東省銀行於 1929 年在香港設立分行，行址設於中環遮打道 5 號皇后行。

鹽業銀行、金城銀行、中南銀行和大陸銀行屬於民國時期享譽全
國的「北四行」。鹽業銀行創辦於 1915 年，總行設於北京，早期屬鹽

14　《中國銀行行史（1912-1994 年）》，第 68 頁。

15　交通銀行：「交通銀行簡介」，交通銀行官網。

16　交通銀行香港分行：「重要里程」，交通銀行香港分行官網。

17　曾桂嬋：〈孫中山首創的中央銀行〉，載《銀海縱橫 —— 近代廣東金融》，廣州：廣東人
　　民出版社，1992 年，第 109 頁。

務專業銀行，該行於 1919 年在香港開設分行。金城銀行創辦於 1917
年，早期總部設於天津，1936 年遷往上海，主要股東多為軍閥官僚，
是「北四行」的核心銀行，對工業貸款數量較大。該行於 1936 年在香
港開設分行，1938 年在香港設立特別會計機構（簡稱「港總處」），負
責總行分行外幣賬務事宜。中南銀行創辦於 1921 年，總行設於上海，
1934 年在香港開設分行。由於該行與海外僑商的關係密切，外匯業務
相當活躍。大陸銀行創辦於 1919 年，總行設於天津，總管理處在北
京，亦在香港開設分行。

新華銀行與浙江興業銀行屬於民國時期「南四行」的兩大銀行。
新華銀行創辦於 1914 年，總部設於北京，由中國銀行、交通銀行撥款
設立，原名「新華儲蓄銀行」，是中國近代著名的商業銀行之一，1931
年總行遷往上海，並改組為「新華信託儲蓄銀行」，該行於 1937 年
在香港開設分行。浙江興業銀行是中國最早的民營銀行之一，創辦於
1907 年，總行設杭州，1915 年遷至上海，擁有鈔票發行權，分支機構
遍佈全國各地，成為當時譽滿上海的「南四行」之一。該行於 1946 年
在香港開設分行，行址設於中環皇后大道中 10 號。國華商業銀行創辦
於 1928 年，總行設於上海，其後相繼在廣州、南京、蘇州、常州、北
京、天津等地設立分行，是當時主要商業銀行之一，[18] 該行於 1938 年在
香港開設分行。此外，相繼進入香港的中資銀行還有：廣西銀行（1932
年）、中國國貨銀行（1938 年）、聚誠興銀行（1938 年）、中國實業銀
行（1939 年）等。

1941 年聖誕，日軍佔領香港，中國銀行香港分行被迫停業。1942
年春，日軍總督經濟部命令中國銀行香港分行復業。當時，中國銀行香
港分行的資金，在太平洋戰爭爆發前已與由經理鄭鐵如調往紐約及倫

---

18 郭小東、潘啟平、趙合亭：〈近代粵省二十餘家商辦銀行述略〉，載《銀海縱橫 —— 近代
廣東金融》，第 144 頁。

敦，鄭鐵如以「現已無款支付存款」為辭應付。但日本軍政府堅持要
求中國銀行香港分行復業，中國銀行香港分行即以法幣 1,200 萬元作抵
押，向日本橫濱正金銀行香港分行借款 200 萬港元，於當年 2 月下旬復
業。當時，中國銀行香港分行除了辦理少量日本軍票存款外，匯款、貸
款等項業務因種種原因都未能承辦，業務清淡，年年虧損。[19]

戰後，中資銀行有了進一步的發展，相繼在香港註冊了幾家銀
行，包括南洋商業銀行、寶生銀行、集友銀行等。南洋商業銀行由著名
銀行家莊世平借款創辦於 1949 年 12 月。1982 年，南洋商業銀行在深圳
特區設立第一間內地分行，成為改革開放後第一家在內地經營的外資銀
行。莊世平還於 1950 年在澳門註冊成立澳門南通銀行，1987 年改組為
「中國銀行澳門分行」。寶生銀行的前身為寶生銀號，創設於 1946 年，
主要從事金銀買賣和外匯找換，同時經營存款、放款、匯款、保險等業
務。1949 年 2 月，寶生銀號改組為寶生銀行，在中環皇后大道中 83 號
開業。集友銀行由愛國僑領陳嘉庚創辦於 1943 年，總部設於福建臨時
省會永安，1945 年抗戰勝利後移設廈門，1947 年 7 月在香港開業，成
為香港第 39 間領有執照的銀行。該行於 1952 年獲准成為香港外匯銀行
公會及香港銀行票據交換所會員行，1959 年獲准成為外匯授權銀行。

當時，在香港的中資金融機構中，中國銀行和交通銀行是香港銀
行公會理事。其中，中國銀行香港分行是各中資銀行中發展歷史最悠
久、實力最雄厚、經營業務最廣泛的銀行，因而成為中資銀行的核心。
中國銀行香港分行與各中資銀行開展的銀行業務基本一致，但也各有其
側重點。中國銀行香港分行除全面辦理存款、貸款及匯兌業務外，還主
要承擔內地對香港進出口貿易的支付結算等業務。其他各中資銀行則重
點從事吸收存款及僑匯等業務。

---

19 《中國銀行行史（1912-1949 年）》，第 597-598 頁。

50 年代管理新體制:「駐香港總稽核室」

1949 年 10 月中華人民共和國成立後,中央政府接管了包括中國銀行在內的國營(官辦)中資銀行。同年 11 月,中國銀行總管理處從上海遷往北京,成為國家外匯專業銀行。1950 年 1 月 7 日,中國銀行總管理處致電香港分行,重新委派鄭鐵如為香港分行經理。鄭鐵如自1928 年起接替貝祖貽一直出任香港分行經理。在此關鍵時刻,他即覆電北京新總管理處,表示接受領導,並稱:「所有各項財產均經保存,已囑員工安心工作,維持現狀」。[20] 鄭鐵如的愛國行動受到周恩來總理的高度讚揚。

1950 年 6 月 8 日,為加強對中資銀行香港分行的接管和管理工作,中國人民銀行總行作出《關於組織「香港金融工作團」加強香港金融工作的決定》,決定在香港成立「中國銀行總管理處駐港總稽核室」,統一管理所有香港國營中資金融機構。1951 年 11 月,位於香港中環德輔道中 2A 號的中國銀行大廈落成,成為中國銀行香港分行總部,是 50年代初香港最高的建築物。

當時,在香港的中資國營金融資本中,除了廣東省銀行因股權關係尚未確定外,其餘金融機構共有 15 家。這些金融機構分為三大類:第一類是中國政府自有的金融機構,包括南洋商業銀行、寶生銀號和民生保險公司等,這些機構業務較繁忙,有進一步發展潛力;第二類是總行(總處、總局、總公司)和董事局在內地的金融機構,包括中國銀行、交通銀行、中國實業銀行、新華銀行、福建省銀行在香港的分行和中國保險公司香港分公司等;第三類是內地機構已撤銷,但香港的機構尚未接管,包括中國農民銀行、廣東省銀行、廣西銀行等的香港分行,以及中央信託局香港分局、郵政儲金匯業局香港分局和中國農民保險公

---

20 中國銀行行史編輯委員會編著:《中國銀行行史(1949-1992)》,上卷,北京:中國金融出版社,2001 年,第 29 頁。

司香港分公司等，這些機構資產少，業務幾已停頓。當時，這些金融機構共有職員 554 人，資產淨值約 5,000 萬港元，80% 集中在中國銀行香港分行，交通銀行香港分行和中國農民銀行香港分行則分別佔 8% 和 5%，其餘各行均資不抵債。[21]

50 年代初中期，在香港的中資銀行中，尚有一些公私合營或地方興辦的金融機構。1951 年 7 月，鹽業銀行、金城銀行、中南銀行、大陸銀行、聯合銀行等 5 家銀行的香港分行決定聯營、聯管，於同年 9 月 1 日成立聯合總管理處。1952 年初，中資公私合營銀行在香港成立聯合辦事處，統一管理 9 家在香港的中資公私合營銀行，包括鹽業銀行、金城銀行、中南銀行、新華信託儲蓄銀行、國華商業銀行、浙江興業銀行、中國實業銀行、聚興誠銀行、和成銀行等。1954 年，中國實業、聚興誠、和成等 3 家銀行結業，剩下 6 家銀行仍由香港公私合營銀行聯合辦事處統一管理。聯合辦事處就設在中國銀行駐港總稽核室內。1958 年，香港公私合營銀行統一由中國銀行總管理處駐港總稽核室領導，聯合辦事處撤銷。其後，廣東省銀行香港分行也歸由中國銀行總管理處駐香港總稽核室領導。[22] 自此，正式開始了對香港中銀、中資銀行和保險公司的新管理體制。

這一時期，隨着香港經濟轉型，銀行業的業務開始發生重大轉變，從過去戰前單純的以押匯、僑匯、匯兌為主逐漸轉向為迅速發展的製造業和新興的房地產業提供貸款。為了爭奪迅速增長的存款，香港銀行紛紛致力開設分行。1954 年以前，香港只有滙豐銀行、渣打銀行等兩家銀行設有分行，到 60 年代初，幾乎各大小銀行都在港九新界各商業區和居民住宅點開設分行。當時，香港中資銀行開設分支機構起步慢於其他銀行，從 60 年代初中期才起步，但發展迅速，分行數目（包括

---

21 《中國銀行行史（1949-1992）》，第 34 頁。
22 《中國銀行行史（1949-1992）》，第 35 頁。

總行）從 1961 年的 13 間，增加到 1971 年的 74 間，以及 1981 年的 189 家，20 年間增長了 13.54 倍，成為香港銀行業中僅次於滙豐銀行（包括恒生銀行）的第二大分行網絡的集團。[23]

當時，部分本地中小銀行傾向以高息吸引存款，並將大量貸款投向風險較高的房地產市場和股票市場，銀行體系的安全性明顯下降。在這種背景下，中國銀行香港分行及中資銀行，遵循中國銀行總管理處的指示，貫徹執行不作投機業務、穩健發展的方針，力求在加快發展的同時，保證資金的安全性。中國銀行香港分行將吸收存款作為中心工作，通過改進服務、加強宣傳、增加存款種類、調整利率等措施，積極發展、吸收中小存戶，同時爭取大客戶，使存款數額大幅增長。1957 年底，中國銀行香港分行的銀行存款餘額為 3,454 萬港元，到 1960 年底突破 1 億港元，1964 年底銀行存款餘額達到 12,458 萬港元，比 1957 年增長了 2.61 倍。[24] 這一時期，香港中資銀行的主要任務是積聚外匯資金，支持國家外貿發展及香港經營國貨貿易商行資金的周轉。

二十世紀 60 年代初中期，香港爆發嚴重的銀行危機，但香港中資銀行因為經營穩健，存款不但沒有下降反而上升。危機期間，1965 年，華僑商業銀行因經營出現困難、資金周轉不靈，要求中國銀行香港分行給予支持。華僑商業銀行由印尼華僑於 1962 年在香港創辦，成立時間不長，基礎較弱。為挽救該行，中國銀行香港分行注資 500 萬港元，並向原股東收購 50 萬港元股份，即共注資 550 萬港元，取得銀行 55% 的股權，也撥歸中國銀行總管理處駐香港總稽核室領導。1968 年，由愛國僑領陳嘉庚創辦的集友銀行委聘中國銀行香港分行總稽核室管理。自此，香港中資銀行增加到 13 家。

23　馮邦彥：《香港金融史（1841-2017 年）》，香港：三聯書店（香港）有限公司，2017 年，第 84 頁。

24　《中國銀行行史（1949-1992）》，第 360 頁。

1966 年，中國爆發為期 10 年的「文化大革命」。香港中資銀行進入了一個業務發展緩慢、停滯時期。不過，這一時期，香港中資銀行仍有所發展，主要表現在兩個方面：一是積極吸收海外資金支持國家建設，二是根據國務院總理周恩來的指示精神，加強了銀行作為國際經濟、金融資訊和調研第一線的作用。其中，最突出的是開辦人民幣存款、試辦私人美元存款及大力開展同業存款等。從 1970 年 5 月開辦人民幣存款業務到 1973 年的 4 年間，人民幣存款戶數從 54,272 戶增加到 252,364 戶，年均增長 67.3%；存款金額從人民幣 9,106 萬元人民幣增加到 67,148 萬元人民幣，年均增長 98.3%。1976 年 4 月底，港澳中資銀行的人民幣存款達 10.34 億元，折合為 26.17 億港元，佔港澳中資銀行存款總額的 35.6%。通過開辦人民幣存款、試辦私人美元存款、大力開展同業存款等業務，港澳中資銀行吸收存款保持了持續增長的勢頭。

隨着銀行業務的發展，中資銀行的股本金已越來越不適應形勢發展的要求。1975 年 6 月，經中國銀行總管理處同意，決定擴大駐港 9 家中資銀行總行的股本額，股本增加部分全部為政府股本。其中，中國銀行股本從 1,980 萬元人民幣擴大到 4 億元人民幣，擴大 19.2 倍。銀行增資後，公股佔比從原來的三分之二增加到 98.4%，私股佔比從原來的三分之一下降到 1.6%。隨着股本的增加，中國銀行相應地修改了章程。另外，交通銀行股本從原來的 1,800 萬元人民幣擴大到 1 億元人民幣，擴大股本 4.6 倍；其他銀行分別擴大股本 5.3 倍到 9 倍不等（表 4-4）。

表 4-4　1975 年中國銀行等中資銀行增資概況

單位：萬元人民幣

銀行	原有股本	增資後股本	增加倍數
中國銀行	1980	40,000	19.2
交通銀行	1800	10,000	4.6
新華銀行	900	8,000	7.9
金城銀行	900	8,000	7.9
中南銀行	800	5,000	5.3
鹽業銀行	500	5,000	9.0

（續上表）

浙江興業銀行	700	5,000	6.1
國華商業銀行	500	5,000	9.0
廣東省銀行	800	8,000	9.0

資料來源：中國銀行行史編輯委員會編著：《中國銀行行史（1949-1992）》，上卷，北京：中國金融出版社，2001年，第463頁。

　　到二十世紀70年代末，以中國銀行香港分行為首的中資銀行已逐步發展成為香港銀行業的一股重要力量。不過，從總體來看，中資銀行整體在香港的發展仍頗為低調，經營業務仍然有限，主要以存貸款等傳統業務為主。對於這段時期中資銀行的發展，香港著名金融學家饒餘慶教授曾有這樣的評價：「1971年前，中國在國際關係方面相對孤立，而中國政府所採取的財經政策也是內向型的，因此中資集團在香港經濟發展中的作用比較有限。中資集團當時的業務大體上僅限於融通中港貿易，向對華貿易有關之企業與個人舉辦存放款業務，經營人民幣匯款等。由於中國大陸一向對香港出超，所以中資集團另一重大任務是將港幣收入轉兌為其他外幣，以充實中國的外匯儲備。中國恢復聯合國席位，並與西方國家修好後，中資集團的方針和策略亦隨之發生重大改變。具體而論，中資集團對香港經濟發展開始採取較積極態度，如建立分支行網絡吸收存款，與中資機構以外的企業和個人建立業務聯繫，接受本港房地產和股票為抵押品等。1978年中國正式實行對外開放和現代化政策後，中資集團在開拓業務方面更趨積極。」[25]

▌ 改革開放後香港中銀集團的快速發展

　　改革開放後，為了適應新形勢的發展，1981年，中國銀行總行決定在原中國銀行駐香港總稽核室基礎上組建中國各銀行港澳機構聯合管

---

25 香港華商銀行公會研究小組著、饒餘慶編：《香港銀行制度之現狀與前瞻》，香港華商銀行公會，1988年，第64頁。

理處,作為集團的內部管理機構。1982 月 12 月,中國銀行總行決定將「駐香港總稽核室」改組為「中國銀行港澳管理處」,作為總行派出機構,統一管理香港和澳門 14 家成員銀行和附屬公司,中資保險公司則不再在管理範圍。1983 年,中銀港澳管理處正式成立,標誌着中銀集團化經營進入一個新的發展時期。至此,「駐香港總稽核室」完成其歷史使命,正式取消。

中銀港澳管理處設有正副主任,下設辦公室、人事部、業務部、企業管理部、稽核部、經濟研究部、公共關係部、培訓中心、電腦中心和外匯中心等職能部門,分工和承擔職權範圍內的各項工作。同時,香港中銀將香港和澳門地區 14 家成員銀行及附屬專業公司組合成立「港澳中銀(集團)有限公司」(簡稱「中銀集團」)。這 14 家機構包括:中國銀行香港分行、南洋商業銀行、廣東省銀行香港分行、新華銀行香港分行、中南銀行香港分行、金城銀行香港分行、國華商業銀行香港分行、浙江興業銀行香港分行、鹽業銀行香港分行、寶生銀行、華僑商業銀行、集友銀行、交通銀行香港分行,以及中國銀行澳門分行等。中銀港澳管理處作為中銀集團的領導機構,受中國銀行總行和各成員行董事會的委託和授權,對中銀集團負有領導、管理、協調和監督的責任。中銀港澳管理處和中銀集團的成立,標誌着在改革開放的大背景下香港中銀的集團化經營進入一個新的發展時期。[26]

這一時期,中銀集團在開拓業務方面更趨積極,它們積極增設分行網點,加快電腦建設,增加服務品種,着力吸引低成本資金,優化存款結構。1980 年 4 月,中銀集團建立規模龐大的「中銀集團電腦中心」,使 14 家成員行電腦聯網,推出「一本存摺揸在手,十三銀行有戶口」,實現全香港儲蓄存款業務通存通兌,其後更拓展至支票存款聯

26　中國銀行港澳管理處主任羊子林:〈穩步發展壯大的中銀集團〉,烏蘭木倫主編:《發展中的香港中資企業》,新華通訊社香港分社編印,香港經濟導報社出版,1997 年,第 15-17 頁。

機服務，推出「支票聯通，方便大眾」。1982 年，中銀集團聯同東亞、
浙江第一、永隆及上海商業等 4 家華資銀行成立「銀聯通寶有限公司」
（JETCO，簡稱「銀通」），實現自動櫃員機電腦聯線服務，其後，港基
國際、渣打、美國運通、花旗等銀行相繼加入，到 90 年代中期，銀通
發展至有 47 家會員行，自動櫃員機達 1,200 多部。

在外匯業務方面，1982 年，中銀集團組建集團成員間外滙、資金
調劑中心。80 年代中期，中銀集團積極開展外幣存款業務，1989 年統
一推出一折多幣的外幣儲蓄存款 ——「外滙寶」；1993 年成立中銀集團
香港外匯中心，推出 13 成員銀行跨行外匯買賣聯網服務，為客戶提供
更加靈活便利的外幣存款及買賣服務。[27] 中銀集團各成員行都有不同特
點的外匯買賣等產品，特別是中銀在市場上率先推出與外匯及貴金屬投
資相聯繫的「外匯寶」、「外匯孖展」、「外匯夜市」、「金銀寶」、「外匯
買跌」、「權利寶」等新產品。[28]

為了更好滿組市場需求，吸引存款，中銀集團還先後推出多種新
的存款品種，如中國銀行的「BCU」優息貨幣單位元存款，新華銀行
的「好靈活」、「好優惠」存款，金城銀行的「高半厘」存款、「外匯買
跌服務」，鹽業銀行的「壽康存款」，華僑商業銀行的「步步高存款」，
廣東省銀行的「積小成家」、「望子成龍」存款，南洋商業銀行的「心
想事成」存款，中南銀行的「易實現」，交通銀行的目標存款「加半厘」
等等。1991 年，中銀集團推出「電話銀行服務」，其後突破理財服務
層次，發展成為可向客戶提供 24 小時理財及投資等多方面綜合服務。
1996 年，中銀香港分行發行 40 億港元浮息存款證，創下香港存款證發
行史上參加機構和認證金額最多的一次。

隨着集團實力的增長，中銀集團不斷增設附屬公司，包括中國建

---

27 中國銀行：《中國銀行服務香港 80 年：行史簡介》，1997 年，第 22 頁。

28 中國銀行港澳管理處主任羊子林：〈穩步發展壯大的中銀集團〉，第 18-19 頁。

設財務（香港）有限公司（1979 年）、南洋信用卡有限公司（1980 年）、新中地產公司（1982 年）、中國建設投資（香港）有限公司（1984 年）、中銀集團投資有限公司（1985 年）、中銀國際直接投資管理有限公司（1992 年）及中銀集團保險有限公司（1992 年）等專業公司，形成以商業銀行業務為核心，包括投資銀行、信用卡、證券、保險、基金管理、物業投資管理等多元化的經營格局。其中，中銀集團的信用卡業務發展快速，1992 年至 1994 年獲得 Visa 國際組織頒予香港區「連續三年最高卡戶消費增長」等三項重要獎項。1996 年 8 月，中銀信用卡公司又與渣打銀行和 Visa 國際信用卡集團合作，率先在香港推出「智醒錢 Visa Cash」現金儲蓄卡。到回歸前夕，中銀信用卡業務約佔香港市場的 13-15%，以發卡量計在香港排名第 5-6 位。[29]

　　中銀集團吸收的資金中，90% 用於港澳地區，包括為客戶提供全面的進出口押匯業務，對香港的中小企業，特別是製造業企業，予以貸款支持，集團在香港各工業區共設有 60 多個支行，在工業貸款市場的佔有率不斷提高。為了進一步方便客戶，中銀還推出「大戶銀行服務」，使客戶通過私人電腦與中銀成員行電腦終端聯通，足不出戶也可獲得銀行服務。同時，中銀集團還加強了對香港大型基礎建設的貸款，先後參與了香港地鐵、東區海底隧道、葵涌貨櫃碼頭、大老山隧道、發電廠、三號幹線、新機場空運站、新機場貨運代理中心、機場鐵路大角咀站和港島站上蓋物業，以及舊城區改造等項目的融資。[30] 此外，中銀還以多種形式支持內地經濟發展，包括直接融資、投資、銀團貸款、擔保、租賃、押匯和諮詢等。從 1978 年至 1996 年，中銀集團為內地提供的項目貸款達 3,200 多筆，累計貸款總額 120 多億美元，其中，近三分之一用於內地的交通、能源和運輸等基礎設施建設。另外，中銀集團投

---

29 〈穩步發展壯大的中銀集團〉，第 19 頁。
30 〈穩步發展壯大的中銀集團〉，第 20 頁。

資有限公司還在中國內地直接投資 600 多項，出資約 8 億多美元。[31]

　　為進一步加強中銀集團在香港經濟中的地位，1985 年 4 月中國銀行開始興建香港中銀大廈，該大廈位於香港中區花園道 1 號，樓高 70 層，另地庫停車場 4 層，高 315 米，加頂上兩桿的高度（約 50 多米）共有 367.4 米，總建築樓面面積 12.60 萬平方米。中銀大廈建成後即成為香港第一高廈、世界第 5 高摩天大廈，也是美國以外的世界最高建築物。1990 年 5 月，中銀大廈落成開幕，成為中銀集團的總部所在地。該大廈由美籍華裔著名建築師貝聿銘設計，設計理念來自節節高升的竹子，成為中銀集團在香港經濟中的象徵。[32]

　　在過渡時期，中銀集團在穩定香港金融市場方面發揮了越來越重要的作用，在 1983 年的港元匯價危機、1983 年至 1986 年的銀行危機、1987 年 10 月股災、1991 年國商事件引發的銀行擠提事件，以及 1995 年國際投機者藉墨西哥金融危機衝擊港元聯繫匯率制等一系列重大金融危機中，中銀集團都積極配合港府平息風潮，穩定市場。例如，1985 年 6 月，中國銀行香港分行就與滙豐銀行聯手向嘉華銀行提供巨額備用信貸，支持嘉華銀行度過資金周轉困難的危機。1987 年 10 月，中國銀行香港分行與滙豐、渣打共同組成 20 億元的備用信貸，支持期貨交易所度過期指市場危機。1991 年國商事件引發的擠提風潮中，中國銀行香港分行與滙豐發表聯合聲明，宣佈支持受擠提的銀行同業，將局勢穩定下來。這一時期，中國銀行香港分行配合香港金融當局，積極參與對香港金融界重大問題的研究，包括維持港元聯繫匯率、外滙基金與滙豐銀行的新會計安排等一系列重大問題，加強了與香港金融監管當局、銀行同業的聯繫與合作，受到香港金融界和輿論的好評。

　　鑑於中國銀行在香港金融事務中的地位日益上升，中國銀行參與

31　〈穩步發展壯大的中銀集團〉，第 22 頁。

32　中國銀行（香港）：「關於中銀大廈」，中國銀行（香港）有限公司官網。

香港發行港鈔的問題開始醞釀。80 年代中期，中英聯合聯絡小組成立後，關於中國銀行參與港鈔發行問題，成為該小組討論的議題之一。1992 年 9 月，中國銀行正式向香港政府提出參與發行鈔票的申請及具體方案。1993 年 1 月 12 日，香港政府行政局討論並通過了中國銀行發鈔的有關事項。當日，中銀集團在「關於中國銀行發鈔事宜」的新聞公告中表示：「港府行政局今天批准中國銀行由 1994 年 5 月起在香港發行港鈔事宜，對此我們表示歡迎……。中國銀行在獲得授權成為發鈔銀行後，將依照香港的有關條例進行發鈔。中國銀行將一如既往，同其他發鈔銀行一起，盡力配合香港政府的貨幣政策，繼續為香港銀行業的穩定作出努力。」

1993 年 4 月，中國國務院批准中國銀行修改章程。中國銀行章程第 3 章第 7 條修改為：「中國銀行設在外國和港澳地區的機構，得經營當地法令許可的一切銀行業務；在港澳地區的分行依據當地法令可發行或參與代理發行當地貨幣。」同年 7 月，香港立法局通過《銀行鈔票發行條例》和《外滙基金條例》，並刊登政府憲報，完成法律程式，以法律形式規定了中國銀行香港分行的發鈔地位。

1994 年 5 月 2 日，中國銀行正式發行港幣鈔票並在市面流通，分金黃色的 1,000 元、棕色的 500 元、深紅色的 100 元、紫色的 50 元和蔚藍色的 20 元 5 種。在當天的慶祝典禮和剪綵儀式上，中國銀行董事長王啟人表示，中國銀行發行的港元鈔票正式面世並開始流通，這是中國銀行 80 多年來的一件盛事，中銀參與發鈔是內地對香港前途充滿信心的體現，也是中國銀行以其實力和信譽為香港平穩過渡作出的承擔。1996 年，中銀首度出任香港銀行公會主席。從此，中銀與滙豐、渣打一起輪流擔任銀行公會正、副主席。中銀在香港金融事務中的地位日益提升。

到 90 年代中期，中銀集團已成為在香港僅次於滙豐集團的第二大金融集團。從 1979 年到 1996 年，中銀集團的資產增長了 48 倍，存款增長了 34 倍，貸款增長了 42 倍，旗下的分支機構從 177 間增加到 412

間。[33] 1996 年底，中銀集團的存款總額約 6,300 億港元，佔香港銀行體系存款總額的 25%；貸款總額約 3,500 億港元，約佔香港本地貸款（包括貿易貸款）總額的約 20%；資產總額則達約 9,700 億元。[34] 中銀集團已成為香港金融體系的重要組成部分，與滙豐控股集團、外資銀行集團鼎足而立。

▌ 回歸後中銀香港重組與上市

回歸以後，由於受到亞洲金融危機的衝擊，香港銀行業的貸款需求萎縮，競爭加劇，中小銀行的經營環境日漸不利。在此背景下，香港中小銀行的併購步伐加快，有關收購、兼併的個案此起彼伏。同時，隨着中國加入 WTO 日期的迫近和世界金融業的迅猛發展，形勢要求對香港中銀集團的決策程式與運作模式進行改革，以最大程度地優化資源配置，節約經營成本，提高市場競爭力。為此，在國家有關監管機構的支持下，中國銀行自 1999 年底開始，着手對香港中銀集團進行全面的結構重組。

2001 年 9 月 12 日，中銀香港集團的控股公司 —— 中銀香港（控股）有限公司（簡稱「中銀香港（控股）」）在香港註冊成立，持有香港中銀集團主要經營附屬公司的全部股權。2001 年 10 月 1 日，香港中銀集團原先 9 個實體幾乎全部的商業銀行業務，以及有關的資產及負債均轉讓予香港註冊全資擁有的寶生銀行。這 9 個實體包括：中國銀行香港分行、中南銀行香港分行、金城銀行香港分行、國華商業銀行香港分行、浙江興業銀行香港分行、鹽業銀行香港分行、廣東省銀行香港分行（包括深圳分行）、新華銀行香港分行（包括深圳分行），以及中國銀行一家於香港註冊的附屬銀行 —— 華僑商業銀行（華僑商業銀行經過重

---

33 〈穩步發展壯大的中銀集團〉，第 30 頁。

34 馮邦彥：《香港金融史》，香港：三聯書店（香港）有限公司，2017 年，第 254-255 頁。

組及合併，已將幾乎所有業務、資產及負債轉讓予中銀香港。因此，該
實體不再從事任何銀行業務）。同日，寶生銀行改名為「中國銀行（香
港）有限公司」（簡稱「中銀香港」），並持有在香港註冊的南洋商業
銀行（100% 股權）、集友銀行（70.49% 股權），以及中銀信用卡公司
（100% 股權）（圖 4-5）。[35]

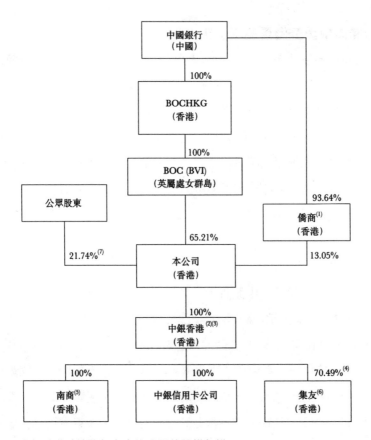

圖 4-5 中銀香港（控股）上市後公司的股權架構
資料來源：中銀香港〔控股〕招股書：《中銀香港（控股）有限公司全球售股》，
2002 年 7 月 15 日，第 49 頁。

35　中銀香港（控股）招股書：《中銀香港（控股）有限公司全球售股》，2002 年 7 月 15 日，
　　第 48 頁。

　　中銀香港（控股）表示，集團重組及合併的目標主要是：統一公司
的品牌形象；集中管理；推行符合市場先進做法的企業管治；實行以客
為本及推動營銷的經營架構；透過運作集中化、消除冗贅及發揮規模經
濟效益，降低成本及改善效率；採用符合國際標準更為集中、獨立和綜
合的風險管理系統及守則；建立有助公司達成目標的技術及組織基礎結
構；以及精簡並合理化公司人手，並鼓勵員工爭取更高水準的表現。重
組後的中銀香港，根據 2001 年 7 月 12 日通過的《中國銀行（香港）有
限公司合併條例》所定明的「中國銀行在合併前發行的全部銀行紙幣在
合併後繼續成為法定貨幣，並將成為中國銀行（香港）的責任」，取代
中國銀行成為發鈔銀行，承擔香港發鈔職能。[36]

　　2002 年 7 月 15 日，中銀香港（控股）在全球招股上市，母公司中
國銀行透過其全資子公司中銀（BVI）有限公司出售中銀香港（控股）
有限公司約 22.984 億股，相當於已發售股本的 21.74%，包括在香港發
售 2.298 億股及在國際發售 20.686 億股股份，每股發售價在 6.93 港元至
9.50 港元之間，若按最高發售價計算，預計全球售股所得款項淨額約為
207.64 億港元。根據招股書的資料，中銀香港（控股）全資持有的中銀
香港作為「香港一家主要商業銀行集團，通過設在香港的 343 家分行、
434 部自動櫃員機和其他服務和銷售管道向零售客戶和企業客戶提供全
面的金融產品與服務」。此外，中國銀行（控股）還在中國內地設有 14
間分行，在美國三藩市設有 1 間分行。

　　當時，中銀香港經營的業務包括三類：第一，零售銀行，在香港
的零售銀行業具領導地位，就尚未償還貸款而言，是香港第三大房屋按
揭貸款人，佔 16% 的市場份額，亦是香港最大的信用卡發行人之一；
第二，企業銀行，在香港企業銀行業中位居前列，是香港兩大企業貸
款機構之一，按未償還貸款計算的市場佔有率為 15.6%；第三，資金

36　中國銀行（香港）：「香港鈔票發行」，中國銀行（香港）有限公司官網。

業務：是香港銀行同業貨幣市場的主要參與銀行之一（表 4-5）。截止
2001 年底，中銀香港集團（包括南洋商業銀行和集友銀行）貸款總額
為 3230.38 億港元，存款總額 6064.28 億港元，總資產 7661.40 億港元，
經營收入 190.09 億港元，撥備前經營溢利 131.62 億港元，股東應佔溢
利 27.68 億港元。[37]

表 4-5　上市前中銀香港的經營收入及其業務結構

單位：億港元

	1999 年度		2000 年度		2001 年度	
	數額	佔經營收入（%）	數額	佔經營收入（%）	數額	佔經營收入（%）
零售銀行	66.11	33.9	78.52	37.9	74.57	39.2
企業銀行	93.55	48.0	83.64	40.4	62.26	32.8
資金	23.22	11.9	28.91	14.0	41.24	21.7
其他	16.89	8.7	21.20	10.2	17.15	9.0
對銷調整	-4.96	-2.5	-5.29	-2.5	-5.15	-2.7
總經營收入	194.81	100.0	206.98	100.0	190.09	100.0

資料來源：中銀香港（控股）招股書：《中銀香港（控股）有限公司全球售股》，
2002 年 7 月 15 日，第 84 頁。

中銀香港（控股）表示，集團在香港銀行業具有多項發展優勢，主
要包括：第一，品牌知名度高，「中國銀行在香港經營銀行業已達 80 多
年，歷史悠久，已經成為香港銀行業內具有主導地位的銀行品牌之一；
第二，在香港零售及企業銀行業具有主導地位，擁有約 370 萬個零售及
信用卡賬戶，以及約 23.6 萬名企業客戶；第三，擁有廣泛的分銷網絡，
除了分行及櫃員機網絡之外，還包括電話銀行、流動電話銀行、網上銀
行、互動銀行和自助銀行等；第四，擁有高度整合的金融服務以及廣泛
的交叉銷售機會，除了提供核心零售和企業服務之外，還提供證券經
紀、人壽、物業、傷殘保險以及投資管理產品與服務；第五，在與中國

37　中銀香港（控股）招股書：《中銀香港（控股）有限公司全球售股》，2002 年 7 月 15 日，
　　第 107 頁。

內地相關的銀行業務方面享有競爭優勢，中銀香港（控股）通過與母公司中國銀行的關係，可充分利用遍佈中國內地的大型分銷網絡。

中銀香港（控股）的招股獲得熱烈的反響：在香港公開發售的部分獲得 38.5 萬多名零售投資者認購，超額認購 27 倍；國際配售的部分也超額認購 5 倍以上。為了補足國際發售的超額配發，中銀（BVI）有限公司另行配售 1.555 億股「超額配發股份」，約佔已發行股本的 1.47%，全球發售中還包括以非上市公募（POWL）形式在日本招股，共集資 208.6 億港元。2002 年 7 月 25 日，中銀香港（控股）有限公司在香港聯合交易所主板掛牌上市。按資產及客戶存款計算，中銀香港成為香港主要上市商業銀行集團之一。中銀香港及其附屬機構通過設在香港的分行網絡、自動櫃員機網絡和其他服務及銷售管道，向個人客戶和企業客戶提供全面金融服務。此外，中銀香港（包括中銀香港、南洋商業銀行和集友銀行組成）及其附屬機構在內地設有 43 家分支行，為其在香港及中國內地的客戶提供跨境銀行服務。

上市後的中銀香港（控股）引進現代銀行組織架構和管理機制，建立完善的董事會制度，對各項業務進行整合，將公司的業務運作、管理和員工劃分為 4 個策略單位，分別是零售銀行、企業銀行和資金、業務規劃和財務、以及業務支援服務，並引進戰略業務體系概念和前台、中台、後台的分工模式，建立獨立的風險管理及監管機制和全面的問責制度，致力發展成為一家一體化、以股權回報率為驅動的金融機構，以進一步加強在香港和國際市場的競爭力（圖 4-6）。亞洲金融危機顯示，香港金融管理局在擊退國際對沖基金的狙擊時，需要香港本地大銀行的支持、配合。中銀香港作為以香港為註冊地的發鈔銀行，實力進一步提升，有利於香港金融市場加強其穩定性。

▎發展願景：「建設一流的全功能國際化區域性銀行」

中銀香港（控股）上市後，經營業務獲得進一步發展。2003 年 12 月 24 日，中銀香港獲委任為香港首家人民幣業務的清算行，並於 2004

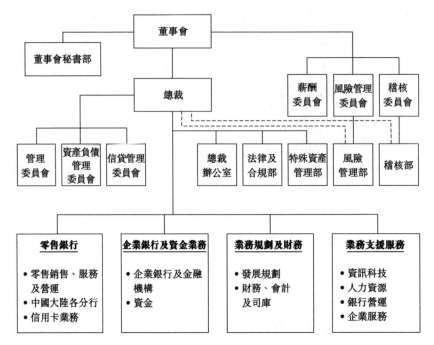

圖 4-6　中銀香港（控股）上市後公司的組織管理架構
資料來源：中銀香港（控股）招股書：《中銀香港（控股）有限公司全球售股》，
2002 年 7 月 15 日，第 51 頁。

年 2 月 25 日開始為開辦個人人民幣業務的香港持牌銀行提供存款、兌
換、匯款和人民幣銀行卡等清算服務。2006 年 3 月 6 日，中銀香港推出
香港人民幣交收系統及人民幣支票清算服務，2007 年 6 月 18 日再推出
了人民幣債券清算服務。2009 年 7 月 4 日，中銀香港與中國人民銀行簽
署《關於人民幣業務的清算協議》，正式獲得跨境貿易人民幣清算銀行
的資格。在此背景下，中銀香港利用品牌優勢，積極拓寬人民幣產品及
服務的範圍，包括跨境人民幣結算、貸款、存款、離岸人民幣兌換、保
險和信用卡等業務，並積極參與在香港地區人民幣債券的發行及分銷，
推出人民幣離岸債券指數系列，在人民幣離岸業務領域取得領先地位。

　　2012 年，中銀香港正式推出私人銀行服務，覆蓋高端客戶市場，
擴大服務領域；並在資產管理方面，推出各類多元化的投資產品，包括
中銀香港與世界銀行合作的債券基金。2013 年，中銀香港通過更精細

的客戶分層及推出全新的理財服務，優化客戶結構。2014 年，配合「滬港通」的正式推出以及香港個人人民幣業務的進一步放寬，中銀香港推出全面的 A 股投資服務，以及人民幣按揭貸款及個人貸款等一系列新產品和服務。2015 年，中銀香港作為主要參加行，為廣東、天津、福建三個新自貿區的客戶提供跨境人民幣貸款及跨境人民幣資金池服務，進一步鞏固集團在離岸人民幣業務的領先優勢。

2016 年 5 月 23 日，為了配合國家「一帶一路」倡議實施，把握人民幣國際化和中國企業「走出去」的戰略機遇，中銀香港宣佈將進行資產重組，將旗下所持南洋商業銀行的全部股權出售給中國信達資產管理股份有限公司。同年 12 月 18 日，中國信達資產管理股份有限公司旗下信達金控與中銀香港簽訂權轉讓協定，信達金控以 680 億港元現金，收購南洋商業銀行全部股份。交易完成後，南洋商業銀行成為信達金控旗下的間接全資子公司，在香港擁有 42 個網點，並在內地設有 38 間分支行，截至 2015 年底總資產為 3,052 億港元，股東權益 371 億港元。中國信達資產管理為中國領先的金融資產管理公司，旗下擁有證券、基金、期貨、保險、信託、租賃、投資等金融服務平台，於 2013 年 12 月在香港掛牌上市。2017 年 3 月，中國銀行和中銀香港（控股）再將所持集友銀行 70.49% 股權，以 76.85 億港元的價格出售予廈門國際銀行股份有限公司。

與此同時，中銀香港（控股）宣佈收購中國銀行在東盟部分國家的銀行業務，以優化集團海外機構的佈局和資源，擴展集團的經營空間，提升集團的營運效率和國際競爭力，使集團發展為區域性銀行。2016年 10 月，中銀香港收購中銀馬來西亞。同年 12 月，中銀香港第一家海外自建機構汶萊分行開業。2017 年 1 月，中銀香港完成收購中銀泰國。同年 2 月，中銀香港與母行就收購印尼業務和柬埔寨業務分別簽訂收購協定。截至 2019 年度，中銀香港的分支機構，已遍及泰國、馬來西亞、越南、菲律賓、印度尼西亞、柬埔寨、老撾及文萊等東南亞國家（圖 4-7）。2022 年第 1 季，中銀香港成功將該行的環球交易銀行平

台──iGTB 拓展至泰國、馬來西亞、越南、菲律賓、柬埔寨、老撾、文萊及緬甸等 8 個東南亞國家，並推出 70 多項線上化產品及功能，為近 400 家企業提供全功能線上服務。中銀香港表示：「中銀香港將繼續圍繞『建設一流的全功能國際化區域性銀行』戰略目標，積極推動區域化金融發展，透過科技創新，持續提升區域交易銀行業務的整體經營能力和競爭力，為企業提供優質金融服務。」[38]

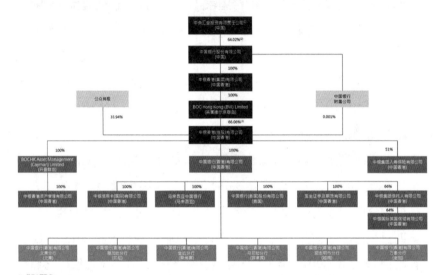

圖 4-7　中國銀行（香港）的股權結構
資料來源：中國銀行（香港）有限公司官網

　　中銀香港（控股）上市後，業務快速增長。2019 年底，中銀香港的客戶存款總額為 20092.73 億港元，貸款及其他賬項總額為 14129.61 億港元，分別比上市初期的 2003 年底的 6006.42 億港元和 3000.94 億港元，16 年間大幅增長了 2.35 倍和 3.71 倍；同期，銀行資產總值從 7625.87 億港元增加到 30260.56 億港元，增長了 2.97 倍。2019 年度，中

---

38 〈中銀香港 iGTB 平台服務拓展至東南亞地區全方位數碼化金融服務，提升企業區域管理能力〉（中銀香港新聞稿），2022 年 4 月 14 日。

銀香港的除稅前溢利為 400.88 億港元，比 2003 年度的 86.91 億港元增長了 3.61 倍，年均增長率為 10.03%（表 4-6）。中銀香港連續 15 年蟬聯港澳銀團貸款市場安排行第一，連續 9 年取得首次公開招股（IPO）收款行業務市佔率第一。

表 4-6　2003 年至 2021 年度中銀香港控股經營概況

單位：億港元

	客戶存款	貸款及其他賬項	資產總額	經營收入	除稅前溢利
2003 年度	6006.42	3000.94	7625.87	172.52	86.91
2004 年度	6313.30	3092.11	7967.76	159.09	142.52
2005 年度	6390.31	3384.03	8310.02	181.58	165.02
2006 年度	7037.76	3528.58	9289.53	213.09	171.39
2007 年度	7995.65	4202.34	10676.37	252.54	191.26
2008 年度	8115.16	4694.93	11472.45	255.26	40.78
2009 年度	8444.53	5271.35	12127.94	260.55	167.24
2010 年度	10272.67	6454.24	16610.40	275.08	197.42
2011 年度	11465.90	7552.29	17385.10	308.46	246.80
2012 年度	12291.31	8197.39	18307.63	357.60	255.21
2013 年度	13279.80	9249.43	20469.36	335.45	235.71
2014 年度	14832.24	10141.29	21893.67	367.94	266.12
2015 年度	14180.58	9288.71	23828.15	401.81	285.75
2016 年度	15232.92	10080.25	23547.40	425.95	299.71
2017 年度	17778.74	11915.54	26510.86	490.06	353.75
2018 年度	18979.95	12829.94	29560.24	545.35	390.81
2019 年度	20092.73	14129.61	30265.56	584.44	400.88
2020 年度	21837.09	15004.16	33209.81	766.41	335.83
2021 年度	23311.55	15971.94	36394.30	655.75	299.68

資料來源：《中銀香港（控股）有限公司年報》，2003-2021 年

2020 年全球新冠疫情爆發後，中銀香港（控股）的除稅前溢利儘管有所下降，但整體業務仍維持穩定增長；公司市值儘管在 2020 年有所下降，但總體仍保持平穩發展（表 4-7）。

表 4-7　2017-2023 年中銀香港（控股）市值變化

單位：億港元

	2017 年底	2018 年底	2019 年底	2020 年底	2021 年底	2022 年 7 月底	2023 年 1 月底
中銀香港（控股）	4186.82	3076.68	2859.94	2484.60	2701.35	2996.59	2890.90

資料來源：《香港交易所市場資料》，2017-2021 年，東方財富網站

　　目前，中國銀行透過其全資附屬公司中銀香港（BVI）有限公司持有中銀香港（控股）有限公司約 66.06% 權益。中銀香港（控股）持有 100% 股權的中銀香港，在香港透過龐大的分行網絡及多元化的服務管道，包括超過 190 家分行、約 280 多個自助銀行網點、逾 1,000 部自助設備，以及網上銀行和手機銀行等電子管道，為客戶提供全面的金融及投資理財服務，並形成包括信用卡、私人銀行、人壽保險、資產管理、現金管理、託管、信託、證券期貨等重點業務的 8 大平台。[39] 另外，中銀香港在東南亞地區的經營已擴大到 8 個國家，其中，馬尼拉分行獲中國人民銀行委任為菲律賓人民幣業務清算行，馬來西亞中行擔任馬來西亞人民幣業務清算行的同時，亦獲指定為馬來西亞離岸金融中心納閩島人民幣清算行。[40]

　　此外，中銀香港（控股）還擁有多家專業附屬公司，包括中銀信用卡（國際）有限公司、寶生證券及期貨有限公司、中銀集團人壽保險有限公司、中銀國際控股有限公司、中銀香港資產管理有限公司等，分別從事信用卡、證券及期貨、人壽保險、資產管理等業務。其中，中銀國際控股成立於 1998 年 7 月 10 日，其前身是創建於 1979 年的中國建設財務（香港）有限公司，該公司於 1993 年升級為有限制持牌銀行，總部設於香港，在北京、上海、深圳、倫敦、紐約及新加坡設有分支機

39　中國銀行（香港）：「公司簡介」，中國銀行（香港）有限公司官網。

40　《中銀香港（控股）有限公司 2019 年業績公告》，第 12 頁。

構，已建立了覆蓋國際主要資本市場的業務網絡，並與中國銀行集團的全球業務網絡緊密融合，業務覆蓋股權融資、財務顧問、私人銀行、證券服務、金融產品、直接投資、環球商品、資產管理、衍生產品等領域，是極少數有能力在中國內地及香港市場提供國際化、一站式服務的中資投資銀行之一。[41]

2017 年是中國銀行在港服務 100 周年。中銀香港舉辦了百年行慶系列活動，並成功發行了「中國銀行（香港）百年華誕紀念鈔票」。2021 年，中銀香港先後榮獲《銀行家》、《亞洲銀行家》、《亞洲金融》等著名媒體頒發「香港最佳銀行」、「香港及亞太區最穩健銀行」、「香港最佳中資銀行大獎」等獎項。中銀香港表示：「2022 年，是中國銀行成立 110 周年，在香港持續經營 105 年周年。站在新的歷史起點，中銀香港將繼續堅守『融通世界、造福社會』的使命，踐行『卓越服務、穩健創造、開放包容、協同共贏』價值觀⋯⋯，以新面貌迎接新挑戰，在新起點推動新發展，努力為所有持份者創造價值，在建設區域內一流現代銀行集團的道路上奮勇前行。」[42]

第三節　華潤集團

▎從「聯和行」到「華潤公司」

華潤集團的創辦最早可追溯到二十世紀 30 年代「聯和行」的誕生。1937 年抗日戰爭爆發後，廖承志等在香港設立「香港八路軍辦事處」，時任中共中央組織部部長陳雲派遣秦邦禮（化名楊廉安、楊琳）到香港以開設公司做掩護，協助辦事處工作。1938 年，秦邦禮在香港

41　中銀國際：「中銀國際簡介」，中銀國際有限公司官網。
42　《中銀香港（控股）有限公司 2021 年報》，第 9 頁。

註冊創辦「聯和行」（Liow & Co.），註冊資金為兩萬美元。[43] 創辦初期，聯和行的主要任務是積極配合宋慶齡領導的「保衛中國同盟」開展大規模抗日募捐活動，協助八路軍、新四軍採購藥品、通訊器材、運輸車輛和兌換外幣等。[44]

1948 年 12 月 18 日，聯和行改組，以合夥人的形式正式註冊為無限公司「華潤公司」，由錢之光出任首任董事長，秦邦禮出任經理。[45] 這一時期，華潤從過去聯和行的秘密、半秘密狀態轉向半公開、公開狀態，業務也從「進口為主」轉向「進出口並重」。當時，華潤主要配合三大戰役和解放軍的渡江作戰，突破封鎖，採購和運送解放區急需的戰略物資。

1948 年至 1949 年間，華潤歷經艱險將 1,000 多位民主愛國人士和文化人士護送回國，參加中華人民共和國第一屆政協會議。對於這段歷史，華潤在其官網表示：「上世紀 30-40 年代，民族危亡，戰火紛飛，華潤以貿易為掩護，開展了大量工作，為民族獨立和新中國的成立作出了獨特貢獻。」[46] 1949 年，華潤透過愛國華僑莊世平成功籌建「南洋商業銀行」，同年 12 月 14 日，南洋商業銀行正式開業。[47] 1950 年，華潤公司的進出口貿易額達 5,000 萬美元。[48]

二十世紀 50 年代初，朝鮮戰爭爆發，以美國為首的西方國家對中國實行貿易禁運。為了打破封鎖，華潤公司於 1951 年成立興隆行，在香港組織承運公司，將中國需要的物資運往澳門南光公司，再由南光公司運往內地。當時，運送的物資主要包括鋼板、汽車輪胎、橡膠、盤尼西林

43　華潤（集團）有限公司《紅色華潤》編委會：《紅色華潤》，香港：中華書局，2011 年，
　　第 5 頁。

44　華潤集團：發展歷程（1938-1952）：從「聯和行」到「華潤公司」，華潤集團官網。

45　《紅色華潤》，第 41-42、50 頁。

46　華潤集團：發展歷程（1938-1952）：從「聯和行」到「華潤公司」，華潤集團官網。

47　《紅色華潤》，第 129-133 頁。

48　朱美瓊：《華潤 70 年》，深圳：海天出版社，2009 年，第 3 頁。

等軍用物資，支援抗美援朝和內地經濟建設。[49] 1952 年，根據中央政府關於對香港「長期打算，充分利用」的方針，華潤正式劃歸中央政府貿易部管轄，成為中國各進出口公司在港澳和世界各國貿易的總代理，其主要任務是保證鮮活商品和重要物資供應香港，代理內地各口岸公司對港澳貿易，對香港市場上的內地出口商品進行協調管理。這是中華人民共和國成立的第一家貿易公司。到 1953 年底，經華潤公司代理出口的商品已達 124 種，其中，油糧 17 種，副食品 31 種，京果雜貨 22 種，土產類 35 種，輕工業品 9 種，其他單列商品 10 種（如：煤、石膏、鹽等）。[50]

1954 年，華潤公司根據業務的需要，先後將五豐行、德隆行和深圳南洋貿易公司等收歸旗下，組織規模進一步擴大，設有進口部和出口部，出口部設有土產、礦產、食品、雜品、絲綢、茶葉、糧油、畜產等 8 個組，進口部則設有五金礦產、機械儀器、化工等組別。五豐行成立於 1951 年，成立初期主要從事農產品貿易，歸屬華潤後成為國家授權的內地主要鮮活冷凍食品在香港的統一代理，確保食品穩定供港。1956 年 11 月 10 日，第一屆「中國出口商品展覽會」（廣交會前身）在廣州舉辦，當時以華潤公司的名義發出的邀請函超過 2,000 封，華潤為中國的對外貿易的早期開展提供了有力支持。

二十世紀 60 年代初，內地發生嚴重的糧食短缺，華潤從加拿大等地採購糧食運往內地。從 1962 年起，華潤承擔起內地供應香港鮮活冷凍商品「三趟快車」運作，為保障香港市場的鮮活食品供應發揮了重要作用。[51] 所謂「三趟快車」，即 1962 年 3 月 20 日從武漢開出的 721 次快車，將滿載糧食、鮮活冷凍等商品運往香港；在 721 次快車開滿 100 列時，國務院決定增開從上海開出的 753 次快車和從鄭州開出的 755 次快

49　郭國燦、劉海燕：《香港中資財團（I）》，香港：三聯書店（香港）有限公司，2017 年，第 51 頁。

50　《紅色華潤》，香第 229 頁。

51　華潤集團：「發展歷程（1952-1983）：新中國與世界溝通的橋樑」，華潤集團官網。

車。這「三趟快車」被譽為港澳供應的生命線。70 年代初期,因第四次中東戰爭爆發,香港發生「油荒」,華潤協助將內地國產石油輸入香港市場,緩解了香港的石油危機。[52] 這一時期,為了發展對外貿易和穩定對香港的供應,華潤先後在內地建立了 5 大類出口商品生產基地,又在香港建設「長沙灣貨倉」和「中大貨倉」,以及油庫及碼頭等基礎設施。

與此同時,華潤也開始發展零售業務。1958 年,華潤接受委託接管「中國國貨公司」。1959 年,華潤聯同王寬誠等多位港商註冊成立「中藝(香港)有限公司」,專營工藝品銷售,包括首飾、雕刻、高檔傢俱、地毯、古玩、中式服裝等。[53] 1964 年,華潤在香港中環開設「大華國貨公司」,專門售賣國產商品。1967 年,華潤全面收歸中藝(香港)有限公司,在香港星光行開設規模宏大的中藝商場,該商場佔地面積達 4 萬平方呎,成為當時香港最大的工藝品商場。華潤的國貨零售業務在 70 年代成為香港最知名的國貨商場。1993 年,華潤將中國國貨和大華國貨兩家公司合併為「華潤百貨」。不過,隨着國貨零售業務的式微,2005 年華潤國貨最終結業,只保留中國成藥一項業務,1998 年更名為「華潤堂」,成為擁有近 50 家連鎖店的中藥行。

這一時期,華潤作為中國進出口貿易公司在港澳及全世界的總代理,架起了中國與世界貿易溝通的第一座橋樑,其代理貿易在高峰期達到全國外貿總額的三分之一。當時,華潤的名字可以說成為中國國貨的代名詞,無論蔬菜肉食,還是衣服鞋襪,凡事與中國有關的商品都由華潤及其屬下公司經營,特別是在國貨剛剛走出海外市場的年代,華潤把國貨推銷到香港及海外市場,為計劃經濟時期中國的外貿發展作出了積極貢獻,同時也體現了對港澳繁榮穩定的擔當。[54]

---

52 華潤集團:「發展歷程(1952-1983):新中國與世界溝通的橋樑」,華潤集團官網。

53 《紅色華潤》,第 293 頁。

54 華潤集團:「發展歷程(1952-1983):新中國與世界溝通的橋樑」,華潤集團官網。

▌ 改革開放後新發展：實業化、多元化與國際化

二十世紀 70 年代末 80 年代初，內地實行改革開放，隨着外貿體制的改革，華潤作為各專業進出口公司「總代理」的地位受到嚴重衝擊，獨家壟斷內地對香港貿易的格局被打破，國家各部委、各省市紛紛在香港設立「窗口公司」，導致對港貿易急劇分流，國內外貿主管道 —— 各專業進出口公司所佔的貿易份額急速萎縮，傳統代理業務成為強弩之末。[55] 面對挑戰，華潤公司積極應變，專門成立省區市聯絡部，協助各省區市代表到香港開辦「窗口」公司，幫助他們盡快熟悉和掌握國際貿易規則。1978 年，在華潤的首倡推動下，廣東東莞太平手袋廠成為內地第一家「三來一補」企業，開啟了香港製造業向內地產業轉移的先河。[56]

在新形勢下，華潤集團在機構設置上的弊端逐步顯露出來，公司過多，業務重疊，經營規模小，資金分散。為了迎接新形勢下的新挑戰，1983 年，華潤改組為「華潤（集團）有限公司」，開始建立現代企業制度，並踏上了向實業化、多元化企業的轉型之路。[57] 為此，集團將做輕工貿易的「華遠公司」與「中孚行」合併；將做服裝貿易的「中發」、「萬興」與「華潤百貨」合併；將絲綢公司併入紡織公司，將沙田凍倉與百適乾倉合併；並安排五豐行收購主營華潤超市的華潤採購公司。透過這一系列的重組合併，優化了集團的資源配置，增強了競爭力。[58] 為配合集團的新發展，華潤集團港島灣仔海傍興建由兩座分別樓高 50 層及 5 層的主樓及副樓所組成的華潤大廈。1983 年，華潤大廈落成啟用，成為華潤集團的所在地，大大提高了華潤在香港的企業形象。

---

55 華潤（集團）有限公司總經理朱友藍：〈致力多元化，走向國際化〉，烏蘭木倫主編：《發展中的香港中資企業》，新華通訊社香港分社編印，香港經濟導報社出版，1997 年，第 32 頁。

56 華潤集團：「發展歷程（1952-1983）：新中國與世界溝通的橋樑」，華潤集團官網。

57 華潤集團：「發展歷程（1983-2000）：實業化、多元化發展」，華潤集團官網。

58 華潤（集團）有限公司總經理朱友藍：〈致力多元化，走向國際化〉，第 33 頁。

　　與此同時，華潤集團致力增加服務設施、加強對工業投資，進一步擴大經營網絡。在增加服務設施方面，華潤先後參與建造西九龍貨櫃和集裝箱碼頭，投資建設香港青衣新油庫，並在內地青島、江陰等地合資興建大型油氣庫、訂造新船等。在加強工業投資方面，華潤以啤酒飲料、空調壓縮機、建築材料、微電子、輕紡服裝等作為主導領域，取得良好效果。到 90 年代中期，華潤投資內地的啤酒業務，生產能力已達到 50 萬噸；年產 40 萬台的空調壓縮機供不應求；年產百萬噸的水泥廠即將投產。在擴大經營網絡方面，華潤在 90 年代中期，已在香港建立起以工藝精品、百貨名品和連鎖超市為一體的經營網絡體系，擁有香港中藝和華潤百貨店舖共 12 間，華潤超市 46 間，並在上海、北京、哈爾濱、蘇州等地建立起多座大型購物中心，連鎖超市則拓展至珠三角、長三角和華北等沿海地區。[59]

　　這一時期，華潤還展開一系列戰略性或策略性的投資，以增加集團的實力和盈利能力。這些投資主要集中在地產建築、銀行保險、能源發電、公路隧道、通訊傳輸、旅遊酒店等。在地產建築業，華潤早在 1979 年就開始參與香港天水圍的發展計劃，80 年代末在原香港牙鷹州舊油庫原址與長江實業及新鴻基地產等聯手發展高級商住樓宇，獲得豐厚利潤。在銀行保險業，華潤於 1993 年與力寶集團達成協議，增持香港華人銀行股權至 50%，又入股中國華泰保險公司。在能源發電和公路隧道領域，華潤於 1994 年入股投資徐州發電廠，擁有了第一個電力項目；又修建香港大老山隧道和三號幹線。在通訊傳輸方面，華潤參與發展萬眾電話和中國聯通公司移動電話項目，並收購衛星傳輸公司。此外，集團還在港澳、北京、海南、廣州等地擁有多家酒店等。

　　80 年代後期 90 年代初，「紅籌股」興起，華潤成為這一潮流的引領者。早在 1984 年 1 月，為了解決香港上市公司康力投資的困境，

59　華潤（集團）有限公司總經理朱友藍：〈致力多元化，走向國際化〉，第 34-35 頁。

華潤和中銀集團合組「新瓊企業有限公司」，向康力投資注資 4.73 億港元，取得約 67% 的股權。1986 年，華潤向虧損嚴重的上市公司永利達注資，取得永利達 26.4% 股權。1992 年 9 月，華潤以 8 億港元收購沙田百貨倉及沙田冷倉，並將其注入永利達，取得該公司 51% 的控股權，實現借殼上市，永達利更名為「華潤創業有限公司」。[60] 其後，華潤通過一系列的收購、兼併，包括 1993 年與瀋陽啤酒廠合資成立「華潤（瀋陽）雪花啤酒有限公司」，踏足啤酒業；1996 年全面收購「怡寶 C'estbon」蒸餾水，成立「深圳怡寶食品飲料有限公司」等，使華潤創業逐步形成倉儲、飲料、香港地產、北京地產及策略性投資等 5 大業務板塊。[61] 1997 年底，華潤創業市值從最初的不到 2 億港增加到約 300 億港元，成為「紅籌股」中僅次於中國電信、中信泰富的第 3 大市值公司。同年，華潤創業成功躋身香港恒生指數成份股。

華潤創業的借殼上市，拉開了集團在香港資本市場運作的帷幕。以此為起點，華潤旗下五豐行、華潤北京置地、勵致國際等企業先後成功上市。五豐行為香港最大的鮮活冷凍食品的供應商和分銷商，在華潤的領導下已發展成為集食品研發、生產、加工、零售、運輸和貿易於一體的綜合性食品企業集團。其中，五豐行於 1995 年 10 月 25 日成功上市，獲得 108 倍的超額認購，集資 6 億多港元。華潤北京置地的前身為北京遠華集團，由北京西城區政府創辦於 1983 年。1994 年，華潤透過旗下華潤創業收購北京遠華股權，通過財務管控進入地產行業。1996 年 11 月，華潤創業分拆「華潤北京華遠有限公司」在香港掛牌上市，獲得 125 倍的超額認購。2001 年，華潤北京華遠重組，改名為「華潤置地有限公司」，業務模式從投資管理轉變為自主經營。

從 1993 年起，華潤集團先後將多年發展起來的許多優質資產相繼

60　華潤集團：「發展歷程（1983-2000）：實業化、多元化發展」，華潤集團官網。
61　南華證券研究部：〈華潤創業多元化發展〉，《快報》，1993 年 12 月 31 日。

注入上市公司，通過開展上市經營，盤活了大批資產、回收了巨額資金。同時，由於上市後公司受到香港證券市場的嚴格監管，華潤利用資本市場對企業的規範化運作要求，利用資本市場監管以及投資者對企業的評價和期望壓力，推動企業轉換經營機制，優化公司的治理結構，促使集團的管理方式、經營機制發生了重要變化。

此外，華潤集團還積極推動業務國際化，包括建立海外網絡、收購海外企業、開發海外資源、引進海外資金和技術等。[62] 不過，華潤在快速擴張，積極推動業務實業化、多元化、國際化經營的同時，也暴露了業務龐雜、主業不清、風險積累等種種弊端。這些弊端在 1997 年的亞洲金融危機中進一步凸顯。對此，華潤自 1996 年起進行清理整頓和組織變革，轉型為一家多元化控股企業集團，並經受住了亞洲金融風暴的衝擊。

▎ 戰略調整：「再造華潤」

1999 年 12 月，華潤集團與外經貿部脫鈎，列入中央管理，2003 年歸屬國務院國資委直接監管，列為國有重點骨幹企業（央企）。踏入千禧年後，內地經濟進入穩定的高速增長時期，華潤集團及時把握機遇，在清理整頓和組織調整的基礎上，提出「再造一個華潤」的戰略目標，即以 2001 年為基數，用 5 年或更多一點時間，使主要業績指標翻一番。為實現這一目標，華潤集團高層召開了 9 次戰略研討，決定將過去「立足香港，背靠內地，面向世界」的經營方針調整為「立足香港，面向內地，走向世界」的發展新格局，[63] 確定了「建立主營行業領導地位」的總體戰略方針，明確「集團多元化，利潤中心專業化」的發展定位，

62　華潤（集團）有限公司總經理朱友藍：〈致力多元化，走向國際化〉，第 40-41 頁。

63　華潤（集團）有限公司：《融入灣區建設　推動華潤高品質發展 —— 華潤參與粵港澳大灣區建設白皮書》，2019 年 2 月，第 10 頁。

專注於民生領域，大力培育主營業務，包括分、銷零售、地產建築、能源發電、科技創新、醫藥和策略投資等業務板塊，致力使旗下核心企業迅速成長為行業的引領者。[64]

在分銷領域，1999 年 9 月華潤創業以 27.2 億港元，向母公司收購集團零售業務 —— 華潤零售（集團）及旗下的中藝（香港）、華潤百貨和華潤堂等。2000 年 11 月，華潤創業再以 23.9 億港元私有化上市公司五豐行。2002 年，華潤創業全面收購萬佳百貨，成立華潤萬家有限公司，並併入上市公司華潤創業。2004 年，華潤收購江蘇零售龍頭企業「蘇果超市」，確立華潤萬家在華東市場的領先地位。當時，蘇果超市位列中國連鎖企業第 8 位，連鎖網點超過 600 家。[65] 這時期，華潤萬家實施「全國發展、區域領先、多業態協同」的發展戰略，通過大規模開店和併購，逐步發展為國內規模領先的連鎖超市集團。

此外，華潤創業於 2003 年 7 月將內地與香港的水泥業務，與母公司水泥業務整合成「華潤水泥控股有限公司」，以介紹的方式在香港上市。不過，其後鑒於華潤水泥控股上市後利潤下跌，華潤集團於 2006 年 7 月將其私有化，並在利潤回復增長後於 2009 年 10 月以全球發售形式重新上市。透過上述的收購、分拆，華潤創業成為集團以分銷業務為主的上市旗艦，經營的業務主要包括連鎖超市、啤酒、石油分銷和食品分銷等。

在地產領域，2002 年，華潤置地在深圳金融核心區投資 40 億元人民幣，興建「深圳華潤中心」，總建築面積達 55 萬平方米，首期項目包括「萬象城」和「華潤大廈」，已於 2004 年底竣工啟用；第二期項目包括五星級的君悅酒店、酒店式服務公寓幸福里及一個由商業步行街

64　參見〈永遠用奮鬥定義自己 —— 寫在華潤 80 周年之際〉，北京：《人民日報》，2018 年 12 月 14 日。

65　華潤集團：〈那些與華潤不期而遇的……〉，《華潤雜誌》，2021 年第 1 期，華潤集團官網。

串聯而成的大型室外娛樂休閒廣場，也於 2009 竣工啟用。深圳華潤中心這座綜合性、多功能的大型建築群建成後，旋即成為深圳商業中心和地標之一。

2005 年 11 月，華潤集團重組旗下地產業務，使華潤置地成為集團地產業務旗艦，並由住宅發展商轉型為綜合性發展商。其後，華潤置地確定了「住宅開發＋投資物業＋增值服務」的差異化業務模式。在住宅開發方面，集團逐漸形成包括萬象高端系列、城市高端系列、郊區高端系列、城市品質系列、城郊品質系列、城市改善系列、郊區改善系列、旅遊度假系列在內的 8 個產品系列。2010 年，華潤置地入選香港恒生指數成份股，成為香港藍籌股之一。[66] 當年，華潤置地在內地佈局城市超過 20 個，營業額突破 100 億元人民幣。2016 年，華潤置地進一步確立了「銷售物業＋投資物業＋X」的商業模式，即繼續堅持已經取得一定規模及市場地位的銷售物業及投資物業兩大主營業務，並積極拓寬業務發展模式，推動業務轉型，實現資源整合，培育新的價值增長點。

在物業投資方面，華潤置地先後發展了城市綜合體萬象城、區域商業中心萬象匯／五彩城、以及體驗式時尚潮人生活館 1234SPACE 等三種模式。其中，萬象城為內地領先的大型購物中心，截至 2019 年已進入內地 21 個城市，並在深圳、杭州、瀋陽、成都、南寧、鄭州、重慶、無錫、青島、合肥、西安、上海等城市先後開業；萬象匯／五彩城為集購物、餐飲、娛樂及文化運動為一體的多功能、多主題、引領嶄新生活方式的區域商業旗艦，已進入中國內地 22 個城市，北京、合肥、寧波、上海、瀋陽、長沙等城市的五彩城已相繼開業；首個 1234SPACE 也於 2013 年在深圳開業。經過多年快速發展，華潤置地逐步確立其作為中國地產行業中最具競爭力和領導地位的公司形象。

在能源發電領域，華潤於 2001 年成立「華潤電力控股有限公司」

66　華潤集團：「發展歷程（2000-2015）：集團多元化、利潤中心專業化」，華潤集團官網。

（簡稱「華潤電力」），並於翌年展開連串收購，共斥資超過 70 億元人民幣，先後收購美國塞德能源在中國內地溫州、東莞、唐山等地電廠股份，收購塞德和丸紅株式會社在湖北的電廠股份，以及收購國際能源集團邁朗在廣東沙頭角 C 電廠 33% 股權等。2003 年 11 月，華潤電力在香港聯交所上市。當時，華潤電力已擁有裝機容量 4,438 兆瓦。上市後，華潤電力按照「三個三角洲，一條京廣線」戰略，在全國展開佈局，業務取到進一步的發展。2009 年，華潤電力被納入香港恒生指數成份股，成為唯一入選恒指成份股的中資電力公司。

科技創新領域方面，2002 年，華潤透過旗下子公司華潤勵致全面收購中國華晶集團公司，改名為「無錫華潤微電子有限公司」。2004 年 8 月，華潤集團將無錫微電子業務以「華潤上華科技有限公司」名義在香港分拆上市。2008 年 2 月，從華潤創業分拆出來華潤勵致將自身的半導體業務轉讓予華潤上華，華潤上華更名為「華潤微電子有限公司」，主營晶圓代工、積體電路設計、積體電路測試封裝和分立器製造等業務。同時，華潤勵致以 2.18 億港元收購華潤旗下的混凝土業務，又以 38.15 億港元收購華潤旗下華潤燃氣集團全部股份。華潤燃氣主要在內地成都、淮北、臨海、蘇州、無錫等地從事燃氣分銷。收購完成後，華潤勵致更名為「華潤燃氣控股有限公司」，成為集團經營燃氣業務的旗艦。這一時期，華潤燃氣先後併購成都、鄭州、重慶、青島、秦皇島的燃氣項目，確立了作為城市燃氣運營商的戰略定位，後來居上成為國內領先的城市燃氣供應商。

醫藥領域方面，2003 年 10 月，華潤與山東聊城國資局達成協議，以 2.3 億元人民幣取得醫藥上市公司東阿阿膠 51% 股權，開始在醫藥產業領域的發展。2006 年，華潤入主當時中國最大的醫藥企業集團 —— 中國華源集團，並取得北京醫藥集團 50% 股權。華源創辦於 1992 年，是直屬國務院國資委的重要骨幹企業之一，2005 年因擴張過度而陷入債務危機。與此同時，另一家大型國有醫藥企業三九企業集團也因擴張過度而爆發財務危機。2007 年，華潤提出對三九企業集團的重組方案，

獲得國資委批准，三九企業集團併入華潤，改組為「華潤三九醫藥股份有限公司」。在此基礎上，華潤組建「華潤醫藥集團有限公司」，成功建立起集團的醫藥發展平台。[67] 2008 年，華潤醫藥向華潤收購華潤東阿56.62% 股權，由此控股東阿阿膠股份有限公司 23.14% 股權，成為該公司實際控股人。2011 年，華潤醫藥向北京醫藥控股及華潤集團收購北京醫藥 50% 股權，北京醫藥成為華潤醫藥全資附屬公司。2016 年，華潤醫藥全面收購持有華潤堂的華潤醫藥零售集團，進一步拓寬在中國內地與香港的醫藥零售網絡。同年 10 月，華潤醫藥成功完成全球發售，在香港掛牌上市。[68]

策略投資領域方面，2001 年 11 月，華潤將所持香港華人銀行35.23% 股權，轉授予中信嘉華銀行，套現 18.09 億港元。2006 年 3 月，將集團旗下在香港上市的電信業務華潤萬眾轉售予中國移動，套現 33.8 億港元。此外，華潤還先後將約 20 項非核心業務出售。同時，華潤於2010 年對珠海市商業銀行成功實施戰略重組，並更名為「珠海華潤銀行」，起步打造其金融發展板塊。

總體來看，這一時期華潤集團「再造華潤」的戰略有三個特點：第一，在區域發展方面，突出以香港為基地，積極拓展內地市場的發展方向，並重點投資以長三角、珠三角、環渤海等沿海發展地區，進而發展成為國內最重要的企業集團之一；第二，在行業發展方面，在集團已有產業基礎上，做大做強優勢產業，逐步形成大消費、大健康、城市建設與運營、能源服務、科技與金融等 5 大主營產業，並突出做行業領導者的戰略目標（圖 4-8）；第三，在管理體制上，與國際接軌，建立現代化企業集團的運營機制和管理模式。

67　華潤集團：「發展歷程（2000-2015）：集團多元化、利潤中心專業化」，華潤集團官網。

68　華潤集團：〈那些與華潤不期而遇的……〉，《華潤雜誌》，2021 年第 1 期，華潤集團官網。

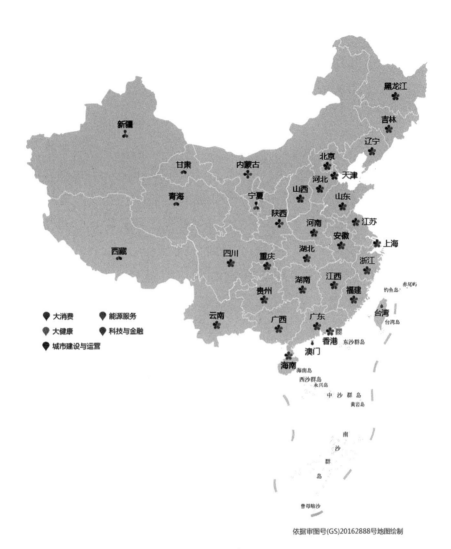

依据审图号(GS)20162888号地图绘制

圖 4-8　華潤集團五大主營產業在中國的業務分佈
資料來源：華潤集團官網

　　「再造華潤」的戰略，前後分為兩個戰略期，第一個戰略期從 2001 年至 2005 年。2005 年，華潤集團「再造一個華潤」的戰略目標提前實現。這一年，華潤集團的營業額達到 753 億港元，利潤總額達 60 億港元，截至年底總資產為 1,352 億港元，分別比 2001 年 335 億港元、23 億港元和 587 億港元，增長了 1.25 倍、1.63 倍和 1.30 倍。從 2006 年起，華潤進入第二個戰略期，到 2010 年，集團發展邁上了一個新台

階，全年實現營業收入 1,844 億港元，利潤總額 298 億港元，截至年底總資產達 5,859 億港元，比 2005 年分別增長 1.45 倍、3.99 倍及 3.33 倍。2010 年，華潤第一次入選《財富》雜誌評選的「世界 500 強」，排名第 395 位，在中國企業（含台灣地區）中排名第 42 位，在香港企業中排名第 4 位。

2008 年起，華潤將「集團再造」的目標從前兩次的與自己對標，轉為與三星、GE（美國通用）等國際先進企業對標，致力「向世界一流企業進軍」。為此，華潤提出「11725 戰略」，即到 2015 年華潤資產規模要達到 1 萬億港元，經營利潤達到 1,000 億港元，營業額達到 7,000 億港元，在世界 500 強的排名在 250 位以內。經過 7 年的發展，2015 年，華潤集團的營業額達到 4812.2 億元人民幣（約 5,661 億港元），利潤總額達 439.7 億元人民幣（約 517 億港元），年底總資產 9945.2 億元人民幣（約 11,700 億港元）；[69] 2015 年，華潤在《財富》雜誌發佈的世界 500 強排名中躍升至第 115 位，比 2010 年大幅上升 280 位，基本實現或接近實現預期的戰略目標。[70] 華潤集團在分銷零售、地產、能源、科技、醫藥等多個行業確立了領先地位，實現了集團的跨越式發展。

▎ 規模龐大、產業競爭力強的多元化企業集團

2015 年，華潤集團制定「十三五」發展戰略，按照「做實、做強、做大、做好、做長」的發展方式，依託實業發展、資本運營的「雙擎」之力，借助「國際化＋互聯網」的「兩翼」之勢，通過提升資產品質、優化資本結構、調整產業結構、佈局全球市場、開展研發創新、提升信息化水準 6 大舉措，以實現「跑贏大市、轉型升級」的新目標，[71] 爭取

69　華潤（集團）有限公司：《2015 社會責任報告》，第 20 頁。

70　〈華潤在 2015 年世界 500 強排名中躍升至第 115 位〉（華潤集團戰略部新聞稿），2015 年 7 月 24 日。

71　華潤集團：「發展歷程（2000-2015）：集團多元化、利潤中心專業化」，華潤集團官網。

穩步邁向「具全球競爭力的世界一流企業」。

2015 年，華潤創業剝離非啤酒業務，更名為「華潤啤酒（控股）有限公司」。2016 年 10 月，華潤啤酒收購 SABMiller 持有華潤雪花啤酒有限公司的 49% 股權，使華潤雪花啤酒成為全資附屬公司。華潤啤酒圍繞「有品質增長、轉型升級、創新發展」三大管理主題，實施組織再造、品牌重塑、產能優化、精益銷售、管道改造、營運變革等戰略措施，取得了良好的效益。2017 年 4 月，品牌評級機構 Chnbrand 發佈「2017 年中國品牌力指數」品牌排名，「雪花 Snow」連續 4 年位居「啤酒品牌排行榜第一名」。在醫療行業，2016 年，華潤醫療將旗下的華潤武鋼醫院、廣東三九腦殼醫院、淮北礦工總醫院集團、徐州市礦山醫院、深圳三九門診部等注入鳳凰醫療，從而成為鳳凰醫療第一大股東，鳳凰醫療並改名為「華潤鳳凰醫療控股有限公司」，進一步做大醫藥業務板塊。

另一方面，華潤在海外積極探尋優質投資項目，探索和推進海外「好產品」與華潤「好管道」的結合。2016 年，華潤與麥格理聯合收購澳洲最大癌症與心臟病治療服務公司 GenesisCare 61.7% 的股權，並對新西蘭的 Comvita 蜂蜜、Scales 蘋果、King Salmon 帝王鮭魚進行了股權投資。2017 年，華潤電力及華潤資本組成的聯合體競得英國 Dudgeon 海上風電場 30% 股權；華潤置地聯合體在英國成功簽約收購位於倫敦的寫字樓項目 20 Gresham Street。通過一系列的收購，華潤的業務已拓展至亞洲的泰國、馬來西亞，澳洲的澳大利亞、新西蘭，歐洲的英國、瑞典，以及美國等市場（圖 4-9）。

截止 2019 年底，華潤集團旗下共擁有 7 家香港上市公司，包括華潤置地有限公司（59.55%）、華潤啤酒（控股）有限公司（51.67%）、華潤電力控股有限公司（62.94%）、華潤水泥控股有限公司（68.72%）、華潤燃氣控股有限公司（63.30%）、華潤醫藥集團有限公司（53.04%）、華潤醫療控股有限公司（36.58%，前稱「華潤鳳凰醫療控股有限公司」）等（表 4-8）；擁有 4 家內地上市公司，包括華潤三九醫藥股份有限公司

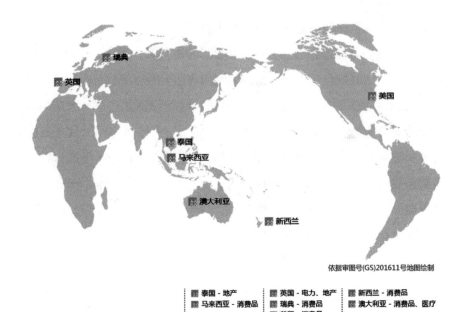

依据审图号(GS)201611号地图绘制

泰国 - 地产 ｜ 英国 - 电力、地产 ｜ 新西兰 - 消费品
马来西亚 - 消费品 ｜ 瑞典 - 消费品 ｜ 澳大利亚 - 消费品、医疗
美国 - 消费品

圖 4-9　華潤集團在海外的業務分佈
資料來源：華潤集團官網

（63.60%）、華潤雙鶴藥業股份有限公司（59.99%）、江中藥業股份有限

公司（43.03%）、東阿阿膠股份有限公司（32.00%）；以及 19 家一級利

潤中心以及實體企業約 2,000 家，在職員工 42 萬人（圖 4-10）。

表 4-8　2019 年度華潤集團香港上市公司經營概況

	經營的主要業務	營業額	除稅前溢利	總資產
華潤置地（億元人民幣）	物業開發、物業投資、城市更新、產業地產	1477.36	609.94	7621.08
華潤萬象（億元人民幣）（上市前數字）	提供物業管理及商業運營服務	58.68	4.97	190.76
華潤啤酒（億元人民幣）	啤酒生產、銷售及分銷	331.90	22.02	217.35
華潤電力（億港元）	電力生產及銷售、綜合能源服務	677.58	96.53	2157.36
華潤水泥（億港元）	水泥及混凝土生產及銷售	389.56	120.08	611.71
華潤燃氣（億港元）	管道燃氣、車用燃氣及燃氣器具銷售	558.35	83.91	810.24

（續上表）

華潤醫藥（億港元）	醫藥及保健品生產、分銷及零售	2044.54	66.40	1900.25
華潤醫療（億元人民幣）	提供醫院、健康診斷、公共衛生、醫養結合等醫療健康服務	21.15	5.41	64.90

資料來源：華潤集團旗下各香港上市公司 2019 年報

圖 4-10　華潤集團的組織架構
注：華潤雪花啤酒（中國）有限公司已改名為「華潤啤酒（控股）有限公司」。（資料來源：華潤集團官網，2019 年）

　　截至 2019 年，華潤集團的經營業務基本形成 5 大領域，包括大消費（零售、啤酒、食品、飲料）、大健康（醫藥、醫療）、城市建設與運營（地產、水泥）、能源服務（電力、燃氣）和科技與金融。其中，在大消費領域，主要包括：華潤創業及其旗下的華潤啤酒（控股）、華

潤五豐、華潤怡寶、華潤萬家和太平洋咖啡等。華潤透過旗下的華潤
啤酒（控股）在中國經營 74 家啤酒廠，旗下啤酒總銷量自 2006 年起連
續多年位居中國市場第一，旗艦品牌雪花 snow 亦自 2008 年起成為全
球銷量最高啤酒品牌。2019 年，華潤啤酒年產能達 2,050 萬千升，銷量
達 1143.40 萬千升，在中國啤酒市場佔有率約為 30%。華潤五豐主營肉
食、綜合食品、大米、現代農業並代理國內外各類優質產品，業務覆蓋
中國內地及香港市場，擁有五豐、喜上喜、五豐上食、聯合康康、富
春、黎紅、上口愛、曼泰吉等多個知名品牌；擁有 6 個大型大米加工廠
和 5 個大型肉類屠宰加工中心，專業食品供港逾 70 年，肉類及中國特
色食品類在香港市場佔主導地位。華潤怡寶是國內最早專業化生產包裝
飲用水的企業之一，包裝飲用水產量及市場佔有率在全國同類產品中排
名第二。華潤萬家已發展成為中國主要連鎖超市之一，在 240 個城市設
有超過 3,000 間店舖，年銷售收入超千億元人民幣。太平洋咖啡則擁有
近 500 家店舖，遍佈中國內地與香港。[72]

在大健康領域，主要包括：華潤醫藥、華潤醫療、華潤健康、華
潤三九、華潤雙鶴、華潤江中、東阿阿膠等公司，其中華潤醫藥已發展
成中國第 5 大醫藥製造商及中國前三大醫藥產品分銷商，生產超過 540
種藥品，截至 2019 年共擁有 158 個物流中心，覆蓋全國 28 個省市自治
區，以「華潤堂」、「德信行」等全國或地區性品牌，經營超過 850 家
零售藥房，2019 年度營業收入超過 2,000 億港元。華潤醫療在全國 10
個省、市共管理運營 107 家醫療機構，包括 5 家三級醫院、18 家二級
醫院及 32 家一級醫院和 52 家社區機構；華潤健康則擁有 5 家醫療機
構，其中 4 家三級醫院。另外，華潤三九、華潤雙鶴、華潤江中、東阿
阿膠均為國內主要的藥品研發、生產及銷售企業，其中，華潤三九連續
多年在中國非處方藥企業綜合排名中名列前茅，擁有年銷售額過億元人

72　華潤集團：「主營業務：大消費」，華潤集團官網。

民幣的品種達 22 個（表 4-9）。

表 4-9　2019 年度華潤集團內地上市公司經營概況

單位：億元人民幣

	經營的主要業務	營業額	利潤總額	總資產
華潤三九	醫藥產品的研發、生產和銷售	147.02	25.69	201.04
華潤雙鶴	新藥研發、製劑生產、醫藥銷售、製藥裝備及原料藥生產	93.81	12.62	95.51
華潤江中	非處方藥、保健品的生產、研發和銷售	24.49	5.66	47.60
東阿阿膠	阿膠系列產品的研發、生產及銷售	29.59	-5.59	116.54

資料來源：華潤集團旗下各內地上市公司 2019 年報

　　在城市建設與運營領域，主要包括華潤置地、華潤水泥、華潤物業等公司，其中華潤置地為綜合性城市運營開發商，截至 2019 年底，開發物業業務覆蓋 79 個城市，共 325 個項目；在營投資物業總建築面積達到 1105.92 萬平方米，包括已開業萬象城 25 個、萬象匯 17 個，覆蓋 61 個城市；土地儲備面積達 6,868 萬平方米，包括開發物業土地儲備面積 5,852 萬平方米，投資物業土地儲備面積 1,016 萬平方米，覆蓋 80 個城市，其中一、二線及具有產業支撐的三線城市土地儲備佔比達 83.8%。2019 年度，華潤置地收益為 1477.36 億港元，除稅前溢利 609.94 億港元，總資產 7621.08 億港元。[73]

　　2020 年 12 月，華潤置地分拆「華潤萬象生活有限公司」（簡稱「華潤萬象」）在香港上市，成為華潤集團在香港上市的第 8 家。該公司成立於 2017 年 5 月，主要提供物業管理及商業運營服務。根據招股上市檔，截至 2020 年 6 月底，華潤萬象提供物業管理服務的住宅及商業物業建築面積約 1.06 億平方米，共 553 個在管項目，其中包括 57 個已開業購物中心、23 個寫字樓項目，覆蓋中國 27 個省級行政區 62 個城市，其中 78% 的住宅物業和 76% 的商業物業位於一二線城市。若按

73 《華潤置地有限公司 2019 年度報告》，第 115-117 頁。

2020 年上半年購物中心運營服務市場收入計算，華潤萬象在全國購物中心運營服務提供商中位居第二。[74]

華潤集團旗下的華潤水泥控股，為中國華南地區最大的水泥、熟料及混凝土生產商，經營業務涵蓋石灰石開採，以及水泥、熟料及混凝土的生產、銷售及分銷，經營 96 條水泥粉磨線及 45 條熟料生產線，並擁有 61 座混凝土攪拌站，其產品主要在廣東、廣西、福建、海南、雲南、貴州、山西及香港等地銷售，2019 年生產水泥 8,430 萬噸，熟料 6,130 萬噸，混凝土 3,690 萬立方米。[75] 華潤物業的業務涵蓋商業物業設計、建造、出租和運營，酒店業務管理與拓展，高端珠寶首飾和服裝及工藝品零售及海外投資等，遍及中國內地、香港和泰國，主要營運管理甲級寫字樓、酒店、商場、住宅、公寓等物業資產。[76]

在能源服務領域，主要包括華潤電力控股、華潤燃氣等公司。其中，華潤電力控股為一家快速發展的能源公司，業務涉及風電、火電、水電、光伏發電、分散式能源、售電及綜合能源服務、煤炭等領域，截至 2019 年底旗下共運營 36 座燃煤發電廠、96 座風電場、21 座光伏發電廠、2 座水力發電廠和 3 座燃氣發電廠，合計運營權益裝機容量為 40,392 兆瓦，其中 31.1% 位於華東地區，27.9% 位於華中地區，17.6% 位於華南地區，13.3% 位於華北地區，4.8% 位於東北地區，3.3% 位於西南地區以及 2.0% 位於西北地區（圖 4-11）。[77] 華潤燃氣業務涉及管道燃氣、車用燃氣及燃氣器具銷售等，截至 2019 年底擁有城市燃氣項目共達 251 個，分佈於中國 22 個省份，其中包括 14 個省會城市及 3 個直轄市，年燃氣總銷量達約 280 億立方米，客戶數達 3,795 萬戶。[78]

---

74 《華潤萬象生活有限公司上市招股申請版本》，2020 年 11 月，第 113-114 頁。

75 《華潤水泥控股有限公司 2019 年報》，第 10 頁。

76 華潤集團：「主營業務：城市建設與運營」，華潤集團官網。

77 《華潤電力控股有限公司 2019 年報》，第 1 頁。

78 《華潤燃氣控股有限公司 2019 年報》，第 1 頁。

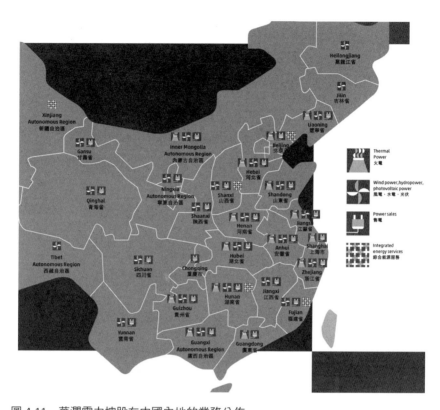

圖 4-11　華潤電力控股在中國內地的業務分佈
資料來源：《華潤電力控股有限公司 2019 年報》，第 4 頁。

　　科技與金融方面，主要包括華潤銀行、華潤信託、華潤資本、華潤資產、華潤微電子、華潤化學材料、華潤生命科學、華潤環保等公司。其中，華潤銀行資產規模超過 2,200 億港元；華潤信託資產管理突破 1 萬億元人民幣；華潤資本累計資產管理規模超過 1,800 億港元；華潤資產累計重組資產規模 694 億港元；華潤化學材料聚脂產能達 160 萬噸；華潤生命科學聚焦精準醫學、生物技術和數字醫療三大領域，推動產業園、創新孵化、產業投資等業務發展；華潤環保聚焦水和廢氣兩個環保板塊，擁有 23 家全資或控股企業。[79]

79　華潤集團：「主營業務：科技與金融」，華潤集團官網。

2019 年度，華潤集團的營業額達 6,546 億元人民幣，利潤總額為 726 億元人民幣，總資產 16,180 億元人民幣，分別 2015 年增長 36.03%、65.11% 及 62.69%，經營效益進一步提升（表 4-10、表 4-11）。經過幾個戰略期的擴張，華潤已發展成為規模龐大、實力雄厚、管理運營規範、產業競爭力強的多元化控股企業集團，華潤集團在零售、啤酒、燃氣、商業地產、制藥和醫療等經營規模在全國位居前列，電力、水泥業務的經營業績、經營效率在行業中表現突出，華潤置地是中國內地實力雄厚的綜合地產開發商之一，雪花、怡寶、華潤萬家、萬象城、999、雙鶴、東阿阿膠、江中等已成為享譽全國的知名品牌。

表 4-10　2013-2022 年華潤集團經營概況

單位：億元人民幣

	營業額	利潤總額	淨利潤	總資產
2013 年度	4055.5	362.9	N.A.	8488.7
2014 年度	4614.1	374.9	250.9	9346.5
2015 年度	4812.2	439.7	298.2	9945.2
2016 年度	5034.1	483.4	337.8	11000.4
2017 年度	5554.5	658.5	384.6	12159.2
2018 年度	6084.6	661.2	451.1	14394.0
2019 年度	6546.0	726.0	511.0	16180.0
2020 年度	6861.2	809.7	590.4	17988.9
2021 年度	7714.7	811.7	600.9	20211.1
2022 年度	8187	N.A.	642	突破 2.3 萬億

資料來源：《華潤（集團）有限公司社會責任報告》，2013-2020 年；《華潤（集團）有限公司 2021 年度可持續發展報告》；華潤集團：經營業績，華潤集團官網

表 4-11　2017-2023 年華潤集團主要上市公司市值變化

單位：億港元

	2017 年底	2018 年底	2019 年底	2020 年底	2021 年底	2022 年 7 月底	2023 年 1 月底
華潤置地	1594.12	2086.21	2766.80	2281.90	2338.95	2335.40	2681.26
華潤燃氣	630.51	689.44	951.88	954.53	1019.32	762.46	762.46

（續上表）

華潤水泥控股	189.24	352.64	692.71	604.72	411.30	336.58	316.33
華潤電力	700.40	724.45	526.26	401.67	1255.53	709.96	783.07
華潤醫藥	635.99	642.28	454.37	250.04	223.03	295.30	370.70

資料來源：《香港交易所市場資料》，2017-2021 年，東方財富網站

▌ 發展願景：「具全球競爭力的一流世界企業」

2020 年全球新冠疫情爆發以來，儘管香港經濟受到了很大的影響，但是華潤集團的總體經營狀況仍保持較快的增長速度。這一時期，華潤集團開始實施「十四五」發展戰略，以「重塑華潤戰略」為主題，「做大做強現有核心業務，培育新興業務，提升在港影響力，打造具有華潤特色的世界一流國有資本投資公司」（圖 4-12）。其中的重點策略是：

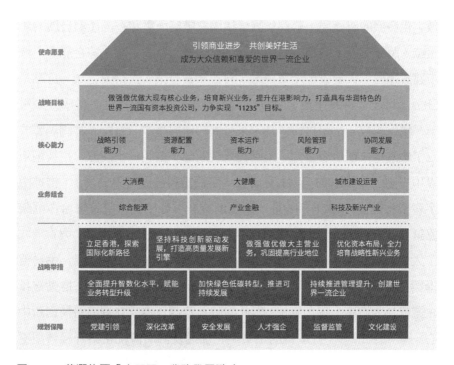

圖 4-12　華潤集團「十四五」業務發展戰略
資料來源：《華潤（集團）有限公司 2021 年度可持續發展報告》，第 10 頁。

　　第一，着力打造符合世界一流國有資本投資公司的管控模式。這幾年，華潤着手精簡集團管控層級，將原來的四級管控壓縮為「資本層 —— 資產層 —— 運營層」三級管控模式，將 7 個由原戰略業務單元管理的一級利潤中心調整為集團直接管理，各級組織單元亦遵循「戰略引領、客戶導向、權責對等、協同高效、風險可控、動態優化」的原則開展組織設計；同時優化總部職能，將總部定位為「戰略導向、管控科學、決策高效的價值創造型總部」，開展「總部機關化」問題專項整改，解決機構臃腫和冗員問題，着力實現「管辦分離」，並對標國內外標桿企業，調整總部 7 個職能部室的職責範圍，突出國有資本投資公司的核心功能，提升管理效能。集團並實現對 25 家業務單元的水平管理，按照「分類管控、分級管控、動態調整、放管結合」的原則對業務單元實施分類授權、差異化管理。

　　第二，聚焦科技創新，大力發展前瞻性戰略性新興產業。為應對數字化發展的新變局，華潤集團根據國家戰略所需和香港產業發展的新定位，將原有旗下業務板塊由 5 大產業，擴充為大消費、綜合能源、城市建設運營、大健康、產業金融、科技新興產業 6 大行業領域，重點是分拆「科技及新興產業」為獨立的業務板塊，明確將生命科學、微電子、環保科技、化學材料作為未來發展的新興產業。為此，華潤調整成立了集團科技創新委員會、集團科技創新部，編製「十四五」科技創新專項規劃，並於 2021 年 11 月成立「華潤數科控股有限公司」，推進數字產業化發展。2021 年 8 月，華潤創業與香港中文大學簽署合作框架協議，共同打造「再生醫學創新中心」；同年 10 月，華潤創業與香港城市大學簽署協議，成立合資公司，重點投資生命科學與健康、生物醫學與工程、材料科學與工程等領域的創新科技與初創企業，推動被投企業成為大灣區「獨角獸」。與此同時，華潤資本成立香港科技創新中心 —— 潤維創坊，打造科創企業孵化加速及協助傳統企業升級轉型平台；華潤創業並與香港科技園簽署合作備忘錄，建立創科聯合孵化平台。

　　第三，發揮集團優勢，重塑香港業務。華潤認為，民生領域關乎

香港的民生保障和經濟安全，事關香港市民福祉，對確保香港長期繁榮穩定具有重要意義，因而在集團層面成立「香港工作委員會」，制定香港業務發展戰略，加大在港投資。主要聚焦三個方面：一是加大對香港民生產業的關注力度和投資，鞏固零售、食品、倉儲、出租物業等傳統業務，改善香港民生，增強經濟活力；二是更好地融入香港未來發展大局，支持香港特區政府施政，積極參與民生類產業、公用事業、大型基建等項目，圍繞金融、貿易、航運三大中心建設，「北部都會區」計劃、河套深港科技創新合作區建設等方面，加快在港科技創新及新興產業的佈局和拓展，為香港未來發展提供戰略支撐；三是更好協助香港發揮「超級聯繫人」角色作用，結合「國家所需、香港所長、中資所能」，發揮香港優勢「引進來，走出去」。

2022 年，華潤集團透過旗下公司對香港民生產業展開一系列矚目的收購行動：1 月及 5 月，華潤物業先後收購香港昇捷物業項目和領先物業管理項目，前者在香港管理了 300 多個物業，總面積超過 7,500 萬平方呎，服務政府部門、大型公共設施、學校、醫院、公共及私人物業及停車場；後者為香港政府所管轄的公共房屋提供物業管理、清潔及工程監督等服務，共管理 20 多個公屋項目，單位戶數達 42,700 戶，為超過 20 萬香港基層市民服務，此舉壯大了華潤旗下民生物產業務。同年 2 月，華潤旗下的華創物業正式更名為「華潤創業建設投資有限公司」，業務發展以布局香港 18 區零售物產為重點，協同華潤創業共同拓展香港社區零售和社區服務業務，着力發展成為具特色、領先的民生物產投資公司。此外，華潤以 46.2 億港元向嘉里建設收購香港的柴灣倉庫和沙田倉庫，完成收購屯門和粉嶺的物流項目。截至 2022 年 6 月底，華潤集團在港資產規模達 1,056 億港元，在港員工人數達 12,933 人，分別比 2015 年增長了 1 倍及 1.4 倍。

2022 年，華潤集團實現營業收入 8,187 億元人民幣，淨利潤達 642 億元人民幣，總資產規模突破 2.3 萬億元人民幣，分別比 2019 年增長了 20.07%、25.64% 及超過 40%，實現了逆境中的增長（表 4-10）。華潤

集團控股的內地上市公司再增加了 4 家，包括華潤微電子、華潤化學材料、博雅生物、昆藥集團等。2022 年，在《財富》雜誌發佈的世界 500 強排行榜，以營業額計華潤躍升至第 70 位，比 2019 年提升了 10 位，比 2015 年大幅上升了 45 位。華潤表示：「集團正在實施『十四五』發展戰略，立足香港，服務國家戰略，以重塑華潤戰略為主題，突出高質量發展，強化創新引領，優化資源配置，培育和鞏固核心產業，保持行業領先地位，為客戶提供優質的產品和服務，持續提升股東價值，打造具有華潤特色的國有資本投資公司，成為具有全球競爭力的世界一流企業。」[80]

第四節　招商局集團

▍ 輪船招商局創辦：中國民族工業的先驅

　　輪船招商局是中國民族工商業的先驅，創立於晚清洋務運動時期。為了打破外國輪船公司在中國航運業的壟斷，1872 年，直隸總督兼北洋大臣李鴻章委派朱其昂籌辦輪船招商局。同年 12 月 23 日，李鴻章向清廷上奏《試辦招商輪船折》，提出招商局實行分運漕米、兼攬客貨的營運方針和撥借官款、招收商股的集資方法，並特別指出：「庶使我內江外海之利，不至為洋人佔盡，其關係國計民生者，實非淺鮮。」[81]三天後，即 12 月 26 日，清政府批准李鴻章奏摺，「官督商辦」的「輪船招商局」（簡稱「招商局」）正式創辦，由買辦商人唐廷樞出任總辦，徐潤、朱其昂、盛宣懷等出任會辦，負責集資及營運。招商局籌辦初期，遭洋人妒忌，華商觀望，開業時僅招入商股 10 餘萬兩，資本不

80　華潤集團：「華潤簡介」，華潤集團官網。

81　胡政主編、張後銓著《招商局近代人物傳》，北京：社會科學文獻出版社，2015 年，第 9 頁。

足，經李鴻章商得戶部撥借直隸練餉局存款制錢 20 萬串，作為設局資本，問題才勉強解決。[82]

1873 年 1 月 17 日，招商局在上海南永安街正式對外開局營業，兩天後其從英國購置的 507 噸「伊敦」號貨輪由上海裝貨首航香港，打通了中國沿海南北航線。[83] 在唐、徐等人主持下，秉承李鴻章制定的「分運漕糧、兼攬客貨」的經營方針，招商局逐步開展和擴大了航運業務。當時，招商局在上海設立總局，並相繼在天津、牛莊、煙台、福州、廈門、廣州、香港、汕頭、寧波、鎮江、九江、漢口等通商口岸，以及國外的長崎、橫濱、神戶、新加坡、檳榔嶼、安南、呂宋等地設立了 19 個分局。自此，飄揚着雙魚龍旗的招商局輪船開始活躍在中國沿海及長江水域上。

1873 年至 1874 年間，招商局籌集 47.6 萬兩白銀，先後訂購 6 艘輪船。1874 年，招商局先後有 4 艘輪船進入長江航道。當時，壟斷長江航運的旗昌、太古兩家輪船公司即以減價戰抵制。不過，減價戰並沒有影響到招商局船隊的擴大，倒是旗昌輪船公司在激烈的競爭中漸漸不支。1877 年，旗昌輪船公司將所擁有 7 艘海輪、9 艘江輪及各種薹船、駁船、各通商口岸的碼頭、貨倉以及全部財產，以 222 萬兩白銀價格售予招商局。這是中國民族工商企業第一次收購外商資產。招商局收購旗昌輪船公司後，航隊一下急增到 29 艘、總噸位逾 3 萬噸，一躍而成為長江航運上一股重要力量。[84] 同年 12 月 26 日，招商局與英資的太古、怡和簽訂第一次齊價合同。這是中國民族企業對抗外商傾軋的一次重大勝利。[85]

---

82 〈幾經滄桑百年史，舉世矚目展宏圖〉及〈招商局特刊（2）〉，《文匯報》，1992 年 12 月 16 日。

83 招商局：「招商局歷史：晚清時期的招商局（1872-1912 年）」，招商局官網。

84 張仲禮、陳曾年、姚欣榮：《太古集團在舊中國》，上海人民出版社，1991 年，第 60 頁。

85 招商局：「招商局歷史：晚清時期的招商局（1872-1912 年）」，招商局官網。

1879 年 10 月 19 日，招商局「和眾」輪首航檀香山，次年開航北美到達美國西海岸城市三藩市，成為中國航海史上一大壯舉。[86] 1881年，由招商局總辦唐廷樞起草，經李鴻章核定的《輪船招商章程》正式頒佈執行。該章程是招商局開辦初期的根本制度，包括機構、管理、財務、漕運、保險、輪運等。當年，招商局股本增加到 100 萬兩白銀。[87] 1884 年，中法戰爭爆發，為避免招商局輪船遭到打擊，招商局局輪明售暗托給美資旗昌洋行，並與旗昌達成售產換旗行駛協定，此即為招商局歷史上著名的「售產換旗」事件。翌年，招商局向旗昌洋行收回戰時暗托局輪，換回招商局旗幟行駛，並正式確立官督商辦體制。1892 年，招商與太古、怡和兩公司再訂立第二次齊價合同。[88]

1912 年中華民國成立後，招商局召開股東會議，決定更名為「商辦招商局輪船公司」，招商局進入完全商辦時期，並議決同意將局產押借給孫中山臨時政府作借款用。[89] 1927 年，國民黨中央執行委員會議決組成國民政府清查整理招商局委員會，對招商局進行了全面清查整理，國民政府交通部並在招商局設立監督辦公處。1928 年，國民政府交通部監督處命招商局董事會全體董事停職，改設總管理處，代行董事會職權。[90] 1932 年，國民政府頒佈招商局收歸國營令，商辦輪船正式更名為「國營招商局」。

從創辦初期到民國時期，招商局除了發展航運業外，還創辦了一系列實業，包括：1875 年發起組建保險招商局，1876 年創設仁和保險公司，1878 年創設濟和水火險公司，1882 年投資中國近代最早大型煤礦開採企業 —— 開平礦務局，1891 年投資創設中國近代第一家機器

86 招商局：「招商局歷史：晚清時期的招商局（1872-1912 年）」，招商局官網。

87 招商局：「招商局歷史：晚清時期的招商局（1872-1912 年）」，招商局官網。

88 《太古集團在舊中國》，第 64 頁。

89 招商局：「招商局歷史：晚清時期的招商局（1872-1912 年）」，招商局官網。

90 招商局：《招商局歷史：民國時期的招商局（1912-1949 年）》，招商局官網。

紡織企業 —— 上海機器織佈局，1896 年投資創設中國近代第一家銀行 —— 中國通商銀行及南洋公學（現上海交通大學前身），1908 年投資參股中國近代第一家鋼鐵煤炭聯合企業 —— 漢冶萍廠礦公司。1914年，招商局股東特別會議決定另立積餘產業公司，將所有非航運業務劃入此公司，這是招商局歷史上第一次航產分業。[91] 從歷史發展的角度來看，招商局組建了中國近代第一支商船隊，開辦了第一家保險公司、中國第一家銀行，開創了中國近代民族航運業和其他許多近代經濟領域，在中國近現代經濟史上具有極為重要的地位。

1937 年抗日戰爭爆發後，招商局以「新銘」等 7 輪在江陰沉船抵禦日寇沿江進犯，其後，又相繼以「海晏」、「新江天」、「江裕」、「新豐」等輪船，以及南京、鎮海、定海三分局的躉船在上海、南京等地沉船禦敵。[92] 1945 年抗戰勝利後，國民政府交通部令招商局等航運企業成立接收敵產委員會，並恢復在江海各埠設立分局辦事處。1946 年 2 月，招商局與中國石油有限公司在上海合資組建「中國油輪有限公司」，專門從事石油產品運輸，其中，招商局佔 40% 股權。1947 年，國民政府主席蔣介石為國營招商局創立 75 周年題辭：「輝光日新」。當年，招商局共擁有船舶 246 艘，25.7 萬噸，約佔全國船舶總噸位的 40%，成為了當時中國最大的航運企業。1948 年 10 月 1 日，招商局改制為「招商局輪船股份有限公司」。當年，招商局在日本東京設立分局，在橫濱、神戶設立辦事處，積極開拓中日航運業務。[93]

1949 年 5 月，解放軍解放上海，上海市軍管會接管招商局。1950年 1 月 15 日，香港招商局全體員工和留港的 13 艘海輪共 600 餘人宣告起義。同年 9 月 2 日，中華人民共和國交通部給香港招商局頒發證明

91 招商局：「招商局歷史：晚清時期的招商局（1872-1912 年）」，招商局官網。
92 招商局：「招商局歷史：民國時期的招商局（1912-1949 年）」，招商局官網。
93 招商局：「招商局歷史：民國時期的招商局（1912-1949 年）」，招商局官網。

書，確認該公司為中央人民政府交通部下屬企業。1951 年 2 月 1 日，
招商局（上海總公司）改組為中國人民輪船總公司，香港招商局歸中國
人民輪船總公司領導。[94] 同年 2 月 14 日，香港招商局致函中國人民輪
船總公司，要求沿用「招商局輪船股份有限公司」原名，以杜絕糾紛，
獲得總公司批復同意。1950 年以後的 6 年間，香港招商局的業務斷斷
續續，直到 1956 年才「恢復業務」。[95] 1958 年，國家交通部決定將香
港招商局劃歸遠洋運輸局領導。從 1962 年起，國內來港貨物的中轉事
宜全部由招商局辦理。

　　這一時期，香港招商局主要承擔國輪代理業務和貨物裝卸、倉
儲、中轉、駁運等業務。從 1963 年至 1969 年底，招商局共購、造新舊
輪船 18 艘、23 萬餘載重噸。從 1970 年至 1978 年期間，招商局通過轄
下兩家船公司為中國遠洋運輸總公司共買船 408 艘、706.2 萬載重噸；
訂造新船 8 艘、6.9 萬載重噸；並在中遠總公司領導下，發展起香港船
隊 111 艘、175.8 萬載重噸。[96] 二十世紀 60 年代中期，招商局投資 150
萬港元，將干諾道西 15 號原四層高辦公樓改建為樓高 14 層的招商局大
廈，又成立友聯船廠，重整起在香港的新的業務發展框架。[97]

▌ 再次創業：創辦「蛇口工業區」

　　1978 年，國家交通部部長葉飛派部外事局負責人袁庚赴港檢查招
商局工作，其後，中共交通部黨組聽取袁庚的彙報，並對充分利用招商
局的工作進行深入研究。在此基礎上，同年 10 月 9 日，交通部黨組向
中共中央、國務院遞呈《關於充分利用香港招商局問題的請示》，對招

94　招商局：「招商局歷史：新中國成立後的招商局（1949-1979 年）」，招商局官網。

95　盧永忠：〈老牌中資招商局〉，《資本》，1993 年 4 月，第 50 頁。

96　〈幾經滄桑百年史，舉世矚目展宏圖〉及〈招商局特刊（3）〉，《文匯報》，1992 年 12 月
　　16 日。

97　招商局：「招商局歷史：新中國成立後的招商局（1949-1979 年）」，招商局官網。

商局的發展提出了「立足港澳、背靠內地、面向海外、多種經營、買賣結合、工商結合」的 24 字經營方針，請求擴大招商局的經營自主權，以便「衝破束縛，放手大幹，爭取時間，加快速度」，「爭取五至八年內（把招商局）發展為綜合性大企業」。[98] 10 月 12 日，中央批准交通部請示。當年 11 月，招商局耗資 6,100 萬港元，購入香港中區干諾道中一幢 24 層的商業大廈，作為公司總部所在地。自此，招商局的發展進入一個新的發展時期。

1978 年 10 月，袁庚出任招商局副董事長，主持招商局全面工作。當時，招商局的總資產只有 1.3 億港元，只能從事航運代理業務，與航運配套的輔助性修船、船用油漆、倉儲等業務，在香港工商界的影響微不足道。[99] 1979 年 1 月 3 日，招商局代交通部和廣東省革委會起草致國務院的《關於我駐香港招商局在廣東寶安建立工業區的報告》。1 月 31 日，國務院副總理李先念、谷牧接見交通部副部長彭德清與袁庚，批准籌建「蛇口工業區」。[100] 3 月，招商局成立發展部，主要負責蛇口工業區的政策擬訂、外資引進及內外聯繫。同時，招商局制定《招商局蛇口工業區投資暫行條例（草案）》，作為與外商洽談的依據。[101] 其後，招商局與深圳市政府達成共識，包括：「招商局工業區的土地面積暫定以蛇口以西（冰廠以西）至第五灣，約佔荒田 1,000 畝；同意將赤灣劃給招商局作旅遊區，面積另算」；「同意招商局在蛇口工業區成立地產公司，今後由地產公司與地方發生關係，商人與招商局發生關係。土地以出租形式，地方每年按實際已租出地皮（指佔用荒田）每畝收回租金」。[102]

---

98 〈幾經滄桑百年史，舉世矚目展宏圖〉，〈招商局特刊（4）〉，《文匯報》，1992 年 12 月 16 日。

99 郭國璨、劉海燕：《香港中資財團（I）》，第 101 頁。

100 招商局：「招商局歷史：改革開放以來的招商局（1979-2000 年）」，招商局官網。

101 江潭瑜主編：《深圳改革開放史》，北京：人民出版社，2010 年，第 59-60 頁。

102 鍾堅：《改革開放夢工場——招商蛇口工業開發區建設 40 年紀實（1978-2018）》，北京：科學出版社，2018 年，第 61-62 頁。

　　同年 4 月 1 日，蛇口工業區建設指揮部成立。7 月 8 日，蛇口工業區轟然響起填海建港的「開山砲」，基礎工程正式破土動工，展開「五通一平」（通水、通電、通車、通航、通電信和平整土地），正式拉開了中國改革開放的歷史序幕。蛇口工業區從起步建設開始，就明確提出「以工業為主，積極引進，內外結合，綜合發展」的建設方針。其後，招商局更完整地提出：蛇口工業區「產業結構以工業為主，資金來源以外資為主，產品市場以外銷為主」，建立外向型的經濟體系。[103]

　　1979 年 9 月 5 日，招商局與香港獨立船務有限公司簽訂在蛇口工業區合資經營中宏製氧廠有限公司的總協議，這是招商局與外商簽訂的在蛇口工業區合資經營的第一個協議。1984 年 7 月，廣東省政府批准蛇口工業區面積擴大到 16.81 平方公里。蛇口工業區經過 10 年建設，從昔日一個荒涼貧瘠的小魚村初步發展成為現代化海港工業城區。截至 1991 年底，工業區已開發平整土地 5.5 平方公里，建成廠房、辦公樓、宿舍、倉庫等各類建築物 195 萬平方米；建成碼頭岸線 3,215 米、各級泊位 20 個，其中，5 萬噸級泊位 2 個，3 萬噸級泊位 2 個，1.5 萬噸級和 1 萬噸級泊位各 1 個，5,000 噸級泊位 5 個；工業區已引進投資項目共 382 項，協定投資總額 6.3 億美元，其中，工業項目投資佔 73.4%。1991 年，工業區實現工業總產值 33.86 億元人民幣，其中，出口總值佔 71%，產品遠銷美國、加拿大、西歐、東南亞和香港等地。

　　蛇口工業區，從建設之日起，就開始探索一種與國內當時的經濟體制完全不同的新機制，如在全國率先推行幹部聘用制度、獎金制度、工程招標制度、商品房租售制度、社會保險制度和企業股份制等等。[104]早在 1981 年 6 月 16 日，《人民日報》全文刊載新華社電訊稿，指出：

103 《改革開放夢工場 —— 招商蛇口工業開發區建設 40 年紀實（1978-2018）》，第 136-138 頁。

104 江潭瑜主編：《深圳改革開放史》，第 63-64 頁。

「蛇口方式已引起人們廣泛注意」。同年,中共中央總書記江澤民在五屆人大常委會第 21 次會議上講話時,高度評價了蛇口工業區的建設成就及其經驗。在蛇口建設過程中,袁庚提出了「時間就是金錢,效率就是生命」的響亮口號,響徹中華大地。1984 年 10 月 1 日,在盛大的國慶 35 周年慶典活動上,寫着「時間就是金錢,效率就是生命」的蛇口大型彩車駛過天安門廣場,接受國家領導人的檢閱。[105] 蛇口的建設經驗,後來被譽為「蛇口模式」,成為中國改革開放的先驅和象徵。

就在開發建設蛇口工業區的同時,招商局還抓住南海東部油田開發及其後勤基地正在選址的機遇,向中央建議開發蛇口半島的第二個海灣 —— 赤灣。1982 年 3 月 21 日,國務院批准建設赤灣深水港計劃,批准招商局自 1984 年起,再延長 10 年不上繳利潤,用以入股南山開發公司,開發赤灣港。[106] 1982 年 6 月,由招商局牽頭、共有 6 家內地和香港公司合資組建的「中國南山開發股份有限公司」經國務院批准成立,其中,招商局佔 38% 股權,由袁庚兼任董事長兼總經理。這是改革開放以來第一家真正意義上的股份有限公司。赤灣港開發建設,採用邊建設、邊使用、邊回收、邊擴大的方針,取得滾雪球的經濟效果。1984年,4 個石油用工作船泊位竣工。1985 年至 1987 年間,1 個 2.5 萬噸級泊位、兩個中轉油輪泊位以及 3 個石油三用工作船泊相繼落成。1993年,南山開發股份旗下 5 家港口航運專業化公司經改組成為「深圳赤灣港航股份有限公司」,以 A、B 股在深圳證券交易所上市。1994 年,南山開發股份更名為「中國南山開發(集團)股份有限公司」。到 2005年,赤灣港區 25 個規劃泊位全面完工,赤灣港區成為華南規模最大的集裝箱碼頭之一。[107]

105 招商局:「招商局歷史:改革開放以來的招商局(1979-2000 年)」,招商局官網。

106《改革開放夢工場 —— 招商蛇口工業開發區建設 40 年紀實(1978-2018)》,第 155 頁。

107《改革開放夢工場 —— 招商蛇口工業開發區建設 40 年紀實(1978-2018)》,第 169-170頁。

1997 年，時任招商局集團總裁李寅飛指出：「開發蛇口工業區，不僅奠定了招商局經濟起飛的基礎，而且對全國改革具有示範作用。……在一個國家的經濟史上，能兩次開創具有歷史意義的重要時代的企業、中外企業中，並不多見。更難能可貴的是，兩次開創之舉竟相隔整整一個世紀。經過一個世紀的滄桑歷程，一個企業沒有衰老，卻依舊意氣風發，立於時代潮流。」[108]

▌ 邁向以航運為中心的綜合性企業集團

改革開放以後，招商局在香港的發展也取得了矚目進展。1980 年，中共交通部黨組決定對招商局的經營方針，在原有 24 字基礎上加上「以航運為中心」，發展為 30 字方針。[109] 1985 年 11 月 12 日，國務院批准交通部《關於香港招商局集團董事會調整的請示》，「招商局集團有限公司」正式成立，為交通部直屬一級企業。在新的架構下，招商局展開一系列的收購、擴展行動，取得了快速發展。

1986 年 6 月，招商局與美國兆亞集團合組「新思想有限公司」，收購當時陷入財務危機的上市公司友聯銀行，成為第一家利用股票市場收購上市公司的中資企業。1995 年 2 月，招商局收購兆亞集團持有的新思想股權，使持有的友聯銀行股權增加到 62%。1987 年 4 月 8 日，經批准招商局發起創辦「招商銀行」，總資本為 4 億元人民幣，招商局佔 50% 股權。這是中國改革開放後第一家企業投資創辦的股份制商業銀行。1988 年 4 月，經中國人民銀行總行批准，招商局再創辦平安保險公司。這是第一家由企業發起創辦的股份制保險公司。[110]

108 商局集團有限公司總裁李寅飛：〈為了民族富強是招商局的歷史使命〉，烏蘭木倫主編：《發展中的香港中資企業》，新華通訊社香港分社編印，香港經濟導報社出版，1997 年，第 47 頁。

109 招商局：「招商局歷史：改革開放以來的招商局（1979-2000 年）」，招商局官網。

110 招商局：「招商局歷史：改革開放以來的招商局（1979-2000 年）」，招商局官網。

在航運倉儲業，1988 年 3 月，招商局決定收購董氏航運集團散貨船及超級油輪 10 餘艘、共約 160 萬載重噸。同年，招商局為了緩解香港米倉緊張的壓力，投資 1 億多港元，興建香港第一家也是東南亞最大的全空調無柱式米倉。翌年，招商局與中國遠洋運輸公司開始合資組建「蛇口集裝箱碼頭有限公司」，興建深圳第一個集裝箱專用碼頭 ── 蛇口集裝箱碼頭（SCT），設計年輸送量為 50 萬個標箱，該碼頭 1991 年投入使用。[111] 1992 年，招商局出資 13.5 億港元，分別收購鐵行和英聯邦所持有的香港現代貨櫃碼頭（MTL）8.1% 及 6.8% 股權，到 90 年代中期通過多次增持，將持股量增加到 20%，成為僅次於九龍倉的第二大股東。[112]

香港回歸前夕，招商局已擁有包括超級油輪和大型散貨輪船在內的遠洋船隊 390 餘萬載重噸，航線遍佈世界各地，約承擔了香港海運量的 10%。招商局還擁有香港最大的駁船隊、最大的船廠與浮塢，其碼頭分佈於香港、蛇口、赤灣，旗下擁有蛇口港、赤灣港、香港歐亞碼頭、香港堅尼地城碼頭，並且是蛇口集裝箱碼頭、香港現代貨櫃碼頭的主要股東。此外，招商局擁有的碼頭岸線長達 7,000 米，倉庫 13 萬平方米，堆場 55.1 萬平方米，形成了一個規模龐大、完整的海運體系。[113]

在基礎設施領域，1993 年 9 月，招商局參股專營建設香港赤鱲角新機場十大核心工程之一 ── 西部海底隧道的西隧公司，佔 13% 股權。1995 年，招商局又參與投資建設亞洲最大的空運中心香港新機場貨運中心項目。同年，招商局拆資 1.6 億港元收購在香港上市的建設工程公司 ── 俊和集團有限公司三成股權。俊和集團擁有香港多項公用事業建築資格牌照。收購俊和，成為招商局承攬香港公用事業建設項目，提供了發展平台。到 90 年代中期，招商局在香港的投資已佔集團

---

111 招商局：「招商局歷史：改革開放以來的招商局（1979-2000 年）」，招商局官網。
112 李寅飛：〈為了民族富強是招商局的歷史使命〉，第 48 頁。
113 李寅飛：〈為了民族富強是招商局的歷史使命〉，第 51 頁。

投資的 69%。[114]

在香港進行大規模投資的同時，招商局也積極在內地展開一系列的投資。除了在深圳蛇口建設工業區之外，招商局還參上海浦東新區發展，提出「回師上海，再創輝煌」的戰略口號，先後參與上海金橋出口加工區、上海外高橋保稅區、上海金山開發區、上海北橋工業區等重要項目的發展並持有股份。1992 年 12 月，位於上海浦東陸家嘴金融貿易區的上海招商局大廈奠基，這是浦東開發以來批租的第一塊土地。上海招商局大廈的建成啟用，成為招商局成功回師上海的象徵。1992 年，為了配合海峽兩岸雙向直接「三通」形勢的發展，招商局聯同中銀集團等機構，成立「招商局中銀漳州經濟開發區有限公司」，共同開發福建漳州最靠近台灣高雄港的一片 25 平方公里的土地，到 90 年代中期，漳州開發區完成首期開發工程。

招商局在發展壯大的同時，亦透過旗下公司海虹集團開創中資企業在香港直接上市的先河。海虹集團的前身是成立於 1978 年 10 月的「海虹船舶油漆有限公司」。當時，世界船用塗料主要由丹麥等幾家大型外資公司壟斷。招商局為打破這一壟斷，決定建立自己的船用油漆廠，為集團的遠洋船隊提供配套服務。該公司廠房設在香港葵涌，主要業務為生產以「海鷗」為商標的船舶保養漆，同年引入丹麥 Hemple 集團的先進專利技術。

90 年代初，香港紅籌股「借殼」上市熱潮興起。招商局決定將概念清晰、業績良好的海虹集團直接上市。1992 年 6 月，海虹集團在香港招股上市，以每股 1.5 港元發售 6,125 萬股，結果獲得 374 倍的超額認購，共集資 9187.5 萬港元，成為 1987 年全球股災以來招股反應最為熱烈的一隻新股。7 月 15 日，海虹集團在香港聯交所掛牌上市，當天股價報收 4.225 港元，比上市價大幅上升 1.82 倍，連同認股證計算共達

---

114 李寅飛：〈為了民族富強是招商局的歷史使命〉，第 49 頁。

2.3 倍。海虹作為第一家循正式途徑在香港上市的中資公司，創下了多項歷史記錄，形成一股「海虹旋風」。[115] 由於海虹資產幾乎全部來自中國內地，在某種程度上也可以說是中國內地國企第一次透過香港上市條例在香港公開上市。1994 年，招商局將擁有 6 艘輪船的明華船隊和持有南玻 B 股 13.4% 的權益注入海虹，海虹集團更名為「招商局海虹有限公司」。1997 年 4 月，招商局海虹宣佈以每股 6.03 港元先舊後新方式，配售 65 億新股，集資逾 39 億港元，稍後更名為「招商局國際有限公司」（簡稱「招商國際」）。到 1997 年 12 月初，招商國際市值已從初期不到 1 億港元飆升至 152 億港元，位列紅籌股企業第 6 位。[116]

經過近 20 年的快速發展，到香港回歸前夕，招商局已從一個業務單一的航運企業，發展成為一家在香港具有影響力的多元化、綜合性企業集團，總資產從改革開放前的 1.3 億元增長到超過 300 億港元，旗下公司多達 200 多家，經營業務包括航運、工業貿易、金融保險、旅遊酒店、工程地產和工業園區等 6 大板塊。[117] 1995 年，在國家國有資產管理局評選的「中國脊樑 —— 國有企業 500 強」中，招商局位居第 26 位。

■「再造招商局」：深耕三大業務板塊

1997 年香港回歸後，即遭受到亞洲金融危機的衝擊，整體經濟陷入戰後以來最嚴重的衰退之中。由於招商局在過去 20 年間業務多元化擴張過速，在危機中遭遇了較大困難，當時招商局資本回報率僅為 4%，而資本成本卻高達 11%，有大約 73 億元的不良資產（預計形成損失的有 46 億元），其中 1,000 萬港元以上的達 66 項，整體不良資產率達 12.12%；危機過後，集團的整體負債率高達 61.9%，經常性現金缺口

115 鄧炳輝：〈海虹旋風創三項歷史紀錄〉，《大公報》，1992 年 7 月 16 日。

116 郭國燦、劉海燕：《香港中資財團（I）》，第 240 頁。

117 李寅飛：〈為了民族富強是招商局的歷史使命〉，第 53 頁。

約 8 億元，已入不敷支，[118] 即使當時集團內的所謂「大項目」、「好項目」，如港口、地產等，也存在不少結構性問題，包括投資主體分散、許多相同的業務分散在不同的公司，未能形成產業規模的集聚。

為解決這些問題，招商局進入了一個資產和業務重組的調整時期。1999 年，招商局由交通部直屬企業改為由中央直接管理的 39 家國有重要骨幹企業之一（央企）。[119] 1997 年至 2000 年期間，中國交通進出口總公司、華建交通經濟開發中心、交通部重慶公路科學研究所等機構先後成建制地併入招商局。這期間，招商局集團將總部搬遷入信德中心招商局大廈。2000 年 7 月，招商局聘請國際知名的麥肯錫顧問諮詢公司為招商局進行全面的企業診斷，麥肯錫在報告中指出，招商局的問題主要是產業過度多元化、投資過於分散、管理層次過多，為此應進行內部清算，清理資產及套現還債，精簡經營主體，並通過資產重組確立交通基建、金融、地產和物流四大核心產業。2001 年 2 月，招商局在漳州開發區召開集團工作會議，新任董事長秦曉在麥肯錫報告的基礎上，提出了集團用三年時間整合調整的戰略和具體實施方案，具體包括：重點發展核心產業，培育和增強核心競爭力；改善集團財務狀況，徹底擺脫財務困難；加大資產重組力度，推進專業化、規模化經營；調整組織結構，加強總部建設，實現扁平化管理；加強內部管理，改善激勵約束機制。[120]

當年，招商局進行了大規模的產業整合，旗下的地產、物流、科技、港口等業務初步形成了統一經營格局。其中，以上市公司招商局國際為平台，整合集團內外主要的港口資源，使招商局國際在短短幾年內完成從一個多元化企業向一家專業的港口碼頭營運商的轉型。同時，招商局對集團的資產和財務結構作了大幅調整，使不良資產比例顯著降低。2000 年 4 月，為了走出亞洲金融危機的困局，招商局與中國

---

118 王玉德、楊磊等：《再造招商局》，北京：中信出版社，2008 年，第 2、66、68 頁。

119 招商局：「招商局歷史：改革開放以來的招商局（1979-2000 年）」，招商局官網。

120《再造招商局》，第 69-70 頁。

工商銀行正式簽署股權轉讓協定，以每股 7.52 港元價格，向中國工商銀行悉數轉讓所持友聯銀行 53.23% 股權，套現 18.04 億港元。交易完成後，友聯銀行更名為「中國工商銀行亞洲有限公司」。2002 年 4 月 9 日，招商銀行以 A 股在上海交易所掛牌上市，募集資金 107 億元人民幣。[121] 同年 7 月，招商局將所持平安保險 13.544% 的股權悉數售出，套現資金 14.84 億元人民幣。到 2002 年底，招商局集團的重組調整工作基本完成，歷史遺留的不良資產問題基本處理完畢。當年，招商局淨資產達 153.1 億元人民幣，淨利潤 6.21 億元人民幣。[122]

2003 年 1 月，國務院副總理吳邦國在招商局工作報告上作出批示：「實屬不易，可喜可賀」，並勉勵招商局要「做大做強」。當年，招商局工作重點全面向提高經常性利潤轉移，圍繞核心產業啟動了新一輪較大規模的投資活動，對旗下核心產業，包括港口、地產、物流等進行了全國性的網點建設；同時，逐步淡出集裝箱和散貨船運輸市場，全力參與推動國家能源運輸（包括油輪運輸和 LNG 運輸）；推動完成了金融資產的整合，金融資產股權集中由金融集團持有管理。此外，在深圳市政府的支持下，招商局取得深圳前海灣 3.5 平方公里港區聯動的物流園區開發用地及深圳寶安區光明南 1.7 平方公里科技工業園的用地，獲得新的發展空間。

從 2004 年起，招商局啟動了「再造一個招商局」的戰略。2004 年 8 月，招商局油輪船隊順利完成上市重組工作，並成功引入中石化等重要業務夥伴。2006 年 12 月，招商局能源運輸股份有限公司（簡稱「招商輪船」）在上海證券交易所上市，超額認購 130 倍，集資 43.6 億元人民幣。招商輪船是招商局旗下專業從事遠洋運輸的航運企業，擁有全球最大規模的超級油輪（Very Large Crude Carrier, VLCC）和超大型

---

121 招商局：「招商局歷史：走進新世紀的招商局（2000 年至今）」，招商局官網。

122《再造招商局》，第 99 頁。

礦砂船（Very Large Ore Carrier, VLOC）船隊，國內領先的液化天然氣
（liquefied natural gas, LNG）和滾裝船隊，其主要業務包括：油輪運輸、
散貨船運輸及液化天然氣運輸等。[123]

2004 年 12 月，招商局投資 55.7 億人民幣入股上海港，成為上海
國際港務（集團）第二大股東，持股 30%。這標誌着招商局基本完成
在中國沿海集裝箱樞紐港的戰略佈局。[124] 到 2006 年，招商局集團用了
3 年時間，提前兩年實現了「再造一個招商局」的戰略目標，即主要財
務、經營指標在 2003 年底的基礎上實現了翻一番。其中，利潤總額達
91.4 億元人民幣，淨利潤 59 億元人民幣，分別比 2003 年的 57.03 億元
人民幣和 19.40 億元人民幣大幅增長 60.27% 和 1.94 倍；總資產和淨資
產市值分別達到 1143.3 億元人民幣和 1,290 億元人民幣，管理總資產達
10,216 億元人民幣。[125]

2008 年全球金融海嘯後，招商局集團在原有產業的基礎上繼續深
耕交通物流、綜合金融、城市與園區綜合開發等三大核心產業（其後加
上「新產業」）上進一步提升競爭力（圖 4-13）。綜合交通產業板塊主
要包括港口、航運、公路、物流、海洋工業與貿易等。其中，港口業
務主要由旗下招商港口控股有限公司（簡稱「招商港口」）經營。招商
港口前身為「招商局國際」，2004 年 9 月晉身為香港恒生指數成份股，
2018 年 6 月更名為「招商港口」。經過多年發展，招商港口在香港、台
灣及中國內地沿海主要樞紐港已逐步建立起完善的港口網絡群，並在印
度次大陸及非洲、歐洲及地中海，以及南韓、美國等國家和地區進行
戰略性投資，已發展成為中國最大、世界領先的港口開發、投資和營
運商。

123 招商輪船：《公司簡介》，招商局能源運輸股份有限公司官網。
124 招商局：「招商局歷史：走進新世紀的招商局（2000 年至今）」，招商局官網。
125 招商局：「招商局歷史：走進新世紀的招商局（2000 年至今）」，招商局官網。

圖 4-13 招商局集團的產業架構
資料來源：招商局集團官網

　　截至 2019 年底，招商港口在全球 18 個國家和地區 34 個港口共投資、參股港口及綜合物流項目 48 個、集裝箱泊位逾 190 個（圖 4-14）。其中，中國 10 大集裝箱港口中，招商局港口覆蓋了 7 個，包括香港、上海、深圳、寧波—舟山、青島、天津、大連等。2019 年，招商港口全年完成集裝箱輸送量達 11,172 萬標準箱（TEU），創歷史新高，其

中，內地港口完成 8,367 萬 TEU，香港及台灣地區完成 721 萬 TEU，海外港口完成 2,084 萬 TEU；港口散雜貨業務完成輸送量 4.49 億噸，集團港口板塊貨物權益輸送量位列世界第一。[126] 此外，招商局旗下的上市公司大連港股份、營口港、深圳赤灣港航等也經營港口、碼頭業務。其中，大連港股份主要經營大連港，是東北地區最大的綜合性碼頭營運商。

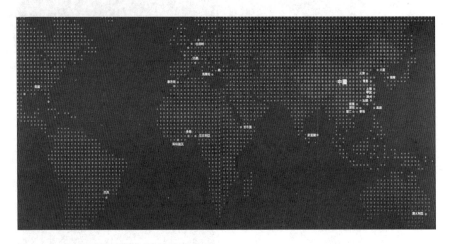

圖 4-14　招商局港口在全球的業務分佈
資料來源：《招商局港口控股有限公司 2019 年年報》，第 1 頁。

作為招商局祖業和主業的航運業，主要由集團旗下持有 54.36% 股權的招商輪船經營。截至 2019 年底，招商輪船擁有及經營的船隊共 176 艘、3209.75 萬載重噸，其中，油船船隊 56 艘，包括 VLCC（超大型油輪）51 艘；乾散貨船隊 94 艘；LNG 船隊 21 艘；滾裝船舶 5 艘。另外，中長期租入干散貨船隊 22 艘，代管船舶 3 艘。2019 年度，招商輪船共完成貨運量 20,239 萬噸，其中，油輪船隊完成貨運量 7,584 萬噸，散貨船隊完成貨運量 9,431 萬噸，LNG 船隊完成貨運量 2,078 萬

126《招商局港口控股有限公司 2019 年年報》，第 16 頁。

噸，滾裝船隊完成貨運量 1,146 萬噸。[127] 經過資產重組和資本運作，招商局航運業務已經形成「油、散、氣、特」全業態的業務格局，運輸航線遍佈全球，正邁向世界一流航運企業。[128]

在公路交通業，主要由集團旗下持有的「招商局公路網絡科技控股有限公司」（簡稱「招商公路」）經營。招商公路前身是 1999 年整體撥歸招商局的華建交通經濟開發中心。2009 年底，招商局將在新加坡上市的「招商局亞太」併入華建集團經濟開發中心。[129] 兩年後，華建集團經濟開發中心完成公司改制，重組為「招商局華建公路投資有限公司」，其後更名為「招商公路」。截至 2019 年底，招商公路投資經營的總里程達 9,820 公里，在經營性高速公路行業中穩居第一，其中包括 10 座特大型橋樑 268 公里；招商公路權益里程為 3,074 公里，管理里程達 1,824 公里，所投資的路網覆蓋全國 21 個省、自治區和直轄市，管理項目分佈在 15 個省、自治區和直轄市，在經營性高速公路行業中穩居第一，已形成從勘察、設計、特色施工到投資、運營、養護、服務等公路全產業鏈業務形態。[130]

在物流業，主要由集團旗下的上市公司中國外運股份有限公司（簡稱「中國外運」）經營。2003 年 2 月，中國外運在香港以 H 股上市，2015 年併入招商局，成為招商局集團物流業務運營平台。該公司主要經營綜合物流，包括國內水路客貨運輸代理、倉儲和碼頭服務、物流設備租賃等業務，在全國共有境內企業約 1,000 家，服務網絡覆蓋廣東、福建、上海、浙江、江蘇、湖北、山東、天津、遼寧、安徽、江西、四川、重慶、廣西、河北、北京、香港等地區，旗下海外機構分佈於 30 多個國家和地區。另外，集團旗下的全資子公司中國長江航運集團有限

---

127 《招商局能源運輸股份有限公司 2019 年年度報告》，第 21-22 頁。

128 招商局：「集團簡介」，招商局集團官網。

129 招商局：「招商局歷史：走進新世紀的招商局（2000 年至今）」，招商局官網。

130 《招商局公路網路科技控股股份有限公司 2019 年年度報告》，第 10 頁。

公司（簡稱「長航集團」）是中國最大的內河航運企業集團，主要經營長江航運（經營乾散貨、液貨危險品、集裝箱運輸業務）、郵輪旅遊（經營長江郵輪、城市遊船和郵輪港業務）和港航服務業（燃料供應、綠色航運、船舶修理、船舶服務、特色電機和航運科技等業務），有着 140多年的歷史。[131]

在海洋工業和貿易業，招商局工業集團有限公司（簡稱「招商工業」）在全國擁有 9 大船廠、7 大造修船基地，業務主要聚焦在海洋裝備維修保養、海洋工程裝備製造、郵輪製造、特種船舶製造等方面，並在義大利、芬蘭、德國、波蘭等 10 餘個國家設有子公司或駐外機構，已發展為中國三大國有造修船集團之一。招商局海通貿易有限公司（簡稱「招商海通」）於 1972 年在香港成立，作為招商局集團旗下唯一的綜合性商貿平台，已發展成為集食品、交通、大宗貿易為一體的綜合性貿易公司。招商海通業務網絡覆蓋廣泛，在中國 8 個城市及境外 7 個國家設有分支機構。

在金融產業板塊，主要包括銀行、證券、保險、基金等 4 大領域。在銀行業，招商局發起並作為最大股東的招商銀行，是中國領先的股份製商業銀行，資本回報、資產質量、資本市場估值等指標均居國內上市銀行前列。該行於 2002 年 4 月在上海證券交易所上市；2006 年9 月在香港聯交所以 H 股上市，募集資金 200 億港元，其中，H 股公開發售部分獲 265 倍超額認購，國際配售部分獲 50 倍超額認購，均創下了內地銀行股在香港上市的新記錄（圖 4-15）。目前，招商銀行在全國主要的省區市設有 45 間分行，在境外共設有 6 間分行，包括香港分行、紐約分行、新加坡分行、盧森堡分行、倫敦分行及悉尼分行，共有境內外代理機構 1,833 家，員工 8.47 萬。2019 年底，招行香港分行的資產規模為 1252.08 億元人民幣。

---

131 長航集團：「公司簡介」，中國長江航運集團有限公司官網。

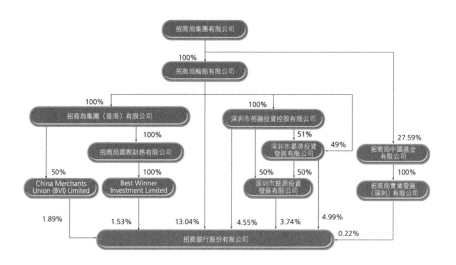

圖 4-15　招商銀行股權結構
資料來源：《招商銀行股份有限公司 2019 年報》，第 78 頁。

　　2008 年 9 月，招商銀行成功以 193 億港元的價格，收購香港伍氏家族所持有的上市公司永隆銀行 53.12% 股權。其後，招商銀行對永隆銀行發起全面要約收購，將其私有化。[132] 永隆銀行創辦於 1933 年，是香港一家中小型銀行，擁有豐富的經營經驗，經營業務包括存款、貸款、投資理財、信用卡、網上銀行、押匯、租購貸款、匯兌、證券經紀、資產管理、保險業務、強制性公積金、物業管理、信託、受託代管及投資銀行業務等；至 2007 年共在香港及境外開設 40 間分行，總資產 930 億港元，名列香港第 4 大本地銀行。收購永隆銀行後，招商銀行在香港銀行界擁有了一個重要的發展平台，可以更好地與招商銀行內外相互輔助。

　　2019 年度，招商銀行的營業收入達 2680.65 億元人民幣，稅前利潤 1171.32 億元人民幣，總資產 74172.40 億元人民幣。2019 年 2 月，英國

132《櫛風沐雨八十年》編輯小組：《櫛風沐雨八十年 —— 永隆銀行發展紀實》，永隆銀行有限公司，2013 年，第 155-158 頁。

《銀行家》雜誌公佈「2019 年全球銀行品牌價值 500 強」排行榜，招商銀行以品牌價值 224.8 億美元名列全球排名第 9 位。招商銀行表示：集團的發展願景是成為「創新驅動、零售領先、特色鮮明的中國最佳銀行」，為此將「緊密圍繞『輕型銀行』的轉型方向，推動『輕型銀行』建設不斷深入，推進『質量、效益、規模』動態均衡發展，努力實現金融科技銀行的質變突破，不斷深化風險管理向『治本』轉型，大力打造最佳客戶體驗銀行，進一步提升國際化、綜合化服務能力。」[133]

在證券業，主要由招商證券展開。招商證券前身是招商銀行證券業務部，1994 年組建為「深圳招銀證券公司」，1998 年及 2001 年先後改組為「國通證券有限責任公司」和「國通證券股份有限公司」，2002 年更名為「招商證券股份有限公司」（簡稱「招商證券」）。2009 年 11 月，招商證券在上海證券交易所上市（圖 4-16）。2013 年，招商證券成功發行 100 億元人民幣公司債，成為國內第一家發行公司債的券商，開創了證券公司在資本市場融資的新途徑。[134] 2016 年 10 月，招商證券以 H 股在香港聯交所掛牌上市。經過多年發展，招商證券已成為國內擁有證券市場業務全牌照的領先券商，截至 2019 年底，招商證券擁有 5 家一級全資子公司，包括招證國際、招商期貨、招商致遠資本、招商投資和招商資管；12 家分公司，在京津，長三角的上海、江蘇、浙江及廣東珠三角共設有 258 家證券營業部。同時，通過招商證券國際有限公司在香港以及英國、新加坡、韓國等地設有子公司，已構建起國內外一體化的綜合證券服務平台。[135]

133《招商銀行股份有限公司 2019 年報》，第 12、15 頁。

134 招商局：「招商局歷史：走進新世紀的招商局（2000 年至今）」，招商局官網。

135《招商證券股份有限公司 2019 年報》，第 22-23 頁。

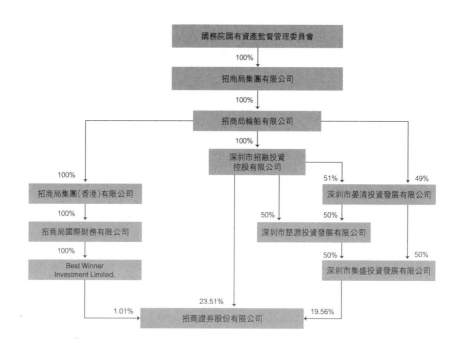

圖 4-16 招商證券股權結構
資料來源：《招商證券股份有限公司 2019 年度報報》，第 125 頁。

在保險業，集團旗下的「仁和保險」品牌歷史源遠流長，2016 年 12 月，中國保監會批復同意，招商仁和人籌建，標誌着「仁和保險」成功複牌。2019 年，招商仁和人壽保費規模達 113.20 億元人民幣。在基金業，於 1993 年 7 月在香港上市的招商局中國基金，於 2019 年底的投資總值為 7.14 億美元，主要投資於金融服務（佔基金資產總值 64.93%）、文化傳媒及消費（13.11%）、資訊科技（8.55%）及其他（含製造、能源及資源，及教育等，3.32%）。[136] 2007 年 12 月，招商證券以 63.21 億元人民幣收購博時基金 48% 的股權，加上此前持有的 25% 股權，合計持有博時基金公司 73% 的股權，該基金成立於 1998 年 7 月，是中國內地首批成立的 5 家基金公司之一，2007 年底公募基金規模達

136《招商局中國基金有限公司 2019 年年報》，第 9 頁。

2,500 億元人民幣,是中國管理資產規模最大的基金管理公司之一。[137]
2012 年 12 月,招商局資本有限公司揭牌成立,業務發展快速。目前,
招商局的金融板塊已實現了「4+N」業務佈局,涵蓋銀行、證券、保
險、基金等領域,已逐步打造成為全牌照、全生命週期的綜合金融服務
平台。

在城市與園區綜合開發產業板塊,主要由招商局旗下的招商蛇口、
招商局漳州開發區等公司展開,業務包括園區開發與運營、社區開發與
營運及遊輪產業建設與運營等三個領域。1992 年,招商局聯同福建省
交通運輸集團、漳州市政府、龍海市政府及福建省港航局,設立「招商
局漳州開發區有限公司」,以蛇口工業區的成功經驗,共同開發福建廈
門灣南岸的漳州開發區。2010 年 4 月,經國務院批准,招商局漳州開
發區升級為國家級經濟技術開發區,定名為「漳州招商局經濟技術開發
區」。招商局漳州開發區有限公司以蛇口工業區的「前港—中區—後城」
模式對漳州開發區進行成片開發,面積達 56.17 平方公里,形成土地開
發、物業經營、園區開發及運營、城市配套服務四大業務板塊。[138]

2014 年,國務院正式批復決定設立廣東自貿試驗區,其中,28.2
平方公里的深圳前海蛇口片區,包括招商局蛇口工業區 9.4 平方公里、
招商局國際西部港區 3.8 平方公里,合計 13.2 平方公里。2015 年 9 月,
招商局蛇口工業區控股股份有限公司(簡稱「招商蛇口」)與招商地產
簽訂換股吸收合併協議,決定由招商蛇口通過發行 A 股股份的方式與
招商地產股份互換,招商地產退市註銷。同年 12 月 30 日,招商蛇口在
深交所上市,股票號為 1979,正是袁庚創立蛇口工業區的年份。

重組後招商蛇口,以「中國領先的城市及園區綜合開發和運營服
務商」為戰略定位,聚焦社區開發與運營、園區開發與運營,以及郵

---

137 招商局:「招商局歷史:走進新世紀的招商局(2000 年至今)」,招商局官網。

138 招商局漳州:「公司簡介」,招商局漳州開發區有限公司官網。

輪產業建設與運營三大業務領域。在社區開發與運營領域，截至 2019
年已佈局國內超過 50 個城市及香港、新西蘭，涉及別墅、高端住宅、
高層公寓、花園洋房等各類住宅產品（圖 4-17）；在園區開發與運營領
域，招商蛇口以 1979 年蛇口工業區開發為起點，到漳州開發區建設，
包括主題園區、特色產業帶到生態型片區等，以及積極參與「一帶一
路」沿線國家的特色園區的開發建設；在郵輪產業建設與運營領域，主
要包括開發運營深圳蛇口郵輪母港、廈門郵輪母港，並參與投資天津郵
輪母港，招商系公司以獨資、參股或聯合開發的形式在深圳、廈門、天
津、上海、湛江等中國沿海城市已初步完成郵輪母港佈局。截至 2019
年底，招商蛇口總資產規模達 6176.88 億元人民幣，投資開發項目超過
340 個。

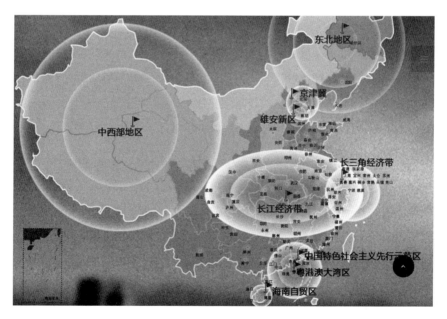

圖 4-17　招商蛇口在中國內地的業務佈局
資料來源：招商局蛇口工業區控股有限公司官網

　　此外，招商局另一家香港上市公司招商局置地有限公司亦經營房
地產業務，截至 2019 年底在佛山、廣州、重慶、南京及句容、西安等

地擁有 33 個房地產開發項目，主要集中開發住宅物業以及住宅及商業綜合物業，產品類型包括公寓、別墅、辦公樓及零售商舖等，擁有土地儲備 595.44 萬平方米。[139]

■ 穩步邁向「具有全球競爭力的世界一流企業」

經過多年發展，招商局已成為香港一家大型綜合性企業集團，旗下擁有 20 家二級公司，包括在香港上市的招商局港口控股有限公司（62.85%）、中國外運股份有限公司（A+H）（34.71%）、招商銀行股份有限公司（A+H）（29.96%）、招商證券股份有限公司（A+H）（44.08%）、招商局中國基金有限公司（27.59%）、招商局置地有限公司（74.35%）和大連港股份有限公司（A+H）（67.88%）等 7 家（表 4-12），以及在內地上市的營口港務股份有限公司（78.29%）、招商局能源運輸股份有限公司（54.36%）、招商局南京油運股份有限公司（27.02%）、中國國際海運集裝箱（集團）股份有限公司（24.56%）、招商局公路網絡科技控股股份有限公司（68.71%）、招商局蛇口工業區控股股份有限公司（63.38%）和招商局積餘產業營運服務股份有限公司（51.16%）等 7 家（表 4-13）。

表 4-12　2019 年度招商局集團香港上市公司經營概況

上市公司名稱	經營的主要業務	營業額	除稅前溢利	總資產
招商局港口（億港元）	港口及海運物流服務、保稅物流及港口價值鏈業務	88.98	117.56	1490.82
中國外運（億元人民幣）	綜合物流，包括國內水路客貨運輸代理、專業物流及電子商務	776.50	33.26	618.86
招商銀行（億元人民幣）	銀行、保險、證券等相關金融業務	2680.65	1171.32	74172.40

139《招商局置地有限公司 2019 年年報》，第 7、23 頁。

（續上表）

招商證券 （億元人民幣）	證券、期貨、資產管理、投資銀行	256.59	87.74	3817.72
招商局中國基金（億美元）	基金、資產管理等業務	1.32	1.36	7.94
招商局置地 （億元人民幣）	地產發展、物業投資、城市綜合開發營運	194.53	57.53	884.22
大連港 （億元人民幣）	港口及相關業務	66.46	11.62	350.98

資料來源：招商局集團旗下各香港上市公司 2019 年報

表 4-13　2019 年度招商局集團內地上市公司經營概況

單位：億元人民幣

上市公司名稱	經營的主要業務	營業額	利潤總額	總資產
營口港	碼頭、港口及相關物流服務	47.68	13.52	152.20
招商輪船	從事國際原油、國際與國內幹散貨、國內滾裝、國際與國內件雜貨等海運業務	145.56	16.76	548.18
招商南油	從事國內沿海和全球航線的原油、成品油、化工品等散裝液體貨物的運輸業務	40.39	9.11	79.34
中集集團	從事集裝箱、道路運輸車輛、能源、化工、液態食品裝備、海洋工程裝備、空港裝備的製造及服務業務	858.15	56.14	1721.08
招商公路	公路、橋樑、碼頭、港口、航道基礎設施的投資、開發、建設和經營管理	81.85	53.37	909.13
招商蛇口	城區、園區、社區的投資、開發建設及運營	976.72	261.24	6176.88
招商積餘	物業管理、商業運營和開發服務	60.78	4.08	165.02

資料來源：招商局集團旗下各內地上市公司 2019 年報

2019 年度，招商局集團營業收入達 3,394 億元人民幣（若計算招商銀行則為 7,144 億元人民幣），利潤總額 720 億元人民幣，總資產 19,359 億元人民幣，分別比 2010 年的 444.15 億港元、217.78 億港元及 3242.99 億港元，大幅增長了 6.64 倍、2.31 倍及 4.97 倍，年均增長率分別為

25.35%、14.21% 及 21.96%，實現了高速增長（表 4-14）。2019 年度，綜合交通板塊營業收入 985 億元人民幣，淨利潤 80 億元人民幣；金融板塊營業收入 4,099 億元人民幣，淨利潤 1,000 億元人民幣；城市與園區綜合開發板塊營業收入 985 億元人民幣，淨利潤 160.33 億元人民幣。[140]

表 4-14　2010-2021 年度招商局集團經營概況

單位：億元人民幣

	營業收入	利潤總額	淨利潤	總資產
2010 年度	444.15	217.78	121.77	3242.99
2011 年度	513.79	236.85	138.13	3423.12
2012 年度	646.91	264.75	147.26	3918.10
2013 年度	722.21	273.39	169.32	4526.01
2014 年度	932.75	336.83	194.94	6241.58
2015 年度	1220.30	488.72	284.78	9010.86
2016 年度	2138.43	500.59	253.51	10157.29
2017 年度	2701	566	273.01	11976
2018 年度	3038	611	295.59	13980
2019 年度	3394	720	361.53	19359
2020 年度	4159	800	N.A.	22233
2021 年度	4952	974	N.A.	25087

資料來源：《招商局集團社會責任報告書》，2014-20 年；《2021 招商局集團可持續發展報告》

　　2020 年 10 月，招商局審議通過以深圳市招融投資控股公司為主體申請成為金控公司。事隔一年，中國人民銀行受理了招商局關於設立金融控股公司的申請。2022 年 8 月，招商局金融控股有限公司獲得中國人民銀行批准，成為中國第三家、粵港澳大灣區首家金融控股公司。9 月 18 日，招商局金融控股有限公司正式設立並在深圳前海掛牌。根

---

140 《招商局集團 2019 年社會責任報告書》，第 15 頁。

據資料，招商局金控監管口徑下風險並表及參股重要性機構總計約 670
家，在銀行、券商、資產管理、保險等多個金融領域均有布局。截至
2022 年 6 月底，招商局金融業務總資產規模為 10.4 萬億元人民幣，管
理資產超過 19 萬億人民幣。招商局金融控股表示：集團將「要立足香
港、深耕香港，助力深圳引領『三區』協同發展，為粵港澳大灣區建設
提供有力的金融支撐，加快建設創新引領、協同驅動、特色鮮明、國內
領先的金融控股集團」。[141]

2021 年度，儘管受到全球新冠疫情影響，但招商局集團的營業
收入進一步增加到 4,952 億元人民幣，利潤總額 974 億元人民幣，總
資產 25,087 億元人民幣，分別比 2019 年度再增長 45.90%、35.28% 及
29.59%。從 2018 年至 2021 年，招商局集團旗下的主要香港上市公司市
值呈穩步增長的態勢，不過，2022 年期間，受到不利消息影響，招商
銀行市值大幅下滑，至 7 月底跌至 1946.58 億港元，比 2021 年底下跌
近三成（表 4-15）。

表 4-15　2017-2023 年招商局集團主要上市公司市值變化

單位：億港元

	2017 年底	2018 年底	2019 年底	2020 年底	2021 年底	2022 年 7 月底	2023 年 1 月底
招商銀行	1427.77	1317.59	1838.66	2249.54	2779.79	1946.58	2334.52
招商局港口	670.27	469.51	454.57	347.44	537.56	498.55	439.53

資料來源：《香港交易所市場資料》，2017-2021 年，東方財富網站

2019 年，在美國《財富》發佈的「世界 500 強」排行榜中，招商
局和旗下招商銀行雙雙入圍，分別排在第 224 位和第 188 位，分別比
2018 年提升 36 位和 25 位，招商局成為擁有兩個世界 500 強公司的企業

---

141 招商局集團董事長、招商金控董事長繆建民：〈堅守金融初心矢志金融報國打造高品質發
展的央企金控〉，招商局金融控股有限公司官網。

集團，其中，招商銀行連續 8 年入榜。2021 年，招商銀行和招商局集團在世界 500 強中排名進一步提升至第 162 位和 163 位。2022 年是招商局創立 150 周年，招商局由國有資本投資公司試點企業正式轉為國有資本投資公司。招商局表示：集團將「深化國企改革，強化創新驅動，優化佈局結構，防範重大風險，堅定不移做強做優做大招商局」，「朝着成為具有全球競爭力的世界一流企業穩步邁進」。[142]

第五節　香港中旅集團／中國旅遊集團

▍中國旅行社的創辦與早期發展

　　中國旅遊集團和香港中旅集團的創辦，最早可追溯到二十世紀 20 年代。1923 年 8 月 15 日，銀行家陳光甫在其創辦的上海商業儲蓄銀行國際部設立旅行部，開始代售滬寧和滬杭兩路車票和輪船客票等。[143]對於創辦旅行部的動機，陳光甫表示：「我行創辦旅行社，目的在於挽回中國之權利，並不在於牟利。如通濟隆及運通公司等遠在萬里之外，來吾國設立旅行機關，為人服務，而吾國獨無此項機關，殊足貽人口實。」[144] 因而，陳光甫為中國旅行社制定「發揚國光、服務行旅、闡揚名勝、改進食宿、致力貨運、推進文化，以服務大眾為己任」的經營理念和經營方針。

　　1924 年春，旅行部組織了第一批國內旅遊團從上海赴杭州旅遊，由鐵路局開專列運送；1925 年春再組織一批中國公民組成的赴日本旅遊的「觀櫻團」。1927 年 6 月 1 日，陳光甫將旅行部獨立出來，成立

---

142 招商局：「集團簡介（2021 年）」，招商局集團官網。

143 中國旅遊集團：「大事記」，1923 年，中國旅遊集團有限公司官網。

144 楊桂和：〈論中國旅行社〉，《文史資料選輯》，第 80 輯，北京：文史資料出版社，1982年，第 150 頁。

「中國旅行社股份有限公司」，[145] 自任董事長，下設運輸部、車務部、航運部、出版部、會計部、出納部、稽核部和文書處等機構，各辦事處則改稱「旅行分社」，並以「五角旅星」為社徽。至此，第一家中國人創辦的旅行社宣告成立。同年，中旅社設立出版部，創辦《旅行雜誌》，由陳光甫撰寫發刊詞。《旅行雜誌》初期為季刊，1929 年第 3 卷開始改為月刊。1928 年 4 月 1 日，中國旅行社香港分社成立，地址設在港島中環皇后大道中 6 號；1934 年 11 月 10 日，香港分社德輔道支社成立，地址設在港島中環德輔道中 174 號；1936 年 4 月，中國旅行社在香港成立華南區經理處，轄廣州、香港及新加坡等分社。[146] 這是香港中旅集團的最早起源。

中國旅行社的業務，最初主要以代售火車、輪船、飛機客票為主，其後開始辦理接待、組織國內外旅遊團業務。1933 年 11 月，中旅社發刊《旅行便覽》，為旅客提供旅遊指南。同年，西北回民組團到麥加朝聖，中旅社代為辦理，包括申請護照、簽證等。1934 年，上海分社組團，分別到華南、江西、福建、湖南、廣東、廣西等地。到 1937 年，中國旅行社的分社、辦事處已達 66 所，分佈於大陸鐵路沿線、沿江、沿海城市，乃至海外。[147] 1934 年以後，中旅社開始辦理代理貨物運輸業務，與各公私營公司建立廣泛的聯繫。1936 年，中旅社與英資怡和輪船公司簽訂協議，為該公司代理業務，包括躉船管理、貨物兜攬、船頭代辦、倉庫管理房產照料等。中旅社還代理水火險、意外險、行李險等保險業務，以滿足貨主對貨物運輸的需要。

這一時期，中旅社的業務也從國內擴展到海外歐美、日本、東南亞各國。1928 年，中旅社與英國通濟隆公司簽訂協議，規定凡該公司

145 中國旅遊集團：「大事記」，1927 年，中國旅遊集團有限公司官網。
146 香港中旅集團編：《香港中旅八十年》，北京：中國社會科學出版社，2008 年，第 11 頁。
147 中國旅遊集團：「大事記」，1931-1937 年，中國旅遊集團有限公司官網。

在歐美各城市設立的分支機構,如中國旅行社有顧客前往者,或歐美遊客來華者,均可憑對方介紹信,雙方互相予以照顧。為推動海外旅遊業務的發展,中旅社先後於 1934 年和 1936 年開設新加坡分社和台灣分社。1936 年 8 月,第十一屆奧運會在德國柏林舉辦,中旅社承辦中國代表團的車、船票業務,並組織參觀團,由海陸兩路前往柏林,在返程安排遊覽歐洲。民國期間,遊學歐美、日本的學生有增無減,中旅社開始代辦出國事務。

1931 年,日軍侵佔東北,中旅社受國民政府委託,承擔故宮博物院國寶秘密南運的重任;1937 年春又與國民政府兵工署簽訂合約,承運國防兵工器材,彰顯了愛國情懷。抗戰期間,中國旅行社損失嚴重,業務基本停頓。危難之中,中旅社利用本身的優勢和經營特長,為抗日需要的進出口物資提供運輸的便利,為抗日群眾解決交通問題,全力疏運民眾,協助華僑歸國支持抗戰,輔助文化精英大營救,包括曾參與秘密營救香港淪陷時期 800 餘名愛國人士和為美國盟軍服務等工作。[148] 1938 年夏,中國旅行社會曾一度將公司總部從上海遷至香港,但 1939 年秋又再將總部遷回上海。[149] 抗戰勝利後,香港分社恢復營業。

1949 年,上海解放後,陳光甫結束上海儲蓄銀行和中國旅行社在內地的業務,並將上海儲蓄銀行香港分行易名為「上海商業銀行」,在香港註冊。1954 年春,中央政府華僑事務委員會接管中國旅行社香港分社,註銷「中國旅行社香港分社」,並接管其業務,由國家財政部匯來 10 萬港元作為註冊資金和經費,於 1954 年 6 月 10 日重新註冊成立「香港中國旅行社有限公司」(簡稱「港中旅」),[150] 主要業務是為前往內地的港澳同胞、海外華僑及外國遊客提供與旅遊相關服務,並經營內地

---

148 郭國燦、劉海燕:《香港中資財團(I)》,第 63 頁。

149 中國旅遊集團:「大事記」,1938-1939 年,中國旅遊集團有限公司官網。

150《香港中旅八十年》,第 63-64、107 頁。

往香港出口國際市場的海、陸、空貨運代理。1962 年，港中旅開始承擔國家「供應港澳鮮活冷凍商品「三趟快車」到港貨運交貨工作；1968 年開始接受香港居民委託代寫「回鄉介紹書」。[151] 1965 年 4 月，港中旅在九龍開設第一間分社。1973 年 6 月，位於港島中環皇后大道中 77 號的中旅大廈正式落成，成為港中旅的總部所在地。

▍ 香港中旅集團的成立與發展

改革開放後，香港中旅社迎來新的發展時期。1979 年，港中旅成為港穗直通車票務總代理，並受公安部委託先後開始承辦《港澳同胞回鄉證》及《台灣居民往來大陸通行證》。[152] 同年，中斷 30 年的廣九直通火車正式開通，港中旅開始代理廣九鐵路直通車及其他各種交通票務。面對新的形勢，港中旅緊抓發展機遇，決定擴大經營陣地、形成業務網絡、開展多元化經營、籌組成立集團。這一時期，港中旅相繼成立了香港中旅貿易公司、香港中旅酒店管理公司、中旅引進諮詢公司、中旅經濟開發公司、中旅汽車服務公司、中旅裝修公司、中旅置業公司、中旅貨運公司、中旅航空服務公司等 9 家公司，集團資產也從 1979 年的 2 億港元增加到 1985 年的 5 億港元。[153] 在此基礎上，1985 年 10 月，香港中旅集團有限公司（簡稱「港中旅集團」）在香港註冊成立，並確立「立足香港，依託內地，面向海外」的經營方針，原來的港中旅作為集團的全資附屬公司，繼續提供與旅遊相關的各種服務。港中旅集團首任董事長是廣東省顧問委員會主任梁靈光，副董事長兼總經理是馬志民。1987 年 5 月 5 日，新中旅集團大廈落成，成為香港中旅的總部所在地。

80 年代期間，港中旅集團積極發展旅遊業務。1984 年 7 月，旗下

---

151 中國旅遊集團：「大事記」，1962 年、1968 年，中國旅遊集團有限公司官網。

152 中國旅遊集團：「大事記」，1979 年，中國旅遊集團有限公司官網。

153 香港中旅集團編：《香港中旅八十年》，第 114-117 頁。

港中旅社獲香港政府入境處指定為「香港遊」接待社。1989 年，港中旅組織第一個中國公民自費赴新、馬泰旅遊。到 90 年代中期，港中旅已發展成為香港規模最大的旅遊機構，在港島、九龍和新界各處設有 23 個分社和辦事處，並在海外 12 個國家設立了 15 個分社，每年在香港接待的遊客超過 500 萬人次，涉及業務包括組織國內及國外旅行團，辦理旅行簽證；代理九廣鐵路直通車及其他各種交通票務，同時辦理「港澳同胞回鄉證」、「台灣居民往來大陸通行證」，以及內地各省市居民港澳遊業務等。[154]

這一時期，港中旅集團還積極向多元化發展，將業務拓展到經營和管理酒店、貨運及倉儲、航空和汽車服務、建築、房地產、裝修工程、廣告、印刷、電腦服務等領域。在酒店業，1984 年 10 月，港中旅集團購買了第一間酒店 —— 華國酒店。[155] 1985 年 4 月，香港中旅酒店管理公司註冊成立。到 90 年代中期，港中旅集團先後在香港、澳門、美國及中國內地投資興建或購買了 18 間酒店，擁有客房 4,000 間。1996年，集團對酒店業務進行整合和重組，將屬下所有酒店劃歸中旅酒店管理公司統一經營管理。

與此同時，港中旅集團積極發展貨運業務，包括拓展香港與內地之間的汽車集裝箱運輸，經營香港與內地及世界各地海陸空貨物聯運及相關業務，拓展快遞、冷藏車、超大型機械設施等特種運輸項目。為配合業務發展，集團在內地大城市及東南亞、歐洲、美加等地設有聯營企業或辦事處，在上海、深圳分別設有國家一級的貨運代理公司，形成廣泛的國際貨運服務網絡。此外，集團還擁有汽車、船務、航空等客運公司，經營香港至廣州等線路的旅遊巴士，香港至澳門、香港至深圳機場

---

154 香港中旅集團董事長兼總經理朱悅寧：〈從一間旅行社邁向現代企業集團〉，烏蘭木倫主編：《發展中的香港中資企業》，新華通訊社香港分社編印，香港經濟導報社出版，1997年，第 63 頁。

155 中國旅遊集團：「大事記」，1984 年，中國旅遊集團有限公司官網。

的高速客船，以及長江三峽的「錦繡中華」號豪華遊輪。在航空業，集團除了經營代理內地包機、國際機票外，還投資經營航空公司。1992年 7 月，港中旅與中國航空公司聯手，以 33.9 億港元價格向滙豐銀行購入其所持國泰航空 10% 股權；同時，港中旅還是 1993 年成立的深圳航空公司的最大股東。

港中旅集團成立後，最重大的突破就是在深圳興建華僑城。1985年 8 月 28 日，由時任國務院僑辦主任廖暉提議，國務院批准港中旅集團開發建設深圳華僑城。同年，深圳特區華僑城建設指揮部成立，由香港中旅副董事長兼總經理馬志民出任華僑城建設指揮部主任。華僑城位於深圳南部的深圳灣，佔地 5 平方公里，原屬深圳寶安縣光明華僑畜牧場沙河分場。馬志民上任後，立足於「規劃就是財富，環境就是資本」的理念，高薪聘請新加坡著名華人建築師孟大強擔任規劃顧問，負責華僑城總體規劃，編制了具有超前眼光的《華僑城總體規劃》。根據該規劃，華僑城以新加坡為標桿，以「花園中建設城市」為理念，展開建設。

1986 年，華僑城相繼成立了華僑城地產公司、華僑城貿易公司、華僑城物資公司、華僑城旅遊公司、華僑城園林公司、華僑城勞動服務公司、華僑城水電公司、華僑城建築安裝公司等 8 家國有企業。1988年 1 月，華僑城第一家外資企業 —— 大通實業有限公司開業。[156] 經過10 年建設，到 90 年代中期，華僑城初步形成以外向型工業、旅遊、商貿、房地產為主體的現代化城區，先後建成合資企業 100 多家，吸收外資超過 20 億元人民幣，其中，康佳電子產品產量和出口量在全國同類企業中位居前列，連續 5 屆被評為全國十佳合資企業。[157] 1996 年，華僑城工業總產值達 44.18 億元人民幣，工業出口產值達 8.4 億元人民

---

156 華僑城：〈華僑城發展簡史〉，華僑城集團官網。

157 朱悅寧：〈從一間旅行社邁向現代企業集團〉，第 68 頁。

幣，資產總值超過 97.62 億元人民幣。[158] 中旅集團以華僑城為基地，發展了一批內地合資項目，包括與香港華人銀行及國家銀行共同創辦的「華商銀行」，與暨南大學聯合興辦的「暨南大學中旅旅遊學院」等。

港中旅集團在開發華僑城的過程中有一個突出的特點，就是建設與集團旅遊業相配套的主題公園，率先打造全國旅遊文化產業和旅遊品牌。1987 年 5 月，微縮景區 ——「錦繡中華」破土動工。該景區佔地面積 30 萬平方米，建有 80 個景點，於 1989 年 11 月建成開業，結果大獲成功，開業一年左右就收回約 1 億元人民幣的投資。錦繡中華以「一步跨進歷史，一日遊遍中國」的文化創意，被譽為「開中國人造主題公園之先河」。其後，另外兩個主題公園 ——「中國民俗文化村」和「世界之窗」也先後於 1991 年 10 月和 1994 年 6 月相繼建成開業。其中，世界之窗以「你給我一天，我給你一個世界」為理念，將華僑城主題公園推向高潮。三個主題公園共佔地 104.5 萬平方米，到 1997 年回歸前夕，每年接待國內外遊客超過 600 萬人次，取得了空前的成功。[159]

這時，港中旅集團還積極投資多種實業，先後參與香港、內地及海外的投資項目 100 多個，投資金額達 100 億港元，投資領域涉及工業、基礎設施建設及高科技等行業，包括參與投資香港公路三號幹線、黃山太平索道、唐山國豐鋼鐵廠、蘭州煉油化工廠 4 萬噸聚丙烯工程和 120 萬噸重油催化裂化工程、陝西渭河 120 萬千瓦發電廠等。[160] 到 90 年代中期，香港中旅集團先後設立了 20 多家子公司，業務涉及旅遊、酒店、貨運、貿易、實業投資、地產建築、金融保險、科技開發等多個領域，並在中國內地和東南亞、歐美等國家建立起 10 多個分支機構，初步形成以香港為基地，內地、香港、海外業務緊密聯繫、相互推動

---

158 《香港中旅八十年》，第 181 頁。

159 朱悅寧：〈從一間旅行社邁向現代企業集團〉，第 65 頁。

160 朱悅寧：〈從一間旅行社邁向現代企業集團〉，第 67 頁。

的格局。

進入 90 年代，隨着業務的發展，港中旅集團也積極參與香港資本市場運作，推動轉變經營方式。1992 年 7 月，港中旅集團將深圳錦繡中華發展有限公司（含錦繡中華、民俗村旅遊景區）51% 權益、香港中旅貨運有限公司（含鐵路運輸、公路運輸及貨物運送）及旗下持有 96.2 股權的永達行等業務重組，成立「香港中旅國際投資有限公司」（簡稱「中旅投資」），在香港公開招股，結果獲得 411 倍的超額認購，凍結資金 1,500 多億港元，創下當時香港股市認購倍數及凍結資金的最高紀錄。[161] 同年 11 月 11 日中旅投資香港掛牌上市。其後，集團先後將港中旅「港澳遊」業務、京港酒店、星港酒店、京華國際酒店等注入中旅投資。1997 年，正值香港紅籌股熱潮興起之際，香港中旅集團再將旗下多項業務，包括路橋、電廠、房地產、高爾夫球會等注入中旅投資，又先收購香港上市公司新港福有限公司 43.7% 股權，收購城巴集團有限公司 20% 股權。到 1997 年 3 月，中旅投資總市值達到 130 多億港元，股價自 1996 年初上升了 1 倍多，超越大市升幅。不過，大規模的急速擴張，卻為日後在亞洲金融危機時的暴跌，埋下伏筆。

▍集團再造：打造中國旅遊業航母

1997 年亞洲金融危機襲港，在 90 年代擴張過快的港中旅集團，也與粵海集團一樣，陷入了嚴重的財務危機之中。從 1998 年 9 月到 1999 年，集團未能借入一筆新的貸款，卻有數十億到期貸款必須償還，陷入債務危機。為應對危機，港中旅集團採取了一系列措施，包括發揮上市公司功能，注資套現；調整投資週期，加快資金回收；加強項目管理，確保資金回收等。1998 年和 1999 年，港中旅集團連續兩年虧損，分別虧損 12.40 億元和 16.30 億港元。到 2000 年 5 月底，港中旅集團及旗

161《香港中旅八十年》，第 158 頁。

下公司貸款總額為 72 億港元，到年底應付銀行本息等達 30 億港元，當年資金缺口達 20 億港元，出現支付危機。當時，由美、日、歐等 12 家外資銀行組成的債權銀團發出提前還款否則採取法律行動的最後通牒。這時，港中旅集團已經處於可能破產和被外資銀行清盤的巨大危機之中。[162]

為了解決港中旅集團的債務危機，2000 年 7、8 月間，國務院總理朱鎔基先後兩次召開國務院總理辦公會議，研究港中旅集團提出的緊急求援報告，決定採取增撥資本金、由中國銀行對外資債權銀團開具 1.35 億美元的備兌信用證、盡快解決華僑城和中經信欠港中旅集團投資款和借款等措施，幫助港中旅度過危機。與此同時，國務院要求港中旅集團立即展開清理、整頓、改革，精簡機構和人員，改革管理體制，死裏求生。[163] 1999 年，國有企業改革，港中旅集團與國務院僑辦脫鈎，歸屬新成立的中央企業工委領導，而華僑城集團也正式從香港中旅劃出，成為直屬中央的大型國有企業。

從 2001 年開始，港中旅集團新管理層確立了三年解困的目標，首先改變過去的過度多元化的無序發展狀態，確定「一主三支」的發展思路，即以旅遊為主要發展產業，以鋼鐵、地產和物流為三個重要的支柱產業，其他行業則果斷退出。通過增效減債、調整債務結構、清欠變現以及建章立制等措施，港中旅集團逐漸走出困境，並從過去的多元化擴張轉向回歸主業、走專業化經營之路。2003 年，香港中旅集團盈利 8.5 億港元，資產淨值達 59 億港元。

在主業發展方面，2003 年，港中旅集團啟動珠海海泉灣度假城項目，該項目於 2006 年 1 月投入運營，當年實現 3.6 億港元的銷售收入，接受遊客超過 300 萬人次，發展成為國內規模最大、配套齊全、特

162《香港中旅八十年》，第 216、224 頁。
163《香港中旅八十年》，第 224-225 頁。

色突出的新型休閒旅遊度假城。香港中旅集團透過上市旗艦——中旅投資，強化旅遊核心業務，包括以 2.6 億港元向母公司收購中旅網絡有限公司 100% 股權；於 2001 年在北京註冊成立「中旅國際旅行社有限公司」，進軍內地旅遊市場；並先後收購北京中遠旅行社、成都旅行社、新聯旅行社、上海中旅、青島新世紀國際旅行社、廈門國貿旅行社、西安北方四海國際旅行社等機構。同時，剝離與旅遊不相關的非核心業務，包括出售地產股份（如興港股份）、路橋項目（中旅路橋公司股份）、空運業務（中旅國際空運公司股份）等。

2005 年 12 月，在國務院國資委實施「主輔分離」的國企改革中，招商局退出旅遊業，將旗下的中國招商旅遊管理總公司及所屬旅行社、空運商務代理等業務的 17 家子公司的國有產權，全部無償轉撥港中旅集團，在此基礎上成立了「中國港中旅集團」，並與香港中旅集團實行「兩塊牌子、一套班子」領導體制。通過這次調整，香港中旅集團在內地的分公司從 12 家增加到近 30 家，初步形成以北京為中心，輻射全國重點城市和各主要旅遊城市的佈局。

2007 年，國務院國資委對旅遊業務展開重組，將中國旅行總社（中國中旅集團）整體併入港中旅集團。[164] 中國旅行總社（非陳光甫創辦的中國旅行社）是當時國內三大旅行社之一（其他兩家分別為中國國際旅行社和中國青年旅行社），其前身是創辦於 1949 年 11 月的廈門華僑服務社，為中華人民共和國成立後的第一家旅行社。1957 年，華僑旅行服務社總社在北京成立，統籌全國各地華僑旅行服務社的工作，初步形成全國性網絡。1974 年，經國務院總理周恩來提議，該社在保留「華僑旅行服務社總社」的同時，加用「中國旅行社總社」名稱。1990 年 7月，中國中旅集團在北京成立，與中國旅行社總社合署辦公，成為中國最具規模的旅遊集團之一。

---

164 中國旅遊集團有限公司暨香港中旅（集團）有限公司官網：「大事記」，2007 年。

港中旅集團兼併中國旅行總社後，確立作為中國旅遊業「龍頭」的地位。2010 年，中國旅遊協會與中國旅遊研究院聯合發佈 2009 年度中國旅遊集團營業額 20 強排名，港中旅集團名列第一。這一時期，港中旅集團旗下旅行社品牌增加到三個：即香港中旅、中國中旅和招商國旅。由於中國中旅旗下的近 300 家地方旅行社中，只有 40 多家擁有股權關係，大多數屬於「加盟」性質，香港中旅於是加強對旗下業務的整合、重組，統一品牌，將所有後台採購、產品路線設計等專業業務統一，並劃分為華北、華南、華東、西南等四大區域公司進行管理，形成總社 —— 區域公司 —— 地方網點三級架構；同時，開始設立旅遊電子商務網上平台 ——「芒果網」2006 年 3 月，芒果網正式營運，[165] 為大中華區客戶提供酒店、機票、度假等預定業務及商旅管理，目前已發展成為與攜程旅遊網、巨龍網三足鼎立的格局。港中旅並將實體店與電子網絡結合起來，形成線下線上互聯互通的競爭優勢。

2012 年，國務院國資委批准港中旅集團的經營範圍擴展到旅遊金融業務。2014 年，香港中旅制定產業結構優化調整戰略，決定通過分階段運作，落實金融業務基礎，推進消費金融、產業基金和結構性融資服務。2014 年 11 月，港中旅集團發佈集團旅遊產業發展戰略和產業結構調整優化思路，表示將重點打造以「中國旅行社總社」和「芒果網」為主的旅遊服務、以「維景」和「維景國際」為代表品牌的酒店業務、以綜合度假區、主題公園為主的景區業務等三大核心業務；同時發展集「休閒、度假、養生、娛樂」等功能為一體的複合型「新型旅遊目的地」，構建特色化、精品化、高端化的旅遊產品體系。[166]

---

165 中國旅遊集團：「大事記」，2006 年，中國旅遊集團有限公司官網。

166 參見〈港中旅聚焦旅遊主業，打造特色旅遊目的地生活方式〉，人民網，2014 年 11 月 14 日。

▍致力發展為「具備全球競爭力的世界一流旅遊產業集團」

2016 年 7 月，國務院國資委宣佈，將對港中旅集團與中國國旅集團實施戰略重組，中國國旅集團整體並入港中旅集團。同年 8 月 3 日，港中旅集團與中國國旅集團召開重組大會，掛牌成立「中國旅遊集團公司」。[167] 中國國旅集團前身是成立於 1954 年的中國國際旅行社總社（簡稱「國旅總社」），總社設於北京，同年在上海、天津、廣州等 12 個城市成立了分支社。成立之初，國旅總社是隸屬國務院的外事接待單位。1984 年，經國家旅遊局批准，國旅總社從原來歸口外事工作轉為獨立經營、自負盈虧的大型旅遊企業。2004 年，經國務院批准，國旅總社與中國免稅品公司實行重組，組建「中國旅集公司」，2006 年 5 月更名為「中國國旅集團有限公司」，成為全國名列前茅的大型旅遊集團。這次，中國國旅納入合併範圍的企業總數達 232 家，業務涵蓋旅行服務、免稅品經銷、旅遊綜合項目開發與管理、交通運輸、電子商務等領域。2015 年，中國國旅總營收 212 億元人民幣，淨利潤 16.08 億元人民幣。

在重組大會上，國資委副主任張喜武表示，兩家集團重組是進一步做強做優做大中央企業、推進中央企業佈局結構調整的決策部署，也是順應產業發展大勢、進一步推動行業持續健康發展的重要途徑。新成立的中國旅遊集團要重點聚焦整合融合，增強合力；聚焦深化改革，增強活力；聚焦提質增效，增強動力；聚焦世界一流，增強實力，努力打造「中國第一、亞洲前茅、世界一流」的旅遊集團。兩企業集團合併後，新成立的中國旅遊集團公司與香港中旅集團實現境內外一體化的管理模式。2017 年 12 月 31 日，經國務院國資委批准，中國旅遊集團公司由全民所有制企業改制為國有獨資公司，改制後公司名稱為「中國旅遊集團有限公司」。[168]

---

167 中國旅遊集團：「大事記」，2016 年，中國旅遊集團有限公司官網。
168 中國旅遊集團：「大事記」，2017 年，中國旅遊集團有限公司官網。

重組後，中國旅遊集團成為中國最大的旅遊集團，旗下匯聚了中旅旅行、中旅投資、中旅免稅（現稱「中國中免」）、中旅酒店、中旅金融、中旅資產、中旅油輪等企業（圖 4-18），以及超過 500 家附屬公司。其中，中旅投資全稱「香港中旅國際投資有限公司」，為香港上市公司，由中國旅遊集團持有 60.95% 股權；中國中免全稱「中國旅遊集團中免股份有限公司」，為內地上市公司，由中國旅遊集團持有 53.30% 股權。集團經營的業務包括旅行服務、投資運營、旅遊零售三大核心業務，以及酒店運營、旅遊金融、創新孵化等六大板塊，業務網絡遍佈香港、澳門、中國內地及海外 28 個國家和地區。

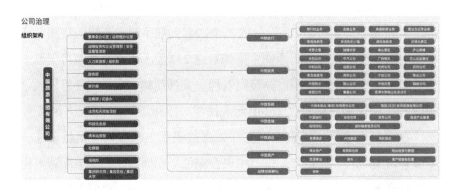

圖 4-18　中國旅遊集團的組織架構
資料來源：《中國旅遊集團社會責任報告書 2019》，第 15 頁。

在旅行服務業，中國旅遊集團主要透過旗下中國旅遊服務有限公司（簡稱「中旅旅行」）經營，該公司於 2018 年 10 月由中國旅行社總社有限公司與中國國際旅行社總社有限公司重組建立。重組後的中旅旅行成為集旅行社業務（包括入境業務、出境業務、國內業務、定制業務、創新業務等）、會展業務、商旅及航票業務、簽證及證件業務等綜合業務於一體的大型旅遊企業，在國內外擁有近 3,000 家經營網點，在全球 28 個國家和地區擁有分支機構 60 家，年均接待旅遊者超過 2,000 萬人次。集團還與外交部簽證服務公司合作，在海外多個國家和地區運營海外簽證中心；受公安部委託在香港地區唯一指定辦理「香港居民來往內地通行證」

和「台灣居民來往大陸通行證」，在香港建有證件服務中心。此外，還積極打造線上旅遊平台芒果網，拓展「旅遊 + 互聯網」的新模式。[169]

在投資運營領域，集團主要透過旗下的中旅投資展開。該公司成立於 1992 年 7 月，同年 11 月在香港掛牌上市。中旅投資以「致力於打造『一流旅遊目的地的投資開發運營商』」為戰略目標，其經營業務包括休閒度假景區、自然人文景區、人造景區等的旅遊景區（目的地）的開發與運營，旅遊地產開發與運營，城市地產開發及相關業務，旅遊及相關業務等。中旅投資擁有的旅遊景區主要包括：世界之窗、錦繡中華等主題公園；珠海海泉灣、咸陽海泉灣、安吉 Clup Med Joyview 等綜合度假區；中旅安吉和樂小鎮、寧波杭州灣錦繡東方國風小鎮等特色文旅小鎮；嵩山少林景區、寧夏沙坡頭景區、江西盧山秀峰、廣西德天瀑布等自然人文景區。此外，中旅投資在港澳和內地共擁有 7 家酒店，並持有香港中旅汽車服務有限公司（100%）、信德中旅船務投資有限公司（29%）、香港中旅物業投資有限公司（100%）、天創國際演藝製作交流有限公司（78%）、中旅智業文化發展（深圳）有限公司（51%）等股權，從事酒店、粵港澳客運服務，旅行社、旅行證件及相關業務，以及旅遊景區配套業務等。2019 年度，中旅投資營業收入為 44.77 億港元，除稅前利潤 7.34 億港元，總資產 218.07 億港元（表 4-16）。

表 4-16 2019 年度中國旅遊集團旗下上市公司經營概況

上市公司	上市地點	經營業務	營業額	除稅前溢利	總資產
中旅投資（億港元）	香港	從事旅遊目的地，旅行社、旅行證件及相關業務，客運等業務	44.77	7.34	218.07
中國中免（億元人民幣）	上海	從事旅行社業務和免稅業務，旅遊綜合項目開發業務	479.66	71.60	306.87

資料來源：中國旅遊集團旗下上市公司 2019 年報

---

169 中國旅遊集團：「主營業務：中旅旅行」，中國旅遊集團有限公司官網。

在旅遊零售領域，集團旗下的中國中免，是經國務院批准擁有免稅綜合牌照的國有專營公司。2008 年，該公司由中國國旅集團和華僑城集團共同發起成立，2009 年在上海證券交易所掛牌上市，當時稱為「中國國旅股份有限公司」。2020 年 6 月，中國國旅改名為「中國旅遊集團中免股份有限公司」。2022 年 8 月 25 日，中國中免以 H 股在香港上市，當天以每股 158 港元收市（發行價），總市值達 3,247 億港元。中國中免業務涵蓋免稅、有稅、旅遊零售綜合體等範疇，分別由公司旗下全資子公司國旅總社、中免公司負責經營，公司連續 5 年位列中國免稅運營商行業第一，佔據中國市場份額的 86%。其中，國旅總社在境外設立了 18 家全資控股企業，在全國 26 個省、自治區、直轄市共34 個城市擁有 43 家全資、控參股子公司，1,700 餘家門市網點，與全球 1,400 多家旅行商建立了長期穩定的合作關係，已形成立完善的經營網絡。[170] 2017 年「國旅」品牌以 605.89 億元人民幣的品牌價值，名列中國 500 最具價值品牌排行榜第 48 位，連續 14 年在旅遊服務行業位居第一。

中免公司全稱「中國免稅品（集團）有限責任公司」，於 1984 年成立，是唯一經國務院授權，在全國範圍內開展免稅業務的國有專營公司。2014 年 9 月，中免公司投資超過 50 億元人民幣，在海南三亞開設全球最大的免稅商業綜合體 —— 三亞國際免稅城。同年 12 月，該公司在柬埔寨開設第一家免稅店 —— 吳哥免稅店，進軍大中華以外地區。截至 2019 年，中免公司已在香港，澳門，中國內地 31 個省、市、自治區，以及柬埔寨等地設立涵蓋機場、機上、邊境、外輪供應、客運站、火車站、外交人員、郵輪和市內 9 大類型的 198 家免稅店，已發展成為世界上免稅店類型最全、單一國家零售網點最多的免稅運營商，擁有全球最大的免稅商業綜合體，並建立起全國唯一的免稅物流配送體系。

---

170 中國旅遊集團：「主營業務：中旅免稅」，中國旅遊集團有限公司官網。

2019 年度，中國中免營業收入為 479.66 億元人民幣，利潤總額為 71.6
億元人民幣，總資產 306.87 億元人民幣（表 4-12）。

在酒店運營領域，集團主要透過旗下的中國旅遊集團酒店控股有
限公司（簡稱「中旅酒店」）展開，該公司於 1985 年 4 月 10 日在香港
註冊成立，第一家酒店也在香港建設開業，品牌以「維景」命名，寓意
「維多利亞港灣的風景」。2015 年 8 月，中旅酒店全資收購英國第二大
酒管理公司 Kew Green Hotels（KGH），成功進軍英國市場。2016 年 9
月，中旅酒店以收購英國 KGH 為靈感，推出了全新的英倫風輕奢品牌
「睿景」；同年 11 月，首家睿景酒店於香港開業。2017 年 11 月，中旅
酒店與洲際酒店集團簽署戰略合作協定，決定共同開展特許經營高端品
牌「皇冠假日酒店及度假村 Crowne Plaza Hotels & Resorts」和中端品牌
「假日酒店 Holiday Inn」、「假日度假酒店 Holiday Inn Resort」等，開創
了在中國內地首次由中資酒店集團特許經營並管理國際酒店集團高端及
中端品牌的先例。

目前，中旅酒店擁有「維景國際」、「維景」、「睿景」和「旅居」4
個品牌，覆蓋中高端、中端、商旅快捷型三類產品線業務，旗下獨資、
合資、委託管理、特許經營、租賃經營以及協力廠商管理的酒店約 200
家，客房超過 50,000 間，主要位於中國內地的北京、南京、杭州、重
慶、三亞、瀋陽、深圳、蘇州等內地 40 餘座城市和香港、澳門，英國
的倫敦、里茲、伯明罕、林肯、樸茨茅斯、布萊頓等 30 多個城市，以
及泰國的曼谷等城市。[171]

在旅遊金融及創新孵化領域，集團透過中旅金融，擁有被譽為「中
國第一家旅遊特色商業銀行」的中旅銀行股份有限公司，以及香港安
信信貸有限公司、中國旅遊產業基金合夥企業（有限合夥）、港中旅國
際融資租賃有限公司、香港中旅保險顧問有限公司、港中旅保險經紀

---

171 中國旅遊集團：「主營業務：中旅酒店」，中國旅遊集團有限公司官網。

有限公司等，成為旅遊行業中唯一一家同時擁有銀行、產業基金等牌
照的企業。另外，集團旗下的中國旅遊集團投資和資產管理有限公司
（簡稱「中旅資產」）是集團戰略創新孵化事業群的主體公司，擁有全
資、控股、託管、參股企業 47 家，業務涉及商業地產、商貿綜合體、
物業經營與管理、旅遊客運、自駕游、房車業務、資產經營和處置、旅
遊雜誌等領域。此外，2015 年，集團還立郵輪事業部（簡稱「中旅郵
輪」），負責推進集團郵輪業務。2016 年，集團聯合中國遠洋海運集團、
中國交通建設股份有限公司共同出資設立「三沙南海夢之旅郵輪有限公
司」，持有「南海之夢」號一條郵輪，並於當年底順利開通三亞—西沙
航線，運營從三亞出發到西沙群島並登上全富島、鴨公島、銀嶼島遊覽
的經典四天三晚航線。2019 年，集團透過與中國遠洋海運集團共同出
資設立的星旅郵輪國際有限公司，購入 7 萬噸級豪華郵輪並更名為「鼓
浪嶼」號，準備運營開通新的沿海航線。

　　2018 年，正值中國旅遊集團迎來 90 周年華誕，當年 9 月 12 日，
該集團將國內總部正式從北京遷入海口，初步確立「以集團（區域）總
部建設為標誌，以旅遊零售、旅行服務等優勢業務為龍頭，以旅遊目的
地、美麗鄉村、海洋旅遊開發建設等核心業務為基礎，將海南業務培育
成集團新的業務增長極」的戰略發展思路。[172] 2019 年，中國旅遊集團
營業額為 810.47 億元人民幣，利潤總額為 74.88 億元人民幣，資產總額
為 1226.70 億元人民幣，分別比 2014 年的 503.1 億元人民幣、20.98 億
元人民幣及 981 億元人民幣，增長了 61.10%、2.57 倍及 25.05%，經營
效益大幅提升。2020 年度，儘管受到全球新冠疫情影響，中國旅遊集
團的營業收入有所下降；但 2021 年度，營業收入回升至 814.73 億元人
民幣，利潤總額則達到 90.39 億元人民幣，比 2019 年度增長了 20.71%
（表 4-17）。

---

172 中國旅遊集團：「大事記」，2018 年，中國旅遊集團有限公司官網。

表 4-17　2014-2021 年度中國旅遊集團經營概況

單位：億元人民幣

	營業收入	利潤總額	資產總值（年底數）
2014 年度	503.10	20.98	981.00
2015 年度	338.70	23.60	1006.45
2016 年度	603.64	57.50	1437.00
2017 年度	629.84	63.70	1470.74
2018 年度	669.39	64.73	1008.20
2019 年度	810.47	74.88	1226.70
2020 年度	699.28	87.22	1517.30
2021 年度	814.73	90.39	1873.03

資料來源：《中國旅遊集團有限公司社會責任報告書》，2016-2021 年

　　2020 年，中國旅遊集團集團進一步完善和優化品牌體系，將旗下 6 大業務載體分別更名註冊為「中國旅遊集團旅行服務有限公司」（中旅旅行）、「中國旅遊集團投資運營有限公司」（中旅投資）、「中國旅遊集團中免有限公司」（中國中免）、「中國旅遊集團酒店控股有限公司」（中旅酒店）、「中國旅遊集團金融投資有限公司」（中旅金融）、「中國旅遊集團投資和資產管理有限公司」（中旅資產）。截至 2022 年底，中國旅遊集團集團總資產超過 2,100 億元人民幣，全資或控股企業共 655 家，每年接待遊客約 5 千萬人次。2022 年 8 月，中國中免於以 H 股在香港上市，集資 23.8 億美元，成為 2021 年 6 月以來香港市場最大規模的 IPO。目前，中國旅遊集團正計劃在已有六大產業基礎上，進一步優化產業佈局，「努力成為擁有卓越產品創新能力與資源稟賦，具備全球競爭力的世界一流旅遊產業集團」。[173]

173 中國旅遊集團：《集團簡介》，中國旅遊集團有限公司官網。

第六節　中信香港與中信集團

▌ 中信香港集團創辦與早期發展

　　中信香港集團為中信集團的附屬公司。中信集團前身為「中國國際信託投資公司」，1979 年 10 月 4 日在鄧小平倡導和支持下，由榮毅仁等人創辦，是直屬於國務院的部級單位，榮毅仁出任首任董事長兼總經理，當時的主要任務是「引進先進技術和管理經驗，開展國內外經濟及技術合作，並從事國內及國際間財務金融、投資與貿易業務」。公司成立初期，主要通過吸引和利用外資，服務於國內經濟建設，發揮對國民經濟「拾遺補缺」的作用；同時在管理體制、經營方式和業務領域等方面進行了一系列探索和創新，率先對外發行債券，開闢了多種融資方式，最早開展了融資租賃、海外投資、國際經濟諮詢等業務，積極開展中外經濟技術交流與合作，在許多方面起到了重要的示範作用。

　　1980 年，中信在香港設立辦事處。1985 年，中信在香港註冊成立「中國國際信託投資（香港）有限公司」，其時營運資金僅 2 億多港元。該公司先後在香港、深圳、山東等地投資了幾家工廠，做了幾筆鋼材進口生意，均為中小型規模。1987 年，中信香港重組，正式成立中信香港集團，全稱為「中國國際信託投資（香港集團）有限公司」（簡稱「中信香港」），由榮毅仁兒子榮智健出任副董事長兼總經理。[174] 自此，中信香港開始活躍起來。

　　這一時期，中信香港利用母公司中信集團及董事長榮毅仁的影響力，在香港的航空、電訊等公用事業領域展開一系列大型投資。榮智健表示：「我們認為中資企業要在香港立足，必須在電訊、航空等公用事

174〈榮智健細說生平〉，《資本家》，1992 年 5 月，第 75 頁。

業中站穩腳跟。」[175] 1987 年 2 月，香港中信以 23 億港元，收購太古集團旗下上市公司國泰航空公司 12.5% 股份。其後，中信香港再以成本加利息的優惠價格，成功購入港龍航空 46.3% 股權，並引入國泰航空為港龍股東，使港龍與國泰由競爭變為合作，合理分配航線。港龍在被收購後兩個月即轉虧為盈，到 1994 年盈利接近 6 億港元，5 年間升幅超過50 倍，增長理想。[176]

1989 年 12 月，中信香港宣佈展開成立以來最大的一筆投資，以每股 4.47 港元，共約 100 億港元價格，收購香港電訊 20% 股權，成為這家當時在香港股票市場市值最大公司的第二大股東。當時，香港電訊主席夏普表示，這次交易由香港中信先行提出，大東認為這不但對大東有利，對香港電訊及香港整體也有利，故展開與中信的積極商談。[177] 為收購香港電訊股權，中信香港籌組了由 19 家銀行牽頭、為期 10 年的 54億港元銀團貸款。此外，中信亦發行為期 5 年的 6.7 億股香港電訊認股證，集資 10 億港元。

到 90 年代初，中信香港已發展至相當的規模，除持有國泰航空、港龍航空、香港電訊等公司股權外，還擁有東區海底隧道 23.5%、澳門電訊 20% 的股權，以及價值約 10 億港元的地產物業、一個約 30 萬噸的船隊，在內地江蘇、內蒙古等地投資建設的發電廠，集團總資產接近200 億港元。

▌收購恒昌企業：中信泰富晉身藍籌股

踏入 90 年代，中信香港開始借殼上市。1990 年 1 月，中信香港以每股 1.2 港元價格，向華商曹光彪家族收購 3.3 億股小型地產上市

175 中國國際信託投資（香港集團）有限公司總經理榮智健：〈掌握現代經營方式，加速壯大企業實力〉，烏蘭木倫主編：《發展中的香港中資企業》，新華通訊社香港分社編印，香港經濟導報社出版，1997 年，第 106 頁。

176 榮智健：〈掌握現代經營方式，加速壯大企業實力〉，第 106 頁。

177 〈夏普稱交易買方採主動〉，《經濟日報》，1990 年 1 月 6 日。

公司 —— 泰富發展有限公司股權，並以同樣價格向小股東提出全面收購，取得泰富發展 49% 股權，成為控股股東，實現了「借殼」上市。

泰富發展成立於 1985 年，1986 年 2 月通過收購新鴻基旗下的僅有 15 億港元股本的「新景豐發展」而取得上市地位。1986 年，泰富發展的控股權轉移到中資的港澳國際（持有 51% 股權），1987 年，曹光彪家族受讓港澳國際的股份，控制了泰富發展。中信香港完成收購後，泰富發展發行 3.116 億新股，以每股 1.2 港元價格，集資 3.73 億港元，向中信香港購入港龍航空 38.3% 股權及兩幢工業大廈。1991 年 6 月，泰富發展再發行 14.92 億新股，每股作價 1.35 港元，另發行 5 億港元可換股債券，集資 25.1 億港元，將港龍航空的持股量增加至 46.1%，同時向中信香港購入國泰航空 12.5% 股權及澳門電訊 20% 股權。交易完成後，泰富發展於 1991 年 8 月 22 日易名為「中信泰富有限公司」（簡稱「中信泰富」），成為資產總值逾 40 億港元的大型上市公司。

1991 年 8 月，中信泰富開始將收購目標指向本地華資老牌洋行 —— 恒昌企業。恒昌企業的歷史最早可追溯到 1949 年大昌貿易行的創辦，創辦人為何善衡、梁球琚等恒生銀行（當時稱為「恒生銀號」）的幾位股東，主要從事糧油雜貨的轉口貿易及批發零售。1964 年，恒昌企業有限公司在香港註冊成立，成為恒生銀行和大昌貿易行的控股公司，恒昌之名即取自恒生銀行的「恒」和大昌貿易行的「昌」。1965 年，香港爆發銀行危機，恒昌企業被迫將恒生銀行 51% 股權出售予滙豐銀行。自此，恒昌企業的主要資產便剩下大昌貿易行的全部權益和一些物業。到 90 年代初，大昌貿易行已成為香港一家規模龐大的貿易公司，員工數目達 5,000 餘人，銷購網絡遍及香港及全球各地。

90 年代初，恒昌企業主要股東何善衡、梁球琚等，因為年事已高、後輩無意接掌家族事業等因素，有意將所持股權出售，並且與一個名為「備怡」的財團展開磋商。不過，到 6 月中旬，恒昌董事會表示不接納備怡的收購建議，並建議股東不應接收購建議。1991 年 8 月，中信香港透過旗下的中信泰富，聯同李嘉誠、鄭裕彤、郭鶴年等組成收購

財團 Great Style 對恒昌企業展開收購，其中，中信泰富佔 36% 權益，榮智健個人佔 6% 權益。[178] 其後，Great Style 成功以每股 330 港元價格收購恒昌企業 97.12% 股權，總投資 69.4 億港元。根據收購協議，交易完成後，恒昌企業將中環恒昌大廈以 9.072 億港元價格售回給何善衡家族。收購完成後，榮智健代表中信泰富，取代何善衡出任恒昌企業董事局主席。恒昌企業的主要業務剩下旗下的大昌貿易行。[179]

其後，榮智健率團到歐美、日本作巡迴推廣，向機構投資者推介中信泰富的股票。不過，中信泰富的投資策略，遭到部分基金經理的批評，他們認為中信泰富儘管擁有國泰航空、香港電訊以及恒昌企業等藍籌公司的股權，但本身沒有自己的生意，基本上只是一家多元化的策略投資公司，不可以作為長綫投資對象。為此，榮智健決定全面收購恒昌企業。1992 年 2 月，中信泰富宣佈，已與李嘉誠、郭鶴年等恒昌企業股東達成協議，以每股 230 港元，加上 160 港元股息，合共每股 390 港元的價格，收購他們所持恒昌企業股份，涉及資金 30 億港元。交易完成後，中信泰富持有恒昌企業的股權增加到 97.12%，中信泰富並向恒昌企業其他小股東提出全面收購，恒昌企業（大昌貿易行）成為中信泰富的全資附屬公司。與此同時，中信泰富向中信香港再購入 7.84% 港龍航空股權，使所持有的港龍航空股權增加至 46.1%。中信泰富的資產淨值則從原來的 64 億港元急增到 95.4 億港元，成為香港股市中一家實力雄厚的藍籌公司，旗下經營的業務範圍涵蓋地產、投資、汽車、銷售、糧油代理等，已初具綜合式企業集團的規模。

二十世紀 90 年代，中信香港充分利用中信泰富這一平台，繼續拓展其多元化業務，其中最突出的是發展基礎建設、發電業務以及鋼鐵業。中信泰富最初拓展的基礎建設業務，以合夥方式獲得興建及營運香

---

178 方元:〈中信泰富收購恒昌企業業務大躍進〉，《財富月刊》，1991 年 9 月 25 日，第 63 頁。
179 林江:〈對中信泰富全面收購恒昌的一些看法〉，招商局研究部:《招商局參考資料》，1992 年 4 月 8 日，第 1-2 頁。

港西區海底隧道的專營權。1992 年,中信泰富購入中信香港於 80 年代中期投資的東區海底隧道權益 28.5% 權益。1993 年,中信泰富向中信香港購入香港電訊 12% 權益。這一期間,集團另外一個發展重點就是投資中國大陸的業務,中信泰富先後購入上海楊浦大橋、南浦大橋及打浦路隧道 45% 權益,上海外高橋電廠 25% 權益,無錫江陰興澄特種鋼鐵廠和華達電機及通菱電纜等 3 個工業項目的 55% 權益,大通信用卡公司 20% 權益,香港空運貨站 10% 權益,以及其他地產、廢料處理項目等,總投資達 135 億港元。[180] 1992 年 8 月,中信泰富獲選為恒生指數成份股,晉身藍籌股行列。

　　1995 年,中信香港與中信泰富合作,以 33.5 億港元,投得港島鄰近中環添馬艦地皮 65% 的發展權,興建公司總部大樓——中信大廈,該大廈於 1998 年啓用。1996 年 12 月,以榮智健為首的管理層以市盈率 19.7 倍,即每股 33 港元的價格向大股東中信集團購入中信泰富 3.3 億股,即 15.47% 股權,總金額達 108.9 億港元,榮智健個人的持股量從 4.8% 提高到 18.48%,而中信集團的持股量則由 41.92% 下降至 26.45%。[181] 1997 年 1 月,中信泰富與中華電力大股東嘉道理家族達成協議,中信泰富以每股 32.66 港元收購中華電力 20% 股權,總投資 162.54 億港元,收購完成後,中信泰富將成為中電僅次於嘉道理家族的第二大股東。[182] 不過,兩年後,中信泰富指當初以發展中國大陸業務為合作基礎的目標並未達成為由,再將 15% 權益回售予中電。剩餘的權益也陸續在市場出售。[183]

　　這一時期,中信香港透過中信泰富廣泛投資於公用事業、交通運輸、製造業、房地產業務及批發零售等業務。在公用事業,持有國泰

---

180 榮智健:〈掌握現代經營方式,加速壯大企業實力〉,第 107-108 頁。

181 陳慧穎、王端:〈中信泰富的救贖〉,《財經》,總第 225 期,2008 年 11 月 24 日,第 48 頁。

182 〈中信泰富入股中電,斥逾 162 億成第二大股東〉,《東方日報》,1997 年 1 月 29 日。

183 中信股份:「中信泰富歷史:開初十年——多元化經營的時期」,中信股份有限公司官網。

航空 12.5% 股權、港龍航空 46.2% 股權、香港空運貨站 10% 股權、香港電訊 12% 股權、澳門電訊 20% 股權、中華電力 20% 股權，並持有內地 4 家電廠 25% 至 56.3% 不等的股權（圖 4-19）；在交通運輸，持有香港西區海底隧道 35% 股權、東區海底隧道（公路隧道）28.5% 股權、東區海底隧道（鐵路隧道）10% 股權，及國內 4 條公路項目；在製造業，持有江陰興橙鋼鐵、無錫華達電機、無錫通菱電纜等工廠股權；在地產業，持有大嶼山愉景灣、添馬艦、青衣機鐵上蓋、又一城等物業股權；在批發零售，全資持有大昌貿易行。到 90 年代中期，中信香港總資產已增長至近 400 億港元，由中信香港持有的中信泰富總市值於 1996 年底達到最高峰的 958 億港元，成為香港紅籌股中位居首位的藍籌股。

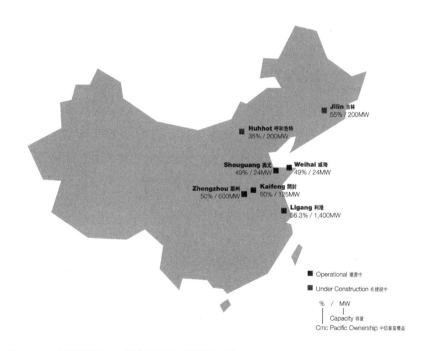

圖 4-19　中信泰富在中國內地的發電業務分佈
資料來源：《中信泰富有限公司 2001 年報》，第 9 頁。

　　不過，1997 年亞洲金融危機爆發後，中信泰富與香港其他「紅籌股」公司一樣，受到嚴重衝擊，股價一路下跌，到 1998 年底已跌至 355.3 億

港元，跌幅高達六成。榮智健等人在香港銀行的股權融資貸款需追加抵押品，但個人已無力支付。結果，管理層獲得中信集團 10.625 億港元貸款支持，利息為 10%，度過難關。兩年後，中信泰富還清這批債款。[184]

▌ 中信泰富的債務危機與中信集團接管

90 年代末，經過治理整頓，中信泰富再度開始擴展電訊業等業務，包括與有關各方合作興建一條涵蓋全國總長為 32,000 公里的光纖網絡。2000 年又購入中信國安 50% 權益及電訊 1616 全部權益，後者易名為「中信電訊 1616 集團」。其中，中信國安在中國多個地點的有線電視、電子商貿、資訊及網絡業務中擁有權益；中信電訊 1616 以香港為基地，從事長途電話批發業務。2001 年度，中信泰富來自電訊業務的貢獻為上年度的 3 倍，接近 3 億港元，其中，大部分來自旗下迅速發展的長途電話批發商中信電訊 1616，而中信國安及澳門電訊亦有顯著貢獻。[185]

踏入二十一世紀，中信泰富加強了在內地房地產的投資和開發，尤其是在上海及快速發展的長三角城市。2002 年以後，中信泰富從母公司中信香港購入多個投資物業，並展開多項地產發展項目，包括上海浦西老西門新苑住宅項目、上海青浦區發展項目、上海浦東陸家嘴新金融區項目，上海虹口區地鐵十字線四川北路站項目、上海虹口海南路 10 號項目，以及浙江寧波江東區、江蘇揚州及江陰等項目，並簽訂合約於海南島神州半島的發展大型渡假村。到 2008 年度，中信泰富共擁有 490 萬平方米的樓面面積可供未來發展。其中，9% 位於香港，主要是投資物業；91% 位於以上海長三角為重點的中國內地，主要是發展物業（圖 4-20）。

---

184 陳慧穎、王端：〈中信泰富的救贖〉，《財經》，總第 225 期，2008 年 11 月 24 日，第 48 頁。

185 中信股份：「中信泰富歷史：開初十年 —— 多元化經營的時期」，中信股份有限公司官網。

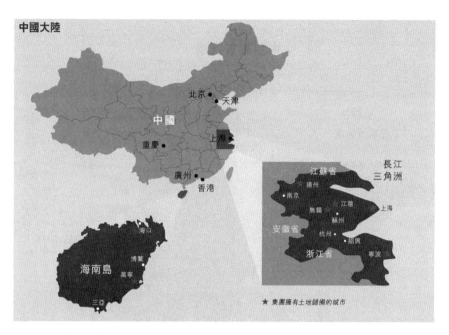

圖 4-20　中信泰富在中國內地的土地儲備分佈
資料來源：《中信泰富有限公司 2008 年報》，第 30 頁。

　　與此同時，中信泰富亦加強投資特鋼業務。2004 年，中信泰富增持江陰特鋼廠的權益，並於同年收購湖北新冶鋼 95% 權益，並取得了在深圳證券交易所上市的大冶特殊鋼 58% 權益。2006 年，中信泰富再收購石家莊鋼廠。通過管理運作在中國大陸的三家鋼廠，中信泰富特鋼擁有年產超過 700 萬噸的生產能力，在中國特鋼領域佔領先地位，產品為軸承鋼及齒輪鋼等，主要覆蓋華東、華中及華北地區市場（圖4-21）。2006 年 3 月，中信泰富為確保集團在中國的鋼廠有長期穩定的鐵礦石來源，在澳洲西皮爾巴拉地區收購了一個 10 億噸磁鐵礦的全部開採權，並擁有另一個 50 億噸的開採及認購權。2007 年，中信泰富再取得了西澳洲另外 10 億噸鐵礦石的開採權。[186]

186 中信股份：「中信泰富歷史：21 世紀 —— 重新集中發展主營業務」，中信股份有限公司官網。

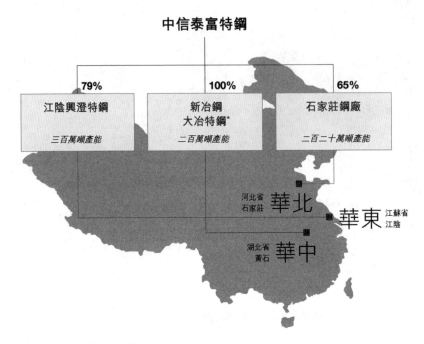

* 中信泰富持有大冶特鋼58%的股權

圖 4-21　中信泰富在中國內地的特鋼業務
資料來源：《中信泰富有限公司 2007 年報》，第 7 頁。

　　2007 年，中信泰富先後分拆「中信 1616 集團有限公司」和「大昌
行集團有限公司」在香港聯交所獨立上市，主要為業務融資。2010 年
11 月，中信 1616 集團改名為「中信國際電信集團有限公司」。至此，
中信泰富除了投資持有基礎建設（發電、資訊、航空、基礎設施、環境
保護）、銷售及分銷（大昌行）等股權之外，基本形成了三大主營業務，
分別為特鋼製造、房地產、括鐵礦開採業務（表 4-18）。

表 4-18　1998-2007 年度中信泰富經營概況

單位：百萬港元

年度	1998 年	2000 年	2002 年	2004 年	2006 年	2007 年
除稅後淨溢利	2622	3283	3835	3534	8272	10834
主要業務的溢利貢獻						
特鋼	18	29	126	438	1333	2442
物業	264	414	886	559	2035	731
基礎建設	1666	3162	3015	2179	4201	2327
上市附屬公司 中信 1616	—	39	252	120	191	2085
大昌行	330	221	234	284	297	3041
投資物業公平價值變動	—	—	—	181	1077	1217
不包括利息支出、稅項、 折舊及攤銷之淨溢利	4739	5238	5691	5666	11882	15135

資料來源：《中信泰富有限公司 2007 年年報》，第 44 頁。

　　2007 年，中信泰富為投資、經營在澳大利亞的鐵礦石項目，需要澳元投入及以歐元從歐洲進口設備。為對沖澳元、歐元、人民幣升值風險，鎖定美元支出成本，在 2007 年 8 月至 2008 年 8 月的一年間，中信泰富分別與滙豐銀行、花旗銀行、摩根士丹利資本、美國銀行等 13 家銀行簽訂了 24 份外匯遠期合約，做多澳元、歐元與人民幣。中信泰富簽訂的外匯遠期合約，全稱為「累計目標可贖回遠期合約」，它約束中信泰富以合同約定的價格在未來的特定時期內持續買入特定數量的澳元、歐元與人民幣。具體包括 4 種合約，分別為「澳元累計目標可贖回遠期合約」（每月結算）、「每日累計澳元遠期合約」（每日結算）、「雙貨幣（澳元、歐元）累計目標可贖回遠期合約」（每月結算）、「人民幣累計目標可贖回遠期合約」（每月結算）。前三種合約涉及澳元，中信泰富按合同的最高交易金額高達 94.4 億澳元。這些產品具有高杠杆性，收益有限，而風險極高（表 4-19）。[187]

187　陳慧穎、徐可：〈中信泰富 94 億澳元豪賭〉，《財經》，總第 223 期，2008 年 10 月 27 日，第 84 頁。

表 4-19　中信泰富所投資的槓桿式外匯合約

投資產品	須接受最高金額	接貨價（每月）	為期至	中信泰富最多可賺
澳元累計目標可贖回遠期合約	90.50 億澳元	0.87	2010 年 10 月	5150 萬美元
每日累計澳元遠期合約	1.33 億澳元	0.87	2009 年 9 月	
雙貨幣累計目標可贖回遠期合約	2.97 億澳元或（如澳元較歐元強）	0.87	2010 年 7 月	200 萬美元
	1.64 億歐元（如歐元較澳元強）	1.44		
人民幣累計目標可贖回遠期合約	104 億元人民幣	6.59	2010 年 7 月	730 萬元人民幣

資料來源：陳慧穎、徐可：〈中信泰富 94 億澳元豪賭〉，《財經》雙週刊，總第 223 期，2008 年 10 月 27 日，第 84 頁。

　　中信泰富簽訂合約時，澳元對美元匯率正處於上升通道，中信泰富看似是「穩賺不賠」。然而，2008 年美國次貸危機爆發並導致全球金融海嘯，使得全球經濟衰退風險加劇，澳大利亞中央銀行不得不降息以刺激經濟，加上大宗商品價格回落，澳元對美元的匯率直線回落，跌幅達 60%。中信泰富所簽訂的外匯合約釀成巨額損失。2008 年 10 月 20 日，中信泰富發佈盈利警告，宣稱有管理層在未獲董事會主席授權下，簽訂了多份槓桿式外匯交易合同，導致集團錄得已變現虧損 8.077 億港元，仍在生效的外匯合約按公允價值計量的虧損高達 147 億港元，合共 155 億港元，且虧損有可能繼續擴大。同時，中信泰富兩名高層 —— 集團財務董事張立憲和集團財務總監周至賢即時辭職。

　　此公告一出，香港市場震驚。10 月 22 日，香港證監會和聯交所相繼宣佈將對中信泰富外匯巨虧事件展開調查。受此衝擊，中信泰富的股價從 7 月 28 日每股 28.20 港元急跌至 10 月 24 日的每股 5.06 港元，跌幅高達八成。及至 11 月份，中信集團宣佈與中信泰富達成初步重組協議。根據協議，為應對中信泰富可能發生的流動性危機，中信集團

向中信泰富緊急提供 15 億美元（約 116.25 億港元）的備用信貸，該資金將轉化為對中信泰富的注資，使中信集團持股達從原來的 29% 增加到 57.56%，而中信泰富主席榮智健原先持有約 19% 的股權被稀釋到 11.48% 左右。同時，中信集團還協助中信泰富重組澳元杠杆外匯合同，通過合同更新方式受讓了中信泰富風險敞口較大的 57 億澳元的外匯遠期合約。[188] 相關措施使中信泰富暫時穩定下來。

2009 年 3 月 25 日，中信泰富公佈 2008 年年報，宣佈巨額虧損 126.62 億港元，其中，外匯合同所導致的變現及市場公允值的稅後虧損為 146.32 億港元，這是這家著名藍籌公司的首次虧損。4 月 8 日，中信泰富召開特別董事會，並對外發佈公告稱，公司主席榮智健、總經理範鴻齡雙雙辭職，即日生效，中信集團副董事長兼總經理常振明接任主席和總經理一職。公告刊登了榮智健的辭職信。他表示：「香港商業罪案調查科發佈搜查令，要求公司及其董事提供資料，在社會上產生了很大影響。面對這個現實，相信退位讓賢對公司最為有利。」

中信泰富的「炒匯巨虧」事件一直持續到多年以後。2014 年 9 月，香港證監會對中信泰富及 5 名前執行董事展開法律程序。證監會認為，中信泰富及包括主席榮智健、董事總經理範鴻齡、副董事總經理張立憲和李松興，以及執行董事周志賢等 5 名董事曾從事市場失當行為，在 2008 年就中信的杠杆式外匯合約投資的巨額虧損披露虛假或具誤導性的財務狀況資料。不過，中信泰富對此並不同意。於是，香港證監會向香港特區政府審裁處發出通知書，要求審裁處進行研訊程式並裁定，中信泰富是否曾發生任何市場適當行為，及確認任何曾從事該市場失當行為的人的身份。2015 年 11 月 16 日，審裁處最終裁定中信泰富及其 5 名前執行董事沒有從事市場失當行為。至此，中信泰富「巨額虧損」事件最終落幕。

---

188 陳慧穎、王端：〈中信泰富的救贖〉，第 47 頁。

▌ 中信集團借「殼」整體在香港上市

常振明出任中信泰富董事會主席後，於 2007 年 11 月委任張極井出任集團董事總經理，組成新的管理層，並對公司展開整頓、調整，重點是將所持非控制性股權的非核心業務出售。2009 年，中信泰富先後出售了所持國泰航空 14.5% 權益、石家莊鋼廠及兩家發電廠；2010 年出售香港空運貨站 10% 權益，又將所持澳門電訊的 20% 股權轉售給子公司中信 1616，後者進一步收購中信集團所持中國電訊牌照公司 49% 股權，藉此合併電訊權益。到 2013 年底，中信泰富的三大主營業務佔總資產的比例超過 70%，其中，鐵礦開採佔 33%，特鋼佔 22%，中國大陸房地產開發佔 17%。[189] 然而，佔資產比最大的鐵礦開採連續多年虧損，2013 年虧損額達 16.19 億港元。

中信集團入主中信泰富後，即開始考慮利用中信泰富的上市地位實現集團在香港的整體上市。中信泰富「巨額虧損」事件發生前，儘管中信集團是中信泰富的第一大股東，持有該公司 29% 股權，但並沒有參與管理，公司的管理決策權控制在作為第二大股東榮智健手上。債務危機發生後，中信集團對中信泰富的持股增加到 57.56%，並掌握了公司決策管理權。經過 2008 年澳元衍生品事件，中信泰富元氣大傷，雖然它仍然是恒生指數的成分股，但關注度已大不如前。中信集團決定利用中信泰富這個「殼」股，以「紅籌股」的形式實現集團整體在香港上市的戰略。

2010 年，為配合發展新思路，中信集團啟動股份制改造。早在2002 年，中國國際信託投資公司已開始進行體制改革，更名為「中國中信集團公司」，成為國家授權投資機構。2011 年 12 月 27 日，中國中信集團公司完成重組改制，更名為「中國中信集團有限公司」（簡稱「中

---

189 中信股份：「中信泰富歷史：21 世紀 —— 重新集中發展主營業務」，中信股份有限公司官網。

信集團」），並以絕大部分經營性淨資產作為出資，設立「中國中信股份有限公司」（簡稱「中信股份」）。[190] 2014 年 3 月 26 日晚，中信泰富發佈公告稱，正在與母公司中信集團商議收購其主要業務平台中國中信股份有限公司 100% 的股權。作為中信集團主要業務平台，中信股份成為中國規模最大的綜合性企業集團之一，在中國內地及海外具有多元化的產業佈局，包括銀行、證券、房地產、基礎設施、資源能源、工程承包、貿易及其他業務。截至 2013 年底，中信集團（不包括中信泰富）未經審計的匯總歸屬於中信股份的股東權益約為 2,250 億元人民幣，2013 年度未經審計的淨利潤約為 340 億元人民幣。

2014 年 4 月 16 日，中信泰富發佈公告表示，中信泰富已與控股股東中國中信集團有限公司和北京中信企業管理有限公司簽訂框架協定，擬以現金及發行新股的方式收購後兩者持有的中信股份有限公司 100% 股權。收購完成後，包含中信集團絕大部分淨資產、股東權益高達 2,250 億元人民幣的「中信股份」注入中信泰富，實現在港整體上市，開創央企整體上市先河。8 月 25 日，中信泰富完成收購程序，中信股份有限公司更名為「中國中信有限公司」（簡稱「中信有限」），成為中信泰富的全資附屬公司，中信泰富則更名為「中國中信股份有限公司」（簡稱「中信股份」）。[191] 中信集團持有中信股份 77.9% 股權。中信集團透過其業務平台中信股份實現整體香港上市後，一舉成為香港經濟中的大型綜合企業集團，其業務涵蓋綜合金融服務、先進智造、先進材料、新消費、新型城鎮化等 5 大領域（圖 4-22）。

在綜合金融服務領域，中信股份透過所持有子公司中信銀行（65.97%）、中信證券（15.47%）、中信信託（100%）、中信保誠人壽（50%）等，涉及銀行、信託、保險及證券等全方位金融服務領域。其

---

190 中信集團：「集團介紹」，中信集團官網。
191 中信集團：「集團介紹」，中信集團官網。

綜合金融服務

中信銀行	(65.97%)
中信證券	(15.47%)註
中信信託	(100%)
中信保誠人壽	(50%)

先進智造

中信重工	(67.27%)
中信戴卡	(42.11%)
中信控股	(100%)

先進材料

中信金屬集團	(100%)
中信資源	(59.50%)
中信礦業國際	(100%)
中信泰富特鋼	(83.85%)
中信泰富能源投資	(100%)

新消費

中信出版	(73.50%)
中信國際電訊	(58.11%)
中信農業	(100%)
大昌行	(100%)

新型城鎮化

中信建設	(100%)
中信工程	(100%)
中信城市開發運營	(100%)
中信泰富地產	(100%)
中信環境	(100%)
中信海直	(38.63%)
中信興業	(100%)

圖 4-22　中信股份的主要經營業務
資料來源：《中國中信股份有限公司年度報告 2020》，封二。

中，中信銀行成立於 1987 年，是中國改革開放中最早成立的新興商業
銀行之一，該行於 2007 年 4 月在上海證券交易所和香港聯交所以 A+H
股同步上市。截至 2019 年底，中信銀行總資產規模約 6.7 萬億元人民
幣，在國內 151 個大中城市設有 1,401 家營業網點，並設 6 家附屬機

構，包括中信國際金融有限公司、信銀（香港）投資有限公司、中信金融租賃有限公司、中信百信銀行股份有限公司等。

中信國際金融控股前身為創辦於 1922 年的華資嘉華銀行。1986 年，中信集團向嘉華銀行注資 3.5 億港元，取得控股權。1998 年，該行正式更名為「中信嘉華銀行」。2002 年，中信嘉華斥資 42 億港元收購香港華人銀行，中信嘉華更名為「中信國際金融控股有限公司」，並繼續在香港上市；華人銀行則更名為「中信嘉華銀行有限公司」，繼續經營整合後的銀行業務。2008 年，為重組集團銀行業務，中信國際金融控股私有化並退市。2010 年 5 月，中信嘉華銀行更名為「中信銀行（國際）」，標誌着中信集團境內外商業銀行業務重組策略完成。中信銀行（國際）由中信國際金融控股持有 75% 股權，該行在香港、澳門、紐約、洛杉磯、新加坡和內地共設有 38 家營業網點。2019 年，中信銀行在英國《銀行家》雜誌「全球銀行品牌 500 強排行榜」中排名第 19 位；銀行一級資本在英國《銀行家》雜誌「世界 1000 家銀行排名」中排名第 26 位。

中信證券成立於 1995 年，2003 年在上海證券交易所掛牌上市，2011 年在香港聯交所上市，是中國第一家 A+H 股上市的證券公司。2013 年，中信證券以 12.52 億美元，收購法國農業信貸銀行 (Credit Agricole) CAGR.PA 旗下里昂證券（CLSA）全數股權，並將其更名為「中信里昂證券」，成為集團全球擴張戰略下的國際銀行業務平台。目前，中信里昂證券的服務網絡已遍佈亞洲、澳洲、歐洲以及美國的 21 個地區。[192] 中信證券收購里昂證券後，形成了覆蓋全球主要股票市場、以機構業務為主導的國際化平台，經營業務涵蓋投資銀行、財富管理、資產管理、固定收益、證券金融、股票銷售交易、託管等領域。截至 2019 年度，中信證券及其子公司共擁有分公司 78 家，營業部 277 家。此外，中信證券國際通過其下屬公司在香港擁有 4 家分行。

---

192 中信里昂證券：「關於我們」，中信里昂證券官網。

　　中信信託是中國最大的信託公司之一，截至 2019 年底旗下固有資產總額達 424.03 億元人民幣，管理信託資產餘額 15741.56 億元人民幣。中信保誠人壽則由中信集團與英國保誠集團各分別持股 50%，經營業務以人壽與健康保險為主、意外險為輔，在中國內地已成立 21 家分公司，並在全國 94 個城市設立了超過 200 家分支機構。[193]

　　在先進智造領域，中信透過所持有子公司中信戴卡（42.11%）、中信重工（67.27%）、中信控股（100%）等展開業務，主要包括鋁輪轂及鋁鑄件製造、重型機械和特種機器人生產等，均處於國內領先地位。其中，中信戴卡是全球最大的汽車鋁輪轂製造商和出口商，總部位於河北省秦皇島市，擁有 26 家生產基地，遍及中國內地、美國、歐洲和非洲，產品包括鋁車輪和汽車動力總成、底盤和車身系統輕量化鋁製鑄件等，鋁車輪年產能為 6,900 萬隻，鋁鑄件的年產能為 9 萬噸（圖 4-23）。

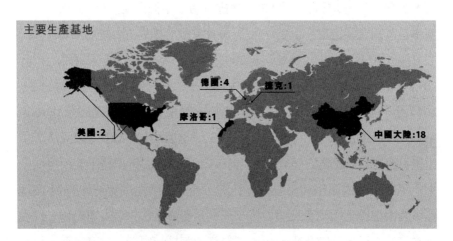

圖 4-23　中信戴卡在全球的投資佈局
資料來源：《中國中信股份有限公司 2019 年度報告》，第 35 頁。

---

193 中信股份：「我們的業務：金融」，中信股份有限公司官網。

中信重工為內地上交所上市公司，是全球領先的重型礦山裝備及水泥裝備供貨商和服務商，也是中國最大的重型機械製造企業之一，主要從事重型裝備、工程成套、機器人及智慧裝備、節能環保裝備等領域的大型設備、大型成套技術裝備及關鍵基礎件的開發、研製及銷售，並提供相關配套服務和整體解決方案。中信重工的主要生產基地位於河南洛陽市、河北唐山市、江蘇連雲港，以及西班牙維戈市等地。此外，中信控股致力於成為智能製造、工業互聯網、燈塔工廠建設的卓越專家及相關產業投資領域的生態夥伴。

在先進材料領域，中信股份透過所持有子公司中信泰富特鋼（83.85%）、中信資源（59.50%）、中信礦業國際（100%）、中信金屬集團（100%）、中信泰富能源投資（100%）等展開相關業務，主要包括特殊鋼的生產，石油、煤、磁鐵礦、銅、鈮鐵等資源的勘探、開採、加工，貿易以及發電業務。其中，中信泰富特鋼是中國最大專業生產特殊鋼的企業，年生產能力超過 1,400 萬噸，旗下擁有江陰興澄特鋼、湖北新冶鋼、青島特鋼和靖江特鋼四家特鋼廠，以及分別設在銅陵的焦炭廠和設在揚州的球團廠（圖 4-24），主要產品包括特殊鋼棒材、特種鋼

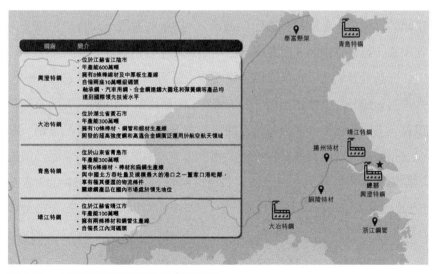

圖 4-24　中信泰富特鋼在國內的投資佈局
資料來源：《中國中信股份有限公司 2019 年度報告》，第 30 頁。

板、中厚壁無縫鋼管、線材、特冶鍛造和連鑄大圓坯等 6 大類，廣泛應用於汽車零部件製造、能源、機械製造、石油石化、交通及造船等領域，銷往中國內地以及全球 60 多個國家和地區，包括美國、日本、歐洲和東南亞。

中信資源在香港上市，主要從事石油鑽探開發生產、煤礦開採、進出口商品、電解鋁、鋁土礦、氧化鋁冶煉以及錳礦的開採與加工等業務，持有哈薩克斯坦 Karazhanbas 油田 50% 的參與權益、中國海南月東區塊 90% 的權益及印尼 Seram Non-Bula 區塊 41% 的權益；並持有位於澳洲的 Coppabella 和 Moorvale 煤礦合營項目 14% 的參與權益，以及多項澳洲煤礦勘探業務權益。中信資源通過中信泰富能源，在國內投資管理多家電廠，總裝機容量 640 萬千瓦；通過中信礦業國際擁有位於澳大利亞州西皮爾巴拉地區普勒斯頓海角 20 億噸磁鐵礦資源量的開採權，並已認購另外 10 億噸磁鐵礦的開採權。中信澳礦開採期超過 30 年，是澳大利亞最大的磁鐵礦開採項目，其生產的精礦粉佔澳大利亞磁鐵礦產品出口量的 60% 以上，已成為中國進口海運磁鐵精礦粉的主要供應商。中信金屬主要從事包括銅、鈮鐵在內的金屬礦產類投資和大宗商品貿易等，持有秘魯 Las Bambas 銅礦 15% 權益，以及該銅礦約 26% 的銅精礦的分銷權；並間接持有巴西礦冶公司 5% 的股權，同時也是該公司在中國的獨家分銷商。巴西礦冶公司的鈮鐵產量佔全球 80% 左右。[194]

在新消費領域，中信股份透過所持子公司中信國際電訊（58.11%）、大昌行（100%）、中信出版（73.50%）、中信農業（100%）等展開相關業務，主要包括綜合電信及信息通訊技術服務、汽車及消費品分銷、綜合文化服務、於農業種業科技等業務。其中，中信國際電訊是亞洲領先的跨國綜合電信及信息通訊技術服務提供商，該公司於 1997 年在香港成立，2007 年在香港上市，是一家互聯網綜合電訊企業，主要為全球

---

194 中信股份：「我們的業務：資源能源」，中信股份有限公司官網。

運營商客戶提供移動國際漫遊、國際話音、國際短信、國際數據流量，以及國際增值電信等服務，是亞太最大的國際電訊樞紐之一，並持有澳門電訊有限公司（澳門電訊）99% 權益。截至 2019 年底，中信國際電訊在全球 21 個國家和地區設有分支機構，網絡節點覆蓋 130 多個國家和地區，連接全球 600 多家運營商，服務 3,000 多家跨國企業以及 4 萬餘家當地企業。亞洲衛星的業務包括出租及出售衛星轉發器給客戶，提供廣播、通訊和訊號上下傳服務。

大昌行是香港及亞洲多元化汽車及消費品分銷企業。2020 年 1 月，大昌行集團被中信股份私有化，其業務包括汽車銷售及相關服務，食品、消費品、醫療保健產品和電器的銷售，以及物流服務。大昌行的汽車業務為超過 20 個品牌提供全面的汽車代理、分銷及相關服務；消費品業務涵蓋食品、快速消費品。醫療保健和電器市場的市場開發、生產、代理、分銷、物流和零售，擁有龐大的供應鏈網絡，為來自 30 多個國家及地區超過 1,000 個品牌提供服務，覆蓋 12 個亞洲經濟體系。此外，中信出版是中國具有影響力的綜合文化服務提供商，擁有政府頒發的圖書出版發行全牌照，主營業務為圖書出版與發行、數字閱讀和書店零售。

在新型城鎮化領域，中信股份主要持有中信建設、中信工程設計、中信泰富地產、中信城市開發營運、中信環境、中信興業、中信海直等公司，主要從事工程建設，房地產，養老產業、物流、環保及基礎設施等業務。其中，中信建設是一家國際領先的工程建設綜合服務商，經營業務包括房屋建築、基礎設施及工業建設等工程的承包，主要分佈在「一帶一路」、非洲、拉丁美洲等海外市場，並逐步拓展到英國等發達國家市場，業務領域包括房屋建築、基礎設施及工業建設等工程的承包。中信工程設計為科技型工程公司，在新型城鎮化和生態文明領域開展建築工程、市政基礎設施和環境保護方面的投資建設運營。

在房地產業，2016 年 3 月，中信股份與中國海外發展簽訂協議，轉讓中信地產全部股權，以及中信泰富在國內的住宅地產，交易對價

約為 310 億元人民幣。交易完成後，中信持有中國海外發展約 10% 的股權，同時也將從中國海外發展獲得價值約為人民幣 60 億元的資產對價。中信股份旗下中信泰富地產，主要投資開發城市綜合體、高端商辦和中高端住宅；中信城市開發運營則聚焦於城市更新改造和城市開發運營等業務。此外，中信環境是中信股份在環保領域的專業化投資運營平台，主營業務涵蓋水處理、固廢危廢處置及節能服務三大板塊；中信興業是資本運營公司，主要從事都市養老產業、物流和基礎設施等業務。

■ 致力成為「國內領先、國際一流的科技型卓越企業集團」

目前，中信集團共持有 6 家香港上市公司，包括中國中信股份有限公司（89.57%）、中信銀行股份有限公司（A+H）（65.97%）、中信證券股份有限公司（A+H）（16.50%）、中信資源控股有限公司（59.50%）、南方錳業投資有限公司（前稱「中信大錳」，43.36%）、中信國際電訊集團有限公司（58.19%）等（表 4-20）。此外，中信集團及其附屬公司在內地還持有中信國安資訊產業股份有限公司（20.945%）、中信海洋直升機股份有限公司（38.63%）、中信重工機械股份有限公司（67.27%）、中信泰富特鋼集團股份有限公司（75.05%）、袁隆平農業高科技股份有限公司（16.54%）、中信國安葡萄酒業股份有限公司（44.93%）等多家上市公司的股權，主要從事電訊、航空、重型裝備、鋼鐵、農業等領域的業務（表 4-21）。

表 4-20　2019 年度中信集團在香港上市公司經營概況

上市公司名稱	經營業務	營業收入	除稅費前利潤	歸屬於普通股股東淨利潤	總資產
中信股份（億港元）	投資控股，金融，資源能源，製造，工程承包，房地產及其他	5664.97	1064.54	539.03	82899.24
中信銀行（億元人民幣）	銀行及相關金融業務	1875.84	565.45	480.15	67504.33

（續上表）

中信證券（億元人民幣）	證券、期貨、投資銀行、資產及財富管理	570.80	169.95	126.48	7917.22
中信資源控股（億港元）	石油和煤的勘探、開發和生產，以及對錳、鋁土礦開採、氧化鋁冶煉和電解鋁領域的投資	34.26	6.31	6.31	117.68
南方錳業（億港元）	投資控股，錳礦開採、礦石加工及下游加工業務和礦石、錳鐵合金以及相關原材料的貿易	58.02	-2.17	-2.34	87.68
中信國際電訊集團（億港元）	電訊及相關業務	90.14	12.49	10.20	183.90

資料來源：中信集團旗下各香港上市公司 2019 年報

表 4-21　2019 年度中信集團在內地上市公司經營概況

單位：億元人民幣

上市公司	經營的主要業務	營業收入	利潤總額	總資產
中信國安	有線電視網絡、衛星通信網投資及運營	35.01	0.31	171.09
中信海直	通用航空，直升機飛行及相關業務	15.67	2.83	58.62
中信重工	重型裝備、機器人及智慧裝備、工程成套、節能大型設備、大型成套技術裝備及大型鑄鍛件的開發、研製及銷售	52.40	1.70	207.64
中信泰富特鋼	鋼鐵冶煉、鋼材軋製、金屬改制、壓延加工、鋼鐵材料檢測	726.20	65.79	725.85
隆平高科	進行以水稻、玉米、蔬菜為主的高科技農作物種子、種苗的生產、加工、包裝、培育、繁殖、推廣和銷售	31.30	-1.72	131.03
中葡股份	葡萄種植，葡萄酒生產及銷售	2.48	0.15	22.89

資料來源：中信集團旗下內地上市公司 2019 年報

　　2019 年度，中信股份實現收入 5664.97 億港元，扣除稅費前利潤 1064.54 億港元，歸屬於普通股股東淨利潤 539.03 億港元，資產總額 82899.24 億港元，分別比 2014 年的 4021.24 億港元、778 億港元、398.34 億港元及 59478.31 億港元，增長了 40.88%、22.92%、36.83% 及 39.38%。（表 4-22）在中信股份的業務結構中，無論從營業收入還是歸

屬於普通股股東淨利潤來看，綜合金融服務均佔主要份額，2019年度
分別佔39.25%和70.17%，依次是先進材料（31.50%、12.98%）、新型
城鎮化（7.19%、13.14%）、新消費（15.71%、1.86%），先進智造所佔
比重相對較小（表4-23）。值得注意的是，2020年度，儘管中信股份經
營業務仍維持平穩增長，但其市值卻從2019年底的3031.21億港元下
跌至2020年底的1597.06億港元，跌幅高達47.31%（2021年以來市值
已逐步回升）（表4-23）。

表 4-22　2014-2021 年度中信股份經營概況

單位：億港元

	收入	稅前利潤	歸屬於普通股股東淨利潤	總資產
2014 年度	4021.24	778.00	398.34	59478.31
2015 年度	4168.13	813.06	418.12	68033.09
2016 年度	3816.62	707.91	431.46	72394.89
2017 年度	4505.36	827.83	439.02	75207.39
2018 年度	5332.85	939.69	502.39	76607.13
2019 年度	5664.97	960.15	539.03	82899.24
2020 年度	5529.49	977.18	566.28	97408.28
2021 年度	7089.36	1211.41	702.22	106855.21

資料來源：《中國中信股份有限公司年度報告》，2014-2021 年

表 4-23　中信股份旗下各業的務經營概況

單位：億港元

	營業收入		歸屬於普通股股東淨利潤		總資產	
	2019 年	2021 年	2019 年	2021 年	2019 年	2021 年
綜合金融服務	2223.16（39.25%）	2567.60（36.22%）	428.45（70.17%）	520.75（64.06%）	77039.80（92.42%）	100508.73（92.95%）
先進智造	359.42（6.35%）	476.94（6.73%）	11.32（1.85%）	6.32（0.78%）	279.30（0.34%）	668.37（0.62%）

（續上表）

先進材料	1783.99 （31.50%）	2824.22 （39.85%）	79.25 （12.98%）	191.62 （23.57%）	2277.11 （2.73%）	2727.56 （2.52%）
新消費	890.17 （15.71%）	655.64 （9.25%）	11.34 （1.86%）	16.10 （1.98%）	987.13 （1.18%）	720.55 （0.67%）
新型城鎮化	407.18 （7.19%）	563.66 （7.95%）	80.25 （13.14%）	78.10 （9.61%）	2777.00 （3.33%）	3499.07 （3.24%）
合計	5663.92 （100.00%）	7088.06 （100.00%）	610.61 （100.00%）	812.89 （100.00%）	83360.34 （100.00%）	108124.28 （100.00%）

資料來源：《中國中信股份有限公司年度報告》，2020-2021 年，第 2-55 頁。

表 4-23　2017-2023 年中信股份市值變化

單位：億港元

	2017 年底	2018 年底	2019 年底	2020 年底	2021 年底	2022 年 7 月底	2023 年 1 月底
中信股份	3281.38	3572.28	3031.21	1597.06	2239.95	2463.92	2664.64

資料來源：《香港交易所市場資料》，2017-2021 年，東方財富網站

　　顯然，中信集團最具競爭力的業務是其綜合金融服務板塊。2022 年 3 月，經中國人民銀行批准，中國中信金融控股有限公司（簡稱「中信金控」）正式成立，中信有限將其持有的中信銀行 64.18% 股權、中信證券 18.45%、中信信託 100% 股權、中信保誠人壽 50% 股權，無償轉撥予中信金控。中信金控作為中信股份的全資公司將直接管轄旗下的金融業務板塊，提升「全面風險防控、綜合金融服務、統一客戶服務、先進科技賦能」四大功能體系，構建「財富管理、資產管理、綜合融資」三大核心能力，全方位為客戶提供綜合性金融服務，致力發展成為「具有國際競爭力和全球影響力的金融控股公司」。

　　十四五規劃期間，中信提出了「五三三」戰略，即深耕綜合金融、先進智造、先進材料、新消費和新型城鎮化五大業務板塊，構建金融控

股、產業集團、資本投資、資本運營、戰略投資等五大平台，並以整合、協同和拓展三種方式作為未來發展的重要抓手，力爭在「十四五」期末實現「十百千萬」的發展目標，即「十萬億資產、進入世界 500 強前 100，實現一千億淨利潤和一萬億收入」。[195] 中信表示：「中信集團按照『踐行國家戰略、助力民族復興』的使命要求，以『打造卓越企業集團、鑄就百年民族品牌』為發展願景，以『深化國企改革、加強科技創新和融入區域戰略』為工作主線，致力於成為踐行國家戰略的一面旗幟，國內領先、國際一流的科技型卓越企業集團。」[196] 自 2009 年起，中信集團已連續 14 年躋身《財富》雜誌世界 500 強排行榜，2022 年名列第 102 位。

第七節　光大集團

▌ 光大集團的創辦與早期發展

　　光大集團的創辦，最早可追溯到「光大實業公司」的成立。1982 年 2 月，全國工商聯會副主席王光英率團到香港、澳門考察，回內地後向國務院呈交一份題為《關於港澳見聞和八點建議》的報告，建議在香港創辦一家大型的、綜合的、開放性、世界性和民間色彩的公司，為內地引進西方先進技術和資金，並促進香港繁榮穩定。時任國務院總理趙紫陽批准成立光大實業，註冊資金為 1 億美元，由王光英出任董事長兼總經理。[197] 1983 年 8 月 18 日，光大實業在香港註冊開業。按照王光英的解釋，光大者，光明正大做生意也。

195 〈專訪奚國華：中信集團「十四五」有信心超額完成盈利目標〉，《財經》，2021 年 11 月 14 日，新浪財經 APP。

196 中信集團：「多元中信」，中信集團官網。

197 張國偉：〈光大不再明亮〉，《資本家》，1992 年 5 月，第 70 頁。

　　光大創辦初期，主要業務為引進外國的二手設備。1983 年 9 月，光大以 1,580 萬美元從智利引進 1,500 輛幾乎全新的載重汽車，相當於出廠價的 38.5%，為內地節省資金 2,520 萬美元，而光大也在此項交易中獲取了 57.5 萬美元傭金。不過，後來傳出這批二手車性能有問題，汽車廠原不保證這批車的操作狀態，後經過商議，汽車廠才答應為這批車提供維修保養。1987 年 3 月，光大與美籍華人葉超然開辦的路脫斯公司簽約，合資創辦「光大路脫斯彩色顯像管製造有限公司」，這是香港第一家彩色顯像管製造廠，投資額初期定為 3,740 萬美元，後再追加投資 920 萬美元，各佔 50% 權益。其後，由於葉超然沒有按股權比例提供廠房營運資金，及工廠管理混亂，光大實業派人進駐工廠，重組董事會。不過，光大對該廠的投資並不成功，並一度引來香港警方商業罪案調查科的調查，90 年代初期已停止運作。[198]

　　這一期間，光大也參與香港及內地的房地產等項目的投資。1984 年 2 月，光大實業以 9.5 億港元向李嘉誠旗下的國際城市集團購入北角城市花園 8 幢住宅大廈。然而，當時雙方均沒有公開光大可以在半年內無條件撤銷交易並取回訂金加利息的條款。同年 6 月，光大鑑於香港樓市跌勢不止，決定終止交易。消息傳出，一度成為香港輿論關注的焦點。1984 年 6 月，光大與信和集團合作，以 3.8 億港元投得港島金鐘二段並發展為甲級寫字樓大廈，即奔達中心。1990 年 3 月，王光英卸任光大職務，由邱晴接任。據王光英在接受採訪時透露，光大資產已從開業時的 1 億美元增加到 3 億美元，期間先後投資 40 多個項目，包括磨刀門工程、圍海造田工程、江門橋工程及北京京廣大廈等，大部分項目都在內地。[199] 其中，有部分項目投資失誤，虧損嚴重。

　　邱晴接任後，對光大的業務發展策略進行調整，提出「向內地傾

198 張國偉：〈光大不再明亮〉，第 71 頁。
199 〈王光英稱每年均賺錢，邱晴掌光大應無改變〉，《經濟日報》，1990 年 2 月 7 日。

斜,向金融傾斜」的發展方向。1990 年 9 月,中國光大(集團)總公司在北京成立,並設立北京總部,實施「一個系統、兩個總部」的管理體制。1991 年,光大成立光大國際信託投資公司,在內地大部分地區、港澳地區和新加坡等地,發展實業投資、地產經營等業務。1992 年 8 月,光大獨資創辦光大銀行。光大銀行在短短的幾年中業務發展迅速,1996 年銀行稅前利潤達到 8 億元人民幣,並在全國設立 8 間分行。為了適應國內外市場激烈競爭的需要,1996 年,光大銀行經中國人民銀行批准,由獨資擁有改製為股份制銀行,銀行股東包括亞洲開發銀行在內的 130 家企業。1996 年,光大集團成立光大證券公司,光大證券在全國各地先後收購了 10 多家證券業務部,擴大經營網絡。此外,光大又先後參股香港上市公司港基國際銀行(20% 股權)和國衛保險公司(5% 股權)。[200] 至此,光大已全面進入銀行、信託、證券、保險等金融業的各個領域。

這一時期,光大積極展開資本經營,進入香港資本市場。1992 年,光大投資收購香港上市公司 —— 寧發國際有限公司,並將其改名為「中國光大國際有限公司」(簡稱「光大國際」)。在取得光大國際 74% 股權後,光大集團對其資產和業務展開調整和重組,將業務從房地產逐步轉向內地的工業投資和香港的金融服務業。1994 年,光大國際收購在美國上市的中國玉柴國際有限公司 24.4% 股份,該公司持有廣西玉林柴油機股份有限公司 76.4% 權益。廣西玉柴是全國最大的中型柴油機生產廠家,光大國際透過玉柴國際入股後,不僅注入資金,而且借助新加坡豐隆集團引進國際先進的管理經驗,使得該廠經營如虎添翼。此外,光大國際還積極參與香港金融業,旗下的光大證券(香港)有限公司除活躍於香港證券買賣市場外,還參與股票的包銷、分銷、配股等業

---

200 中國光大集團董事長朱小華:〈前進中的光大集團〉,烏蘭木倫主編:《發展中的香港中資企業》,新華通訊社香港分社編印,香港經濟導報社出版,1997 年,第 74-75 頁。

務。到 1995 年底，光大國際淨資產達 11.3 億港元，當年利潤 4,858 萬港元。[201]

　　1993 年，光大再投資香港另一家上市公司——明輝發展 51% 股權，並易名為「中國光大明輝有限公司」（簡稱「光大明輝」），光大明輝持有上市公司港基國際銀行 20% 股權及國衛保險公司 5% 股權，其全資附屬公司英保良集團公司是新加坡最大的零售商之一，旗下擁有 37 間零售商店、超市、運動用品商店及多家酒樓。光大利用光大明輝在商業零售業務上的專長，積極拓展國內相關業務，取得良好進展。截至 1995 年底，光大明輝的淨資產已達 17 億港元。1993 年 8 月，光大收購了在新加坡上市的新加坡高登公司 30% 股權，成為該公司的最大股東。光大通過高登公司拓展地產經營、住宅建設，以及上市和非上市的證券投資業務。1997 年，高登改名為「中國光大亞太有限公司」。此外，光大還於 1994 年入股上市公司恒華集團，持有該公司約 45% 股權，恒華以製造音響器材出口為主。華恒其後改名為「光大科技」，主要參與一些的高科技投資。

　　在發展實業方面，光大早在 1988 年與深圳萊英達集團、中國高新輕紡投資公司等合作，在深圳南月灣組建「深圳光大木材有限公司」，光大佔 51% 權益。該公司主營生產膠合板，並創造出質量可以與進口產品比美的「森帝」系列品牌。光大集團的另一投資項目是深圳媽灣發電廠，該廠的建設進一步加快深圳的經濟開發。光大還與深圳南油集團、中國對外貿易運輸總公司共同投資興建海星港口，將該港口建成深圳主要的中轉港口之一；參與興建深圳蛇口南頭半島佔地 23 平方公里的南油開發區；與郭鶴年等華商聯手組成「港滬發展有限公司」，參與投資開發上海閘北區佔地 5.8 公頃的上海舊城區改造工程。

　　到 1997 年香港回歸前夕，光大集團已發展成為一家以金融、實

---

201 朱小華：〈前進中的光大集團〉，第 76 頁。

業、房地產、貿易為主的多元化大型企業集團，在香港和北京設有兩個
總部，旗下附屬公司達 180 多家，多年來為中國內地引進了大量的先進
技術和設備，參與了能源、交通、原材料、機械、電子、農業、房地產
等方面的投資，廣泛開展了進出口貿易、證券和金銀交易等金融業務，
為外商提供了對華投資和貿易的諮詢服務。截至 1996 年底，集團總資
產達 800 億元人民幣，其中，香港總部資產已達創業初期的 20 倍。[202]

▌ 重組與轉型：邁向金融控股集團

　　1997 年亞洲金融危機，對光大集團造成嚴重衝擊。1999 年 7 月，
原中國人民銀行副行長劉明康出任光大集團董事長。劉明康上任後明確
指出，金融是光大要走的方向，金融的重點是銀行、證券、保險、證券
投資；而貿易、實業投資等，光大並不具備良好的專業管理水平和專業
經驗。因此，必須通過合資或併購等來消化非主業資產，爭取兩到三年
實現收縮和退出。為此，光大籌備成立盡職調查小組、風險評估委員會
和後評價小組等三個獨立小組，加大對投資管控和公司治理的力度。一
年後，原交通銀行行長王明權接任光大董事長，繼續推進這一發展思路
的實施。

　　自 2000 年起，光大集團開始了漫長的重組轉型之路。當時，重組
的思路被概括為「一二三四」，即：一個目標：將光大集團建設成為規
範化的金融控股集團；兩手抓：一手抓金融業的發展，一手抓實業企業
的調整；三個轉變：發展方式由過去的「齊頭並進」轉移到以發展金融
業為重點，管理體制從「多個法人經營，一個法人負責」轉到「集團管
理，分業經營」，集團職能從「重投資，輕管理」轉到着重加強對所屬
企業的管理上來；四項主要工作：金融業務力爭發展速度和質量成功金
融同業平均水平，實業調整取得突破性進展，進一步規範內部管理體

---

202 朱小華：〈前進中的光大集團〉，第 73 頁。

制，建立現代企業制度，主要金融企業力爭上市。[203]

　　這一時期，光大集團逐步將旗下非金融、非核心資產出售、轉讓，包括 2000 年 7 月將所持南油集團 32.5% 股權轉讓予深圳市投資管理公司；2001 年 3 月將所持新加坡上市公司光大亞太 23.98% 股權轉讓予招商局；同年 6 月將所持上市公司香港建設（前身為「熊谷組」）22.45% 股權出售予上海建工集團；2004 年 3 月將所持港基國際銀行 20% 股權悉數轉售予台灣富邦金融控股；同年 5 月將所持上市公司光大科技股權轉讓予香港信景國際；2006 年將所持隨着媽灣電力 15% 股權出售。同時，光大又提請中國人民銀行撤銷已陷入困境中的光大信託。2002 年 1 月，中國人民銀行正式發佈公告，撤銷光大信託，並成立清算組對分佈全國 10 多個省區總計 14.68 億元人民幣的剩餘資產進行清理和處置，於 2006 年進行打包整體掛牌轉讓。此外，光大又先後將集團在中國內地、香港、澳門，以及新加坡、南非、柬埔寨、泰國、美國等國家和地區的 30 多處投資、共 90 多個項目出售、套現。[204]

　　與此同時，光大集團以上市公司光大控股和光大國際為旗艦，展開大規模的收購兼併。光大控股前稱「光大明輝」，於 1997 年 9 月更名為「中國光大控股有限公司」（簡稱「光大控股」）。1997-1999 年間，光大控股在剝離原有的零售、酒樓業務的同時，先後收購國衛保險 5% 股權、港基銀行 20% 股權、光大銀行 20% 股權、光大證券 49% 股權、標準人壽（亞洲）20% 股權、光大金融控股 100% 股權，發展成為一家金融控股上市公司。[205] 2000 年以後，光大控股在支持光大銀行及光大證券發展的同時，着力發展證券、期貨、外匯交易及上市保薦業務，包括 2001 年成立「光大控股創業投資（深圳）有限公司」，進入直接投

---

203 郭國璨、劉海燕：《香港中資財團（II）》，香港：三聯書店（香港）有限公司，2017 年，第 471 頁。

204 郭國璨、劉海燕：《香港中資財團（II）》，第 473-475 頁。

205 中國光大控股有限公司官網：「歷史沿革與里程碑」，1997 年 -1999 年。

資領域;2003 年保薦福建紫金礦業等在港上市;2004 年成立規模為 5,000
萬美元的第一個私募股權基金 —— 中國特別機會基金 I;2007 年相繼設
立「中國特別機會基金 II」、專注早期項目投資的 3 只創業投資基金;
又收購雷曼兄弟的中國房地產基金管理平台「亞雷投資」,更名為「光
大安石」,並將其發展成為國內綜合實力排名首位的房地產基金管理公
司;2009 年與麥格理發起並募集約 9 億美元的「中國基礎設施基金」。
2011 年以後,再收購了中國飛機租賃集團有限公司,該公司於 2014 年
7 月成功在香港主板上市。2015 年,光大控股將「光大安石房地產基
金」注入上海嘉寶集團,成為其第一大股東並更名為「光大嘉寶」。

　　光大國際原先定位為基建和物業發展兩大業務,1999 年開始調整
和重組,先是出售旗下的香港建設及光大木材兩大虧損業務;2006 年
出售香港力寶中心的投資物業和媽灣電廠股份,並向獨立投資者配售
5.1 億股公司股份,引入策略性投資者。同時,光大國際開始向環保產
業進軍,2003 年成立「光大環保工程技術(深圳)有限公司」,先後
以 BOT 或 TOT 方式在長三角獲得蘇州、宜興、江陰、常州等地垃圾焚
燒發電項目及沼氣發電和固體廢料填埋等項目;在環渤海地區獲得青
島、淄博及濟南等地的污水處理項目,總投資超過 40 億元人民幣,實
現固體廢棄物年處理量 100 萬噸、污水日處理量 100 萬噸的「雙百」目
標。[206] 2007 年,光大國際實現 3.38 億港元的盈利。[207]

　　2007 年,光大集團新領導班子提出「再造光大」的重組方案,並
報經國務院批准。其中,核心問題是光大銀行的重組和上市。其實,早
在 2000 年光大銀行已開始謀劃上市事宜。不過,後來由於兼併內地頻
臨破產的中國投資銀行,使得銀行的不良資產大幅飆升,不良資產比率
從收購前的 10% 提升到 39%。為此,光大連續 6 年提取巨額撥備以降

206 郭國璨、劉海燕:《香港中資財團(II)》,第 478 頁。
207 中國光大集團:「大事記」,2008 年,中國光大集團官網。

低不良貸款率。據數據顯示，2005 年，光大銀行的不良資產餘額仍達 291 億元人民幣，核心資本為 -30.42 億元人民幣，當年未彌補虧損 139 億元人民幣，資本充足比率只有 2%，遠低於 8% 的要求。[208] 因此，重組光大銀行成為籌劃上市的關鍵。

2007 年 7 月，光大集團、光大財務與光大銀行簽署債權債務重組協定，根據協定，光大集團和光大財務清償應付光大銀行債務，光大銀行為光大集團提供的擔保義務解除或經債權債務人簽署協定對擔保義務作出約定。同年 11 月，光大集團獲得批准，由中央匯金投資有限責任公司向光大銀行注資 200 億元人民幣的等值美元，持有光大銀行約 70.88% 股權。2008 年 4 月，光大銀行以公開競價方式處置不良貸款 142.06 億元，套現 16.44 億元人民幣。[209] 2008 年底，光大銀行各項指標達到良好狀態，業績創出歷史新高：全行總資產達 8,518 億元人民幣，比年初增長了 1,127 億元人民幣；其中貸款餘額 4,685 億元人民幣，比年初增加了 509 億元人民幣；一般存款餘額 6,259 億元人民幣，比年初增加了 651 億元人民幣；不良貸款餘額 93.6 億元人民幣，比年初減少了 93.9 億元人民幣，不良貸款率下降至 2%，資本充足比率超過 9%，當年實現利潤 73.2 億元人民幣，5 年來首度實現現金分紅。[210]

然而，就在光大銀行積極籌備上市事宜的關鍵時刻，卻遇上 2008 年席捲全球的金融海嘯，結果上市被迫推延。2009 年，光大銀行獲中國銀監會批准，引進境內投資者資金 115 億元人民幣，金融實力進一步提升。[211] 2010 年 10 月，光大銀行在上海證券交易所上市，2013 年 12 月以 H 股在香港聯交所上市，成為又一家 A+H 上市銀行公司。2009 年 6 月，《亞洲週刊》公佈 2009 年度「亞洲銀行 300」排行榜，光大銀行

---

208 郭國燦、劉海燕：《香港中資財團 II》，第 479 頁。
209 《中國光大銀行 2008 年度報告》，第 74 頁。
210 《中國光大銀行 2008 年度報告》，第 5 頁。
211 中國光大集團：「大事記」，2009 年，中國光大集團官網。

位列第 29 位。

此後，光大銀行開始涉足香港市場。2013 年 2 月，光大銀行在境外的第一家分行 —— 香港分行正式開業。2016 年 1 月，光大銀行在香港設立的全資投資銀行子公司 —— 光銀國際揭牌開業。光銀國際是光大銀行第一次組建跨業、跨境、獨立法人三位一體的公司，成為光大銀行推行國際化發展的重要里程碑。該公司的主要業務範圍，包括香港 IPO、配售、供股、大宗交易、兼併收購、資產重組、海外發債等。[212]同年 4 月，光大銀行第一家海外分行 —— 首爾分行揭牌開業，邁出向海外市場發展的第一步。

光大集團旗下另一金融主力公司 —— 光大證券的上市亦遇到同樣問題。光大證券成立於 1996 年，除開展證券承銷、證券經紀、資產管理、證券投資、基金管理、財務顧問、投資諮詢等傳統業務之外，還積極開發集合理財、權證、資產證券化、融資融卷、股指期貨等創新業務。從 2007 年開始，光大證券已先後完成增資擴股和首次公開發行的中國證監會審核通過，獲得了 IPO 的通行證。然而，金融海嘯亦推遲了光大證券的上市步伐。其後，光大證券於 2009 年 8 月和 2016 年 8 月先後在上海證券交易所和香港聯交所上市，成為一家 A+H 股上市券商。

2014 年，光大證券制定五年戰略發展規劃，提出「積極推進國際化，實現境內外一體化」的戰略目標。為此，光大證券將收購的目標指向聯合集團旗下的新鴻基金融。2015 年 2 月 1 日，光大證券宣佈與新鴻基簽訂收購協議，以 40.95 億港元的總價格，收購新鴻基公司旗下全資附屬公司新鴻基金融有限公司 70% 股權，新鴻基仍持有其餘 30% 股權。新鴻基金融前身為新鴻基公司旗下的新鴻基證券，在 70 年代曾有過輝煌的業績。1996 年，新鴻基公司創辦人馮景禧後人將新鴻基出售

---

212 中國光大集團：「大事記」，2016 年，中國光大集團官網。

予聯合集團。2002 年，新鴻基公司以「新鴻基金融集團」作品牌，成立財富管理業務，開展多元化經營。2011 年 12 月，新鴻基將旗下的新鴻基證券改名為「新鴻基金融有限公司」，以配合集團的「新鴻基金融」的品牌策略。

2017 年 12 月，新鴻基金融更名為「光大新鴻基有限公司」。董事長薛峰表示：「公司易名為『光大新鴻基』對光大證券來說，是一個重要的里程碑，代表着光大證券立足香港，，服務全球，是光大證券國際化戰略又一重要實踐。」[213] 同年，光大新鴻基收購英國專門經紀公司北方藍橡（North Square Blue Oak Ltd.）並易名為 Everbright Securities（UK）Company Limited，將業務拓展至歐洲市場，擴大全球客戶基礎。2020 年 11 月，光大證券再以 24.13 億港元向新鴻基公司收購其持有新鴻基金融剩餘的 30% 股權，使之成為光大證券全資擁有的海外業務平台。2022 年 1 月，光大新鴻基更名為「中國光大證券國際有限公司」，旗下業務啟用全新的企業品牌「光大證券國際」及品牌標識。目前，光大證券國際業務範疇涵蓋財富管理、企業融資及資本市場、機構業務、資產管理及投資管理等領域，為香港、澳門、中國內地及英國的個人、企業及機構客戶提供金融服務。

▌ 以建設「世界一流金控集團」為標桿

2012 年，國務院批准光大集團改革重組調整完善方案，2014 年 7 月並批准光大集團改革重組細化實施方案。根據方案，中國光大（集團）總公司由國有獨資企業改制為股份制公司，並更名為「中國光大集團股份公司」（簡稱「光大集團」），註冊資本 600 億元人民幣，由財政部和中央匯金投資有限責任公司發起設立，財政部持股比例 44.33%，匯金公司持股比例 55.67%。重組改制後，中國光大（集團）總公司（包

---

213 〈新鴻基金融有限公司更名為「光大新鴻基有限公司」〉（光大新鴻基新聞稿），2017 年 12 月 18 日。

括境外分支機構）全部資產、負債、機構和人員由中國光大集團股份公司承繼。[214] 截至 2014 年底，光大集團管理資產總額超過 3 萬億元人民幣，當年實現稅前利潤 450 億元人民幣。[215] 2015 年，光大集團首次上榜美國《財富》雜誌發佈的世界 500 強，名列第 420 位。

2016 年，光大集團發佈《中國光大集團發展戰略綱要》與《中國光大集團五年發展規劃（2016-2020）》，確立了用 10 年分兩步建設敏捷、科技、生態的世界一流金融控股集團戰略目標，並以「做精金融，做優實業、做強集團」作為總體產業戰略，通過全面構建大財富、大投資、大投行、大旅遊、大健康、大環保六大 E-SBU（戰略單元 + 生態圈）協同發展機制，以實現品質、效益、規模協調發展，並積極探索金控集團規範發展的試金石與標杆，力爭成為世界一流的金融控股集團。

經過多年的發展，光大集團已成為一家「橫跨金融與實業、香港與內地，機構與業務遍佈海內外，擁有金融全牌照和環保、旅遊、健康、高科技等特色實業，具有綜合金融、產融合作、陸港兩地特色優勢的國有大型綜合金融控股集團」（圖 4-25）。目前，光大集團旗下擁有 9 家香港上市公司，包括中國光大控股有限公司（持有 49.74% 股權）、中國光大銀行股份有限公司（A+H）（29.00%）、光大證券股份有限公司（A+H）（46.45%）、中國光大環境（集團）有限公司（42.01%）、中國光大綠色環保有限公司（69.70%）、中國飛機租賃集團控股有限公司（35.67%）、光大永年有限公司（74.99%）、中國光大水務有限公司（72.87%）、光控精技有限公司（30.52%）等（表 4-24），以及在內地上市的中青旅控股股份有限公司（17.17%）、嘉事堂藥業股份有限公司（28.48%）、光大嘉寶股份有限公司（29.16%）等（表 4-25），經營業務包括金融、投資、實業、科技等四大業務板塊。

---

214 中國光大集團：「大事記」，2014 年，中國光大集團官網。

215 中國光大集團：「大事記」，2015 年，中國光大集團官網。

集团主要成员企业

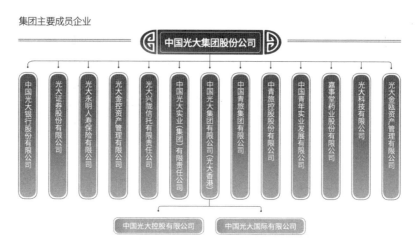

圖 4-25 光大集團旗下主要成員企業
資料來源：《中國光大集團股份公司 2019 社會責任報告》，第 7 頁。

表 4-24 2019 年度光大集團在香港上市公司經營概況

上市公司名稱	經營的主要業務	營業收入	稅前利潤	總資產
中國光大控股 （億港元）	基金、資產管理、投資控股	126.17	27.63	864.97
光大銀行 （億元人民幣）	銀行及相關金融業務	1329.39	451.63	47334.31
光大證券 （億元人民幣）	證券、期貨、投資銀行、資產管理	148.47	12.19	2040.90
光大環境 （億港元）	實業投資、環境保護	375.58	82.64	1193.52
光大綠色環保 （億港元）	綠色環保、城鄉垃圾統籌處理項目、專業環保服務	92.80	21.09	262.58
中國飛機租賃 （億港元）	飛機採購，飛機租賃，機隊退舊換新組合方案，購後租回	35.23	10.41	436.51
光大永年 （億元人民幣）	物業租賃、物業管理及銷售持作出售物業	0.71	0.54	11.46
光大水務 （億港元）	環保、水環境綜合治理	55.51	11.95	166.83
光控精技 （億新加坡元）	生產半導體設備行業的設備、機械、子系統、精密工具及零部件	0.68	-0.02	1.08

資料來源：光大集團旗下各香港上市公司 2019 年報

表 4-25　2019 年度光大集團在內地上市公司經營概況

單位：億元人民幣

上市公司名稱	經營的主要業務	營業收入	利潤總額	總資產
中青旅控股	綜合旅遊服務	140.54	12.23	164.37
嘉事堂	醫藥配送、銷售及相關業務	221.87	8.88	130.37
光大嘉寶	物業投資、管理及房地產開發	48.20	6.83	284.17

資料來源：光大集團旗下內地上市公司 2019 年報

　　其中，金融業涵蓋銀行、證券、保險、信託、基金、租賃、期貨等業務，旗下公司包括光大銀行、光大證券、光大永明人壽、光大興隴信託、光大保德信基金、光大金融租賃、光大幸福國際租賃、光大期貨等。其中，光大銀行成立於 1992 年 8 月，總部設於北京（圖 4-26）。截至 2019 年底，光大銀行在內地設立分支機構 1,287 家，涵蓋全國 146 個城市，並設有香港分行、首爾分行、光銀國際、光銀歐洲、盧森堡分行、悉尼分行等境外機構。2017 年，英國《銀行家》雜誌聯合 Brand Finance 發佈「全球銀行品牌 500 強」排行榜，光大銀行首次躋身全球銀行品牌價值 50 強，位列第 45 位，品牌價值 59.5 億美元。截至 2019 年底，光大銀行吸收存款 30178.88 億元人民幣，發放貸款和墊款 26441.36 億元人民幣，總資產 47334.31 億元人民幣。2019 年度，光大銀行經營收入 1329.39 億元人民幣，除稅前利潤 451.63 億元人民幣，

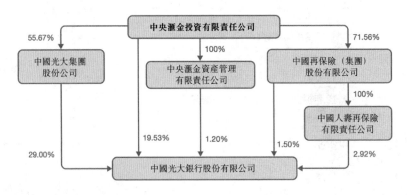

圖 4-26　光大銀行的股權結構
資料來源：《中國光大銀行股份有限公司 2019 年度報告》，第 73 頁。

總資產 47334.31 億元人民幣。[216]

　　光大證券於 1996 年 4 月在北京註冊成立，當時稱為「光大證券有限責任公司」，總部後遷至上海。2005 年，光大證券重組為股份有限公司（圖 4-27）。光大證券旗下擁有光大資本投資、光大富尊投資、光大期貨、光大證券資產管理、光大證券金融控股、光大保德信基金管理、光大發展等專業化子公司，分別從事資本投資、資產管理、證券、基金、期貨等業務。截至 2019 年底，光大證券共有分公司 14 家、證券營業部 266 家，經營網點遍佈全國 30 個省、自治區、直轄市的 129 個城市（含縣級市），是光大集團的核心金融服務平台。

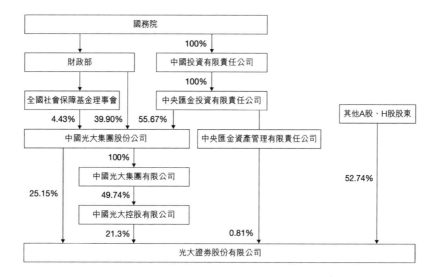

圖 4-27　光大證券的股權結構
資料來源：《光大證券股份有限公司 2019 年度報告》，第 80 頁。

　　在保險業，集團主要透過光大永明人壽經營。光大永明人壽成立於 2002 年 4 月。2010 年 7 月，經中國保監會批准，光大永明人壽保險增資並變更股權結構，轉變為中資保險公司。其中，光大集團持有 50%

216《中國光大銀行股份有限公司 2019 年度報告》，第 123-125 頁。

股份,成為控股股東;加拿大永明人壽保險公司持有 24.99% 股份,成為第二大股東。目前,光大永明人壽在全國開設了 24 家省級分公司,經營業務涉及客戶養老、意外、醫療、教育、資產管理等多方面的保險保障和財富管理,範圍覆蓋了全國 80% 的人口區域。此外,集團還透過旗下的光大興隴信託(佔 51%)、光大理財(佔 100%)、光大金融租賃(佔 90%)等,從事信託、資產管理、租賃等金融業務。

在投資業務板塊,集團旗下公司包括光大控股、光大金控資產管理、光大金甌資產管理、光大資本、光大投資管理等。其中,光大控股已成為中國領先的跨境投資及資產管理公司,截至 2019 年底共管理 69隻投資基金,資金規模達 1,570 億港元。光大控股透過所管理的基金和自有資金,已分別在中國及世界各地投資超過 300 家企業,所投資領域涉及房地產、醫療健康、新能源、基礎設施、高新科技、高端製造業、金融科技、文化消費等多個行業,其中有超過 150 家企業已通過在中國及海外市場上市或併購轉讓等方式退出(圖 4-28)。此外,光大控股是光大證券第二大股東和光大銀行的策略性股東,光大嘉寶股份和中國飛機租賃集團第一大股東,以及光控精技控股股東之一,在香港、北京、

圖 4-28　光大控股業務結構
資料來源:《中國光大控股有限公司 2019 年報》,第 12 頁。

上海、深圳、天津、新加坡、都柏林等地設有辦事處。[217]

　　2019 年，光大控股制定了「全球領先的跨境資產管理公司」戰略目標以及「一四三」發展戰略，即以另類資產管理業務為一個核心主業，聚焦房地產資產管理、飛機全產業鏈服務、人工智慧物聯網、健康養老四大產業、做大做強龍頭企業，以此聯動主業發展，同時提升市場化、專業化、國際化三項關鍵能力，為發展主業提供保障。[218] 2019 年，光大控股首次入選由國際權威機構 PEI 300 評選的「世界私募股權機構百強」。

　　光大金控資產管理成立於 2009 年 6 月，是光大集團的核心資產管理平台，已形成「一體兩翼」的產業投資發展模式，即以「產業投資」為主體，對接集團實業板塊，並推動公司產業驅動轉型；以「資產管理」和「財富管理」為兩翼。其中，資產管理業務包括產業投資基金、私募股權投資基金、證券投資基金、固定收益基金及投融資顧問等業務；財富管理業務主要為高淨值客戶、機構客戶提供個性化服務。另外，光大金甌資產管理由光大集團和溫州共同出資，成立於 2015 年 12 月，以特殊資產經營主業，致力成為資本充足、業務均衡的專業不良資產處置與管理機構。

　　在實業板塊，光大集團旗下公司包括光大環境、中青旅、中國飛機租賃、嘉事堂、光大永年、光大嘉寶、光大實業（集團）、光大匯晨養老等，主要從事環保、旅遊、醫藥流通、養老服務、物業投資與管理、酒店經營管理等業務。其中，光大環境（前稱「光大國際」）是集團旗下實業投資的旗艦公司，是中國環保產業的領軍企業之一。光大環境於2014 年分拆旗下環保水務業務「中國光大水務有限公司」（72.87%）在新加坡證券交易所上市；於 2019 年 5 月再分拆旗下中國光大綠色環保有限公司在香港聯交所上市。截至 2019 年底，光大環境在中國 23 個省（市）自治區 187 個地區以及德國、波蘭及越南等國投資運營 399 個環

---

217 光大集團：「產品服務：投資板塊」，中國光大集團官網。

218《光大控股有限公司 2020 年報》，第 10 頁。

保項目，總投資 1238.01 億元人民幣。其中，已竣工項目 255 個，總投資約 625.32 億元人民幣；在建項目 59 個，總投資約 298.2 億元人民幣；籌建中項目 85 個，涉及投資約 314.49 億元人民幣，涵蓋環保能源、環保水務、綠色環保、環境科技、裝備製造及國際業務等 6 大業務板塊。

中青旅創辦於 1980 年，1997 年在內地上市，2017 年底經財政部批准從共青團中央整體劃轉光大集團，成為集團一級直屬企業成員，主要從事旅遊業務。中國飛機租賃成立於 2016 年，總部位於香港，在全球設有 11 個分部，客戶涵蓋 27 家航空公司，遍佈全球 13 個國家和地區，資產總值約 380 億港元。嘉事堂全稱「嘉事堂藥業股份有限公司」，成立於 1998 年，主要從事醫藥產業。光大實業（集團）有限責任公司成立於 2007 年，是光大集團的一級子公司和實業領域的重要發展平台，聚焦現代物業、居家服務、生態環保等三大實業板塊。

在科技板塊，光大集團旗下公司包括光大科技、特斯聯科技、雲繳費等，是光大集團發展科技創新的基礎平台。其中，光大科技有限公司是由光大集團發起組建的金融科技公司，主要助力集團實施「敏捷 + 科技 + 生態」戰略轉型。特斯聯科技是光大控股孵化的高科技創新企業，專注技術創新與產品研發。雲繳費是光大銀行打造的開放式便民生活服務平台，擁有數千項繳費項目，覆蓋全國 300 餘地級城市。

2019 年度，光大集團實現營業收入 2080.76 億元人民幣，淨利潤 473.36 億元人民幣，總資產 52104.86 億元人民幣，分別比 2016 年增長了 58.58%、15.21% 及 19.45%。2019 年，光大集團在《財富》世界 500 強排名 289 位，上升 33 位。2020 及 2021 年度，儘管受全球新冠疫情及經濟低迷等週邊環境影響，集團業績仍實現穩步增長。2021 年度，光大集團實現營業收入 2693.74 億元人民幣，淨利潤 578.15 億元人民幣，總資產 65280.8 億元人民幣，分別比 2019 年再增長了 29.34%、22.04% 及 25.29%（表 4-26）。不過，旗下部分上市公司市值則出現較大的跌幅，光大控股市值從 2019 年底的 245.37 億港元跌至 2022 年 7 月底的 100.43 億港元，跌幅幾達六成（表 4-27）。

表 4-26　2016-2021 年度光大集團經營概況

單位：億元人民幣

	營業收入	淨利潤	總資產
2016 年度	1313.35	410.94	43622.11
2017 年度	1360.33	418.96	44683.44
2018 年度	1615.90	421.00	47851.86
2019 年度	2082.76	473.76	52104.86
2020 年度	2502.22	506.04	59239.08
2021 年度	2693.74	578.15	65280.80

資料來源：《中國光大集團股份公司社會責任報告》，2018-2021 年

表 4-27　2017-2023 年光大集團部分上市公司市值變化

單位：億港元

	2017 年底	2018 年底	2019 年底	2020 年底	2021 年底	2022 年 7 月底	2023 年 1 月底
中國光大控股	294.58	233.91	245.37	174.93	157.07	100.43	102.45
光大環境	500.27	431.24	383.94	269.06	384.55	256.78	213.78

資料來源：《香港交易所市場資料》，2017-2021 年，東方財富網站

　　2020 年 5 月，光大集團與中央匯金公司簽署了股權轉讓協議，光大集團以發行股份方式向匯金公司收購其直接持有的光大銀行 19.53% 股權。光大集團受讓光大銀行的交易價格為每股 3.75 港元，合計約為 384 億港元。同年 7 月，光大銀行股份交割完成，光大集團持有光大銀行股權從 29% 提升至 48.53%。至此，中央匯金公司、光大集團和光大銀行的股權「三角關係」徹底理順，實現股份拉直。這次交易成為光大集團一次重要的資本補充行為，集團的資本實力因而增加近 400 億港元，提高了四成，資本實力明顯增加。有評論指出：「本次股份拉直是光大集團發展史上的重要里程碑，至此，光大集團重組改製中最為重要的銀行股份拉直圓滿劃上句號。」市場人士並認為，是此股權交割為光大集團的整體上市，掃清了障礙。而早在 2018 年 3 月，時任光大集團董事長的李曉鵬就曾表示：「創造條件、擇機上市，是光大集團打造世

界一流企業的戰略選擇。」2021 年 6 月，光大集團關於成立金融控股公司的申請，獲得中國人民銀行受理。

2020 年 8 月，世界品牌實驗室（World Brand Lab）發佈中國 500 最具價值品牌，光大集團首次入選，位列第 30 位，品牌價值為 1698.65 億元人民幣；同年 12 月，世界品牌實驗室發佈「世界品牌 500 強」，光大集團位列第 301 位；在 43 個入選的中國品牌中，位列第 26 位。[219] 2021 年，光大集團在《財富》世界 500 強排名進一步上升至第 194 位，排名創歷史新高。[220] 光大集團表示，將通過實施「敏捷、科技、生態」三大戰略轉型，打造大財富、大投資、大投行、大環保、大旅遊、大健康等六大業務板塊，持續提升企業能力，致力於發展成為「以財富管理和民生服務為特色的具國際競爭力的世界一流金控集團」（圖 4-29）。

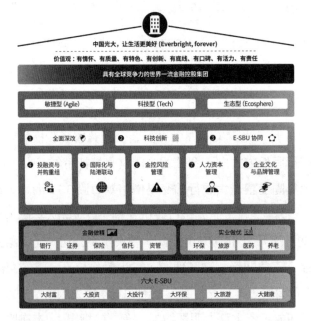

圖 4-29　光大集團發展戰略
資料來源：《中國光大集團股份公司 2020 年社會責任報告》，第 6 頁。

---

219 光大要聞：〈光大集團「世界品牌 500 強」排名躍升 101 位！〉，2020 年 12 月 18 日，中國光大集團官網。

220 〈光大集團位列中國品牌第 30 位〉（光大集團新聞稿），2020 年 8 月 5 日。

第八節　中遠香港與中遠海運集團

▌中遠香港集團的創辦與早期發展

　　中遠系統在香港的發展，最早可追溯到香港遠洋輪船和益豐船務的創辦。1957 年 5 月 27 日，由國家原外經貿部組建，中遠在香港最早的公司 —— 香港遠洋輪船有限公司成立，註冊資本位 200 萬港元，同年並成立聯號 —— 半島輪船有限公司和半球輪船有限公司。1960 年 4 月，交通部系統在香港組建「益豐船務有限公司」，當時只有一艘 6,000 多載重噸和一艘 7,000 多載重噸的舊雜貨船。從成立之日起，香港遠洋輪船和益豐船務就積極承擔起中國對外海上運輸的橋頭堡和窗口公司的作用。[221]

　　改革開放以後，中遠系統又先後在香港創辦了一批企業，其中規模較大的有中遠國際船舶貿易有限公司、惠航船務有限公司、佛羅輪貨箱有限公司、中遠貨櫃代理有限公司、合興船務工程有限公司、中遠集裝箱船務有限公司、華怡輪船有限公司等。其中，中遠國際船舶貿易有限公司成立於 1978 年，主要從事新、舊船舶買賣，成為日後中遠香港集團的主要成員之一；惠航船務有限公司成立於 1981 年，主要是為發展集裝箱運輸，解決自用箱需要。這批企業在中遠集團領導下，在推動香港發展成為國際航運中心的同時，也發展和壯大了自己。

　　80 年代中期世界航運業低潮期間，香港船隊規模大為削弱，而中遠系統在香港的船隊仍繼續發展。到 1993 年，中遠屬下香港企業擁有的船舶艘數和載重噸數已在香港佔有重要地位。[222] 其中，香港遠洋輪船和益豐船務兩家公司分別擁有 48 艘船、216 萬載重噸和 43 艘船、189

---

221 中遠香港：「發展歷程：第一階段（1957-1993 年）」，中遠（香港）航運有限公司官網。

222 中遠（香港）集團有限公司總裁張大春：〈振中遠雄風，譜輝煌新篇〉，烏蘭木倫主編：《發展中的香港中資企業》，新華通訊社香港分社編印，香港經濟導報社出版，1997 年，第 141 頁。

萬載重噸。[223] 不過，這一時期，中遠在香港的企業，大部分規模較小，資金不夠雄厚，信譽還不夠高，基本上仍屬於航運或與航運相關的生產經營性企業，影響力有限。

1994 年 8 月 28 日，經國家主管部門批准，中遠（香港）集團有限公司（簡稱「中遠香港」）在香港註冊成立；同年 11 月 1 日，根據中國遠洋運輸（集團）總公司決定，香港遠洋輪船、益豐船務進行業務整合，在香港註冊成立「中遠（香港）航運有限公司」（簡稱「香港航運」），歸屬中遠香港集團，這標誌着中遠在香港的發展進入一個新時期。1996 年 2 月，香港航運正式營業，擁有經營管理船舶 78 艘、397 萬載重噸，成為香港最大的航運企業之一。[224]

當時，中遠香港集團在香港註冊登記的公司達 250 家，公司之間重複投資情況嚴重，造成資金、人力、物力資源的浪費。中遠香港集團及香港航運成立後，中遠香港以資產總量和行業的重要性為依據，以「集團經營多元化，公司經營專業化」為目標，初步形成四大支柱（航運、集裝箱租賃、上市公司、碼頭和房地產業務）和八大門類（船舶代理和攬活代理、貿易、工業能源、金融、保險、資訊科技、勞務輸出、旅遊業）的業務格局。

到 90 年代中後期，中遠香港屬下企業主要有 10 家，包括：中遠（香港）航運有限公司、中遠太平洋有限公司、中遠碼頭控股有限公司、中遠（香港）置業有限公司、中遠（香港）工業投資有限公司、中遠國際船舶貿易有限公司、中遠貨運代理投資有限公司、中遠資訊科技（香港）有限公司、中遠（香港）保險有限公司和中遠國際旅行社有限公司等，經營的業務包括航運、碼頭、物流、地產、工業、貿易、金融、保

---

223 中遠香港：「發展歷程：第一階段（1957-1993 年）」，中遠（香港）航運有限公司官網。

224 中遠香港：「《發展歷程：第二階段（1993 年 11 月 -2003 年 6 月）》」，中遠（香港）航運有限公司官網。

險、旅遊等，資產總額超過 600 億港元，已躋身香港中資企業前列。[225]

其中，香港航運是中遠香港集團的核心企業，也是香港最大的航運公司之一，擁有及經營管理近 100 艘船隻、480 萬載重噸的船隊，這些船舶由 2 至 7 萬噸級的各種類型散裝船組成，近半數為 90 年代興建，設備先進，競爭力較強，主要業務是經營世界各地的乾散貨物運輸，航行於全球各國 21 個港口，承運糧食、化肥、煤炭、礦砂、鋼材、飼料、農產品等貨物，到 90 年代中期每年貨運量達 2,000 多萬噸，周轉量為 1,600 億噸海裏。1996 年，公司又投資 4 億多美元訂造了 16 艘新型散貨船；同年香港航運先後獲得中國船級社（CCS）ISO9002 認證證書和 DOC 證書，以及美國船級社（ABS）ISO9002 認證和 DOC 證書。

中遠太平洋前身為「佛羅輪貨箱有限公司」，初期主營業務是集裝箱租賃，1994 年 7 月重組為「佛羅輪集團有限公司」，同年 12 月在香港上市，集資 1.15 億美元。1995 年 4 月，中遠香港集團為增強中遠太平洋的實力，將集團所持香港香港八號貨櫃碼頭（東）50% 權益注入，作價 26.52 億港元，取得中遠太平洋發行的新股 5.94 億股，中遠香港配售其中 3.35 億股，套現 14 億港元。中遠香港當初對該批股權的總投資僅 3.125 億港元，注入中遠太平洋後集團增值達 8 倍。1996 年，佛羅輪集團正式改名為「中遠太平洋有限公司」，除了持有香港八號貨櫃碼頭（東）50% 權益之外，還持有屯門內河碼頭 10% 權益、上海中集冷藏箱廠及上海關西塗料廠各 20% 股權，經營業務從過去單一的經營集裝箱租賃，拓展到碼頭營運、集裝箱租賃、物流及集裝箱製造等多個領域。[226] 中遠太平洋通過上市、注資、收購和配售新股等一系列資本運作，在香港股市中的地位和知名度迅速上升。到 1997 年 12 月初，中遠

225 張大春：〈振中遠雄風，譜輝煌新篇〉，第 144-149 頁。
226 中遠海運港口：「發展歷史：1996-2015 年」，中遠海運港口有限公司官網：

太平洋的市值達 153.74 億港元，佔所有紅籌股企業總市值的 3.05%，在 57 家已上市的紅籌股企業中排名第 5 位。

2003 年 3 月，中遠集團宣佈將旗下的深圳遠洋股份有限公司與中遠（香港）航運有限公司進行重組，重組後歸中遠香港集團管理。深圳遠洋成立於 1993 年 2 月，歸屬中國遠洋運輸（集團）總公司。同年 7 月，重組後的香港航運正式啟航。[227] 2005 年 1 月，中遠集團以深圳遠洋為平台，整合系統內分散的沿海運輸資源，組建系統內唯一的專業化沿海散貨運輸公司，委託香港航運管理。[228] 2007 年 12 月，中遠集團將幹散貨資源注入上市公司，香港航運 / 深圳遠洋成為了中遠集團上市旗艦—中國遠洋控股的成員企業之一。2011 年 12 月，中遠散貨運輸（集團）有限公司成立，香港航運成為中散集團成員企業，24 艘沿海船隻全部交由中散集團經營管理。[229]

▍中遠集團的發展與中遠海運集團組建

中遠香港集團是中國遠洋運輸（集團）總公司（簡稱「中遠集團」）在海外重要的區域管理本部和企業群體。中遠集團的發展最早可追溯到 1961 年 4 月 27 日成立的中國遠洋運輸公司，成立初期公司擁有「光華」號、「新華」號、「和平」號、「友誼」號等多艘輪船。1972 年 9 月，中國遠洋運輸公司組建為「中國遠洋運輸總公司」。到 1975 年，中遠總公司船隊的總噸位突破了 500 萬噸的大關。這期間，幾乎是每年以近百萬噸的運量快速增長，受到國際航運界的矚目。[230]

---

227 中遠香港：「發展歷程：第二階段（1993 年 11 月 -2003 年 6 月）」，中遠（香港）航運有限公司官網。

228 中遠香港：「發展歷程：第三階段（2003 年 7 月 -2007 年）」，中遠（香港）航運有限公司官網。

229 中遠香港：「發展歷程：第五階段（2011 年至今）」，中遠（香港）航運有限公司官網。

230 中國遠洋海運：「發展沿革：中遠集團」，中國遠洋海運集團有限公司官網。

改革開放以後，中遠總公司先後在日本、新加坡、香港、巴基斯坦、澳大利亞、埃及、法國、義大利、羅馬尼亞、比利時、德國、英國、蘇聯、朝鮮、加拿大、巴拿馬、新西蘭、泰國等國家和地區派駐了航運代表；1980 年並與荷蘭派克船斯集團在荷蘭鹿特丹建立「荷蘭跨洋公司」，經營代理業務。這是中遠總公司在境外創建的第一家合營公司。這一時期，中遠總公司開始向經營管理的國際化和現代化邁進。1993 年 2 月，中遠總公司與中國外輪代理總公司、中國汽車運輸總公司、中國船舶燃料供應總公司重組，組建成「中國遠洋運輸（集團）總公司」（簡稱「中遠集團」），同時確立了「下海、登陸、上天」的多元化發展戰略。[231]

1993 年以後，為適應國際航運市場日益激烈的競爭形勢，中遠集團大刀闊斧地進行了多次以船隊經營管理一體化為主要內容的航運體制改革，先後組建了集裝箱運輸、散貨運輸、雜貨運輸等方面的專業船公司，以及國際貨運、工業、貿易等方面的陸上專業公司，並在海外建立了一批地區性公司，中遠香港集團亦是在這一時期組建的。1993 年 10月，中遠投資（新加坡）有限公司在新加坡成功上市，成為第一家進入海外資本市場的中國國有企業。[232] 到 90 年代末，中遠集團初步形成了以航運為主業，業務範圍涉及遠洋運輸、船舶和貨運代理、海上燃物料供應、船舶修理、勞務輸出、房地產、進出口貿易、旅遊、金融等十多個行業的多元化發展企業。

踏入千禧之年，中遠集團根據國際航運業的發展趨勢和國家關於企業「走出去」的戰略部署，提出了「從全球航運經營人向以航運為依託的物流經營人轉變，從跨國經營向跨國公司轉變」的「兩個轉變」

---

231 中國遠洋海運：「發展沿革：中遠集團」，中國遠洋海運集團有限公司官網。
232 中國遠洋海運：「發展沿革：中遠集團」，中國遠洋海運集團有限公司官網。

戰略。[233] 2005 年 3 月，中國外輪理貨總公司正式併入中遠集團，成為全資子公司；同年底，中遠集團正式受讓中遠發展持有的海南中遠發展博鰲開發有限公司 99.375% 股權，並更名為「海南中遠博鰲有限公司」。2010 年 12 月，中遠集團溢價出售所持遠洋地產股權，退出房地產業務。

這一時期，中遠集團進入全球化發展新階段。2005 年 6 月，中國遠洋控股股份有限公司（簡稱「中國遠洋」）在香港聯交所掛牌上市，2007 年 6 月又在上海證交所上市。同年 12 月，中遠集團將散貨資產注入中國遠洋，使之成為全球市值最大的綜合性航運公司。在此期間，中遠集團船隊規模大幅增長，從 2005 年擁有和控制船舶 615 艘、3,500 萬載重噸，發展到 2010 年底擁有和控制船舶近 800 艘、5,700 多萬載重噸。其中，自有船 481 艘，3006.9 萬載重噸，佔總運力的 52.1%；租入船 316 艘，2766.7 萬載重噸，佔總運力的 47.9%，連續多年保持世界第二大航運公司地位；資產總額亦從 2000 年底的 1354.52 億元人民幣，增加到 2010 年底的 3124.43 億元人民幣，增長了 1.31 倍。[234] 2005 年，中遠集團的海運量首次超過 3 億噸，2007 年再次突破 4 億噸大關，2010 年達到 4.36 億噸。2007 年 7 月，中遠集團首次躋身美國《財富》全球 500 強，排名第 488 位，2009 年度上升到第 327 位。

為了做大做強中國的海運企業，中央政府決定將中遠集團和中國海運集團合併。中國海運集團總公司成立於 1997 年 7 月，總部設於上海，是中央政府直接領導和管理的重要國有骨幹企業之一。中國海運旗下擁有集裝箱、油運、貨運、客運、特種運輸等 5 大船隊，並經營碼頭、綜合物流、船舶代理、環球空運、船舶修造等相關業務；在北美、歐洲、香港、東南亞、韓國、西亞設有 6 家控股公司，以及日本株式會

社、澳大利亞代理有限公司等，行銷網點超過 300 多個，亦是一家大型的、多元化的綜合航運集團。

2015 年 12 月 11 日，中遠集團和中國海運集團旗下的香港上市公司中國遠洋、中海發展、中海集運、中遠太平洋同時發佈公告，宣佈簽訂一系列資產重組交易和服務協定。2016 年 1 月 4 日，經國務院批准，中遠集團與中國海運集團總公司宣佈重組，成立「中國遠洋海運集團有限公司」（簡稱「中遠海運」）。2 月 18 日，中遠海運在上海正式掛牌成立。[235] 中遠海運屬於中央國資委直接管理的特大型國有企業，主要業務是在國內和全球經營航運、物流、航運金融、裝備製造產業、航運服務產業、社會化產業和互聯網與相關業務等。

▌ 打造「全球領先的綜合物流供應鏈服務商」

重組後的中遠海運，旗下在香港的上市公司也展開相應的資產和業務重組，其中，中國遠洋於 2016 年重組，並改名為「中遠海運控股股份有限公司」（簡稱「中遠海控」），成為中遠海運集團航運主業的海外上市旗艦平台，總部設於天津，該公司於 2005 年 6 月 30 日以 H 股在香港掛牌上市，於 2007 年 6 月 26 日以 A 股形式在上海證券交易所上市。重組後，中遠海控擁有中遠海運集裝箱運輸有限公司 100% 股權，以及中遠海運港口有限公司約 43.92% 股權，以集裝箱航運、碼頭業務為核心業務。2007 年 12 月，香港航運注入中遠海控，成為該集團的企業成員之一，中遠海控的實力進一步壯大。[236] 截至 2016 年 12 月底，中遠海控控制的自營集裝箱船舶達 312 艘，運力達 164.88 萬標準箱，集裝箱船隊經營規模位居世界第四位。

---

235 中國遠洋海運：「發展沿革：中國遠洋集團」，中國遠洋海運集團有限公司官網。

236 中遠香港：「發展歷程：第四階段（2007 年 12 月 -2011 年）」，中遠（香港）航運有限公司官網。

中遠海運透過旗下的中遠海控，雄心勃勃地將發展目標定為致力成為「世界第一梯隊集裝箱運輸和碼頭投資經營服務供應商」。為此，公司於 2016 年開始策劃對香港上市公司東方海外的收購。當時，東方海外國際已發展成為全球最具規模的國際綜合集裝箱運輸、物流及碼頭公司之一，東方海外國際旗下擁有兩家全資附屬公司 —— 東方海外貨櫃航運有限公司及 OOCL（Europe）Limited，分別以「Orient Overseas Container Line」及「OOCL」的商標各自經營運輸業務，在全球 70 個國家設有 330 多家辦事處，在全球範圍運營 104 條集裝箱運輸航線，也是業界應用資訊科技及電子商貿處理整個貨物運輸過程的領先企業。在集裝箱運輸方面，截至 2016 年底，東方海外國際經營的船舶共有 96 艘（包括自有經營和租賃經營），總運力達 57.43 萬個標準箱，在全球運力排名第 7 位。當時，正值全球航運業低潮，東方海外的多條航線均遇到挑戰，2016 年度錄得股東應佔虧損 2.192 億美元，正處於困難時期。

2017 年 7 月 9 日，中遠海控、上海港務集團與東方海外國際聯合宣佈，中遠海控將透過其全資子公司 Faulkner Global 攜手上港集團 BVI 向東方海外全體股東發出附先決條件的自願性全面現金收購要約，每股作價 78.67 港元，收購東方海外全部股份，總價值為 492.312 億港元。與此同時，中遠海控及相關收購者達成協議，為維持東方海外（國際）的上市地位，若收購超過 75% 的股權，將出讓多餘部分股權；同時，東方海外（國際）旗下的美國長灘集裝箱碼頭（LBCT）將被剝離出整體交易事項之外。收購交易完成後，持有東方海外 68.7% 股權的董建華家族，套現 338.22 億港元，約 43.38 億美元。2018 年 6 月，收購順利完成。中遠海控收購東方海外後，實現船隊規模的跨越式發展，運力排名躍居行業第三，僅次於丹麥馬士基航運公司和總部位於瑞士的地中海航運公司，躋身全球第一梯隊，在國際集裝箱航運業務方面獲得了新的競爭優勢。

目前，中遠海控主要經營集裝箱運輸和碼頭營運等業務。其中，集裝箱運輸主要透過旗下的全資附屬公司「中遠集裝箱運輸有限公司」和「東方海外（國際）有限公司」展開（圖 4-30），截至 2019 年底，共擁有

自營船隊 507 艘集裝箱船舶，運力 296.79 萬標準箱；經營 401 條航線，其中 255 條國際航線（含國際支線）、58 條中國沿海航線及 88 條珠江三角洲和長江支線。公司所經營的船舶，在全球約 105 個國家和地區的 356 個港口均有掛靠。[237] 2019 年度，中遠海控經營收入為 1505.41 億元人民幣，除稅前利潤 40.59 億元人民幣，總資產 2622.24 億元人民幣。

圖 4-30　中遠海控股權結構
資料來源：中遠海運控股股份有限公司官網

與此同時，中遠海運旗下的另一家香港上市公司 —— 中海發展股份有限公司，亦改名為「中遠海運能源運輸股份有限公司」（簡稱「中遠海能」），該公司於 1994 年 11 月以 H 股在香港聯交所上市，主要從事油品和天然氣等能源運輸。截至 2019 年底，中遠海能擁有油輪船舶 151 艘合、共 2,171 萬載重噸，並持有訂單 17 艘合共 304 萬載重噸，按運力規模統計是全球第一大油輪船東。此外，該公司參與投資液化天然氣（LNG」）船舶 38 艘，其中投入運營的 LNG 船舶 35 艘。

另外，中遠海運旗下香港上市公司中遠海運發展股份有限公司（簡稱「中遠海發」）也於 2016 年展開重組，其前身為「中海集裝箱運輸

---

237 中遠海控：「公司業務」，中遠海運控股股份有限公司官網。

股份有限公司」，於 2004 年以 H 股在香港聯交所上市。重組後，中遠海發實現戰略轉型，由集裝箱班輪運營商轉型成為以航運金融為特色的綜合性金融服務平台，致力以航運金融為依託，發揮航運物流產業優勢，整合產業鏈資源；打造以航運及相關產業租賃、集裝箱製造、投資及服務業務為核心的產業集群；以市場化機制、差異化優勢、國際化視野，建立產融結合、融融結合、多種業務協同發展的「一站式」航運金融服務平台。截至 2019 年底，中遠海發集裝箱船隊規模達 87 艘，總運力達 60.94 萬標準箱；6.4 萬噸級散貨船 4 艘、液化天然氣船、重吊船等各類型船舶 80 餘艘；碼頭、碼頭設備及各大交通類項目 30 餘個。2019 年度，公司收入為 142.29 億元人民幣，除稅前利潤 19.43 億元人民幣，總資產 1444.94 億元人民幣。

在碼頭營運業務，中遠海控透過旗下的香港上市公司中遠海運港口展開。中遠海運港口前身為「中遠太平洋」，2016 年經過重組，更名為「中遠海運港口有限公司」（簡稱「中遠海運港口」），主營業務為碼頭營運。重組後的中遠海運港口以「The Ports For ALL」為發展理念，實施「全球化佈局、強化與集裝箱船隊協同、強化港口及碼頭業務的控制力和管理能力」三大戰略，積極展開一系列的收購，致力於建立均衡的世界級全球碼頭網絡。至 2019 年底，中遠海運港口已在全球 36 個港口營運及管理 290 個泊位，其中 192 個為集裝箱泊位，總設計年處理能力達約 1.13 億標準箱，碼頭組合遍及中國內地五大港口群、東南亞、歐洲、中東及地中海等（圖 4-31）。其中，大中華地區擁有 33 個港口，集裝箱泊位 137 個，設計年處理能力 8,447 萬標準箱；海外 14 個港口，集裝箱泊位 65 個，設計年處理能力 3,960 萬標準箱。2019 年度，中遠海運港口全年總輸送量為 12378.43 標準箱。2019 年度，公司收入為 10.28 億美元，除稅前利潤 3.84 億美元，總資產 104.77 億美元。[238]

238《中遠海運港口有限公司 2019 年年報》，第 129-131 頁。

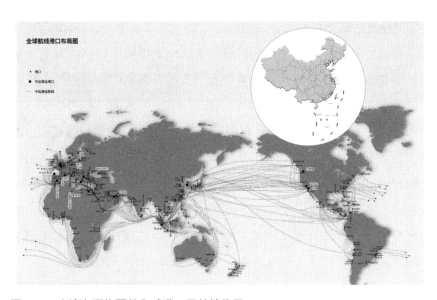

圖 4-31　中遠海運集團的全球港口及航線佈局
資料來源:《中國遠洋海運集團可持續發展報告 2019》,第 8-9 頁。

　　中遠海運集團成立後,中遠香港集團也改組為「中遠海運(香港)有限公司」(簡稱「中遠海運香港」),作為中遠海運集團在海外重要的區域管理本部和企業群體,管轄著中遠海運集團在香港、內地、希臘等地區所屬企業以及在內地投資的企業,主營業務包括航運服務、高速公路、資訊科技、工業製造、貨運服務、物業投資管理等,持有香港上市公司中遠海運國際(香港)有限公司控股權。中遠海運國際(香港)前身為「順成集團有限公司」,1992 年在香港上市,1997 年由中遠香港集團收購控股權,並改名為「COSCO International Holdings Limited」,2001年正式確定中文名為「中遠海運國際(香港)有限公司」,初期主要經營基建、地產、建造、工業、貿易等業務。2018 年 2 月 7 日,中遠海運香港與中遠海運國際(香港)正式簽定《管理服務總協議》,中遠海運香港日常業務營運及管理包括行政管理、財務管理等正式交由中遠海運國際(香港)進行管理。中遠海運國際(香港)主要業務也轉型為提供航運綜合服務,包括船舶貿易代理服務、船舶保險顧問服務、船舶設備及備件供應、塗料生產及銷售,以及船舶燃料及相關產品貿易及供應

等，業務網絡遍及中國內地、香港、新加坡、日本、德國以及美國等地。

　　經過多年的重組、併購，目前，中遠海運集團已發展成為全球最大航運集團之一，共持有 6 家香港上市公司，包括中遠海運控股股份有限公司（A+H）（持有 46.22% 股權）、中遠海運港口控股有限公司（48.84%）、東方海外（國際）有限公司（75.00%）、中遠海運國際（香港）有限公司（66.12%）、中遠海運能源運輸股份有限公司（A+H）（38.56%）、中遠海運發展股份有限公司（A+H）（39.28%）等（表 4-28）；並持有內地上市公司中遠海運特種運輸股份有限公司（50.94%）、中遠海運科技股份有限公司（50.01%）（表 4-29），以及在新加坡上市的中遠海運國際（新加坡）和在瑞典上市的比港 PPA 等。中遠海運在境外的公司，除了中遠海運國際（香港）、中遠海運港口之外，還有中遠海運（比雷埃夫斯）港口、中遠海運（北美）、中遠海運（歐洲）、中遠海運（東南亞）、中遠海運（澳洲）、中遠海運（日本）、中遠海運（韓國）、中遠海運（西亞）、中遠海運（非洲）、中遠海運（南美）、中國 - 坦桑尼亞聯合海運及中遠海運駐台灣代表處。

表 4-28　2019 年度中遠海運集團在香港上市公司經營概況

上市公司名稱	經營的主要業務	營業收入	除稅前利潤	總資產
中遠海控（億元人民幣）	集裝箱碼頭及航運等綜合業務	1505.41	40.59	2622.24
中遠海運港口（億美元）	港口碼頭營運	10.28	3.84	104.77
東方海外（國際）（億美元）	集裝箱運輸、物流及碼頭營運	68.79	2.24	112.02
中遠海運國際（億港元）	船舶塗料生產、船舶貿易及租賃代理	32.66	3.86	93.77
中遠海能（億元人民幣）	從事油品、液化天然氣等能源運輸及化學品運輸	137.21	10.02	658.42
中遠海發（億元人民幣）	航運金融、船舶租賃、集裝箱租賃和非航運租賃等租賃業務	142.29	19.43	1444.94

資料來源：中遠海運集團旗下各香港上市公司 2019 年報

表 4-29 2019 年度中遠海運集團在內地上市公司經營概況

上市公司名稱	經營的主要業務	營業收入	利潤總額	總資產
中遠海特 （億元人民幣）	特種船運輸及相關業務	82.66	2.00	222.49
中遠海科 （億元人民幣）	智慧交通、智慧航運、智慧物流、智慧安防等	12.03	1.16	33.17

資料來源：中遠海運集團旗下內地上市公司 2019 年報

　　截至 2019 年底，中遠海運集團經營船隊綜合運力 10,456 萬載重噸，共 1,315 艘，排名世界第一。其中，集裝箱船隊規模 308.4 萬標準箱，共 508 艘，居世界第三；幹散貨船隊運力 3,984 萬載重噸、共 411 艘；油氣船隊運力 2,540 萬載重噸、共 202 艘，雜貨特種船隊 446 萬載重噸、共 160 艘，均居世界第一。此外，集團在全球投資碼頭 53 個（表 4-30）。2019 年度，中遠海運集團運輸總周轉量 35,752 億噸海裏，貨運量 131,163 萬噸，集裝箱運輸量 3,736 萬標準箱，港口集裝箱輸送量 13,395 萬標準箱，全球船舶燃料銷量 2,900 萬噸。[239] 2019 年，在《財富》世界 500 強排行榜中，中國遠洋海運集團有限公司排名第 279 位，比 2016 年度大幅提升 186 位。2020 年，儘管受到全球新冠疫情影響，但中國遠洋海運集團的業務仍穩定發展，當年完成貨運量 13.4 億噸，同比增長 2.5%；實現營業收入 3,311 億元人民幣，同比增長 7%。2022 年，集團在世界 500 強排行榜中進一步上升至 127 位。

239《中國遠洋海運集團可持續發展報告 2019》，第 10 頁。

表 4-30　近年中遠海運集團經營規模概況

	2016 年底	2018 年底	2019 年底	2022 年 5 月底
經營船隊綜合運力	7734 萬載重噸 /991 艘	10219 萬載重噸 /1285 艘	10456 萬載重噸 /1315 艘	1.11 亿載重噸 /1372 艘
集裝箱船隊規模	174.5 萬標準箱 /319 艘	292.8 萬標準箱 /486 艘	308.4 萬標準箱 /508 艘	304 萬標準箱 /475 艘
幹散貨船隊運力	3806.5 萬載重噸 /453 艘	3985 萬載重噸 /428 艘	3984 萬載重噸 /411 艘	4454 萬載重噸 /426 艘
油氣船隊運力	1819.7 萬載重噸 /138 艘，	2477 萬載重噸 /193 艘，	2540 萬載重噸 /202 艘，	2695 萬載重噸 /225 艘，
雜貨特種船隊	336.1 萬載重噸 /128 艘	436 萬載重噸 /163 艘	446 萬載重噸 /160 艘	5598 萬載重噸 /178 艘
全球集裝箱碼頭數	51	51	53	49
貨運量	81202 萬噸	120,205 萬噸	131,163 萬噸	——
集裝箱運輸量	2446 萬標準箱	3214 萬標準箱	3736 萬標準箱	——
港口集裝箱输送量	10205 萬標準箱	12628 萬標準箱	13395 萬標準箱	1.32 亿標準箱

資料來源：《中國遠洋海運集團可持續發展報告》，20215/16-2020 年，中國遠洋海運集團有限公司官網。

　　中遠海運表示：「集團發展願景是，承載中國經濟全球化使命，整合優勢資源，打造以航運、綜合物流及相關金融服務為支柱，多產業集群、全球領先的綜合性物流供應鏈服務集團」；[240] 為此，將圍繞「規模增長、盈利能力、抗週期性和全球公司」四個戰略維度，將現有的「6+1」產業集群將重新組合併組合為「3+4」的產業生態，包括航運產業集群、港口產業集群和物流產業集群等 3 個核心產業集群，以及航運金融產業集群、裝備製造產業集群、增值服務產業集群和數字化創新產業集群等 4 個賦能產業集群，進一步促進航運要素的整合。[241]

240《中國遠洋海運集團可持續發展報告 2019》，第 6 頁。
241《中國遠洋海運集團可持續發展報告 2020》，第 8 頁。

第九節　中國海外集團

▌ 中國海外集團的創辦與早期發展

　　中國海外集團的前身是「中國海外建築工程有限公司」（簡稱「中海建築」），1979 年 6 月 1 日在香港註冊成立，註冊資金 100 萬港元，是中國建築工程總公司在香港的全資附屬子公司。中國建築工程總公司擁有資本 10 億元人民幣，在 80 年代中期已轄有 8 個建築工程局、3 個設計院、1 個勘察院、6 個專業公司及 35 個分公司，在 23 個國家和地區設有 23 個分公司或辦事處，是國有大型建築企業集團。

　　中海建築成立後，業務發展迅速。1979 年，公司承包大埔康樂園第一期私人別墅工程，這是中海建築在香港承接的第一項工程。1981年 5 月，中海建築被香港政府工務司列入第二冊認可的承建商，持有樓宇工程、港務工程、道路和渠務、水務工程以及地盤開拓等 5 個 C級牌照。1982 年，中海建築成功投得香港房屋署大窩口村第二期工程合約，這是公司獲得香港房屋署的首項工程；同年，再奪得木湖—大欖涌輸水管線工程，該項目的落成為全港居民解決 70% 的生活用水問題，結束了香港生活用水短缺的歷史，獲得香港政府贈送「譽馳遐邇」錦旗。[242] 1987-1988 年期間，中國海外建築先後成立了兩家項目管理公司作為分包商承接香港的工程。

　　到 1988 年，中海建築先後在香港承建各項工程達 60 項，工程總額 28 億多港元，佔當時所有在港中資建築公司的 52%，其中，包括利東邨第一期、樂富中心、朗屏邨第三期、景名苑等公共屋邨，康樂園豪華住宅、屯門市廣場、康寧閣、友聯船廠私人宿舍等私人住宅樓宇，屯門公司、沙田城門河公園、葵涌圖書館和街市、康樂園俱樂部等公共

---

242 中國海外：〈大事記〉，香港：《中國海外集團 40 年特刊》，2019 年，第 100 頁。

建築，沙田百適二倉、沙田冷倉、長沙灣潤發貨倉等貨倉工程，以及大量的水務、地盤開拓、道路、橋樑、海事等各類工程。[243] 據統計，到1991 年的 12 年間，中國海外建築興建的大型輸水管道，每天從該公司鋪設的管道輸出來的水，佔香港淡水總消耗量的 60%；承建的多項開山填海造地工程，造地總面積約佔港島總面積的十一分之一。

除了承建各類建築、裝修工程之外，中海建築從 1980 年底起開始以多種方式參與香港的地產業務。1984 年，中海建築投資 1.8 億港元參與香港政府在沙田名為「海寶花園」的居屋計劃，該計劃包括 3 幢 26 層至 31 層高層住宅大樓，提供 800 個住宅單位及一個 3,000 平方米的獨立商場，於 1985 年 6 月落成入伙，取得可觀的經濟效益和品牌效應，這成為公司扭虧為盈的轉捩點。[244] 1985 年，該公司再投資 1.5 港元購入大埔鎮一地段，興建 4 幢高 17 層的獨立塔樓，提供 480 個住宅單位和 2,200 平方米商場，命名為「海寶花園」，發售時引發置業者提前三天三夜排隊搶購，再次取得成功。1987 年，中海建築先後購入 12 個地盤，使得土地儲備增加到 16 個地盤。

從 80 年代後期起，中海建築進入一個快速發展時期，積極推進集團化發展，在香港先後組建了開發地產的「中國海外地產有限公司」（簡稱「中海地產」）和從事建築工程的「中國海外房屋工程有限公司」（簡稱「中海房屋」）、「中國海外土木工程有限公司」（簡稱「中海土木」）、及「中國海外基礎工程有限公司」（簡稱「中海基礎」）等，朝着「當地語系化、商業化、集團化」戰略邁出實質性步伐。與此同時，中國海外工程還積極拓展內地業務，先後在深圳、廣州、北京等地組建以地產發展為主的子公司。1991 年 10 月，位於港島灣仔的中國海外大廈落成啟用，該大廈樓高 30 層，總投資 8 億港元，被譽為中國海外建築工程

243 〈中國海外建築工程有限公司〉，香港：《建築業導報》，第 12 輯第 11 期，第 38-39 頁。

244 中國海外：〈大事記〉，香港：《中國海外集團 40 年特刊》，2019 年，第 100 頁。

「在競爭中作為成功者站立起來」。[245]

　　1992 年 6 月，中海建築在發展的基礎上展開重組，正式成立「中國海外集團有限公司」（簡稱「中海集團」）。同年 8 月，中海集團旗下的「中國海外發展有限公司」（簡稱「中海發展」）公開發售股票在香港聯交所上市，結果獲得 99 倍的超額認購，凍結資金 798 億港元，創下香港股票市場有史以來單一股票公開招股時凍結最多資金的記錄，首開中資企業以香港本地業務資產直接上市之先河。同年 12 月，中海發展通過香港品質保證局的檢查驗收，獲得 ISO9001 及 ISO9002 證書。1993 年 9 月，中海發展收購了母公司的承建工程業務，實現了集團整體上市的目標。中海發展上市後，通過發行可換股債券、浮息票據和配股等，在幾年間融資約 125 億港元，加快了在建造、地產等業務的發展。

　　在建築業，中海發展旗下的「中海房屋」，從 1990 年起已多年成為香港房屋委員會當年批出的最大工程合約承建商，在持有政府合約方面居香港所有承建商之冠，並多次榮獲香港十大最佳承建商稱號。該公司先後參與本地商業及公共建設，包括屯門市廣場、新員警總部、何文田政府合署、醫院管理局總部大廈、南洋酒店、伊麗莎白醫院、陸軍軍事醫院、中文大學研究院，以及昂船洲軍事基地等。從 1992 年起，中海發展旗下的建築公司 —— 中國建築工程（香港）有限公司，連續四年被香港房屋委員會評為最佳承建商

　　1995 年 1 月，中海發展參與的建築財團奪得了香港新機場客運大樓工程合約，總值約 115 億港元。該工程位於香港國際機場，主要包括建造一個可同時容納兩部大型客機的鋼架結構飛機維修庫，寬 156 米，深 98 米，高 27 米，維修場地設有可移動的升降工作架，可到達飛機需

245 幸群、建生：〈香港建築行業崛起的新軍—記中國海外建築工程有限公司〉，《紫荊》，1991 年 10 月號，第 44 頁。

要維修的主要部分；在維修庫的兩旁和前端設有多層混凝土結構大樓，貫通新舊飛機維修庫的連接橋、混凝土飛機停泊處、緊急車輛通道及先進的泡沫撲滅系統。該項工程不僅是香港有史以來最大宗的單一合約，也是世界上同類項目中最大的工程。全部工程於 1997 年完成，在美國 1999 年建築博覽會中，榮獲二十世紀 10 大建築成就獎，是亞洲區唯一獲選的建築項目。到 90 年代中期，中海發展在香港承建的各種樓宇接近 760 萬平方米，單住宅一項就可供 30 萬居民居住，即香港每 20 個居民就有 1 個住在中海建造的房屋裏。[246]

在地產發展方面，中海發展在 80 年代的基礎上，更上一層樓。到 90 年代中期，中國海外已購入土地 80 多塊，發展完成 50 多個項目，遍及港島、九龍和新界各地。由於堅持「質量第一」的發展原則，中海發展已成為優質樓宇的信心標誌。這一時期，中海發展還與信和集團、會德豐集團、百利保發展等香港地產公司合作，相繼發展了諸如海港花園、太湖花園、爵士花園、新峯花園、聚龍居等高級住宅樓盤；與中銀集團等合作發展總投資約 300 億港元的奧港城。與此同時，中海發展還相繼在深圳、上海、廣州和北京等內地大城市展開地產項目。在深圳，中海發展相繼投資興建了海富花園、海麗大廈、海麗大廈、海連大廈、海濱廣場、海珠城等 10 多個項目，其中，海富花園不僅蟬聯深圳市高層建築物管理第一名，還與海麗大廈、海濱廣場及海連大廈一起，被稱為全國城市物業管理示範住宅小區。中海發展還在廣州獨資和合資發展了東山廣場、錦城花園等項目；在上海投資建造了海華花園、海興廣場、海天花園、海麗花園等。

截至 1996 年底，中海集團在香港及內地共承接工程合約 318 項，總合約金額達 389 億港元；投資發展房地產及基建項目 88 項，投入資

---

246 孫文傑：〈建世間精品，築香港美景〉，烏蘭木倫主編：《發展中的香港中資企業》，新華通訊社香港分社編印，香港經濟導報社出版，1997 年，第 113 頁。

金總額 190 億港元;累計完成營業額 409 億港元;公司連續 12 年盈利,實現稅後利潤總額達 50 億港元。[247] 中國海外並擁有土地儲備樓面面積超過 800 萬平方呎,其中,投資物業 42 萬平方呎,發展中物業 800 萬平方呎,另有農地 60 萬平方呎。

經過 18 年的發展,中海集團已發展成為香港一家知名的建築商和地產商,到 1996 年,中海集團已連續 4 度榮獲香港十大最佳承建商,並且是唯一一家獲得此殊榮的海外承建商。中國海外集團的有形資產已超過 180 億港元,員工從創辦初期的 50 人發展到 2,500 多人,旗下的上市公司中海發展管有香港建築、香港地產、中國業務和金融證券等 4 個業務系,包括 10 多家專業公司和地區公司,主要經營物業發展、工程承包、實業投資、貿易倉儲、金融證券等業務。其中,中海發展總市值超過 240 億港元,躋身香港上市 20 大地產公司第 14 位,在香港上市建築公司中排名第一,並成為恒生指數中型成份股。[248]

▌ 戰略調整:向全國性地產商轉型

1997 年亞洲金融危機襲擊香港,對香港經濟特別是地產建築業造成嚴重打擊,對作為地產建築業紅籌企業的中海集團的打擊尤為沉重。危機襲擊香港前的 10 月 14 日,香港特區政府舉行回歸以來的首次土地拍賣,中海發展牽頭,聯同大昌、僑光、菱光等幾家公司組成財團以 29 億港元的高價,奪得屯門第 407 號地段即「南浪海灣」項目,其中中海發展佔 60% 權益。屯門土地拍賣後第 3 天,香港股市開始暴跌,到 10 月 23 日當日急跌 1,211 點,到年底,恒生指數從最高峰跌去約 20%,物業價格隨之跌去 25%,中海發展為此虧損約 20 億港元。據統計,從 1998 年至 2002 年地產低潮期間,中海發展的虧損總額達 42.9

247 孫文傑:〈建世間精品,築香港美景〉,第 112 頁。
248 孫文傑:〈建世間精品,築香港美景〉,第 112 頁。

億港元，其中，地產公司虧損 32.1 億港元。[249] 期間，中海發展的股票市值從最高峰時期的 343 億港元大幅下跌至 1998 年 8 月最低谷的 30 億港元，公司進入「開源節流、增收節支」的 3 年整頓時期。[250]

當時，正值中國內地經濟崛起，國家推進房地產體制改革，房地產市場逐步興起。中國海外集團於是調整發展戰略，從 1998 年起順應中國內地住宅商品化改革的發展趨勢，逐步將地產業務重心向內地轉移。2002 年 8 月，中海地產股份有限公司經原國家外經貿部批准在深圳註冊成立，中海集團在內地的發展進入新階段。當年，中海發展在內地的投資達到 87.69 億港元，8 個新開工的地盤項目都在內地，內地與香港的投資比例首次從 3：7 提高到 5：5。2003 年，中海發展在內地共有 5 個項目入伙，包括深圳的中海深圳灣畔和陽光棕櫚園二期，廣州的中海名都二期，上海的海悅花園一期和北京的中海馥園等，總樓面面積約為 52 萬平方米，其中超過八成在年內出售。這一年，中海發展經營溢利達 7.35 億港元，其中，香港溢利為 2.26 億港元，內地物業發展溢利為 5.09 億港元，佔總溢利的 69.25%。

這一時期，中海發展以深圳為基地和發展重點，迅速向珠三角、長三角和環渤海等地區發展和佈局。在珠三角，除了深圳之外，中海發展在廣州投資開發了珠江新城的錦城花園、中海錦苑、中海名都、中海康城花園、中海藍灣、中海觀園、中海花城灣等項目，在中山投資開發了佔地 450 畝的中海翠林蘭溪園，在佛山開發了中海萬錦豪園、中海金沙灣、中海金沙熙岸等項目；在長三角，中海發展在上海投資開發了華海花園、中海馨園、中海疊翠別墅、中海海悅花園、中海翡翠湖岸及新天地附近 60 萬平方米的舊城改造項目，在南京、蘇州、寧波、杭州等

249 中國海外集團：〈戰略調整，實現新跨越；二次騰飛，再造新中海〉，香港：中聯辦經濟部編：《回歸十年的香港經濟與香港中資企業》，2007 年，第 445 頁。

250 中國海外：〈大事記〉，《中國海外集團 40 年特刊》，2019 年，第 101 頁。

地都展開投資；在環渤海，中海發展以北京為重點，並涉足天津、青島、濟南等地。此外，中海還進軍成都、西安、長春、重慶、大連等地，展開集團的全國性業務佈局。

隨着國內地產業務的發展，中海發展逐步完成向全國性地產集團的轉型。2007 年 12 月 10 日，中海發展入選香港恒生指數成份股，「中海地產」品牌已成為中國房地產行業領導品牌之一。2010 年 3 月，中海發展以 15.9 億港元價格，收購香港上市公司蜆殼電器工業（集團）有限公司 51% 的股權，收購完成後蜆殼電器更名為「中國海外宏洋集團有限公司」（簡稱「中海宏洋」）。蜆殼電器創辦於 1955 年，1984 年在香港上市，原為電器生產企業，後轉型為地產發展業務，被收購前持有中國光大房地產開發有限公司 70% 權益，在北京、廣州、青島、桂林、呼和浩特等城市擁有大批的土地儲備。其後，中海宏洋收購光大房地產其餘 30% 股權，使之成為集團的全資附屬公司。

完成收購後，中海集團的地產業務平台擴大到兩個，其中，中海發展主攻國內一二線城市的地產業務，而中海宏洋則被定位為主要着眼於位處三線、並正崛起且最具投資價值與發展潛質之城市的地產發展商，與中海發展形成協同發展的格局。2016 年 9 月，中海發展收購了中信集團旗下中信股份及中信泰富持有的以住宅為主的物業發展項目，該等項目分佈於中國內地超過 20 個城市，土地儲備總面積約 3,155 萬平方米，大部分項目位於一線及二線城市，進一步鞏固了集團在中國內地一線及二線城市的領導地位。

與此同時，中海集團的建築業務也開始從香港走向全國。從 2000 年開始，中海集團透過旗下的中海建築，先後獨立承建了廣州新白雲國際機場航站樓工程、機場酒店工程、廣州捷普電子工業廠房、深圳業聚醫療器械廠房，並開始承接中海自身地產業務的工程；2004 年又承建廣州琶洲香格里拉酒店、深圳福田香格里拉酒店及嘉里建設廣場、北京香格里拉飯店三期等工程，向高檔酒店承建領域拓展。2005 年 7 月 8 日，中海集團將旗下的「中國建築國際集團有限公司」（簡稱「中國建

築國際」）以介紹上市的形式在香港聯交所上市。2006 年，中國建築國際從母公司收購中國建築工程（澳門）有限公司，進入澳門市場；2007年再從母公司收購深圳中海建築有限公司，正式進入了內地承建、建築市場，並從中海發展收購了可獲穩定收益的基建運營資產 —— 瀋陽皇姑熱電廠，開始發展基建投資業務。

2009 年，中國建築國際投得第一單 BT 項目 —— 唐山濱海大道，自此拉開基建投資業務全國佈局的序幕。2010 年，中國建築國際承接天津軍糧城和金鐘街等項目，開始進入中國內地保障性住房市場；收購了可獲得穩定現金流的南京長江二橋和山西陽盂高速。2014 年，中國建築國際從母公司中國海外集團收購中海港務有限公司，進一步擴大基礎設施運營業務。截至 2016 年底，該集團作為中國建築工程總公司的基建投資業務的旗艦平台，在中國內地累計投資額超過 2,000 億港元。

中國建築國際在積極拓展中國內地基建投資業務的同時，於 2012年 3 月收購香港上市公司「遠東環球集團有限公司」，作為集團拓展國際業務的旗艦平台。遠東環球成立於 1969 年，主要為高端物業發展項目提供一站式幕牆及建築外牆解決方案，包括外牆工程業務、總承包及其他業務、運營管理業務等。其後，遠東環球更名為「中國建築興業集團有限公司」（簡稱「中國建築興業」）。2014 年 3 月，中海集團透過遠東環球集團收購「海悅建築工程有限公司」，以加強集團對香港及海外特色總承包業務的能力。中國建築興業集團主要為高端物業發展項目提供一站式幕牆及建築物外牆解決方案，已成為全球領先的專業工程公司之一，多年來於北美、大中華、澳洲及英國等地營運多個地標性項目，參與項目超過 350 個。[251]

這一時期，中國建築國際亦透過旗下的「中國建築工程（香港）有限公司」，積極參與香港的基建項目，包括 2003 年投得迪士尼樂園三

251《中國建築興業國際集團有限公司 2019 年年報》，第 2-3 頁。

項重點工程 —— 標誌性的夢幻樂園、科技水準極高的太空山及豪華六星
級酒店;2000 至 2004 年投的東鐵馬鞍山段工程,總值約 33.6 億港元;
2002 至 2006 年投的竹篙灣發展基礎設施工程合約一及合約二,總值約
35 億港元;2003 至 2012 年投的中環填海三期,總值約 51 億港元;2010
年投的銅鑼灣避風塘段及八號連接路段工程,總值約 101 億港元;2012
至 2017 年投的港珠澳大橋觀景山至香港口岸段工程,總值約 88.7 億港
元;2013 年投的兒童專科卓越醫療中心工程,總值約 96.6 億港元;2016
年投的將軍澳至藍田隧道及相關工程,總值約 42.8 億港元。澳門的項目則
主要有:2004 至 2010 年永利澳門酒店項目,總值約 134 億港元;2006
至 2009 年的澳門新濠天地(夢幻城)項目,總值約 134 億港元;2014
至 2016 年的美高梅路氹酒店發展項目,總值約 105 億港元(圖 4-32)。

* 透過一間上市附屬公司－遠東環球集團有限公司經營。

圖 4-32　中國建築國際在港澳、內地及海外的業務架構
資料來源:中國建築國際集團有限公司宣傳冊《中國建築國際集團有限公司:慎微
篤行,精築致遠》,中國建築國際集團有限公司官網

　　在物業管理方面,2015 年 10 月 23 日,中海集團分拆旗下的「中
海物業集團有限公司」(簡稱「中海物業」)在香港上市。該公司前身
為「中海物業(香港)有限公司」,創辦於 1986 年,以輔助並戰略性
配合中國海外發展在香港的房地產發展業務。1991 年,中海物業(香

港）開始將港式物業管理經驗移植內地，並於 1995 年相繼成立深圳、廣州、上海公司，開展在中國內地的物業管理業務。香港回歸後，中海物業實現規模化擴張，服務足跡遍及中國大陸 20 多個省份及港澳地區（圖 4-33）。2012 年，中海物業集團化運營，邁出中海物業專業化管理新的一步。2013 年，中海物業獲取 ISO9001 國際品質管制體系、ISO14001 國際環境管理體系及 OHSAS18001 職業健康安全管理體系的三體系認證證書。

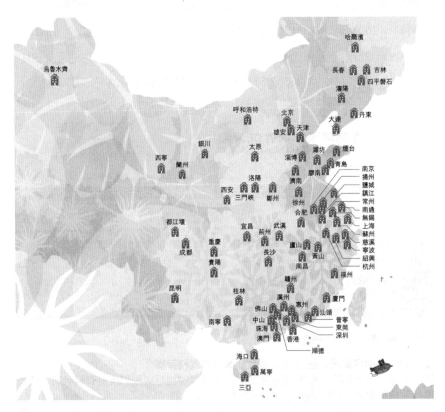

圖 4-33　中海物業集團的業務分佈
資料來源：《中海物業集團有限公司 2017 年報》，第 31 頁。

▋ 發展願景：「世界一流的投資建設運營服務商」

　　經過近 40 年的發展，目前中國海外集團已成為一家香港及內地重要的地產發展商和承建商，形成了統籌「海外內地兩個市場、兩種資

源」的綜合能力；旗下擁有 5 家在香港上市公司，包括中國海外發展有限公司（55.99%）、中國建築國際集團有限公司（64.66%）、中海物業集團有限公司（64.66%）、中國海外宏洋集團有限公司（38.32%）及中國建築興業集團有限公司等（圖 4-34），主要從事地產開發和物業投資、承建與基建投資、物業服務三大領域的業務。

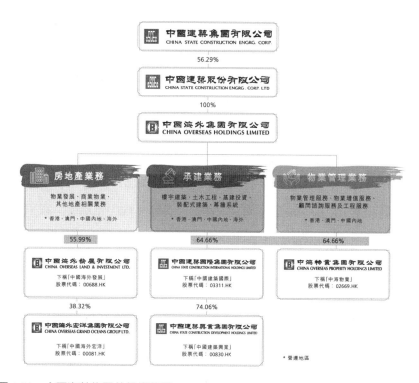

圖 4-34　中國海外集團的組織架構
資料來源：《中國海外集團有限公司 2019 年可持續發展報告》，第 8 頁。

在地產開發和物業投資方面，中海集團已形成了以港澳、長三角、珠三角、環渤海、東北、中西部為重點區域的全國性均衡佈局，業務遍佈港澳地區和中國內地 60 餘個城市，以及英國倫敦等海外城市。中國海外集團秉承「過程精品、樓樓精品」的開發理念，形成了包括「住宅開發」、「城市運營」及「創意設計及現代服務」在內的三大產業群。其中，在住宅開發領域，集團先後研發推出 5 代住宅精品，在中國

內地、香港、澳門等超過 70 個城市累計開發項目超過 600 個，完成開
發建造面積超 1.5 億平方米，旗下項目累計榮獲「詹天佑大獎 —— 優秀
住宅社區獎」58 項（金獎 35 項、單項獎 23 項），中國建築工程「魯班
獎」7 項，國際地產獎（International Property Awards）18 項。

在城市運營領域，集團逐步構建了業態多元、產業多樣的城市運
營產業群，涵蓋寫字樓、購物中心、星級酒店、地鐵上蓋、城市更新、
旅遊度假、物流等產業。在寫字樓方面，作為國內最大單一業權寫字樓
發展與運營商，集團擁有 45 棟甲級寫字樓；在倫敦金融城，持有並運
營 4 座百年標杆性商廈。中海發展創立 Officezip 聯合辦公品牌，已進
駐北京、上海、成都、濟南、武漢、南京等 6 個城市，總運營面積超過
7.4 萬平方米；2017 年更推出「Officezip 2.0」，實現從空間轉型到辦公
共用的商業生態系統的變革。在購物中心方面，集團旗下的「UNI 環宇
系購物中心」憑藉「環宇城」、「環宇薈」、「環宇坊」三支特色產品線，
已佈局北京、上海、成都、南京、濟南、長沙、佛山、珠海、蘇州、寧
波及大連等 11 個城市。截至 2019 年度，集團集團系列公司持有商業物
業逾 438 萬平方米，正在開發和待開發的商業物業達到 535 萬平方米。

在創意設計及現代服務產業領域，中海發展旗下的華藝設計，是
國家級高新技術企業，持有「建築工程」及「城鄉規劃」雙甲級資質，
是中國百強設計院之一，匯聚了近千名優秀的專業設計人才，具備運
用「建築資訊模型（BIM）設計」技術進行全過程設計的技術能力和項
目經驗，曾參與國內外各類型建築設計，建築作品遍佈全國眾多城市，
累計完成各類建築及工程設計項目約 2,000 多項，項目類型涵蓋城市規
劃、商業綜合體、住區設計、辦公建築、酒店建築、醫療文體建築、創
意產業園及城市舊改等。此外，集團還從事酒店、長租公寓、文化、教
育、養老等業務。[252]

---

252 中國海外集團：「經營領域：地產相關業務」，中國海外集團有限公司官網。

2019 年度，中海發展營業收入為 1636.51 億元人民幣；除稅前溢利分 649.52 億億元人民幣；總資產 7238.96 億元人民幣（表 4-31）。至2019 年底，中海發展在中國內地 43 個城市及港澳擁有土地儲備 6521.7萬平方米，其中，香港有 75.2 萬平方米，佔 1.15%；其餘均在中國內地，分佈於華南、華中、華北、北方、西部等各地（圖 4-35）。另外，中國海外宏洋的土地儲備達 2400.9 萬平方米，分佈於中國內地 26 個城市。該集團已連續 10 年入選恒生可持續發展企業指數，連續 17 年榮獲「中國藍籌地產企業」和「中國房地產行業領導公司品牌」，中海地產品牌價值達 1,216 億元人民幣，是中國內地價值創造能力最強、品牌價值最高的住宅開發商。[253]

表 4-31　2019 年度中國海外集團在香港上市公司經營概況

上市公司名稱	經營的主要業務	營業收入	除稅前溢利	總資產
中國海外發展（億元人民幣）	地產發展、物業運營管理	1636.51	649.52	7238.96
中國建築國際集團（億港元）	綜合性建築業務	616.70	72.84	1614.24
中海物業集團（億港元）	物業管理	54.66	7.61	42.96
中國海外宏洋集團（億元人民幣）	地產發展	285.91	82.96	1340.97
中國建築興業集團（億港元）	綜合性建築業務	46.19	2.77	70.54

在承建與基建投資方面，中國海外集團透過旗下中國建築國際集團及中國建築興業集團兩家上市公司經營承建與基建投資業務，已形成「中國內地、香港、澳門、海外」四大業務板塊。在香港及澳門，中國建築國際集團着重於公共及私營建築業務，先後承建了逾 800 項工程，處於業內的領導地位；在中國內地，集團着重基建投資項目及建築相關業務，已進入 23 個省、60 餘個城市，基本形成全國佈局。41 年來，中

253 中國海外集團：「集團簡介」，中國海外集團有限公司官網。

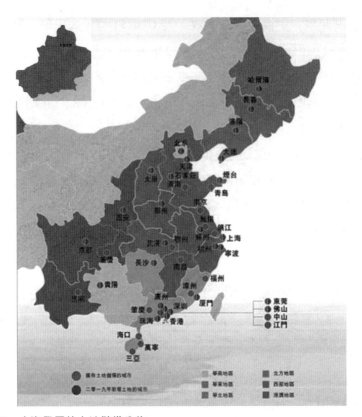

圖 4-35　中海發展的土地儲備分佈
資料來源:《中國海外發展有限公司 2019 年年報》,第 28-29 頁。

海集團先後承建了包括香港國際機場客運大樓、香港迪士尼樂園、港珠
澳大橋、香港兒童醫院、香港故宮文化博物館、澳門旅遊塔、新濠天
地、美獅美高梅酒店,廣州新白雲國際機場、杜拜哈利法塔、智利聖地
牙哥科斯塔內拉塔等眾多歷史地標在內的 1,000 多項工程,累計投資額
超過 3,500 億港元。[254] 中國建築興業集團則主要在北美洲、香港及澳門
從事幕牆業務。2019 年度,中國建築國際集團營業收入為 616.70 億港
元,除稅前溢利 72.84 億港元,總資產 1614.24 億港元(表 4-27)。

---

254 中國海外集團:「經營領域:承建相關業務」,中國海外集團有限公司官網。

在物業管理領域，截至 2019 年底，中海物業集團物業管理業務分佈於內地超過 100 個主要城市。在香港，中海物業集團除了為中海發展的香港豪宅物業項目提供物業管理服務外，也覆蓋香港的商業大廈、商場、大型屋苑、公共屋邨、私人物業、公共設施、出入境口岸、中央駐港機構辦公大樓及軍事用地等。目前，該集團旗下員工超過 3 萬人，簽約物業項目 600 多個，服務面積超過 1.28 億平方米，已發展成為集全國性戰略佈局、國際化管理視野於一體的行業領導品牌。

2019 年度，中海集團營業總收入達 2,625 億港元，總資產 9,912 億港元，淨資產 3,025 億港元，分別比 2013 年增長了 1.47 倍、1.68 倍及 1.23 倍（表 4-32）。該年度，集團在房地產業務方面，營業收入約 1,878 億港元，合約銷售額 3771.7 億港元，土地儲備達 8,923 萬平方米；在承建業務方面，在建工程 248 項，應佔合約額 3965.7 億港元，新承接工程 96 項，應佔合約額 1106.2 億港元，竣工工程項目 39 項；在物業管理業務方面，管理物業總建築面積 151.4 百萬平方米，全年營業額約 54.6 億港元。[255]

表 4-32　2013-2021 年度中海集團經營概況

單位：億港元

年度	2013 年	2014 年	2015 年	2016 年	2017 年	2018 年	2019 年	2020 年	2021 年
收入	1062	1491	1781	2057	2156	2285	2625	2765	3796
土地儲備（萬平方米）	N.A.	3735	4144	5677	8278	9144	8923	N.A.	N.A.
新簽合同	1702	2060	2511	2514	2952	4236	4801	5210	6061
資產總額	3700	4342	5000	6715	7771	8751	9912	超過 11000	超過 12000
淨資產	1358	1463	1728	2248	2836	3136	3025	N.A.	N.A.
員工總數（人）	N.A.	37153	38957	39994	46052	54013	63708	67000	75741

資料來源：《中國海外集團有限公司可持續發報告》，2013 年至 2021 年

255《中國海外集團有限公司 2019 年可持續發報告》，第 9 頁。

　　2020 年以來，儘管受到全球新冠疫情的影響，中國海外集團的整體業務仍然取得穩定增長。2020 年度及 2021 年度，中國海外發展收入分別為 1857.90 億元人民幣及 2422.41，分別比上年度增長 13.53% 及 30.38%；除稅前溢利分別為 692.04 億元人民幣及 631.30 億元人民幣，增長 6.55% 及 -8.78%。不過，公司市值則從 2019 年底的 2766.80 億港元，下跌至 2021 年底的 2020.51 億港元，跌幅接近三成（表 4-33）。

表 4-33　2017-2023 年中國海外發展市值變化

單位：億港元

	2017 年底	2018 年底	2019 年底	2020 年底	2021 年底	2022 年7 月底	2023 年1 月底
中國海外發展	2755.48	2947.22	2766.80	1846.86	2020.41	2368.51	2313.81

資料來源：《香港交易所市場資料》，2017-2021 年，東方財富網站

　　中國海外集團表示：「中海集團是中國內地市場評級最優、品牌價值最高、單一業權寫字樓規模最大的不動產開發運營商，以及港澳地區最大的工程承建商、最大的中資物業投資商和最大的公共設施管理服務商。我們立足港澳、深耕內地、輻射海外，覆蓋內地 100 多個主要城市地區及香港、澳門，海外項目主要分佈在美國、加拿大、英國、澳洲、新加坡、葡萄牙等地。展望未來，中海集團將發揮立足香港的區位優勢和樞紐作用，秉承『我們經營幸福』的使命，堅持客戶為本、品質保障、價值創造，全心奮進、領潮前行，矢誌成為世界一流的投資建設運營服務商。」[256]

---

256 中國海外集團：「關於我們」，中國海外集團官網。

第十節　中國太平保險集團

▌ 中國太平保險集團的歷史淵源

　　中國太平保險集團前稱「香港中國保險集團有限公司」，其前身是二十世紀 80 年代初成立的「中國保險港澳管理處」，而屬下成員公司的歷史最早可追溯到二十世紀 30 年代。早期的骨幹企業主要有太平保險、中保股份和民安保險。

　　歷史最長的是「太平保險股份有限公司」（簡稱「太平保險」）。太平保險的前身是「太平水火保險公司」，於 1929 年 11 月 20 日由「北四行」之一的金城銀行在上海獨資創辦，註冊資本金為國幣 100 萬元（實收 50 萬元），由金城銀行行長周作民任總經理。太平水火保險公司以太極圖形為商標，以「太平保險，保險太平」為宣傳口號。[257] 開業初期，太平保險先後在南京、漢口、天津、廣州、濟南、鄭州和哈爾濱等城市設立分公司；又在瀋陽設立 1 家支公司，在北平、杭州、九江、蘇州、青島、鎮江、長沙和新浦設立代理處，其餘各省市城鎮均有交通、金城、大陸、中南和國華等 5 家銀行的特約代理，總計約 290 餘處，員工人數達 200 人。太平保險的業務以水險、火險、船隻保險和汽車保險等為主，同時酌量辦理「玻璃」、「郵包」、「行動」和「繭紗」等險種。1933 年，金城銀行計劃將太平水火保險擴大經營，為此邀集交通、大陸、中南和國華等 4 家銀行加入太平，資本金擴大為國幣 500 萬元（實收 300 萬元），這成為當時金融界一大盛事。[258]

　　1933 年 7 月，公司完成改組，成為當時國內僅次於中央信託保險部的第 2 大保險公司。同時，公司將名稱中的「水火」兩字刪去，改名

---

257 中國太平：〈中國太平保險集團發展簡史〉，中國太平保險集團官網。

258 中國太平保險集團有限責任公司、上海社會科學院編：《中國太平發展簡史（1929-2014 年）》，北京：中國金融出版社，2015 年，第 14 頁。

為「太平保險公司」，並增辦人壽、意外等保險業務。1936 年，太平保險收購中國天一保險，天一壽險的全部契約也由太平保險全部承受。通過兼併、收購和自身業務的發展，太平保險實力大增，1934 至 1936 年間共獲利國幣 82.12 萬元。[259] 為了發展海外業務，該公司於 1935 年 11 月 18 日在香港設立分支機構。這是中國太平保險集團在香港發展的歷史起點。1937 年，太平保險人壽部註冊成為「太平人壽保險有限公司」（簡稱「太平人壽」），總部設於上海，該公司於 1939 年 1 月在香港設立分公司。

中保股份全稱「中國保險股份有限公司」，由中國銀行於 1931 年 11 月在上海成立，註冊資本國幣 500 萬元（實收 250 萬元），由中國銀行上海分行總經理宋漢章任董事長，各地中行機構兼作中國保險的經理處或分行經理處。初期，中保股份主要經營火險，其後拓展到繭子險、銀鈔險、運輸險、汽車險、郵包險、奶牛險、電梯險、櫃窗玻璃險、船殼險和水上運輸險等多樣險種，並仿效西方保險業，開辦再保險業務。1933 年，中保股份撥出國幣 50 萬元作為人壽保險部的基金，開始經營人壽保險業務，業務種類包括終身人壽保險、儲蓄保險、人身意外保險、勞工保險和僱主責任保險等 12 種。[260] 1937 年，國民政府修正公佈《保險業法》及《保險業法施行法》，規定同一保險業不得兼營產險與壽險。同年，中保股份人壽保險部改組為「中國人壽保險公司」，額定資本國幣 100 萬元，先收半數。[261] 1939 年 7 月，中保股份在香港設立分公司，註冊保證金 40 萬港元。到 1949 年，中保股份已發展成為當時規模最大、實力最強的保險公司，機構遍設國內主要大中城市，以及香港、新加坡、越南、馬來西亞、印尼、泰國、緬甸和英國等地。

---

259 《中國太平發展簡史（1929-2014 年）》，第 25 頁。

260 《中國太平發展簡史（1929-2014 年）》，第 35 頁。

261 中國太平：「中國太平保險集團發展簡史：創辦發展時期（1929-1949 年）」，中國太平保險集團官網。

民安保險全稱「香港民安保險有限公司」，創辦的時間較晚，但日後的影響卻最大。民安保險的前身是「上海民安物產保險有限公司香港分公司」。民安產物保險股份有限公司由廣大華行和民生實業公司共同投資國幣 1,000 萬元，於 1943 年 11 月在重慶成立，創辦人為盧作孚、盧緒章等人。民安產物保險開業後，業務發展快速，先後、在內江、昆明等地設立分公司，並在成都、貴陽、西安、自貢、鹽都、瀘州、宜賓等地設立分支代理機構，很快成為抗戰時期西南大後方保險界的一支新秀。[262] 1947 年，民安物產委派專員沈日昌到香港籌設分公司，當年 10 月 15 日開業。1949 年，民安物產保險及其香港分公司因股東權益內外變動關係，決定辦理結束。原民安產物保險香港分公司於同年 9 月 29 日在香港註冊為獨立法人 —— 香港民安保險有限公司（The Ming An Insurance Co.(H.K.)Ltd.），10 月 1 日開業。當時，公司註冊資本 1,000 萬港元，首任董事長為梁次漁，總經理為石景彥，經理為沈日昌，並聘用原民安產物保險香港分公司職工及接管有關保險業務。[263]

1949 年中華人民共和國成立後，中國人民保險公司在北京成立。1951 年，中保股份、太平保險和民安保險完成公私合營改造。1956 年，太平保險與新豐保險合併。同年，中保股份和太平保險相繼將總部由上海遷到北京，成為原中國人民保險公司的附屬公司。期間，根據國家統一安排，中保股份和太平保險停辦國內業務，和香港民安一起，專門經營境外業務，為國家積累外匯。1951 年，中國保險公司總管理處董事會在香港成立「中國保險公司赴外稽核室」，負責管理中國保險香港分公司，並整合對 3 家保險公司的管理；同年，太平保險公司總管理處在香港成立「太平保險公司駐港常董辦事處」。到 1964 年，原先的中國

---

262 中國太平：「中國太平保險集團發展簡史：創辦發展時期（1929-1949 年）」，中國太平保險集團官網。

263《中國太平發展簡史（1929-2014 年）》，第 53-54 頁。

保險公司和太平保險公司聯合駐港辦事處發展成為「中國保險公司、太平保險公司和香港民安保險公司聯合駐港辦事處」，形成新的管理體制。[264]

50 年代，民安保險主要為經香港轉口內地的物資承辦貨運保險及有關火險業務，其後並代理英國保險公司 Legal & General Assurance Society Ltd 的香港貨運保險業務。當時，中國人民保險公司承保國內各綫輸港貨物的貨運保險業務量甚大，受人保的委託，民安保險作為該公司的香港理賠人，派專人辦理檢驗、理算、賠付及處理損品工作。截至 1960 年，這 3 家保險機構匯入國內的資金合計 90,854 萬美元，有力地支持了國內經濟。[265] 60 年代，香港對外貿易從過去以轉口為主發展為以本地工業品的生產出口和轉口並重，民安保險也逐漸將業務重點轉移到與工業有關的火險和意外險方面，並於 1961 年 6 月在九龍開設第一間分公司。1967 年，民安保險成立「船舶學險部」，逐漸發展成為「香港少數對船舶險業務有專長的直接保險公司之一」，船舶險成為公司的金字招牌。[266]

60 年代末，香港地產市道蓬勃，建築工程發展快，工業趨多元化及高質化，民安保險進一步加強火險和意外險業務發展。70 年代，民安保險開始發展再保險業務，1970 年 5 月成立國外分保部專責辦理各種分保合約。1979 年，民安保險參與由怡和集團、滙豐銀行及英國倫敦保險經紀商鮑林（Bowring Group of London）發起創辦的再保險公司 —— 香港宇聯再保險有限公司（East Point Reinsurance Company of Hong Kong LTD.）。

264《中國太平發展簡史（1929-2014 年）》，第 183 頁。

265 中國太平：「中國太平保險集團發展簡史：改組和海外專營時期（1949-1979 年）」，中國太平保險集團官網。

266《中國太平發展簡史（1929-2014 年）》，第 173-174 頁。

▌ 香港中國保險集團的成立與發展

改革開放以後，香港的中資保險公司獲得了新發展。1980 年 9 月，中國人民保險公司、香港民安保險與太平保險公司等合資，創辦「中國再保險（香港）有限公司」，註冊資本為 500 萬港元，開始經營各險種的合約和臨分再保險業務，該公司業務發展迅速。1982 年，香港民安以 2,000 萬港元購入國際大廈 14 樓全層作為公司總部，並於同年在中國深圳開設分公司，成立第一家在國內經濟特區開設分公司的香港保險公司。1984 年，民安設立電腦部，並逐步推行電腦化。同年 10 月 7 日，代表中國人民保險公司的「中國保險港澳管理處」成立，負責統一領導和管理在香港的所有中資保險公司。

1992 年 10 月 20 日，中國人民保險公司在中國保險港澳管理處的基礎上，由中國人民保險公司、中國保險、太平保險和中國人壽保險合資，在香港註冊成立「香港中國保險（集團）有限公司」（簡稱「香港中保」），註冊資本為 1 億港元，以控股和經濟實體的形式管理屬下 13 家成員公司，包括：中國保險股份有限公司香港分公司、中國保險股份有限公司澳門分公司、太平保險股份有限公司香港分公司、香港民安保險有限公司、中國人壽保險股份有限公司香港分公司、中國再保險（香港）有限公司、中國保險股份有限公司澳門分公司、中國保險股份有限公司澳門分公司、中國保險集團投資有限公司、中國保險集團財務有限公司、澤鴻發展有限公司、新世紀證券（集團）有限公司和龍璧工業區開發（深圳）有限公司等。

香港中保成立後，先後承擔了香港新機場、澳門機場、亞太 1A 衛星等重大保險項目，一般保險業務發展快速。其中，集團屬下的民安保險毛保費和總資產名列香港註冊同類公司首位。與此同時，香港中保積極拓展人壽保險業務，旗下太平人壽保險公司香港分公司於 1994 年 6 月正式宣佈復業。到 90 年代中期，中國人壽保險公司香港分公司已躋身香港 10 大壽險公司行列。集團經營的壽險包括定期、儲蓄及終身三大類壽險外，還經營團體人壽險、團體醫療險和員工公積金計劃，

品質達 30 多項。此外，香港中保還積極拓展再保險業務，旗下中國再保險（香港）到 90 年代中期業務規模已居香港本地註冊的再保險公司首位。[267]

1999 年，中國人民保險集團重組，將所有海外資產及業務，包括香港、澳門及海外的資產和業務，全部轉讓予中國保險股份有限公司，該公司與香港中保實行「一套班子，兩塊牌子」的管理體制。2000 年，香港中保進行資產和業務重組，將旗下中國保險股份香港分公司和太平保險香港分公司併入香港民安保險，使民安保險成為香港最大的財產保險公司之一。同年 2 月，香港中保將旗下「中國國際再保險有限公司」（前稱「中國再保險（香港）有限公司」）和「華夏再保險顧問有限公司」重組，成立「中保國際控股有限公司」（簡稱「中保國際」）。

2000 年 6 月 20 日，中保國際在香港公開招股，以每股 1.43 港元發售 4,263 萬股，集資約 6,000 萬港元。6 月 29 日，中保國際在香港聯交所上市，成為中國保險業首家在境外上市的保險企業（圖 4-36）。[268] 中保國際主要經營再保險業務和經紀業務，經營地域涵蓋香港、澳門、中國內地、日本等亞洲地區和歐洲、美洲、澳洲及非洲等地區。上市當年，中保國際營業額為 6.91 億港元，除稅前溢利 1.19 億港元，總資產 21.01 億港元。2002 年 8 月，中國保險股份有限公司正式更名為「中國保險（控股）有限公司」，成為唯一總部設在香港的中資保險企業，香港中保集團名稱則不變。[269]

---

267 香港中國保險（集團）有限公司總經理王憲章：〈邁向新世紀的香港中國保險集團〉，烏蘭木倫主編：《發展中的香港中資企業》，新華通訊社香港分社編印，香港經濟導報社出版，1997 年，第 128-131 頁。

268 中國太平：「中國太平保險集團發展簡史：集團化經營時期（1979-2009 年）」，中國太平保險集團官網。

269 中國太平：「中國太平保險集團發展簡史：集團化經營時期（1979-2009 年）」，中國太平保險集團官網。

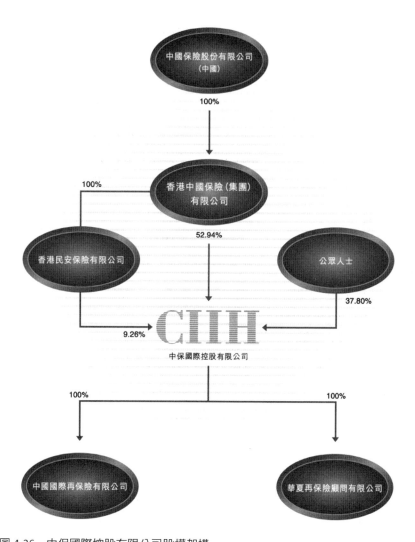

圖 4-36　中保國際控股有限公司股權架構
資料來源：《中保國際控股有限公司 2000 年報》，第 4 頁。

　　踏入千禧之年，中國保險開始拓展國內保險業務。2001 年 12 月，
太平保險和太平人壽在國內相繼恢復業務經營。2004 年 5 月，民安保
險獲中國保監會批准，將深圳分公司重組為「民安保險（中國）有限公
司」（簡稱「民安中國」）。2006 年 5 月，民安中國取得中資保險公司
地位，獲准全面參與中國財產保險市場。與此同時，民安保險獲中國保
監會授權，成為可在中國從事機動車交通事故責任強制保險業務的 22

家保險公司之一。[270] 同年 10 月，民安保險在中國廣東開設分公司，並計劃於未來兩年在北京、上海、江蘇、浙江、山東及河北等地設立業務據點。2006 年，中國保險在上海設立「中保集團資產管理有限公司」，統一管理集團內公司可運用的保險資金。

2006 年 5 月 16 日，經財政部和中國保監會批准，確認民安保險和民安中國為國有獨資公司企業性質。同年 6 月，民安保險先後與中國保險的全資附屬公司香港中國保險（集團）有限公司、長江實業集團，以及中保國際控股有限公司訂立買賣協議，進行股權交易。交易完成後，中國保險、長江實業集團及中保國際分別擁有民安保險 66.1%、29% 及 4.9% 股權。經此交易，民安保險引入強勁的增值策略夥伴 —— 長江實業。長江實業集團內部的一般保險需求龐大，協議將有利於拓寬民安保險發展一般保險業務的基礎。

2006 年 12 月 22 日，民安保險以「民安（控股）有限公司」（簡稱「民安控股」）名義在香港聯交所掛牌上市。上市後，香港中國保險、長江實業及中保國際持有的民安控股股權分別減至 49.6%、21.7% 及 3.7% 股權。根據香港保險業監理處的資料，按毛保費收入計算，民安控股在上市前的 9 年間一直是香港前 5 大一般保險公司。2005 年，民安保險錄得直接承保保費共 10.97 億港元，佔香港一般保險市場毛保費收入約 3.5%；其中，香港業務佔 75.9%，中國內地業務佔 24.1%。當時，民安保險在香港擁有 53 名保險專業人才、134 名內部銷售員工，並透過約 4,208 名代理、333 家經紀以及 34 家金融機構組成的銷售網絡銷售一般保險產品，主要包括洋面、財產、責任及汽車保險。按毛保費收入計計算，民安保險在香港直接一般保險公司中名列第 4 位，成為「香港具領導地位之一般保險公司」。[271]

---

270 《民安（控股）有限公司 2006 年年報》，第 2 頁。
271 《民安（控股）有限公司配售新股及公開售股章程》，2006 年，第 85 頁。

▌ 中國太平保險集團的組建與發展

2009 年 5 月，中國保險（控股）有限公司進行重組，統一「中國保險」、「太平保險」及「民安保險」三大品牌，並更名為「中國太平保險集團公司」；香港中國保險（集團）有限公司則更名為「中國太平保險集團（香港）有限公司」（簡稱「中國太平」），旗下上市公司中保國際亦更名為「中國太平保險控股有限公司」（簡稱「太平控股」），進一步走向集團化經營。據該集團介紹：「使用『中國太平』為集團的名號，一方面保留了集團作為國有集團公司的名稱屬性；另一方面，可以繼續利用『太平』品牌在國內的相對優勢，帶動集團的快速發展。」另外，「『太平』像形了植根大地、擁抱藍天、枝繁葉茂的參天大樹，寓意中國太平充滿活力，強化了『中國太平是中國保險行業第一家跨國綜合保險金融集團』的特點」。同年 10 月，中國太平斥資 38 億港元，以協定安排之方式全面收購民安控股股權，11 月 2 日民安控股私有化，成為中國太平的全資附屬公司，並撤銷於聯交所的上市地位。

2011 年 12 月，集團旗下的太平人壽舉行國內復業 10 周年慶典。10 年間，太平人壽堅持「以價值為導向，走內涵式發展之路」的經營發展理念，形成以「創新」、「專業化」和「體系化」為特色的競爭優勢，取得了快速的發展。太平人壽已在內地 28 個省、自治區和直轄市開設 35 家分公司和 800 餘家三四級機構，服務網絡覆蓋全國。截至 2011 年 10 月底，公司總資產已逼近 1,300 億元人民幣，期末有效保險金額近 137,500 億元人民幣，客戶總量超過 2,200 萬，累計向客戶支付賠款和生存金總額約 80 億元，穩居國內中大型壽險公司行列。該年底，中國太平列入中央管理，升格為副部級金融央企。

2012 年，中國太平集團提出「三年再造一個新太平」的戰略目標，在兼顧質量效益，風險可控的前提下，力爭三年時間在總保費，總資產和淨利潤方面翻一番；同時建立「一個客戶，一個太平」的綜合經營模式，提升管理能力、服務能力、創新能力、協同能力。為此，中國太平

於 2013 年初完成改制,並正式更名為「中國太平保險集團有限責任公司」(簡稱「中國太平」)。同年 5 月,中國太平與上市公司太平控股訂立框架協議,由太平控股以總代價 105.81 億元人民幣(相當於 132.77 億港元),向母公司購入所持子公司股權,包括太平人壽 25.05% 的股權、太平財險 38.79% 股權、太平資產管理 20% 股權、太平養老保險股份 4% 的股權,以及海外財產保險公司及其他目標公司。有關代價透過發行代價股份的方式支付,每股代價股份發行價 15.39 港元。此次注資換股,標誌着中國太平保險集團公司向重組改制、整體上市踏出了關鍵一步,為集團進一步整合系統資源,縮短管理鏈條,發揮規模優勢,提升各業務條線協同效應,建立資本長效補充機制,實現快速可持續發展奠定基礎。

2014 年,是中國太平保險集團成立 85 周年,也是「三年再造一個新太平」的收官之年。這一年,中國太平順利完成「集團再造」戰略目標,總保費、總資產、淨利潤等主要經營指標實現三年翻番。2014 年度,太平控股總保費及保單費收入為 1116.03 億港元,總資產為 4435.49 億港元,除稅前溢利 66.14 億港元,分別比 2011 年增長 1.23 倍、1.27 倍及 6.01 倍,經濟效益大幅提高(表 2-23)。其中,集團旗下的太平香港,是香港地區實力較強、信譽卓越的保險公司之一,在汽車險、勞工險、火險和船舶險業務等領域深具市場影響力,長期位居香港財產保險公司前列。太平香港與香港 4,000 多名簽約代理人和 300 家經濟顧問公司建立了業務合作關係,銷售網絡覆蓋全港;並與全球超過 20 個國家和地區的 100 多家保險公司和再保險公司建立了分保關係。

2015 年,中國太平進一步實施「精品戰略」,展開打造「最具特色和潛力的精品保險公司」的新階段。為此,集團圍繞「強特色、增潛力、創精品」的目標,實施創新驅動戰略,順應費率市場化改革,加大產品服務創新力度,推進互聯網金融特色創新項目,確立了「官網官微、協力廠商平台合作、職域行銷」三種互聯網金融商業模式,並成功收購公募基金公司,旗下太平再保險(中國)拿下境內第二張中資再保

牌照，太平科技獲批開業，成為國內首家科技保險公司。至此，集團保險牌照已基本齊全，投資平台體系搭建完成。

2019 年度，太平控股的總保費及保單費收入為 2230.19 億元人民幣，除稅前溢利 133.26 億元人民幣，總資產 9194.2 億元人民幣，分別比整體上市前的 2013 年增長了 1.52 倍、3.91 倍和 1.89 倍，年均增長率分別為 17.13%、30.36% 和 19.32%，實現了規模和效益的快速增長（表 4-34）。在 2019 年度經營淨溢利 125.42 億港元中，人壽保險為 122.44 億港元，佔 97.61%，養老及團體保險為 1.3 億港元，佔 1.04%；境內外財產保險 8.23 億港元，佔 6.56%；再保險 3.21 億港元，佔 2.56%；資產管理業務 3.44 億港元，佔 2.74%；其他業務虧損 13.3 億港元，佔 -10.52%。2020 年以來，受到全球新冠疫情和經濟低迷影響，儘管中國太平總保費及保單費收入仍持續增長，但除稅前溢利卻有所下降，導致公司市值從 2019 年底的 694.36 億港元，下跌至 2022 年 7 月底的 297.22 億港元，跌幅高達近六成 %（表 4-35）。

表 4-34　2011-2021 年度中國太平保險控股經營概況

單位：億港元

	總保費及保單費收入	除稅前溢利	總資產
2011 年度	500.98	9.44	1913.61
2012 年度	604.65	17.50	2517.54
2013 年度	855.56	25.57	3150.16
2014 年度	1116.03	66.14	4335.49
2015 年度	1384.32	110.08	4880.31
2016 年度	1492.65	93.71	5090.08
2017 年度	1786.76	117.20	6664.74
2018 年度	1996.32	151.90	7521.01
2019 年度	2230.19	133.26	9194.20
2020 年度	2335.35	132.65	11690.08
2021 年度	2625.49	109.14	13786.42

資料來源：《中國太平保險控股有限公司年報》，2011-2021 年

表 4-35　2017-2023 年中國太平保險控股市值變化

單位：億港元

	2017 年底	2018 年底	2019 年底	2020 年底	2021 年底	2022 年 7 月底	2022 年 7 月底
中國太平控股	1053.05	772.71	694.36	502.44	384.56	297.22	388.87

資料來源：《香港交易所市場資料》，2017-2021 年，東方財富網站

　　經過多年的發展，中國太平已成為一家總部設於香港的大型跨國金融保險集團，旗下擁有 24 家子公司及 2,000 多家營業機構，2021 年總保費達 2,175 億元人民幣，總資產突破 1 萬億元人民幣，管理資產規模突破 1.87 萬億元人民幣，員工 50 多萬人，經營範圍涉及中國內地、香港、澳門、歐洲、大洋洲、東亞及東南亞等國家和地區（圖 4-37），業務範圍涵蓋壽險、財險、養老保險、再保險、再保險經紀及保險代理、互聯網保險、資產管理、證券經紀、金融租賃、不動產投資、養老醫療健康產業投資等領域（圖 4-38）。2021 年，中國太平連續 4 年躋身《財富》世界 500 強，位列第 344 位。[272]

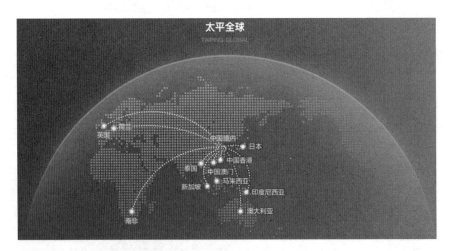

圖 4-37　中國太平保險集團的全球經營網絡
資料來源：中國太平保險集團官網

---

272 中國太平：「關於太平」，中國太平保險集團有限公司官網。

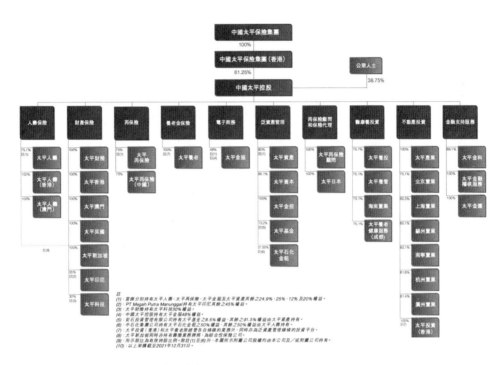

圖 4-38　中國太平保險集團架構
資料來源：《中國太平保險集團有限公司 2021 年報》，第 7 頁。

　　中國太平表示，集團將「立足新發展階段，貫徹新發展理念，服務構建新發展格局，按照『央企情懷、客戶至上、創新引領、價值導向』的戰略要求，積極服務國家戰略和民生保障，促進『雙循環』，維護『一國兩制』和港澳長期繁榮穩定，踐行『共用太平』發展理念，開啟高品質發展新篇章，努力打造中國保險業最具價值成長的國際化現代金融保險集團。」[273]

273 中國太平：「關於太平」，中國太平保險集團有限公司官網。

第十一節　地方中資集團

▋ 北京控股集團

北京控股集團在香港的發展，最早可追溯到 1980 年 8 月「京泰有限公司」在香港註冊成立。創辦初期，京泰直屬於北京市國際信託投資公司，是該公司駐香港的海外企業。1988 年 8 月，北京市政府決定將京泰公司撥歸北京市政府直接領導，正式成為北京市政府駐香港的「窗口公司」。當時，京泰的發展宗旨是：「為北京市經濟建設服務，為香港的繁榮穩定服務，為加強北京市與香港及其他國家和地區的經濟往來服務。」[274] 公司初期的業務主要以經營紡織、服裝、輕工、機械、五礦、化工、醫藥、土畜產品等傳統的進出口貿易為主，貿易方式單一，初級產品比重大。

1990 年以後，北京市加快開放步伐，對京泰的發展提出新的要求。為此，京泰制定了「立足北京開放，放眼北京發展，擴大吸收外資」的方針。這一時期，京泰利用首都概念，向「大項目、新產業、深層次」方向展開傾斜性投資，包括與新世界發展合作興建北京新世界中心、與交通銀行和西城區合作興建通泰大廈、與北京市房地產開發經營總公司合作，發展北京華僑村第二期工程等。同時，適應市場需要，展開服務性產業投資，包括食品產業、紡織服裝產業、建築建材料產業等。1997年，京泰改組為「京泰實業（集團）有限公司」。這一時期，京泰實業已擁有 10 家直屬企業、30 家投資公司以及 20 多個合資項目。貿易經營額比 1988 年增長了 5 倍，純利潤增長了 20 倍，總資產達到 11 億港元。[275]

1997 年香港紅籌股上市熱潮中，北京市政府將旗下 8 家優質資產，

274　京泰有限公司董事長兼總經理郭迎明：〈擇優創新，加快發展〉，烏蘭木倫主編：《發展中的香港中資企業》，新華通訊社香港分社編印，香港經濟導報社出版，1997 年，第 207 頁。

275　郭迎明：〈擇優創新，加快發展〉，第 207-208 頁。

包括首都高速公路、三元食品及北京麥當勞、八達嶺旅遊及北京龍慶峽
旅遊、燕京啤酒、王府井百貨、新景食品、北京國際交換系統公司、
北京建國酒店等，合組成「北京控股有限公司」（簡稱「北京控股」）。
1997 年 5 月 29 日，北京控股在香港掛牌上市，集資 24.29 億港元，獲得
1276 倍的超額認購，創下首次上市募集資金數量第一、市盈率倍數第
一、超額認購倍數第一等多項香港股市紀錄，將紅籌股熱潮推向高峰。
亞洲金融危機襲港後，絕大部分紅籌股受到重挫，但北京控股因為上市
時籌集大量資金，得以利用這一危機擴展業務。從 1997 年至 2002 年的
5 年間，北京控股先後投資 45 個項目，投資總額達 51.05 億港元。

　　2003 年 5 月，北京控股確立了公司的發展新定位：「以城市能源服
務為核心的綜合性公用事業公司」，並提出打造「北京市政府對基礎建
設以及公用事業從事經營管理的主導企業及海外資本市場投融資平台」
的戰略目標。2005 年 1 月，北京市政府以北京控股為基礎，聯合京泰
實業及北京燃氣集團有限責任公司等，組建「北京控股集團有限公司」
（簡稱「北控集團」），業務涵蓋燃氣、能源、交通、食品、現代物流等
多個重要領域。2007 年，北京燃氣集團重組並整體注入北京控股，成
功實現三重目標：既化解了京泰實業的債務危機，又實現了北京控股的
戰略轉型，開啓了中國公用事業市場化的先例。[276]

　　2008 年 1 月，北京控股以 9,980 萬港元認購從事水務業務的「上
華控股」74.78% 股權，交易完成後，上華控股更名為「北控水務集團
有限公司」（簡稱「北控水務」），成為集團從事水務的平台。同年 8
月，北控水務收購中國污水處理主要營運商中國科成環保集團，後者
在四川、湖南、山東、浙江及廣東等地擁有 20 個污水處理廠，整合系

---

276 北京控股：「北京控股的戰略變化：變革與發展的基點和前奏（2005-2009 年）」，北京控
　　股集團官網。

統內的水務資產，使北控水務成為水務的旗艦公司。[277] 2010 年 6 月，北控集團註冊成立「北京北控置業有限責任公司」，註冊資本為 32.84 億人民幣，業務涵蓋地產開發、旅遊酒店會展、養老醫療健康、物流租賃等。2013 年 7 月，北京控股向母公司北控集團收購所持中國燃氣 22.01% 股權，收購價為 82.22 億港元，實現了市值的大幅增長。2015 年，北京控股收購了「金州環境投資股份有限公司」92.7% 股權，將國內標桿項目──高安屯項目納入麾下。

2016 年 3 月，北京控股以 14.38 億歐元的價格，整體收購德國 EEW GmbH 公司，完成中國企業在固廢環保領域的最大一宗海外收購。EEW GmbH 是位於德國、盧森堡及荷蘭的領先廢物能源利用公司，是歐洲唯一一家專注於垃圾焚燒發電的企業，在全球擁有超過 1,100 位員工及 18 間使用世界一流技術及設備的廢物能源利用工廠，主要業務為以垃圾焚燒發電、供汽及區域供熱，年處理量近 440 萬噸，在德國垃圾焚燒發電市場佔有率 17%，排名第一。北京控股收購 EEW 後，獲得了戰略資源儲備，掌握了先進技術與管理手段，大幅提升了固廢業務規模和行業地位。

在經歷了上市、重組、收購兼併和資源整合等一系列改革之後，北控集團已成功蛻變為一家綜合性公用事業企業集團、北京市資產規模最大的國有企業之一，旗下擁有各級企業 1100 餘家，擁有 9 家香港上市公司，包括北京控股有限公司（61.96%）、中國燃氣控股有限公司（23.72%）、北京燃氣藍天控股有限公司（41.13%）、北控水務集團有限公司（41.13%）、北京控股環境集團有限公司（50.40%）、北控清潔能源集團有限公司（31.88%）、北京建設（控股）有限公司（66.73%）、北控醫療健康產業集團有限公司（15.55%）、思城控股有限公司（27.57%）等（表 4-36），以及在深圳上市的燕京啤酒（57.40%）

---

277 北京控股：「北京控股的戰略變化：快速發展階段（2010-2016 年）」，北京控股集團官網。

和在上海上市的燕京惠泉啤酒（50.08%）（表 4-37），經營的業務涵蓋城市基礎設施、城市服務業、高端製造與快消品產業、大資料與智慧城市等 4 大業務板塊，其中的重點是城市基礎設施中的城市能源、城市環境，高端製造與快消品產業中的啤酒生產與銷售（圖 4-39）。

表 4-36　2019 年度北控集團在香港上市公司經營概況

單位：億港元

上市公司名稱	經營的主要業務	營業收入	除稅前溢利	總資產
北京控股	投資控股，綜合性公用事業	677.83	95.96	1858.06
中國燃氣	投資、建設、經營、管理城市燃氣管道基礎設施和液化石油氣的倉儲、運輸及銷售	593.86	111.83	11098.80
北京燃氣藍天控股	注於天然氣產業鏈中、下游發展的綜合天然氣供銷	26.76	9.70	86.58
北控水務集團	水資源迴圈利用和水生態環境保護	281.92	75.56	1511.61
北控清潔能源	清潔能源綜合服務	63.36	10.32	521.92
北控環境集團	垃圾焚燒發電業務	13.84	2.47	89.40
北京建設	房地產業務	6.93	-2.68	183.34
北控醫療健康	醫療健康、養老、大健康產業園、體育文化及健康產業投資	2.01	-4.8	30.65
思城控股	建築設計	6.85	-0.02	7.99

資料來源：北控集團旗下各香港上市公司 2019 年報

表 4-37　2019 年度北控集團在內地上市公司經營概況

單位：億元人民幣

上市公司	經營的主要業務	營業收入	利潤總額	總資產
燕京啤酒	啤酒、露酒、礦泉水、啤酒原料、飼料、酵母、塑膠箱的生產及銷售	114.68	4.22	184.70
惠泉啤酒	啤酒生產及銷售	5.63	0.27	12.23

資料來源：北控集團旗下內地上市公司 2019 年報

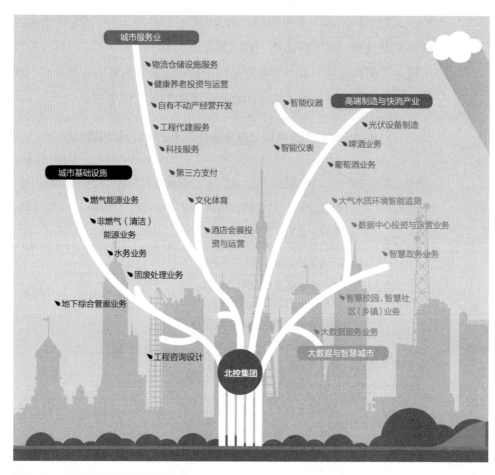

圖 4-39　北控集團的業務群組架構
資料來源:《北控集團服務京外業務發展報告》,2017 年 12 月,第 2 頁。)

　　在城市能源領域,北控集團是中國最大的城市能源(包括燃氣、熱力、分散式能源、光伏電站等)投資建設與運營服務商,主要透過上市公司北京控股旗下的北京燃氣、中國燃氣,以及北京燃氣藍天控股、北控清潔能源、京儀集團等展開業務發展。其中,北京控股的全資附屬公司 —— 北京燃氣集團有限公司是全國燃氣行業首家高新技術企業,全國最大的單體燃氣城市供應商,截至 2019 年底在北京累計擁有管道燃氣用戶 633 萬戶,運行天然氣總長約 2.38 萬公里。中國燃氣是中國業務分佈空間最廣的城市燃氣供應商,截至 2018-19 年度在全國 26 個省

市自治區擁有 365 個城市燃氣項目，已接駁家庭戶總數 2967.82 萬戶，並投資於相關基建，包括燃氣碼頭、儲運設施、燃氣物流系統和汽車加氣站等。北控集團的燃氣年供應量超過 200 億立方米，佔中國總量的十分之一，居全國第一。此外，中國燃氣還是中國最大的液化石油氣分銷商，擁有 100 個液化石油氣分銷項目和 1,100 個零售門店，業務分佈於全國 19 個省市自治區。北京燃氣藍天控股有限公司為專注於天然氣產業鏈中、下游業務發展的綜合天然氣供銷商及運營商，2019 年度天然氣年銷氣量達 72.6 百萬立方米。京儀集團年光伏發電量超過 2 億度，相當於 10 萬戶家庭一年的用電量。

在城市環境領域，北控集團是中國最主要的城市環境（污水處理、固廢處理、水環境治理）和城市水供應（城市供水、再生水、海水淡化）的投資建設與運營商。其中，水務業務的旗艦是北控水務及其控股上市公司北控清潔能源集團，已實現全國性戰略佈局，並成功進軍新加坡、馬來西亞、葡萄牙、澳大利亞等海外市場，涉及領域包括污水及再生水處理、供水、綜合治理項目建設、BOT 水務項目建設及水環境治理等，截至 2019 年度參與運營的水廠共有 1,252 座，遍及中國內地 28 個省市自治區，以及新加坡、馬來西亞、葡萄牙，水處理服務總設計能力為每日 3938.89 萬噸（圖 4-40）。北控清潔能源主要從事光伏發電、風電、清潔供暖等業務。固廢處理業務由北控環境及集團的全資附屬公司 EEW GmbH 等負責，業務範圍涵蓋生活垃圾焚燒發電、危險廢棄物及醫療廢棄物處理、污泥處置、垃圾收運等領域，總垃圾處理規模為每日 2.69 萬噸。

此外，啤酒業務是北控集團的價值投資戰略的重要組成部分，旗下主要營運企業是內地上市公司北京燕京啤酒股份有限公司和福建省燕京惠泉啤酒股份有限公司。其中，燕京啤酒是國內最大啤酒企業集團之一和亞洲最大啤酒生產廠之一，在北京市場佔有率超過 85%，華北市場佔有率超過 50%，擁有北京、廣西、福建、湖北、內蒙古 5 大強勢核心市場區域，並在全國十幾個省市建設超過 30 間產業基地，每年銷量約

圖 4-40　北京控股集團在海外的業務分佈
資料來源：北京控股集團官網

380 萬千升，其品牌價值已超過 1,200 億元人民幣。[278]

　　目前，北控集團已發展成為為跨境內外市場、兼具實業經營和資本運營的國有控股集團。截至 2019 年末，集團總資產達 3,606 億元人民幣，實現合併營業收入 1007.1 億元人民幣，利潤總額 102.9 億元人民幣，位列「中國企業 500 強」第 208 位。2020 年度，受到全球新冠疫情影響，北控集團的利潤總額、淨利潤等經營指標雖有所下降，但 2021 年度已重新超越 2019 年度水平（表 4-38、表 4-39）。北控集團旗下上市公司北京控股、北控水務、中國燃氣連續多年入選《財富》中國上市企業 500 強。[279] 北控集團表示：「『十四五』期間，北控集團堅守『服務國家碳達峰、碳中和戰略，促進城市可持續發展，讓城市更美好』使命，聚焦城市發展，以城市科技為引領，城市能源和城市環保為支撐，

278 北京控股：「公司業務」，北京控股有限公司官網。
279 《北控集團 2019 年社會責任報告》，第 4 頁。

拓展城市消費及城市物產，形成『兩大兩新一提升』五大業務板塊，致力於成為國際一流的現代城市服務商。」（圖 4-41）[280]

表 4-38　2016-2021 年度北控集團經營概況

單位：億元人民幣

	2016 年	2017 年	2018 年	2019 年	2020 年	2021 年
營業收入	746	817.9	925.4	1007.1	1012.6	1092.3
利潤總額	69.4	80.3	85.3	102.9	89.2	112.0
淨利潤	51.5	62.8	60.4	75.9	65.8	88.3
總資產	2659	2826	3204	3606	3870	4107
上市公司市值總額（億港元）	1703.7	2334	2336	2698	2325	1615

資料來源：《北控集團社會責任報告》，2018-2020 年；《北控集團 2021 年度報告》

表 4-39　2017-2023 年北控集團主要上市公司市值變化

單位：億港元

	2017 年底	2018 年底	2019 年底	2020 年底	2021 年底	2022 年 7 月底	2023 年 1 月底
北京控股	585.59	523.75	451.18	319.30	339.49	317.14	335.16
中國燃氣	1069.50	1414.94	1523.82	1605.41	896.80	657.15	663.72
北控水務集團	532.03	375.58	394.84	312.67	307.12	241.33	200.90

資料來源：《香港交易所市場資料》，2017-2021 年，東方財富網站

---

280 北控集團：《北控集團 2021 年可持續發展報告》，第 3 頁，北京控股集團官網。

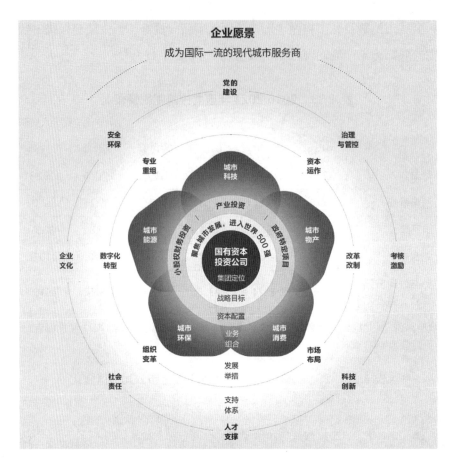

圖 4-41　北京控股集團「十四五」發展戰略
資料來源：北控集團：《北控集團 2021 年可持續發展報告》，第 4 頁。

▋ 上海實業集團

　　上海實業集團創辦於 1981 年 7 月，當年稱為「上海實業有限公司」，註冊資金為 300 萬港元，旗下擁有南洋兄弟煙草公司、香港天廚味精有限公司和永發印務有限公司等 3 家歷史悠久的企業，總資產 2 億多港元，年銷售收入 1.7 億港元，年利潤 1,300 萬港元。[281] 南洋兄弟煙

---

281 上海實業（集團）有限公司董事長蔡來興：〈發揮雙重優勢，促進滬港合作〉，烏蘭木倫主編：《發展中的香港中資企業》，新華通訊社香港分社編印，香港經濟導報社出版，1997 年，第 193 頁。

草公司始建於 1916 年，其前身為簡照南、簡玉階於 1905 年在香港創辦的廣東南洋煙草公司。1916 年，簡氏兄弟在上海設立分廠，1918 年將改上海廠為總廠，香港廠為分廠，最高峰是擁有工人萬餘名。香港天廚味精有限公司由中國著名實業家吳蘊初於 1921 年創立，1937 年在九龍土瓜灣設廠，成為香港唯一的味精製造廠。永發印務有限公司則於 1913 年在香港成立。這幾家企業在 50 年代中都通過公私合營，收歸國有。

上海實業創辦初期，先後獲准設立貿易部自行開展轉口業務和少量急需進口業務，以及可自行決定在香港或國外創辦企業，開始在滬港和海外進行投資，業務逐步多元化。原本南洋煙草和天廚味精都是香港的老廠，但到 70 年代末都已設備陳舊，銷路不暢，經濟效益低。上海市政府決定該兩廠的利潤不再上繳，並交由上海實業管理，利潤留作就地自身改造之用，這就為這兩家公司的發展創造了有利條件。1983 年，南洋煙草自籌 1 億港元資金，在土瓜灣建新廠房，並引進當時具有國際先進水準成套設備。天廚味精更提出了 10 年振興的宏偉目標，在其後 10 年間，天廚共投資 6.16 億港元，購置廠房，發展新產品，又從事房地產業務，使得固定資產賬面價值增加了 4 倍，利潤增長了 10 倍。[282] 1988 年，天廚味精購入香港灣仔軒尼斯道華光大廈，並更名為上實大廈，作為上海實業集團的總部所在地。[283]

踏入 90 年代，上海實業進入一個快速發展時期。1992 年，上海實業以 4,000 萬元人民幣認購上海浦東發展銀行 400 萬股，佔總投資額的 4%。1993 年 6 月，經國家和上海市批准，上海實業有限公司更名為「上海實業（集團）有限公司」（簡稱「上實集團」）。[284] 同年，上實集

---

282 梁廉禁：〈從上海實業公司刊「假鬼子」的長與短〉，《經濟導報》，1992 年 11 月 9 日，第 4 頁。

283 上海實業（集團）：「大事記」，上海實業（集團）有限公司官網。

284 上海實業（集團）：「大事記」，上海實業（集團）有限公司官網。

團參與投資建設的東方商廈建成開業，這是上海市首家開業的中外合資大型零售商業企業。1995 年，上實集團根據上海市政府的要求，開始轉變經營思路，制定了「以資產經營為龍頭、以上市工作為重點，積極探索負債經營、聯合經營、集約經營」的發展戰略，開始籌組集團上市事宜。同年，上實集團出資 1,000 萬美元合資組建「上海三維製藥有限公司」，開始進入醫藥產業；又與老牌化妝品企業家化聯合有限公司合資，成立「上海家化聯合股份有限公司」。當年，上實集團總資產比創業初期增加了 70.2 倍，利潤增加了 38.5 倍。

1996 年 1 月，上實集團以旗下的南洋煙草、永發印務、上海家化及上海四維 4 家公司，合組為「上海實業控股有限公司」（簡稱「上實控股」），在香港註冊，並籌備在香港上市。上實控股原計劃以每股 5.5-6.6 港元價格發行 5.16 億股新股，其後因為國際配額部分超額認購 38.2 倍，在香港公開招股獲超額認購 158.3 倍，凍結資金 268 億港元，上實集團最終以每股 7.28 港元發行，集資 13.79 億港元。5 月 30 日，上實控股在香港掛牌上市，當日收市報收 9.15 港元，升幅達 25.69%。[285] 同年 11 月 22 日，上實集團將旗下 6 項資產，包括上海匯眾汽車、延安路高架、上海實業交通電器、上海光明乳業、上海東方商廈、上海霞飛化妝品等，注入上實控股，使得企業的盈利基礎得到進一步增強。到 1996 年底，上實控股的市值已增加到 196.5 億港元，在中資紅籌股上市公司中位居第 3 位。這一年，上實集團獲准在上海組建「上海上實（集團）有限公司」（簡稱「上海上實」），明確上海上實作為上實集團境內執行總部。

在 1997 年的亞洲金融危機中，上實集團由於財務穩健，在紅籌企業中受到的衝擊較少，很快度過難關。上實集團成功應對亞洲金融風暴影響，樹立了良好的對外信譽和形象。1998 年 1 月，上實控股被納入

285 蔡來興：〈發揮雙重優勢，促進滬港合作〉，第 196 頁。

33 家恒生指數成份股。踏入千禧之年,上實集團迎來新的發展時期,開始向「集成商」轉型,即圍繞集團的醫藥生物科技、基建與水務、房地產與區域開發等三大核心產業做大做強,實現集團的再造。2009 年,上實控股完成資產重組,將非核心業務基本售出,地產、基建業務得到進一步加強。

在醫藥生物科技產業方面,1995 年,上實集團出資 1,000 萬美元合資組建上海三維製藥有限公司,開始進入醫藥產業。1997 年 6 月,上實集團收購國內上市公司「上海實業聯合集團股份有限公司」(簡稱「上實聯合」),並通過資產重組向醫藥業務轉型。1999 年,上實控股分拆旗下杭州青春寶及上海家化,組建「上海實業醫藥科技(集團)有限公司」(簡稱「上實醫藥科技」),在香港創業板掛牌上市。自此,集團初步形成海內外兩個醫藥業務發展平台。2006 年 11 月,上實集團以「上實聯合」為基礎,組建「上海實業醫藥集團有限公司」(簡稱「上實醫藥」),成為集團醫藥產業投資、經營和管理的統一平台。2010 年,上實集團完成旗下的上實醫藥、上海市醫藥股份有限公司和上海市中西藥業股份有限公司等 3 家公司重組,重組後的「上海醫藥」在上海證券交易所恢復交易,實現集團醫藥業務整體上市。2011 年,上海醫藥在香港以 H 股上市,集資 154.9 億港元,成為國內首家「A+H」股上市的醫藥公司。2016 年,上海醫藥完成收購和私有化澳洲營養品上市公司 Vitaco,使集團的大健康業務邁出重要步伐。

在基建與水務產業方面,2000 年,上實集團參與上海外高橋一期國際集裝箱項目和上海資訊港建設。其後,上實集團先後收購滬寧高速公路(上海段)(2003 年)、滬昆高速公路(上海段)(2007 年)、滬昆高速公路和滬杭高速公路(上海段)(2008 年)、上海申渝公路建設發展有限公司等全部股權(2009 年)等,形成基建業務的基礎。2003 年,上實控股與中國節能投資公司合資組建「中環水務投資有限公司」,開始進入水務領域。2010 年,上實控股收購新加坡凱利板上市公司「亞洲水務科技有限公司」控股權,並完成重組。2012 年,亞洲水務更名

為「上海實業環境控股有限公司」（簡稱「上實環境」），並從新加坡凱利板升級至主板上市。2013 年，上實環境收購上海浦城熱電垃圾焚燒項目 50% 股權和上海青浦第二污水處理廠 100% 股權。2015 年，上實環境以 15.48 億元人民幣收購復旦水務 92.15% 股權，成為近年國內水務行業最大併購案之一。

在房地產與區域開發產業，1998 年，上海市政府批准將崇明東灘 84.6 平方公里土地授權上實集團統一經營。2003 年，上實集團收購在上海證券交易所上市的「上海浦東不鏽薄板股份有限公司」，重組轉型為房地產公司，並更名為「上海實業發展股份有限公司」（簡稱「上實發展」）。[286] 其後，上實集團將旗下上海崇明東灘投資開發有限公司等 5 家地產企業注入上實發展，形成地產板塊。2005 年，上實集團旗下的海外地產項目 —— 位於俄羅斯聖彼得堡市紅村區芬蘭灣畔的「波羅的海明珠」項目奠基動工。2007 年，上實控股收購上海城市開發集團 59% 股權收購，從而擁有上海萬源城和徐家匯中心等優質項目，進一步做大集團地產板塊。2010 年，上實控股以 51.3 億港元收購上海上實所持上實發展 63.65% 股權，積極推進房地產業務整合；同年再以 27.46 億港元收購中新地產約 45.02% 股權，成為其第一大股東。這一年，上實集團加大崇明東灘項目發展力度，將旗下上實東灘公司註冊資本增至 25 億元人民幣。2012 年，「東灘生態城」市政基礎設施工程開工，東灘開發進入實質性建設階段。2015 年，經中國證監會核准，上實發展首次實現股權融資，非公開發行不超過 4.13 億股新股、募資不超過 48 億港元，以用於促進其房地產與節能、「互聯網＋」等新業務的對接。

經過多年的發展，上實集團目前已發展成為上海在境外規模最大、實力最強的綜合性企業集團和香港最具代表性的地方中資企業之一，旗下擁有 4 家香港上市公司，包括上海實業控股有限公司（59%）、

---

286 上海實業（集團）：「大事記」，上海實業（集團）有限公司官網。

上海醫藥集團股份有限公司（A+H）（35.06%）、上海實業環境控股有限公司（A+H）（47.74%）、上海實業城市開發集團有限公司（64.31%）等，並持有在上交所上市的上海實業發展股份有限公司（56.18%），成員企業超過 1,000 家，員工約 6.2 萬人（表 4-40）。上實集團經營的業務，涵蓋醫藥醫療、基建環保、房地產、消費品、金融服務和投資 5 大領域以及創新發展的新業務（圖 4-42）。

表 4-40　2019 年度上實集團各上市公司經營概況

上市公司	上市地點	經營的主要業務	營業收入	除稅前溢利	總資產
上實控股（億港元）	香港	投資控股、基建、水務、房地產、消費品生產及銷售	323.45	89.06	1749.42
上海醫藥（億元人民幣）	香港、上海	醫藥研發與製造、分銷及零售	1865.66	62.62	1370.26
上實環境（億元人民幣）	香港、上海	環境保護、城市基礎設施投資、建設和運營	59.60	10.20	323.67
上實城開（億港元）	香港	國內房地產開發、運營	85.84	27.45	426.64
上實發展（億元人民幣）	上海	國內房地產開發、運營	88.66	13.44	374.32

資料來源：上實集團旗下各上市公司 2019 年報

其中，醫藥醫療業務以上海醫藥為發展平台，擁有包括醫藥製造、研發、分銷和零售在內的完備的產業鏈。目前，上海醫藥醫位列全國第一梯隊，常年生產約 700 個藥品品種，其中，過億品種數增至 35 個，過 5 億品種達 9 個，產品主要覆蓋抗腫瘤、心腦血管、精神神經、抗感染、自身免疫、消化代謝和呼吸系統七大治療領域；分銷網絡以華東、華北、華南三大重點區域為中心，輻射全國 24 個省區市，品牌零售連鎖藥房 2,000 多家，分銷業務規模位列全國前三；旗下上海華氏大藥房是華東地區擁有藥房最多的醫藥零售公司之一，旗下上海醫藥雲健

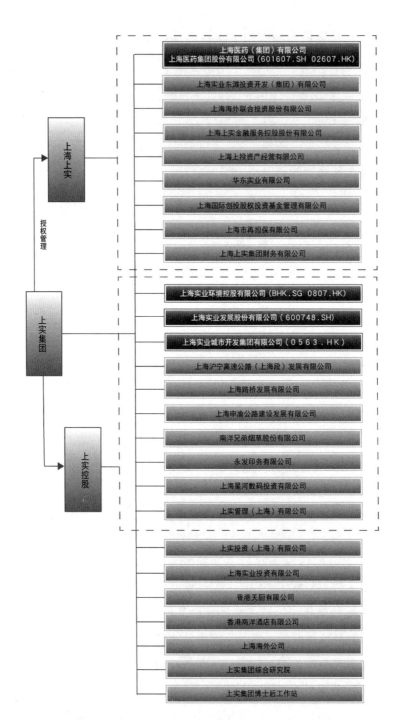

圖 4-42　上實集團的組織結構
資料來源：上海實業（集團）有限公司官網

康致力於打造以電子處方流轉作為基礎的創新醫藥電商模式。

　　基建、環保業務主要由上實控股、上實環境和中環保水務等公司推進，業務包括高速公路、水務和新邊疆業務三大板塊。其中，基建業務主要是上實控股持有的收費公路及大橋，包括京滬高速公路（上海段）、滬昆高速公路（上海段）、滬渝高速公路（上海段）和杭州灣大橋。水務業務主要由上實控股旗下的上實環境和中環保水務投資兩家企業經營（圖 4-43），涉及全國 19 個省份、共超過 200 個項目，以及 8 個固廢焚燒發電項目和 10 個污泥處理項目，綜合處理能力位居中國行

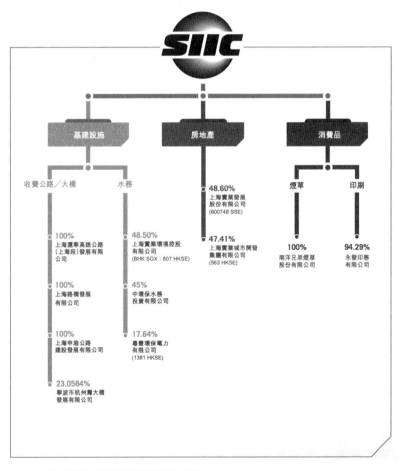

圖 4-43　上海實業控股的股權與業務架構
資料來源：《上海實業控股有限公司 2019 年報》，第 11 頁。

業前三。新邊疆業務包括光伏發電和垃圾發電等，光伏發電裝機容量達580兆瓦、固廢日處理能力4萬噸。

房地產業務項目由上實控股旗下的上實發展、上實城開建設運營，集中在長三角地區和東部沿海一、二線城市，先後投資開發了上海萬源城、莘莊地鐵上蓋、虹口北外灘、徐匯濱江、青浦海上灣、西安滻灞、青島啤酒城、泉州海上海等大型項目。上實集團還與寶武集團、寶山區政府合作，共同開發寶山「不銹鋼」地塊，推動吳淞地區整體轉型；在俄羅斯聖彼德堡投資建設「波羅的海明珠項目」，總規劃用地205公頃，是迄今為止中國對俄羅斯最大的非能源類投資項目。

消費品主要是上實控股持有的南洋煙草、永法印務及香港天廚所經營的業務，包括南洋煙草、天廚味精的生產與銷售，以及印刷包裝服務。此外，金融投資是上實集團的先導性業務，持有財務公司、融資租賃、典當、小貸、擔保、私募、拍賣、招投標等金融牌照。

2019年度，上實集團實現營業收入2459.83億港元，除稅前溢利163.03億港元，總資產3855.31億港元，分別比2012年增長了1.38倍、57.41%及69.74%。2020年度，受到全球新冠疫情影響，上實集團的經營業績雖有所下降，但2021年度已重新超越2019年度水平（表4-41）。2020年，上海醫藥進入《財富》雜誌世界500強榜單，是中國僅有的兩家上榜藥企之一。上實集團表示：「展望未來，上實集團將按照『立足香港、依託上海、服務國家戰略、走國際化道路』的戰略定位，全速對接滬港兩地經濟社會發展，全面服務上海科創中心、長三角一體化、粵港澳大灣區和『一帶一路』等國家戰略，全力實施『再次國際化、深度資本化、聚焦大健康、拓展新邊疆』發展戰略，聚焦綠色金融和健康產業，不斷做強主業、做實創新、做響品牌，打造具有全球競爭力的跨國產業投資控股集團。」[287]

---

287 上海實業（集團）：「集團簡介」，上海實業（集團）有限公司官網。

表 4-41　2012-2021 年度上海實業集團經營概況

單位：億港元

	營業額	除稅前溢利	年度溢利	總資產
2012 年度	1035.54	103.57	73.91	2271.24
2013 年度	1208.25	91.82	69.16	2440.00
2014 年度	1384.82	122.10	83.37	2846.40
2015 年度	1513.14	115.51	82.07	3066.05
2016 年度	1649.86	134.00	95.26	3135.72
2017 年度	1824.73	170.13	111.40	3574.44
2018 年度	2212.12	158.41	111.30	3798.04
2019 年度	2459.83	163.03	108.20	3855.31
2020 年度	2443.30	142.67	92.45	4531.81
2021 年度	3011.97	204.73	112.57	4975.32

資料來源：《上海實業（集團）有限公司綜合財務狀況表》，2013-2021 年度

粵海控股集團

粵海控股集團的前身是「粵海企業（集團）有限公司」，是廣東省政府在香港的「窗口公司」。二十世紀 80 年代，正值中國改革開放初期，各省地方政府財政吃緊，為融資方便，紛紛在香港、澳門等地開設「窗口公司」，向海外集資。粵海企業便是在這樣的背景下成立的。1980 年年 6 月，廣東省政府出資 200 萬美元，在香港註冊成立粵海企業集團，1981 年 1 月正式開業，成為內地省市在香港開辦較早的經貿機構。

粵海成立之初，主要任務是立足香港，面向國際，做好廣東各對外經濟、貿易機構的總代理。1982 年，該集團明確提出以「兩個服務」（為廣東現代化建設和香港經濟繁榮穩定服務）為宗旨，以「五個引進」（引進資金、設備、技術、人才和管理經驗）為重點，促進廣東與香港

的經貿合作和交流，拓展海外市場。[288] 二十世紀 80 年代中期以後，粵海集團發展很快，經營的業務從對外貿易迅速擴展到旅遊酒店、基礎設施、房地產、百貨零售及超級市場、製造業、客運及貨運、金融及保險等各個領域。在旅遊酒店業，粵海於 1983 年創辦廣東居民「香港遊」，其後更發展至「省內居民新（新加坡）馬（馬來西亞）泰（泰國）等海外遊，並展開與旅遊相關業務，包括酒店、飲食、旅遊貿易、汽車客運和內地包機業務等。

在基礎設施方面，粵海積極投資參與廣東省及內地省份的公路、橋樑、電力、港口碼頭等大型基礎設施建設；在房地產方面，粵海先後投資香港、廣州、深圳、汕頭，乃至海外的寫字樓和住宅樓宇，面積達幾十萬平方米；在百貨零售業，粵海參與廣州天貿中心 51% 股份，收購廣州南方大廈百貨集團 56% 股權，並與華潤集團等組建「新粵華」，開拓佛山、江門、瀋陽、南京等地大型商場。此外，粵海還擴大到對實業的投資，先後投資參與或建立了一批設備較先進、技術起點較高的實業企業。到 1996 年底，粵海集團的資產總額已超過 300 億港元，當年營業額達 150 多億港元，發展成一家以貿易為主導、以實業為基礎的多元化綜合性企業集團。[289]

二十世紀 90 年代以後，粵海與其他中資企業一樣，積極推進「資產經營」。早在 1987 年 1 月，粵海已收購香港一家市值僅 4,000 萬港元的上市「空殼公司」，易名為「粵海投資有限公司」（簡稱「粵海投資」），作為集團在香港的上市旗艦。從 1991 年起，粵海先後將集團屬下的廣東旅遊、廣州麥牙廠、金威啤酒廠、麗江花園、南海皮革廠及多間酒店注入粵海投資，並透過發行新股收購廣東省屬公路、電廠和一

---

288 粵海企業（集團）有限公司董事長何克勤：〈在市場經濟的風浪中拓展壯大〉，烏蘭木倫主編：《發展中的香港中資企業》，新華通訊社香港分社編印，香港經濟導報社出版，1997 年，第 85 頁。

289 何克勤：〈在市場經濟的風浪中拓展壯大〉，第 85 頁。

批國有企業，使粵海投資很快形成工業、基礎設施、旅遊酒店、房地
產開發、百貨零售等五大業務板塊，在紅籌股中脫穎而出。1994 年 11
月，粵海投資被納入 33 隻恒生指數成份股。從 1987 年到 1997 年，粵
海投資的資產淨值從 3,800 萬港元增加到 85.2 億港元，資產總值從 1.8
億港元增加到 235.89 億港元，股票市值從 3,000 萬港元增加到 122.73 億
港元。[290]

　　1994 年 12 月，粵海集團從粵海投資中將「廣南集團有限公司」分
拆在香港上市。廣南集團的前身是「廣南行有限公司」，由粵海企業控
股，於 1981 年在香港註冊成立。[291] 當時，該公司被中國外經貿部授權
為廣東省向香港提供鮮活商品的總代理和總經銷，向香港提供塘魚、生
豬、活家禽、蔬菜、水果等副食品，成為香港鮮活商品市場的主要供
應商之一。進入 90 年代，廣南行發展很快，除成功收購香港第 4 大的
KK 超級市場集團 70% 的股權外，還在廣州、上海等地開設超市，在法
國巴黎設有公司和商場，並創出廣南牌食品的系列產品。廣南集團上市
時，正值紅籌股熱潮，股票配售獲得 50 倍以上的認購。上市當日，恒
生指數大跌 277 點，但廣南集團逆市標升，升幅及成交額均名列十大。
1997 年 2 月 27 日，廣南集團股價達 10.4 港元，比上市當日收市價 1.09
港元上升 8.5 倍，與香港另 5 家上市公司一起入選「全球最佳股票」，
並名列榜首。[292]

　　與此同時，粵海集團又先後將粵海製革、粵海啤酒、粵海建業等分
拆上市，並在香港股市收購上市公司股權，到 1998 年 10 月廣信事件爆
發時，粵海集團已發展成為擁有持有 5 家上市公司的大型企業集團，粵
海持有 20% 以上股權的上市公司更多達 8 家，包括粵海投資、廣南集

290 武捷思：《粵海重組實錄》，香港：商務印書館，2002 年，第 8 頁。

291 粵海控股：「發展歷程：起步發展期（1980-1998 年）」，廣東粵海控股集團有限公司官網。

292 何克勤：〈在市場經濟的風浪中拓展壯大〉，第 96 頁。

團、粵海製革、粵海啤酒、粵海建業、南方國際、廣益國際以及環球飲
食等，成為全國眾多「窗口公司」中最矚目的企業集團。粵海在國際資
本市場也頗為活躍，曾多次在海外發行債券。由於業務表現突出，加上
有政府信譽作保證，荷蘭銀行、瑞銀等國際銀行都成為粵海的大客戶。

　　二十世紀 90 年代中期開始，隨着業務急速擴張，「窗口公司」業績
無一例外開始下滑，並暴露出管理上的種種弊端，如主業不清、管理混
亂、負債過高等，嚴重困擾企業發展。粵海也不例外或者說更加嚴重。
這一時期，粵海的資產雖然迅速膨脹，但營業額卻無甚增長，整個集團
一直處於淨現金流出的狀態。粵海唯有依靠更多的借貸和集資來支付利
息。粵海的財務狀況雖然差強人意，但在當時紅籌注資概念的推動下，
粵海透過不斷向旗下的上市公司注入集團資產，令名下股票升值，集團
的借貸能力和贏利也水漲船高，銀行更對這家大紅籌公司趨之若鶩。然
而，1997 年的亞洲金融危機令股市、地產大幅下跌，粵海集團的財務
狀況立即陷入困境，1998 年中期業績出現了 6.35 億港元的虧損，成為
1995 年以來的首次轉盈為虧。

　　1998 年 11 月，廣信在香港的兩家子公司因資不抵債分別按香港法
律宣告清盤；1999 年 1 月，廣東省高等法院和廣州、深圳中等法院分
別裁定，廣信本部及其在境內的 3 家子公司共 4 家企業進入破產程序。
「廣信事件」的爆發，在香港金融市場上掀起軒然大波，並觸發了一
場紅籌信貸危機。[293] 紅籌信貸危機中，首當其衝的是澳門的南粵集團和
香港的粵海集團。據粵海財務部門的分析，至 1997 年底，在粵海集團
357 億港元的總資產中，呆滯、呆賬資產約為 128 億港元，佔 35.9%，
賬面淨資產僅 75 億港元，實際資不抵債 45 億港元。

　　為摸清粵海的實際情況，廣東省政府聘請畢馬威會計師事務所，

---

293 傅詒輝：〈「廣信」破產案的成因、衝擊與啟示〉，《信報財經月刊》，1999 年 3 月，第
　　10 頁。

對粵海的資產、債務狀況進行審計。審計的結果顯示粵海的情況比原先的分析更為嚴重：粵海資不抵債已達 91.2 億港元，是粵海財務部門自己報的 45 億港元的兩倍。1998 年 12 月，廣東省政府決定對粵海集團展開債務重組。經過長達 3 年的多輪艱苦談判和討價還價，包括廣東省政府將寶貴資產東江供水項目注入等，到 2000 年 12 月，重組宣告完成。是次重組涉及 250 位債權人，債務人和債權人雙方聘請的仲介機構超過 100 家。有評論指出，參與「粵海重組」的中介機構陣容之強大，在世界企業重組史上也是少有的。[294]

　　粵海重組後，迅速關閉和處理了全部 80 家虧損企業，原來的 2.3 萬名員工裁剩一半。重組後的新粵海 ——「廣東控股有限公司」（簡稱「廣東控股」）於 1999 年 12 月在香港註冊，2000 年 8 月正式運作，按照專業化方向，把投資主要集中在基礎建設、公用事業及其相關的高科技產業上。2001 年，廣東控股轉虧為盈，當年實現稅前利潤超過 5 億港元。2002 年 12 月，廣東控股成功透過旗下的廣東粵港供水有限公司向中國工商銀行和香港工銀亞洲融資 148 億元人民幣，為集團未來的自主、健康發展奠定了基礎。[295] 2003 年，廣東控股實現贏利達到 8 億港元，其中還不包括東深供水工程；負債 206 億元，淨減債 128 億元；資產負債率降為 55%，所有者利益由 81 億港元增加到 103 億港元。截至 2005 年底，廣東控股總資產為 398.75 億港元，淨資產 120.07 億港元，當年營業額 90.78 億港元，稅前盈利 21.77 億港元。這標誌着廣東控股開始擺脫困境，走上健康發展的軌道。

　　2006 年 7 月 8 日，廣東控股正式更名為「粵海控股集團有限公司」（簡稱「粵海控股」），其母公司為「廣東粵海投資控股有限公司」（簡

---

294 馮邦彥：《香港企業併購經典（增訂版）》之〈債務重組：粵海蛻變廣東控股〉，香港：三聯書店（香港）有限公司，2017 年，371-386 頁。

295 粵海控股：「發展歷程：重組再生期（1998-2010 年）」，廣東粵海控股集團有限公司官網。

稱「廣東粵海控股」，與「粵海控股」統稱「粵海」），於 2000 年 1 月
註冊成立，是廣東省省屬國有資產授權經營企業集團。廣東粵海控股通
過在香港註冊的粵海控股對其全資、控股或參股的企業進行管理。從
2010 年起，粵海集團進入了一個新的戰略轉型時期。2015 年，粵海集
團被列為廣東省國有資本投資公司改革首批試點單位。

經過 20 年整頓發展，目前，粵海集團已成為廣東省在境外規模最
大的綜合性企業集團，旗下全資及控股子公司約 300 家，員工逾 1.2 萬
人，共擁有 4 家香港上市公司，包括粵海投資有限公司（56.49%）、廣
南（集團）有限公司（59.19%）、粵海置地控股有限公司（73.82%）和
粵海制革有限公司（71.34%）。另外，粵海控股屬下廣東粵海華金科技
股份有限公司在全國中小企業股轉系統（新三板）掛牌上市。粵海控股
經營的業務主要包括公用事業及基礎設施、製造業、房地產、酒店及酒
店管理、零售批發、金融等行業，並確立了以水務及水環境治理產業、
城市綜合體產業、產業園及製造業為核心，產業金融為支撐的「3+1」
主業板塊格局（圖 4-44）。[296]

作為集團的上市旗艦，粵海投資主要經營水資源、物業投資及發
展、百貨營運、酒店持有及經營管理，以及能源項目、道路及橋樑等
多元業務。其中，水資源領域主要是東深供水項目，每年可供水量為
24.23 億噸，2019 年對香港、深圳及東莞的總供水量為 20.71 億噸。
2019 年度，集團水資源營業收入為 94.7 億港元，佔公司營業總收入的
56.74%；分部業績為 44.62 億港元，佔公司分部業績總額的 63.43%，可
見來自東深供水項目是公司收入和盈利貢獻主要來源。在物業投資與
發展，粵海投資持有上市公司粵海置地 73.82% 股權，並持有香港粵海
投資大廈、廣州天河城廣場、天津天河城購物中心、番禺萬博中央商
務區項目、深圳市羅湖區布心片區的布心項目等物業。在百貨、酒店

---

296 粵海控股：「集團簡介」，粵海控股集團有限公司官網。

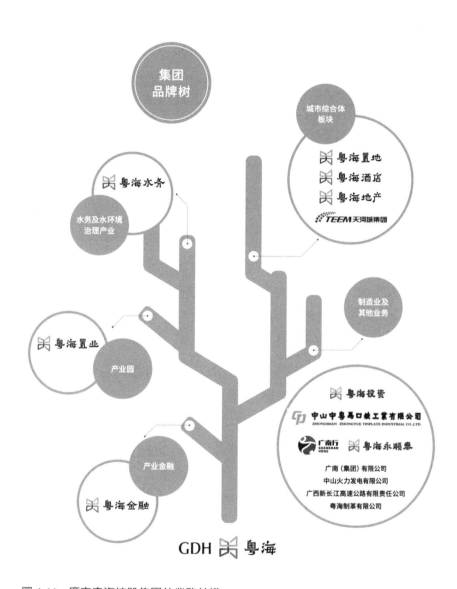

圖 4-44　廣東粵海控股集團的業務結構
資料來源：《廣東粵海控股集團 2018 年度社會責任報告》，第 11 頁。

業務方面，持有廣東天河城百貨 82.50% 股權、粵海喜來登酒店 76.13%
股權。

　　廣南集團主要經營馬口鐵業務、鮮活食品業務，及物業租賃業
務，旗下的粵海廣南行有限公司是原外經貿部和廣東省人民政府授權經

營廣東省供港活畜及活禽的唯一代理商。2007 年 7 月 21 日,商務部賦予該公司內地(包括廣東省以外)供港活豬的代理權。目前,粵海廣南行的主營品種有活豬、活牛、冰鮮家禽、新鮮和冰鮮豬肉等,佔內地出口到香港的供港活豬市場比例約為 46%,是香港地區活畜禽市場的主要供貨商之一。廣南行的食品貿易業務主要從事銷售冰鮮家禽、冰鮮豬肉、凍家禽等食品貿易,其中以冰鮮食品為主要盈利來源,是冰鮮市場的主要供應商之一。[297] 此外,粵海置地主要從事房地產開發及投資業務;粵海製革主要從事牛皮鞋面革製造,在江蘇徐州擁有 3 間工廠(表4-42)。

表 4-42　2019 年度粵海控股集團在香港上市公司經營概況

單位:億港元

上市公司	經營業務	營業收入	稅前利潤	總資產
粵海投資	投資控股、水資源、物業投資及發展、百貨營運、酒店持有及經營管理,以及能源項目、道路及橋樑等	166.91	74.81	764.25
廣南(集團)	投資控股、製造及銷售馬口鐵及相關產品、鮮活食品代理與經銷及食品貿易、物業租賃	23.70	0.61	30.47
粵海置地	房地產開發及投資	18.37	6.35	118.53
粵海制革	皮革製造及銷售	1.78	-0.39	2.39

資料來源:粵海控股集團旗下各香港上市公司 2019 年報

2019 年度,粵海集團實現營業收入 234.30 億元人民幣,利潤總額 64.52 億元人民幣,總資產 1167.17 億港元,分別比 2012 年增長了55.33%、40.11% 及 91.06%。2020 及 2021 年度,儘管受到全球新冠疫情和經濟低迷的影響,然而粵海集團逆勢上揚,經營業績創歷史新高(表 4-43)。截至 2020 年末,粵海集團共有重大工程項目 64 個,總投

---

297 廣南集團:「主要業務」,廣南集團官網。

資 1,192 億元人民幣，年度完成投資 249 億元人民幣，投資完成率達 118%，投資總額、投資完成率均創歷史新高。不過，粵海投資的市值則從 2019 年底的 1066.65 億港元下跌至 2022 年 7 月底的 500.16 億港元，跌幅達超過五成（表 4-44）。

表 4-43 2012-2021 年度粵海控股集團經營概況

單位：億元人民幣

	營業總收入	利潤總額	淨利潤	總資產
2012 年度	150.84	46.05	34.38	610.90
2013 年度	152.97	81.66	67.29	708.66
2014 年度	144.46	45.56	34.00	776.22
2015 年度	149.56	37.12	26.07	797.12
2016 年度	156.56	45.19	34.20	851.49
2017 年度	158.83	50.42	35.03	868.61
2018 年度	175.78	42.51	26.60	1032.27
2019 年度	234.30	59.70	45.04	1167.17
2020 年度	314.99	68.69	43.45	1508.75
2021 年度	393.97	89.03	64.87	2064.02

資料來源：《廣東粵海控股集團社會責任報告》，2017-2020 年；《廣東粵海控股集團有限公司年度報告》，2018-2021 年度

表 4-44 2017-2023 年粵海投資市值變化

單位：億港元

	2017 年底	2018 年底	2019 年底	2020 年底	2021 年底	2022 年 7 月底	2023 年 1 月底
粵海投資	683.86	989.83	1065.66	912.68	647.90	500.16	556.38

資料來源：《香港交易所市場資料》，2017-2021 年，東方財富網站

「十四五」規劃期間，粵海集團以「打造粵港澳大灣區龍頭企業，爭創具有國際競爭力的一流企業」為願景目標，制定「1235」四步走戰略，即一年打基礎、兩年求突破、三年大提升、五年上台階，推動集團

高質量發展。粵海投資表示：「本集團將繼續加大在水資源管理、物業及基礎設施領域的業務發展力度，在拓展核心業務規模的同時優化資產組合及資源配置。我們將結合集團自身業務及資源稟賦，積極把握『粵港澳大灣區』發展戰略規劃所帶來的潛在發展機遇，並持續關注優質公私合營項目以及相關市場併購機會，力求在利潤增長方面形成新的突破，進一步提升公司經營業績及整體價值。」[298]

▌ 越秀集團

越秀集團的的前身為「越秀企業有限公司」，於是 1985 年 1 月在香港註冊成立，註冊資金為 500 萬美元，主要業務是經營進出口貿易，為廣州市引進資金和項目，利用外商身份以合資合作等方式在廣州興辦企業，參與改造老舊企業。同時，積極參與對廣州有重大影響的能源和重工業項目的投資建設。80 年代中期，越秀企業開始涉足房地產業務，在香港、廣州及澳門等地相繼購入一批土地，成為最早在香港經營房地產業務的中資公司之一；同時將經營業務從對外貿易、房地產逐漸擴展到實業投資、股權投資、財務金融等多元化領域，投資範圍也從香港、廣州等擴展到美國、法國、泰國、新加坡、澳大利亞等國家。

1986 年，香港越企在香港註冊成立「越秀財務公司」，作為金融業務的運作平台，開展股票投資、證券、保險等業務；又先後參股香港兩家存款公司，成為較早涉足金融業務的中資企業之一。這一時期，越秀企業堅持「內依外延」和「港事港辦」的方針，實現了從窗口公司向實業經營的轉變。據統計，至二十世紀 90 年代初，香港越企向中國內地引進了 60 多個投資項目，投資總額超過 30 億港元。其中，包括向中國內地投資珠江電廠、廣州蓮花山電廠、黃埔東江口碼頭等工程項目，並在內地投資近 4 億港元建設北京越秀大飯店、西安萬年飯店、廣州越秀

298《粵海投資有限公司 2021 年年報》，第 15 頁。

天安大廈等 6 家酒店。

　　不過，1989 年發生的「德山事件」，使越秀遭遇了成立以來的第一次重大挫折，聲譽和財務雙雙受損。當時，越秀與香港德山集團合作開展貿易業務，德山集團採取詐騙手段，使公司與台灣的貿易業務損失近 3.5 億港元，加上當時越秀短貸長投，一度負債嚴重。當時，正好受到 1989 年春夏之交政治風波的影響，外資銀行對中資公司採取抵制政策，收縮貸款，令越秀面臨嚴重的財務壓力。危機過後，為了加強企業管理，廣州市政府及時採取措施，重新調整了香港越企業董事會，狠抓了整頓，為越秀企業日後的發展打下一定的基礎。[299]

　　1991 年，香港越企管理層制定了「三年打個翻身仗」的工作目標，決心在已有的基礎上更上一層樓。1992 年 1 月，鄧小平南巡廣東，全國掀起了進一步改革開放和加速經濟發展的熱潮。越秀制定了「立足香港、依託廣州，向海外延伸，向國內發展」的戰略方針，並於同年 8 月 17 日將越秀企業有限公司重組為「越秀企業（集團）有限公司」。同時，越秀集團將旗下經營效益比較好的香港、廣州、澳門三家全資附屬房地產公司組建為「越秀投資有限公司」。1992 年 11 月，越秀投資向香港聯合交易所申請上市，獲得超額認購 230.46 倍，凍結資金達 1028.43 億港元，集資 4.4625 億港元。同年 12 月 15 日，越秀投資在香港聯交所掛牌上市，成為登陸香港資本市場的第 9 家中資紅籌公司。[300] 越秀集團也因而躋身香港大型企業集團之列，獲得了香港金融界、投資界的認同。

　　借助越秀投資上市而籌集的充裕資金，越秀集團開始走上了多元化擴展道路。集團採取以實業為本的方針，採取「着眼市場、以老帶

299 張伯華：〈努力創辦以實業為支柱、多元化發展的跨國集團〉，載烏蘭木倫主編：《發展中的香港中資企業》，新華通訊社香港分社經濟部編印，1997 年，第 155-156 頁。

300 越秀集團：「歷史回顧」，越秀集團官網。

新、確保回報,以廣州為基地、向外發展、互補互進」的辦法,致力
壯大支柱實業,特別是房地產開發、水泥、造紙、交通運輸業和酒店
旅遊等 5 大支柱行業。1996 年 9 月,越秀集團以所持的北二環高速、
廣深、廣汕、廣從公路權益,與越秀投資所持的新豐收費公路 55% 權
益和虎門大橋 20% 的權益,合資在百慕大註冊成立「越秀交通有限公
司」。1996 年底,越秀交通在香港申請上市,獲得 529 倍的超額認購,
凍結資金共 530 億港元,集資約 9.29 億港元。1997 年 1 月 31 日,越秀
交通在香港聯交所掛牌上市,當天最高價達每股 5.2 港元,比發行價高
出 61%。

　　不過,1997 年,在亞洲金融危機猛烈衝擊下,越秀集團與其他中
資紅籌股一樣,經歷了一場嚴峻的挑戰和考驗。當時,越秀集團正面臨
還債高峰期,集團本部的 55 億港元銀行負債中,短期負債高達 50.5 億
港元,其中 46 億港元和 4.5 億港元將分別於 2000 年 3 月和 5 月到期。
換言之,集團當時面對現金流即將斷流的危險,無法按期償還本息,在
債權銀行的壓力下正面臨破產清算的風險。[301] 面對危局,越秀集團管理
層經過深入分析、研究,決定既不採取廣信集團破產的方法,也不採取
粵海集團那種債務重組方法,而是採取通過注入優質資產的方法,度過
危機。1999 年 5 月,經過與債權人協商談判,越秀集團決定實施債務
再融資計劃,即注資重組。

　　2000 年 9 月,越秀集團與包括 92 家國際金融機構的債權人簽署
重組協議,將廣州城建集團、鳴泉居等非上市資產注入公司。這一時
期,由於受到亞洲金融危機的衝擊,以及美國「9.11」事件和「非典」
事件的影響,越秀集團及越秀投資的償債壓力增大。2002 年,越秀將
廣州城建集團全部資產的 95% 以及香港越秀地產的全部資產捆綁起來

---

301 杜博奇編著:《越秀三十年》,北京:中信出版集團,2017 年,第 39 頁。

注入越秀投資。[302] 2003 年 12 月，越秀集團籌劃設立成立「越秀房托基金」，並向基金注入廣州白馬大廈、財富廣場、城建大廈、維多利廣場 4 項物業的持有權益。2005 年 12 月 21 日，越秀房地產投資信託基金（簡稱「越秀房托」）在香港掛牌上市，越秀投資套現約 30 億港元資金，並持有越秀房托 31.3% 股權。越秀房托的掛牌上市，使越秀集團增加了一個新的資本運作平台，進而推動越秀集團步入一個大發展的新時期。

2008 年，美國次貸危機觸發全球金融海嘯，導致全球經濟低迷，越秀集團旗下的地產、造紙、水泥、酒店等行業都受到衝擊，生產經營再次面對空前的壓力和挑戰。為破解集團發展面對的困境和發展難題，越秀集團提出了新的發展定位：「做大做強現代服務業，改造提升傳統產業，謀劃戰略性新興產業，打造既有強大融資能力、又有持續發展後勁的現代國際化跨國企業集團」。為實現這一發展定位，集團提出了「三年調整優化發展」的整體思路，即用 3 年時間調整產業結構，優化資本結構，改革體制機制，形成「3+X」的現代產業佈局，從而實現集團的戰略轉型，使越秀集團發展成為產業經營和資本經營雙輪驅動的現代化跨國企業集團。

在產業結構調整方面，集團遵循了「有所為有所不為」的原則，重點做大做強房地產、交通基建和金融業三大核心產業。2012 年 10 月，越秀地產、越秀房托宣佈完成「巨人項目」的交易，將全資持有廣州國際金融中心項目，以 134.4 億元人民幣作價，注入越秀房托，套現資金 28.71 億元，使公司總資本負債率從 2011 年的 46% 下降至 37%。因而，越秀房托的投資物業總資產則從 2011 年的 74 億元人民幣增加到 249 億元人民幣，進入亞洲一線房地產投資信託基金行列。在金融業，越秀集團以廣州證券和越秀產業基金為核心，於 2012 年 1 月 18 日成立了「廣

---

302 越秀集團：「歷史回顧」，越秀集團官網。

州越秀金融投資集團有限公司」，並通過收購兼併、資產重組等方式，向金融高端服務業的轉型。與此同時，越秀將收購目標指向香港一家本地註冊上市公司銀行——創興銀行。2014 年 2 月，越秀集團透過旗下越秀金融以 116.44 億港元，收購創興銀行 75% 股權，一舉奠定其金融業的發展基礎。[303] 2014 年 7 月，廣州越秀金融投資集團有限公司更名為「廣州越秀金融控股集團有限公司」（簡稱「越秀金控」）。

經過 30 多年的改革發展，越秀集團已形成以金融、房地產、交通基建、食品為核心產業，包括造紙、發展等傳統產業和未來可能進入的戰略性新興產業在內的「4+X」現代產業體系。截至 2019 年度集團旗下共持有 4 家香港上市公司或機構，包括越秀地產股份有限公司（前稱「越秀投資」，持有 39.78% 股權）、越秀房託基金（38.10%）、越秀交通基建有限公司（44.2%）、創興銀行有限公司（已於 2021 年 9 月 30 日完成私有化、退市）等；越秀並持有在深交所上市的廣州越秀金融控股集團股份有限公司（47.37%）（圖 4-45）。

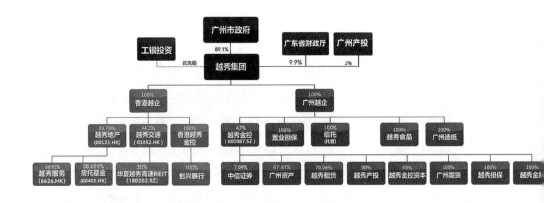

圖 4-45　越秀集團的股權與組織結構
資料來源：越秀集團官網

---

303 馮邦彥：《不斷超越，更加優秀——創興銀行邁向 70 周年》，香港：三聯書店（香港）有限公司，2018 年，第 286-303 頁。

在金融板塊，越秀透過旗下上市公司越秀金控和創興銀行展開。其中，越秀金控原為 2000 年在深圳證券交易所上市的「廣州友誼」。2016 年 4 月，該公司透過非公開發行股票募集 100 億元人民幣資金，收購越秀金控 100% 股權，公司更名為「越秀金控」（2022 年 12 月更名為「廣州越秀資本控股集團股份有限公司」，簡稱「越秀資本」），成為國內首個地方金控上市平台，旗下擁有證券、租賃、資產管理、產業基金、擔保、小貸等多個金融業務平台。創興銀行被越秀收購後，業務取得快速發展，在香港擁有 30 多家分行，並在廣州、深圳、汕頭、上海和澳門等地設立分行，在廣州天河區、佛山南海區、佛山禪城區、廣東自貿試驗區南沙片區和橫琴片區等地設有支行，以及在美國三藩市設有代表處，已形成香港與內地跨境經營、覆蓋珠三角的發展格局。2019年，創興銀行在英國《銀行家》雜誌的「全球銀行 1000 強」排行榜中，首次躋身前 400 強，排名第 398 位。至此，越秀集團旗下金融板塊已基本形成「以銀行、證券為核心」、「跨境經營、全國拓展」的綜合金融控股發展格局，總資產超過 3,000 億元人民幣。[304]

在地產板塊，越秀透過旗下持有 49.67% 股權的上市公司越秀地產，以及透過越秀地產持有 36.72% 股權的越秀房地產投資信託基金展開。其中，越秀地產已在珠三角、長三角和環渤海及中西部地區 16 個城市實現重點佈局，先後開發了 200 多個住宅項目。截至 2019 年底，越秀地產共擁有土地儲備約 2,387 萬平方米、共 74 個項目，分佈於全國 19 個城市，其中，大灣區約佔 51.7%，華東地區約佔 15.8%，華中地區約佔 18.9%，北方地區約佔 11.7%，西部地區約佔 1.5%，其他地區約佔 0.4%（圖 4-46）。越秀房地產投資信託基金是全球首只投資中國內地物業的房地產投資信託基金，旗下控有廣州核心商業區域的白馬大廈、

---

304 越秀集團：「越秀概況」，越秀集團官網。

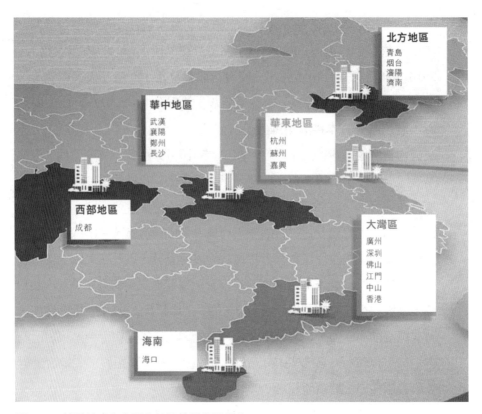

圖 4-46　越秀地產在中國內地的物業發展分佈
資料來源：《越秀地產股份有限公司 2019 年報》，第 37 頁。

財富廣場、城建大廈、維多利廣場、越秀新都會大廈、廣州國際金融中心，位於上海陸家嘴竹園 CBD 的越秀大廈，以及武漢越秀財富中心等 8 項高素質物業，可供出租總面積為 66.03 萬平方米。

在交通基建板塊，越秀交通基建有限公司主要從事投資、經營及管理廣東省及其他經濟發展高增長省份的高速公路及橋樑，旗下擁有擁有廣州北二環、廣西蒼鬱、湖南長株、湖北漢孝、河南尉許、天津津保、湖北孝感、隨岳南等控股高速公路，共 15 個項目，總收費里程約為 534.9 公里。此外，集團還透過旗下的廣州風行發展集團，從事以乳業為主體，以畜牧養殖業和現代服務業為支撐的都市型現代農業產業；透過旗下的廣州造紙集團從事造紙產業（表 4-45）。

表 4-45　2019 年度越秀集團各上市公司經營概況

上市公司名稱	上市地點	經營的主要業務	營業收入	除稅前溢利	總資產
越秀地產（億元人民幣）	香港	地產發展、物業投資	383.39	114.13	2346.98
越秀房托基金（億元人民幣）	香港	房地產信託投資	20.58	3.96	364.25
越秀交通基建（億元人民幣）	香港	交通、基建	30.23	19.00	367.98
創興銀行（億港元）	香港	銀行及相關業務	40.22	22.81	2106.19
越秀金控（越秀資本）（億元人民幣）	深圳	資金投資、企業管理服務	83.72	23.24	1145.34

資料來源：越秀集團旗下各上市公司 2019 年報

　　2019 年度，越秀集團實現營業收入 648 億元人民幣，利潤總額 159 億元人民幣；集團總資產超過 6,662 億元人民幣。2022 年度，越秀集團的營業收入、利潤總額及總資產分別增加到 1125.1 億元人民幣、169.9 億元人民幣及 9,652 億元人民幣，分別比 2019 年度增長 73.63%、6.86% 及 44.88%。2022 年，越秀集團位列中國企業 500 強第 262 位，在全國企業發展的坐標不斷抬高。越秀集團旗下上市公司越秀地產連續多年入選《財富》中國上市企業 500 強。越秀集團表示：將「做穩做強做大金融、做強做優做大地產、穩定發展交通、大力發展農業食品業，發展成為大灣區建設重要平台公司，打造為產融結合、創新驅動、具有強大投融資能力和核心競爭力的國際化企業集團」；目標是在「十四五」規劃時期達到「資產規模超過 1 萬億元，營業收入超 2,000 億元，利潤總額 300 億元，四大主業，利稅總額超 500 億元」，即「在現在基礎上再翻一番，營收是現在的 3 倍，資產和利潤是現在的 2 倍」。[305]

---

305 越秀集團：「十四五發展戰略」，越秀集團官網。

第五章

其他資本財團

第一節　概述

▌ 發展歷程

其他資本財團（這裏的其他資本，是指除了英資、華資和中資以外的資本）在香港的發展亦歷史悠久。香港開埠初期，美資的旗昌洋行、瓊記洋行，德國資本的禪記洋行，丹麥資本的畢洋行等，在香港經濟中已相當活躍。1865 年滙豐銀行創辦時，瓊記、禪記、畢洋行等都是主要股東之一。1881 年和 1895 年，新西蘭的南英保險公司和丹麥的捷成洋行先後進入香港發展。

十九世紀末二十世紀初，隨着香港商業和貿易的發展，外資企業進入香港日益增多，其中，以外國銀行到香港開設分行最為矚目。這一時期，法國的東方滙理銀行，日本的正金銀行、台灣銀行，美國的花旗銀行（當時稱為「萬國寶通銀行」）、運通銀行、大通銀行，荷蘭的小公銀行、安達銀行，比利時的華比銀行等都先後在香港開設分行，形成香港銀行業發展的第二次高潮。與此同時，澳洲的華僑資本亦進入香港發展，先後開設先施、永安、大新等百貨公司，並展開對地產、倉儲、保險等多個領域的投資。

二次大戰後，外資再度進入香港發展。隨着香港經濟轉型，走上工業化道路，以美資、日資為首的外資重點投資於製造、貿易、金融等領域。當時，東南亞部分國家政局動盪，掀起排華浪潮，華僑資本也大量轉移到香港。不過，這些僑資明顯帶有「逃難」的性質，其後大多數已融入香港本地華資之中。70 年代中期以後，東南亞僑資對香港的投

資再掀熱潮,一批實力強大的華僑財團利用香港國際金融、貿易中心地位,建立地區性總部。

進入過渡時期以後,與部分英資、華資大財團加快海外投資的趨勢相反,美資、日資、澳洲資本等國際資本在香港相當活躍,投資的重點主要集中在金融保險、地產建築、百貨零售等領域。其中,美資主要集中在貿易、製造、金融、航運、電力、建築等行業;日資主要集中在金融、百貨零售、地產建築等行業。澳洲資本則是呈現出大起大落的發展態勢。回歸以後,由於先後受到 1997 年亞洲金融危機和 2008 年全球金融海嘯的衝擊,外資在香港的發展一度陷入低潮,部分東南亞華僑財團淡出香港,在 80 年代大舉進入香港的日資百貨公司也先後撤出香港,美資在電力生產和碼頭貨運的兩大投資項目中都相繼撤出。

不過,整體而言,外資(除英資、中資以外的香港境外資本)仍然構成香港經濟和資本結構的重要組成部分。其中,美資主要集中在控股公司、資訊產業、金融保險、批發貿易、科技服務及製造業等領域;日資主要集中在金融業、製造業、批發零售業、服務業等領域;歐洲資本仍然活躍於香港經濟的各個領域,特別是銀行、保險、貿易分銷等;澳洲資本主要集中於電訊、金融、貿易、科技等,加拿大資本主要集中於金融保險,印度資本主要集中在貿易、商業、航運等。東南亞華僑財團中,郭鶴年家族旗下的嘉里集團、黃志祥家族旗下的信和集團、陳有慶家族旗下的亞洲金融等,都融入香港本地華資財團中,其他一些則主要在香港持有上市控股公司,利用香港的戰略地位投資於香港、中國內地和東南亞等地區。

▋ 在香港經濟中的地位與作用

目前,其他資本財團在香港的發展,重點集中於銀行、保險、證券、貿易分銷、電訊、基礎設施建設、服務業等領域。在銀行業方面,截至 2019 年底,美資、日資、歐洲資本、澳洲資本及東南亞資本在香港共持有持牌銀行 76 家、有限制牌照銀行 11 家、接受存款公司 4 家,

分別佔香港持牌銀行、有限制牌照銀行和接受存款公司的 46%、65% 和
31%（表 5-1）。截至 2019 年底，美資、日資和歐洲資本銀行（不包括
滙豐銀行）在香港的總資產為 61,53 億港元，客戶存款總額為 27,06 億
港元，客戶貸款總額為 23,44 億港元，分別佔香港銀行總額的 25.15%、
19.65% 和 22.59%（表 5-1）。其中，美資銀行成為香港金融界引入創新
產品的主要來源，日資銀行對亞太區有廣泛的貸款，歐洲銀行則加強了
歐洲與香港、中國內地之間的經貿聯繫，他們構成香港金融業的重要組
成部分，對於鞏固和提升香港作為全球及亞太區國際金融中心的地區發
揮了重要作用。

表 5-1　2019 年外資銀行在香港的發展概況

	持牌銀行（家）	有限制銀行（家）	接受存款公司（家）	資產總額（10 億港元）	客戶存款（10 億港元）	客戶貸款（10 億港元）
美資銀行	10	4	0	1285	686	353
日資銀行	10	2	1	1430	358	578
歐洲資本銀行	38	1	0	3438	1662	1413
澳洲資本銀行	5	0	0	——	——	——
東南亞資本銀行	13	4	3	——	——	——
小計	76	11	4	6153	2706	2344
香港總數	164	17	13	24462	13772	10377
其他資本佔百分比（％）	46.34	64.71	30.77	25.15	19.65	22.59

資料來源：《香港金融管理局 2019 年報》，第 305、310 頁。

外資在保險、投資銀行及證券等領域也佔有重要市場份額和影響
力。這些保險、證券及資產管理公司等均為全球及世界各國主要金融集
團在香港的分支機構。在保險業方面，美資的友邦保險控股、法國資本
的安盛集團、加拿大資本的宏利金融和永明金融等，都是全球性跨國金
融巨頭，在香港保險市場佔有重要份額。在投資銀行及證券領域，美資
的高盛亞洲、摩根史丹利銀行亞洲、花旗國際、美國銀行證券亞洲等，

亦為美國主要的投資銀行，在香港均位居前列；日資的野村證券、大和
證券、SMBC 日興證券等，在香港都有重要的影響，對推動香港資本市
場的發展發揮了積極作用。

外資國際機構投資者在香港也相當活躍，積極投資於金融、房地
產、電訊等行業的上市公司股權。典型的例子是領展房地產投資信託
基金、滙豐控股和香港寬頻有限公司等。領展房地產是香港恒生指數
成份股，2019 年底總市值約為 1802.02 億港元，主要股東包括：貝萊德
集團（BlackRock, Inc.，又稱黑岩集團），持有 9.12% 股權；美國道富銀
行（State Street Corporation），持有 5.99% 股權；美國 The Capital Group
Companies, Inc.，持有 5.92% 股權；荷蘭 APG Asset Management N.V.，
持有 5.38% 股權。香港寬頻主要股東包括加拿大退休金計劃投資委員會
（Canada Pension Plan Investment Board），持有 13.91% 股權；新加坡政
府投資有限公司（GIC Private Limited），持有 6.65% 股權；美國馬休斯
國際資本管理公司（Matthews International Capital Management, LLC），
持有 5.41% 股權。此外，JP 摩根大通是香港交易所僅次於香港特區政
府（5.90%）的第二大股東，持有 5.62% 股權（2021 年底）；貝萊德集團
持有滙豐控股約 7% 股權，與中國平安同為滙控兩大單一股東。

在貿易分銷、批發零售等領域，其他資本財團亦佔有重要的一席
之地。其中，以捷成集團表現最為突出。目前，捷成集團已發展成為一
家專注於市場行銷、分銷及投資的跨國企業集團企業，為全球超過 200
個著名品牌提供代理服務，年營業額達 40 億美元。日本貿易分銷公司
亦相當活躍，日本最大的綜合商社旗下的香港三菱商事作為集團的區域
分支機構之一，業務遍及中國內地和東盟地區，包括發電廠系統業務及
產業基建，食品零售和資材，金屬和化學品，複合都市開發等。在批發
零售業，日本香港上市公司日清食品是香港最大的方便面供應商，其經
營的「出前一丁」即食面、「合味道」杯面在香港家喻戶曉，是香港即
食市場的「一哥」，市場佔有率估計高達七成。

東南亞資本中，新加坡資本在香港相當活躍，除了郭令燦、黃廷

芳/黃志祥等家族財團之外，新加坡其他財團和投資機構也積極拓展香港市場。香港特區政府在香港赤鱲角國際機場頒發的三個空運貨站經營牌照中，由新加坡的新翔集團、招商局的 Eastern Option Ltd、嘉里物流的 Torres Investments Ltd、新加坡的吉寶訊通、以及全球速遞巨頭聯邦快遞等組成財團——亞洲空運中心就獲得其中一張，投資 17.54 億港元，於 2007 年建成「二號空運貨站」，每年的總處貨量將高達 150 萬公噸，佔香港國際機場空運貨量的三成。其中，新翔集團是新加坡具領導地位的地勤服務代理及食品解決方案專家，致力為新加坡樟宜機場大部分航空公司提供多元化的服務，並為海外合資業務提供技術、營運及管理等專業支援。吉寶訊通總部位於新加坡，為吉寶集團屬下成員公司，專營電訊、船務及物流等業務。

在航運碼頭業，新加坡財團也積極介入。2004 年，美資環球貨櫃碼頭有限公司（CSX World Trminals）計劃出售葵涌三號貨櫃碼頭及相關權益，引發新加坡政府控股的 PSA 國際港務集團（PSA International Pte Limited，前稱「新加坡港務局」，簡稱 PSA）參加競投，其後該等權益最終由沙特阿拉伯迪拜港口國際（DPI）奪得，PSA 鎩羽而歸。2005 年，PSA 以 19 億港元向新世界旗下的新創建購入亞洲貨櫃碼頭（Asia Container Terminals Holdings Limited，ACTH）31.4% 股權，同時以 11 億港元購入新創建所持三號貨櫃碼頭 33.34% 股權（新創建繼續保留亞洲貨櫃物流中心 55.67% 股權），成功介入香港貨櫃碼頭業務。[1] 亞洲貨櫃碼原持有九號貨櫃碼頭兩個泊位，後置換為八號貨櫃碼頭西兩個泊位。2006 年，PSA 又以總代價約 340 億港元，向和記黃埔收購和記港口的 20% 股權。不過，2013 年，李嘉誠旗下的和記港口信託以 39.17 億元收購亞洲貨櫃碼頭全部股權，PSA 退出亞洲貨櫃碼頭。

1　〈新創建集團出售八號貨櫃碼頭西及三號貨櫃碼頭權益〉（新創建新聞稿），2005 年 2 月 7 日，新創建集團有限公司官網。

　　在地產投資領域，淡馬錫旗下的投資公司——豐樹產業（Mapletree Investments Private Limited）亦相當活躍。2011年，豐樹產業以188億港元向太古股份收購其旗下的「又一城」物業。2014年，豐樹產業以37.69億港元投得香港觀塘一塊商業地皮，於2018年建成豐樹中心，成為該公司在香港的首個寫字樓物業。2022年，豐樹產業與私募基金太盟投資合組財團，以56億港元購入九龍灣高銀金融國際中心全幢商廈。在金融業，新加坡在香港設有6家持牌銀行，包括由新加坡淡馬錫為大股東的星展銀行、華僑永亨銀行、新加坡銀行、大華銀行等。其中，星展銀行是香港本地註冊10大銀行之一。這種發展態勢，有利於加強香港與新加坡兩個亞洲國際商業大都會和金融中心的聯繫和互動。

　　其他資本財團在香港經濟中的另一個投資重點，是設立地區總部和地區辦事處。截至2019年，美資、日資、歐洲資本（包括德國、法國、瑞士、意大利、瑞典、荷蘭、比利時）、澳洲（澳大利亞）、東南亞（新加坡）等在香港設立的地區總部達1,096家，地區辦事處1,755家，分別佔外資駐港地區總部和地區辦事處的71.12%和70.48%（表5-2）。這些地區總部和地區辦事處以香港為基地，經營業務遍及亞太區各國，有力促進了香港作為國際大都會和國際資本聚集地的戰略地位。因而，外資在香港的發展，不僅活躍了香港本地市場，而且強化香港作為亞太區樞紐的功能，成為香港資本結構中不可或缺的重要組成部分。不過，2014年以來，上述國家和地區在港設立的地區總部和地區辦事處所佔比重有所下降，其中，美國和日本在數量上也出現下降趨勢。

表 5-2　外資在香港設立的地區總部和地區辦事處

2009 年	地區總部				地區辦事處			
	2014 年	2019 年	2021 年	2009 年	2014 年	2019 年	2021 年	
美國	289	310	278	254	526	490	457	410
日本	224	240	232	210	447	465	431	423
歐洲（小計）	426	452	504	464	643	677	710	717
英國	115	120	141	138	213	204	206	208

（續上表）

德國	74	91	97	87	123	125	152	147
法國	66	68	96	89	104	110	116	115
瑞士	46	45	55	55	61	84	85	91
意大利	40	43	40	45	51	61	65	61
瑞典	21	28	30	23	42	28	29	38
荷蘭	54	43	26	27	49	65	57	57
比利時	10	14	19	N.A	N.A	N.A	N.A	N.A
澳大利亞	22	37	35	28	46	47	54	54
新加坡	43	43	47	45	91	90	103	100
合計	1004	1082	1096	1001	1753	1769	1755	1704
外資在香港設立總數	1252	1389	1541	1457	2328	2395	2490	2483
所佔百分比（%）	80.19	77.90	71.12	68.70	75.30	73.86	70.48	68.63

資料來源：香港統計處：《香港統計年鑑》，2020-2021 年、2021-2022 年，第 184-185 頁。

第二節　東南亞資本財團

長期以來，東南亞國家與香港一直保持着緊密的經濟貿易關係，東南亞是香港的第二大貿易夥伴，香港是東南亞與中國內地商品貿易的重要轉口港。因而，東南亞（東盟）是香港第六大外來投資者，截至 2021 年底，東盟對香港的外來直接投資達 5,239 億港元，佔香港外來直接投資總額的 3.4%。截至 2022 年 6 月，母公位於東盟的駐港公司中，65 間為地區總部，138 間為地區辦事處，445 間為當地辦事處。[2] 其中，最具影響力的有郭鶴年家族的嘉里集團、黃廷芳 / 黃志祥家族的信和集

2　香港特區政府工業貿易署：《香港與東盟的貿易關係》，2023 年 2 月，香港特區政府工業貿易署官網。

團、郭令燦家族的國浩集團、星展銀行集團、陳弼臣／陳有慶家族的亞洲金融集團、張曉卿家族的世界華文媒體等。

▌ 郭鶴年家族財團：嘉里集團

東南亞資本財團中，以郭鶴年家族的影響力最大。郭鶴年，祖籍福建福州，1923 年生於馬來西亞柔佛州柔佛巴魯市。1947 年，郭鶴年在新加坡創辦第一家公司 —— 力克務公司，經營雜貨、米糧等生意，業務發展很快。1949 年 4 月，郭鶴年在馬來西亞柔佛巴魯創辦「郭氏兄弟有限公司」，繼承父親郭欽鑑經營的米糧、糖、麵粉等進出口業務。[3]

1953 年，郭氏兄弟將公司業務拓展至新加坡，創立郭氏兄弟（新加坡）有限公司，並於 60 年代末將業務擴展至泰國和印尼。[4] 50 年代中期，郭鶴年有感於馬來西亞製糖工業落後，糖市場價格緊俏，遂投資 60 萬馬幣，創辦第一家製糖公司 —— 馬來亞糖廠，從泰國等地購入粗糖，在馬來西亞加工提煉後銷往各地，又從古巴購入蔗糖轉銷往印尼等東南亞國家，很快佔領了馬來西亞市場。1968 年，郭鶴年組建玻璃市種植有限公司，向馬來西亞聯邦土地發展局租入約 1.45 萬英畝土地闢建甘蔗種植園，又與印尼富商林紹良合作在印尼南部設立印尼最大的甘蔗種植公司 —— 古隆馬都，佔地約 1 萬公頃。同時，郭鶴年與馬來西亞聯邦土發局合作，建立玻璃市綜合廠有限公司，利用種植園所生產甘蔗製糖。這一期間，郭鶴年控制了馬來西亞糖市場約 80% 的份額，佔國際糖業市場的 10% 左右，成為著名的「亞洲糖王」。

從 60 年代開始，郭氏家族經營的業務，逐步向多元化發展。1971 年，郭鶴年敏感地意識到亞太區的旅遊事業發展潛力巨大，於是在新加

---

3 嘉里建設：「我們的故事」，1949 年，嘉里建設有限公司官網。
4 嘉里建設：「我們的故事」，1953 年，嘉里建設有限公司官網。

坡開設首家香格里拉酒店,進軍酒店業。[5] 1979 年,郭鶴年成立「郭氏酒店集團」和「香格里拉國際飯店管理有限公司」,負責管理旗下三家酒店,包括位於馬來西亞檳城的香格里拉沙洋度假酒店和金沙度假酒店,以及位於斐濟雅奴卡島的香格里拉斐濟度假酒店等。[6] 這一時期,郭氏家族經營的業務,已從貿易、糖業發展到種植、礦業、工業、航運、酒店、房地產、建築、證券及保險等各個領域,成為馬來西亞最著名的跨國財團之一。

二十世紀 70 年代初中期,郭鶴年開始進軍香港。1974 年,郭鶴年在香港創辦嘉里貿易有限公司(現稱「嘉里控股有限公司」),作為其香港及海外投資的總部。[7] 當時,香港政府決定拓展填海出來的九龍尖東地區,陸續拍賣該區地皮,郭鶴年除投得九龍香格里拉酒店地皮外,還與黃廷芳合作發展南洋中心、尖沙咀中心及幸福中心。1983 年香港地產低潮,郭鶴年以「人棄我取」的策略購入屯門掃管笏一幅土地興建遊艇會及豪宅,1984 年又斥資 4 億港元在深灣建遊艇俱樂部。當年,郭鶴年參股由中銀集團、華潤集團及香港、澳門、新加坡等地著名華商成立的「港澳國際投資有限公司」,郭鶴年的名字遂在香港商界打響。

1981 年,九龍香格里拉酒店落成開業,由著名的西方酒店集團負責管理,旋即被行政人員旅遊雜誌評為名列第三位的全球最佳酒店,僅次於曼谷文華東方和香港文華酒店。1991 年,郭氏在港島興建的香格里拉酒店落成啟業,翌年即被評為全球最佳酒店第 4 位。1993 年 5 月,郭鶴年將香港兩間香格里拉酒店及位於中國大陸的 5 家酒店部分權益,組成「香格里拉(亞洲)有限公司」在香港上市,其後,多次將家族持有的位於中國大陸及亞洲區各大城市的香格里拉酒店部分權益注入香格

---

5 嘉里建設:「我們的故事」,1971 年,嘉里建設有限公司官網。

6 香格里拉(亞洲):「我們的故事」,1979 年,香格里拉(亞洲)有限公司官網。

7 嘉里建設:「我們的故事」,1974 年,嘉里建設有限公司官網。

里拉（亞洲），使之成為亞太區最大的酒店集團之一。

　　從 80 年代中後期起，郭鶴年積極進軍香港的影視傳播業。1988 年 5 月，郭鶴年斥資 20 億港元向澳洲資本的奔達國際購入香港電視廣播有限公司 31.1% 股權，與邵逸夫一道成為該公司大股東。1993 年 9 月，郭氏透過嘉里集團旗下全資擁有的嘉里傳播，以 3.49 億美元（折合約 27.2 億港元）向澳洲傳媒大亨梅鐸的新聞集團購入歷史悠久的《南華早報》34.9% 股權。當時，南華早報集團持有英文《南華早報》、《星期日南華早報》及中文《華僑日報》等三份報紙。郭鶴年藉此連串收購在香港傳媒業取得重要地位。

　　1996 年 8 月，郭鶴年將嘉里集團旗下經營地產業務的「嘉里建設有限公司」分拆上市，令旗下在香港上市的公司增加到 3 家。[8] 到 1996 年底，郭氏控制的 3 家上市公司，包括香格里拉（亞洲），南華早報及嘉里建設，市值總額達 530.8 億港元，躋身香港十大上市財閥之列，排名第 10 位。不過，2016 年，郭鶴年將南華早報及其他傳媒資產出售予中資的阿里巴巴集團。[9]

　　郭鶴年自 1974 年進軍香港後，於 1978 年起定居香港，並成為香港居民，其集團總部亦設於香港。郭鶴年曾公開表示，香港「真正是一個設立生意總部的好地方」，「面對九七，我沒有什麼擔心，希望北京的中央政府將『一個國家，兩種制度』要辦得好，辦得非常公道，我有這個信心。」[10] 郭氏集團已成為東南亞財團中最早融入香港華資財團的代表之一。

　　回歸以後，郭鶴年家族財團在香港繼續發展的同時，還透過旗下香港上市公司公司 —— 嘉里建設、香格里拉（亞洲）、嘉里物流，以

8　　嘉里建設：「我們的故事」，1996 年，嘉里建設有限公司官網。

9　　嘉里建設：「我們的故事」，2016 年，嘉里建設有限公司官網。

10　鍾蘊青：〈不斷創造財富的郭鶴年〉，香港：《大公報》，1993 年 1 月 4 日。

及新加坡上市公司益海嘉里等，積極拓展在中國內地市場，投資行業遍佈房地產、酒店管理、糧油食品及物流等多個領域，投資地域亦遍及華東、華北、華南、西北等各個區域。

在房地產領域，郭鶴年家族透過上市公司嘉里建設展開。該公司早於 1978 年就開始在香港參與物業投資及發展業務，1996 年上市後成為集團投資香港及中國內地房地產業的旗艦，投資的重點「在於精選中心地段，發展尊尚物業」。香港回歸以後，特別是 2004 年以後，嘉里建設開始從北京、上海、深圳、杭州、天津等一線城市，逐步擴展到瀋陽、秦皇島、唐山、揚州、南京、成都、長沙、南昌、鄭州、武漢、昆明等二三線城市。其中的發展重點，是在內地一二線城市的黃金地段，發展大型綜合物業 —— 嘉里中心，先後建有：北京嘉里中心、杭州嘉里中心、上海靜安嘉里中心一二期、上海嘉里不夜城、浦東嘉里城、瀋陽嘉里中心、深圳嘉里建設廣場、前海嘉里中心、天津嘉里中心、濟南祥恒廣場等。這些大型綜合物業一般包括甲級寫字樓、商場及酒店等（圖 5-1）。其中，靜安嘉里中心位於上海南京路商業中心區，匯集辦公室、服務式公寓、商場及酒店，俯瞰景致優美的中庭廣場，總樓面面積合共 374 萬平方呎，為該集團在中國內地的地標式綜合發展項目。[11]

這一時期，嘉里建設投資發展物業的一個重要策略，就是與集團旗下的另一品牌 —— 香格里拉緊密結合：每一個嘉里中心都配有一個五星級酒店香格里拉。對此，嘉里建設表示，外資企業很難跟內地開發商競爭，要想突圍必須開發先進或者特有的產品，集團最終找到高端酒店與商務相結合的開發模式。[12] 此外，嘉里建設還在成都、濟南、昆明、滿洲里、南昌、南京、寧波、莆田、秦皇島、唐山、鄭州等內地城市發展

11 《嘉里建設有限公司 2019 年報》，第 20-22 頁。
12 〈嘉里建設重攻高端商業，發展多元化大型綜合項目〉，《中國房地產報》，2012 年 10 月 22 日。

住宅樓宇。2017 年，在中國房地產業戰略峰會上，嘉里建設榮獲「2017 中國房企商業物業價值 TOP10」，被譽為「優質綜合體的締造者」。

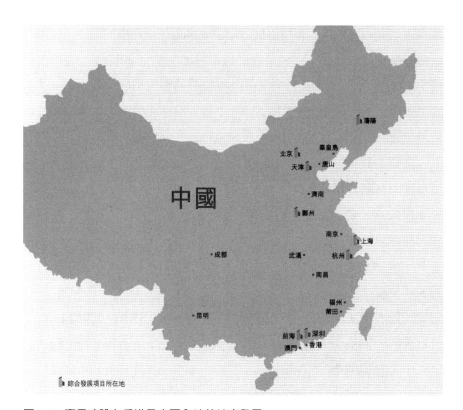

圖 5-1　嘉里建設在香港及中國內地的地產發展
資料來源：《嘉里建設有限公司 2019 年報》，第 4 頁。

　　在酒店業領域，郭鶴年家族主要透過上市公司香格里拉（亞洲），參與內地酒店業的發展。香格里拉在在二十世紀 80 年代中期已開始進入內地發展。1984 年，香格里拉酒店與浙江省旅遊局合作，開設並管理首家內地酒店 —— 杭州香格里拉飯店，香格里拉佔 45% 股權。1985 年，郭鶴年與國家經貿委合作，斥資 3.8 億美元，興建北京國際貿易中心。1986 年，坐落在國際貿易中心北京香格里拉飯店落成開業，香格里拉佔有 49% 股份。該飯店成為是當時京城最高、最豪華的五星級飯店。回歸以後，香格里拉加快在中國內地的發展。1999 年，首家嘉里酒

店在中國北京開業。[13] 2000 年後，香格里拉在內地開始了新一輪的酒店拓展計劃，實施投資和管理酒店「兩條腿走路」的策略。2001 年，香格里拉接管了南京丁山飯店，改名為南京丁山香格里拉大酒店，以純輸入管理方式介入。稍後，香格里拉公佈了 8 家正在新建中的酒店，其中有一半是輸出管理，另一半仍是自己投資興建。及至 2017 年，香格里拉在中國廈門開設了集團在全球的第 100 家香格里拉酒店（圖 5-2）。[14] 香格里拉擁有的股權從 100% 到 23.5% 不等，包括 4 個品牌：香格里拉酒店及度假酒店、嘉里大酒店、今旅 Hotel Jen 和盛貿飯店等。[15]

在糧油飲料加工領域，郭鶴年家族主要透過旗下在新加坡上市的豐益國際有限公司及其屬下的益海嘉里等展開。豐益國際於 1991 年在新加坡成立，是一家綜合型農業集團，務範圍包括棕櫚種植、油籽壓榨、食用油精煉、食糖加工和提煉、消費產品製造、專用油脂、油脂化學品、生物柴油和化肥製造，以及麵粉和大米加工等，在全球擁有超過 500 家製造工廠和龐大的分銷網絡，覆蓋中國、印度、印尼等 50 個國家，擁有約 9 萬名員工，2018 年世界 500 強企業中位列第 248 位。豐益國際於 1988 年開始進入中國內地市場，當年集團旗下的南海油脂工業（赤灣）有限公司在深圳開工建設，開啟了集團發展和中國糧油業務的新紀元。1991 年，豐益國際打造了「金龍魚」等一系列小包裝食用油品牌，引發從散裝油到小包裝油的消費模式革命。2000 年，豐益國際整合在華糧油企業，統稱為益海集團。[16] 2002-2003 年期間，趁內地油脂市場低迷收購了大批中小型榨油廠，一舉奠定在該行業的領先地位。2006 年，豐益國際成功在新加坡上市。

---

13 香格里拉（亞洲）：「我們的故事」，1999 年，香格里拉（亞洲）有限公司官網。

14 香格里拉（亞洲）：「我們的故事」，2017 年，香格里拉（亞洲）有限公司官網。

15 《香格里拉（亞洲）有限公司 2019 年報》，第 29-30 頁。

16 益海嘉里：「益海嘉里大事記」，1988-2000 年，益海嘉里集團有限公司官網。

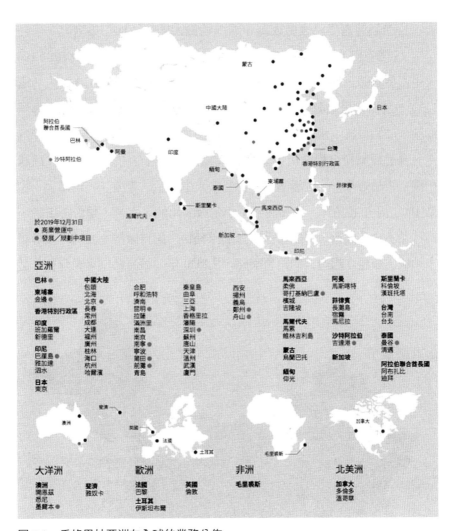

圖 5-2 香格里拉亞洲在全球的業務分佈
資料來源:《香格里拉(亞洲)有限公司 2019 年報》,第 2 頁。

　　2007 年,豐益國際整合在華投資糧油企業,成立益海嘉里集團。[17]
按照該集團的說法,益海嘉里集團是郭氏家族旗下「豐益國際集團在祖
國大陸投資的一系列農業和糧油加工貿易業的統稱。」經過十多年的發

17　益海嘉里:「益海嘉里大事記」,2007 年,益海嘉里集團有限公司官網。

展，目前益海嘉里已發展成為中國內地最大的糧油加工集團之一，在全國 25 個省自治區及直轄市，建立了 60 多個生產基地，擁有超過 100 家生產型實體企業，總投資超過 300 億元人民幣，旗下員工 3 萬人（圖 5-3）。益海嘉里經營的業務，主要包括油籽壓榨、食用油精煉、專用油脂、油脂科技、水稻循環經濟、玉米深加工、小麥深加工、大豆深加工、食品原輔料、糧油科技研發等產業；旗下擁有「金龍魚」、「歐麗薇蘭」、「胡姬花」、「香滿園」、「海皇」、「金味」、「豐苑」、「銳龍」、「潔勁 100」等知名品牌，產品涵蓋了小包裝食用油、大米、麵粉、掛麵、調味品、食品飲料、餐飲產品、食品原輔料、飼料原料、油脂科技等諸多領域，並建立起龐大的銷售網絡。[18] 2020 年，益海嘉里集團分拆「益

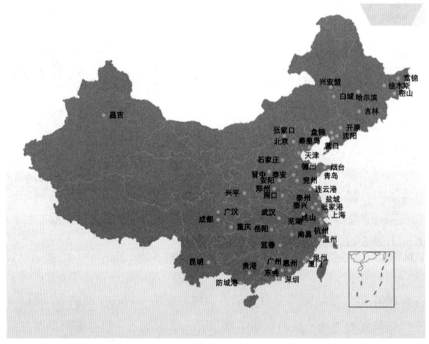

圖 5-3　益海嘉里集團在中國內地的生產佈局
資料來源：益海嘉里集團官網

18　益海嘉里：「益海嘉里大事記」，2020 年，益海嘉里集團有限公司官網。

海嘉里金龍魚糧油食品股份有限公司」在中國內地上市，集資 139.33
億元人民幣，成為創業板史上 IPO 募資規模最大的企業。2022 年，益
海嘉里金龍魚實現營業收入 1949.22 億元人民幣，約佔豐益國際全球收
入的五成以上（表 5-3）。

　　在物流領域，郭氏家族透過嘉里建設持有 42.35% 股權的上市公
司 —— 嘉里物流聯網有限公司展開。該公司成立於 1981 年，於 2013
年 12 月 19 日在香港上市，經營的業務主要包括：綜合物流、國際貨代
（海陸空、鐵路及多式聯運）、工業項目物流、跨境電子商貿，以及最
後一里派送和基建投資等，為各類型商品、非商品及輔助銷售材料，提
供專業物流服務。2017 年 6 月，嘉里物流投資一家業務橫跨獨立國家
聯合體的貨運集團 Globalink Logistics DWC LLC，大大加強了集團在中
亞的鐵路、陸路及多式聯運服務方面的能力和覆蓋，令公司的環球物流
網絡擴展至 51 個國家和地區（圖 5-4）。

圖 5-4　嘉里物流的全球業務網絡
資料來源：《嘉里物流聯網有限公司 2019 年報》，第 15 頁。

　　經過 40 多年的發展，郭鶴年家族財團已發展成為香港一家主要的
家族財團，截至 2019 年旗下擁有 3 家香港上市公司，包括嘉里建設有
限公司（59.01%）、香格里拉（亞洲）有限公司（49.667%）和嘉里物
流聯網有限公司（65.33%）。其中，嘉里建設主要從事香港及內地的地

產發展和物業投資，至 2019 年底以樓面面積計算持有物業組合達 4,800
萬平方呎，包括發展中物業 2,682 萬平方呎、已落成投資物業 1,447 萬
平方呎、酒店物業 467 萬平方呎及持有作出售用途之物業共 204 萬平
方呎；其中，香港佔 12%，中國內地佔 75%，澳門佔 4%，海外佔 9%
（表 5-3）。[19] 2021 年，嘉里建設以 55.878 億港元，奪得香港市建局土瓜
灣鴻福街 / 銀漢街項目，該項目佔地約 4.9 萬平方呎，可建總樓面面積
44.2 萬平方呎，涵蓋住宅和商業樓宇。

　　2020 年全球新冠疫情爆發以後，內地經濟增長放緩，然而嘉里建
設在中國內地市場仍然保持擴張態勢。2021 年 2 月，嘉里建設聯合新
加坡政府投資公司（GIC），以 60.1382 億元人民幣拿下浦東金橋巨峰
路地鐵站上蓋，該項目總建築面積約 43 萬平方米，包括近 22 萬平方米
軌交上蓋購物中心、約 4.7 萬平方米住宅、約 2.5 萬平方米辦公樓，以
及約 13.7 萬平方米的停車及配套服務設施，規劃打造成為浦東地區的
大型商業綜合體。

　　同年 11 月，嘉里建設再以 133.29 億元人民幣的價格，一舉奪得上
海外灘「鑽石級地塊」——黃浦區金陵東路綜合用地。該地塊位於上海
黃浦區核心地段，毗鄰外灘、豫園、南京東路步行街及人民廣場等地
標，土地總面積約 3.81 萬平方米，總建築面積約 19.85 萬平方米，囊括
約 12.45 萬平方米住宅公寓及石庫門聯排別墅，約 4.9 萬平方米零售、
酒店及配套設施以及約 2.5 萬平方米辦公樓。該項發展計劃將會以老城
廂建築風貌的保護性開發為主，保留歷史建築超 12 萬平米，規模相當
於 2 個新天地。據估計，該項目的總投資規模將近 400 億元人民幣。嘉
里建設在上海的兩次逆勢拿地，表明了其對內地商業市場持續發展的信
心。2021 年度，嘉里建設的除稅前溢利為 142.26 億港元，比 2019 年度
的 100.36 億港元，大幅增長了 41.75%（表 5-3）。

---

19 《嘉里建設有限公司 2019 年年報》，第 14-15 頁。

表 5-3　2019-2021 年度嘉里集團上市公司經營概況

單位：億港元

上市公司	2019 年度			2020 年度			2021 年度		
	經營收益	除稅前溢利	總資產	經營收益	除稅前溢利	總資產	經營收益	除稅前溢利	總資產
嘉里建設	180.25	100.36	1778.84	145.26	91.69	1957.69	153.27	142.26	2000.56
香格里拉亞洲（億美元）	24.31	2.81	137.22	10.33	-5.37	140.08	12.41	-3.57	134.74
嘉里物流	411.39	49.28	492.04	533.61	42.42	491.78	789.54	55.64	389.89
益海嘉里金龍魚（億元人民幣）	1707.43	69.58	1706.85	1949.22	89.46	1791.77	2262.25	61.77	2072.50

資料來源：嘉里集團各上市公司年報，2019-2021 年

　　香格里拉（亞洲）主要經營酒店業務，香港、中國內地、東南亞諸國，以及澳洲等其他地區持有、經營及管理超過 100 家酒店、41,500 間客房，包括四大品牌：香格里拉酒店與度假酒店、嘉里酒店、JEN 酒店和盛貿飯店。[20] 此外，香格里拉（亞洲）還持有子公司 Shangri-La Hotels（Malaysia）Berhad 和 Shangri-La Hotel Public Company Limited 等，前者在馬來西亞擁有並經營酒店及海灘度假酒店、高爾夫球場、不動產投資和商業化洗衣服務；後者在泰國的其主要業務是不動產投資，以及酒店和度假酒店的經營。[21] 2019 年度，香格里拉亞洲經營收入和除稅前溢利分別為 24.31 億美元和 2.81 億美元，不過，2020 年全球新冠疫情爆發後，集團的經營收入大幅下跌，2020 年度和 2021 年度分別錄得 5.37 億美元和 3.57 億美元的虧損。

　　嘉里物流則已發展成為一家以亞洲為基地的國際協力廠商物流服

20　《香格里拉（亞洲）有限公司 2019 年報》，第 24 頁。

21　香格里拉（亞洲）：「關於香格里拉」，香格里拉（亞洲）有限公司官網。

務供應商，總部設於香港，在全球 55 個國家及地區設有辦事處，特別是在中國、印度、東南亞、獨聯體、中東、拉美及其他地區，經營網絡遍及全球六大洲，特別是在大中華及東盟地區擁有龐大的配送網絡和物流樞紐，員工 4.7 萬人。不過，2021 年 8 月，郭鶴年家族與內地順豐集團簽署協定，以 175.55 億港元價格出售所持嘉里物流 51.8% 股份。內地富豪王衛旗下的順豐集團入主嘉里物流後，業績錄得大幅上升。

▋ 黃廷芳 / 黃志祥家族財團：信和集團

　　東南亞華僑資本財團中，融入香港經濟的程度較深的還有黃廷芳 / 黃志祥家族財團。黃廷芳，原籍福建新興，1920 年出生，早年赴新加坡謀生，初期經營醬油業，50 年代開始發展地產業，其後創辦「新加坡遠東機構」（Far East Organisation）。70 年代，黃廷芳透過遠東機構在新加坡烏節路一帶興建大批寫字樓、商廈，直接或間接擁有大量物業，包括：遠東商業中心（Far East Plaza）、幸運中心（Lucky Plaza）、遠東購物中心（Fast East Shopping Centre）、烏節商業中心（Orchard Plaza）、烏節購物中心（Orchard Shopping Centre）、太平洋廣場（Pacific Plaza）、烏節中央城（Orchard Central）、卡佩芝大廈（Cuppage Plaza），以及麗晶大廈（Regency House）等。因此，黃廷芳被稱為「烏節地王」，與郭芳楓齊名，成為獅城兩大地產大王之一。黃氏的遠東機構還擁有多家酒店權益，包括烏節廣場酒店（Orchard Parade Hotel）、昆西酒店（Quincy Hotel）、伊莉莎白酒店（The Elizabeth Hotel）和烏節豪閣（Orchard Parksuites）等。

　　70 年代初，黃廷芳家族進軍香港。1972 年 6 月，籌組「信和地產投資股份有限公司」，同年 7 月 20 日在香港上市。[22] 70 年代中期，香港地產受中東石油危機及世界經濟衰退的影響而陷入低潮，不少人對前

22　信和集團：「集團里程碑」，1972 年，信和集團官網。

途憂慮，紛紛收拾行裝準備移民他國，但黃廷芳、黃志祥父子卻在香港作出重大投資決策，購入尖沙咀東部大片土地。當時，他們出價之高，令行內人士側目。不過，後來事實證明，尖東的發展潛力極為豐厚，黃氏家族和信和地產不僅沒有買貴了土地，而且賺取巨額利潤。當時，尖沙咀區的發展，只局限於在以金馬倫道方圓一里的地區內，這裏早已商戶林立，十分擁擠，明顯地已不足以應付發展新需求。為了使尖沙咀的經濟發展得以持續擴大，香港政府遂在 60 年代末及 70 年代初在尖東進行大規模填海工程，總共填得約 17.4 公頃土地。這些土地全部以拍賣形式售予多個地產集團，其中以信和及黃氏家族所購入的土地最多，估計接近一半。

信和地產購入這些土地後，即推行連串龐大發展計劃，一名曾在信和集團工作了 10 年的高級行政人員事後回憶說：「我在 1979 年加入信和工作，當時主要負責尖東的發展，我記得當時的尖東是一大塊填海土地，要發展它，一切從無到有，必須具有卓越的遠見和魄力。公司參與發展工程多達 8 項，計有：尖沙咀中心、帝國中心、好時中心、永安廣場、南洋中心，及已經易名為明輝中心的尖沙咀廣場，這些龐大的發展，不但將紅磡和尖沙咀連成一片，而且將尖東發展成本港一個現代購物旅遊中心，奠定了信和集團的根基。」[23] 1983 年，包括尖沙咀中心、帝國中心、好時中心、永安中心、南洋中心、明輝中心、新文化中心、幸福中心及康宏中心在內的 9 幢寫字樓及零售綜合物業相繼落成。其中，尖沙咀中心和帝國中心兩座大樓以行人天橋相連，成為尖東核心地標。[24] 尖東區這一系列美輪美奐的商業大廈，可以說是信和集團的代表和象徵。如果說置地雄踞中環，希慎稱雄銅鑼灣的話，那麼信和則在尖東獨領風騷，信和地產其後亦因而易名為「尖沙咀置業有限公司」。

---

23 衛忻灝：〈信和集團三大發展目標〉，《經貿縱橫》，1989 年 7 月號，第 32 頁。

24 信和集團：「集團里程碑」，1983 年，信和集團官網。

　　信和與置地、九龍倉、希慎等老牌地產集團相比，在投資策略上有兩點明顯的區別：第一，信和地產以地產發展為主，物業投資為輔，因此除保留在尖沙咀中心、帝國中心及幸福中心之外，其餘均推出發售。當時，信和推出的尖東物業甚受市場歡迎，永安廣場更創推出當日便告售罄的紀錄，轟動一時。第二，信和發展地產物業，往往是配合大股東黃氏家族的私人公司進行，如尖沙咀中心，信和佔四成半權益，其餘五成半權益則由黃氏家族持有。到 80 年代初，信和的地產業務已頗具規模。1981 年 4 月 3 日，黃廷芳將集團尖沙咀置業旗下的部分地產發展業務，以「信和置業有限公司」名義在香港分拆上市，透過發行每股面值 1 港元的新股，集資 2 億港元，作為集團以後地產發展業務的公司。[25] 該年底，信和置業的市值達到 33.81 億港元，已超過恒隆、大昌地產而成為香港第 9 大地產上市公司。

　　1983 年及 1984 年期間，地產市道受香港前途問題困擾陷入低潮，信和仍然是最活躍、最富進取性的地產商，這一時期它購入的地皮就多達 10 餘幅。不過，正因如此，信和所受的衝擊尤為嚴重，從 1981 年 6 月到 1984 年 6 月的 3 個財政年度裏，信和集團所遭受的損失估計超過 10 億港元，幾乎面臨破產的局面。幸而香港前途問題在 1984 年底塵埃落定，投資者信心逐步恢復，地產市道重新納入上升軌道，加上大股東黃氏家族的財政支持，信和地產安然度過難關。

　　1984 年 2 月，信和聯同光大及其他南洋財團以 3.8 億港元投得香港政府推出的金鐘二段，興建著名的財經廣場。1985 年，信和再接再厲，以 3.89 億港元投得尖沙咀海旁中港城地段，於 1988 年建成一個擁有現代化設備的中國客運碼頭的「中港城」。[26] 1989 年 1 月，信和聯同新鴻基地產、菱電集團，以 33.5 億港元高價投得灣仔「地王」，其中，黃氏

25　信和集團：「集團里程碑」，1981 年，信和集團官網。

26　信和集團：「集團里程碑」，1988 年，信和集團官網。

家族佔四成、信和佔一成、新地佔四成半、菱電佔半成。該幅土地後計劃發展成為全香港最高的「中環廣場」。

1992年，中環廣場建成啟用，樓高374米，地上78層，總樓面面積140萬平方呎，可出租樓面面積逾110萬平方呎，為當時香港及亞洲最高樓宇。[27] 中環廣場的一個特色，是大廈頂部的避雷針裝有風速計，避雷針設有幻彩時鐘 ——「麗光時計」（LIGHTIME）。它由一組四格的燈光構成，每組代表15分鐘，由上而下每隔15分鐘變色一次，而色彩的變化以每6小時為一週期，周而復始。麗光計時可說綜合樂先進的科技、變幻的色彩、燦爛的燈光、活力的動感、創新的意念以及強勁的魄力於一體，成為當時香港的寫照。中環廣場可以說是信和集團及黃氏家族引為驕傲的代表作。

1989年5月，香港政府推出該財政年度的首次賣地3幅，信和及黃氏家族連奪兩幅工業用地，涉及資金2億港元。1991年10月，信和聯同隆豐國際及中國海外發展，以12.5億港元價格奪得沙田住宅地王，信和所佔股權佔九分之四。1993年12月，在備受矚目的畢架山龍坪道住宅地王的拍賣中，信和集團再次顯露「超級大好友」本色，它聯同華懋、南豐、中國海外及新加坡置業，擊敗約10個財團的激烈競爭，以39.4億港元高價奪標。這個價格比18億港元的底價高出一倍以上。據地產界人士分析，該幅土地物業發展每平方呎成本至少為8,000港元，發展商要獲兩成利潤，則樓價至少每平方呎10,000港元，數額之高確令人咋舌！這次賣地所引起的震撼，超過了會德豐系投鑽石山地王所引起的轟動。信和集團的積極進取作風可說始終如一，其在官地拍賣中買入的土地，大多數創出歷史新高，當時往往被人譏笑，事後又證明它眼光獨到。

1995年3月8日，黃氏家族將信和置業旗下的酒店業務以「信和

27 信和集團：「集團里程碑」，1992年，信和集團官網。

酒店有限公司」的名義分拆上市，令黃氏家族旗下在香港上市的公司增加到 3 家。[28] 信和酒店主要持有及管理多家酒店，包括港島北角電氣道城市花園酒店、尖沙咀皇家太平洋酒店等，以公佈當日市值計算總市值約 25 億港元。到 1996 年底，黃氏家族控制的上市公司，包括尖沙咀置業、信和置業及信和酒店，市值總額達 489.49 億港元，在香港上市財閥中排名第 11 位，次於郭鶴年家族。其中，旗下的信和置業於 1995 年被納入恒生指數成份股。

2010 年 2 月 2 日，信和集團創辦人黃廷芳病逝，享年 82 歲。黃廷方曾連續多年都被《福布斯亞洲》(*Forbes Asia*) 評為新加坡最富有的人。2009 年，《福布斯亞洲》估計他的財富高達 80 億美元（約合 113 億新元），超越排名第二的邱德拔家族（55 億美元）。對於他的辭世，豐隆集團執行主席郭令明表示：黃廷方是房地產界元老，在該領域擁有權威、深層了解房地產市場，且具備以另類眼光看待房地產市場的天賦才能。他不僅將遠東機構從一家小公司發展成房地產巨頭，也推動香港信和置業 (SinoLand) 取得今日的成功，這樣的成就對於一名新加坡人來說，是值得令人感到驕傲的。

黃廷方育有兩子六女，長子黃志祥負責掌管香港業務，次子黃志達則負責掌管新加坡的業務，擔任遠東機構總裁。黃志祥於 1975 年取得大律師資格，早年已跟隨父親參與香港拓展業務，1981 年出任信和集團執行董事，1991 年接替父親出任集團董事長，長期活躍於香港地產界。1991 年 10 月，他在參與沙田住宅地王的激烈競頭時，曾彎腰向前與隔數排座位的隆豐代表磋商合作，引起全場譁然，被稱為「飛將軍」，是香港地產界的「超級大好友」。事實上，早在 80 年代初，黃庭芳、黃志祥父子已相當看好香港經濟前景，認為香港地理位置優越，為東西方的經貿通道，來自世界各地的商旅絡繹不絕，並以香港為基地拓

28　信和集團：「集團里程碑」，1995 年，信和集團官網。

展對中國貿易，故此對物業需求很大。當時，信和置業主席黃志祥就表示：「香港對我極具吸引力」，「我們已完全投入香港的生活模式」。²⁹

回歸之後，信和集團在黃志祥的領導下，繼續積極從事地產業務，涉及住宅、商業樓宇、寫字樓、購物中心等各個領域。在住宅領域，信和置業自 2000 年以來，先後發展了西九龍的維港灣（2000 年）、帝柏海灣、柏景灣及藍灣半島（2001 年），粉嶺的帝庭軒一二期（2000-2002 年），港島南區的 Three Bays（2004 年），新界上水的御林皇府（2004 年），將軍澳的蔚藍灣畔和九龍京士柏豪宅區君頤峰（2004 年），港島半山的 Bowen's Lookout（2004 年）、新界上水的 St. Andrews Place（2005 年），西九龍的一號銀海、九龍塘的畢架山峰（2006 年），新界荃灣的萬景峯（2007 年），深水埗的海峯（2008 年），荃灣的御凱、沙田火炭的御龍山和馬鞍山銀湖‧天峰（2009 年），深水埗的御匯（2011 年）、西九龍的御金‧國峰（2012 年），以及近幾年的逸瓏園、凱滙、逸瓏灣、囍滙、BOTANICA BAY、逸瓏海滙、一號九龍道、囍逸、CLUNY PARK、逸瓏等。

信和集團的不少樓盤，都是依山、沿岸或臨海而建，白石角、逸瓏灣 8、馬鞍山 Silversands、西貢逸瓏園、西九龍維港滙、小西灣藍灣半島、屯門黃金海岸、均坐擁優美景色，可見信和對社區環境的重視。另外一些住宅項目，即使位置上未必可享自然美景，也會在周邊環境設計上花費心思，融入綠色生活。典型的例子是信和置業於 2007 年完成的香港市區重建項目萬景峯 / 荃新天地，該項目憑藉其全港首創及最大的「直立花園」、開放式露天園林廣場、氣冷及水冷混合中央空調系統等 11 項卓越環保建築設計和設施，榮獲香港環保建築協會頒發最高「白金」評級，並成為區內耀眼的地標。

在商業項目領域，主要包括長沙灣的香港中心（1998 年）、中環的

29　林惠瑩、方中日：〈黃志祥談信和「生仔」〉，《信報財經月刊》，第 5 卷第 1 期，第 30 頁。

中央廣場（2001 年），西九龍的奧海城一二期（2001-2002），九龍灣的
宏天廣場（2003 年）、港島灣仔的 The Hennessy（2008 年）、九龍灣的
國際交易中心（2008 年），以及荃新天地、屯門市廣場等。其中，宏天
廣場坐落於九龍灣商業區，為東九龍罕見的全海景甲級寫字樓大廈，樓
高 39 層，總建築面積 91 萬平方呎，屬新一代智慧商廈；九龍灣的國際
交易中心樓高 31 層，是全港首創每層特設綠花露台的甲級商廈，包括
60 萬平方呎寫字樓和 10 萬平方呎共 3 層的零售店舖面積。

　　與此同時，信和也積極拓展中國內地及海外市場，主要項目包括：
中國內地的福州信和廣場（2010 年），廈門信和·中央廣場（2012 年），
成都信和御龍山（2015 年），廈門信和·銀湖天峰（2017 年），漳州御
龍天下（2020 年）等；在新加坡的富麗敦天地（2001-2012 年），新加
坡富麗敦海灣酒店（2010 年），新加坡富麗敦蓮亭（2012 年）等。其
中，福州信和廣場為甲級商廈，包括 23 層甲級寫字樓和 4 層商場，總
面積 49 萬平方呎；富麗敦天地座落於新加坡商業中心與古跡區，總面
積達 140 萬平方呎，由多幢酒店與餐飲消閒區組成，包括富麗敦酒店、
富麗敦船屋、富麗敦海灣酒店、紅燈碼頭、富麗敦海韻樓、富麗敦一號
與富麗敦蓮亭等，當中的文化古跡經過仔細翻修，結合輝煌的歷史傳統
與現代設計觸覺，化身成獨一無二的臨海地標，為新加坡海旁帶來全新
面貌。

　　回歸以來，信和集團加強了對物業、酒店的投資。2019 年，信和集
團宣佈推出全新租務住宅品牌「Sino Suities」，涵蓋 7 個位處都會核心地
段的精品租務住宅項目，包括「柏寓（The Camphora）」、「嘉寓（The
Gage）」、「曉寓（The Hillside）」、「爵寓（The Humphreys）」、「囍寓（The
Johnston）」、「升寓（The Staunton）」及「駿寓（The Ventris）」等。[30]
據統計，截至 2019 年度，信和置業連同聯營公司的用作投資物業及酒

30　信和集團：「集團里程碑」，2019 年，信和集團官網。

店面積約 1,186 萬平方呎，其中以商舖及寫字樓為主，佔 61.6%；總租
金收入 43.40 億港元，佔總收入的 41.5%，已超過當年物業銷售 31.7% 的
比重，成為公司主要的收入來源；投資物業及酒店的租金收入為 42.4 億
港元，比 2004 年的 11.33 億港元增加了 2.83 倍。不過，土地儲備則從
2008 年的 4,480 萬平方呎減少至 2019 年的 2,207 萬平方呎，減幅高近五
成，主要是集團在中國內地的土地儲備大幅減少（表 5-4）。

表 5-4　信和置業投資物業及土地儲備概況

年度	2004 年	2008 年	2014 年	2018 年	2019 年	2021 年
投資物業／酒店面積（萬平方呎）	920	990	1130	1182	1186	1189
總租金收入（億港元）	11.33	19.15	34.51	40.82	42.40	36.65
土地儲備（萬平方呎）	2130	4480	3900	2190	2207	2080
香港	1510	1670	1420	1580	1594	1514
中國內地	620（包括新加坡）	2740	2410	520	527	480
新加坡		70	70	70	68	68
悉尼	——	——	——	20	18	18

資料來源：《信和置業有限公司年報》，2004 年、2008 年、2014 年、2017-2021 年

信和集團旗下酒店業務主要包括兩部分，由上市公司信和酒店持
有的酒店業務和由上市公司信和置業持有的酒店業務。其中，信和酒店
持有酒店包括：港島北角城市花園酒店（100% 權益）、太古廣場香港
港麗酒店（50% 權益）、尖沙咀皇家太平洋酒店（25% 權益，另大股東
黃氏家族持有 75% 權益）。信和置業持有酒店包括：新加坡富麗敦酒店
（100% 權益）、新加坡富麗敦海灣酒店（100% 權益）、香港港麗酒店
（30% 權益）、悉尼威斯汀酒店（50% 權益）、香港西九龍香港遨凱酒店
（100% 權益）等。截至 2019 年度，信和酒店共管理位於香港、新加坡
和澳洲的 10 家酒店，提供逾 3,600 間客房及套房，同時擁有及營運尊
尚豪華的黃金海岸鄉村俱樂部遊艇會。2022 年，信和集團旗下更增一
家酒店 —— 香港富麗敦海洋公園酒店，為一家臨海奢華度假酒店，亦

是香港首間富麗敦酒店和全球第一間富麗敦度假酒店。[31]

此外,信和集團還經營多項專業服務,包括物業管理(樓面面積超過 5,000 萬平方呎)、環境服務(為香港超過 150 項物業提供各項全天候的緊急服務和應急計劃)、保安服務(逾 140 項物業)、停車場服務(管理超過 120 個停車場和超過 15,000 個停車位)等。[32]

回歸以來,信和集團的另一個重要策略,就是積極推動可持續發展。信和集團以「建構更美好生活」為願景,透過「綠色生活」、「創新構思」和「心系小區」三項關鍵元素,建構宜居、宜作、宜樂的社區(表 5-5)。2007 年,信和於荃新天地興建全港首個位於購物商場的直立花園;2008 年推出「商廈天台綠化計劃」。時至今日,該集團已有超過 20 個已落成或在建的新建築項目獲得綠色建築認證。信和位於觀塘凱匯配備多種智能科技元素,綠化比率達 30%;旗下香港富麗敦酒店成為

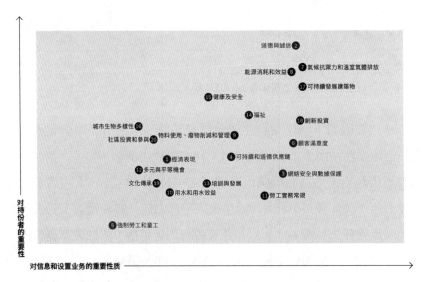

圖 5-5　信和集團的可持續發展議題陣
資料來源:信和集團官網

31　信和集團:「構建更美好生活」,2021 年,第 55 頁,信和集團官網。

32　信和集團:「構建更美好生活」,2021 年,第 56-59 頁,信和集團官網。

香港及中國內地首間店榮獲《WELL 建築標準™》v2 預認證酒店項目。
2020 年，信和集團啟動綜合綠色項目「一喜種田」，推動都市耕作和社
區綠化。目前，該項目於香港及新加坡共營運 16 個農圃，合共佔地逾
5.3 萬平方呎，種植超過 360 個品種的植物及農作物。[33]

　　2020 年，信和集團公佈《可持續發展願景 2030》，為未來制定
可持續發展藍圖。2021 年，信和置業參與由聯合國發起的「Business
Ambition for 1.5°C」聯署運動，為此信和置與香港科技大學攜手合作，
以科學基礎減量目標制定全方位計劃，銳意於 2050 年前實踐淨零碳排
放目標。信和的可持續策略獲得社會的高度認可。2020 年，信和置業
獲納入為恒生 ESG 50 指數成份股、第 5 屆「香港企業可持續發展指
數」首 10 名，並取得 MSCI 環境、社會與管治指數、全球房地產可持
續發展標準（GRESB）及 Sustainalytics 評級。2023 年 1 月，信和置業
在第 19 屆年度 Global 100 排行榜中獲評為全球 100 大可持續發展企業
之一，成為香港首間及唯一地產發展商獲選入此項國際主要可持續發
展指數。

　　目前，黃志祥家族在香港共持有 3 家上市公司，包括尖沙咀置業
有限公司（72.06%）、信和置業有限公司（56.51%）和信和酒店有限公
司（48.11%）（圖 5-6）。2017 年度，信和地產營業額達 188.34 億港元，
除稅前溢利 106.14 億港元，業績創下歷史新高。不過，2018 年以後，
其業績呈下降趨勢，2020 年度受全球新冠疫情影響，業績錄得大幅下
跌，除稅前溢利僅 22 億港元，比 2019 年度大幅下跌超過七成，幸而
2021 年度大幅回升至 130.05 億港元。信和酒店則在 2020 及 2021 年度
連續兩個年度錄得虧損（表 5-5）。信和集團主席黃志祥表示：「受新型
冠狀病毒疫情影響，2019-2020 財政年度面對前所未見的挑戰及特殊情
況」，「集團的經常性業務，包括物業租賃、酒店餐飲服務和物業管理

33　信和集團：「構建更美好生活」，2021 年，第 13 頁，信和集團官網。

服務,將繼續作為集團核心支柱」,「將繼續增加收益、提高效率和生產力,及提升產品和服務質素」,並「對香港經濟和物業市場前景審慎樂觀」。[34]

表 5-5　2014-2021 年度信和集團業務發展概況

單位:億港元

	尖沙咀置業			信和置業			信和酒店		
	營業額	除稅前溢利	總資產	營業額	除稅前溢利	總資產	營業額	除稅前溢利	總資產
2014 年度	75.11	103.20	1379.04	74.51	103.24	1369.28	3.29	2.55	31.42
2015 年度	218.96	106.13	1427.83	218.39	106.21	1418.03	3.17	2.20	31.56
2016 年度	108.57	77.56	1536.34	108.04	77.53	1490.58	2.94	1.77	31.82
2017 年度	183.86	106.27	1563.23	188.34	106.14	1552.66	3.01	1.90	31.83
2018 年度	107.81	156.73	1601.30	107.30	156.66	1591.07	3.14	2.08	31.83
2019 年度	80.60	77.24	1817.88	80.10	77.18	1807.48	3.21	2.08	31.78
2020 年度	59.35	22.01	1877.78	58.87	22.00	1867.23	1.61	-0.76	31.74
2021 年度	245.85	130.04	1826.64	245.45	130.05	1817.15	1.12	-0.99	31.73

資料來源:信和集團旗下上市公司年報,2014-2021 年

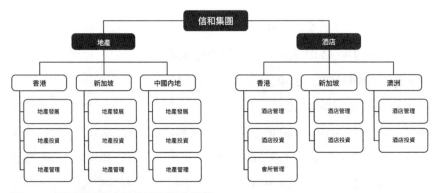

圖 5-6　信和集團的企業結構和業務結構
資料來源:信和集團官網

---

34 《信和置業有限公司 2020 年報》,第 15-16 頁。

▌郭令燦家族財團：國浩集團

　　東南亞諸國的華僑財團中，在香港經濟的影響力稍遜於郭、黃家族的，是馬來西亞的郭令燦家族。郭令燦，祖籍福建同安，是新加坡豐隆集團創始人郭芳楓的侄兒。郭芳楓 14 歲到新加坡謀生，1941 年與其兄郭芳來、弟郭芳政、郭芳良合作，創辦豐隆公司，經營建材、五金、漆料、採膠器材等生意。二次大戰後，豐隆公司廉價大量收購戰時剩餘物資，取得豐厚利潤，業務迅速擴展到馬來西亞及香港。1948年，豐隆公司改組並註冊為有限公司，當時旗下已有 6 家分公司。1963年，郭芳楓把公司 65% 股權分給他的三兄弟，馬來西亞業務則交由郭芳來及其子郭令燦主理。1973 年，郭令燦開始主理豐隆（馬來西亞）有限公司業務，他展開一連串收購行動，先後收購豐隆工業 52.8%、馬來西亞太平洋工業 50.45%、謙工業 33.21%、邁康 24.93%、豐隆信貸60.08%、百福 48.56% 股權，成為控制最多上市公司的馬來西亞財團，旗下經營的業務遍及金融、銀行、保險、房地產、製造業等。

　　1973 年，豐隆集團（Hong Leong Group）進入香港，展開投資業務。[35] 1982 年 3 月，郭令燦透過豐隆集團向英國 Grindlays 集團購入道亨銀行 100% 股權。這是豐隆集團在香港的第一次大發展。道亨銀行是一家歷史悠久的華資銀行，前身是 1921 年由董仲偉家族創辦的道亨銀號，最初主要經營匯兌找換業務，1935 年以後陸續在廣州、上海、天津、漢口等地設立分行，1948 年關閉在內地所設分行，將業務撤回香港。1962年道亨註冊為有限公司，1970 年被英國 Grindlays 集團收購 50% 股權，至 70 年代末成為該集團全資附屬公司。豐隆集團收購道亨銀行後，在香港建立牢固據點。1983 年 3 月，豐隆集團收購香港空殼上市公司馬斯活（Masworth），並以 9,000 萬港元現金收購集團的全資附屬公司豐隆企業集團，後者持有豐隆保險、豐隆證券、豐隆財務及 Brisk & Kindle 貿易公

35　國浩集團：「集團里程碑」，1973 年，國浩集團官網。

司；又發行新股收購道亨銀行 100% 股權。[36] 收購完成後，馬斯活改名為
「豐隆投資有限公司」，作為該集團在香港的上市旗艦。[37]

1985 年，豐隆投資透過旗下道亨銀行積極拓展業務，曾計劃收
購海外信託銀行屬下的工商銀行，後海外信託銀行出現龐大虧損，被
香港政府接管，有關收購計劃告吹。1986 年，豐隆投資發行新股集資
2.41 億港元，全數由科威特投資局認購，使科威特投資局的持股量增
至 44%，郭氏家族的持股量降至 44%，同為豐隆投資兩大股東。豐隆投
資集資的 2.41 億元，其中 1.5 億港元用作注入道亨銀行為資本，其餘
9,100 萬港元分別注入公司其他業務，包括證券經紀、保險、貿易及基
金管理等，以改善公司的贏利狀況。1987 年，豐隆投資易名為「道亨
集團有限公司」。[38]

1989 年，道亨集團擊敗眾多競投對手，以約 6 億港元價格購入被
香港政府於 1983 年 9 月接管的恒隆銀行。[39] 恒隆銀行也是一家歷史悠久
的香港本地註冊銀行，創辦於 1935 年，當時稱為恒隆銀號，1965 年註
冊為恒隆銀行有限公司。恒隆銀行在 70 年代發展頗快，到 80 年代除已
擁有 28 間分行，成為一家中等規模的本地銀行。不過，恒隆銀行在 80
年代初的地產高潮中過度投入，結果在地產市場崩潰時泥足深陷。1983
年 9 月，香港爆發空前的銀行危機，恒隆銀行的票據結算銀行渣打銀行
拒絕恒隆銀行一張票據的透支，導致恒隆銀行被香港政府接管，成為
80 年代銀行危機中第一家被接管的本地銀行。[40] 香港政府接管恒隆銀行
後，即組成以金融事務司為首的董事局，並委任滙豐銀行信貸部經理為
總經理，又向銀行注入 3 億港元資本。經過近 6 年的經營，恒隆銀行逐

36 《香港股票資料手冊（1982-1987 年）》，香港股票研究中心編印，1988 年，第 48 頁。

37 國浩集團：「集團里程碑」，1983 年，國浩集團官網。

38 國浩集團：「集團里程碑」，1987 年，國浩集團官網。

39 國浩集團：「集團里程碑」，1989 年，國浩集團官網。

40 馮邦彥：《香港金融史（1841-2017 年）》，第 224-225 頁。

步恢復贏利，業務重上軌道。因此，香港政府決定將恒隆銀行出售。

　　道亨集團收購恒隆銀行後，於 1990 年將恒隆銀行併入道亨銀行，使道亨銀行的規模擴大，分行數目從原來的 24 間增加到 48 間，一躍而成為香港擁有第 5 大分行網絡的本地註冊銀行。1990 年 6 月底，道亨銀行的存、貸款分別達到 154.9 億港元及 71.99 億港元，分別比上年度大幅增長 74.6% 及 64.9%；銀行總資產則增加到 162.95 億港元，增幅為 71.5%。該年度，道亨集團贏利達 1.51 億港元，比上年度大幅增長逾 50%。1991 年 1 月，道亨集團易名為「國浩集團有限公司」（Guoco Group Limited），藉此反映集團的業務結構，並拓展多元化業務。[41] 當時，國浩集團的業務中，約有七成來自銀行業務，其餘三成主要來自 1988 年收購的第一資本公司（First Capital Corp.）51% 股權。該公司在新加坡上市，主要從事投資控股、地產及貿易業務。

　　1992 年，國浩集團收購香港主要國際經紀行及金融顧問集團 HG Asia（Holdings）49% 權益。1993 年，國浩集團再度出擊，向香港政府購入於 1985 年被接管的海外信託銀行。海外信託銀行創辦於 1955 年，創辦人張明添，祖籍福建廈門，是馬來西亞富商，在新加坡、馬來西亞、澳洲及美加均有龐大投資，業務遍及金融、地產、酒店及製造業。1972 年，海外信託在香港上市，並積極向海外發展，先後在印尼、泰國、美加及英國等地開設分行，拓展華僑業務。踏入二十世紀 80 年代，海外信託銀行開始加強在香港的發展，先後以發行新股方式收購大捷財務及周錫年家族的華人銀行，而早在 1968 年，海外信託已從周錫年家族購得工商銀行。到 80 年代初，海外信託已自成一系，持有 3 家持牌銀行、兩家財務公司，在香港開設 62 間分行，全盛時期資產超過 120 億港元，存款總額超過 300 億港元，成為僅次於滙豐、恒生的第三大本地註冊銀行。

41　國浩集團：「集團里程碑」，1991 年，國浩集團官網。

可惜的是，1982 年 2 月，張明添在他的事業如日中天之際突然逝
世。張氏的逝世，令海外信託的形勢急轉直下。首先是董事局副主席莊
清泉與張氏妻子吳輝蕊及其子張承叫發生傾軋，導致雙方徹底決裂，莊
氏退出海外信託；接着，與海外信託關係、密切的連串公司，包括大來
財務、恒隆銀行、嘉年地產等相繼破產或被接管，令海外信託的困難迅
速表面化。1984 年 11 月，海外信託將剛收購兩年的華人銀行出售予力
實集團。1985 年 6 月，海外信託宣佈無力償還債項，結果成為繼恒隆
之後第二家被香港政府接管的銀行。當時，港府財政司彭勵治表示，
海外信託的負債已遠遠超過其資產，需要政府運用 20 億港元的外匯基
金拯救。香港政府接管海外信託銀行之後，曾先後運用了超過 40 億港
元的外匯基金使其運作。經過多年的艱苦經營，海外信託的業績逐步
改善，從 1988 年起恢復贏利。1993 年度，海外信託的贏利達 4.25 億港
元，而其累積虧損 28.53 億港元亦減至 1993 年的 14.06 億港元。至此，
海外信託銀行業務開始重上軌道。[42]

1992 年 9 月，港府宣佈着手進行出售海外信託銀行的安排，參加
競逐的財團眾多，結果國浩集團以 44.57 億港元價格再次成功收購海
外信託銀行，國浩集團通過發行可換股優先股集資約 29.64 億港元，
另安排一項三年期的銀團貸款集資約 12.09 億港元，合共約 41.73 億
港元，再加上內部調撥作為收購款項。該項交易被《歐洲貨幣》雜誌
（*Euromoney*）譽為「該年最經典的交易」。[43]

收購海託後，道亨銀行集團實力大增，分行數目由原來的 46 家增
加到 88 家，超過東亞銀行而成為擁有第三大分行網絡的銀行集團。到
1994 年 6 月底，道亨集團的存款總額達到 600.39 億港元，貸款總額為
362.95 億港元，分別比 1993 年同期增長 1.1 倍和 1.31 倍；集團總資產

42 馮邦彥：《香港金融史（1841-2017 年）》，第 226-227 頁。

43 國浩集團：「集團里程碑」，1993 年，國浩集團官網。

達 670.46 億港元，股東資金 60.17 億港元，稅後贏利 10 億港元，增幅分別達 1.1 倍、2.09 倍及 1.5 倍。以總資產計，道亨集團已成為本地註冊的第四大銀行集團，僅次於滙豐、恒生及東亞銀行。1993 年 12 月，國浩集團將道亨銀行集團分拆上市，其後更將海外信託銀行併入道亨銀行。到 1996 年底，郭令燦家族透過持有國浩集團、道亨集團兩家上市公司，控制的市值高達 444.59 億港元，在香港上市財團中名列第 12 位，成為影響力僅次於郭鶴年、黃廷芳的東南亞財團。

1998 年，道亨銀行將集團銀行財資部擴充，並易名為「道亨金融市場」。當年，道亨銀行獲《亞洲貨幣》雜誌（*Asiamoney*）頒發 1998 年香港區十大優選企業獎。1999 年，道亨銀行晉身恒生指數成份股，成為恒指四大銀行之一。[44] 不過，1997 年亞洲金融危機爆發後，道亨銀行的經營逐漸陷入困境，2001 年 4 月，國浩集團將所持道亨銀行股權出售予新加坡發展銀行集團（DBS），後者以 450 億港元（約 57 億美元）價格，即以 3.5 倍的賬面值，收購道亨銀行。[45] 在這次交易中，郭令燦家族獲利 29 億美元。[46]

出售道亨銀行後，郭令燦家族在香港持有的上市公司僅餘國浩集團，其經營業務主要涵蓋物業發展及投資、酒店及休閒業務、金融服務及自營投資等領域（圖 5-7）。其中，物業發展及投資主要透過集團持有 66.8% 股權的國浩房地產有限公司展開，該公司於 1978 年在新加坡上市，2002 年收購「豐隆地產有限公司」（Hong Leong Properties Berhad）65% 股權，並將其改名為「國浩房地產（馬來西亞）有限公司」（GuocoLand［Malaysia］Berhad），藉此進軍馬來西亞地產市場。[47]

44　國浩集團：「集團里程碑」，1998-1999 年，國浩集團官網。

45　國浩集團：「集團里程碑」，2001 年，國浩集團官網。

46　陳光：〈郭令燦：靜默的巨人〉，華商韜略編委會，華商名人堂網站，http://www.hsmrt.com/huangchuangshan/6716.html。

47　國浩集團：「集團里程碑」，2002 年，國浩集團官網。

圖 5-7　國浩集團股權及業務架構
資料來源:《國浩集團有限公司 2020 年報》,第 3 頁。

　　目前,豐隆地產公司的業務已擴展至新加坡、中國內地、馬來西亞和越南等地區。其中,在新加坡已發展 36 個住宅項目,提供約 11,000 個公寓及居所,並成功開發了集商業、住宅、零售、酒店和市區公園的旗艦綜合發展項目——國浩中心(Guoco Tower);在中國內地則持有龐大物業組合,遍佈北京、上海、南京、天津及重慶等主要城市;在馬來西亞,透過持有的馬來西亞上市公司國浩房地產(馬來西亞)有限公司,在當地開發以社區為主的住宅城鎮及創新的商業及綜合發展項目。2017 年,國浩房地產透過投資 Eco World International Berhad,與 Eco World Development Group Berhad 建立策略夥伴關係,將業務擴展至亞洲以外英國及澳洲等新市場。

　　在酒店及休閒業務方面,國浩集團持有 GL Limited 70% 股權及 The Rank Group Plc 52% 股權。GL Limited 為一家新加坡上市公司,其酒店業務由英國 GLH Hotels Limited 經營,後者是倫敦最大的持有及營運

酒店公司，旗下擁有 13 間酒店，大部分座落倫敦的優越地段，以 4 個自家品牌營運，包括 Amba 酒店、Guoman 酒店、Thistle 酒店及 Thistle Express 酒店，並以協力廠商品牌經營倫敦 Hard Rock 酒店。此外，GL 還持有夏威夷房地產及澳洲巴斯海峽石油及燃氣生產的特許權。而 The Rank Group Plc 為一家歐洲主要博彩公司，總部設於英國，並在倫敦證券交易所上市，其博彩娛樂業務覆蓋英國、西班牙及比利時。

金融服務則透過集團持有 25.4% 股權的豐隆金融集團有限公司展開。該集團為在馬來西亞上市的綜合性金融集團，持有上市公司豐隆銀行 64.4% 股權，該銀行在馬來西亞、新加坡及香港擁有超過 260 間分行，並在越南、柬埔寨等地擁有全資附屬公司。豐隆銀行亦持有豐隆伊斯蘭銀行（Hong Leong Islamic Bank Berhad）100% 權益、豐隆保險 70% 權益、MSIG Insurance（Malaysia）Bhd 30% 權益、豐隆保險（亞洲）100% 權益（在香港提供一般保險業務），豐隆資本 81.3% 權益，以及在上海證交所上市的成都銀行 17.99% 股權，從事銀行、保險、資產管理等金融業務。

在自營投資業務方面，國浩主要透過全資附屬公司國浩股本資產有限公司展開，涵蓋股票和直接投資以及財資運作等領域。值得注意的是，國浩集團在出售道亨銀行股權後，一直在吸納東亞銀行股權，到 2009 年 11 月，國浩持有東亞銀行的股權增加到 8.01%，有關國浩有意收購東亞銀行的傳聞一度在市場流傳。當時，東亞銀行大股東李國寶及其家族僅持有東亞約 15% 股權，有分析指出，李家股權分散是引發國浩收購興趣的關鍵，若李氏家族不能團結，國浩有可能發動敵意收購。[48] 截至 2022 年 6 月底，國浩集團持有東亞銀行 16.21% 股權，成為東亞銀行僅次李氏家族、三井住友銀行、西班牙 Criteria Caixa, S.A., Sociedad Unipersonal 之後的第 4 大股東。

---

48 〈東亞銀行否認遭國浩集團收購〉，《國際金融報》，2009 年 11 月 13 日，第 5 版。

2013 年和 2018 年，郭氏家族的控股公司豐隆集團曾經兩度提出
將國浩集團私有化建議，但都未能取得成功。[49] 目前，國浩集團由郭令
海出任董事會執行主席，郭令燦家族持有該集團 76.10% 股權。2019 年
度，國浩集團營業收入為 197.26 億港元，經營溢利 23.68 億港元，比
2018 年度分別大幅下跌 44.43 及 59.24%；2020 年度更錄得 11.45 億港元
的經營虧損（表 5-6%）。[50]

表 5-6　2016-2021 年度國浩集團經營概況

單位：億港元

	營業額	經營溢利	總資產
2016 年度	188.78	51.18	1141.32
2017 年度	232.20	55.18	1286.58
2018 年度	355.89	58.09	1319.03
2019 年度	197.26	23.68	1249.18
2020 年度	167.45	-11.45	1272.84
2021 年度	152.22	8.91	1317.53

資料來源：《國浩集團有限公司年報》，2016-2021 年

▍ 星展銀行集團與華僑永亨銀行集團

星展銀行的前身是新加坡發展銀行（DBS），創辦於 1968 年，其宗
旨是向工業提供長期信貸，以促進新興產業的發展及新的經濟增長，主
要方法是提供中長期貸款，股權參與和擔保等。1969 年，DBS 開始辦
理商業銀行業務；1976 年，DBS 開始向海外市場發展，當年在日本東
京設立第一間海外分行。[51] 在新加坡政府的支持下，DBS 銀行業務發展

49　國浩集團：「集團里程碑」，2013-2018 年，國浩集團官網。

50　《國浩集團有限公司 2019 年報》，第 73-75 頁。

51　星展銀行：「星展里程碑」，星展銀行（香港）有限公司官網。

快速，在 1992 年至 1996 年期間，銀行稅後淨利潤年均增長達 16.3%，
逐步成為一家能夠提供全面服務的銀行集團，在零售銀行、財資市場、
證券、新加坡元貸款、存款、股票及債券融資等市場上均佔領導地位。
1997 年在新加坡市場 IPO 的 36 家公司中，有 11 家以新加坡發展銀行
為牽頭銀行。到 1997 年底，新加坡發展銀行在國內擁有 43 間分行，並
在全球 12 個國家和地區設有辦事處；股東資金達 72 億新加坡元，總資
產達 652 億新加坡元，成為新加坡規模最大的銀行集團，也是新加坡股
票交易所最大的上市公司之一，新加坡政府持有該銀行 44% 股權，為
銀行最大股東。[52]

1998 年，新加坡發展銀行與新加坡郵政儲蓄銀行（POS Bank）合
併，郵政儲蓄銀行始於 1876 年，後於 1972 年脫離郵政系統獨立出來，
並獲得穩步發展。兩間銀行合併後，新加坡發展銀行的客戶超過 400 萬
戶，規模進一步擴大。同年，新加坡發展銀行收購香港的廣安銀行。廣
安銀行創辦於 1938 年，1996 年在香港上市，為香港一家本地註冊的小
型銀行。1998 年 12 月，新加坡發展銀行向富士銀行（瑞穗實業銀行前
身）收購於 1965 年入股的廣安銀行股權，並展開全面收購，撤銷其上
市地位。其後，新加坡發展銀行改名為 DBS 廣安銀行，並加強對香港
市場的拓展。

2001 年 4 月，新加坡發展銀行再以 450 億港元（約 57 億美元）價
格向國浩集團收購道亨銀行後，以資產計算已成為香港第 4 大銀行集
團。[53] 2003 年 5 月，新加坡發展銀行集團宣佈將其屬下的新加坡發展銀
行與道亨銀行、DBS 廣安銀行合併重組，並改名為「星展銀行」，英文
名「The Development Bank of Singapore Ltd」則改為「DBS Bank Ltd」，
以「更好體現其泛亞洲（Pan－Asia）的志向。」目前，星展銀行（香

52 《新加坡年鑑 1998（華文版）》，新加坡新聞與藝術部、《聯合早報》，1998 年，第 140 頁。

53 星展銀行：「星展里程碑」，星展銀行（香港）有限公司官網。

港）共設有 34 間分行，擁有超過 4,000 名員工，主要提供包括零售銀行、中小企業及大型企業銀行的全面金融服務，已發展成為香港一家主要的銀行集團。根據畢馬威關於《新形勢下的應變之道：2020 年香港銀行業報告》的數據，截至 2019 年底，星展銀行（香港）總資產為 4466.97 億港元，客戶存款總額 3,741 億港元，當年稅後淨利潤 53.61 億港元，以資產計在香港本地註冊 10 大銀行中排名分別居第 9 位和第 6 位。[54]

　　星展銀行在進入香港發展的同時，也積極拓展中國內地市場。其實，該銀行早在 1993 年已開始進入中國內地，當年在北京設立駐華辦事處。1995 年，該銀行設立上海分行，並於 1998 年成為首批獲准經營人民幣業務的 10 家外資銀行之一。2007 年 5 月，經批准，「星展銀行（中國）有限公司公司」成立，總部設在上海。目前，星展銀行中國在上海、北京、深圳、廣州、蘇州、天津、南寧、東莞、杭州、重慶、青島、西安等城市共設立 12 間分行，並在上海自貿區等地設立 21 間支行，形成完善的經營網絡。截至 2019 年度，星展銀行中國營業收入為 27.25 億元人民幣，稅前利潤 8.85 億元人民幣，總資產 1229.36 億元人民幣。[55]

　　經過多年的發展，星展銀行已成為一家以新加坡為基地的亞太區金融集團，總部設於新加坡，並在新加坡上市，業務遍及全球 18 個國家和地區，其中重點集中於大中華、東南亞和南亞三個地區，提供企業及機構銀行、中小企業銀行及零售銀行等全方位金融服務，所取得的 AA- 和 Aa1 級信貸評級位列全球最高級別之一，大股東為新加坡政府旗下的淡馬錫集團（圖 5-8）。2019 年，星展銀行總收入為 145.44 億新

54　畢馬威（KPMG）：《新形勢下的應變之道：2020 年香港銀行業報告》，第 68、71 頁，畢馬威官網。

55　《星展銀行（中國）有限公司 2019 年度報告及資本管理信息披露報告》，第 5、7 頁。

加坡元，淨利潤 63.91 億新加坡元，總資產 5,79 億新加坡元。[56] 在集團收入中，新加坡約佔 63%，包括香港、中國內地在內的大中華地區約佔 27%，南亞、東南亞及全球其他地區約佔 10%。2019 年，星展銀行同時獲得《環球金融雜誌》（*Global Finance*）、《銀行家》（*The Banker*）和《歐洲貨幣》（*Euromoney*）頒發三項的「全球最佳銀行」榮譽。從 2009 至 2022 年，星展銀行連續 14 年被《環球金融雜誌》評選為「亞洲最安全的銀行」。

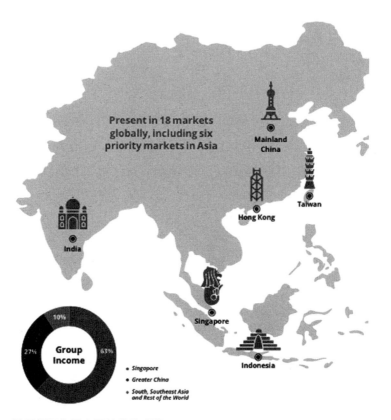

圖 5-8　星展銀行在亞太區的業務重點
資料來源：DBS Group Holdings Ltd Annual Report 2019

56　*DBS Performance Summary：Financial Results For the Fourth Quarter ended 31 December 2019 and For the Year 2019*, p. 3.

　　華僑永亨銀行的前身是華商馮氏家族創辦的永亨銀行。永亨銀行
前身為永亨銀號，創辦於 1937 年，創辦人為馮堯敬。1960 年，永亨銀
號獲香港政府發給銀行牌照，註冊成立為永亨銀行。1973 年，美國紐
約歐文信託公司購入永亨銀行超過半數權益，歐文信託公司於 1988 年
與美國紐約銀行集團（現紐約銀行梅隆集團）合併。1993 年 7 月，永
亨銀行在香港聯交所上市。香港回歸後，永亨銀行積極拓展中國內地市
場，先後於 1997 年和 2000 年在廣州、上海設立代表處。2005 年，上海
代表處經中國人民銀行批准升格為上海分行，永亨成為 CEPA 實施後首
批獲准在內地開設分行的港資銀行之一。2004 年，永亨銀行收購浙江
第一銀行，規模進一步擴大。2007 年，永亨銀行在深圳成立全資附屬
銀行 —— 銀行永亨銀行（中國）有限公司，同年在廣州開設分行。

　　不過，2009 年全球金融海嘯爆發後，香港中小銀行的經營環境日
趨惡化，華資的永隆銀行、創興銀行等控制性控股相繼出售，永亨銀
行也成為外資銀行的收購對象。2014 年 4 月，新加坡華僑銀行以每股
125 港元的價格，全面收購永亨銀行，涉及資金 387 億港元。至此，持
有 23.58 股權的馮氏家族和持有 20% 股權的美資紐約梅隆銀行（Bank of
New York Mellon Co.）退出永亨銀行。華僑銀行以資產計為東南亞第二
大金融服務機構，旗下附屬子公司包括大東方控股、利安資金管理公司
及新加坡銀行。[57] 其中，新加坡銀行在香港持有銀行牌照。華僑銀行收
購永亨銀行後，將其改名為「華僑永亨銀行」，並在香港聯交所退市。

　　目前，華僑永亨銀行在香港擁有 27 間分行，遍佈港九新界各地，
並持有華僑永亨銀行（中國）、華僑永亨信用財務、華僑永亨證券、華
僑永亨保險顧問、華僑永亨（代理人）等多家全資附屬公司，從事銀
行、財務、證券、保險等多種金融業務。其中，僑永亨銀行（中國）總
部設在上海，在中國內地北京、上海、廈門、天津、成都、廣州、深

57　華僑永亨銀行：「集團背景」，華僑永亨銀行官網。

圳、重慶、青島、武漢、紹興、蘇州、珠海和佛山等 14 個城市共設有
19 個網點。根據畢馬威關於《新形勢下的應變之道：2020 年香港銀行
業報告》的數據，截至 2019 年底，華僑永亨銀行總資產為 2971.35 億港
元，客戶存款總額 2095.28 億港元，當年度稅後淨利潤 24.83 億港元。[58]

▌陳弼臣／陳有慶家族財團：亞洲金融集團

　　來自東南亞的家族財團還有陳弼臣／陳有慶家族旗下的亞洲金融
集團。陳弼臣，廣東潮陽人，早期在泰國曼谷開設五金木業行，並創
辦亞洲貿易公司等企業。1944 年，陳弼臣聯合聯中泰商賈集資 20 萬美
元，在曼谷創辦盤谷銀行。在陳弼臣的主理下，盤谷銀行發展迅速，到
80 年代已成為泰國最大銀行集團。1983 年，美國《金融》雜誌將盤谷
銀行列為全球 12 大商業銀行之一。1982 年 3 月，美國《時代》週刊稱
陳弼臣是「泰國的頭號大亨」、「泰國的最大家庭企業王國的北極星」。

　　陳氏家族進入香港是始於二戰後。1946 年，陳弼臣入股香港商業
銀行。1955 年，陳有慶在美國學成畢業，受父親委派到香港開拓業務，
加入香港商業銀行。當年，香港汕頭商業銀行獲批准為「授權機構」。
1965 年，盤谷銀行成為香港商業銀行股東之一，兩年後陳有慶出任香
港商業銀行總經理。1972 年，香港商業銀行引入日本東海銀行作為策
略性股東。1985 年，陳有慶出任香港商業銀行董事長兼總經理。

　　陳氏家族在香港從事的主要業務還有保險業。1959 年，陳弼臣、
陳有慶父子、劉奇喆及其他華商創辦「亞洲保險有限公司」。創辦初
期，亞洲保險主要做財產保險，公司的生意主要來源於三類客戶，一是
與公司大股東關係密切的潮州商人，包括潮州商人開設的米舖、南北行
等；二是旅港福建商人，包括當時與恒隆銀行、海外信託銀行、建南銀

58　畢馬威（KPMG）：《新形勢下的應變之道：2020 年香港銀行業報告》，第 71 頁，畢馬威
　　官網。

行等關係密切的福建商人；三是地道的香港本地華商，包括大生銀行以及滙豐銀行、美國銀行的華經理的本地客戶。1972 年，亞洲保險在香港掛牌上市，成為香港最早上市的華資保險公司之一。當時，亞洲保險的資本金增加至 1,000 萬港元，旗下員工達到 60 人。經營的業務亦擴展至團體人壽保險、團體意外保險、個人醫療保險、各類人壽保險，以及水火及其他意外保險等，並利用保險收入進行各項投資。[59]

80 年代期間，國際保險經紀公司進入香港，亞洲保險因應形勢的發展，加強與國際經紀的合作。1976 年及 1989 年，美國 Continental Group 及日本千代田火災海上保險公司（Chiyoda Fire & Marine Insurance of Japan）先後成為亞洲保險的股東之一。[60] 1990 年 10 月，亞洲保險與香港商業銀行合併，組成「亞洲金融集團（控股）有限公司」，並在香港上市，從事銀行、保險及證券等金融業務。1992 年底，銀行存款達 46.7 億港元，貸款 31.3 億港元。[61] 1995 年，亞洲金融採用全新的公司標誌，旗下的香港商業銀行易名為「亞洲商業銀行」。

回歸之後，亞洲金融推動業務轉型，從直接業務轉向發展中介人業務及人壽保險業務。2001 年，亞洲金融與廖創興銀行、上海商業銀行、永亨銀行、永隆銀行及浙江等多傢俱 50 年歷史的香港本地銀行合組「香港人壽保險有限公司」，主要透過其股東銀行網絡近 200 家分行推廣保險產品，由銀行專業的理財顧問為客戶提供全副理財及保險等「一站式」服務，有別於其他以保險代理銷售的保險公司。2004 年 9 月，亞洲金融與中國人民保險集團、廣東省粵電集團、日本財產保險公司、日本愛和誼保險公司，以及多家香港銀行合組「中人保險經紀有

59　香港股票研究中心：《香港股票資料手冊（1982-1987）》，香港股票研究中心編印，1988年，第 37 頁。

60　蔣瑋：〈愛國愛港的金融家〉，華商韜略編委會，華商名人堂網站，http://www.hsmrt.com/chenyouqing/933.html。

61　香港股票研究中心：《香港股票資料手冊（1988-1993）》，第 50 頁。

限公司」，2005 年該公司擁有全國性保險中介人牌照，經營包括保險經紀、再保險經紀、風險管理等業務。同年，陳氏家族第三代陳智思出任亞洲金融集團總裁。2006 年，亞洲金融以 45.8 億港元價格，將亞洲商業銀行全部股權出售予大眾集團。當時，亞洲商業銀行擁有 12 間分行。同年，陳氏家族將資金用以增持亞洲金融股權至超過 50%，亞洲金融亦入股泰國康民醫院和康民國際有限公司，在東南亞、中國內地、中東等地區發展醫療服務。

目前，亞洲金融的主要股東包括 Claremont Capital Holdings Ltd、泰國盤谷銀行、Sompo Holdings, Inc.、日本 Aioi Nissay Dowa Insurance Company Limited 等，主要從事保險、醫療服務、退休金及資產管理、投資組合及物業發展投資等業務。2019 年度，亞洲金融收益 17.02 億港元，除稅前溢利 4.34 億港元，總資產 148.58 億港元。[62] 2022 年 4 月 18 日，陳有慶病逝，其子陳智思接任亞洲金融集團主席兼行政總裁。

▍張曉卿家族財團：世界華文媒體

來自東南亞的家族財團還有張曉卿家族旗下的世界華文媒體。張曉卿，祖籍福建閩清，1935 年出生於馬來西亞詩巫市，1975 年，張曉卿白手起家，創辦了常青公司（Rimbunan Hijau Group），經營伐木和出口圓木生意。翌年，常青公司獲得了沙撈越州 4 個縣的伐木權，經營逐步走上軌道。經過多年的發展，張曉卿旗下的常青集團共擁有 24 條膠合板生產線，及東馬來西亞 120 公頃的森林伐木權，一躍成了馬來西亞最大的膠合板生產與出口公司。張曉卿因而被譽為「木材大王」。

1988 年 4 月，張曉卿投資接手馬來西亞歷史悠久但正瀕臨破產的華文報紙《星洲日報》。[63]《星洲日報》由萬金油大王胡文虎創辦，因為

---

62 《亞洲金融集團（控股）有限公司 2019 年報》，第 67、71 頁。
63 世界華文媒體：〈企業發展史〉，1988 年，世界華文媒體有限公司官網。

經營不善，報社關門。張曉卿表示：「我不忍心看到讀了 40 年的報紙，就這麼沒了。」在他多年的精心運作和改革下，《星洲日報》不僅重現生機，而且在眾多華文報中脫穎而出，成為馬來西亞第一大華文報紙。1992 年 11 月，張曉卿再購入馬來西亞一家華文報紙《光明日報》，與《星洲日報》結為姐妹報。[64] 1995 年，張曉卿從於青年商人于品海手上收購了在香港和北美頗有影響的明報企業集團，進入香港市場。[65]

張曉卿接手《明報》後，繼續維持原有的辦報宗旨，主要面向以中產階級、專業人士和企業的決策人為主體的讀者群，維持較高的公信力。根據香港中文大學從 1997 年起進行的「香港新聞機構公信力調查」，《明報》從 1997 年至 2010 年期間的 5 次調查中，都被受訪市民評為最高公信力的中文報章。《明報》因而從踏入千禧之年後開始在報頭上注有「公信第一」的宣傳字樣，直到 2014 年 1 月的調查被《香港經濟日報》超越為止。

2004 年 4 月，明報企業集團收購經營內地雜誌業務 Media2U 集團，並成立萬華媒體集團有限公司，經營及發行大中華地區的消閒生活雜誌出版業務。2005 年 10 月，明報企業將旗下萬華媒體分拆在香港上市。[66] 該公司經營的雜誌業務包括在香港出版的《明報周刊》、《兒童週刊》、Hi-Tech Weekly，以及在中國內地發行的《MING 明日風尚》、《Top Gear 極速志》、《Top Gear 汽車測試報告》等雜誌業務，並向《科技新時代》、《世界發明》、《汽車測試報告》三本內地雜誌提供內容。

2007 年 1 月，張曉卿透過明報企業有限公司，向在新加坡和馬來西亞上市的星洲媒體和在新加坡上市的南洋報業集團展開收購，交易於 2008 年 4 月 23 日完成，星洲媒體和南洋報業集團從新加坡證券市

64　世界華文媒體：〈企業發展史〉，1992 年，世界華文媒體有限公司官網。
65　世界華文媒體：〈企業發展史〉，1995 年，世界華文媒體有限公司官網。
66　世界華文媒體：〈企業發展史〉，2004-2005 年，世界華文媒體有限公司官網。

場退市，明報企業則改名為「世界華文媒體有限公司」（Media Chinese International Ltd.），成為在香港和馬來西亞雙邊上市的公司。[67] 合併後的世界華文媒體成為中國以外全球最大的華文報刊集團之一，旗下擁有的媒體機構包括：總部設在香港的明報企業（Ming Pao Daily）、馬來西亞的星洲媒體（Sin Chew Media）和南洋報業控股（Nanyang Press Holdings），包括《明報》、《星洲日報》、《南洋商報》、《光明日報》、《中國報》等 5 份日報，共 11 個版本，以及《明報加東網》、《明報加西網》，發行覆蓋範圍包括北美洲、東南亞和中國地區的主要城市；而集團透過萬華媒體持有的《明報周刊》、《亞洲週刊》、《MNIG'S》、《學海》、《小星星》等十多份雜誌則主要在馬來西亞、香港、台灣及中國內地發行。此外，世界華文媒體還持有明報教育出版有限公司、明報出版社及旗下四個品牌 —— 明文出版社、明窗出版社、日閱堂、小明文創，以及翠明假期旅行社等。[68]

在香港，《明報》、《明報周刊》、《亞洲週刊》等都是香港傳媒行業具有影響力的報刊。其中，《明報》是香港最具公信力、發行量最大的報紙之一；《亞洲週刊》創刊於 1987 年，1994 年由明報企業向華納時代收購，是全球首本國際性時事週刊，亦是海外發行量最大的華文時政週刊之一。2019 年度，世界華文媒體營業收入為 2.86 億美元，除稅前虧損 653.7 萬美元，總資產 2.26 億美元。[69]

▌ 黃子明 / 黃創山家族財團：寶光實業

來自東南亞的家族財團還有黃子明家族旗下的寶光實業。黃子明，祖籍廣東普寧，早年在泰國曼谷開設通城錶行，業務發展迅速。其後，黃子明取得海島燕窩開採權，並將賺取利潤在曼谷大量購入土地儲

---

67 世界華文媒體：〈企業發展史〉，2008 年，世界華文媒體有限公司官網。

68 世界華文媒體：「公司業務」，世界華文媒體有限公司官網。

69 《世界華文媒體有限公司 2018-2019 年報》，第 89-91 頁。

備，為旗下的兩家上市公司曼谷置地和華榮泰的發展奠定基礎。到 80
年代中後期，黃氏家族控制的曼谷置地已成為泰國最大的地產公司之
一，擁有約 7,000 萬方呎土地儲備。泰華榮主要經營地產發展、酒店、
飲食業、電訊及公共運輸系統，擁有土地儲備約 1.63 億平方呎。

　　60 年代初，黃子明到香港發展，1963 年創辦「寶光製造有限公
司」，初期主要是從事製造高級手錶配件，資本額是 40 萬港元，規模
有限。60 年代，香港新移民大量湧入，為寶光提供了充裕的廉價勞動
力，生產規模迅速擴大。1967 年香港政局動盪，物業價格大幅下跌，
黃子明趁自建廠房大廈，奠定寶光在鐘錶製造業的基地。1972 年，寶
光在香港上市，其時公司已有僱員 2,500 人，盈利 740 萬港元，已初具
規模。寶光的英文名字 "STELUX" 獨特地結合了 "Steel"（鋼）及 "luxury"
（華麗），原因於 1960 年代初期，集團所製造的不銹鋼零件被視為華麗
的產品。

　　70 年代中期，由於受到經濟不景的影響，寶光的鐘錶業務一度遭
到很大損失，集團開始向地產發展，以附屬的上市公司美漢企業為旗
艦，投資地產業。1979 年，寶光實業調整策略，把美國寶路華、香港
京華銀行、美漢置業及瑞士的兩家獨資公司出售，將所得資金發展地
產。不過，寶光實業的地產發展並不成功，在 1983 至 1984 年地產低
潮中泥足深陷。寶光於是在 1981 年改組為「寶光實業（集團）有限公
司」，於 1985 年成立手錶連鎖集團 —— 時間廊，先後在香港、新加
坡、馬來西亞等地開設逾 100 間連鎖店，成為香港以至東南亞著名的
手錶製造及零售集團。1988 年，寶光在香港購入眼鏡業務 ——「眼鏡
88」，並把業務擴展至亞洲各地區。

　　與此同時，黃子明家族還於 1974 年在香港創辦「白花貿易公司」，
經營進口洋酒批發業務。1981 年，該公司取得了著名運動品牌德國「美
洲獅」在香港、澳門地區的代理權。1982 年，白花貿易公司易名為「華
基泰有限公司」，並於 1983 年再取得「彪馬」在中國大陸及泰國的代
理權。1989 年，華基泰和寶光實業分別收購家族公司寶基有限公司。

這時，華基泰已發展成為經營運動用品、酒樓及酒店的投資者和管理者、媒介及娛樂事業項目管理、地產發展的綜合性集團。

80 年代初中期，香港地產市場低迷，黃子明家族轉而投資泰國房地產業，其子黃創保在曼谷北郊廊曼國際機場旁邊規劃投資曼谷衛星城 —— 通城新都。該項目總投資 108 億美元，為世界上最大的私人衛星城發展計劃。弟弟黃創山則利用華基泰集團和他掌管的泰國華榮泰，通過整合資源投入泰國房地產市場，奪得包括泰國交易廣場、曼谷架空電氣化鐵路（BTS）等大型項目。90 年代初，黃氏家族旗下的泰華榮和曼谷置地先後在泰國上市，這兩家公司合併市值佔當時泰國股市總值的 12-15%。據美國《福布斯》雜誌公佈，黃子明家族淨資產超過 70 億美元，榮登「泰國首富」寶座。[70]

不過，1997 年亞洲金融危機爆發，令黃子明家族的企業受到重創，其中 BTS 項目尤為困難。黃創山領導的華基泰旗下的「天天漁港」全線結業，集團的 Puma 工廠也遭關停、專營權易手，最後連華基泰集團也被迫賣掉，華榮泰也是勉強求生。當時，黃創山旗下公司欠下的債務加上他的擔保，數額高達 200 億港元。但在逆境下，黃創山依然看好 BTS 項目。1999 年，與黃家是世交的鄭裕彤親自到曼谷洽談合作，並在 BTS 即將通車之際投資約 13 億港元入股 BTS。BTS 通車後，旋即成為「堵車名城」曼谷的最佳出行方式。到 2009 年，黃創山終於還清債務，並成為 BTS 的大股東。

2010 年，BTS 被併入華榮泰，其後華榮泰改名為 BTS 控股集團（BTS Group Holdings）。2013 年，BTS 旗下基礎設施建設基金正式上市，集資 21.3 億美元，創出泰國歷史上最大規模的上市交易。截至2014 年，BTS 集團總資產達到 21.74 億美元，年淨利潤超過 4,000 萬美

---

70 李壯：〈黃創山：球開出去就要死拼到底〉，香港：華商韜略編委會，華商名人堂，參見：http://www.hsmrt.com/huangchuangshan/6716.html

元，成為泰國資本市場前 50 大公司之一。集團旗下擁有軌道運輸、媒
體、房地產、資訊系統、酒店管理及服務，以及高爾夫球場等業務。除
了軌道運輸，集團旗下 VGI 全球媒體公司亦掛牌上市，不僅成為泰國
最大的戶外媒體公司，並且將業務擴展到老撾、柬埔寨、緬甸及越南等
東南亞國家。[71]

　　至於黃氏家族在香港的業務，則主要是所持有的寶光實業（國際）
有限公司（STELUS Holdings Intertional Limited）。2002 年，寶光實業
旗下的「時間廊」獲得「香港超級品牌」的稱號。2005 年，寶光購入
擁有「精工」品牌鐘錶於香港、新加坡及馬來西亞獨家經銷權的通城集
團，進一步擴展集團的手錶零售業務。2011 年，寶光實業開設提供單
一品牌的鏡架連鏡片零售連鎖店「eGG Optical Boutique」。不過，寶光
其後於 2018 年 6 月將眼鏡業務出售。目前，寶光實業（國際）的營運
業務主要包括「時間廊」的手錶零售，「精工」及其他品牌的手錶批發
業務，以及自家品牌包括「CYMA」和「鐵達時」的手錶供應鏈管理和
手錶機芯製造等。2019 年度，寶光實業的營業收入為 14.58 億港元，除
稅前虧損 1.15 億港元，總資產 19.82 億港元。[72]

第三節　美國資本財團

▌ 美國資本在香港的早期發展

　　美國資本是香港主要的外資力量之一，在香港發展具有悠久的歷
史。早在香港開埠之前，美資洋行就與英資洋行一起，活躍在廣州及
南中國一帶。其中，最著名的是旗昌洋行（Russell & Co.）和瓊記洋行

71　李壯：〈黃創山：球開出去就要死拼到底〉，參見：http://www.hsmrt.com/
　　huangchuangshan/6716.html
72　《寶光實業（國際）有限公司 2019 年年報》，第 44-46 頁。

（Augustine Heard & Co.）。旗昌洋行是當時廣州僅次於怡和洋行、寶順洋行的第三大鴉片走私公司。1827 年，旗昌洋行成為美國在華最大的鴉片商，除鴉片貿易外還代理歐美公司在中國推銷商品，採辦絲茶等。1841 年香港開埠後，旗昌在香港開設分公司，並把主要業務轉移到香港。[73] 這是美資進入香港的最早記載。

1862 年，旗昌洋行先後創辦「旗昌輪船公司」（Shanghai Stream Navigation Company）和「揚子江保險公司」（Yangtze Insurance Association），將業務擴展到航運、倉儲碼頭、保險業，又開辦機器繅絲和焙茶廠，成為十九世紀最大的在華美資企業。1866 年，旗昌輪船乘寶順洋行倒閉之機，收購了該洋行的全部輪船設備與船塢，實力進一步增強，一度稱霸長江航運。不過，十九世紀 70 年代中期，旗昌洋行大股東福士因為投資紐約、倫敦和太平洋航運公司失敗而破產，旗昌洋行和旗昌輪船公司退出長江航運，並最終倒閉。[74] 另一家在香港開埠初期相當活躍的美資洋行是創辦於 1839 年的瓊記洋行。1861 年，瓊記洋行開展大規模的保險業務，充當了紐約 3 家保險公司的代理。1864 年滙豐銀行籌備創立時，瓊記洋行的赫德成為滙豐臨時委員會 15 位成員之一。[75]

這一時期，美資在銀行業也有相當的發展。1902 年，美國花旗銀行（當時稱「萬國寶通銀行」）在香港開設分行。這是香港最早的美資銀行。1916 年，以經營旅行支票業務為主的美國運通銀行（American Express Co. Inc.），在香港開設分行，當時美洲華僑的匯兌業務多由該行經營。1924 年，美國大通銀行（The Chase Manhattan Bank）在香港開設銀行。1930 年，以經營人壽保險業務為主的美國友邦銀行（Underwriters Bank Inc.）亦前來開設分行，並藉此擴展其保險業務。至

73　T K Ghose：《香港銀行體制》，中國銀行港澳管理處培訓中心，1989 年，第 3 頁。

74　馮邦彥：《香港英資財團（1841-2019 年）》，第 114-115 頁。

75　柯立斯著、中國人民銀行金融研究所譯：《滙豐銀行百年史》，北京：中華書局，1979 年，第 160-161 頁。

此，美國共有 4 家銀行在香港營運。在保險業方面，友邦保險於 1919
年在中國上海創立，1947 年進入香港發展，成為中國內地及香港歷史
上最早進入的美資保險公司之一。不過，歐美等西方國家在經歷第一次
世界大戰和 30 年代經濟大蕭條之後，已無暇東顧，到 1941 年至 1945
年間日本佔領香港後，香港與美國之間的聯繫基本中斷。

二次大戰後，美資借剩餘戰爭物資捲土重來，美港貿易急劇回
升。但好景不長，隨着朝鮮戰爭爆發，美國帶頭對中國實行禁運，不僅
使香港轉口貿易陷入困境，亦沉重打擊了在港美資商行，美港貿易直線
下降，直到 50 年代末仍未恢復到禁運前水平。美國大通銀行也因此而
關閉在香港的分行。50 年代以後，香港經濟開始轉型，邁向工業化，
製造業獲得快速發展，美資在香港的投資結構也發生變化。1955 年，
美資在香港建立第一家工廠，到 1959 年增加到 6 家。美資對香港製造
業的投資，最初是成衣業，接着是塑膠製品和電子工業等。在 70 年
代，美資在香港製造業每年平均約兩項新投資。到 1979 年底，香港製
造業中美資公司已達 27 家。

80 年代，美資在香港製造業進一步發展，每年平均的新投資增加到
4 項。根據香港政府工業署的統計，截至 1988 年底，美資在香港的製
造業公司已增加到 158 家，按原值計算的累計投資額為 89.71 億港元，
僱員 3.8 萬人，居香港製造業外來投資之首。美資企業一般規模較大，
資本技術密集，以獨資為主，工貿兼營，較易獲得美資銀行融資。這一
時期，最矚目、最具規模的是美國摩托羅拉（Motorola）半導體公司在
香港推行的「矽港計劃」（Silicon Harbour）。1967 年，摩托羅拉在香港
成立摩托羅拉半導體香港有限公司，作為摩托羅拉亞太區半導體部門中
心。1982 年，摩托羅拉在葵芳搭建了生產測試中心和工程實驗室，1986
年加建先進集成電路設計中心，1988 年開始運作全自動集成電路組裝中
心，同年開啟「矽港中心」（Silicon Harbour Center）項目規劃。1990 年，
大埔「矽港中心」建成，為當時亞洲第二半導體測試裝配工廠，每週能
測試 520 萬晶片；1994 年更成功研發出後來在個人電子手賬（PDA）微

型處理器市場佔有率高達 70% 的龍珠晶片。摩托羅拉的「矽港計劃」總投資額達 3 億美元，頗具規模。摩托羅拉等外資公司在香港設立的生產線，培養了大量有經驗的工程師，亦造就了香港盛極一時的電子行業。

不過，進入 90 年代之後，由於土地、人力成本急劇上升，美資在製造業的投資開始減少，每年增長率減少至 3 項目。到 1995 年，美資製造業公司共 87 家，其中獨資公司 59 家，以原值計算總投資 133.14 億港元，成為僅次於日本的第 2 大海外投資者。美資的投資主要以電子業為主，其他包括紙製造品、電器及化學製品。2002 年，摩托羅拉大埔工廠亦被迫關閉，生產線遷往天津、吉隆坡，其「矽港中心」亦被改建為鳳凰衛視的辦公樓，香港錯失成為「矽港」的發展前景，令人嘆息。

60 年度中後期以後，美資在香港地產業也取得了重要進展，最矚目的就是發展大型私人屋邨 —— 美孚新邨。美孚新邨地段坐落在西九龍荔枝角灣畔，原是一幅土地面積龐大的美孚油庫，業主是在香港已有數十年歷史的美孚石油公司。其母公司是美國一家規模龐大的跨國公司 —— 美國紐約標準石油公司。1893 年，紐約標準在中國開設美孚石油公司。1906 年，美孚進入香港，其推銷的美孚燈曾名噪一時。60 年代中期，美孚眼見香港市區地價昂貴，於是與美國地產公司 Galbreath Ruffin Corporation 及建築公司 Turner Construction Co. 合組「美孚企業有限公司」，發展香港第一個私人屋邨，定名為「美孚新邨」。

美孚新邨地段佔地面積多達 40 畝，美孚將原油庫遷往青衣，然後在該地段上發展 99 幢 20 層高住宅大廈，共計 13,115 個住宅單位，為全球樓宇數目最多的住宅項目，並形成包括休憩花園、娛樂場所、商業店舖，滿足全部生活需求的一個「城中城」。這個計劃在 1965 年提出時，被認為是香港樓宇發展史上最具創造性的概念。美孚新邨總投資近 7 億港元，分 8 期工程進行，從 1966 年底開始動工，到 1978 年全部完成。美孚公司將美孚新邨發展為一個完善的獨立社區，為 7 萬人提供居所，成為香港地產發展史上重要里程碑。

在銀行業，朝鮮戰爭爆發後，在香港開設分行的美國銀行僅剩下

3 家，即花旗銀行、運通銀行和友邦銀行，但 3 家銀行業務也幾乎陷於停頓。1959 年，美國最大的商業銀行——美國銀行（Bank of America）來香港開設分行，使美資銀行再次增加到 4 家。60 年代，隨着越南戰爭的升級，美資銀行在香港進入積極擴展期。1964 年，美國西雅圖國民商業銀行（National Bank of Commerce Seattle）在香港開設分行；同年，美國大通銀行捲土重來，收購了香港荷蘭安達銀行全部資產，在香港正式恢復營業。從 1964 年至 1966 年，美資銀行先後在香港開設分支行，連同新開設的國際商業銀行（西雅圖國民商業銀行的附屬銀行）和大通銀行兩家主行在內，共達 12 間。其中，花旗銀行 1 間，國際商業銀行 4 間，美國銀行 3 間，運通銀行 2 間。到 1968 年底，美國在香港開設的銀行達 6 家，共 22 間主分支行。這幾家銀行在零售業務方面建立起了穩固的根基，在其他業務領域也頗為活躍。

60 年代中期香港政府「凍結」發放銀行牌照之後，多家美資銀行通過收購香港本地銀行股權進入香港。1971 年 8 月，美國太平洋亞洲銀行向廣東銀行提出了收購股權建議，首次收購廣東銀行 40% 的第一優先股，由於每兩股第一優先股附帶 1 股第二優先股，太平洋亞洲實際持有廣東銀行約 50% 的股份。及至 1973 年，太平洋亞洲持有廣東銀行股權增加到 69%。80 年代銀行危機期間，廣東銀行因為再次遭受擠提風潮，被迫將其餘 31% 股權售予太平洋亞洲，成為太平洋亞洲的全資附屬公司。[76]到 1987 年 10 月，美國金融機構在香港共完成 6 宗金融股權收購，包括：美國太平洋銀行收購廣東銀行 100% 股權，美國華通銀行收購香港華人銀行 99.7% 股權，美國歐文公司收購永亨銀行 51% 股權，美國富國銀行收購上海商業銀行 20% 股權，中美合資的華美國際有限公司收購遠東銀行 10% 股權，中美合資的新思想公司收購友聯銀行 61% 股權（表 5-7）。

76　中國建設銀行（亞洲）、香港大學經濟及工商管理學院金融創新與發展研究中心：《香港華資銀行百年變遷：從廣東銀行到建行亞洲》，香港：中華書局，2016 年，第 102 頁。

表5-7　美資收購香港本地華資持牌銀行的情況（截止1987年10月12日）

被收購銀行	收購者或接受者	收購股權（％）
廣東銀行	美國太平洋亞洲銀行	100
遠東銀行	國銀亞洲集團有限公司 華美國際有限公司（中美合資）	65 10
香港華人銀行	美國華通集團	99.7
上海商業銀行	美國富國銀行	20
永亨銀行	美國歐文信託公司	51
友聯銀行	香港新思想有限公司（中美合資）	61

資料來源：香港華商銀行公會研究小組著、饒餘慶編：《香港銀行制度之現況與前瞻》，香港華商銀行公會，1988年

　　1978年香港政府重新發放銀行牌照之後，進入香港的美資金融機構進一步增加，1979年底增加到15家。到1989年底，美資在香港的持牌銀行有20家、持牌接受存款公司（1990年2月改稱為「有限制牌照銀行」）5家、註冊接受存款公司（1990年2月改稱為「接受存款公司」）29家、銀行代表處17家、基金公司6家、保險公司42家。其中，大多數美資有限制牌照銀行、接受存款公司和基金公司都是美資持牌銀行在不同業務領域的分公司，而美資銀行又是美國大銀行的分行。

　　不過，進入90年代，美資在香港銀行業的數目有所下降，到1996年，持牌銀行減少為14家、有限制牌照銀行11家、接受存款公司7家。這些美資銀行中，花旗銀行、大通銀行、美國銀行、運通銀行等都是美國名列前茅的銀行集團，在香港的分支網絡亦十分雄厚，美資銀行在香港銀行業所佔存款約佔總存款的一成。[77]

　　整體而言，美資銀行是香港市場上的淨貸款者，即吸收存款少而貸放資金多，但其所貸放資金則並非全部用於香港，並扮演積極引進創新型金融產品和融資手段的角色。各美資銀行在業務分佈與經營策略方

77　錢可通：《香港經濟全貌》，香港出版集團有限公司，1996年，第175頁。

面也有很大差異。花旗銀行在港主要經營樓宇按揭和信用卡等零售業務；大通銀行的主要業務是為高收入階層提供私人銀行和投資銀行服務；運通銀行則側重信用卡和外匯存款業務。此外，美資銀行在外匯業務、證券包銷及牽頭安排境外銀團方面也較為活躍。1987 年以前，美資銀行在香港外匯市場中佔總成交量的一半，其中花旗、摩根信託、美華、信孚與大通 5 家即佔總成交量的 29%。

在證券市場，特別是 1988 年香港證券市場改革以後，美國公司在證券和商品期貨交易、投資諮詢、基金管理等領域十分活躍，主要有：美林、所羅門兄弟、Dean Witter、高盛、雷曼兄弟、信孚、摩根士丹利、Delaitte Touche Tohmatsu 等。[78] 1993 年 9 月，摩根士丹利投資專家羅奇和比格斯聲稱將在其主理的全球投資組合中調高香港 / 中國的比重，並大舉入市，結果令恒生指數在短短一個月間連破 8,000 點和 9,000 點兩大關口，並直逼 10,000 點大關，掀起所謂的港股「十月狂飆」。美資投資銀行和證券公司對香港股市的影響可見一斑。

據恒生銀行的一份研究報告，進入過渡時期，美國在香港的直接投資存量，從 1986 年的 39.80 億美元，增加到 1992 年的 85.44 億美元，年增長率達 13.6%。其中，製造業達 22.46 億美元，批發貿易 29.14 億美元，金融保險和地產達 12.91 億美元，銀行業達 9.32 億美元，服務業達 3.49 億美元，石油及其他達 8.15 億美元。[79] 根據香港政府的統計，1994 年，美國在香港的直接投資存量為 645 億港元，到 1997 年增加到 1,286 億港元，3 年間增長近 1 倍。[80] 這一時期，美資在香港開設的公司超過 1,000 家，其中相當數量將亞太區總部設在香港，美國並有 12 個州在香港設有辦事處。

78　中國銀行港澳管理處經濟研究部：〈美國在香港的經濟利益〉，中銀集團《財經評述》，第 129 號，1992 年 10 月 13 日，第 4 頁。

79　恒生銀行：〈外商在香港直接投資的趨勢及前景〉，《恒生經濟月報》，1993 年 10 月，第 2 頁。

80　香港特區政府統計處：〈香港的外來直接投資〉，《香港統計月刊》，1999 年 9 月，第 5 頁。

▋ 公用事業／基礎設施：埃克森美孚、環球貨櫃碼頭

70 年代以後，美資財團相繼在香港投資公用事業及基礎設施項目。其中，在最大的項目是美國埃克森美孚公司對青山發電廠的投資，以及海陸聯運投得葵涌三號貨櫃碼頭經營權。1964 年，埃克森美孚能源與中華電力合資創辦「半島電力有限公司」，在新界青衣島南岸興建青衣發電廠。1978 年和 1981 年，埃克森與中電與埃克森再兩度合作，先後合資創辦九龍發電有限公司和青山發電有限公司，興建青山發電 A、B 兩廠。這三家公司的股權，均是中電佔 40%，埃克森能源佔 60%。

埃克森能源前後在 3 家發電廠累計投資超過 10 億美元，成為美資在香港的最龐大投資項目。埃克森美孚公司是世界最大的石油天然氣生產商，在全球能源和石化領域的諸多方面位居行業領先地位，其歷史可以追溯到約翰·洛克菲勒於 1882 年創建的標準石油公司。九龍及青山發電廠的全部設備均購自英國通用電力發電機公司，燃油由美國東方標準石油公司供應，燃煤則從南非、加拿大等地進口。1992 年，中電宣佈改組，由青山發電有限公司收購半島電力和九龍發電兩家電力公司，青山發電廠成為中電唯一的電力供應者，負責中電集團的全部發電業務。而在此之前，埃克森與中電第四度合作，透過青山發電廠斥資 600 億港元在屯門爛角咀（後易名龍鼓灘）興建一間現代化的大型天然氣發電廠，以適應 1997 年以後香港的電力需求。

在航運碼頭業方面，美國海陸聯運有限公司（Sea-land）組成「海陸貨櫃碼頭香港有限公司」，於 1973 年投得葵涌三號貨櫃碼頭的經營權，該公司是環球貨櫃碼頭有限公司（CSX World Terminals）的附屬公司，隸屬總部設於美國北卡羅來納州夏洛特市的運輸集團 CSX。在海陸聯運碼頭香港有限公司的經營下，三號貨櫃碼頭於 1982 年建成投產，碼頭岸線長 305 米，沿岸水深 14. 米，碼頭面積 16.7 公頃。1988 年及 1994 年，該公司又相繼完成亞洲貨櫃物流中心一二期工程。亞洲貨櫃物流中心是亞洲唯一具備貨櫃整箱上落樓層運輸及裝卸功能的物流綜合大廈，被視為亞洲第一整箱貨櫃物流中心，與三號貨櫃碼頭的設施互

相協作，產生協同效應。香港回歸前夕，環球貨櫃碼頭（CSX）又聯同置地、新鴻基地產、新創建等合組「亞洲貨櫃碼頭有限公司」（ACT），投得青衣九號貨櫃碼頭經營權，其後亞洲貨櫃碼頭與現代貨箱碼頭互換泊位，獲得葵涌八號貨櫃碼頭（西）的兩個泊位。

環球貨櫃碼頭透過海陸貨櫃碼頭香港有限公司持有三號貨櫃碼頭超過 6 成股權及與之配套的亞洲貨櫃物流中心（ALT）股權，並持有亞洲貨櫃碼頭有限公司（ACT）約三成股權，總投資額超過 5 億美元。1996 年，三號貨櫃碼頭刷新世界紀錄，單一泊位年處理貨櫃超過 100 萬標準集裝箱。該貨櫃碼頭擁有兩個世界級的客戶 —— 南韓的韓進航運和全球最大海運集團丹麥馬士基，其貨運量就佔了碼頭輸送量的 7 成以上。三號貨櫃碼頭是香港最具生產力的碼頭營運商之一，除了提供全天候式廿四小時的貨櫃碼頭服務，還有多元化輔助服務，包括器械維修及工程服務，以及貨櫃存儲等，為客戶提供全面的服務。

此外，在香港赤鱲角國際機場建設中，美資也有積極的參與。其中，美資公司 Bechtel 是全部機場核心規劃項目的管理者，Greiner 為新機場做總規劃，摩根士丹利是香港政府「港口和機場開發策略」（PADS）的財務顧問，JP 摩根是臨時機場管理局的財務顧問。[81]

不過，回歸之後，美資相繼撤出了對香港公用事業和基礎設施領域的投資。2013 年 11 月，在中電控股的主導下，中電控股與中資的中國南方電網、埃克森美孚能源達成一項收購協議，中電控股將與中國南方電網公司的全資附屬公司 —— 南方電網國際（香港）有限公司，共同收購埃克森美孚能源所持有的青山發電有限公司 60% 股權。中電與南方電網各自收購一半權益（30%），作價分別為 120 億港元。此外，中電控股與埃克森美孚能源再達成另一項協議，單獨收購由埃克森美孚能源所持有的香港抽水蓄能發展有限公司的 51% 權益，作價為現金 20

81　中國銀行港澳管理處經濟研究部：〈美國在香港的經濟利益〉，中銀集團《財經評述》，第 129 號，1992 年 10 月 13 日，第 4 頁。

億港元。交易完成後，中電控股持有青電 70% 股權，及港蓄發的 100% 權益；而南方電網香港則持有青電 30% 股權。至此，埃克森美孚能源公司撤出了投資近 50 年的香港電力系統，共套現 260 億港元。

在航運碼頭業，美資也撤離了葵涌貨櫃碼頭。1999 年，美國 CSX 集團將旗下的海陸聯運出售予丹麥馬士基集團，改名為「馬士基海陸」，至 2006 年收購鐵行渣華（Royal P&O Nedlloyd）後統一成為「馬士基航運」。出售海陸聯運後，CSX 集團於 2000 年將「海陸貨櫃碼頭香港有限公司」改名為「環球貨櫃碼頭香港有限公司」，繼續經營葵涌三號貨櫃碼頭。不過，三號貨櫃碼頭的兩大客戶韓進航運與馬士基的合約相繼屆滿，不再續約，令三號碼頭的貨運量驟降，生意頓失大額現金流，從而令 CSX 集團萌生退意，決定出售碼頭股權。2004 年 9 月，CSX 委託花旗銀行放盤，參與競投的財團多達五六家。同年 12 月，CSX 最終以 12 億美元將所持環球貨櫃碼頭香港和亞洲貨櫃碼頭的股權及相關權益出售予沙地阿拉伯迪拜港口國際集團（DPI）。2005 年，迪拜港口國際集團與迪拜港務局合組「迪拜環球港務集團」（DB WORLD），繼續經營葵涌三號貨櫃碼頭。這樣，美資在香港的兩個最大投資項目中都相繼撤離。

▌ 銀行業：花旗、JP 摩根大通、高盛、摩根士丹利

回歸之後，儘管受到 1997 年亞洲金融危機和 2008 年全球金融海嘯爆發的兩次大規模衝擊，但美資在香港的銀行業、資產管理、保險業等領域仍保持強勁的發展勢頭和相當大的競爭力。

在銀行業，截至 2019 年底，美資共有持牌銀行 10 間，有限制牌照銀行 4 家。其中，主要的美資持牌銀行有：JP 摩根大通銀行（JPMorgan Chase Bank, National Association）、花旗銀行（CITI Group）、花旗銀行（香港）有限公司（CITIBank Hong Kong）、美國銀行（Bank of America Corp.）、美國富國銀行（Wells Fargo Bank, National Association）、美國富道銀行（State Street Bank and Trust Company）、紐約銀行美隆公司、華美銀行等。其中，JP 摩根大通銀行、美國銀行、美國富國銀行、花

旗銀行均為美國排名前 5 位、在全球金融業實力雄厚的跨國金融集團，
在 2019 年美國《財富》雜誌全球 500 強排行榜中分別位列第 47 位、第
58 位、第 69 位及第 71 位。

　　香港美資銀行中，以花旗銀行的歷史最長、規模最大、根基最
深厚，其前身是成立於 1812 年的「紐約城市銀行」（City Bank of New
York）。該行自 1902 年進入香港至今已超過一個世紀（2002 年前在香
港稱為「萬國寶通銀行」），曾寫下香港銀行業的多個第一次，包括
1986 年在全港率先提供觸屏式自動櫃員機，1998 年率先引入網上銀行
業務等。1991 年，國際商業銀行倒閉，加上當時花旗銀行在南美洲、
美國及澳洲的大量壞賬，觸發花旗銀行香港分行發生擠提，紐約總行曾
一度考慮將其結束，後來在大批銀行客戶以及滙豐、渣打提供現金支
持，再由集團澳洲分行調撥資金解決，才得以度過危機。

　　1998 年 10 月，花旗公司（Citicorp）與旅行家集團（Travelers
Group）合併，組成「花旗集團股份有限公司」（Citigroup Inc.）。2004
年 10 月，花旗集團旗下全資附屬公司「花旗銀行（香港）有限公司」
（Citibank (Hong Kong) Limited）獲准成為香港持牌銀行。2005 年，花
旗集團對花旗銀行香港分行（Citibank, N.A., Hong Kong Branch）和花
旗銀行（香港）業務展開重組，將花旗銀行香港分行的零售業務並入
花旗銀行（香港）。資產移交完成後，花旗銀行香港分行專責企業銀行
和私人銀行業務，而花旗銀行（香港）則主要從事零售銀行業務。2014
年，花旗銀行斥資 54.25 億港元購入仍在建的九龍東 One Bay East 全幢
大廈，作為集團在亞洲區的總部。

　　近年來，香港花旗銀行秉承「建設一個以客戶為中心的數碼生態
圈」宗旨，以流動理財互動和客戶為本原則，致力優化體驗，積極推
動數碼轉型，構建銀行的數碼平台和生態圈，通過應用開放程式界面
（API），提供更簡易、更便捷、無縫的金融服務。與此同時，香港花旗
銀行重點發展兩項業務：其一，財富管理服務，於 2021 年成立「Citi
Global Wealth」，整合個人銀行及私人銀行當中富裕客戶以至超高淨值

資產人士整個理財光譜內各種資產規模，以提供更極致的財富管理服務；其二，設立「Instutional Clients Group」，專為跨國及本地企業、金融機構、機構投資者，以及公營機構等機構客戶提供跨境金融服務，涵蓋商業銀行、企業銀行、資本市場及咨詢、財資及貿易金融、證券服務及環球市場等業務。

目前，花旗銀行（香港）共有 13 間分行，行內分別設有「花旗私人客戶業務中心」、「CitiBusiness® 中小企中心」、「Citigold 財富管理中心」、「國際個人銀行服務中心」，以及「Citibank 網上理財」等，經營業務涵蓋消費銀行、商業銀行、企業和投資銀行、市場和證券服務、私人銀行、交易銀行和財資管理，為超過 100 萬客戶提供金融服務。截至2019 年底，花旗銀行（香港）總資產為 2328.27 億港元，客戶存款總額1747.59 億港元，當年稅前利潤 32.74 億港元（表 5-8）。香港不僅成為花旗銀行的區域樞紐，更成為重要的增長市場。

2020 年 4 月，花旗銀行對集團零售業務展開重組，宣佈退出全球14 個國家及地區零售銀行業務市場，包括中國內地，並將零售銀行業務集中於香港、新加坡、阿聯酋及倫敦這 4 個財富中心，運營其亞太、歐洲、中東和非洲的消費銀行業務。這一年，花旗銀行迎來公司在香港成立 120 周年。花旗銀行香港及澳門區行政總裁辛葆璉表示：「繼往開來，花旗集團立足香港 120 年，未來將繼續以香港作為亞洲業務的重要樞紐。花旗香港在堅如磐石的基礎上，將運用自身卓越的數碼能力，以及專業貼心的財策服務，進一步鞏固行業領導地位，並引領新一輪金融科技策創新，開創更璀璨的下一個 120 年。」[82]

JP 摩根大通銀行最早可追溯到 1977 年成立的曼哈頓公司。2000 年，J.P 摩根公司（JP Morgan & Co. Incorporated）和大通曼哈

82　特約專稿：〈立足香港 120 年花旗香港陪伴港人同步成長路〉，2022 年 11 月 10 日，香港經濟日報網站（hket）。

頓（The Chase Manhattan Corporation）合併，組成「JP 摩根大通」（JP
Morgan Chase & Co.）。2008 年，摩根大通收購貝爾斯登（Bear Stearns
Companies Inc）和華盛頓互惠銀行（Washington Mutual），成為美國最
大的全能銀行集團，業務覆蓋全球 100 多個市場。[83] JP 摩根大通總部設
立於美國紐約，其亞太區總部位於香港，是全球盈利最佳銀行之一。摩
根大通自 1924 年進入香港（大通銀行）至今，已經營了超過 90 年，在
香港資本市場相當活躍，曾多次被評為香港最優秀、最有影響力的投資
銀行，在執行香港複雜上市發行方面具有廣泛的經驗。

　　1999 年 11 月，摩根大通擔任聯繫全球協調人，成功發行數額達 43
億美元的香港盈富基金。摩根大通並積極在大中華地區開展投資銀行業
務，主承銷了許多國有企業發行項目，包括多起 H 股重組上市項目。
截至 2019 年底，JP 摩根大通銀行在香港的總資產為 1744.33 億港元，
客戶存款總額 537.87 億港元，當年稅前利潤 10.98 億港元（表 5-8）。
此外，摩根大通銀行於 2007 年在內地成立「摩根大通銀行（中國）有
限公司」，在北京、上海、天津、廣州、成都、哈爾濱、蘇州及深圳等
地設立業務網絡及分支機構，為中國本土及跨國公司、金融機構和政府
機構提供全方位的金融服務。

表 5-8　2019 年底香港主要美資銀行（分行）業績概況

單位：億港元

持牌銀行	總資產	客戶存款總額	稅前利潤
花旗銀行	4777.88	3568.25	52.64
花旗銀行（香港）	2328.27	1747.59	32.74
JP 摩根大通銀行	1744.33	537.87	10.98
美國銀行	1353.62	458.67	9.03
美國富國銀行	336.15	10.60	1.26

資料來源：畢馬威（KPMG）：《新形勢下的應變之道：2020 年香港銀行業報告》

83　JP Morgan Chase & Co., *History of Our Firm*, JP Morgan Chase & Co. website.

　　美資的有限制牌照銀行主要有：高盛亞洲（Goldman Sachs Asia Bank Limited）、摩根史丹利銀行亞洲國際有限公司、花旗國際有限公司、美國銀行證券亞洲有限公司（Bank of America Securities Asia Limited）等，亦為美國主要的投資銀行，在香港均位居前列。其中，高盛創辦於 1869 年，總部設於美國紐約曼哈頓，是全球最大的投資機構之一。2019 年，高盛以營業收入 525.28 億美元、利潤 104.59 億美元，在美國《財富》雜誌全球 500 強中位列第 204 位。該集團於 1984 年在香港設亞太地區總部，2006 年在香港註冊成立「高盛亞洲集團」，1994 年先後在北京和上海開設代表處，正式進駐中國內地市場。

　　香港回歸之後，高盛亞洲在協助中資公司海外股票發售中一直佔據領導地位，其中具有里程碑意義的交易包括：1997 年為中國移動通信進行首次公開招股發售，籌資 40 億美元，成為亞洲地區（除日本外）規模最大的 IPO 項目之一；2000 年協助中國移動通信進行後續股票發售交易（籌資 69 億美元）及可轉換債券發售交易（籌資 6.9 億美元）；同年協助中國石油進行首次公開招股發售，籌資 29 億美元；2002 年協助中國銀行（香港）進行首次公開招股發售，籌資 26.7 億美元。不過，2020 年，高盛集團旗下子公司 Goldman Sachs（Asia）LLC 因在監控方面犯有嚴重失誤和缺失，遭到香港證監會罰款 3.5 億美元。

　　摩根士丹利（Morgan Stanley）前身是老摩根士丹利，成立於 1935 年。1997 年，摩根士丹利（Morgan Stanley Group Inc.）與添惠·發現公司（Dean, Witter, Discover & Co.）合併，成立新摩根士丹利——摩根士丹利·添惠·發現公司（Morgan Stanley Dean Witter Discover & Co.），成為全球最大的證券公司，2001 年更名為「摩根士丹利」（Morgan Stanley）。2008 年，摩根士丹利成為一家銀行控股公司，並與三菱日聯金融集團（MUFG）結成戰略聯盟。[84] 摩根士丹利的業務涵蓋財富管理、

84　Morgan Stanley, *About us: History*, Morgan Stanley website.

投資銀行與市場、銷售與貿易以及投資管理。2019 年，摩根史丹利以營業收入 501.93 億美元、利潤 87.48 億美元，在美國《財富》雜誌全球 500 強中位列第 218 位。

摩根士丹利於 1984 年進入香港，設立「摩根士丹利國際（香港）有限公司」，從事私人財富管理業務，為客戶提供投資、銀行和交易/經紀執行服務方面的產品及解決方案，1999 年改名為「摩根士丹利亞洲國際有限公司」，設有全資附屬機構「摩根士丹利國際銀行（中國）有限公司」，其前身為「珠海南通銀行」，致力於發展中國內地市場業務。2014 年，摩根士丹利入股尚乘集團，成為其戰略投資者。2019 年，摩根士丹利亞洲國際更名為「摩根史丹利銀行亞洲有限公司」（Morgan Stanley Bank Asia Limited），升格為持牌銀行。該公司表示：「啟用新名稱後，本行將繼續投入資源和人才與客戶展開合作，提供更廣泛的銀行及接受存款服務，為客戶實現其戰略和財務目標。」2019 年度，摩根史丹利銀行亞洲錄得淨收入 3.64 億美元，除稅前溢利 1.00 億美元，總資產 46.90 億美元。[85]

根據瑞恩資本（Ryanben Capital）的統計，2018 年 8 月至 2020 年 7 月的兩年期間，以保薦人身份參與香港主板 IPO 的 10 大證券商中，美資佔了 3 家，分別是摩根士丹利、高盛和花旗國際（表 5-9）。

表 5-9　美資機構在香港 IPO 仲介機構的排名

仲介機構名稱	2018 年 8 月至 2020 年 7 月	
	排名	IPO 數量（家）
摩根士丹利	1	25
高盛	4	18
花旗國際	10	10
美林	17	8
摩根大通	24	7

資料來源：瑞恩資本、香港交易所

85　《摩根士丹利銀行亞洲有限公司報告及財務報表》，2019 年 12 月 31 日，第 7-10 頁。

　　截至 2019 年底，美資銀行總資產為 12,850 億港元，佔香港銀行資產總額的 5.25%；客戶存款總額 6,860 億港元，佔香港銀行客戶存款總額的 4.98%；客戶貸款 3,530 億港元，佔客戶貸款總額的 3.40%，其中，在香港使用的客戶貸款 2,870 億港元，在境外使用的客戶貸款 660 億港元，分別佔總額的 3.95% 和 2.11%。從總體看，美資銀行的各項指標中，除了存款總額高於日資銀行外，均排在各類銀行集團的末位。不過，從近年數位看，美資銀行在銀行體系中的各項指標的比重均呈輕微上升趨勢（表 5-10）。

表 5-10　美資認可金融機構在香港銀行體系資產負債表中主要項目

單位：10 億港元

	資產總額	客戶存款	客戶貸款	在香港使用的客戶貸款	在境外使用的客戶貸款
2018 年	1156（4.81%）	619（4.62%）	299（3.08%）	254（3.75%）	44（1.49%）
2019 年	1285（5.25%）	686（4.98%	353（3.40%）	287（3.95%）	66（2.11%）
2020 年	1409（5.45%）	761（5.24%）	336（3.20%）	270（3.67%）	66（2.10%）
2021 年	1440（5.46%）	845（5.56%）	370（3.40%）	301（3.90%）	69（2.17%）

注：( ) 裏的數字是該項數額在當年香港銀行體系中的比重
資料來源：香港金融管理局：《年報》，2018-2021 年

▌ 資產管理業：貝萊德、黑石、道富環球、信安金融

　　在資產管理和基金行業，美國的機構投資者，特別是貝萊德集團、黑石集團、道富環球集團、信安金融集團等均相當活躍。貝萊德集團（BlackRock，Inc.），又稱黑岩集團，成立於 1988 年，當時是黑石集團的金融資產管理部門（Blackstone Financial Management），1992年獨立，更名「貝萊德集團」。2006 年，貝萊德收購了 Merrill Lynch Investment Management，擴大了其零售和國際業務。2009 年，貝萊德

收購巴克萊全球投資公司（BGI），成為美國及全球規模最大的上市資產管理集團。該集團總部位於美國紐約，為美國及全球規模最大的上市資產管理集團，業務遍及美國、歐洲、亞洲、中東等 30 多個國家和地區，客戶遍及全球 100 多個國家和地區（圖 5-9、圖 5-10），截至 2019 年 6 月在全球管理德資產達 6.84 萬億美元，包括股票、固定收益投資、現金管理、替代性投資等。貝萊德在香港設有地區性總部 —— 貝萊德香港，在香港資本市場有廣泛的投資，宣稱「致力服務香港市

圖 5-9　貝萊德在 30 多個國家 / 地區設有 70 多個辦事處
資料來源：貝萊德集團官網

圖 5-10　貝萊德在全球的客戶分佈
資料來源：貝萊德集團官網

場，協助更多投資者進行未來財務規劃，無論客戶希望達致甚麼財務目標，我們均竭盡全力，務求不負所託」，設有「iShares 安碩交易所買賣基金」、「Aladdin 金融科技」等，前者「以靈活且低成本的方式發掘市場潛力」；後者「是全流程解決方案，可在投資過程每一環節提供一致且實用的數據，讓投資專業人士可查看整個投資組合情況，了解風險水平並採取精準部署」。[86]

貝萊德集團是香港多家藍籌上市公司或機構，諸如滙豐控股、領展房地產投資信託基金、香港交易所等的主要持股者。2018 年 11 月前，貝萊德是滙豐控股的第一大股東，持有滙控 6.69% 股權。不過，其後中國平安增持滙控股權至 7.01%，超越貝萊德成為第一大股東。2019 年 10 月，貝萊德斥資 45.46 億港元增持有滙控股權至 7.32%，超越中國平安（7.01%）再次成為滙控第一大股東。近年來，貝萊德也不斷增持領展房地產投資信託的股權，2019 年 8 月增持至 9.12%，成為第一大股東。貝萊德曾一度成為香港交易所僅次於香港特區政府的第二大股東，持有量達 5.02%。[87] 貝萊德還投資諸如偉易達、國際資源集團等上市公司，以及眾多中資企業上市公司，在香港經濟中有廣泛的影響。自 2020 年 5 月下旬以來，貝萊德曾一度密集減持在香港上市的中資企業股，數目超過 10 家。[88] 不過，2021 年，貝萊德亞太區新負責人洛德表示，香港將繼續是一個首屈一指的金融中心，並在中國金融體系向世界其他地區開放方面發揮核心作用。

美國另一家規模最大的私募基金黑石集團（The Blackstone Group，前稱「百仕通集團」），在香港也相當活躍。黑石集團創辦於 1985 年，在私募股權及併購咨詢業務的基礎上逐步擴展，發展了對沖基金、房地產基金、另類信貸等業務模式等，並於 2007 年在美國紐約交易所上

---

86 貝萊德：「關於貝萊德香港」，貝萊德集團官網。

87 〈貝萊德持 5% 港交所首次暴光，已成第二大股東〉，新浪財經網，2013 年 1 月 11 日。

88 〈貝萊德密集減持港股 12 家中資公司背後有何隱情？〉，經濟觀察網，2020 年 6 月 9 日。

市，成為管理資產規模最大的另類投資機構之一，目前管理的資產高達
9,750 億美元，被稱為「全球私募之王」（圖 5-11）。該集團於 2007 年
在香港設立私人股權業務辦事處，並聘請香港特區前財政司司長梁錦松
出任黑石集團大中華區主席兼高級執行董事。當時，黑石集團創始人之
一，時任主席兼首席執行官 Stephen A. Schwarzman 就表示：「世界第四
大經濟體就在這個地區，整個區域的經濟改革影響力很大。我們希望在
中國，乃至整個亞太地區的經濟發展過程中起到重要的作用。」黑石集
團在香港設有證監會持牌機構黑石集團（香港）有限公司（Blackstone
Group (HK) Ltd）等機構。

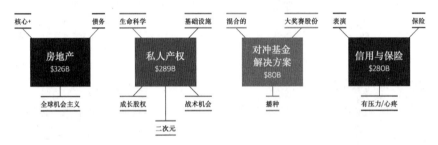

圖 5-11　黑石集團管理的資產規模與類別
資料來源：黑石集團官網

2010 年，黑石集團與香港鷹君集團達成合作協議，為鷹君在中國
東北港口城市大連開發逾 1,000 套新屋的計劃提供支持。2018 年 3 月，
黑石旗下公司 Times Holdings I Limited 以 70.23 億港元向海航集團收購
香港上市公司香港國際建設投資管理集團有限公司 69.54% 股權。2021
年 1 月，黑石集團透過旗下黑石房地產的機會型基金以 11 億美元（約
85.8 億港元）價格，從富力集團收購粵港澳大灣區內最大的城市物流園
區 70% 股權，該物流園區位於中國廣州，面積約為 120 萬平方米。收
購完成，黑石在中國的物流投資組合將擴張約三分之一。同年 6 月，黑
石集團向 SOHO 中國發出全面收購要約，計劃以 236.58 億港元（約合
30.48 億美元），取得香港上市公司 SOHO 中國的控股權。不過，其後
該項收購計劃胎死腹中。

道富環球全稱「道富環球投資管理有限公司」（State Street Global Advisors），成立於 1987 年，隸屬美國道富銀行旗下，業務涵蓋所有主要資產類別、投資風格和工具的風險回報範圍內的投資解決方案，截至 2021 年底托管或管理資產為 43.7 萬億美元，是全球第四大資產管理公司，也是 ETF 和指數投資的先驅。美國道富銀行（State Street Corp）是美國道富集團的全資子公司，總部位於美國麻塞諸塞州波士頓，現為全球最大的托管銀行和資產管理公司之一。1999 年，香港特區政府成立以交易所買賣基金（EFT）為結構的「盈富基金」，發行規模達 333 億美元，成為亞洲（除日本以外）最大型的首次公開發售。當時，道富銀行成為該基金的信托人，道富環球亞洲有限公司成為基金的管理人，管理該基金長達 22 年。不過，2020 年美國總統特朗普簽發行政命令，禁止「美國人士」投資若干中國公司。道富環球作為美資公司，隨即宣佈由其管理的盈富基金不再對禁止股份（包括中國移動、中國聯通、中國海洋石油等）進行投資。此舉引起香港輿論嘩然。儘管隨後道富環球迅速補救，宣佈盈富基金恢復有關投資，但最終導致道富環球作為盈富基金管理人資格於 2022 年 3 月 29 日被更換，改由恒生銀行旗下的恒生投資管理有限公司接替。

信安金融集團（Principal Financial Group Inc.）是美國最大的養老金管理機構之一，以管理退休計劃而著稱。該集團創辦於 1879 年，目前在全球 25 個國家和地區設有辦事處，員工超過 18,500 名，截至 2022 年旗下管理資產達 7,140 億美元，為 5,100 萬個客戶提供退休、保險及資產管理服務，業務遍及亞洲、澳洲、歐洲、拉丁美洲和北美地區。[89] 2019 年，信安金融集團以營業收入 142.37 億美元、總資產 2430.36 億美元在《財富》雜誌世界 500 強排名第 219 位。信安金融集團於 1996 年進入香港。2004 年，信安香港向國浩集團收購道亨基金管理，成為香港推行強積金

---

89 Principal, *2022 Company Profile*, Principal Financial Group Inc. website.

服務以來首宗併購。2014 年，信安香港以 26 億美元收購安盛香港強積金業務，收購完成後信安香港在香港強積金市場佔有率從第 8 位上升至第 5 位。目前，信安金融集團在香港的成員公司主要有：信安信託（亞洲）有限公司；信安信託（香港）有限公司；信安資金管理（亞洲）有限公司；信安投資及退休金服務有限公司；信安代理人服務有限公司；美國信安保險有限公司等，經營業務包括包括環球投資管理、資產分配及退休策劃，為企業、個人及機構投資者提供資產管理及退休策劃服務等。

▌ 保險業：友邦保險

在保險業，美資保險公司是香港保險業的重要組成部分。截至 2022 年 4 月底，在香港經營的美國保險公司有 22 家，主要包括友邦保險控股、美國友邦保險（百慕達）、美亞保險、國聯保險、美國萬通保險亞洲、美國大都會人壽保險香港、美國聯邦產物保險股份、美安保險、大西洋再保險等。

其中，友邦保險是香港最大的保險集團之一，其歷史最早可追溯到二十世紀初葉。1919 年，美國商人史帶（Cornelius Vander Starr）在上海創辦美國友邦保險公司的前身 —— 一家保險代理公司，1921 年再在上海創辦首家壽險企業 Asia Life Insurance Company。1931 年，史帶在上海又創辦一家名為 International Assurance Company, Limited（INTASCO）的公司，同年在香港及新加坡設立分公司。1947 年，INASCO 將總部遷往香港，並更名為 American International Assurance Company, Limited，即美國友邦保險（AIA）。[90]

二次大戰後，友邦保險繼續以香港為基地積極拓展業務。50 年代末 60 年代初，香港的人壽保險業的發展仍是十分原始，整個社會對人壽保險的認識都相當有限。當時，友邦保險設在港島大道中 12-14 號 6

90　友邦保險：「百多年來全力支持您」，友邦保險控股有限公司官網。

樓,佔有 1,000 多平方米的建築面積,約有 200 多名代理。1967 年,香港發生政治騷亂,銀行發生擠提,保險公司被退保,市面上美元一度短缺,友邦保險從美國運來大批美元應急,其後更成立友邦保險(百慕達),售賣美元保單。60 年代後期(1967-1969 年間),友邦保險將公司辦事處搬遷至港島灣仔區司徒拔道 1 號自置物業 —— 友邦大廈。友邦大廈樓高 20 層,友邦保險佔用了 18、19、20 樓三層。其時,公司的保險代理已發展至 300-400 人,80 年代末更發展至 1,700 多人。

　　70 年代期間,友邦保險針對當時的儲蓄保險年期短(5-10 年)、費時失事的問題,推出 10 年、15 年及 20 年的年期不等的儲蓄保險,並且從第 5 年起便可向開客戶返還利息,受到了市場的歡迎。經過連串的積極拓展,友邦保險成為了與宏利保險並駕齊驅的最大人壽保險公司之一。友邦保險還把人壽保險業務拓展至馬來西亞、新加坡及泰國各地,發展成為東南亞地區首屈一指的人壽保險公司。1992 年,友邦保險透過上海分公司重啟在中國的業務,成為在中國取得牌照的全外資壽險公司(圖 5-12)。

圖 5-12　友邦保險在百年歷史沿革
資料來源:友邦保險官網

友邦保險原為美國友邦集團（AIA）的附屬公司。2008 年全球金融海嘯後，美國友邦集團（AIA）為償還所欠美國政府的債務，展開集團重組，初期原有意將友邦保險出售予法國的安盛集團，後因收購價格未能達成共識而夭折。2009 年 8 月 24 日，美國友邦集團分拆旗下主要壽險業務，成立「友邦保險控股有限公司」（AIA Group Limited），並於 2010 年在香港進行公開招股上市，集資 1383 億港元，招股價定為每股 18.38-19.68 港元，結果以上限 19.68 港元定價，最終集資 1590.78 億港元。

目前，友邦保險控股已成為亞太區最大的上市人壽保險集團，亦是香港聯交所上市的最大公司之一，在亞太區內 18 個市場，包括在香港、泰國、新加坡、馬來西亞、中國、韓國、菲律賓、澳洲、印尼、台灣、越南、新西蘭、澳門、汶萊和柬埔寨等，均擁有全資分公司及附屬公司（圖 5-13）。此外，亦擁有斯里蘭卡附屬公司 97% 權益、印度合資公司 49% 權益。友邦保險的經營業務，涵蓋壽險、意外及醫療保險和

圖 5-13　友邦保險在全球的經營範圍
資料來源：《友邦保險控股有限公司 2017 年報》，第 2 頁。

儲蓄計劃，同時亦為企業客戶提供僱員福利、信貸保險和退休保障服務。該集團透過遍佈亞太區的龐大專屬代理、夥伴及員工網絡，為超過4,000萬份個人保單的持有人及逾1,700萬名團體保險計劃的參與成員提供服務，總保額達2萬億美元，截至2022年6月底集團總資產值為3,020億美元，按市值計算是全球最大的人壽保險公司。[91]

在香港，友邦保險擁有全方位銷售渠道，包括有超過17,000名財務策劃顧問；經營網點分佈港澳核心地段（圖5-14）；同時透過廣泛的銷售網絡，如東亞銀行、花旗銀行（香港）、中國建設銀行（亞洲）及大

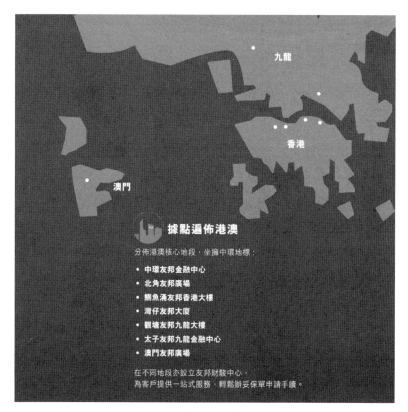

圖5-14　友邦保險在香港及澳門的經營網點
資料來源：友邦保險控股有限公司官網

91　友邦保險：「友邦保險一覽」，友邦保險控股有限公司官網。

眾銀行（香港）等，展開銷售；友邦香港的百萬圓桌（MDRT）會員人數全港澳稱冠，在香港為連續 20 年排名第一，澳門亦連續四年稱冠（自 2019 年開始獨立登記起）。目前，友邦保險是香港擁有最多保單的保險公司，客戶超過 340 萬，即每三個擁有個人醫療保險的香港人，就有一個是友邦香港客戶。友邦保險提供產品的超過 120 款，包括個人壽險、團體人壽、意外、醫療、退休金、個人財物保險及多款投資選擇的投資連繫壽險計劃，同時亦專注為高端客戶特有財務需要設計超卓產品方。[92]

2019 年度，友邦保險的保費及收費收入為 347.77 億美元，總收益 472.42 億美元，除稅前溢利 78.95 億美元，總資產為 2,841.32 億美元（表 5-11）。在 2019 年度稅後營運溢利 57.41 億美元中，香港為 19.31 億美元，佔 33.64%；中國內地 10.61 億美元，佔 18.48%；泰國 10.64 億美元，佔 18.53%；新加坡 5.83 億美元，佔 10.16%；馬來西亞 3.33 億美元，佔 5.80%；其他市場 8.27 億美元，佔 15.12%；集團企業中心 -0.54 億美元，佔 -0.99%。[93] 換言之，香港及中國內地佔該集團稅後經營溢利的一半以上，達 52.12%。

表 5-11　2016-2021 年度友邦保險經營概況

單位：億美元

	保費及收費收入	總收益	除稅前溢利	總資產
2016 年度	217.57	281.96	48.72	1850.74
2017 年度	269.86	383.30	73.15	2156.91
2018 年度	338.81	362.97	41.70	2298.06
2019 年度	347.77	472.42	78.95	2841.32
2020 年度	357.80	503.59	72.70	3261.21
2021 年度	371.23	475.25	84.68	3398.74

資料來源：《友邦保險控股有限公司年報》，2016-2021 年

92　友邦保險：「友邦香港及澳門簡介」，友邦保險官網。

93　《友邦保險控股有限公司 2019 年報》，第 25、132-134 頁。

友邦保險大股東主要是美國的國際機構投資者，包括：紐約銀行梅隆公司（The Bank of New York Mellon Corporation）、美國資本集團（The Capital Group Companies, Inc.）、JP 摩根大通（JPMorgan Chase & Co.）、黑石集團（BlackRock, Inc.）、布朗兄弟哈里曼公司（Brown Brothers Harriman & Co.）等。[94] 2019 年，友邦保險以營業收入 321.51 億美元、利潤 5.73 億美元，在美國《財富》雜誌全球 500 強中位列第 388 位，2020 年上升至 250 位。自 2019 年以來，友邦保險的市值一直維持在 9,000 億港元以上（表 5-12）。

表 5-12　2017-2023 年友邦保險市值變化

單位：億港元

	2017 年底	2018 年底	2019 年底	2020 年底	2021 年底	2022 年 7 月底	2023 年 1 月底
友邦保險	8047.68	7850.09	9888.64	11489.73	9508.01	9456.3	10386.92

資料來源：《香港交易所市場資料》，2017-2021 年，東方財富網站

▌ 其他行業：華特迪士尼、聯邦快遞、埃索、萬豪國際

回歸之後，美國公司在香港的最大發展項目是位於大嶼山竹篙灣的「香港迪士尼樂園」，佔地面積 126 公頃，是全球第 5 座、亞洲第 2 座，中國第 1 座迪士尼樂園。1999 年，香港特區政府與美國華特迪士尼公司（The Walt Disney Company）合作組成「香港國際主題公園有限公司」，負責興建與營運香港迪士尼樂園，特區政府初期擁有該公司 57% 的股權，華納迪士尼佔 43%；公司股本總值 57 億港元，當中特區注資 32.5 億港元，迪士尼注資 24.5 億港元。雙方將來都可以出售該公司的股票，但迪士尼最少需要持有 19 億港元的股份，政府則不受最低持股要求規限。香港迪士尼樂園興建費用於 1999 年估計為 141 億港

94　《友邦保險控股有限公司 2021 年報》，第 92 頁。

元。特區政府向香港國際主題公園公司提供 56 億港元的貸款，分 25 年
連同利息攤還。該公司另外透過商業借款籌收資金 23 億港元。

香港迪士尼樂園於 2003 年動工，2005 年 9 月建成開幕。2009 年，
香港迪士尼樂園展開擴建計劃，為期 5 年的擴建工程，再興建 3 個主題
區。自 2005 年開幕至 2021 年，香港迪士尼累計接待超過 8,800 萬入場
人次。不過，香港迪士尼樂園自 2005 年開業以來，實現盈利的年份只
有 3 年，即 2012-2014 年，三年累計盈利 6.83 億港元。除了這三年，其
餘年份均錄得虧損。2021 年度，受到全球新冠疫情影響，香港迪士尼
樂園營業收入為 17.16 億港元，淨虧損 23.50 億港元，總資產 204.50 億
港元。[95]

回歸之後，美資財團在香港的另一個重要投資是美國聯邦快遞集
團（FedEx Corp.）旗下的聯邦快遞（FedEx Express）參與投資的香港國
際機場「二號空運貨站」。美國聯邦快遞集團是全球最具規模的快遞運
輸公司之一，總部設於美國田納西州孟斐斯，其速遞服務遍及美國各地
及全球 220 多個國家和地區。聯邦快遞（FedEx Express）於 1984 年收
購 Gelco 速遞公司，並於中國和日本成立 FedEx 營運據點，開始經營亞
太區的速遞運輸業務。1992 年，聯邦快遞在香港設立亞太區總部。90
年代中期香港赤鱲角國際機場興建時，聯邦快遞與新加坡新翔集團、招
商局 Eastern Option Ltd、嘉里物流等組成財團——亞洲空運中心，投
得其中一張空運貨站經營牌照。亞洲空運中心投資 17.54 億港元於 2007
年建成「二號空運貨站」，每年的總處貨量將高達 150 萬公噸，佔香港
國際機場空運貨量的三成。1998 年，聯邦快遞位於香港國際機場亞洲
空運中心的 FedEx 專用速遞設施正式營運。2012 年，聯邦快遞宣佈將
其 FedEx 專用速遞設施樓層面積擴大 37%，達 4,695 平方米，並增加了

95　香港迪士尼樂園：《香港迪士尼樂園 2021 財政年度業績概要》，第 8 頁，香港迪士尼樂園
　　官網。

全新設備、人員和貨物倉儲區域面積，以提升貨物處理能力。通過此次擴建，聯邦快遞能在 45 分鐘內完成三架貨機的貨物裝載工作。聯邦快遞運用其覆蓋全球的航空和陸運網絡，確保貨件可於一至兩個工作日內迅速送達，並設有「準時送達保證」，在香港的速遞運輸業中位居鰲頭。

美資除了在主題公園、快遞運輸等領域進行投資外，在香港的石油供應和酒店管理等方面也佔有優勢。長期以來，香港石油產品的儲存由 5 大石油公司控制，包括蜆殼、加德士、美孚（Mobil）、埃索（Esso）和華潤；石油分銷公司則由 7 家公司經營，包括香港蜆殼（Shell）、香港加德士（Caltex）、香港美孚石油（Mobil）、埃索石油香港（Esso）、東方石油（Feoso）、華潤油站（CRC）和協和石油（香港）（Concord）等。其中，蜆殼為歐洲的英荷殼牌石油公司的品牌；美孚、埃索的總公司為埃克森美孚旗品牌，埃克森美孚為美國最大石油公司，創辦於1882 年，由埃克森和美孚合併而成；加德士為美國雪佛龍集團旗下品牌，該集團由雪佛龍和德士古合併而成，在亞太區、中東和非洲等 60多個國家和地區設有煉油設施和辦事處。根據 2000 年香港消費者委員會於 2001 年 1 月發佈的《汽油、柴油及石油氣市場研究報告》（*A Study of Motor Gasoline and Market in Hong Kong*），香港這三類石油產品市場已形成寡頭壟斷，其中，蜆殼、美孚及加德士 3 家石油公司已佔去管道及批發樽裝石油市場的七成、汽油市場的九成和柴油市場的八成。[96]2007 年以來，中國石化透過收購華潤石化業務，成為主要分銷零售商之一。據調查，截至 2015 年，香港主要有 5 家石油供應零售商：蜆殼、埃索、加德士、中國石化及中國石油。東方經營的四個油站與協和經營的一個油站，均使用埃索的品牌，銷售埃索燃油（因此被視為埃索油站）。其中，埃索擁有 52 個油站，佔市場 29% 份額；蜆殼擁有 42 個郵

96　香港消費者委員會：《汽油、柴油及石油氣市場研究報告》（*A Study of Motor Gasoline and Market in Hong Kong*），2001 年 1 月 2 日，第 25-26 頁。

站，佔 23%；加德士擁有 39 個油站，佔 22%，三者合共擁有 133 個油站、74% 市場份額（圖 5-15）。[97]

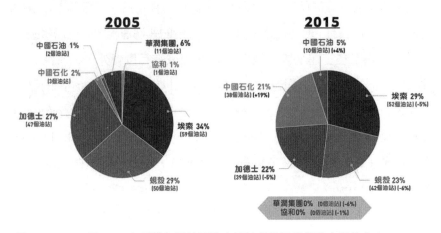

圖 5-15　2005 及 2015 年香港各燃油零售商按油站數目計算的市場佔有率
資料來源：香港競爭事務委員會：《香港車用燃油市場研究報告（摘要）》，2017 年 5 月，第 7 頁。

　　在酒店業，香港的多家高檔五星級酒店，都由美國酒店管理公司經營。其中，位於九龍環球貿易廣場的香港麗思卡爾酒店，就由豪華酒店品牌麗思卡爾酒店集團管理，該集團在全球 29 個國家經營 87 家酒店，隸屬美國萬豪國際酒店集團。萬豪國際酒店集團創辦於 1927 年，總部設於華盛頓，在紐約交易所上市，旗下擁有 30 個著名酒店品牌，在全球 131 個國家和地區經營超過 7,000 家酒店。[98] 萬豪國際酒店集團還負責經營香港 JW 萬豪酒店，該酒店位於港島金鐘太古廣場，於 1989 年開業，2009 年重新裝修再開業。另外，位於西九龍的香港 W 酒店，由美國著名的喜達屋酒店與度假村國際集團負責經營，香港 W 酒店於 2008 年開業。此外，位於港島中環國際金融中心二期的四季酒店，則由總部

97　香港競爭事務委員會：《香港車用燃油市場研究報告（摘要）》，2017 年 5 月，第 7 頁。

98　萬豪國際酒店集團：「備受認可的品牌」，萬豪國際酒店集團官網。

設於加拿大多倫多的國際性奢華酒店管理集團——四季酒店集團經營。

目前，美資公司在香港的投資，主要仍集中在控股公司、資訊產業、金融保險、批發貿易、科技服務，以及製造業等領域。根據香港特區政府統計署的調查，截至 2019 年 10 月，美資在香港開設的公司達 1,344 家，在香港的境外資本中僅次於中國內地、日本而居第 3 位，佔香港外資公司總數 9,040 家的 14.9%。根據美國政府商務部的統計，截至 2019 年底，美國對香港的直接投資存量（Outward Direct Investment Position）達 818.83 億美元。其中，製造業為 88.92 億美元，佔 10.86%；非製造業 729.91 億美元，佔 89.14%。在非製造業中，按直接投資存量大小依次為控股公司、信息產業、金融保險、批發貿易、科技服務等；製造業則主要包括計算機及電子產品、金屬業、化工業、電器設備和部件、機械業等（表 5-13）。

表 5-13　2019 年底美國對香港直接投資存量分佈概況

單位：億美元

非製造業			製造業		
行業	直接投資存量	佔總存量%	行業	直接投資存量	佔總存量%
控股公司（非銀行）	483.65	59.07	計算機及電子產品	36.79	4.49
信息產業	76.37	9.33	金屬業	10.86	1.33
金融保險業（非儲蓄機構）	52.14	6.37	化工業	9.09	1.11
批發貿易	42.13	5.15	電器設備和部件	6.82	0.83
科技服務	31.38	3.83	機械業	5.08	0.62
儲蓄機構	30.18	3.69	食品	0.87	0.11
其他	14.06	1.72	其他	19.41	2.37
小計	729.91	89.14	小計	88.92	10.86
總存量合計	818.83		總存量百分比合計	100.00	

資料來源：美國政府商務部經濟分析局

美資在香港開設的公司中，佔近六成為控股公司，承擔地區總部和地區辦事處的功能。60 年代中後期美國逐步捲入越南戰爭以後，用

於向這一地區傾注了大量資金，推動了美商在港投資並建立東南亞地區經濟總部。到 80-90 年代，隨着香港確立其作為亞太區國際金融中心的地位，地區總部和地區辦事處持續增加。到 1997 年，美國在香港成立的地區總部達 219 個，居各國之首；地區辦事處 261 個，僅次於日本。[99] 回歸以後，鑑於香港作為國際經濟與中國內地經濟的橋樑和樞紐的地位仍然鞏固，美國在香港設立的地區總部和地區辦事處仍呈持續增加的態勢，其中，2008 年地區總部達到 311 個，地區辦事處達 612 個。

不過，2008 年全球金融海嘯爆發後，美資在港地區總部和地區辦事處呈逐步減少趨勢。據統計，截至 2022 年 6 月 1 日，母公司位於美國的駐港公司中，254 間為地區總部、410 間為地區辦事處，603 間為當地辦事處，包括 10 家持牌銀行、4 家有限制牌照銀行（2021 年底），22 家保險公司（2022 年 4 月底）。截至 2020 年底，美國在香港的外來直接投資頭寸市值達 464 億美元。[100]

第四節　日本資本財團

▍日本資本在香港的早期發展

日本資本是香港主要的外資力量之一，其在香港的發展歷史最早可追溯到十九世紀 20 年代初日本橫濱正金銀行（Yokohama Specie Bank, Ltd.）在香港的設立。橫濱正金銀行創辦於 1880 年，總行設日本橫濱，是日本早期的外匯專業銀行，1893 年在上海開設分行，20 年代初進入香港，行址設在港島中環德輔道中 1 號太子行。1941 年聖誕日本佔領香港後，透過橫濱正金銀行和台灣銀行，接管了香港主要的外資銀行，

99　香港特區政府統計署：《香港統計年鑑 2002 年》，第 124-125 頁。

100　香港特區政府工業貿易署：「香港—美國的貿易關係」，2022 年 6 月，香港特區政府工業貿易署官網。

包括英資的滙豐、渣打、有利，美資的花旗（萬國寶通）、大通等。橫濱正金銀行在接管滙豐後，發現金庫存放總值 11,980 萬港元未發行的港幣鈔票，在未有準備金的情況下將該批鈔票全部發行，即所謂的「強迫鈔票」，[101] 同時發行大量發行軍票進行掠奪，成為香港淪陷時期的主要的銀行。戰爭結束後，橫濱正金銀行和台灣銀行於 1946 年盟軍統帥部勒令關閉，橫濱正金銀行香港分行也被接管、查收。

　　戰後，日本在香港的投資始於 50 年代，但規模很小，主要投資於貿易業和服務業。據日本大藏省發佈的數據，從 1951 年至 1984 年財政年度，日本對香港的直接投資累計 28.01 億美元，平均每年不到 1 億美元。日本對香港的投資在 60 年代後期開始增加，主要集中在製造業、金融業、百貨業等領域。當時，香港經濟已從二戰的毀壞中完全恢復過來，而日本的投資者開始向外發展，尋找更好的發展和獲利機會。至 1978 年底，日本在香港的投資計有 3 家商業銀行、98 家分公司、79 家製造業工廠、7 家保險公司、幾家大的百貨商店，加上數目不明的貿易公司和其他公司，總投資額約 4 億港元。香港成為日本在亞洲投資的第 3 大區域，僅次於印尼和韓國。[102] 其中，在製造業，主要投資在紡織、電子及電氣產品等行業，總投資約 2.68 億港元，僅次於美國。

　　70 年代後期，由於日元升值及需要避免因巨大的貿易順差所產生的國際貿易不平衡，日本政府積極鼓勵並推動日本公司向海外發展。80 年代中期，日本對香港的投資大幅增加。1985 年至 1989 年，日本對香港的投資總額達 55.51 億美元，平均每年達 11.10 億美元，是前 34 年每年平均數的 12.54 倍。其中，1989 年財政年度更創下 19 億美元的歷史記錄，是 1985 年的 3.61 倍。這一時期，日本在香港的投資，主要集中

---

101 T K Ghose：《香港銀行體制》，中國銀行港澳管理處培訓中心，1989 年，第 17 頁。

102 戴維·萊思布里奇編著：《香港的營業環境》，上海：上海翻譯出版公司，1984 年，第 212 頁。原文是「2 家商業銀行」，但實際上應該有 3 家，包括東京銀行、住友銀行和三和銀行。

在貿易業及製造業、百貨業、金融業及地產業等領域。

在製造業，日本對香港製造業的投資始於 1960 年，70 年代期間平均每年有 4 項新投資，到 80 年代大幅增加到 7 項。1988 年，日本對香港製造業的投資累計達 170 項，其中 92 項為日資獨資擁有，78 項為合營企業，投資總額達 69.65 億港元，主要集中在電子、電器、鐘錶、印刷及出版、紡織及製衣等行業，約佔總投資的七成。這一時期，日資已成為香港製造業第 2 大海外投資者，僅次於美國。80 年代中後期，日資對香港製造業的投資主要有兩個趨勢，一是對電子業的投資明顯增加，而對電氣產品及鐘錶業的投資比重相對減少，表明日商已從裝配式生產轉向精密及高品質生產；二是更多日資公司從事聯繫工業，反映了隨着香港製造業北移，日商已日益重視香港逐漸擔負起供應聯繫物料和組件及技術輔助的角色。

不過，到 90 年代，日商對香港製造業的投資開始下降，平均每年投資減少為 5 項。到 1995 年，日資在香港製造業的投資為 155 項，其中獨資為 95 項，以原來成本計算的總投資 186.95 億港元，為香港製造業第一大外來投資者，主要集中在電子、電器、塑膠產品、鐘錶、攝影及光學器材等行業。[103] 回歸以後，與美資公司一樣，隨着香港製造業的式微，日資在香港製造業的投資亦逐步減少，主要集中於技術密集型的行業。

在金融業，1953 年，前身為橫濱正金銀行的東京銀行前來香港開設分行，成為戰後在香港開設分行的第一家日資銀行。1962 年和 1964 年，住友銀行、三和銀行等也相繼來港開設分行。1965 年銀行危機後，香港本地中小銀行為了發展，紛紛向外資銀行求援，而在香港政府「凍結」發放銀行牌照條件下，一些有意進入香港的外資銀行也想方設法對香港本地銀行進行合作或收購股權。這一時期，日本多家金融機構尋收

---

103 香港政府工業署：《1996 年香港製造業外來投資調查》，1996 年 12 月，第 19-21 頁。

購途徑進入香港，規模僅次於美資金融機構，包括：日本第一勸業銀行
收購浙江第一銀行 95% 股權，東海銀行收購香港商業銀行 20 股權，富
士銀行收購廣安銀行 55% 股權，三菱銀行收購廖創興銀行 25% 股權等
（表 5-14）。

表 5-14　日資銀行收購香港本地華資持牌銀行的情況
（截止 1987 年 10 月 12 日）

被收購銀行	收購者或接受者	收購股權（%）
浙江第一銀行	日本第一勸業銀行	95
香港商業銀行	日本東海銀行	20
廣安銀行	日本富士銀行	55
廖創興銀行	日本三菱銀行	25

資料來源：香港華商銀行公會研究小組著、饒餘慶編：《香港銀行制度之現況與前
瞻》，香港華商銀行公會，1988 年

　　80 年代以後，隨着日本對外投資和經濟國際化趨勢的加強，以及
香港作為亞太區國際金融中心地位的確立和強化，日資銀行加快進軍香
港的步伐，增設分支機構，廣泛開展跨國金融業務。1984 年以前，香
港的日資銀行僅 15 家，但到 1988 年已發展到持牌銀行 28 家、持牌及
註冊接受存款公司 36 家的規模，資產總額達 20,800 億港元，佔香港金
融機構資產總值的比重從 1985 年的 36.02% 增加至 56.25%，已超過美資
銀行而成為香港金融業中最具實力及進取性的外資銀行集團。進入 90
年代，日資銀行進一步發展，到 1996 年持牌銀行增加到 46 家，有限制
牌照銀行 11 家，接受存款公司 35 家，資產總值達 39,720 億港元，在
香港銀行總產總值中佔 50.64%，高居首位；存款總額 3,440 億港元，在
香港客戶存款總額中佔 15.57%，僅次於滙豐集團和歐洲銀行集團。[104]

---

104 烏蘭木倫主編：《邁向 21 世紀的香港經濟》，香港：三聯書店（香港）有限公司，1997 年，
　　第 630 頁。

由於受到香港政府 1978 年重新頒發銀行牌照時規定外資銀行不得開設超過 1 間以上分行的限制,日資銀行除東京、住友、三和銀行外,其他銀行主要集中在批發性業務,以離岸業務為主、香港業務為輔。從資金構成來看,日資銀行除了自有資金外,其餘資金主要來源於銀行同業借款,主要透過總行設在倫敦、法蘭克福、紐約、新加坡的分行在當地金融市場拆借外幣資金籌措;從資金的運用來看,日資銀行也主要運用於香港以外地區,其中以亞太地區為主,包括日本在亞太區的企業,以及東南亞、中國、韓國和台灣等地區。這一時期,日資銀行的這種運作模式有利於提高香港作為亞太區國際金融中心的地位。

除了銀行之外,日本大批證券公司及機構投資者亦紛紛來香港設立分支機構,截至 1987 年底,在港設立辦事處或附屬公司的日資證券行已達 24 家,到 90 年代中期更增加到 40 家。這些證券公司在香港相當活躍,其中不少大型證券公司和投資基金,如 1967 年進入香港的日本野村國際(香港)有限公司,在港總資產達到 500 億港元。據估計,當時在香港股市成交額中,日資公司約佔 15% 左右。日本 10 大保險公司至少有 7 家來港發展。1989 年,三菱集團在香港設立 MC 資本(亞洲),作為該公司在日本以外的亞太區投資銀行業務總部。

這一時期,日資對香港投資的一個重要領域還有地產建築業。日資涉足香港地產業時間雖長,但成氣候則始於 80 年代中期。據統計,1951 年至 1985 年,日資在香港房地產市場的投資僅 9 億多港元,但 1986 年至 1989 年的投資卻達到 200 億港元以上。[105] 日資財團多熱心於收購香港的寫字樓、酒店、豪華住宅及高價地皮,如孫氏企業以 9.6 億收購尖沙咀廣東道地皮興建太陽廣場,秀和公司以 18 億港元購入文化中心,三井集團以 8 億港元購入國際貨櫃碼頭 6% 權益,EIE 以 28.5 億購入奔達中心餘下 50% 股權等。在建築業,日資的涉足更為廣

---

105 烏蘭木倫主編:《邁向 21 世紀的香港經濟》,第 632 頁。

泛，從地鐵工程到住宅樓宇，無不利用其技術高、資金足及日本政府
支持的優勢展開競爭，其中，最具規模的就是 1987 年在香港上市的熊
谷組。

　　據恒生銀行的一份研究報告，過渡時期，日本在香港的直接投
資，從 1986 年的 34.33 億美元，增加到 1991 年的 107.75 億美元，增長
2.14 倍，年增長率達 25.7%。其中，製造業從 2.07 億美元增加到 8.43 億
美元，增長 3.07 倍；銀行和保險業從 5.78 億美元增加到 27.63 億美元，
增長 3.78 倍；商業從 7 億美元增加到 26.08 億美元，增長 2.73 倍；服
務業從 9.82 億美元增加到 18.18 億美元，增長 85.13%；地產業從 3.21
億美元增加到 16.87 億美元，增長 4.26 倍；其他從 6.45 億美元增加到
10.56 億美元，增長 63.72%。[106]

▌零售百貨業：日資公司的崛興與退潮

　　在零售百貨業，日資百貨公司在香港的發展，始於 1960 年。當時，
華商張祝珊家族與日資百貨公司大丸合作，在港島銅鑼灣百德新街開
設「大丸百貨公司」（Daimaru），資本額為 300 萬港元，大丸佔 51% 股
權，張氏家族佔 49% 股權。大丸創辦於 1717 年，1928 年正式使用「大
丸」商號，是一家歷史悠久的日本商號，亦是當時日本最大的百貨公司
之一。香港大丸百貨公司佔地 8 萬平方呎，共設有兩層，分為 30 多個設
計新穎的櫥窗，另設有陳列室、茶樓及餐廳等，顧客對象以香港中產家
庭和日本遊客為主，貨品主要來自日本。1960 年 11 月 3 日大丸百貨開業
當天，近萬名市民前往圍觀，在香港引發轟動效應。大丸百貨是銅鑼灣
首家百貨公司，亦是日資百貨集團進軍香港百貨業的先聲，它的開業，
在香港掀起一股「東瀛」消費風，為香港的百貨公司經營和消費文化帶

---

106 恒生銀行：〈外商在香港直接投資的趨勢及前景〉，《恒生經濟月報》，1993 年 10 月，第
　　2 頁。

來了翻天覆地的改變，並奠定了銅鑼灣作為香港繁華商業區的基石。

繼大丸之後，多家日資百貨公司，包括松阪屋、三越、崇光等亦相繼在銅鑼灣開業。其中，松阪屋和大丸一樣，也是一家歷史悠久的百貨公司，創辦於 1864 年，總部設於日本名古屋。1975 年，松阪屋與華商恒隆集團合作，在百德新街恒隆中心開業，共設有 4 層店面，與大丸展開競爭。1981 年，松阪屋在中區金鐘開設第二間分店，不過，規模較銅鑼灣店要小。緊隨其後的是三越百貨。三越創辦於 1673 年，總部設在日本東京，是日本歷史最悠久、最高檔的大型百貨公司之一，以高檔消費和優質服務聞名於世。各國要人和富豪到日本，基本上都會選擇到三越購物。1981 年，利氏家族位於銅鑼灣軒尼詩道的興業中心落成，原計劃要將底層用作上演粵劇和國樂表演的場所，恰好日本三越到香港尋覓店舖，計劃進軍香港市場，於是由利銘澤引進，三越最終落戶銅鑼灣人流最旺的興業中心，連帶還引進了日本俱樂部和日本商會也設於此。

三越百貨於 1981 年 8 月 26 日開業，佔用地面到地庫共 4 層，連同貨倉共 12 萬平方呎。三越售賣的是日本中高檔貨品，店內設有日文書店，吸引了大批喜歡東瀛文化的年輕人，帶動了日本偶像文化在香港的興起。三越在店內設有當時在香港並不多見的滾梯，客人沿着扶手電梯走下地庫時，就會聞到陣陣新鮮出爐的麵包香撲鼻而來，從而吸引顧客直達底層地庫購物。1988 年，三越在九龍尖沙咀太陽廣場開設第二分店，走中高檔路線；而銅鑼灣分店則轉而面向年輕人市場，引入 Ice Fire 等年輕人青睞的品牌，成功吸引了不少年輕消費者。三越百貨將港人帶進了中高檔商品雲集的日式消費潮，其經營業績一直不錯，到 2006 年 2 月，銷售額達 1,500 萬美元，佔三越海外業務銷售額的四成。

崇光百貨（Sogo）創辦於 1830 年，1969 年正式改稱「Sogo 株式會社」，總公司設於日本大阪，是日本一家規模較大的百貨公司，Sogo 百貨曾經以「把人、城市和世界連接，正是 Sogo 網絡」作為宣傳口號。與大丸、松阪屋、三越等不同，崇光為避免受租金波動影響，在銅鑼灣

軒尼詩道三越對面購入一幢約 10 層高的商業樓宇 —— 東角大廈。1985
年 5 月 31 日，即港島地鐵全線通車之日，崇光百貨正式開業，當時店
舖設有 7 層，面積約 12 萬平方呎，售賣貨品遍及衣食住行等生活各個
環節，多為中檔貨品，與三越拉開距離。在 7 樓則設置折價貨品，每逢
週六日吸引大量顧客前往觀光購物，人流如鯽。1993 年，崇光收購鄰
近舊樓進行擴建，在擴建後樓高 20 層，成為香港最大型的日資百貨公
司、香港人及旅客的在銅鑼灣的購物地標。1996 年 11 月，崇光又在對
面東角道開設「The New Face by Sogo」，後易名為「Beaute @ Sogo」。
1997 年 7 月，崇光又打通隔鄰金百利商場地庫，連接至崇光地庫，開
設超級市場「Supermart」（後稱「Freshmart」）。

　　1983 年以前，日資在香港開設的百貨公司僅港島銅鑼灣的大丸、
松阪屋、三越及及尖沙咀的伊勢丹、東急等 5 家。從 1984 年開始，日
資不僅在銅鑼灣、尖沙咀等繁華商業區銳意開拓，而且逐步深入到沙
田、屯門、太古城、紅磡等居民住宅區。到 80 年代末，日資在香港百
貨業開設的公司已擴展到 9 家，包括 15 間分店的規模。這一時期，日
資百貨公司雄霸銅鑼灣，東起百德新街，西至波斯富街，盡是日資百貨
公司的天下，銅鑼灣成為香港的「小銀座」。

　　日資百貨公司中，又以八佰伴表現最為進取。1984 年 12 月，八
佰伴在沙田新城市廣場開設第一間規模宏大的分店，其後於 1987 年和
1988 年先後在屯門、紅磡開設分店，最高峰時在香港以及澳門共開設 8
間規模店舖。與此同時，八佰伴還展開一系列的收購，包括陳姓港商的
餐飲連鎖店（1990 年）、「聖安娜」糕點連鎖店（1991 年）、「布萊頓」（音
譯）麵包店（1994 年）。至此，八佰伴在香港已經營餐館 34 家、點心
店 36 家。[107] 1988 年 11 月，八佰伴集團以「香港八佰伴有限公司」名

---

107 加藤鑛著、東方之星翻譯部譯：《誰搞垮了八佰伴？》，海口：海南國際新聞中心，1998
　　年，第 49-50 頁。

義在香港掛牌上市，其後又先後推動「八佰伴國際飲食有限公司」（1990
年 12 月）、「八佰伴食品製造貿易有限公司」（1992 年 12 月）、「八佰
伴國際控股有限公司」（1993 年 10 月）、「WHIMSY」（1995 年 4 月）
等上市，在香港共持有 5 家上市公司，自成一系。1990 年，八佰伴投
資 1.956 億港元購入灣仔會議中心最高層的兩層寫字樓，並將公司總部
從日本靜岡遷往香港。[108]

90 年代初，繼八佰伴、崇光、吉之島等之後，日本高檔百貨公司
西武等也進入香港，並且購入華資永安百貨公司 40% 股權；甚至連日
本最大零售集團高島屋也一度考慮來港發展。這些日資百貨公司，由於
實力雄厚、規模宏大、採用先進的營銷策略和科學管理方法，在香港百
貨市場取得相當大的競爭優勢，日資公司的銷售額在香港百貨市場的佔
有率從 1985 年的 17% 增加到 1989 年的 40.2%，1995 年更高達 60% 以
上。最鼎盛時期，日資公司還大肆收購香港本地百貨公司的股權，合資
開辦超級市場和便利店，零售網店遍佈港九各處，對香港本土百貨公司
和零售點構成嚴重衝擊。香港本地的一些華資百貨公司，如大大、新中
華、永安等相繼倒閉或被收購股權，國貨公司也從 1980 年的 84 家減少
至 30 家。[109]

不過，回歸以後，由於受到亞洲金融危機影響，以及日本經濟泡
沫爆破後的調整，加上香港經濟陷入衰退及低迷之中，香港的日資百貨
公司受到相當大的衝擊，呈現退潮式的撤退。其中，八佰伴由於前期擴
展過速陷於財務危機，於 1997 年 9 月 18 日在日本透過會社更生法申請
破產，成為當年日本最大的零售業破產事件，其在香港的分店全線關
閉，持有的上市公司股權全數出售。[110] 2000 年 7 月，日本崇光株式會

---

108 《誰搞垮了八佰伴？》，第 41 頁。

109 烏蘭木倫主編：《邁向 21 世紀的香港經濟》，第 631-632 頁。

110 《誰搞垮了八佰伴？》，第 155-157 頁。

社亦宣佈破產，其在香港的分店由華資的鄭裕彤與劉鑾雄聯手收購，後於 2004 年 4 月以「利福國際」的名義在香港上市，成為華資的龍頭百貨零售營運商。

與此同時，大丸、東急、伊勢丹、松阪屋、西武、UNY 等百貨公司為了削減開支、順利度過衰退期，亦相繼關閉店舖，撤離香港市場。2006 年 9 月，由於租金高昂，在銅鑼灣開業 25 年的高檔百貨公司三越亦在租約到期後撤離香港。至此，一度雄霸香港百貨市場的日資百貨基本上只剩下永旺集團一家。永旺是日本著名零售集團公司，為日本及亞洲最大的百貨零售企業之一。2019 年，永旺集團以營業收入 771.23 億美元、利潤 2.14 億美元，在美國《財富》雜誌全球 500 強中位居第 118 位。作為日本頂尖零售企業，永旺集團旗下包括 AEON Co. Ltd. 及 100 多間附屬公司。該集團透過永旺（香港）百貨有限公司（AEON Stores (Hong Kong) Co., Limited，簡稱「永旺百貨」）在香港及中國內地經營百貨零售業務。

永旺百貨於 1985 年 12 月成立，當時稱為「JUSCO Stores Hong Kong」。1987 年，永旺百貨在太古城創立第一間 JUSCO 康怡店 —— 吉之島（現 AEON 康怡店），其後在港、九、新界各區相繼開設分店，1994 年 2 月在香港聯交所上市。1995 年，永旺百貨與廣東天貿百貨有限公司成立「廣東吉之島天貿百貨有限公司」，在廣東省發展零售業務。多年來，該公司一直積極發展多元化業務並擴充市場領域，相繼開設獨立超級市場 AEON SUPERMARKET、Living PLAZA by AEON、日式便當專門店 Bento Express by AEON、室內遊樂場 Molly Fantasy、La Boh é me 麵包店及ものもの，引入種類繁多的貨品及服務；2000 年更推出 JUSCOCITY 網上購物城（AEONCITY）。

目前，永旺百貨在香港共開設 10 間綜合購物百貨店（GMS）、2 間獨立超級市場、42 間獨立 Living PLAZA by AEON、27 間獨立 Daiso Japan、1 間獨立 Bento Express by AEON、4 間ものもの及 1 間 KOMEDA'S Coffee，並於廣東省開設 22 間 GMS 及 13 間獨立超級市

場，是香港主要的百貨零售集團之一。2019 年度，永旺百貨的收入為
94.94 億港元，除稅前虧損 1.68 億港元（自 2016 年起已連續 4 年經營虧
損），總資產 83.77 億港元。[111]

▌ 銀行業：三菱日聯、三井住友、瑞穗

在金融業，90 年代後期，隨着亞洲金融危機的衝擊，以及當時國
際上展開的銀行業收購兼併浪潮，日資金融機構在香港的數量大幅減
少。至 2019 年底，日資的持牌銀行減至 10 家，有限制牌照銀行減至 2
家，接受存款公司 1 家。不過，這些金融機構均為在日本實力雄厚的
金融集團，主要包括：三菱日聯銀行（MUFG Bank, Ltd.）、三菱日聯信
託銀行（Mitsubishi UFJ Trust and Banking Corporation）、三井住友銀行
（Sumitomo Mitsui Banking Corporation）、三井住友信託銀行（Sumitomo
Mitsui Trust Bank, Limited）、瑞穗銀行（Mizuho Bank, Ltd.）、千葉銀行
（The Chiba Bank, Ltd.）、靜岡銀行等。

在香港，三菱日聯銀行、三井住友銀行、瑞穗銀行被稱為三大日
資銀行，其業務範圍包括貿易及票據融資、大宗商品融資、銀團貸款
等。其中，三菱日聯銀行由三菱銀行和東京銀行合併而成，並與三菱信
託銀行、日本信託銀行等共同組成三菱日聯金融集團（Mitsubishi UFJ
Financial Group,Inc.，簡稱 MUFJ），是日本最大規模的金融集團，在香
港持有兩家持牌銀行 —— 三菱日聯銀行與三菱 UFJ 信託銀行（現稱「三
菱日聯信托銀行」）。三菱日聯銀行的前身三菱銀行由日本最大的企業
集團 —— 三菱集團（Mitsubishi）於 1919 年創辦，是日資銀行拓展香港
市場的先驅者之一。1973 年，三菱銀行向香港本地註冊銀行廖創興銀
行提出注資入股建議。當時，廖創興銀行「董事局鑑於世界各大金融
及工商企業為加強實力，互惠互利，多已採取國際合作之途徑，因此

---

111 《永旺（香港）百貨有限公司 2019 年報》，第 50-52 頁。

決定接受日本三菱銀行之建議，參加股份 25%，並於當年 10 月開始合作。」[112] 與此同時，三菱銀行又以 1,000 多萬港元向滙豐收購有利銀行牌照。

三菱銀行入股廖創興銀行後，即派遣 4 名成員加入廖創興銀行董事會，兩家銀行加強合作，雙方簽訂了多項合作交易。根據 1994 年廖創興銀行分拆上市時所公佈的《廖創興銀行有限公司發售新股》文件披露：「在一般正常業務運作中，三菱銀行及其附屬公司與本行亦按照公平原則及一般商業條款訂立多項交易，例如經廖創興銀行將多種外幣存款存放於三菱銀行、向三菱銀行或 Mitsubishi Finance（HK）Limited（三菱銀行之全資附屬公司）購買商業票據、代理行交易及相互貸款。彼等亦協議相互協助提供所需之人力資源、管理知識及在市場按互相接納之條款拓展各類銀行服務。」[113]

除了交易協議，三菱銀行還廣泛參與了廖創興銀行的業務發展，如 1973 年荔枝角分行開業時，三菱銀行副總裁、創興銀行董事露木清前往主持了分行的開幕典禮。三菱銀行還派員前往廖創興銀行參與電腦設備中心的建設事宜、培訓員工等等。對此，廖創興銀行曾表示：「恒生銀行發展得這麼好，就是因為背後有滙豐，如果沒有滙豐是無法做得這麼好的，大眾心想光顧恒生等於光顧滙豐。三菱銀行當時比滙豐大很多倍。他們給我們介紹了不少日本生意夥伴，因為三菱東京在香港沒有分行。另外，還會協助我們分析世界的經濟環境，又會給我們介紹生意，帶來很大幫助。」不過，1994 年廖創興銀行上市後，三菱銀行的股權減少至 11.3%，及至 2014 年中資越秀集團收購創興銀行時，三菱銀行即退出了多年合作的創興銀行。

---

112 《服務社會四十年，創業興家更向前 —— 廖創興銀行成立四十周年暨日本三菱銀行合營十五周年紀念》，1988 年，第 10 頁。
113 《廖創興銀行有限公司發售新股》文件，1994 年 6 月 21 日，第 45 頁。

三菱銀行於 1996 年與東京銀行合併，2004 年再與 UFJ 控股有限公司合併，2006 年改稱「三菱東京 UFJ 銀行」（The Bank of Tokyo-Mitsubishi UFJ, Ltd.），2018 年正式改名為「三菱日聯銀行」（MUFJ Bank, Ltd.）。回歸之後，三菱日聯銀行香港分行在香港的銀團貸款市場相當活躍，2014 年是第 8 大安排行。三菱日聯銀行在出售創興銀行股權後，於 2000 年購入大新金融集團 13% 股權（後增持至 15.18% 股權），成為該集團的策略性合作夥伴，雙方在商業銀行、零售銀行、財資業務和其他商業互惠領域上展開商業合作關係。不過，2022 年 7 月，三菱日聯銀行向日本農林中央金庫（Norinchukin Bank）出售其所持有的大新金融 9.9% 股權，藉此實現其減少持有非核心金融服務相關投資的策略。2019 年度，三菱日聯銀行香港分行總資產為 4020.99 億港元，客戶存款總額 1383.81 億港元，年度稅前利潤 10.64 億港元，在香港日資銀行中業績排名僅次於瑞穗銀行，居第二位（表 5-15）。

三井住友銀行由三井集團的櫻花銀行與住友集團的住友銀行於 2001 年合併而成，並在此基礎上於 2002 年組建「三井住友金融集團」（SMBC）。三井住友金融集團是一家全球性金融集團，旗下擁有三井住友銀行、三井住友信託銀行、SMBC 日興證券、三井住友金融服務等多家子公司，從事銀行、租賃、證券、信用卡和消費金融等多種領域的金融業務。[114] 其中，三井住友銀行是日本資產規模最大的銀行之一，該行自 2008 年起與香港東亞銀行展開合作，先後於 2010 年及 2012 年出資共 520 億日元取得東亞銀行 9.54% 股權，2022 年 6 月底持有東亞銀行股權增至 21.37%，成為僅次李國寶家族的第二大股東，三井住友並派員加入東亞銀行董事局。三井住友銀行表示，希望深化與在中國大陸擁有營業網絡的東亞銀行的關係，以加強對當地日企的援助。三井住友銀

---

114 SMBC, *About SMBC*, SMBC Official website.

行香港分行成立於 1968 年，在香港擁有強大的銀團貸款、項目融資和槓桿融資的團隊，在業務的開拓，包銷及分銷等方面均表現突出。2019年度，三井住友銀行香港分行總資產為 3086.41 億港元，客戶存款總額759.63 億港元，年度稅前利潤 9.38 億港元，在香港日資銀行中排名第三位（表 5-15）。

三井住友金融集團在香港還設有三井住友保險香港、三井住友德思資產管理（香港）、三井住友信託（香港）、三井住友融資租賃（香港）、邦民日本財務（香港）等公司，從事保險、資產管理、信託、融資租賃等全面的金融服務。其中，三井住友保險香港（全稱「三井住友海上火災保險（香港）有限公司」），隸屬三井住友保險，該集團為亞洲具領導地位的一般保險公司，在業務遍及全球 50 多個國家和地區，在香港、台灣、中國內地、東南亞國家、韓國、印度、澳大利亞、新西蘭都設有辦事處，全球僱員超過 4 萬人。三井住友保險早在 1855 年就已進入香港開展業務，至今已有超過 160 年的歷史。三井住友保險香港憑藉集團龐大的分銷網絡，為香港客戶提供包括代理、經紀、香港主要銀行發展的一般保險等服務。

瑞穗銀行成立於 2002 年，由當時瑞穗金融集團的第一勸業銀行合併富士銀行與日本興業銀行的個人金融業務組成，主要經營個人、中小企業和地方政府的銀行業務；而日本興業銀行本身則將富士銀行併入，更名為「瑞穗實業銀行」，主要經營大型企業、金融機構和海外業務。2013 年 7 月，瑞穗實業銀行與瑞穗銀行合併，沿用瑞穗銀行的名稱，隸屬瑞穗金融集團，為日本位居前三名的金融集團，旗下擁有瑞穗銀行、瑞穗信託銀行、瑞穗證券、第一資產管理、日本託管銀行等多家子公司。在香港的日資銀行中，瑞穗銀行香港分行實力雄厚，無論在總資產、客戶存款總額或稅前利潤等各項指標都高居榜首，現有員工 600 多名（表 5-15）。

近幾年來，瑞穗銀行香港分行除了參與香港的傳統銀團貸款之外，亦積極拓展各項創新金融業務。2019 年 7 月，瑞穗銀行與新世

界發展旗下支援初創新平台 Eureka Nova 合作，在香港推出「Mizuho
Crowd Brain 加速計劃」，選拔金融及文化科技初創，提供重點培訓計
劃。2020 年 4 月，瑞穗銀行香港分行獲中國外匯交易中心批准，成為
銀行間外匯市場會員，可從事即期、遠期、掉期、貨幣掉期及期權交
易。同年 9 月，香港交易所旗下場外結算公司首次為瑞穗銀行的客戶完
成美元兌人民幣（香港）交叉貨幣掉期交易，瑞穗銀行成為首批進行交
叉貨幣掉期結算的日資銀行之一（另一家為三菱日聯銀行）。

表 5-15　2019 年底主要日資銀行香港分行業績概況

單位：億港元

持牌銀行	總資產	客戶存款總額	稅前利潤
瑞穗銀行	5120.26	1822.63	10.89
三菱日聯銀行	4020.99	1383.81	10.64
三井住友銀行	3086.41	759.63	9.38
三井住友信託銀行	1004.45	203.54	2.02
三菱日聯信託銀行	274.54	6.71	1.17

資料來源：畢馬威（KPMG）：《新形勢下的應變之道：2020 年香港銀行業報告》

　　2019 年，香港日資銀行的總資產為 14,300 億港元，佔銀行資產總
額的 5.85%，次於滙豐、中資、歐資而居第四位；客戶存款總額 3,580
億港元，佔銀行客戶存款總額的 2.6%，居各個銀行集團末位；客戶貸
款 5,780 億港元，佔總額的 5.57%；其中，在香港使用的客戶貸款 3,070
億港元，在境外使用的客戶貸款 2,710 億港元，分別佔總額的 4.23% 和
8.69%，排名高於美資銀行集團。從總體看，日資銀行在香港銀行體系
中，存款比重最低，但貸款比重相對較高，重點向境外拆借貸款。值得
注意的是，近年來，日資銀行各項指標在香港銀行體系中的比重與美資
銀行相反，均呈下降趨勢（表 5-16）。

表 5-16　日資認可金融機構在香港銀行體系資產負債表中主要項目

單位：10 億港元

	資產總額	客戶存款	客戶貸款	在香港使用的客戶貸款	在境外使用的客戶貸款
2018 年	1500（6.24%）	372（2.78%）	577（5.93%）	313（4.62%）	264（8.96%）
2019 年	1430（5.85%）	358（2.60%	578（5.57%）	307（4.23%）	271（8.69%）
2020 年	1451（5.61%）	319（2.20%）	586（5.58%）	316（4.30%）	271（8.63%）
2021 年	1358（5.15%）	266（1.75%）	552（5.07%）	302（3.91%）	250（7.87%）

注：（ ）裏的數字是該項數額在當年香港銀行體系中的比重
資料來源：香港金融管理局：《年報》，2018-2021 年

▍證券業 / 投資銀行：野村、大和、SMBC 日興

　　在證券及投資銀行業務，日資主要的證券公司有野村證券、大和證券、SMBC 日興證券等。其中，野村證券（Nomura Securites）是野村控股集團的全資子公司，創辦於 1925 年，1946 年將總部遷往東京，目前已發展成為一家國際網絡遍佈 30 多個國家和地區的全球性金融服務機構。野村證券於 1967 年 3 月進入香港，設立「野村國際（香港）有限公司」。經過多年發展，野村證券已成為香港主要的日資證券公司之一，旗下轄有多家公司，包括野村國際（香港）有限公司、野村證券（香港）有限公司、野村資產管理香港有限公司等，並成為集團在亞洲（日本以外）的地區總部。2008 年老牌投資銀行雷曼兄弟破產後，野村證券收購了該集團在亞太區（包括日本、香港和澳大利亞）業務，以及在歐洲和中東的投資銀行和股票業務，從而一躍而成為全球最大的獨立投資銀行之一（圖 5-16）。

　　不過，近年來，野村證券在香港呈收縮之勢：2012 年關閉了位於香港的金融機構（FIG）業務部門，作為重組投資銀行業務並削減 10 億美元開支的一部分；2013 年將證券及期貨牌照交還給香港證監會，結

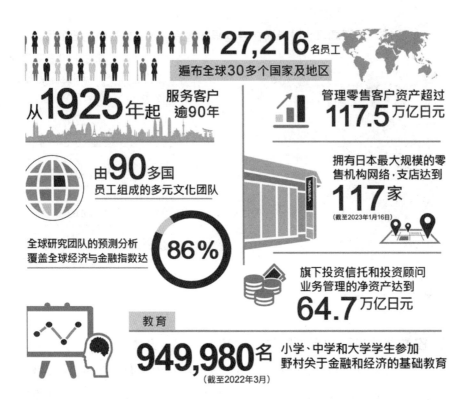

圖 5-16　野村控股集團的經營概況
資料來源：野村證券官網

束香港的經紀業務，日後交易完全過渡到旗下電子平台 Instinet 進行；
2020 年 2 月及 2022 年 6 月，先後將原租用的香港國際金融中心二期
的 25 層、27 層半層及 26 樓退租，即將原來租用的五層半辦公用地削
減近一半，僅剩下 30 層、31 層及 32 層。不過，與此同時，野村證券
加強了其對中國內地的業務：2019 年 3 月獲中國證監會批准設立「野
村東方國際證券有限公司」（Nomura Orient International Securities Co.,
Ltd.）；2022 年聘任了 3 位董事總經理級員工常駐香港，以加強其在中
國的投資銀行業務。

　　大和證券（Daiwa Securities Group Inc.）亦是日本最大的證券公司
之一，最早可追溯到 1902 年的藤本建築經紀人開業。1943 年，藤本證
券株式會社與日本信託銀行合併，組成「大和證券株式會社」。1999

年，大和證券業務重組，成立「大和證券集團株式會社」，成為日本
國內上市公司中首家確立集團控股體制的公司。[115] 經過多年發展，大
和證券已發展成為是日本最大的證券經紀及銀行集團之一，為客戶
提供全面的金融服務，包括零售、投資銀行及資產管理。大和證券於
1970 年進入香港，早期稱為 "Daiwa Securities International (Hong Kong)
Limited"，後改稱「大和證券（香港）有限公司」及「大和資本市場香
港有限公司」。2009 年，大和證券將香港作為其投資銀行分部大和資本
市場的第二總部，並計劃將在港員工數量增加一倍。2010 年，大和資
本市場宣佈收購比利時比聯集團旗下的環球可換股債券及亞洲股票衍生
工具業務，該項收購是大和建立以亞洲為中心的全球領先衍生工具業
務的重點策略之一。[116] 大和資本市場在香港持有證券及期貨合約交易兩
個牌照。2015 年，大和資本市場金融交易香港（Daiwa Capital Markets
Trading Hong Kong）自願停止衍生權證發行營業業務，被港交所剔出衍
生權證發行商名單。近年來，大和縮減在香港的業務規模，進而加強在
新加坡和中國內地的業務。

　　SMBC 日興證券（SMBC Nikko Securities Inc）最早可追溯到 1918
年開設的川島屋商店，1920 年設立舊日興證券株式會社。2009 年，舊
日興證券和花旗證券合併，組成 "Nikko Cordial Securities Co., Ltd."，並
成為三井住友金融集團的子公司，2011 年改名為「SMBC 日興證券株式
會社」，目前是日本五大的證券公司之一，主要市場涵蓋東北亞、東南
亞、北美、西歐等（圖 5-17）。[117] 1997 年亞洲金融危機爆發後，SMBC
日興證券一度撤離香港。不過，2010 年 12 月，SMBC 日興證券收購犇
亞證券（亞洲）有限公司（Primasia Securities [Asia] Ltd）全部股權，再

---

115 大和證券：「大和證券集團的沿革」，大和證券集團官網。
116 大和證券新聞公報：《大和証券慶祝在香港成立四十周年》，2010 年 7 月 22 日。
117 SMBC：「歷史」，SMBC 日興證券官網。

次擴展其在香港業務，其後犇亞證券更名為「日興證券（香港）有限公司」（SMBC Nikko Securities (Hong Kong) Ltd）。SMBC 日興證券表示：「公司把香港支部更名，奠定穩健的業務基礎，從而拓展大中華區市場，這是我們將業務邁向海外市場及擴展環球網絡的重要一步。」日興證券（香港）的經營業務包括商業銀行、投資銀行、併購、證券等。2020 年，SMBC 日興證券為推動海外業務擴張，聘請高管加強香港和新加坡的債務發行、固定收益銷售和交易等業務，並藉此拓展至整個亞洲市場。

圖 5-17　SMBC 日興證券的全球經營網絡
資料來源：SMBC 日興證券官網

▋ 其他行業：三菱商事、日清食品、優衣庫、東利多、思佰益

在貿易及分銷業，日本綜合商社三菱商事早於 1954 年已開始在香港開展業務，1973 年成立「香港三菱商事會社有限公司」（Mitsubishi Corporation [Hong Kong] Limited）。三菱商事的歷史可追溯到十九世紀，至今已發展成為一家日本最大的綜合商社，在全球約 90 個國家和地區設有辦事處和附屬公司。香港三菱商事作為集團的區域分支機構之一，業務遍及中國內地和東盟地區，包括發電廠系統業務及產業基建，食品零售和資材，金屬和化學品，複合都市開發等。在發電廠系統業務及產業基建領域，三菱商事為香港電燈提供發電系統和售後服務，主要項目包括為南丫島發電站 10 號、11 號及 12 號供應燃氣發電機組，7 號及 8 號的 DCS 系統升級等；旗下的三菱電梯香港有限公司是三菱電機升降機

及電扶梯在香港的獨家經銷商。在綜合材料及化學品領域，三菱商事以香港為樞紐向全球客戶提供和銷售高附加價值的工業化工原料及產品。在食品、消費產業領域，三菱商事代理多種來自世界各地進口的食品品牌，產品涵蓋了糖果、飲料、速食麵、零食和調味品等；供應香港食物原材料，包括麵粉、糖、木薯澱粉、油脂類產品等；並進口挪威和智利冷凍三文魚等海產品，為食品加工客戶提供原材料。在城市開發領域，主要從事區域內的物流設施、商業設施、住宅等的不動產開發。[118]

在批發零售業方面，香港上市公司日清食品有限公司是香港最大的方便面供應商。日清食品的歷史可追溯到 1958 年推出的世界上第一款方便面 —— 雞肉拉麵。1980 年，日清食品成立「日清食品（亞洲）私人有限公司」；1983 年在香港成立「日清食品有限公司」，翌年香港廠房竣工，成為日清食品集團海外戰略的重要基地。其後，日清食品將業務擴展到印度、荷蘭、印尼、德國、泰國、中國內地、菲律賓、匈牙利、俄羅斯、巴西等全球各地。2017 年，為在中國市場實現可持續增長，日清分拆「日清食品有限公司」在香港交易所主板上市。日清食品主要在香港和中國內地經營「出前一丁」即食麵、「合味道」杯麵，並引進高質素的「日清拉王」品牌。日清的品牌在香港家喻戶曉，是香港即食市場的「一哥」，市場佔有率估計高達七成。2019 年度，日清食品營業收入為 30.88 億港元，除稅前溢利 3.53 億港元，總資產 46.34 億港元。[119]

此外，日本最大的休閒服裝零售商 Fast Retailing Co Ltd 旗下休閒服裝品牌優衣庫（UNIQLO）亦進入香港發展。2005 年 9 月，優衣庫首間香港旗艦店在尖沙咀美麗華商場開業，該店舖面積達 1.6 萬平方呎，銷售接近五百種男、女和童裝商品。優衣庫以較相宜的價格售賣休閑潮流服飾，很快在香港掀起一股熱潮。2013 年 4 月，優衣庫在銅鑼灣利舞臺

118 香港三菱商事：「業務介紹」，香港三菱商事官網。
119《日清食品有限公司 2019 年報》，第 51-52 頁。

商場開設全球旗艦店,該店舖樓高三層,面積達 37,500 萬平方米,薈萃
UNIQLO 品牌各式各樣最新、最多元化時尚休閑服飾,店內並設立全球
第 2 間 UT Store in Store,銷售公司與各類音樂文化、漫畫、電影、藝術
等不同範疇的品牌合作推出的印花 T 恤系列。截至 2020 年 2 月,優衣
庫在香港及澳門共開設 31 間銷售店舖。受到優衣庫「熱賣」的鼓舞,
其姐妹品牌 GU 亦進軍香港,2017 年春接連在尖沙咀美麗華商場和銅鑼
灣的皇室堡購物中心開設兩間店舖,目前已在香港開設 9 間店舖。

在餐飲業方面,日資公司在香港也有廣泛的商業活動。香港餐飲市
場上活躍着眾多的日資餐廳,如 DORAYA、Zen Foods、和食 NAOZEN、
J co., Limited、味珍味、Fukusho Trading、Unkai 連鎖酒店、INAGIKU
等等。為此,香港早在 1979 年經香港政府批准,成立「香港日本料
理店協會」。2010 年,日本上市餐飲連鎖集團東利多控股有限公司
(TORIDOLL Holdings Corporation)亦在香港設立子公司。2017 年 5 月
及 12 月,東利多控股以約 21.1 億港元價格,先後收購「譚仔雲南米線」
及「譚仔三哥米線」母公司全部股權,使持有的譚仔米線連鎖店增加至
108 間,約佔香港雲南米線市場的七成。

「譚仔雲南米線」品牌是在香港專營米線的快速休閑連鎖餐廳,
1996 年由華商譚氏家族創辦,後因家族糾紛分拆為「譚仔米線」和「譚
仔三哥米線」兩個分支,連鎖店舖超過 100 間,其麻辣味深受港人歡
迎。2018 年,東利多控股將收購後的兩個分支整合,成立「譚仔國際
有限公司」,總部位於香港,並於 2021 年 10 月在香港上市,東利多
控股持有 74.6% 股權。截至 2022 年 3 月底,譚仔國際在香港、中國
內地、日本及新加坡合共開設 175 間餐廳,其中,香港佔 162 間(圖
5-18)。2021-22 年度,譚仔國際營業收益為 22.75 億港元,除稅前溢利
2.45 億港元,總資產 25.69 億港元。[120]

120《譚仔國際有限公司 2021/22 年報》,第 117-119 頁。

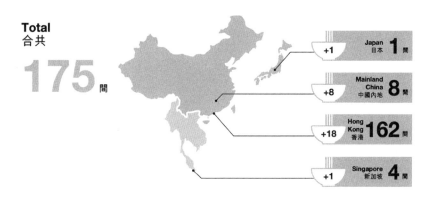

圖 5-18　譚仔國際開設餐飲連鎖店的分佈
資料來源:《譚仔國際有限公司 2021/22 年報》,第 17 頁。

　　在風險投資領域方面,主要有思佰益控股集團和日本亞洲投資等機構。思佰益控股集團(SBI Holdings, Inc.)成立於 1999 年,總部設於日本東京,是全球最大的綜合網絡金融集團之一及亞洲最大的風險投資、私募股權資產管理機構之一,擁有資產管理、金融服務及生物技術等三大支柱業務。該集團於 2011 年 4 月在香港上市,成為首家在東京和香港同時上市的日本企業,翌年成立 SBI 中國區總部 —— 思佰益(中國)有限公司,加大對中國區的投資。不過,2014 年 3 月,思佰益控股宣佈因其香港預託證券交投稀疏,決定撤銷香港上市。2017 年,思佰益旗下的外匯孖展經紀佰益匯在香港正式營業;2018 年在香港成立全資子公司佰益匯環球(BYFX Global),為除日本以外的全球客戶提供在線金融交易服務。2021 年 3 月,有媒體報道,思佰益控股行政總裁北尾吉孝表示有計劃將公司業務撤出香港。不過,數天後,北尾吉孝表示:「對報道感到驚訝及遺憾,沒有正式就撤出香港作出任何評論,亦沒有任何正式決定。」

　　此外,日本亞洲投資株式會社(Japan Asia Investment Co. Ltd.)成立於 1981 年,日本規模最大的風險投資機構之一。該公司以日本和亞洲作為基地,跨境開展投資業務活動,通過支持、培育擁有將來性新技術與嶄新商業模式,蘊藏着豐富潛力的企業,投資區域遍及日本、

美國、大中華地區、韓國以及東南亞各國。日本亞洲投資在香港設有「日本亞洲投資（香港）有限公司」，大中華地區投資超過 30 家企業，並且是總部設於香港的第一東方投資集團（First Eastern Investment Group）股東（圖 5-19）。

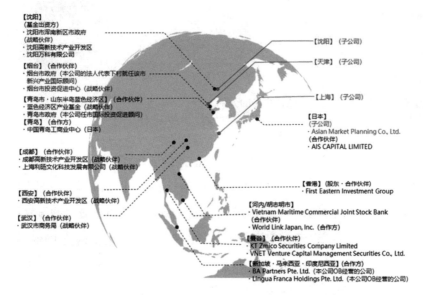

圖 5-19　日本亞洲投資株式會社在亞洲的事業網絡
資料來源：日本亞洲投資株式會社官網

目前，日資公司在香港的投資，主要仍集中在金融業、製造業、批發零售業、服務業等領域。根據香港特區政府統計署的調查，截至 2019 年 10 月，日資在香港開設的公司達 1,413 家，在香港的境外資本中僅次於中國內地（1,799 家）而排第 2 位，佔香港外資公司總數 9,040 家的 15.6%。根據日本政府財務省的統計，截至 2019 年底，日本對香港的直接投資存量（Outward Direct Investment Position）達 37,002 億日元（約 349.27 億美元）。其中，製造業為 9,096 億日元（約 85.86 億美元），佔 24.58%；非製造業 27,906 億日元（約 263.41 億美元），佔 75.72%。在非製造業中，按直接投資存量大小依次為金融保險業、批發零售業、服務業、不動產業、通信業及運輸業等；製造業則主要包括電

器機械器具、一般機械器具、紡織、精密機械器具、鐵及非鐵金屬、食料品等（表 5-17）。

表 5-17　2019 年底日本對香港直接投資存量分佈概況

單位：億日元

非製造業			製造業		
行業	直接投資存量	佔總存量%	行業	直接投資存量	佔總存量%
金融保險業	9152	24.73	電器機械器具	3628	9.80
批發零售業	8819	23.83	一般機械器具	1025	2.77
服務業	3607	9.75	紡織	849	2.29
不動產業	2193	5.93	精密機械器具	838	2.26
通信業	1595	4.31	鐵及非鐵金屬	464	1.25
運輸業	780	2.11	食料品	435	1.18
其他	1760	4.76	其他	1857	5.02
小計	27906	75.72	小計	9096	24.58
總存量合計	37002		總存量百分比合計	100.00	

資料來源：日本政府財務省

　　日資在香港開設的公司中，相當部分承擔地區總部和地區辦事處的功能。在地區總部方面，日資公司與美資公司一樣，也是從 60 年代中後期起開始在香港設立地區總部和地區辦事處。到 80-90 年代，日資公司將香港視為其進軍中國內地市場和服務東南亞企業的橋樑和樞紐，地區總部和地區辦事處進一步增加。到 1997 年，日資公司在香港成立的地區總部達 119 個，僅次於美國而排第二位；地區辦事處 379 個，居各國之首。[121] 回歸以後，日資公司在香港設立的地區總部和地區辦事處仍呈持續增加的態勢，其中，地區總部於 2008 年達到 238 個，地區辦事處於 2005 年達 537 個，達到高峰。2008 年金融海嘯之後開始減少。

---

121 香港特區政府工業貿易署：「香港與歐洲聯盟（歐盟）的關係」，香港特區政府工業貿易署官網。

據統計，截至 2022 年 6 月，母公司位於日本的駐港公司中，212 間為
地區總部、402 間為地區辦事處，774 間為當地辦事處。截至 2021 年
底，日本在香港的外來直接投資頭寸達 2,146 億港元，佔香港外來直接
投資總額的 1.4%。[122]

第五節　歐洲資本財團

▌歐洲資本在香港的早期發展

　　歐洲資本在這裏是指除英國之外歐洲其他國家的資本，其在香港
的發展，與英資一樣具有悠久的歷史。早在香港開埠時，已有歐洲資本
的公司進入香港。1865 年滙豐銀行創辦時，德國資本的禪臣洋行和丹
麥資本的畢洋行，其代表就是滙豐臨時委員會 15 人成員之一。[123] 1889
年，由 Dissonto-Gesellschaft 和德意志銀行牽頭的德國銀行財團在柏林
成立「德意志亞洲銀行」（Deutsch-Asiatische Bank），作為發展東亞市
場的專門機構。1900 年，德亞銀行在香港開設分行，這是德意志銀行
在香港的最早發展。十九世紀末二十世紀初，進入香港的歐洲銀行還有
法國的東方匯理銀行，荷蘭的小公銀行和安達銀行，以及比利時的華比
銀行等。

　　歐洲資本在香港早期發展中的一家貿易公司，是 1895 年 3 月 1 日
在香港註冊成立的捷成洋行（Jebsen & Co.），創辦人為丹麥商人 Jacob
Jebsen 和 Heinrich Jessen，前者的父親 Michael Jessen 早年出任商船船
長，其後自己成立了汽船公司 M. Jebsen Shipping Company。捷成洋行

---

122 香港特區政府工業貿易署：「香港與日本的貿易關係」，2023 年 2 月，香港特區政府工業
　　貿易署官網。

123 毛里斯、柯立斯著、中國人民銀行總行金融研究所譯：《滙豐－香港上海銀行（滙豐百年
　　史）》，中華書局，1979 年，第 160-161 頁。

成立初期主要業務是作為 M. Jebsen Shipping Company 的獨家代理商，後者擁有 14 艘氣船從事中國沿海貿易；又與英國曼徹斯特的兩家出口染色綢子公司 Hiltermann & Co. 和 Edmund Heuer & Co. 建立商務聯繫，並憑藉這些物料在南中國發展了相當的業務。[124] 捷成在香港訂造的「美上美號」是香港船塢接下的第一份丹麥訂單，同時也是香港首艘配備雷達的船隻。作為二戰後第一艘復航的輪船，它穿梭於香港與中國內地，幫助運送糧食與藥品。

1897 年，捷成洋行取得德國工業巨頭巴斯夫（Badische Anilin und Soda Fabrik，簡稱 BASF）的獨家代理權，從事染料貿易，從而奠定公司在中國貿易中的基礎。巴斯夫在十九世紀 80 年代已進入中國市場，而自從與捷成合作後，其業務增長勢頭迅猛，在 1897 年至 1900 年間，銷售額錄得 3 倍的增長。1898 年，Michael Jessen 與德國政府簽訂協議，由捷成洋行經營上海、青島、煙台及天津之間的汽船服務，令捷成的業務更加穩固。1906 年，捷成收購「藍妹啤酒」，後來經過多年經營，「藍妹啤酒」成為捷成其中一個最成功的品牌。1911 年中華民國成立後，捷成洋行收購了香港和廣州的 A. Goeke 公司，開始大規模出口中國產品銷往歐洲、北美和澳洲。1927 年，捷成洋行在上海設立分公司，巴斯夫成為 L.G. Farben Industrie 的合組公司，捷成取得該公司在南中國的分銷權。到 30 年代，捷成開始經銷汽車產品，首次將平治汽車引進中國市場。[125]

整體而言，在香港開埠以後的一段時期，歐洲資本在香港的發展並不顯著，除了地理上、語言及文化上的障礙之外，長期以來英國資本在香港佔有優勢也是其中原因之一。

不過，進入二十世紀 70 年代以後，隨着香港對歐洲國家的出口日益增加，歐洲公司逐漸把香港視為一個值得投資的市場。據統計數據顯

---

124 Nancy Nash：《捷成故事：捷成洋行紀念特刊》，捷成洋行有限公司，1995 年，第 13-14 頁。

125 Nancy Nash：《捷成故事：捷成洋行紀念特刊》，第 66-67 頁。

示，到 1976 年底，西歐國家在香港共設有 31 家製造業企業，投資總額超過 1 億港元，主要集中在化學產品（法國）、紡織品（瑞士和西德）及電子產品等行業。此外，還有 16 家保險公司和約 80 家銀行和貿易公司等。[126]

70 年代後期，中國實施改革開放政策，適應濟發展的需要，中國內地與歐洲國家的經貿關係迅速發展。在這種背景下，歐洲資本開始積極進入香港，投資於香港的製造業、金融業及其他行業。在製造業，到 1995 年，歐盟國家在香港製造業的投資達到 94 項，佔香港製造業外資企業 430 家的 21.86%，其中，德國 22 項，瑞士 17 項，荷蘭 11 項，法國 6 項，意大利 4 項；以原來成本計算投資總額達 59.8 億港元，佔香港製造業外來投資總額 482.87 億港元的 12.38%。[127] 歐洲國家在香港製造業的投資，主要集中在電器、電子、鐘錶製造、工業機器、化學製品和運輸設備等行業，如德國主要投資於電器、化學製品、機械設備、鐘錶和製衣業等；瑞士主要投資於鐘錶製造、食品機械、化學製品、珠寶玉石和包裝機械製造等；義大利主要投資於機械工程、製藥等；荷蘭主要投資於電子業，荷蘭僅 1995 年就在香港投資了 6 家電子製造企業，投資金額達 14.58 億港元。

在金融業方面，70 年代末香港政府重新頒發銀行牌照後，歐洲銀行開始大規模進入香港，到 1994 年，西歐國家在香港共設立持牌銀行 52 家，有限制牌照銀行 12 家，接受存款公司 13 家，銀行辦事處 68 個，成為香港主要的銀行集團之一。主要的銀行集團包括：法國國家巴黎銀行、華比銀行、德國銀行、瑞典商業銀行、瑞士銀行等，這些銀行機構主要經營各種投資、樓宇按揭貸款、貿易融資、外匯交易等業務。

---

126 戴維・萊思布里奇編著：《香港的營業環境》，上海：上海翻譯出版公司，1984 年，第 214 頁。

127 香港政府工業署：《1996 年香港製造業外來投資調查》，1996 年 12 月，第 73 頁。

如法國國家巴黎銀行是法國最大的商業銀行，該行於 1958 年在香港開設分行，主要在香港經營中長期信貸業務、專門辦理歐洲美元貸款，並利用阿拉伯石油美元為國際性投資提供貸款；華比銀行是總部設在布魯塞爾的比利時富通銀行的附屬機構，1993 年在香港設有 22 家分行，成為在香港擁有較大分行網絡的歐洲銀行之一。1994 年底，歐洲銀行在香港的總資產達 9,220 億港元，佔香港銀行總資產的 12.6%；客戶存款2,410 億港元，在香港銀行客戶存款總額的 12.4%。

在建築業，歐洲國家的建築公司由於擁有雄厚的實力和先進技術，在 90 年代亦積極參與香港的大型基礎設施建設，如香港赤鱲角新機場的建設工程，成為香港建築市場的一支重要力量。其中，香港上市公司 B+B 亞洲有限公司，其前身 B+B 集團是歐洲具有 100 多年歷史的大型國際土木工程公司。1992 年，B+B 集團收購香港比沙亞洲 62.9%股權，集團易名為「B+B 亞洲有限公司」。該公司成為香港赤鱲角新機場及配套工程主要投標公司和積極參與者。歐洲國家建築公司還積極投標和承攬香港的市政工程合約，如法國的建築公司在香港獲得的工程合約就有太古廣場、青衣大橋、長青隧道、政府大球場、新會議展覽中心、中區改造工程、葵涌大橋、鐵路交通控制及信號系統、新界東北部垃圾堆填及污水處理工程等。[128]

▍銀行業：法國巴黎、瑞銀、德意志

回歸以後，歐洲資本仍活躍於香港經濟的各個領域，特別是銀行、保險、分銷貿易、製造業、交通運輸等。在銀行業，截至 2019 年底，歐洲國家（英國除外）仍持有持牌銀行 29 家，其中，法國 7 家，瑞士 6 家，德國、荷蘭和義大利各 3 家，瑞典和西班牙各 2 家，奧地利、比利時和列支敦士登各 1 家。

---

128 烏蘭木倫主編：《邁向 21 世紀的香港經濟》，第 652 頁。

這些銀行主要有：法國的法國巴黎銀行（BNP Paribas）、法國興業銀行（Societe Generale Bank）、法國東方匯理銀行（Credit Agricole Corporate and Investment Bank）、法國對外貿易銀行（NATIXIS）；瑞士的瑞銀集團（UBS Group AG）、瑞士信貸銀行（Credit Suisse AG）、瑞士盈豐銀行；德國的德意志銀行（Deutsche Bank Aktiengesellschaft）、德國商業銀行（Commerzbank AG）、裕信（德國）銀行；荷蘭的荷蘭商業銀行（ING Bank N.V.）、荷蘭銀行集團（ABN AMRO Bank N.V.）；義大利的義大利聯合聖保羅銀行（Intesa Sanpaolo）；瑞典的瑞典商業銀行（Svenska Handelsbanken AB (publ)）、瑞典北歐斯安銀行（Skandinaviska Enskilda Banken AB）；西班牙的桑坦德銀行有限公司（Banco Santander）、西班牙畢爾巴鄂比斯開銀行（Banco Bilbao Vizcaya Argentaria S.A.）；比利時的比利時聯合銀行；奧地利的奧地利第一儲蓄銀行（ERSTE GROUP BANK AG）；以及列支敦士登皇家銀行（LGT Bank AG）等，均為歐洲各國的主要銀行集團。

此外，西班牙 Criteria 集團旗下的西班牙銀行（Criteria Caixa, S.A., Sociedad Unipersonal）於 2009 年與香港本地註冊大型銀行東亞銀行簽署合作協議，雙方協助彼此開發銀行服務和產品，並增加對東亞銀行在亞太區的業務平台的使用，目前持有東亞銀行 18.91% 股權（截至 2022 年 6 月底），是僅次於李氏家族和三井住友銀行之外的第 3 大股東。

其中，法國巴黎銀行為歐洲首屈一指的全球銀行及金融服務機構，獲標準普爾評為全球四大銀行之一，集團業務遍及全球逾 85 個國家，於企業及投資銀行、資產管理及服務，以及零售銀行三方面均穩佔重要位置（圖 5-19）。2019 年，法國巴黎銀行以營業收入 839.74 億美元、利潤 88.82 億美元，在美國《財富》雜誌全球 500 強排名中位居第 104 位。法國巴黎銀行香港分行是最早進入香港的歐資銀行之一，自 1862 年起就開始為香港本地及環球客戶提供金融服務，從 1966 年起成為集團在亞洲的業務樞紐（圖 5-20）。

圖 5-20　法國巴黎銀行的全球經營網絡
資料來源：法國巴黎銀行官網

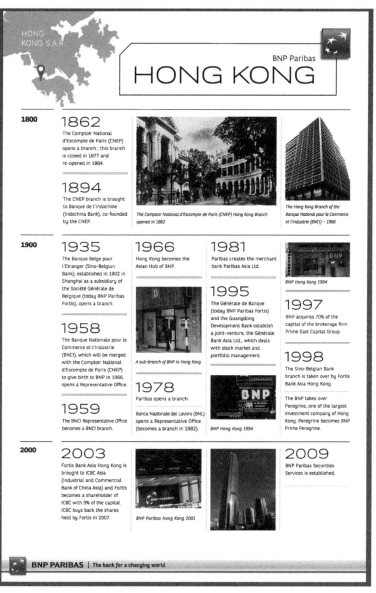

圖 5-21　法國巴黎銀行在香港的歷史沿革
資料來源：法國巴黎銀行官網

　　1998 年，在亞洲金融危機的衝擊下，香港最大的華資投資銀行百富勤破產，同年 2 月法國巴黎銀行（當時稱為法國國家巴黎銀行）收購並重組了百富勤在大中華地區的證券業務，創建了「法國巴黎百富勤」（BNP 百富勤），總部設於香港，提供全面的投資銀行服務。目前，法國巴黎銀行駐港員工達 2,200 名，經營業務涵蓋企業及銀行業務、資產管理及財富管理等多個領域。截至 2019 年底，法國巴黎銀行香港分行的總資產為 3697.25 億港元，客戶存款總額為 1743.02 億港元，年度稅前利潤為 9.35 億港元，各項指標均均歐洲銀行香港分行的前列（表 5-19）。2022 年 11 月，法國巴黎銀行被香港金融管理局指定為香港離岸人民幣市場的一級流動性提供行。

　　瑞銀集團於 1998 年由瑞士聯合銀行（UBS）及瑞士銀行集團（SBC）合併而成，是世界第二大的私人財富資產管理者，以資本及盈利能力計屬於歐洲第二大銀行，2019 年，瑞銀集團以營業收入 429.6 億美元、利潤 45.16 億美元，在美國《財富》雜誌全球 500 強排名中位居第 274 位。瑞銀集團自 1964 年起已進入香港，先後開設代表處和分行，1973 年並在香港成立「SBC Finance（Asia）Ltd.」，1996 年收購了渣打銀行的國際私人銀行業務，使 SBC 的私人銀行業務在管理資產方面躋身亞洲前兩名。[129] 經過多年發展，目前瑞銀集團在亞洲區內 13 個國家和地區建立了廣泛的經營網絡，該行在香港資產和財富管理、投資銀行業務等方面均相當活躍，其發表的研究報告對香港經濟、金融市場的走勢和公司發展都具有相當的影響力。截至 2019 年底，瑞銀集團香港分行的總資產為 2270.71 億港元，客戶存款總額為 1676.51 億港元，年度稅前利潤為 42.79 億港元，是歐洲銀行香港分行中盈利最高的銀行（表 5-18）。不過，2019 年 3 月，瑞銀集團及瑞銀證券香港有限公司（UBS Securities Hong Kong Limited）因保薦人缺失被香港證監會罰款 3.75 億

---

129 瑞銀集團：「我們的歷史」，瑞銀集團官網。

港元，暫時吊銷就機構融資提供意見的牌照，為期一年。

德意志銀行於 1870 年在德國柏林成立，是德國最大銀行及世界上最重要的金融機構之一，2019 年在世界 500 強企業排行榜中位居第 223 位。德意銀志行於 1958 年首次進入香港開展業務，其後相繼開設了多個分支機構。2010 年，德意志銀行將其在香港的總部遷至九龍環球貿易廣場，租用辦公室面積比之前增加至 3 倍，達到 6.2 萬平方米，僱傭人員計劃從 1,500 人擴大到 4,000 人。該行表示，德意銀志行在亞太區業務正快速增長，香港更是主要動力之一，入駐環球貿易廣場是德意銀志行在香港歷史上的一個里程碑，確保銀行能在頂級商業大廈和科技設施配合下，繼續擴張業務。2019 年，德意銀志行獲中國人民銀行批准可以香港分行為中心，聯動全球所有分支機構提供人民幣外匯即期和對沖解決方案。2020 年，德意銀行志宣佈將其亞太區首席執行官辦公室，由香港改為新加坡，不過其在亞太區佈局的雙樞紐結構（dual-hub structure）仍維持不變。

表 5-18　2019 年底主要歐洲銀行香港分行業績概況

單位：億港元

持牌銀行	總資產	客戶存款總額	稅前利潤
法國巴黎銀行	3697.25	1743.02	9.35
瑞銀集團	2270.71	1676.51	42.79
法國東方匯理銀行	1862.55	316.32	4.11
瑞士信貸銀行	1730.11	1001.29	12.05
法國興業銀行	1516.72	99.43	8.36
德意志銀行	1155.06	339.98	-8.96
荷蘭商業銀行	1044.13	69.25	3.41
意大利聯合聖保羅銀行	550.15	468.24	0.81
西班牙桑坦德銀行	364.12	12.42	0.26
荷蘭銀行集團	401.17	17.19	-0.80
德國商業銀行	227.09	18.00	-1.11
比利時聯合銀行	91.36	15.67	0.64

資料來源：畢馬威（KPMG）：《新形勢下的應變之道：2020 年香港銀行業報告》

截至 2019 年底，香港歐洲銀行集團的總資產為 34,380 億港元，佔銀行資產總額的 14.05%；客戶存款總額 16,620 億港元，佔銀行客戶存款總額的 12.06%；客戶貸款 14,130 億港元，佔客戶貸款總額的 13.62%；其中，在香港使用的客戶貸款 8,200 億港元，在境外使用的客戶貸款 5,930 億港元，分別佔總額的 11.30% 和 19.02%，各項數據在香港主要銀行集團中均居第 3 位，僅次於滙豐控股和中資集團。從總體看，近年來，歐洲資本銀行各項指標在香港銀行體系中的比重基本維持不變（表 5-19）。

表 5-19　歐洲資本認可金融機構在香港銀行體系資產負債表中主要項目

單位：10 億港元

	資產總額	客戶存款	客戶貸款	在香港使用的客戶貸款	在境外使用的客戶貸款
2018 年	3281（13.65%）	1683（12.57%）	1296（13.33%）	749（11.05%）	547（18.56%）
2019 年	3438（14.05%）	1662（12.07%）	1413（13.62%）	820（11.30%）	593（19.02%）
2020 年	3629（14.03%）	1786（12.31%）	1459（13.90%）	850（11.55%）	609（19.38%）
2021 年	3559（13.50%）	1884（12.41%）	1515（13.90%）	886（11.48%）	628（19.77%）

注：（ ）裏的數字是該項數額在當年香港銀行體系中的比重
資料來源：香港金融管理局：《年報》，2018-2021 年

▌ 保險業：蘇黎世保險、法國安盛、慕尼克再保險、瑞士再保險

在保險業，歐洲資本早在 70 年代已進入香港。當時，瑞士的兩大保險集團之一的瑞士泰豐保險集團（Winterther Swiss Insurance Group）在香港成立諾允保險（國際）有限公司，經營一般保險及壽險業務。進入 90 年代，歐洲大型保險公司積極拓展香港保險市場。1991 年，已在香港開設公司的歐洲第 2 大保險公司 —— 法國於仁保險（Union des Assurance de Paris-Vie）積極拓展香港人壽保險業務，專注團體壽險及醫療保險產品。

　　1997 年，蘇黎世保險集團（當時稱為「蘇黎世金融集團」）收購太古集團旗下多間保險公司，開始進入香港；翌年再收購香港鷹星保險集團。鷹星保險總部設於倫敦，主要經營火災、意外、海事、汽車、人壽、偶然性和自然天氣災害承保等保險業務。該公司於 1961 年進入香港，是香港老牌的保險公司。蘇黎世保險是一家全球領先的多險種保險公司，業務遍及全球 200 多個國家和地區，總部設於瑞士蘇黎世。2004年，蘇黎世保險將香港的業務統一採用「蘇黎世」品牌，鷹星更名為「蘇黎世人壽保險有限公司」（Zurich Life Insurance Company Limited），聯同蘇黎世國際人壽保險（Zurich International Life Limited）及蘇黎世保險有限公司（Zurich Insurance Company Limited）一起，拓展香港壽險及一般保險業務。2020 年，蘇黎世保險獲香港保險業監管局授予本地人壽保險牌照，成立全新人壽保險公司 —— 蘇黎世人壽保險（香港）有限公司（Zurich Life Insurance (Hong Kong) Limited，簡稱「蘇黎世人壽」）。蘇黎世人壽成立後，接連推出定期壽險、投資相連壽險及危疾產品等，儘管受到全球新冠疫情的影響，但業務仍取得可觀增長，2022年度化保費（APE）按年升近七成（68%），與取得新壽險牌照前相比錄得 5 倍以上的增長，新業務價值（NBY）更急增達 10 倍以上。[130]

　　香港另一家主要的歐洲保險公司是法國安盛集團（AXA）。安盛集團是全球最大的保險集團和國際資產管理集團之一，首家公司創辦於 1816 年，業務遍及非洲、北美、南美及美洲中部、亞太區、歐洲及中東等 50 多個國家和地區，為近 1 億名客戶提供服務。安盛分別在巴黎和紐約證券交易所上市，集團的數家公司也在其經營地上市，包括澳大利亞、新西蘭、香港、紐約、法蘭克福、倫敦、布魯塞爾及都柏林。2019 年，安盛集團以營業收入 1255.78 億美元、利潤 25.26 億美

130〈蘇黎世香港公佈 2023 年人壽產品發展路線圖〉（蘇黎世保險新聞稿），2023 年 2 月 15日，蘇黎世保險官網。

元，在《財富》雜誌全球 500 強排名中位居第 46 位。安盛集團於 1999 年收購香港上市公司 —— 國衛保險亞洲有限公司（National Mutual Asia Limited，進入香港。國衛保險亞洲的前身為先衛保險（Sentry Life Insurance (Asia) Limited），1986 年澳洲最大保險集團之一的國衛集團收購先衛保險，成立國衛保險亞洲，開始在香港的業務。1992 年國衛保險亞洲在香港上市時，已發展成為一家規模較大的保險公司。

安盛收購國衛保險亞洲後，將其私有化退市，並改名為「安盛國衛保險有限公司」（AXA China Region Limited）。2006 年，安盛亞太控股收購萬誠保險（MLC [Hong Kong] Limited），將其改名為「國衛（香港）人壽保險有限公司」（AXA [Hong Kong] Life Insurance Company Limited）。2007 年，安盛亞太控股再收購瑞士豐泰，改名為「安盛財富管理（香港）有限公司」（AXA Wealth Management [Hong Kong] Limited）。2010 年，安盛集團內部重組，成立安盛亞太，負責經營集團在亞太地區的保險及財富管理。2011 年，安盛集團將安盛國衛中文名改為 AXA 安盛，將集團原有的一般保險和壽險業務兩個品牌統一。

目前，AXA 安盛於香港及澳門客戶已超過 155 萬名，業務涵蓋人壽、健康及財產的全面保障，以及財富管理和退休方案等領域，不僅是香港最大的醫療保險供應商之一，其一般保險業務更在香港市場擁有最大的佔有率，其汽車保險亦是業界的翹楚。2022 年，AXA 安盛在「香港保險業大獎 2022」獲得「傑出創意產品 / 服務大獎 —— 一般保險」和「傑出整合營銷策略大獎」以及其他 7 個傑出年度大獎的年度三強，範圍涵蓋自願醫保和僱員福利的創意產品 / 服務、數碼革新、數碼營銷計劃等。

在再保險業務方面，慕尼克再保險公司和瑞士再保險公司分別是全球排名第一、二位的國際再保險公司，在香港的再保險市場佔有領先優勢。其中，慕尼克再保險公司（Munich Re Group）創立於 1880 年，總部設在德國慕尼克，全世界 150 多個國家從事保險及再保險業務，2019 年以營業收入 672.26 億美元、利潤 27.26 億美元在《財富》世界

500 強排行榜中位列第 145 位。慕尼克再保險於 1962 年在香港設立了第一家亞洲辦事處，至今仍然是集團在亞太區的主要樞紐之一，其經營所有再保險業務，包括壽險、非壽險和健康險等。1997 年，慕尼黑再保險公司在北京和上海設立了代表處；2003 年，慕尼黑再保險成為中國准入首家外國再保險公司，依托慕尼黑再保險總部和香港分公司，形成對中國內地市場的服務網絡。2022 年 4 月，慕尼黑再保險與總部位於香港的虛擬保險公司 OneDegree 建立為期三年的戰略合作夥伴關係，以推出新的數位資產保險產品 OneInfinity。

瑞士再保險公司（Swiss Reinsurance Co. Ltd.）是瑞士最大的專業再保險公司，創辦於 1863 年，在世界上 30 多個國家設有 70 多家辦事處，在風險保障、解決方案以及服務等方面聲譽卓著，2019 年以營業收入 370.47 億美元、利潤 4.62 億美元在《財富》世界 500 強中位列第 332 位。瑞士再保險自 1913 年起進入亞洲市場，在香港設有「瑞士再保險亞洲有限公司香港分公司」，目前在亞太區員工人數約 1,900 人，另外在北京、上海、吉隆坡、東京、首爾、悉尼、新加坡、孟買、班加羅爾等地都設有辦事機構。

截至 2019 年，香港約有 25 家在歐洲註冊的保險公司，經營一般保險、壽險及再保險等業務。其中，德國和馬恩島各 5 家，盧森堡、瑞士各 3 家，法國、愛爾蘭、挪威各 2 家，比利時、恩格爾、西班牙各 1 家。此外，還有多家在百慕達和香港註冊的歐洲保險公司。

▌ 分銷零售業：捷成、Classic、歐尚

在分銷貿易業，歐洲公司也佔有一席之地。其中，以捷成集團（Jebsen Group，前身為捷成洋行）表現最為突出。二次大戰後，捷成重啟香港業務，1953 年以空運方式向香港進口了首輛大眾甲殼蟲轎車，1955 年向香港進口了首輛保時捷成轎車。1961 年，德國漢莎航空公司開通香港航線，捷成成為該公司的代理。在 1950 年代至 1980 年代作為

西門子代理期間，捷成在香港現代化過程中扮演重要角色，包括引入尖端醫學科技器材、向包括地下鐵在內的公共和私人機構提供電訊服務，及銷售中產家庭可負擔的先進家庭電器，例如洗衣機及電熱水爐等。1970 年，捷成與西門子合作在當時全球規模最大的荔枝角電話機樓安裝當時最先進的、可容納一萬條線的電腦化電話接線系統。

　　香港回歸以後，捷成積極推動業務多元化：包括於 2000 年成立第一家合資企業──捷馬中國有限公司，將業務拓展至製造業；2001 年率先在中國內地引進保時捷汽車，拓展中國內地市場；2013 年推出全渠道零售品牌 J SELECT；2017 年成立「捷成資本」，在強化原有核心業務的同時也投資具有發展潛力的新興行業；2018 年與合作夥伴奧地利唯科公司（TCG Unitech）一同在大連建設新汽車工廠，進一步拓展內地汽車市場；2019 年與百威集團合作成立飲料合資企業。[131]

　　經過 125 年的發展，目前捷成集團，已從當初的一家船運代理機構發展成為一家專注於市場行銷、分銷及投資的跨國企業集團企業，旗下經營業務以統一的「捷成企業」為品牌，專注於汽車、飲料、消費品、捷成資本四大核心業務線，以及工業、物流兩條逐步完善的業務線，為全球超過 200 個著名品牌提供代理服務，為區域市場持續引進相關的產品、服務、投資與解決方案，年營業額達 40 億美元。捷成集團經營的區域涉及 20 個國家包括大中華地區、東南亞、澳洲、歐洲四大區域。其中，大中華地區包括中國內地、香港、澳門和台灣等，主要經營集團的核心業務；東南亞地區總部設於新加坡，主要經營線纜技術、工業配料、生命科學、物料運輸、包裝工業、技術解決方案等；澳洲地區總部設於珀斯，主要經營採礦、加工、循環利用等；歐洲市場包括德國、丹麥等，地區總部設於德國漢堡，主要經營化工、紡織、礦石等（圖 5-22）。[132]

---

131 捷成集團：「集團歷史」，捷成集團官網。
132 捷成集團：「關於我們」及「全球網絡」，捷成集團官網。

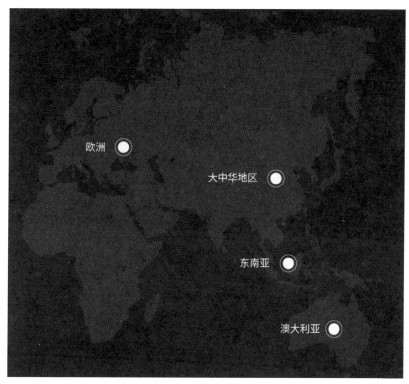

圖 5-22　捷成集團的全球經營網絡
資料來源：捷成集團官網

　　另外，法國國際高級食品進口及分銷商 Classic Fine Foods 於 2001
年進入香港，透過旗下香港 Classic Fine Foods 為香港的優質餐廳、酒
店、著名百貨公司和美食店提供高級食材，如魚子醬、鵝肝、和牛、
黑毛豬風幹火腿、朱古力、糕點裝飾等，在香港經營已超過 20 年。該
集團在歐洲、中東和亞洲的 11 個國家和地區經營銷售高級食品（圖
5-23），包括魚子醬、松露、煙熏三文魚、大蝦、美國農業部牛肉、
Charcuterie de Bellota 100% 伊比利亞、攪拌黃油部分、高級巧克力、香
草、果泥、糕點裝飾、部分烤面包等。2022 年 12 月，Classic 有見越來
越多香港顧客疫情期間在家煮食，對高級食材需求持續增加，因此把握
機會在香港開設全新歐洲食品專門店 Les Halles，精選超過 100 個正宗
地道和優質品牌食材從歐洲直接供應香港，拓展香港零售市場。

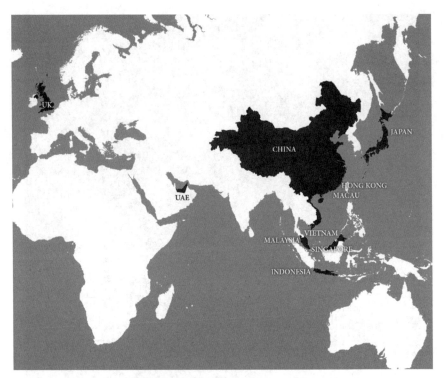

圖 5-23　Classic Fine Foods 集團的全球經營網絡
資料來源：Classic Fine Foods website

　　在零售業，歐尚集團（Auchan Retail International S.A.）在香港成
立上市控股公司經營中國內地超市業務。歐尚集團創辦於 1961 年，是
法國僅次於家樂福的第二大零售業巨頭、世界 500 強企業，在全球 13
個國家和地區經營超級便利店、超級市場、大賣場等零售業態。歐尚
於 1997 年進入中國內地，1999 年在上海開設內地第一家特大型綜合超
市。2000 年，歐尚集團收購在內地經營「大潤發」超市的台灣泰潤集
團 67% 股權，並與泰潤集團合組「高鑫零售有限公司」，在中國內地經
營「大潤發」和「歐尚」兩個零售品牌。2011 年 7 月，高鑫零售在香
港上市，當時集團開設的超市已達 200 家。2017 年，阿里巴巴集團以
28.8 億美元（224 億港元）收購潤泰集團所持高鑫零售 36.16% 股份，成
為僅次於歐尚的第二大股東。2020 年，阿里巴巴集團再以約 280 億港

元（36 億美元）收購歐尚所持約 51% 股權，成為高鑫零售的控股股東。至此，歐尚集團退出高鑫零售。

另外，歐洲著名品牌專賣店在香港也有活躍的商業活動，如意大利奢侈品牌 Valentino（華倫天奴）在香港就有 7 間店舖，包括海港城的旗艦店，以及分佈位於尖沙咀柯士甸道圓方、中環國際金融中心商場等大型購物中心的其他店舖；意大利另一奢侈品牌 Prada（普拉達）在最高峰時期在香港擁有 9 間店舖；法國奢侈品牌 Louis Vuitton（路易威登）在香港也開有 6 家店舖，其中，位於九龍廣東道店舖曾創下全球單店最高銷售記錄。在香港的大型商業中心和高級酒店，如海港城、新港中心、半島酒店等，都雲集大批歐洲的奢侈品牌專賣店。不過，自 2020 年全球新冠疫情爆發以來，已有部分相繼店舖關閉，Prada 就關閉了位於香港銅鑼灣 Plaza 2000 的全港最大店舖，Valentino 在海港城的旗艦店亦因租約期滿而選擇結束營運。

▍其他行業：創科實業、RATP、敦豪、Acciona

在製造業，佼佼者是德國商人霍斯特．朱利葉斯．普德維爾（Horst Julius Pudwill）於 1985 年 5 月與華商鍾志平合夥創辦的創科實業有限公司（Techtronic Industries Company Limited）。該公司主要從事設計、開發、生產及銷售太陽能及電子產品、電動工具、牙齒護理用品、地板護理產品及消費者戶外產品（如鏈鋸、汽油修剪機等），為消費者、DIY 一族、專業人士及工業用家提供家居裝修、維修、保養、建造業及基建業產品。創科實業總部設於香港，於 1990 年在香港上市，2000 年以 1.06 億美元收購日本品牌 Ryobi，並與美國大型零售商家得寶建立合作關係，邁出了國際化的重要一步。其後，創科實業相繼收購了 HOMELIT 品牌的園藝工具業務、MILWAUKEE 和 DREBO 品牌的電動工具業務，ROYAL、DIRT DEVIL、HOOVER 等地板護理品牌業務，銷售市場遍及北美、歐洲、大洋洲、拉美、中東等地區。

　　近年，該集團成功由原件設備製造商及原件設計製造商轉型為全球具有自有品牌之領先生產商之一，並在北美、歐洲和亞洲建立了 6 個世界級概念中心，形成 24 小時的創新系統，僱員人數達 4.7 萬人（圖 5-23）。[133] 2019 年，創科實業營業額達 76.67 億美元，連續 10 年創新高；除稅前溢利 6.61 億美元，連 12 年創新高；總資產 76.98 億美元（表 5-21）。[134] 受到業績大幅增長的刺激，創科實業市值在 2021 年曾創下超過 3,200 億港元的新高。不過，自 2022 年下半年以來，創科實業持續增長的勢頭被扭轉，出現收入下跌，利潤收縮的情況，並被沽空機構指控通過「會計遊戲」誇大營業收入，致使公司市值下跌至約 1,500 億港元水平，比最高峰時期下跌逾五成。

圖 5-24　創科實業在全球的營運系統
資料來源：《創科實業有限公司 2017 年報》，第 2 頁。

133　創科實業：「公司介紹」，創科實業有限公司官網。

134　《創科實業有限公司 2019 年報》，第 2-3 頁。

表 5-20　2014-2021 年度創科實業經營概況

單位：億美元

	營業額	除稅前溢利	總資產
2014 年度	47.53	3.25	43.52
2015 年度	50.38	3.87	48.02
2016 年度	54.80	4.40	51.20
2017 年度	60.64	5.05	55.98
2018 年度	70.21	5.95	63.49
2019 年度	76.67	6.61	76.98
2020 年度	98.12	8.61	93.90
2021 年度	132.03	11.82	130.08

資料來源：《創科實業有限公司年報》，2016-2021 年

　　在交通運輸方面，2009 年 4 月，法國交通運輸集團 RATP Dev Transdev Asia（RDTA）與香港九龍倉達成協議，以少於 1 億歐元的價格，收購九龍倉旗下歷史悠久的香港電車公司 50% 股權，並負責該公司的日常營運。香港電車為世界上僅存的仍使用雙層電車的電車系統，1904 年啟用，收購時擁有 163 輛電車，在港島電車路線全長 13 公里，路軌總長 30 公里，其中，堅尼地至筲箕灣段為雙線行車，每日載客人數約 24 萬人次，是香港島的歷史標誌和文化遺產之一。2010 年 4 月，RDTA 進一步收購九龍倉餘下 50% 股權，使香港電車成為威立雅的全資附屬公司。2020 年 10 月，RATP Dev Group 全面收購 RDTA，全資擁有香港電車公司。RATP Dev Group 成立於 2002 年，旨在發展 RATP 在法國巴黎以外的交通運輸系統和保養業務，為世界第三城市交通運營商及世界 500 強企業，在全球五大洲 15 個國家和地區經營地鐵、輕軌、有軌電車、快速交通系統、巴士等（圖 5-25）。目前，RATP Dev Group 營運下的香港電車擁有 165 輛電車，在港島營運 6 條電車線路，共有 600 名員工。

圖 5-25　RATP Dev Group 在全球的營運系統
資料來源：RATP Dev Group 官網

　　在基礎設施領域，歐洲的敦豪集團（DHL Express）在香港的貨物空運亦佔有重要的份額。敦豪集團是一家創立於 1969 年美國運輸公司，2001 年被德國郵政集團（Deutsche Post DHL）收購，成為旗下全資附屬公司，時至今日已發展成為全球領先的物流集團，主要提供全面的包裹和國際快遞服務、貨運和供應鏈管理服務，以及電子商務物流解決方案，在全球 220 多個國家與地區擁有 38 萬名員工。在香港，該公司的註冊名稱為「敦豪國際」，但日常仍使用 DHL，故又稱為「DHL快遞」。敦豪國際透過旗下「敦豪空運（香港）有限公司」，營運香港國際機場首個專用速遞貨運站──「敦豪中亞區樞紐中心」，該中心佔地約 3.5 公頃，總投資額超過 16 億港元，是亞太區首個大型自動化快遞樞紐，每小時可處理超過 35,000 件包裹及 40,000 件快遞文件。[135]

---

135 香港國際機場：「敦豪中亞區樞紐中心」，香港國際機場官網。

此外，2019 年 12 月，西班牙 Acciona 與怡和工程、中國建築國際集團合組財團，成功投得香港將軍澳海水淡化廠一期項目，項目合約額 90.8 億港元。該項目是 Acciona 在境外以「設計、建造、運營」一體化模式投得的最大民生工程，並首次在香港推廣國際領先的反滲透式淡化技術。建成後日產淡水 13.5 萬立方米，將成為香港規模最大的海水淡化廠。其中，西班牙 Acciona 佔 20% 權益，怡和工程和中建國際分別佔 20% 和 60%；不過，在運營和維護（O&M）方面，Acciona 佔主導地位（66.5%），怡和工程和中建國際分別佔 21.5% 和 12.5%。Acciona 是全球著名的國際承包商之一，致力於開發和管理可持續基礎設施解決方案，其業務跨越從設計和施工到運營和維護的整個價值鏈，2022 年銷售額達到 111,950 億歐元。

在地區總部方面，歐洲公司於 70 年代開始加快在香港設立地區總部及地區辦事處。到 1995 年，歐洲公司在香港設立的地區總部達 140 家，其中，以德國最多，達 33 家，其次是法國和荷蘭，分別達 28 家，瑞典 11 家，丹麥 9 家，比利時、義大利和西班牙各有 6 家；地區辦事處共 231 家，德國 48 家，荷蘭 42 家，法國和瑞典分別達 26 家和 25 家。回歸後，歐洲公司在香港設立地區總部和地區辦事處持續增加。2004 年，總部設於比利時的歐洲著名電訊公司 Topcom（由比利時的 Topcom 與瑞典的 Incom 合併而成）在香港開設地區總部 —— 達通通訊有限公司，負責監督深圳及台北旗下機構經營的物流、產品管理、品質檢驗及銷售活動。

據統計，截至 2022 年 6 月 1 日，母公司位於歐盟的駐港公司中，317 間為地區總部、540 間為地區辦事處，743 間為當地辦事處，包括 20 家持牌銀行、4 家有限制牌照銀行（2021 年底），16 家保險公司（2022 年 9 月底）。截至 2020 年底，歐盟在香港的外來直接投資頭寸市值達 210 億歐元（2010 億港元）。[136] 據歐盟委員會主席巴羅佐 2013 年

---

136 香港特區政府工業貿易署：「香港與歐洲聯盟（歐盟）的關係」，2022 年 10 月，香港特區政府工業貿易署官網。

在香港與商界代表會面時透露,歐洲(英國除外)在香港開設辦事處,約有 17% 的歐洲公司通過香港進入中國內地市場,香港在亞洲對歐洲公司的重要性僅次於中國內地、日本及新加坡。

<h2>第六節　澎洲資本財團</h2>

▌ 澳洲資本在香港的早期發展

　　澳洲資本在香港的投資是指來自澳大利亞和新西蘭的投資。澳洲資本到香港的發展,最早可追溯到十九世紀 80 年代新西蘭的保險公司,如南英保險有限公司(South British Insurance Company Limited)、新西蘭保險公司(New Zealand Insurance Company)等進入香港。

　　南英保險創辦於 1872 年,總部設在新西蘭奧克蘭,1881 年進入香港,當時委託 George R. Stevens and Company 為香港代理,提供南英各項保險服務,稍後並成立分公司。日本佔領香港後,南英保險的外籍經理被日軍拘捕。1946 年在香港復業。50 年代,南英保險積極拓展香港紗廠、布廠的保險業務,到 60 年至 70 年代,南英保險的業務發展至最鼎盛時期。[137] 1981 年,南英保險在紀念公司在香港成立 100 周年的廣告中表示:「對於過去一世紀來能為香港服務,同時又得到各界支持和信任,深感榮幸;今日國際性的南英保險不僅在遠東地區成為著名之保險機構,業務鼎盛,信譽卓著,在承保香港整個紡織業中更雄踞領導地位。」[138]

　　南英保險後來於 1983 年被紐西蘭保險全資收購。紐西蘭保險全稱「紐西蘭保險有限公司」(New Zealand Insurance Company Ltd.),具悠久歷史,曾是日本關東大地震時的承保商,亦曾承保著名的鐵達尼號。

---

137 馮邦彥、饒美蛟:《厚生利群:香港保險史》,香港:三聯書店(香港)有限公司,2009年,第 127,130 頁。

138「南英保險公司服務香港一百年」(廣告),《華僑日報》,1981 年 7 月 22 日。

該公司於戰前已來香港發展，設在中環畢打街 14-16 號。50 年代，香港
經濟轉型，紡織、製衣、塑膠等工業蓬勃發展，中小企業遍地開花，紐
西蘭保險全力發展香港的中小企業保險業務，特別是塑膠花行業的火險
業務，因而在香港中小企業界享有相當大的名氣。80 年代中期以後，
由於香港工業北移，香港紗廠衰落，紐西蘭保險業務轉型，其時公司的
主持人採取了相當進取的發展策略，積極拓展銀行、地產業務，結果致
使公司在 1987 年全球股災中受到重挫，被迫於 1993 年接受英國保眾保
險公司（General Accident）的收購。

在其他領域，澳洲華僑資本亦於二十世紀初進入香港，突出例子是
1900 年澳洲華僑馬應彪創辦先施公司、1907 年郭樂、郭泉兄弟創辦永
安公司。繼先施、永安之後，1911 年，曾參與創辦先施的蔡興聯同其昆
季蔡昌、蔡子輝及澳洲華僑梁輝君、鄭元爵等人，創辦大新公司。1930
年，再有澳洲華僑陳少霞、周日光等創辦中華百貨公司，構成這一時期
香港的四大百貨公司。到二十世紀 30 年代，永安、先施等已發展成為
業務多元化的企業集團，其中，永安旗下的聯營公司多達 16 家，經營
業務涵蓋百貨零售、物業投資、銀行保險等領域，業務範圍橫跨澳洲、
香港及中國大陸。不過，這些集團其後都融入香港本地華資之中。

戰後，澳洲資本再度進入香港。60 年代期間，澳洲投資者在香港
建立了多家企業，主要是投資於製造業、金融業及進出口貿易。其中，
澳洲資本在香港成立的新昌投資有限公司，便專門從事以地產為主的投
資活動。70 年代，隨着澳洲經濟的崛起和對外經貿關係不斷拓展，澳
洲資本在香港的投資迅速增加。到 1976 年，澳大利亞在香港的投資增
加到 24 家製造業企業、58 家分公司、10 家保險公司及一些貿易和財務
公司。[139] 澳洲資本在香港製造業中，主要投資於金屬和金屬製品、建築
和建築材料等領域。

---

139 戴維 · 萊思布里奇編著：《香港的營業環境》，第 215 頁。

　　進入 80 年代，澳洲步入經濟發達地區行列，澳洲公司的實力大為增強，開始大舉進入香港。這一時期，澳洲資本投資的領域，主要集中在香港股市和房地產行業，特別是收購一些經營困難而呈現「空殼」狀態的上市公司，並「借殼」上市，主要特點是頻繁地展開大規模的收購、兼併活動，其中矚目者，包括奔達國際、百利大國際、亞洲證券、聯合海外、怡勝太平洋、Parkway 聯合太平洋基立、銀資國際等。奔達國際原名為上市公司國際京城，1986 年被澳洲富商龐雅倫旗下的奔達集團收購，改名為「奔達國際有限公司」。龐雅倫以奔達國際為旗艦，在香港展開旋風式的收購，先是投資 14 億港元購入半山 20 幢豪華住宅物業；1987 年 1 月斥資 13.9 億港元向邵逸夫購入電視廣播 23.77% 股權，其後又向香港電視另一大股東利氏家族收購香港電視股權，使所持股權增加到 30.4%，企圖奪取香港電視的控制權；再以 19 億港元購入港島金鐘財經廣場，易名為奔達中心。這一時期，奔達國際名聲大起，一時成為香港重要的地產商之一。[140] 不過，1988 年，香港政府公佈限制海外人士及機構對香港電視的持股量不得超過 10%，龐雅倫被迫將手上香港電視股權出售予郭鶴年，套現約 20 億港元。同年，澳洲奔達集團建議將奔達國際私有化，但未獲股東通過。其後，因澳洲母公司業務陷入嚴重危機，龐雅倫於 1990 年 4 月將奔達國際控股權出售於台灣資本的湯臣太平洋，易名為「世貿中心集團有限公司」。[141]

　　百利大國際的前身為怡富特別集團有限公司，1986 年 11 月被新西蘭百利大集團收購，易名為「百利大國際有限公司」，除了繼續從事香港及海外證券投資之外，又先後購入永安集團股權和香港山頂道寶雲山大廈，投資香港地產。1988 年 5 月，百利大國際宣佈與母公司新西蘭百利大合併為百利大有限公司，在英屬百慕達註冊，並取代原公司在香

140　烏蘭木倫主編：《邁向 21 世紀的香港經濟》，第 659 頁。

141　香港股票研究中心編印：《香港股票資料手冊（1988-1993 年）》，1994 年，第 128 頁。

港的上市地位。合併後，新西蘭證券持有百利大 36% 股權，成為百利大最大股東。稍後，百利大突然向負債纍纍、資不抵債的母公司新西蘭證券提出全面收購建議，因而觸發了小股東的強烈不滿，導致小股東之一的台灣資本麗斯提出反收購建議。其後，由於母公司新西蘭證券因債務危機被新西蘭政府接管，百利大最終被麗斯收購。[142]

這一時期，另一活躍的澳洲公司是澳洲車手韋理旗下的「亞洲證券國際有限公司」，該公司原名伊人置業，被韋理私人公司亞洲證券有限公司收購。韋理為當時著名的「公司醫生」，曾受滙豐銀行委任將和記國際與黃埔船塢重組為和記黃埔，又協助羅旭瑞收購及重組富豪酒店和百利保公司。韋理取得亞洲證券國際控制權後，曾先後收購和私有化華光地產，向地產業發展。不過，1991 年 2 月，韋理出人意表地將亞洲證券股權出售予李明治旗下的聯合集團，退出香港商界。

這一時期，澳洲第二大保險集團澳洲國衛亦進入香港保險業市場。1986 年，澳洲國衛收購先衛保險（Sentry Life Insurance [Asia] Limited）在香港的業務，並於 1987 年易名為「國衛保險（亞洲）有限公司」。國衛保險業務發展快速，到 1992 年公司的保險代理已增加到 3,400 人，保費收入達 7.5 億港元。當年，國衛保險在香港掛牌上市，成為香港主要的保險集團之一。不過，由於受到亞洲金融危機的衝擊，國衛基金投資嚴重虧損，公司總體盈利大幅下降八成，國衛股價嚴重受挫，迫使母公司澳洲國衛將全球壽險業務賣給法國安盛集團。

在 80 年代中期，澳洲財團以「借殼」上市為基礎，在香港大舉投資，成為澳洲資本在香港發展的全盛時期。不過，在 90 年代初，這些財團因母公司財務危機及其他各種因素而又快速撤離香港，形成「大起大落」的發展態勢。到 90 年代中期，仍然留在香港發展的澳洲財團主要就是梅鐸·默多克家族旗下的新聞集團及李明治旗下的聯合集團。

142 馮邦彥：《香港企業併購經典（增訂版）》，第 171-178 頁。

▌梅鐸・默多克家族：新聞集團

二十世紀 80 年代中期，澳洲傳媒大亨梅鐸・默多克旗下的新聞集團亦開始進軍香港傳媒市場。新聞集團（News Group）的發展最早可追溯到 1920 年代澳洲一份小報《先驅報》的創辦，其後，在基思・默多克（Keith Murdoch）及其兒子梅鐸・默多克（Rupert Murdoch）領導下，發展成為澳洲最大的傳媒集團之一。1980 年，新聞集團成為梅鐸旗下傳媒業務的控股公司。[143]

1986 年 11 月，新聞集團以 8.21 億港元的價格，向滙豐銀行和和記黃埔購入《南華早報》（South China Morning Post）34.9% 股權，正式進入香港發展。《南華日報》是香港歷史最悠久的英文報紙，創辦於 1903 年，其控制權自 1948 年起便掌握在滙豐銀行手中，多年來一直被視為香港政府的「御用」喉舌。南華早報集團於 1971 年 11 月在香港上市，並先後購入《亞洲華而街日報》和《遠東經濟評論》。當時，南華早報集團的主要股東是滙豐銀行（持有 48% 股權）、和記黃埔（25% 股權）及美國道瓊斯公司（19% 股權）。梅鐸收購《南華早報》後，於第二年將其私有化，並將《亞洲華爾街日報》及《遠東經濟評論》股權售出。不過，1990 年 4 月，梅鐸再度將南華早報在香港上市，並於 1992 年透過南華早報集團收購歷史悠久的中文報章《華僑日報》。其時，南華早報集團已發展成為一家市值達 80 億港元的上市公司。

1993 年 6 月，梅鐸再透過新聞集團以 18.7 億港元價格，向邵逸夫、郭鶴年兩大股東共購入香港電視廣播有限公司（TVB）22.24% 股權。若交易完成，新聞集團將成為電視廣播公司的最大股東。不過，該交易最後半途夭折。背後的原因是，根據 1988 年修訂的香港電視條例，非香港居民或其控制的公司若要擁有持牌電視台 10% 以上的股權，必須事先獲得廣播事務管理局的書面批准；若擁有持牌電視台 15%

143 News Group, *Our History*, News Group Official website.

以上股權，即被視為擁有控制權，為法例所禁止，除非獲得港督同行政局批准豁免。結果，新聞集團在最後一刻要求港府押後審議其收購申請，該項收購遂無疾而終。同年9月，梅鐸在收購TVB失利後，反而出人意表地將所持南華早報集團34.9%股權，售予郭鶴年旗下的嘉里傳媒，套現3.49億美元（折合約27.2億港元）。不過，新聞集團仍持有《南華早報》15.1%股權。

梅鐸出售《南華早報》股權，個中原因頗為曲折。原來梅鐸收購TVB股權失敗後，隨即將目標轉向「衛星電視」，為籌集收購巨資，才不得不將《南華早報》售出。衛星電視全稱「衛星電視有限公司」（STAR TV），於1990年由李澤楷、李嘉誠家族及和記黃埔創立，總部設於香港。星空衛視於1991年開播，當時只有4個頻道，包括衛視中文台、衛視體育台、衛視合家歡台及衛視電影台，後增加衛視音樂台。1993年，梅鐸透過新聞集團以5.25億美元（折合約41億港元）向李嘉誠家族及和記黃埔收購衛星電視64%股權，1995年再以約4億美元代價購入其餘股份，全資擁有衛星電視。

在梅鐸時代，衛星電視獲得了快速的發展。衛星電視以7種語言，向全球53個國家和地區、約3億人口播放以娛樂、體育、電影、音樂、新聞、紀錄片等節目為主頻道，掌握超過2萬小時中文和印度語節目內容，並擁有全球最龐大的當代華語片庫。與此同時，衛星電視還與其他機構建立聯盟，強化亞洲網絡，最突出例子的就是1996年與劉長樂等創辦「鳳凰衛視」，持有鳳凰衛視45%股權，成為最大股東之一。2001年，衛星電視改組為「星空衛視傳媒集團」（STAR Group Limited）。當年9月，星空衛視獲准在中國廣東落地，成為第一家在中國開辦的外資衛星電視頻道。2002年，星空傳媒首次獲得盈利。

不過，在2005年進入中國市場遭遇挫折之後，新聞集團開始淡出香港及中國內地市場。2006年，梅鐸將所持鳳凰衛視20%股權出售予中國移動，2013年10月以16.75億港元再將所持鳳凰衛視剩餘股份出售給全球最大的私募基金公司TPG資本。這一年，梅鐸將新聞集團重

組，分拆為「二十一世紀福斯克」（21st Century Fox）和「新」新聞集團（"New" News Crop）。2014 年，梅鐸進一步將二十一世紀福斯克所持星空傳媒剩餘 47% 股份全部出售予黎瑞剛旗下的文化產業投資基金（CMC），全面退出苦心經營了 20 年的星空衛視傳媒。

▋ 李明治 / 李成輝家族：聯合集團

　　二十世紀 80 年代中期，另一個進入香港發展的澳洲財團是李明治旗下的聯合集團。李明治，祖籍福建，生於馬來西亞，1984 年移居澳大利亞，並在當地創辦輝煌澳大利亞集團；同年 12 月出任香港富豪酒店集團董事，開始涉足香港。1985 年，李明治透過輝煌澳大利亞集團附屬公司收購香港上市公司偉東地產九成股權，並向百利保購入紅山半島豪華住宅物業。1986 年，澳大利亞國家公司安全委員會曾暫停輝煌澳大利亞集團股份買賣並進行聆訊，調查是否有人以不當手法用聯營公司買入自己的股票。自此，李明治全力向香港發展。

　　1986 年 11 月，李明治透過旗下在澳洲上市的聯合太平洋，收購香港兆安地產空殼取得上市地位，易名為「聯合海外投資有限公司」，即後來的聯合集團。李明治控制聯合集團後，於同年 11 月收購上市公司新昌地產四成股權，改名為「聯合地產（香港）有限公司」，作為集團發展地產業務的旗艦。其後，聯合集團又收購香港上市公司輝煌太平洋 48% 股權，該公司為東南亞規模最大的保安機構，並擁有多項股權，包括富豪酒店 23.3% 股權、泰富發展 21% 股權及十字軍 28% 股權等。[144]

　　1987 年 10 月全球股災前，李明治將澳洲業務作價 4 億澳元悉數售出，避過 80 年代後期澳洲經濟衰退的打擊。其後，他透過聯合集團不斷擴展，1988 年透過配售新股代替現金收購輝煌太平洋 25% 股權，改名為「聯合東榮」。稍後，聯合東榮又收購「東榮鋼鐵」全部股權。李

144《香港股票資料手冊（1982-1987 年）》，香港股票研究中心編印，1988 年，第 95-96 頁。

明治透過連串收購，在最高峰時期擁有 10 家上市公司控股權，包括聯合集團、聯合地產、聯合東榮、聯合工業、東榮鋼鐵、亞洲證券、三泰實業及百樂門印刷等，市值達 90 億港元。

1992 年 8 月，香港證監會宣佈對聯合集團系展開調查，並下令聯合系相關連的 10 家上市公司停牌。此後，李明治逐步將旗下公司出售，包括將亞洲證券售予力寶集團，將東榮鋼鐵及三泰實業售予國內的首都鋼鐵廠、長江實業及加怡，將百樂門印刷售予海裕實業等。1993 年 9 月，香港警方商業罪案調查科搜查聯合集團總部，李明治辭去聯合集團所有職務，退居幕後，由其兒子李成輝出任行政總裁。1996 年 5 月，聯合集團透過聯合地產斥資 7 億港元，向馮永祥家族購入新鴻基公司 33% 股權，由於新鴻基公司持有天安中國投資、新鴻基工業、新鴻基中國等多家上市公司股權，此舉令李明治旗下的上市公司再增加至 9 家。其後，聯合集團先後出售多家公司股權，僅剩下聯合地產、新鴻基公司、天安中國投資。

回歸以後，聯合集團透過聯合地產及其旗下的天安中國投資，在香港及中國內地發展地產業務；同時透過新鴻基公司，發展金融業務。2002 年，新鴻基公司以「新鴻基金融集團」作品牌，成立財富管理業務，開展多元化經營。2011 年 12 月，新鴻基將旗下的新鴻基證券改名為「新鴻基金融有限公司」，以配合集團的「新鴻基金融」的品牌策略。2015 年 2 月，新鴻基以 40.95 億港元的價格，向中資光大證券出售新鴻基金融 70% 股權。2020 年 11 月，新鴻基再以 24.13 億港元將所持新鴻基金融（即「光大新鴻基」）剩餘 30% 股權全部出售予光大證券。

截至 2019 年底，李明治 / 李成輝家族共持有 4 家香港上市公司，包括聯合集團有限公司、聯合地產（香港）有限公司、新鴻基有限公司、天安中國投資有限公司等（表 5-21）。其中，聯合集團作為控股公司，持有聯合地產 74.99% 的股權，並透過聯合地產持有上市公司天安中國及上市附屬公司亞證地產股權，在香港、中國內地及海外展開物業投資及發展業務，持有香港聯合鹿島大廈、香港諾富特世紀酒店、

Sofitel Philippine Plaza Hotel 及灣仔謝斐道酒店重建項目等權益，以及在 12 個內地城市持有 16 個數碼城；聯合地產則持有新鴻基 62.39% 股權，後者主要從事融資及投資業務，透過旗下的亞洲財務聯合有限公司、新鴻基信貸有限公司等展開融投資業務，包括消費融資、專業融資及按揭貸款，投資管理、集團管理及支援、策略投資等。[145] 2020 年 11 月 25 日，聯合地產被控股公司聯合集團私有化，正式退市。

表 5-21 2019 年聯合集團經營概況

單位：億港元

上市公司名稱	經營的主要業務	經營收入	年度溢利	總資產
聯合集團	投資控股、物業投資及發展、金融服務、物業管理及護老服務	57.07	44.84	688.43
聯合地產（香港）	物業投資、物業發展、酒店相關業務及金融服務	47.36	28.80	605.38（總資產減流動負債）
新鴻基	融資及投資業務	42.31	25.15	425.61
天安中國	在內地開發住宅、別墅、辦公樓及商用物業、在內地及香港的物業投資及物業管理	22.22	13.56	410.50

資料來源：聯合集團旗下各上市公司 2019 年報

▌主要財團：澳洲電訊、澳洲嘉民、澳新銀行

　　回歸之後，澳洲資本在香港的發展主要集中於電訊、基建、金融、健康和醫療服務、法律服務、教育、信息技術、咨詢、物流和運輸等領域。在電訊業，澳洲最大的電訊營運商澳洲電訊（Telstra Corporation Limited）將集團的國際業務總部設於香港，在香港及亞太區電訊市場相當活躍。澳洲電訊成立於 1901 年，當時稱 "Australian and Overseas Telecommunications Corporation Limited"，1993 年改用現名，

145《聯合集團有限公司 2019 年報》，第 74 頁。

總部位於澳大利亞墨爾本。2001 年，澳洲電訊以 17 億美元價格，向電訊盈科集團收購其移動電話業務 —— 香港移動通訊有限公司（CSL）60% 股份，2002 年再以 6.14 億美元購入餘下 40% 股權，一舉成為香港最大的移動電話網絡集團。2006 年 3 月，澳洲電訊透過旗下的 CSL 與新世界移動電話合併，組成 CSL 新世界移動集團（CSL New World Mobility Group），旗下業務包括 1O1O、ONE2Free 及新世界移動網等。當時，Telstra 行政總裁楚吉瑞（Sol Trujillo）就表示：「合併後的公司將成為香港最大的移動通訊運營商，擁有最高的營業額、利潤及客戶人數，市場佔有率達到 34%。」[146]

不過，2013 年 12 月，澳洲電訊旗下 Telstra Bermuda 及新世界發展旗下 Upper Start 分別將所持香港移動通訊有限公司（CSL New World Mobility Limited）76.4% 及 23.6% 股權，出售予電訊盈科旗下的香港電訊，套現 24 億美元（約 188.67 億港元）。2014 年 12 月，澳洲電訊斥資 6.97 億美元，收購總部位於香港和新加坡的亞洲最大的海底電纜運營商 Pacnet 亞太環通，是項收購交易包括亞太環通在中國的合資項目 PBS，擁有總長度達 4.6 萬公里的海底電纜，並在包括中國在內的亞太地區 17 個城市中設有 29 個數據中心。2019 年，澳洲電訊宣佈，成立全新技術方案服務品牌 Telstra Purple，加強企業數碼轉型，服務重點將落戶香港與新加坡，並拓展至其他亞洲市場。目前，澳洲電訊在澳大利亞以外的 20 個國家和地區擁有約 3,500 名員工，其中大部分在亞洲，為數以千計的企業、政府、運營商和 OTT 客戶提供服務。

在基建方面，2006 年 4 月，澳洲嘉民集團在香港成立「嘉民香港物流基金」（GHKLP），發展香港的倉儲物流業務。2013 年 3 月，嘉民香港物流基金與全球最大貨櫃碼頭營運商之一的阿聯酋 DP World 組成共同擁有協議，以 35 億港元（約合 4.5 億美元）作價，向由迪拜港口

146〈CSL 與新世界行動電話完成合併〉，搜狐網，2006 年 3 月 31 日。

與新加坡港務局聯營的迪拜環球港務，收購位於香港葵涌貨櫃碼頭的亞洲貨櫃物流中心 25% 權益和三號貨櫃碼頭部分權益。亞洲貨櫃物流中心由亞洲貨櫃物流中心香港有限公司（ATL Logistics Centre Hong Kong Limited）擁有及經營，於 1984 年至 1994 年分期興建，樓高 13 層，是全球最大型的物流倉庫之一，可供租賃面積達 55.2 萬平方米。此次收購進一步鞏固了嘉民集團在大中華地區的實力，管理的物流空間達到 220 萬平方米。[147] 目前，嘉民香港物流基金已成為香港領先的多樣化現代倉儲物流空間供應商，也是香港最大的行業基金，截至 2022 年 9 月底共擁有 16 項物業，包括亞洲貨櫃物流中心、嘉民德古士中心、嘉民荃灣中心、嘉民屯門配送中心、嘉民元朗物流中心、嘉民沙田物流中心等，並持有葵涌三號貨櫃碼頭 50% 股份，總資產達 82 億美元。

在金融業，至 2019 年，澳洲金融機構主要有 5 家持牌銀行，包括澳新銀行、澳大利亞國民銀行、澳洲聯邦銀行等。其中，澳新銀行（Australia and New Zealand Banking Group Limited）總部位於墨爾本，為澳洲四大銀行之一，亞洲業務集中於機構銀行業務，遍佈區內 13 個市場。澳新銀行於 1970 年進入香港，在香港較為活躍，2009 年以 5.5 億美元價格收購蘇格蘭皇家銀行（RBS）在台灣、新加坡、印度尼西亞和香港的零售、財富管理及商業資產，以及在台灣、菲律賓和越南的機構銀行業務。澳新銀行表示：「收購 RBS 的這些業務是 ANZ 超級區域性戰略的一塊跳板，為我們亞洲的零售及財富管理業務創造了新的平台。」[148]不過，2016 年，澳新銀行將其在新加坡、香港、中國內地、台灣及印尼的財富管理及零售銀行業務，以 1.1 億新加坡元出售予星展銀行，退出香港的零售銀行與財富管理業務。目前，澳新銀行香港分行是該集團在

---

147 嘉民集團：「嘉民以港幣 $35 億元（4.5 億美金）收購全球最大型物流設施的股權」，2013 年 3 月 7 日，嘉民集團官網。

148 楊斯媛：〈5.5 億美元成交：RBS、ANZ 亞洲戰略「換防」〉，《第一財經日報》，2009 年 8 月 5 日。

亞洲東北部的地區總部，主要負責連接客戶於香港及集團在澳洲及紐西蘭市場之間的貿易及資金流，服務於不同行業，包括金融服務、資源、食品和農產業、基建、科技、地產、交通及物流等（表 5-22）。

另外，澳大利亞國民銀行為澳洲最大的商業銀行，在自然資源、能源和基礎設施、農業領域的金融服務方面具有獨特的優勢；澳洲聯邦銀行亦為澳洲四大銀行之一，總部設在悉尼。

表 5-22　2019 年底主要澳洲銀行香港分行業績概況

單位：億港元

持牌銀行	總資產	客戶存款總額	税前利潤
澳新銀行集團	1574.97	469.07	2.60
澳大利亞國民銀行	440.31	162.45	2.24
澳洲聯邦銀行	177.60	21.71	-0.17

資料來源：畢馬威（KPMG）：《新形勢下的應變之道：2020 年香港銀行業報告》

在地區總部方面，截至 2022 年 6 月，澳洲公司在香港設立地區總部 27 家，地區辦事處 52 家，當地辦事處 80 家。[149] 2016 年在香港設立地區總部的澳洲金融科技公司 Austreme 表示，在香港設立地區總部是該公司部署進入全球金融科技市場的策略。根據香港貿易發展局的調查，澳洲公司認為香港是「澳洲企業的知識產權交易樞紐」；「通往新興市場的跳板」；「優質服務平台」；以及「採購與分銷的理想地點」。[150] 截至 2021 年底，澳洲在香港的外來直接投資頭寸達 347 億港元。[151]

---

149 香港特區政府統計署：《香港統計年鑑 2022 年》，第 184-185 頁。

150 何善敏：〈澳洲企業：香港的樞紐角色〉，2018 年 11 月 20 日，香港貿易發展局官網。

151 香港特區政府工業貿易署：「香港與澳洲的貿易關係」，2022 年 6 月，香港特區政府工業貿易署官網。

第七節　加拿大資本財團

▌ 加拿大資本在香港的發展概況

　　加拿大資本在香港的發展也已有悠久的歷史，在香港有着規模可觀、活力十足的商業存在。早在二次大戰之前，加拿大的保險公司宏利保險、永明金融等已開始在香港展開業務，經歷一個世紀之久仍屹立不倒，並成為香港保險業的中流砥柱。到二十世紀 90 年代末，加拿大的一些知名的國際性大銀行、大公司，如龐巴迪公司、北電網絡（現已破產）、蒙特利爾金融集團等，不僅扎根香港，而且不少已通過香港進入中國內地和亞洲其他地區；同時，還有許多加拿大中小企業也正以香港為起點，開拓中國市場。據統計，至 2001 年，加拿大在香港的投資達 31 億美元，在香港設立的公司約有 150 家，其中 30% 在香港設立亞太區總部。

　　2004 年，加拿大 RBC 金融集團（加拿大皇家銀行）旗下的企業和投資平台 RBC Capital Markets 宣佈在香港投入服務，以強化在區內的商業活動。該公司在全球已設有超過 30 家辦事處，以深入及專業的金融分析為客戶需要提供量身訂做的投資方案。RBC 金融集團早在 1958 年就在香港設立辦事處，集團業務範圍包括投資銀行、私人銀行、保管和證券投資服務。2012 年，香港金融管理局批准向 RBC Capital Markets（Hong Kong）頒授有限制銀行牌照。2010 年，隨着香港上市規則的放寬，兩家加拿大企業 —— 南戈壁能源有限公司（South Gobi Energy Resources Ltd.）和中國黃金國際資源有限公司（China Gold Intertional Resources）成功在香港上市，合共籌集約 7.5 億美元。2015 年，加拿大一家全球性資訊科技服務公司 Appnovation Technologies 在香港設立分支機構，該公司在北美、歐洲及亞洲都設有辦事處，為世界各地的企業和政府提供網站、移動應用及後勤系統等技術項目。

　　目前，香港已成為加拿大投資的重要地區，有兩個加拿大省

份在香港設有辦事處，包括「投資阿爾伯塔公司」（Invest Alberta Corporation）及魁北克政府駐香港辦事處。據統計，截至 2022 年 6 月 1 日，母公司位於加拿大的駐港公司中，23 間為地區總部、33 間為地區辦事處，53 間為當地辦事處，包括 6 家加拿大或加拿大控股的持牌銀行或有限制牌照銀行，如加拿大皇家銀行、加拿大帝國商業銀行等，兩家加拿大銀行辦事處（截至 2021 年底）；8 家加拿大或加拿大控股的保險公司（截至 2022 年 4 月底）；27 家在香港從事經紀、投資顧問或資產管理的公司（截至 2022 年 3 月底）。截至 2020 年底，來自加拿大的香港外來直接投資頭寸有 414 億加元。[152]

在香港的加拿大公司中，以宏利金融、永明金融、加拿大皇家銀行最著名。其中，加拿大皇家銀行（Royal Bank of Canada）是加拿大最大銀行，亦是全球規模最大的國際銀行之一，在加拿大、美國及亞太區共 27 個國家和地區設有 1,400 間分行，擁有 89,000 名員工，為全球 1,700 萬名客戶提供多元化的金融服務，包括個人和商業銀行業務、財富管理、保險、投資者服務以及資本市場產品和服務等。2022 年 11 月 29 日，加拿大皇家銀行宣佈與滙豐控股達成協議，收購加拿大滙豐銀行，規模進一步擴大。在香港，加拿大皇家銀行擁有約 400 名員工，旗下公司包括 RBC 資本市場、RBC 投資者及財資服務、財富管理，以及全球資產管理等。根據普華永道發表的《新形勢下的應變之道：2020 年香港銀行業報告》，2019 年底，加拿大皇家銀行香港分行的總資產為 426.61 億港元，客戶存款總額 8.60 億港元，年度稅前虧損 0.50 億港元。[153]

---

152 香港特別行政區政府工業貿易署：「香港—加拿大的貿易關係」，2022 年 6 月，香港特別行政區政府工業貿易署官網。

153 KPMG：《新形勢下的應變之道：2020 年香港銀行業報告》，第 87 頁，普華永道官網。

▌ 宏利金融集團

二十世紀初葉，外資人壽保險公司開始進入香港發展，其中的佼佼者是加拿大資本的宏利人壽保險有限公司（The Manufacturers Life Insurance Company）。早在 1897 年，宏利保險已開始在中國上海及香港經營業務。1898 年，宏利保險在香港成立代理公司布蘭得利公司（Bradley and Co.），當年 12 月 23 日在華南地區售出宏利保險的第一張人壽保單。[154] 1931 年 5 月，宏利保險在香港開設南中國分公司，辦事處遷進香港會所大廈。1936 年，宏利保險開展團體公積金業務。其後，宏利保險南中國分公司先後在廣東的汕頭，福建的廈門、福州以及澳門等地設立辦事處，並進軍團體退休金市場，成為當時香港及南中國最著名的人壽保險公司。

日本佔領香港期間，宏利保險南中國分公司停止了在香港的業務。二戰結束後，宏利保險在溫莎大廈重開業務。1959 年，宏利保險南中國分公司改組為香港分公司，1960 年公司辦事處遷至於仁大廈（太古大廈前身）17 層樓。60 年代，儘管經歷了 1963 年夏季的嚴重乾旱、l965 年的股市急跌，以及 1967 年的政治騷亂，但宏利保險的業務表現良好。1966 年，宏利的保費收入創歷史新紀錄，達 1304.79 萬加元，較 1965 年增長 25%。1968 年以後，香港經濟走出政治騷亂的困擾，邁入高增長階段，宏利保險也取得強勁增長，1969 年公司保費收入超過 1,300 萬加元，較上年增長 45%。[155] 當時，香港分公司成為總公司的核心分部之一。1972 年，公司棄用楓葉形全球標誌，推出的「宏利（Manulife）」新徽標，公司辦事處亦遷入中環海旁新落成的康樂大廈。[156]

70 年代中期，宏利借鑑美國友邦保險的經驗，改革保險代理組織

154 The Manufacturers Insurance Company, *South China Hong Kong and Macau 1898-1976*, p. 1.

155 *South China Hong Kong and Macau 1898-1976*, pp. 7-8.

156 *South China Hong Kong and Macau 1898-1976*, pp. 8-9.

制度，引入公司保險代理經理，即由經理分別管理不同的保險代理，因此，宏利的保險代理迅速增加，到 70 年代末已增加至約 700 人，80 年代末更發展至 1,000 人。1984 年，宏利成立附屬公司「宏利人壽保險（國際）有限公司」。1997 年，宏利保險在香港成立亞洲地區總部，宏利人壽保險（國際）有限公司獲標準普爾給予 AA+ 評級。1999 年，宏利集團組成「宏利金融有限公司」，先後於加拿大多倫多、美國紐約、菲律賓及香港的交易所上市。2000 年，隨着香港特區政府推出強積金制度，宏利成為首批推出註冊強積金計劃的供應商之一，2003 年香港客戶人數突破一百萬。

　　經過多年的發展，宏利集團已發展成為全球及香港主要金融服務機構之一，全球總部位於加拿大多倫多，業務遍及亞洲、加拿大、美國等多個市場，在中國內地 15 個省的 52 個城市均設有業務據點（圖 5-26）。截至 2021 年底，宏利擁有 38,000 多名員工、超過 119,000 名代理商和數千家分銷合作夥伴，服務超過 3,300 萬客戶；管理的資產達 1.4 萬億加元（1.1 萬億美元）。[157] 2021 年度，宏利金融錄得歸於股東的收

圖 5-26　宏利金融全球財富和資產管理的投資專家分佈
資料來源：宏利投資管理官網。

157 Manulife Financial, *Our Story*, Manulife Financial Corporation website.

入淨額 71.05 億加元,核心盈利 65.36 億加元。

在香港,宏利金融香港為香港及澳門約 240 萬位客戶提供多元化的產品和服務,涵蓋個人保險、團體人壽及醫療計劃、強積金、互惠基金及財富管理方案等。宏利金融香港的保險代理人數目超過 10,000,並通過與星展銀行(香港)、中信銀行(國際)的長期合作夥伴關係,為香港銀保市場提供業界的產品和服務。根據《Mercer 強積金市場佔有率報告》,按管理資產及現金淨流入計算,宏利是香港最大強積金供應商,連續四年榮膺香港「客戶最滿意保險品牌」及「最受客戶推薦的保險品牌」。

▌ 永明金融集團

永明金融(Sun Life Financial Inc)創辦於 1865 年,總部位於加拿大多倫多,已擁有超過 150 年的歷史。1892 年,永明金融進入香港,在港簽訂首份理財顧問合約;同年加拿大永明人壽保險公司(Sun Life Canada)進入中國,並通過委託代理機構的模式在上海開展業務,後擴展到中國南方和北方的主要城市。早期,香港市民很多還沒有銀行戶口,更沒有支票,永明金融派員逐家逐戶地每個星期上門收保費。60年代中期,永明金融的發展一度與宏利保險並駕齊驅。不過,1967 年香港發生政治騷亂,永明即撤出香港,及至 70 年代後期眼見形勢大好再捲土重來時,已今非昔比了。1978 年,永明金融將香港及菲律賓業務合併,並成立遠東部門,加強對香港及亞洲市場的拓展。[158]

1999 年,永明金融成立「永明金融(香港)有限公司」,一年改名為「香港永明金融有限公司」(Sun Life Hong Kong Limited),作為香港業務的旗艦。2002 年,永明金融與光大集團聯合組建「光大永明人壽保險有限公司」(Sun Life Everbright Life Insurance Company Limited)。2005 年,永明金融(香港)以 5.6 億加元(約合 35 億港元)收購了澳

---

158 永明金融:「閃耀歷程跨越 130 年 Over 130 Years Of Bright Journeys」,永明金融官網。

洲聯邦銀行在香港的保險和退休金業務——康聯亞洲有限公司（Sun Life acquired CMG Asia Limited）和恒富金融服務有限公司，規模進一步擴大。永明金融（香港）表示：「香港的保險市場發展迅速，也是永明金融其中一個主要的市場。這次交易完成後，我們將穩佔本港十大保險公司之一的地位，並擁有強大而深入的分銷規模。」2005年，永明金融長期保險業務的有效業務保單保費達31.83億港元，擠進香港前10大長期保險公司。

2008年全球金融海嘯爆發後，永明金融加強了在香港市場的發展。2014年，永明金融在香港證監會註冊成立「永明資產管理（香港）有限公司」（Sun Life Asset Management (HK) Limited）。2016年，永明金融和施羅德投資管理（香港）有限公司建立香港強積金業務策略合作關係，為「施羅德強積金集成信託計劃」的客戶提供更完善的服務。[159] 2018年，香港永明金融成為香港首間虛擬保險公司——保泰人壽的策略投資者。2023年1月，香港永明金融與大新銀行達成為期15年香港獨家銀行保險夥伴合作協議，香港永明金融將獨家為大新銀行提供人壽保險方案，以滿足大新銀行57萬名零售銀行客戶的儲蓄及保障需求。永明金融表示：「我們已成功於亞洲七個市場建立了超過20個優質的銀行保險夥伴合作協議。透過是次的合作協議，我們期望與大新銀行攜手為更多客戶建立終身理財保障及建構健康生活。」

目前，永明金融已發展成為全球最頂尖資產管理公司之一，在加拿大多倫多、美國紐約和菲律賓的證券交易所上市，在全球27個國家和地區設有辦事處，擁有僱員50,000名、理財顧問118,400名，為全球數百萬客戶提供保險及資產管理等服務，資產管理規模達76,700億港元，在退休團體市場上高據第1位。2021年，永明金融在《財富》世

159〈施羅德和永明金融建立香港強積金業務策略合作關係〉（永明金融、施羅德新聞稿），2016年5月3日。

界 500 強排行榜中位居第 379 位。2022 年底，永明金融的市值為 272.21
億美元（約 2,123 億港元）。

在香港，香港永明金融夥拍逾 450 家保險經紀公司，通過旗下個人
壽險、健康業務、退休金及團體保險業務、退休金第三方行政管理業
務，向個人及企業客戶提供專業理財服務。永明金融是香港 3 大強積金
服務供應商之一，強積金資產管理規模達 1,282 億港元，每 9 個個香港
人有 1 個是香港永明金融的客戶。[160]

第八節　台灣資本財團

█ 台灣資本在香港的發展概況

台灣資本指來自中國台灣地區的資本。台灣資本到香港的發展，
最早可追溯到二十世紀 50 年代甚至更久遠的時期，然而當時的規模仍
相當細小。踏入 80 年代，隨着內地改革開放的推進和香港步入回歸中
國的過渡時期，台商在香港的發展轉趨活躍，其中的代表是黃週旋旗下
的僑福集團和湯君年旗下的川河—湯臣系，他們的活動在香港商界引
發了轟動效應。

90 年代以後，隨着台商在大陸大規模投資設廠，台商在香港的發
展更趨積極，其商業活動突出表現在兩個方面：一是利用香港資本市場
的優勢和對大陸的橋梁地位，在香港設立地區總部或者在香港交易所掛
牌上市，作為佈局大陸投資的運營基地和融資中心，其中的佼佼者是寶
成集團旗下的裕元系和鴻海集團旗下的上市公司；二是一批台灣銀行相
繼到香港開設分行，作為對大陸台商的資金支持，台灣富邦集團就是透
過收購香港的港基銀行，而建立香港富邦銀行的。

160「閃耀歷程跨越 130 年 Over 130 Years Of Bright Journeys」，永明金融官網。

香港回歸以後，特首董建華提出發展創新科技產業，為此建立「香港創新科技委員會」，並推動了數碼港、科學園等項目的落成。這一規劃得到台商的響應。1999 年，台灣科技創投公司漢鼎亞太（Hambrecht & Quist）創始人徐大麟提出要在香港建立 6 間晶片廠的「矽港」計劃，並希望和台灣半導體工程師合作，把台灣科學園區的發展經驗移植至香港。可惜，最終亦因為遇到重重阻力而被迫放棄。2000 年，徐大麟表示漢鼎亞太將準備香港推行的「矽港」計劃轉往往上海實施。

時至今日，中國台灣仍然是香港最大外來直接投資來源地之一。截至 2022 年 6 月，母公司位於中國台灣的駐港公司中，24 家為地區總部，95 家為地區辦事處，227 家為駐港當地辦事處；而截至 2021 年底，中國台灣對香港的外來直接投資達 1,625 億港元，佔香港外來投資總額的 1.1%。[161]

▌ 建築地產業：僑福集團和川河／湯臣集團

黃週旋旗下的僑福集團，無疑是中國改革開放以後最早來香港發展的台資財團之一。僑福集團創辦於 50 年代，主要從事建築業，先後在台北建成僑福新村、金融大廈等多項建築工程。1981 年，黃週旋移師香港，透過旗下香港僑福企業，購入港島大潭郊野公園大幅地皮，規劃興建陽明山莊。陽明山莊佔地 1.8 萬平方米，包括 18 幢住宅樓宇，大型會所以及各項休閑及度假設施一應俱全，耗資 40 億港元。由於環境優美，設計新穎獨特，設施完善，陽明山莊落成後成為當時香港大型屋苑的「經典之作」，僑福集團因而聲名大噪。這一時期，黃週旋在香港的活動頗為高調，1990 年，他對香港號稱「股壇狙擊手」的劉鑾雄發動「狙擊」，計劃斥資 61 億港元全面收購劉鑾雄旗下的愛美高及華

---

161 香港特區政府工業貿易署：「香港與台灣的貿易關係」，2023 年 2 月，香港特區政府工業貿易署官網。

人置業，迫使劉鑾雄大手購入華置股份以自保；稍後，他又收購香港上市公司「明仁企業投資」，注入陽明山莊部分物業資產，並改名為 "The Hong Kong Parkview Group Limited"（僑福建設企業機構）。

與此同時，黃週旋以香港為基地，進軍中國內地及海外市場。1995年，黃周旋投得北京東大橋路西側地皮，於 2000 年規劃，2004 年動工建設，歷時 7 年，耗資 28 億元人民幣終於建成大型綜合物業 —— 僑福芳草地。僑福芳草地總面積 20 萬平方米，是一座集綠色環保寫字樓、時尚購物中心，藝術中心和精品酒店於一身的創新建築，落成後旋即成為北京新地標。2004 年，黃週旋辭世，其家族生意由四個兒子接棒。時至今日，這家總部設於香港的僑福集團，開發項目不僅遍及亞洲，更已將觸角邁向歐陸，其代表作包括香港陽明山莊、台北怡亨精品酒店、新加坡僑福廣場及僑福廣場公寓，以及法國的布瓦隆酒店等。此外，僑福集團業務已趨多元化，除了發展高檔住宅和酒店之外，還投資於歐洲、亞洲石油天然氣勘探與生產，以及尖端施工、材料研究設施等。[162]

湯君年旗下的湯臣集團（Tomson Group Limited）創辦於 1980 年。80 年代中後期，湯君年轉戰香港。1987 年，湯君年和中資背景的澳門中國建築合組「和茵有限公司」，以 9,200 萬港元收購偉華企業 83% 股權，稍後，偉華企業易名為「川河集團有限公司」，成為湯君年在香港的投資旗艦。當時，川河的業務主要是在港澳兩地從事物業發展和建築工程。1988 年，川河與湯君年合組 Shine Trip 公司（分別持有 55% 和 45% 股權），收購上市空殼永盛財務 62.89% 股權，並將其改名為「湯臣太平洋」（即現在的「湯臣集團」），作為川河旗下主要的策略性投資公司。

川河收購湯臣太平洋後，即透過湯臣太平洋向聯合集團購入富豪酒店 20.1% 股權，並以現金 3.036 億港元，購入聯合地產 19% 股權。不過，湯臣的這兩次投資均先後失利，湯臣在不到兩年的時間，先後將兩

---

162 僑福集團：〈僑福集團簡介〉，僑福集團官網。

項股權脫手求售，並招致不少虧損。川河系的另一次重要發展，就是
1990 年透過湯臣太平洋收購奔達國際的控制性股權。奔達國際原是澳
洲大亨龐雅倫的奔達集團在香港的投資旗艦，在 80 年代中後期曾相當
活躍。不過，到 80 年代末，澳洲經濟不景，龐雅倫的奔達集團陷入財
務危機，遂有意將其所持香港奔達國際 66% 股權出售。1990 年，湯臣
與奔達集團達成協議，湯臣以每股 2.2 港元價格收購奔達國際 34.5% 股
權，涉及資金約 10 億港元，湯臣並負責將奔達集團所持其餘 31.5% 股
權配售給獨立第三者。湯臣收購奔達後，以 17.21 億港元向置地公司購
入位於銅鑼灣的世界貿易中心，並將其易名為世貿集團。至此，川河一
系已持有三家上市公司，包括川河、湯臣太平洋和世貿集團。

　　不過，正當川河一系大展拳腳之際，1992 年 9 月，香港證監會突
然宣佈，港府財政司引用公司條例第 143 條，調查有關世貿集團及湯臣
太平洋的事務，重點是 1990 年 5 月湯臣太平洋收購奔達國際是否有觸
犯條例。這期間，川河系先後兩次被狙擊、收購，包括來自東南亞的海
嘉國際，以及上市公司亞細安資源。面對內憂外患的困難，川河董事局
決定「金蟬脫殼」，將集團內最重大的資產、位於銅鑼灣的世界貿易中
心出售。1993 年，世貿集團以 22.15 億港元的底價，加上一條件性售樓
收益分賬安排，將世界貿易中心全棟出售予大地產發展商新鴻基地產。
1993 年，川河再將世貿集團 53.4% 股權，以約 19 億港元價格，出售予
中資的鵬源集團，稍後，世貿集團易名為「鵬利集團」，成為中國糧油
食品總出口公司在香港的上市旗艦，從事地產、食品、百貨以至啤酒釀
製等綜合性業務。1993 年 12 月，港府商業罪案調查科再次搜查川河、
湯臣、世貿及與之相關連的其他四家上市公司，重點仍然是調查川河一
系自 1990 年以來的多宗交易是否違法。經過是次打擊，川河集團逐漸
在股市中沉寂。

　　1990 年，上海浦東開發正式展開，揭開中國改革開放的新一頁。
1992 年，湯君年審時度勢，決定透過旗下湯臣集團移師上海發展，在
上海浦東先後建成浦東唯一的位於市中心地段的湯臣高爾夫球場及湯臣

高爾夫別墅，第一家五星級飯店錦江湯臣洲際大酒店，第一個涉外高檔
商務中心湯臣中心，第一棟五 A 級涉外辦公大樓湯臣金融塔樓，以及
湯臣國際貿易大樓、湯臣怡園等項目。2002 年，湯臣集團策劃興建投
資建設小陸家嘴區域罕見的豪華級濱江大宅 —— 湯臣一品。2004 年，
湯君年病逝，集團生意由其妻子徐楓接棒，於 2007 年完成湯臣一品項
目，湯臣集團因而聲名大噪。目前，湯臣集團以上海為主要營運基地，
已發展成為一家以房地產開發為主業，兼營高爾夫球場、PVC 工業及
飯店的大型企業集團。2021 年 8 月，徐楓及湯氏族家族將香港上市公
司川河集團私有化，在港交所退市。

▌香港台資上市公司：裕元系與鴻海系

　　台灣資本財團在香港發展的一個重要特點，就是利用香港資本市
場的發展優勢，分拆旗下業務到香港上市。1990 年，湯臣集團在香港
掛牌，開創台灣企業在港上市之先河。1992 年及 1996 年，裕元企業
和康師傅控股先後在香港上市，掀起台資企業在香港上市的第一次熱
潮。2005 年，鴻海集團分拆富士康國際在香港上市，再次掀起新一輪
上市熱潮。當年，台資企業赴港上市家數達到創紀錄的 7 家，2007 年
更攀升至 9 家。不過，2008 年全球金融海嘯爆發後，台資企業赴港上
市大幅減少。據統計，截至 2010 年，在香港交易所掛牌上市的台資企
業達到 68 家（其中 9 家已退市），其中，59 家在主板掛牌，9 家在創
業板掛牌。[163] 這些企業中，最具影響力和代表性的就是裕元系和鴻海系
上市公司，以及中國旺旺、康師傅控股、敏實集團、統一企業中國控股
等。這些企業一般都以香港為上市融資中心，以此為基地佈局投資中國
內地及海外市場。

　　裕元集團全稱「裕元工業（集團）有限公司」，是台灣寶成集團的

163 丁克華主持：《從海外台商主要掛牌市場探討台灣資本市場的國際競爭力》，財團法人中

附屬公司。寶成集團創辦於 1969 年，創辦人為蔡其瑞家族。當年，蔡氏家族在台灣進入鞋履製造業，翌年採用代工模式製造運動鞋。1988年，蔡氏家族在香港成立裕元集團，製造品牌運動鞋及運動風休閒鞋，並在中國內地設立多個生產基地。[164] 1992 年，寶成集團分拆「裕元工業（集團）有限公司」在香港上市，成為當時香港最有影響力的台資企業。裕元集團上市後，利用所籌集資金不斷在鞋業上下游，尤其在鞋材供應方面開拓空間，形成一個分佈於中國內地、印尼、越南等地、近100 家企業構成的供應鏈，保障了裕元的原料、模具、設備及鞋類配件的快速供應（圖 5-27）。2002 年 11 月，寶成將旗下 67 家從事鞋類上游製造公司轉售裕元，進一步實現產業鏈的垂直整合，成為全球最大的運動、運動休閒、休閒鞋及戶外鞋製造商。2019 年度，裕元集團營業收

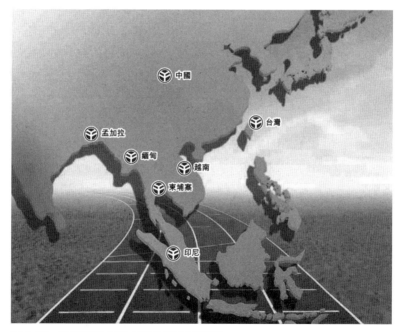

圖 5-27　裕元集團在亞太區的供應鏈網絡
資料來源：《裕元工業（集團）有限公司 2019 年報》，第 5 頁。

華民國證券暨期貨市場發展基金會，2010 年 12 月，第 7-11 頁。

164 裕元：「集團里程碑」，裕元集團官網。

入為 101.05 億美元，除稅前溢利 4.48 億美元，總資產 87.45 億美元。[165]

與此同時，裕元也致力於銷售業務。1992 年 7 月，裕元與 Converse 就在中國分銷 Converse 運動服的特許經營進行磋商，展開分銷零售業務，經過多年拓展在大中華地區建立起一個具規模的銷售網絡，代理 Nike、Adidas、Reebok、Converse、李寧等品牌。2008 年，裕元將銷售業務以「寶勝國際（控股）有限公司」名義在香港上市，成為集團在香港的第二家上市公司。寶勝國際為中國最大運動用品經銷商之一，主要經銷運動服裝和鞋類品牌用品。截至 2019 年底，寶勝國際在大中華地區擁有 5,883 家直營店舖和 3,950 家加盟店舖。2019 年度，寶勝國際營業收入為 271.9 億元人民幣，稅前溢利 12.24 億元人民幣，總資產 173.91 億元人民幣。[166]

此外，裕元還持有另一家香港上市公司鷹美（國際）控股有限公司 38.42% 股權，是第一大股東。鷹美國際主要從事運動服裝及成衣製造、零售等業務，銷往中國內地、美國、歐洲、日本及其他地區。至此，寶成集團在香港持有 3 家上市公司，包括裕元工業，透過裕元持有寶勝國際和鷹美國際。

表 5-23　2019 年度裕元系香港上市公司經營概況

	經營的主要業務	營業額	除稅前溢利	總資產
裕元集團（億美元）	經營運動、運動休閒、休閒鞋及戶外鞋製造與銷售	101.05	4.48	87.45
寶勝國際（億元人民幣）	經銷運動服裝和鞋類等運動及休閒品牌用品	271.90	12.24	173.91
鷹美國際（億港元）	從事運動服裝及成衣製造、零售等業務	27.01	1.83	24.34

資料來源：裕元系香港上市公司 2019 年報

---

165 《裕元工業（集團）有限公司 2019 年報》，第 91-93 頁。
166 《寶勝國際（控股）有限公司 2019 年年報》，第 95-97 頁。

　　鴻海集團創辦於 1974 年，創辦人為台商郭台銘，是全球 3C 代工服務領域規模最大的國際集團，業務涵蓋消費性電子產品、雲端網絡產品、電腦終端產品、元件及其他等四大產品領域，全球員工總人數季節性高峰約 100 萬人。[167] 2018 年，鴻海集團在美國《財富雜誌》全球 500強排行榜中位居第 24 名，是台灣唯一名列前百大的企業集團。鴻海集團第一家在香港上市的公司是「富士康國際控股有限公司」（Foxconn International Holdings Limited，簡稱 FIH），其前身是鴻海集團於 1999年投入的手機業務。2005 年 2 月，富士康國際以每股 3.88 港元在香港交易所掛牌上市，股價一度升至每股 27.7 港元，大幅上漲超過 6 倍，公司市值一度超過 1,000 億港元，成為恒生指數成份股。2013 年 3 月，富士康國際改名為「富智康集團有限公司」（FIH Mobile Limited）。目前，富智康集團已成為全球領先的移動通訊服務製造商，營運、研發及生產中心遍佈全球各地，包括在香港交易所上市，在台灣和中國內地設有研發中心，在中國內地、印度、越南和墨西哥設有製造工廠，在美國設有售後服務中心（圖 5-28）；業務範圍涵蓋移動裝置、IoT 及 5G 產

圖 5-28　富智康集團研發與生產中心的全球佈局
資料來源：富智康集團官網

---

167 鴻海科技集團：「集團概況」，鴻海科技集團官網。

品的 OEM/ODM/IDM 服務，並拓展至車聯網領域，全球員工超過 8 萬人。[168] 2019 年度，富智康集團營業收入為 143.79 億美元，但錄得除稅前虧損 0.05 億美元（表 5-24）。[169]

2015 年 4 月，鴻海集團斥資 4.41 億港元，購入香港上市公司台和商事控股有限公司 88.26% 股權，成為大股東。台和商事控股創立於 1980 年，1994 年 4 月在香港上市，主要在香港、中國內地及加拿大從事設計、發展、生產及經銷電子元器件，合約電子專業生產服務及電子消費產品經銷及生產個人電腦及數碼產品。2016 年，台和商事控股更名為「雲智匯科技服務有限公司」（Maxnerva Technology Services Limited）。

2016 年，鴻海集團再取得第三家香港上市公司控股性股權。當年 4 月，鴻海集團斥資 2.3 億港元收購千里眼控股（TeleEye）50.07% 股權。千里眼控股創辦於 1994 年，2001 年在香港創業板上市，為一遠程視像監察管理系統的供應商，主打自有品牌「千里眼」，專門開發、銷售及推廣一系列以圖像及語音技術所研製的創新產品。由於安控為「物聯網之眼」，收購千里眼控股，使得鴻海集團在物聯網佈局更為完善。鴻海集團將其改名為「訊智海國際控股有限公司」，成為一家主要從事視聽監察系統研發，製造、市場推廣及銷售業務的香港投資控股公司，產品包括基於 IP 的高清視頻監控解決方案、模擬高清視頻監控解決方案、模擬 SD 視頻監控解決方案和視頻管理平台，銷售市場包括香港、新加坡、中東、其他亞洲國家、歐洲及非洲。

2017 年 7 月，鴻海集團將旗下連接器業務以「鴻騰六零八八精密科技股份有限公司」（FIT Hon Teng Limited）名義分拆在香港上市，以每股 2.7 港元公開發行鴻騰精密 9.901 億股，淨籌資 25.4 億港元。鴻騰

---

168 富智康集團：「FIH 簡介」，富智康集團官網。
169 《富智康集團有限公司 2019 年報》，第 79-81 頁。

精密前身是鴻海集團旗下的網絡連接產品事業群（NWInG），2013年獨立出來，專責生產連接器與線纜產品，應用範疇則擴及雲端、高速網絡、無線通訊、汽車電子，甚至穿戴式電子產品，是全球最大的連接器供應商之一。2018年，鴻騰精密成功與 Belkin Internationa（全球知名消費電子產品品牌）合併，大幅增加了智慧家庭終端市場業務。至此，鴻海集團在香港已控制4家上市公司（表5-24）。

表 5-24　2019 年度鴻海系香港上市公司經營概況

	經營的主要業務	營業額	除稅前溢利	總資產
富智康集團 （億美元）	投資控股，提供手機、行動、無線通訊設備以及消費電子產品的垂直整合、端到端設計、開發和製造服務	143.79	-0.05	70.02
雲智匯科技 （億元人民幣）	從事生產及經銷電子元器件、電子消費產品經銷及生產個人電腦及數碼產品	4.31	0.15	5.24
訊智海國際 （億港元）	從事視聽監察系統研發，製造及銷售	3.33	0.03	1.51
鴻騰精密 （億美元）	從事生產連接器與線纜產品	43.72	2.66	44.07

資料來源：鴻海系香港上市公司 2019 年報

▌ 香港台資銀行：富邦金控集團

　　台資銀行到香港開設分行，亦成為台資企業在香港發展的另一個特點。台資銀行到香港發展，始於90年代初中期。1993年9月，台灣華南商業銀行率先在香港開設分行，其後，台灣銀行、彰化銀行和第一銀行（1994年），國泰世華商業銀行和台北富邦銀行（2002年），富邦銀行（2004年），合作金庫商業銀行（2007年），台灣工業銀行和王道銀行（2009年）等，相繼在香港開設分行或者收購本地銀行，形成了一股熱潮。2009年，經中國人民銀行同意，台資銀行在香港、九龍的19家分行，包括兆豐國際商業銀行、台北富邦銀行、台灣銀行、土地銀行、第一銀行、國泰世華商業銀行、彰化銀行、合作金庫商業銀行等，獲准與中國銀行香港分行簽署清算協定，在香港辦理人民幣存款與

匯兌業務。

香港台資銀行中，富邦金控集團旗下的富邦銀行是唯一透過收購香港本地註冊銀行——港基國際銀行而組建的。港基國際銀行的前身是華商馮景禧於 1970 年創辦的新鴻基財務，1982 年取得銀行牌照改名為「新鴻基銀行」。1985 年新鴻基銀行陷入財務危機，由阿拉伯銀行購入 75% 股權，並於翌年命名為「港基國際銀行」。1993 年，港基國際銀在香港上市。2004 年，富邦金控收購港基國際銀行 75% 股權，更名為「富邦銀行（香港）有限公司」，成為富邦金融控股集團在海外的重要發展平台。2008 年，富邦銀行（香港）取得廈門市商業銀行 19.99% 股權；2009 年在廣東東莞設立代表處，拓展中國內地市場。2011 年，富邦銀行（香港）被母公司私有化，在港交所退市。目前，富邦銀行在香港擁有 17 間分行、3 間中小企銀行服務中心及 1 間證券投資服務中心，經營業務包括零售及商業銀行、財富管理、金融市場、證券及投資服務。[170]

截至 2019 年底，香港的台資持牌銀行共有 20 家，就數量而言是香港僅次於中國內地（30 家）的第二大銀行集團。這些銀行主要從事存貸款、貿易融資、併購融資、外匯及匯兌、國際金融等業務，為兩岸三地的台資企業提供金融服務，是台灣銀行境外的利潤核心。這些銀行中，以富邦金控的實力最為雄厚。富邦金控為台灣最大金融控股公司之一，旗下子公司包括富邦人壽、台北富邦銀行、富邦銀行（香港）、富邦華一銀行、富邦產險、富邦證券及富邦投信等，擁有完整、多元的金融產品與服務，位居台灣金融市場領導地位。富邦金控在香港擁有台北富邦銀行香港分行和富邦銀行（香港）兩家持牌銀行，無論從資產、客戶存款還是利潤等指標在香港台資銀行中都高居前列。2019 年底，兩家銀行的總資產合共 4200.48 億港元，客戶存款總額 1510.06 億港元，

---

170 富邦銀行：「公司概況」，富邦銀行（香港）有限公司官網。

年度稅前利潤 16.62 億港元（表 5-25）。此外，富邦金控在香港還持有
富邦證券（香港）、富邦基金（香港）、富邦人壽保險（香港）等多
家附屬公司，連同富邦銀行（香港）旗下的富邦財務（香港）、Fubon
Nominees（Hong Kong）、富邦保險顧問等，從事證券、期貨、基金、
人壽保險等多種金融業務，構成一完整的銷售網絡。

此外，中國信托商業銀行、玉山商業銀行、兆豐國際商業銀行、
國泰世華商業銀行、永豐商業銀行、華南商業銀行、第一商業銀行、台
灣銀行等的香港分行，也有相當的實力。

表 5-25　2019 年主要香港台資銀行業績概況

單位：億港元

持牌銀行	總資產	客戶存款總額	稅前利潤
台北富邦商業銀行	3086.41	759.63	9.45
富邦銀行（香港）	1114.07	750.43	7.17
中國信托商業銀行	753.12	632.28	11.18
玉山商業銀行	380.77	344.25	8.28
兆豐國際商業銀行	323.27	304.87	4.66
國泰世華商業銀行	229.40	107.87	2.17
永豐商業銀行	255.32	206.08	4.12
華南商業銀行	217.25	189.70	3.00
第一商業銀行	191.46	130.49	3.95
台灣銀行	173.15	67.58	2.35
台灣國際商業銀行	166.18	138.10	1.68
彰化商業銀行	137.15	76.28	2.20
王道商業銀行	132.07	104.56	2.14
合作金庫商業銀行	112.42	61.68	2.11

資料來源：畢馬威（KPMG）：《新形勢下的應變之道：2020 年香港銀行業報告》。

不過，值得注意的是，2020 年以來，在全球新冠疫情及香港經濟
增長放緩的背景下，不少台資銀行經營錄得虧損，部分銀行更削減業務
規模，裁減人員。

第九節　印度裔夏利里拉家族財團

▋ 印度資本在香港的發展概況

　　自 1841 年開埠以來，印度人及印度資本一直是香港這座城市的一個組成部分，他們涉足多個行業，包括國際貿易、鑽石買賣、裁縫、法律、醫藥和金融等。據統計，二十世紀 90 年代，少於香港總人口 0.5% 的印度人，公司貿易卻佔香港全球貿易的 9%。他們與祖國及遍佈世界的印度社群保持着密切聯繫，組成一個有助香港成為亞洲世界城市的緊密網絡的一環。[171]

　　自開埠之初，印度資本就開始進入香港。1842 年，一位來自印度西岸城市蘇拉特（Surat）穆斯林阿布拉罕・諾丁（Ebrahim noordin），創辦了公司鴨都喇利（Abdoolally Ebrahim），營運至今。1861 年，一位名為麼地（Hormusjee Mawrotjee Mody）的巴斯人來到香港，受聘於一位印度銀行家兼鴉片商；之後他做起鴉片生意，並於 1889 年建造了太子大廈和皇后行，他並主催籌建香港最古老及最著名的高等教育機構 —— 香港大學。1864 年香港滙豐銀行創辦時，13 位創始委員中，就有兩位是巴斯人、一位印度裔猶太人。到十九世紀 60 年代，香港已有 17 家巴斯人擁有的公司登記在冊。1888 年，印度巴斯商人 Dorabjee Naorojee Mithaiwalas 創辦了天星小輪。早期的印度商人中，印度亞美尼亞商人保羅・遮打爵士（Sir Catchick Paul Chater）更是先後在香港創辦了近 20 家公司，包括著名的牛奶公司、九龍倉、香港電燈等，被譽為南亞裔的「香港之父」。

　　印度商人及印度企業在香港的發展，源遠流長，對香港經濟亦貢

171　馬克・奧尼爾、安妮瑪莉・埃文斯著、陳曼欣譯：《香港的顏色：南亞裔》，香港：三聯書店（香港）有限公司，2018 年，第 14 頁。

獻良多。時至今日，香港仍然活躍着一批印度裔的家族企業集團。據估計，現時香港約有 1,000 至 2,000 家印度公司，1952 年創立的香港印度商會現有超過 500 家成員，其中五六成為香港本地企業，已經歷了兩三代的發展，約有兩成是印度大型公司的分行，主要從事香港和華南的貿易、商業、航運和製造業等領域的業務，其中航運是他們的強項。[172] 香港印度裔家族企業集團中，最矚目及知名度最高的要數夏利萊兄弟創辦的夏利里拉集團。

▌夏利里拉集團的創辦與發展

夏利里拉家族崛起於二十世紀 20 年代。1922 年，夏利萊的父親 Naroomal Mirchandani 離開家鄉海得拉巴（Hyderabad，今屬巴基斯坦），遠赴中國廣州，做買賣古董、玉器、琥珀、刺繡及其他古玩等生意。30 年代初，他改名為 Naroomal Harilela。在賺取足夠的金錢後，他將妻子和兒子從家鄉接到廣州。但不久，突如其來的「大蕭條」使家族財富瞬間蒸發，還是孩子的夏利萊被迫沿街叫賣。1934 年，Naroomal 攜帶全家遷居香港，初期與長子夏佐治（George Harilela）、次子夏利萊（Hari Harilela）一起在英軍軍營外兜售肥皂等日用品，後來嘗試正式開舖，由街頭雜貨店做起，但適逢二戰爆發，日軍侵佔香港，他們的努力付諸流水。1948 年，積勞成疾的 Naroomal Harilela 病逝。

二戰結束後，夏利里拉兄弟開始為駐港英軍提供食品供應及洗衣服務，其後得到為駐港英軍製作製服的獨家合約，成為最大的英國紡織品進口商之一。很快，夏利里拉家族壟斷了香港英軍軍服供應的生意，成為了當時香港數一數二的裁縫企業，鼎盛時期擁有多達 32 間裁縫舖，裁縫僱員 600 人。1959 年，夏利萊與夏佐治等眾兄弟創立「夏

172《香港的顏色：南亞裔》，第 38 頁。

利里拉集團」（Harilela Group），開始向酒店地產業發展。據夏佐治兒子夏大衛（David Harilela）回憶：「當時，（香港）出現了很多其他印度人的裁縫店，有些我們之前的員工也紛紛自立門戶，競爭很激勵。雖然我們仍是城中最大的裁縫企業之一，但叔叔 Hari 認為裁縫是一個服務行業，進入門檻太低，於是決定轉型進入投資物業和酒店。」

夏利里拉集團於 1961 年購入旗下首間酒店 —— 位於九龍彌敦道的香港帝國酒店，1965 年和 1966 年又先後建成尖沙咀彌敦道喜利大廈（Harilela Mansion）和中環雲咸街夏利里行（Harilela House）。1965 年，他們購入了九龍半島彌敦道一塊地皮，計劃興建後來的金域假日酒店。不過，香港於 1967 年發生政治騷亂，進入了動盪不安時期，1971 年又遇上香港歷史上最大的台風之一 —— 強烈台風羅絲，淹沒了興建中的酒店的地下室。當時，很多外部股東都說：「你知道嗎：是時候離開了，收購我們的股權吧。」然而，夏利萊不為所動，仍然堅持建造這家酒店。1975 年，金域假日酒店正式開業。金域假日酒店位於香港尖沙咀，毗鄰通往香港主要商業和旅遊區的地下鐵路，步行五分鐘即可抵達著名的天星小輪，驅車 40 分鐘即可抵達香港國際機場，交通便利。金域假日酒店開業後，遇到 70 年代中期至 80 年代初的經濟繁榮期間，物業價格大幅飆升，酒店的興建取得了成功。

其後，夏利里拉集團再接再厲，繼續發展酒店地產業務，先後在香港、東南亞等地建造多家酒店物業。當時，集團尚未涉及酒店管理，而是與國際知名酒店管理集團合作經營。據夏大衛回憶：「家族旗下所有的酒店都交給專業人士管理，我們在酒店建設完成後就委任專業的酒店運營者負責日常管理，比如假日酒店、希爾頓，我們的角色是財務投資者以及控制者。」1969 年，夏利里拉家族在九龍塘窩打老道興建家族住宅大廈 —— 夏利里拉大宅（Harilela Mansion），整個建築群就像一座時髦的酒店，內設豪華的娛樂空間、電影院、體育館、遊泳池、桑拿室、廟宇和供家族四代不同分支的數十間獨立公寓。據說，夏利萊建造這座大宅是為了兌現他在取得成功很久之前就做出的承諾：「我們既然

患難與共，就不應該不能共享富貴。」[173] 此外，夏利里拉集團還將經營業務拓展到餐飲、飯店、食品供應、醫院和金融服務等多個領域。

90 年代初，香港面對「九七」回歸的信心危機時，不少居港印度人都計劃離開香港。夏利萊回憶，回歸將近時，恐懼和信心危機充斥香港，不少財團攜款逃離香港。但是，「香港是獨一無二的一個城市，所有人都離開了，香港怎麼辦？」中國政府提出回歸後維持香港原有資本主義制度和生活方式 50 年不變的承諾，堅定了他堅持在港投資的信心。他表示，在一個城市需要你投資時，你留了下來，就如同朋友有需要時施以援手一樣，「會有好的回報」。因而，夏利萊不單沒有離棄香港，還極力勸說同鄉留下來。夏利萊表示：「當問你是哪裏人，不要管你的血液、你的膚色，要看你的家在哪裏。我的家在香港，我是香港人。」這一時期，夏利里拉集團繼續投資香港。

夏利里拉集團是一個家族成員共同持有的私人公司，其集團管治架構十分獨特。集團董事會由夏利里拉家族 6 兄弟組成，6 兄弟每房選出一位董事，每位董事擁有一票表決，董事會主席則有兩票。而夏利萊則出任董事會主席，是家族生意的核心決策者。該家族有一條不成文的傳統：一旦有兄弟去世，其董事會席位將由其遺孀繼承，而繼任的遺孀可以在其家族分支內挑選合適的人選繼承董事一職，或自行擔任董事。每個家族成員都須遵守一份非正式的限制協議，各人不得將股份出售予夏利里拉家族以外的任何人士。夏利里拉家族透過集團董事會掌控整個家族生意的大方向，討論重要的決策。家族生意利潤的股息則交由每房指定的董事，負責分配各房成員的各項開銷。夏利里拉家族不同輩份成員全都居住在九龍塘窩打老道的夏利里拉大宅內。夏利萊的信念是：「造就一個王朝的，不是金錢而是家庭。」

---

173 Eric Wilson：〈The Hari：Aron Harilela 引領奢華酒店新浪潮〉，2021 年 08 月 04 日，Tatler 網站。

夏利萊在印度社群中備受尊崇，是族群的領袖。作為一位成功的企業家，他對香港的酒店業及地產業的發展，不遺餘力。2009 年 7 月，夏利萊獲特區政府頒授大紫荊勳章，成為獲得此殊榮的首位印度裔市民。特區政府對他的評價是：「多年來熱心服務社會，表現卓越，尤其致力於提升在港少數族裔的福利，貢獻良多。」2010 年，夏利萊支持興建的「保良局夏利萊博士伉儷綜合復康中心」投入服務，以綜合服務模式，提供住宿、綜合訓練、社區教育及支援服務。2014 年 12 月 29 日，夏利萊逝世，享年 92 歲。

▍家族企業傳承與集團業務多元化

夏利萊逝世後，家族生意由其子夏雅朗（Aron Harilela）接任。夏雅朗早年畢業於英國赫爾大學，獲法律及政治榮譽學士學位及政治哲學博士學位，他於 1994 年加入夏利里拉集團在倫敦的辦事處，1996 年進入香港集團總部工作，先是在集團總部接受特別培訓，繼而出任執行董事，直接向董事會匯報。作為執行董事，他的主要職責之一是監督集團的業務發展。從 2000 年起，父親夏利萊開始逐步退居幕後，兒子夏雅朗成為集團的領軍人物。2012 年，夏利萊辭去夏利里拉集團董事局主席一職，由夏雅朗正式接任。

這期間，夏雅朗因應中國市場的需求，訂立了一套多元化的計劃，同時亦開始關注印度市場。其集團的業務增長策略主要有兩個方面：第一，將核心酒店業務拓展至新的市場；第二，以開放態度看待業務多元化，不排除發展與本業無關的業務。夏雅朗並訂立了若干計劃，擬於未來五至十年內在中國多個二線城市興建 10 家三星級酒店，亦正在為印度市場部署類似策略，並積極在泰國物色投資機會。此外，夏雅朗認為，集團應當建立一套更加正式的架構，明確訂出每名成員的分工和階級，以便使得家族成員和睦共事。當時，董事會成員亦正考慮引入正式的「競業限制」條款（non-compete clause），以確保即使家族成員經營的業務與集團有所競爭，亦不會有損集團日後的業務增長或家族和

睦共處。[174]

夏雅朗接任董事會主席之後，其業務多元化的一個重點，就是因應形勢的轉變，將集團的業務價值鏈上移，投入酒店管理，甚至是住宅物業等市場。在此之前，夏利里拉集團儘管重點投資酒店地產，但並未介入酒店管理業務。夏雅朗創立了集團自己的酒店品牌 —— The Hari，酒店品牌命名來自集團創始人 Hari Harilela。2016 年 9 月，夏利里拉集團在英國倫敦開設了第一家自己品牌酒店 —— 倫敦夏利酒店（The Hari, London Belgravia），正式介入酒店管理業務。該酒店的物業是夏雅朗進入香港總部工作後不久於 1997 年成功收購的一幢倫敦大型物業，由倫敦室內建築設計公司 Tara Bernerd & Partners 創辦人 Tara Bernerd 親自操刀設計，盡顯英倫典雅風格。

在倫敦夏利酒店成功打響旗號後，夏雅朗進而將其品牌引入香港，在香港策劃開辦第二家夏利酒店。2014 年及 2016 年，夏利里拉集團先後在港島灣仔駱克道購入兩幢比鄰的物業 —— 福怡大廈和萬成樓，並將其拆卸重建，興建香港夏利酒店（The Hari Hong Kong）。新酒店仍由 Tara Bernerd 親自設計，在建設期間雖然遇到香港社會動蕩、全球新冠疫情等一系列的影響，但仍能於 2020 年 12 月成功開業。香港夏利酒店共設有 210 間客房，包括三間位於頂樓的特色套房、大堂酒廊、意大利餐廳 Lucciola、日式餐廳及露天酒吧 Zoku 等，將英倫時尚奢華風格引入香港。夏雅朗表示：「我們很高興能將 The Hari 品牌從倫敦帶回香港 —— 這個我視之為家的地方。我對香港的未來仍然非常樂觀，期望 The Hari 能成為業界先鋒，並且隨着酒店開業，向大眾傳遞一個清晰而明確的訊息，便是我們對這座城市的未來充滿信心。」該項目獲得了很大的成功，在第 17 屆 HD Awards 大獎中獲選「最佳高檔酒店」

---

174 商學院故事：「夏利里拉商業王國：家族企業薪火相傳之道」，2017 年 10 月 17 日，香港科技大學商學院官網。

的殊榮，在 2022 年 Build4 Asia Awards 中獲得「傑出建築銀獎（商業組
別一香港）」。

經過多年的發展，夏利里拉集團已成為一家總部設於香港、充滿
活力的酒店開發和管理公司。集團在全球擁有並經營約 15 家酒店物業
（最高峰時擁有 19 家酒店物業），遍佈香港、澳門、歐洲、美國、東南
亞及中國內地，包括香港夏利酒店、香港金域假日酒店、海景嘉福洲際
酒店，倫敦夏利酒店，紐約 50 BOWERY，新加坡烏節中心假日酒店、
新加坡機場大使過境酒店，芭堤雅諾瓦白金酒店、芭堤雅盛泰樂芭堤雅
酒店、芭堤雅 CENTARA NOVA HOTEL & SPA、芭堤雅阿瑪瑞諾瓦套房
酒店、檳城假日度假村、曼谷是隆假日酒店、澳門鷺環海天度假酒店、
常州中心智選假日酒店等。該集團的策略是在酒店領域建立及發展成為
業內的領導者，旗下酒店包括主要由洲際酒店、Onyx Hospitality Group
及 Hyatt Hotels 等國際知名酒店集團代為管理，另外，香港和倫敦兩家
夏利酒店則由集團自己管理。此外，半個世紀以來，集團還成功進軍醫
療保健和餐飲行業。[175]

目前，夏利里拉家族的財富當中，有超過九成投資於酒店和房地
產，而各個家族分支亦有投資其他業務，包括活動商品、旅行社、進出
口貿易、餐館、銀行、證券等各行各業。[176] 夏雅朗表示：「公司依然堅
持創始人奠定的價值觀：時代瞬息萬變，像我們這樣的生意必須開放思
想接受新觀點和新思維方式。在經營夏利里拉集團時，我總能想起父親
教我的，做生意和做人，誠實最重要。」[177]

---

175 夏利里拉集團：「關於我們」及「公司信息」，夏利里拉集團官網。

176 「夏利里拉商業王國：家族企業薪火相傳之道」，2017 年 10 月 17 日，香港科技大學商學
　　院官網。

177 《香港的顏色：南亞裔》，第 43 頁。

第十節　猶太裔盛智文家族財團

▍早期發展概況：創辦 Colby 集團

　　猶太裔香港家族財團的代表，是盛智文創辦的香港蘭桂坊集團。盛智文（Allan Zeman）為德國猶太裔人，1950 年出生在德國雷根斯堡，七歲時父親去世，隨母親移居加拿大魁北克。盛智文在加拿大曾創辦了一家名為 Jump for Charlie 公司，從香港進口女式毛衣。1975 年，盛智文移居香港，並於第二年創辦成衣貿易公司 Colby。中國改革開放後，Colby 成為首家從中國內地採購服裝出口到加拿大的公司。1982 年，盛智文在湖南長沙開設了第一間辦事處，其後又陸續在韓國、台灣和菲律賓等地開設辦事處，客戶群也從加拿大擴展到美國。

　　到二十世紀 90 年代，Colby 已發展成為香港最大的貿易公司利豐的一個重要競爭對手，被稱為「同一屋簷下的巨人」。[178] 當時，Colby 的主要業務是為零售商採購服裝及百貨產品，在世界各地設有 35 個辦事處，擁有 600 名員工，採購範圍涵蓋亞洲、中美洲、非洲、歐洲、北美、中東、太平洋及加勒比海地區等逾 55 個國家和地區，擁有超過 4,200 家供應商，所採購的產品包括女裝、男裝、童裝及時裝配飾、家庭產品（包括電器及電子用具）、精品、鞋類、旅行用品、手袋、傢具等。Colby 的營業額中，美國市場約佔 83%，其餘來自南美、澳洲、歐洲及加拿大。1999 年度集團營業額達 35.2 億港元，除稅後盈利 6,810 萬港元。

　　2000 年 4 月，Colby 曾以「舜森互聯網集團」（Colby Net）名義申請在香港創業板上市，可惜碰上美國科技網絡股泡沫爆破，功敗垂成。同年 5 月，該集團再度申請上市，但由於反映科技股的納斯達克指數波

178　Angela Mah, Teresa Lai, Li & Fung Ltd. *Two Giants Under One Roof, Morgan Stanley Dean Witter*, 10 November 2000.

動太大，投資者對科網股存有戒心，亦未能成事。受此影響，盛智文等公司管理層遂萌生將公司出售的意向。2000 年 11 月，盛智文及 Colby 集團行政總裁 Bruoe Rockowitz（樂裕民）與利豐達成收購協議，以 21.99 億港元價格將所持 Colby 全部股權出售予利豐。盛智文表示：「20 多年來我們和利豐一直保持友好競爭關係，利豐和 Colby 作為最大的市場參與者，合併所產生的共同效益，其實對雙方都有好處。」[179]

▌ 創辦香港蘭桂坊集團

　　盛智文出售 Colby 後，淡出採購業務，全力向娛樂及地產業發展。其實，盛智文早期 80 年代初已開始發展餐飲娛樂事業。當時，盛智文在經營貿易公司時，經常招待國際性設計師和買家，但餐廳選擇有限，大多數高檔餐廳都在大酒店裏，氣氛很正式，要求男士穿襯衫打領帶。基於西方週末狂熱（Saturday Night fever）的文化海嘯，盛智文決定建立一個可以讓世界各地的人聚在一起的地方。1983 年，盛智文看中了離中環心臟地帶相隔只幾分鐘，當時被花店、肉攤及小印刷商佔領的蘭桂街區，開設了他第一家餐廳 ——「加州酒吧」（California Bar），主打理念為「既有特色，又可輕鬆談生意」，從而奠定了香港蘭桂坊的基石。

　　80 年代中後期，香港經濟繁榮，文娛產業欣欣向榮，當時很多明星都是加州酒吧的常客。盛智文從東京找到靈感，發現由於底層的租金太高，東京的餐館和酒吧大多在辦公樓的 10 樓，於是創辦香港蘭桂坊集團，致力發展蘭桂坊街區的地產和餐飲業。從加州酒吧開始，盛智文旗下的蘭桂坊集團逐步向這條街道的業主收購業權，很快成為蘭桂坊最大的地主，據報道擁有蘭桂坊一帶約七成物業業權。經過幾十年的發展，蘭桂坊已擁有過百家餐廳、酒吧、會所、店舖、辦公樓、住宅及休

---

179 馮邦彥：《百年利豐：從傳統商號到現代跨國集團》，第 222-225 頁。

閒設施,成為香港最活躍最時尚的餐飲娛樂熱點,並形成了香港獨具特色的蘭桂坊酒吧文化。盛智文亦因此獲得了「蘭桂坊之父」的稱號。對此,盛智文曾回憶說:「三十多年前,蘭桂坊是一個非常不同的地方,它是一條以花店和倉庫為主的小巷子。但我看到了該地區的許多美景和潛力,並決定開設加利福尼亞州,一家在晚上變成夜總會的餐廳。而這一切都是從那裏開始的。」

2010 年,蘭桂坊集團決定在蘭桂坊原標誌性的酒店、餐飲娛樂地點,拆卸重建為一幢樓高 27 層的新「加州大廈」(California Tower)。加州大廈於 2015 年落成並重新開幕,雲集了城中高級餐廳、現代酒吧、潮流夜店和時尚生活品牌,每層商舖設有開放式露台、雙層挑高天花板和寬闊的窗戶,大廈內還設有空中花園以及大型活動空間。新加州大廈被認為是蘭桂坊「重生」的標誌和香港的地標性建築物之一。

與此同時,蘭桂坊集團積極進軍中國內地市場,計劃將香港蘭桂坊發展模式複製到內地大城市。首個項目是「蘭桂坊成都」,該項目坐落於成都市核心繁華商業地段,總面積達 4.3 萬平方米,依錦江修建,由 19 幢約 3 層高的獨立建築體合併組成,多個臨河戶外露台和 2 個露天廣場環繞在建築體之間,頂部覆蓋着與國家游泳館「水立方」相同材質的天幕,整個建築風格與當地的水鄉風景相呼應,並毗鄰五星級香格里拉大酒店、榛悅隆堡成都酒店,緊接東大街金融區。蘭桂坊成都打破了成都舊有的酒吧一條街、美食一條街的單一分散格局,精心打造出集餐飲、娛樂和購物於一體的多元化消閒中心。蘭桂坊成都於 2010 年落成開業,旋即成為成都最熱門的地點之一。[180]

隨後,蘭桂坊集團先後與多個國內集團合作發展「蘭桂坊」模式。2019 年 5 月,蘭桂坊集團與招商局蛇口工業區控股股份有限公司和深圳市亞桐控股集團有限公司合作,計劃在深圳市招商蛇口太子灣興建

180「蘭桂坊成都」,蘭桂坊成都官網。

「LKF852 太子灣」綜合體項目。該項目佔地 170 萬平方米，包括中國南方最大的國內郵輪港，以及商業和辦公空間、住宅、酒店、文化和藝術設施、倉庫、國際學校、國際醫院、公共交通樞紐等。蘭桂坊主席盛智文表示：「LKF852 太子灣」項目將深化整合大灣區資源，構建商業、文化、娛樂休閒新生態，冀為深圳打造全新的城市地標。2023 年 3 月，蘭桂坊集團再與海雅集團簽署全國戰略合作協議，計劃將把香港「蘭桂坊」商業模式複製到深圳、中山及內地其他主要城市。其中，首個項目將落戶中山海雅繽紛城，該項目總建築面積超過 120 萬平方米，包括商業 58 萬平方米，涵蓋高端住宅、豪華公寓、超大型購物中心、五星級酒店、步行街、雙子塔寫字樓、文化中心等多元業態，預計於 2023 年底開業。

經過多年發展，目前，香港蘭桂坊集團已成為一家多元化的大型企業集團，經營業務涵蓋商業地產併購、設計、開發、營運與管理，同時兼營高級餐廳酒吧、金融投資及電影發行等。在地產業方面，集團持有蘭桂坊的加州大廈、蘭桂坊廣場（The Plaza）、蘭桂坊 1 號，中國內地的成都蘭桂坊、LKF852 太子灣、中山海雅繽紛城等權益。此外，還透過旗下公司 Paradise 集團與盈大地產有限公司及泰國 Paradise 集團等合作，在泰國布吉島共同發展 Aquella 項目，包括四個度假村和一個零售物業；又與泰國 Paradise 集團合作，打造的布吉島特色住宅項目——星凱玨（Sudara）。

在餐飲酒吧業方面，蘭桂坊集團透過「蘭桂坊概念」（LKF Concepts）經營一組各具特色的餐廳，包括意大利語詠嘆調（Aria），意大利餐廳 BACI，海鮮和牛排店 Porterhouse，日本懷石料理店 Fumi，壽司清酒店 Tokio Joe，現代居酒屋京都喬等。其中，Aria 位於蘭桂坊加州大廈 24 樓，坐擁橫跨海天一色的香港標誌性天際線全景，提供極致的意大利美食體驗；意大利餐廳 BACI 被 50 Top Pizza Italy 2022 評為香港比薩店前 2 名和亞太區前 12 名，以其優質的比薩麵團和配料而聞名；Tokio Joe 於 1995 年開業，是蘭桂坊的第一家日本餐廳，在香港提供原創、獨特

的日本料理；Porterhouse 則是一家屢獲殊榮且裝飾精美的海鮮和牛排餐廳，主營海洋新鮮海鮮和優質牛排和肉類。蘭桂坊集團還於 1990 年協助成立「蘭桂坊文化會」（LKF Culture Club），由超過 100 間位於蘭桂坊區內各行各業商戶所組成，旨在向香港及全世界推廣蘭桂坊獨有文化魅力，並統一各會員意見以有效地與政府和其他各機構溝通。

在電影發行及金融投資方面，該集團旗下的電影製作和發行公司 After Dark 在近 10 年裏製作了一批專注於恐怖電影類別熱門劇集，包括和 Lions Gate Entertainment 簽訂合約，參與製作和發行的 2004 年奧斯卡獲獎的電影 Crash，以及 2005 年的驚悚片 An American Haunting 等。此外，蘭桂坊集團還透過旗下的蘭桂坊資本，專注於時尚生活零售、娛樂、餐飲、房地產、TMT 等多領域的私募股權投資，並獲得了良好的回報。[181]

蘭桂坊集團表示：「我們的使命不僅僅是實體，或商業和住宅、食品和飲料、生活方式和娛樂。我們的工作是讓人們開心。對我們來說，這意味着重新思考工作與娛樂、休息與探索之間過時的界限。蘭桂坊集團的每一個項目，從房地產到文化、美食和商業，都旨在反映我們現在的一體化和相互聯繫的生活方式 —— 並為更美好的未來而加強它。」

第十一節　結束語：回顧與展望

經過逾 170 年的發展，香港財團已進入成熟發展時期，無論是英資、華資還是中資，都湧現出一批世界級的多元化跨國企業集團；越來越多的香港財團不僅在香港扎根發展，而且將投資的觸角伸向中國內地市場（特別是粵港澳大灣區），以及歐美、東南亞等海外市場，形成全球網絡式的投資趨勢；與此同時，香港的資本結構形成多元化、相對均

181「蘭桂坊集團」，蘭桂坊集團官網。

衡或主次相輔的格局。這種發展態勢,有利於鞏固和提升香港作為國際商業大都會,作為國際金融中心、國際貿易中心、國際航空中心及航運中心的戰略地位,有利於推動香港與內地,特別是粵港澳大灣區的融合發展,有利於香港繼續扮演聯繫中國內地與國際市場的「超級聯絡人」角色。

不過,2020年以來,隨着全球新冠疫情爆發,世界經濟持續低迷,中美關係緊張,地緣政治凸顯,香港遲遲未能恢復正常通關,而通關後經濟未能恢復強勁增長,乃至中國內地經濟增長放緩等種種因素相繼發酵,香港各種資本、各個財團都受到不同程度的影響和衝擊。英資財團中,滙豐控股逐漸陷入地緣政治的困境中,其「利潤失衡」等結構性問題逐步凸顯;太古旗下的航空板塊虧損嚴重,旗下國泰航空被迫股權重組,並關閉旗下的港龍航空,經營舉步維艱。英國大東電報集團出售旗下的香港電訊,並走向瓦解。華資財團中,不少企業集團都受到衝擊,最矚目的要數世茂集團、高銀集團等;其中,世茂集團的經營出現巨額虧損,股價大幅下跌,其可持續發展正面臨嚴峻的挑戰。相比較而言,中資集團儘管也深受內地經濟增長放緩和地產市場不景的困擾,但總體來說仍繼續保持強勁的增長勢頭,其在香港經濟中的份額呈持續上升趨勢。其他外資財團中,部分機構開始放緩在香港投資,有的甚至將其在香港的地區總部或辦事處轉移到臨近新加坡等地區。

值得重視的是,近年來,隨着全球創新科技和新經濟的發展,香港財團中出現不少新的發展勢頭。在科技創新領域,獨角獸商湯集團的崛起與上市就是一個例子,一批在內地起家的新型製造業企業嶄露頭角。在創投基金領域,華資財團透過創投基金進軍科技創新產業的勢頭方興未艾,較矚目的有李嘉誠旗下的維港投資,陳啟宗旗下的晨興資本,南豐集團旗下的新風天域和鼎豐生命資本,鄭志剛旗下的 C 資本以及 SPAC 公司 Artisan 和 A SPAC,李澤楷旗下 SPAC 公司 Bridgetown Holdings Limited 等。在地產領域,出現像基匯資本這樣的房地產私募基金管理公司資本巨頭;而華懋集團正重塑其營運模式,將「人、繁榮

和環境，三者並重」，並重視地產科技的運用和發展；信和等地產集團將可持續發展、科技創新等視為集團整體發展策略的重要組成部分。與此同時，近年特區政府制定政策，要打造香港作為國際科創中心的戰略地位，這推動了香港財團在這方面的拓展，而不少中資財團已開始行動，加大對科技創新產業的投入。普華永道在 2022 年《同心同行，共創中資企業在港新未來》報告中就認為：「未來，中資企業有機會成為香港地區產業結構轉型的中堅力量。」凡此種種，都顯示香港經濟正出現一些新的發展勢頭。

展望未來，上述種種發展趨勢和發展勢頭的交錯、角力、發酵，將可能對香港的資本結構和財團發展產生深遠影響；或者，香港的資本與財團的結構正處於新一輪大調整的前夜。

參考文獻

一、著作

《櫛風沐雨八十年》編撰組著,《櫛風沐雨八十年 —— 永隆銀行發展紀實》,2013
年。

T.K. Ghose 中國銀行香港管理培訓中心譯,《香港銀行體制》(中文版),香港:中
國銀行香港管理培訓中心,1989 年。

曹文錦:《我的經歷和航運五十載》,香港:萬邦集團,1998 年

陳謙著,《香港舊事見聞錄》,香港:中原出版社,1987 年。

戴維·萊斯布里奇(David G. Lethbridge)編著,《香港的營業環境》(*The Business
Environment in Hong Kong*, Oxford University Press, 1980),上海:上海翻譯出版
公司,1984 年。

董浩雲著:《中國遠洋航運與中國航運公司》,1954 年。

杜博奇編著,《越秀三十年》,北京:中信出版集團,2017 年。

恩達科特(G.B.Endacott)著,《香港史》(*The History of Hong Kong*),英國:
Oxford,1958 年。

馮邦彥、饒美蛟著,《厚生利群:香港保險史(1841-2008)》,香港:三聯書店(香
港)有限公司,2009 年。

馮邦彥著,《百年利豐:從傳統商號到現代跨國集團》,香港:三聯書店(香港)
有限公司,2006 年。

馮邦彥著,《百年利豐:跨國集團亞洲再出發》,香港:三聯書店(香港)有限公司,
2011 年

馮邦彥著,《不斷超越,更加優秀 —— 創興銀行邁向 70 週年》,香港:三聯書店(香
港)有限公司,2018 年。

馮邦彥著,《承先啟後:利豐馮氏邁向 110 週年 —— 一個跨國商貿企業的創新與超
越》,香港:三聯書店(香港)有限公司,2016 年。

馮邦彥著,《香港地產史》,香港:三聯書店(香港)有限公司,2021 年。

馮邦彥著,《香港華資財團(1841-1997)》,香港:三聯書店(香港)有限公司,
1997 年。

馮邦彥著,《香港金融史》,香港:三聯書店(香港)有限公司,2017 年。

馮邦彥著,《香港企業併購經典(增訂版)》,香港:三聯書店(香港)有限公司,
2017 年。

馮邦彥著,《香港英資財團(1841-1996)》,香港:三聯書店(香港)有限公司,
1996 年。

弗蘭克·韋爾什(Frank Welsh)著,王皖強、黃亞紅譯,《香港史》(*A History of
Hong Kong*),北京:中央編譯出版社,2007 年。

廣州黃埔造船廠簡史編委會,《廣州黃埔造船廠簡史(1851-2001)》,廣州:廣州
黃埔造船廠,2001 年。

郭國燦、劉海燕著，《香港中資財團》，香港：三聯書店（香港）有限公司，2017年

哈特臣（Robin Hutcheon）著，《錦霞滿天 —— 利豐發展的道路》，廣州：中山大學出版社，1992年。

何文翔著，《香港富豪列傳》，香港：明報出版社，1991年。

何文翔著，《香港富豪列傳之二》，香港：明報出版社，1991年。

何文翔著，《香港家族史》，香港：三思傳播有限公司，1989年。

胡政主編、張後銓著，《招商局近代人物傳》，北京：社會科學文獻社，2015年。

加藤鑛著、東方之星翻譯部譯，《誰搞垮了八佰伴？》，海南國際新聞中心，1998年。

江潭瑜主編，《深圳改革開放史》，北京：人民出版社，2010年。

柯立斯著、中國人民銀行金融研究所譯，《滙豐銀行百年史》，北京：中華書局，1979年。

勒費窩（Edward LeFevour）著，陳曾年、樂嘉書譯，《怡和洋行—1842-1895 在華活動概述》（*Western Enterprise in Late Ch'ing China A Selective Survey of Jardine, Matheson and Company's Operations, 1842-1895*），上海：上海社會科學出版社，1986年。

冷夏著，《霍英東傳（上卷）》，香港：名流出版社，1997年。

梁鳳儀：《李兆基博士傳記》，香港：三聯書店（香港）有限公司，1997年。

林友蘭著，《香港史話》，香港：上海印書局，1978年。

羅伯·佈雷克（Robert Blake）著、張青譯，《怡和洋行》（*Jardine Matheson：Traders of the Far East*），台灣：時報文化出版企業股份有限公司，2001年。

馬克·奧尼爾、安妮瑪莉·埃文斯著、陳曼欣譯：《香港的顏色：南亞裔》，香港：三聯書店（香港）有限公司，2018年。

寧向東著：《家族精神 —— 李錦記傳。承百年的力量》，香港：經濟日報出版社，2016年。

潘慧嫻著，《地產霸權》，北京：中國人民出版社，2011年。

齊以正、林鴻等著，《香港豪門的興衰》，香港：龍門文化事業有限公司，1986年。

饒餘慶著，《香港的銀行與貨幣》，上海：上海翻譯出版公司，1985年。

上海社會科學院經濟研究所編著，《上海永安公司的產生、發展和改造》，上海：上海人民出版社，1981年。

王玉德、楊磊等著，《再造招商局》，北京：中信出版社，2008年。

烏蘭木倫主編，《發展中的香港中資企業》，新華通訊社香港分社經濟部編印，香港經濟導報出版，1997年。

吳多泰著，《私語拾記》，香港：國際鴻星集團投資有限公司，1994年。

武捷思著，《粵海重組實錄》，香港：商務印書館，2002年。

冼玉儀著，《與香港並肩邁進：東亞銀行 1919-1994》，香港：東亞銀行，1994年。

香港華商銀行公會研究小組著，饒餘慶編，《香港銀行制度之現況與前瞻》，香港：
　　華商銀行公會，1988 年。

香港上海匯豐銀行編，《百年商業》，香港：光明文化事業公司，1941 年。

香港中旅集團編，《香港中旅八十年》，北京：中國科學出版社，2008 年。

姚啟勳著，《香港金融》，泰晤士書屋，1962 年。

余繩武、劉存寬主編，《十九世紀的香港》，香港：麒麟書業有限公司，1994 年。

元邦建著，《香港史略》，香港：中流出版社有限公司，1988 年。

約翰·弗雷德里克森（John Fredriksen）：《海上帝國》，北京：中信出版社，2016 年。

渣甸·馬地臣股份有限公司著，《怡和洋行的復興（1945-1947）》，陳寧生、張學
　　仁編譯，《香港與怡和洋行》，湖北：武漢大學出版社，1986 年。

張曉輝，《香港華商史》，香港：明報出版社有限公司，1998 年。

張曉輝著，《香港近代經濟史（1840-1949）》，廣州：廣東人民出版社，2001 年。

張仲禮、陳曾年、姚欣榮著，《太古集團在舊中國》，上海：上海人民出版社，
　　1991 年。

鄭宏泰、黃紹倫著，《香港大老何東》，香港：三聯書店（香港）有限公司，2007 年。

鄭宏泰、黃紹倫著，《香港股史（1841-1997）》，香港：三聯書店（香港）有限公司，
　　2006 年。

鄭宏泰、黃紹倫著，《一代煙王利希慎》，香港：三聯書店（香港）有限公司，
　　2011 年。

置地控股，《香港置地 125 年》（Hong Kong Land at 125），2014 年，置地控股官網。

中國建設銀行（亞洲）、香港大學經濟及工商管理學院金融創新與發展研究中心
　　著，《香港華資銀行百年變遷：從廣東銀行到建行亞洲》，香港：中華書局（香港）
　　有限公司，2016 年。

中國人民政治協商會議廣東省委員會、文史資料研究委員會、中國人民銀行廣東省
　　分行金融研究所合編：《銀海縱橫 —— 近代廣東金融》，廣東人民出版社，1992
　　年。

中國銀行行史編輯委員會編著，《中國銀行行史（1949-1992）》，中國金融出版社，
　　2001 年。

中國銀行行史編輯委員會編著：《中國銀行行史（1912-1949 年）》，中國金融出版
　　社，1995 年。

鍾寶賢著，《太古之道 —— 太古在華 150 年》，香港：三聯書店（香港）有限公司，
　　2016 年。

鍾寶賢著，《香港百年光影》，北京：北京大學出版社，2007 年。

鍾堅著，《改革開放夢工場 —— 招商蛇口工業開發區建設 40 年紀實（1978-
　　2018）》，北京科學出版社，2018 年。

朱美瓊著，《華潤 70 年》，深圳：海天出版社，2009 年。

二、報刊雜誌文章

〈「先施」之由來〉，香港：《資本》雜誌，1990 年第 8 期。

〈70 年瞬間：1980 年中山溫泉賓館開業，中國改革開

〈包玉剛異軍突起，打破萊斯收購渣打好夢〉，香港：《信報財經月刊》雜誌，第 10
　　卷第 5 期，1986 年。

〈馮漢柱家族發跡史〉，香港：《資本》雜誌，1992 年第 2 期。

〈國泰統一本地航空大業〉，《香港政經週刊》，1990 年 1 月 20 日。

〈匯豐董事長蒲偉士細説─政治形勢促成的商業決定〉，香港：《信報》，1990 年 12
　　月 12 日。

〈會德豐的滄桑〉，香港：《經濟導報》雜誌，第 1909 期，1985 年 3 月 3 日。

〈會德豐收購戰紀事〉，香港：《經濟導報》雜誌，第 1912 期，1985 年 3 月 25 日。

〈嘉道理的政經道理〉，香港：《信報》，1990 年 1 月 3 日。

〈嘉里建設重攻高端商業，發展多元化大型綜合項目〉，中國房地產報，2012 年 10
　　月 22 日。

〈李嘉誠部署長實鯨吞和黃〉，香港：《經濟一週》雜誌，1993 年 6 月 27 日。

〈聯合出版步向國際市場〉，香港：《中港經濟》雜誌，1992 年 2 月。

〈馬景華與先施的蛻變〉，香港：《資本》雜誌，1995 年第 7 期

〈蒲偉士詳析匯豐米特蘭合併行動〉，香港《明報》，1992 年 3 月 20 日。

〈榮智健細説生平〉，香港：《資本家》雜誌，1992 年 5 月。

〈太古無懼九七繼續在港投資發展〉，香港：《華僑日報》，1992 年 8 月 17 日。

〈王光英稱每年均賺錢，邱晴掌光大應無改變〉，香港：《經濟日報》，1990 年 2 月
　　7 日。

〈香港大東電報局發展史〉，香港：《信報財經月刊》雜誌，第 7 卷第 2 期，1983 年。

〈怡控一身繫數百億資產，惹財團覬覦四兩撥千斤〉，香港：《經濟日報》，1989 年
　　10 月 20 日。

愛瑪・鄧克利著，〈很多股東支持滙豐遷移總部〉，英國：《金融時報》中文網，
　　2015 年 11 月 24 日。

安平著，〈亞太航空振翅高飛〉，香港：《資本家》雜誌，1994 年第 10 期。

安平著：〈翹首展翅〉，香港《資本家》雜誌，1994 年第 10 期。

賓加著，〈李嘉誠妙計賺港燈〉，齊以正等著，《香港商場「光榮」榜》，香港：龍
　　門文化事業有限公司，1985 年

曹志明、袁國培著，〈恒隆銀行事件的真相〉，香港：《信報財經月刊》雜誌，第 7
　　卷第 7 期，1983 年。

查小欣著，〈王征謀殺了亞洲電視〉，新浪專欄，2015 年 4 月 3 日。

陳慧穎、王端著，〈中信泰富的救贖〉，《財經》雜誌，總第 225 期，2008 年 11 月
　　24 日。

陳慧穎、徐可著，〈中信泰富 94 億澳元豪賭〉，《財經》雜誌，總第 223 期，2008
　　年 10 月 27 日

陳沛敏著，〈香港最後一間大行英之傑〉〉香港：《資本》雜誌，1993 年 7 月。

陳潛著，〈撥開雲霧見新世界〉，香港：《資本家》雜誌，1995 年 11 月。

陳威著，〈陳廷驊：勤勉經營的棉紗大王〉，《世界華人精英傳略》（港澳卷），百花
　　洲文化出版社，1995 年。

陳文瑜著，〈上海開埠初期的洋行〉，《上海地方史資料（三）》，上海：上海社會
　　科學院出版社，1984 年。

陳憲文、方中日著，〈李兆基處世之道 —— 在於順勢應時〉，香港：《信報財經月刊》
　　雜誌，第 5 卷第 2 期，1981 年。

陳憲文、方中日著，〈兆業恒基享永泰，財來有方長順景 —— 李兆基處世之道在於
　　順勢應時〉，香港：《信報財經月刊》雜誌，第 5 卷第 3 期，1981 年。

鄧炳輝著，〈海虹旋風創三項歷史紀錄〉，香港：《大公報》，1992 年 7 月 16 日。

董浩雲著，〈歷盡滄桑話航運 —— 廿五年來中國航運事業的回顧〉，見董浩雲著，
　　《中國遠洋航運與中國航運公司》，1954 年。

杜輝著，〈霍英東馳沙場不懼風浪〉，香港：*Modern Magazine*，1995 年 6 月。

范美玲著，〈李嘉誠的收購哲學〉，香港：《信報財經月刊》雜誌，第 8 卷第 11 期，
　　1984 年。

方以端著，〈怡和洋行在華興衰史（1832-1949）〉，香港：《信報財經月刊》雜誌，
　　第 8 卷第 4 期，1984 年。

方元著，〈「新鴻基」賣盤之迷〉，香港：《南北極》雜誌，1996 年 6 月。

方元著，〈「中電」投資 600 億港元興建屯門發電廠〉，香港：《財富》雜誌，1992
　　年 7 月 25 日。

方元著，〈從「新世界發展」之發展看第二代掌舵人〉，香港：《財富月刊》雜誌，
　　1990 年 1 月 3 日。

方元著，〈東方海外是否將私有化惹憧憬〉，香港：《南北極》雜誌，1996 年 2 月。

方元著，〈嘉道理家族慘勝，劉鑾雄出讓大酒店將獲厚利〉，齊以正等著：《大財團
　　盛衰》，南北極月刊出版，1990 年。

方元著，〈李兆基的五千五百萬元大製作〉，香港：《南北極》雜誌，1988 年 8 月
　　18 日。

方元著，〈中信泰富收購恆昌企業業務大躍進〉，香港：《財富月刊》雜誌，1991 年
　　9 月 25 日。

馮騁著，〈匯豐帝國還鄉戰〉，香港：《經濟日報》，1992 年 3 月 19 日。

馮騁著，〈太古倚天抽寶劍，香江航權裁三截〉，香港：《經濟日報》，1996 年 4 月
　　30 日。

傅詒輝著，〈「廣信」破產案的成因、衝擊與啟示〉，香港：《新報財經月刊》，
　　1999 年 3 月。

高英球著，〈抽絲剝繭話匯豐〉，香港：《信報財經月刊》雜誌，第 5 卷第 12 期，1981 年。

高英球著，〈細説恒隆 —— 優厚地產潛質和穩健的經營作風已漸見成效〉，香港：《信報財經月刊》雜誌，第 5 卷第 6 期，1981 年。

郭大源著，〈英之傑太平洋業務多元化〉，香港：《經濟週刊》雜誌，1992 年 9 月 9 日。

郭大源著，〈鄭明訓營商策略採用「大中國」概念〉，香港：《經濟週刊》雜誌，1992 年 9 月 9 日。

郭峰著，〈「樓宇製造工廠」：新鴻基地產〉，齊以正、郭峰等著，《香港超級巨富列傳》，香港：文藝書屋，1980 年。

郭峰著，〈冰山一角看冰山 —— 董浩雲集團究竟有多大？〉，香港：《南北極》雜誌，第 117 期，1980 年 2 月 16 日。

郭峰著，〈船隊增長快盈利增長慢，分析華光航業的經營〉，齊以正等著，《上岸及未上岸的有錢佬》，香港：龍門文化事業有限公司，1984 年。

郭峰著，〈恒隆集團雄霸旺角〉，香港：《南北極》雜誌，第 123 期，1980 年 8 月 16 日。

郭峰著，〈李兆基經營地產的秘訣 —— 兼談恒基兆業與永泰建業的發展〉，香港：《南北極》雜誌，第 124 期，1980 年 9 月 16 日。

郭峰著，〈剖析東方海外、金山集團的困境〉，齊以正、林鴻等著，《香港豪門的興衰》，香港：龍門文化事業有限公司，1986 年。

郭峰著，《不是猛龍不登岸 —— 試析包玉剛為何捨舟登陸》，齊以正、郭峰等著，《香港兆萬新富列傳》，香港：文藝書屋，1980 年。

郭榮標著，〈董氏航運重露生機，東方謀復牌〉，香港：《經濟一週》雜誌，1986 年 11 月 17 日。

郭小東、潘啟平、趙合亭等著，〈近代粵省二十餘家商辦銀行述略〉，《銀海縱橫：近代廣東金融》，廣州：廣東人民出版社，1992 年。

郭艷明、趙國安著，〈增購→爭購→憎購→九倉事件日誌〉，香港：《信報財經月刊》雜誌，第 4 卷第 4 期，1980 年。

海倫譯：〈勳爵的天下 —— 嘉道理的經商作風和政治遠見〉，香港：《遠東經濟評論》，1992 年 7 月 9 日，轉載自香港：《財富》雜誌，1992 年 7 月 25 日。

何文翔著，〈張祝珊家族發跡史〉，香港：《資本》雜誌，1989 年第 1 期。

恒康著，〈隱密的人陳曾熙〉，齊以正等著：《香港新舊豪門》，南北極出版社，1991 年。

恒生銀行，〈外商在香港直接投資的趨勢及前景〉，香港：《恒生經濟月報》，1993 年 10 月。

泓一秋著，〈帝國反擊戰的一役〉，香港：《信報》，1990 年 12 月 26 日。

黃光域著，〈近世百大洋行志〉，中國社會科學學院近代史研究所編：《近代史資料》，總 81 號，中國社會科學出版社，1992 年。

黃惠德著,〈李嘉誠先生現身説法〉,香港:《信報財經月刊》雜誌,第 2 卷第 7 期,
　　1978 年。

蕙才華著,〈長實收購和黃巨額股份的前前後後〉,香港:《經濟導報》第總 1624
　　期,1980 年。

姬達著,〈向祁德尊爵士致敬〉,香港:《信報財經月刊》雜誌,第 5 卷第 2 期,
　　1981 年。

紀碩鳴、張家偉著:〈驚心動魄的四十八小時〉,香港:《亞洲週刊》雜誌,2000 年
　　3 月 6-12 日。

金煌著,〈怡和撤離香港〉,香港:《南北極》雜誌,1994 年第 4 期。

金昱著,〈深度解析滙豐後危機時代的改革戰略〉,北京:《中國銀行業》雜誌,
　　2015 年第 11 期。

康恒著,〈地產界最強人 —— 李嘉誠雄霸商場五個階段〉,香港:《南北極》雜誌,
　　第 127 期,1980 年 12 月 16 日。

雷梓茵著,〈置地的「乾坤大挪移」〉,香港:《資本》雜誌,1992 年第 11 期。

李建紅著,〈發揮國家大型企業在香港經濟社會發展中的作用〉,全國政協十三屆
　　二次會議的港澳地區政協委員聯組會上發言,2019 年 3 月 4 日。

李忠著:〈和黃發展歷程充滿戲劇性,近年大舉投資足顯信心〉,香港:《香港地產》
　　雜誌,1986 年 8 月 16 日。

梁道時著,〈地車站上蓋建費逾七十億,恒隆透露毋須向股東集資〉,香港:《經濟
　　一週》雜誌,1981 年 7 月 13 日。

梁道時著,〈郭得勝先生 —— 毋須擔心 1997〉,香港:《經濟一週》雜誌,1981 年
　　6 月 25 日。

梁國材著,〈剖析收購戰對會德豐及投資者的影響〉,香港:《信報財經月刊》雜誌,
　　第 8 卷第 12 期,1984 年。

林鴻碩著,〈長實系勢將成為跨國企業〉,香港:《信報財經月刊》雜誌,1986 年
　　12 月。

林惠瑩、方中日著,〈黃志祥談信和「生仔」〉,香港:《信報財經月刊》雜誌,第
　　5 卷第 1 期,1981 年。

林行止著,《〈豐心在海外,港府應部署「接班」〉,香港:《信報》,1990 年 12 月
　　28 日。

凌泰著,〈父子兵 —— 趙世彭先生訪問記〉,香港:《信報財經月刊》雜誌,第 1 卷
　　第 3 期,1977 年。

凌永彤著,〈羅氏三傑各有千秋〉,香港:《經貿縱橫》雜誌,1989 年 5 月。

凌永彤著:〈劉鑾雄取勝秘訣:策動「貪心遊戲」〉,香港:《經貿雜誌》雜誌,
　　1989 年 2 月。

盧永忠著,〈締建電影王國,鄒文懷夢想成真〉,香港:《資本》雜誌,1995 年 3 月。

盧永忠著,〈老牌中資招商局〉,香港:《資本》雜誌,1993 年 4 月。

盧永忠著，〈霍英東再創新高峰（霍英東訪問記）〉，香港：《資本》雜志，1995 年 5 月。

羅天昊著，〈別讓李嘉誠跑了〉，北京：新華社瞭望智庫，2015 年 9 月 16 日。

呂景里著，〈恒隆決續發展地鐵港島線物業〉，香港：《經濟一週》雜誌，1985 年 7 月 8 日。

呂景里著，〈會德豐收購戰揭開序幕，張玉良李察信動態曯目〉，香港：《經濟一週》雜誌，1985 年 2 月 18 日。

呂凱君著，〈恒隆投資策略轉趨積極〉，香港：《每週財經動向》雜誌，1992 年 3 月 23 日。

麥國良著，〈掌管太古洋行六十年的三代華人買辦 —— 莫仕揚、莫藻泉、莫幹生、莫應溎祖孫〉，《中山文史》，第 20 輯，2006 年 2 月 28 日。

梅士敏著，〈澳門博彩專營權逾百年〉，載《澳門日報》1997 年 8 月 12 日。

苗雪豔著，〈香港置地執行董事周明祖：保守是最好的態度〉，和訊網，2018 年 3 月 15 日。

莫應溎著，〈英商太古洋行在華南的業務活動與莫氏家族〉，《廣東文史資料選輯》，第 44 輯，廣東文史出版社，1985 年。

莫應溎著，〈英商太古洋行在華南的業務活動與莫氏家族〉，《文史資料選輯》第 14 輯，北京：中國文史出版社，1988 年。

歐陽德著，〈馬登與張氏家族擬分家〉，香港：《經濟一週》雜誌，1984 年 11 月 26 日。

歐陽美儀著，〈英之傑集團如何掌握這個市場〉，香港：《信報財經月刊》雜誌，第 2 卷第 8 期，1978 年。

齊以正：〈地產界巨無霸 —— 郭得勝發跡史〉，齊以正、郭峰等著，《香港超級巨富列傳》，香港：文藝書屋，1980 年。

齊以正著，〈陳曾熙兄弟在地鐵上蓋跌了跤〉，香港：《南北極》雜誌，第 151 期，1982 年 12 月 16 日。

齊以正著，〈地產巨無霸 —— 郭德勝發跡史〉，齊以正等著：《香港新舊豪門》，香港：南北極出版社，1994 年。

齊以正著，〈收購 · 包玉剛 · 群眾心理〉，香港：《南北極》雜誌，1980 年第 7 期。

裘爭平著，〈世界獨立大船東董浩雲〉，上海：上海僑務編輯委員會、上海社會科學院世界史研究中心編：《海外上海名人錄》，上海教育出版社，1991 年。

任先博、徐鳳著，〈霍氏家族在南沙 25 年投資 60 億：想建成小香港〉，《南方都市報》，2015 年 6 月 15 日。

瑞米 · 格蘭特著〈滙豐擬轉向亞洲實現增長〉，英國：《金融時報》中文網，2015 年 6 月 10 日。

商學院故事，〈夏利里拉商業王國：家族企業薪火相傳之道〉，2017 年 10 月 17 日，香港科技大學商學院官網。

施純港、文灼非著，〈「低調、沉著但保持信心」—— 太古新大班薩秉達談上任後的宏圖大計〉，香港：《信報》，1992 年 6 月 18 日。

雙慶著，〈鄭裕彤，如何由小職員成為大商家？〉，香港：《財富月刊》雜誌，1992年 11 月 25 日。

思聰著，〈從港燈股權易手看和黃、置地的盛衰〉，香港：《信報財經月刊》雜誌，第 8 卷第 11 期，1984 年。

思聰著，〈從會德豐被收購看馬登與包玉剛處理航運業危機的手法〉，香港：信報財經月刊》雜誌，第 9 卷第 1 期，1985 年。

思聰著，〈大酒店控制權「攻防戰」〉，香港：《信報財經月刊》雜誌，第 13 卷第 3 期，1989 年。

思聰著，〈馮景禧重奪新鴻基帥印的代價〉，香港：《信報財經月刊》雜誌，第 9 卷第 1 期，1985 年。

思聰著，〈鷹君 —— 一個財團的興起〉，香港：《信報財經月刊》雜誌，第 5 卷第 2 期，1981 年。

思聰著：〈作好進可攻退可守的慎密部署 —— 細說新鴻基集團改組的長程目標〉，香港：《信報財經月刊》，第 7 卷第 1 期，1983 年。

思齊著，〈何方神聖羅旭瑞〉，香港：《南北極》雜誌，1994 年 9 月。

思齊著，〈嘉道理價值的發跡之迷！〉，香港：《財富月刊》雜誌，1992 年 7 月 25 日。

宋厚亮著，〈曹慰德：船王百年，富過四代〉，華夏經緯網，2014 年 7 月 25 日。

宋瑋、朱心怡著，〈滙豐：世界的本土銀行〉，英國：《英大金融》，2016 年 2 月 22 日。

孫伯銀著，〈匯豐、花旗的國際化道路及啟示〉，北京：《中國金融》雜誌，2013 年第 5 期。

譚隆著，〈雄視港、澳、菲的三大賭博機構〉，香港：《南北極》雜誌，第 146 期，1982 年 7 月 16 日。

唐守著，〈郭得勝成功之道：人棄我取〉，《香港政經週刊》雜誌，1990 年 2 月 17 日。

唐宋著，〈愛國資本家：霍英東〉，《香港政經週刊》雜誌，1990 年 3 月 3 日。

陶世明著，〈「三八八」—國泰航空認股狂潮〉，香港：《南北極》雜誌，1986 年 5 月 16 日。

陶世明著，〈製夢工場的新教父 —— 鄒文懷〉，齊以正等著，《上岸及未上岸的有錢佬》，香港：龍門文化事業有限公司，1984 年。

王康著：〈陳啟宗接掌「恒隆」主席有何大計？〉，香港：《財富月刊》雜誌，1990年 12 月 10 日。

威蓮玉著，〈中信—一國兩制縮影〉，香港：《快報》，1990 年 6 月 15 日。

韋理著，〈我如何挽救一家瀕臨破產的公司〉，香港：《信報財經月刊》雜誌，第 2 卷第 1 期，1978 年。

韋玲整理，〈李兆基先生訪問記摘要〉，香港：《南北極》雜誌，1980 年 9 月 16 日。

韋怡仁著，〈匯豐進軍英倫荊棘滿途〉，香港：《信報財經月刊》雜誌，第 5 卷第 2 期，1981 年。

韋怡仁著，〈老牌英資怡和集團何去何從？〉，香港《信報財經月刊》雜誌，第 6 卷第 12 期，1982 年。

韋怡仁著:〈立足香港放眼世界的匯豐銀行〉,香港:《信報財經月刊》雜誌,第 7 卷第 2 期,1983 年。

衛忻灝著,〈信和集團三大發展目標〉,香港:《經貿縱橫》雜誌,1989 年 7 月。

文禮信著,〈港事商事 —— 怡和的觀點〉,香港:《星島日報》,1995 年 1 月 11 日。

吳多泰著,〈分層出售的回憶〉,吳多泰著,《私語拾記》,香港:國際鴻星集團投資有限公司,1994 年。

吳小明著,〈愛美高:風風雨雨又十年〉,香港:《資本》雜誌,1994 年 1 月。

吳小明著,〈李兆基神機妙算顯財技〉,香港:《資本》雜誌,1996 年 12 月。

吳小明著,〈鄭裕彤再闖新世界〉,香港:《資本》雜誌,1997 年 1 月。

香植球著,〈投資策略緊扣市道盛衰的新鴻基地產〉,香港:《信報財經月刊》雜誌,第 9 卷第 8 期,1985 年。

幸群、建生著,〈香港建築行業崛起的新軍 —— 記中國海外建築工程有限公司〉,香港:《紫荊》雜誌,1991 年 10 月號。

楊桂和著,〈論中國旅行社〉,《文史資料選輯》,第 80 輯,文史資料出版社,1982 年。

一飛著,〈會德豐系權益儘歸隆豐國際〉,香港:《南北極》雜誌,1988 年 9 月 18 日。

一群華航股東,〈給華航趙氏家族的公開信〉,齊以正等著,《×氏王朝》,香港:龍門文化事業有限公司,1986 年。

余道真著,〈分析中信在港投資策略的部署〉,香港:《信報財經月刊》雜誌,1990 年 3 月。

余道真著,〈分析中信在港投資策略的部署〉,香港:《信報財經月刊》雜誌,1990 年 3 月。

余赴禮著,〈從產權角度剖析大東與電話的市場壟斷與合併〉,香港:《信報財經月刊》雜誌,第 11 卷第 9 期,1987 年。

約翰·加普著,〈怡和洋行:沉默是金〉,英國:《金融時報》中文網,2018 年 12 月 29 日。

張國偉著,〈光大不再明亮〉,香港:《資本家》雜誌,1992 年 5 月。

張立著,〈匯豐遷冊喚醒中銀〉,香港:《信報》,1990 年 12 月 19 日。

張敏光著,〈船王董浩雲和董建華〉,香港:《廣角鏡》雜誌,1996 年 1 月。

張庭澤著,〈黃廷芳點地成金〉,載齊以正等著:《王德輝傳奇》,南北極月刊出版社,1992 年。

張英著,〈訪問「萬邦航運」主席曹文錦〉,香港:《南北極》雜誌,1995 年 4 月。

張英著,〈在華光船務集團總部訪趙世彭〉,香港:《南北極》雜誌,1995 年 8 月。

張英著,〈周文軒傳奇(專訪)〉,香港:《南北極》雜誌,1995 年 5 月。

招豔顏著,〈九十年、三代人〉,香港:《資本家》雜志,1996 年 2 月。

中國銀行港澳管理處經濟研究部:〈美國在香港的經濟利益〉,中銀集團《財經評述》,第 129 號,1992 年 10 月 13 日。

中國政協上海市委員會文史資料工作委員會編,〈舊上海的外商與買辦〉,《上海文史資料選輯》第 56 輯,上海人民出版社,1987 年。

卓健著,〈董建華及東方海外苦盡甘來〉,香港:*Economic Digest*,1995 年 12 月。

紫華著,〈「中資洋行股」中信泰富〉,香港:《財富月刊》雜誌,1992 年 1 月 25 日。

紫華著,〈大戶集資上是否股市不振之因 —— 恆基、永泰之重組影響股市下跌?〉,香港:《南北極》雜誌,1988 年 8 月 18 日。

紫華著,〈郭得勝與新鴻基〉,香港:《財富》雜誌,1990 年 11 月 10 日。

左志堅著,〈包玉剛後人重奪船王寶座〉,北京:人民網,2003 年 4 月 27 日。

三、公司政府資料

〈幾經滄桑百年史,舉世矚目展宏圖〉,《招商局特刊(2)》,香港:《文匯報》,1992 年 12 月 16 日。

〈南英保險公司服務香港一百年〉,香港:《華僑日報》,1981 年 7 月 22 日。

《財富》雜誌:《2019 年財富世界 500 強排行榜》。

《服務社會四十年,創業興家更向前——廖創興銀行成立四十週年暨日本三菱銀行合營十五週年紀念》,1988 年。

《會德豐及九龍倉聯合公告》,2017 年 9 月 4 日。

《立法會經濟事務委員會 政府對國泰航空建議收購港龍航空的意見》,香港立法會會議討論文件,2006 年 7 月 18 日。

《利豐有限公司按照協議計劃以私有化形式收購利和經銷集團有限公司章程》,2010 年 8 月 27 日。

《利豐有限公司配售新股及公開售股章程》,1992 年。

《民安(控股)有限公司配售新股及公開售股章程》,2006 年。

《太古股份有限公司分拆太古地產、全球發售及派發有條件股息不予進行,恢復股份買賣》,2010 年 5 月 3 日。

《有關電訊盈科私有化的報導摘要》,香港立法會秘書處,資料研究及圖書館服務部,2009 年 2 月 20 日。

《有關電訊盈科有限公司股權變動事件進程的報導摘要》,香港立法會秘書處,資料研究及圖書館服務部,2006 年 11 月 21 日。

《有關電訊盈科有限公司股權變動事件進程的本地報導摘要》,香港立法會秘書處,資料研究及圖書館服務部 2007 年 1 月 10 日。

《越秀企業(集團)有限公司根據香港公司收購及合併守則規則 3.8 作出的公佈》,2013 年 9 月 18 日。

《中藝三十週年紀念特刊》,香港:《經濟日報》,1989 年 8 月 18 日。

Nancy Nash,《捷成故事:捷成洋行紀念特刊》,捷成洋行有限公司,1995 年。

畢馬威(KPMG):《新形勢下的應變之道:2020 年香港銀行業報告》。

長和實業新聞稿,〈長和就 3 與 O2 英國合併作三項簡單清晰承諾〉,2016 年 2 月 4 日。

長江基建新聞稿,〈長江基建／長實地產／電能實業合組財團,擬收購澳洲 DUET 集團〉,2017 年 1 月 16 日。

長江基建新聞稿,〈長江基建與電能實業合併新建議〉,2015 年 10 月 17 日。

長江基建新聞稿,〈建議將長江基建和電能實業合併,創立一間世界級的多元化基建公司〉,2015 年 9 月 8 日。

長江實業、和記黃埔新聞稿,〈長江實業與和記黃埔將進行合併、重組、再分拆成為兩間具領導地位的新公司在香港上市〉,2015 年 1 月 9 日。

富衛保險新聞稿,〈富衛集團完成收購日本 AIG 富士生命保險公司〉,2017 年 5 月 2 日。

富衛保險新聞稿,〈富衛重點投資保險科技!〉,2017 年 1 月 19 日。

各相關公司官網、上市公司各年年報。

國泰航空新聞稿,〈國泰股權結構重組〉,2009 年 8 月 17 日。

國泰航空新聞稿,〈國泰航空邁進新里程,展示機隊新形象〉,2015 年 11 月 1 日。

國泰航空新聞稿,〈國泰新貨站設備先進,彰顯在港投資長遠承諾〉,2010 年 8 月 10 日。

和記黃埔新聞稿,〈和黃與 Telefónica 達成收購 O2 英國的協議〉,2015 年 3 月 25 日。

和記黃埔新聞稿,《和黃接受 Mannesmann AG 收購其 44.81%Orange plc 股權》,1999 年 10 月 21 日。

和記黃埔新聞稿,《深港合作擴建鹽田港區集裝箱碼頭》,2005 年 11 月 8 日。

恒基地產新聞稿,《恒基兆業地產有限公司提出以協議安排之方式建議私有化恒基中國集團有限公司》,2005 年 5 月 17 日。

恒基地產新聞稿,《恒基兆業地產有限公司透過協議安排將恒基兆業發展有限公司私有化之建議》,2002 年 11 月 5 日。

恒基發展、中華煤氣新聞稿,《收購人集團提出以協議安排之方式建議私有化恒基數碼科技有限公司》,2005 年 8 月 5 日

恒生銀行新聞稿,〈二千名人士同慶恒生成立 80 周年〉,2013 年 5 月 3 日。

恒生銀行新聞稿,〈恒生獲選為亞太區最強資產負債表銀行〉,2013 年 9 月 17 日。

華潤(集團)有限公司:《融入灣區建設,推動華潤高品質發展——華潤參與粵港澳大灣區建設白皮書》,2019 年 2 月。

華潤集團戰略部新聞稿,〈華潤在 2015 年世界 500 強排名中躍升至第 115 位〉,2015 年 7 月 24 日。

匯豐控股,《匯豐銀行(中國)有限公司資料概覽》,2015 年 5 月

匯豐控股,《匯豐銀行今昔史話》,匯豐控股官網。

會德豐新聞稿,〈會德豐有限公司、九龍倉集團有限公司聯合公告須予披露的交易:出售九倉電訊〉,2016 年 10 月 4 日。

李錦記:《永遠懷念集團主席李文達先生》,企業新里程,2012 年 10 月,李錦記集團官網。

廖創興銀行,《廖創興銀行、日本三菱銀行合作十週年紀念（1973-1983）》,1983年。

劉騏嘉、李敏儀著,《中華電力龍鼓灘工程：政府對電力供應公司的監察》,香港：立法會秘書處資料研究及圖書服務部,1999 年 9 月 28 日。

瑞安房地產新聞稿,〈瑞安房地產獲「傑出內房股」稱號〉,2008 年 5 月 19 日。

邵氏兄弟新聞稿,〈黎瑞剛獲委任為邵氏兄弟控股有限公司主席〉,2016 年 10 月 25 日。

邵氏兄弟新聞稿,〈邵氏兄弟今日公佈電影大計,重啟本港電影傳奇品牌〉,2016 年 10 月 27 日。

太古、國泰航空新聞稿,《重組持股結構,建立大中華航空夥伴關係》,2006 年 6 月 9 日

太古地產愛心大使、香港基督教女青年會明儒松柏社區服務中心策劃,《尋找港島東的故事》,香港：思網絡有限公司,太古贊助,2014 年 6 月。

太古地產上市文件,《太古地產有限公司以介紹形式在香港聯合交易所有限公司主機板上市》,2011 年 12 月 21 日。

太古地產新聞稿,〈太古地產中國內地旗艦項目,廣州太古匯盛大開業〉,2011 年 9 月 23 日。

太古及國泰新聞稿,〈太古及國泰宣佈出售香港空運貨站權益協議〉,2015 年 5 月 25 日。

太古集團新聞稿,〈慶祝進入中國一百五十周年,太古集團攜手上海三聯書店發佈新書〉,2015 年 5 月 13 日。

太古新聞稿,〈分拆太古地產、全球發售及派發有條件股息不予進行,恢復股份買賣〉,2010 年 5 月 6 日。

無線電視新聞稿,〈通訊局批准無綫電視投資集團股權變動〉,2015 年 4 月 22 日。

無線電視新聞稿,〈無電視宣佈邵逸夫爵士離世〉,2014 年 1 月 7 日。

先施九十周年特輯,〈先施公司成立及發展的經過〉,香港:《明報》,1990 年 1 月 8 日。

冼樂嘉著,《現代先基：香港港口發展與現代貨箱有限公司》,現代貨箱有限公司,1992 年。

香港大酒店公告,〈持續關連交易—續簽租賃協定〉,2016 年 3 月 21 日。

香港大酒店新聞稿,〈香港上海大酒店有限公司舉行一系列精彩活動,慶祝成立 150 周年〉,2016 年 11 月 25 日。

香港金融管理局：歷年《香港金融管理局年報》。

香港經濟導報社,歷年《香港經濟年鑒》。

香港立法會 CB（1）2981/09-10（02）號文件:《香港廣播業的困局與未來發展的路向》,2010 年 8 月。

香港聯合交易所,歷年《股市資料》。

香港聯合交易所：歷年《香港交易所市場資料》。

香港特區政府統計處：歷年《香港的外來直接投資》，《香港統計月刊》。

香港政府，歷年《香港年鑒》。

香港政府工業署，《1996 年香港製造業外來投資調查》，1996 年 12 月。

香港證券交易所，《香港證券交易所年刊（1985 年）》，1985 年。

香港證券業檢討委員會，《證券業檢討委員會報告書》（中文版），1988 年 5 月。

新鴻基地產新聞稿，〈港島西 Imperial Kennedy 獨特玻璃幕牆設計成區內新地標〉，
    2016 年 6 月 30 日。

新鴻基地產新聞稿，〈新地二十年精心策劃打造西鐵沿綫 YOHO 都會圈〉，2016 年 7
    月 26 日。

英之傑宣傳冊，《英之傑太平洋：亞太地區，實力雄厚，致力發展》，1995 年 5 月。

越秀集團新聞稿，〈越秀集團擬收購創興銀行控股股權〉，2013 年 10 月 25 日。

渣打新聞稿，〈渣打香港推出首間流動分行〉，2015 年 11 月 26 日。

渣打新聞稿：〈渣打獲選為「一帶一路最佳銀行」〉，2018 年 9 月 21 日。

中電新聞稿，〈中電 TRUenergy 成功投得澳洲新南威爾斯省能源項目〉，2010 年 12
    月 15 日。

中電新聞稿，〈中電成功投得印度 1320 兆瓦超臨界燃煤電廠建造合約〉，2008 年 7
    月 24 日。

中電新聞稿，〈中電發展九龍東電力基建，為起動九龍東及啟德發展區提供源源不
    絕的電力〉，2011 年 11 月 30 日。

中電新聞稿，〈中電宣佈收購青電額外之 30% 權益及收購港蓄發剩餘之 51% 權
    益〉，2013 年 11 月 29 日。

中電新聞稿，〈中華電力與政府簽署新管制計劃協議〉，2017 年 4 月 25 日。

中電新聞稿：〈中電發展九龍東電力基建，為起動九龍東及啟德發展區提供源源不
    絕的電力〉，2011 年 11 月 30 日。

中國海外，《大事記》，香港：《中國海外集團 40 年特刊》，2019 年。

中國銀行，《中國銀行服務香港 80 年：行史簡介》，1997 年。

中銀香港（控股）招股書，《中銀香港（控股）有限公司全球售股》，2002 年 7 月
    15 日。

四、英文資料

"180 year: 1816-1996. Hong Kong: Swire Group Public Affair", 1996.

"Hongkong Land Limited, Hongkong Land at 125", 2014.

"Inchcape Buying Services operations are now a part of Li & Fung organization", *Li Fung
    News*, No.22, August 1995.

"Inchcape Pacific In Focus", February 1994, Vol. 5.

"The Rules Must Change", *Hong Kong Trader*, Volume 2, 1978.

"Why the 'Barbarians' Are Losing Ground", *Financial Times*, 1980.

Adam Lynford, *Hong Kong Stocks Sky-High-Intense Activity on Hong Kong Stock Exchange*, Hong Kong Government Information Services, Feature Article 6004/2.

Alan Chalkley, *Adventures and Perils: The First Hundred and Fifty Years of Union Insurance Society of Canton, Ltd.*, Ogilvy & Mather Public Relations (Asia) Ltd., 1985.

Andrew Liardet, *Dodwell & Company Limited*, March 1994.

Angela Mah, Teresa Lai, Li & Fung Ltd. *Two Giants Under One Roof*, Morgan Stanley Dean Witter, 10 November, 2000.

C. F. Joseph Tom, *The Enterpot Trade and Monetary Standards of Hong Kong, 1842-1941*, Hong Kong: Graphic Press Ltd., 1964.

Carl Smith, "The Emergence of a Chinese Elite in Hong Kong," *JHKBRAS* 11, 1971.

CLIVE A. BROOK-FOX, "Marketing Effectiveness in the Hong Kong Insurance Industry: A Study of the Elements of Marketing Strategy and Their Effect on Performance", In partial fulfillment of the requirements for the degree of Masters of Business administration of the University of Hong Kong, March 1982.

Frank H. H. King, *The History of The Hongkong and Shanghai Banking Corporation Volume IV, The Hongkong Bank in the Period of Development and Nationalism, 1941-1984*, Hong Kong and Shanghai Banking Corporation,1988.

Frank H.H. King, *The History of the Hongkong and Shanghai Banking Corporation*, Vol. 4, Cambridge: Cambridge University Press, 1991.

G. B. Endacott, *A History of Hong Kong*, Oxford University Press,1964.

Gillian Chambers, *Hang Seng, The Evergrowing Bank*, Everbest Printing Company Ltd., Hong Kong, 1991.

"Hong Kong Monetary Authority, Banking Surver of Hong Kong", *Quarterly Bulletin*, May 1996.

HSBC, "The HSBC Group: Our story", HSBC Holdings plc, 2013.

Jamie O' Connell, Li & Fung (Trading) Ltd., *Harvard Business Case Studies*, 1996.

Jardines, 175 Years of Looking to The Future, *Jardines* website, 2007.

Jardines, Discover more about our history, *Jardines* website

Lombard Insurance Group. (1836-1986)

Maggie Keswick, *The Thistle and The Jade A Celebration of 150 year of Jardine*, Matheson & Co., Octopus Books Limited, 1982.

Michael J. Enright, Edith E. Scott, David Dodwell, *The Hong Kong Advantage*, Oxford University Press, 1997.

Nigel Cameron, "The Hongkong Land Company Ltd: A brief history", 1979.

Richard Hughes, *Hong Kong: Borrowed Place-Borrowed Time*, London: Dentsch, 1968.

Robin Barrie and Gretchen Tricker, *Share in Hong Kong*, The Stock Exchange of Hong Kong Ltd., 1991.

Roger Nissim, *Land Administration and Practice in Hong Kong*, Hong Kong University Press, 1998.

Sir Philip Haddon-Cave, *The Change Structure of the Hong Kong Economy*, paper read to the XXII Association Cambiste Internationale Congress , Singapore, June 6, 1980.

Stephanie Jones, *Two Centuries of Overseas Trading: The Origins and Growth of the Inchcape Group*, The Macmillan Press Ltd. ,1986.

T K Ghose, *The Banking System of Hong Kong*, Butterworth & Co (Asia) Ltd., 1987.

Y.C. Jao, " The Financial Structure", in David Lethbridge (ed.), *The Business Environment in Hong Kong*, 2nd edition, Oxford University Press, 1984.

Yuen Tak Tim, Anthony. "A Study on The Popularity of Utilizing Insurance Brokers by Industrial Concerns in Hong Kong for Management of Their Insurance Programme", MBA thesis, Department of Management Studies Faculty of Social Science, University of Hong Kong, May 20, 1986.

Zung Fu, "Zung Fu Gears Up for Auto Revolution", 2018.

和記企業、黃埔船塢股東文件："A Mammoth Merger of Net Assets of Over &4 Billion 'HIL' & 'HWD Combining Into Anew Holding Company Call 'HWL', with Total Proforma Profits Of About $193 Million" , Dec, 1977.

香港資本與財團

馮邦彥 著

責任編輯　黃杰華
裝幀設計　簡雋盈
排　　版　楊舜君
印　　務　劉漢舉

出　　版　中華書局（香港）有限公司
　　　　　香港北角英皇道 499 號北角工業大廈一樓 B
　　　　　電話：（852）2137 2338　　傳真：（852）2713 8202
　　　　　電子郵件：info@chunghwabook.com.hk
　　　　　網址：http://www.chunghwabook.com.hk

發　　行　香港聯合書刊物流有限公司
　　　　　香港新界荃灣德士古道 220-248 號
　　　　　荃灣工業中心 16 樓
　　　　　電話：（852）2150 2100　　傳真：（852）2407 3062
　　　　　電子郵件：info@suplogistics.com.hk

印　　刷　美雅印刷製本有限公司
　　　　　香港觀塘榮業街六號海濱工業大廈四樓 A 室

版　　次　2023 年 12 月初版
　　　　　2024 年 9 月第 3 次印刷
　　　　　© 2023 2024 中華書局（香港）有限公司

規　　格　16 開（240mm×170mm）

ISBN　　　978-988-8860-33-3